本书成果得到国家社科基金重大项目“中国方言区英语学习者语音习得机制的跨学科研究”（批准号：15ZDB103）支持

中国方言区英语学习者语音习得的跨学科研究

李爱军◎编著

An Interdisciplinary Study on the Phonetic Acquisition of English Learners in Chinese Dialect Regions

中国社会科学出版社

图书在版编目（CIP）数据

中国方言区英语学习者语音习得的跨学科研究／李爱军编著．—北京：中国社会科学出版社，2023.10

ISBN 978－7－5227－2716－5

Ⅰ.①中…　Ⅱ.①李…　Ⅲ.①英语—语音—教学研究　Ⅳ.①H311

中国国家版本馆 CIP 数据核字(2023)第 206290 号

出 版 人　赵剑英
责任编辑　张　林
特约编辑　乔盖乔
责任校对　王　龙
责任印制　戴　宽

出　　版　中国社会科学出版社
社　　址　北京鼓楼西大街甲 158 号
邮　　编　100720
网　　址　http://www.csspw.cn
发 行 部　010－84083685
门 市 部　010－84029450
经　　销　新华书店及其他书店

印　　刷　北京明恒达印务有限公司
装　　订　廊坊市广阳区广增装订厂
版　　次　2023 年 10 月第 1 版
印　　次　2023 年 10 月第 1 次印刷

开　　本　710×1000　1/16
印　　张　40.25
插　　页　2
字　　数　643 千字
定　　价　229.00 元

目　　录

第一部分　语音习得基础

第二部分 语音库建设

第三部分 语音产出

第四部分　语音感知与认知

第五部分 面向语音教学的应用研究

第一部分

语音习得基础

第一章

绪　论

第一节　概述

英语是一种全球性语言。地球上 75 亿的居民中大约 20% （15 亿）的人讲英语。然而在这些说英语的人中，只有大约 3.6 亿人是英语本族语者（Kang、Johnson 和 Kermad，2021）。在这个全球化的时代，国家外语能力是国家话语权的重要标志。“十三五”期间，教育部、国家语言文字工作委员会正式发布了《中国英语能力等级量表》，作为国家语委语言文字规范自 2018 年 6 月 1 日正式实施，这意味着英语能力测试有了“国标”依据。《中国英语能力等级量表》以语言运用为导向，构建了多层级的能力指标体系，其中“语音系统和书写形式知识运用能力”对英语的口语语音表达有了明确的要求。比如三级要求“能使用正确的语音、语调朗读熟悉的对话和短文，能用正确的语调进行连续表达，能正确使用基本语调如升调、降调等进行提问”；六级要求“理解不同语调表达的意义，能在表达观点和态度时，运用重音和节奏”；七级要求“能在学术领域或职场中使用正确的语音、语调，能有效使用重音、语调、节奏、连读等，准确表达意义和强调观点”；八级要求“能得体地使用各种重音、调型、音高和音量表达语义和态度”。

但是，面对中国超过 2 亿的英语学习者，怎么解决“哑巴英语”和“中式英语”的问题，如何正确使用的语音、语调、韵律等一直困扰着学习者和英语教师。在英语教学中，语音语调的教学可以说是最薄弱的环节。很多英语教师不知道英语的松紧元音/ɪ/和/i/的区别在哪里，按照发音长短对立错误教学，但这两个元音的语音对立特征是发音舌位不同，即语音区别特征在音色而不是在长短。再比如，一般疑问句 Can you speak English? 的语调，很多学习者甚至老师都存在错误，常常把代词 you 重读，整个疑问语调常常用降调而不是低升调来实现。

为什么会出现这些问题呢？这就涉及我们言语交互过程中的“言语链”（speech chain）了（Denes 和 Pinson，1993）。如图 1-1 所示，“言语链”包括两个回路。一个是说话人和听话人之间的回路，说话人通过言语产出表达自己的意图，听话人通过言语感知理解发话人的意图。另一个是说话人在生成言语的同时，通过感知反馈，监视自己的言语产出过程形成的回路。言语链交互涉及了言语规划到言语产生的过程、言语信号传递、言语理解（感知和认知）的过程，也就是语音学研究的三个重要领域。

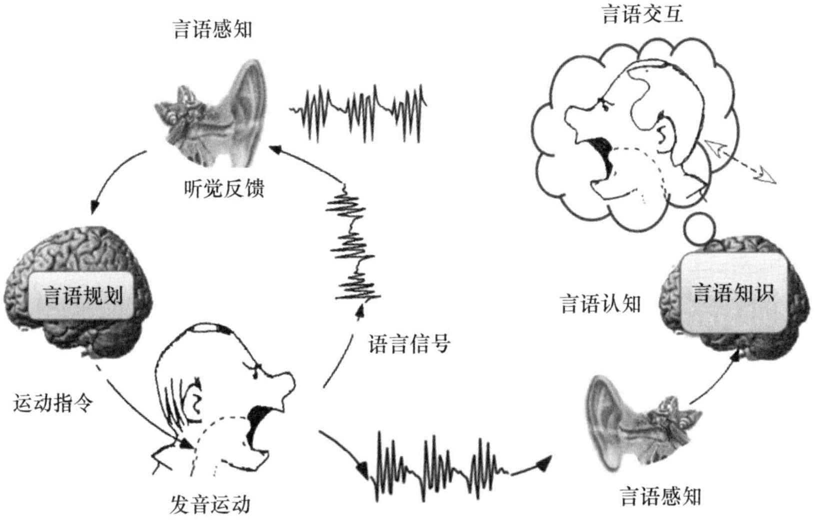

图 1-1 言语链示意图（党建武老师提供）

婴儿从出生甚至在妈妈肚子里就已经开始通过言语链习得第一语言（母语）了，出生半年后到 1 岁，逐渐从一个世界小公民变成了一个只偏爱自己母语的小公民，这期间经历了语音音系的再组织过程（phonological reorganization）。汉语儿童 6 岁前的声母、韵母和声调发音错误率已经降低到 5% 以内（Gao 和 Shi，2020），并可以跟成人进行有效的交际。婴幼儿通过言语链与成人交互，习得并建立了母语的“言语链”，在大脑中建立了母语的语言音系系统，这个过程是一个认知过程，并且是在无监督的状态下通过多模态交互非常自然地完成的。乔姆斯基指出，我们人类可以获得语言，是因为人生来就具有系统的语言认知机制（Language Acquisition Device，LAD）。

第二语言习得（Second Language Acquisition，SLA）指人们在掌握本族语后学习其他非本族语的过程，并将这个语言作为日常交际手段大量使用。“第二语言”指所有非本族语，有时候第二、第三和第四种语言也泛称为第二语言。外语习得（Foreign Language Acquisition，FLA）指在课堂上学到的本族语外的其他语言，实际生活中不常使用。二语习得（或简写为L2习得，即L2 acquisition）通常指上述两种情况。我们的研究不区分“第二语言习得”和“二语习得”，两者都可以指学习者掌握本族语后在课堂内或者课堂外对任何新的语言的学习或习得。

第二语言习得其实是在“母语链”的基础上建立一个“二语链”的过程，通过“二语链”的建立，不同语言不同文化的人们可以沟通交流。二语习得同母语习得是一样的，也是一个认知的过程，但势必会受到已经存在的母语链的影响，在两个回路均有影响。比如上面提到的元音/ɪ/和/i/，中国学习者方言母语里如果没有这一对松紧对立的元音音位，只有/i/音位的话，往往会将这两个元音都感知为方言母语的/i/，语音产出上也把他们同化到方言母语的/i/，而只用发音长短来区分两个元音，这就是母语音位空间对二语音位空间习得的一种负面影响，也叫负迁移（negative transfer）。因此，二语言语产生、二语言语理解（感知和认知）必然会受到母语的影响。但语言习得是一个复杂的认知过程，遵从认知发展的规律，影响二语习得的因素还有很多，比如习得年龄、习得环境、学习者个体差异、学习方法，等等。

可以说，不管是在人类社会的进化、发展的过程，还是在当今高度全球化的时代，言语链像纽带一样将人们联系在一起，为筑牢中华民族共同体意识和构建人类命运共同体，发挥着重要作用。

面向母语为汉语的英语语音习得，面临很多困难和挑战（文秋芳、胡健，2010）。汉语内部的方言众多，方言类型与英语类型存在巨大差异，方言区的学习者发音会不自觉地将方言（母语）中的音系规则套用到英语的语音系统中去，造成因方言而异的系统性发音偏误。因此，提高中国英语学习者的发音水平，达到“国标”的口语语音能力要求、制定科学的口语发音评测标准以及高效的教学方案，都需要针对中国英语学习者的“乡音”，对其“言语链”中的二语习得机制，从产出和感知两个方面开展跨学科的研究。这些问题其实就是第二语言的语音习得的核心问题。

因此，本书针对不同方言区英语学习者的发音开展跨学科的系统性研究。构建了大规模中国方言区英语学习者语音库（AESOP-CASS），采用语音学、语言学、心理学和计算机科学相结合的研究方法，考察方言区英语学习者的语音偏误类型，以及与母语方言的关联性特征，语音感知与认知模式及其与产出的关系。建设英语学习者韵律特征自动标注系统，最终根据研究结果，制定“因地而异”的发音训练策略，构建三维可视化发音训练平台和语调韵律训练平台，针对不同方言区的英语学习者开展发音教学研究。希望对提高中国英语学习者英语口语和听力水平，解决“方音”问题，以及增强英语交际能力贡献一点力量。

本书的“英语本族语者”即“英语母语者”，是相对于中国英语学者的说法，行文中有可能都会出现。

第二节 语音学相关基础

在自然语流中，语音产出的最小单位一般是音节。在一个音节中，元音（vowel）一般居于核心位置，响度（sonority）较大，而辅音（consonant）则处于元音的两侧，响度较小。很多语言中的音节构成符合响度原则（sonority hierarchy）：低元音 > 中元音 > 高元音 > 近音 > 鼻音 > 浊擦音 > 清擦音 > 浊塞音 > 清塞音；但语言中的音节构成也有违反响度原则的情况。元音与辅音构成语言的音段（segment），承载了语言中所有的音质区别。韵律（prosody）也叫超音段（suprasegmentals），语言中的有些韵律现象具有语言学意义，它们区别意义，比如汉语的声调、英语的重音等；但语言中的大部分韵律现象都不具有语言学意义，而是属于副语言学（paralinguistic）或者非语言学（nonlinguistic）范畴，传递更广泛的言语交际功能。

根据语音产生的声学理论，音质的不同取决于声腔（vocal tract）的空气动力学属性，而喉部的声带振动以及振动方式则起到提供声源的作用（Fant，1960；Stevens，1998）。语音产生过程中，如果声腔内有狭窄的阻塞，产生收紧点（constriction location）扰动气流形成湍流，便构成噪声声源，是辅音产生的重要声源。元音的产生中，声腔一般不会有收紧点以致于形成湍流，因此，声带振动是元音的唯一声源，声腔的形状则决定元音的音质，即这是一个什么元音。

英语与汉语的语音差异存在于音段、词汇和后词汇（语调韵律）各个层面。汉语作为世界上使用人口最多的语言，又有普通话和方言之分。中国社会科学院语言所编纂的《中国语言地图》把汉语方言分为10个分区，即官话区、粤语区、吴语区、客语区、闽语区、湘语区、赣语区、晋语区、徽语区、平话区，各方言区内部也可进一步细分为不同的方言片。方言之间的差异语音最大，词汇次之，语法最小。本节我们只对研究涉及的音段（辅音和元音）和超音段（音节、节奏和语调）作非常简要的说明，详见Ladefoged（1967，1971，1975，1976）；Ladefoged 和 Broadbent（1957）；Ladefoged 等（1972）。

一　音段（辅音和元音）

（一）辅音

发辅音的时候，气流在声道中受到阻碍。因此辅音可以按照阻碍的方式和位置进行区分。图1-2是赖福吉（Ladefoged 和 Johnson，2014）

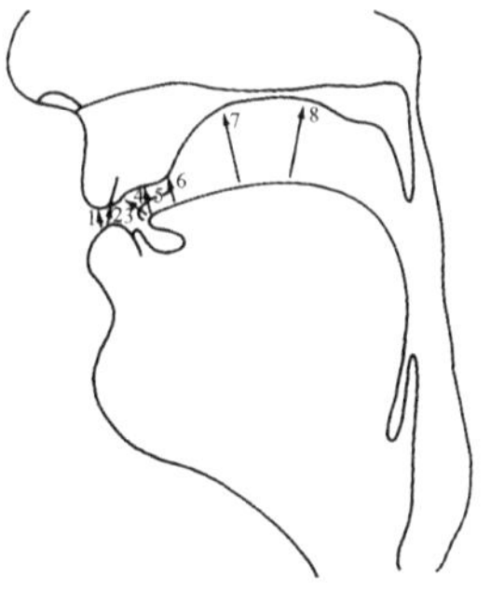

图1-2　辅音发音位置示意图

（1-唇　2-唇齿　3-齿　4-齿龈　5-卷舌　6-龈腭　7-硬腭　8-软腭）

给出的发音位置示意图。按照发音位置，辅音可以分为唇音、唇齿音、齿音、齿龈音、龈腭音、硬腭音、软腭音以及喉音等。辅音按照发音方法可以分为塞音、鼻音、擦音、近音和边音等。辅音有两个特点：一是有阻碍，二是有动程，都有成阻和除阻过程。

表 1-1 给出英语辅音的国际音标表。辅音表的横向维度表示发音器官，按从双唇到喉的顺序，纵向维度表示发音方法。同一格中左边的符号表示清辅音，右边的符号表示浊辅音。

表 1-1　　英语辅音 IPA 符号

方法＼部位	双唇	唇齿	齿	龈	龈后	硬腭	软腭	喉
塞音	p　b			t　d			k　g	
鼻音	m			n			ŋ	
擦音		f　v	θ　ð	s　z	ʃ　ʒ			h
塞擦音					tʃ　dʒ			
近音				ɹ		j	w	
边近音				l				

发塞音时，发音器官完全闭合，把气流通道完全闭塞（成阻）然后突然释放（除阻），也称作“阻塞”。闭塞声学上表现是空白段；闭塞突然打开的这种爆发除阻在语谱图上往往留下冲直条（burst）。英语的塞音有/p b t d k g/，有清浊对立，送气特征只是作为音位变体存在；而汉语中很多方言塞音的清浊对立已经消失了，但存在送气对立。

塞音的闭塞持阻与除阻阶段在声学上都未留下发音部位的信息。塞音的发音部位，在声学上体现在与元音的过渡上，即通过叠加在相邻元音上的共振峰过渡，来为塞音的发音部位提供感知上的声学关联物。结合元音，辅音的不同的发音部位（对于塞音来说就是阻塞部位）形成不同的声腔，决定不同的共振峰发生点，这便是音轨（locus）。尤其是第二共振峰（F2）的音轨，很好地反映了辅音的发音部位。这对塞音尤其重要，这里拿三个最常见发音部位的塞音来说明。双唇塞音的 F2 音轨较低，通常在 600 赫兹以下，因此，不论后接什么元音，F2 过渡都是上升的。齿龈塞音的 F2 音轨大约在 1800 赫兹，因此，根据不同的后接元音，F2 过渡可升、可平、可降。软腭塞音的 F2 音轨最高，大约在 3000 赫兹左右，因此，无论后接什么元音，F2 过渡都是下降的。

音轨体现辅音发音部位，同时又反映与后接元音的协同发音。因此，学界多用音轨方程（locus equation）来进行量化（Delattre 等，1955；Lindblom，1963；Sussman 等，1991，1993；Fowler，1994；Iskarous 等，2010）。Lindblom（1963）发现，当塞音后接不同元音时，以 F2 起始值为纵轴、元音 F2 中段目标值为横轴建立坐标，塞音以元音为变量呈现线性关系，称为音轨方程，用斜率与截距可以用来对塞音的音轨特征进行定量描写。其后，学者们对这种线性关系的本质及其与发音之间的关系进行了探索。

除了发音部位的区别，塞音还可以通过喉发音来形成对立，主要涉及清浊与送气、发声态（phonation types）、喉气流机制等。

嗓音（voice）与嗓音起始时间（voice onset time，简写为 VOT）是爆发音的常见区别对立方式。一方面，爆发音可以是清音（voiceless），也可以是浊音（voiced），即常态浊嗓音（modal voice），或者是气嗓音（breathy voice）、嘎裂音（creaky voice）等其他发声态。另一方面，浊嗓音在音节发音中的时间结构关系也可以形成塞音之间的区别对立。塞音在口腔内某个发音部位形成完全阻塞，以其除阻时间为基点，计算规则的声带振动何时开始，便是 VOT。嗓音起始时间最早由 Haskins 实验室的 Lisker 和 Abramson（1964）提出，是语言中区分塞音清浊与是否送气的最佳声学关联物。他们发现清不送气塞音的 VOT 接近零或者是个很小的正值，表明塞音除阻与声带振动几乎同时开始；清送气塞音的 VOT 是个正值，表明塞音除阻之后声带振动延后开始；浊塞音的 VOT 是个负值，表明声带振动早于塞音除阻。正值的 VOT 称为 VOT 延迟值（VOT lag）；负值的 VOT 称为 VOT 引线值（VOT lead）。此外，研究还发现塞音的发音位置越后，VOT 延迟值越大。比如，清不送气软腭塞音［k］的 VOT 可以大于 20 毫秒，但这个数值的 VOT 的双唇塞音则会被感知为清送气塞音［p^h］。清浊与是否送气经常在语言中构成音系对立；而发音部位形成的 VOT 区别则是语音层面的不同。

汉语方言如吴语最主要特征是中古全浊声母仍保留浊音音位，塞音、不送气清塞音、送气清塞音对立，清塞音爆破性较其他汉语方言强；湘语有一个浊音走廊；少数闽北方言也有浊音，这些方言区的英语学习者，对英语清浊敏感，因此在学习英语的清浊对立时具有优势。但一定要清楚，传统方言音韵学中的清浊对立是音系上的概念，而浊塞音在语音特征上的表现有声带振动的浊塞音也有清音浊流。英语的浊塞音在不同位置表现不一样，句首可能只是一个很短的 VOT，因此在英语的塞音清浊对立教学中一定要弄清楚，不能教条。在第三章中，我们将进一步说明这个问题，并利用 VOT 对比方言区英语学习者和英语本族语者的塞音产出特性。

英语的塞音常常出现在词末音节上，汉语的这些塞音一般只充当声母，从音节结构上只有部分有入声的方言有塞音尾。在没有这样音节结构的方言中，学习者往往会在双唇音/p b m/及唇齿音/f v/结尾的单词后面添加上元音，如/u/；有入声的方言，音节尾有最常见的三个清不送气塞音/p t k/与喉塞音/ʔ/，但三个部位的不送气塞音都是无闻除阻，因此，学习者在说有这一类塞音尾的英语时，也不会产出爆破，是一个很常见的负迁移。另外，英语中由塞音组成的辅音群很多，但汉语辅音群很少，如擦音/s/后接塞音/p t k/组成英语辅音群 sp、st、sk，学习者把它们发成送气清音［p^h t^h k^h］，而英语本族语者发成不送气清音［p t k］。

发鼻音（即鼻塞音）时，气流从鼻腔中通过。口腔中有与塞音类似的完全闭塞，因此没有气流能够通过口腔，软腭下降，气流能够通过鼻腔，形成鼻塞音。英语鼻音有/m n ŋ/，但在一些汉语方言中，［ŋ］可以在音节首出现，一些汉语方言不区分［n］和［ŋ］。西南官话多数、江淮官话多数、北部吴语多数、南部吴语少数、湘语大部分、赣语靠长江一带以及新派粤语的基本特征是后鼻音并入前鼻音，这些方言区学习者在习得后鼻音时候有困难，例如，杭州方言中前后鼻音混用造成英语中前后鼻音/n ŋ/混淆。中原官话关中片、兰银官话多数、晋语多数、闽东语，基本特征是前鼻音并入后鼻音，因此这些方言区学习者在习得前鼻音时候有困难。汉语方言中鼻音［n］很容易跟同部位的边音［l］相混，如西南官话区的［n］和［l］混淆，对英语语音习得也有负迁移影响；粤语［n］并入边音［l］，该方言区学习者将 knight 和 night 都说成 light。

发擦音时，一个发音器官非常接近另一个发音器官，形成一个狭窄的通路。英语的擦音的发音部位要多一些，有清浊两套，清浊唇齿擦音/f v/，清浊齿擦音/θ ð/，清浊龈擦音/s z/，清浊龈后擦音/ʃ ʒ/。英语还有一个喉擦音/h/，这个跟普通话的擦音/x/不一样，更靠后一些。汉语方言的擦音大都没有清浊对立，缺少齿擦音和龈后擦音，因此擦音的习得问题比较大。没有翘舌音的方言通常用平舌音代替翘舌音，如一些山东方言学习者用［s］代替英语擦音/ʃ/，分别用［s］和［z］替代英语擦音/θ/和/ð/；东北方言学习者分别用汉语擦音［f］和［ʂ］替换英语擦音/f/和/ʃ/，分别用舌通音［r］和半元音［w］替换英语擦音/ʒ/和/v/，而且由于母语方言中平舌音擦音［s］和翘舌擦音［ʂ］混淆，会用擦音［s］和［ʂ］替换英语擦音/s/和/θ/，用［ts］和［tʂ］替换英语擦音/z/和/ð/；福州方言的擦音仅有/s/和/h/，受负迁移影响，学习者无法明显区别不同擦音，如 shop［ʃ］发成 sop［s］，three［θ］发成 sree［s］，this［θ］会发成 lis［l］，very 会发成 fery［f］或 wery［w］。

塞擦音发音涉及塞音和擦音两种发音方法的结合，塞音和擦音是同一发音部位发出的（即同部位音），都是单一的发音器官的运动。英语有两个塞擦音/tʃ dʒ/。尽管英语通常不允许在词的起首位置有塞音后接擦音的辅音丛，然而 pants 和 hands 末尾的复数标记“ -s”，即/ts dz/则被认为是爆发音和擦音的辅音丛，因为擦音并不是这两个词拼写的一部分，而是复数标记“ -s”附加在词末尾塞音上的结果。

在普通话中，塞擦音比较丰富，有龈、龈后和硬腭三个部位的送气和不送气两套。而方言区英语学习者塞擦音、擦音出现负迁移的情况很多，比如山东学习者用［ts dz］替代英语/tʃ dʒ/；东北方言区学习者会混淆英语的/ts dz/和/tʃ dʒ/。

发近音时，一个发音器官接近另一个发音器官，但不足以发出擦音。阻碍的程度比元音要大，但比擦音小得多。英语近音有/w y ɹ l/。英语的/l/，有“light”“dark”两个主要的音位变体。“亮”［l］（light -［l］）通常出现在音节开头或者在前高元音之间（如“like”或“align”），舌尖接触齿龈脊，舌头的一侧或两侧降低，从而在发音过程中形成一个侧向通道，用于释放声能，为/l/主要发音。“暗”［l］（dark -［l］），出现在词尾（如“cool”），是次要发音，音时舌背向软腭抬起（软颚化）或随着咽回缩而向后移动。“dark”［l］也可能伴随着一些嘴唇圆化，发音时舌头后部向软腭抬起。在汉语方言中，边近音［l］常常与［n］混淆，也有与［r］部分混淆的情况，而且没有词末［l］，因此习得英语/l/大都不到位。英语/r/是常见的近音，有很多变体，如齿龈音［ɹ］和卷舌变体［ɻ］。龈音变体经常发成“翘舌 r”（bunched r），舌尖向舌头后回收，在靠近齿龈或龈后部分形成主要收紧点（major constriction）。而卷舌变体会将舌尖或舌尖下表面或舌叶靠向口腔顶部龈后区域。英语的这两个音没有最小对立对，因此它们可以看作同一个音位的两个音位变体。一些山东方言区学习者用［z］替代英语的/r/；福州方言中/r j/两个音位都不存在，学习者的学习情况比/l w/要差。另外，英语/r/跟龈塞音形成辅音丛如 tr，如 tree［tɹi］或者 true［tɹu］，学习者往往直接用塞擦音［tʃ］或者汉语［tʂʰ］代替，发成［tʃɥi］、［tʃɥu］或［tʂʰui］等。

（二）元音

发元音的时候，声带振动，浊音气流通过声道时，调音器官没有闭合，气流没有受到阻碍。不同的元音通过改变声道的大小和形状来产出，舌头的形状是决定声道形状的最重要的因素。对元音发音主要描写舌头前后和最高点的位置，而不描述出整个舌头的形状。此外，嘴唇的位置也可以影响元音的音质。因此，元音的描写有三个主要的维度：舌位前后（frontness）、舌位高低（height）和唇的圆展（lip rounding）。元音还可以根据紧松、长短来归类。

语言学一般不用发音部位与声腔形状来描写元音，而是采用元音图。元音图最初被认为就是舌位图，元音的高低前后可以根据其发音时的舌位最高点来定义。图 1-3 是国际音标元音图（vowel chart）。根据元音舌位图理论，图中音标的位置即表示发这个元音时的舌位最高点。如图所示，［i］是舌位最高最前的，前元音［e ɛ æ a］的舌位也都是最前伸的，只是随着开口度的增大，舌位自然略微向后移；而后元音［u o ɔ ɒ］的舌位都是往后缩的；因此，元音舌位图是前元音的边有点斜的元音四边形（vowel quadrilateral）。不论是国际语音学会（International Phonetic Association，IPA）的国际音标（International Phonetic Alphabet，IPA），还是经典音系学理论 SPE（Sound Pattern of English，Chomsky 和 Halle，1968）均采用元音图体系。

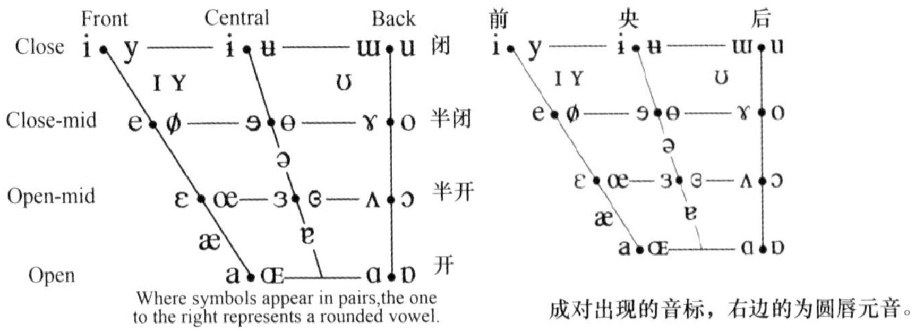

图1-3 国际音标元音舌位图（IPA vowel chart）

（左幅为英文版①，右幅为中文版②）

元音舌位图理论的优点是在语言描写、教学实践中非常实用。但是，元音舌位图事实上已经被文献中大量的基于各种技术得到的发音材料所证伪。Ladefoged 等（Ladefoged，1967，1971，1975，1976；Ladefoged 和 Broadbent，1957；Ladefoged 等，1972）通过大量的生理、心理实验指出：元音图其实并不是舌位图，因为元音的高低、前后并不如原先所设想的那样对应于舌位的高低、前后；元音图其实是感知声学图，因为元音的高低、前后对应于元音的感知声学特性。元音舌位图是把元音的感知声学本质“翻译”成了舌位这个生理术语进行表述，事实上，传统的所谓“元音舌位图”其实对应关联的是以元音的前两个共振峰（F1/F2 或者 F1/F2—F1）为坐标，刻度听觉化处理的声学元音图。这也解释了为什么元音舌位图明明是错误的，但是却非常有效、实用。元音图并不是以舌位为基础，元音高低、前后是一种抽象的表述，在事实上与元音的声学或者感知声学相关联，这一论述早已被写入国际语音学会出版的《国际语音学会手册》（International Phonetic Association，1999），并在第 10 页明确指出：元音出现在音节中心位置，由于发音时声腔收紧程度较小，元音不如辅音般方便用发音部位来进行描写。因此，元音用抽象的“元

① 转引自 IPA 网页 https：//www. internationalphoneticassociation. org/sites/default/files/IPA_Kiel_2015. pdf。

② 中国语言学会语音学分会，载《方言》2007 年第 1 期，又载 *Journal of the International Phonetic Association*，41（2），245，2011 年。

音空间”（vowel space），即被熟知为“元音四边形”的元音图来进行分类，如图 1-4 和图 1 -5 所示。

图 1-4 给出了美式英语元音四边形。横向维度表示舌位的前后，纵向维度表示舌位的高低，成对出现的音标左右表示圆唇度，右边表示圆唇。图中有单元音和二合元音化的元音。除了单元音，还有二合元音和三合元音。二合元音在发音过程中，音质有显著的变化，二合元音可以描述为从一个元音到另一个元音的运动过程，如图 1-5 所示。

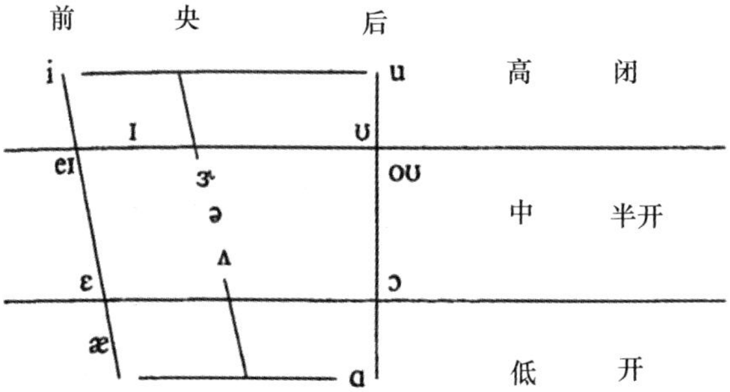

图 1 -4　美式英语 IPA 符号表示的元音四边形

（Reetz and Jongman，2009）

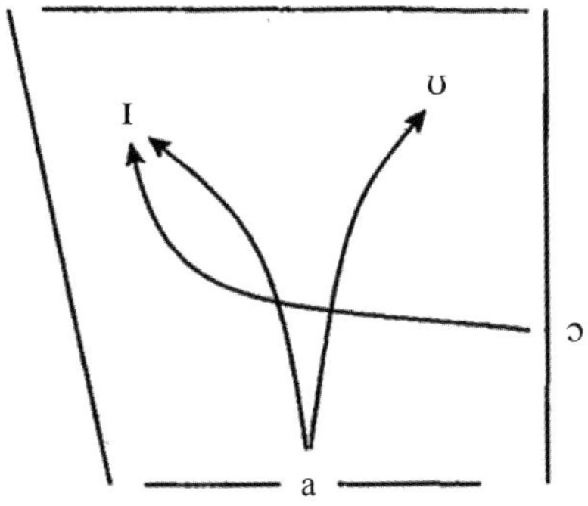

图 1 -5　美式英语中二合元音的元音四边形

（每个二合元音发音的起点与终点分别用箭头的尾和尖指示）（Reetz and Jongman，2009）

美式英语的元音包括前元音/i ɪ eɪ ɛ æ/，后元音/u ʊ oʊ ɔ ɑ/，央元音/ɝ ə ʌ/，二合元音/ɔɪ aɪ aʊ/。其中/i eɪ ɑ ɔ oʊ u ɝ aɪ aʊ ɔɪ/是紧元

音，/ɪ ɛ æ ə ʌ ʊ/是松元音。松（lax）紧（tense）是相对于发中性元音（neutral schwa）时声道的状态而言的，松代表肌肉更松弛，紧代表肌肉更紧张。但是有时候两组音的区别并不在于肌肉的紧张程度，而是调音和声学方面不同。元音的松紧差异体现音质和时长上，松元音舌位更靠近中央，不会在元音四边形的边缘位置，并且音长比相应的紧元音短。英语中确定一个元音是紧元音还是松元音可以看这个音是否只能出现在闭音节中。开音节（open syllable）是指以元音结尾的音节（如 sea），闭音节（closed syllable）以辅音结尾（如 seat）。紧元音可以出现在开音节和闭音节重读音节中，而松元音只能出现在闭音节中。

音质最相似的松元音和紧元音可以组成松紧元音对。英语有三对这样的音：/i－ɪ/、/eɪ－ɛ/和/u－ʊ/。比如，英语的前高不圆唇紧元音/i/，发音时舌头向前抬向硬腭（如 feet 中的元音）。前高不圆唇松元音/ɪ/音质则不同，发音时舌位稍低且更靠后，音长更短（如 fit 中的元音）。feet 中的元音比 fit 中的元音要长，因此 feet 的严式标音为［fiːt］。但这两个音主要是声学音质不同，即在元音四边形中的位置不同。在英语中，音质不同常伴随着音长不同，音长不同是次要的。因此英语教学和学习一定要强调音质区分松紧元音的作用。也就是说除了用“长”和“短”来描述英语元音，还可以用紧和松来区分这三对元音。

舌头比/ɪ/再低些，就发出了/e/（如 fate 中的元音）。/e/是一个前中不圆唇紧元音。大部分美式英语的/e/都有一个二合元音化的变体［eɪ］。若舌位再下降一点，则得到中不圆唇元音/ɛ/（如 fed 中的元音）。

若继续降低舌位，就发出了前低不圆唇松元音/æ/（如 fat 中的元音）。/æ/虽然是长元音，但不出现在开音节中，所以也归为松元音。

后元音也有松紧对立的元音对，suit 中的后高圆唇元音紧元音/u/和 soot 中的元音是后高圆唇松元音/ʊ/是后高元音最小对立对。发/u/时舌头后收抬向软腭，并且要圆唇。

后高圆唇元音/ʊ/（如 pull 中的元音）的舌位进一步降低就会发出位置更低的后中圆唇紧元音/o/（如 pole 中的元音）。/o/和/e/一样，在美式英语中是典型的二合元音化元音，舌位在元音末尾会向［ʊ］滑动，因此标为［oʊ］。舌位若再低一点，就会发出后中圆唇松元音/ɔ/（如 caulk 中的元音）。舌头再降低，就会发出后低不圆唇紧元音/ɑ/（如 cot 中的元音)。虽然 [ɔ] 和 [ɑ] 在英式英语和美国东海岸英语中是区分的，但是美式英语的很多变体不区分这两个音，它们都发成后低不圆唇紧元音 [ɑ]。在这些变体中，cot 和 caught [kɑt] 是同音词 (homophone)。

还有三个不圆唇央 (前后维度) 元音。/ɝ/ (如 bird 中的元音) 是不圆唇卷舌化 (rhotacized) 中—央元音或叫“r 音色”紧元音。在美式英语中，/ɝ/出现在词重音位置，如 bird [bɝd]；而在英式英语的很多变体中，“r”不发音，bird 标成 [bɜd]，美式英语中则没有不卷舌中—央紧元音/ɜ/，只有不圆唇中—央松元音/ə/ (schwa)，也叫作“中性元音” (neutral vowel)，出现在非重读位置，例如 aloof [əluf] 的第一个音节。/ʌ/ (如在 cut 中) 也是不圆唇中—央松元音，这个元音与 [ə] 的音质相近，很多美式英语者不区分二者发音，但有的人在词重音位置发 [ʌ]，在非词重音位置发 [ə]。

英语中有三个“真”二合元音：/ɔɪ/ (如 boy 中的元音)、/aɪ/ (如 buy 中的元音) 和/aʊ/ (如 how 中的元音)。图 1-5 给出了二合元音的动态特征，箭头表示了每个二合元音的起点与终点。发这些音时，舌位的运动比二合元音化的元音/eɪ/和/oʊ/明显。有的汉语方言中缺少英语中的双元音，产出双元音有可能存在问题，如杭州方言完全没有英语的二合元音，导致发英语双元音时由第一个元音向第二个元音目标的滑动不够；有的方言尽管有双元音，但音质与英语有差异，造成直接用汉语代替的偏误，普通话中最为常见的就是用“爱”的发音/ai/替代英语/aɪ/。

元音的主要声学特性是由前三个共振峰 (F1、F2、F3) 的频率，即语谱图上共振峰的位置来决定的。如图 1-6 所示，元音在水平轴上从前元音到后元音排列，前元音又按照高度递减的顺序从高元音 [i] 到低元音 [æ] 排列，后元音以高度递增顺序由低元音 [ɑ] 到高元音 [u] 排列。如此，描写元音的两个主要纬度——高低和前后——与声学的相关性就非常清楚了。元音的高低反映在 F1 上，若两个元音的相对高度相近，比如 [i] 和 [u]，则它们的第一共振峰频率也相近。元音的前后反映在 F2 上，或者更准确地说是反映在 F2 与 F1 的间距上。

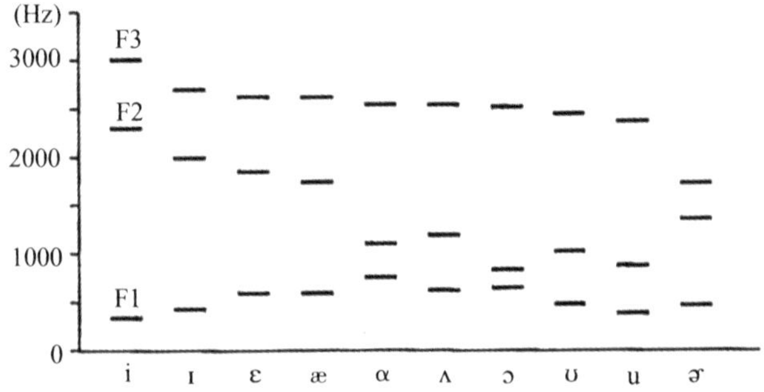

图 1-6 50 位美国英语男性发音人单元音前三个共振峰 F1—F3 的平均值和规整值（Reetz and Jongman，2009）

当元音音质变化时，第三共振峰频率没有 F1 和 F2 变化大。不过元音［i］是个例外，F3 相当高。在很多语言中，比如很多汉语方言、瑞典语等，F3 是元音音质的一个非常重要的特征，与圆唇性相关。圆唇使声道变长，所有共振峰降低，并且使 F3 趋近 F2，以此来区分前不圆唇和前圆唇元音。

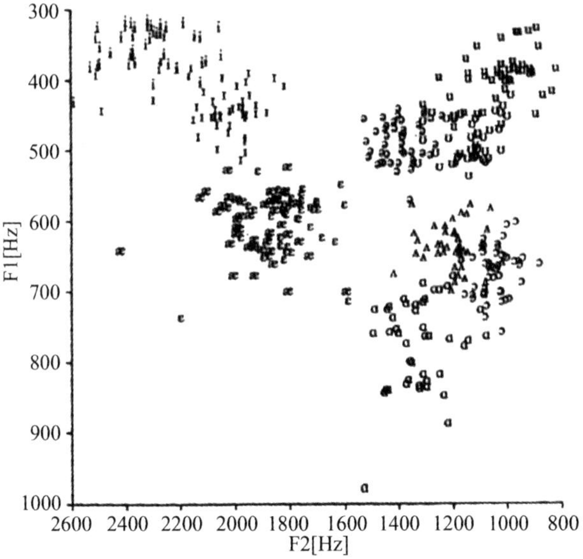

图 1-7 英语元音声学元音图（Hillenbrand 等，1995）

在分析元音音位范畴的时候，常常用声学元音图来表示。图 1－7 为 45 位成年男性所发英语单元音的 F1 与 F2 的频率值（Hillenbrand 等，1995）。可见这些元音范畴之间存在明显的重叠。

将图 1－7 中的每个元音中心位置视为范畴中心可以得到图 1－8 所示的声学元音图。对比左右两幅声学元音图，美国人和英国人的元音发音空间的异同一目了然。四个顶点元音/i/（beat）、/æ/（back）、/ɑ/（pot）、/u/（juice）组成的元音空间基本位置相似，但差别在于英国人的/ɔ/（bought）音将其整体元音发音空间向右侧扩展。

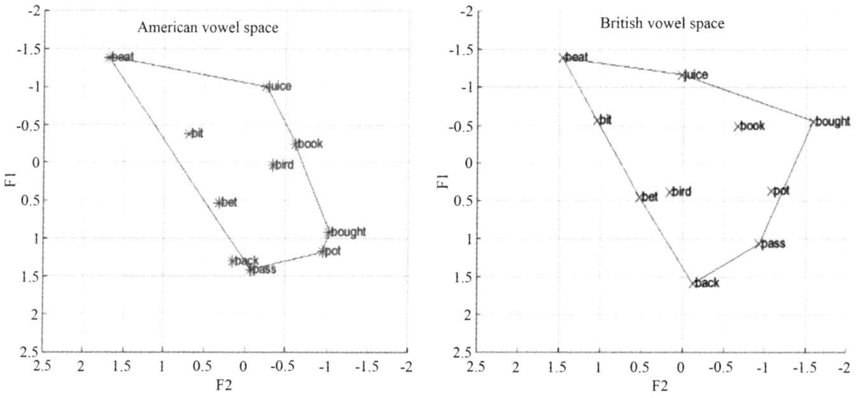

图 1－8 美国人（左）vs. 英国人（右）的元音发音空间

（Na and Li，2021）

通过声学元音图还可以对比不同语言的元音发音空间的异同，比较同一语言中不同年龄、性别的异同，观察元音习得发展过程。图 1－9 给出了英语（发音人 5—12 岁）和粤语（发音人 4—12 岁）的元音空间在不同年龄段发展的过程，两个语言的元音空间都是由低向高，由前向后变化。但粤语的元音声学空间比英语大，后元音/u/的差异最大。

声学元音图也可以量化对比分析 L2 元音习得偏误，通过考察方言元音音位分析对习得英语元音音位的影响。这里给出一个太原方言背景的英语学习者的例子。图 1－10 为太原方言英语学习者与英语本族语者的英语元音声学空间对比，通过对 F1 和 F2 的统计分析，可以得知太原方言英语学习者/ɑ i ɔ ɛ/的发音与英语本族语者无明显差异，习得良好，其他

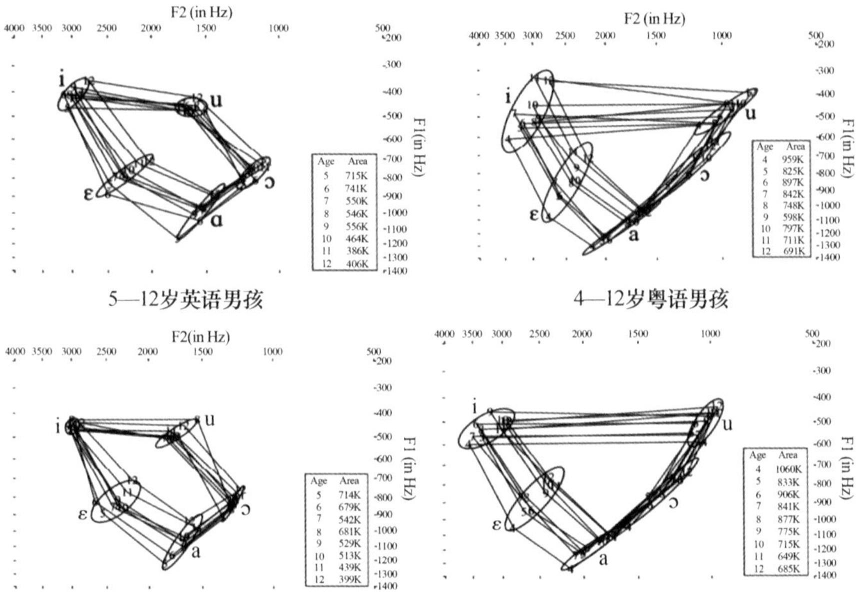

5—12岁英语男孩　　4—12岁粤语男孩

5—12岁英语男孩　　4—12岁粤语男孩

图1-9　英语儿童（左）vs. 粤语儿童（右）不同年龄段元音发音空间的发展（Lee W. S.，2010）

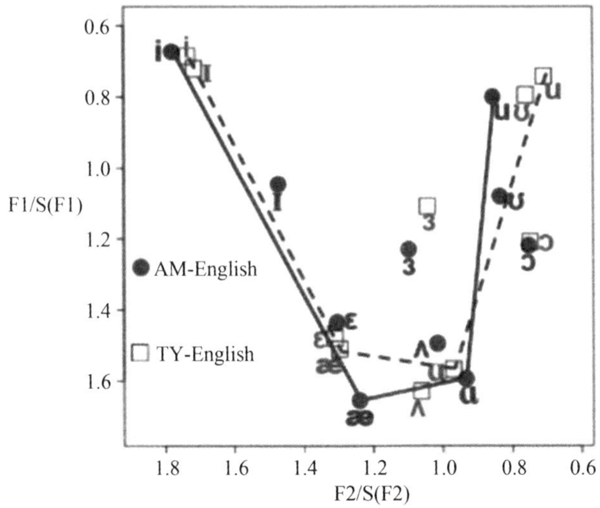

图1-10　太原方言英语学习者（TY-English）与英语本族语者（AM-English）英语元音的声学空间对比（贾媛，2019）

六个单元音习得不好。其中，/ɪ æ/的发音舌位偏高靠前，/ʌ/的发音舌位偏低靠前，/ɜ u ʊ/的发音舌位偏高靠后。从中可以发现，太原方言英语学习者在习得英语单元音时，前元音的发音会更靠前，低元音的发音会更偏低，后元音的发音则会更靠后。此外，太原方言英语学习者不区分松紧元音/i/和/ɪ/且不区分/æ/和/ɛ/。

图 1－11 为学习者的英语、太原方言和方言口音普通话与英语本族语者的三个顶点元音空间对比。太原方言英语学习者的英语元音/ɑ i/的发音与英语本族语者没有显著差别，习得较好；/u/的发音相较标准美式发音而言则更加偏高靠后，习得不好，发音时受太原普通话/u/的影响较大，受到方言母语负迁移的影响；同样，/a/的发音距太原普通话较近，/i/的发音则距太原方言较近，习得也不好。

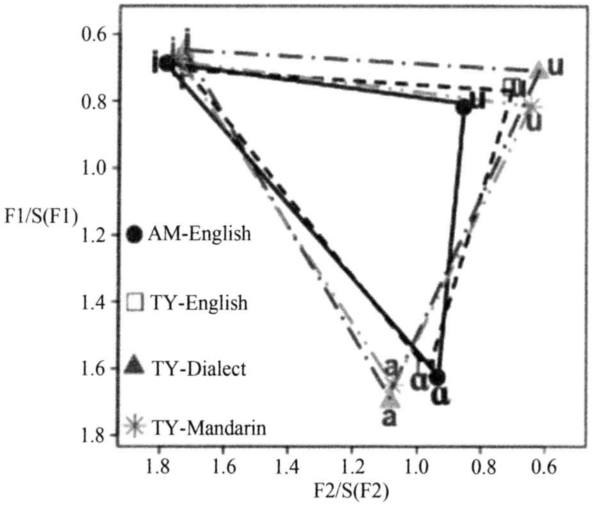

图 1－11 太原方言英语学习者的英语（TY-English）、太原方言（TY-Dialect）和方言口音普通话（TY-Mandarin）与英语本族语者的英语（AM-English）三个顶点元音空间对比（贾媛，2019）

除了利用声学元音图从声学上考察学习者的元音习得情况，还可以利用电磁发音仪器 EMA 等对舌位动态发音空间进行测量，对发音生理数据进行对比分析。如图 1－12 所示，EMA 的 6 个传感器分别黏贴在被试的舌根（TR）、舌体（TB）、舌尖（TT）、下齿龈脊（LI）、下唇（LL）和上唇（UL）位置；另外还有3个传感器分别黏贴在被试的鼻梁、左耳根和右耳根位置，作为对数据进行头部校准，右图三点连线表示某个时刻的舌位高低情况。

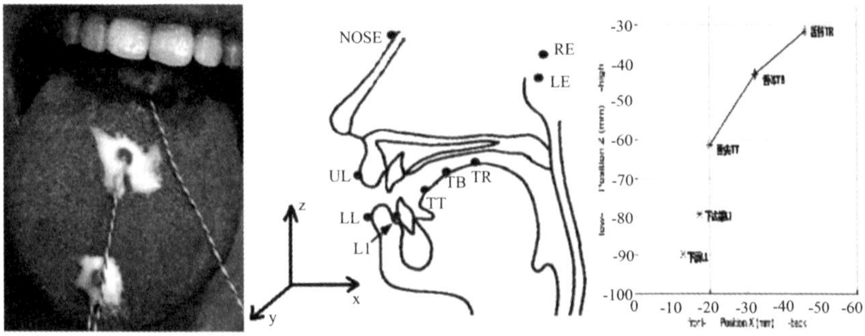

图1-12　电磁发音仪器EMA发音生理数据对英语松紧元音的分析

图1-13给出了中国英语学习者和美国本族语者的松紧元音/i/（beat）和/ɪ/（bit）的发音舌位图（智娜和李爱军，2020）。“+”和“*”为松紧元音/i/（实线）和/ɪ/（虚线）的舌位，“☆”为作为对比用的后元音/u/（juice）的舌位。数据清楚地显示中国学习者的松紧元音的舌位没有区别，而美国人的舌位是完全不同的，声学表现上就是音色（F1、F2）的差异。

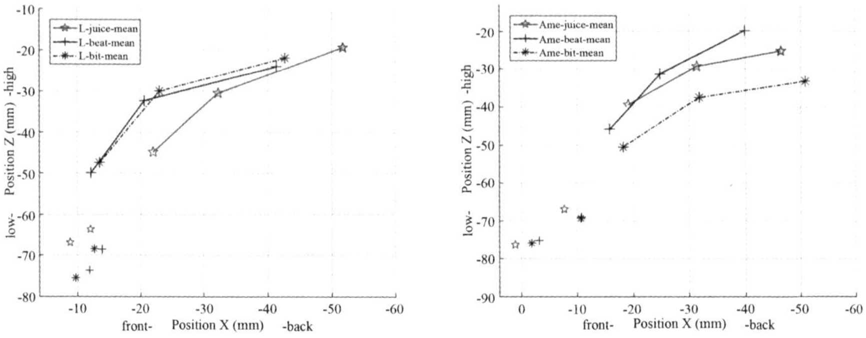

图1-13　中国英语学习者（左）与美国本族语者（右）的/i/和/ɪ/发音生理图

我们用EMA可视化的数据结合声学数据，开展元音发音研究，并通过三维可视化发音建模，构建了三维可视化发音学习平台，进行了可视化发音训练的探索。有关内容将在第八章和第九章介绍。

二 超音段（韵律）

（一）声调

汉语是声调语言。声调是在某种语言或方言中具有区别词义功能的音高对比。在音系系统里，声调也被称为调位。声调语言可以是平调（register tone）或者是曲折调（contour tone）。在平调语言中，每个音节音高（说话人的音域范围内）的相对高度区分词义。汉语属于曲折调语言，通过音高的曲折变化来区分词义，而不是通过音高的音阶变化。每一个声调都有一个特定的形状和特定音高的变化方向。

汉语声调的分类，中古从《切韵》开始就分平、上、去、入四个声调，这就是所谓的四声。入声跟入声音节对应，平上去三个声调对应其他音节。入声由三种不同的塞音韵尾/p t k/与喉塞音韵尾/ʔ/构成，读音短促。粤语、闽南语、吴语、部分赣语与客家话中仍完整地保存着韵尾三分；晋语、吴语、部分江淮官话和部分西南官话中保留喉塞音；在湘语、部分赣语、部分西南官话与江淮官话的入声保留独立调值；而现代官话的特征之一是中古汉语的入声消失。所以，官话区英语学习者产出英语带有塞音结尾的词容易出问题，常常在塞音后再加一个元音，red发成［redə］；而有入声塞尾的方言地区学习者，往往受到方言入声发音的影响，塞尾不爆破，同样也出现发音问题。

普通话有阴平、阳平、上声和去声四个声调。声调的调值标记，可以是物理上的F0曲线，也可以是音系描写的音高值，经常用赵元任（Chao，1930）提出的5度值表示，如普通话的阴阳上去分别为55、25、214、51表示。音系学中，还用声调特征高（H）和低（L）来描写声调的变化，如普通话的阴平、阳平上声和去声可分别为HH、LH、LL(H）和HL表示。汉语方言声调系统非常复杂，声调数目差异很大，最少的只有2个（红古话），多的有13个（博白水鸣粤语），最近周颖异和朱晓农（2020）报告江西修水渣津赣语有16个声调；调形在汉语声调对立中也起到重要作用，平调、降调最多，凹调、凸调、两折调等复杂调最少。

（二）重音、焦点与重音的层级性

重音（stress）是指音节的相对凸显程度。可分为词重音和句重音。词重音指具有区别词汇意义的重音。句重音指在一个语句中，凸显程度最高的重音。可分为语法重音、对比重音和强调重音等。

重音是音系上音节的一个属性，它使音节相对更凸显。英语的词重音通常划分三个等级，从最强到最弱分别是主重音、次重音、非重音。比如，在英语单词 biomechanics [ˌbaɪoʊməˈkænɪks]，第四个音节负载主重音（用一个右上角的竖线表示），第一个音节负载次重音（用一个左下角的竖线表示），第二、第三和最后一个音节是非重读音节。汉语的音节组合成词，有变调，也有轻重变化，这种轻重变化有两种，一种是失去本调变成轻声词，一种只是语音层面的轻重变化。从音系上来说汉语是否有词重音，是一个有争议的问题，普通话中“老子”和“老．子”、“鸭头”和“丫．头”产生词义对立，因此有的人认为汉语有词重音，还有的观点认为毕竟这样的词比较少，大部分的词的音节强弱对比只是语音上差异并不构成语义对立，所以汉语没有词重音。经过语音和心理学实验，我们认为汉语普通话除了轻声词具有重轻词重音模式外，没有音系意义上的词重音。

英汉这种在词汇层面上轻重模式的差异，反映在方言区学习者的英语词重音的产出中，是将 L1 汉语的轻重模式迁移到 L2 英语中来。图 1－14给出了四个官话方言（北京 BJ、济南 JN、镇江 ZhJ 和杭州 HZ）学习者产出英语词重音与美国本族语者（AM）的对比，这四个方言都有轻声，句中 afternoon [ˌæftərˈnuːn] 和 supermarket [ˈsuːpərmɑːrkɪt] 的词重音分别位于词末和词首。学习者的词重音实现与本族语者有明显区别。第一，学习者可以实现词重音，但可能将词重音错误放置，如将 supermarket 的词重音错误实现在 market 的第一个音节上；第二，重读音节凸显不够，试图把每个音节都读得很重，把汉语声调语言和音节性语言的特点都迁移过来，表现为重读音节和非重读音节之间的音高对比小于本族语者，即整个单词的音域不够宽；重读音节的音高不如本族语者高；其他非重读音节读得不够轻，减缩不够，音高压缩不明显。对于不存在轻声的方言，如广州话，词重音的实现完全不表现在音高上，只表现在时长上。

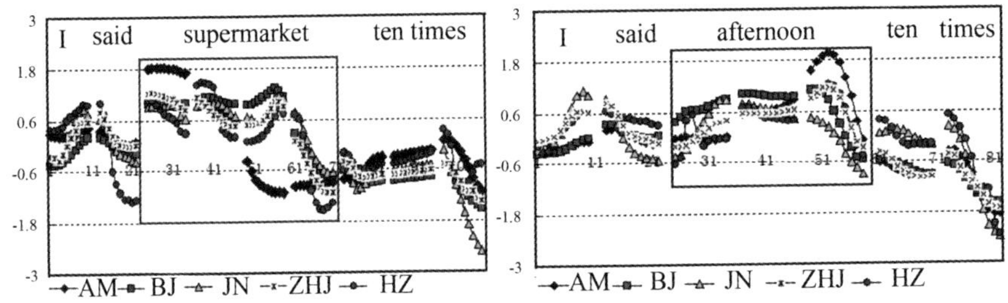

图1-14 四个方言区英语学习者的词重音音高特征与美国本族语者对比

在英语句子中，重音是有层级结构的。音高重音（pitch accent）可以使某些重读音节比其他重读音节更凸显。语调短语中最重的音高重音，称为调核重音或者核心重音（nuclear accent），也就是语句重音。音高重音和调核重音的位置是由上下文语境和篇章属性决定的，更具体地说就是篇章的信息结构决定的，句子中功能词（冠词、连词、介词和代词）与实词（如名词和动词）相比较大都弱读。

焦点（focus）通常被认作反映新信息的手段，在不同领域中有不同的解释，语言学界谈论的焦点，本质上是一个语用性的话语功能概念。焦点可以通过句法、词法、音系和语音等手段来体现，不同的语言可以采用不同的手段来表现焦点，同一种语言可以采用相同的手段来表现不同类的焦点（徐烈炯和潘海华，2005）。通常将"焦点"分为两类，即"宽焦点"（broad focus/wide focus）和"窄焦点"（narrow focus），前者通常表示"新信息"，后者表示"确认"或"对比"。

重音（stress/accent）通常被看作焦点的语音表现形式，许多语言都采用重音手段来表现焦点，根据语言本身的特点把某个音读得重一些，长一些，或者用语调的升降变化使某个成分显得突出（徐烈炯和潘海华，2005）。跨语言的研究显示，音高变化是衡量重音的首要参数，时长变化是次要参数（Gussenhoven，2004）。凸显（prominence）是听觉语音学术语，指一个（或几个）音节相对于其他音节的突出程度（Crystal，2011；Cruttenden，1997）。凸显的成分通常具有重要的语言学意义，如具有区分词义或确定语法分类等作用。凸显成分在语音实现上通常伴有音高变化、时长加长、响度提高等特征。在自然话语中，凸显成分和非凸显成分的交替出现，是语流韵律的重要组成部分。

普通话的重音也存在层级性（贾媛和李爱军，2012），表现为核心重音和核心前重音的对立，具体地说，核心重音和核心前重音的语音表现差异不大，但这两类重音的音系实质不同，核心重音具有“必要性”和“唯一性”的特征，而核心前重音则具有“选择性”特征。

从焦点和重音的关系看，焦点与重音并非一一对应的关系，从焦点到重音的实现受韵律结构的制约，制约表层重音实现的底层原因是节律上的“相对强弱”关系，节律“强”的位置可以实现为核心重音或核心前重音，节律“弱”的位置在句子表层没有重音实现。

从重音的声学相关量来看，汉语普通话与英语相似（Xu，1999；Chen，2006），都是将负载重音的成分的音高抬高而将后接成分的音高降低，称为焦点后压缩（post focus compression，PFC）；同时，时长也被显著拉长。但汉语重音的实现方式与英语所不同的是，在英语中负载重音的韵律单位是音节，而在汉语中则是韵律词，且音高抬高和降低的实质在于，负载重音成分的每个音节的 H 调被抬高。

从发音上看，产出重读音节时，喉部肌肉活动加强，特别是环甲肌，声门下气压增加，也就是高频能量相对低频能量增加（频谱倾斜的变化）。从声学上来说，与重音相关的四个主要声学参数是基频、时长、强度和共振峰分布（频谱倾斜），影响重音感知的 4 个声学因素从高到低依次为：音高（F0）>时长>音强>频谱。但词重音和句重音的实现中，这些参数的贡献等级可能跟语言相关，比如荷兰语的词重音主要相关量是时长>音高，英语是音高>时长，汉语普通话的轻声词中也是音高>时长。

（三）节奏

语言学意义上的节奏被认为是音节之间间隔的等时性（the isochrony of syllable）。Pike（1945）和 Abercrombie（1967）最早提出了著名的节奏等时同步性假说，将世界上的语言大体分为三种节奏类型：重音计时型，如英语；音节计时型，如汉语；以及莫拉计时型，如日语。

在句子层面上，重读音节和非重读音节交替出现构成了有节奏的凸显峰，交替出现的重音产生不同的节奏。凸显音节和非凸显音节大致这样交替出现的语言被称为重音计时（stress-timed）语言。在诸如英语和其他日耳曼语这样的重音计时语言中，语言学意义上的节奏是重音间隔等长，即具有等时性（isochrony）。也就是说，在重音计时的语言中，重音之间的间隔时长趋向于相等。在重音计时的语言中，重音又分为固定重音（fixed stress）和自由重音（variable stress）两种。在固定重音的语言里，主重音总是出现在相同的音节上。在自由重音语言中，重音并不总是固定在单词的相同位置上，而是不同的单词重音的位置不同，英语和德语属于自由重音的语言（Hayes，1995）。但诸如汉语、法语和西班牙语等这种被称为音节计时（syllable-timed）语言，重读音节和非重读音节的时长相差不大，也就是说，所有音节，不论是重读音节还是非重读音节，都被认为间隔时间相等。第三种节奏类型是以日语为代表的莫拉计时（mora-timed）语言，在日语中有一个单位叫莫拉（mora），音节和莫拉之间的区别是一个音节末尾的辅音自己构成一个莫拉（一个长元音的第二部分也构成一个莫拉）。根据传统的理论，每个莫拉的时长大致相等。但是，大量声学研究并没有证明三种节奏类型中重音之间时长、音节和莫拉的时长具有绝对的等长性。图 1－15 形象地表示了以英语为代表的重音计时语言和其他语言节奏模式。节奏其实是一个多维的概念，具有“轻重”和“时间”两大要素。“轻重”要素即语言单元重音级别问题；“时间”要素主要指节奏单元在时间域内的组织模式。影响轻重感知的有两类因素，一类是语音单元的“固有”强度因素，包括音节的音质、声调以及它的韵律位置等因素；二是音节的“可变”强度因素，主要包括音高、时长、音强等声学参数。二者比较起来，后者的影响力更大些。

图 1－15 重音计时语言（下）和其他语言（上）节奏模式示意图

（Prator 和 Robineett，1985）

节奏问题一般认为是个主观感受量，在英语口语能力量表中，跟节奏相关的有流利度和连贯度、连贯性、流畅性等描述词汇，在普通话高中英语课程标准的口语教学规定，“使用恰当的语调、语气和节奏，提高表达的自然性和流畅性”，直接使用了节奏一词（金艳和揭薇，2020）。如果口语表述中停顿过多，或者停顿位置有误、轻重不明确，都会感知为节奏不好。事实上，在英语习得过程中，中国学习者要么根据单词原有的重音位置将所有单词组合起来发音，要么以汉语的重读、节奏模式取代英语本身应具有的模式，形成所谓“中国式”英语，严重时会影响交际效果。出现的问题如重读音节和轻读音节大量中和化，元音时长扭曲，节奏配置失调；产出的英语受母语节奏的影响具有较强的音节节拍特点；节奏组块能力较弱，错误的停延影响交流及理解。

在节奏的时间维度上，Pike（1945）和 Abercrombie（1967）最早研究言语节奏，并提出了基于等时假说的节奏分类。此后的语音学研究一直热衷于寻求等时假说的声学依据。许多产出研究都一致认为绝对的重音等时间隔是不存在的，人们转而从感知上去发现重音型节奏和音节型节奏之间的区别（Miller，1984；Ramus 等，2003），发现听辨者有个体差异，但对于典型的音节型与重音型语言可以很容易区分；而且人们对节奏等时性有一种感知错觉（Lehiste，1977）。

在凸显模式维度上，凸显本身就是感知到的较重的成分，如词重音和句重音。英语中音高比时长对重音的感知作用大，音强最弱。

对汉语节奏的研究，也受到西方节律音系学理论的影响（Liberman 和 Prince，1977）。比如，冯胜利（1997，2000）和端木三（2000）等提出汉语音步概念，认为汉语有词重音；王洪君（2004）则提出不同观点，认为汉语节奏的本质“就是一种松紧节奏”，音步和停延段内部有组成单元数量要求。这些单元倾向于等长结构或等距离出现，是构成节奏的主要单位，叫作“节奏单元”。

语音学对节奏的研究采用节奏单元、节奏群等概念。曹剑芬（1998）将语音的节奏分为主要的三个层次：基本节奏单元、节奏群和句子。汉语的基本节奏单元主要由双音节和三音节组块构成，相当于韵律音系学上的标准音步和加强音步；而节奏群和句子则是基本节奏单元组块的扩展，“层次越高，语音单元间的结合关系相对疏松；层次越低，各单元间的结合关系就相对紧密。”（曹剑芬，1998）这里的节奏层级概念，与音系学中提出的韵律层级概念应该是相当的（见下一节内容）。所以，在节奏研究中，对节奏单元的考察，也包括对韵律结构、韵律单元或者韵律组块切分的考察。汉语的凸显模式，涉及词重音问题，尽管有争议，我们还是认为除了轻声词没有音系意义上的词重音，但在语流中，受到信息结构作用，韵律词是有重音，而且句子层面的重音具有层级性。

但是，为了作定量的分析，必须找到合理的声学物理量对节奏进行量化分析。语速（每秒音节数）是一个最基本的体现节奏快慢的指标，但不够精细。目前常用的度量节奏的时长指标包括音段尺度 IM 指标（interval measures）和成对比较指标 PVI（the Pairwise Variability Index），主要包括% V、ΔV、ΔC、PVI（nPVI、rPVI）等参数（White 和 Mattys，2007）；还有节律参数（melody metrics）（Hirst，2013）。具体的计算公式可参考第五章内容。

节奏的定量计算模型经常用在跨语言、跨方言的研究中区分不同节奏类型。例如，图 1-16 是我们统计的 10 名广州发音人和 10 名普通话发音人的普通话节奏模式对比。

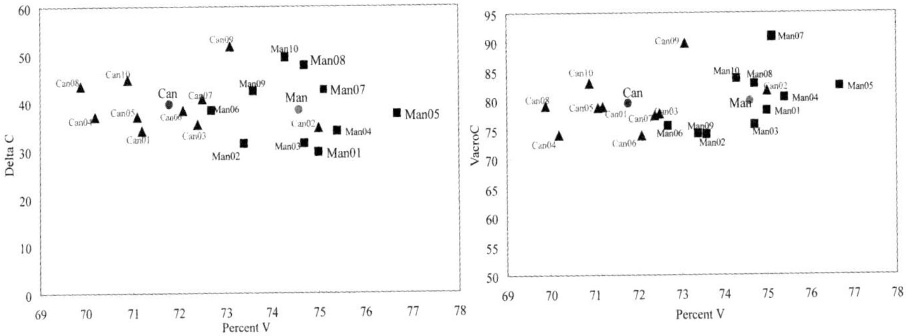

图 1-16 广州普通话和普通话的节奏模式

［ΔC 和% V（左）、Varco 和% V（右图）；Man、Can 分别代表普通话和广州普通话发音人］

图 1-17 是将普通话和广州普通话的节奏模式与其他几个语言节奏模式的比较结果。可以看到汉语普通话的两个变体之间距离很近，跟其他语言距离较远，英语和西班牙语临近，西班牙语与加泰罗尼亚语也很近。

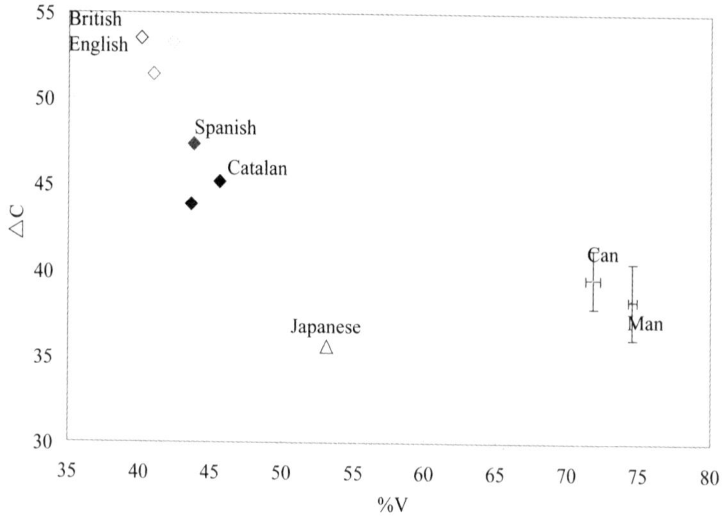

图 1-17 普通话和广州普通话跟多种语言的节奏模式比较

（Man、Can 分别代表普通话和广州普通话）

图 1-18 给出了不同发音水平的中国英语学习者和美国本族语者的节奏指标对比。中国学习者的长短句节奏模式差异较大，本族语者的长短句的节奏模式几乎没有差异；中国高水平的学习者（4 级和 3 级）的节奏模式更接近英语本族语者。

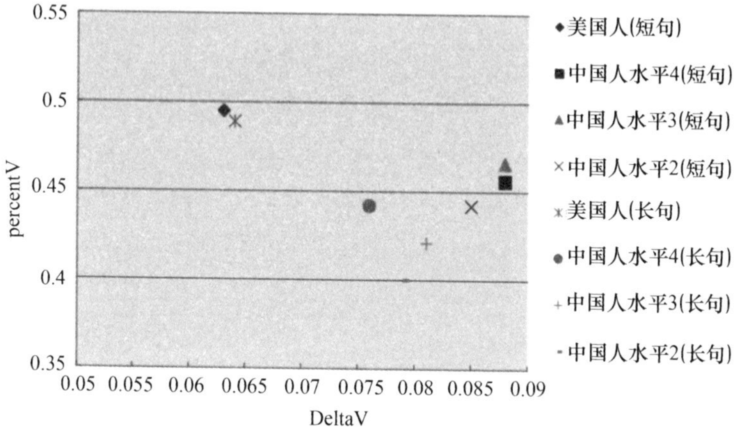

图 1-18 不同发音水平的中国英语学习者与美国本族语者的节奏模式比较

（四）韵律结构

对句子进行句法分析，可以得到它的句法成分（constituent）和句法结构，当我们说这句话的时候，却是按照其韵律结构来组织发音的。韵律结构通常也称为节奏结构。

韵律结构主要指话语信息的层级组织，包括各种韵律成分边界的界定等等，也称为韵律切分。它涉及说话时的组词断句模式，实质上是指语言信息时域分布（或叫计时 timing）的格局。从表面上看，特别是从书面形式上看，语言信息呈现线性排列，依次出现；但从话语生成的实质上看，语言信息在时间域并非线性的平均分配，而是以非线性的、层级形式分布。韵律结构体现了这种时域组织的形式。

韵律的层级结构来自音系学。Selkirk（1984）提出了一种严格的韵律分层理论，她认为话语（utterance）的韵律结构从低到高的分层依次是音步（foot）、音节（syllable）、音系词（phonology word，也叫韵律词 prosodic word）、音系短语（phonology phrase，也叫韵律短语 prosodic phrase）和语调短语（intonational phrase）。句子的韵律结构和句法结构之间存在着系统的影射关系。韵律结构有一些独立的完备的原则，这些原则在我们给一个句子分配其韵律结构时，是与句法到韵律的映射原则结合使用的（Selkirk 和 Shen，1990）。

韵律结构影响语言的可懂度，传递语音信息，具有消除句法歧义的作用。例如韵律边界将一个语句分为几个更易处理的较小片段。对于句法上的歧义句，可以通过设置不同的韵律边界位置结合音高和时长调整来排歧。如“乒乓球拍卖完了”，设置两种韵律结构得到不同的意义：“乒乓球/拍卖完了”和“乒乓球拍/卖完了”；“三个语言的输入”，两种韵律结构区分出两个意义：“三个/语言的输入”“三个语言的/输入”。英语中一些句法歧义句也可通过设置不同韵律结构辅以一定的音高时长特征变化消除歧义。如，Put the fish on the plate in the basket. 两种韵律结构可以区分歧义：Put the fish on the plate/ in the basket.（把盘子里的鱼放到篮子里），Put the fish/ on the plate in the basket（把鱼放到篮子里的盘子里）。我们第四章和第六章都将报告相关的产出和感知研究。

汉语的韵律结构和英语等其他语言一样具有层级结构。但是，具体划分为几级，每级如何划分，各家的说话不尽一致，所用术语也不统一。

音系学研究中，王洪君（1996，2000）、冯胜利（1997）和端木三（1999）等学者，从音系和句法的角度，对汉语韵律单元和层级结构进行了一系列的研究。李爱军等人（Li 等，2000）提出了汉语的韵律层级结构和标注系统 C-ToBI，韵律层级从小到大为音节、韵律词、次要韵律短语（韵律短语）和主要韵律短语（语调短语）。

（五）语调

语调是人们说话时音调高低变化造成的旋律模式，是有系统组织且表达后词汇或句子层面语用意义的韵律特征或者超音段特征。狭义的语调仅指音高的变化，广义的语调就是韵律，即音高、音长、音强和嗓音音质变化。语调可用来传达句子中的音节或词所不能表达的语义和语用信息。规则的语调常能标明句法边界，因为大部分语言中，句法单位边界的音高常常处于下降趋势的终点。语调还能传递说话人的情感、态度、语气等信息。普通的陈述句倾向于使用降调，而疑问句倾向于使用升调。

语言学家发现语调是有一定结构的，人们可对话语中语调组构成分作结构层级的分析，具体分析方式因所依据的理论而异。20 世纪出现了最具代表性的四类语调分析理论：以英国传统语调分析方法为代表的调型理论（Configurational Approach）、以美国结构主义为代表的调阶理论（Level Approach）、荷兰学者提出的 IPO（Instituut Voor Perceptieonderzoek 的缩写）理论与自主音段—节律理论（Autosegmental-Metrical Theory，简称 AM 理论）。前两者主要关注语调在语音层面的表现，后二者则是在音系层面开展对语调的研究。

19 世纪 70 年代，生成音系学的发展进程中出现了两个重要分支，即自主音段音系学与节律音系学，由此将生成音系学带入了非线性理论阶段，为语调音系学的产生与发展奠定了理论基础。Pierrehumbert 的博士论文《英语语调的音系与语音（The Phonology and Phonetics of English Intonation）》（1980）首次将自主音段音系学与节律音系学结合起来，开创了一种全新的语调研究的理论框架，即自主音段—节律理论。与传统语调理论相比，AM 语调理论确立了四个基本原则（Ladd，1996）：

1）音调结构的线性排列。依据这一原则，连续的语调音高曲拱被切分为线性连接的音高事件，音高事件之间由过渡联接。音高事件构成语调的主体，其中最重要的是音高重音（pitch accents）和边缘调（edge tones）。在语调音高事件中，音高重音总是与音段序列中的凸显音节相联系，边缘调则与不同层级的韵律范域（主要是语调短语 IP 和中间短语 ip）的边界相联。边缘调位于中间短语末端时称为短语重音（phrase tones），位于语调短语末端时称为边界调（boundary tones）。相比之下，过渡在音系上则是不确定的，其语音实现由音高事件之间的插值（interpolation）决定，因而在音系层面不予表征。

2）音高重音与节律重音的区分。AM 理论认为，音高重音只是节律重音或凸显的一个以音高运动为主的感知线索或实现手段，二者分属不同的概念范畴。

3）采用两个基本水平调（level tones）即高调（H）和低调（L）及其组合序列来分析音高重音和边界调。

4）语调的整体音高走势由局部音高调节因素（如降阶）的反复作用来说明。这一点意义重大，它使得借用二级平调来描写变化丰富的语调音高曲拱成为可能。

依照上述基本原则，AM 理论在表征语调时的主要方法如图 1－19 所示。

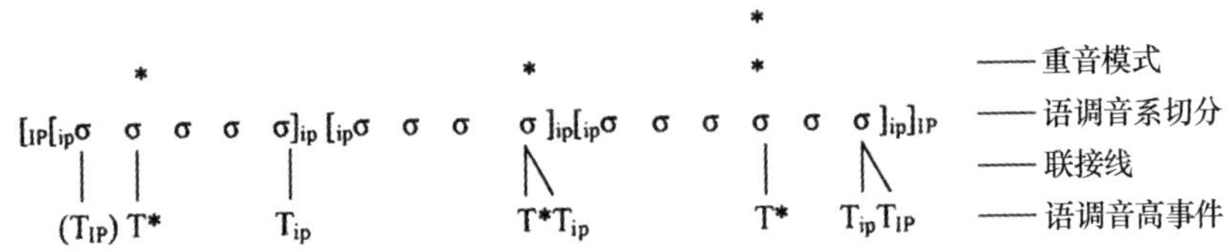

图 1－19 AM 理论标注示例

图中 T 表示音调，T* 表示音高重音，Tip 表示短语重音，TIP 表示边界调。从上图可以看出 AM 理论的一个基本观点：语调的核心要素就是重音与边缘调，其中，重音用于凸显重要信息，而边界调则可实现调群切分，并表达语气与语篇功能，二者相互组合，构成完整的语调曲拱。

AM 理论主要回答了三个问题：

1）语调在音系上如何表征？

2）语调的音系表征如何与文本相联？

3）语调的音系表征如何映射为基频曲线？

对于第一个问题，AM理论首先确定了语调的音高事件列表包含三类不同的音高事件：音高重音（pitch accents）、短语重音（phrase accents）和边界调（boundary tone）。Pierrehumbert提出了英语的语调特征有限状态文法，即用七个音高重音（H*、L*、H*+L-、H-+L*、L*+H-、L-+H*、H*+H-）、两个短语重音（H-、L-）和两个边界调（H%、L%）表示出来，其中短语重音位于音高重音和边界调中间。在音高重音中，*表示该调与重读音节重合，+表示前后音调构成组合调，-表示音调的扩展。另外，如短语重音的位置介于最后一个音高重音与边界调之间，可与边界调共同构成四种广义的边界调：L-L%（低）、H-H%（高升）、L-H%（低升）、H-L%（高平）。

Ladd（1996）对Pierrehumber（1980）的语调结构进行了改进，如图1-20所示，包括前边界调、核心前重音（可以多个）、核心重音、短语重音和后边界调，其中核心重音是重要成分，不可缺少。音高重音的类型简化到六个。

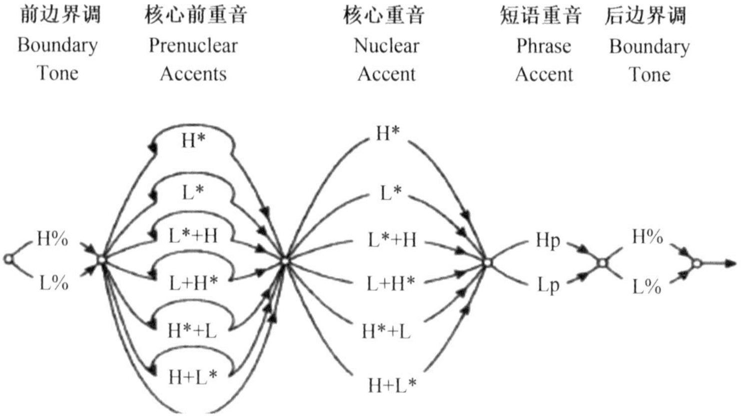

图1-20 改进的Pierrehumbert的语调结构（Ladd，1996）

对于第二个问题，根据文本音步节律的强弱确定文本的节律格栅，再将音高重音与相应音步节律的强节拍位置的音节相联。短语重音和边界调与节律结构无关，直接依次联到语调短语末尾。

针对第三个问题，Pierrehumbert提出，映射分为两步。第一步音高事件根据音调映射规则投射为基频曲线。音调映射规则分为两类，一类与节律强弱有关，高调音高重音（H*）越强则基频值越高，低调音高重音（L*）越强则基频值越低，但是易于接近音域底线而达到饱和。另一类与音调环境有关，在 H+L 或者 L+H 等高低音调交替的语调环境中，第二个高调受到前面低调的影响有降阶的趋势。此外，高调短语重音（H-）对其后面的边界调均有升阶的作用。

除了在英语领域受到广泛关注，AM 模型目前还被应用到许多英语变体以及包括法语、德语、日语、荷兰语等多种不同类似的语言的语调研究中，并于 19 世纪 90 年代初期形成了应用 AM 理论标记英语语调的规范标注提供 ToBI（Tone and Break Indices）系统（Silverman，1992）。

语调音系学自产生以来，大大推动了语调理论及应用研究的发展。作为生成音系学的一部分，AM 理论对于语调中音高事件的音系表征比较充分，既关注了调型相似的音高重音在轻重模式上可能存在的差异，也充分表征了四种常见的边界调，同时，由于所有的音高事件均只使用 H、L 对立进行表征即可描写语调中的高、低、升、降等所有音高运动，因而具有更好的经济性。并且，由于 AM 研究明确区分了边缘调与音高重音，充分肯定了边界调的独立性，这对于更深入地认识和分析语调的语气和语篇功能具有重要意义。但是，如前所述，以 Pierrehumbert 等为代表的主流 AM 研究的主要不足在于其表征系统中存在不透明性，对于语调短语内音高事件之间尤其是音高重音间的组合模式关注较少等。针对这些不足，目前已出现了许多各有创见的研究和探索（Jun，2005）。总体而言，与传统语调研究相比，AM 理论的最大特点首先在于它明确提出音高曲调和相对凸显这两个语调特征在语句中的分布均受韵律结构所制约，在研究方法上则借助基本平调 H 与 L 之间的二级对立，将其组合为具有特定形状及重音模式的音高事件，不仅区分了音高重音与边缘调，为英语语调提供了音系表征，而且通过音调映射规则进一步将表征结果投射为实际的基频曲线，从而在语调的音系与语音层面之间建立了有机的联系。

对汉语来说，声调和语调在声学上共用一条音高曲线（即基频 F0 曲线）作为其主要声学特征，因此汉语语调研究的核心问题始终在声调与语调的关系上。赵元任（1922，1929，1933）开创了现代汉语系统研究之先河，第一个阐明了声调与语调的关系，用“橡皮带”“代数和”“大波浪与小波浪”来进行比喻。这种对语调分析方法相对于“线性观”是一种“叠加观”，即表层的语调可以分为不同层级的韵律成分。

汉语语调研究著述颇丰，吴宗济（1982，1988）继承和拓展了赵元任先生的语调思想，揭示了汉语语句和语篇中的各种语调组成单元遵从必然变调规律和或然变调规律；沈炯（1992，1994）认为汉语语调的有声性主要表现为全句声调音域高音线和低音线两方面有系统的调节；石锋（2013）提出的语调格局理论。

许毅（Xu，2005）提出的并行编码和目标接近语调模型（Parallel Encoding and Target Approximation，简称 PENTA 模型）则是一种线性观。其理论基础是语言的发音—功能观（articulatory-functional view of speech），即各种语音现象来自交际功能通过发音机制的并行编码。各表意功能是相互独立的，每种功能都通过影响目标接近模型的控制参数有效地表现自己。声调（包括轻声）通过与音节同步的音高目标来实现，焦点、新话题通过调整局部目标的调域来体现，多种表意功能在基频中同时、平行存在，表面的整体倾向来自多种相互独立的因素，不存在统一的、以形式为定义的整体语调结构。

林茂灿（2012）从赵元任的语调理论出发，结合 AM 语调理论，提出了汉语语调的“双要素”模型，即重音和边界调是语调的两个重要要素。这个模型是叠加观与线性观的结合。在汉语语调研究中，边界调的作用是有争议的。赵元任（1933）提出了同时叠加和后续叠加两种边界调形式。林茂灿认为边界调是汉语语调短语的本质和核心，语调短语音高曲线上的其他部分往往由协同发音等因素引起，对语调特征而言是羡余的（redundancy）。疑问语调和陈述语调的语气主要体现在后边界调（林茂灿，2012）。

赵元任（1932）最早系统地进行了英汉语语调对比。在文章《英语语调（附美语变体）与汉语对应语调初探（A preliminary study of English Intonation（with American Variants）and its Chinese Equivalents）》中论述了英汉语调的关系，并从功能和形式两个维度，系统总结并描述了英语语调和对应的汉语语调。赵元任指出汉语的语调和英语语调都用音高 F0 这个时间的函数，在表达情感、语气和意图等信息的时候两者是对应的；但是汉语语调是词的一部分（“In Chinese，intonation is an etymological part of words.”)，语调是词的要素，英语没有词调，任一词可以用任一语调来说而不会丧失其词义；英语中用语调表达的，汉语中用不着，大多数情况下，英语的语调相当于汉语语法中的语助词的功能，反之，汉语语助词有时相当于英语的屈折变化，有时相当于英语的语调。赵元任先生还总结了基本语调、组合语调和扩展基本语调等 31 个分类的语调模式。

赵元任先生这个研究，精辟地指出了英汉语调在后词汇层面都表达语用功能，都表达语气、情感和意图，不同地方在于词汇韵律层面：“口气语调不像中性语调一处是一个样子，是几乎全国一个样子的，甚至跟外国语言也有好些相同的地方（赵元任，1929）。”这里“一处一个样子”就是指汉语方言众多，各个方言的声调和变调模式差别大，中性语调差异就很大；相反，在口气语调方面，各个方言之间甚至国外的语调，相似性反而增加了。赵元任先生的这些开创性研究，给今后中国人英语语调教学指明了方向。

英汉语调在词汇韵律上的差异是外国人学汉语语调和中国人学习英语语调的最大障碍。外国人说汉语“你姓陆?”常常说成“你姓卢?”就是没有把握声调和语调的关系，用疑问的语调代替了声调。

中国人说英语，首先会把声调特征作用于语调的音高重音和边界调上。这里我们对比一下汉语降调和英语的降调，简单加以说明，从 AESOP-CASS 中选取 5 位男性中国英语学习者（普通话）和 5 位美国本族语者的英语开闭音节词各 10 个和 22 个，均为降调；学习者的普通话音节降调去声音节 10 个。每个音节等距离提取 10 点基频值。图 1-21 为音高分析结果。中国人说汉语去声降调的基频起点远远高于英语本族语者的降调起始点，学习者的英语降调起始点的位置居于普通话去声和英语本族语者降调之间。其实，美国人说汉语去声时候，也受到其母语影响，存在去声起始点高不起来的问题。

其次，英语和汉语在语调和词汇调的音系特征的系统差异，造成中国学习者产出英语语调音高特征 L^*（或 L^*H）的普遍困难。汉语很多方言，尽管有声调特征为/L/的调（如普通话上声，用//表示汉语声调层特征），但在语调层面句重音的实现往往是扩大音域拉长时长（有的方言如粤语只有时长变化），可以用 H^* 表示音域的扩大，但这个 H^* 作用是保持声调特征不变的基础上，使得声调特征的/H/更高、/L/更低（但以抬高/H/为主）；而在语调层面没有音高重音 L* 这个特征。因此，在产出英语音高重音 L*（或 L*H）时候，中国人往往直接用汉语声调/H/来实现，这是一种典型的负迁移现象。在第四章我们将详细介绍英汉语调的对比，以及我们针对多个方言点各种语调的对比研究。但为什么学习第二语言，会出现各种发音偏误现象，就涉及第二语言习得的机制和相关理论，这些理论能够帮助我们解释中国发音人在英语学习中的语音问题以及这些问题背后的原因。

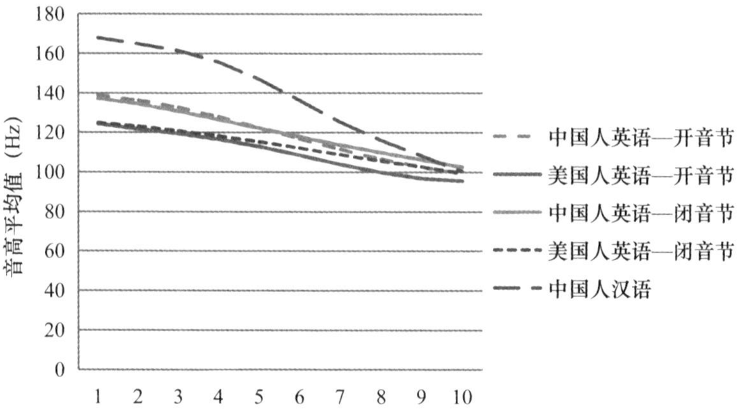

图1－21 本族语和学习者的英语降调与学习者的普通话去声降调的对比

第三节 第二语言习得的基本理论与研究综述

我们常常说外国人说汉语有“洋腔洋调”，比如母语为英语的外国人说不好声调，处理不好声调和语调的关系。中国人说英语，也有“土腔土调”，上面从音段和语调韵律几个方面都有简单介绍，比如，我们常常把 thanks 的音节首辅音［θ］用［s］来替代，还把方言特征带到英语里，例如粤方言区的英语学习者不区分 light 和 night。

学习者的这些发音问题，涉及母语和二语的关系。母语和目标语间存在着差异，这些差异也是导致学习者在二语学习过程中进行不确定判断的主要因素（桂诗春，2005）。上面举的中国人说英语例子都是音段上的偏误问题，但在超音段上，如语句重音实现方式、节奏等也都跟英语本族语者之间存在差异，比如，把语句中每个音节都说得很重，轻重对立不明显，长句子停顿多等问题普遍存在。而目前对超音段也就是语调韵律方面的研究相对较少。

对于很多中国方言区英语学习者，母语方言是他们的第一语言，平时社会活动交流的时候可能也讲地方普通话，在家庭以方言为主，他们的英语习得也可能算“第三语言”习得了。

第一语言习得与第二语言习得既有共同点，也有差异。其共同点表现在都需要学习者具备一定的学习能力和学习环境，学习者需要按照一定的规则来习得语音、词汇和语法。不同点主要体现在以下几个方面：

首先，学习者年龄的差异。母语习得是在出生后的儿童期发生的，而第二语言的学习者一般都过了儿童期，相当一部分人已经进入了成年期。儿童与成年人在认知机制上的差异导致了第二语言习得过程与母语不同，而且已经习得的母语知识对第二语言的学习不可避免地会产生一些正面或负面的影响。

其次，学习环境与方式的差异。母语习得是在自然环境下发生的，接受了大量的语言输入，一般先习得口语，再习得书面语，通过大量的课堂学习提高书面语能力。而二语习得只有一部分是在目标语环境中，更多是在没有目标语浸入的语言环境中，在人为的课堂里学习，而且口语与书面语同时进行。由于语言输入主要依靠课堂和教师，教师的语言水平对学生的二语习得的影响远比母语习得大。

从20世纪60年代开始，二语习得的研究从最初的如何改进二语教学，到探讨二语语言习得机制的研究，现在已经发展为一门多学科背景的、专门的独立学科，研究领域在不断扩展，研究热点也在不断更新。

Ellis（1985）认为，二语习得研究有两个主要目标——描写和解释，即描写第二语言学习者的整体语言能力和各项具体的语言技能的习得和发展过程，解释学习者习得第二语言的过程中内在和外在因素的影响。Smith（1994）将二语习得领域的理论在20世纪60年代到80年代的发展过程大致分为以下几个阶段：20世纪40—60年代，在二语习得尚未形成独立的研究领域时，以结构主义语言学和行为主义心理学为基础，对母语和目标语进行对比分析；20 世纪 60 年代末到 70 年代中期，研究重点转向偏误分析，对学习者在学习过程的错误进行分析，出现了中介语理论，标志着二语习得领域有了自己独立的研究方向；20 世纪 70 年代中期到 80 年代中期，以认知心理学、生成语言学和语料库语言学为基础对学习者使用的语言进行细致的分析；80 年代中期以后，各种理论模式蓬勃发展，二语习得研究呈现欣欣向荣的发展趋势。随着人工智能语音技术的发展，计算机辅助语音教学和自动语音评测技术得到极大提高，在外语学习和教学中发挥着越来越大的作用。

一　二语习得相关理论

本节简要回顾二语习得研究中的语言迁移理论、对比分析假设、错误分析理论以及中介语理论，然后进一步介绍中介语语音习得中比较重要的语音习得模型和感知同化模型。这些理论阐述了如何评价母语（L1）在第二语言（L2）语音习得中的作用，L1 和 L2 语音单元之间的相似性对 L2 语音范畴的形成起到何种作用等。

（一）语言迁移理论

（1）语言迁移的概念

所谓“迁移”，其实是心理学的一个概念，指的是在学习新知识时，学习者将以前所掌握的知识、技能、经验等影响新知识、新技能的学习和掌握的一种过程。

语言迁移是指先前学习语言的心理过程继续存在于新的环境中，并影响新的学习任务。Odlin（2002）在对第二语言习得领域十年的语言迁移现象研究的基础上，给“语言迁移”下了一个简明精确的定义：迁移是指目标语和其他任何已经习得的（或者没有完全习得的）语言之间的共性和差异所造成的影响。

对二语习得中语言迁移现象的研究，经历了一个曲折反复的过程：从 20 世纪 50 年代和 60 年代前期兴盛，到 60 年代后期至 70 年代衰落，再到 80 年代中后期再次崛起。在此过程中，随着对语言迁移的认识不断深化，研究者认识到语言迁移不仅是一种心理过程，一种语言现象，更是一种通过已知语言去学习新语言的学习策略。

（2）语言迁移的表现形式

语言迁移主要有三种表现形式：正向迁移和负向迁移；语间迁移和语内迁移；交际迁移和学习迁移。

1）正向迁移和负向迁移

正向迁移，或正迁移，指是的母语与目标语的相同或相似之处会促进第二语言学习，加速通过中介语的某些发展环节。具体表现为母语能帮助学习者领会和掌握外语中的某些语言项目。Ellis（1985）指出，在二语习得的早期，母语的促进作用比较明显，主要体现在学习者错误减少的数量和学习的进度上。建立在相同基础上的语言联系能帮助学习者加快学习的进度，记忆时间也比较长久。比如中国人在学习日语的过程中，与汉语意义相同、写法一致的汉字比较容易习得。

二语习得中的负向迁移，或负迁移，指的是母语干扰，也就是母语非但不能促进学习者的二语学习，在一定程度上反而会阻碍二语学习中新的语言知识的形成。如果学习者不合时宜地用母语的表达或理解方式来代替二语的表达或理解方式，就会导致错误出现。许多实例研究表明，母语干扰是第二语言习得中普遍存在的现象，负迁移也发生在语言学习的各个层面（Major，2008）。

Odlin（2002）将负向迁移的结果概括为“过少运用”“过度运用”和“误解”三种类型。“过少运用”指学习者很少或根本不使用某一目标语结构，可能是因为学习者对目标语的某些结构觉得比较困难，故意避开，也可能是因为学习者对母语与目标语的相似表示怀疑所致。在我们的研究中，中国学习者对英语 L^*H 核心重音就属于过少运用，除了在疑问句核心重音在句末的情况下，很少有学习者能够习得 L^*H。“过度运用”往往是学习者为了回避某些困难的结构而过多地使用一些简单的结构。在我们的研究中，H^*L 就被过度运用了，中国学习者在疑问句和祈使句中也大量使用 H^*L 语调。“误解”是指母语结构影响学习者对目标语信息所作的解释，这种解释与目标语的解释差距很大。

2）语间迁移和语内迁移

在语言学习过程中，根据迁移内容的来源可分为语间迁移和语内迁移。语间迁移发生在不同语言之间，母语内容迁移到目标语中的现象被称为语间迁移。在外语初学阶段，学习者由于不熟悉目标语的语法规则，只好依靠母语，这种迁移有时促进目标语的发展，属于语间正向迁移。当语间迁移导致错误时，就叫作母语干扰，或叫作语间负迁移。

迁移还可能在一种语言之内发生。这种发生在目标语内部的迁移现象被称为语内迁移。过度概括就是语内迁移的典型例子，比如将 do 的过去时说成 doed，这种现象对母语学习者也会发生。学习者会对外语的某些规则错误地推广使用，目标语中先学会的规则对后学会的规则或后学的规则对先学的规则也可能起干扰作用，都属于语内迁移。

3）交际迁移和学习迁移

学习者利用母语实现暂时的和个别的交际目的，或帮助理解目标语的意思，这种迁移叫“交际迁移”。另一种是学习中的迁移，它是指学习者使用母语知识来构建有关目的语规则的中介语系统，也叫“学习迁移”（White，1985）。

尽管交际迁移是语言应用的反映，学习迁移是知识系统和认知结构的反映，但实际上语言运用也是语言知识系统的反映，因此，交际迁移也可谓是学习迁移的反映。两者相互渗透，相互作用，共同促进语言的发展。

（二）对比分析假设

20 世纪四五十年代，语言学家 C. Fries 和 R. Lado 从斯金纳（B. F. Skinner）的行为主义心理学理论出发，认为“学习是刺激与反应的强化，是习惯的形成，是新旧知识的联结。因而在外语学习中，母语这种先前语言学习的习惯会对新的外语学习产生迁移作用”。他们认为，在外语学习环境中，学习者广泛依赖已经掌握的母语，倾向于将母语的语言形式、意义和与母语相联系的文化迁移到外语学习中来。

该理论的核心是，根据两种语言的相似程度来预测学习者在目标语学习中可能遇到的困难和语言错误，从母语向目标语学习迁移的角度来解释错误。“学习外语到底容易或困难，其关键就在于母语与外语的比较。类似母语的部分就比较容易学，不同的部分就比较难学。”对比分析假设认为学习第二语言的要点就是要克服 L1 和 L2 之间的差异性。

在语音习得的问题上，对比分析假设确定 L1—L2 结构相似性的方法主要是进行抽象的音系对比，用来对比的单位一般是抽象的音位或者音位的区别性特征。例如，汉语的塞音没有清浊对立，因此汉语母语者在学习英语的浊塞音时就存在困难，他们往往用送气对立替代清浊对立；汉语节奏上是音节计时语言，英语是重音计时的语言，因此学习者在学习英语的时候试图将每个音节都发得很到位很重，这些就是所谓的负迁移。

对比分析假设有强势假设和弱势假设两种版本（Wardhaugh，1970）。强式假设认为：①母语干扰是造成外语学习困难和错误的主要甚至是唯一原因；②外语学习中困难的产生完全是由两种语言间的差异造成的；③差异越大，困难越大；④通过对比分析可以预测学习者可能遇到的困难等级和偏误。

对比分析假设曾经风靡一时，研究者认为二语学习中的多数错误来源于母语的影响，并开展了大量的成对语言的对比研究，并深信能够预测二语学习中可能出现的错误，并指导外语教学。而实际研究则发现，对比分析对错误的预测并没有充分的事实根据。有时候，它的预测失败了，也就是说未能预见某些错误；有时候，它的预测过头了，也就是说，预见到的错误并未出现。而且，许多错误单凭对比分析是无法预测的。对比分析假设也在实践中遭到了挑战。

根据强式假设，可以推断，语言的差异等于学习的困难，而学习的困难必然导致表达的错误。而实际上，差异是个语言学概念，困难是个心理学概念，没有任何心理学依据可以将两个概念等同。而且，语言之间的极大差异也未必导致极大的学习困难。正如 Sato 所指出的那样，对比分析的致命缺点在于只依靠“语言产出的分析来解释二语习得这个心理语言学过程”（Sato，1984）。

弱式假设是针对强式假设的局限性提出来的，研究者试图用已经掌握的语言知识来解释观察到的二语习得中的产生的偏误。尽管弱式假设依然认为语际干扰和语际差异是导致学习困难的重要原因，但它更强调对观察到的学习错误进行分析和解释，找出错误产生的根源。

到了 20 世纪 70 年代早期，对比分析假设渐渐受到了质疑，人们认为，其是在基于过时的结构主义描写理论和行为主义理论基础上产生的假设。对比分析假设最致命的打击来自乔姆斯基。在对比分析假设创始之初，斯金纳的行为主义心理学理论为其带来了理论基础和学术上的可信度。但 1959 年，乔姆斯基对行为主义的语言习得观点进行了直接的挑战。乔姆斯基指出，语言习得的过程不是只有习惯，还有创新的过程，“刺激—反应”理论无法解释人类语言学习的复杂性和创造性，对比分析假设的理论基础也随之被动摇了。

随着更多的研究发现，很多通过对比分析假设所预测到的错误，学习者在实际学习中却往往没有发生；同时很多学习者的语言错误也无法通过对比分析假设来解释（James，2013）。对比分析假设的一个基本原则也受到质疑，即两种语言的异同决定了学习的难易程度，将难度等同于差异，但差异只是对语言形式的描述，不能用来测量学习过程的真实难度。因此，对比分析假设也逐渐失去了在二语习得研究中的主导地位，人们开始试图用其他理论，如错误分析法或中介语理论来代替和补充传统的对比分析理论。

对比分析假设理论的致命弱点就在于试图用简单的语言学方法去解决复杂的心理学问题。但是，对比分析作为一种研究方法，在二语习得研究中依然具有重要的意义。随着语言迁移研究的进一步深化，人们希望通过对比分析来找出母语对二语习得的影响，这种影响发生的条件以及人们在外语学习中是如何利用母语知识的。对比分析作为一种研究方法和研究工具，依然有其存在的价值和意义。

（三）错误（偏误）分析理论

Wardhaugh（1970）指出了对比分析假设的两种版本的区别，强势假设版本指使用对比分析法来预测二语学习的困难等级；而弱势假设版本是一个诊断性的假设，使用对比分析法来解释可以观察到的困难。这实际上开启了错误分析的先河，研究者开始关注学习者所犯的错误的重要性，也就是分析错误的来源（Richards，1971）。

20 世纪 60 年代，Coder（1967，1975）提出了偏误分析的理论和主要方法。偏误分析的崛起取代了对比分析，因为偏误分析聚焦学习者实际语音偏误，而对比分析只研究受到母语干扰而造成的错误，而忽视了目标语言本身可能导致的错误。在乔姆斯基语言习得机制的影响下，许多学者开始研究儿童的英语母语习得，并试图找出他们的语言产出规律，比如：

*She doesn't wants to go.

*I eated it.

*geeses

*wented

这些是不可能通过模仿学习来的错误叫作发展性错误。芬兰语中的/r/也是个很好的例子，不少儿童在习得这个颤音的时候都有困难，还有专门的课程帮助他们纠正发音。二语习得过程中也会犯这种发展性错误，而且不论母语背景如何，都不例外。显然，这种错误不是由于母语干扰引起的。

当然，没有人能够否认母语对二语习得的影响，虽然对比分析假设失去了支持，但对比分析本身并没有错，只是要把分析聚焦在学习者实际犯的错误上。James（2013）评论道，跨语言间的对比和错误分析方法在应用语言学领域中备受重视，其原因是外语教学者们每天都会遇到学生们犯的各种各样的语言错误，只有对学生的错误予以及时和正确的纠正，学生才能受益，从而能提高目标语的水平。

Corder（1967）关于偏误分析的主要思想如下：①学习者使用的语言不稳定性和过渡性，代表了学习者语言习得的发展过程，可以借此对学习者的语言和偏误进行预测；②二语习得中的错误与母语习得的错误并无本质区别，偏误可以看成一种学习策略，一种通过犯错检验假设的手段；③偏误揭示了学习者的学习过程和发展轨迹，对偏误的研究具有非常重要的意义。

除了源自学习者本人的偏误以外，外部因素也是导致偏误的原因之一，比如课堂、教材和教师等因素。尤其是语音方面的偏误，受教师的影响更大。偏误分析在外语教学中依然被广泛应用，不过，也有批评的声音，称其仅仅关注学习者所犯的错误，而忽略了那些使学习成功的正面因素。另外，偏误分析只能看到出现错误的情况，并不能覆盖学习者由于畏难心理而回避或过少使用某些语言结构的情况。

（四）中介语理论

二语习得中的另一个重要理论是中介语理论。中介语（interlanguage）这个概念由Selinker（1972）首先使用的，指的是第二语言学习者在学习过程中形成的“临时语法”（interim grammars）。Selinker分析了中介语和潜在结构之间的关系，分析了二语习得中与中介语能力形成相关的主要过程，并重点论述了石化现象（fossilization）。中介语理论的出现，标志着对第二语言习得的研究从过去的对比分析发展到了偏误分析和对学习者的整个语言系统进行分析的阶段，具有划时代的意义。

中介语是学习者通过一定的策略，在目标与输入的基础上形成的介于学习者母语与目标语之间的一种语言，它既不同于学习者的母语，又不同于目标语，也不能简单地把它看作二者的混合体。它是一种学习者的语言，是一个独立的、动态的语言系统，这个概念确认了学习者语言的地位，它不是一个带有不规则偏误的缺损的语言体系，而是一个有其内在结构的自足系统。这个系统由众多元素构成，最重要的是来自本族语和目标语的元素。随着学习进展和交际需要，中介语逐渐向目标语过渡。所以中介语这个概念其实包括了两层意义，一是指在学习过程中任何一个阶段的静态特征，二是指学习者从零开始逐渐向目标语靠近的过程。

中介语理论的重要意义在于它把第二语言学习看作一种心理过程，并提供了一个理论框架来解释这种心理过程，而且这种理论为后来人们采用实验的方法研究第二语言的学习提供了理论基础。

当人们认识到语音在二语习得中的重要作用时，也出现了与书面中介语对应的语音中介语和中介语语音学、中介语音系学理论。对语音习得的研究经历了从定性的经验式总结，到基于声学参数分析的感知/发声实验研究阶段，与语音学的关系也越来越密切。

二语习得受语言环境、个人能力、心理因素、学习策略、认知方式等多种因素的影响，是一个缓慢而又逐渐发展变化的过程。但多数学习者由于种种原因，在学习到了一定程度后，就不像初学时进步那么快了，就停滞不前了，这种现象就叫作石化。外国人说汉语的洋腔洋调、日本人说英语的独特发音、印度英语的口音，都是典型的发音石化现象。在中介语石化中，发音的石化是一个重要方面。

石化这一概念是中介语理论的核心。石化就是“母语的词条、规则和词系统倾向保留在与目的语相关的中介语中，不管学习者的年龄有多大，也不管学习者接受的解释和指导有多少，这种倾向都不会改变”（Selinker，1972）。后来 Selinker 和 Han（2001）进一步概括了石化定义的 6 个特征：①石化就是发展的停滞；②石化的特征出现在中介语的各个层面，包括语音、音位、词汇、句法、语义、语篇和语用等；③石化的特征是持久且具有抵抗力的；④不论二语学习者是成人还是儿童，石化现象都会出现；⑤石化的特征往往表现为语言的回退、固化的错误、典型错误、持久的非目的语语言运用、否定性反馈无法纠正的错误和长期的自由变异等一些中介语形式的反复出现；⑥可以通过研究发现具体的、持久的中介语特征。

中介语是学习者的语言，但在中介语语音系统的形成过程中，语言教师所起的作用不可忽视。一些研究者注意到，学习者的偏误有时来自教师，这种情况在目标语不是教师的母语时显得尤为突出。Wang 和 Munro（1999）的研究表明，母语为汉语普通话的学习者在学习英语松紧元音时，大部分是通过元音长短的不同来辨别元音/i/和/ɪ/的，与母语者依靠共振峰（音质）的区别模式不同。在发音中，大部分学习者夸大了/i/和/ɪ/在时长上的区别。汉语方言元音系统中既无松紧对立，也无长短对立，因此，很难从学习者母语的音系中找到造成这种感知和发音模式的原因。研究者发现，这些被试在中国学习英语时，英语教师告知他们/i/和/ɪ/的区别是长和短的区别，因此教师的误导是造成上述感知和发音现象的原因之一。

此外，Broselow 等（1998）发现，母语是汉语普通话的被试在对英语词尾塞音的处理中有三种策略：①在塞音后增加元音；②删除词尾塞音；③使词尾浊塞音清化。在对策略①和②的选择上，被试呈现显著规律性，即对单音节词尾大多采用策略①，使单音节词变为以元音结尾的双音节词；对双音节词尾大多采用策略②，使双音节词变成以元音结尾。他们还注意到，浊音词尾的错误率高于清音词尾。Broselow 等认为，尽管这些策略的运用都是为了与普通话的某些音韵形式相一致，但采取这些策略时所使用的语音规则在普通话中并不存在，并且在目标语中也不存在。因此，他们选择了音系学中的优选理论来研究上述现象。

（五）几个理论之间的关系

James（2013）用图 1－22 表明了学习者的母语、目标语和中介语（Selinker，1969，1972；Selinker 等，2008）三者间的关系。

虽然对比分析假设和错误分析理论一直在外语语言习得领域饱受争议，但它们仍是被语言教学者、研究者和语言测试者所广泛应用的理论

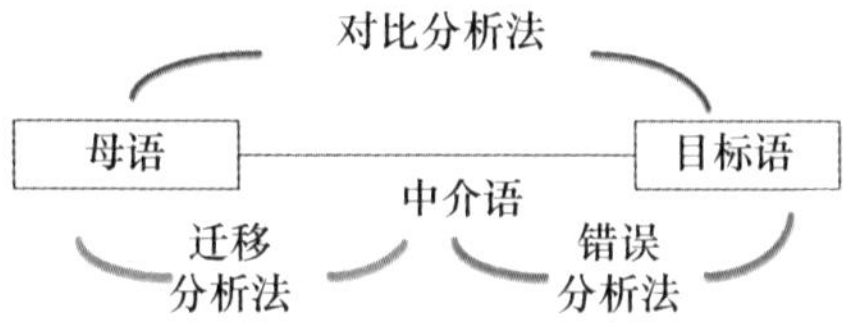

图1-22 学习者的母语、目标语和中介语三者间的关系

框架和研究方法，后续发展的一系列外语习得研究也都基于对比分析和错误分析的基本方法而展开。

二 二语语音习得理论及相关研究

本节将从语音感知和语音产出两个角度对国内外较有影响的二语语音研究理论和方法进行概述（智娜、贾媛、李爱军，2016）。

（一）二语语音的感知模型

（1）语音学习模型（SLM）与改进的语音学习模型（SLM-r）

根据母语和目标语在语音上的相似度，Flege（1995）提出了语音学习模型（Speech Learning Model，SLM）。该模型关心的问题包括：是否某些二语语音成分是无法习得的？或者只能在儿童时期习得？对语音的感知又如何？

语音学习模型试图系统地揭示二语学习者语音产出的所有音段上的偏差，目的在于探求个体学习者对目标语音段，如元音、辅音的习得过程（Flege，1987，1993；Flege 等 1997，1999）。语音学习模型以二语与母语的语音相似性为基础，把二语的音素分为相同音素（identical phone）、相似音素（similar phone）和陌生音素（new phone）三类。相同音素指二语中的那些能够在母语中找到的声学特征完全相同的音素。相似音素是指二语中的那些在母语中存在相似的音素，但二语音素与母语中存在相似的音素在声学上有一定的差异。陌生音素是指在二语中那些在母语中很难找到对应的音素或相似的音素，并且与母语中所有音素的声学差别都较大的音素。

由于年龄对母语和第二语言的区分起着决定性作用，语音学习模型专门研究了年龄在语音习得中所起的作用。成人学习第二语言的发音不够标准，并非由于感知过程发生了变化或者大脑神经失去了弹性和可塑性，而是因为在5—7岁这个年龄阶段，言语加工出现了重要的变化。母语语音范畴的划分和界定开始定型，儿童对语音范畴的意识增强。随着母语语音范畴的建立，在学习第二语言的时候，如果碰到目标语中的语音与母语的发音有足够相似之处，学习者就倾向于将二者等同起来。这种倾向性会妨碍学习者建立起二语的某些语音范畴，从而导致说第二语言的时候带母语口音。

由此可见，语音习得模型中对母语和二语的语音相似性的界定是在语音学的层面上进行的。从习得过程和难度上来说，相同音素最容易习得，并且在学习的初始阶段就已经形成正确发音的音素。在初始阶段，相似音素的习得显得比陌生音素好一些，但是，经过长时间的学习之后，相似音素的发音可能没有进步或者进步缓慢，最终仍然带有母语的口音；而陌生音素的发音不仅会有长足的进展，而且有可能被成功获得。总之，母语与二语音素相似性较大时，学习者不会为其建立新的范畴，而是在"等同分类"（equivalence classification）机制下，用母语中的相似音素代替二语音素，妨碍学习者建立二语的语音范畴；而母语与二语的音素相似性较小时，学习者有可能成功建立新的母语范畴。

这一点与对比分析假设所倡导的差异越大，习得越困难的观点是不同的。

改进的语音学习模型（SLM-r：revised Speech Learning Model，Flege和Bohn，2021）摒弃了原有的过时和错误观念，并用最新的实验证据修改了一些概念。SLM-r主要关注在整个生命周期内学习L2音段（元音和辅音），尤其是个体在整个生命周期内，面对自然学习过程中持续的L2输入，对L1和L2语音子系统的重新安排。

SLM-r与SLM之间主要不同重点有两点。首先，更多关注年龄对二语语音学习的限制。SLM关注的是Lenneberg（1967）提出的关键期结束（CP）前后各组个体在二语学习方面的不同表现。由于13岁左右的正常神经可塑性退化和无法自动使用L2输入，CP的关闭被视为干扰成功进行L2语音学习的负面影响。SLM将CP前后的不同表现归因于首次接触L2的年龄，并提出了年龄假说（Flege，1995）。年龄假说指出，由于神经认知可塑性降低，对二语学习者和最接近的一语学习者来说，识别二语和最接近的一语之间的详细语音差异变得比早期学习者更加困难。

SLM-r 并没有强调学习者“早”和“晚”的差别，相反，SLM-r 将年龄相关假设改为 L1 范畴精确度假设（L1 category precision hypothesis），即某个语音范畴的多个变体的可变性。这个假设指出，成功学习二语语音与第一次接触二语时母语的范畴精确性有关。L1 范畴越精确，L1 和 L2 语音层面信息越容易被探测到。

第二个主要不同点在于研究对象。SLM-r 认为关注经验丰富的学习者不足以探索二语语音发展，应该包括一种纵向方法来研究二语学习的动态发展，SLM-r 更强调语音系统再组织（re-organization）的发展过程，而不是在特定时间点的临时表现。

与 SLM 感知先于产出的假设不同，SLM-r 基于对已有研究中不一致的结果和实验观察，在音段层面提出了感知与产生的共同进化假说。

（2）感知同化模型（PAM）

Best 及其同事提出的感知同化模型（PAM：Perceptual Assimilation Model，Best，1995，2007），认为母语音系系统会对二语语音进行“过滤”，采用四种方式将二语中的语音对比对同化为母语的音系范畴：①‘two-category’non-native contrast：同化为两个不同的母语音位，如英语的/m/和/n/同化为普通话的/m/和/n/，这类语音范畴习得对学习者来说是没有困难的；②‘single-category’：同化为一个母语音位，如英语的/t/和/d/同化为普通话的/t/、英语的/l/和/r/同化为日语的/r/。这一类语音范畴习得对学习者来说是特别困难的；③‘category-goodness’：同化为同一个母语音位，但对比对中的某个优度更高。如祖鲁语的软腭清塞音/k/与软腭—喷音/k'/都同化为英语/k/，但其中/k/为更典型的范畴表达；这类语音范畴的习得难度介于前两个之间；④‘non-assimilable’：不能同化为任何一个母语范畴。比如祖鲁语的啧音，往往被同化为非言语声。

Flege 的语音学习模型和 Best 的感知同化模型都是针对母语与二语中的语音相似性的理论，二者既有区别也有联系。

感知同化模型认为，影响二语语音习得的音素既有语音层面的，也有音系层面的；而语音习得模型的理论假设和实证研究基本上是语音层面的。感知同化模型只关心语音感知问题，并不关心发音；而语音习得模型则比较关心语音感知与发音之间的关系，研究重点也在二语的发音而不是感知方面。感知同化模型关心的是对立的语音单元是如何被感知的，而语音习得模型关心的则是每个语音范畴的习得。

在二语语音习得研究中，跨语言语音对比是必不可少的方法（Strange，1995）。理论层面，音系对比在母语与目标语语音相似性的实证研究中应该发挥其应有的作用，这种作用既包括对整体音系的分析，也包括对音系范畴的具体的语音表达的分析，还包括音系学的前沿理论的应用。应该通过实证研究和课堂教学，检验、修正和发展相关理论，比如语音习得模型与感知同化模型。可惜目前的研究多数在音段层面，韵律层面的理论和研究还不多见。另外，在技术层面，如何将定量研究与定性研究相结合，如何定义语音范畴的相似度，如何在大规模语料库上应用跨语言对比分析，依然有许多挑战。

（3）二语感知模型（L2LP）

二语感知模型（L2LP：The Second Language Linguistic Perception Model；Escudero，2005，2009；Escudero & Boersma，2004；Van Leussen & Escudero，2015）是用以解释和预测二语语音感知特征及其发展的模型。该模型将非母语语音感知分为三种情况：新范畴场景（NEW scenario）、子集范畴场景（SUBSET scenario）、相似范畴场景（SIMILAR scenario）（如图 1-23）。当二语语音范畴（sound category）数量多于母语时，准确感知二语语音需要习得母语音系中不存在的新范畴，因此这种情况被称为“新范畴场景”。在这种情况下，学习者需要学习新语音范畴的语音特征，从而正确感知此类音。当二语语音范畴数量少于母语时，这种情况被称为“子集音位场景”，此时目标二语语音范畴只是母语语音范畴的一个子集。当二语与母语具有相同数量的范畴时，被称为“相似音位场景”。此时，母语范畴数量与二语范畴一致，母语与二语语音在音系上相似（phonologically equivalent），但拥有不同的语音实现形式（specific phonetic realizations）。根据这三种情况，L2LP 预测了不同场景中习得起始状态、学习任务以及相对习得难度。在新范畴场景中，学习者需要创造一个新的二语语音范畴，因此学习难度也较大。在子集范畴场景中，学习者需要减少现有的范畴数量，同时将原有的范畴边界根据二语输入进行移动，这种习得场景难度适中。在相似音位场景，学习者在学习最开始阶段会用母语的语音范畴代替二语范畴，随后根据输入调整二语范畴边界，向二语目标范畴移动。

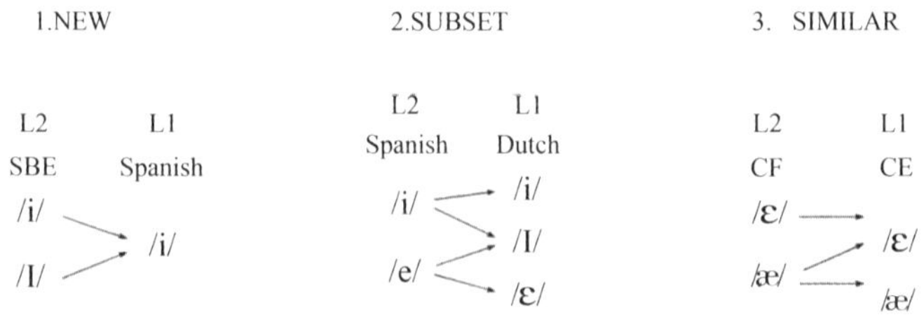

图1-23 三种二语语音感知的例子：新音位（NEW scenario）、子集音位（SUBSET scenario）、相似音位（SIMILAR scenario）。其中 SBE 表示英国南部英语（Southern British English（SBE），CF 表示加拿大法语（Canadian French）），CE 表示加拿大英语。

（4）二语语调学习理论（LILt 理论）

大多数关于二语语音产生和感知的研究都集中在音段习得上，二语语音学习领域已经对语言在音段上的差异有了相当好的理解。上述的三个二语语音学习模型都基于对母语和目标语的比较，可以预测产出和感知非母语音段的相对难度，但还缺少一个对语调或者韵律方面进行解释的学习模型。

在 AM 理论基础上，Mennen（2015）首次提出二语语调学习的一个工作模型，即二语语调学习理论（L2 Intonation Learning Theory，简写为 LILt），对 L2 语调的产生和感知难度进行预测。LILt 指出，二语与母语语调的差异应该从以下四个维度考虑：系统（音系）维度、语音实现维度、语义维度和频率维度。顾名思义，系统维度（systemic dimension）主要从类型学的角度考察二语和母语在音系结构成分的种类和分布，如音高重音和边界调的种类有哪些不同；语音实现维度（realizational dimension）考察语调成分的语音实现方式，如音高重音的实现方式，包括重音对齐、音高曲线的走势等；语义维度（semantic dimension）关注语调所表达的意义，如疑问和陈述句中焦点用怎样的音高重音实现，以及不同语调功能对应的边界调的语音实现等；频率维度（frequency dimension）指的是结构成分的使用频率，即使两种语言有相同种类的音高重音和边界调，它们使用频率也有可能不同。Mennen（2015）从上述四个维度对已有二语语调研究进行总结，预测学习者在二语语调习得中的困难，并提出可能影响二语语调习得的因素，其中一个重要的因素就是感知。

Mennen（2015）明确指出学习者在二语语调产出的困难与感知有关系。感知同化模型（PAM）、语音学习模型（SLM）等几个知觉心理模型均指出，语音习得的根本在于感知，二语语音发音的准确性取决于对二语语音听辨的准确性（Best，1995；Flege，1995），目前已有大量研究证明了这一假设（陈莹，2013），但这些研究只涉及音段的感知和产出。二语语调学习理论明确提出，语调感知与音段感知不同，在预测二语语调困难时，不能局限于一个维度，需要同时考虑语调的形式（语音维度）和功能（语义维度）。

（二）二语语音的产出机制与研究

针对二语学习者的语音产出研究分为三个方面加以讨论：①二语语音产出模型与母语 L1 的语音产出模型有什么关联和差异；②L2 产出的声学和发音生理研究；③口语产出能力和测试研究。其中，第三方面的研究见智娜（2022），这里不赘述。

（1）二语语音产出模型

对于口语产出机制，国内外学界大多基于 Levelt（1999）提出的言语产出模型（A Blueprint of the Speaker）对言语产出中的四个阶段进行探讨，如图 1-24 所示。在第一阶段概念形成器中，讲话者通过宏观计划和微观计划确定交流意图，并从记忆中或上下语篇中计划并生成语信。在第二阶段构成器中，讲话者对前语言信息进行语法编码，包括词汇编码和句法编码，在第三阶段发音器中，讲话者的内部言语输入发音器，通过大脑支配发音器官，输出为外部言语，产生语音声学信号。在第四阶段自动监控中，讲话者通过其听辨系统对语音信号处理对生成的外部言语，并经过感知系统，对言语进行理解和分析，检测言语产出中在内容、句法、词汇选择、语音形式、发音等各个部分出现的偏误，并对其进行及时校对和纠正。

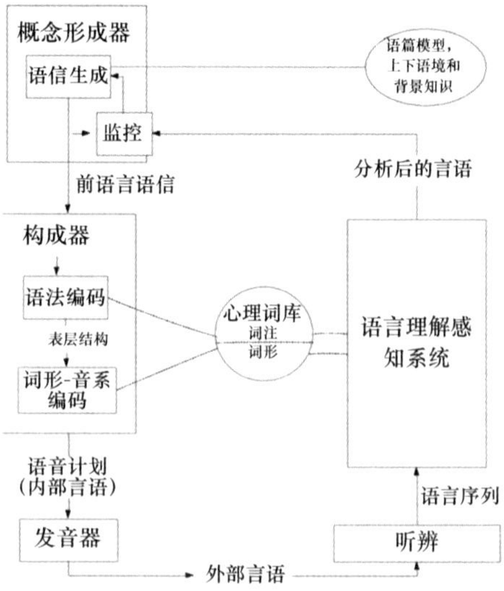

图 1－24　Levelt（1999）的言语产出模型

在 Levelt（1999）的言语产出模型基础上，Kormos（2014）提出了双语言语产出模型，如图 1－25 所示，并在概念形成器、构成器、发声器、

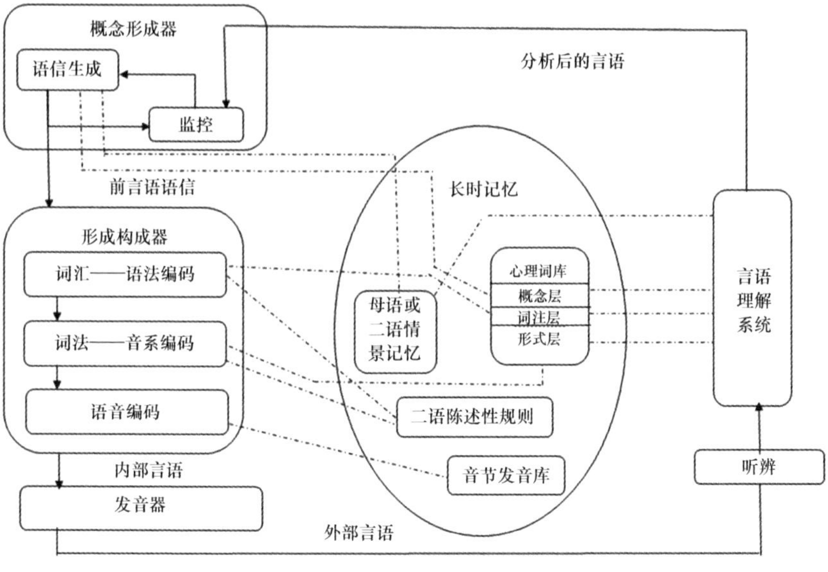

图 1－25　Kormos（2014）的双语言语产出模型

监控机制基础上新增加了长时记忆库部分。该记忆库包括情境记忆库、语义记忆库、音节发音库和第二语言陈述性规则库。该模型强调二语者和母语者在语言使用上的最大差别为自动化程度上的差异。母语者在言语表达时，无须占用注意力资源，往往能轻松、自由地进行，并同时伴有其他平行任务的操作，这是言语高度自动化的表现。这种自动化的形成是长年累月的练习、应用和经验累积的结果。而大多数二语学习者往往达不到在言语上的高度自动化，在二语产出任务中需要大量注意力和工作记忆的参与。

（2）发音研究

中国学习者的英语发音上的研究成果颇丰。音段方面请参见智娜（2022）。

关于二语学习者在超音段上的习得研究相对较少。翟红华和赵吉玲（2015）检索整理了我国 1957—2013 年 260 篇研究汉语方言对英语语音习得影响的论文，86% 为定性研究，只有 7% 完全实验采用实验语音学方法研究，其中音段音位层面研究占绝对优势。近几年针对节奏、语调韵律等超音段层面的研究逐渐得到关注。

陈桦（2006）采用 Halliday 的英语语调三重系统（3T 理论），研究了中国英语学习者与英语本族语者在调群切分、调核位置以及调型三方面的异同。发现中国英语学习者未能将调核落在携带新信息的音节上，无标记语调比例低于本族语者；在有标记调核中，非对比重音或新信息重音的语法项较多，尤其是人称代词的比例偏高，容易使信息焦点发生偏移，从而影响信息的传递及话语的理解。陈桦指出中国学习者调群切分往往和句法结构不符，中国英语学习者阅读中的停顿次数远远多于本族语者，这可能会影响信息的传递，降低言语的可理解性。在各种功能语调方面，陈桦的研究表明，中国的英语学习者已经基本掌握了不同句式的主调，基本调型掌握得较好，但还没有掌握反映说话人态度和情感的次调的使用，也就是在体现说话者语气和态度的二级调型问题偏多；中国的英语学习者在语调的选择上也存在问题，调型使用混乱，过度使用降调和平调。他们还通过语料库对英语专业学生在大学四年习得列举句式的情况进行了分析，发现虽然列举句式在英语中是一个很简单的句式，但是学习者对这一句式语调模式的掌握不够牢固，调核变化呈负增长曲线，且学习者过度使用降调。在节奏方面，陈桦对中国英语学习者的节奏进行了研究，支持了母语迁移也适用于英语节奏习得的假设。在母语负迁移的作用下，低水平者在重读音节和非重读音节之间产生的差异不明显，从而给人一种音节时间比高水平者更长的印象。中国学习者的口语体现出明显的音节节拍语言的特点，低分组口语中重读、弱读音节不分明的程度明显重于高分者，与目标语言的节奏特点相差更大。

在许毅 PENTA 语调模型基础上，陈莹（Chen，2015）对学习者的英语焦点语调实现进行了研究，学习者都来自北京地区，分为新生组和老生组，实验结果发现焦点重音的时长、音高 F0 和音强比非焦点有显著增加，此外，美国英语和北京普通话中都存在焦点后域的音高和音强压缩。但焦点后音高压缩（post focus compression，PFC）不易在语言间转移，语言经验影响 PFC 的实现，新生组在句首焦点和句中焦点条件下均未出现显著的 PFC，在句首和句中焦点条件下，老生组的 PFC 与母语者相似。高薇等（2015）也研究了中国英语学习者在实现焦点重音时候 PFC 的表现，28 位被试者为来江苏、湖北、湖南三省多个城镇的高校二年级学生。研究发现他们尚未掌握英语本族语者“三区段”调域调整的焦点编码方式，通过有针对性的干预训练可有效帮助学习者改进焦点韵律实现；PFC 虽难以通过语言接触传播，但可以借助精准训练习得。

（三）二语语音的产出与感知的关系

二语语音习得中，感知与产出的关系较为复杂，因为感知与产出并不总是同步发展的。我们将二者联系分为以下四种逻辑可能性：感知先于产出、感知与产出同步、感知晚于产出、感知与产出没有联系。语音学习模型认为，二语的语音感知先于产出，产出会受到感知准确程度的制约，如果学习者无法听出二语中的两个音的区别，那么他们就一定无法正确产出这两个音（Flege，1995）。2021 年更新的修订版语音学习模型 SLM-r（Flege & Bohn，2021）推翻了此前的假说，提出二语语音产生与感知应该同步发展（co-evolve），并无先后。感知同化模型并没有直接涉及感知与产出的关系，但该理论是基于言语感知的运动理论，认为语音产生与感知本质上是统一的。因此，该模型预设二语语音感知与产出关联性较强，产出和感知也应该是同步发展的（Best & Tyler，2007）。目前的二语习得理论并没有提出感知晚于产出的可能性，但是不少实验研究发现了一些产出发展早于感知的现象（Flege et al.，1997；Zampini & Green，2001；Baker & Trofimovich，2006）。这可能是因为，二语习得大部分是在课堂教学情况下完成的，学习者可以根据老师对于发音生理的描述而提高产出的准确率，并且规避常见的发音错误。最后一种可能性是感知与产出的失联（disassociation）。这种情况的最典型的例子，是二语语音的发音生理难度太大，需要长时间的肌肉训练才有可能习得，如西班牙语中的齿龈颤音/r/，但是这类语音的感知却较容易习得，从而导致了产出与感知发展的分裂（Derwing & Munro，2015）。相较儿童母语获得，二语语音习得的影响因素更多，这使得二语语音感知与产出发展的关系呈现多样性，感知与产出的相关性较弱。例如，陈树雯（Chen，2020）发现，中国英语学习者在学习英语/ɹ/音时，英语/ɹ/音的感知和产出发展并不同步。随着英语水平的提升，英语/ɹ/音的产出显著进步，而感知却没有。另外，也有研究指出，即使在对比组间差异时发现了感知与产生同步发展的显著效应，但在学习者个体层面，感知和产出水平却不一定存在正相关，即感知中表现更好的学习者，不一定在产出中表现得更好（Kartushina & Frauenfelder，2014）。二语语音感知与产出的复杂多样关系亟待更深入和更全面的考察。

第四节　本书章节安排

本书围绕中国方言区英语学习者的语音产出、感知和认知，开展四个方面的研究：

中国方言区英语学习者大规模语音库（AESOP-CASS）与标注系统构建。AESOP 项目（即亚洲英语语音库项目，Asian English Speech cOrpus Project）最初是日本早稻田大学的匂坂芳典（Yoshinori Sagisaka）教授提出的，旨在收集研究亚洲地区英语学者的语音，并在东方语音数据库和评测技术协调与标准化国际委员会（O-COCOSDA，International Committee for the Co-ordination and Standardisation of Speech Databases and Assessment Techniques 的缩写）组织下，成立了工作组 AESOP-SIG。在 AESOP 组织统一框架下，我们建设了中国大规模方言区英语学习者语音库（AESOP-CASS），覆盖中国主要方言区和民族地区，包括北京、天津、山东、山西、东北地区、江淮地区等官话区，晋语区、吴语区、闽语区、粤语区、湘语区以及朝鲜语、藏语、蒙语、维吾尔语四个民族语言地区的方言区学习者语音。发音人包括1000多位中国英语学习者和30位美国英语本族语者。录音总量达到1万多个小时，每位发音人有超过10个小时的录音。随后，我们采用基于英语自主音段—节律音系理论及相关方法，对方言区英语学习者大规模语音库进行标注，建立了适用于该语音库的音段标注（国际音标描写）系统，并提出了结合英语ToBI和IViE的韵律标注系统，该系统可以从语音和音系表征两个层面对语调韵律进行表示。

中国方言区英语学习者语音偏误特征与韵律自动标注构建。采用类型学观点，开展系统的语音学研究，从语音产出角度考察了不同方言区英语学习者的语音偏误类型，以及母语方言对英语发音的“正迁移”和“负迁移”作用。包括母语方言的语音研究、方言区英语音段的发音对比研究、方言区英语节奏、语调的超音段韵律对比研究。

中国方言区英语学习者语音与音系学习机制研究。针对不同方言区英语学习者的系统偏误类型开展心理感知和认知机制研究，从心理认知角度考察中国学习者的音段和语调韵律错误产生的根本原因，探索英语语音教学的策略。重点研究包括音段可懂度研究、语调的感知认知研究、音段和语调韵律产出和感知关系研究。

中国方言区英语学习者语音学习策略与应用平台研究。采用AI深度学习技术对方言区英语学习发音的韵律特征进行建模，构建面向中国英语学习者的韵律特征自动标注系统EnproCASS。研究音段和语调多模态可视化语音学习的策略，搭建基于语料库的中国英语语音学习平台ProLT-CASS，结合感知和产出开展个性化的强化发音训练。

本书按照研究内容分为5部分10章，这里介绍章节结构和主要参与研究的人员。

第一部分为第一章绪论，介绍项目概况、语音学相关基础、语言习得特别是语音习得理论和研究概述（李爱军、智娜）。第二部分为第二章，中国英语学习者语音库AESOP-CASS和标注系统介绍（贾媛、李爱军）。第三部分包括第三章到第五章，中国英语学习者的语音产出研究，分别介绍音段（胡方、李爱军、唐颖、周晓凤、翟红华、贾媛、徐亮、周小兵）、节奏和语调产出的研究（李爱军、唐颖、周晓凤、于珏、纪晓丽、王霞、周小兵、丁红卫)。第四部分为第六章中国英语学习者的语音感知与认知研究，主要介绍语调韵律的感知和认知研究，并探讨二语语音的产出与感知之间的关系（李爱军、丁红卫、纪晓丽、曹冲、智娜)。第五部分包括第七章到第九章，涉及应用系统和平台建设（熊子瑜、凌震华、李爱军、顾曰国、宋大为、方强、纪晓丽、智娜)，分别介绍韵律自动标注系统、发音与语调可视化教学研究以及中国英语学者语音资源共享与语音学习服务平台建设。第十章为展望和后记。

参考文献

曹剑芬:《连续话语语音特性及其信息处理》,《语言文字应用》1998 年第 1 期，第 100—103 页。
陈桦:《中国学生英语朗读中的调群切分模式》,《外语教学与研究》2006 年第 5 期。
陈莹:《第二语言语音感知研究的理论基础和教学意义》,《外国语：上海外国语大学学报》2013 年第 3 期，第 68—76 页。
端木三:《汉语的节奏》,《当代语言学》2000 年第 4 期，第 203—209、278 页。
端木三:《重音理论和汉语的词长选择》,《中国语文》1999 年第 4 期，第 246—254 页。
冯胜利:《汉语的韵律、词法与句法》，北京大学出版社 1997 年版。
冯胜利:《汉语韵律句法学》，上海教育出版社 2000 年版。
高薇、许毅、穆凤英:《中国英语学习者韵律焦点教学的实验研究》,《外语教学》2015 年第 6 期，第 861—873 页。
桂诗春:《外语教学的认知基础》,《外语教学与研究》2005 年第 4 期。
贾媛、李爱军:《论普通话重音的层级性——基于语音事实的分析》,《语音研究报告》2012 年。
贾媛:《中国方言区英语学习者元音习得类型研究》，中国社会科学出版社 2019 年版。
金艳、揭薇:《中国口语能力登等级表——口语能力量表研究》，高等教育出版社 2020 年版。
林茂灿:《汉语语调实验研究》，中国社会科学出版社 2012 年版。
沈炯:《汉语语调构造和语调类型》,《方言》1994 年第 3 期，第 221—

228 页。
沈炯：《汉语语调模型刍议》，《语文研究》1992 年第 4 期，第 16—24 页。
石锋：《语调格局：实验语言学的奠基石》，商务印书馆 2013 年版。
王洪君：《汉语的韵律词与韵律短语》，《中国语文》2000 年第 6 期，第 47—58、97 页。
王洪君：《汉语语音词的韵律类型》，《中国语文》1996 年第 3 期，第 9—13 页。
王洪君：《试论汉语的节奏类型——松紧型》，《语言科学》2004 年第 3 期，第 21—28 页。
文秋芳、胡健：《中国大学生英语口语能力发展的规律与特点》，外语教学与研究出版社 2010 年版。
吴宗济：《汉语普通话语调的基本调型》，《王力先生纪念论文集》，商务印书馆 1988 年版。
吴宗济：《汉语普通话语调的基本调型》，《中国语文》1982 年第 6 期，第 439—449 页。
徐烈炯、潘海华：《焦点结构和意义的研究》，外语教学与研究出版社 2005 年版。
翟红华、赵吉玲：《汉语方言对英语语音习得影响研究述评》，《外语界》2015 年第 1 期。
赵元任：《A preliminary study of English Intonation（with American Variants）and its Chinese Equivalents（英语语调（附美语变体）与汉语对应语调初探）》，《中央研究院历史语言研究所辑刊》1932 年外编《蔡元培先生六十五岁庆贺论文集》。又见《赵元任语言学论文集》，商务印书馆 2002 年版，第 718—733 页。
赵元任：《北平语调的研究》，原载《最后 5 分钟》，中华书局 1929 年版。又见《赵元任语言学论文集》，商务印书馆 2002 年版，第 253—272 页。
赵元任：《汉语的字调跟语调》，原载《中央研究院历史语言研究所辑刊》，1933 年第四本第二分。又见《赵元任语言学论文集》，商务印书馆 2002 年版，第 734—749 页。
赵元任：《中国言语字调底实验研究法》，原载《科学》1922 年第 7 卷第 9 期。又见《赵元任语言学论文集》，商务印书馆 2002 年版，第 27—36 页。

Chao, Y. R. (1930). A system of tone letters. *Le Maître Phonétique*, 45, 24 -27. (后载赵元任《一套标调的字母(英文)》),《方言》1980 年第 2 期,第 81—83 页。

智娜:《语学习者的元音发音研究和可视化的语音训练》,首都师范大学出版社 2022 年版。

智娜、李爱军:《基于可视化发音模型的语音训练研究》,《外国语(上海外国语大学学报)》2020 年第 1 期,第 59—74 页。

智娜、贾媛、李爱军:《第二语言语音习得的研究概述》,《南开语言学刊》2016 年第 2 期,第 62—71 页。

周颖异、朱晓农:《江西修水渣津赣语的十六调系统》,《中国语文》2020 年第 5 期,第 570—590、639—640 页。

Abercrombie, D. (1967). *Elements of general phonetics*. Edinburgh: Edinburgh University Press.

Baker, W., & Trofimovich, P. (2006). Perceptual paths to accurate production of L2 vowels: The role of individual differences. *IRAL*, 44(3), 231 -250.

Best, C. T., & Tyler, M. D. (2007). Nonnative and second-language speech perception: Commonalities and complementaries. In M. Munro, & O. -S. Bohn(Eds.), *Second language speech learning*, 13 -34. Amsterdam.

Best, C. T. (1995). A direct realist view of cross-language speech perception. In C. T. Best, & W. Strange(Eds.), *Speech Perception and Linguistic Experience: Theoretical and Methodological Issues in Cross-Language Speech Research*, 171 -206.

Broselow, E., Chen, S. I., & Wang, C. (1998). The emergence of the unmarked in second language phonology. *Studies in Second Language Acquisition*, 20(2), 261 -280.

Chen, H. (2006). *English and Chinese intonational phonology: A contrastive study*. Henan: Henan University Press.

Chen, S. (2020). *Production and perception of English rhotic sounds by Mandarin-English bilinguals*, [PhD Dissertation. The Chinese University of Hong Kong].

Chen, Y. (2015). Post-focus compression in English by Mandarin learners. *Proceedings of 18th ICPhS*.

Chen, Y., Robb, M., Gilbert, H., & Lerman, J. (2001). Vowel production by Mandarin speakers of English. *Clinical Linguistics & Phonetics*, 15(6),

427 –440.

Chomsky, N., & Halle, M. (1968), *The Sound Pattern of English.* New York: Harper & Row.

Corder, S. P. (1967). The significance of learner's errors. *International Review of Applied Linguistics in Language Teaching(IRAL)*, 5(1 –4), 161 –170.

Corder, S. P. (1975). Error analysis, interlanguage and second language acquisition. *Language Teaching*, 8(4), 201 –218.

Cruttenden, A. (1997). *Intonation*(2nd ed.). Cambridge: Cambridge University Press.

Crystal, D. (2011). *A dictionary of linguistics and phonetics.* Hoboken, NJ: John Wiley & Sons.

Delattre, P. C., Liberman, A. M., & Cooper, F. S. (1955). Acoustic loci and transitional cues for consonants. *The Journal of the Acoustical Society of America*, 27(4), 769 –773.

Denes, P., & Pinson, E. (1993). *The speech chain.* New York: W. H. Freeman and Co.

Derwing, T. M., & Munro, M. J. (2015). *Pronunciation fundamentals: Evidence-based perspectives for L2 teaching and research.* John Benjamins Publishing.

Escudero, P. (2005). *Linguistic Perception and Second Language Acquisition: Explaining the attainment of optimal phonological categorization* [PhD dissertation. Utrecht University].

Escudero, P., & Boersma, P. (2004). Bridging the gap between L2 speech perception research and phonological theory. *Studies in Second Language Acquisition*, 26(4), 551 –585.

Escudero, P. (2009). The Linguistic Perception of "similar" L2 sounds. In *Phonology in Perception*(152 –190).

Ellis, R. (1985). Sources of variability in interlanguage. *Applied Linguistics*, 6 (2), 118 –131.

Fant, G. (1960). *Acoustic theory of speech production.* Mouton: The Hague.

Flege, J. E. (1987). The production of "new" and "similar" phones in a foreign language: Evidence for the effect of equivalence classification. *Journal Of Phonetics*, 15(1), 47 –65.

Flege, J. E. (1993). Production and perception of a novel, second-language phonetic contrast. *The Journal of the Acoustical Society of America*, 93(3), 1589 – 1608.

Flege, J. E. (1995). Second language speech learning: Theory, findings, and problems. *Speech Perception and Linguistic Experience: Issues in Cross-language Research*, 92, 233 – 277.

Flege, J. E., Bohn, O. S., & Jang, S. (1997). Effects of experience on non-native speakers' production and perception of English vowels. *Journal of Phonetics*, 25(4), 437 – 470.

Flege, J. E., MacKay, I. R., & Meador, D. (1999). Native Italian speakers' perception and production of English vowels. *The Journal of the Acoustical Society of America*, 106(5), 2973 – 2987.

Flege, J. E., & Bohn, O. – S. (2021). The Revised Speach Learning Model (SLM – r). Second language Speech Learning. 3 – 83, Cambridge University Press.

Fowler, C. (1994). Invariants, specifiers, cues: An investigation of locus equations as information for place of articulation. *Perception & Psychophysics*, 55, 597 – 610.

Gao, J., & Shi, R. (2020). Perceptual development of phonetic categories in early infancy: Consonants, vowels, and lexical tones. In H. Zhang, & Y. Qian (Eds.), *Prosodic Studies: Challenges and Prospects*, 317 – 330. London & New York: Routledge.

Gussenhoven, C. (2004). *The phonology of tone and intonation.* Cambridge: Cambridge University Press.

Hayes, B. (1995). *Metrical stress theory: principles and case studies.* Chicago: Chicago University Press.

Hillenbrand, J., Getty, L. A., Clark, M. J., & Wheeler, K. (1995). Acoustic characteristics of American English vowels. *The Journal of the Acoustical Society of America*, 97(5), 3099 – 3111.

Hirst, D. (2013). Melody metrics for prosodic typology: Comparing English, French and Chinese. *Annual Conference of the International Speech Communication Association (Interspeech)* 2013, 572 – 576.

International Phonetic Association (1999). *Handbook of the International Phonetic Association.* Cambridge: Cambridge University Press.

Iskarous, K., Fowler, C. A., & Whalen, D. H. (2010). Locus equations are an acoustic expression of articulaor synergy. *Journal of the Acoustical Society of America*, 128, 2021 – 2032.

James, C. (2013). *Errors in language learning and use: Exploring error analysis.* London & New York: Routledge.

Jun, S. – A. (Ed.). (2005). *Prosodic typology: The phonology of intonation and phrasing.* New York: Oxford University Press.

Kang, O., Johnson, D. O., & Kermad, A. (2021). *Second language prosody and computer modeling.* London & New York: Routledge.

Kartushina, N., & Frauenfelder, U. H. (2014). On the effects of L2 perception and of individual differences in L1 production on L2 pronunciation. *Frontiers in Psychology*, 5, 1 – 17.

Kormos, J. (2014). *Speech production and second language acquisition.* London & New York: Routledge.

Ladd, R. D. (1996). *Intonational phonology.* Cambridge: Cambridge University Press.

Ladefoged, P. (1967). *Three areas of experimental phonetics.* Oxford: Oxford University Press.

Ladefoged, P. (1971). *Preliminaries to linguistic phonetics.* Chicago: University of Chicago Press.

Ladefoged, P. (1975). *A course in phonetics.* New York: Harcourt Brace Jovanovich.

Ladefoged, P. (1976). The phonetic specification of the languages of the world. *UCLA Working Papers in Phonetics*, 31, 3 – 21.

Ladefoged, P. & Broadbent, D. E. (1957). Information conveyed by vowels. *Journal of the Acoustical Society of America*, 29, 98 – 104.

Ladefoged, P., & Johnson, K. (2014). *A course in phonetics* (7th ed.). Stamford: Cengage Learning.

Ladefoged, P., DeClerk, J., Lindau, M., & Papçun, G. (1972). An auditory-motor theory of speech production. *UCLA Working Papers in Phonetics*, 22, 48 – 75.

Lehiste, I. (1977). Isochrony reconsidered. *Journal of Phonetics*, 5(3), 253 – 263.

Lee, W. S. & ZEE, E. (2010). Acoustic Development of Vowels in Children's Speech. *The 7th International Symposium on Chinese Spoken Language Pro-*

cessing (*ISCSLP* 2010), 358 – 363.

Lenneberg, E. (1967). *Biological Foundations of Language*. New York: Wiley.

Levelt, W. (1999). Producing spoken language. *The Neurocognition of Language*, 83 – 122.

Li, A., Chen, X., Sun, G., Hua, W., Yin, Z., & Zu, Y. (2000). Speech corpus collection and annotation. *Sixth International Conference on Spoken Language Processing*.

Liberman, M., & Prince, A. (1977). On stress and linguistic rhythm. *Linguistic Inquiry*, 8(2), 249 – 336.

Lindblom, B. (1963). Spectrographic study of vowel reduction. *Journal of the Acoustical Society of America*, 35, 1773 – 1781.

Lisker, L. & Abramson, A. S. (1964). A cross-language study of voicing in initial stops: Acoustical measurements. *Word*, 20, 384 – 422.

Major, R. C. (2008). Transfer in second language phonology. *Phonology and Second Language Acquisition*, 36, 63 – 94.

Major, R. C., & Kim, E. (1996). The similarity differential rate hypothesis. *Language Learning*, 46(3), 465 – 496.

Mennen, I. (2015). Beyond segments: Towards an L2 intonation learning theory. In E. Delais-Roussarie, M. Avanzi, & S. Herment (Eds.), *Prosody and Language in Contact: L2 Acquisition, Attrition and Languages in Multilingual Situations*, 171 – 188.

Miller, M. (1984). On the perception of rhythm. *Journal of Phonetics*, 12(1), 75 – 83.

Odlin, T. (2002). Language transfer and cross linguistic studies: Relativism, universalism, and the native language. In Kaplan, R. B. (Ed.), *The Oxford Handbook of Applied Linguistics* (2nd ed.), 307 – 317.

Pierrehumbert, J. (1980). *The phonology and phonetics of English intonation* [Doctoral dissertation, Massachusetts Institute of Technology].

Pike, K. L. (1945). *The intonation of American English*. Ann Arbor: University of Michigan Press.

Prator, C., & Robinett, B. (1985). *Manual of American English pronunciation* (4th ed.). New York: Holt, Rinehart and Winston.

Ramus, F., Dupoux, E., & Mehler, J. (2003). The psychological reality of rhythm classes: Perceptual studies. *ICPhS* 2009.

Reetz, H. & Jongman, A. (2009). *Phonetics: Transcription, Production, Acoustics, and Perception*, Wiley-Blackwell. (曹梦雪、李爱军翻译:《语音学:标音，产生，声学和感知》(2018)，中国社会科学出版社 2018 年版。)

Richards, J. C. (1971). Error analysis and second language strategies. *Language Sciences*, 17.

Sato, C. J. (1984). Phonological processes in second language acquisition: Another look at interlanguage syllable structure. *Language Learning*, 34(4), 43 - 58.

Selinker, L. (1969). Language transfer. *General Linguistics*, 9(2), 67 - 92.

Selinker, L. (1972). Interlanguage. *International Review of Applied Linguistics in Language Teaching*, 10(1 - 4), 209 - 232.

Selinker, L. & Han, Z. (2001). Fossilization: Moving the concept into empirical longitudinal study. In C. Elder, A. Brown, E. Grove, K. Hill, N. Iwashita, T. Lumley, T. McNamara, & K. O'Loughlin (Eds.), *Studies in Language Testing: Experimenting with Uncertainty*, 276 - 291.

Selinker, L., & Gass, S. M. (2008). *Second language acquisition: An introductory course.* Hahawh, NJ: Lawrence Erlhaum Ass.

Selkirk, E. (1984). On the major class features and syllable theory. In M. Aronoff, & R. Oehrle (Eds.), *Language Sound Structure*, 107 - 136.

Selkirk, E., & Shen, T. (1990). Prosodic domains in Shanghai Chinese. In S. Inkelas, & D. Zec (Eds.), *The Phonology-Syntax Connection*, 313 - 338.

Silverman, K. (1992). ToBI: A standard for labeling English prosody. *Proceedings of ICSLP* 1992, 867 - 870.

Smith, M. S. (1994). *Second language learning: Theoretical foundations.* London: Longman.

Stevens, K. N. (1998). *Acoustic phonetics.* Cambridge, MA: The MIT Press.

Strange, W. (1995). Cross-language studies of speech perception: A historical review. *Speech Perception and Linguistic Experience: Issues in Cross-Language Research*, 3 - 45.

Sussman, H. M., Hoemeke, K. A., & Ahmed, F. S. (1993). A cross-linguistic investigation of locus equations as a phonetic descriptor for place of articulation. *Journal of the Acoustical Society of America*, 94, 1256 - 1268.

Sussman, H. M., McCaffrey, H. A., & Mathews, S. A. (1991). An investigation of locus equations as a source of relational invariance for stop place categorization. *Journal of the Acoustical Society of America*, 90, 1309 – 1325.

Van Leussen, J. , & Escudero, P. (2015). *Learning to perceive and recognize a second language: the L2LP model revised.* Frontiers in Psychology, 6.

Wang, X. , & Munro, M. J. (1999). The perception of English tense-lax vowel pairs by native Mandarin speakers: The effect of training on attention to temporal and spectral cues. *Proceedings of the* 14*th International Congress of Phonetic Sciences*(Vol. 3), 125 – 128. Berkeley, CA: University of California.

Wardhaugh, R. (1970). The contrastive analysis hypothesis. *TESOL Quarterly*, 123 – 130.

White, L. (1985). The acquisition of parameterized grammars: Subjacency in second language acquisition. *Second Language Research*, 1, 1 – 17.

White, L. , & Mattys, S. L. (2007). Calibrating rhythm: First language and second language studies. *Journal of Phonetics*, 35, 501 – 522.

Xu, Y. (1999). Effects of tone and focus on the formation and alignment of f0 contours. *Journal of Phonetics*, 27(1), 55 – 105.

Xu, Y. (2005). Speech melody as articulatorily implemented communicative functions. *Speech Communication*, 46(3), 220 – 251.

Zampini, M. L. , & Green, K. P. (2001). The voicing contrast in English and spanish: The relationship between perception and production. In J. Nicol (Ed.), *One Mind*, *Two Languages*, 23 – 48. Blackwell.

Zhi, N. , & Li, A. (2021). Acoustic salience in the evaluations of intelligibility and foreign accentedness of nonnative vowel production. *Lingua* 256, 103069.

第二部分

语音库建设

第 二 章

中国方言区英语学习者大规模语音库 AESOP-CASS

“中国方言区英语学习者大规模语音库与标注系统构建”是开展中国方言区英语学习者语音习得跨学科研究的基础，本章介绍中国方言区英语学习者大规模语音库 AESOP-CASS 的建设。

AESOP-CASS 是目前规模最大的涵盖中国主要方言区和民族地区的英语学习者的语音库，学习者总人数达 1000 人以上，另有美国英语本族语者 30 人，录音总量超过 1 万小时，每个发音人超过 10 个小时录音；录音语料丰富，语料包含英语词、语音平衡句子、丰富语调句子、对话和语篇，并有发音人的汉语普通话和方言语料作为对比。不仅可以用于方言区英语学习者的语音特征研究，还可以用于计算机辅助教学（CALL）系统、L2 语音识别、L2 语音评测、L2 语音自动标注等研究。

第一节 建设背景

AESOP 是亚洲英语语音库项目（Asian English Speech cOrpus Project）的缩写，该项目是由日本早稻田大学的匂坂芳典（Yoshinori Sagisaka）教授发起的一个国际研究项目，目前已经成为 O-COCOSDA（言语数据库及评估技术协调规范化国际会议东方分会议）的一个研究组织（SIG-AESOP），致力于研究亚洲各个国家英语学习者的发音库制作，开展语音和语音教学研究。参加该研究组织的国家和地区包括中国（包括中国香港和中国台湾）、日本、韩国、印度、泰国、印度尼西亚、蒙古、新加坡、尼泊尔、马来西亚、缅甸等的大学及研究机构，中国社会科学院语言研究所也加入了该研究团队。

在 AESOP 研究团队的组织和国家社科基金重大项目“中国方言区英语学习者语音习得机制的跨学科研究”的支持下，我们构建了中国方言区英语学习者大规模多口音语音库（Asian English Speech cOrpus Project-Chinese Academy of Social Sciences，AESOP-CASS），为跨学科研究提供语料支持。

在英语教学中，语音教学的重要性不言而喻。在中国，许多英语学习者具备深厚的英语功底和丰富的英语知识，但英语的发音和语调总是伴有“中国腔儿”或“方音”的味道。由于意识到英语口音问题的严重性，外语学界以及语音学研究领域的诸多学者，进行了大量的探索和尝试，研究主要分为三大类。首先，语言学习和二语习得的角度，这方面的研究往往从教学实践出发，结合听辨实验，对口音问题做定性的研究，并从语言“正迁移（positive transfer）”和“负迁移（negative transfer）”理论出发，探讨母语对英语表达的影响，总结出外语学习中改善发音的策略（文秋芳，2004）；其次，语音学研究，主要通过语言调查与实验语音学的方法，定性或定量地描述英语学习者语音学特征及偏误类型。如陈桦（2006）、王霞（2010）和纪晓丽等（Ji 等，2009）的研究，考察了中国英语学习者所表达的英语语调在重音模式、不同句式、边界调上与标准英语发音的差异；最后，建立学习者语料库，基于语料库的统计和分析，提出改善中国英语学习者发音的途径和方式，也可以提供基于语音语料库的英语学习和教学策略（corpus-based study and teaching）。

这三类关于英语学习者口音问题的研究目的均是提高中国英语学习者的发音水平。其中，构建学习者语料库是必不可少的。语料库方法的研究对象是真实的语言数据和语言事实，通过文本、录音以及标注，使得大量的研究结果得以复现。

从形式上说，语料库包括书面语语料库和口语语料库。学习者语音语料库是一种专门的语料库，它是按照一定的原则和设计标准，通过科学抽样方法采集、编制而成的学习者的口语语料库，也常常称为中介语语音语料库。比如，比利时法语鲁汶大学（Université Catholique de Louvain）的英语语料库语言学中心（Centre for English Corpus Linguistics）在

20 世纪 90 年代，建成了涵盖 20 多个国家英语学习者语料的 ICLE 语料库（International Corpus of Learner English），在学习者语料库建设方面有很大影响。学习者语料库的收集工作从书面语开始，扩展到口语，并逐渐形成了一系列的标注规范。多数语料库是为二语习得和外语教学与研究服务的，如桂诗春主持的中国学习者英语语料库（Chinese Learners English Corpus）项目（桂诗春、杨惠中，2003）；王立非和文秋芳（2007）建立的 SWECCL（Spoken and Written English Corpus of Chinese Learners）语料库；陈桦等（2006，2008，2010）建立的中国英语学习者语音语料库（Read English Speech Corpus of Chinese Learners，简写为 RESCCL）、中国英语学习者历时口语语料库（Longitudinal Spoken English Corpus of Chinese Learners，LSECCL）；Chanchaochai 等（2018）根据英语 TIMIT（https：//catalog. ldc. upenn. edu/LDC93S1）语音库语料，建立了 Global-TIMIT 语料库，收集了 50 名中国英语学习者的朗读语句。

目前，面向方言区英语学习者的语音教学和研究仍显薄弱，主要原因在于语料的有限性和研究的分散性。要切实地解决方言区英语学习者的"方音"和"中国腔儿"的问题，只依靠现有的语料库和理论分析是不够的，对于不同方言区学习者的发音偏误的检测和校正，需要构建大规模的方言区英语学习者语音库，对发音的语音细节进行系统的研究，并归纳不同方言区英语学习者的偏误类型，AESOP-CASS 的构建无疑将加强这方面的研究。

下面介绍中国方言区英语学习者语音库（AESOP-CASS）的建设，包括英语语音库标注的理论基础和标注系统，以及 AESOP-CASS 语料设计、录制和标注工作。

第二节　英语语音库的标注

语音库是按照一定目的与原则收集的发音过程中的物理信号（声波信号）和相关生理信号（如声门波信号 EEG、电磁发音信号 EMA 等），及其标注、描写和技术文档的集合，也常称为语音语料库（李爱军，2021）。语音库如果没有语音学标注，就不可能开展深入研究，因此语音库标注工作是非常重要的。

语音库的标注（speech corpus annotation）是对连续语音或相关物理信号进行离散符号（范畴化）描写。通常按照一定的原则，将规定符号与特定时间点或时间段联系起来；也指这种描写所生成的符号标示。一般标注分为很多层级，如音段标注（segmental annotation）、韵律标注（prosodic annotation）等。音段标注就是把话语中的每个语音单元（包括音节、声韵乃至更小的语音单元）逐一进行切分，然后对它们的音色特征分别给予细致如实的描写。韵律标注就是对具有语言学意义的韵律特征，如声调、语调、韵律结构等进行标注。在语料库建设的过程中，相对于设计、录音，标注所需要的时间和资源最多。

学习者（中介语）语音库的标注，往往要对发音偏误进行标注，相对一般母语语音库的标注有更大的难度。标注往往涉及音系和语音层面，音系层面的偏误标注通常是对发音的抽象化表示，是不体现个体或口音特征的语音描写；语音层面的偏误标注是对学习者实际发音的精细化描述，是体现个体特征或口音特征的语音描写。比如曹文、张劲松等（2009）从教学角度提出了汉语中介语偏误标注规范 PET（Pronunciation Erroneous Tendency），就一种典型的语音层面偏误标注。

语音标注基本标注包括音段和超音段（语调、韵律）信息的标注。下面分别介绍英语的音段和韵律标。

一 英语音段标注

一般英语音段标注，包括元音和辅音标注，通常采用英语语音自动切分和识别中常用的可机读符号集 ARPABET（ARPABET，2021），其与 IPA 符号的对应关系见表 2-1。语流中也常常出现音段音变现象，协同发音引起的音变现象一般不用标注，但如果发生音位替换（错误发音）、丢音或者增音等则需要标注，相关符号见表 2-2。

表 2-1　　　音段标注集 ARPABET 与 IPA 的对照表

#	ARPABET	IPA	Examples	#	ARPABET	IPA	Examples	#	ARPABET	IPA	Examples
1	AA	ɑ	b*o*t	21	CH	ʧ	*ch*ina	41	S	s	*s*igh

续表

#	ARPABET	IPA	Examples	#	ARPABET	IPA	Examples	#	ARPABET	IPA	Examples
2	AE	æ	b*a*t	22	D	d	*d*ie	42	SH	ʃ	*sh*y
3	AH	ʌ	b*u*tt	23	DH	ð	*th*y	43	T	t	*t*ie
4	AO	ɔ	st*o*ry	24	DX	ɾ	bu*tt*er	44	TH	θ	*th*igh
5	AW	aʊ	b*ou*t	25	EL	l̩	bott*le*	45	V	v	*v*ie
6	AX	ə	comm*a*	26	EM	m̩	rhyth*m*	46	W	w	*w*ise
7	AXR	ɚ	lett*er*	27	EN	n̩	butt*on*	47	WH	ʍ	*wh*y
8	AY	aɪ	b*i*te	28	F	f	*f*ight	48	Y	j	*y*acht
9	EH	ɛ	b*e*t	29	G	g	*g*uy	49	Z	z	*z*oo
10	ER	ɝ	b*ir*d	30	HH/H	h	*h*igh	50	ZH	ʒ	plea*s*ure
11	EY	eɪ	b*ai*t	31	JH	ʤ	*j*ive	51	0		非重读
12	IH	ɪ	b*i*t	32	K	k	*k*ite	52	1		第一重音
13	IX	ɨ	roses	33	L	l	*l*ie	53	2		第二重音
14	IY	i	b*ea*t	34	M	m	*m*y	54	3		第三重音
15	OW	oʊ	b*oa*t	35	N	n	*n*igh	55	sp		单词内部停顿
16	OY	ɔɪ	b*oy*	36	NX/NG	ŋ	si*ng*	56	sil		单词之间停顿
17	UH	ʊ	b*oo*k	37	NX	ɾ̃	wi*nn*er	57	silv		单词之间浊停顿
18	UW	u	b*oo*t	38	P	p	*p*ie	58	spv		单词内部浊停顿
19	UX	ʉ	d*u*de	39	Q	ʔ	uh - oh				
20	B	b	*b*uy	40	R	ɹ	*r*ye				

表 2-2　　音段标注中其他常用符号说明

符号	意义	说明	用法
"*"	错音	原本应该读作 A，被读作了 B	*A（B）
"+"	增音	原本应该读作 A，发音人自己增加了 B，增音一般都视为错音	*（B+）A 或者 *A（B+）
"-"	减音	原本应该读作 AB，被读作了 A，减音不一定都为错	*A（B-）或者 A（B-）
"_?"	喉化/咽化	发音时舌头后部降低，舌根向咽腔壁后缩。咽化通常与软腭化用相同的附加符号	A_?
"_n"	鼻化	带有鼻音音色的音，鼻化音既有鼻化元音，也有鼻化辅音。鼻化元音更常见	A_n
"_r"	r 音化	一些辅音和元音的发音中，舌尖上卷、后缩的发音	A_r

图 2-1 和图 2-2 给出了由英语学习者产出的音段标注示例，分别包含一个减音偏误和一个增音偏误，标注软件为 Praat。如图 2-1 所示，这名母语方言为大连话的男性学习者将 everyone 读成了“eryone”，这是一个在中国英语学习者群体中很常见的减音偏误，在音段标注层标为“EH *(V_)”。

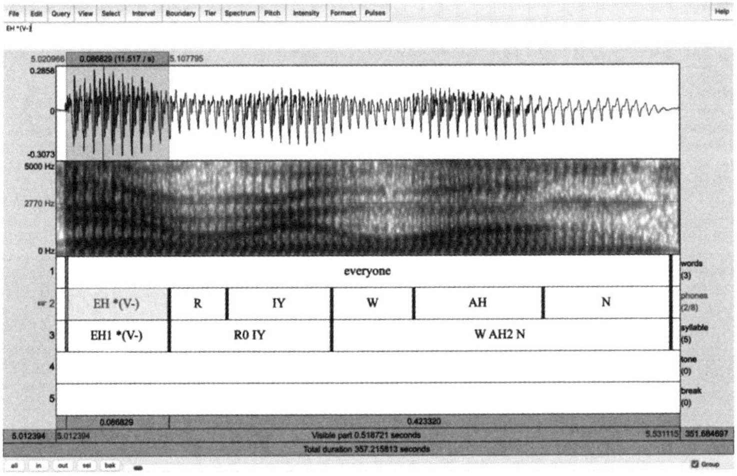

图 2-1 英语学习者音段标注示例（包含减音偏误）

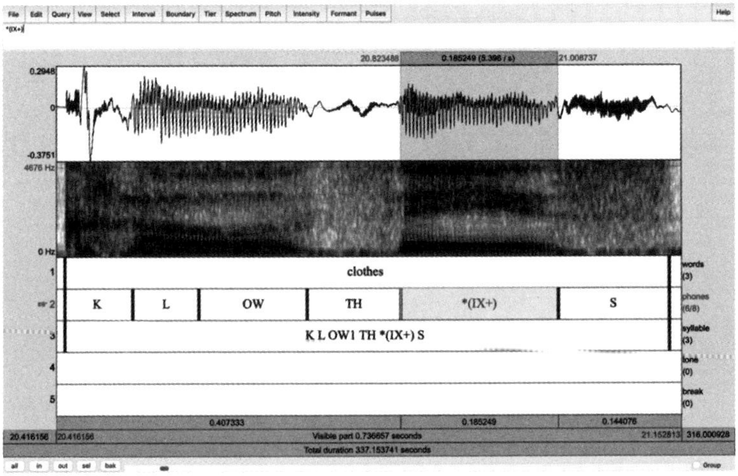

图 2-2 英语学习者音段标注示例（包含增音偏误）

而图 2-2 的母语方言为哈尔滨话的女性学习者在单词 clothes 中产出了一个增音偏误，在音段标注层标为“*（IX+）”。

二　英语韵律标注

英语的韵律标注系统影响比较大的有 ToBI（Tones Break Indices）和 IViE（Intonational Variation in English）两种。ToBI 是对英语的语调进行音系层面的标注；IViE 对英语语调同时进行音系和语音层面的标注，更利于跨方言和跨语言的对比研究。

（一）ToBI 韵律标注系统

ToBI 是基于英语而提出的韵律标注的系统（Silverman 等，1992；Beckman & Ayers-Elam，1997），是当前应用最广泛的标注体系，现在针对主流美式英语的韵律标注体系称为 MAE-ToBI（Mainstream American English-ToBI）。其理论基础是 AM 语调理论（Pierrehumbert，1980），在第一章已经进行了详细介绍，如图 2-3 所示。ToBI 标注系统主要对有语言学意义的音高变化等韵律事件进行标注，即从语音、音系和结构层面对语调的音高事件和韵律组织（即韵律结构）进行分层标注。其标注层级如下：

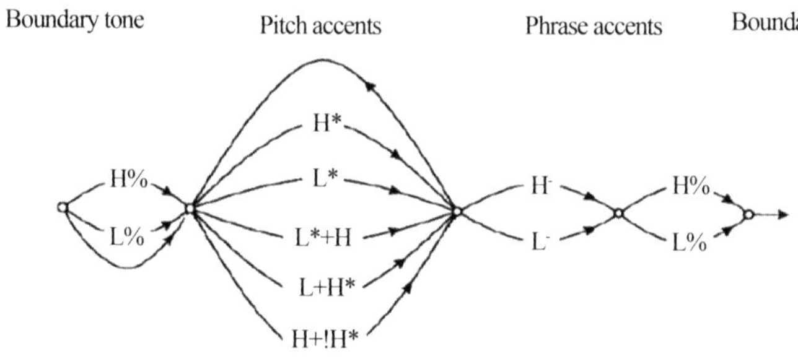

图 2-3　ToBI 韵律标注系统定义的语调音系模式

（1）正则层（orthographical tier）：标记语句的正确拼写形式；

（2）音调层（tone tier）：标记语调的音系表征；

（3）间断指数层（break index tier）：标记韵律边界，即词与词之间连接的紧密程度；

（4）杂类层（miscellaneous tier）：记录其他副语言现象或者非语言学现象，如一些特殊的发声态、情感和态度、笑声、哭声等。

在这四层中相对比较重要的是音调层和间断指数层。表2-3和表2-4分别给出MAE-ToBI（美国主流英语韵律标注系统）的两层详细标注符号。

表2-3　MAE-ToBI音高事件的标注规范（Beckman和Hirschberg，1994）

音高重音	H*（!H*）	降调或高平调
	L*	低平调
	L+H*（L+!H*）	升调或帽调
	L*+H（L*+!H）	下降后升（谷）
	H+!H*	重读音段为高平调或降调，其前面的元音音段不承载重音且音高更高
短语重音	L-	以相对短语中其他部分较低的音高结尾
	H-（!H-）	以相对短语中其他部分较高的音高结尾（降阶）
边界调	L-L%	音高降至音高域基线，通常但不总是话语结尾
	L-H%	升幅不大，听起来言犹未尽
	H-H%	音高升至音高域顶线，通常是简单疑问句
	H-L%（!H-L%）	降幅很小，未达到基线

音调层对语调的三类基本音高事件进行标注：①音高重音（pitch accent）有五个类型：H*（!H*）“峰重音”、L*“低重音”、L*+H（L*+!H）“勺重音”、L+H*（L+!H*）“升峰重音”和H+!H*“降阶峰重音”，其中，“*”表示重音作用的特征，“!”表示降阶；②短语重音（phrase accent）有两个类型，分别用H-（!H-）或者L-表示，在韵律短语和语调短语边界前一定出现（必须置于每个间断指数=3及以上的间断前）；③边界调（boundary tone）分为前边界调和后边界调，句首边界调用%H和%L表示，句末边界调用H%和L%表示（必须置于每个间断指数=4的间断前后）。除此之外，还有四类其他标注：①降阶：用“!”表示；②不确定标记：用X*?、X-?、X%?表示音高重音、短语重音、边界调类型的不确定性；③其他一些比较重要的语音事件：<（音高高

峰延迟)；HiF0（韵律短语中与重音 H 相关联的最大 F0)；④音高重置：%r(reset)。

间断指数层即是从听感上对话语连贯性程度进行描述，将一个较大的话语单元根据停顿及音高运动切分为不同等级的较小单元，实质是对语调短语的韵律结构进行表示。表 2-4 是 MAE-ToBI 标注系统中对韵律边界的标注符号。

每个话语单元的韵律边界用数字标识。韵律边界一般可分为 4 个等级，分别用数字 1、2、3、4 表示。1 表示韵律词（prosodic word）边界，一般情况下与词边界重合，3 表示韵律短语，或称中间短语（intermediate phrase，即韵律短语 prosodic phrase）边界，4 代表语调短语（intonation phrase）边界，2 表示介于韵律短语及韵律词之间单元的边界，一般不会标识出来。另外，个别情况下还会出现 0 边界，用于分割两个连读的词，如连读的 did you 或 get it 两词之间可标记 0。

表 2-4　　MAE-ToBI 间断指数层标注符号

分类	标注内容	间断符号和说明
基本符号	韵律词内词之间边界（缺省）	0（词间衔接非常紧密）
	韵律词边界	1（在两个不同韵律词之间）
	韵律短语边界	3（在韵律短语结尾，带有短语重音）
	语调短语边界	4（在语调短语结尾，带有边界调）
附加符号	不确定边界	-（不确定）：如 4-（介于 3 和 4 之间）
	犹豫或者延长边界	p（感知到的犹豫）：1p 代表“停顿”，2p 和 3p 代表“延长”
不适配的边界符号	声调和间断不匹配	2（感知到 1 边界，但带有不匹配的音调标记或加长等，适合没有短语重音和/或边界调的间断指数 3 或 4）

图 2-4 和图 2-5 给出了由英语本族语者产出的英语陈述句和疑问句的 ToBI 标注示例，标注软件为 Praat。标注分为 4 层，第一层是语调层（tones)，标记语调结构中的音高事件，以及 F0 最大值的位置，语调短语中 F0 最大值处分别标记为 HiF0；第二层是文本层（words)，标记文本；

第三层是间断指数层（breaks），标记韵律结构；第四层是杂类层（misc），标记一些副语言学或者发声方式。

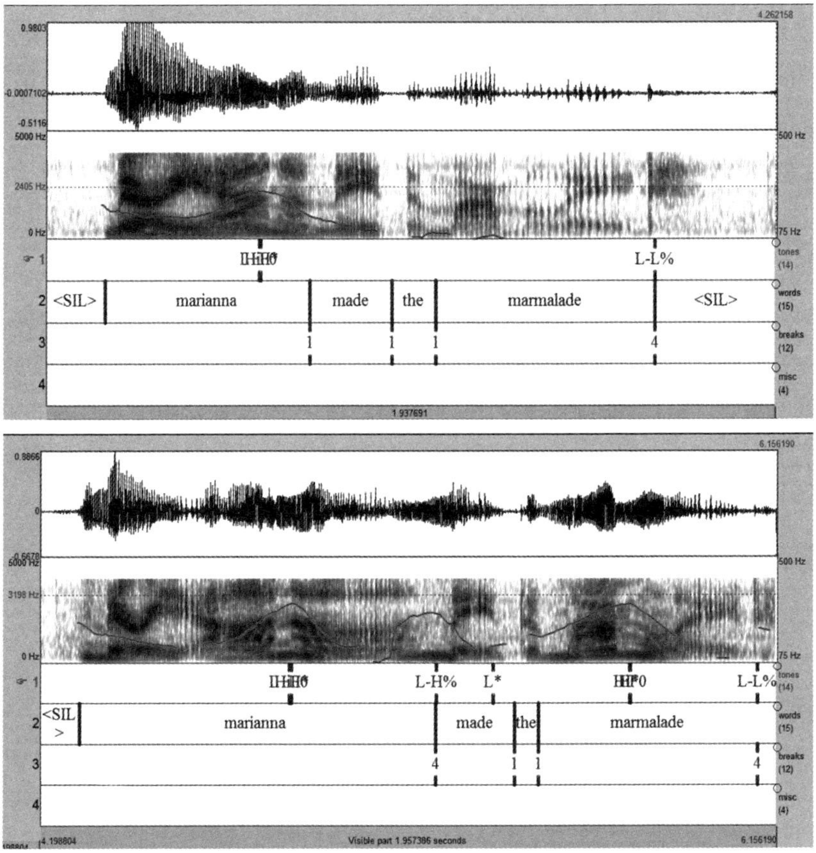

图 2-4 英语本族语者两种语调模式的英语陈述句 Marianna made the marmalade. 的 ToBI 标注示例

（波形图下为三维语谱图，曲线为音高 F0 曲线，HiF0 表示韵律短语中 F0 的最大值位置）

图 2-4 的上下两图分别对应英语陈述句“Marianna made the marmalade.”的两种语调模式。上图语句包含 1 个语调短语、1 个音高重音、边界调为低调 L%，音高重音落在 Marianna 上；下图语句包含两个语调短语，第一个语调短语的边界调为高调 H%，音高重音落在 Marianna 上；第二个语调短语有两个音高重音，分别落在 made 和 marmalade 上，边界

调为低调 L%。由此可见，相同文字可以对应不同的语调，话者通过音高重音分布、韵律结构以及边界调等特征，表达不同的意图。

大家可能已经注意到 ToBI 标注没有标注核心重音，但按照 Ladd 对 ToBI 语调理论的改进，每个语调短语中最重的音高重音为核心重音（图 1-20）。图 2-4 上图语句只有一个音高重音，也是核心重音；下图语句有两个语调短语，第一个语调短语的音高重音，也是核心重音，第二个语调短语有两个音高重音，第二个为核心重音。

图 2-5 为英语疑问句 Will you have marmalade or jam? 的 ToBI 标注示例，该句包含两个韵律短语，对应边界 3；两个音高重音，都是低调 L*；整个语调短语的边界调为 H%。第四层杂类层中标记了嘎裂声（creaky）和与之相关 F0 值“断续”现象（F0 - spatter）。

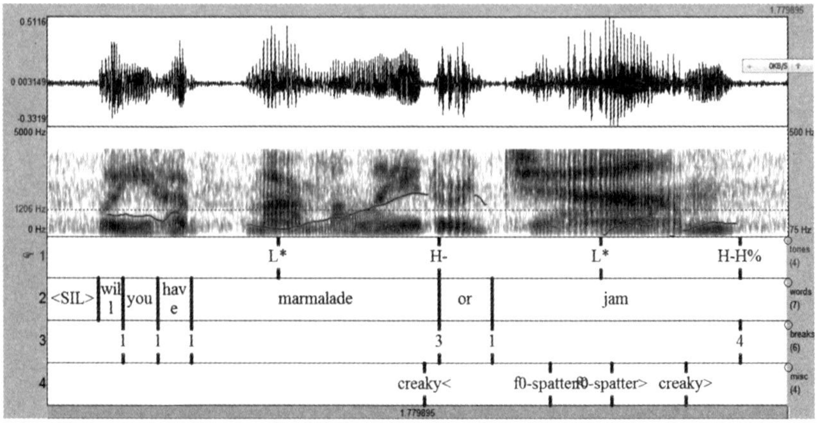

图 2-5　英语疑问句“Will you have marmalade or jam?”的 ToBI 标注示例

（波形图下为三维语谱图，曲线为音高 F0 曲线）

（二）IViE 韵律标注系统

IViE 韵律标注系统是 ESRC 项目“英国九城市 5 种说话方式的方言英语的语音和语调标注”（Speech Data and Intonation Transcriptions from Nine Urban Dialects of British English in Five Speaking Styles）提出的韵律标注系统（http://www.phon.ox.ac.uk/files/apps/old_IViE/index.html）。IViE 由 ToBI 发展而来，但跟 ToBI 又有所区别，除了从音系特征角度对语

调进行标注，还从语音特征的角度对语调的变化进行标注。其标注层级如下：

（1）正则层（orthographic tier）：将说话人所说的正确词语标记下来；

（2）凸显层（prominence tier）：标记凸显音节；

（3）目标层（target tier）：即语音层（phonetic tier），对语调的变化进行语音上的描写；

（4）音系层（phonological tier）：对发音人的语调的形式进行语言学表述；

（5）评述层（comment tier）：注释。

贾媛和李爱军（2005）对 ToBI 和 IViE 标注系统进行了总结。IViE 的目标层是在 ToBI 基础上增加的语音标注，用六个目标值来描写音高特征，描写凸显音节的音高变化采用三个大写字母：①H：高目标值（high target），②M：中目标值（mid target），③L：低目标值（low target）；描写非重读音节的音高变化采用与之对应的三个小写字母；④h：高目标值；⑤m：中目标值；⑥l：低目标值。在目标层中，标注以音节为单位，围绕突显层中标注的凸显音节展开。标注中应遵循经济性的原则，即用最少的目标值将音高变化描述清楚。在语音层标注的时候会有“-”符号，表示插入（interpolation）。如图 2-6 所示，音系描写 H* L% 对应四种语音变化，mH-l 的含义是重读音节前的音节是中目标值，凸显音节是高目标值，之后有一段音高曲线插入，最后到低（l）的边界。

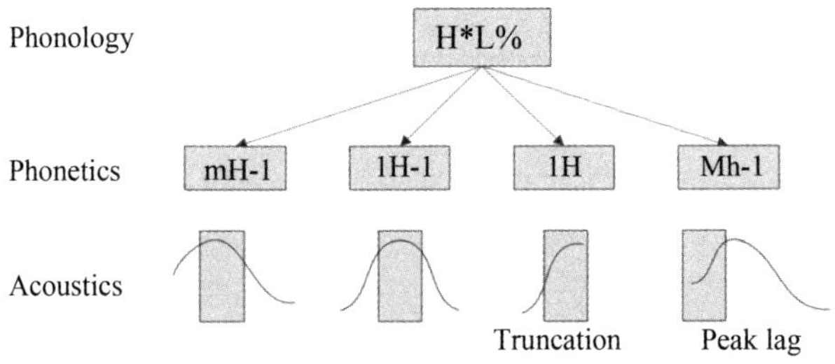

图 2-6 IViE 中音系与语音实现的关系（Grabe 等，2000）

在目标层中对语调变化的描写是以音节为单位的，并且围绕凸显层中标注的凸显音节展开的。一个凸显音节在目标层中对应一个实现域

（implementation domain，ID），语音的描述也是在 ID 中进行的。在每个 ID 中有三个音节是必须标注的：凸显音节、凸显前非重读音节和凸显后任意一个非重读音节（如果需要可以延伸至下一个凸显音节）。由于语音标注可以延伸至下一个 ID 中的凸显音节，而凸显音节在每个 ID 中又必须表示出来，因而在两个 ID 交界处可能会出现两个实现域或在某个音节上出现重合。

音系层是对语调短语 IP（intonational phrase）的音系描写，可能包括多个 ID。

图 2-7 和表 2-5 分别给出了 IVIE 系统中的七种语调的音系描写及对应的语音实现。图 2-8 给出了一个五层标注的示例。

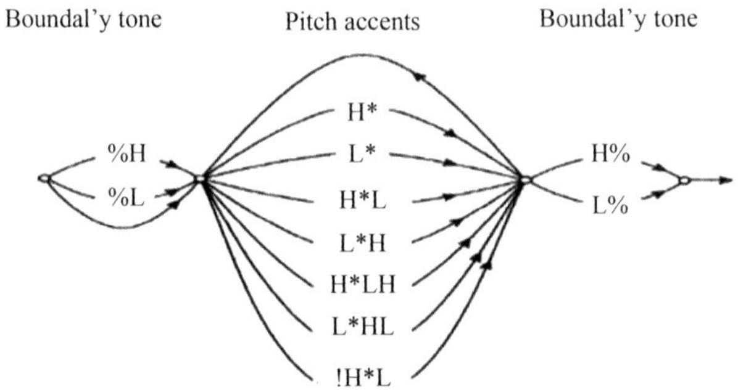

图 2-7　IViE 标注系统定义的语调音系模式

表 2-5　IViE 系统中七种语调音高重音的音系特征与语音特征对应关系

音系特征	语音特征（目标层）
H * L	凸显音节是高目标值（high target），接下来的非重读音节是低目标值，如 H-l、mH-l 和 mHl-l
H *	凸显音节是高目标值，较常见于起始位置，也就是所谓的平帽（flat hat），如 lH- h
!H * L	凸显音节降阶（downstep），从高目标值到低目标值，如 hM-l
L * HL	在语调短语（intonational phrase）内部或边界处音高有升—降的走势，凸显的音节是低目标值，下一音节是高目标值，然后再到低目标值，如 lLh-l

续表

音系特征	语音特征（目标层）
L* H	凸显音节是低目标值，下一音节是高目标值，如 mLh-h、mL-h 和 Ll-h
L*	凸显音节低目标值，如 hL-l
H* LH	语调短语内部或边界处音高有降—升的走势，凸显音节是高目标值，下一音节的目标值从低到高，如 mHl-h

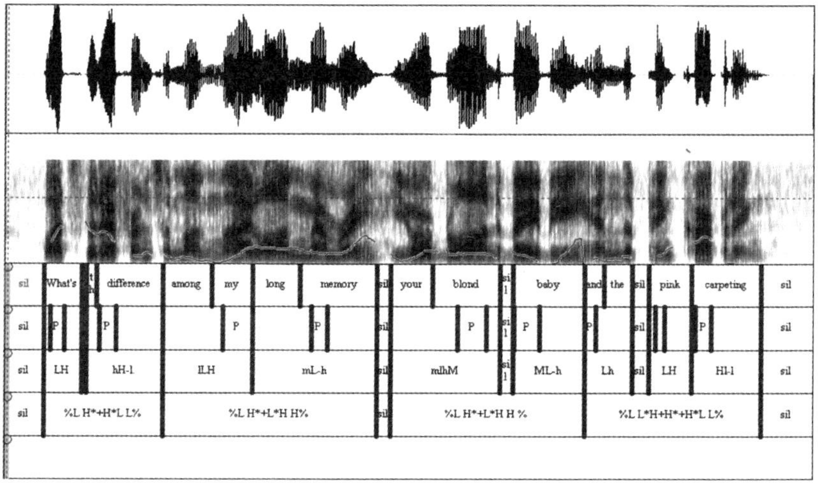

图 2-8 英语本族语发音人的语句 "What's the difference among my long memory your blond baby and the pink carpeting." 的 IViE 标注示例

（标注从上到下有五层：正则层；凸显层；目标层；音系层；评述层）

（三）本研究的标注系统

IViE 系统虽然从 ToBI 发展而来，但又与 ToBI 有区别。首先从标注层级上看，IViE 中共有 5 个标注层级，分别是：正则层，凸显层，目标层，音系层，评述层；而 ToBI 中标注层级则有 4 层，分别是：正则层，音调层，间断指数层，杂类层。从上文介绍中可知，IViE 中的第 1 层和第 5 层与 ToBI 中的第 1 层和第 4 层是一样的，这两个系统在标注上的不同表现在对韵律的描述上，在 IViE 中对语调的韵律描述不仅有音系层，还有凸显层和语音实现层。而 ToBI 中对韵律的描述只有音调层，其所标注的也是语调的音系表征。既然两种系统中都有语调的音系表征，那么是否存在不同呢？IViE 对语调的音系描写共有七种音高重音，分别是 H* L、

H*、!H*L、L*HL、L*H、L*和H*LH，它是从凸显音节起始来进行音系描述的；边界调分为起首和末尾边界调，分别表示为%L、%H；L%、H%。ToBI 中的音高重音共有五种，分别是 H*、L*、L*+H、L+H*以及 H+!H*。两个系统在标记边界调时候的表示方法也不同，IViE 中只有语调短语边界，分为起始边界和末尾边界，分别为%H、%L 和 H%、L%；而 ToBI 中有韵律短语重音和边界调，分别为 H-、L-和%H、%L、H%、L%，可以组合成不同的边界类型。

用两种系统的音系标注图 2-8 中的例句，对比如下。

图 2-8 中语句的 IViE 音系标注为（“↓”表示韵律语调短语边界）：

What's	the difference	among	my	long memory	your	blond	baby	and the	pink	carpeting
|	|		|	| ↓	|		| ↓|		|	| ↓
LH	hH-l		lLH	mL-h	mlhM		Ml-h	Lh	LH	Hl-l
↓%L H* + H*L L%　↓　%L H* + L*H H%　↓%L H* + L*H H%　↓%L　L*H +H*+H*L　%L										

图 2-8 中语句的 ToBI 音系标注为：

What's	the difference	among	my	long memory	your	blond	baby	and the	pink	carpeting
|	|		|	| ↓	|	|	| ↓ |		|	| ↓
H*	! H*	L-L%	L+H*	! H*	H-H% L+H*	*?	! H* L-H%	L*	L*	H* L-L%

IViE 系统中由于加入了凸显层和语音实现层，对音高重音的确定比 ToBI 更容易，这样从语音实现而得到的音系表征也更确切，因而对整个音高事件的描述也更清晰。而 ToBI 只在音调层中直接找音高重音并进行音系上的描述，这样的操作对标注人来说很难下手，对音高事件的描述也相对较粗略。但 ToBI 中有标记词边界的间断指数层，对停顿划分很清楚，但 IViE 中就没有这样的层级，对于停顿的划分也只有 ID 和 IP 的边界。此外，IViE 音系标注中没有韵律短语（中间短语）边界，因而对于停顿的音系描述还是不够的。再则，IViE 中对音高事件的描述是围绕音节展开的，但其却未直接标注音节的层级。

鉴于 IViE 和 ToBI 在标注上各有优点和不足，本研究考虑在韵律标注中将两者结合，并增加音节和音素的标注，以 IViE 为主结合 ToBI 的音系标注，修改后的标注系统如下：

首先，在 IViE 中加入间断指数层，间断指数分为三个级别，1 代表词边界，3 代表 ID 边界而 4 代表 IP 边界。其次，在音系标注中加入韵律短语边界，其在语音实现层和 ID 边界所对应，和上面所说的加入的间断指数中的 3 所对应。再次，加入音段标注层级，使用表 2-1 中的 ARPA-BET 符号。

图 2-9 为本研究采用改进 IViE 和 ToBI 而得的标注体系进行标注的结果示例，增加了第二层的韵律边界和第三层的音段标注。

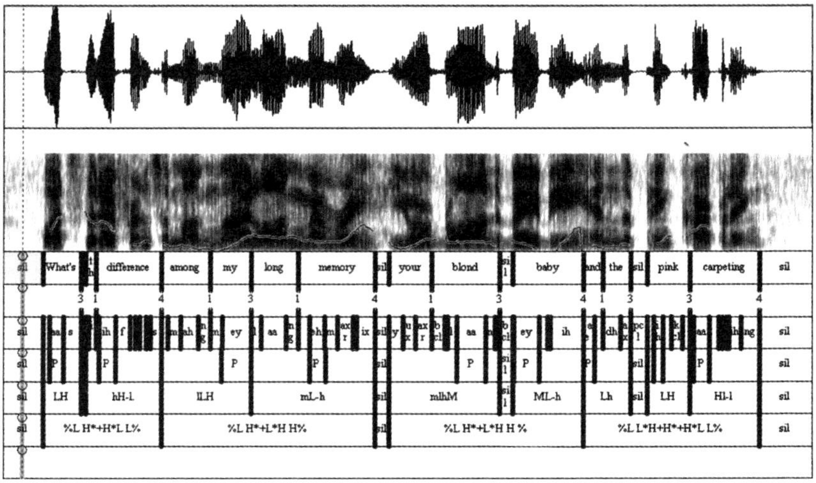

图 2-9 改进的标注示例，英语本族语发音人的英语疑问句“What's the difference among my long memory your blond baby and the pink carpeting?”

第三节 AESOP-CASS 的建设工作

一 方言点与发音人选取

AESOP-CASS（贾媛等，2012）的数据采集面向方言区英语学习者进行，方言点的选取是语音库建设的重要内容，中国主要共包括十大方言区（李荣，1989）：官话区、吴语区、晋语区、徽语区、赣语区、湘语区、平话区、闽语区、粤语区和客家话区。每个方言的音系系统均与英语音系系统都存在差异，这会导致发音偏误。以普通话为例，普通话包括 22 个辅音，9 个元音。标准美国英语共有辅音 24 个，单元音 15 个，其中英语的一些辅音在汉语中是不存在的，如 [θ ð d͡ʒ t͡ʃ] 等，在学习这类英语辅音时，学习者往往采用普通话中的辅音替代。鉴于方言语音系统与英语语音系统的不同差异，需要针对不同的方言区开展语料的收集和研究工作，在十大方言区中，根据方言特色选取具有代表性的城市，另外包括朝鲜语、藏语、蒙语和维吾尔语四个少数民族语言地区。除特殊情况外，每个点选取 50 名发音人，方言分区和人数分布具体见表 2-6。

表 2-6　　发音人数和录音规模

方言/语言分区	子方言区	方言点	人数	总长（小时）
官话区	北京地区	北京	50	500
	天津地区	天津	27	270
	东北地区	哈尔滨	50	500
		长春	50	500
		沈阳	50	500
		大连	50	500
	山东地区	东莱区 15 市县区	54	540
		东潍区 5 市	50	500
		西鲁区 4 市	50	500
		西齐区 7 市	50	500
	陕西地区	西安	48	480
	江淮地区	镇江	50	500
晋语区	山西地区	太原	30	300
吴语区	浙江地区	宁波	50	500
闽语区	福建地区	福州	30	300
粤语区	广东地区	广州	13	130
湘语区	湖南地区	长沙	50	500
* 未细分	台湾地区	/	40	400

续表

方言/语言分区	子方言区	方言点	人数	总长（小时）
少数民族语言地区	朝鲜语地区	延吉	50	500
	藏语地区	兰州	50	500
	蒙语地区	呼和浩特	50	500
	维吾尔语地区	乌鲁木齐	50	500
美国	/	/	30	300
合计			1022	10220

二　语料设计

在文本设计时，需要最大限度地考察方言区英语学习者的“方言英语发音”的特征，语料主要包括英语语料和中文语料，见表2–7。

表2–7　　AESOP-CASS发音语料总表

语料类型	分类	数量
英语语料	单词	800
	句子	1300
	篇章	2
方言语料	单词	300
	句子	100
	篇章	1
方言普通话语料	单词	60
	句子	50
	篇章	6

（一）英语语料

英语语料是研究中的重要部分，不同方言区的所有发音人，产出的英语语料是相同的，目的是对不同方言区的发音人的音段和超音段特征，进行横向对比研究。语料文本主要包括3个方面内容：英语单词及短语（w1 – w5）、英语句子和英语篇章，具体说明见表2–8。

表 2-8　**AESOP-CASS 英语语料说明**

内容		数量	说明	设计目的
英语单词及词组（w1－w5）	单词	5 组，平均 150 个条目/组（占 88%）	包含不同的音节数目、音节结构和词重音类型； 90% 为实际存在的单词，10% 为假词，覆盖所有的元辅音组合	考察学习者的元音、辅音及词重音发音受方言影响而表现出的“负迁移”现象
	短语及短句	5 组，平均 20 个条目/组（占 12%）		考察学习者对词重音在不同词组中的重音迁移现象的掌握
英语句子	词汇词负载句（Carrier sentences）	20 句	具有不同的音段组合和词重音分配上的平衡； 考虑词在韵律层级中的位置，比如位于焦点位置、位于边界位置等	考察不同目标词在相同语句环境下的声学特征
	不同句型和焦点类型的句子（CASS-E）	415 句	1）陈述句：包括不同长度和句法结构的陈述句；涵盖焦点在句首、句中和句尾的陈述句。作为焦点词的成分的词重音分布也有差异，有的位于词的首音节，有的位于词的末音节。 2）疑问句：包括一般疑问句、特殊疑问句、选择疑问句、反意疑问句、回声问句等不同的疑问句型；涵盖焦点在句首、句中和句尾的疑问句。 3）祈使句：包括祈使句和陈述句对应的句子。 4）感叹句：包括感叹句和对应的陈述句。 5）列举句：包括不同句子长度和句法结构的列举句	考察学习者对不同句型和焦点类型的韵律特征的掌握，及其与英语本族语发音人的差异

续表

内容		数量	说明	设计目的
英语句子	不同句法组合的句子(Intonation and phrasing)	12 句		考察学习者在表达不同句法结构的句子时表现的语调韵律特征
	韵律歧义句(Prosodic ambiguation)	5 组，共 13 句	语音形式上相似，句法上有歧义，需要通过韵律手段消除歧义	考察学习者如何使用韵律手段排歧以及方言的影响
	功能词负载句(Reduced and unreduced function words)	5 句	含有位于重读音节和非重读的音节上的功能词	考察学习者对元音弱化现象的掌握
	语音平衡句(s1—s8)	8 组，平均 100 个条目/组	具有音段音联关系上的平衡，覆盖不同的音段组合关系、句型、句子长度等；部分语料来自东京大学峯松信明教授的课题组（Minematsu，2001，2004）	用于发音偏误（错误）分析、L2 语音识别训练和自动标注等研究
	目标词在韵律边界的句子(Target words at prosodic boundaries)	16 句	目标词在不同层级的韵律边界	考察学习者对边界调特征的掌握
	目标词在不同位置窄焦点句(Target words in narrow focus)	20 句	目标词为句子窄焦点，出现在句子不同位置	考察学习者对焦点重音特征的掌握
英语篇章	朗读篇章	2 篇	*The North Wind*（《北风和太阳》英语翻译版）；*The Cinderella Passage*（《灰姑娘》）	考察学习者在表达句子层级以上的篇章以及对话时表现的语篇韵律特征和偏误类型
	自然对话篇章	2 组	预订机票的对话（Situational dialogues）；看图回答问题（Picture description/IViE-picture）	

（二）中文语料

中文语料文本包括两个方面内容：

（1）方言普通话语料（CASS-C）：共 124 个条目，内容主要是单音节和双音节组合，单音节词主要包括普通话中所有声母与韵母 a、i、u、ü 的组合，每种组合都有阴平、阳平、上声和去声四个声调。双音节词主要包括普通话中常见的词汇，声调组合覆盖两字组中所有的 16 种声调组合。此外还有大约 20 个/组句子、4 段长对话以及朗读语篇《北风和太阳》。目的是考察方言区的说话人说普通话时，声、韵、调的表达特征及其和英语发音之间的关联性，进而揭示普通话和方言对英语发音，特别是英语语调的共同干扰作用。

（2）方言语料：语料针对每个方言点分别进行设计，具体数量依不同方言的情况不同，目的是考察不同方言区发音人，其方言发音的声、韵、调等特征，以及该特征对英语的发音的“负迁移”作用。每个方言点发音表中都包括单音节、双音节和三音节词、短语及句子，具体内容见表 2–9。

表 2–9　AESOP-CASS 方言语料说明

内容		数量	说明	设计目的
方言词汇	单音节词	500 左右	尽量覆盖所有的声母和韵母的组合，且每个音节都包含所有的声调	
	两字组 三字组	150 左右	覆盖所有的声调组合； 收集方言常用的特色短语	考察发音人连读变调的特征
方言焦点句		350 左右	焦点陈述句 焦点疑问句	考察不同方言焦点的实现方式，以便与方言学习者的英语语调进行对比研究
方言语篇		1	方言版《北风和太阳》	考察方言语篇的韵律特征及其对英语篇章的“负迁移作用”

单音节词尽量覆盖所有的声母和韵母的组合，且每个音节都包含所有的声调。

两字组和三字组语料覆盖所有的声调组合，并收集方言常用的特色短语，主要考察连读变调的特征。

方言焦点句和方言语篇《北风与太阳》是所有方言发音人共同语料。方言焦点句主要收集焦点陈述句和焦点疑问句，目的是考察不同方言焦点的实现方式，以便与方言学习者的英语语调进行对比研究。

方言语篇语料是方言版的《北风与太阳》，目的是考察方言语篇的韵律特征及其对英语篇章的“负迁移作用”。

三 语料录制

录音设备为笔记本电脑和带有内建式声卡的专业耳麦 Sennheiser PC166，如图 2-10 所示。

图 2-10 录音设备 Sennheiser PC166

录音需要在安静的室内环境进行，如教室、办公室或实验室均可。在录音时，为了确保语音质量，发音人应正确佩戴头戴式麦克风，麦克风的位置应低于嘴巴 1.5—2 厘米，且相距大约 1 厘米处，并坐在电脑屏幕前。录音操作由操作员完成。录音质量由专业录音人控制，设置录音振幅上线，超过产生消波的发音自动报警；并操控发音人的最小音量，避免影响后续标注工作；同时确保录音的语音段落前后会留下适当长度的静音段。

录音软件为 AESOP 项目统一的录音软件 CUHK-SIAT recording

tool. exe，由香港中文大学与中国科学院深圳先进技术研究院共同开发。录音采样频率为 16000 赫兹，存储精度为 16 位，单声道。

录音软件的发音人信息登记界面如图 2-11 所示。包括：发音人姓名、性别、母语，作为音档储存的资料夹名称；教育水平、专业、英语水平、学习英语的时间和录音地点等，将自动储存为 * user. log 文档，保存在预设的路径中。

出现录音界面，如图 2-11 所示，显示单词、短语和句子等语料文本和图画等信息。每个单词、短语或句子保存为一个独立的 . wav 文件，以便于后期进行语音处理和分析。

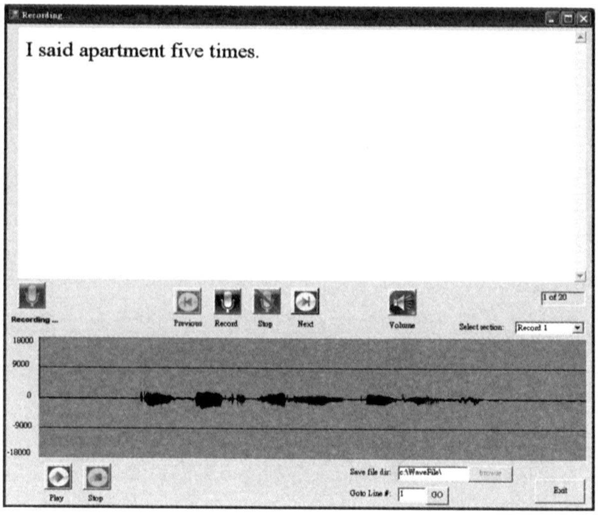

图 2-11　CUHK-SIAT 录音软件录音界面

语篇由 CoolEdit 软件录制，也保存为独立的 . wav 文件。

正式录音前进行前测，确定学习者的英语水平和普通话水平，最后按照高、中、低水平对发音人进行分类。

本项目累计录制发音人超过 1000 人，每个发音人录音时长大于 10 个小时，录音总时长超过 1 万小时，每个方言区按照选取好的方言点来选取发音人，见表 2-6。还包括标准本族语发音人，即美国口音的发音人，标准本族语发音人与方言英语学习者语音发音材料相同，他们的录音时长为 6 个小时。

参与该项目录音的合作单位有：南开大学、天津大学、湖南大学、西北工业大学、山东科技大学、浙江大学、同济大学、江苏科技大学、福州师范大学、山西大学、西北民族大学、吉林大学、湖南大学、延边大学和宁波大学。

四 语音库标注

语音库标注分为基础标注和扩展标注。基础标注就是对正则发音的标注，扩展标注包括语音实际发音的音段标注和韵律标注。本研究中对所有录音文件进行基础标注；由于语音学的标注非常费时费力，扩展标注主要针对研究的重点地区，涉及山东方言、东北官话区、北京、广州以及上海的英语学习者；其他方言点依据研究的情况进行标注。

英语单词、句子和篇章的音段切分通过英语音段自动切分软件（由项目组前期开发）完成，辅之以人工校对，不仅切分单词边界，也切分音素边界；标注符号采用表 2-1 介绍的 ARPABET 符号集。英语韵律的标注结合自动切分软件的韵律边界切分和重音预测（见第七章）和手工修正；采用 ToBI 标注系统和 IViE 标注系统相结合的策略。所有语音标注均在 Praat 中进行，图 2-12 为一个标注结果示例。

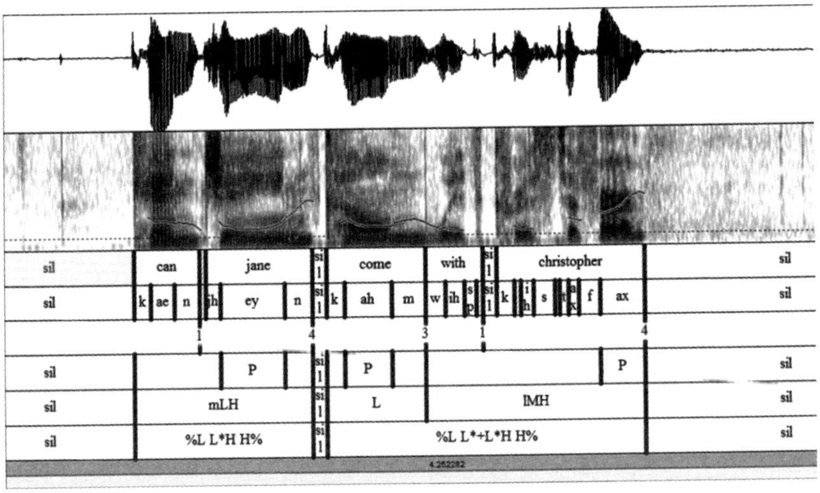

图 2-12 AESOP-CASS 英语句子多层级标注示例

方言普通话的切分同样首先通过自动切分软件对词边界和声韵边界自动切分，然后手工校对，方言的切分则主要依靠手工；标注符号均采用 SAMAP-C 符号集（李爱军，2021）。

所有标注人员均由项目标注专家培训，在正式标注之前需参加一致性测试，达到规定后方可开展正式标注工作，并有项目专家全程把关。

第四节　本章小结

本章介绍了中国方言区英语学习者大规模语音库 AESOP-CASS 与标注系统的构建，针对本课题的研究需要，重点说明了语料内容和标注体系。AESOP-CASS 为整个研究以及基于语料库的英语语音学习的基础，其管理、查询、学习功能将在第九章详细介绍。

需要指出的是，AESOP-CASS 主要录制了美式英语（American English，AmE），也有一部分英式英语（British English，BrE）。二者在音段和语调方面的差异是非常明显的，但本研究的英语本族语（目标语）确定为 AmE，主要因为目前大学英语是以 AmE 或者 BrE 为主，还是主要看大学老师个人的发音习惯，但总体以 AmE 为主。

参考文献

曹文、张劲松：《面向计算机辅助正音的汉语中介语语音语料库的创制与标注》，《语言文字应用》2009 年第 4 期，第 122—131 页。

陈桦：《中国学生朗读口语中的英语调型特点研究》，《现代外语》2006 年第 4 期，第 418—425 页。

陈桦、李爱军：《创建中国英语学习者英语语音库的必要性及构想》，《外语研究》2008 年第 5 期，第 50—54 页。

陈桦、文秋芳、李爱军：《语音研究新平台：中国英语学习者语音数据库》，《外语学刊》2010 年第 1 期，第 95—99 页。

桂诗春、杨惠中：《中国学习者英语语料库》，上海外语教育出版社 2003 年版。

贾媛：《中国方言区英语学习者元音习得类型研究》，中国社会科学出版社 2019 年版。

贾媛、李爱军：《IViE：语调标注系统介绍》，《声学技术》2005 年第 3 期，第 213—217 页。

贾媛、李爱军、郑秋豫：《中国方言区英语学习者语音库构建》，《中国语音学报》2012 年第 4 辑，第 38—45 页。

李爱军：《汉语口语语篇库：构建与标注》，中国社会科学出版社 2021 年版。

李荣：《汉语方言的分区》，《方言》1989 年第 4 期，第 241—259 页。

王立非、文秋芳：《中国学生英语口笔语语料库的建设与研究评述》，《外语界》2007 年第 1 期，第 22—28 页。

王霞：《英语韵律习得——基于大规模中介语语料库的语音学研究》，博士学位论文，中国社会科学院研究院，2010 年。

文秋芳：《英语学习策略理论研究》，陕西师范大学出版社 2004 年版。

Beckman, M. E., & Ayers-Elam, G. (1997). *Guidelines for ToBI labelling* (3rd ed.). The OSU Research Foundation.

Chanchaochai, N., Cieri, C., Debrah, J., Ding, H., Jiang, Y., Liao, S., Liberman, M., Wright, J., Yuan, J., Zhan, J., & Zhan, Y. (2018). GlobalTIMIT: Acoustic-phonetic datasets for the World's Languages. *Interspeech* 2018, Hyderabad, India, 192 – 196.

Grabe, E., Post, B., Nolan, F., & Farrar, K. (2000). Pitch accent realization in four varieties of British English. *Journal of Phonetics*, 28 (2), 161 – 165.

Ji, X., Wang, X., & Li, A. (2009). Intonation patterns of yes-no questions for Chinese EFL learners. 2009 *Oriental COCOSDA International Conference on Speech Database and Assessments* (*O-COCOSDA*), Beijing, China, 72 – 77.

Minematsu, N., Tomiyama, Y., Yoshimoto, K., Shimizu, K., Nakagawa, S., Dantsuji, M., & Makino, S. (2001). Development of English speech database spoken by Japanese learners. *Proceedings of COCOSDA Workshop* 2001, 76 – 81.

Minematsu, N., Tomiyama, Y., Yoshimoto, K., Shimizu, K., Nakagawa, S., Dantsuji, M., & Makino, S. (2004). Development of English speech database read by Japanese to support CALL research. *Proceedings of International Congress on Acoustics* 2004 (*ICA* 2004), 557 – 560.

Pierrehumbert, J. (1980). *The phonology and phonetics of English intonation*

[Doctoral dissertation, Massachusetts Institute of Technology].

Silverman, K., Beckman, M. E., Pitrelli, J., Ostendorf, M., Wightman, C., Price, P., Pierrehumbert, J., & Hirschberg, J. (1992). ToBI: A standard for labeling English prosody. *Proceedings of the Second International Conference on Spoken Language Processing (ICSLP)*. Banff, Canada, 867 – 870.

ARPABET. (2021, March 9). In *Wikipedia, the free encyclopedia*. Retrieved October 21, 2021, from https://en.wikipedia.org/wiki/Arpabet.

第三部分

语音产出

第三章

中国英语学习者的音段产出研究

汉语和英语分属汉藏语系和印欧语系，在语音方面存在较大差异，母语为汉语的英语学习者的发音，往往因受到其母语方言发音特征的影响而带有某种方言口音，中国的方言区分区十分复杂，一般可分为官话、吴语、湘语、赣语、客家话、粤语、晋语、闽语、徽语和平话十大方言区。其中官话又可细分为八种：东北官话、胶辽官话、北京官话、冀鲁官话、中原官话、江淮官话、兰银官话和西南官话。以上十大方言在语音、语法、词汇三方面都存在或多或少的差异，其中尤以语音差异为甚。据统计，语音方面存在不同的方言约占80%（杨伟钧，1986）。

本章我们首先介绍汉语方言音段的本体研究，包括声学和生理研究关注的热点问题；然后在AESOP-CASS基础上，重点研究几个方言区学习者的英语辅音和元音的声学特征，总结学习者在音段上的偏误问题。

第一节 汉语辅音与元音的声学与生理研究

一 辅音

汉语的辅音相对简单，分为阻塞音（obstruents）与响音（sonorants）。汉语的阻塞音主要包括塞音、擦音、塞擦音；响音主要包括鼻音、边音，以及普通话等部分北方方言中的 r 音。

塞音是世界语言中最常见的辅音，最常见的三个部位依次是双唇、齿龈、软腭。汉语也不例外，普通话与各方言几乎都有这三个部位的塞音，其他部位的塞音则少见一些。由于（龈）腭化是汉语常见的一个历时音变，对现代汉语诸方言的音系具有重要影响，一些方言现在还处于这一历时音变过程中，尖团还未完全合流，其中可能存在龈腭塞音［ȶ］等、腭塞音［c̡］等。在一些有卷舌声母的方言中，也可能有卷舌的塞音［ʈ］等。此外，喉塞音［ʔ］也是常见的，不过，在汉语方言中的喉塞音一般不出现在声母位置，而是出现在韵尾。有些方言的声母位置也有标喉塞音的，但一般都不具有音位意义。

汉语中的塞音一般都出现在元音前充当声母，不受限制（赵元任，1935）。在现代汉语诸方言中，只有三个最常见部位的清不送气塞音［p t k］与喉塞音［ʔ］是可以出现在韵尾的；不过与充当声母时不同，当它们出现在韵尾时不爆破（no audible release）。有入声韵的汉语方言有以下几种情况：①最规则的拥有/p t k/三个塞音韵尾，比如一些粤语方言，因为这与中古汉语保持一致（Karlgren，1915）；②最多可以有/p t k ʔ/四个韵尾，比如部分闽方言，因为有一些历史演变的情况发生，在拥有/p t k/这三个塞音韵尾的同时，有部分字音发生演变，产生了一个新的喉塞音韵尾/ʔ/；③最少有喉塞音/ʔ/一个韵尾，比如大部分吴语方言、江淮官话、晋语方言等，在这些方言中，中古的/p t k/三个塞音韵尾合并为一个喉塞音韵尾/ʔ/；④也有处于中间状态的，比如许多客赣方言，还有一些闽方言等。只有一个喉塞音韵尾方言的喉塞音韵尾有的也处于消失的进程中：比如瓯江片吴语中，喉塞尾只出现在非单念、非词尾的条件下，入声韵的单字是没有喉塞尾的；再比如许多晋语方言中，喉塞尾的韵已经非常少，有些甚至接近于完全消失。

除了发音部位的区别，塞音还可以结合喉部不同的发声状态形成音位对立，主要涉及清浊与送气、发声态（phontation types）、喉气流机制等（曹剑芬，1982，1987；Cao 和 Maddieson，1992）。

在语音学或者语言学教科书中，英语和汉语普通话经常被作为塞音清浊与送气对立两分的两个例子来讨论。英语的塞音清浊对立，但不区分送气和不送气；清塞音位于音节开头位置一般送气，但在咝擦音［s－］

之后为不送气。汉语普通话的塞音拥有送气不送气对立，但不区分清浊；只有在语流弱化情况下，不送气清塞音会实现为不送气浊塞音。也就是说，对于英语与汉语普通话的说话人来说，同样的语音可能性，他们的音系范畴是不同的。因此，汉语普通话或其他类似的官话方言背景的说话人，在学习英语的时候，一是要掌握浊塞音，二是要注意送气清塞音在［s－］之后变读为不送气。在二语学习过程中，母语中没有的语音是需要学习者练习掌握的，母语中有的语音，一般拿母语中的直接替换即可。但有趣的是，在我国的英语教育界，却流行所谓的浊化理论，也就是说，指导学生说英语的时候，清塞音在［s－］之后要浊化，比如，要将 sport 读为"sbort"。联系到英语的浊塞音事实上 VOT 并不小于零（尤其不是在音节间的情况下）这一语音事实，其间的母语、二语音系与语音之间的错综关系，着实可以仔细研究。

比英语、汉语普通话更为复杂的塞音对立就是兼有英汉二语的特征。也就是说，既区分清浊，也区分送气。完整拥有清不送气、清送气、浊不送气、浊送气四重对立的除了印地语等一些印度的语言（Ladefoged 和 Maddieson，1996）之外比较罕见。一些汉语方言与少数民族语言中拥有清不送气、清送气、浊三重对立。例如，塞音、塞擦音今音三分被认为是吴语区别于周围其他方言的区别特性（Chao，1928，1967），其中大部分情况是塞音、塞擦音今音为清不送气、清送气、浊三分（石锋，1983；徐云扬，1995），只有在宣州吴语等少数方言中，浊塞音进一步演变为闪音（傅国通等，1986；蒋冰冰，2000）。塞音三分为清不送气、清送气、浊是中古汉语的特点（Karlgren，1915），除了吴语，只有老湘语也保留了中古汉语的这一特点。与吴语相比，老湘语的浊塞音虽然也在清化过程中，但还是比较好地保留了浊音色彩，例如曾婷（Zeng，2015，2019）的研究发现，在湘乡话中，即使是单念的时候，还是有 59% 的浊塞音样本保留了 VOT 负值。

塞音是声腔或者口腔通道存在完全阻塞的发音。擦音也是阻塞音（obstruents）的一种，只是阻塞的程度与塞音不同，擦音的阻塞在空气动力学上产生湍流，在感知声学上形成摩擦噪声。在语音上，塞擦音是塞音—擦音序列（sequence），即塞音成阻而除阻为擦音；在音系上，塞擦音是两个语音单位的组合，还是一个语音单位，需要根据具体的语言具体分析。对于汉语、汉语方言，以及汉藏语系的语言或者其他一些相关少数民族语言来说，从历时音韵角度看，塞擦音是后起的，但在共时音系层面，塞擦音是一个语音单位，与塞音、擦音对立，而不是塞音 + 擦音的组合。

以汉语普通话为例，塞音只涉及双唇、齿龈、软腭三个发音部位，而擦音则有唇齿、齿龈、龈后、龈腭、软腭五个发音部位。也就是说，擦音的发音部位比塞音多。塞擦音有齿龈、龈后、龈腭三个发音部位。很有意思，除了齿龈这个发音部位塞音、擦音、塞擦音都有，龈后、龈腭这两个没有塞音只有擦音的发音部位也有塞擦音。总体上说，塞音、擦音、塞擦音一起构成了汉语阻塞音系统。在汉语音系内部，如果把塞擦音处理为语音上带有复杂性的塞音，那么，汉语在唇、齿龈、龈后、龈腭、软腭这五个发音部位均有塞音对立；而且，在齿龈这个同一发音部位，拥有复杂性的对立。对于汉语阻塞音音系进行这样的分析处理的一个好处是可以避免在共时音系层面无法处理龈腭音的尴尬境地，同时也使得汉语共时音系更好地对应于中古历史音韵。众所周知，汉语中的龈腭音在共时层面与齿龈、龈后、软腭三个发音部位的音存在互补关系，音系上可以处理为上述三个发音部位之中的任意一个发音部位语音的音位变体。在历史音韵上，汉语龈腭音来源于中古精组、见组的腭化，同时，知照系的历史演变也牵涉在里面，增加了复杂性。因此，以奥卡姆剃刀原则去追求共时音系的简洁性并非一个好的选择。相反，像这里所建议的一样，尽量保留语音细节，保留发音部位对立的多样性的处理，才是汉语音系分析的正确方向。

舌冠音（coronals）众多是汉语阻塞音的一个特点。汉语普通话的舌冠阻塞音有齿龈、龈后、龈腭三个发音部位的对立。不过，在中国语言学的传统中，很少用国际音标传统的被动发音器官去描写汉语辅音的发音部位，而是采用一种主动发音器官为主的描写术语体系。这种传统始于赵元任、罗常培和李方桂（2007）翻译高本汉的《中国音韵学研究》（1940）。高本汉按照被动发音部位区分齿音（dentale，即英文 dental）与齿上音（supradentale，即英文 supradental），它们的主动发音器官都是舌尖。齿上音又分为舌尖—齿龈（apico-alvéolaires，即英文 apico-alveolar；赵、罗、李在文中译为“后齿龈”，但在“辅音分类表”中还是归类于

“齿龈”）与舌尖—前硬腭（apico-prépalatales，即英文 apico-prepalatal）。在以后的发展中，这三类音被统一用主动发音器官命名，分别称为舌尖前音、舌尖中音、舌尖后音。而舌面—齿龈（dorso-alvèolaires）、舌面—前硬腭（dorso-prèpalatales）、舌面—软腭（dorso-vélaires）分别被称为舌面前音、舌面中音、舌面后音（又称舌根音）。中国语言学界流行广泛的这套术语系统的问题在于：用了一套定制的术语系统掩盖了开放的术语体系。这套定制的国际音标无法描写超出定制系统之外的语音现象，因此，随着汉语与中国境内少数民族语言等田野调查的深入，常有学者抱怨国际音标不够用了。其实，并非国际音标不够用了，而是发现的语音现象超出了定制系统的描写能力。比如，这套定制的术语系统用舌尖音去指称被动发音部位从齿至硬腭前的舌冠音类，那是完全错误的，因为这些音都可以是舌叶音（laminal）。而在这套定制的术语系统中，舌叶音仅指舌叶—龈后音。所以，当发现某一语言或者方言中，舌叶发音起区别意义的作用时，定制的术语系统便无法描写。

那么，为什么中国语言学界这套定制的国际音标术语系统流行如此广泛呢？我们认为，那是因为舌尖前、后的描写准确把握了汉语舌冠音的音系对立。而且，在汉语方言与少数民族语言中，舌尖发音（apical articulation）与舌叶发音（laminal articulation）很少构成音系对立。因此，定制系统便比原版的国际音标的开放体系显得更加方便适用。普通话的/t tʰ n l ts tsʰ s/用龈音去描述其实并不十分准确，因为不同的发音人，由于生理解剖或者发音习惯上的不同，可以有龈音、齿音、龈齿之间的发音，甚至齿间音等发音部位的变异，非要用被动发音部位去准确描写的话，就非常费口舌。比如我们用电子腭位仪（Electropalatograph，简写为 EPG）采样的 4 位北京发音人，3 位的发音部位大致是齿龈，但有 1 位的发音部位完全不是齿龈，而是齿或齿间（Hu，2008）。如图 3－1 所示，这位男性发音人在发［sa］的时候，舌尖（右图）完全没有接触齿龈，而是接触上齿背的端部（左图），意味着发音部位在齿间。因此，如果用被动发音器官所定义的发音部位来描写的话，就需要把所有这些情况都考虑进去。而如果用主动发音器官来描述，舌尖前、后则准确把握了/ts tsʰ s/与/tʂ tʂʰ ʂ/之间的区别对立在于发音动作，即主动发音器官舌尖的前后，而非被动发音器官所定义的发音部位。

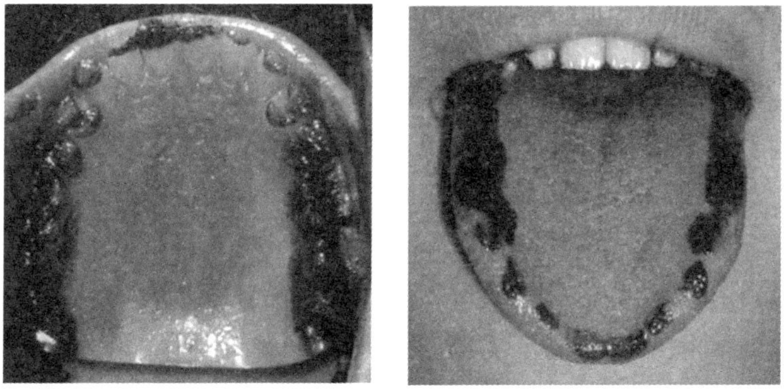

图 3-1 一位北京男性发音人［sa］的腭位图（palatogram，左）与舌位图（linguogram，右）

我们用 EPG 材料讨论普通话舌冠音的发音部位问题（胡方，2020），在四位发音人中，我们选取了二位相互比较一致的 40 岁左右的北京发音人，一男一女。所用的电子假腭，如图 3-2 所示。如前文所述，这是 8 排 62 个电极的假腭，除了第 1 排 6 个电极，其余 7 排都是 8 个电极。每个假腭根据不同发音人定制，前 4 排电极紧密，后 4 排稀疏。大致上，1—2 排对应齿龈这一发音部位，3—4 排对应龈后，5—8 排对应硬腭。EPG 的采样率是 100 赫兹，同步的单声道声音采样率是 22050 赫兹，16 位。

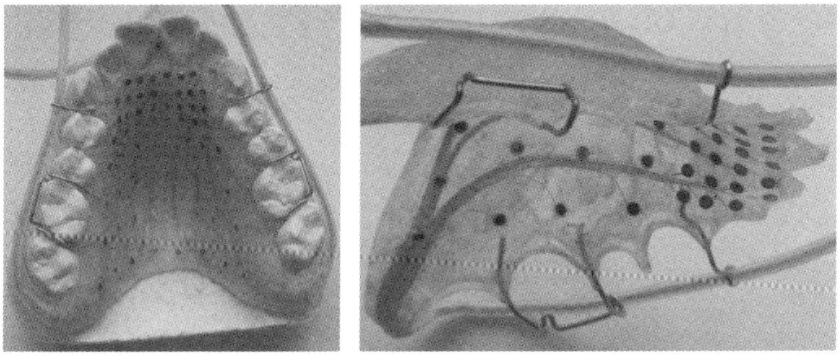

图 3-2 一位北京男性发音人（左）与女性发音人（右）的电子假腭

腭位图（Ladefoged 和 Wu，1984）	累计舌腭接触	最大舌腭接触	最后舌腭接触
(A)"搭"/ta/ 	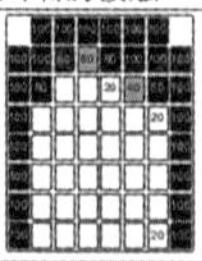	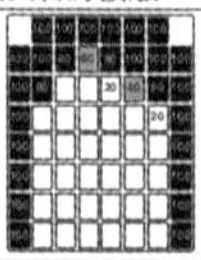	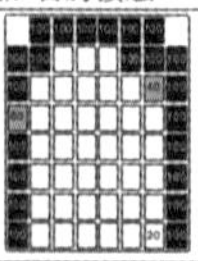
(B)"搭"/ta/ 	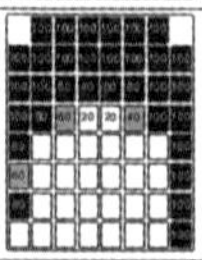	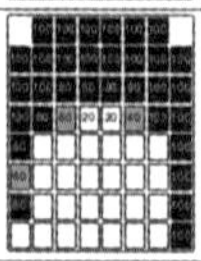	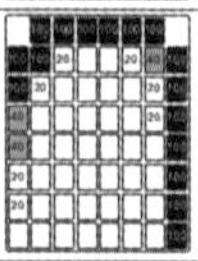
(A)"他"/t'a/ 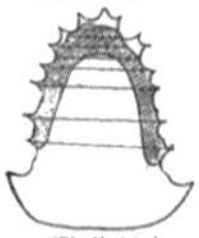	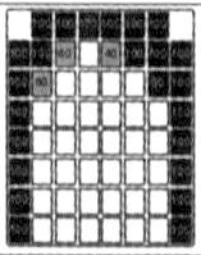	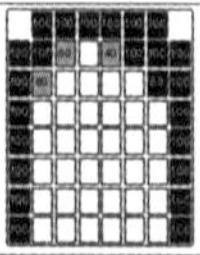	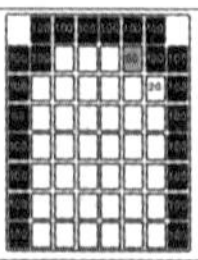
(B)"他"/t'a/ 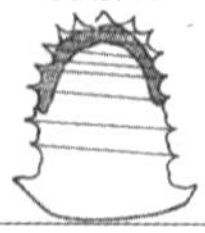	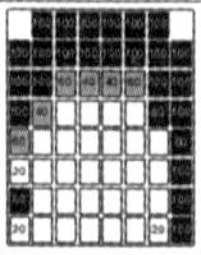	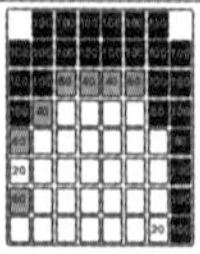	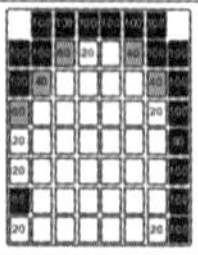
(A)"咂"/tsa/ 	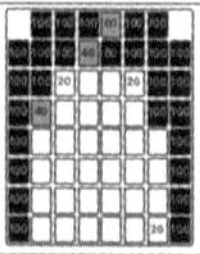	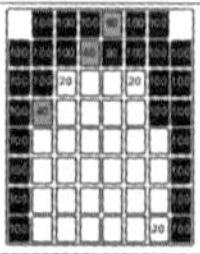	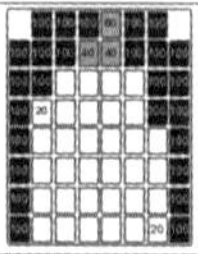
(B)"咂"/tsa/ 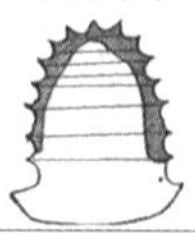	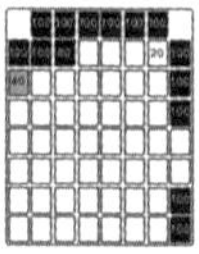	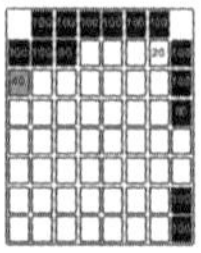	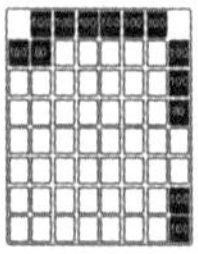
(A)"擦"/ts'a/ 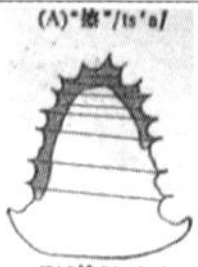	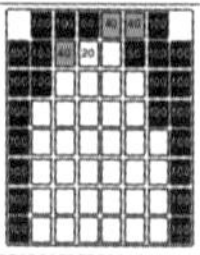	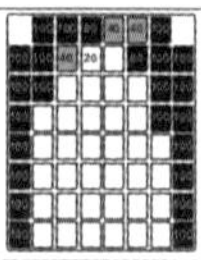	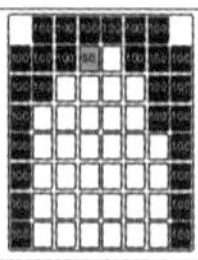
(B)"擦"/ts'a/ 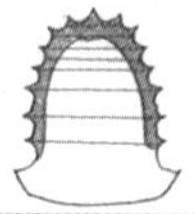	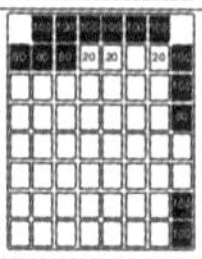	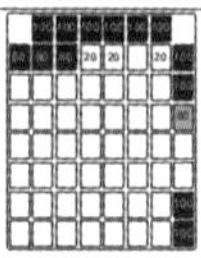	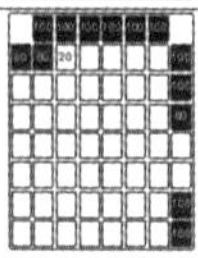
(A)"仨"/sa/ 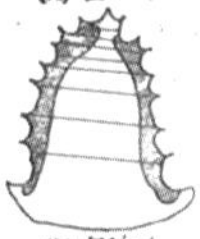	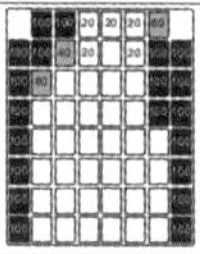	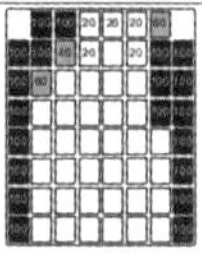	
(B)"仨"/sa/ 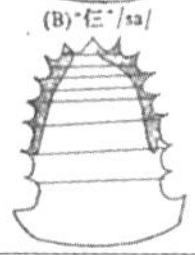	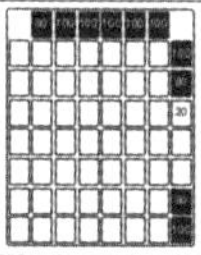	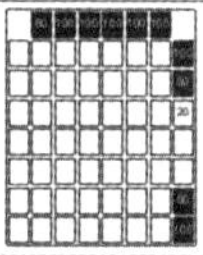	

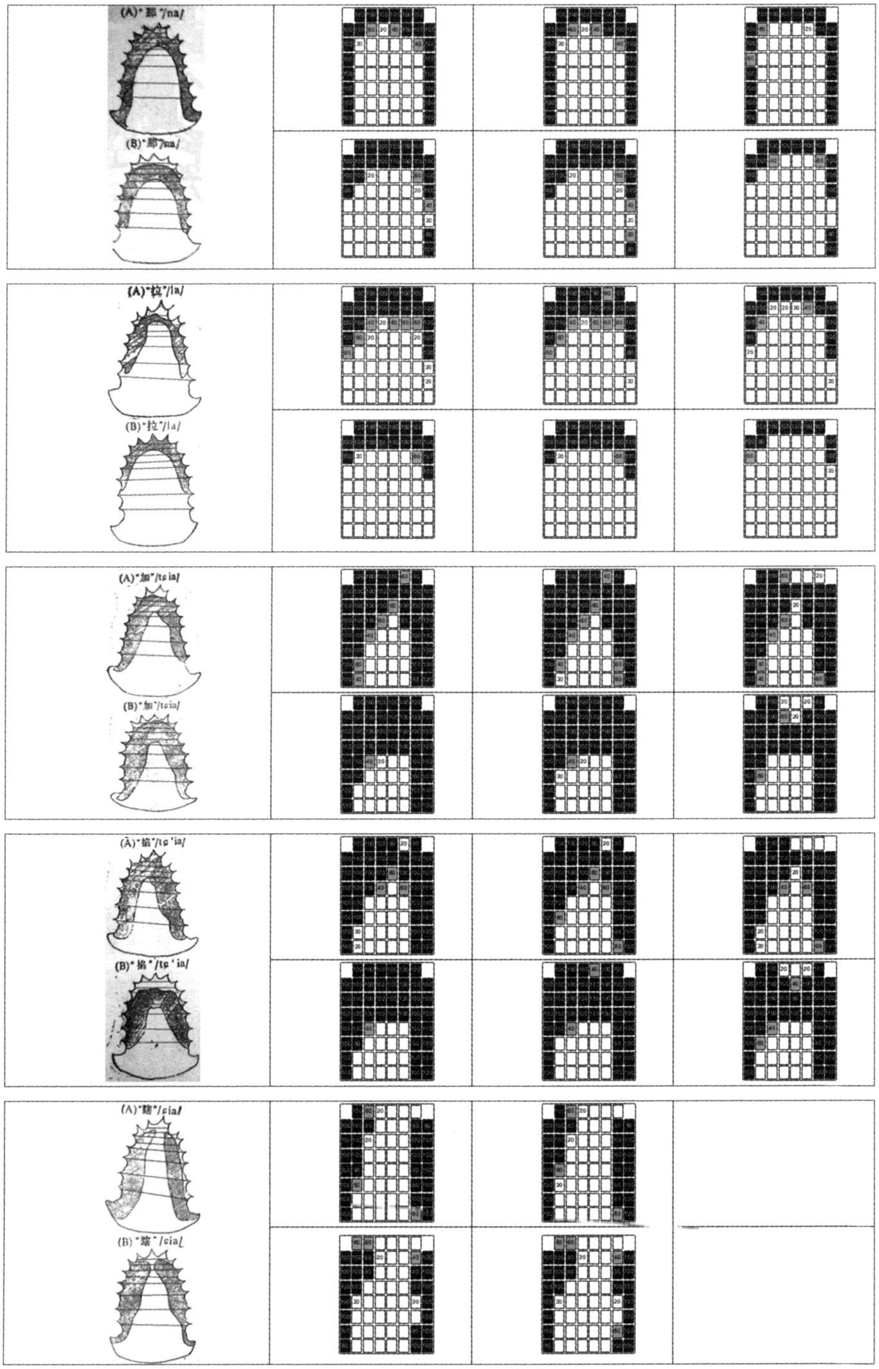
(A)"那"/na/
(B)"那"/na/
(A)"拉"/la/
(B)"拉"/la/
(A)"加"/tɕia/
(B)"加"/tɕia/
(A)"掐"/tɕʻia/
(B)"掐"/tɕʻia/
(A)"瞎"/ɕia/
(B)"瞎"/ɕia/

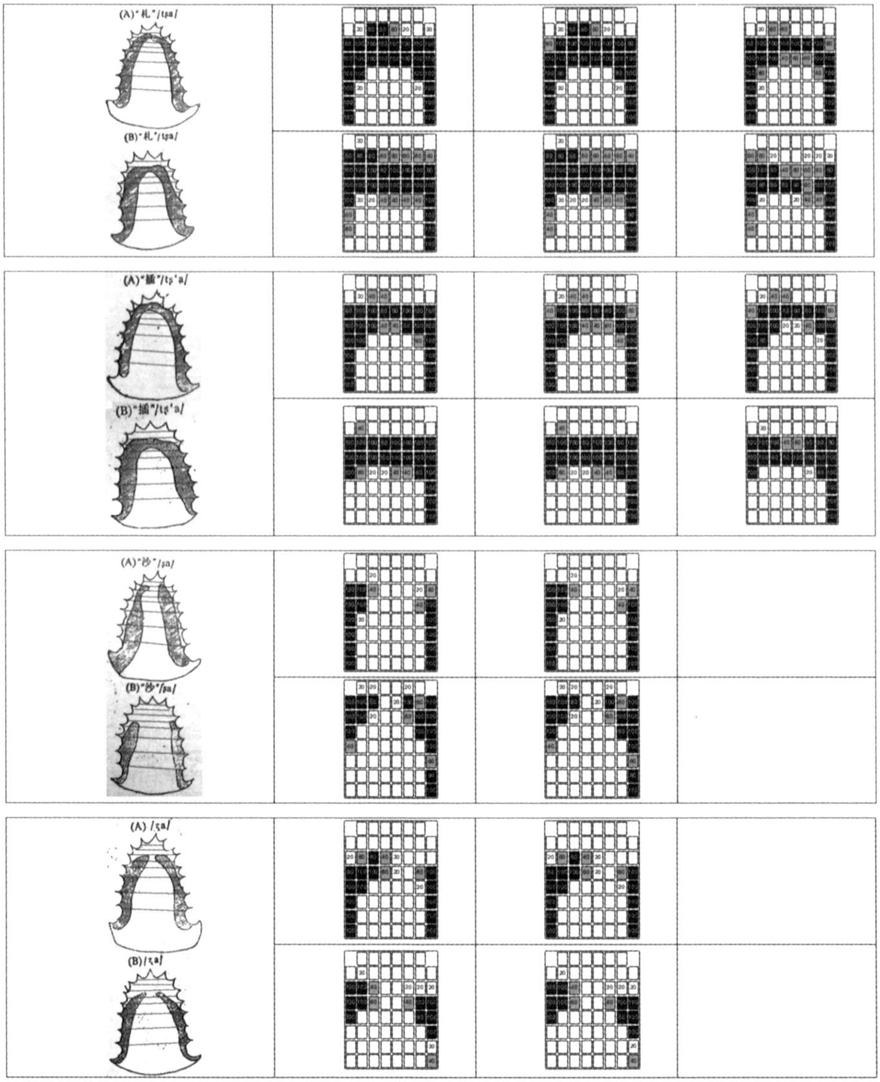

图3-3　一位北京男性发音人（A、上）与女性发音人（B、下）的电子腭位图

例字采用/aCa/无意义但合音系的形式，大写的 C 代表目标舌冠辅音：拼音为 d t z c s n l j q x zh ch sh r，国际音标分别为/t t^{h} ts ts^{h} s n l tɕ tɕ^{h} ɕ tʂ tʂ^{h} ʂ ʐ/。因为［tɕ tɕ^{h} ɕ］不能拼［a］，因此，发音人会插入 i 介音，实际拼［ia］。录音重复 5 遍。录制的 EPG 材料转换为 Praat 标注文件形式，所有的标注、分析、计算、绘图均在 Praat 里面完成。

对于目标舌冠辅音，如图 3-3 所示，第 2 列与第 3 列分别显示了其阻塞段的累计舌腭接触与最大舌腭接触。对于有完全阻塞的舌冠音类，即除了擦音，在图的最后一列显示了其最后舌腭接触，即完全阻塞段的最后一帧接触模式图。图中最左列引用的是吴宗济先生当年做的腭位图（Palatogram；Ladefoged 和 Wu，1984；吴宗济、林茂灿主编，1989）；其中，A 是一名男性发音人，B 是一名女性发音人。因此，后面的三列电子腭位图也相应地排列：上行与 A 对齐为一名男性发音人，下行与 B 对齐为一名女性发音人。电子腭位图根据的是 5 次采样，每个采样点显示的数字表示舌腭接触的百分比：如果 5 次采样中接触是 4—5 次，即 80% 以上，采样点为黑色；如果接触是 2—3 次，即 40%—60%，采样点为灰色；如果接触是 1 次，即 20%，采样点为白色；如果没有接触，采样点完全空白。

从图中可以看到，电子腭位图中的累计舌腭接触与最大舌腭接触基本一致，而且，二者与文献中的腭位图也相当一致。

如果说阻塞音（obstruents）是原型的辅音，那么，响音（sonorants）就是辅音中接近元音的那个类别。典型的响音都是浊音，虽然有阻塞，但总是有持续的气流出来，因此，在声学上拥有与元音类似的共振峰结构。响音分为鼻音、边音、r 音，边音与 r 音又合称流音（liquids）。这里我们重点分析汉语中鼻边音相混的现象。

语言中最常见的齿龈边近音［l］作为响音，在汉语方言中有一个有意思的现象，就是容易和同部位的鼻音［n］相混。长江流域的方言，西南官话、新湘语、赣语、江淮官话等，很多都有这个所谓［n l］不分的现象。而且，有些方言以/n/为音位，自由变读为［l］；而另一些方言则基本上都是［l］了，如果还有［n］的话，只保留在某些拼细音的条件下。粗略地说，长江中上游的西南官话、新湘语多以前者为特点；而长江中下游的赣语、江淮官话则基本上属于后者。这里面有发音生理的原因，是由于鼻边音［n l］在发音时的空气动力学设置的关系。齿龈鼻音［n］在发音时需要用舌尖阻塞齿龈部位，同时，需要保持小舌下垂，腭咽口（velopharyngeal port）打开，这样气流才不会走口腔通道，而是从鼻腔通道涌出。需要注意的是：发音人并不控制气流的走向，气流走哪个通道是由口、鼻腔通道的空气动力学设置决定的。口腔的阻抗小，气流就走口腔；鼻腔的阻抗小，气流就走鼻腔。也就是说，发音人通过发音器官控制的是口、鼻通道的阻抗。而且，发音人用小舌关闭或者打开腭咽口并非一个有意识的直接的肌肉控制；发音人有意识控制的应该是发音目标，与实现发音目标相关的肌肉动作是运动神经控制的结果。因此，鼻边音［n l］的交替变异只是一个腭咽口的控制程度问题：当腭咽口趋向于闭合时，鼻腔通道的阻抗增加，气流涌向口腔，但由于口腔内舌尖与齿龈构成了阻塞，气流无法从阻塞最强的中间通道通过，从而取道阻塞相对较弱的侧翼。而且，也存在口、鼻腔通道的阻抗相对平衡，都有气流通过的情况，也就是产生鼻化的边音。据 Ladefoged 和 Maddieson（1996）综合多家发音材料的研究，边音的侧翼通道只局限于门牙或者最多前臼齿后面的齿龈两侧几厘米长度，而不会延伸到后面的臼齿。但这个侧翼通道引入反共振峰，如 Fant（1960）的模型所述，边音［l］的产生可以模拟为一个拥有分支的单一均匀发音管，这个支管就像是在舌上的一个口袋，其中，支管的长度为 4 厘米，单一发音管的长度为 16 厘米（从声门到侧翼通道为 10 厘米，侧翼通道 6 厘米）。因此，声管模型预测边音［l］前三个共振峰为 531 赫兹、1594 赫兹、2656 赫兹，类似于央元音；口袋支管的反共振峰为 2125 赫兹。

Fant（1960）的模型是简化的，主要有两点。其一，侧翼通道的直径比较小，边音［l］的发音实际上并不是一个单一均匀发音管，因此，边音［l］的第一共振峰实际上要比预测的低。其二，更复杂的是，边音［l］的两侧通道存在不对称性（Stone，1991；Johnson，1997），这可能在 1000 赫兹左右引入额外的反共振峰（Johnson，1997）。不过，无论如何，边音［l］在声学上的两大特点构成它的独特性：①共振峰类似央元音；②第二与第三共振峰之间有反共振峰。而边音［l］与鼻音［n］在声学上的最大的区别也在于［l］在 3000 赫兹以下只有三条共振峰，而［n］则有四条，因为［n］的共振峰之间的平均间隔为 800 赫兹，而［l］则是 1000 赫兹。如图 3－4 为一位男学生英语发音的声波（上）与宽带语图（下）。宽带语图中虚横线大约是 3000 赫兹的位置，左图的 line［lain］有三条共振峰，而右图的 nine［nain］则有四条共振峰。

图 3－5 至图 3－8 给了一些香港粤语的例子，其中，图 3－5 至图3－7 来自一位男性发音人，图 3－8 来自另一位男性发音人，年龄都是 20 岁左

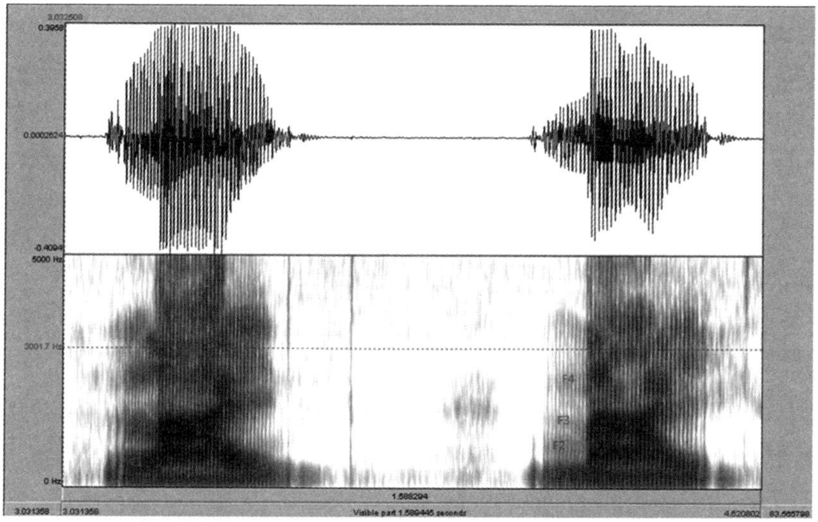

图 3-4 一位男学生的英语发音的声波（上）与宽带语图（下）：line（左）与 nine（右）

右。粤语原来是区分［n l］的，粤语的代表方言广州话以及与广州话最接近的香港粤语中不区分［n l］是最近几十年的新发展。粤语的趋势是/n/并入/l/，也就是说，一般的情况下，原来读［n］声母的，现在都是［l］声母，只有一个/l/音位。最引人注意的例子就是高频的第二人称代词“你”，原来是［nei］，现在是［lei］。这里图 3-5 中给的例子是“奴”与“老”同音，都是［lou］；从图 3-5 中可以清楚地看到 3000 赫兹以下都只有三条共振峰。

粤语的/n/并入/l/，/n/虽然在音系层面消失了，但在语音层面依然存在。传统的说法是/l/可以自由变读为［n］，因为［n］不是严格的条件变体，而且因人而异。不过，哪些条件下容易出现［n］还是有一些规律可循：①前面是鼻音韵尾；②拼细音韵母，即主要元音为 i 或 ü 以及介音为 i 或 ü 的韵母。图 3-6 与图 3-7 的例子都来自语流中的语句，图3-6 是“勤劳善良的农夫”，图 3-7 是“最难呢……”。从图中可以看到：“农”“难”都读为［l］声母，3000 赫兹以下只有三条共振峰；前接鼻音韵尾的“劳”“良”“呢”都读为［n］声母，3000 赫兹以下有四条共振峰。图 3-8 给的是后接细音韵母的例子，说话人读［n］声母的概率相对比较高。需要注意的是，这里的“年”给了一个出现频率相对比较低的例子，鼻音［n］实现为后塞鼻音。

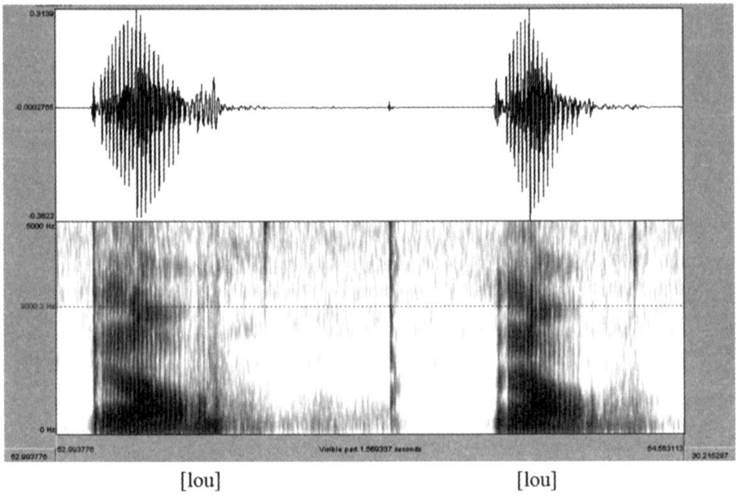

图 3-5　一位男性发音人香港粤语的声波（上）与宽带语图（下）：奴［lou］（左）与老［lou］（右）

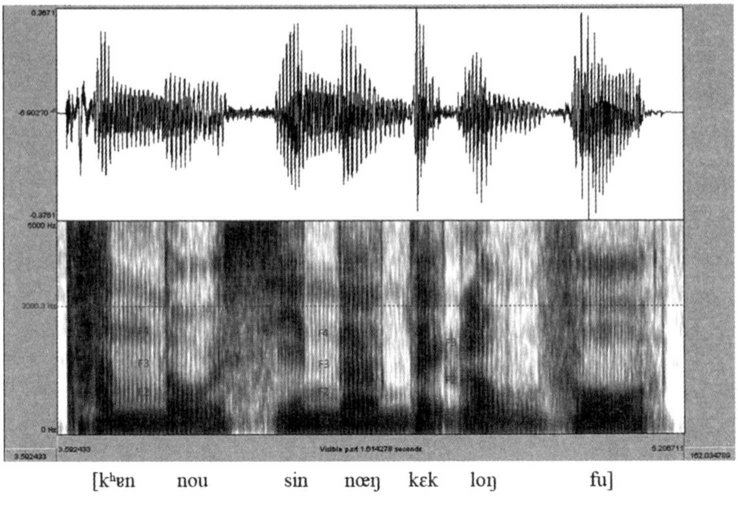

图 3-6　一位男性发音人香港粤语的声波（上）与宽带语图（下）：“勤劳善良的农夫”

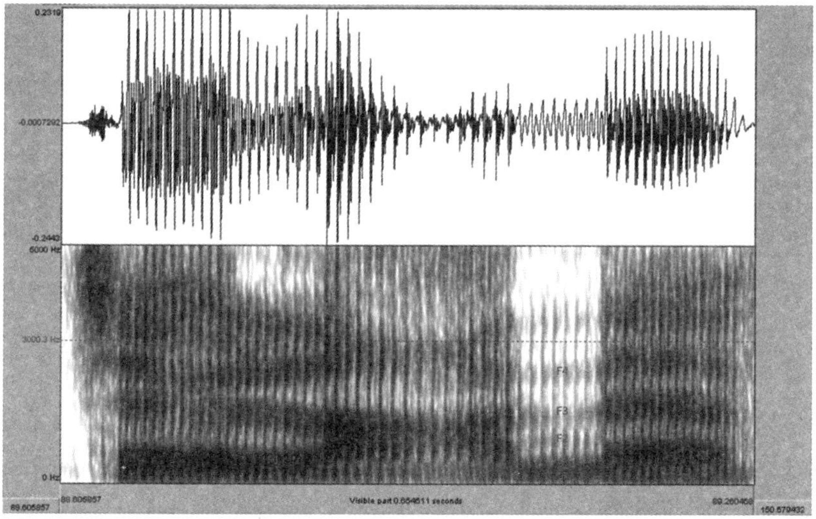

[tsøy lan ni]

图 3-7 一位男性发音人香港粤语的声波（上）与宽带语图（下）：“最难呢……”

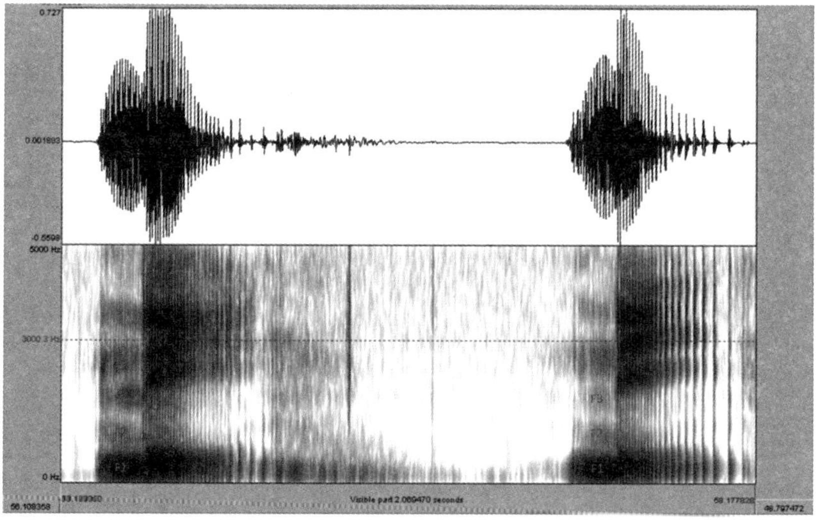

[ndin nin]

图 3-8 一位男性发音人香港粤语的声波（上）与宽带语图（下）：年（左）与连（右）

事实上，［n l］不分的情况经常会出现既不像［n］又不像［l］的发音，这种情况下，往往是一个部分鼻化的发音或者是完全鼻化的边音［l̃］。毕竟在说话人的音系中只有一个/l/或者/n/音位，所有从［n］至［l］的发音全部存在于说话人的可能变异形式之中。有研究表明，汉语方言中不区分［n l］的说话人，通过语音训练可以提升［n l］的区分度，但这种区分往往在感知层面更加有效，在产出层面比较困难（Li，2006；Li 等，2012）。事实上，粤语方言［n l］不分的情况也存在于他们的英语中，是一个比较常见的负迁移现象，至于英语中出现在非词首的 dark－/l/，掌握难度就更大了。

二　元音

声腔的形状由声腔的收紧位置（constriction location）与收紧程度（constriction degree）决定，因此，这两个参数可以用来描写语音的音质。不过，语言学的这两个参数一般是用来描写辅音的，前者称为“发音部位”（place of articulation），后者称为“发音方式”（manner of articulation）。事实上，收紧位置与收紧程度也同样适用于元音的描写。Stevens（1972，1989）认定了元音发音的三个收紧位置：硬腭（［i］）、软腭（［u］）、咽腔（［ɑ］）；这三个位置对于各自对应的代表元音来说比较稳健，小范围的位置扰动对于元音的音质影响不大，Stevens 称为元音的量子属性（quantal nature）。比如，我们观察到，汉语及各方言中的［i］一般均比较偏前，收紧在龈腭位置（alveolopalatal），而一些欧美西方语言中的［i］的收紧位置则大多在相对比较典型的硬腭（palatal），但是，这并不影响这些不同位置的发音都被感知为顶点元音之一的前高元音［i］。Wood（1979）从 X 射线材料中确定了元音的四个收紧位置，进一步细化了咽腔上部与下部：硬腭沿线（［i－ɛ］、［y－ø］类元音）、软腭（［u－ʊ－ɨ］类元音）、咽腔上部（［o－ɔ］、［ɤ］类元音）、咽腔下部（［ɑ－a－æ］类元音）。

描写具体语言中的元音的时候，可以从声学采样、共振峰分析出发。也就是说，声学元音图是元音研究的一个基础。一方面，从声学元音图出发，可以结合生理或者感知材料进一步探讨元音的产生与感知特性；另一方面，根据声学元音图，也可以从语言学的角度讨论元音的特征。

不过，正因为语言学传统中用来描写元音的高低、前后等范畴与发音舌位并无如原先所设想的那种关系，因此，国际语音学会的国际音标弃用“高低”，改用“闭开”（close-open），而且，在《国际音标手册》中明确指出：元音图根据的是听觉声学（auditory spacing），基于元音图的元音描写只能视为一种抽象描写，而不应视为对舌位的直接描写（International Phonetic Association，1999）。上面我们也叙述了元音的高低、前后应该在感知声学层面进行解释的具体理由。不过，问题至此并未得到完全解决。首先，基于元音图的元音描写始终是语言学界无论是语音学还是音系学的元音区别特征理论的基础（Chomsky 和 Halle，1968）。其次，虽然说元音图可以从感知声学角度进行解释，但是，从发音上怎么理解呢？这里便涉及元音的发音与声学问题的讨论。

本节使用汉语的材料——以单元音丰富而著称的吴语方言来谈这个问题（胡方，2005，2008，2014）。吴语方言，尤其是北部吴语，往往拥有十个或者更多的单元音，非常适合检验元音的高低、前后等问题。本节所讨论的宁波方言也不例外，元音库藏（vowel inventory）丰富，2 个舌尖元音［ɿ ɥ］，10 个单元音［i y ʏ e ø ɛ a ɔ o u］，3 个降峰双元音［ai au œy］，6 个升峰双元音［ia ie io yo ua uɛ］，1 个三合元音［uai］；其中单元音［a o］与升峰双元音［ua］还可以出现在入声音节，升峰双元音［ie yo］只出现在入声音节。此外，宁波方言还有独立的鼻元音［ã ɔ̃］与鼻双元音［iã uã uɔ̃ yɔ̃］，以及出现在鼻音尾环境中的元音［i o］或升峰双元音［yo］，它们也会部分或者完全鼻化。本节重点讨论单元音，如图 3-9 中所示。而且，因为舌尖元音的发音涉及舌体之外的舌尖动作，

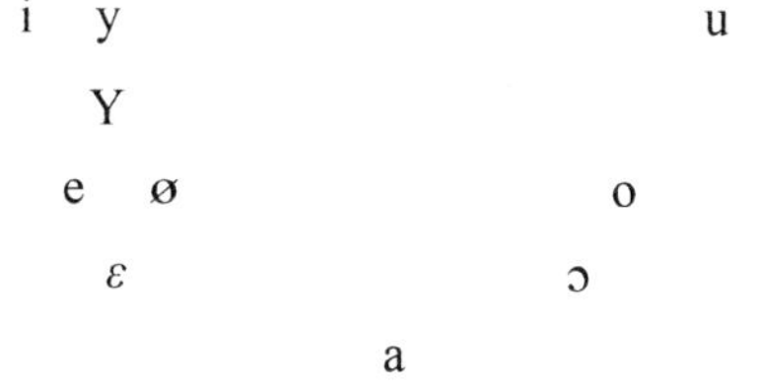

图 3-9 用传统元音图示意的宁波方言单元音

因此，未包括在讨论之中。采样语料是包含所有目标元音的单音节词，为了控制辅音声母、声调等对目标元音的影响，测试词尽量采用零声母、高平调，但是受制于拼合关系（phonotactics），[ø] 没有零声母的音节。具体见表 3-1。

表 3-1　　宁波方言单元音测试词

目标元音	测试词
[i]	[i44] 意
[y]	[y44] 怨
[ɣ]	[ɣ44] 幼
[e]	[e44] 爱
[ø]	[tø44] 锻
[ɛ]	[ɛ44] 晏晚
[a]	[a44] 叆阴暗
[ɔ]	[ɔ44] 懊
[o]	[o44] 挜强卖
[u]	[u44] 焐

20 位宁波发音人（10 男 10 女）参加了声学实验，其中 7 位参加了 EMA 发音实验（4 男 3 女），均为土生土长的本地人，无言语障碍或听力病理史，录音时年龄介于 18 至 30 岁之间。发音材料的录制使用德国 Carstens 公司的电磁发音仪，其中 2 位男发音人的录音使用 AG100 系统，其他发音人使用 AG200 系统，均是二维系统。无论声学研究还是发音研究，录音时，测试词置于载体句中：[ŋo13 io44 doʔ2 _ paʔ5 nau13 t^hiŋ44]"我要读__拨给你听"。语料随机，录音重复 5 遍。

声学录音的采样率是 10K 赫兹，在声学分析中，以宽带语图作参考，一般在元音的时间中点位置用基频同步线性预测法（LPC）提取首四个共振峰，当中点位置不稳定时，也采用最大或者最小第一共振峰的方法（Lisker，1984；Di Benedetto，1989；van Son 和 Pols，1990）。

二维电磁发音仪的数据采集参见第一章介绍。在语音学的研究中，三维发音仪一般也是主要关注发音人的中矢平面这个二维平面。而且，本节关心的是元音的舌位，即黏贴在舌上的三个采样点。元音的发音数据分析牵涉提取目标元音的发音器官的位置信息。元音的发音目标点（vowel target）的确定主要采用发音上的标准，同时参照声学上的标准。在发音研究上，切线速度最小值标准（the tangential velocity minima criterion）是常用的确定发音目标值的方法（Sahlén 和 Löfqvist，1993；Löfqvist，1999）。具体操作上，当主发音点的切线速度在元音中间附近位置达到最小值时，我们就定义这里是元音的发音目标点。这里，这一标准并不严格应用到确定每个发音点上，而是只应用在确定主发音点上，然后根据主发音点决定其他发音点的位置信息，即在同一时间点上确定元音的发音目标值。在操作上，将距离元音的收紧位置最近的舌采样点作为该元音的主发音点，具体来说，硬腭元音［i y ʏ e ø ɛ］是舌中点 TM，低元音及后元音［a ɔ o u］是舌背点 TD。

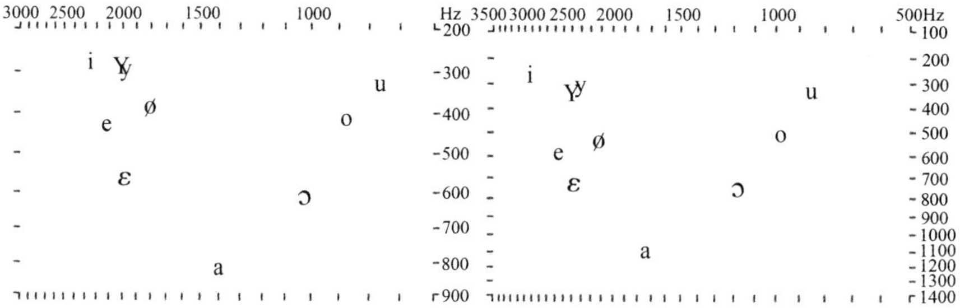

图 3-10 宁波方言单元音：10 位男性（左）与 10 位女性（右）发音人的声学元音图

图 3-10 展示了宁波方言的单元音的声学元音图，分别基于 10 位男性发音人（左）与 10 位女性发音人（右）的均值；纵轴是元音的第一共振峰，横轴是元音的第二共振峰，坐标的原点在右上角。可以看到，图 3-10中的声学元音图与图 3-9 中的元音示意图基本一致。宁波方言的单元音区分四个高低维度：［ı y ʏ u］是高元音；［e ø ʊ］是半高元音；［ɛ ɔ］是半低元音；［a］是低元音。其中，［i y ʏ e ø ɛ］是前元音；［u o ɔ］是后元音；低元音［a］不区分前后。而且，前元音在高、半高

位置区分圆唇：[i e] 不圆唇与 [y ʏ ø] 圆唇对立①；而后元音则均是圆唇。因此，语言学意义上的区别特征，元音高低、前后、圆唇均可以在声学上找到很好的关联物，并且在声学元音图中一目了然。

那么，元音的发音呢？图 3-11 显示了 7 位宁波发音人的元音舌位图，图中发音人面朝左，每个国际音标代表该元音的三个舌采样点：从左至右依次为舌尖（TT）、舌中（TM）、舌背（TD），采样点的数据为 5 次录音的均值，单位为毫米。为方便阅读，三个采样点用不同样式的线条连接，采样点上方的曲线为发音人的硬腭形状示意。

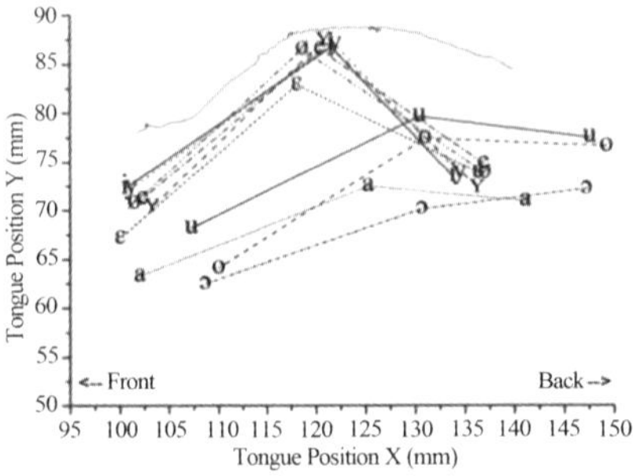

(a) 男性发音人一

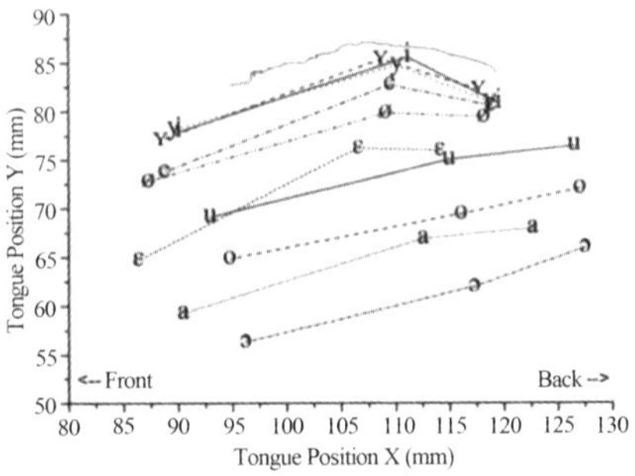

(b) 男性发音人二

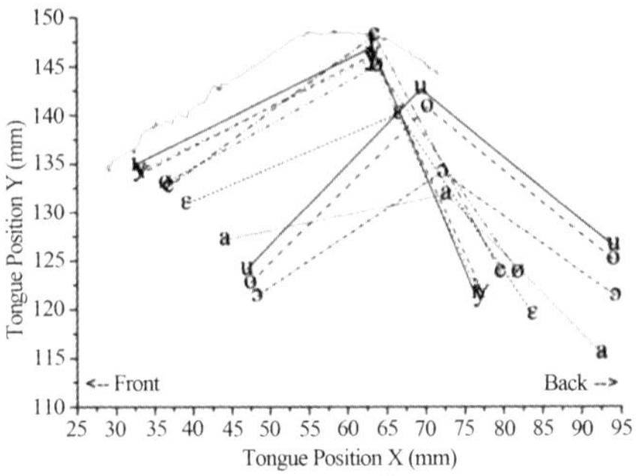

(c) 男性发音人三

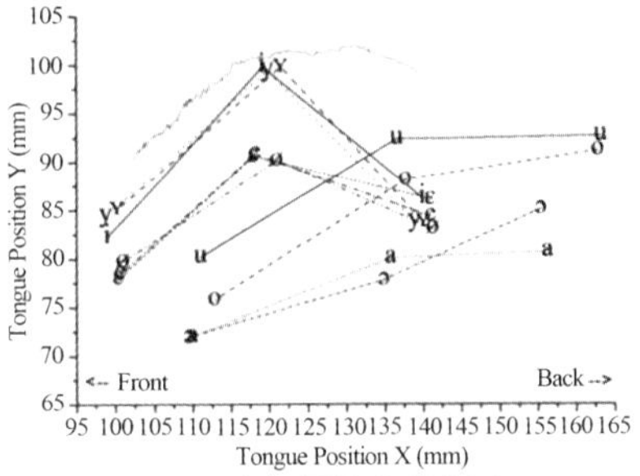

(d) 男性发音人四

① 宁波有两个前高圆唇元音 [y ʏ]，在类型上比较特别，[ʏ] 也是声学元音图与示意图之间的唯一的例外。

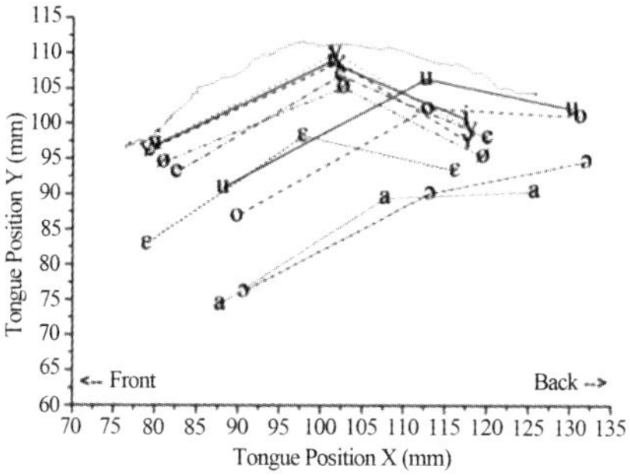

(e) 女性发音人一

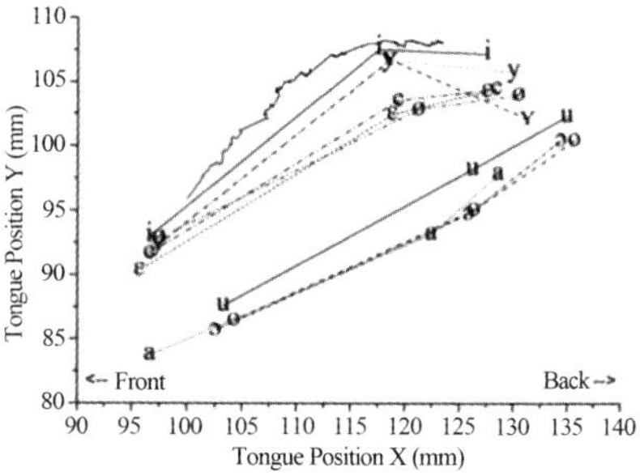

(f) 女性发音人二

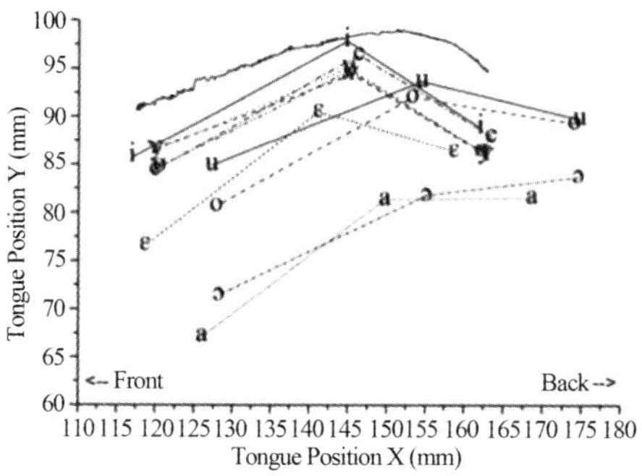

(g) 女性发音人三

图3-11 宁波方言单元音发音舌位图（发音人面朝左，单位：毫米）

从图3-11中可以看到，前后元音的舌位区分还是比较明显的，所有的发音人都比较一致。大致上说，前元音［i y ʏ e ø ɛ］在发音时舌采样点靠前，舌体不同程度地接近硬腭，采样的舌中（TM）点一般最为接近这个构音点（constriction location）；后元音［u o ɔ］的舌采样点靠后，显示发音时舌体明显后缩，而舌背（TD）点是最后面的采样点，最接近它们的构音点——软腭或者更后面的位置；低元音［a］的舌采样点大致居中，位于前后元音之间，三个舌采样点均较低，显示其在口腔内并无构音收紧位置，而据前人研究，低元音［a］的构音点在咽腔下部，约声门上方4厘米处（Wood，1979）。

不过，即使前后元音可以通过舌位区分，前元音舌体前伸，后元音舌体后缩，但是很难说这便是传统元音图中所说的舌位前后特征关系。

更关键的是，另一个重要的元音基本区别特征——元音高低，完全无法与舌位高低建立起原先所预想的那种联系。一方面，前后元音之间的舌位往往不具有可比性；另一方面，即使是将前后元音分开来考虑，也无法建立起如传统元音图所说的那种以发音舌位高低为生理基础的区别特征。

除此之外，发音人之间也各具特点。男性发音人一的前高、半高元音［i y ɤ e ø］的舌中（TM）采样点几乎处于相同的最高位置，而且，三个采样点所反映的它们的发音舌型也类似；此外，低元音［a］的舌位也不比半低元音［ɔ］低。男性发音人二则显示了所有发音人中最理想的元音高低与舌位高低之间的关系：①在前元音中，高元音［i y ɤ］的舌位最高，半高元音［e ø］其次，半低元音［ɛ］最低；②后元音也是［u o ɔ］依次舌位降低；③不过，低元音［a］比后半低元音［ɔ］的舌位要高。男性发音人二是语言学专业人士，这可能说明专业语音学者的发音受到“正则元音”国际音标训练的影响。男性发音人三的前半高元音［e］的舌中（TM）点最高，其余前高、半高元音［i y ɤ ø］拥有类似的舌中（TM）点与类似的发音舌位。而且，其后高元音［u o］的舌位采样点与发音舌位也比较接近。男性发音人四的前高元音［i y ɤ］确实拥有最高的舌中（TM）位置，但前半高与半低元音［e ø ɛ］的发音舌位类似。与男性发音人二类似，女性发音人一的元音高低与舌位高低的关系也比较清晰：①前高元音［i y ɤ］的舌中（TM）点最高，半高元音［e ø］其次，半低元音［ɛ］最低；②后元音［u o ɔ］的舌位也依次降低，只是［u o］的舌背（TD）点比较接近；③不过，低元音［a］与后半低元音［ɔ］的舌位高低相似。女性发音人二具有与男性发音人四类似的地方，其前高元音［i y ɤ］拥有最高舌中（TM）点，但前半高与半低元音［e ø ɛ］的舌中（TM）点与发音舌位类似；不过，女性发音人二也具有自身特点，其后半高、半低元音［o ɔ］的舌位几乎相同。女性发音人的元音高低与舌位的匹配模式具有其自身特点，前元音中，［i］的舌位最高，［ɛ］最低，但是，其他前元音［y ɤ e ø］的发音舌位均处于一个类似的位置。

至此，我们大致可以看到：①前、后元音的发音舌位不同，发前元音时舌中（TM）采样点向硬腭方向前举，发后元音时舌背（TD）采样点与其他舌采样点一起向软腭附近方向后缩；②低元音的发音舌位也具有其自身的特点，主要涉及舌采样点回缩；③舌位与元音的区别特征高低、前后之间并不存在如传统元音图中所设想的那种清晰的对应关系。那么，得到感知声学支持的元音的高低、前后，在发音生理上究竟是怎样实现的？该如何解释呢？为此，我们对电磁发音仪的采样材料进行了统计建模分析，希望从所采样的纷繁复杂的元音舌位位置信息中分解出底层的控制因子。

这里采用平行因子分析（parallel factors，简称 PARAFAC）的方法对数据进行降维。平行因子分析是 Harshman（1970）发展的三模因子分析模型（the 3-mode factor analysis；也可参见 Carroll 和 Chang 在 1970 年同时提出的类似模型，他们命名为 CADECOMP）。与标准的二模因子分析类似，平行因子分析将材料表征为一组线性成分的总数。然而平行因子分析的优势在于通过同时提取互相之间可能重叠的成分并对它们进行平行计算，从而解决了标准二模因子分析中由于因子坐标的方向的不确定性而导致的坐标旋转问题，也即为模型提供了唯一的解。在数学上，应用于舌发音数据的平行因子模型可以如下表达：对于 k 位发音人（Speakers，简写为 S）的从 i 个发音采样点（Articulators，简写为 A）上测量的 j 个元音（Vowels，简写为 V），假设提取了 n 个因子，那么平行因子分析的结果便表述为三个荷载矩阵（loading matrices）V、A、S（即上述元音、发音点、发音人的缩写），每个矩阵可分别描述为 $j \times n$、$i \times n$、$k \times n$。因此，对于发音人 k，其完整的数据集 $i \times j$ 次元的矩阵 Y_k 可以由平行因子算法表述为公式 3-1。

$$Y_k = AS_kV^T \qquad \text{（公式 3-1）}$$[1]

其中，S_k 是发音人的比例常数矩阵，表征 n 个因子的对角矩阵，V^T 是矩阵 V 的转置。如此一来，任何一个元音的任一发音采样点均可表述为距离任意定义的参照位置的偏移；与以往研究类似，此处定义每个发音人的所有元音的采样点均值为发音参照位置。也就是说，我们假设每个发音人的所有元音的发音点平均值为发音初始位置，于是，每个元音

① 公式参照 Jackson（1988a）和 Hoole（1999），与 Harshman 等（1977）和 Nix 等（1996）的写法略有不同。

的发音便表述为该元音距离这个初始位置的偏离。

在 Harshman 等（1977）与 Jackson（1988a，1988b）的研究中，发音数据基于早期的 X 线材料；Nix 等（1996）指出，这可能造成人为偏差，因为计算是基于加在 X 线发音图像之上、人为定义的网格线，而这些网格线的方向并不一定是实际舌移动的方向。因此，Nix 等（1996）将 Harshman 等（1977）中的 X 线材料转换成准发音点材料，并且认为其结果更加合理且易于解释。Hoole（1999）使用了电磁发音仪录制的自然发音点材料对德语元音发音进行平行因子分析。这里也是基于电磁发音仪采录的自然发音点材料：3 个舌采样点各有（x，y）坐标共 6 组发音数据，10 个宁波单元音，7 个发音人，构成一个 6 × 10 × 7 的材料数组。

与以往的研究相似，比如 Harshman 等（1977）发现二因子模型可以解释 92.7% 的美国英语发音材料，Hoole（1999）、Hoole 和 Mooshammer（2011）发现二因子模型可以解释 92.3% 的德语发音材料，本研究也是发现二因子模型适用，大约解释 90% 的方差①。所提取的二因子对于舌发音点的荷载作用可以分别表述为每个因子相对于以所有发音人的所有元音的舌采样点均值所定义的发音参照位置的偏移，如图 3 - 12a 和图 3 - 12b 所示。图中也加载了所有发音人的硬腭均值作为参照。

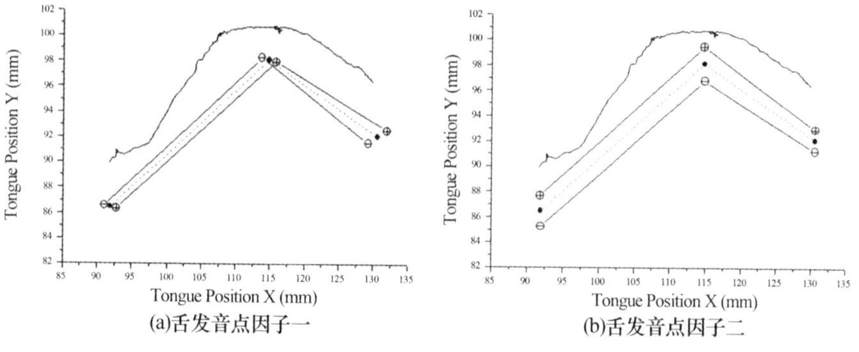

图 3 - 12 舌发音点因子分析图示：点线连接的黑点是所有发音人的舌发音点均值；实线连接的以 + 与 - 为中心的圆圈分别是偏移均值参考位置 ±2 个标准差（单位：毫米）

① 平行因子模型的具体求解过程可以参见胡方（2014），此处从略。

如图所示，所提取的两个因子可以分别命名为“回缩与后举”（retraction and back raising）、“前举”（front raising）。然后，每个宁波元音的发音可以理解为模型所分解出来的这两个因子所代表的舌移动机制的组合。因此，如图3-13所示，我们可以用这两个因子，即“回缩与后举”“前举”这两个舌移动机制，来重构宁波方言的元音。图中坐标的数值代表重构每个元音所需的因子权重，横轴表示因子一，纵轴表示因子二。

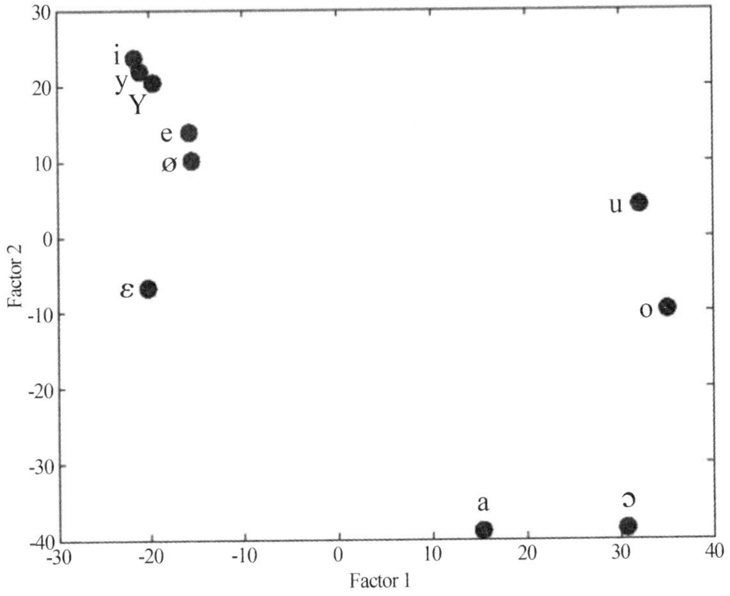

图3-13 因子载荷：元音

图3-13所呈现的元音发音图与传统的元音图或者以元音共振峰来定义的声学元音图之间具有很高的相似性。但此图是纯粹基于舌发音的元音分布图，也即是“元音舌位图”。横坐标为“因子一”，表示需要多少权重的“回缩与后举”；纵坐标为“因子二”，表示需要多少权重的“前举”。正值表示正方向的舌移动机制，负值表示相反方向的舌移动机制。比如，前高元音［i］需要最大的（正向的）“前举”和“前伸”（即负向的“回缩”）；后半高元音［o］需要最大的（正向的）“回缩与后举”；低元音［a］需要最大的“前降”（即负向的“前举”）。

因此，元音高低、前后这两项最基本的语言学意义上的元音区别特征，在发音上便大致可以用平行因子分析所得的两项舌移动机制来解释：虽然说，表面上看起来，因子一“回缩与后举”大致对应于“舌位前后”，因子二“前举”大致对应于“舌位高低”，但是，具体来说，却也不尽相同。其一，所有前元音均需要较大的“回缩与后举”负值，表明发音时舌体前伸，而所有后元音则需要较大的“回缩与后举”正值，表明发音时舌体“回缩”，并且舌背向软腭附近“后举”。其二，前元音［i y ɤ e ø］均需要“前举”正值，而前元音［ɛ］则需要“前举”负值，这说明前者需要舌体（采样中的舌中）向硬腭“前举”，而后者则需要舌体相对于硬腭“下降”。其三，后元音只有［u］的“前举”是正值，而［o ɔ］均是负值，说明他们的舌中采样点是依次下降的。同时，这也说明了后元音与前元音不具有可比拟性，如果说因子二“前举”比较好地描写了前元音的“舌位高低”，那么，它只是附带地反映了后元音的“舌位高低”，因此，这便造成了相对于传统元音图来说，图 3－13 的“元音舌位图”有些错位。其四，就“回缩与后举”而言，低元音［a］位于前、后元音之间；而就“前举”而言，［a］与后元音［ɔ］类似。事实上，从图 3－10 中也可以观察到，低元音［a］与后半低元音［ɔ］的舌位也是大致相当的，这也再一次证明元音高低、舌位高低、舌移动机制之间的关系的复杂性：元音高低的依据是元音的感知心理，舌移动机制可以解释元音的发音，但并不是如原先传统元音图理论所预设的那样的“元音舌位”对应关系。最后，从图中可以看到，不圆唇元音与其对应的圆唇元音拥有类似的舌发音：前高元音［i］与［y ɤ］、前半高元音［e］与［ø］。

平行因子分析得到的“舌移动机制”（图 3－12）与“元音舌位图”（图 3－13）都是独立于发音人的，那么，发音人之间的区别如何体现呢？如图 3－14 所示，我们可以将发音人之间的不同理解为使用两项“舌移动机制”的权重策略不同。这种不同可能基于每个人先天的发音生理解剖上的区别，也可能是由于后天的运动神经控制习惯造成的。

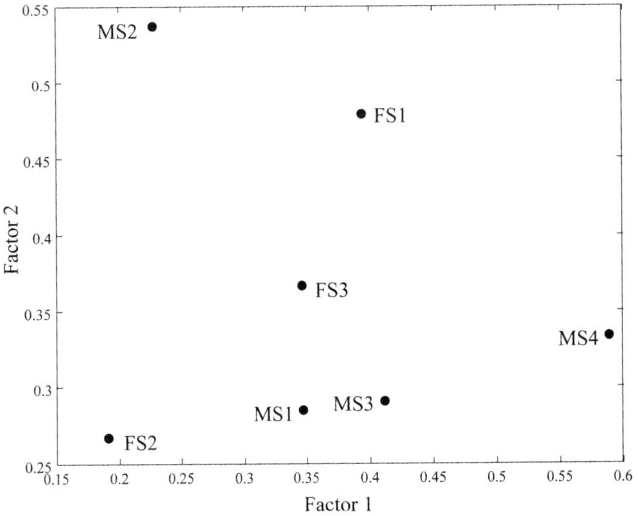

图 3-14 因子载荷：发音人

最后，需要指出的是，统计模型一般不具有发音生理上的可解释性，平行因子分析也不例外，因此，平行因子分析所提取的两项“舌移动机制”是根据电磁发音仪的舌发音数据进行的解释，其本身并不暗示任何发音解剖生理上的解释。不过，这也并不意味着基于平行因子模型的统计分析的随意性。一方面，来自其他语言的独立研究均得到了可比拟的结论，这说明平行因子分析所提取的“舌移动机制”具有一定的跨语言的普遍性（Harshman 等，1977；Hoole，1999；Serrurier 等，2012）。另一方面，Maeda 和 Honda（1994）与 Honda（1996）的肌电（EMG）研究发现，元音的发音确实受到几乎互相垂直的两组肌肉控制，一组是后颏舌肌（genioglossus posterior，GGP）与舌骨舌肌（hyoglossus，HG），另一组是茎突舌肌（styloglossus，SG）与前颏舌肌（genioglossus）；其中，前一组肌肉控制的舌移动大致就相当于平行因子模型中的“前举”，而后一组肌肉控制的舌移动大致就相当于平行因子模型中的“回缩与后举”。因此，统计分析本身虽然不具有解剖生理上的可解释性，但其基于数据本身进行的分析却也得到了来自生理研究的支持。作为总结，如图 3-15 所示，元音的发音与声学大体可以理解为运动神经控制（motor space）通过发音器官（发音空间）来实现感知声学。当然，其间更为细致的控制机理以及不同语言中、不同发音人之间的可变性（variability）与不变性（invariability），值得更进一步的探索与研究（Fuchs，2017；Serrurier 等，2017）。

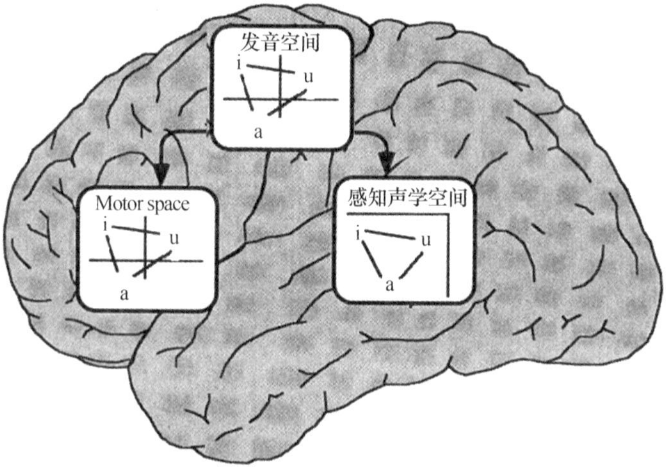

图 3-15 元音的发音与声学（根据 Honda，1996 修改）

第二节 学习者英语辅音的产出研究

辅音的发音主要依靠气流受阻，所以根据发音时气流受到阻碍的部位和方式我们可以对辅音进行分类。由于辅音的发音部位遍布口腔中前后各个部位，发音方式又多种多样（如声门气流的运用、力度的大小、时间的长断、噪音和乐音的有无或交替等），所以辅音实验研究就比元音复杂得多（鲍怀翘和林茂灿，2014）。但辅音的研究具有重要意义，因为辅音是英语单词的骨架，辅音的错误更容易引起歧义。国内对于英语辅音的研究由于其难度较大而起步较晚，方言区英语学习者辅音习得实验研究数量仍是少数。国内英语辅音研究始于 20 世纪 90 年代。1990—1999 年十年间，出现了有关英语辅音的研究，大部分是有关辅音群的研究（胡伟民，1995；张吉生，1996）；2000—2004 年五年间，文献数量稳定增长，其中多数是关于英语辅音群的优选论分析以及基于 EPG 的辅音研究。2005 年至今，相关文献数量急剧增长，但总体研究方法比较单一，多为经验总结式的定性研究。这期间，国内汉语及方言声母研究开始运用实验研究方法，主要从声学、生理及感知角度对辅音进行研究。进入 21 世纪后，国内关于汉语方言对英语辅音习得影响的研究开始引起重视，研究成果总量大幅增长。研究运用的理论主要是语言迁移理论和英汉对比分析理论，其次是中介语、语音格局等。随着各种相关技术的发展，英语辅音研究正在向借助高端设备进行研究的方向发展。近年来研究成果呈较为明显的增长趋势，说明汉语方言影响英语辅音教学效果这一问题已经逐步引起英语教育工作者的重视。

在本书研究过程中，将学习者的母语方言作为第一语言，普通话作为第二语言，英语作为第三语言进行考察。在对比方言语音系统和英语语音系统差异的基础上，采用语音分析手段，系统地归纳出不同方言区英语学习者的音段偏误类型。在对所选取语料进行标注时，首先采用自动切分软件，对英语单词和汉字词进行自动切分，然后由英语专业的研究生或从事语音研究的专业标注人员利用 Praat 标注软件进行手工校准和修改。音段标注主要是对英语音段（辅音和元音）和汉语声韵母的实际发音进行标注，并且区分错误读音和方言引起的偏误。

语料采集完后，根据声学特征对被试的语音材料进行精微评判，提取所需的辅音语料，语料需要覆盖各类别辅音音素，如塞音、擦音、塞擦音、鼻音、边音等。通过 Praat 分析语图特征以及 SPSS 统计分析进行数据处理，不同类别的辅音采取不同的声学特征分析，观察语谱图中冲直条、乱纹、共振峰等相关特征，并提取塞音成阻时长（gap）、嗓音起始时间（VOT），擦音和塞擦音时长、频谱分布的下线频率等参数分析方言区英语学习者辅音发音的声学特征，对比学习者与英语本族语发音人的声学特征。

一 东北官话区

我们以发音方式为基础的分类，讨论东北英语学习者对 24 个辅音的习得情况，包含塞音、擦音、塞擦音、鼻音和近音。为此，有必要先阐述每组辅音的发音特点和声学特征，然后介绍我们所作的相关研究。

（1）塞音

英语和汉语都有三对塞音，它们既有相同之处，又有区别。“成对的英汉语塞音及其发音部位基本相同，但区别性特征不同（何善芬，2002）。”英汉塞音系统相同之处在于两者的发音部位大体一致，分为双唇塞音、齿龈塞音和软腭塞音。但两者的发音方式存在差异。英语塞音按照声带振动与否分为清塞音/p t k/和浊塞音/b d g/，其中清浊塞音是对立的。例如，park 与 bark 的起始辅音/p/和/b/就是清浊对立的，它们是区别意义的，是两个不同的音位，误用即产生错误，造成交流障碍。汉语方言塞音比较复杂，前接已有介绍。就普通话来说，送气清塞音/p^h t^h k^h/和不送气清塞音/p t k/是对立的，与英语显著不同，如图 3－16 所示。

英语塞音
- 浊
- 清
  - 不送气
  - 送气

（清：不送气、送气）汉语普通话塞音

图 3－16　英语、汉语普通话塞音对比

根据二语习得理论，母语与目标语之间无论是其相似性还是差异性都有可能影响学习者对目标语发音的习得，因此，中国英语学习者若不了解英语和汉语塞音的异同并有针对性地加以注意，则很容易造成发音偏误。

我们选取的声学参量为闭塞段时长（gap）和嗓音起始时间（VOT），用以描述塞音的清浊以及送气与否等特征。gap 是塞音发音时的成阻时长，VOT 为塞音从除阻到元音产生之间的相对时间关系。若某一塞音处于词首，则其 gap 不易测量，因而不予提取。为保证数据的完整性，所选朗读词汇为以塞音起首的英语单词：bar、pest、dish、toe、came、gab，以及哈尔滨方言：逼（bī）、笔（bǐ）、批（pī）、皮（pí）、屁（pì）、滴（dī）、敌（dí）、底（dǐ）、地（dì）、梯（tī）、体（tǐ）、替（tì）、瓜（guā）、寡（guǎ）、挂（guà）、喀（kā）、ká（没有对应的汉字）、卡（kǎ）。

被试选取 AESOP-CASS 中哈尔滨英语学习者 20 名和美国本族语发

音人16名，324个声音样本，其中英文声音样本共216个，汉语108个。提取每组塞音VOT，但由于个别录音文件中有明显噪声干扰，由此而造成过度偏离的数据会在求平均值之前剔除掉，以保证数据的准确性。另外，发音人在录音过程中会出现明显的发音错误，在统计阶段将其剔除。

我们将哈尔滨英语学习者的VOT时长与美国发音人的VOT时长进行对比，结果见表3-2。无论学习者还是本族语者，词首浊塞音的VOT均大于0，并非负值；词首清塞音的VOT均大于对应的浊塞音。

表3-2　美国英语、哈尔滨方言和学习者英语中塞音VOT均值对比（ms）

	/b/	/p/	/d/	/t/	/g/	/k/
美国本族语	16.5	67.7	24.6	84.3	18.6	83.8
哈尔滨学习者英语	12.1	60.2	21.0	84.3	18.6	83.8
	/p/	/pʰ/	/t/	/tʰ/	/k/	/kʰ/
哈尔滨学习者方言	12.4	120.0	16.2	110.8	20.1	119.1

英语中的浊塞音在词首处与汉语中不送气清塞音呈现的发音特征类似，表现出不送气特征（VOT值在20毫秒左右，且不超过40毫秒），英语浊塞音的VOT时长与哈尔滨方言清塞音的VOT时长十分接近，因而根据等值归类机制，此类音很容易被学习者归于“相似音素”范畴内，因此学习者便会采取母语原有的发音方式来发此类音。也就是说，哈尔滨英语学习者对于英语中的词首清不送气浊塞音具备一定语音经验，因而能够较好地产出，学习者的词首英语浊塞音VOT时长值也说明了词首浊塞音的特征已被学习者掌握。但哈尔滨方言中的送气清塞音/pʰ tʰ kʰ/送气长度（VOT）远远大于英语本族语的/p t k/的VOT，学习者会将其归入“陌生音素”中，最终会被学习者成功习得（Bohn和Flege，1992），VOT表现出与本族语者很接近。

（2）塞擦音

英语辅音中的塞擦音有三组对立/ts－dz/、/tʃ－dʒ/、/tr－dr/，分为清塞擦音/ts tʃ tr/与浊塞擦音/dz dʒ dr/。清塞擦音不是复辅音，而是一个辅音，在声学上的表现可以分为“塞”和“擦”两部分来看。“塞”在语图上表现为空白段后接冲直条，冲直条后是杂乱的条纹，即乱纹，这是“擦”的部分。如果塞擦音的“塞”部分不明显，则冲直条也不会明显；如果“擦”的同时送气，则乱纹部分要更长一些。

这里我们重点分析问题较大的清浊对立的塞擦音/tʃ/和/dʒ/，例如：单词 choke 和 joke 中，词首音清塞擦音和浊塞擦音是对立的，两词意义不同。对应的汉语的塞擦音 ch 和 zh 没有“清”“浊”之分，只有“送气”“不送气”之分。沈阳方言是东北官话的主要代表，与汉语普通话相比，普通话声母 21 个，沈阳方言声母只有 18 个，没有舌尖后音声母 zh、ch 和 sh。沈阳方言最主要的特点是平翘舌难以区分，声母 ch、zh 和 c、z 不分，这两组都是塞擦音，但 z 和 c 的发音部位是舌尖前，zh 和 ch 的发音部位是舌尖后。在沈阳方言中，多数情况下，把 ch、zh 读成 c、z，例如，汉字“冲”，在沈阳方言中的发音是 cōng；汉字“抓”的发音是 zuā。我们将参考/tʃ/和/dʒ/的 VOT 值和擦音的下限频率来研究英语学习者的塞擦音的发音特征。

从 AESOP-CASS 中选取 12 名沈阳英语学习者和 12 名本族语者的录音，沈阳英语学习者 6 男 6 女，美国发音人 6 男 6 女，其中沈阳英语学习者均为吉林大学的在校大学生。分别选取了 3 个单词（见表 3–3），在这 3 个单词中/tʃ/和/dʒ/分别位于词首、词中（两元音之间）和词尾。

表 3–3　　英语例词

	词首	词中	词尾
/tʃ/	cheat	eye-catching	such
/dʒ/	job	technology	badge

我们利用 Praat 软件获取塞擦音/tʃ/的波形图和语图，标注并提取 VOT 和擦音下限频率，用来分析塞擦音的发音特征。

（1）词首/tʃ/

图 3–17 分别是 1 名英语本族语者和 1 名沈阳英语学习者在发词首/tʃ/时的语图。

本族语者的 VOT 平均值为 136 毫秒，擦音的下限频率基本上是平

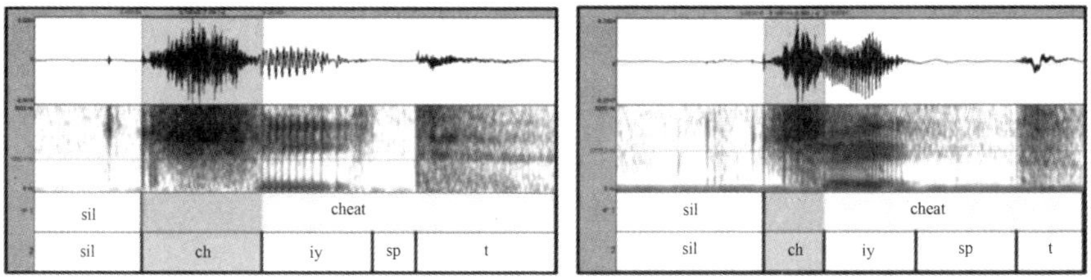

图 3-17 英语“cheat”的语图，左图为英语本族语者，右图为沈阳英语学习者

缓的。沈阳英语学习者中，有 1 名发音者将/tʃ/发成/ʃ/，VOT 高达 190 毫秒，有 1 名发音者是先发/ʃ/，然后才发出/tʃ/，整段 VOT 长达 431 毫秒，25% 的发音人的 VOT 在 90—100 毫秒，70% 的发音人的 VOT 在 100—121 毫秒，不考虑 2 名出现发音失误的沈阳英语学习者，其余 10 名沈阳英语学习者的 VOT 平均值约为 107 毫秒。90% 的沈阳英语学习者所发音在擦音部分的下限频率是呈下降趋势的，只有 10% 的学习者的下限频率是接近平缓的。

以上数据表明，沈阳英语学习者词首/tʃ/的 VOT 平均值相较于本族语者更小，而且在音质方面，沈阳英语学习者也没有本族语者饱满，说明学习者在习得过程中没能准确把握发音要领，可能也没有进行足够的练习。沈阳英语学习者在擦音部分的下限频率呈下降趋势，是受到了母语负迁移的影响，用汉语送气塞擦音声母 ch 代替/tʃ/，而且与/i/不相拼，这段下降的下限频率体现了辅音到元音的过渡音征，表明辅音发音舌位又高又紧（吴宗济，1987），而且这也就导致了沈阳英语学习者英语塞擦音/tʃ/的发音偏误。

（2）词中/tʃ/

图 3-18 为本族语者和沈阳英语学习者在发词中/tʃ/时的语图。

12 名本族语者的 VOT 平均值为 91 毫秒，擦音部分的下限频率基本上是平缓的。沈阳英语学习者在发音时个人差异性较大，VOT 在 88—150 毫秒这一范围内，其平均值为 118 毫秒，有 50% 的发音人发音的冲直条不明显，33% 的发音人擦音部分的下限频率是呈下降趋势的，其余发音人擦音部分的下限频率基本上是平缓的。数据表明，当/tʃ/位于词中时，

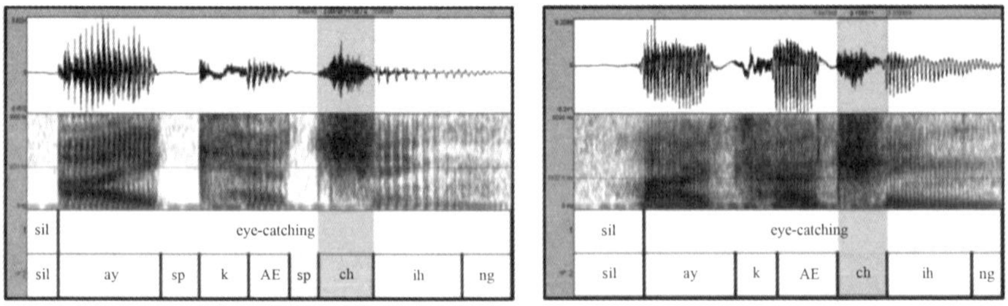

图 3-18　英语“eye-catching”的语图，左图为英语本族语者，右图为沈阳英语学习者

沈阳英语学习者/tʃ/的 VOT 平均值要大于本族语者，原因是在汉语中，塞擦音声母 ch 是送气音，音长较长，当学习者发出/tʃ/时，受母语负迁移的影响，其 VOT 会变长。我们还发现学习者爆破音部分的发音不是很理想，说明学习者没能准确习得爆破音。

（3）词尾/tʃ/

图 3-19 是英语本族语者和沈阳英语学习者词尾/tʃ/的语图。

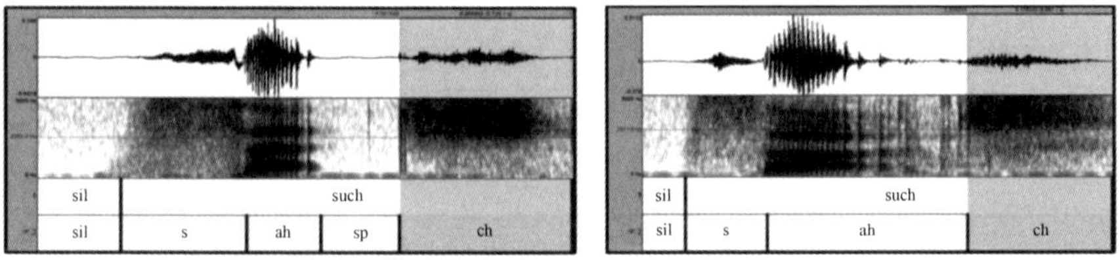

图 3-19　英语“such”的语图，左图为英语本族语者，右图为沈阳英语学习者

本族语者在发词尾/tʃ/时，平均 VOT 为 230 毫秒。有 17% 的发音者的发音在擦音部分的下限频率是逐渐下降的，其余 83% 的发音者的下限频率比较稳定。沈阳英语学习者中，有 2 名学习者将/tʃ/分别发成/s/和/ʃ/，发音出现错误，近 50% 的学习者发音的冲直条不明显，不考虑 2 名发音出现错误的发音者，学习者的 VOT 平均值为 257 毫秒。17% 的学习者的擦音部分下限频率是逐渐下降的，17% 的学习者的下限频率是先下降后上升的，其余 66% 的学习者的下限频率是趋于稳定的。数据表明，当/tʃ/位于词尾时，由于母语负迁移的影响，沈阳英语学习者的 VOT 的平均值要大于本族语者。沈阳英语学习者将/tʃ/错读为 s 和 sh，也是受到了沈阳方言的影响，因为沈阳方言中没有塞擦音 ch，沈阳英语学习者直接用擦音替换。

声学分析结果表明，沈阳英语学习者的塞擦音发音的习得状况不是很理想，学习者没有准确掌握/tʃ/的发音要领。这也启发我们在二语习得过程中应该注意到汉语中塞擦音 ch 与英语塞擦音/tʃ/的区别，既要考虑发音方法，又要考虑发音部位。其次，教师在教授语音过程中可结合语音学知识，尽量把语音学理论运用到讲解发音的课程中。

（3）鼻音研究

从 AESOP-CASS 中随机挑选哈尔滨、长春、沈阳三座城市中各 6 名大学生（3 男 3 女）和 6 位美国大学生（3 男 3 女）的发音语料。

发鼻音时，口腔内有一个完全收紧点，气流在口腔中暂时完全阻塞，软腭下垂使得气流可通过鼻腔流出。鼻音需要两个共鸣腔：鼻腔和口腔，其组合方式很复杂。第一共振峰很低，这是因为所有分支的腔体总长（包括咽腔、鼻腔和口腔）长于口音，这个很低的第一共振峰一般称作鼻音共振峰（nasal formant）。所有的共振峰都比较弱（振幅小），因为通向鼻腔的开口较窄，阻碍气流的进入。共振峰带宽加宽，这是由于口腔和鼻腔壁吸收了部分声音能量。口腔和鼻腔之间复杂的相互作用，以及鼻腔的严重阻尼，使得鼻音共振峰频率较低，存在一个或多个反共振峰（anti-formant）。三个鼻音/m n ŋ/的共振峰结构相似，大概出现在 250 赫兹、2500 赫兹和 3250 赫兹。口腔后部越短（即发音部位越靠后），共振频率越高，则输出频谱上反共振频率也越高。一般说来，双唇鼻音［m］的反共振频率在低频区（750—1250 赫兹），齿龈鼻音［n］的位于中间范围（1450—2200 赫兹），软腭鼻音［ŋ］的在高频区（大于 3000 赫兹）。

我们通过考察两类发音人三个鼻音/m n ŋ/在三种语音环境中的共振峰变化，可以推测出发音部位的不同。三个语音环境即音节首、音节中、音节尾/词尾，但是/ŋ/除外，它没有位于音节首的情况。表 3 -4 为鼻音单词表。

表 3-4　　鼻音单词表

鼻音	音节首		音节中		音节尾	
/m/	map	[mæp]	dummy	[dʌmi]	fame	[feim]
/n/	nap	[næp]	pinch	[pintʃ]	fern	[fən]
/ŋ/	—	—	sink	[siŋk]	sing	[siŋ]

表 3-5　　发音时长单样本 T 检验（*：$P<0.05$；：$P<0.01$）**

	检验值	*T*	自由度	显著性（双尾）
/m/词首	0.145	-2.683	17	0.016*
/m/词中	0.076	2.123	17	0.049*
/m/词尾	0.223	-3.014	17	0.008**
/n/词首	0.145	-2.402	17	0.028*
/n/词中	0.093	3.024	17	0.008**
/n/词尾	0.175	-0.173	17	0.865
/ŋ/词中	0.063	7.968	17	0**
/ŋ/词尾	0.216	1.977	17	0.064

首先看时长。表 3-5 为鼻音时长测量结果的 *T* 检验。*T* 检验数据结果显示，除了/n/位于词尾，/ŋ/位于词尾时，双尾 *T* 的显著性概率大于 0.05；其余数据结果显示，它们的显著性概率均小于 0.05，由此可知当鼻音/n/和/ŋ/位于词尾时，东北学生的鼻音时长习得正确率较高，其他情况下习得正确率较低。可见，东北学生在鼻音产出上存在着发音时长不到位的问题。

表 3-6　　F1 单样本 *T* 检验（*：$P<0.05$；：$P<0.01$）**

	检验值	*T*	自由度	显著性（双尾）
/m/词首	656	2.405	23	0.025*
/m/词中	643	-2.465	23	0.022*
/m/词尾	736	-0.041	23	0.967
/n/词首	622	2.135	23	0.044*
/n/词中	665	-2.494	23	0.02*

续表

	检验值	T	自由度	显著性（双尾）
/n/词尾	577	2.409	23	0.024*
/ŋ/词中	399	2.491	23	0.02*
/ŋ/词尾	582	1.026	23	0.316

表 3-7　F2—F1 单样本 T 检验（*：$P<0.05$；：$P<0.01$）**

	检验值	T	自由度	显著性（双尾）
/m/词首	1134	1.995	17	0.062
/m/词中	1060	1.383	17	0.185
/m/词尾	1161	5.363	17	0**
/n/词首	1362	-1.636	17	0.12
/n/词中	1340	2.843	23	0.09
/n/词尾	1317	-1.911	23	0.068
/ŋ/词中	1423	-0.07	23	0.945
/ŋ/词尾	1300	1.642	23	0.114

表 3-8　F3 单样本 *T* 检验（*：$P<0.05$；：$P<0.01$）**

	检验值	T	自由度	显著性（双尾）
/m/词首	2842	4.142	17	0.001**
/m/词中	2668	0.188	17	0.853
/m/词尾	2954	1.13	17	0.274
/n/词首	2833	5.544	17	0**
/n/词中	2880	2.781	17	0.013*
/n/词尾	2759	6.31	17	0**
/ŋ/词中	2785	-0.543	17	0.594
/ŋ/词尾	2878	4.526	17	0**

其次，来看音色。表 3-6 至表 3-8 比较了两类发音人鼻音共振峰的是否存在显著差异。综合鼻音/m n ŋ/八种分布情况以及它们各自的第一、第三共振峰以及第二与第一共振峰的差值情来看，东北学生对/ŋ/在词尾的发音掌握情况是最好的，发音部位以及发音时长都接近英语本族语者。

这是由于东北官话中存在鼻韵母/ŋ/，语言的正迁移作用使得东北学生对于/ŋ/在词尾时的掌握情况不错。东北学生鼻音发音部位掌握不好的是/m/和/n/，发音时长总体也比较短。

（4）近音研究

近音/r l w j/在宽带语图上既有像擦音那样的特征，即有乱纹；也具有像元音那样的特征，也就是说有共振峰，能量主要都集中在低频区域。但近音是一个多变的音，主要随其后接元音的不同而有不同的表现，当近音除阻时气流较强，有时还可在语图上观察到冲直条。在第一章对近音已经有所介绍，这里围绕声学特征再进行详细说明。

英语中的近音/r l w j/往往被学习者所忽视。它们与汉语的发音有相似之处，但也存在一些相对不明显的差异，这使得学习者对近音的感知和产出都出现了一些偏误。

边音/l/是中国学习者经常犯错误的英语语音之一（见本章第一节）。它通常被错误地替换为/r/和/n/。边近音/l/的声学特性与鼻音及/r/相似。/l/具有稳态部分，其频谱中的共振峰特征明显：F1 小于 500 赫兹，F2 通常在 900 赫兹至 1600 赫兹。浊边音的 F2 区分不太明显，接近该范围内的最低值。Reetz 和 Jongman（2008）提出，成年男性/l/的前三个共振峰频率（F1、F2、F3）分别约为 340 赫兹、1200 赫兹和 2800 赫兹。Cruttenden（2001）指出，与清边音的 F1 和 F2 值相比，浊边音的 F2 值相对较低，而 F1 则较高。/l/的能量主要集中在低频区域，而其他较高的共振峰则没有明显的声学能量。从元音到边音或边音到元音的滑动，比滑音更快，比鼻音慢。/l/在词中的位置很灵活，可以位于单词的开头、中间和结尾，形成两个音位变体：在元音之前为 light -/l/，发音时舌叶与齿龈接触，这一点与/t d n/一致，但同时舌头的两侧允许气流通过；从单词前的元音向后滑动时，单词末尾的浊边音“dark -/l/”（如 feel 中的/l/）的舌位不会发生明显变化，舌尖不接触齿龈，只是舌头后部向上拱起。两种类型的/l/之间的差异在英式英语中更为明显（Ladefoged 和 Johnson，2014）。这两个音位变体使中国英语学习者变得更困惑。

/r/对于许多中国英语学习者来说是很难的声音。一方面，一些学习者使用汉语中的/r/来代替英语中的/r/，从而使其听起来更像是摩擦音，而不是近音。另一方面，一些学习者会使它听起来更像是/l/而不是/r/。经验表明，在发音时强调略微圆唇的重要性可以帮助学习者避免替代偏误。

在英语中，/w/是双唇软腭近音。尽管它与元音/u/类似，但在发音过程中会快速滑动，嘴唇变圆，舌头处于高后空间，这是其重要特征。通常/w/出现在单词的开头，或出现在浊辅音之后（如 wet、always），但永远不会出现在英语单词的末尾。作为滑音，/w/类似于元音，具有相似的声学特性。F2 和 F3 值与元音/u/相似，F1 和 F2 值非常低，且 F2 非常接近 F1 值，F3 值相对稳定，在 2300 赫兹左右（Reetz 和 Jongman，2008）。

Lass（1976）认为英语中的/j/是元音/i/的短暂发音，因此称为滑音。硬腭近音/j/与元音/i/相似。/j/通常出现在单词或音节的开头（例如 yawn、beyond），但不出现在词尾位置。/j/的声学特性类似于元音/i/，其 F1 值较低，约为 240 赫兹，F2 值较高，接近于 F3。受随后的元音影响，F2 值在 2280—3600 赫兹（Ladefoged 和 Johnson，2014）。对于大多数中国英语学习者而言，/j/通常不是问题。

实验选取了 AESOP-CASS 中 37 名吉林大学的学生作为实验对象，均来自长春地区，考察他们对 4 个近音的感知和产出情况。实验材料中，这 4 个音被分别嵌入词首、词中和词尾，共有 9 个单词，负载句和目标词见表 3-9。

表 3-9　　　　四个近音的产出语料

<table>
<tr><td colspan="3">载体句</td></tr>
<tr><td></td><td>载体词</td><td></td></tr>
<tr><td rowspan="9">Say</td><td>bereaved /bɪˈriːvd/</td><td rowspan="9">again</td></tr>
<tr><td>believe /bɪˈliːv/</td></tr>
<tr><td>yawn /jɔːn/</td></tr>
<tr><td>raw /rɔː/</td></tr>
<tr><td>beware /bɪˈwer/</td></tr>
<tr><td>warn /wɔːrn/</td></tr>
<tr><td>lawn /lɔːn/</td></tr>
<tr><td>beyond /bɪˈjɑːnd/</td></tr>
<tr><td>sell /sel/</td></tr>
</table>

表 3-10　　被试者英语近音的产出正确率

目标词	语音环境			平均值	标准差	总平均值
	词首	词中	词尾			
/l/	100%	100%	45.95%	81.98%	16.84%	77.93%
/w/	86.49%	28.65%	—	67.57%	35.78%	
/j/	81.08%	94.59%	—	87.84%	24.74%	
/r/	75.68%	72.97%	—	74.32%	74.32%	

表 3-10 列出了长春地区英语学习者在英语近音上的产出准确率。/l/在词首和词中位置的准确率均为 100%，这表明学习者基本上可以掌握这两种语音环境下/l/的产出。/j/在单词中间位置的准确率接近 95%，这也是非常高的，学习者可以相对正确地发音。但是，其他近音的准确率较低，尤其是在词尾位置的/l/和在词中位置为/w/的准确率。/l/在词尾位置时，只有 45.95% 的学习者能掌握正确的发音，而/w/在词中位置时，只有 48.65% 的学习者会产出正确发音。四个近音/l w j r/的平均产出准确率分别为 81.98%、67.57%、87.84% 和 74.32%。学习者的英语近音产出准确率的高低顺序是/j > l > r > w/。因此，产出情况最好的近音是/j/，而最差的近音是/w/。此外，学习者的总产出平均准确率达 77.93%，/l/和/j/的值大于平均值，这表明在不考虑语音环境的情况下，长春英语学习者对/l/和/j/的发音掌握得比/w/和/r/好。产出/r/和/w/时，学习者准确率的标准差更高，这表明学习者对这两个音的发音习得水平更加不均匀。

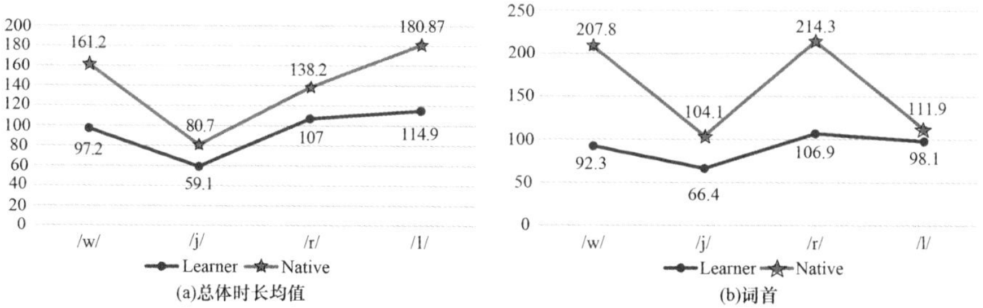

(a)总体时长均值　　(b)词首

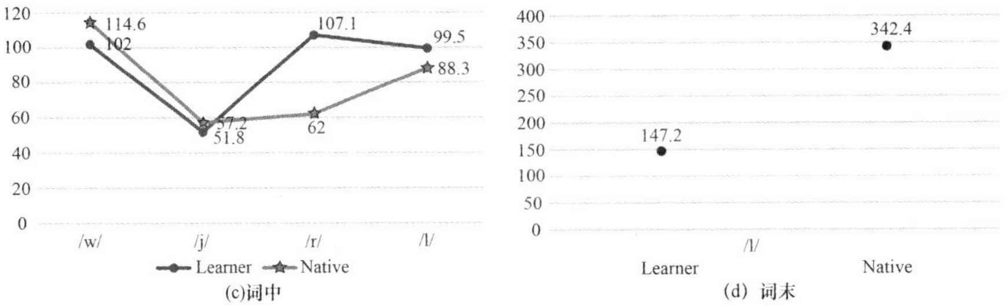

图 3-20 长春英语学习者和英语本族语者 4 个近音的时长均值（ms）

进一步分析近音的时长特征，如图 3-20 所示，与英语本族语者相比，学习者产出的/l w j r/的总体平均时长都小于本族语者，并且差异都很大（方差分析结果 $P=0.000<0.005$），尤其是/w/和/l/位于词首时（图 3-20b），长春英语学习者的/w/和/r/时长差异最大；位于词中时（图 3-20c），/r/时长差异最大；词末的 dark -/l/（图 3-20d），时长差异是所有情况最大的，音色的问题也最大。

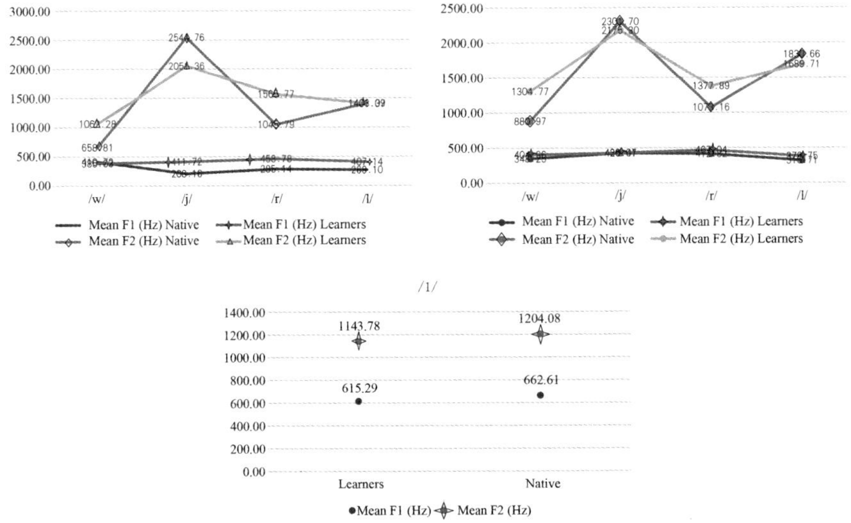

图 3-21 近音位于不同位置的 F1、F2 均值（赫兹）

从图 3-21 给出的 F1、F2 均值看，学习者词首和词中的/w/圆唇度不够，导致 F2 较高；学习者的/j/在词首发音不够紧，词中掌握不错；学习者的/r/摩擦更大，词首和词中的/r/与本族语者发音的 F2 均有显著差异，本族语者发音有一个圆唇动作造成 F2 更低。

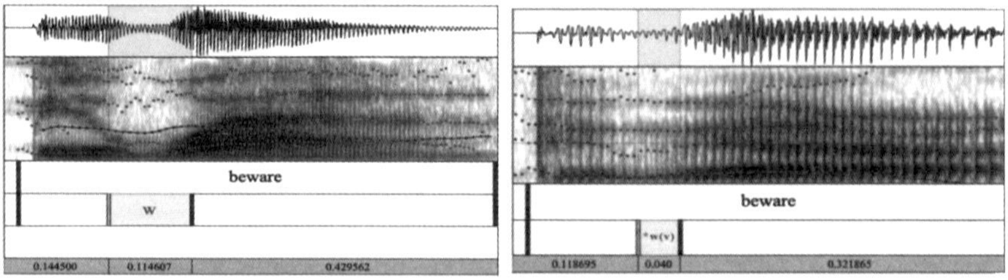

图 3-22　英语/w/的对比，左为本族语者、右为长春英语学习者

如图 3-22 所示，学习者产出的/w/（右图）的 F2 值高于本族语者（左图）的 F2 值，这反映了学习者与本族语者圆唇度的差异。学习者的发音中圆唇并不明显，有唇齿音/v/的发音特征。东北方言地区的人们习惯于使用［v］而不是［w］，因此很容易混淆英语/v/和/w/的发音。例如，他们可能将 wet 读为 vet。林焘、王理嘉（2013）指出，语言的分辨越准确，可以观察到的变体就越多。［w］的发音从非唇接触到紧密接触，从唇接触到唇齿接触，中间很难有一个清晰的边界。因此，将［bɪˈweə］读为［bɪˈveə］，或将 wet 读为 vet，并将发音位置从双唇更改为唇齿，就是半元音/w/的变体，即唇擦音/v/的具体表现。另外，嘴唇的形状根据前后相邻音素的不同而变化，这也是/v/的形成条件之一。如果/w/前面的音节以 i 或 ü 韵母结尾，开口度会相对较小，上齿和下唇之间的距离会变短，有接触并且摩擦的机会会变大，因此随后的［w］表现为［v］的可能性增加。导致［v］音的最后一个条件是学习者的个人发音习惯和他的发音不稳定。在读［v］很普遍的地方，当人们尝试产出［w］时，上唇通常不动或动的幅度通常较小，而下唇由于发音习惯而使运动幅度较大。这种发音习惯会导致上牙与下唇碰撞，然后发出［v］音。

另一个产出偏误在词尾/l/，即 dark -/l/中，请对比图 3-23 左右两图。这个/l/的变体在汉语中并不存在，其发音更像是后元音，而不是辅音，发音中从前元音向后滑动时，接触很少或没有接触，舌头没有后收抬向软腭的动作，体现在本族语者的 F2 和 F3 很近，而学习者的 F2 远大于本族语者。因此，dark -/l/使学习者感到困惑，无法将它们与汉语的边音声母/l/区分开。

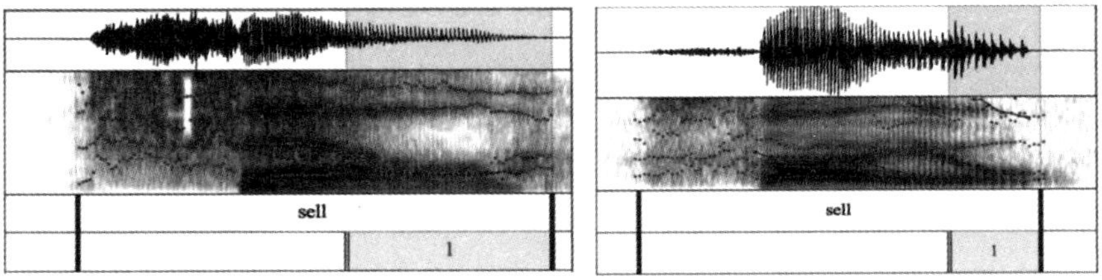

图 3-23 英语 dark -/l/对比，左图为本族语者，右图为长春英语学习者

学习者产出的/r/也存在典型的偏误。请对比图 3-24 左右两图，本族语者/r/的时长长得多，具有典型的卷舌近音特点，F3 较低与 F2 靠近，也有一些本族语者有圆唇的动作。长春英语学习者的/r/，频谱看起来是汉语浊擦音的特征，F2、F3 值较高，并没有靠近，因此不具有卷舌或者圆唇的特征。许多长春地区英语学习者可能无法像本族语者一样产出英语/r/，听起来更像是汉语的摩擦音/ʐ/。

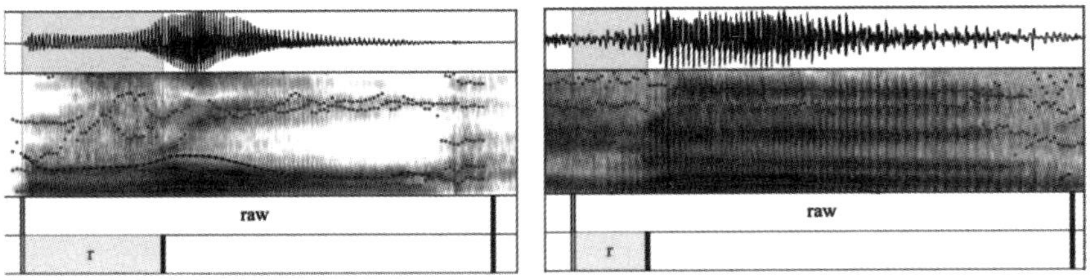

图 3-24 英语/r/对比，左图为本族语者，右图为长春英语学习者

二 福州闽方言区

福州方言声母有 14 个，包括不送气清塞音/p b k/、送气清塞音/p^h t^h k^h/、擦音/s h/、塞擦音/ts ts^h/、三个鼻音/m n ŋ/以及边音/l/。

本研究从 AESOP-CASS 语料库中选取若干单字作为语料，单字涵盖所有需研究的声母，探究福州英语学习者的方言声母的语音特征，对比学习者与本族语者的辅音的声学特征，找出异同点，发现其对英语辅音的迁移影响。被试者包括8名美国本族语者，4男4女；20名熟练使用福州方言的英语学习者，15名女性，5名男性，均为来自同一所大学的大一学生。

（1）塞音

英语辅音中的塞音有清浊对立/p-b/、/t-d/、/k-g/，但清塞音可细分为不送气清塞音和送气清塞音。

送气清塞音在语图上表现为空白段后有冲直条，冲直条后有乱纹。乱纹表明送气清塞音在除阻以后，还有一段时间的气流冲出。截取送气清塞音/p/于词首 pile 的语图为例，如图3-25所示。

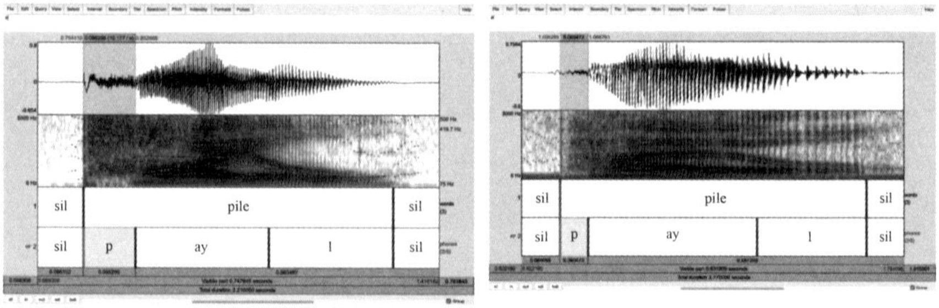

图3-25　英语“pile”中送气清塞音/p/对比，左图为本族语者，右图为福州英语学习者

当送气清塞音/p t k/置于词首时，本族语者及福州英语学习者的语图特征都很明显，可以清晰地观察到爆破冲直条及其送气段，但送气音强上本族语者的送气较强，爆破程度明显强于福州英语学习者。

浊塞音在语图上表现为冲直条前有浊音杠，表示塞音在爆破之前声带就在振动。需要注意的是，当英语浊塞音位于词首时为不带声的塞音，语图上并没有浊音杠。以浊塞音/d/位于词首时的语图为例进行分析，如图3-26所示。

同清塞音位于词首的情况相似，从语图中可以观察到本族语者与英语学习者的除阻后冲直条，因浊塞音位于词首时清化，因此冲直条之前不会有浊音杠，从总体上学习者已基本习得浊塞音位于词首的发音。

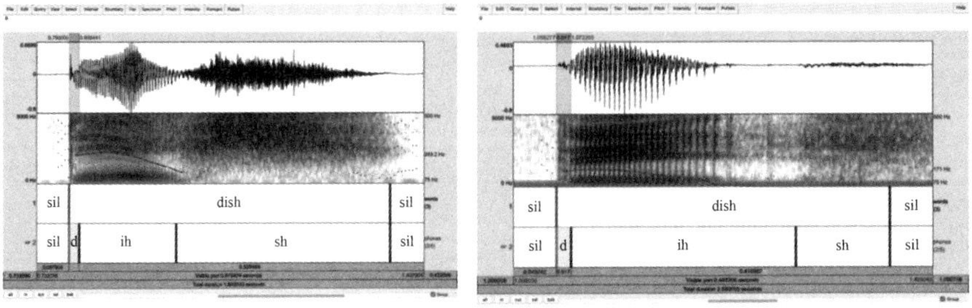

图3-26 英语“dish”中浊塞音/d/对比，左图为本族语者，右图为福州英语学习者

（2）擦音

英语辅音中的擦音有/f/－/v/、/θ/－/ð/、/s/－/z/、/ʃ/－/ʒ/、/h/，擦音可分为清擦音/f θ s ʃ h/和浊擦音/v ð z ʒ/。清擦音在语图上表现为一段较长的不规则的条纹，即乱纹，表明发音的摩擦程度，以图3-27的/s f/语图为例。

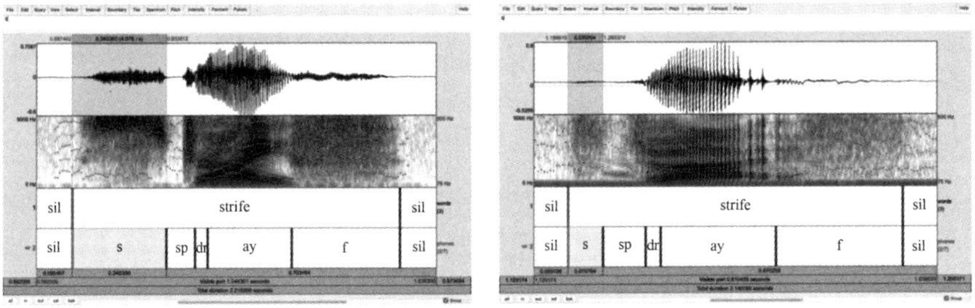

图3-27 英语“strife”中清擦音/s f/对比，左图为本族语者，右图为福州英语学习者

对比清擦音在不同位置的语图可知（如图3-27中的/s f/），无论清擦音位于词首还是词尾，福州英语学习者的清擦音的摩擦程度比本族语者明显要弱。从定量分析的角度，通过提取清擦音的时长与振幅，发现在时长方面，福州方言区英语学习者的平均时长为0.16秒，美国本族语的平均时长为0.23秒；对振幅数值进行独立样本T检验（见表3-11），$P=0.000<0.05$，说明二者在摩擦程度上存在显著差异，可见福州方言

区英语学习者的擦音习得较差。

表 3-11　美国本族语者与福州方言区英语学习者清擦音振幅的独立样本 T 检验

组别	样本数量	Mean	Levene's Test for Equality of Variances		*T*-test for Equality of Means
本族语者	8	0. 1850	F	Sig.	Sig. （2 - tailed）
福州方言区英语学习者	20	0. 0600	0. 938	0. 356	0. 000

浊擦音在语图上的表现有两个特征，一个是在低频处有浊音杠，表明发音时声带振动，这是“浊”的声学表现；二是有杂乱的条纹，位于浊音杠上方的高频区。对本族语者及福州方言区英语学习者浊擦音的振幅数值进行提取及独立样本 T 检验，$P = 0.000 < 0.05$，可见二者的摩擦能量也有显著差异，浊擦音习得较差。

（3）塞擦音

塞擦音兼具塞音和擦音的声学特点，与同部位的擦音和塞音的声学特征很相似。英语的塞擦音有/ts/ - /dz/、/tʃ/ - /dʒ/、/tr/ - /dr/三组清浊对立。由上面的擦音分析，可以预知塞擦音的声学差异仍然存在。

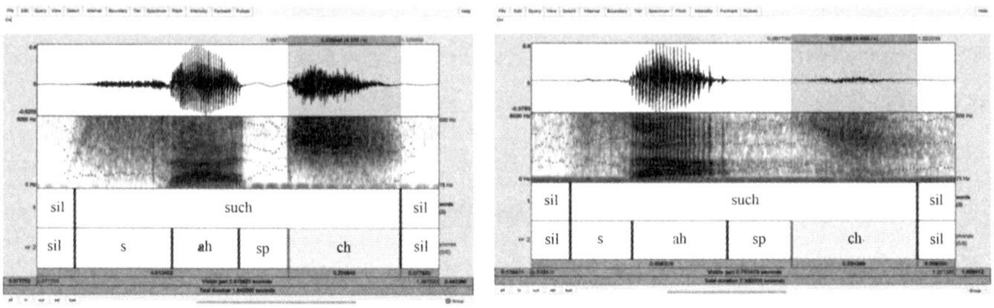

图 3-28　英语“such”中清塞擦音/tʃ/对比，左图为本族语者，右图为福州英语学习者

当清塞擦音位于词首或词尾时，在学习者与本族语者的语图中可以观察到冲直条与摩擦乱纹，不同的是，学习者的浊音杠与乱纹比本族语者能量弱，振幅起伏较小，说明学习者的爆破程度弱，摩擦程度较小，与本族语者有较大差异。当清塞擦音位于词尾与词中时，学习者的习得情况相比词首更不理想，如图 3-28 such 中清塞擦音/tʃ/的语图，学习者的语图中爆破冲直条几乎没有，摩擦也较弱；又如图 3-27 所示，清塞擦音/tr/位于词中，学习者的爆破冲直条不明显，且擦音的能量较小。

浊塞擦音指的是带声塞擦音/dz dʒ dr/，在语图上表现为浊音杠后接冲直条，冲直条后接乱纹，乱纹的低频处还有浊音杠。其中浊音杠是“浊”的表现，冲直条是“塞”的表现，乱纹是“擦”的表现。

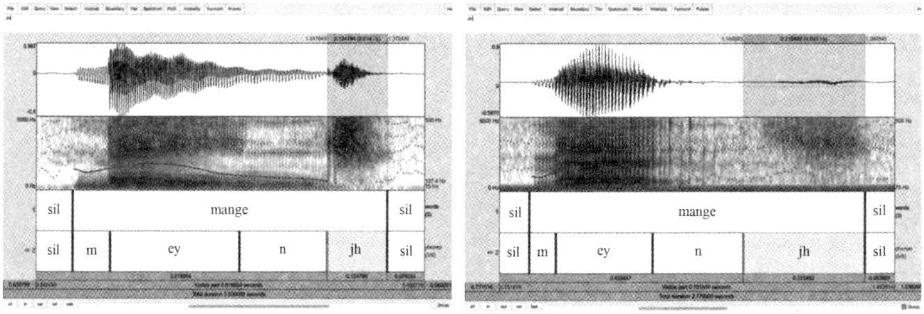

图 3-29　英语“mange”中浊塞擦音/dʒ/对比，左图为本族语者，右图为福州英语学习者

以/dʒ/为例，由图 3-29 看出，学习者在发浊塞擦音时，往往用清塞擦音代替，摩擦程度也较弱。时长方面，二者的发音时长略有差距，本族语者平均为 0.21 秒，学习者为 0.17s。

（4）鼻音

鼻音共振峰的特征是 F1 带宽很宽，当鼻音在词尾时，有时会不太明显。

当鼻音位于词首时，本族语者的发音时长较长，鼻音能量比学习者更强；当鼻音位于词尾时，以图 3-30 中/n/的语图为例，无论是本族语者还是学习者，共振峰能量都很弱，学习者甚至出现了嘎裂，但仍可以看出本族语者的尾音能量要强于学习者，鼻音明显，发音时长也较长。

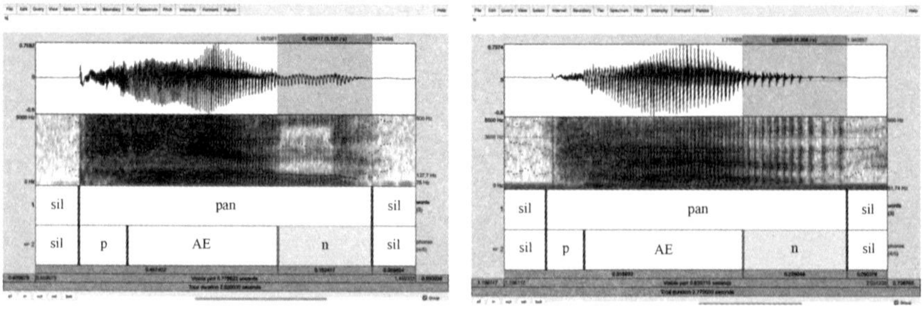

图 3-30　英语“pan”中鼻音/n/对比，左图为本族语者，右图为福州英语学习者

（5）近音

英语中的近音有/r l w j/。当边近音/l/位于词首时，英语本族语者与福州方言区英语学习者的语图中皆可观察到乱纹与共振峰，本族语者的边音能量强于学习者。通过提取共振峰值，可知学习者的/l/及/w/的共振峰值与本族语者较接近，/r/及/j/的共振峰值与本族语者相差较大。经 SPSS 检验，$P = 0.000 < 0.05$，说明二者在这两个近音的习得上存在明显差异。当边音位于词尾时为 dark -/l/，总体而言，相比位于词首情况，学习者的习得情况更差，以图 3-31 中的 pile 为例，本族语者的 dark -/l/表现像一个元音，学习者则有乱纹嘎裂。

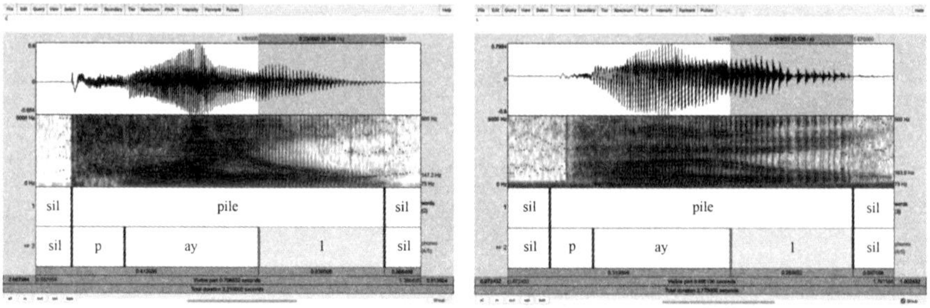

图 3-31　英语“pile”中边近音/l/对比，左图为本族语者，右图为福州英语学习者

（6）方言母语影响

福州方言一共有 14 个声母，英语中有与其相似的辅音，如/p b k/

等，也有福州方言中不存在的辅音，如/ʃ ʒ/。

福州方言中的三组塞音无清浊之分，只有送气与不送气的区别。可以观察到送气塞音/pʰ tʰ kʰ/的气流较强，VOT 时长长于不送气塞音/p t k/，乱纹部分更加明显，图 3-32 是一位福州发音人的方言塞音声母/t/的语图。

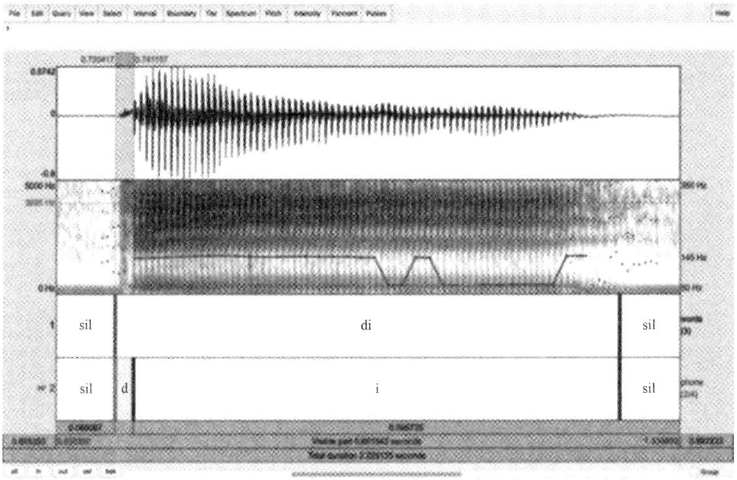

图 3-32 福州方言塞音声母/t/（在“知”/di/中）

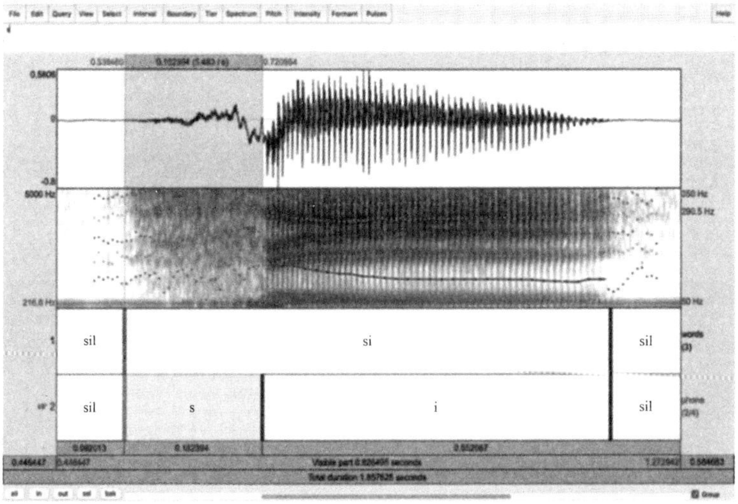

图 3-33 福州方言擦音声母/s/（在“死”/si/中）

相比英语，福州方言擦音数量较少，仅有两个擦音/s/和/h/，无浊擦音。学习者在学习英语擦音时，很难习得不同擦音间的区别。

福州方言中的塞擦音仅有/ts tsʰ/，与英语中塞擦音/ts dz/发音有相似之处。以图 3-34 中的/ts/为例，可看出/ts/对应的振幅起伏较小，其除阻时的爆破不够强，除阻后的摩擦强度较弱。

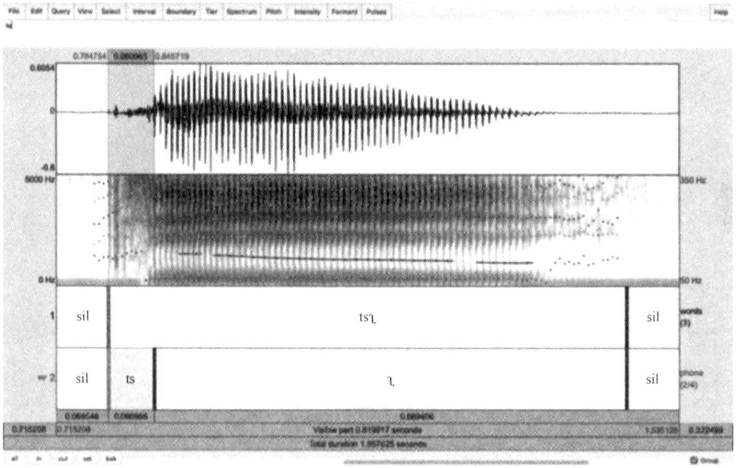

图 3-34　福州方言塞擦音声母/ts/（在“之”/tsʅ/中）

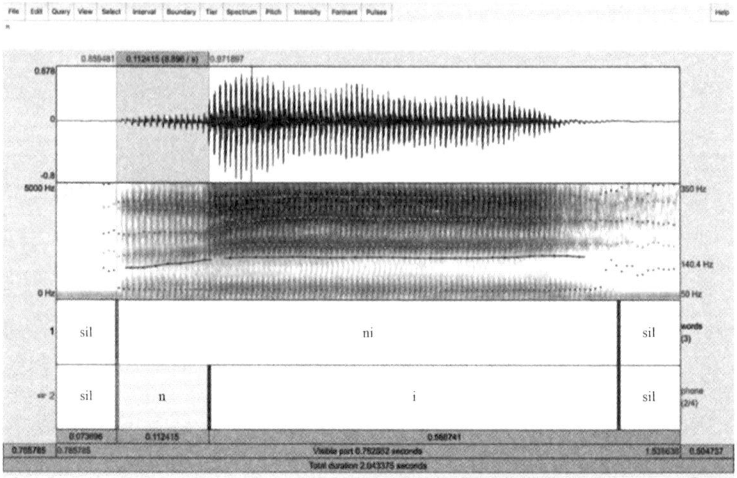

图 3-35　福州方言鼻音声母/n/（在“粘”/ni/中）

福州方言的鼻音与英语鼻音皆有/m n ŋ/，两者发音相似。

福州方言的边音仅有一个出现在词首的/l/，从语图中可以看出福州方言边音发音时的能量较弱；F1、F2 均高于本族语者边音的共振峰。由于福州方言中没有 dark－/l/，学习者对出现在词末位置的边近音习得不到位。

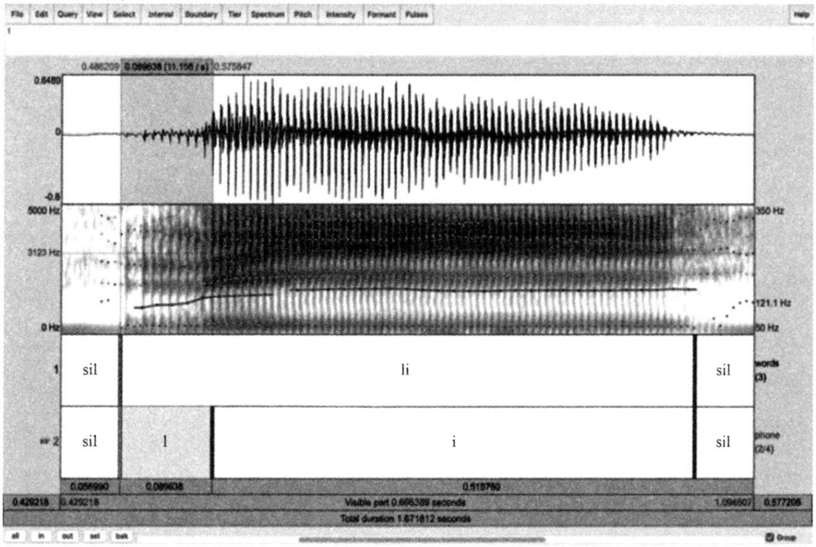

图 3－36 福州方言近音声母/l/（在“哩”/li/中）

总结本节，福州方言区英语学习者和美国英语本族语者的辅音发音特征存在以下差异：

1）福州学习者塞音爆破程度比本族语者稍弱。福州方言塞音有不送气/p k t/和送气/p^h k^h t^h/对立，发音方法与英语清浊塞音相似，有明显持阻与除阻阶段。因此，受正迁移影响，学习者的塞音学习情况较好。不同之处在于福州方言的塞音除阻时爆破程度较小，因此学习者的英语塞音也普遍爆破程度较弱。

2）本族语者擦音的乱纹区域比福州学习者擦音的深，且振幅更大，说明其摩擦程度更强。福州方言中的擦音仅有/s h/，摩擦程度较弱，振幅较小，因此学习者对于方言中不存在的英语辅音/ʃ－ʒ/、/θ－ð/、/f－v/的掌握情况不理想，受负迁移影响，学习者将方言中的擦音发音习惯迁移到英语发音中，导致所有的英语擦音发音的摩擦程度都较弱，且无法明确区别不同擦音的发音，如学习者会将 shop/ʃ/发成 sop/s/，three /θ/发成 sree/s/，this/θ/发成 lis/l/，very/v/会发成 wery/w/。

由此也可以解释，福州学习者的英语塞擦音的塞的部分习得情况较好，而擦的部分则与擦音习得同理，摩擦程度较弱。福州方言声母中的塞擦音/ts ts^h/与英语塞擦音中的/ts dz/发音相近，而其他两组英语塞擦音/tʃ－dʒ/与/tr－dr/与学习者的母语方言及普通话中的声母都有较大的差距，因此福州学习者习得较为困难，很难与本族语者一样标准。

3）福州学习者鼻音与边音的发音能量比本族语者稍弱。福州方言中的鼻音声母/m n ŋ/与英语鼻音相近，区别仅在于福州方言鼻音的共振峰值 F1 较大，学习者的英语鼻音共振峰值也大于本族语者的鼻音共振峰 F1。福州方言中的近音只有/l/，其共振峰 F1 也较大，因此福州学习者的英语近音共振峰 F1 也较大。英语/r j/在福州方言中不存在，学习者的学习情况比/l w/要差。此外，当辅音位于词尾时，福州学习者的习得效果比辅音位于词首时要弱，主要出现的发音问题是学习者的塞音无爆破，擦音的摩擦程度太弱，鼻音能量较弱。学习者在发位于词尾的浊塞音时，其发音的浊化程度不够强，在语图上表现为浊音杠难以观察到，听觉上表现为与清辅音的发音无明显区别。

福州方言的负迁移还体现在：①福州方言与普通话中，声母都只会出现在词首，不会位于词中词尾，因此学生对于英语辅音出现在词中及词尾的习得情况会比辅音位于词首时较差；②福州方言的塞音、擦音与塞擦音只有送气与不送气的对立，无清浊之分，因此学生区分英语中清浊辅音有困难。

对于福州方言声母与英语辅音中相似的音，学习者大多习得情况较好；而对于方言中没有的或本身就易混淆的音，学习者的习得情况受负迁移影响较不理想。因此，在学习英语塞音时，学习者需要加强爆破时的强度及能量。学习擦音时需要加强发音时的摩擦程度，需要注意/ʃ/发音时需保持圆唇；/f/发音时上齿要抵住下唇，避免与/w/的混淆；/θ/发音时舌尖需处于两齿间，避免发成/s/或/l/。学习塞擦音时除阻后的擦音部分同样需要加强摩擦程度。学习近音时需要多加注意/r j/，不要受方言影响将/r/发成/l/，或忽略/j/的发音，将其与后接的元音同化。

基于以上对福州方言区英语学习者及英语本族语者的辅音发音语图的观察及数据分析，结合福州方言声母的特征，以二语习得理论为基础，探究福州方言区英语学习者的英语辅音习得偏误的几个原因：①基于语言迁移理论，发音时送气与否是福州方言声母中的塞音、擦音及塞擦音的主要区别，且福州方言声母没有清音与浊音的区别，因此福州方言区英语学习者无法明确区分英语中的清浊辅音；福州方言声母都只会出现在词首，因此当英语辅音位于词中或词尾时，福州方言区英语学习者习得情况会比英语辅音位于词首时要差。此外，福州方言区英语学习者难以准确地掌握英语擦音/f v θ ð ʃ ʒ/，塞擦音/tʃ dʒ tr dr/及近音/r j/等辅音，是因为在福州方言中找不到与其相似的辅音。②基于感知同化模型，福州方言中不送气塞音的/p t k/可以在英语辅音中找到相似的不送气清塞音/p t k/与浊塞音/b d g/两种音位变体，因此福州方言区英语学习者容易同化英语中相似的辅音；同理，受感知同化影响，福州方言区英语学习者容易同化与福州方言相似的英语擦音/s/及鼻音/m n ŋ/，但擦音的摩擦程度较不明显。③基于语音学习模型，英语学习者在辅音学习中正确的辅音产出会因为缺少准确的发音感知对象而受影响，因此福州方言区教师在英语教学中缺乏系统准确的语音教学及学生枯燥单一的英语口语练习途径都对福州方言区英语学习者的英语辅音习得产生一定的负面影响。

第三节 学习者英语元音的产出研究

世界上任何一种语音系统中都有元音，元音也是语音的最重要组成部分，是音节的核心组成部分，也是超音段语流特征（如重音和语调）的载体。所以，元音习得直接影响学习者语音习得的质量和口语交流的效果。

本节将从声学上详细分析多个方言点的元音，对比分析学习者的母语方言元音、英语元音与英语本族语者的元音的 F1 和 F2，并用声学元音图进行展示，对更多个方言点的详细分析参见《中国方言区英语学习者元音习得类型研究》（贾媛，2019）。利用生理分析设备电磁发音仪，录制元音发音过程中舌位的动态变化，从舌位变化上对比学习者和本族语的元音舌位差异，更加直观地展示学习者的英语元音习得问题，以及不同水平发音人的元音产出偏误情况，这部分的详细研究介绍参见《语学习者的元音发音研究和可视化的语音训练》（智娜，2022）。

元音的声学分析分别运用 Praat、Excel 2007、NORM 以及 SPSS24.0 对录音数据和提取的共振峰进行处理、统计分析。首先使用 Praat 对录音文件进行标注，以提取目标元音和目标韵母的共振峰数据，如图 3-37 所示，标注词边界和音素边界。

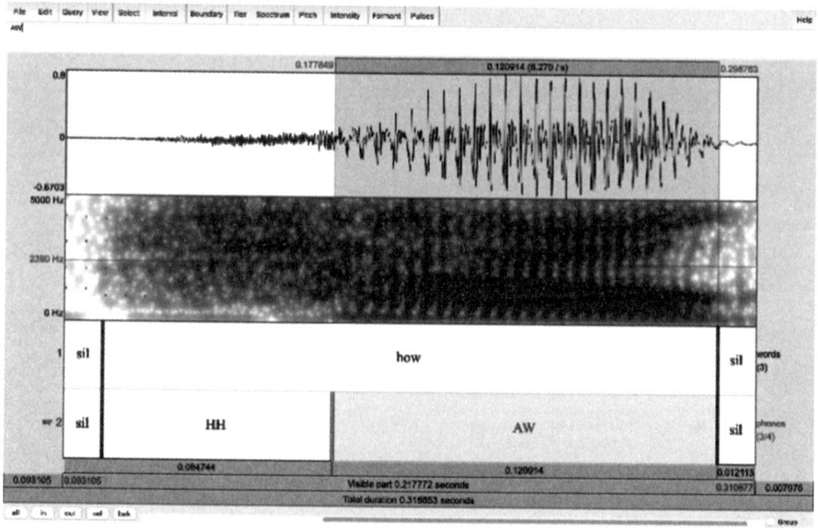

图 3-37　使用 Praat 标注语音示例

利用 Praat 脚本提取出目标元音或者韵母的 F1 至 F3 数据。在每条共振峰上取等步长的 10 个点数值，计算采用点 3 到点 8 这一段相对稳定的平均值作为目标元音的共振峰值，通过共振峰大小，以量化的方式判断发音的舌位和嘴型（吴宗济和林茂灿，1989）。

一　北京官话区

北京话属于官话中的北京官话，指北京市城区通行的方言。传统的观点认为北京话的范围在东城、西城、崇文、宣武四个老城区内。随着北京城区范围的不断扩大，居民的大量搬迁，北京话突破了四城的范围，但其核心仍然保留在四城之内。北京话和普通话区别很小，在基本的语音系统上近无分别。北京话有声母22个，韵母38个。其中单韵母共有9个：/a o ɤ i ɿ ʅ u y ər/。其中，舌面元音/a ɤ i u y/既可以单独成音节，也可以和声母相拼构成音节，而/o/在北京话中不能单独成音节，只能和唇音/p pʰ m f/相拼。舌尖元音/ɿ ʅ/不能单独构成音节，/ɿ/只能和/ts tsʰ s/相拼，/ʅ/只能和/tʂ tʂʰ ʂ ʐ/相拼，卷舌元音/ər/只能单独成音节。

北京话与美式英语中存在/a i u/三个相似元音，北京话中特有6个单元音/y ər ʅ ɿ ɤ o/，美式英语中特有7个单元音/ʌ ɪ ʊ æ ɜ ɛ ɔ/。

根据 Watt and Fabricius Method 对 F1、F2 的值进行归一化处理。通过 NORM① 得到声学元音图，横轴 F2 与舌位的前后、纵轴 F1 与舌位的高低有一定对应关系。首先计算 S(F1) 和 S(F2)，见公式 3－2 和公式 3－3。

$$S(F1) = (BEET_{F1} + BAT_{F1} + SCHOOL_{F1})/3 \quad (公式3-2)$$

$$S(F2) = (BEET_{F2} + BAT_{F2} + SCHOOL_{F2})/3 \quad (公式3-3)$$

其中 BEET、BAT、SCHOOL 分别代表元音空间的前高、中低和后高三个位置的声学参数，规整值分别为 F1/s(F1)，F2/S(F2)。

通过计算不同语言对应元音间的马氏距离（Mahalanobis Distance，简称 MD）值来反映元音习得的偏误到底是受方言的影响还是受普通话的影响。对于一个均值 $\mu = (\mu_1, \mu_2, \cdots, \mu_n)^T$，协方差矩阵为 $x = (x_1, x_2, \cdots, x_n)^T$ 的多变量，其马氏距离表述为公式 3－4。

$$D(X) = \sqrt{(x-\mu)^T \Sigma^{-1} (x-\mu)} \quad (公式3-4)$$

从 AESOP-CASS 中选取北京英语学习者男女各5名，共10名发音人，发音人均为高校在读大学生，还选取了5男5女共10名美国英语本族语发音人作为参照。

实验语料包括英语朗读语料和汉语朗读语料两部分。其中，英语语料主要选取以塞音/b d g/等为首尾辅音，目标元音/i ɪ ɛ æ/等居中的 CVC 结构的单词，具体见表 3－12。

① NORM：Vowel Normalization Suite 1.1（uoregon.edu）.

表 3-12　　**英语词表**

i	ɪ	u	ʊ	ɑ	ʌ	ɝ	æ	ɔ	ɛ
deed	pit	choose	look	barb	fuss	fern	bad	ford	death
feast	kip	moose	nook	bar	such	burn	dad	awe	pest
feat	dig	shoe	good	box	bud	dessert	gab	bought	best
seethe	did	who		drop	suck	perk	tap	corpse	pep
cease	bid	ture		pod	bus	turf	gap	forge	Ted
bead	gid			job	pus	earn	ap	course	get
beast	kit			chart	thud	merge	cab	court	ped
bee	pig			start	tug	pert	dab	or	bet
cheat	big			stock	sup	word	gad	four	set
feed	gig			charge	thus	curse	bag	foresee	said

中文语料包括方言语料和普通话语料两部分。中文词表主要由以/p^h t t^h/为声母，/i u a/为韵母的单字构成。普通话词表与方言相同，见表 3-13。

表 3-13　　**普通话词表**

a	i	u	y	ɿ	ʅ	ɤ	o	ər
嘎 ga1	鸡 ji1	姑 gu1	嘘 xu1	此 ci3	诗 shi1	革 ge2	柏 bo4	耳 er3
嗒 da1	嘀 di1	嘟 du1	居 ju1	思 si1	史 shi3	铬 ge4	伯 bo2	儿 er2
发 fa1	妻 qi1	猪 zhu1	捋 lü1	疵 ci1	事 shi4	葛 ge3	簸 bo3	二 er4
巴 ba1	逼 bi1	苏 su1	瘀 yu1	瓷 ci2	食 shi2	歌 ge1	波 bo1	
喀 ka1	踢 ti1	铺 pu1	趋 qu1	刺 ci4				
他 ta1	批 pi1	窟 ku1	玉 yu4	姿 zi1				
撒 sa1		粗 cu1	雨 yu3					
擦 ca1		夫 fu1	鱼 yu2					
匝 za1		书 shu1						
杀 sha1		突 tu1						
趴 pa1		租 zu1						

图 3-38 为美国英语本族语者和北京英语学习者的声学元音图。整体而言，北京英语学习者的英语较之英语本族语，舌位都略高靠后。北京英语学习者/i ʌ/两个单元音习得良好，其余 8 个单元音习得不理想。其中/ɪ æ/与英语本族语相比舌位更高，/ɛ ɜ u/舌位更靠后，/ʊ ɔ/舌位更高，/ɑ/ 舌位略靠前。学习者从音质上不区分元音/i - ɪ/、/u - ʊ/、/ɛ - æ/。

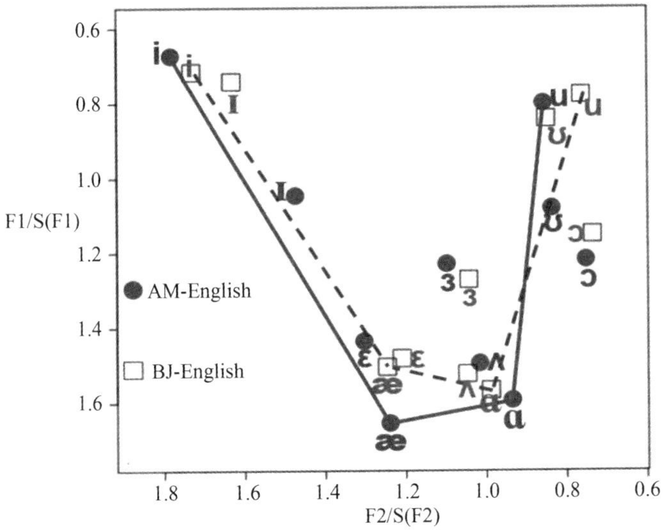

图 3-38 北京英语学习者与美国英语本族语者单元音声学元音图

其中两组松紧元音/i - ɪ/、/u - ʊ/的对立主要是音质对立，时长也是一个重要的特征。通过公式 3 - 5 对时长进行了归一化处理以消除个人差异，其中 D^N为归一后的时长，D 代表时长原始数据，$MEAN_D$表示每个发音人时长的平均值：

$$D^N = D/MEAN_D \qquad (公式 3-5)$$

如图 3-39 所示，北京学习者习得英语松紧元音对时，松元音与本族语者在时长上均无显著差异（/ɪ/ $P = 0.157$，/ʊ/ $P - 0.543$），紧元音/i/无显著差异（$P = 0.379$），/u/比本族语者时长更长，统计结果显示两组间有显著差异（$P = 0.044$）。

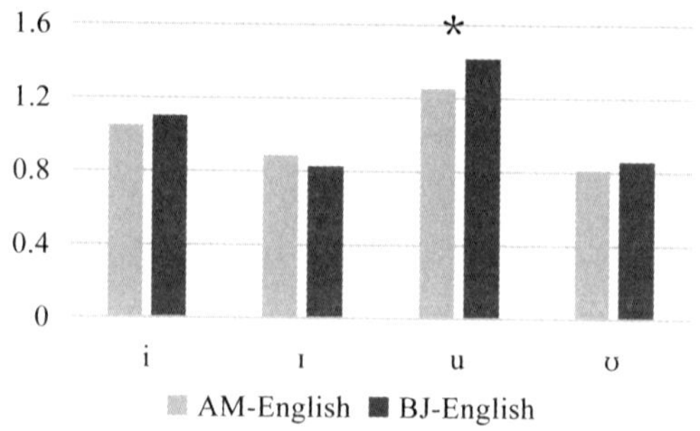

图3-39　北京英语学习者与美国英语本族语者松紧元音时长对比

为探究北京话在音长上对英语习得的迁移作用，我们对松紧元音中相似元音/i/、/u/在各语言中的时长进行了对比，结果如图3-40所示。数据分析表明，北京英语学习者所发英语（BJ-English）/i/与美国英语本族语者（AM-English）无显著差异（$P=0.379$），未受到北京话（BJH）的影响；北京学习者发的英语/u/比本族语者时长更长，两组间有显著差异（$P=0.044$），同时比北京话的/u/要长得多，因此也未受到北京话的影响。

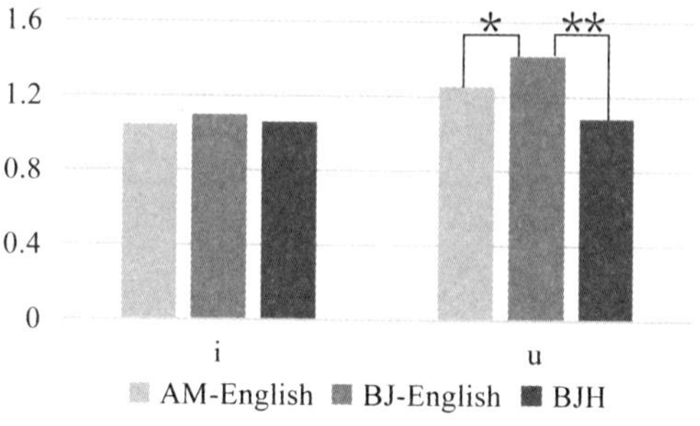

图3-40　/i u/在三种语言产出中的时长对比

我们通过计算紧松元音的时长比（Fabra和Romero，2012）进一步比较美国英语本族语者和北京英语学习者在松紧元音区分上的差别（见表3-14）。北京学习者松紧元音的时长对比率比本族语者都要大，我们确认北京学习者可以区分紧松元音且主要通过扩大时长差异来区别松紧元音。

表 3-14 英语本族语者与北京学习者紧松元音对/i/ - /ɪ/、/u/ - /ʊ/时长比

元音	本族语者	北京学习者
/i/ - /ɪ/	1. 181629	1. 328417
/u/ - /ʊ/	1. 542905	1. 650026

整体而言，北京学习者产出的英语元音和本族语者相比，舌位都略高靠后。除了/i ʌ/两个单元音习得良好，其余单元音习得并不理想。就顶点元音而言，北京学习者产出的英语/i/与北京话和英语本族语中的相似元音相比差异不大；/u/与美语本族语相比，舌位靠后，但其马氏距离和美语本族语中/u/发音更接近，说明受方言影响较小。就松紧元音对立而言，北京学习者短元音与本族语者在时长上均无显著差异，长元音/u/比本族语者长且有显著差异，时长对比率比的结果表明北京学习者倾向于通过扩大时长差异来区别松紧元音。

除了这几个松紧元音，通过声学分析（智娜，2022），我们可以得到其他一些元音的混淆（同化）情况，如/æ/混淆为/aɪ/、/ɛ/混淆为/æ/、/ɪ/混淆为/ɛ/，也符合 Flege（1995）的 SLM。

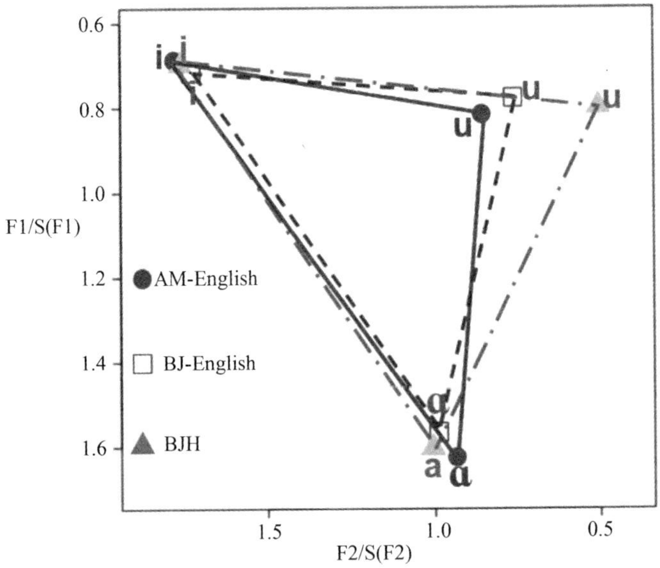

图 3-41 北京英语学习者与美国英语本族语者顶点元音声学元音图

由图 3－41 可见，北京话的元音空间更大。与美国英语本族语者相比，北京英语学习者发的英语/ɑ/舌位更高更前。独立样本 T 检验显示，学习者的英语与本族语者的发音在 F2 上有显著差异（$P=0.001$），舌位更靠前；与北京话相比在 F1（$P=0.154$）、F2（$P=0.291$）上均无显著差异，且马氏距离小，因此/ɑ/受普通话影响较大。

北京英语学习者发的英语/i/与北京话和英语本族语相比差异不大。独立样本 T 检验表明北京学习者与本族语者在 F1（$P=0.322$）、F2（$P=0.080$）上均无显著差异，习得情况良好。

北京话里的/u/与标准美语相比，舌位更靠后，北京学习者发的英语/u/与本族语者相比，舌位更靠后。T 检验显示二者在 F1（$P=0.413$）上无显著差异，在 F2（$P=0.011$）上有显著差异。北京英语学习者的英语与北京话里的/u/相比，在 F1（$P=0.332$）上无显著差异，在 F2（$P=0.000$）上有显著差异。马氏距离显示离英语本族语发音更近，而受北京话影响较小。

二　东北官话区

中国东北英语学习者的元音研究，包括前元音、后元音研究和双元音研究。

（1）前元音

实验研究对象来自 AESOP-CASS 东北地区的语料，包括长春地区 5 名英语学习者，均为英语专业硕士研究生，通过了英语专业八级考试，具备较高的英语水平。他们出生且生活在长春，能听懂且能熟练使用普通话及长春方言。除此之外，选取英语本族语者产出的相同语料作为参照，以分析长春英语学习者与英语本族语者产出前元音的差异。

语料见表 3－16，涵盖英语 4 个前元音（/i ɪ æ ɛ/），均为 CVC 结构，且为高频使用词汇。4 个元音共振峰测量结果见表 3－17。

表 3－16　实验所用语料

/i/	/ɪ/	/æ/	/ɛ/
feed	fid	fad	fed
deed	did	dad	dead

表 3-17　　长春英语学习者与英语本族者前元音共振峰对比

	F1 均值/赫兹		F1 标准差/赫兹		F2 均值/赫兹		F2 标准差/赫兹	
元音	学习者	本族语者	学习者	本族语者	学习者	本族语者	学习者	本族语者
/i/	367.95	301.96	79.33	73.94	2531	2478.21	318.23	85.04
/ɪ/	402.31	392.46	75.80	73.62	2446	2218	357.54	214.48
/æ/	819	727.35	243.21	147.27	2021	1869.10	473.10	217.51
/ε/	797	617.90	145.20	95.57	2119	1963.50	209.30	210.06

结果表明长春英语学习者前元音共振峰 F1、F2 与英语本族语者均存在较大差异，配对样本 T 检验的结果表明差异显著（*P* 值均 <0.05）。长春英语学习者 4 个前元音的 F1、F2 的标准差均明显高于英语本族语者，说明长春英语学习者除整体发音与英语本族语者相差较大，个体发音差异也很明显，习得水平参差不齐。

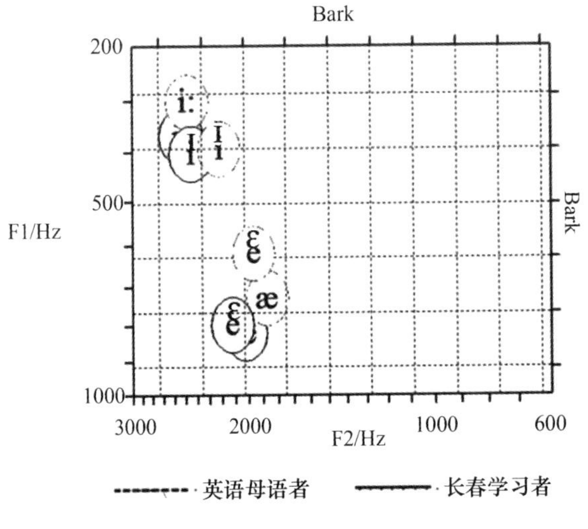

图 3-42　长春英语学习者与英语本族语者产出前元音声学元音图

根据图 3-42 的声学元音图，长春英语学习者在产出前元音时，F1 和 F2 均高于英语本族语者，说明长春英语学习者在产出前元音时舌位较美国发音人更低、更靠前。就产出情况而言，长春英语学习者/ɪ/的产出情况最好，/i/次之，接着是/æ/，/ε/的习得情况最差，即/ɪ > i > æ > ε/。就前元音的总体区分程度而言，长春英语学习者产出的 4 个前元音

/i ɪ/、/æ ɛ/纠连在一起，说明长春英语学习者发音时往往将一对松紧元音/ɪ/和/i/以及位置相近的/æ/和/ɛ/混为一谈。

长春英语学习者/i/的发音舌位也较英语本族语者更低更靠前，这很好地说明了长春英语学习者在产出前元音/i/时受到了母语的负迁移影响，导致产出的偏误。如果说影响/i/和/ɪ/产出情况与母语的负迁移有关的话，那么影响/æ/和/ɛ/的产出则更多与习得水平有关。汉语中不存在/æ/和/ɛ/的音，且汉语/ê/音位和英语/æ/和/ɛ/的共振峰差异较大，所以学习者不会将汉语/ê/和英语/æ/和/ɛ/混为一谈，即/æ/和/ɛ/的产出受母语迁移的影响较小。此外，汉语双元音/ai/与英语/æ/发音相近，但是通过/æ/的语图可以发现，/æ/的共振峰并未出现明显滑动，说明长春英语学习者产出/æ/时未受到/ai/的影响。由此，排除了母语负迁移对产出/æ/和/ɛ/所造成的影响。造成/æ/和/ɛ/产出和感知的偏误与习得水平或者说与教学有关。最初我们接受语音教学时区分/æ/和/ɛ/主要依靠开口度，开口度大的是/æ/，开口度小的为/ɛ/，但是这个开口度大小并没有一个明显的界限，这也是导致/æ/和/ɛ/产出混淆的一个主要原因。

（2）后元音

选取 AESOP-CASS 中来自吉林大学的 40 名长春英语学习者，他们具有相似的地理和方言背景，平均年龄约为 22 岁，学习英语至少十年，英语已经达到一个稳定的阶段，可以客观地反映长春英语学习者的习得水平。

实验语料是包含 5 个后元音的英语单词，后元音分别位于不同的语音环境，即词首、词中和词尾。因为英语后元音/ɒ/和/ʊ/不会出现在词尾位置，而/ʊ/不会出现在词首位置，所以承载词有 12 个，我们把 12 个单词都放在承载句 I say_now. 中以提供相同的语音语境。

根据 FI 和 F2 数值，我们发现长春学习者产出英语后元音时，其舌位高度从高到低排序顺序为/u ＞ ʊ ＞ ɔ ＞ ɒ ＞ ɑ/，舌位前后从前到后排列顺序为/ɑ ＞ ʊ ＞ u ＞ ɒ ＞ ɔ/。时长方面，英语后元音/ɑ ɔ ɒ u ʊ/的平均时长分别为 0. 250 秒、0. 262 秒、0. 210 秒、0. 270 秒和 0. 172 秒。

为了发现长春英语学习者的发音偏误，我们将其声学参数与英语本族语者的声学参数进行了对比。在共振峰方面，除了/ɒ/的 F1 和 F2 与英语本族语者的发音没有明显差异外，其余四个元音的 F1 和 F2 值均与本族语者存在明显差异。具体而言，与本族语者相比，长春英语学习者产出的/ɑ/舌位更靠前，/ɔ/舌位更低、更靠前，/u/舌位更低、更靠后，/ʊ/舌位更低。在时长方面，长春英语学习者松元音的时长比英语本族语者发音长，紧元音的时长却比本族语者发音短。

这些偏差的形成原因是方言母语的负迁移影响。在长春方言中的/a/音位影响了英语/ɑ/的舌位高低和前后，/o/影响了英语/ɔ ɒ u/的舌位前后，/u/影响了五个英语后元音的舌位前后，也影响英语/u/和/ʊ/的舌位高度。此外，因为长春方言中没有松紧元音之分，所以学习者只靠时长来区分英语松紧元音/u－ʊ/。

（3）双元音

选取 AESOP-CASS 中来自长春两所大学的40 名学习者，其中20 名学习者四级成绩及格，为中级学习者；20 人四级成绩优秀，为高级学习者。发音人年龄在 20—23 岁，普通话水平二级甲等，带有轻微的方言口音。他们出生并生活在长春，大多从 10 岁左右开始在长春地区的不同学校和当地英语教师一起学习英语。

把包含/eɪ aɪ ɔɪ aʊ oʊ/ 5 个双元音的 18 个英语单词嵌入 Say __ again. 这个句式中，双元音分别位于承载词的词首、词中和词尾。

研究发现，长春英语学习者产出的/eɪ/与本族语者差异不大；而/aɪ/只有首位元音与本族语者的共振峰模式接近，而末位元音的 F1 较小、F2 较大，即舌位更高且更靠前；/ɔɪ/的首位元音 F1、F2 都大于本族语者，即舌位更低且更靠前，而末位元音的 F1 较大，F2 较小，即舌位更低且更靠后；/aʊ/的首位元音 F1、F2 都小于本族语者，即舌位更高且更靠后，末尾元音 F1 小于、F2 大于本族语者，即舌位更高更靠前；/oʊ/的两个目标元音的 F1 都大于本族语者，F2 都小于本族语者，即舌位更低且更靠后。总而言之，学习者没有很好地掌握双元音两个目标元音的发音舌位，其舌位的高低、前后与本族语者有所不同。

长春英语学习者的双元音发音的时长与本族语者也存在差异，学习者产出的双元音无论在词中、词首或词尾都普遍短于本族语者，其中高级学习者的/eɪ ɔɪ/、中级学习者的/ɔɪ oʊ/与本族语者的时长差异具有显著性。

三　山东官话区

山东方言属于官话方言次方言区，与普通话有相似之处，但其发音规律和语音特征与英语都有着很大的差异。山东学习者学习英语语音时，往往会在某种程度上受其方音的影响，不自觉地把山东方言的发音习惯搬到英语中去，并忽略了其语音系统的差异，从而导致了不少发音偏误。

我们首先分析济南方言区学习者的英语元音产出，然后分析东潍区的潍坊（WF）、蒙阴（MY）、青岛（QD）、日照（ZZ）四个城市学习者英语前元音的产出情况。

（1）济南方言区学习者英语元音产出

济南方言属冀鲁官话—石济片。济南方言中有25个声母（含零声母），38个韵母。其中，单韵母9个，分别是/a i ɿ ʅ ə ɛ ɔ u y/。

表3-18 济南方言、美式英语、普通话单元音对比

济南方言	a	i	ɿ	ʅ	ə	ɛ	ɔ	u	y	
美式英语	ɑ	i	ɪ	ɛ	æ	ʌ	ɔ	ɝ	u	ʊ
普通话	a	i	ɿ	ʅ	ɤ	ɛ	u	y	o	ər

从表3-18可知，济南方言、普通话与美式英语中存在/a i u/三个相似元音。与美式英语相比，济南方言中特有的单元音有/y ə ʅ ɿ/四个，美式英语中特有的单元音有/ʌ ɪ ʊ æ ɜ/五个。与普通话相比，单元音差异性较小，其中济南方言中特有的单元音有/ə/和/ɔ/，普通话特有的单元音有/ɤ/和/o/两个。

从AESOP-CASS中选济南英语学习者男女各5名，共10名发音人，还选取了5男5女共10名美国本族语发音人作为参照。

图3-43的声学元音图表明，济南地区英语学习者在产出英语单元音时与美国英语本族语者存在显著差异。学习者在产出前元音时，舌位更高且靠前。在产出后元音时，整体上舌位偏高，在发/æ/和/ɑ/两音时，舌位偏高的趋势表现得尤为明显。在产出央元音时，/ɜ/舌位偏后，/ʌ/舌位偏低偏前。此外，对于松紧元音/i－ɪ/、/u－ʊ/，学习者不能很好区分其音质差异。

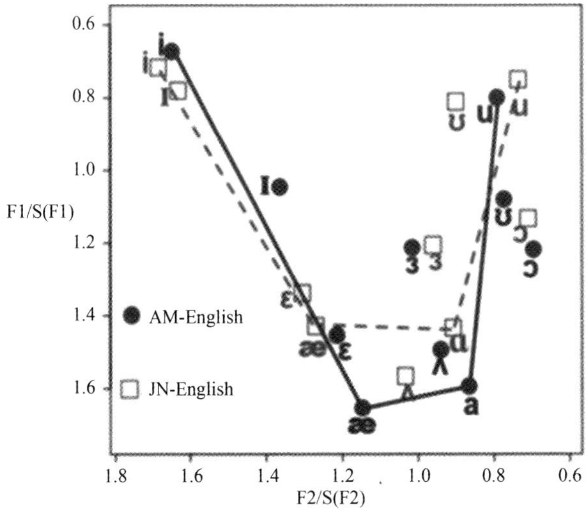

图 3-43 济南英语学习者与美国英语本族语者单元音声学元音图

对济南学习者和本族者对应元音的 F1、F2 值进行了独立样本 T 检验，两组发音人在/ɪ/（$P<0.001$）、/æ/（$P<0.001$）、/ɛ/（$P<0.05$）、/ɑ/（$P<0.001$）、/ʌ/（$P<0.05$）、/ɔ/（$P<0.05$）、/ʊ/（$P<0.001$）共七个元音的 F1 值上存在显著差异，并在以下几个元音的 F2 值上也存在着显著差异：/æ/（$P<0.05$）、/ɛ/（$P<0.05$）、/ɪ/（$P<0.001$）、/ʌ/（$P<0.05$）、/ʊ/（$P<0.001$）和/u/（$P<0.05$）。济南学习者习得较好的音是/i/和/ɜ/，其 F1、F2 的值与本族语者相比均无显著差异（$P>0.05$）。统计结果与从图 3-43 中观察到结果基本相符。

图 3-44 给出了学习者的方言母语、普通话和英语与本族语者元音空间的对比。通过单因素方差分析发现，济南方言英语学习者产出的英语元音/ɑ i u/在 F1 上与其方言中的对应元音无显著差别（$P>0.05$）；英语元音/i u/在 F2 上与普通话中相应元音无显著差别（$P>0.05$），基于这些数据，我们推测济南学习者所发的英语/ɑ/没有受到普通话的影响。

方言或者普通话确实对英语语音习得产生了负迁移影响，但是却无法直接反映出元音的偏误到底是受方言的影响还是普通话的影响。但是通过计算对应元音间马氏距离（MD）可知，济南学习者在产出英语元音/ɑ i/时受方言影响更大，而/u/在发音上更靠近普通话，见图 3-44。

济南方言中不存在松紧元音的对立，学习者在学习相关元音时，往

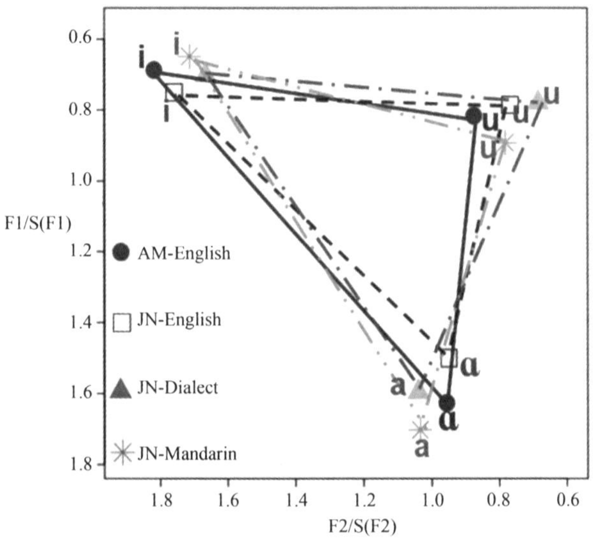

图3-44　济南英语学习者与英语本族语者顶点元音声学元音图

往通过时长对其加以区分，没有认识到松紧元音的本质差别在于其音色的不同。以/i－ɪ/、/u－ʊ/两组元音为例，如图3-45所示，美国英语本族语者（AM-English）的紧元音比松元音长，济南英语学习者（JN-English）也体现了这个特点。但济南学习者产出的两组紧松元音的时长比均大于英语本族语者，见表3-19，由此可以推知济南学习者可以区分紧松元音，但主要依靠时长来加以区分。

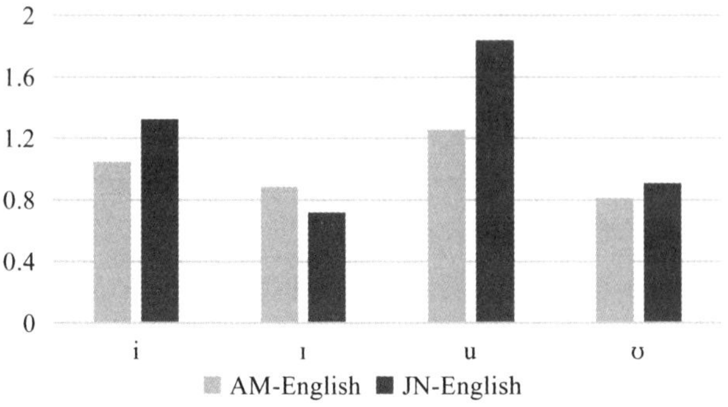

图3-45　英语本族语者和济南英语学习者/i/－/ɪ/、/u/－/ʊ/元音时长图

表 3-19　　英语本族语者和济南英语学习者/i/ -/ɪ/、/u/ -/ʊ/ 元音时长比

	英语本族语者	济南英语学习者
i - ɪ	1.182	1.543
u - ʊ	1.821	2.024

（2）东潍区英语学习者元音产出

实验语料来自 AESOP-CASS，包括山东学习者和美国本族语者的朗读语料，随机抽取了16位山东大学生和4位美国的大学生为研究对象，东潍区的潍坊（WF）、蒙阴（MY）、青岛（QD）、日照（ZZ）四个城市的研究对象均为2男2女，年龄都在20—24岁。这些山东发音人是来自山东某高校非英语专业的本科生，均通过了大学英语四级考试，在入学之前他们一直生活在方言区，方言是他们日常交流语言。东潍区发音人语料包含两部分：英语语料和方言语料。其中，英语语料选取以浊辅音/b d g/为词首辅音，目标元音/i ɪ ɛ æ/居中，爆破音结尾的单词（见表3-20）。

表 3-20　　英语语料

/i/	/ɪ/	/ɛ/	/æ/
bead	dig	ged	bad
deed	did	bed	dad
deep	dib	geb	gab
	bid	deg	dab
	bib	beg	bag

选取这些发音人的方言语料以便于研究东潍区学习者英语发音受方言影响的程度。方言语料由以韵母/i/和/ɛ/结尾的单字构成（见表3-21）。

表 3-21　　方言语料

/i/	/ɛ/
低/di/	白/bɛ/
地/di/	百/bɛ/
笔/bi/	摆/bɛ/

把四地英语学习者的元音共振峰值分别与美国英语本族语者的进行对比，结果如图 3-46。将赫兹单位转换为更加适合听感的 Bark 单位，具体公式见公式 3-6。

Bark = 7ln { (f/650) + [(f/650) 2 + 1] 1/2}　　　(公式 3-6)

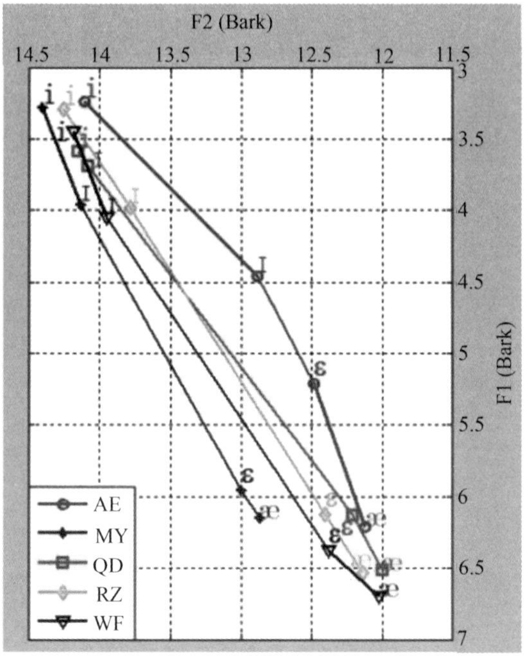

图 3-46　学习者和本族语者的 4 个前元音的声学元音图

下面分别从/i - ɪ/、/ɛ - æ/两组音来分析山东东潍区学习者的发音特点。

由图 3-46 可知，潍坊、蒙阴、青岛、日照四地学习者所发的 4 个元音构成的折线走势相似，而与美国本族语者差异较大。整体上蒙阴的偏高偏前，与济南学习者类似，其他三地学习者的前元音都偏前偏低。

从元音/i/的发音来看，东潍区发音人和美国发音人的元音共振峰值差别不大，但是东潍区英语学习者舌位比美国本族语者略微向前，青岛学习者舌位相对较低。把潍坊、蒙阴、青岛、日照的学习者的元音/i/共振峰频率值分别与美国本族语者作独立T检验分析，结果表明，四地学习者与美国本族语者的/i/共振峰值无显著差异。这说明山东东潍区学习者元音/i/的习得相对较好。而元音/ɪ/的发音情况则不同，从图3-46来看，东潍区学习者元音/ɪ/的共振峰值与美国本族语者差别较大，舌位更高更向前，与元音/i/的发音方式接近。而美国本族语者/i/和/ɪ/的发音区别比较明显。T检验进一步证明，蒙阴、青岛和潍坊学习者的元音/ɪ/的F2值与美国本族语者差异显著（$P=0.013$、$P=0.026$ 和 $P=0.041$）。研究说明，山东东潍区学习者发元音/ɪ/时有困难，舌位比美国本族语者更高更向前，很难区分松紧元音/i/和/ɪ/。

除蒙阴外，潍坊、青岛、日照学习者的元音/ɛ/的发音方式相似，T检验进一步证明，F1值与美国本族语者的数据差别显著（$P=0.046$、$P=0.047$ 和 $P=0.04$）。这说明山东东潍区学习者在发元音/ɛ/时问题严重，舌位比美国本族语者更低、更靠后。而山东东潍区学习者元音/æ/的表现较好，T检验结果显示山东东潍区与美国本族语者的数据没有显著差异。但是从图3-46来看，在发/æ/时，与青岛、日照学习者相比，潍坊学习者舌位偏低，而蒙阴学习者的舌位则更为靠前。四地学习者元音/ɛ/和/æ/的发音方式相似，区别不明显。以上数据分析表明：山东东潍区学习者/i/和/æ/的发音情况要好于元音/ɪ/和/ɛ/；与美国本族语者相比，前元音舌位都相对靠前，而且高元音舌位更高，低元音舌位更低；山东东潍区学习者对/i-ɪ/以及/ɛ-æ/的发音区分不明显，潍坊学习者在发元音/æ/时舌位相对较低，而蒙阴学习者在发元音/æ/时舌位则更为靠前。下面通过分析山东方言的特点来探究方言对英语发音的影响。

在山东方言里，普通话的二合元音/ai/有被单元音化为/ɛ/的趋势。根据目前已出版的有关山东方言的方言志，在/i ɪ ɛ æ/四个前元音中，潍坊、蒙阴、青岛、日照的语音系统中都有的元音是/i/和/ɛ/。在美国英语语音系统和山东方言语音系统中都有/i/和/ɛ/，山东方言系统中未出现

/ɪ/和/æ/。也就是说，在英语元音/i/和/ɛ/可以看作方言元音/i/和/ɛ/的“相似音”。但实际上，/i/和/ɛ/虽然在山东方言和英语里用相同的国际音标表示，但是却具有声学差异。为了测验山东东潍区方言与英语中“相似音”的差异，对山东东潍区学习者的方言朗读语料的共振峰数据进行统计分析。T 检验证明，与美国英语本族语者的英语数据对比，东潍区方言元音/æ/和英语元音/æ/并没有显著不同，由于方言的正迁移影响，山东东潍区学习者习得元音/æ/相对容易；然而，青岛、日照和潍坊学习者的方言元音/ɛ/的 F1 值与英语元音/ɛ/有着显著差异，这说明这三地方言中的元音/ɛ/和英语元音/ɛ/是有声学差异的，而方言区的英语学习者容易对这个“相似音”产生混淆，难以准确地习得。此外，由于山东方言系统里没有/i - ɪ/和/ɛ - æ/的区分，所以山东东潍区学习者难以区分元音/i - ɪ/以及/ɛ - æ/。而且从图中可以看出青岛、日照和潍坊学习者在发/i/和/ɪ/时舌位相对靠前，发/ɛ/和/æ/时舌位相对靠后，而蒙阴学习者/ɛ/和/æ/的舌位相较美国本族语者更为靠前。蒙阴学习者与东潍区其他三地的学习者的差异或许与蒙阴的地理位置有关，蒙阴处于东潍、西齐、西鲁三区的交界处，在习得元音时会受三区方言的影响。

我们提取了山东东潍区学习者的方言朗读语料元音/i/和/ɛ/的共振峰值，并画出散点图，来探究方言“相似音”对英语元音发音的影响。如图 3-47 所示，山东东潍区学习者所发的英语元音/i ɪ/的 F1、F2 分布和方言元音/i/的 F1、F2 分布非常相似，并且与方言元音/i/的重合部分较大。英语/ɛ æ/和方言/ɛ/的重合区域也比较大。这说明，山东东潍区学习者在习得元音/i ɪ ɛ æ/时受到母语“相似音”/i ɛ/的影响，用方言里/i/和/ɛ/的发音方式来发目标元音/ɪ/和/ɛ/，对这些目标元音的习得产生了负迁移影响。由于元音/i/在山东东潍区方言和英语中的发音方式相似，所以对山东东潍区学习者的习得产生了正迁移影响，潍坊、蒙阴、青岛、日照学习者在发英语元音时表现出了共性，例如元音/i/的习得非常相似，这种相似性与它们的方言的音系系统相似有关。四地方言音系系统具有相似性，但也有差异性。例如，潍坊学习者在发元音/æ/时舌位相对较低且靠后，而蒙阴学习者在发元音/æ/时舌位则更为靠前，即是受到各自方言的影响。

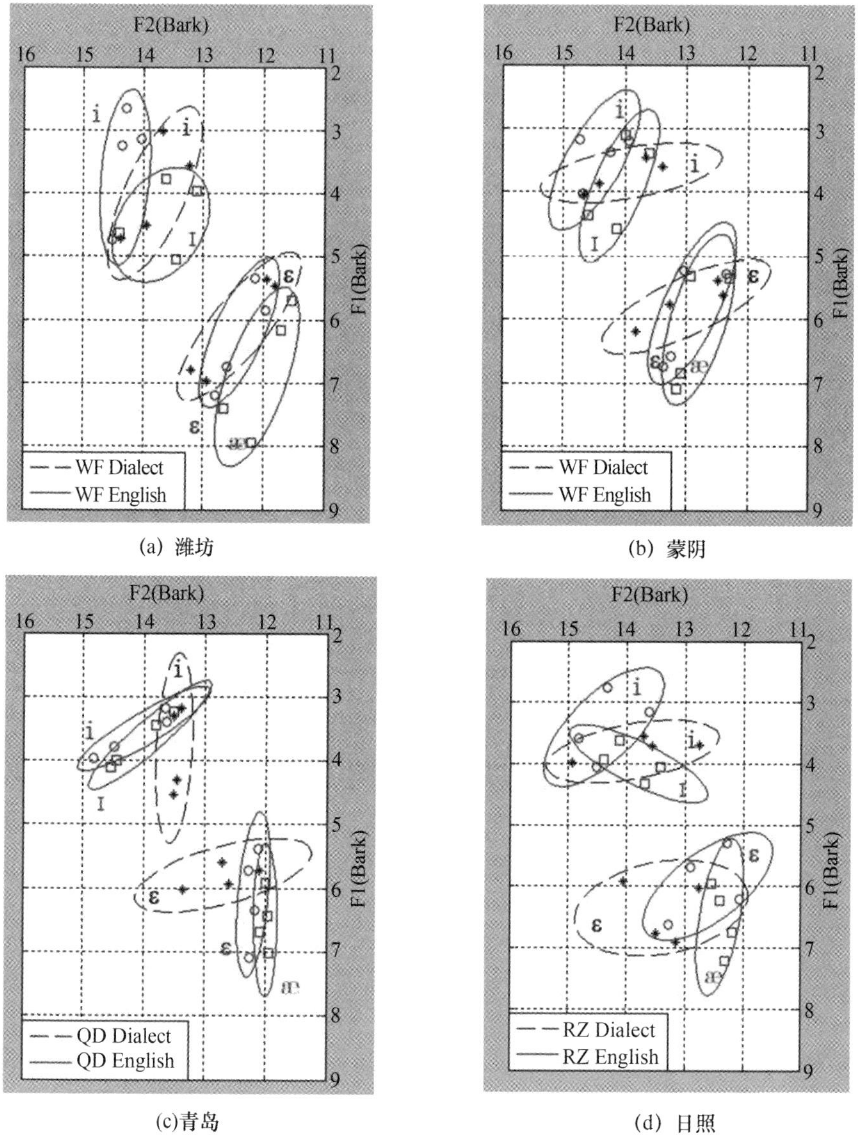

图 3-47 山东四地学习者英语/i ɪ ɛ æ/与其方言/i ɛ/的发音散点图

根据实验的分析，得出以下结论：①济南英语学习者产出的英语元音和本族语者相比，舌位整体偏高；除了/i/、/ɜ/两个单元音习得良好，其余单元音习得并不理想。就顶点元音而言，济南学习者产出英语元音/ɑ/、/i/时受方言影响更大，/u/在发音上更靠近普通话。就松紧元音对立而言，学习者可以区分紧松元音且主要通过时长来加以区分。②潍坊、蒙阴、青岛、日照学习者产出前元音偏前，蒙阴的偏高偏前，其他三地偏前偏低一些。/ɪ/、/ɛ/时有困难，错误明显，而/i/、/æ/的习得相对较好；山东东潍区学习者发前元音的总体趋势是/i/、/ɪ/的舌位偏前，/ɛ/的舌位偏后。在发高元音/i/和/ɪ/时，舌位较高；发低元音/ɛ/和/æ/时，舌位较低；元音/i/和/ɪ/、/ɛ/和/æ/的发音区别不明显；蒙阴学习者在发元音/æ/时舌位则更为靠前。③对比东潍区学习者的方言语料发现，他们的英语发音受到了方言的迁移影响。用方言/i/和/ɛ/的发音方式来发英语元音/ɪ/和/ɛ/，原因是受到方言“相似音”/i/和/ɛ/的负迁移影响。而由于方言/i/和英语元音/i/发音相似，对元音/i/的习得产生了正迁移。对于方言里没有的音/æ/，山东东潍区学习者发音较准确。④东潍区学习者在习得英语前元音时既有共性又有差异，蒙阴学习者在习得低元音/æ/时舌位较为靠前。

本节研究结果可为山东官话区英语教学中如何通过改变舌位的高低前后位置来纠正发音提供指导帮助，东潍区这部分研究只局限于4个前元音，其他元音有待继续研究。

四　闽语福州方言

李如龙和梁玉璋在《福州方言志》（2001）中指出，福州方言区通常指福州市区和闽侯、闽清、长乐、平潭等周边县（市）使用的方言。福州话共有46个韵母，其中阴声韵25个，阳声韵12个，入声韵15个。

语料挑选AESOP-CASS中的10位福州英语学习者（5男5女）发音，他们均为福建师范大学非英语专业的本科生，英语水平相当。同前面其他点一样，同时选取了10位美国英语本族语者（5男5女）的发音。

根据两种语言的对比，挑选目标元音：前元音/i ɪ ɛ æ/、中元音/ʌ/和后元音/ʊ u ɑ/，这8个目标元音覆盖了前、中、后三种发音舌位，且福州方言中有与/ɑ i u/发音十分相近的韵母，其松紧度还会随着语调的变化而改变。

每个目标元音都选取了5个英语单词，选用以爆破辅音为起始和末尾字母，以便于减少后期标注的误差（表3-22）；福州方言选取包含韵母/ɑ i u/，并以塞辅音为开头的福州方言词（表3-23）。

表 3-22　　包含目标元音的英语单词语料

/ɑ/	bar	charge	are	barb	start
/i/	deed	bead	deep	east	eat
/u/	outdo	who	move	moose	rooms
/ʌ/	bud	touch	button	stuck	tug
/ɪ/	dig	big	dip	bit	gid
/ʊ/	bush	good	nook	look	took
/ɛ/	debt	bet	deck	bed	get
/æ/	dad	bag	gag	bad	gag

表 3-23　　包含目标韵母的方言单音节语料

/ɑ/	疤（[pɑ]）	加（[kɑ]）	扒（[pɑ]）	茶（[tɑ]）	打（[tɑ]）
/i/	脾（[pi]）	基（[ki]）	比（[pi]）	蜘（[ti]）	迟（[ti]）
/u/	都（[tu]）	涂（[tu]）	糊（[ku]）	堵（[tu]）	土（[tu]）

（1）/ɑ i u/

表 3-24 所示的是 10 位福州英语学习者和美国英语本族语者三个目标顶点元音/a i u/的 F1、F2 规整平均值及其 T 检验结果。学习者的英语（FZ-E）、方言（FZ-D）以及本族语者（AM-E）的声学元音图如图 3-48 所示。

表 3-24　　目标元音/ɑ i u/共振峰规整值及其独立样本 T 检验结果

元音	本族语者	学习者	T 检验	
	均值	均值	显著性	t
/ɑ/	F1 = 0.97302	F1 = 0.99556	0.048	1.978
	F2 = 1.47820	F2 = 1.57260	0.417	0.815
/i/	F1 = 0.70416	F1 = 0.71364	0.864	0.171
	F2 = 1.76860	F2 = 1.70540	0.142	-1.480
/u/	F1 = 1.03524	F1 = 0.86498	0.007	-2.770
	F2 = 1.07054	F2 = 0.99170	0.199	-1.293

福州方言区英语学习者的英语元音空间整个偏后偏高。元音/i/的情

况在数据上与美国本族语者非常接近，学习者、本族语者所发的英语元音/i/和福州方言韵母/i/，三者之间不存在显著性差异（F1：F = 0.602，P = 0.549；F2：F = 1.111，P = 0.332）。相较于其他两个目标顶点元音，/i/的分布最紧密，是三个元音中福州方言区英语学习者习得最好的。

福州方言区英语学习者的英语元音/ɑ/比较接近美国本族语者，舌位稍低。声学元音图上，学习者发英语元音/ɑ/的舌位处于他们发福州言韵母/ɑ/和美国本族语者的舌位之间，在一定程度上受到了方言的影响。

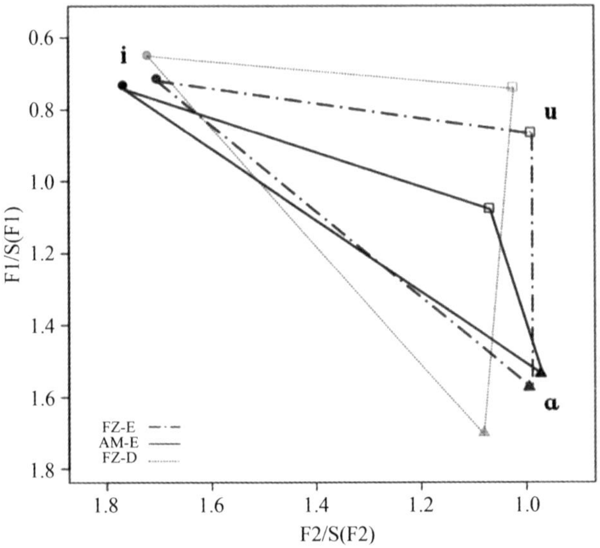

图 3-48 福州英语学习者及美国本族语者发元音/ɑ i u/声学元音图

福州方言区英语学习者在发英语元音/u/时，舌位高低处于福州方言和英语本族语者的英语之间，相较本族语者的舌位偏高偏后。独立样本 T 检验显示该方言区学习者在前后舌位方面习得良好（P = 0.199 > 0.05），但在舌位的高度上的偏差较大，相较于发音的舌位更高（P = 0.007 < 0.05）。学习者方言韵母/u/的舌位高度同样与其英语元音/u/存在显著性差异（P_{F1} < 0.05），学习者发英语元音/u/时的错误情形是福州方言的负迁移。

（2）其他元音

英语语音系统和福州方言的语音系统差异很大，但也存在如/ɑ i u/这样的相似音，本小节所指其他元音是英语语音系统中的/ʌ ɪ ʊ ɛ æ/，它们在福州方言的语音系统中不存在相似音。表 3-25 为实验得到相应目标元音共振峰规整平均值和 T 检验结果，声学元音图如图 3-49 所示。

表 3-25 目标元音/ʌ ɪ ʊ ɛ æ/共振峰规整值及其独立样本 T 检验结果

Vowels	本族语者	学习者	*T* 检验	
	均值	均值	显著性	*t*
/ʌ/	F1 = 1.52156	F1 = 1.53132	0.829	0.216
	F2 = 1.03590	F2 = 1.03208	0.873	-0.160
/ɪ/	F1 = 1.02844	F1 = 0.76810	0.000	-6.533
	F2 = 1.42770	F2 = 1.65334	0.000	7.050
/ʊ/	F1 = 1.22183	F1 = 0.89850	0.000	-5.202
	F2 = 1.00598	F2 = 0.99200	0.792	-0.265
/ɛ/	F1 = 1.43592	F1 = 1.32148	0.010	-2.631
	F2 = 1.30800	F2 = 1.35506	0.088	1.722
/æ/	F1 = 1.59172	F1 = 1.37168	0.000	-4.117
	F2 = 1.26320	F2 = 1.35808	0.001	3.596

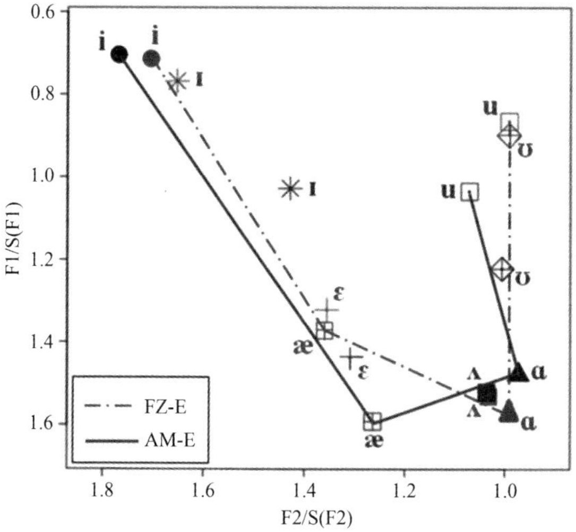

图 3-49 福州英语学习者及美国本族语者发元音/ʌ ɪ ʊ ɛ æ/的声学元音图

学习者所发/ʌ/的点与美国本族语者的基本重覆，表明学习者习得良好，并且能够区分位置相近的/ɑ/与/ʌ/。福州方言区英语学习者在元音/ɪ/的习得上出现相对较大偏差，具体体现在学习者发/ɪ/的 F1 平均值较本族语者更小，而 F2 更大，即舌位更高且更靠前（$P_{F1} < 0.05$；$P_{F2} < 0.05$），其实是无法准确区分松紧元音对/ɪ/和/i/。美国本族语者所发的/ɪ/和/i/在图中有明显的音质差异，学习者不能用音质来区分这对松紧元音。图 3-50对比了学习者和本族语者这对松紧元音的时长。尽管本族语者在发/ɪ/和/i/时时长有区别，但区别不大（0.241 秒和 0.203 秒），而学习者发/i/的时长却要比发/ɪ/时明显更长（0.238 秒和 0.158 秒）。因此，福州方言区英语学习者主要用发音时长来区分松紧元音/ɪ/和/i/，美国本族语者主要在音色上区分松紧元音/ɪ/和/i/，时长也有表现。

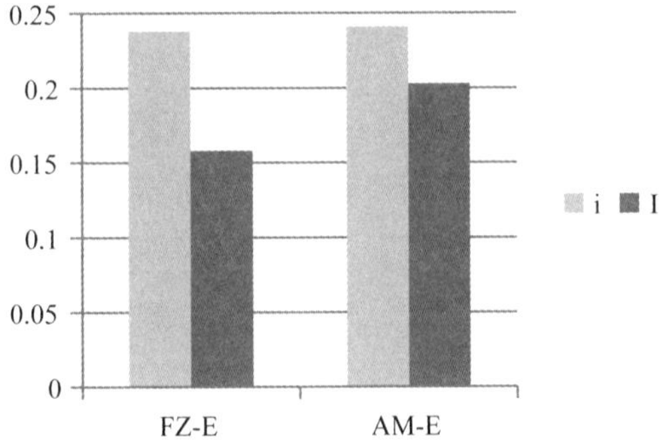

图 3-50　福州方言区英语学习者及美国本族语者松紧元音/ɪ/和/i/时长（秒）

在英语元音/ʊ/的发音上，学习者的舌位高度比本族语者的发音更高（$P_{F1} > 0.05$），但在发音舌位的前后位置方面和本族语者无显著差异（$P_{F2} = 0.792 < 0.05$）。这种偏差与学习者发前高松元音/ɪ/时类似，福州方言区学习者不能很好区分和习得松紧元音/ʊ/和/u/，T 检验证实他们在用同一种方式发音，无法有效区分两个元音（$P_{F1} = 0.607 > 0.05$；$P_{F2} = 0.997 > 0.05$）。联系到已有的对学习者发/u/的情况分析，这一定程度上是受到福州方言韵母/u/的影响，加之松紧元音/ʊ/和/u/、/ɪ/和/i/的区分在音质上类似，学习者只通过发音的时长来加以区分，由方言韵母/u/带来的迁移就再一次出现在英语元音/ʊ/上。

英语元音/ʌ ɪ ʊ/不同于福州方言韵母，但又与元音/ɑ i u/在音质上存在相似性，因此，福州方言区的学习者不能有效习得这些松元音，并在/ɪ/和/ʊ/的发音上出现错误。

汉语语音系统中没有/æ/，同时，在英语语音系统中，/ε/和/æ/的发音在听觉上十分相似，在过往的教学实践中也发现学习者很容易在发音时出现偏差。在图 3-49 中，学习者/ε/和/æ/发音的两个点十分靠近，独立样本 T 检验也进一步揭示福州方言区英语学习者不能区分英语元音/ε/与/æ/（$P_{F1}=0.352>0.05$；$P_{F2}=0.915>0.05$）。

（3）福州方言对该区域英语学习者习得元音的迁移影响

图 3-51 比较学习者的方言元音/ɑ i u/和英语元音/ɑ ʌ i ɪ u ʊ/的声学元音散点图，可以反映福州方言对英语学习者英语元音习得的影响。根据对比分析理论和母语磁效应，讨论方言中与英语/ɑ i u/的相似音在学习者习得元音时造成的迁移影响。

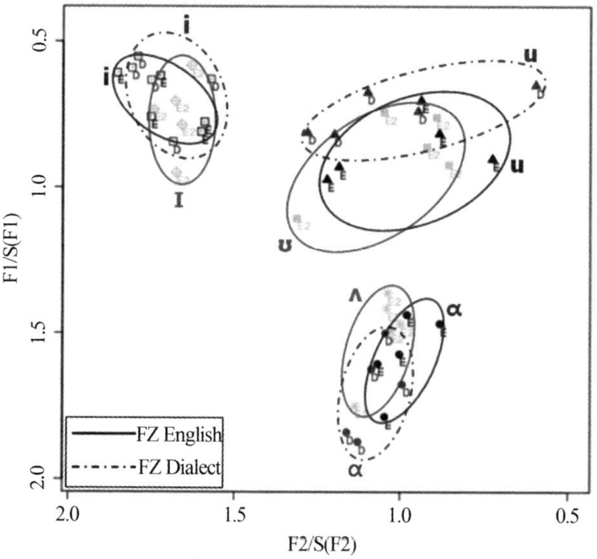

图 3-51　福州学习者英语元音/ɑ ʌ i ɪ u ʊ/及其方言元音/ɑ i u/的分布散点图

观察图 3–51 可以发现福州方言区英语学习者发元音/ɑ/时的共振峰分布与发方言元音时有较多重覆，二者规整 F1、F2 在数值上很接近。根据迁移理论，学习者们沿用方言元音的发音方式去习得英语元音。而学习者发/ʌ/的散点之中只有一个落在福州方言韵母/ɑ/的区域内，故推测该方言区英语学习者在习得过程中感知到了元音/ʌ/和方言韵母/ɑ/之间的差异，产生了中介语的模式使得发音的习得更为准确。总的来说，方言元音/ɑ/给学习者习得音质接近的元音/ɑ/带去了负迁移，但并未对习得元音/ʌ/产生负面影响。

福州方言区英语学习者发英语元音/i/和/ɪ/的共振峰数值分布与方言元音/i/时较为相似，有很大的重叠区域。根据迁移理论，学习者会用其母语中最相似的音素替换目标语中的音素（Major，2008），学习者会用福州元音/i/去发英语的元音/i/和/ɪ/。总之，福州方言/i/给福州方言区的英语学习者习得英语元音/i/带去了正迁移，但是在习得英语元音/ɪ/时产生了负迁移。

福州方言韵母/u/与学习者所发英语元音/u/和/ʊ/都有较大的重叠区域，英语元音/u/和/ʊ/则有更多的重叠区域，说明福州方言区英语学习者用几乎同样的方式发这两个元音。根据母语磁吸效应，一旦学习者形成了母语的语音感知和接受模式，对非母语的感知就会变弱，该区域的英语学习者的母语是福州方言，在幼年时就形成了对方言/u/的语音感知，这就造成了一个结果，他们在发类似/u/的音时都会不自觉地采取母语的发音方式，造成负迁移。

Flege（1995）提出“等同分类”的基本认知机制对成人的二语习得有重要影响，学习者在这样的机制下很难准确习得与其母语韵母相似的二语元音；相反，容易习得那些不存在于母语中的发音。本研究的发现证实这一点，福州英语学习者很难准确习得英语元音/ɪ/和/ʊ/，因为福州方言中就存在着类似发音，在发元音/ʊ/时，他们不自觉使用方言韵母/u/的发音方式。同理，他们产出的英语元音/ɪ/也基本上采用方言/i/的发音舌位。

对于福州方言区的英语教学者来说，要把握学生的发音整体趋势。福州方言元音与英语元音存在系统性的差异，该地区英语学习者在发英语元音时一个总的趋势是舌位偏高，尤其在前低元音、中元音的产出方面更加明显，在前高元音的习得上误差并不显著，后元音的产出在整体的舌位上也更为靠前、靠上。因此，在提醒学习者他们容易出现偏差的同时，可以有意识地向学生呈现发音对比的实验结果，比如，福州方言区英语学习者主要通过发音时长去区分松紧元音/i/和/ɪ/、/u/和/ʊ/，而英语本族语者是通过改变发音时舌位的前后、高低来区分这两对松紧元音，这也是 Flege（1995）提出“等同分类”的基本认知机制对成人的二语习得有重要影响。其次，教学者应明确好发音的细节，克服由方言元音相似音带来的负迁移。教学者应该采用可视化的直观教学法，向学习者直观展示如何发音以及各个元音之间的区别。最后，教学者还要注重学习者听力技能的发展，以听力促感知。

五 赣语鄱阳方言

赣方言主要分布在江西、湖南东部、湖北东北部、安徽西南部和福建西北部。超过六千万人说这种方言。鄱阳话有 48 个韵母。

以赣方言区鄱阳方言为研究对象，从其元音系统中挑选其中的八个元音（含双元音）/ɪ i æ ɛ ʌ ɑ aɪ aʊ/进行研究。探讨赣方言区鄱阳方言会对当地英语学习者语音习得会产生怎样的影响。研究发现赣方言区鄱阳方言会对英语元音/i ɛ ʌ aɪ aʊ/的习得产生正迁移影响，而对于英语元音/ɪ æ ɑ/的习得产生负迁移影响。

挑选 AESOP-CASS 中 15 名赣语鄱阳地区高中生，均已学英语六年，还选用了 10 位美国本族语者的发音。

鄱阳方言中的元音/ i u e a ɔ o ə ɚ ai au əu/，英语中发音相似的元音为/ɪ i ʊ u ɛ æ ʌ ɑ ɒ r aɪ aʊ oʊ/。这些元音包含单元音、双元音，单元音又包含松紧元音。每个类别选择两个音进行研究。最后，选择元音/ɪ i æ ɛ ʌ ɑ aɪ aʊ/作为研究的语音，也是在学习者在英语语音习得中难以区分的发音。例如，大多数学生很难区分/ɛ/和/æ/两个元音，以及在发紧元音时，以时长为区分的唯一标准。

图 3－52 给出了鄱阳学习者和美国本族语者八个元音/ɪ i æ ɛ ʌ ɑ aɪ aʊ/的声学元音图，其中六个单元音可分为三对/ɪ － i/、/æ － ɛ/、/ʌ － ɑ/，还有两个双元音。

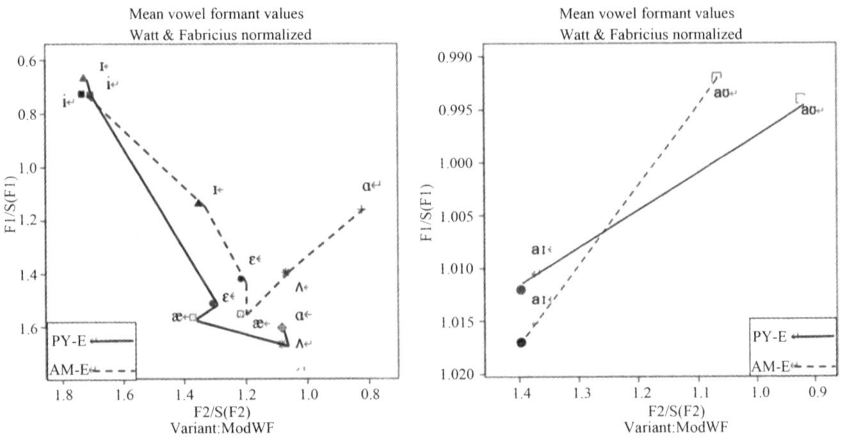

图 3-52　鄱阳英语学习者和本族语者元音/ɪ i æ ɛ ʌ ɑ a aɪ aʊ/的声学元音图

（点线为本族语者 AM-E，实线为学习者 PY-E）

从图 3-52 中可以看出，鄱阳英语学习者元音空间比美国本族语者整体要大。鄱阳学习者所发的/i/与本族语者的几乎相同，T 检验中结果也无显著差异（$P = 0.051 > 0.05$）。但学习者不区分松元音/ɪ/与紧元音/i/。英语学习者发出的元音/æ/的发音更向前些（$P = 0.048 < 0.05$）。学习者发元音/ɛ/和美国本族语者之间无显著差异（$P = 0.323 > 0.05$）。学习者发元音/ɑ/较本族语者舌位更向下和向前（$P = 0.000 < 0.05$），存在明显的不同。而学习者比美国本族语者发出/ʌ/时的舌头位置更向下些（$P = 0.004 < 0.05$）。对于双元音/aɪ/和/aʊ/，统计检验结果表明，鄱阳英语学习者与美国本族语者的发音无显著差异，可以很好习得双元音。

从鄱阳英语学习者的方言中提取了/i ə a/的共振峰，绘制了声学元音图来探讨方言相似音对英语元音发音的迁移效应。从图 3-53 可以看出，英语元音/ɪ i æ ɛ ʌ ɑ/的 F1 和 F2 频率的分布与鄱阳方言中/i ə a/的这些值叠加在一起，我们认为鄱阳英语学习者发这些元音受到其方言中相似的音/i ə a/的影响，鄱阳方言的负迁移是造成鄱阳英语学习者英语语音习得偏误的主要原因。

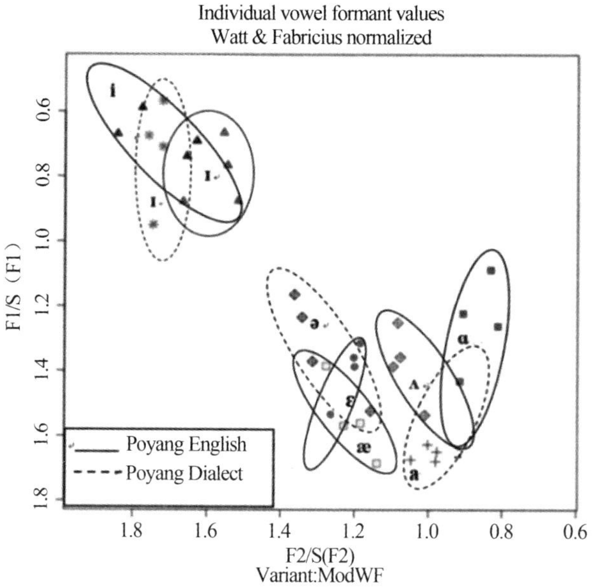

图3-53 鄱阳英语学习者的英语元音/ɪ i æ ɛ ʌ ɑ/和方言元音/i ə a/的散点图（点线为方言，实线为学习者英语）

鄱阳英语学习者发出的元音/i ɛ ʌ aɪ aʊ/与美国本族语发出的元音几乎一样，尤其是双元音元音/aɪ/和/aʊ/，鄱阳英语学习者能够清晰准确地进行发音。对于其他元音，如/ɪ æ ɑ/，鄱阳英语学习者和美国本族语者之间发音有显著差异。

对比方言元音声学特性，我们判断鄱阳方言区英语学习者在习得英语元音/ɪ i æ ɛ ʌ ɑ/时受到鄱阳方言中相似发音/i ə a/的影响。英语元音/i/和/ɪ/的发音受鄱阳方言的元音/i/的影响，紧元音/i/是正迁移，而松元音/ɪ/是负迁移。英语元音和/æ/和/ɛ/受鄱阳方言的元音/ə/的影响。/ɛ/是正迁移，/æ/是负迁移。对于元音/ʌ/，鄱阳英语学习者可以毫无差错地把它发出来，因为鄱阳方言的/a/发生了正迁移；而因为对鄱阳方言中的/a/的负迁移影响，英语元音/ɑ/的发音舌位更靠下和靠前些。知觉同化模型表明，非母语语音通常根据其母语的相似程度会被最接近的母语语音同化。所以，鄱阳英语学习者发元音/i ɛ ʌ aɪ aʊ/与英语本族语者几乎一样，但在元音/ɪ æ ɑ/的发音上有困难。

六　吴语宁波方言

宁波方言作为吴方言的重要分支，具有丰富的单元音系统，不仅有10个音位对立的一般单元音/i y ɤ e ø ɛ a ɔ o ɯ/，适用于（C）V结构，而且还有两个舌尖元音/ʅ ɥ/，在本章第一节中已有详细介绍。相比之下，英语元音系统包含11个单元音/i ɪ ɛ æ ɑ ɒ ɔ ʊ u ʌ ɜ/。从声学角度来说，像国内其他大多数方言一样，宁波方言元音并没有松紧元音的差别，普通话也一样，而英语存在松紧元音的区别。Flege（1995）提出，若母语与目标语中的某个语音由同一个国际音标表示，则这两个音可被视为相似语音，因此，我们选取英语、汉语普通话和宁波方言的语音系统中都存在的顶点元音/i u a/加以对比，这三个顶点元音基本可以反映元音系统的整体趋势。

语料来自AESOP-CASS中宁波方言区英语学习者和英语本族语者，宁波发音人8名，男女各4名，年龄均在22—31岁，具有10年以上的英语学习经历，发音人的父母均为宁波本地居民；英语本族语者8名，男女各4名，作为实验对照组。选取116个CVC结构的英语单音节词，音节首尾限定为塞音、擦音或塞擦音，另就英语、普通话和方言元音系统中的相似元音/i u a/特别选取30个CV结构词，以系统考察发音人的英语、普通话和宁波方言的元音产出。

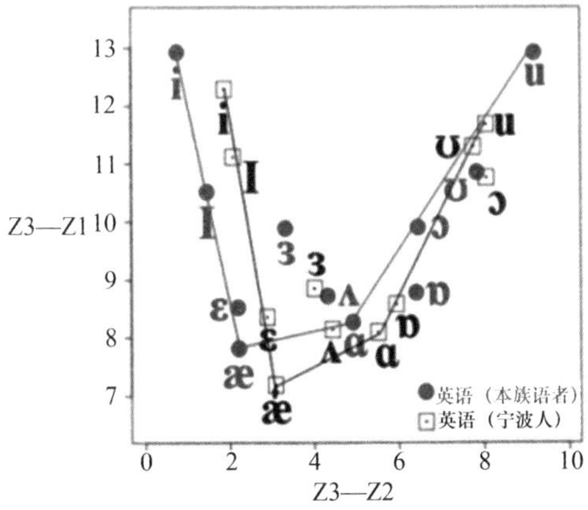

图3-54　宁波方言区英语学习者和美国本族语者英语单元音声学元音图

如图 3-54 的声学元音图所示，宁波方言区英语学习者与英语本族语者在单元音产出方面存在系统性差异。就四个前元音/i ɪ ε æ/而言，T 检验表明两组被试的舌位差异显著：宁波学习者的前元音 F1 频率高于本族语者（元音/ɪ/例外），F2 频率值均低于本族语者。由此可以推断，学习者英语前元音的舌位偏低靠后，尤其前高元音/i/（$P_{F1} < 0.05$，$P_{F2} < 0.05$）和前低元音/æ/（$P_{F1} < 0.001$，$P_{F2} < 0.05$）。其次，两组被试的英语央元音/ɜ/（$P_{F1} < 0.001$，$P_{F2} < 0.01$）和/ʌ/（$P_{F1} < 0.01$）也有显著差异。最后，在后元音/u ʊ ɔ ɒ ɑ/中，后高元音/u/和后低元音/ɒ ɑ/表现出相近的跨组差异，宁波方言区英语学习者 F1 均值均高于本族语者，呈现舌位相对较低。其中以后高元音/u/（$P_{F1} < 0.001$，$P_{F2} < 0.01$）尤为突出：英语学习者元音/u/的 F2 频率低于本族语者，舌位偏后；而其 F1 频率与本族语者的差异则更为显著，舌位明显偏低；但后中元音/ɔ/的产出则表现出完全相反的趋势，舌位偏高且靠后。

从图 3-54 中的元音空间分布来看，两组被试之间亦存在可辨差异。宁波方言区英语学习者虽然基本能够区分/i - ɪ/、/ε - æ/、/ʊ - u/和/ɔ - ɒ/，但单因素方差分析的结果显示，学习者主要以舌位高低区分/i - ɪ/和/ε - æ/，而对于/ɔ - ɒ/的区分主要体现在舌位的前后，另外对于/ʊ - u/而言，学习者似乎还无法进行区别。在区别松紧元音时，英语本族语者比宁波英语学习者的区分度更明显。

继续将英语、汉语普通话和宁波方言都有的顶点元音/i u a/加以对比，如图 3-55 所示，讨论方言与普通话对宁波方言区英语学习者英语元音产出的负迁移影响。

学习者的英语元音/i u ɑ/发音空间基本介于方言元音/i u a/和英语元音/i u ɑ/的声学空间之间，如图 3-55 左幅所示，中介语语音既靠近方言元音系统又向目标语语音偏移。单因素方差分析结果进一步显示，宁波方言元音/i u/与学习者英语差异并无显著性差异。但学习者产出的英语元音/i/舌位偏低靠后，/u/偏低靠前，更接近于宁波方言中的相似元音，因此可以推断宁波方言区英语学习者的英语元音/i u/受到母语方言影响。

方言区学习者目标语语音产出还受到汉语普通话语音体系的影响，如图 3-55 右幅所示。学习者的英语元音/i u ɑ/发音同样介于普通话元音

/i u a/和英语本族语者顶点元音/i u ɑ/的声学元音空间之间。单因素方差分析显示，发音人英语元音/i/与普通话元音/i/的共振峰频率值差异不显著。此外，英语元音/u/与普通元音话/u/的频率值在 F1 与 F2 上也比较接近。统计结果表明，学习者的英语元音/i/与普通话/i/的舌位基本重合，发英语元音/u/时，与普通话元音/u/的舌位的高低位置趋向一致。换句话说，在目标语前高与后高元音产出的过程中，发音人“借用”了普通话相似元音的舌位特征，因此可以推断学习者在产出英语元音/i u/时也受到普通话的影响。相比之下，宁波方言区英语学习者和本族语者产出后低元音/ɑ/时无明显差异，而与宁波方言元音/a/和普通话元音/a/存在明显差异，基本不受方言及普通话的影响。

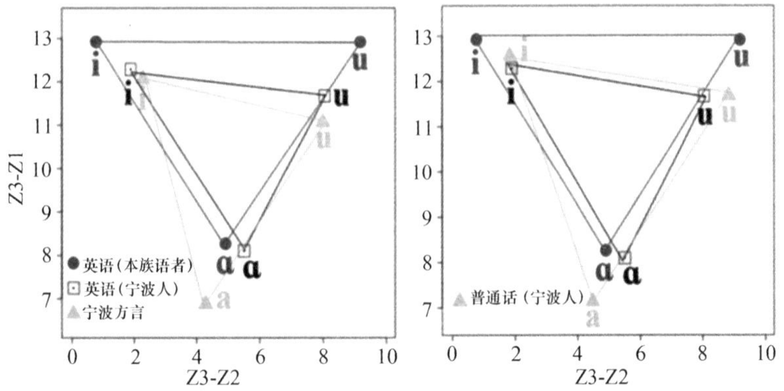

图 3-55　宁波学习者的方言母语、普通话、英语和美国本族语者的 /i/，/u/，/ɑ/声学元音图

为了更好地反映宁波方言与普通话对英语单元音的影响程度，实验还运用马氏距离（Euclidean distance）对相似元音作相似度分析。结果表明，学习者产出英语元音/i/和/ɑ/时，与普通话之间的距离小于与宁波方言之间的距离，所以宁波学习者发英语元音/i/和/ɑ/时，与汉语普通话的/i/和/a/更为相近。而学习者在产出元音/u/时，与宁波方言的马氏距离相对更小，即与宁波方言/u/更为相似，因此可以推断宁波方言的影响更大。

Flege（1995）认为“新的”（new）语音比“相似的”（similar）音

素更容易习得，而且两种语言语音的差异越小，学习者的困难越大。宁波方言和普通话相似的单元音/i/和/u/的发音对学习者来说都较难准确习得。宁波方言区英语学习者能够在宁波方言和普通话中分别找到与英语单元音/i/和/u/类似的音位范畴：在产出英语元音/u/时，倾向于用方言中找到与之相似的元音/u/的发音代替，而英语元音/i/的产出与普通话元音/i/的舌位位置保持基本一致。也就是说，宁波方言元音/u/影响英语者英语元音/u/的发音，而普通话元音/i/对英语元音/i/产出的影响更大。另外，虽然宁波方言区学习者产出英语元音/ɑ/时不受方言及普通话的影响，但发音仍然靠后。这一结果验证了语音学习模型（SLM）的假设，即外语学习者在习得目标语音时，与母语相似的语音深受母语的影响，往往直接用母语中的语音代替。

第四节 本章小结

我国的英语教育一直以来十分重视词汇、语法等语言形式，而对语音（包括音段和语调、韵律）的作用重视不够。中国学生在学习外语的过程中，很大程度上受母语的影响和干扰，不自觉地把母语的发音习惯搬到外语中去。本章首先介绍了汉语方言辅音和元音的本体的研究，然后从声学分析角度，重点分析了中国方言区学习者习得辅音、元音的情况，对比分析了学习者产出的英语、方言母语、普通话和本族语者产出的英语语音，并从二语语音学习的理论，如迁移理论、语音学习模型等对偏误加以说明。

研究成果可以对英语教学有所启示。在语音教学实践中，方言区的语言教师可以借助英语、普通话和方言音系系统的对比，结合传统的发音语音学的语音描述手段，锁定潜在的语音偏误。对发音人口语语料的定量分析，及时反馈，制定有助于语音产出声学参数重置的调控策略。比如，有意识地向学习者呈现具有经验指向性的实验结果，借助舌位变化而非只用时长来区分松紧元音/i/与/ɪ/、/u/与/ʊ/。

在教学中，还可以利用可视化3D发音技术，结合语音库提供的方言区英语偏误示例，与英语本族语标准发音进行对比训练，提高泛化效果。相关内容将在第八章可视化教学和第九章应用平台介绍部分继续探讨。

参考文献

鲍怀翘、林茂灿：《实验语音学概要》（增订版），北京大学出版社 2014 年版。

曹剑芬：《常阴沙话古全浊母的发音特点》，《中国语文》1982 年第 4 期，第 273—278 页。

曹剑芬：《论清浊与带音不带音的关系》，《中国语文》1987 年第 2 期，第 101—109 页。

陈莹：《第二语言语音感知研究的理论基础和教学意义》，《外国语（上海外国语大学学报）》2013 年第 3 期，第 68—76 页。

傅国通、蔡勇飞、鲍士杰、方松熹、傅佐之、郑张尚芳：《吴语的分区》，《方言》1986 年第 1 期，第 1—7 页。

高本汉：《中国音韵学研究》，赵元任、罗常培、李方桂译，清华大学出版社 2007 年版。

何善芬：《英汉语言对比研究》，上海外语教育出版社 2002 年版。

胡方：《元音研究》，外语教学与研究出版社 2020 年版。

胡方：《宁波话元音的语音学研究》（英文），中国社会科学出版社 2014 年版。

胡方：《宁波方言元音的声学语音学研究》，载《吴语研究》，上海教育出版社 2005 年版，第 341—348 页。

胡方：《论元音产生中的舌运动机制——以宁波方言为例》，《中国语音学报》2008 年第 1 辑，第 148—155 页。

胡伟民：《英语辅音丛刍议》，《外语学刊》1995 年第 4 期，第 16—20 页。

贾媛：《中国方言区英语学习者元音习得类型研究》，中国社会科学出版社 2019 年版。

蒋冰冰：《宣州片吴语古全浊声母的演变》，《方言》2000 年第 3 期，第 243—249 页。

李如龙、梁玉璋编撰：《福州方言志》，海风出版社 2001 年版。

林焘、王理嘉：《语音学教程》（增订版），北京大学出版社 2013 年版。

石锋：《苏州话浊塞音的声学特性》，《语言研究》1983 年第 1 期，第 49—83 页。

吴宗济:《普通话中不送气/送气音的区别研究》,《中国语音学报》1987年第3期。

吴宗济、林茂灿主编:《实验语音学概要》,高等教育出版社1989年版。

徐云扬:《上海话古浊音声母今读语图仪之研究》,载徐云扬编《吴语研究》,香港中文大学新亚书院1995年版,第279—300页。

杨伟钧:《"双音现象"与外语教学》,《外语教学》1986年第3期,第4—10页。

赵元任:《中国方言当中爆发音的种类》,《历史语言研究所集刊》1935年第8卷,第515—520页。

张吉生:《英语中辅音群的音位序列限制规则》,《解放军外国语学院学报》1996年第2期,第22—27、94页。

智娜:《语学习者的元音发音研究和可视化的语音训练》,首都师范大学出版社2022年版。

Bohn, O. S., & Flege, J. E. (1992). The production of new and similar vowels by adult German learners of English. *Studies in Second Language Acquisition*, 14(2), 131 - 158.

Cao, J., & Maddieson, I. (1992). An exploration of phonation types in Wu dialects of Chinese. *Journal of Phonetics*, 20, 77 - 92.

Chao, Y. R. (1928). *Studies in the Modern Wu Dialects*. Beijing: Tsinghua University Research Institute.

Chao, Y. R. (1967). Contrastive aspects of the Wu dialects. *Language*, 43, 92 - 101.

Cruttenden, A. (2001). Mancunian intonation and intonational representation. *Phonetica*, 58(1 - 2), 53 - 80.

Carroll, J. D., & Chang, J. J. (1970). Analysis of individual differences in multidimensional scaling via an N-way generalization of "Eckart-Young" decomposition. *Psychometrika*, 35(3), 283 - 319.

Chomsky, N., & Halle, M. (1968). *The sound pattern of English*. Cambridge, MA: The MIT Press.

Di Benedetto, M. - G. (1989). Vowel representation: some observations on temporal and spectral properties of the first formant frequency. *Journal of the Acoustical Society of America*, 86, 55 - 66.

Fant, G. (1960). *Acoustic theory of speech production*. The Hague, Netherlands: Mouton.

Fabra, L. R. , & Romero, J. (2012). Native Catalan learners' perception and production of English vowels. *Journal of Phonetics*, 40(3), 491 –508.

Flege, J. E. (1995). Second language speech learning: Theory, findings, and problems. *Speech Perception and Linguistic Experience: Issues in Cross-Language Research*, 92, 233 –277.

Fuchs, S. (2017). Changes and challenges in explaining speech variation: A brief review. *Fattori Sociali e Biologici Nella Variazione Fonetica (Social and Biological Factors In Speech Variation)*, 29 –44.

Harshman, R. A. (1970). *Foundations of the PARAFAC procedure: Models and conditions for an "explanatory" multimodal factor analysis.*

Harshman, R. A. , Ladefoged, P. , & Goldstein, L. (1977). Factor analysis of tongue shapes. *The Journal of the Acoustical Society of America*, 62 (3), 693 –707.

Honda, K. (1996). Organization of tongue articulation for vowels. *Journal of Phonetics*, 24(1), 39 –52.

Hoole, P. (1999). On the lingual organization of the German vowel system. *The Journal of the Acoustical Society of America*, 106(2), 1020 –1032.

Hoole, P. , & Mooshammer, C. (2011). Articulatory analysis of the German vowel system. In P. Auer, P. Gilles, & H. Spiekermann (Eds.), *Silbenschnitt und Tonakzente* (pp. 129 –152).

Hu, F. (2008). The three sibilants in Standard Chinese. *Proceedings of the 8th International Seminar on Speech Production (ISSP 2008)*, 105 –108.

International Phonetic Association. (1999). *Handbook of the International Phonetic Association.* Cambridge: Cambridge University Press.

Jackson, M. T. (1988a). Analysis of tongue positions: Language-specific and cross-linguistic models. *The Journal of the Acoustical Society of America*, 84 (1), 124 –143.

Jackson, M. T. (1988b). *Phonetic theory and cross-linguistic variation in vowel articulation* [Doctoral dissertation, University of California, Los Angeles].

Johnson, K. (1997). *Acoustic and auditory phonetics.* Cambridge, MA: Blackwell.

Karlgren, B. (1915). *Études sur la phonologie chinoise* (Vol. 15). Leiden, Netherlands: E. J. Brill.

Ladefoged, P. , & Johnson, K. (2014). *A course in phonetics* (7th ed.). Stamford: Cengage Learning.

Ladefoged, P. , & Wu, Z. (1984). Places of articulation: An investigation of Pekingese fricatives and affricates. *Journal of Phonetics*, 12, 267 - 278.

Ladefoged, P. , & Maddieson, I. (1996). *The sounds of the world's languages.* Oxford: Blackwell.

Lass, R. (1976). *English phonology and phonological theory: Synchronic and diachronic studies*(Vol. 17). Cambridge University Press.

Li, B. (2006). *Perception and production of English*[*n*]*and*[*l*]*by Chinese dialect speakers*[Doctoral Dissertation, University of Florida].

Li, B. , Zhang, C. , & Wayland, R. (2012). Acoustic characteristics and distribution of variants of /l/ in the Nanjing dialect. *Journal of Quantitative Linguistics*, 19(4), 281 - 300.

Lisker, L. (1984). On reconciling monophthongal vowel percepts and continuously varying F-patterns. *Haskins Laboratories Status Reports on Speech Research*, 79/80, 167 - 174.

Löfqvist, A. (1999). Interarticulator phasing, locus equations, and degree of coarticulation. *The Journal of the Acoustical Society of America*, 106(4), 2022 - 2030.

Maeda, S. , & Honda, K. (1994). From EMG to formant patterns of vowels: The implication of vowel spaces. *Phonetica*, 51(1 - 3), 17 - 29.

Major, R. C. (2008). Transfer in second language phonology. *Phonology and Second Language Acquisition*, 36, 63 - 94.

Nix, D. A. , Papcun, G. , Hogden, J. , & Zlokarnik, I. (1996). Two cross-linguistic factors underlying tongue shapes for vowels. *The Journal of the Acoustical Society of America*, 99(6), 3707 - 3717.

Reetz, H. , & Jongman, A. (2008). *Phonetics: Transcription, production, acoustics, and perception.* West Sussex: Wiley-Blackwell.

Sahlén, B. , & Löfqvist, A. (1993). Linguistic and dynamic modes of description of developmental language disorders. *Clinical Linguistics & Phonetics*, 7(1), 29 - 43.

Serrurier, A. , Badin, P. , Barney, A. , Boë, L. J. , & Savariaux, C. (2012). The tongue in speech and feeding: Comparative articulatory modelling. *Journal of Phonetics*, 40(6), 745 - 763.

Serrurier, A. , Badin, P. , Boë, L. J. , Lamalle, L. , & Neuschaefer-Rube,

C. (2017). Inter-speaker variability: Speaker normalisation and quantitative estimation of articulatory invariants in speech production for French. *18th Annual Conference of the International Speech Communication Association (INTERSPEECH 2017)*, 2272 - 2276.

Stevens, K. N. (1972). The quantal nature of speech: Evidence from articulatory-acoustic data. In P. B. Denes, & E. E. David Jr. (Eds.), *Human Communication, A Unified View*, 51 - 66.

Stevens, K. N. (1989). On the quantal nature of speech. *Journal of Phonetics*, 17, 3 - 46.

Stone, M. (1991). Toward a model of three-dimensional tongue movement. *Journal of Phonetics*, 19, 309 - 320.

Van Son, R. J., & Pols, L. C. (1990). Formant frequencies of Dutch vowels in a text, read at normal and fast rate. *The Journal of the Acoustical Society of America*, 88(4), 1683 - 1693.

Wood, S. (1979). A radiographic analysis of constriction locations for vowels. *Journal of Phonetics*, 7, 25 - 43.

Zeng, T. (2015). Devoicing of historically voiced obstruents in Xiangxiang Chinese. *Journal of Chinese Linguistics*, 43(2), 638 - 667.

Zeng, T. (2019). The Xiangxiang dialect of Chinese. *Journal of the International Phonetic Association*, 50(2), 1 - 24.

第四章

中国英语学者语调产出研究

本章主要对比分析中国英语学习者与美国英语本族语者的英语语调模式。学习者发音语料选自 AESOP-CASS，重点分析了官话区（北京官话区、冀鲁官话区、东北官话区、江淮官话区）和闽语区英语学习者的语调产出模式。在 AM 理论基础上，详细考察学习者与本族语者产出的具有不同焦点信息的陈述句、一般疑问句、特殊疑问句等多种语调，分析其音高重音、边界调的语音特征与音系类型，总结其语调实现模式。通过对比本族语者语调的语音特征和音系类型，总结学习者语调产出的偏误类型，并通过对比学习者母语（方言）语调的特点，探究中国英语学习者语调负迁移的根源。另外，由于语调韵律除了表达各种语用功能，还有消除句法歧义的功能，本章还对比了中国英语学习者和英语本族语者利用语调韵律特征消歧的策略。

第一节　英语和汉语语调

本节从音系学和语音学角度对英汉语调异同作进一步对比。

第一章我们介绍了 AM 语调理论，英语陈述语调曲拱（declarative contour）由一个或多个高音高重音（H*）、低短语重音（L-）和低边界调（L%）组成，即 H* L-L% 或 H* H* L-L%。一般疑问句曲拱（yes/no questions contour）一般由低音高重音（L*），高短语重音（H-）和高边界调（H%）组成，即 L* H-H%，也可以包含多个 L* 调，如 L* L* H-H%（Pierrehumbert 和 Hirschberg，1990）。降调一般用在陈述句中，蕴含着肯定和确认的意思；而升调用在一般疑问句中，表示疑问和建议的意思。

由于汉语和英语在词汇韵律和语调（后词汇韵律）上的系统差异，使得英汉语调在焦点、边界调实现上不同。如图 4-1 为刘芳（Liu, 2009）的博士学位论文给出的示意图，左图是英语陈述和疑问语调的音高模式（There are something unmarriable about me. /?），有两种焦点类型。当焦点词为 unmarriable 时候，焦点重音落在重读音节 ma 上，为核心重音；焦点词为 me 的时候，me 实现为核心重音。右图是普通话陈述和疑问语调的音高模式（“她买爷爷们的猫咪？/。”“她买爷爷们的了吗？/嘛。”），焦点词均为 yéye（爷爷），焦点重音落在音节 yé 上。

在左图的英语陈述句中，ma 和 me 实现为高音高目标特征（H*），ma 音节后到句末音高一直下降，有明显的焦点后音高压缩（PFC），句末边界调均为 L%；在英语疑问句中，ma 和 me 的音高目标特征为低（低升）（L*/L*H），核心重音音节后的音高曲线一直上升，句末边界调为 H-H%。在右图的汉语中，四个句子的焦点重音所在音节“买”的声调为上声，声调特征均为/LL/（//表示调位特征），语调特征均可以表示为 H*，语音上表现是保持低声调特征，而扩展其音域，使得/L/更低；陈述句和疑问句的边界调分别是 H% 和 L%，但保持末字的声调特征 ma /l/（轻声）和 mi /HH/（阴平）。因此，从语调特征层面，汉语只有 H* 一种重音类型，而英语有 L* 和 H* 两种，右图表层出现的类似英语的 L* 特征，其实是语调作用于声调/L/的结果。

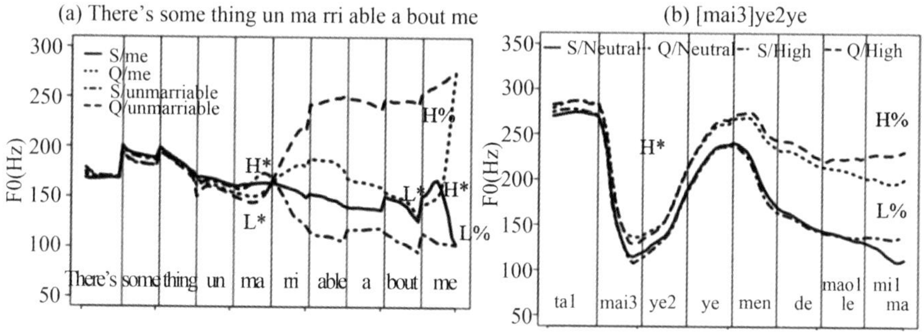

图 4-1　英汉陈述和疑问语调的音高模式对比

（左为英语、右为普通话）（Liu，2009）

根据英语语调 AM 理论和汉语双要素语调模型，我们对比了英语和汉语普通话语调的异同，如图 4-2 所示（林茂灿和李爱军，2016）。

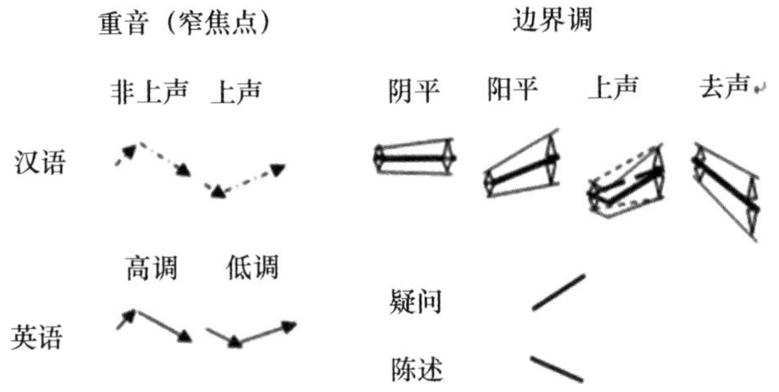

图 4-2 英语和汉语普通话语调共性和差异的示意（林茂灿和李爱军，2016）

基于 AM 理论的语调双要素模型来分析英汉语调，发现英语和普通话语调都由重读凸显和边界调两个要素组成。图 4-2 中左边表示英语和普通话重读凸显的山峰和山谷，山峰和山谷两侧的上坡和下坡分别用上箭头和下箭头表示其共性，用实线和虚线表示其差异。图 4-2 中右边表示英语与普通话疑问和陈述边界调的共性和差异。首先，可以看到英语和普通话语调有共性也有差异，其共性和差异共存于其音高曲线之中。重读凸显的共性是其音高曲线都像山峰或者山谷，峰顶和谷底的位置都由音高（基频）大小决定，但一个由音高重音类型决定，一个跟声调类型相关。英汉焦点重音后都有焦点后压缩（PFC）现象，这是二者的共性。其次，边界调的共性是都表达语气，边界调音高都是上升和下降的，其差异是英语边界调音高的上升和下降是音高本身的上升和下降，而普通话边界调音高是相对于边界音节声调音高的上升和下降。

汉语方言的声调和语调跟普通话有差异，方言区学习者学习英语时，也会将方言语调的特征迁移或者同化到英语语调中来。因此，对方言语调的研究和认识，也是我们分析二语语调习得偏误的基础。但对方言语调的研究尚待积累，针对中国方言区英语学习者受方言语调影响而产生的英语语调偏误，我们进行了探索性研究（葛淳宇和李爱军，2018；Li 和 Xiong，2021），下面简要介绍。

图4-3给出太原话（5个声调）、济南话（4个声调）、聊城话（4个声调）和淄博话（4个声调）四个方言中同一句话的焦点实现（段文君等，2013），其共性是都有焦点重音后的音高压缩（PFC），区别在于焦点位置的音域不一定产生显著变化。太原和淄博方言没有焦点位置音域变化，济南和聊城焦点重音的音域显著抬高；四个方言的焦点也没有引起时长的显著变化。因此，PFC是这四个方言焦点重音的共同编码特征，但焦点重音音域变化是一个选择性特征。四个方言中边界调的变化这里没有展开讨论，但观察图4-3可知其变化与普通话类似，都是在保持声调特征基础上的音域上升和下降。

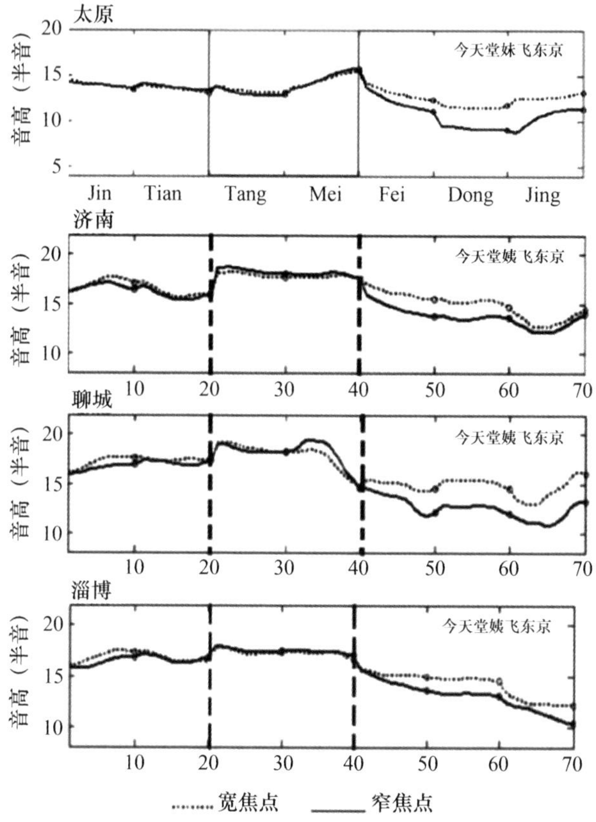

图4-3　四个方言点的窄焦点重音和宽焦点音高曲线对比，窄焦点为“堂妹”和“堂姨”

下面我们来看广州话（9个声调）、常州话（6个声调）和红古话（2个声调）三个方言语调受焦点影响的情况（葛淳宇，2020）。

图4-4给出了广州话的焦点语调在不同焦点条件下的基频曲线。不同焦点条件下，音高的差异较小，焦点处和焦点后几乎不存在显著的音高改变，时长的差异则比较明显。说明音高并非是实现广州话焦点语调的手段，当地方言区发音人更多会采用时长手段实现焦点。

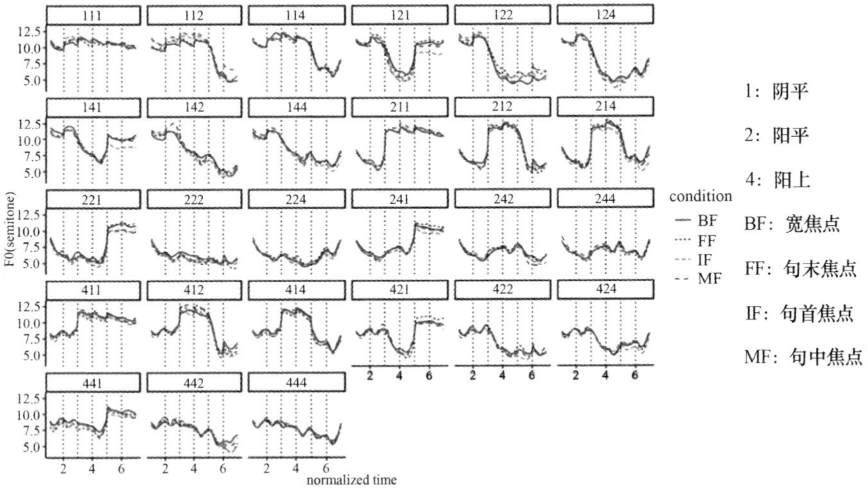

图4-4 广州话不同声调组合的焦点句在不同焦点条件下的基频曲线

图4-5给出了常州话语调的焦点重音和非焦点处音高曲线对比。相比非焦点处的音高曲线，焦点重音处的声调不变，音域抬高拉大，时长加长，焦点后有PFC。但语调对声调的作用不同，声调可以分为高调阶声调和低调阶声调，焦点处的高调阶声调几乎完全处在低调阶声调上方，低调阶声调在不同焦点条件下差异较小。陈述语调的边界调为低特征L%，在句末焦点条件下，声调保持原调；在句末非焦点条件下，由于PFC和L%共同作用，声调调形在句末非焦点条件下降低。因此，常州方言的音高和时长都受焦点的影响。

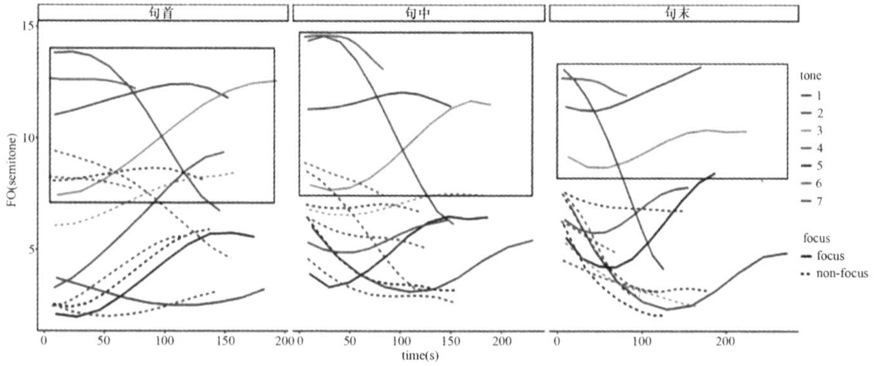

图 4-5　常州话声调在不同句子位置和焦点条件下的基频曲线

图 4-6 给出了红古话语调中焦点重音与非焦点重音的音高曲线对比。焦点重音的音域抬高，声调较非焦点条件下更高；音高变化幅度较非焦点条件下更大；焦点后有 PFC；焦点处的时长变长。陈述语调的边界调为低特征 L%，句末焦点条件下，声调保持原调；句末非焦点条件下，由于 PFC 和 L% 共同作用而改变边界位置的声调，声调调形下降。因此，红古方言的音高和时长都受焦点的影响。

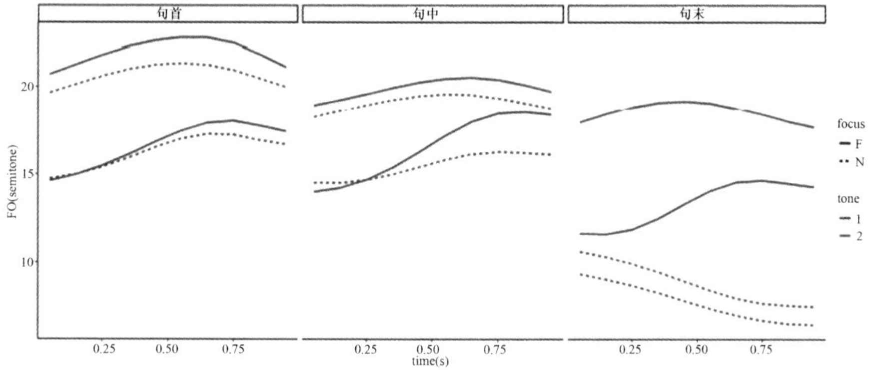

图 4-6　红古话声调在不同句子位置和焦点条件下的基频曲线

表 4-1 总结了普通话和上述汉语方言的焦点语调的语音研究结果。可以看到普通话、常州话和红古话焦点语调的实现采用了与英语一致的

特征，都改变了焦点的音高和时长，并出现了焦点后的音高压缩（PFC）。其他几个方言的焦点实现方式与英语并不完全相同，广州话只用时长手段，淄博话和太原话只用 PFC，即使同属冀鲁官话方言区，济南话、聊城话和淄博话三个方言采用的焦点实现手段也不尽相同。

那么，既然汉语普通话和英语语调在实现重音上似乎有对应相似的调形，焦点重音后也都存在 PFC，是不是普通话学习者的英语语调产出就没有问题呢？方言区学习者的方言语调中，重音声学特征表现的差异，是否会产生负迁移，影响其英语语调的产出呢？我们将在本章详细介绍针对中国方言区英语学习者语调模式的研究。通过上述汉英语调的比较，我们可以预测中国英语学习者在英语疑问句语调的产出上会有较大困难，陈述句的产出相对可能会好一些，但在焦点重音音域以及 PFC 上的语音表现可能与学习者的方言背景相关。

表 4-1　几个汉语方言焦点的语调实现与音高和时长特征关系比较

	声调个数	方言区	焦点处音高	焦点处时长	PFC
普通话	4	官话	√	√	√
济南话	4	冀鲁官话	√	—	√
聊城话	4	冀鲁官话	√	—	√
淄博话	4	冀鲁官话	—	—	√
太原话	5	晋语	—	—	√
常州话	6	吴语	√	√	√
红古话	2	西北官话	√	√	√
广州话	9	粤语	—	√	—

第二节　汉语方言区英语学习者语调产出模式对比研究

本节是本章的重点，利用 AESOP-CASS 语音库的数据，基于 AM 语调理论，从产出角度对比北京官话区、东北官话区（长春、哈尔滨、沈阳和大连）、冀鲁官话区（济南）、江淮官话区（镇江和南京）以及闽语区

（福州）几个重点方言区的英语学习者与英语本族语者语调模式的异同。方言区学习者产出模式的偏误类型受到其母语方言的影响，但各方言区学习者的语调产出偏误也有共性。

一　北京地区英语学习者语调产出模式对比研究

首先考察北京地区英语学习者与美国英语本族语者在一般疑问句及对应的陈述句语调产出的异同。

（一）实验语料

从 AESOP-CASS 中选用实验语料。发音人的详细信息见表4-2，包括7位（6男1女）来自美国的英语本族语者 AM01－AM06 和 AF01，12位中国英语学习者 CF01－CF07（7女）、CM08－CM12（5男）。这些学习者均在北京工作，大部分母语为北京话，一部分母语为北方官话，普通话和英语均为其工作语言。

表4-2　发音人信息

美国本族语发音人			英语学习者发音人		
ID	性别	出生地	ID	性别	出生地
AF01	女	Pennsylvannia	CF01	女	北京
AM01	男	Maryland	CF02	女	北京
AM02	男	California	CF03	女	北京
AM03	男	Delaware	CF04	女	哈尔滨
AM04	男	Wisconsin	CF05	女	山东
AM05	男	Wisconsin	CF06	女	河南
AM06	男	California	CF07	女	河南
			CM08	男	内蒙古
			CM09	男	北京
			CM10	男	河北
			CM11	男	北京
			CM12	男	北京

注：表中编号C和A分别代表中国和美国发音人；M和F分别代表男和女发音人。

（1）一般疑问句实验语料

选用语料见表4-3，每组句子均包含一个陈述句和一个一般疑问句，句子设置两种焦点位置（句中和句末）。每位发音人将每个句子读3遍。最终本族语者目标句总计420个（5句×2个句型×2种焦点类型×3遍发音×7位发音人）；学习者目标句总计720个（5句×2个句型×2种焦点类型×3遍发音×12位发音人）。

表4-3 一般疑问句和陈述句实验语料

语句编号	一般疑问句/陈述句
1	Could you be mistaken? / You could be mistaken.
2	Can I count on that? / I can count on that.
3	Have you got enough money in hand? / You have got enough money in hand.
4	Can you find out whether John will help? / You can find out whether John will help.
5	Can I see him if I come back later? / I can see him if I come back later.

（2）特殊疑问句实验语料

选用语料见表4-4，7个特殊疑问句的句长从2个到9个词不等，录音设置三种语境：无语境的孤立自然焦点句（without context）、有上下文语境的自然焦点句（within context）和有上下文语境的窄焦点句（narrow focus）。本族语者目标句总计147句（7句×3种语境×7位发音人），学习者目标句总计252句（7句×3种语境×12位发音人）。

表4-4 特殊疑问句实验语料（表中下画线词语表示窄焦点句中的焦点词设置）

语句编号	特殊疑问句
1	What's <u>wrong</u>?
2	What are you <u>saying</u>?
3	What's <u>wrong</u> with the blessed thing?
4	What does he do for a <u>living</u>?
5	What's the <u>matter</u> with the wretched machine?
6	What makes you think <u>he'll</u> do any better?
7	What makes you think <u>waiting</u> will make any difference?

（二）数据标注与处理

我们采用第二章介绍的 ToBI（Silverman 等，1992）和 IViE（Grabe 等，1998；贾媛、李爱军，2005）标注系统对语音数据进行语音学和音系学标注。同时邀请一位专家进行检查，主要是音高重音（pitch accent）、核心重音（nuclear accent）以及韵律结构（prosody structure）的标注结果。在 Praat 自动提取的基频的基础上，手工校对了所有的基频数据，并将基频转换成了半音，见公式 4－1，再将半音值做 5 度制归一化处理，见公式 4－2。为了方便分析不同发音人之间的差别，除嘎裂声，所有浊音段基频按照时长等间隔插值取 10 个点值。

$$ST = 12 * log_2\left(\frac{f_{0i}}{f_{ref}}\right) \qquad （公式 4－1）$$

其中 f_{0i} 表示实测的音高频率，f_{ref} 为参考频率，一般男女两组的参考频率分别设置为 50 赫兹和 75 赫兹。

$$F = 5 \times \frac{f_{0i} - f_{0min}}{f_{0max} - f_{0min}} \qquad （公式 4－2）$$

其中 f_{0i} 表示实测的音高频率，f_{0min}、f_{0max} 是某个发音人所有音高的最大值和最小值。这里的音高值可以是线性标度或者是半音等对数标度值。

（三）北京地区英语学习者的一般疑问句语调

（1）学习者和美国本族语者一般疑问句的音高模式对比

当一般疑问句的焦点在句末时，北京地区英语学习者和美国英语本族语者的焦点词都实现为核心重音。图 4－7 至图 4－11 给出了语句 1 至语句 5 的音高曲线图。图中的竖格表示音素的边界；图例中 A 表示美国英语本族语者，C 表示北京地区英语学习者，C1、C2 或 A1、A2 表示在同样的核心重音条件下，学习者或美国本族语者产出的不同类型的音高曲线。焦点词用大写字母表示。

如图 4－7 所示，当语句 1 的焦点在 MISTAKEN 时，核心重音落在重读音节 stake 上，美国英语本族语者用低升调（L^*H）来实现核心重音，而学习者则用降调（H^*L）来实现。结尾处他们都采用了高边界调（H%）。在语句 5（图 4－8）和语句 3（图 4－9）中，本族语者和学习者均用低升调（L^*H）实现核心重音 LATER 和 HAND。

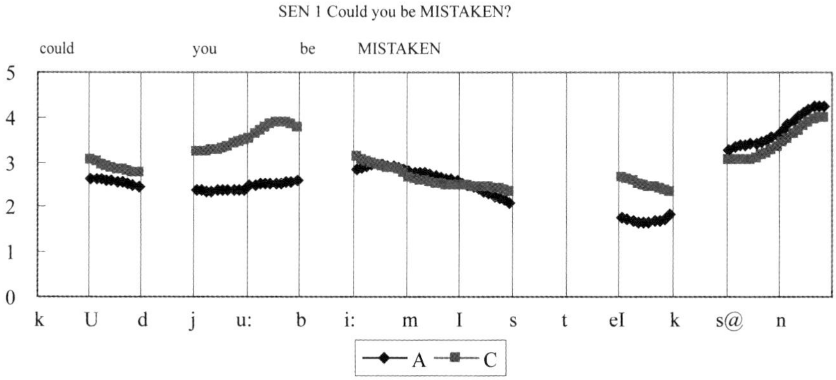

图 4-7 焦点在 MISTAKEN 上时语句 1 的音高模式（深色为 A）

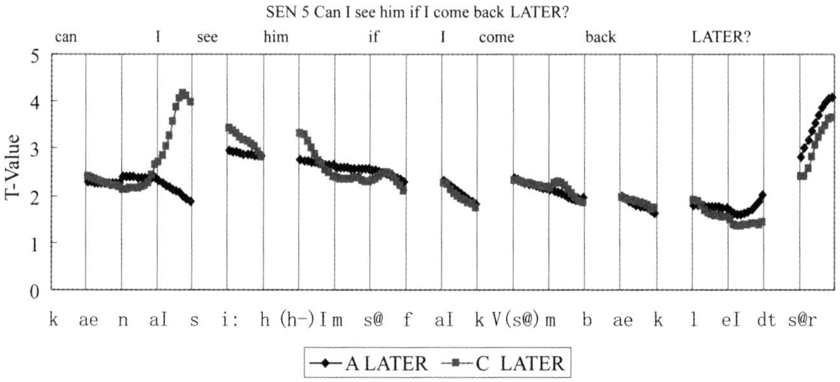

图 4-8 焦点在 LATER 上时语句 5 的音高模式（深色为 A）

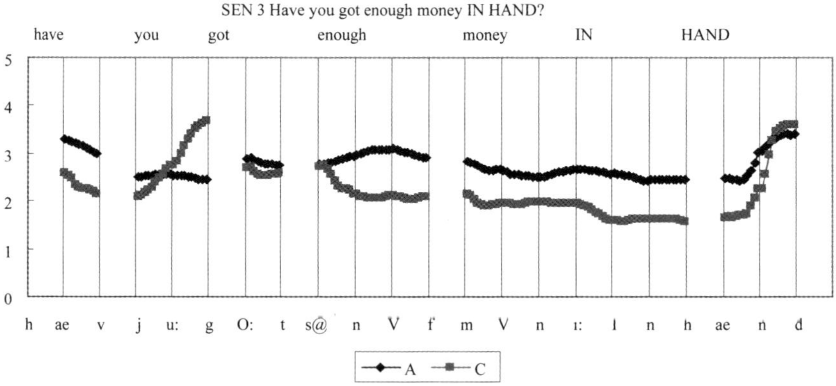

图 4-9 焦点在 HAND 上时语句 3 的音高模式（深色为 A）

除了高边界调（H%），学习者有时也用低边界调（L%），例如图4-10中的C2和图4-11中的C。

如图4-10和图4-11所示，当核心重音落在最后一个音节THAT上时，76.2%的学习者在核心重音上采用了低升调（L*H），23.8%采用了降调（H*L）；而美国本族语者则一律采用低升调（L*H）。由于我们的音系学标注采用的是IViE系统，标注中未包含韵律短语重音。

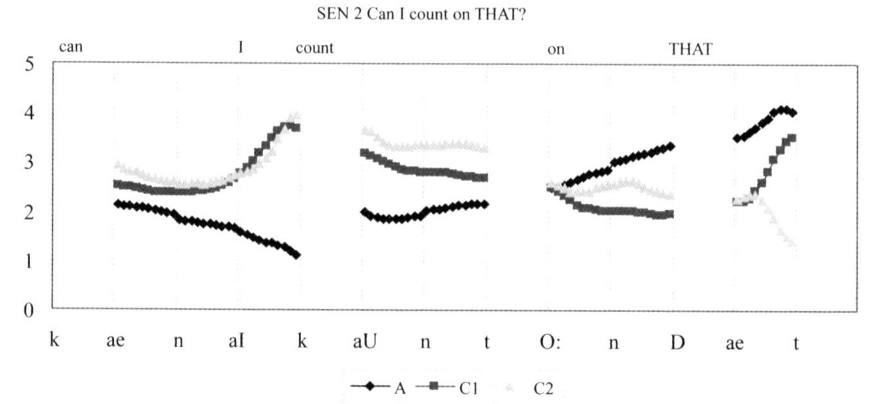

图4-10　焦点在THAT上时语句2的音高模式

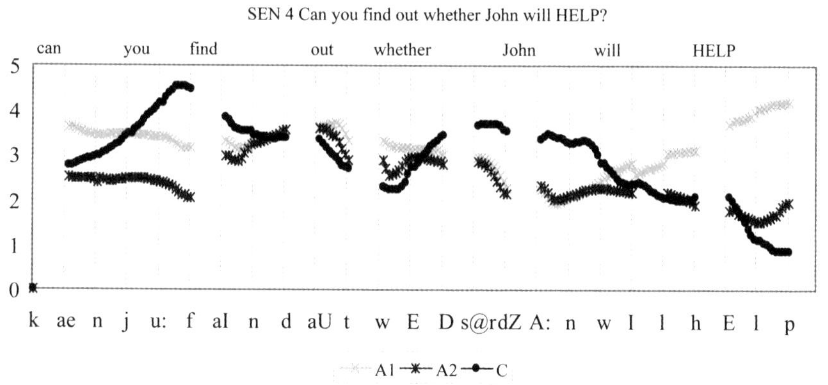

图4-11　焦点在HELP上时语句4的音高模式

上面的实验结果表明，当核心重音在一般疑问句的结尾时，美国本族语者用低升调（L*H），紧跟着一个高边界调（H%）来实现。而学习者的核心重音实现方式则取决于词重音的位置，如果词重音在句子的最后一个音节上，有低升调（L*H）或降调（H*L）两种实现核心重音的方式（以低升调为主），后面分别跟高边界调（H%）或低边界调（L%）；如果核心重音不在最后一个音节上，学习者通常用降调（H*L）来实现，后面可能会跟高边界调（H%），也可能跟低边界调（L%）。

除了核心重音的实现方式不同，还有一个明显的差异。5 个一般疑问句中所有学习者都在第一个情态动词 can、助动词 have 等后的代词上出现一个音高重音，实现为 H*L（在 ToBI 系统中也有可能被标注为 H*），但这个重音比起句末的核心重音要弱一些，我们称为核心前重音；而美国本族语者则不会在这些代词上出现音高重音。对中国英语学习者来说，代词是实词，而英语语法系统里，代词是功能词、虚词，一般是弱读成分。中式英语里，一般疑问句的代词上出现音高重音的现象非常普遍，而且老师在课堂上教的英语语调也存在这个问题，显然，这个偏误应该引起我们足够的重视。

当一般疑问句焦点位于句中时，学习者和本族语者的焦点词都实现为语句的核心重音。从图 4-12 我们可以看出，当语句 2 的焦点在句子中间时，学习者有两种实现核心重音的方式，C1 和 C3 为高平调（H*），C2 为降调（H*L）。边界调也有高（H%）和低（L%）两种表现，总共

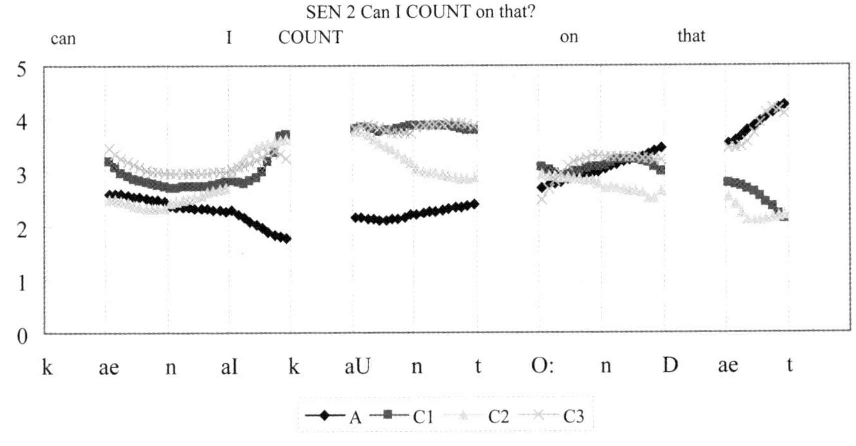

图 4-12　焦点在 COUNT 上时语句 2 的音高模式

表现出三种不同的音高模式；但是本族语者的焦点重音都实现为 L* H，边界调都为 H%。

图 4-13 是语句 3 语调的音高模式，美国本族语者出现了两种核心重音实现方式，多数采用了低升调（L* H），即 A1；只有一个发音人采用了降调（H* L），即 A2。尽管 A1 和 A2 的核心重音实现方式不同，他们的边界调还是相同的，均为高（H%）。而学习者则全都用降调（H* L）来实现核心重音，而边界调则有高（H%）有低（L%）。

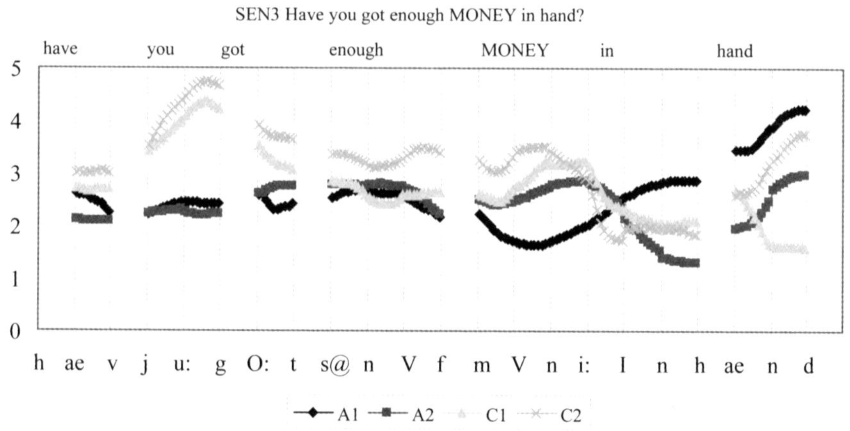

图 4-13　焦点在 MONEY 上时语句 3 的音高模式

图 4-14 中是语句 4 的语调曲线。所有学习者都用降调（H* L）实现核心重音，边界调为低（L%）；而美国本族语者则倾向于用低升调（L* H）来实现核心重音，边界调为高（H%）。在 IViE 标注系统中，边界处没有音高变化。

总而言之，当一般疑问句的焦点在句中时，美国本族语者则以低升调（L* H）为主来实现核心重音，边界调均为高（H%）；学习者用高平调（H*）或降调（H* L）来实现核心重音，学习者的边界调有高（H%）有低（L%）。另外，类似核心重音在句尾的情形，我们也发现学习者总是以低边界调开始，并在疑问代词后紧接的第二个词上出现核心前重音 H* L，也就是% L H* L。

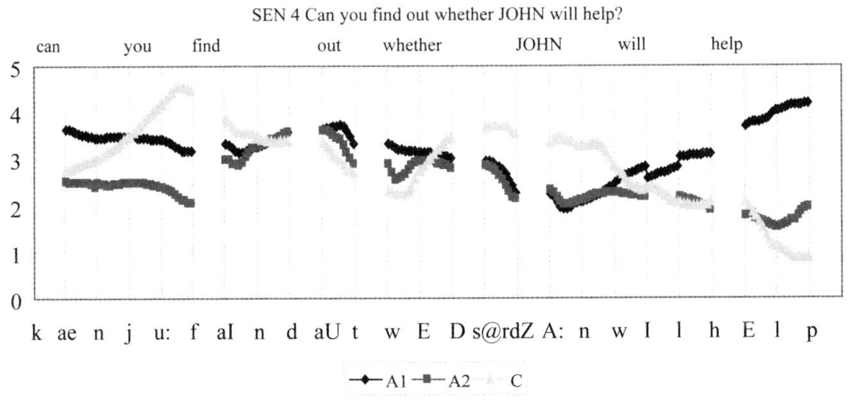

图 4–14 焦点在 JOHN 上时语句 4 的音高模式

（2）学习者和美国本族语者一般疑问句与陈述句的音高模式对比

本节我们将对比一般疑问句与陈述句的音高模式，旨在找出美国英语本族语者和学习者一般疑问句与陈述句音高模式的异同。

下面各图中，Q 指一般疑问句，S 指陈述句，大写的单词表示焦点。陈述句与疑问句开始两个单词的顺序不同，在音高曲线上方标明。

从图 4–15 和图 4–16 看出，美国本族语者和学习者的焦点都实现为核心重音。本族语者在一般疑问句中用低升调表现核心重音，后面跟高边界调，表示为 L^* H H%；在陈述句中核心重音用降调，后跟低边界调，表示为 H^* L L%。学习者在陈述句中也用降调实现核心重音，后面跟低边界调，表示为 H^* L L%；但在一般疑问句中，学习者就出现了两种音高模式，即高平调（H^*），如图 4–16 中的 Q COUNT C1 和 Q COUNT C3，或者降调（H^*L），如图 4–16 中的 Q COUNT C2。边界调的表现也分两种，有高（H%）有低（L%）。尽管学习者不管是在陈述句还是一般疑问句中都用降调（H^*L）实现核心重音，如图 4–16 中的 S COUNT C 和 Q COUNT C2，但核心重音之后的音高走向在陈述句和疑问句中却并不相同。陈述句中，音高曲线逐渐下降至句尾；而疑问句中，音高曲线或者下降至句尾，如图 4–16 中的 Q COUNT C1 和 Q COUNT C3，或者下降到高边界调之前，如图 4–16 中的 Q COUNT C2。不过，在核心重音之后，疑问句中音高曲线的起点比陈述句高一些。

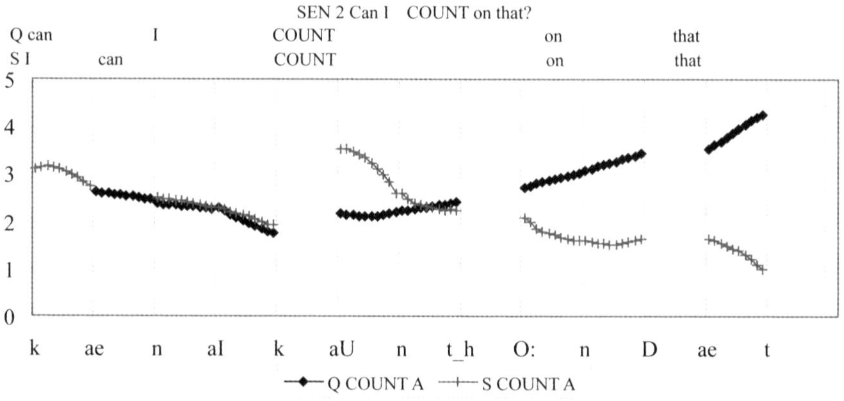

图 4-15　焦点在 COUNT 上时，美国英语本族语者语句 2 的一般疑问句与陈述句的音高模式

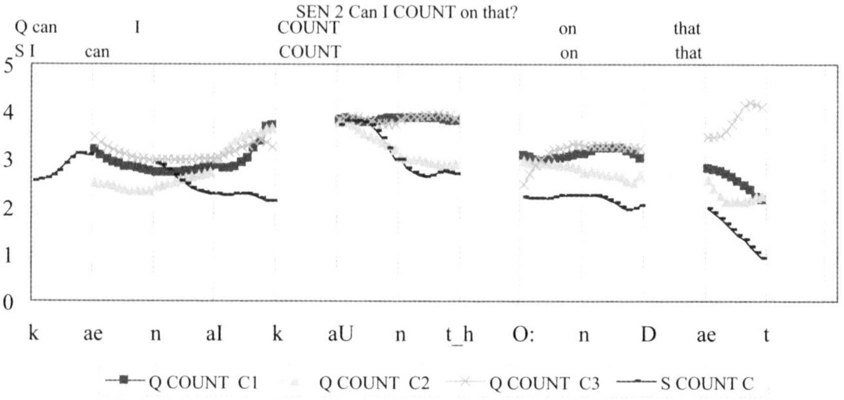

图 4-16　焦点在 COUNT 上时，学习者语句 2 的一般疑问句与陈述句的音高模式

对比图 4-17 和图 4-18，可以看出，学习者在一般疑问句和陈述句中都用降调（H*L）实现焦点重音，学习者的问题仍是不能使用 L*H 来实现一般疑问句中的核心重音。

图 4-19 给出了语句 1 的语调对比。焦点在陈述句和一般疑问句中都在最后一个单词上，均实现为核心重音，具体负载在倒数第二个音节上。美国本族语者在一般疑问句中用低升调 L*H，后跟高边界调 H%；在陈

述句中用降调 H*L，后跟低边界调 L%。而学习者无论是在陈述句还是一般疑问句中，都用降调实现核心重音 H*L，而一般疑问句的边界调为高 H%，陈述句的边界调为低 L%。学习者的问题仍是一般疑问句的核心重音不能实现为 L*H。

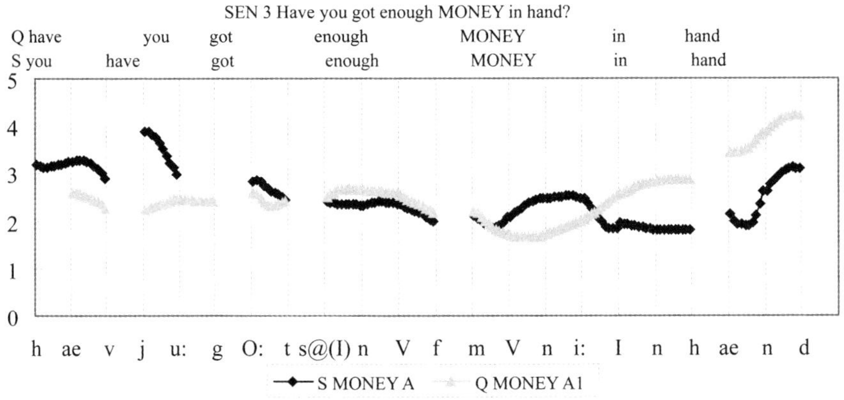

图 4-17 焦点在 MONEY 上时美国本族语者语句 3 的一般疑问句与陈述句的音高模式

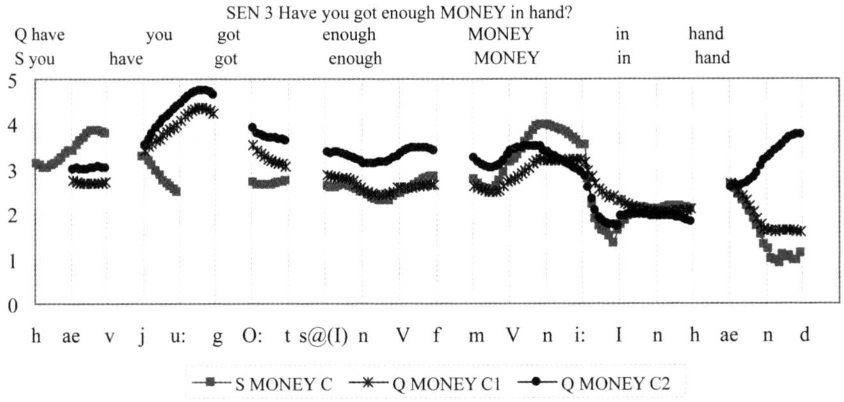

图 4-18 焦点在 MONEY 上时学习者语句 3 的一般疑问句与陈述句的音高模式

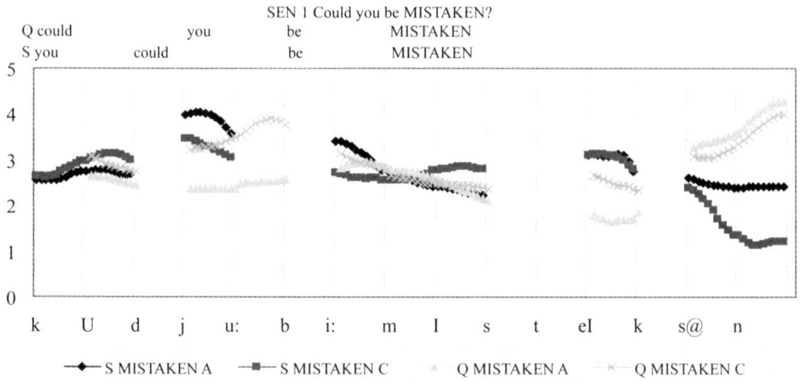

图 4-19 焦点重音在句末倒数第二个音节上时美国本族语者与学习者语句 1 的音高模式对比

图 4-20 和图 4-21 给出了另外一个焦点在句末的例子，但具体焦点重音负载在最后一个音节上。美国本族语者用低升调（L*H）实现一般疑问句核心重音，用降调（H*L）实现陈述句核心重音。学习者虽然也会在陈述句中用降调（H*L）实现核心重音，但一般疑问句中却出现了两种核心重音模式，降调（H*L）和升调（L*H）。

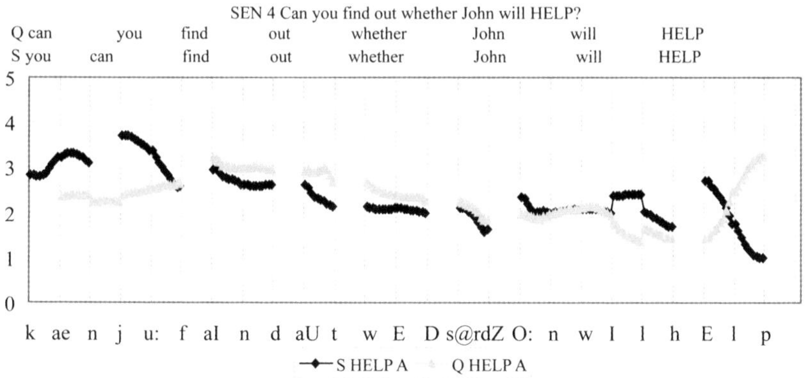

图 4-20 焦点重音在句末音节时美国本族语者语句 4 的音高模式

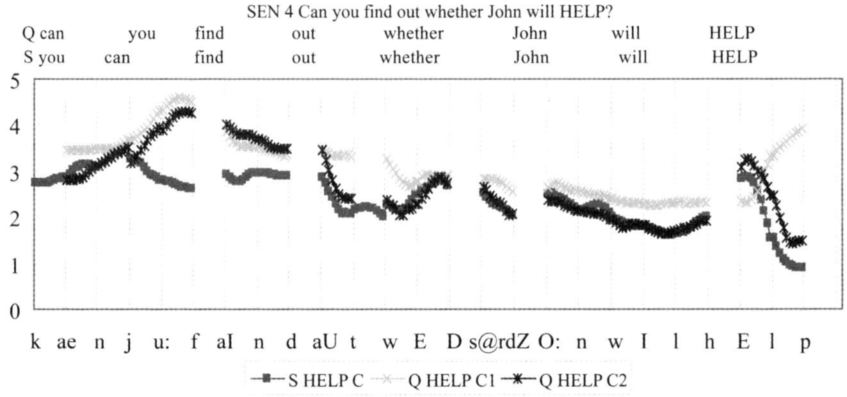

图 4-21 焦点重音在句末音节时学习者语句 4 的音高模式

简言之，美国本族语者的一般疑问句与陈述句的音高模式区别在于核心重音与边界调的实现上。无论核心重音是在句中还是句尾，一般疑问句为低核心重音（L*）和高边界调（H%），而陈述句则为高核心重音（H*）和低边界调（L%）。当核心重音不在句尾音节上时，学习者在一般疑问句和陈述句中都采用降调（H*L）实现核心重音。陈述句的边界调为低（L%），而一般疑问句的边界调则有高（H%）有低（L%）。当核心重音落在句末最后一个音节上时，学习者在陈述句中用降调实现核心重音，后跟低边界调（H*L L%），在一般疑问句中用降调核心重音跟低边界调（H*L L%）或者低升调跟高边界调（L*H H%）。此外，学习者一般疑问句总以低边界调（%L）起始，在句首第二个单词（往往是代词 you、I 等）出现核心前重音 H*L。

比较图 4-15 至图 4-18 中的陈述句语调，当核心重音位于句中，本族语者和学习者的核心重音都实现为高调，重音后都有明显的 PFC；比较图 4-19 至图 4-21 中的陈述句语调，当核心重音位于句末时，本族语者和学习者的核心重音都实现为高降调，但本族语者同时采用加宽音域和拉长时长的策略，在音域变化上则不如学习者大，如图 4-19 所示。

（3）学习者一般疑问句的不同核心重音位置的音高模式

通过前面的研究，我们发现学习者的核心重音类型在一般疑问句中与本族语者不同。此外，核心重音的位置对中国英语学习者的音高模式也有影响，在这里我们将焦点位于同一句话不同位置的音高模式进行比较。图中 C1、C2、C3 指的是学习者在实现同一个焦点重音时表现出来的不同音高模式，焦点词用大写字母表示。

在图 4-22 中，当焦点在句中，即 COUNT 是句子焦点时，学习者呈现了三种音高模式，在图中分别标记为 COUNT C1、COUNT C2 和 COUNT C3。当焦点在句末，即 THAT 是句子焦点时，学习者有两种音高模式，在图中分别标记为 THAT C1 和 THAT C2。从图 4-22 可以看出，COUNT C1、COUNT C2 和 COUNT C3 中的焦点词 COUNT 的音高实现为两种调型，H* 或 H*L，音高总体比在 THAT C1 和 THAT C2 中要高，而 THAT C1 和 THAT C2 中焦点词 that 也实现为两种调型，H*L 或 L*H，音域比在 COUNT C1、COUNT C2 和 COUNT C3 中要宽。相同的现象在图 4-23 和图 4-24 中也可以看到，在图 4-23 中，位于句中的 money 在负载焦点时 MONEY C1 和 MONEY C2 也实现为降调 H*L，音高比非焦点时（IN HAND C）要高；位于句末的 in hand 在负载焦点时 IN HAND C 实现为 L*H，音域比非焦点时（MONEY C1 和 MONEY C2）要宽。图 4-24 中，JOHN 为焦点时的音高（JOHN C）也比非焦点时（HELP C1 和 HELP C2）高一些，虽然音高重音类型均为降调 H*L。

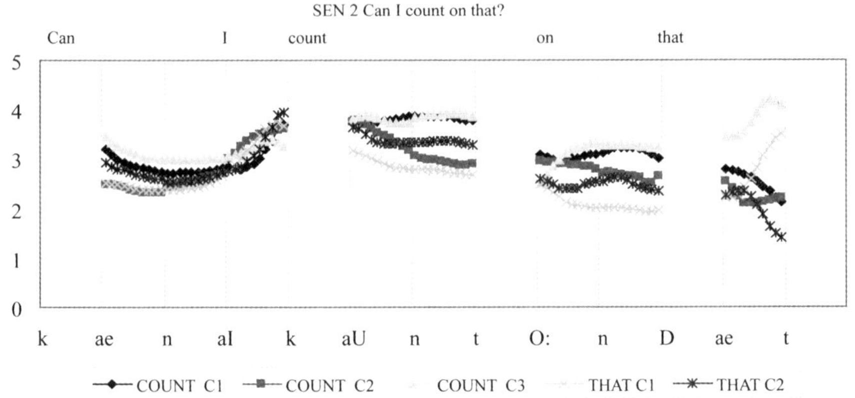

图 4-22　一般疑问句 2 核心重音位于焦点 COUNT 和 THAT 上时学习者的音高模式

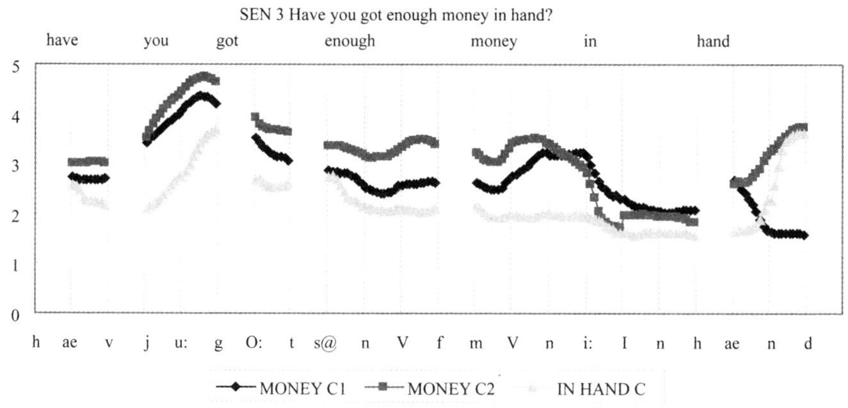

图 4-23 一般疑问句 3 核心重音位于焦点 MONEY 和 HAND 上时学习者的音高模式

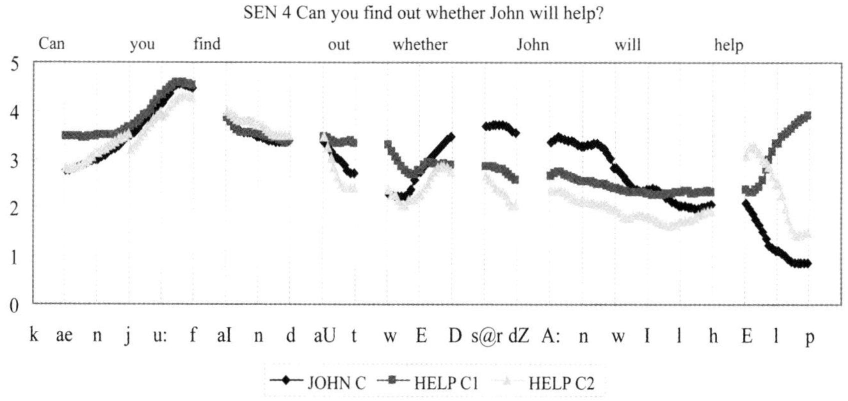

图 4-24 一般疑问句 4 核心重音位于焦点 JOHN 和 HELP 时学习者的音高模式

总体来说，学习者一般疑问句的音高模式受到焦点位置的影响，当焦点位置位于句中时，其音高重音的调型或高或降，与非焦点相比音高要高，焦点后音域出现 PFC 现象，音域变窄；当焦点位置位于句末时，音高重音的调型或升或降，与非焦点相比，音域较宽。

（4）北京地区英语学习者一般疑问语调模式小结

本研究发现北京地区学习者的一般疑问句音高模式与美国英语本族

语者不同。不论核心重音是在句中还是句尾，美国本族语者都用低升调（$L^{*}H$）实现核心重音。而核心重音不在句子的最后一个音节上时，学习者通常会用高平调（H^{*}）或降调（$H^{*}L$）来实现核心重音。在核心重音落在最后一个音节上时，有时会用低升调（$L^{*}H$）来实现，有时也会用高平调（H^{*}）和降调（$H^{*}L$）来实现核心重音。其音高模式与核心重音的位置和核心词词重音的位置也有关系，见表 4－5。

表 4–5　　学习者一般疑问句音高模式

	左边界调	核心前重音	非句末核心重音	右边界调
Ⅰ	%L	$H^{*}L$	H^{*}	L%
			$H^{*}L$	L% / H%
	左边界调	核心前重音	句尾核心重音	右边界调
Ⅱ	%L	$H^{*}L$	$H^{*}L$（非最后一个音节）	L%
			$L^{*}H$（最后一个音节）	H%

美国英语本族语者的一般疑问句音高模式由低升调核心重音和高句末边界调（$L^{*}H$ H%）组成。有一个本族语者在句子 3 上采用了降调核心重音，如图 4－13 所示。这与 Hedberg 等（2006）的发现一致：60. 8% 的美国发音人在焦点词上用低调（L^{*}），2. 88% 用降调（$H^{*}+L$），2. 89% 用高调（H^{*}）。

如果与汉语语调对比一下，学习者的英语音高模式受到自己的母语影响。在汉语普通话的陈述句中，语句重音是通过扩大焦点位置的音域，压缩焦点后音节的音域来实现的。这种扩大是通过抬高高点完成的，低点一般保持不变。凌锋、王理嘉（2003）证明了汉语的上声，也就是三声（LL）作为语调重音时，主要是通过抬高周围的基频高点（H）而不是降低低点（L）来完成的。Wang 等（2003）和陈娟文等（2003）发现在汉语的四个声调中，上声是最难携带语句重音的。上述研究表明，汉语的语句重音主要是通过抬高基频高点来实现的，低调只是声调 L 特征的表现，因此学习者很难通过在语调层面采用低升调来实现英语中的核心重音，而是采用与汉语相同的手段，借助高平调（H^{*}）或降调（$H^{*}L$）来实现英语重音。

与陈述语调对比，美国英语本族语者和学习者都用高调实现语调核心重音，句中核心重音后都有明显的 PFC；但在句末核心重音的实现手段上，本族语者还会采用拉长时长与抬高音高相互补偿的方式实现。

（四）北京地区英语学习者的特殊疑问句语调

本节讨论北京地区英语学习者与美国英语本族语者的特殊疑问句语调音高模式区别。我们将这一问题分解为两个问题：①特殊疑问句重音实现与重音分布之间的区别。②核心重音的音高模式之间存在怎样的差异。

（1）北京地区英语学习者和美国本族语者特殊疑问句的重音分布对比

语料见表 4-4，我们将按照句长从最短到最长逐句统计分析每一句话在三种语境下所有发音人的核心重音分布情况。表 4-6 至表 4-12 中，窄焦点语境用大写字母表示窄焦点，A 和 C 分别代表美国本族语者和学习者，Fre 和 Per 分别表示核心重音个数和百分比（100%）。

①语句 1 What's wrong? 核心重音分布

从表 4-6 中我们可以看出，在三种焦点情况下，本族语者都倾向于把核心重音放在 wrong 上。无语境的情况下，大部分学习者（75.0%）把核心重音放在 wrong 上，有一位学习者（8.3%）将核心重音放在了 what's 上，也有学习者（16.7%）将这句话分为两个语调单元，将 what's 和 wrong 都实现为了核心重音。在有语境的情况下，学习者的核心重音分布和无语境的情况下一样。当用大写提示 WRONG 为焦点时，学习者不再出现将这句话分为两个语调单元的情况，但仍有一位学习者将核心重音放在了 what's 上。由于该句仅有两个单词，因此无法看出两组被试之间存在显著性差异。

表 4-6　　三种语境下 What's wrong? 的核心重音分布

三种语境	无语境自然焦点				有语境自然焦点				窄焦点为 WRONG			
发音人	A		C		A		C		A		C	
核心重音	Fre	Per	Fre	Per	Fre	Per	Fre	Per	Fre	Per	Fre	Per
what's			1	8.3	1	14.2	1	8.3			1	8.3

续表

三种语境	无语境自然焦点				有语境自然焦点				窄焦点为 WRONG			
发音人	A		C		A		C		A		C	
wrong	7	100.0	9	75.0	6	85.7	9	75.0	7	100.0	11	91.7
what's & wrong			2	16.7			2	16.7				

②语句 2 What are you saying? 的核心重音分布

从表 4-7 中我们可以看出，在三种情况下，本族语者基本上把核心重音落在 saying 上，在有语境时，一位本族语者将核心重音落在了 what 上，但只出现一次。在无语境和有语境的情况下，均有 58.3% 的学习者将核心重音放在了 saying 上，16.7% 的学习者将核心重音放在了 what 上，还有 25.0% 的学习者将这句话分成了两个语调单元，将 what 和 saying 都实现为核心重音。焦点词 saying 为窄焦点时，只有 50% 的学习者将核心重音放在了 saying 上，有 41.7% 的学习者将这句话分成了两个语调单元，将 what 和 saying 都实现为核心重音。

表 4-7　　三种语境下 What are you saying? 的核心重音分布

三种语境	无语境自然焦点				有语境自然焦点				窄焦点为 SAYING			
发音人	A		C		A		C		A		C	
核心重音	Fre	Per	Fre	Per	Fre	Per	Fre	Per	Fre	Per	Fre	Per
what	1	14.2	2	16.7			2	16.7			1	8.3
saying	5	71.4	7	58.3	7	100.0	7	58.3	7	100.0	6	50.0
what & saying	1	14.2	3	25.0			3	25.0			5	41.7

③语句 3 What's wrong with the blessed thing? 的核心重音分布

从表 4-8 可以看出，在三种情况下，本族语者基本上将核心重音放在 wrong 上，只有在有语境的情况下，有一位本族语者将核心重音放在了 wrong 和 blessed 上。学习者的情况则较为复杂多变，在无语境的情况下，有58.3%的学习者将核心重音放在wrong上，25%的学习者将核心重音放在了wrong和blessed上，8.3%的学习者将核心重音放在了what’s、wrong和blessed上；在有语境的情况下，66.7%的学习者将核心重音放在了wrong上，25%的学习者将重音放在了wrong和blessed上。而在wrong作为窄焦点时，58.3%的学习者将核心重音放在了wrong上，33.3%的学习者将重音放在了wrong和blessed上。

表4-8　三种语境下What’s wrong with the blessed thing? 的核心重音分布

三种语境	无语境自然焦点				有语境自然焦点				窄焦点为WRONG			
发音人	A		C		A		C		A		C	
核心重音	Fre	Per	Fre	Per	Fre	Per	Fre	Per	Fre	Per	Fre	Per
wrong	6	85.7	7	58.3	6	85.7	8	66.7	6	85.7	7	58.3
blessed	1	14.2										
wrong & blessed			3	25	1	14.2	3	25			4	33.3
what’s & wrong									1	14.2		
what’s							1	8.3				
thing			1	8.3								
what’s & blessed											1	8.3
what’s & wrong & blessed			1	8.3								

④语句4 What does he do for a living? 的核心重音分布

本句将LIVING设置为窄焦点状态下的核心重音。71.4%的本族语者及50%的学习者选择将核心重音落在该词上，另外有41.7%的学习者选择将核心重音落在living和do上。对于无语境及有语境条件下的句子，学习者和本族语者均选择将核心重音落在do上，部分学习者的朗读语料也存在将核心重音落在living上的情况。另外我们发现，学习者在朗读该句时，仍倾向于将其切分为两个语调短语。有三个学习者将其切分为三个语调短语。

表 4-9　三种语境下 What does he do for a living? 的核心重音分布

三种语境	无语境自然焦点				有语境自然焦点				窄焦点为 LIVING			
发音人	A		C		A		C		A		C	
核心重音	Fre	Per	Fre	Per	Fre	Per	Fre	Per	Fre	Per	Fre	Per
do	4	57. 1	8	66. 7	4	57. 1	5	41. 7				
he									1	14. 2		
living	2	28. 6	1	8. 3	3	42. 9	3	25	5	71. 4	6	50
do & living	1	14. 2	1	8. 3			1	8. 3	1	14. 2	5	41. 7
what							2	16. 7				
what & living							1	8. 3				
what & do & living			2	16. 7							1	8. 3

⑤语句 5 What's the matter with the wretched machine？的核心重音分布

根据表 4-10 中的结果我们可以推断出，在所有条件下，本族语者均倾向于将句子中的核心重音落在 matter 上。另外在无语境条件下，也有本族语者选择将核心重音落在 wretched 或 wretched 和 matter 上。有一半学习者在朗读该句时将其切分为两个语调短语，且其选择将核心重音落在 matter 和 wretched 上。另外，还有四个学习者将该句切分为三个语调短语。

表 4-10　三种语境下 What's the matter with the wretched machine 的核心重音分布

三种语境	无语境自然焦点				有语境自然焦点				窄焦点为 MATTER			
发音人	A		C		A		C		A		C	
核心重音	Fre	Per	Fre	Per	Fre	Per	Fre	Per	Fre	Per	Fre	Per
matter	3	42. 9	3	25	5	71. 4	4	33. 3	5	71. 4	6	50

续表

三种语境	无语境自然焦点				有语境自然焦点				窄焦点为 MATTER			
发音人	A		C		A		C		A		C	
wretched	2	28.6	1	8.3	1	14.2	1	8.3			1	8.3
Matter & wretched	2	28.6	5	41.7	1	14.2	4	33.3			3	25
matter & machine									1	14.2	2	16.7
what's			1	8.3					1	14.2		
what's & wretched							1	8.3				
what's & wretched & machine			1	8.3								
matter & wretched & machine			1	8.3			2	16.7				

⑥语句 6 What makes you think he'll do any better? 的核心重音分布

该句包含了两个小句，本族语者则在朗读时自动将其切分为两个语调短语，部分本族语者则仍选择将其视为同一个语调短语，并在无语境及有语境下两种朗读条件时选择将核心重音落在 better 上。部分本族语者则在以上两种条件下选择将该句切分为两个语调短语，并选择将核心重音落在 he'll 和 better 上。大于三分之一的学习者将该句实现为一个语调短语，在这部分学习者中，有三分之一选择将核心重音落在 what 上，三分之一选择放在 he'll 上，另外三分之一选择落在 better 上。另外还有二分之一的学习者在朗读时将该句切分为两个语调短语，剩余的三分之一则将其切分为三个语调短语，而这部分学习者在核心重音的选择上也存在差异。

表 4-11　三种语境下 What makes you think he'll do any better 的核心重音分布

三种语境	无语境自然焦点				有语境自然焦点				窄焦点为 HE'LL			
发音人	A		C		A		C		A		C	
核心重音	Fre	Per	Fre	Per	Fre	Per	Fre	Per	Fre	Per	Fre	Per
he'll					1	14. 2			3	42. 9	3	25
better	5	71. 4	1	8. 3	4	57. 1	3	25				
what & better	1	14. 2	3	25			2	16. 7				
think & better			2	16. 7	1	14. 2	2	16. 7			1	8. 3
he'll & better	1	14. 2	1	8. 3	1	14. 2	1	8. 3	1	14. 2	1	8. 3
he'll & any									3	42. 9		
what			4	33. 3			1	8. 3				
What & he'll							1	8. 3			1	8. 3
What & think & better							1	8. 3				
What & he'll & better											4	33. 3
What & any & better			1	8. 3								
Makes & he'll & better											2	16. 7
makes & think & any							1	8. 3				

⑦语句 7 What makes you think waiting will make any difference? 的核心重音分布

与上句相同，该句同样包含两个小句，大部分本族语者在朗读时将其切分为两个语调短语，并将核心重音落在 waiting 和 any 上。一半学习者选择将该句切分为三个语调短语，并将核心重音分别落在 what's、waiting 及 difference 上。部分学习者选择将句子的核心重音分布在四个甚至五个不同的词上，具体如表 4-12 所示。

表4-12 三种语境下 What makes you think waiting will make any difference? 的核心重音分布

三种语境	无语境自然焦点				有语境自然焦点				窄焦点为 WAITIING			
发音人	A		C		A		C		A		C	
核心重音	Fre	Per	Fre	Per	Fre	Per	Fre	Per	Fre	Per	Fre	Per
waiting	1	14. 2			2	28. 6	2	16. 7	3	42. 9		
Waiting & any	4	57. 1	1	8. 3	3	42. 9			4	57. 1	1	8. 3
What & waiting & any	1	14. 2					1	8. 3			3	25
waiting & difference			1	8. 3	2	28. 6	1	8. 3			1	8. 3
What & waiting & difference1	1	14. 2	6	50			3	25			5	41. 7
what & waiting			2	16. 7			3	25				
you & waiting & difference			1	8. 3								
makes & think & waiting & difference							1	8. 3				
makes & think & waiting & any & difference			1	8. 3								
What & think & waiting & make & difference							1	8. 3				

在本节中，我们对北京地区英语学习者与美国英语本族语者特殊疑问句的核心重音分布进行了分析。学习者的核心重音部分模式可以概括为以下几点。

英语本族语者倾向于将一个小句实现为一个语调短语，而学习者则往往会将其一分为二，实现为两个语调短语；当朗读语句加长，包含六个词时（如 what's wrong with the blessed thing），学习者倾向于将其实现为三个语调短语。当句子中包含两个小句时，英语本族语者往往会将其实现为两个语调短语，而学习者则将其切分为三个语调短语。

除所切分的语调短语个数相同之外，英语本族语者在朗读含有两个小句的语调短语时，其所选择的核心重音也分布在相同的词上，且在任何句长情况下均是如此；学习者的核心重音分配则更分散。而当朗读语句中只包含两个词时，大部分学习者的重音分配则往往能够趋于一致。但该一致性会随着朗读语句的句长增加而减弱。当句长增加到六个单词时，只有一半的学习者会将重音落在同一个词上。部分学习者甚至会在只有九个词的朗读语句中将核心重音分配在四个或五个单词上（如在朗读语句 7 what makes you think waiting will make any difference 时）。另外需注意的是，除焦点设置为 what 的窄焦点句，英语本族语者鲜少将核心重音落在 what 上，而学习者则往往会在句子切分为两个语调短语时，选择用 what 承载该句中凸显程度最高的核心重音。

英语词汇可以粗略地分为概念词和功能词。其中概念词拥有字典意义，并且能够在其他语言中找到意义几乎相同的对等词，与其他语言进行一对一对译，名词、形容词以及大多数动词均可视为概念词。而功能词的具体意义则需通过语法，而非词典，才能够解释清楚，代词、介词、冠词、助词、情态动词等均属此类。英语本族语者往往会选择重读语句中的概念词而非功能词，我们的研究结果也进一步验证了这一观点。学习者在大多数情况下也会选择将核心重音落在概念词上，然而，部分学习者还是会选择重读功能词，如 what kinds has he planned 中的 he 和 what's wrong with the blessed thing 中的 thing 均存在被学习者重读的情况。

通过以上对比我们可以得知，学习者与英语本族语者的核心重音分布一致性往往随着句长的增加而减弱。未被英语本族语者重读的词，往往可能成为学习者朗读语句中的核心重音。我们将在下一节中对学习者与本族语者核心重音的音高模式进行对比。

（2）北京地区英语学习者与美国本族语者特殊疑问句的音高模式对比

只选择部分特殊疑问句语料进行分析展示，即选择三种语境条件下，核心重音实现在窄焦点句焦点位置的音高模式。图中 A 和 C 分别代表英语本族语者和学习者，F 和 M 分别表示女性和男性发音人，字母大写的词语为核心重音实现的位置。

①语句 1 What's wrong？的音高模式

图 4-25 展示了无语境自然焦点句 What's wrong？的核心重音落在 WRONG 时的音高曲线。学习者与英语本族语者均选择用降调（H*L）来实现核心重音。

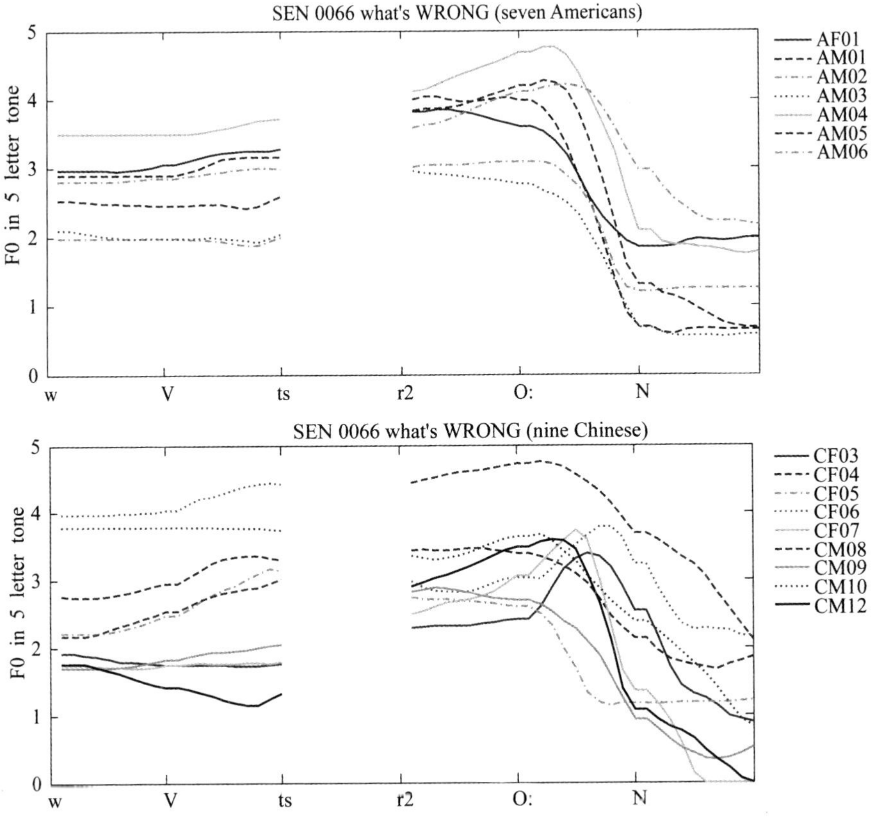

图 4-25 无语境自然焦点 What's WRONG？的音高曲线

图 4-26 展示了有语境自然焦点句 What's wrong？的核心重音落在 WRONG 时的音高曲线。只有学习者 CM11 采用了升调来实现核心重音，并用高调来实现该句中的边界调，语调模式为 L* H H%，其他学习者与

所有英语本族语者的边界调均为低调，语调模式为 $H^* L L\%$。

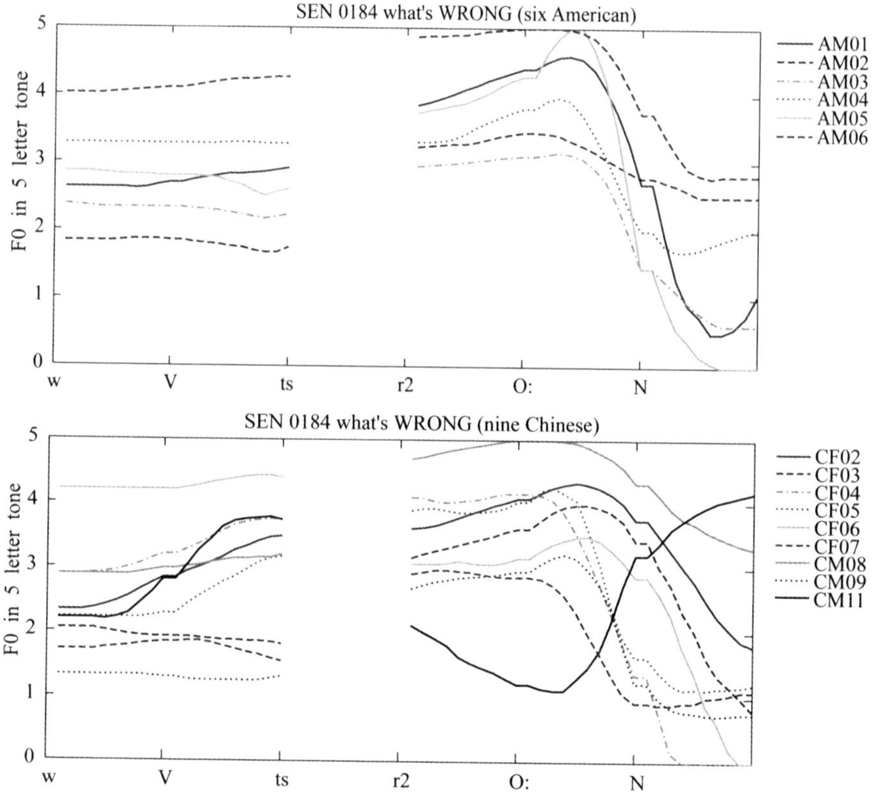

图 4-26　有语境自然焦点 What's WRONG？的音高曲线

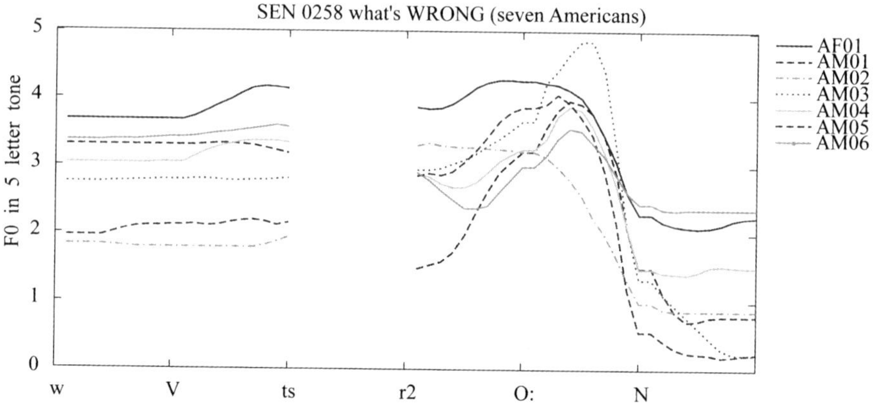

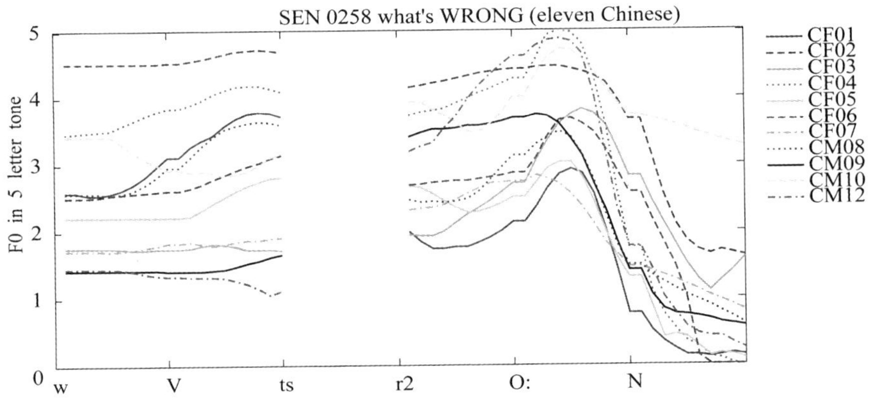

图4-27 窄焦点句 what's WRONG 的音高模式

对比图4-25与图4-27的音高曲线，我们可以看出，大多数情况下，两组发音人在朗读有固定窄焦点句子与无语境自然焦点句子时所采取的音高模式相同（H* L L%），但图4-27的窄焦点中有2名本族语者（AM01和AM03）采用了升降调实现核心重音，并用低调来实现边界调（L* HL L%）。

②语句2 What are you saying? 的音高模式

从图4-28可以看出，无语境自然焦点句 what are you saying 的核心重音为SAYING时，本族语者采用降调来实现核心重音，而在边界调上则以低为主（语调模式为 H* L L%），AM06选择用升降调来实现核心重音（语调模式 L* HL L%）。学习者也采用降调来实现核心重音，但边界调有升有降。有2名学习者（CM09与CF06）还将 what 实现为核心前重音。

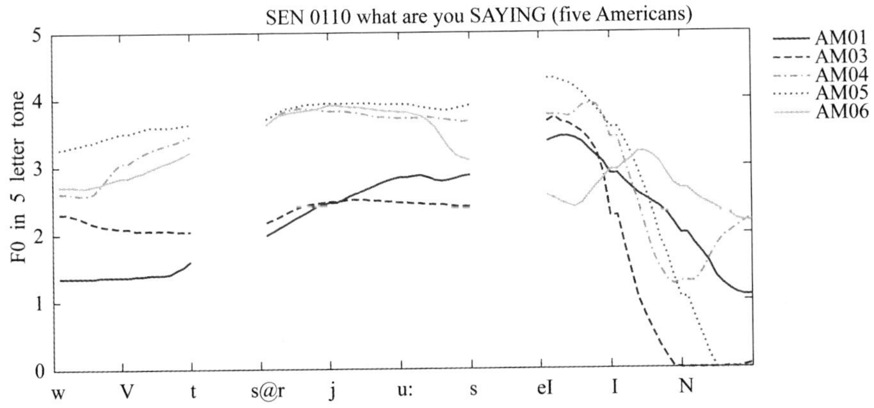

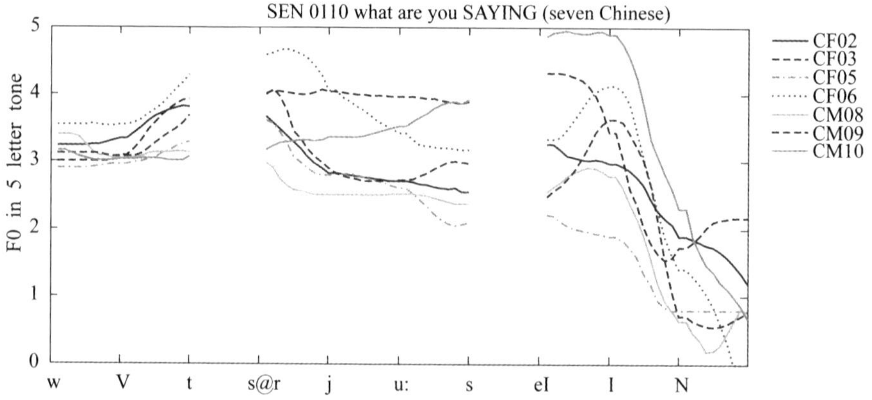

图 4-28 无语境自然焦点句 what are you SAYING 的音高模式

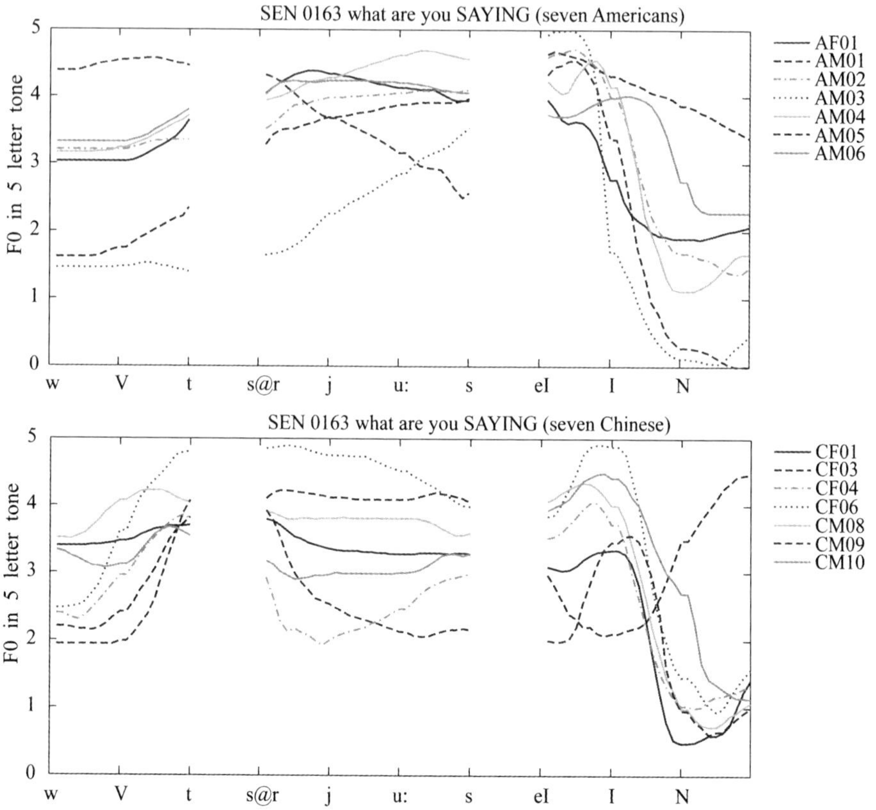

图 4-29 有语境自然焦点句 what are you SAYING 的音高模式

比较图 4-29 和图 4-28，在朗读有语境与无语境句子时，英语本族语者均选择采用 H* L L% 这一音高模式来实现特殊疑问句。而对于学习者而言，在朗读有语境句子时，边界调以 L% 为主，核心重音选择采用升降调或者低调来实现，语调模式分别为 H* L L% 和 L* H L%，但学习者 CF03 用了错误的语调模式 L* H H%。在学习者的音高曲线上，我们还可以发现另外一个错误模式，即 what 实现为核心前重音。

将图 4-30 窄焦点句与图 4-28 及图 4-29 进行对比，我们发现，在有语境窄焦点的句子中，英语本族语者往往会采用升降调及低调（L* HL L%）来分别实现该句中的核心重音与边界调，而并非降调加低边界调的模式（H* L L%）。但学习者往往无法在产出中对以上两种模式进行很好的区分。

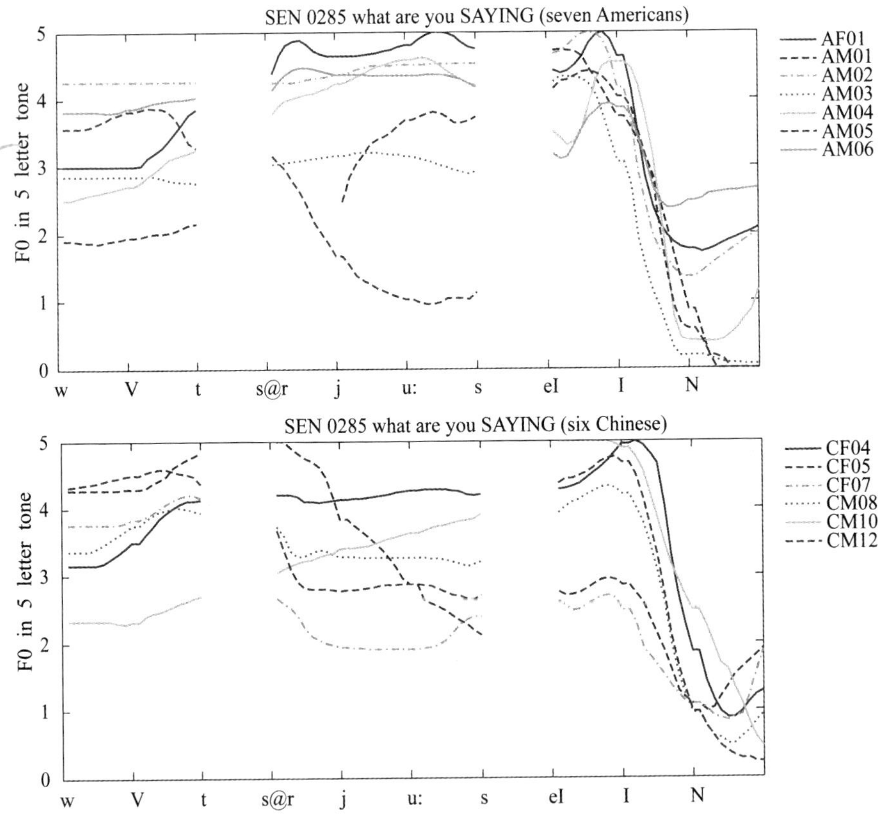

图 4-30 窄焦点句 What are you SAYING 的音高模式

③语句 3 What's wrong with the blessed thing? 的音高模式

图 4-31 展示的是本族语者和学习者无语境自然焦点句 What's wrong with the blessed thing? 的语调模式。在图 4-27 中，两组发音人在读无语境自然焦点句 What's wrong 时，也将核心重音放在了单词 wrong 上。这两句的区别在于，在句子 What's wrong 中，核心重音 wrong 位于句子的末尾，而句子 What's wrong with the blessed thing? 中，核心重音 wrong 在句子中间。对比图 4-27 和图 4-31 可得，无论核心重音 WRONG 在句中还是句末时，两组发音人都用降调（H*L）或升降调（L*HL）来实现核心重音，边界调也基本使用低边界调，当核心重音 wrong 在句中时（图 4-31），有一名美国本族语者用了高边界调。

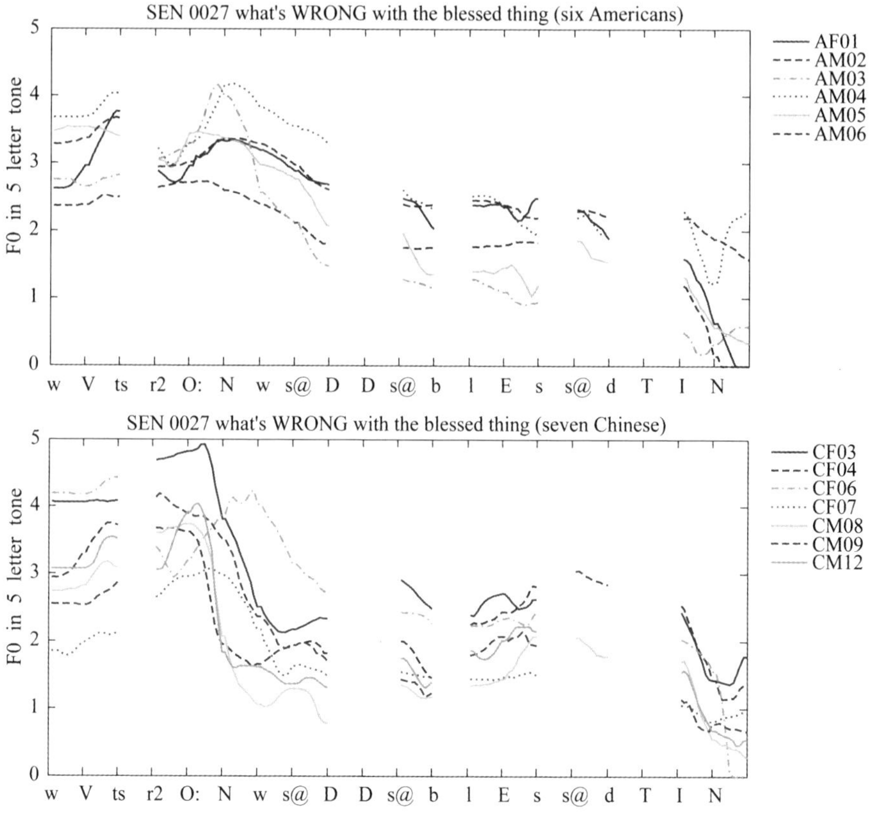

图 4-31　无语境自然焦点句 What's WRONG with the blessed thing? 的音高曲线

图4-32与图4-33分别展示了 What's WRONG with the blessed thing? 在有语境自然焦点句及窄焦点句的音高模式。从图4-32和图4-33可以看出，和无语境时一样，两组发音人仍是用降调（H* L）或升降调（L* HL）来实现核心重音。在边界调方面，还是有1名本族语者用了高边界调，仔细观察图4-32上图和图4-33上图可以看出，在句末使用高边界调的是同一个本族语者 AM04，其他发音人均使用了低边界调。除此之外，本族语者 AF01 在有语境自然焦点句及窄焦点句情况下，将 what 实现为核心前重音，而学习者 CF01、CF04 和 CF06 在窄焦点句情况下，将 what 均实现为核心前重音。

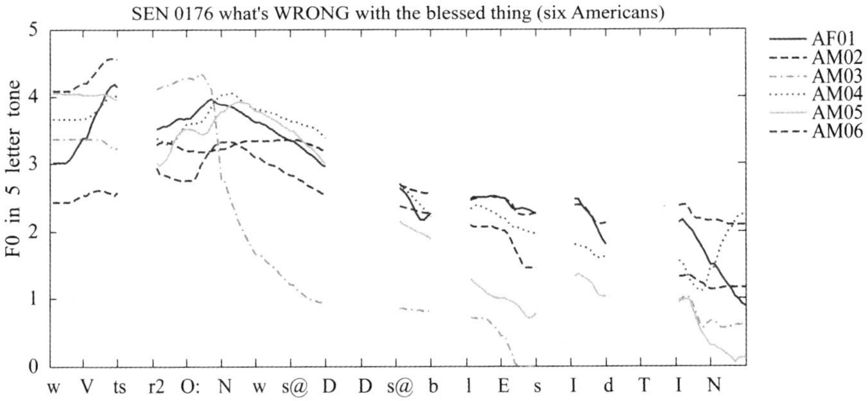

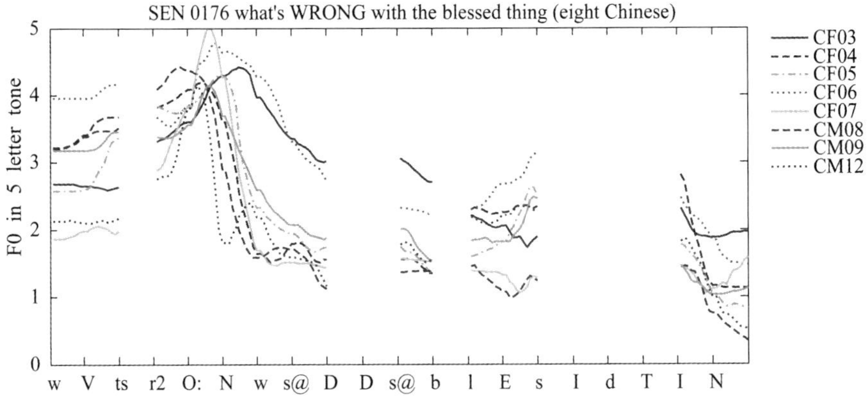

图4-32 有语境自然焦点句 What's WRONG with the blessed thing? 的音高曲线

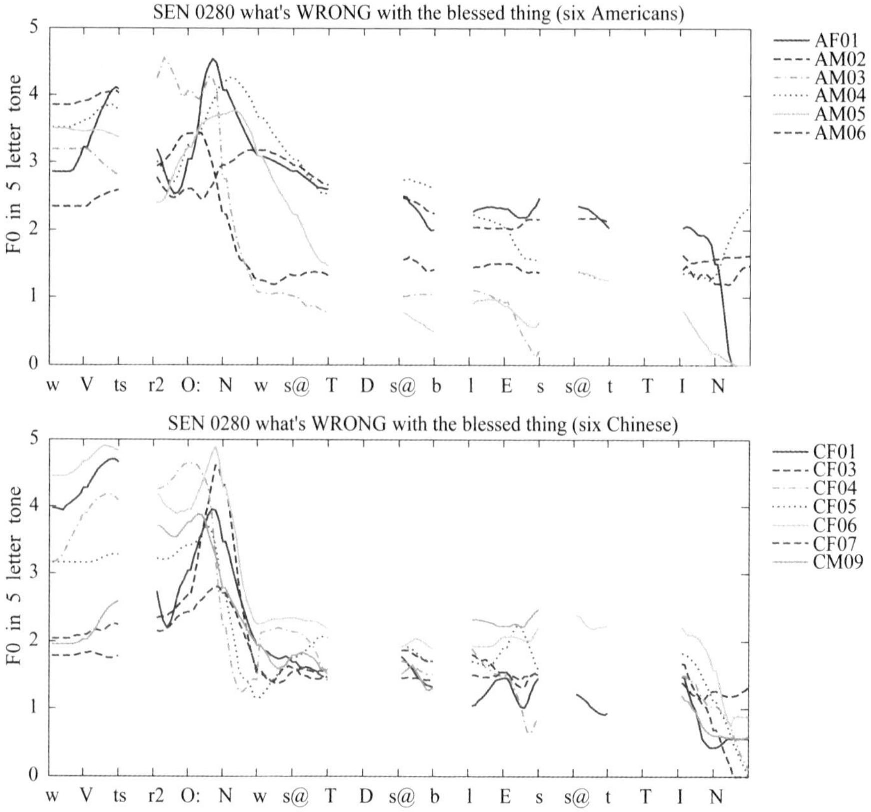

图 4-33　窄焦点句 What's WRONG with the blessed thing? 的音高曲线

④语句 4 What does he do for a living? 的音高模式

无语境和有语境自然焦点句 What does he do for a living? 的核心重音最多都实现在 do 上，因此这两种语境比较单词 do，而窄焦点句则比较单词 living。

如上节所述，在无语境和有语境自然焦点句中，有超过一半的发音人将核心重音放在了单词 do 上。当用大写标示 living 为焦点时，有 71.4% 的本族语者将焦点放在了单词 living 上，50% 的学习者将焦点放在了单词 living 上，41.7% 的学习者将这句话分为两个语调单元，把单词 do 和 living 都实现为核心重音（详见表 4-9）。因此在无语境和有语境自然焦点句中，我们考察核心重音为单词 do 的情况；而窄焦点句比较核心重音为 living 时，两组发音人核心重音的实现方式。

从图 4-34 中我们可以看出，学习者和本族语者都采用降调（H^*L）或升降调（L^*HL）来实现该句的核心重音 DO；不同的是，学习者将 what 实现为核心前重音。另外，我们发现，英语本族语听音人认为有部分学习者（CF02、CF03 或 CM12）重读了 living 这一词，且其所产出的 do 与 living 之间不存在韵律边界。这一现象可能是由学习者落在 living 上的焦点后音高重音导致的。

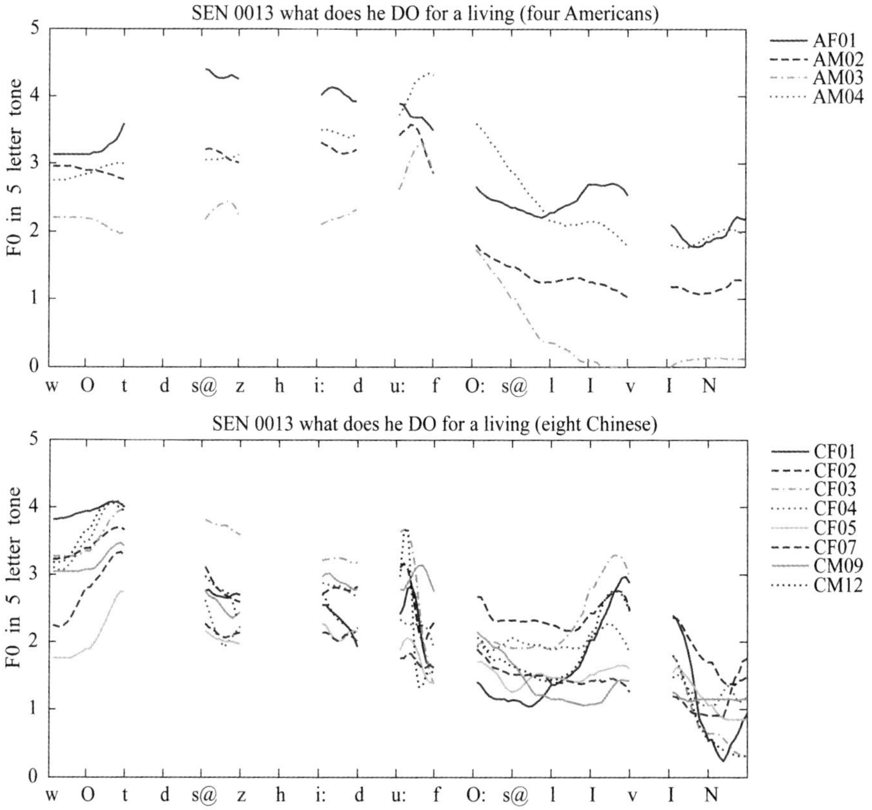

图 4-34 无语境自然焦点句 What does he DO for a living? 的音高曲线

图 4-35 中本族语者所采用的音高曲线与图 4-34 相同，核心重音 DO 为降调（H^*L）或升降调（L^*HL）。学习者则采用了降调（H^*L）。另外，我们发现，学习者在实现该句时存在一个核心前音高重音及一个核

心后音高重音，并且分别落在 what 及 living 这两个词上。

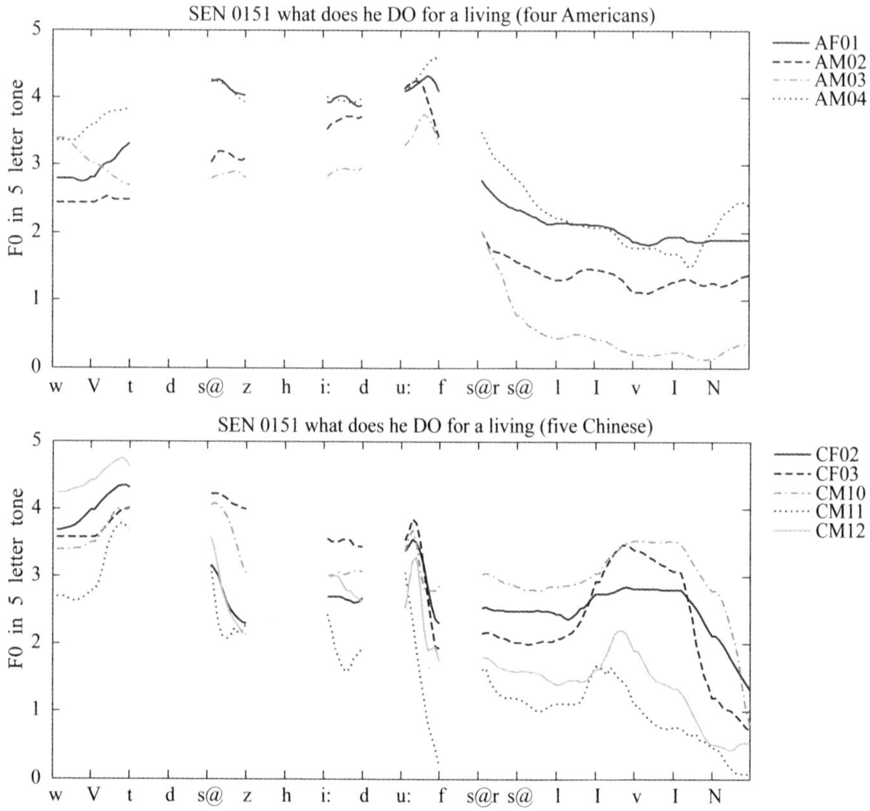

图 4-35　有语境自然焦点句 What does he DO for a living？音高曲线

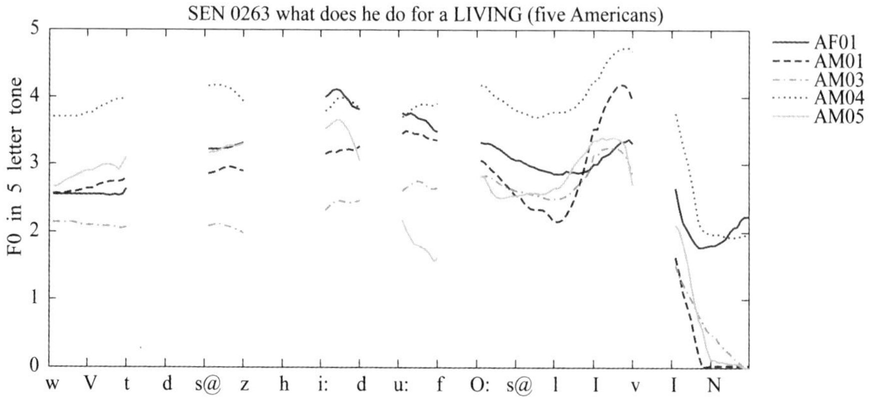

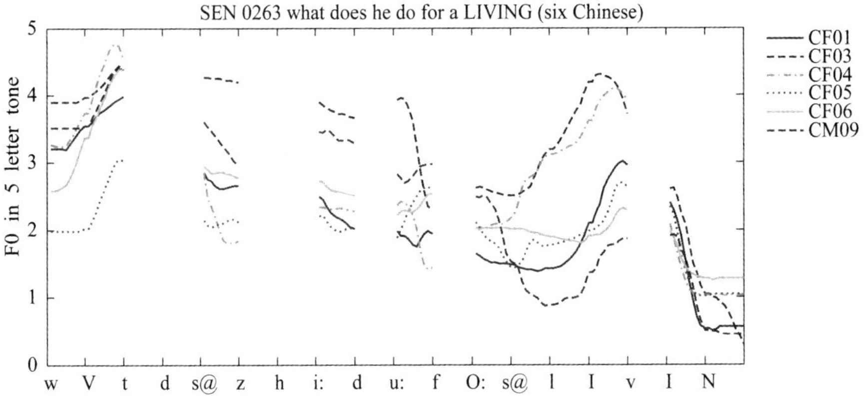

图 4-36 窄焦点句 What does he do for a LIVING? 的音高曲线

图 4-36 中显示的是窄焦点句核心重音落在 LIVING 上的两组发音人的音高表现。从中我们可以看到，本族语者与学习者均采用升降调（L^* HL）来实现该句的核心重音。除此之外，本族语者的朗读语料中只存在一个核心重音（发音人 AM05 除外），而学习者除了将 LIVING 实现为核心重音，还存在一个落在 what 或同时落在 what 及 do 上的核心前重音。

⑤语句 5 What's the matter with the wretched machine? 的音高模式

从图 4-37 中我们可以看出，当无语境自然焦点句 What's the matter with the wretched machine? 的核心重音在 MATTER 上，本族语者与学习者均采用升降调（L^* HL）来实现该句的核心重音，这一现象同样反映在图 4-38 有语境自然焦点句和图 4-37 窄焦点句中。

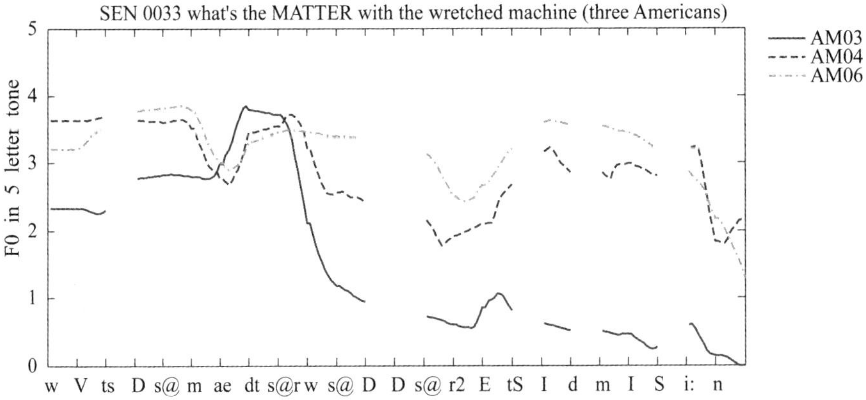

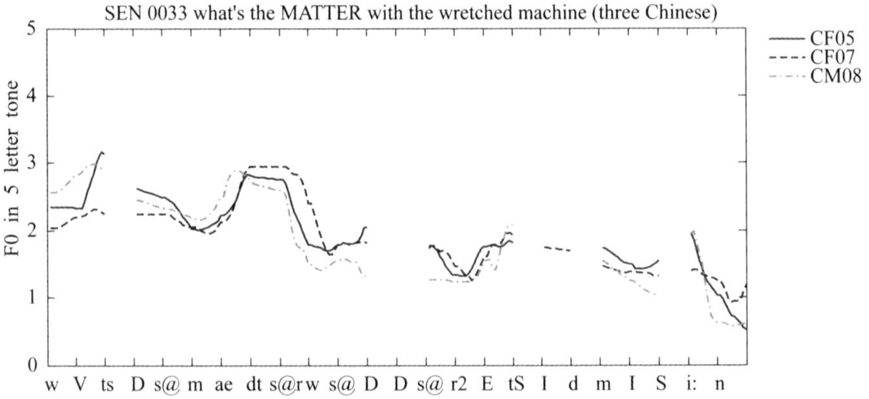

图 4-37　无语境自然焦点句 What's the MATTER with the wretched machine? 的音高曲线

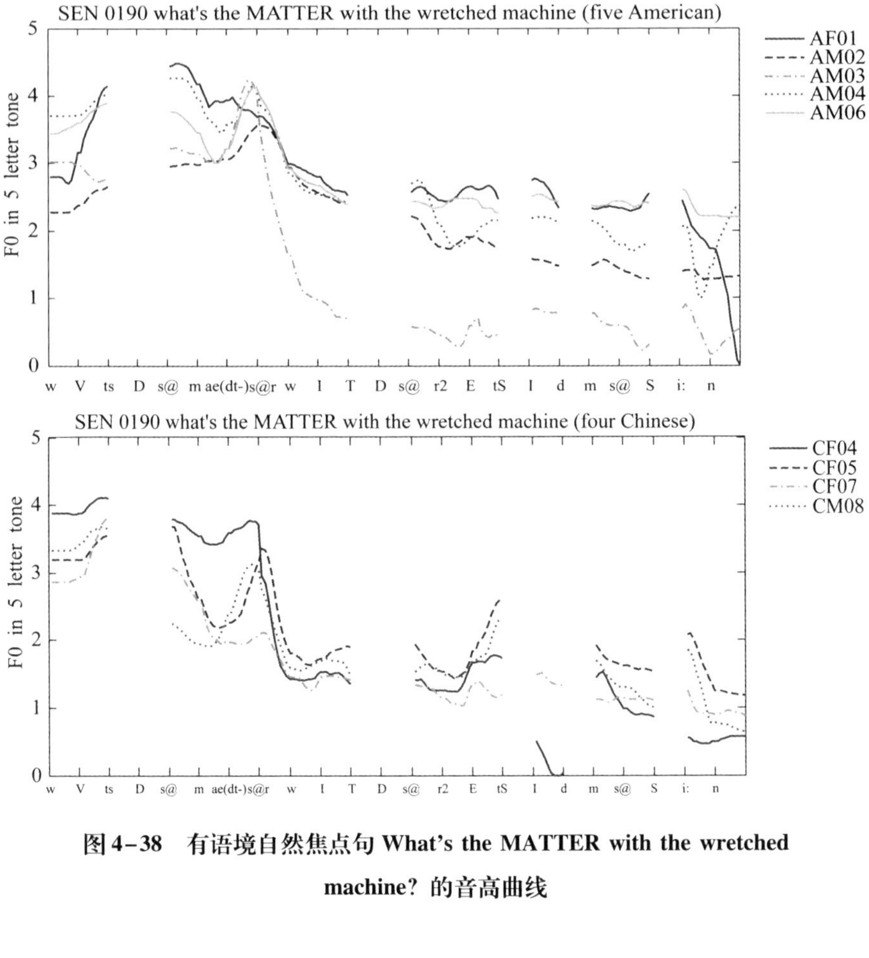

图 4-38　有语境自然焦点句 What's the MATTER with the wretched machine? 的音高曲线

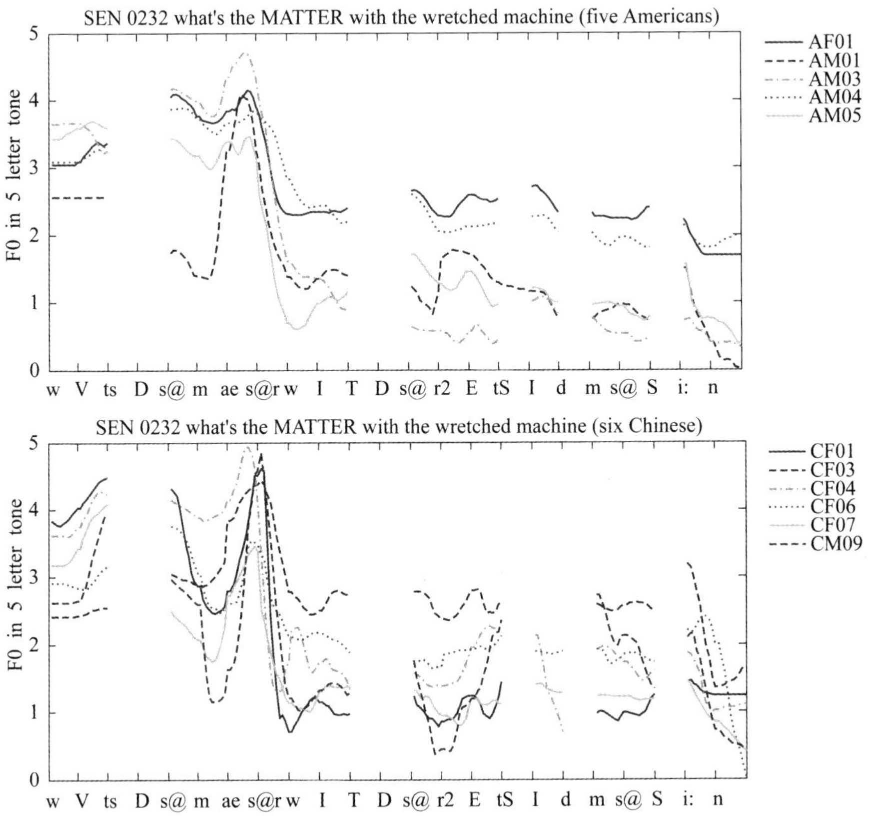

图 4-39 有语境窄焦点句 What's the MATTER with the wretched machine? 的音高曲线

⑥语句 6 What makes you think he'll do any better? 音高模式

What makes you think he'll do any better? 这句中存在两个小句。从表 4-11 中我们可以看出，学习者在选择核心重音时存在分歧，而本族语者则往往会将核心重音落在 he'll 或 better 上。但是，部分学习者在朗读该句时会错误地将 he'll 实现为 he will，这一现象说明学习者在实现缩略时仍然存在一定困难。对于这一问题，本研究不予讨论。如图 4-40 所示，当有语境自然焦点语调的重音落在 BETTER 上时，本族语者选择用升调（L* H）或降调（H* L）来实现该句核心重音，而用低调来实现其边界调。学习者则选择采用升调（L* H）来实现该句核心重音，及低调实现其边界调或者高边界调（CM08）。

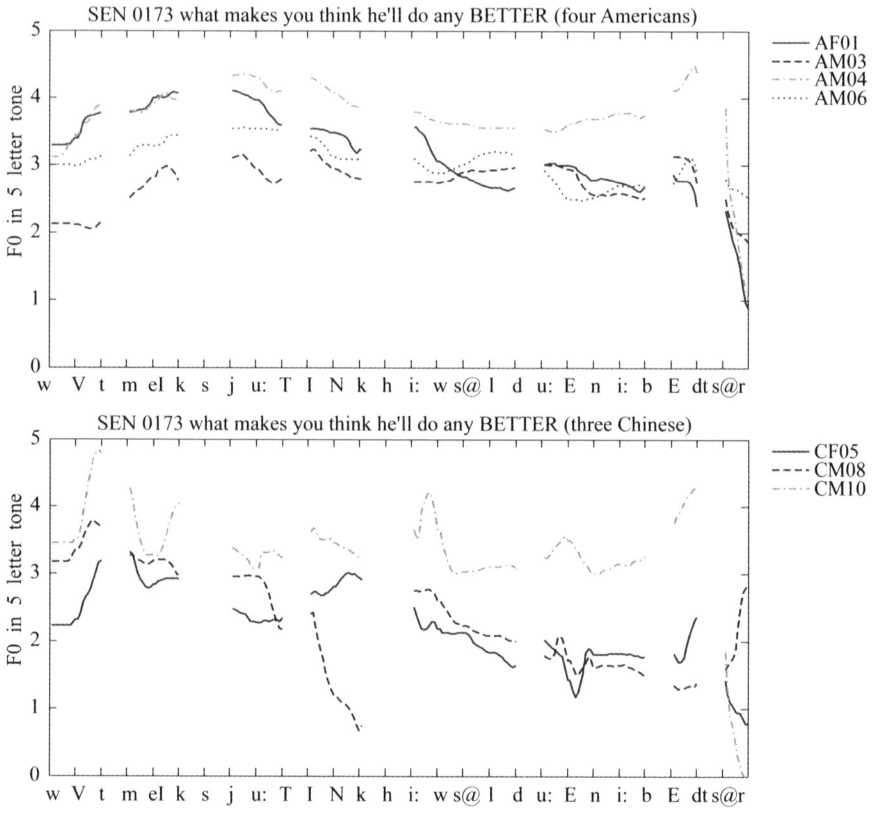

图 4-40　有语境自然焦点句 What makes you think he'll do any BETTER？的音高曲线

⑦语句 7 What makes you think waiting will make any difference？的音高模式

有语境的自然焦点句 What makes you think waiting will make any difference？有两个小句，如图 4-41 所示，当该句被切分为两个语调短语时，学习者与本族语者选择采用同样的音高模式来实现其核心重音 WAITING 和 ANY。在核心重音 WAITING 上，两组发音人都用了升调（L* H），后跟低边界调（L%）。在核心重音 ANY 上，两组发音人也都用了升调（L* H），后跟低边界调（L%）。

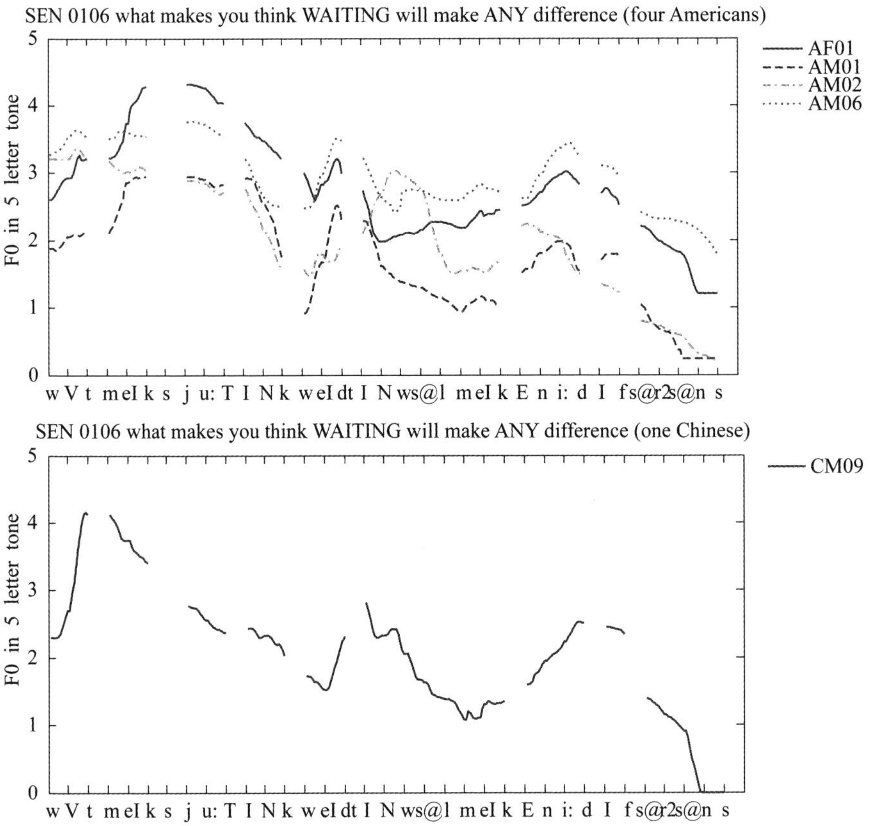

图4-41 有语境自然焦点句 What makes you think WAITNIG will make ANY difference? 的音高曲线

（3）北京地区英语学习者特殊疑问语调模式小结

在本节中，我们对美国本族语者及北京地区英语学习者特殊疑问句的音高模式进行了对比。当核心重音位于句末时，本族语者往往采用降调（H*L）来实现句子的核心重音，同时主要使用低边界调（L%）。而学习者则选择用降调（H*L）或升降调（L*HL）来实现核心重音，同时往往会将疑问代词 what 实现为核心前重音；另外在个别情况下，学习者会采用升调（L*H）及高边界调（H%）模式。当核心重音位于句中时，本族语者与学习者均选择采用降调（H*L）或升降调（L*HL）来实现句中的核心重音；另外我们还发现，本族语者在朗读窄焦点句子时，往往倾向于采用升降调（L^*HL）来实现其核心重音，但这一趋势在学习者中并未发现；除此之外，我们在部分学习者的朗读语料中还发现，学习者会产出核心后重音。

所以学习者产出特殊疑问句时，主要问题是疑问代词往往读得太重，产生了一个多余的音高重音，核心重音类型有不同于本族语者的一种类型 L^*HL，长句子中会出现更多的音高重音。

二　冀鲁官话济南方言区英语学习者语调产出模式对比研究

本节关注济南方言区英语学习者的英语语调，考察方言语调的特点是否会影响到他们的英语语调产出。

（一）济南方言语调

山东境内的方言主要分属于中原官话、冀鲁官话和胶辽官话三个次方言区，具有官话方言的基本特点，其中济南话属于冀鲁官话的石济片。段文君等（2013）指出济南方言为四调型方言，即有阴平、阳平、上声和去声四个声调，但调值与普通话并不相同，阴平为213，阳平为42，上声为55，去声为21。

济南方言语调的韵律特征在本章开始部分已进行过简单介绍（参见图4-3），在不同的焦点环境下，前焦点域的基频F0几乎没有显著变化；而后焦点域的基频F0都呈现显著的压低态势，压低的幅度与焦点域基频F0的变化成正相关，焦点后压缩（PFC）特征十分显著。当焦点位于句首或句中时，所有声调组合的焦点域基频F0在窄焦点环境中都有显著的抬高；当焦点位于句末时，焦点域的基频F0曲线没有显著抬高或压低。时长方面，在不同焦点环境下，尤其是焦点域，时长都未被拉长。音强方面，在不同焦点环境下音强都无显著变化，尤其是在后焦点域的音强没有减弱。因此，济南方言的焦点语调的实现，主要是通过焦点域后音高压缩（PFC）的方式来实现的，时长和音强的贡献较小。

（二）实验语料

陈述句和一般疑问句研究所选用的语料全部来自AESOP-CASS语料库。基于研究所要讨论的问题，在设计语料时考虑到了同时需要宽焦点句和窄焦点句两种焦点类型来进行对比；同时还需要在句子相同，焦点位置不同的情况下比较本族语和学习者的音高曲线特点。

陈述句语料示例见表4-13。一共40句（宽焦点句和窄焦点句分别为15句和25句），陈述句的窄焦点位置分为句首、句中和句末三种情况，句首焦点9句，句中焦点7句，句末焦点9句，焦点词的音节个数和词重音位置有不同变化。为使陈述句的窄焦点产出更自然，使用特殊疑问句作为引导句来实现，而宽焦点句由 What happened？问句引出。

表4-13　　　　陈述句发音语料示例

焦点条件	录音语料（焦点词音节和重音信息）
句首窄焦点	What about Tom? Who can come with him? >JANE comes with Tom.
宽焦点	What happen? > Jane comes with Tom.
句中窄焦点	What does Texas export to Japan? > Texas exports BEEF to Japan.
宽焦点	What happen? > Texas exports beef to Japan.
句末窄焦点	What about Jane? Who can she come with? > Jane comes with MANNY.
宽焦点	What happen? > Jane comes with Manny.

一般疑问句语料示例见表4-14。共33句，包含6个宽焦点句和27个窄焦点句，与陈述句相同，窄焦点的焦点位置分别位于句首、句中和句末，每个位置各9句，所有窄焦点句均由陈述句引出，而宽焦点句则由 What happened？引出。

表4-14　　　　一般疑问句发音语料示例

焦点条件	语料
句首窄焦点	Anna comes to the party with Manny. > Can JANE come with Manny?

续表

焦点条件	语料
宽焦点	> Can Saran come with Manny?
句中窄焦点	Guess from where the ship departed in the afternoon? > Did the ship depart from JAPAN in the afternoon?
宽焦点	> Did the ship depart from Germany in the afternoon?
句末窄焦点	Jane comes to the party with Manny. > Can Jane come with TOM?
宽焦点	Can Catherine come with Christopher?

特殊疑问句语料示例见表 4-15，一共 32 句，涵盖了 How、What、When、Where、Which、Who、Why 七种特殊疑问词，有疑问代词、疑问副词和疑问形容词三种词性，尽可能考虑到英语特殊疑问句主要的形式。特殊疑问词为 How 的有 4 句，What 的 7 句，When 的 2 句，Where 的 4 句，Which 的 6 句，Who 的 4 句，Why 的 5 句。其中，在 How 为特殊疑问词的语料当中，有两句 How 作疑问副词，还有两句为 How much 和 How good 疑问形容词作引导。在 7 句 What 为疑问词的语料中，有 6 句 What 作为疑问代词，1 句为 What color 疑问形容词作引导。在 6 句 Which 作疑问词的语料中，3 句 Which 为疑问代词，3 句为 Which 作疑问形容词。

表 4-15　　　　特殊疑问句语料示例

语料	特殊疑问词	语料长度
What departed from France on Sunday?	What	6
How should I know?	How	4
Where does Texas export beef to?	Where	6
When will you be in Ealing?	When	6
Which exactly is the Prince of Wales?	Which	7
Who left the socks on the fence?	Who	7
Why are we in a limo?	Why	6

陈述句和特殊疑问句语调研究实验中均选用了16名发音人，其中济南方言区英语学习者10人，男女各5名；美国本族语者6人，男女各3名。是非问句语调研究实验选取了15名发音人。其中济南方言区英语学习者9人，4名女性，5名男性；美国本族语者6人，男女各3名。济南英语学习者年龄全部在18—25岁，这10名发音人均在山东济南出生、长大，日常生活中大多使用济南方言交流；美国发音人全部来自美国中西部区域，英语发音标准。所有发音人均身体健康，口齿清晰，无任何言语及听力障碍。

陈述句共640个句子，一般疑问句共528个句子，特殊疑问句共528个句子。

为确保数据能对济南方言区英语学习者的英语语调习得水平及现况进行正确描写，确保济南发音人的英语口语水平可以代表济南方言区英语学习者的整体水平，在正式标注之前，邀请英语专业外籍英语老师为济南英语学习者的英语表现进行评级。评分的依据为济南发音人正式语音数据中的五个句子，分别为宽焦点句子以及位于句子不同部位的窄焦点句子。评分标准参考雅思、托福的口语考试及前人研究中所采取的评分标准，最终评估参数包括：语调（声音的抑扬顿挫）、重读（包括词重音和句重音）、发音和流利度（连读的有无及正确性）。等级共分为三级：优秀（G）、中等（M）和差组（P）。评级结果显示不同英语口语水平济南发音人的数量相对平均。

（三）韵律标注与提取

标注为第二章介绍的ToBI和IViE结合的标注系统。

对Praat提取的音高数据进行手工矫正，提取每个音段的音高、时长、谐噪比（HNR）和焦点后音高压缩（PFC）等声学参数。每个音节的浊音段按照等间隔步长提取11点F0值。为消除不同发音人的个体差异，采用了公式4－3对每个发音人的音高数据进行Z-Score规整。

$$Fzi = \frac{Fi - Fm}{Fs} \qquad （公式4－3）$$

其中，Fi是F0根据公式4－1计算得到的音高数据的半音值。每个发音人的音高半音均值为Fm和标准差为Fs，因此按照公式4－3将每位发音人的音高分别进行Z-Score规整。Fzi大于0表示音高大于均值，小于

0 表示音高小于均值。

时长的规整可以参照公式 4－3 进行。

统计时，按照发音人、焦点在句子的位置及焦点重音位置进行分类，并对每一类的焦点域及焦点后域进行单独统计分析。

（四）济南方言区英语学习者的陈述句语调

（1）学习者和美国本族语者陈述句语调的音高模式对比

按照标注结果，我们统计了美国英语本族语者和济南方言区英语学习者陈述语调的音高重音模式音系类型分布情况，见表 4－16。

两组发音人都只使用 H* 和 L+H* 两种音高重音类型。两组发音人在单音节和首音节为重读音节的句首焦点词上，都主要使用 L+H* 模式；在重读音节为第二个音节的多音节句首焦点词和单音节句中焦点词的重音实现上主要采用 H*。本族语者主要采用 L+H* 实现多音节句中焦点词的音高重音，学习者则主要是用 H*。在句末焦点词的主要音高重音实现上，本族语者主要使用 H*，学习者则主要使用 L+H*。

表 4－16　陈述句中每个本族语者和济南方言区英语学习者在焦点词上的音高重音类型和出现个数对比

焦点位置	焦点词的音节数	发音人	描写				
			H*	L+H*	L*+H	L*	H+!H*
句首	单音节	本族语者	5（21%）	19（79%）	0	0	0
		学习者	14（35%）	26（65%）	0	0	0
	多音节 重音位于首音节	本族语者	7（39%）	11（61%）	0	0	0
		学习者	13（43%）	17（57%）	0	0	0
	多音节 重音位于末音节	本族语者	8（67%）	4（33%）	0	0	0
		学习者	11（55%）	9（45%）	0	0	0
句中	单音节焦点	本族语者	16（89%）	2（11%）	0	0	0
		学习者	19（63%）	11（37%）	0	0	0
	多音节 焦点位于首音节	本族语者	8（40%）	12（60%）	0	0	0
		学习者	25（69%）	11（31%）	0	0	0
	多音节 焦点位于末音节	学习者	1（50%）	1（50%）	0	0	0
		本族语者	3（75%）	1（25%）	0	0	0

续表

焦点位置	焦点词的音节数	发音人	描写				
			H*	L+H*	L*+H	L*	H+!H*
句末	单音节焦点	本族语者	27（90%）	3（10%）	0	0	0
		学习者	3（6%）	47（94%）	0	0	0
	多音节焦点位于首音节	本族语者	16（79%）	4（21%）	0	0	0
		学习者	6（19%）	25（71%）	0	0	0
	多音节焦点位于末音节	本族语者	3（75%）	1（25%）	0	0	0
		学习者	3（33%）	6（67%）	0	0	0

表4-17是两类发音人的韵律边界分布结果。在每一级间断中，济南英语学习者的间断次数都多于美国英语本族语者。说明学习者比本族语者出现的间断更多，连贯性较本族语者差。对于长句，学习者更容易产出多个语调短语（边界4），韵律词边界（边界1）的数量也更多，说明词与词间的连贯度也不如本族语者。学习者和本族语者在节奏方面的对比分析将在第五章详细介绍。

表4-17　本族语者和济南方言区英语学习者的韵律边界（间断指数）分布统计

发音人	频次	韵律边界		
		韵律词边界1	中间短语边界3	语调短语边界4
本族语者	总计	1879	323	241
	平均每人次	313.7	53.83	40.17
学习者	总计	3408	565	551
	平均每人次	340.8	56.5	55.1

（2）学习者和美国本族语者陈述句的语音实现分析

①焦点词在句首且是单音节时的语调模式

图4-42给出了美国英语本族语者和济南英语学习者的焦点位于句首且为单音节词的语句音高曲线模式；为了对比焦点重音的语音产出特性，同时给出对应宽焦点句的音高曲线。图中A代表美国本族语者，C

代表济南英语学习者，BF 代表宽焦点句子，NF 代表窄焦点句子；A-NF 代表美国本族语者窄焦点情况，C-NF 代表济南英语学习者窄焦点情况，A-BF 代表美国本族语者宽焦点情况，C-BF 代表济南英语学习者宽焦点情况。

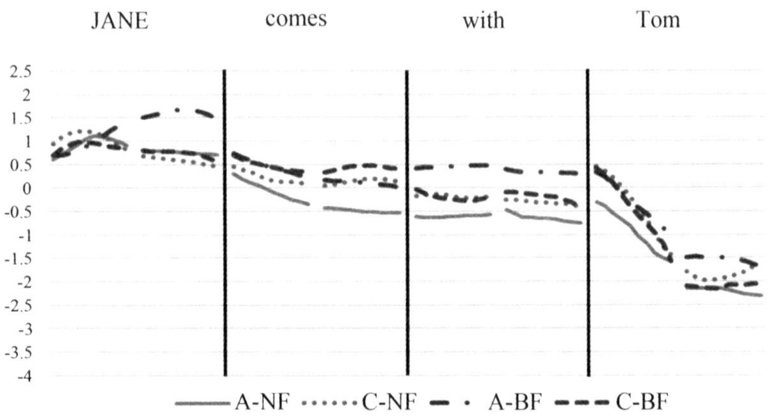

图 4-42　句首焦点陈述句 JANE cames with Tom. 与其对应宽焦点句的音高曲线对比

两类发音人的窄焦点句都将焦点词 JANE 实现为语句核心重音，宽焦点句末词 TOM 均实现为核心重音。济南英语学习者虽然在窄焦点下的焦点词音高普遍高于其在宽焦点下的音高，但其音高与音域相对宽焦点环境无显著变化；焦点后音域相比宽焦点情况下没有明显压缩。再看美国英语本族语者，在句首窄焦点句子中通常只有焦点词一个凸显，焦点后音高压缩（PFC）明显。

相较于美国本族语者，济南学习者焦点词 JANE 上的音高最大值普遍较低，音域上无明显不同。济南学习者除句首焦点词外，句中 come 及句末 Tom 都出现了音高重音，JANE 后的音高压缩程度不及本族语者，因此其焦点词 JANE 重读在听感上并不明显。当句子处于宽焦点环境中时，通常只有一个核心重音，且位于句子末尾 Tom，在这种情况下，两组发音人的所有宽焦点句都在句末 Tom 上实现核心重音，但在句首或句中出现了核心前音高重音。

表4-18　　句首单音节焦点域 *F0* 的 ANOVA 单因素检验

发音人			平方和	自由度	均方	*F*	显著性
美国本族语者	*F0max*	组间	5489. 440	1	5489. 440	1. 829	0. 180
		组内	279109. 884	93	3001. 182		
		总计	284599. 325	94			
	音域	组间	5501. 772	1	5501. 772	1. 834	0. 179
		组内	278941. 979	93	2999. 376		
		总计	284443. 751	94			
济南学习者	*F0max*	组间	292. 962	1	292. 962	0. 049	0. 825
		组内	931519. 000	156	5971. 276		
		总计	931811. 962	157			
	音域	组间	290. 872	1	290. 872	0. 049	0. 826
		组内	931583. 607	156	5971. 690		
		总计	931874. 479	157			

表4-19　　句首单音节焦点后域 *F0* 的 ANOVA 单因素检验

发音人			平方和	自由度	均方	*F*	显著性
美国本族语者	*F0max*	组间	12047. 322	1	12047. 322	7. 918	0. 005
		组内	287561. 480	189	1521. 489		
		总计	299608. 801	190			
	音域	组间	12038. 996	1	12038. 996	7. 915	0. 005
		组内	287473. 746	189	1521. 025		
		总计	299512. 742	190			
济南学习者	*F0max*	组间	8285. 505	1	8285. 505	1. 845	0. 175
		组内	1450153. 937	323	4489. 641		
		总计	1458439. 442	324			
	音域	组间	8284. 000	1	8284. 000	1. 845	0. 175
		组内	1449940. 935	323	4488. 981		
		总计	1458224. 935	324			

由表4-18和表4-19的ANOVA检验可以看出：美国英语本族语者在焦点后域的音高最大值及音域上有显著的压缩（$P = 0.005 < 0.05$），这说明本族语者在实现单音节的句首焦点词时采用了焦点后音域压缩（PFC）的手段。济南学习者的窄焦点句子在后焦点域的压缩相较于宽焦点环境并不显著，这说明学习者并没有通过音高手段来实现焦点重音。相反，从音高曲线图可以看出，大多数焦点后域的音节音高有清晰的凸显，这说明学习者并没有对焦点后域进行压缩，反而对其进行了重读。此外，相较于本族语者，学习者焦点后域的音高在四组句子中均更高。

②焦点词是位于句首的多音节词，且词重音位于第一个音节的音高模式

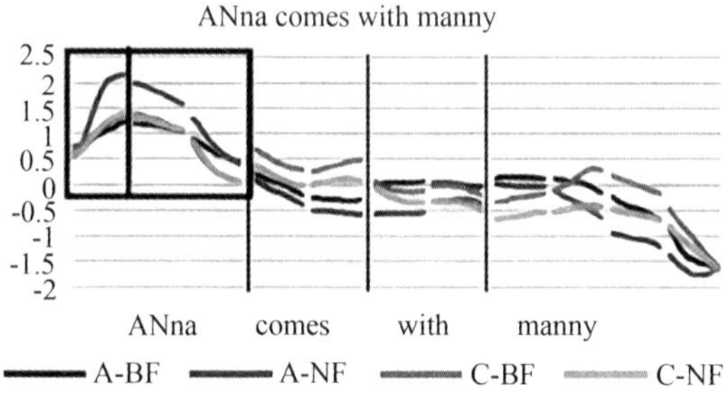

图4-43　句首焦点陈述句ANna comes with Manny. 与其对应宽焦点句的音高曲线对比

图4-43显示，美国本族语者在句首窄焦点句子中通常只有焦点词一个凸显，与其宽焦点比，焦点处的音高抬高、音域扩大，焦点后的音高曲线压缩（PFC）最为明显，音高下降的趋势一直延续到句末。济南学习者句首焦点与宽焦点比，音高变化不明显，但焦点后也出现了PFC；句中及句末还会出现一个或多个凸显，因此其焦点词重读在听感上并不明显。两者的宽焦点句句末倒数第二音节Man均实现为核心重音，但音高重音类型不一样；济南学习者依旧在宽焦点句首及句中出现了一个或多个核心前重音。

表 4-20 句首多音节且词重音位于词首的焦点域 *F0* 的 ANOVA 单因素检验

发音人			平方和	自由度	均方	*F*	显著性
美国本族语者	*F0max*	组间	13877.003	1	13877.003	5.793	0.022
		组内	83843.984	35	2395.542		
		总计	97720.988	36			
	音域	组间	13863.690	1	13863.690	5.787	0.022
		组内	83853.733	35	2395.821		
		总计	97717.423	36			
济南学习者	*F0max*	组间	335.598	1	335.598	0.056	0.814
		组内	289043.627	48	6021.742		
		总计	289379.225	49			
	音域	组间	334.646	1	334.646	0.056	0.815
		组内	289052.720	48	6021.932		
		总计	289387.367	49			

句首焦点词的重读音节在词首的窄焦点句与宽窄焦点句的音高统计检验结果显示，美国英语本族语者在焦点词上的音高显著高于该词处于宽焦点环境下的音高（$P<0.05$），音域也显著大于其所在宽焦点环境的音域（$P=0.022<0.05$）。济南学习者虽然大多数情况下焦点词音高最大值要大于该词在宽焦点环境下的音高，但 ANOVA 统计发现其差异并不显著，其音域也无显著变化。这说明当句首焦点词为重读音节在前的双音节词时，本族语者的音高及音域对焦点词重读的实现产生影响，学习者则没表现出有这一现象。另外，相较于本族语者，学习者音高更低。从图 4-43 看，两组发音人在焦点后域的音高最大值上均有一定程度的下降，音域范围也明显缩减。而表 4-20 的统计结果则表明，相较于美国本族语者而言，学习者的焦点后压缩程度还相对较小，尚未达到显著程度。

③焦点词是位于句首的多音节词，且词重音位于第二个音节的音高模式

图 4-44 显示，两组发音人在焦点域上的音高和音域变化相对于宽焦点均无显著差异。济南学习者焦点词上的音高最大值要普遍高于美国

英语本族语者，音域上无明显规律，音高重音实现方式均为 H*，但学习者的焦点位置相较于本族语者而言略微靠前（有的将 saRAN 词重音错误放在音节首上）。通过对音高曲线图的观察可以看出，本族语者在句首窄焦点句子中通常只有焦点词一个凸显，焦点后出现 PFC，音高压缩趋势一直延续到句末；济南学习者焦点后音高有压缩，但不够明显，到句末宽窄焦点音高趋同，除句首焦点，在句中和句末均出现了音高凸显，因此其焦点词是否重读在听感上更难判断。当句子处于宽焦点环境中时，核心重音位于句子末尾，该种情况下，两组发音人的宽焦点句同时都在句首出现了核心前重音，济南学习者在句中也产出了核心前重音。

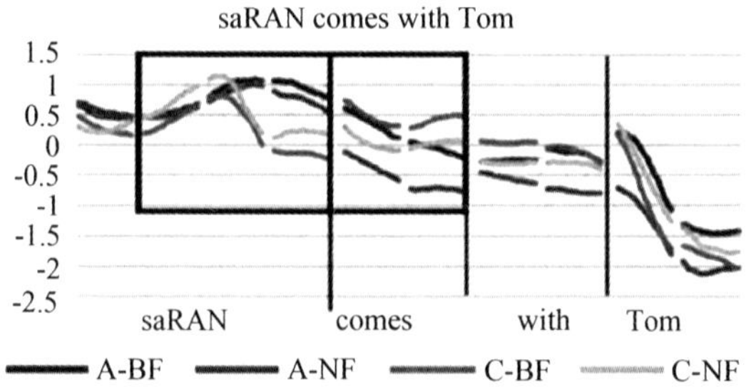

图 4-44　句首焦点陈述句 SaRAN comes with Tom. 与其对应宽焦点句的音高曲线对比

表 4-21　句首焦点词为多音节词，词重音位于第二音节的焦点域后 *F0* 的 ANOVA 单因素检验

发音人			平方和	自由度	均方	*F*	显著性
美国本族语者	*F0max*	组间	8753. 824	1	8753. 824	6. 564	0. 011
		组内	189369. 841	142	1333. 590		
		总计	198123. 665	143			
	音域	组间	8752. 420	1	8752. 420	6. 565	0. 011
		组内	189312. 638	142	1333. 188		
		总计	198065. 058	143			

续表

发音人			平方和	自由度	均方	*F*	显著性
济南学习者	*F0max*	组间	3451.632	1	3451.632	0.850	0.359
		组内	353354.291	87	4061.545		
		总计	356806.024	88			
	音域	组间	3451.265	1	3451.265	0.850	0.359
		组内	353325.935	87	4061.218		
		总计	356777.199	88			

表4-21的统计结果显示，美国英语本族语者在焦点后域的音高最大值及音域上有显著的压缩（$P=0.011<0.05$），这说明本族语者在实现该类型的句首焦点词时采用了PFC的手段。济南学习者的窄焦点句子在焦点域后的压缩相较于宽焦点环境并不显著，这说明济南学习者并没有通过音高手段来实现焦点重音；相反，从音高曲线图（图4-44）可以看出，焦点后域的音节音高有清晰的凸显，这说明济南学习者并没有对焦点后域进行压缩，反而对其进行了重读。此外，相较于本族语者，济南学习者焦点后域的音高在该类型的窄焦点句子中均更高。

窄焦点句子中，美国英语本族语者与济南学习者在核心重音承载音节上的时长长短无明显规律，但两组发音人在宽窄焦点环境下焦点词时长的差异在统计中均没有表现出显著性，这说明两组发音人在实现该种类型的焦点重音时，并没有采用延长时长的手段。

④焦点词位于句中的单音节词的音高模式

当单音节词为句中焦点词时，美国英语本族语者焦点词上的音高显著高于该词所处宽焦点环境下的音高（$P=0.002<0.05$）；音域也显著大于其所在宽焦点环境下的音域（$P=0.05<0.05$）。济南学习者大多数情况下焦点词音高及音域与宽焦点环境下该词的音高音域基本重合，无清晰可见的不同，ANOVA统计也发现其差异并不显著，见表4-22。这说明，当处于句中的焦点词为单音节词时，本族语者对焦点词重读的实现用到了音高和音域两个语音参数，济南学习者则没有。另外，相较于本族语者，济南学习者的音高更低。通过对音高曲线图（图4-45）的观察可以看出，本族语者在句中窄焦点句子中通常只有焦点词一个凸显，焦

点词后的音高曲线无明显凸显，且大多低于宽焦点环境下的音高；济南学习者除句中焦点词外，句末还会再出现一个凸显，因此其焦点词重读在听感上并不明显。且济南学习者依旧在宽焦点句中并非只有句末单词一个核心重音，句首及句中出现了一个或多个前核心重音。因此在对济南学习者的焦点所处宽窄焦点句中的表现进行统计时，焦点词的音高特征无显著变化。

表 4-22　　句中单音节词焦点域 *F0* 的 ANOVA 单因素检验

发音人			平方和	自由度	均方	*F*	显著性
美国本族语者	*F0max*	组间	17149.063	1	17149.063	10.591	0.002
		组内	92295.032	57	1619.211		
		总计	109444.095	58			
	音域	组间	14134.275	1	14134.275	8.624	0.005
		组内	93420.478	57	1638.956		
		总计	107554.852	58			
济南学习者	*F0max*	组间	0.661	1	0.661	0.000	0.991
		组内	484424.217	97	4994.065		
		总计	484424.978	98			
	音域	组间	0.607	1	0.607	0.000	0.991
		组内	484228.297	97	4992.044		
		总计	484228.904	98			

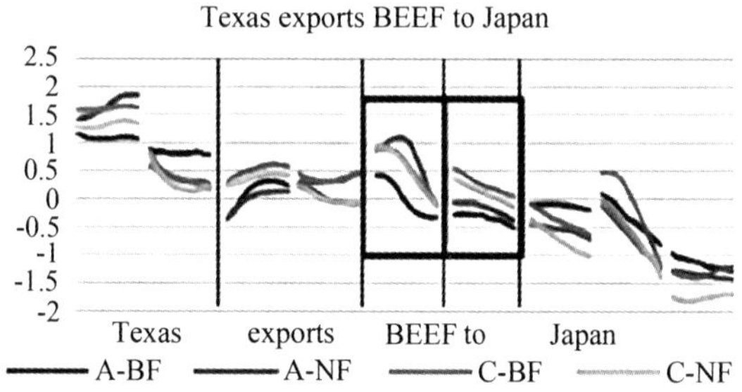

图 4-45　句中焦点陈述句 Texas exports BEEF to Japan. 与其对应宽焦点句的音高曲线对比

两组发音人在焦点后域的音高最大值及音域上均无显著变化，这说明两组发音人在该种情况下并未采取焦点后压缩的手段来实现焦点重音。相比于本族语者，济南学习者的焦点后域的音高更高，即 PFC 不够。

表 4-23 句中单音节词焦点域时长的 ANOVA 单因素检验

发音人		平方和	自由度	均方	*F*	显著性
美国本族语者	组间	0.013	1	0.013	4.113	0.047
	组内	0.185	57	0.003		
	总计	0.199	58			
济南学习者	组间	0.001	1	0.001	0.382	0.538
	组内	0.270	97	0.003		
	总计	0.271	98			

表 4-23 结果显示，窄焦点句子中，美国英语本族语者在实现单音节句中焦点词时，该焦点的时长均长于该词在宽焦点环境下的时长，采用了拉长时长的手段，其 ANOVA 统计结果也体现出显著性（$P = 0.047 < 0.05$）。济南学习者在核心重音承载音节上的时长长短无明显规律，在宽窄焦点环境下的焦点词时长的差异在统计中均未表现出显著性，这说明济南学习者在实现该种类型的焦点重读时，并没有采用延长时长的手段。

⑤焦点词在句中且为多音节词时音高模式

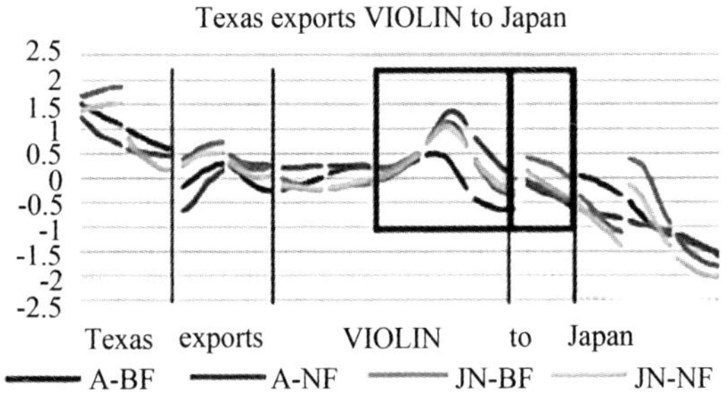

图 4-46 句中焦点句 Texas exports VIOLIN to Japan. 与其对应宽焦点句的音高曲线对比

表 4-24　句中多音节词焦点域 *F0* 的 ANOVA 单因素检验

发音人			平方和	自由度	均方	*F*	显著性
美国本族语者	*F0max*	组间	12164. 061	1	12164. 061	5. 553	0. 020
		组内	216878. 602	99	2190. 693		
		总计	229042. 663	100			
	音域	组间	12159. 194	1	12159. 194	5. 557	0. 020
		组内	216606. 067	99	2187. 940		
		总计	228765. 261	100			
济南学习者	*F0max*	组间	95. 172	1	95. 172	0. 022	0. 881
		组内	695226. 088	164	4239. 183		
		总计	695321. 260	165			
	音域	组间	95. 992	1	95. 992	0. 023	0. 881
		组内	695039. 993	164	4238. 049		
		总计	695135. 984	165			

当多音节词为句中焦点词时，美国英语本族语者焦点词上的音高显著高于该词所处宽焦点环境下的音高（$P = 0.020 < 0.05$）；音域也显著大于其所在宽焦点环境下的音域（$P = 0.020 < 0.05$）。济南学习者大多数情况下焦点词音高及音域与宽焦点环境下该词的音域基本重合，无清晰可见的不同，ANOVA 统计也发现其差异并不显著。这说明，当处于句中的焦点词为多音节词时，本族语者对焦点词重读的实现用到了音高和音域两个语音特征，济南学习者则没有。另外，相较于本族语者，济南学习者的音高更低。通过对音高曲线图（图 4-46）的观察可以看出，本族语者在句中窄焦点句子中通常只有焦点词一个凸显，焦点词后的音高曲线无明显凸显，且大多低于宽焦点环境下的音高；济南学习者除句中焦点词外，句末还会再出现一个凸显，这导致其焦点词的重读在听感上并不明显。济南学习者依旧在宽焦点句中并非只有句末单词一个核心重音，句首及句中出现了一个或多个核心前重音。在对济南学习者的焦点词所处宽窄焦点句中的表现进行统计时，焦点词的音高特征无显著变化。同时，济南学习者出现了词重音错误的现象。

两组发音人在焦点后域的音高最大值及音域上也有显著变化，但相比于本族语者，济南学习者的焦点后域的音高更高，特别是最后 Japan 上，学习者有一个音高重置，表明比母语者更重，只是比宽焦点情况下略低一些。

窄焦点句子中，本族语者与济南学习者在核心重音承载音节上的时长长短无明显规律，但两组发音人在宽窄焦点环境下的焦点词时长的差异在统计中均没有表现出显著性，这说明两组发音人在实现该种类型的焦点重读时，并没有采用延长时长的手段。

⑥焦点词在句末且是单音节词时的音高模式

两组发音人在焦点域上的音高和音域变化相对于宽焦点均无显著作用。通过对音高曲线图（图 4-47）的观察可以看出，两组发音人均在窄焦点句子句首出现第二个凸显，济南学习者在部分窄焦点句句中也出现了重音凸显。当句子处于宽焦点环境中时，通常只有一个核心重音，且该重音位于句子末尾，这可能是两组发音人宽窄焦点句在音高曲线上差异不显著的原因。同时，相比于美国英语本族语者，济南学习者焦点域的音高更高，音域更宽。

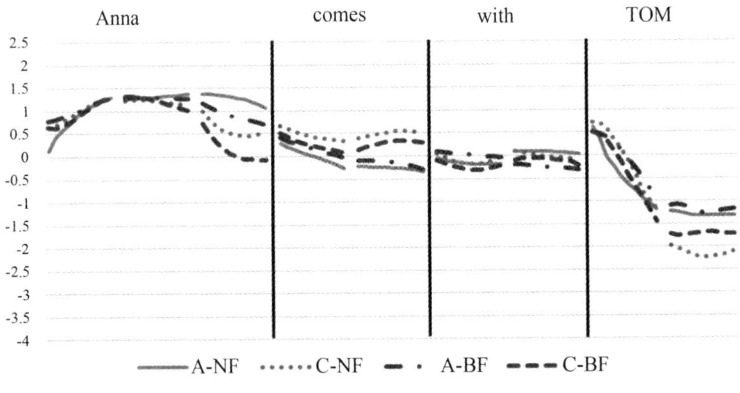

图 4-47 句末焦点陈述句 Anna comes with TOM. 与其对应宽焦点句的音高曲线对比

表 4-25 结果显示，窄焦点句了中，本族语者在实现单音节词句末焦点时，该焦点的时长均长于该词在宽焦点环境下的时长，因此可以认为本族语者采用了延长时长的手段，其 ANOVA 统计结果也体现出差异的显

著性（$P = 0.019 < 0.05$）。济南学习者在承载核心重音音节的长短无明显规律，在宽窄焦点环境下的焦点词时长的差异在统计中均未表现出显著性，这说明济南学习者在实现该种类型的焦点重读时，并未采用延长时长的手段。

表 4-25　句末单节焦点域时长的 ANOVA 单因素检验

发音人		平方和	自由度	均方	*F*	显著性
美国本族语者	组间	0.015	1	0.015	5.659	0.019
	组内	0.271	100	0.003		
	总计	0.286	101			
济南学习者	组间	0.002	1	0.002	0.913	0.341
	组内	0.457	172	0.003		
	总计	0.459	173			

表 4-26　句末单节焦点域谐噪比的 ANOVA 单因素检验（dB）

发音人		平方和	自由度	均方	*F*	显著性
美国本族语者	组间	182.226	1	182.226	7.236	0.008
	组内	2518.403	100	25.184		
	总计	2700.628	101			
济南学习者	组间	9.968	1	9.968	0.301	0.584
	组内	5695.882	172	33.116		
	总计	5705.850	173			

窄焦点句子中，本族语者在实现单音节句末焦点词时，该焦点的谐噪比均大于该词在宽焦点环境下的情况，因此可以认为本族语者采用了增强谐噪比的手段，其 ANOVA 统计结果也体现出差异的显著性（$P = 0.008 < 0.05$）。比较济南学习者在宽窄焦点上的谐噪比则未发现显著差异，说明济南学习者并未采用增强谐噪比的手段来实现重音。

⑦焦点词在句末且为多音节词时的音高模式

本族语者在焦点域上的音高和音域变化相对于宽焦点无显著作用，但济南学习者的音高和音域则显著大于宽焦点环境下该词的参数（$P =$

0.035 <0.05)。通过对音高曲线图（图 4-48）的观察可以看出，两组发音人均在窄焦点句子句首或句中出现第二个重音凸显。同时，相比于本族语者，济南学习者焦点域的音高更高，音域更宽。

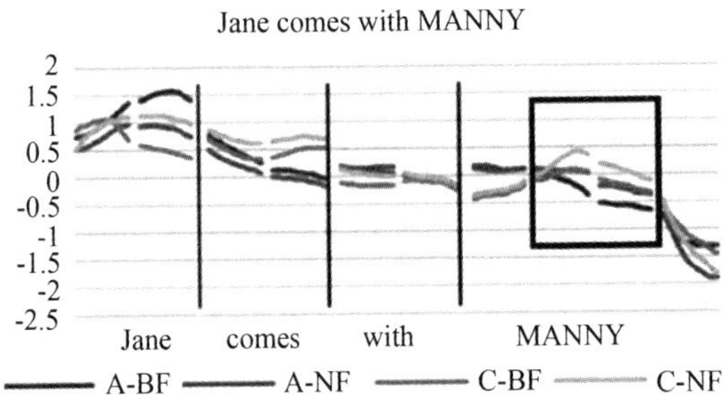

图 4-48 句末焦点陈述句 Jane comes with MANNY. 与其对应宽焦点句的音高曲线对比

表 4-27 句末多音节焦点域 *F0* 的 ANOVA 单因素检验

发音人			平方和	自由度	均方	*F*	显著性
美国本族语者	*F0max*	组间	1386.505	1	1386.505	0.651	0.422
		组内	174631.535	82	2129.653		
		总计	176018.040	83			
	音域	组间	1391.477	1	1391.477	0.654	0.421
		组内	174559.231	82	2128.771		
		总计	175950.708	83			
济南学习者	*F0max*	组间	15835.808	1	15835.808	4.561	0.035
		组内	472223.308	136	3472.230		
		总计	488059.116	137			
	音域	组间	15824.622	1	15824.622	4.558	0.035
		组内	472205.474	136	3472.099		
		总计	488030.096	137			

表4-28 句末多音节焦点域时长的ANOVA单因素检验

发音人		平方和	自由度	均方	*F*	显著性
美国本族语者	组间	0.016	1	0.016	6.503	0.012
	组内	0.251	100	0.003		
	总计	0.267	101			
济南学习者	组间	0.002	1	0.002	1.128	0.290
	组内	0.226	136	0.002		
	总计	0.228	137			

表4-28结果表明，窄焦点句子中，本族语者在实现多音节句末焦点词时，该焦点的时长均长于该词在宽焦点环境下的时长，因此可以认为本族语者采用了延长时长的手段，其ANOVA统计结果也体现出差异的显著性（$P=0.012<0.05$）。济南学习者在核心重音承载音节上的时长长短无明显规律，在宽窄焦点环境下的焦点词时长的差异在统计中均未表现出显著性，这说明济南学习者在实现该种类型的焦点重读时，并未采用延长时长的手段。

表4-29 句末多音节词焦点域谐噪比的ANOVA单因素检验（dB）

发音人		平方和	自由度	均方	*F*	显著性
美国本族语者	组间	214.847	1	214.847	8.807	0.004
	组内	2439.535	100	24.295		
	总计	2654.282	101			
济南学习者	组间	100.500	1	100.500	3.637	0.059
	组内	3758.341	136	27.635		
	总计	3858.841	137			

表4-29结果显示，窄焦点句子中，美国英语本族语者在实现多音节句末焦点词时，该焦点的谐噪比均大于该词在宽焦点环境下的情况，因

此可以认为本族语者采用了增强谐噪比的手段，其 ANOVA 统计结果也体现出差异的显著性（$P=0.004<0.05$）。比较济南学习者在宽窄焦点上的谐噪比则未发现显著差异，但从 P 值（0.059）看，较之单音节的情况，谐噪比的作用明显增加。

（3）小结

从陈述句音系上看，两组发音人在句首焦点及单音节句中焦点时所采用的音高重音模式基本一致。当焦点词为句首单音节词及句首多音节词且重音承载音节为词首音节时，两组发音人都主要采用 $L+H^*$ 来实现焦点词重音；当焦点词为句首多音节词且重音承载音节为词末音节和句中单音节词时，两组发音人都主要采用 H^* 来实现焦点词重音。而当句中焦点词为多音节词时，美国英语本族语者主要采用 $L+H^*$ 实现焦点重音，而济南学习者主要采用 H^* 来实现；当焦点词位于句末时，本族语者主要使用 H^* 实现焦点重音，济南学习者则大多使用 $L+H^*$。此外，济南学习者相对本族语者产出了更多的间断，意味着济南学习者有更多的停顿，语句流利度不够。

从陈述句语音上看，本族语者实现焦点时，在不同的位置使用不同的声学线索：实现句首焦点，采用提升音高和焦点后域压缩的方式；实现句中焦点，采用提升音高和拉长时长的方式；实现句末焦点，采用增加谐噪比和拉长时长的方式。学习者在句首和句中时，窄焦点与宽窄焦点实现无明显差异；在句末，学习者有更高的 F0。两组发音人相比，学习者的焦点重音的音高更低，焦点后域压缩得更小；除了焦点位置的核心重音，其他成分也出现音高重音，造成焦点重音的感知不凸显。

本族语者的重音实现中，音高和时长之间是互补的，句中和句末音高手段受到限制的时候，同时使用拉长时长的方法来实现焦点重音；而学习者并未出现这种模式，并未使用拉长时长这个手段来实现焦点重音。

（五）济南英语学习者的一般疑问句语调

（1）学习者和本族语者一般疑问句中的音高模式对比

在这部分主要介绍一般疑问句中本族语者和学习者在焦点位置使用的音高重音调型、语句的间断情况及句末边界调类型。

表 4-30 是美国英语本族语者和济南英语学习者的一般疑问句音高重

音实现类型的分布情况。当焦点在前，焦点词是单音节时，本族语者用 L* 或 L* + H 实现；而学习者的情况复杂，H* 、L* 、L* + H、L+H* 都有可能用到，但从使用比重看，主要还是用 H* 实现。

表 4-30　　一般疑问句中音高重音的调型分布

焦点位置	音节数目	被试者	音高重音调型				
			H*	L*	L*+H	L+H*	!H*
焦点在句前	单音节	本族语者		15（83%）	3（17%）		
		学习者	18（67%）	2（7%）	3（11%）	4（15%）	
	双音节	本族语者		9（75%）	3（25%）		
		学习者	17（94%）	1（6%）			
	多音节	本族语者	2（8%）	22（92%）			
		学习者	35（97%）	1（3%）			
焦点在句中	双音节	本族语者	2（17%）	8（67%）	2（17%）		
		学习者	15（83%）	2（11%）		1（6%）	
	多音节	本族语者	1（8%）	7（58%）	4（33%）		
		学习者	17（94%）	1（6%）			
焦点在句末	单音节	本族语者	1（6%）	11（69%）	4（25%）		
		学习者	2（11%）	2（11%）	12（67%）	2（11%）	
	双音节	本族语者		23（96%）	1（4%）		
		学习者	6（17%）	21（58%）	1（3%）	8（22%）	
	多音节	本族语者		17（94%）	1（6%）		
		学习者	14（58%）	3（13%）	4（17%）	3（13%）	

焦点在前，焦点词是双音节时，不同的被试者重读的音节不同。本族语者有 2 人重读在第一音节，大部分重读在第二音节，使用 L* 或 L* + H 实现；学习者情况比较统一，只有一人的一句话重读在第一音节，并且使用了 L*，其余都重读在第二音节，用 H* 实现焦点。焦点在前，焦点词为多音节即三音节时，本族语者重读在第一音节，使用到的调型有 L* 和 H*，通过使用比重来看，主要用 L* 来实现；有个别学习者在个别句子中会重读第三音节，并且用 L* 来实现，但学习者的主流情况是重读第一音节，并用 H* 来实现。

焦点在句中，焦点词是双音节时，本族语者重读在第二音节，使用到的调型有 L*、H* 和 L*+H，主要还是用 L* 来实现；1 名学习者重读在第一音节，用 L* 来实现，但其主要情况是重读在第二音节，用 H* 来实现。焦点在句中，焦点词是三音节时，重读在第一音节，本族语者还用到了 L*、H* 和 L*+H 三种调型，仍以 L* 为主来实现；学习者用 H* 来实现，只有一人在一句话中用到了 L* 实现。

单音节焦点词在句末时，本族语者采用 L*、H* 和 L*+H，L* 音高模式所占比重最高；学习者用到 H*、L*、L*+H、L+H* 四种音高模式，以 L*+H 为主。焦点词在句末，是双音节词时，重读在第一音节，本族语者主要用 L* 来实现；学习者调型使用情况复杂，L* 使用的比重最高。焦点词在句末，为三音节词时，被试重读的位置有差异，本族语者重读在第一音节，并用 L* 实现；焦点词不同，学习者重读的音节不同，在各个音节重读的情况都有，在二、三音节重读的更多，仍旧以 H* 实现为主，且调型的使用与焦点词不同无关。

由此可以看出，本族语者多用 L* 来实现焦点词，学习者多用 H* 来实现焦点。只有双音节焦点词在句末时，学习者与本族语者相近，用 L* 来实现焦点词。

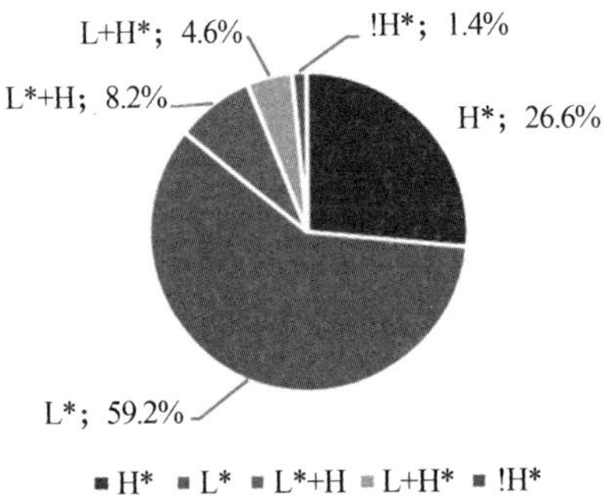

图 4-49 本族语者其他音高重音的调型分布

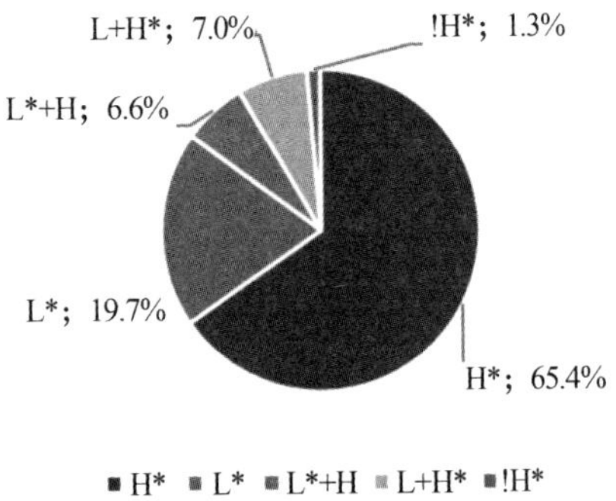

图 4-50 学习者其他音高重音的调型分布

除了焦点词上使用的调型分析，还统计了其他音高重音的调型（见图 4-49 和图 4-50）。本族语者在其他词上的重读有 282 个，人均 47 个；

而学习者在其他词上的重读有610个，人均67.8个，学习者产出的重音数量要远多于本族语者。被试在除焦点词外的其他名词上有重读，学习者在动词、介词和句首的Can、Did上多有重读；而本族语者不会，在这些词上读重的较少，在动词上相对重读的多一些。对于这些词的调型使用，本族语者多使用L*，部分使用H*；学习者的情况则相反，H*使用占比最大，部分使用L*。在一般疑问句中，本族语者更多使用低调来实现重音，而学习者使用高调来实现重音。

表4-31为被试实验句中不同间断等级的数量统计情况。因为本族语者和学习者的人数不同，计算人均间断指数的个数更具有说明性。1为韵律词边界，是词间的正常过渡，1级间断数量上，本族语者人均多于学习者。这并不能说明本族语者的连读情况比学习者差，而是因为学习者产出的3边界多，导致1边界在人均统计数量上少于本族语者。3为韵律短语（中间短语）边界，学习者的3级间断数量要显著高于本族语者，学习者会将一个实验句分成多个韵律短语，听起来连贯性差，流利度不如本族语者。

表4-31　　一般疑问句中韵律边界分布情况

发音人	边界级别	1	3	4
本族语者	总计	968	41	210
	人均	161.3	6.8	35
学习者	总计	1291	365	315
	人均	143.4	40.6	35

边界调类型与语句的语气密切相关，因此通过对本实验句的边界调统计，可以确定一般问句整句的语调常用类型。此处所指的边界调是由句子中最后一个音高重音后的短语重音和边界调共同组成，H-H%表示音高升得很高，可以升到整个句子音域最高处；L-H%表示升调，但音高升得不高，感觉还可以升得更高；L-L%，表示降调，音高降得很低，降到整个句子音域最低处；H-L%，也表示降调，但音高降得幅度不大。图4-51中显示，本族语者的边界调主要使用H-H%和L-H%，都是升

调，都占了很高的比重，表示降调的 L–L% 和 H–L% 只有个别句子中会用到，几乎可以忽略。图 4–52 中显示，学习者的边界调主要使用升调 H–H%，但表示降调的 L–L% 和 H–L% 也占了很大比重，学习者在一般疑问句中边界调的产出欠佳。

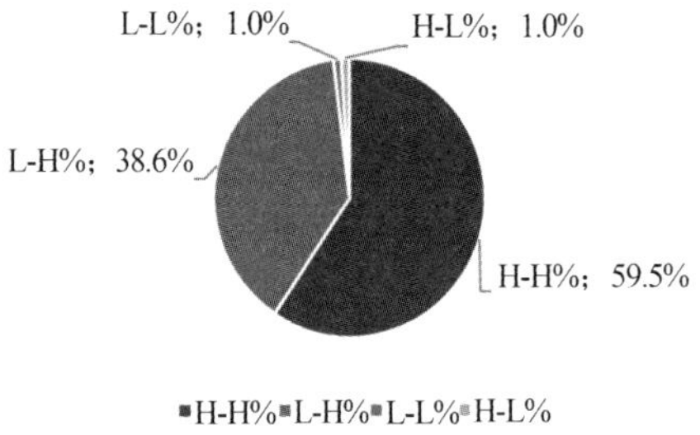

图 4–51 本族语者使用的边界调类型分布

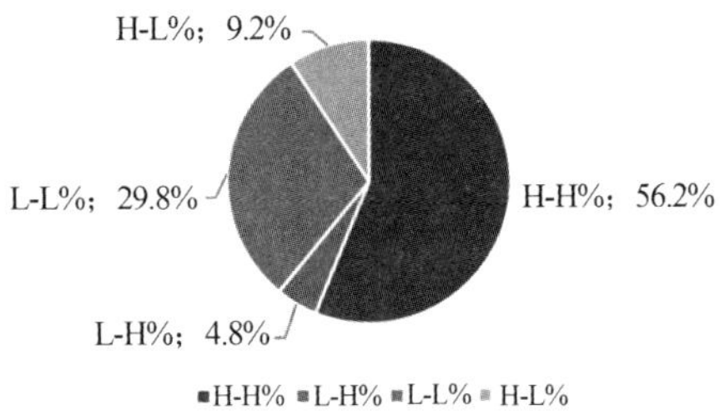

图 4–52 学习者使用的边界调类型分布

（2）学习者和本族语者一般疑问句的语音实现分析

①焦点位于句前时一般疑问句的语调模式

一般问句选取的语料中，窄焦点位置的焦点词有单音节、双音节和多音节词，焦点词音节数目和词重音位置不同，美国英语本族语者和济南英语学习者的表现方式不相同，所以分别就焦点词音节数目进行讨论。

1）焦点为单音节词时

如图 4–53 和图 4–54 所示，核心重音都是落在 JANE 上。本族语者用了低调（L^*）或低升调（L^*+H）来实现焦点重音，而学习者则用高调（H^*）来实现，并且本族语者和学习者音高差异显著（$P=0.00<0.05$）。在焦点后，本族语者音高抬高，一直到句末时抬升得更高。而学习者则恰恰相反，在焦点后音高开始降低，一直降到句末词时，使用低升调，音高上扬。而通过统计分析来看，在焦点词后的音节上，本族语者和学习者的音高差异也显著（$P=0.027<0.05$）。在结尾处本族语者和学习者的音高都升得很高，都采用了高调（H%）。

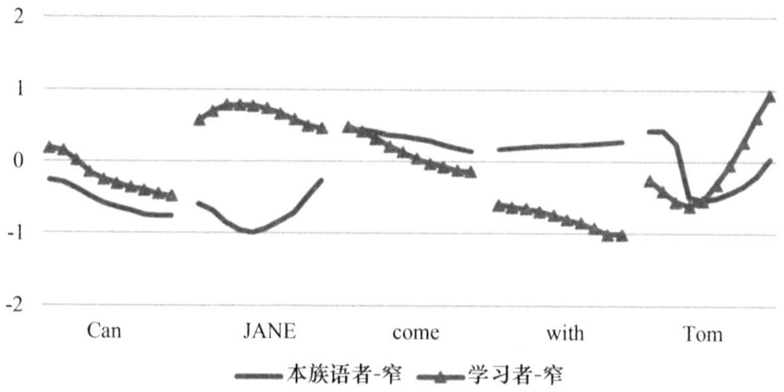

图 4-53　句首焦点一般疑问句 Can JANE come with Tom? 的音高曲线对比

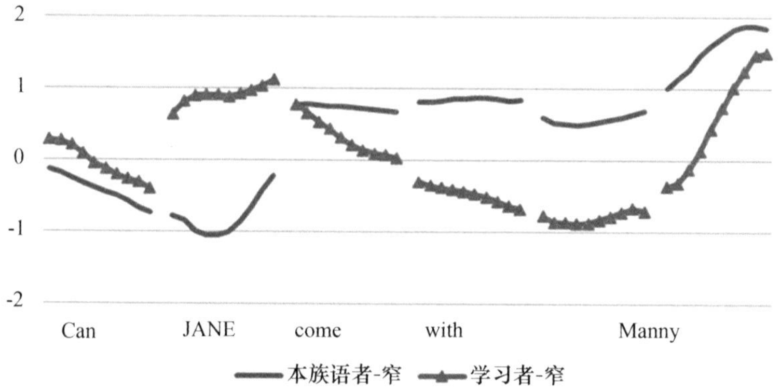

图 4-54　句首焦点一般疑问句 Can JANE come with Manny? 的音高曲线对比

2）焦点词为双音节时

当焦点词在前，且焦点词为双音节，核心重音落在双音节第二音节上（图 4-55 和图 4-56）。在焦点重音位置，本族语者仍用了低调（L*）或低升调（L*+H），而学习者则用的是高调（H*），本族语者和学习者音高差异显著（$P = 0.00 < 0.05$）。在焦点词后域，学习者的音高低于本族语者，本族语者窄焦点句的音高曲线上升，学习者窄焦点句的音高曲线呈下降趋势，直到句末词音高上升，使用低升调。在结尾

处存在两种情况，一是与单音节焦点词情况相同，本族语者和学习者都采用了升调（H%）；另一种情况是本族语者和学习者都用了降调（L%）。

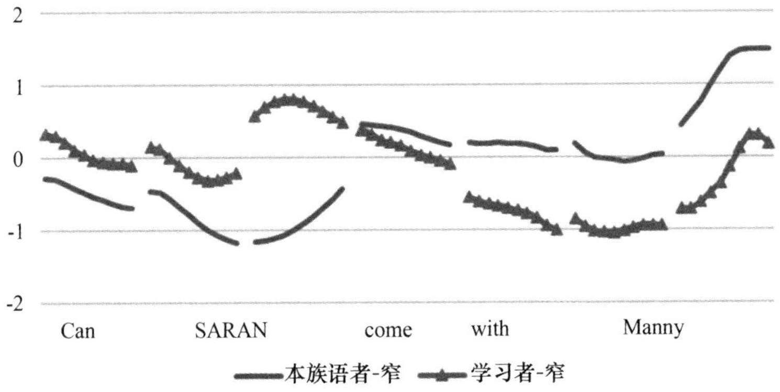

图4-55 句首焦点音一般疑问句 Can SARAN come with Manny? 的音高曲线对比

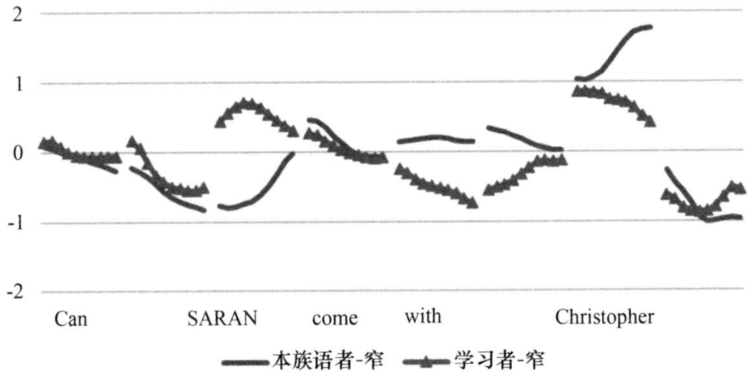

图4-56 句首焦点一般疑问句 Can SARAN come with Christopher? 的音高曲线对比

3）焦点词为多音节时

当焦点词在前，焦点词为多音节，且重音在多音节第一音节上时（图4-57 至图4-59），在焦点重音位置，本族语者使用低调（L*），学习者则使用高调（H*），本族语者和学习者音高具有显著差异（$P = 0.00 < 0.05$）。在焦点词后，本族语者窄焦点句的音高曲线上升，越到句末，窄焦点句的音高曲线升得越高；而学习者窄焦点句的音高曲线走势降低，并且一直到句末词时才有升高趋势，有的升高幅度较大，但还是低于本族语者音高，有的只有略微升高，升高得不明显。所以这就导致学习者在边界调的使用上有两种情况，高调（H%）和低调（L%）。而本族语者使用的都是高调（H%）。

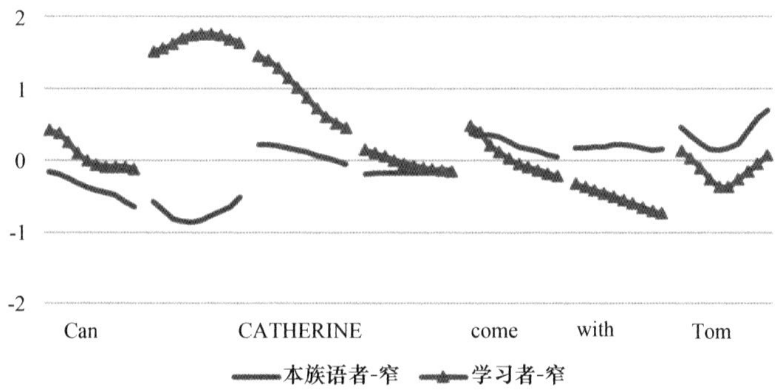

图 4-57　句首焦点一般疑问句 Can CATHERINE come with Tom? 的音高曲线对比

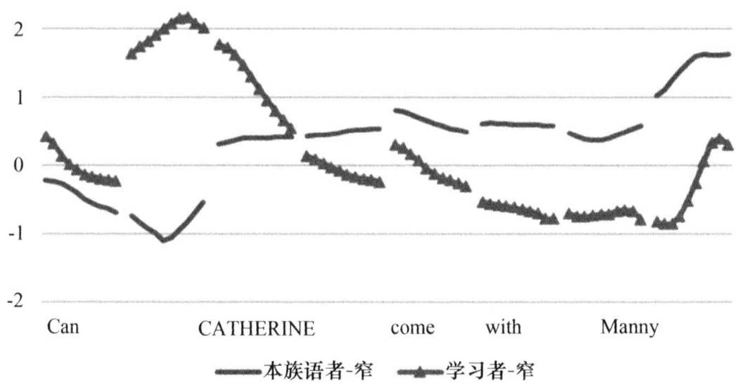

图 4-58　句首焦点一般疑问句 Can CATHERINE come with Manny? 的音高曲线对比

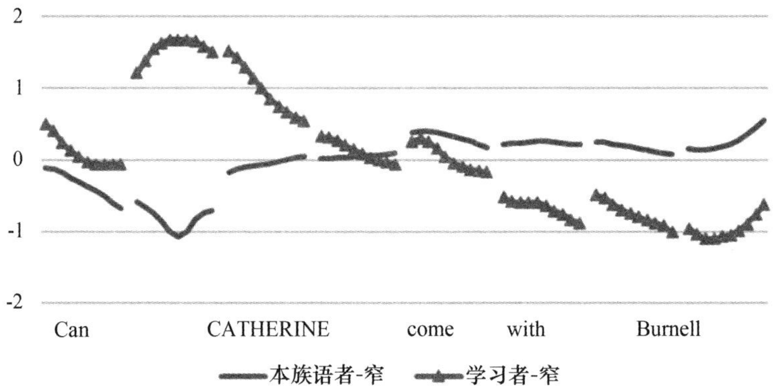

图 4-59 句首焦点一般疑问句 Can CATHERINE come with Burnell? 的音高曲线对比

②焦点位于句中时一般疑问句的语调模式

1）焦点词为双音节时

当焦点为句中双音节词，重读在双音节第二音节上时（图 4-60 和图 4-61），在焦点重音位置，本族语者焦点词的音高位于整句音高的较低处，使用低调 L* 实现焦点重音。学习者用的是高降调（H* L），音高处

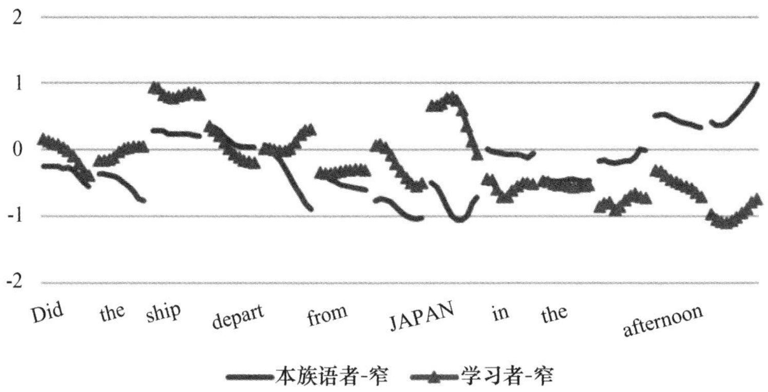

图 4-60 句中焦点一般疑问句 Did the ship depart from JAPAN in the afternoon? 的音高曲线对比

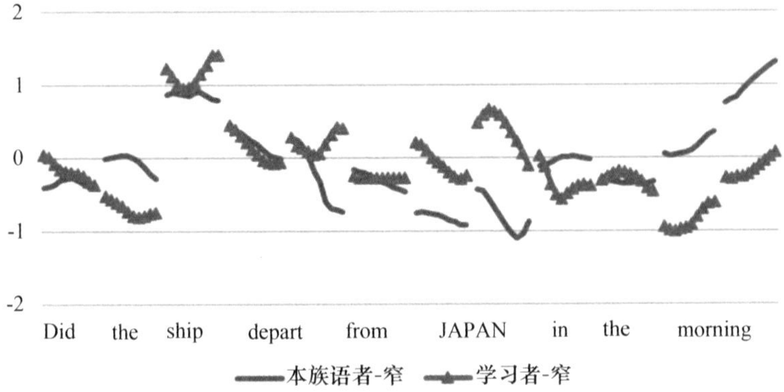

图 4-61 句中焦点一般疑问句 Did the ship depart from JAPAN in the morning? 的音高曲线对比

于整体音域的偏高位置。学习者焦点位置音高要显著高于本族语者（$P = 0.00 < 0.05$）。在焦点词后，本族语者的音高曲线上升，并且越到句末，窄焦点句的音高曲线升得越高；而学习者窄焦点句的音高曲线下降，在句末词时出现两种情况，一种是一直呈下降趋势，一种是在句末词使用了低升调有上升趋势，但总体上低于本族语者音高，并且处于整体音高的低音域。在结尾处，本族语者都是使用的高调（H%），学习者在边界调上使用低调（L%）或者高调（H%），与边界词重音的位置相关，词重音在最后音节上使用低调（L%）。

除了焦点实现为核心重音，主语 ship 还实现为核心前重音，本族语者音高模式是 H^*，学习者为 $L+H^*$，但学习者的音高实现比本族语者更高，听起来更凸显。

2）焦点词为多音节时

焦点词为三音节词，重读音节位于第一音节（图 4-62 和图 4-63），本族语者的表现是窄焦点句音高在第一音节降得很低，位于整个句子的最低处，然后呈上升趋势，在三音节位置抬升很高，并且在焦点词后域继续保持较高的音高，只有在单词 the 上音高回落，并不重读；学习者在重读音节使用高调（H^*），音高明显高于本族语者。在焦点词位置，本族语者的音高模式是低升，而学习者的音高模式是高降，这导致在焦点后域，本族语者的音高是高的，学习者的音高低，本族语者窄焦点句音高高于学习者。在句末边界调上，本族语者使用升调（H%），学习者受到边界词重音的影响，词重音在末尾音节上使用低调（L%），否则用高调（H%）。除焦点处的核心重音之外，学习者还将主语 ship 实现为呈现高调（H*）的焦点前重音，而本族语者相同位置的音节则与其焦点重音处于同一中间语调短语中，该处音高曲线与其后并不存在音高重置。

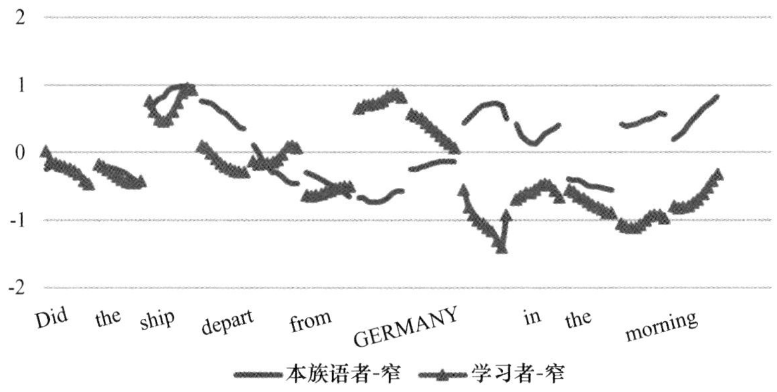

图 4-62　句中焦点一般疑问句 Did the ship depart from GERMANY in the morning? 的音高曲线对比

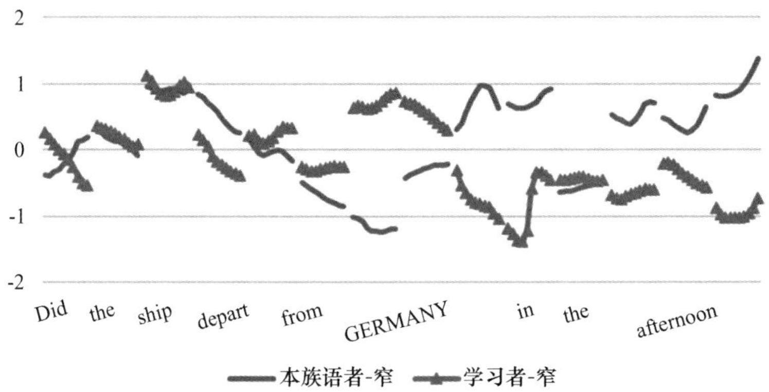

图 4-63　句中焦点一般疑问句 Did the ship depart from GERMANY in the afternoon? 的音高曲线对比

③焦点位于句末时一般疑问句的语调模式

1）焦点词为单音节时

当焦点位于句末，且是单音节时（图 4-64 和图 4-65），本族语者窄焦点位置音高曲线较低，使用低调（L*）。学习者窄焦点句的音高曲线也较低，没有本族语者低，但音高曲线走势和本族语者相同。学习者与本族语者音高重音的调型模式基本相同，只不过学习者窄焦点句在边界音高抬升的幅度高，使用的调型为 L*+H。本族语者与学习者进行对比，

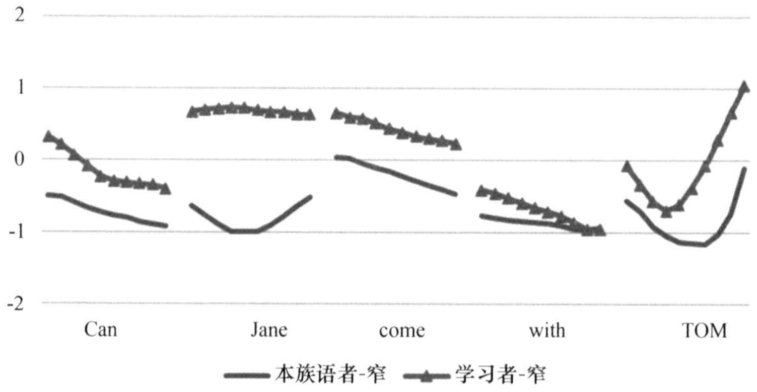

图 4-64　句末焦点一般疑问句 Can Jane come with TOM? 音高曲线对比

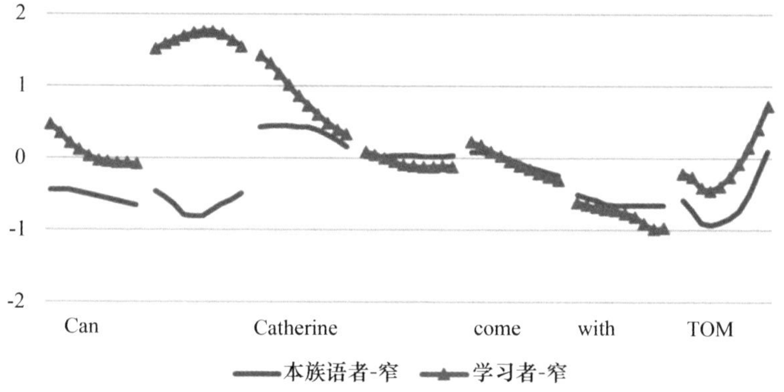

图 4-65　句末焦点一般疑问句 Can Catherine come with TOM? 音高曲线对比

从整个句子看，学习者音高曲线偏高，学习者窄焦点音高高于本族语者窄焦点句。在句末边界调上，两者都使用升调（H%）。除位于焦点处的核心重音之外，学习者还将句中的主语 Catherine 以高调（H*）的模式实现为核心前重音，而本族语者则将对应位置的音节以低调（L*）形式呈现为核心前重音。

2）焦点词为双音节时

当焦点位于句末，且是双音节词（图 4-66 至图 4-69），重读在第一

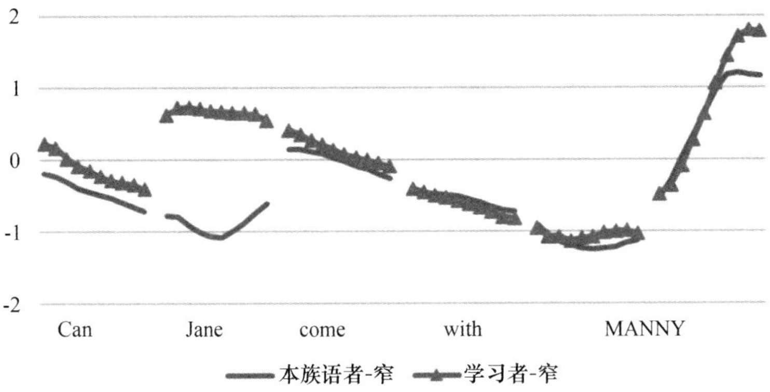

图 4-66 句末焦点一般疑问句 Can Jane come with MANNY? 音高曲线对比

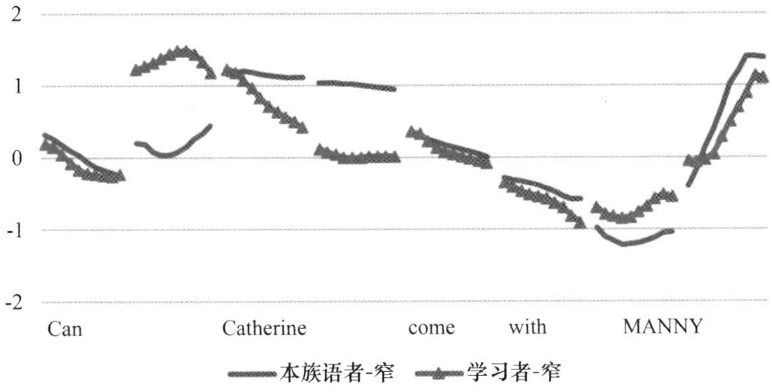

图 4-67 句末焦点一般疑问句 Can Catherine come with MANNY? 音高曲线对比

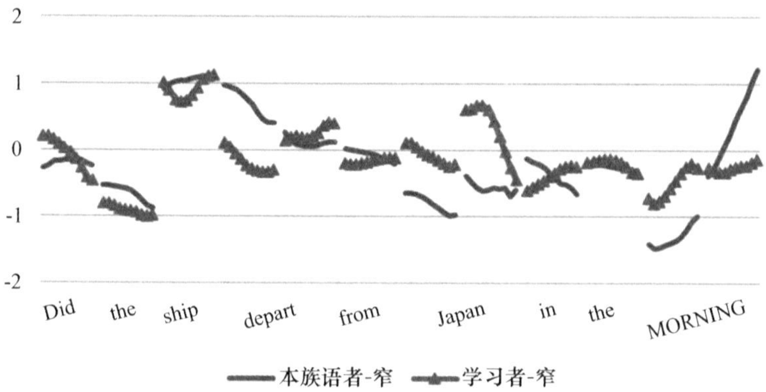

图 4-68　句末焦点一般疑问句 Did the ship depart from Japan in the MORNING? 音高曲线对比

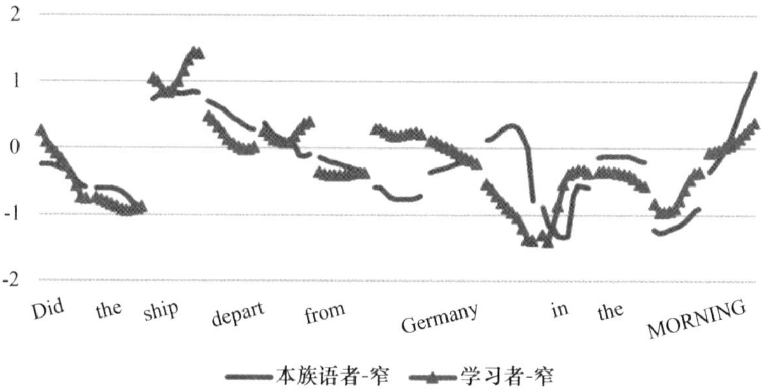

图 4-69　句末焦点一般疑问句 Did the ship depart from Germany in the MORNING? 的音高曲线对比

个音节时，本族语者和学习者窄焦点位置音高曲线较低。在句末焦点词上，学习者与本族语者音高曲线走势基本相同，音高重音的调型模式相同，都以低调（L*）为主，在这种类型语调上学习者接近本族语者，掌握得较好。在句末边界调上，两者都使用升调（H%），并且大部分情况是本族语者边界调更高。除此之外，学习者的音高曲线中还存在一个落在主语 ship 上的表现为高调（H*）的核心前重音，而本族语者语调曲线的对应位置中并不存在这一现象。本族语者语调曲线中的地点状语 Germany 则被实现为核心前重音，其音高模式为高降调(H^*L)。

3）焦点词为多音节时

多音节焦点词在句末，学习者与本族语者具有很大差异，表现为重读的焦点音节不同，音高重音使用的调型模式不同。图 4-70 至图 4-72 中，CHRISTOPHER 本族语者重读在第一音节，使用低调（L^*）；而学习者重读在第二音节上，并使用高调（H^*）。在边界调的使用上学习者与本族语者恰恰相反，句末边界调本族语者用降调（L%），学习者用升调

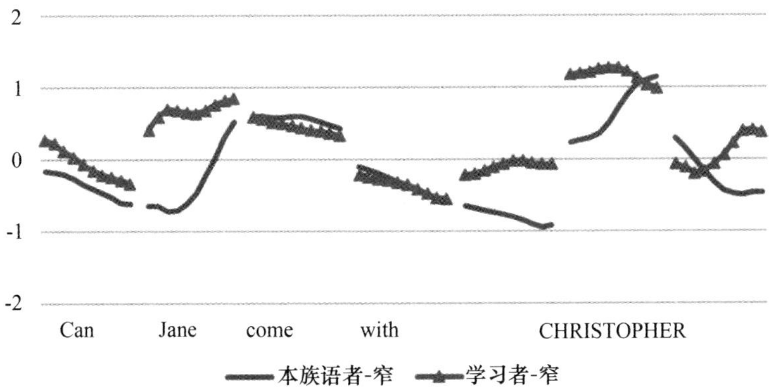

图 4-70 句末焦点一般疑问句 Can Jane come with CHRISTOPHER? 音高曲线对比

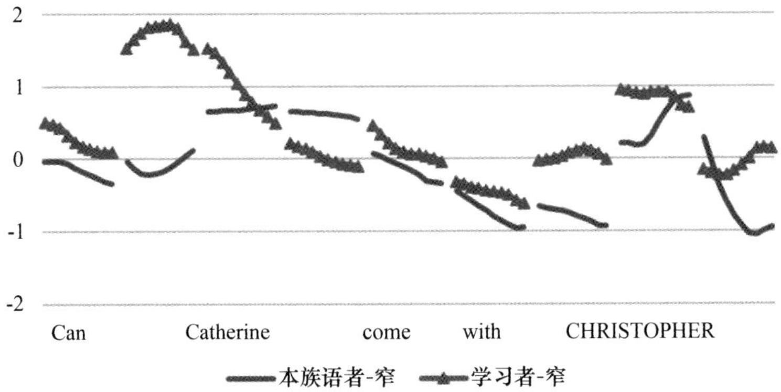

图 4-71 句末焦点一般疑问句 Can Catherine come with CHRISTOPHER? 音高曲线对比

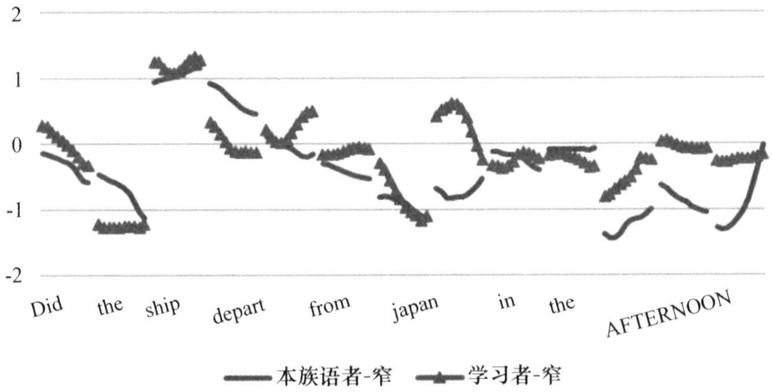

图 4-72　句末焦点一般疑问句 Did the ship depart from Japan in the AFTERNOON? 音高曲线对比

（H%）。图 4-72 中，AFTERNOON 的重音在最后一个音节上，本族语者仍使用 L*，学习者则使用 H*，两者的边界调均为 H%。因此，句末边界调与句末焦点词的重音位置相关，二者有交互作用。除位于焦点处的核心重音外，学习者与本族语者均将句中的地点状语 Japan 实现为核心前重音，但两者在实现方式上略有不同，前者采用高降调（H*L），后者则采用低调（L*）。

④一般疑问句的焦点重音时长分析

时长和音高是重音的两个重要相关量，所以本族语者和学习者在一般疑问句窄焦点位置的音长也需要分析。为了消除个体差异，我们根据每位发音人焦点音节处时长的均值和标准差，对时长数据也进行了归一化 Z-Score 规整处理。

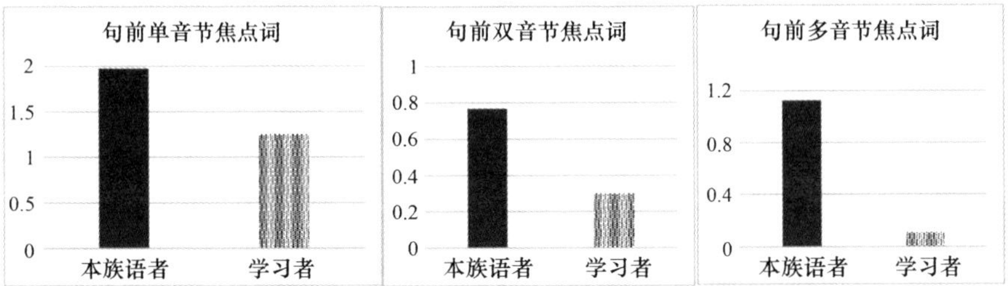

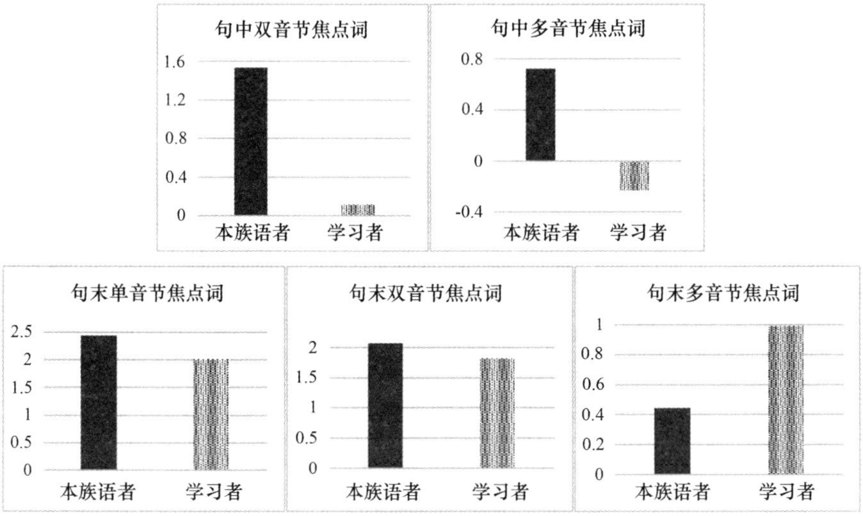

图 4-73 焦点位于不同位置的焦点处音节时长 Z-Score 均值

从图 4-73 中看出，窄焦点在句前为单音节时，本族语者时长要长于学习者，两者的时长差异显著（$P = 0.002 < 0.05$）；窄焦点在句前为双音节时，本族语者时长略长于学习者，但时长差异并不明显；窄焦点在句前为多音节时，本族语者读的时长比学习者略长，差异也不明显；窄焦点在句中为双音节和多音节词时，本族语者在窄焦点位置的时长要大于学习者，通过统计分析两者的差异很明显（$P = 0.000 < 0.05$；$P = 0.008 < 0.05$）；窄焦点词在句末时，无论单音节、双音节还是多音节，本族语者和学习者的时长差异不显著。

结果说明本族语者和济南学习者除了实现核心重音的音高类型差异外，使用时长拉长来实现焦点重音的策略也不相同。本族语者在各种情况下都使用了拉长时长，学习者在句末拉长时长比较明显，句中几乎没有，句首拉长也跟焦点词的长短相关。

（3）小结

本节主要通过语音产出实验，从音系层面和语音层面考察了美国英语本族语者和济南英语学习者产出一般疑问句的语调模式。

在流利度方面，济南学习者人均的 3 级间断次数（韵律短语边界）比本族语者多了许多，学习者产出多个韵律短语，致使语句的完整性差，整体不够连贯，流利度不如本族语者，有待加强。

在句末边界，本族语者用上升的调 H-H% 或 L-H%，通常这种上升的调会升到很高，H-H% 使用的频率最高。学习者用上升的调 H-H% 或下降的调 L-L%，虽然使用 H-H% 占的比重最高，但近三成 L-L% 的使用也不容忽略。通过统计需要说明的是 L-L% 的产生并非是学习者个体因素造成的，也与实验句子的长短无关系。除了一名学习者没有用到降调外，其余学习者或多或少都使用了 L-L%，L-L% 在实验句中的分布也随机。这表明学习者存在边界调使用随意的问题，没有较好地习得一般问句的边界调特征。

当焦点在句前、句中时，无论焦点词有几个音节，本族语者都主要使用 L*，学习者都主要使用 H*；当焦点在句末时，焦点词是多音节，本族语者还是使用 L*，学习者也仍用 H*；当焦点在句末，焦点词是单音节时，本族语者用 L*，学习者用 L*+H，焦点词是双音节时，学习者与本族语者相同，都是用 L*。单音节或双音节焦点词在句末时，学习者焦点词的音高重音调型接近本族语者，学习者语调实现得好。

学习者还会将本无须重读的一般疑问句主语实现为核心前重音，实现方式往往采以 H* 为主。除了焦点重音实现为核心重音，在疑问词后总是产出一个核心前重音，同普通话学习者的产出错误模式一致。这些说明学习者存在重读产出多、实现重读用的调型单一等问题。

两类发音人实现焦点重音使用的时长策略也不相同，本族语者无论句子焦点位置和焦点词长短，都使用拉长重音的手段；学习者则完全不同，除了句末和句前使用拉长，句中几乎没有拉长，而且句首拉长的程度也不如本族语者，并跟焦点词的音节个数相关，这体现了汉语音节性的特色。

（六）济南英语学习者的特殊疑问句语调

（1）学习者和英语本族语者特殊疑问句的音高模式对比

在这部分主要对比美国本族语者和济南学习者的特殊疑问句的音高重音、边界调类型和韵律间断分布。我们选取了 9 个特殊疑问句进行详细分析，见表 4-32。前 6 个疑问句为自然焦点句，而 023 句 SHE 为句中焦点词，后两句 027 和 242 句的疑问代词 WHO 为焦点词。

表 4-32　　选取的 9 个特殊疑问句

语句编号	文本
077	How should I know?
090	Why won't you wait?
161	What's wrong with the blessed thing?
345	Which do you think will be less crowded?
275	What color is it, red, blue or yellow?
169	Which do you like better, tea or coffee?
023	What about Catherine? Who can SHE come with?
027	I gave flowers to George. WHO gave flowers to George?
242	WHO left the socks on the fence? Mark left the socks on the fence.

表 4-33　　疑问代词句的音高重音分布

077	How	should	I	know
本族语者			100%	
学习者	60%		40%	

090	Why	won't	you	wait
本族语者	17%			100%
学习者	100%	50%		100%

161	What's	wrong	with	the	blessed	thing
本族语者		100%				
学习者	40%	80%			80%	80%

345	Which	do	you	think	will	be	less	crowded
本族语者	50%							100%
学习者	90%			90%			80%	90%

275	What	color	is	it	red	blue	or	yellow
本族语者		100%			100%			100%
学习者	20%	100%			90%			90%

续表

169	Which	do	you	like	better	tea	or	coffee
本族语者					100%	100%		100%
学习者	100%				90%	30%		90%

023	Who	can	SHE	come	with
本族语者			100%		
学习者	70%		30%		40%

027	WHO	gave	flowers	to	George
本族语者	100%				
学习者	90%				80%

242	WHO	left	the	socks	on	the	fence
本族语者	100%						17%
学习者	100%			80%			100%

表4-33列出来这些句子音高重音的分布情况，词下面的百分数表示发音人重读这个词的百分比。AM是美国英语本族语者，JN是济南学习者。比如，090句 Why won't you wait? 所有本族语者重读 wait，同时也有17%重读了疑问代词 Why；而济南学习者所有人都同时重读了 Why 和 wait，还有50%重读 won't。

结果表明，本族语者与学习者的重音分布有差异，虽然每句话的重音分布都不同，但他们的分布差异具有规律。下面详细讨论本族语者和学习者之间存在的分布差异。

正如 Ladd（1996）对英语特殊疑问句音高模式的描述："在英语中，疑问词通常不带有最凸显的重音。"本族语者很少在特殊疑问词上重读，学习者常常在特殊疑问词上重读。表4-33统计结果再次印证了这个结论。不管疑问词是否是焦点词，济南学习者在句首特殊疑问词上大多重读；而本族语者多在句中或句末词上重读，如表4-32前7句自然焦点句所列。本族语者的核心重音产出都是在句中词或句末词，虽然也有在句首词疑问代词的情况，但较少。

学习者对疑问词重度的偏误现象，主要是由于英汉语特殊疑问句的句法差异造成的负迁移。就疑问词在特殊疑问句中的位置而言，在英语中，疑问词必须放在句子的开头；而汉语是 wh-in-situ language（非位移类型语言），疑问词保留在它所取代的句子成分上。就词序而言，汉语特殊疑问句仍保留陈述句的词序，句子中各语法成分的位置不变，疑问代词往往承载焦点信息而重读。

本族语者核心重音的选择一致性较高，大多都会重读在一个词上。济南学习者会把核心重音放在本族语者不重读的单词上，并且对重读单词的选择不一，如 345 句中，有的学习者重读在 Which & crowded & less，有的重读在 Which & crowded & think。济南学习者常常在一个句子中重读多个单词，并且随着句子长度的增加，重读的单词也增多。比如 242 句 Who left the socks on the fence？由 7 个词组成，学习者重读了 3 个词，345 句 Which do you think will be less crowded？由 8 个词组成，学习者重读了 4 个词。有个别口语水平较差的学习者甚至在短句中对每一个词都有重读。

图 4-74 和图 4-75 是对特殊疑问句的边界调使用情况的统计，可以确定本族语者和学习者特殊疑问句的边界调常用类型。H-H%，表示音高升得很高，可以升到整个句子音域最高处；L-H%，表示升调，但音高升得不高，感觉还可以升得更高；L-L%，表示降调，音高降得很低，降到整个句子音域最低处；H-L%，也表示降调，但音高降的幅度不大。本族语者的边界调主要使用 L-L% 和 H-L%，都是降调，L-L% 的比重最高，为 82.3%，表示升调的 L-H% 和 H-H% 只有个别句子中会用到，占比非常小，几乎可以忽略，可以说本族语者特殊疑问句边界调的发音是降调。学习者的边界调使用最多的也是降调 L-L%，表示降调的 H-L% 使用率也很高，学习者大部分情况的边界调产出与本族语者相似，但不能忽视的是还有近 15% 的边界调仍使用升调。通过进一步的统计表明，升调的产生是学习者个体因素造成的，一名男性学习者边界调几乎都用升调，另一名女性学习者半数实验句边界调用了升调。这两名学习者的口语水平评级是差等的，所以还需要个别学习者进一步明确特殊疑问句边界调型的使用。

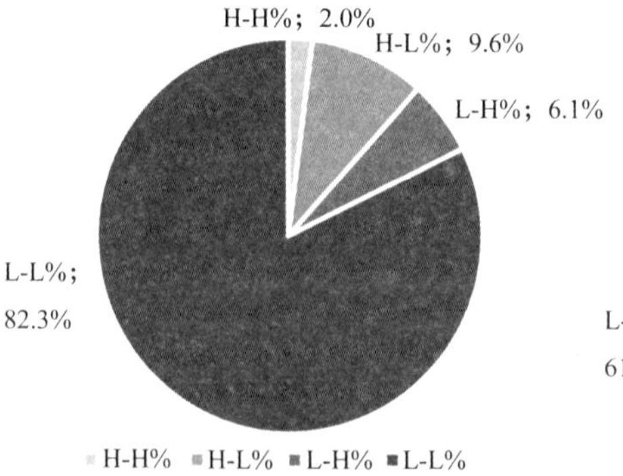

图 4-74　美国本族语者使用边界调类型分布

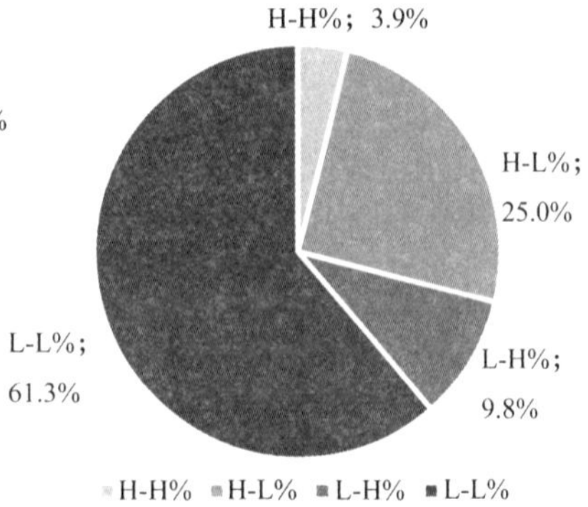

图 4-75　济南学习者使用边界调类型分布

表 4-34 统计了本族语者与学习者在所有实验句 33 × 16 = 528 句中不同间断等级的数量情况。因为本族语者和学习者的人数不同，计算人均间断指数的个数更具有说明性。1 为韵律词边界，1 级间断数量上，本族语者的人均计数略多于学习者。这与一般疑问句的情况相同，是因为学习者产出的 3 边界多，导致 1 边界在人均统计数量上少于本族语者。3 为韵律短语边界，学习者的 3 级间断数量要显著高于本族语者，说明学习者说英语时连贯性差，流利度不如本族语者，将一个实验句分成了多个韵律短语，有些学习者甚至在句首特殊疑问词后就会有一个明显的停顿。4 为语调短语边界，学习者多产出的语调短语边界是在诸如 Which do you like better，tea or coffee? 这种选择疑问句中，学习者通常将前边的特殊疑问句 better 后产出为一个语调短语边界。

表 4-34　　　　特殊疑问句间断分布

发音人	间断级别	1	3	4
本族语者	总计	893	58	207
	人均	148.8	9.7	34.5
学习者	总计	1416	235	348
	人均	141.6	23.5	34.8

（2）学习者和本族语者特殊疑问句的语音实现分析

音高模式的分析是基于音高重音的分布进行的。在不同的语境中，特殊疑问句核心重音的分布是不同的。通过对所选的特殊疑问句音高重音分布统计，发现多数情况下本族语者的重音在句末，有一部分在句中。正如已有研究表明，学习者倾向于将特殊疑问词读重，并且在一句话中产出多个重音。在这一部分中，我们对选择的9个具有代表性的特殊疑问句逐一进行详细分析，比较美国英语本族语者和济南英语学习者的异同。

图4-76和图4-77所示分别为本族语者和济南学习者 Why won't you wait? 的音高曲线图。本族语者主要重读在 wait，都使用了高调（H*），一名本族语者也同时重读了 Why，使用 L+H*。在结尾处，本族语者都使用降调（L%）。学习者也都重读了 wait，但所用调型本族语者不同，7名学习者使用高调（H*），2名学习者使用 L*+H，还有一个用到了 L*。学习者还都重读了 Why，并且使用的调型多样，6人用 H*，3人用 L+H*，1人用 L*。还有半数学习者重读了 won't，调型使用以!H*为主。学习者大部分边界调使用降调（L%），但仍有2人使用升调（H%）。

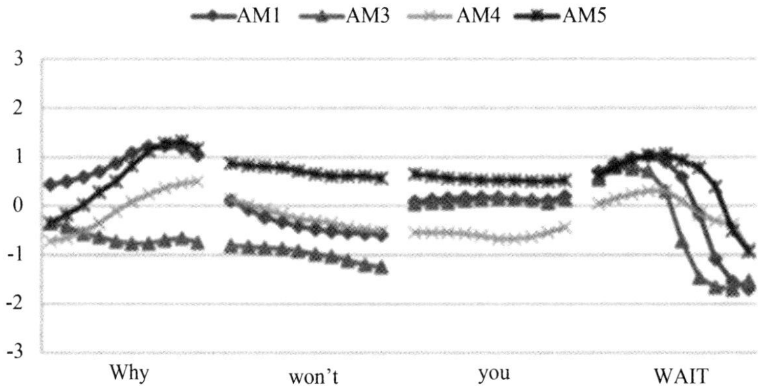

图4-76 英语本族语者特殊疑问句 Why won't you wait? 的音高曲线

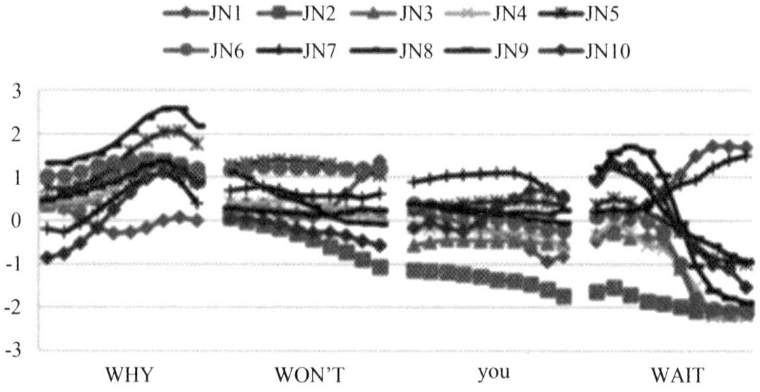

图 4-77　学习者特殊疑问句 Why won't you wait? 的音高曲线

图 4-78 和图 4-79 所示分别为本族语者和学习者 Which do you think will be less crowded? 的音高曲线图。本族语者主要重读在 crowded，主要使用高调（H*），一名本族语者使用了低调（L*）；男性本族语者同时重读了 Which，使用高调（H*）。本族语者边界调都使用降调（L%）。学习者重读了 Which、crowded、think、less，Which 的调型使用与本族语者相同，使用高调（H*），crowded 使用调型半数用高调（H*），半数用低调（L*）。学习者 think 和 less 使用调型多样，统一度不高。多数学习者边界调使用降调（L%）。

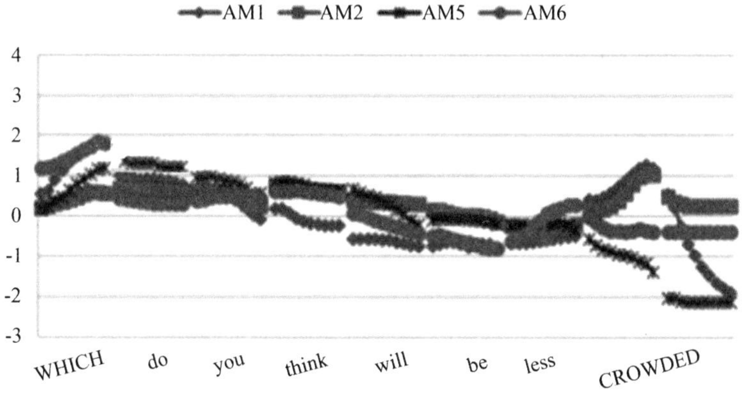

图 4-78　英语本族语者特殊疑问句 Which do you think will be less crowded? 的音高曲线

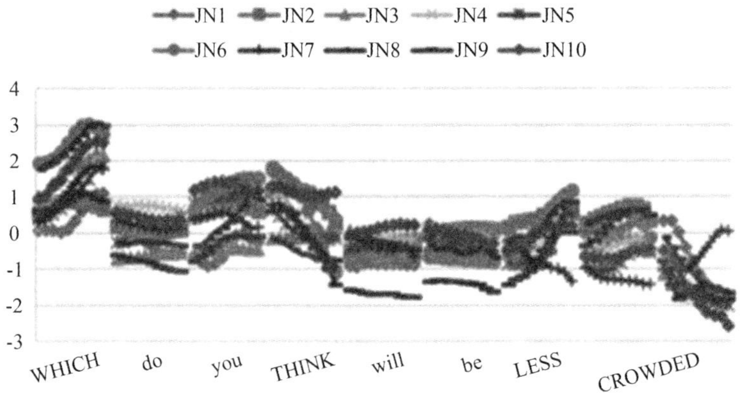

图 4-79　学习者特殊疑问句 Which do you think will be less crowded? 的音高曲线

图 4-80 和图 4-81 所示分别为本族语者和学习者 How should I know? 的音高曲线图。本族语者主要重读为 I，使用调型为 L+H*，结尾边界调使用降调（L%）。学习者重读在 How，使用调型为 H*。4 名学习者在 I 上也有重读，但使用调型与本族语者不同，为低调（L*）。学习者的边界调以降调（L%）为主。

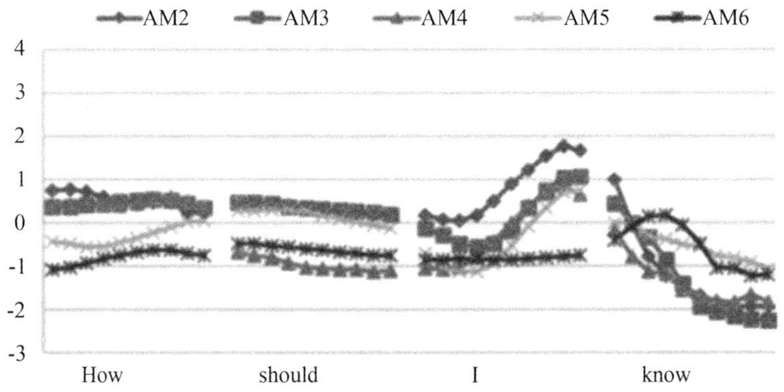

图 4-80　英语本族语者特殊疑问句 How should I know? 的音高曲线

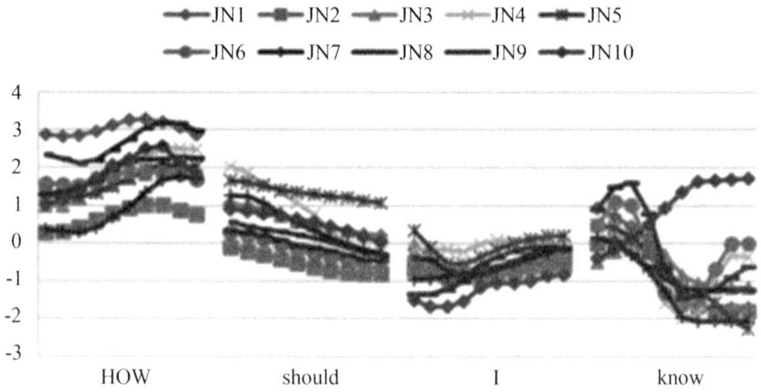

图 4-81　学习者特殊疑问句 How should I know? 的音高曲线

图 4-82 和图 4-83 所示分别为本族语者和学习者 What's wrong with the blessed thing? 的音高曲线图。本族语者主要重读在 wrong，主要使用高调（H*），还有一人用到了 L+H*。本族语者边界调为降调（L%）。学习者重读多个词，wrong、blessed 和 thing，学习者 wrong 使用调型与本族语者相同，为高调（H*）。thing 的调型主要为低调（L*），2 人用了 H*，1 人用了 L*+H。blessed 的调型有 L*、H* 和 L+H*，各有 3 人使用。学习者边界调都用降调（L%）。

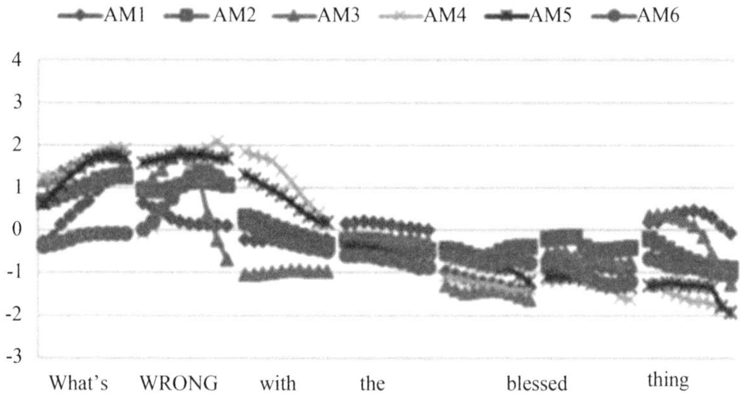

图 4-82　英语本族语者特殊疑问句 What's wrong with the blessed thing? 的音高曲线

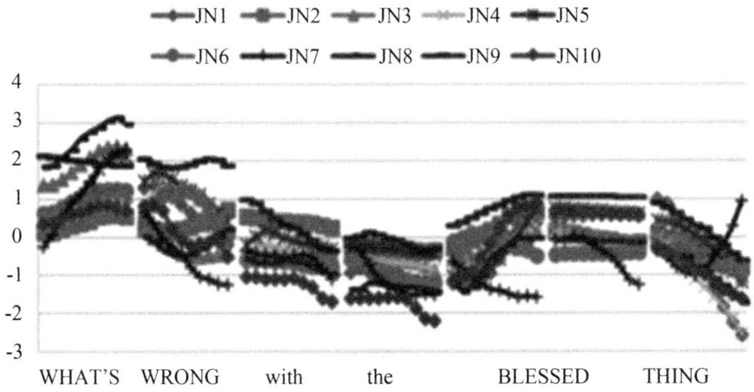

图 4-83 学习者特殊疑问句 What's wrong with the blessed thing? 的音高曲线

图 4-84 和图 4-85 所示分别为英语本族语者和学习者选择疑问句 What color is it, red, blue or yellow? 的音高曲线图。前半句是特殊疑问句，后半句是有三个选项构成的选择疑问句。本族语者和学习者都重读了核心词 color，主要使用高调（H*）；他们也重读了 red 和 yellow，在 red 上他们都使用 H* 或 L+H*；而在 yellow 上，本族语者使用的是 H*，学习者使用的是 L*。学习者和半数本族语者会把该实验句分为两个语调短语，第一个语调短语结尾边界调，他们都用到降调（L%）或升调

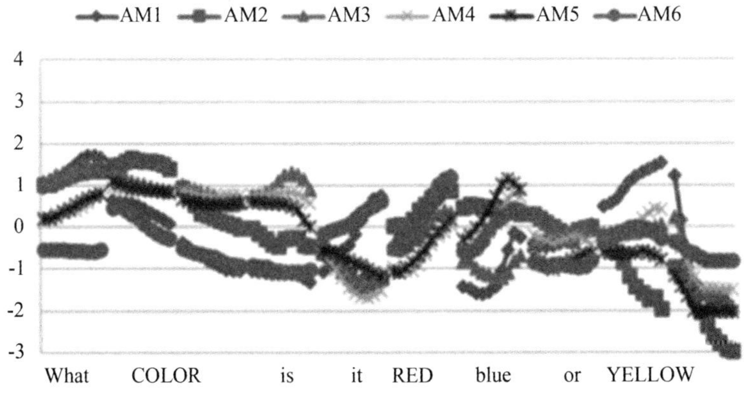

图 4-84 本族语者带有特殊疑问句的选择疑问句 What color is it, red, blue or yellow? 的音高曲线

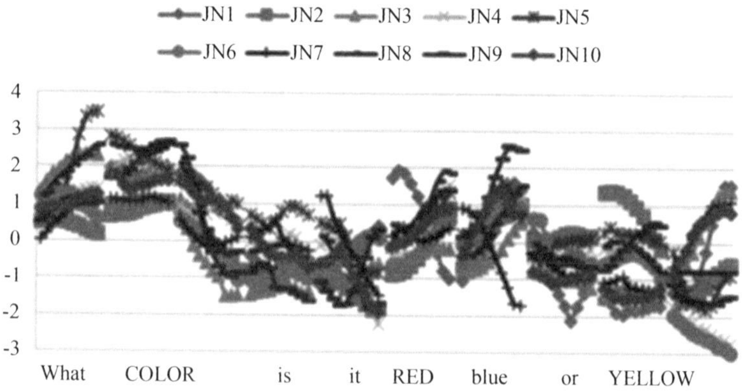

图 4-85　学习者带有特殊疑问句的选择疑问句 What color is it, red, blue or yellow? 的音高曲线

（H%）。而在第二个语调短语结尾处，本族语者都用降调（L%），学习者半数使用降调（L%），半数使用升调（H%）。

图 4-86 和图 4-87 所示分别为本族语者和学习者 Which do you like better, tea or coffee? 的音高曲线图。前半句是特殊疑问句，后半句是有两个选项构成的选择疑问句。本族语者和学习者都把该实验句分为两个语调短语。本族语者在核心词 better 上主要使用高调（H*）；他们还重读了两个选择词 tea 和 coffee，在 tea 上他们都使用 H*，而在 coffee 上，使用的是 H* 或 L*。本族语者在第一个语调短语结尾使用升调（H%），第二个语调短语边界调为降调（L%）。学习者在核心词 which 上者使用高调（H*），同时 better 也被重读了，使用的是 H*、L+H* 或 L*。他们同样重读了两个选择词，在 tea 和 coffee 上主要都用 H*。在第一个语调短语结尾，他们使用降调（L%）；而第二个语调短语的边界调，学习者半数使用降调（L%），半数使用升调（H%）。

Xu（2015）认为，当被提供两个选择时，美国英语本族语者只会重读其中一个。在使用的音高模式方面，本族语者会在最后一个选择项上使用降调，而在前一个选择项上使用升调来表示话语没结束，在上述研究中也发现了这一点。然而，在 Which do you like better, tea or coffee? 中，我们可以看到美国英语本族语者和济南英语学习者在两个选择项上都重读了。在 What color is it, red, blue or yellow? 中，当提供的选择项有三个时，本族语者和学习者只强调第一个和第三个。因此，我们需要对具有多个选择项的选择性疑问句进行进一步的实验研究，来考察其选择项的重读分布。在音高重音调型方面，大多数学习者和本族语者是一样的，少数学习者是不同的，在最后一个选择项上使用升调，而在前一个选择项上使用降调。

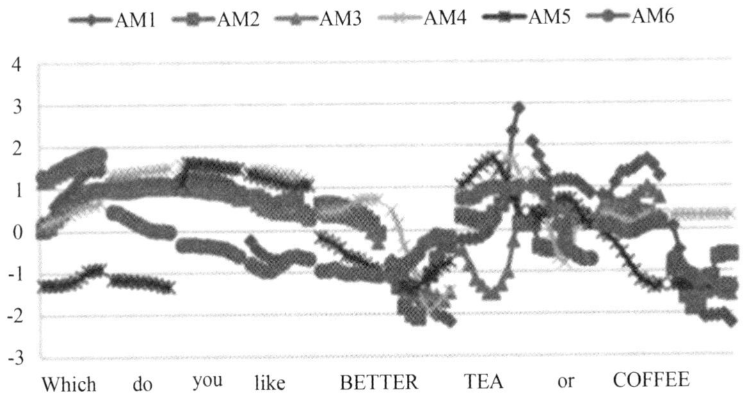

图 4-86 英语本族语者带有特殊疑问句的选择疑问句 Which do you like better，tea or coffee? 的音高曲线

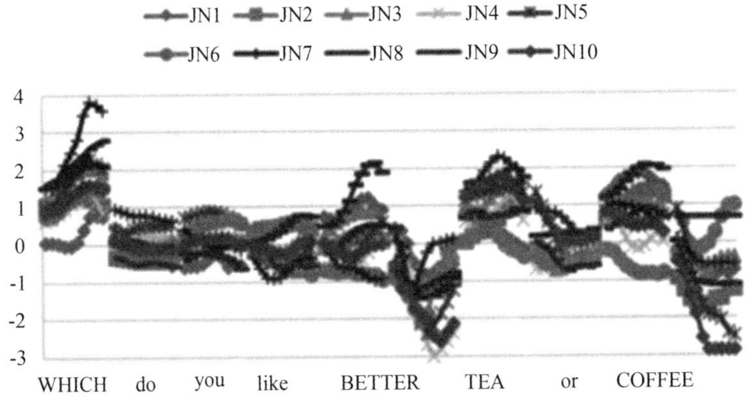

图 4-87 学习者带有特殊疑问句的选择疑问句 Which do you like better，tea or coffee? 的音高曲线

图 4-88 和图 4-89 所示分别为本族语者和学习者 Who can SHE come

with？的音高曲线图。这句话是有前后语境的，设计为 What about Catherine？Who can SHE come with？Catherine comes with him. 本族语者主要重读 she，都使用了高调（H^*），并且边界调都用降调（L%）。学习者的情况复杂，不同学习者重读不同，每个词都被重读过。Who 重读的最多，都使用了高调（H^*）；只有 3 人重读了 she，并且调型各有不同，分别用到 H^*、!H^* 和 L^*。学习者有一半重读句末介词 with，音高调型的使用上也不相同，分别用到 H^*、!H^* 和 L^*。从 with 的音高曲线来看，有些学习者一直是下降的，但并未降到底，在末尾略有上升，这是因为学习者认为疑问句语气需要上升，但上升的幅度不大，音高仍然处于低音域部分，所以学习者的边界调大部分为降调（L%），有个别为升调（H%）。

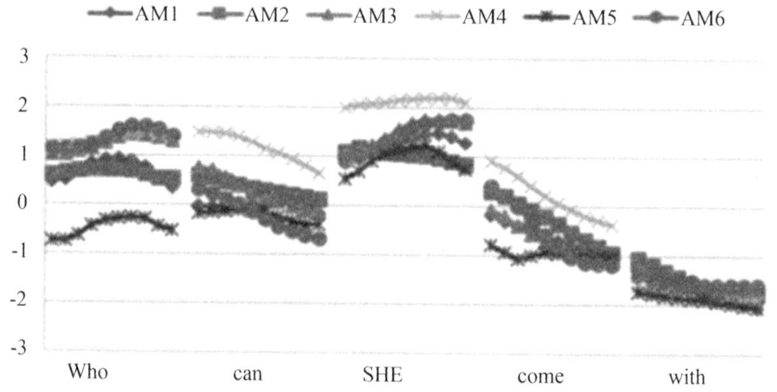

图 4-88　英语本族语者特殊疑问句 Who can SHE come with？的音高曲线

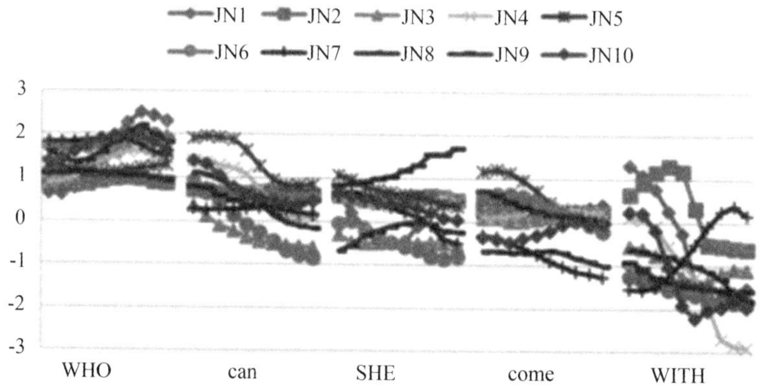

图 4-89　学习者特殊疑问句 Who can SHE come with？的音高曲线

图4-90和图4-91所示分别为本族语者和学习者的句子WHO gave flowers to George？的音高曲线图，疑问代词WHO为焦点。本族语者的核心重音在句首焦点词WHO，使用了高调或高降调（H*），整句的音高曲线由于PFC下降趋势明显，边界调为降调（L%）。学习者的核心重音也为WHO，使用的调型与本族语者相同，为高调或高降调（H*）。由于学习者在George、socks和fence上也有重读，焦点后PFC比本族语者小。在结尾处学习者边界调为降调（L%），3人是升调（H%）。

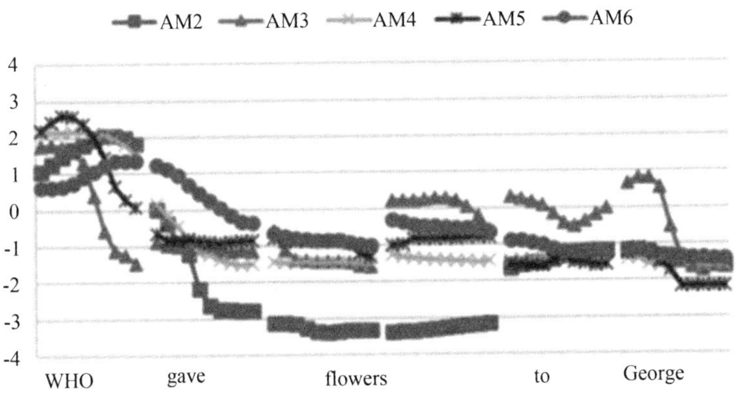

图4-90 英语本族语者特殊疑问句WHO gave flowers to George？的音高曲线

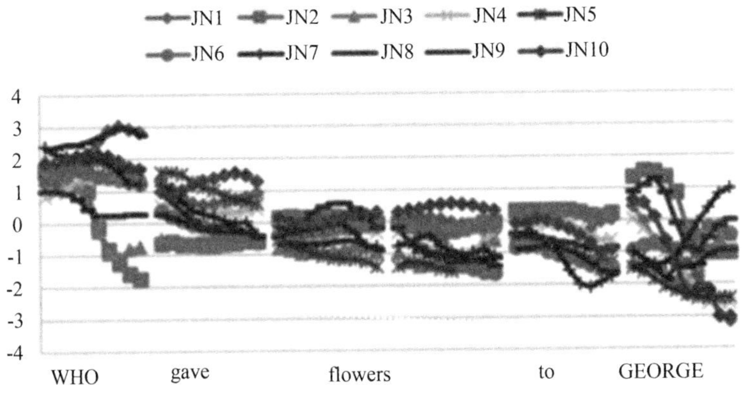

图4-91 学习者特殊疑问句WHO gave flowers to George？的音高曲线

图 4-92 和图 4-93 所示分别为本族语者和学习者 WHO left the socks on the fence? 的音高曲线图，WHO 为焦点。本族语者重读句首的 WHO，使用高调或高降调（H^*/H^*L），从句首到句末，音高曲线越来越低。本族语者边界调主要为降调（L%），有一名女性本族语者用了升调（H%）。学习者的核心重音也为 WHO，使用的调型与本族语者相同，为高调或高降调（H^*/H^*L）。在 socks 和 fence 上也有重读，socks 的调型使用主要是低调（L^*），有 4 名学习者重读 socks，3 人用了 H^*，1 人用

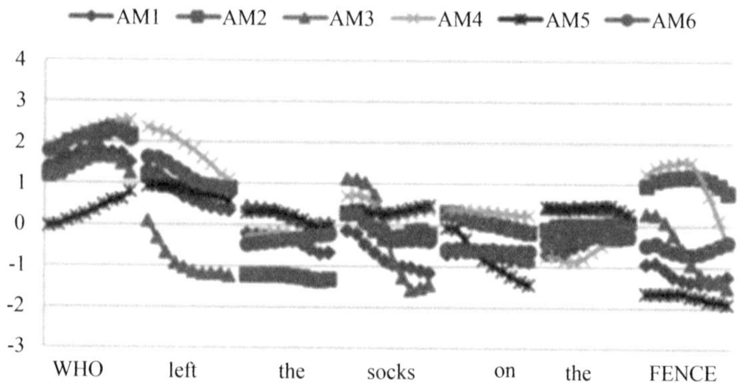

图 4-92　英语本族语者特殊疑问句 WHO left the socks on the fence? 的音高曲线

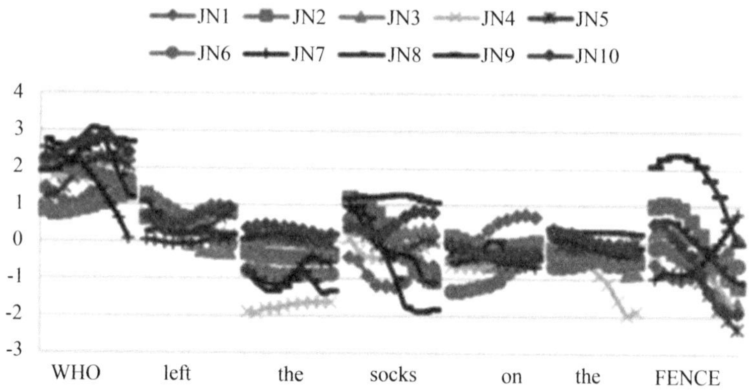

图 4-93　学习者特殊疑问句 WHO left the socks on the fence? 的音高曲线

了 L^*+H。fence 主要用低调（L^*），有 4 人使用，H^* 和 L^*+H 分别有 3 人和 2 人使用；在结尾处学习者边界调基本都为降调（L%），只有一种使用升调（H%）的情况。

（3）小结

本节主要通过语音产出实验，从音系层面和语音层面考察美国本族语者和济南英语学习者特殊疑问句的语调模式。

在流利度方面，关于 3 级间断次数，济南英语学习者产出的人均数量比美国英语本族语者多，学习者有多次间断，产出多个韵律短语，特殊疑问实验句整体说得不够连贯。学习者还会把带有选择性的特殊疑问句在语调上看成两个语调短语，先读特殊疑问句部分，再读后面选择部分，两部分之间的停顿明显，衔接不畅；而本族语者处理这种句子，整体上是连贯的。学习者需要加强流利度练习，减少说英语时的间断，并且在语句间断位置方面向本族语者靠拢，避免产出过多间断和随意性间断。

关于句末边界调，美国英语本族语者的边界调主要使用降调 L-L% 和 H-L%，L-L% 的使用比重最高，本族语者说特殊疑问句时边界调为降调。济南学习者边界调使用占比最高的也是降调 L-L%，表示降调的 H-L% 使用率也很高，因此，学习者说特殊疑问句时边界调主要为降调，学习者边界调产出与本族语者相似。学习者边界调升调的产出是个别口语水平差的学习者造成的，所以还需要这些学习者增强特殊疑问句边界调产出训练。

对于核心重音的分布，美国本族语者的核心重音位于句中或句末，本族语者能准确定位核心重音，对语句中核心重音的选择高度一致。济南学习者存在三个与本族语者不同的问题：一是学习者倾向于重读句首的特殊疑问词，这是本族语者少有的表现。这可以从英语学习者在英语语调学习中受到母语负迁移的影响解释。Ladd（1996）提出英语特殊疑问词通常不是最凸显的重音，而在特殊疑问词不位于特殊疑问句句首的语言中，确实会有特殊疑问词作为核心重音的现象。如在汉语中，特殊疑问词就是特殊疑问句的焦点，会有明显重读。二是学习者在实验句中的多个单词上均有重读，句子越长，重读的单词越多，甚至会出现对句中的每一个词都重读的情况。三是学习者对重读词的选择不一，个体差异大。

核心重音在句首时，美国本族语者使用高调或高降调（H*、H*L），整句话的音高在整体上表现为下倾趋势，在句末使用降调（L%）。济南学习者与之相同，使用高调（H*），在句末使用降调（L%）。核心重音在句中时，本族语者倾向于使用 H* 或 L+H*，在句末使用降调（L%）。学习者以使用高调（H*）为主，其次 L* 使用得较多，L+H* 和 L*+H 也会用到，在句末边界调多数情况是使用降调（L%）。学习者还会对句首特殊疑问词进行重读，并且用 H* 或 L+H*。核心重音在句末时，本族语者倾向于使用高调或高降调（H*/H*L），在句末使用降调（L%）。学习者倾向于使用高调（H*）或低调（L*），在句末使用降调（L%）。学习者对句首特殊疑问词进行重读的情况同样存在，并且仍然用到调型 H* 或 L+H*。

此外，我们还注意到了在焦点后域音高的压缩。济南学习者在焦点后域压缩得没有本族语者那么大。特别是当特殊疑问词为焦点时，焦点位置的音域较窄，焦点后的音域压缩不大。

（七）济南英语学习者英语语调习得小结

相较于本族语者，济南方言区英语学习者语调模式无论在音系方面还是语音方面都存在一定偏误。学习者的英语语调产出中不存在焦点后压缩（PFC）或者压缩幅度很小，这与其母语方言及目标语，即济南方言及本族语者产出的英语的特征有关。段文君和贾媛（2015）发现，与英语语调类似，济南方言焦点句存在焦点音节后压缩的情况。而学习者之所以并未将这一特征成功迁移至二语学习中，大致是由 PFC 这一特征在迁移中的易失难得性造成的（高薇等，2015），即便这一特征存在于学习者的母语中，也会在二语习得过程中被阻断，Zhang、Chen 和 Cui 等（2019）对南京方言学习者语调的研究也发现了这一点。

与 PFC 相同，时长也是导致学习者语调产出偏误的重要因素。这一现象大致是由于其母语的负迁移作用导致的。具体而言，相较于宽焦点句，济南方言中的焦点音节处的时长变化并不显著（段文君和贾媛，2015），因此不会被学习者视为区别重读与非重读的重要因素。

与以上两因素相比，焦点处的音高变化是学习者区别重读与非重读的重要手段，但这一手段只能够帮助学习者正确实现位于句末的焦点；

而当焦点位于句首及句中时，学习者焦点处的音高表现仍与本族语者存在显著性差异。我们推断，这是由于学习者的母语与目标语的差异性导致的。音高变化在济南方言中并不经常被用来凸显位于句首或句中的音节（段文君等，2013），因此较难被学习者在习得过程中迁移入其二语的语调实现中。另外，我们知道，汉语中位于句末的焦点往往最容易被感知到（Pan，2007），因此学习者在对目标语的习得过程中，往往会更加容易地感知到位于句末的焦点，从而将其正确实现的可能性增大。

还需值得注意的是，在特殊疑问句中，由于英汉语特殊疑问句的句法差异，造成学习者容易将疑问代词重读的偏误。

三 东北官话区英语学习者语调产出模式对比研究

东北方言区英语学习者语调韵律的产出研究，包括对句子层面各种功能语调模式的分析和语篇层面韵律特征的初探。从地区差异角度考虑，考察了哈尔滨、长春、沈阳和大连四个典型城市的英语学习者的情况，也综合考虑了东北地区的整体情况，尽可能全面地对东北方言区英语学习者语调产出的真实情况进行描写。

本节所有语料均来自 AESOP-CASS，学习者为土生土长的东北官话区在读本科生或研究生，无听说障碍。语料标注采用 IViE 和 ToBI 结合的韵律标注体系，标注 5 层信息：正则层、间断指数层、凸显层、目标层以及音系层。所有音高数据按照每个音节 10 点提取并进行手工核对修正，转为半音，并依据每个人的音高均值和标准差进行 Z-Score 规整。

（一）东北英语学习者的陈述句语调

陈述句语调方面，重点考察了陈述句焦点的实现方式。

（1）语料

从 AESOP-CASS 中选取 12 名东北方言区英语学习者（长春、沈阳和哈尔滨各 4 名，男女各占一半）和 4 名来自美国的英语本族语者为发音人，以其分别在宽焦点和窄焦点条件下产出的 15 个陈述句为研究语料，见表 4－35。东北英语学习者陈述句产出共 $15 \times 12 = 180$ 句；英语本族语者陈述句产出共 $15 \times 4 = 60$ 句。

表 4-35　　陈述句语料（大写单词表示焦点）

焦点位置＼类型	宽焦点	窄焦点
句首焦点	The ship departed from France on Sunday.	The SHIP departed from France on Sunday.
	Texas exports beef to Japan.	TEXAS exports beef to Japan.
	Catherine comes with Tom.	CATHERINE comes with Tom.
句中焦点	Texas exports beef to Japan.	Texas exports BEEF to Japan.
	Texas exports violin to Japan.	Texasexports VIOLIN to Japan.
	The ship departed from Germany in the morning.	The ship departed from GERMANY in the morning.
句末焦点	Catherine comes with Tom.	Catherine comes with TOM.
	The ship departed from France on Sunday.	The ship departed from France on SUNDAY.
	Texas exports beef to Germany.	Texas exports beef to GERMANY.

（2）语调短语边界及其边界声学特征

对所有发音人的语调短语（IP）个数进行统计，长春（CC）和哈尔滨（HB）学习者每一句平均 IP 个数为 1.6，沈阳学习者（SY）为 1.5；美国英语本族语者（AM）为 1.0。此外，考察 IP 边界的语音特征，包括停顿、短语首弱读、音高重置和短语末延长等。研究发现三个城市的英语学习者的语调短语切分有两大特征：一是将停顿作为 IP 切分时最重要的边界指征，而且在朗读过程中，最常出现的语调单元为韵律短语（PP）。二是东北英语学习者的语调单元长度较短，甚至有将句首的第一个单词，或者单个的介词作为一个单独的 PP 处理的现象。

（3）陈述句焦点与音高重音分布

对美国英语本族语者而言，几乎所有陈述句的窄焦点均 100% 实现为核心重音，而且出现在焦点词的重读音节上，宽焦点的核心重音也常落在句末最后一个实词的重读音节上。只有一个句子出现了例外，CATH-

ERINE comes with Tom. 中可能出现了 2 个核心重音，除了句首词 100% 实现为核心重音外，另有 16.70% 的发音人将位于句末的 Tom 也同时实现为核心重音，此时也有两个 IP 出现。

对东北方言区英语学习者来说，核心重音的分布比较复杂。表 4-36 中的 5 句和美国本族语者分布一样，落在焦点上或者宽焦点句的句末实词上；表 4-37 中是其他 10 句的分布与美国本族语者存在差异的情况。与本族语者相比，多数东北英语学习者也能将核心重音放在句末实义词或者焦点词的词重音处，但还有少数学习者会在一句话中出现多个核心重音或者核心重音错位现象。

表 4-36　　东北英语学习者与英语本族语者陈述句的核心重音分布相同的情况（粗体表示核心重音，大写表示焦点）

Catherine comes with Tom.					
Catherine			comes	with	**Tom**
ae	ax	ih	oo	ih	**oo**
0	0	0	0	0	**100%**

Catherine comes with TOM.					
Catherine			comes	with	**TOM**
ae	ax	ih	oo	ih	**OO**
0	0	0	0	0	**100%**

TEXAS exports beef to Japan.							
TEXAS		exports		beef	to	Japan	
EH	ax	eh	ao	iy	uw	ax	ae
100%	0	0	0	0	0	0	0

The ship departed from France on SUNDAY.									
The	ship	departed			from	France	on	**SUNDAY**	
ax	ih	ih	aa	ih	oo	aa	oo	**AH**	ih
0	0	0	0	0	0	0	0	**100%**	0

The ship departed from GERMANY in the morning.												
The	ship	departed			from	**GERMANY**			in	the	morning	
ax	ih	ih	aa	ih	oo	**ER**	ax	ih	ih	ax	ao	ih
0	0	0	0	0	0	**100%**	0	0	0	0	0	0

表 4-37　东北英语学习者与英语本族语者核心重音分布不同的情况
（粗体表示核心重音，大写表示焦点）

CATHERINE comes with Tom.					
CATHERINE			comes	with	**Tom**
AE	ax	ih	oo	ih	**oo**
100%	0	0	0	0	**5.6%**

Texas exports BEEF to Japan.							
Texas		**exports**		**BEEF**	to	Japan	
eh	ax	eh	**ao**	**IY**	uw	ax	ae
0	0	0	**5.6%**	**94.4%**	0	0	0

Texas exports beef to Japan.							
Texas		**exports**		**beef**	to	**Japan**	
eh	**ax**	eh	**ao**	**iy**	uw	ax	**ae**
0	**5.6%**	0	**5.6%**	**5.6%**	0	0	**100%**

Texas exports beef to Germany.								
Texas		**exports**		beef	to	**Germany**		
eh	**ax**	eh	**ao**	iy	uw	**er**	ax	ih
0	**5.6%**	0	**5.6%**	0	0	**100%**	0	0

Texas exports beef to GERMANY.								
Texas		**exports**		beef	to	**GERMANY**		
eh	ax	**eh**	ao	iy	uw	**ER**	ax	ih
5.6%	0	**5.6%**	0	0	0	**100%**	0	0

Texas exports violin to Japan.									
Texas		**exports**		**violin**			to	**Japan**	
eh	**ax**	**eh**	ao	ay	ax	**ih**	uw	ax	**ae**
0	**11.1%**	**5.6%**	0	0	0	**5.6%**	0	0	**100%**

Texas exports VIOLIN to Japan.									
Texas		exports		**violin**			to	**Japan**	
eh	ax	eh	ao	**ay**	ax	**IH**	uw	**ax**	**ae**
0	0	0	0	**50%**	0	**50%**	0	**0**	**5.6%**

The ship departed from France on Sunday.									
The	ship	departed			from	**France**	on	**Sunday**	
ax	ih	ih	aa	ih	oo	**aa**	oo	**ah**	ih
0	0	0	0	0	0	**5.6%**	0	**100%**	0

续表

The SHIP departed from France on Sunday.

The	**SHIP**	departed			from	France	on	**Sunday**	
ax	**ih**	ih	aa	ih	oo	aa	oo	**ah**	ih
0	**100%**	0	0	0	0	0	0	**11.1%**	0

The ship departed from Germany in the morning.

The	**SHIP**	departed			from	**Germany**			in	the	**morning**	
ax	**ih**	ih	aa	ih	oo	**er**	ax	ih	0	ax	**ao**	ih
0	**5.6%**	0	0	0	0	**5.6%**	0	0	0	0	**100%**	0

（4）陈述句音高模式

美国英语本族语者规整后的宽窄焦点句的音高曲线对比如图 4-94 所示。核心重音的音高类型，以 H^* 的使用最为广泛，L^* 或者 L^*+H 也有小比例出现。对于不同焦点位置而言，当焦点落在句首词，且该词为多音节（即 CATHERINE）时，核心重音与焦点重合的比例达到33.3%；而部分本族语者也会将该类句子的核心重音落在句中或句末，此类情况占15%左右。与宽焦点比较，核心重音处音高值和音域范围得到了明显的抬高和扩展，在句首和句中焦点后都出现了明显的焦点后压缩（PFC）现象；句末焦点和宽焦点的语音实现模式接近，只是句末窄焦点的音域范围略大，音高略高；边界调均为 L-L%。此外还对比了宽焦点对应位置

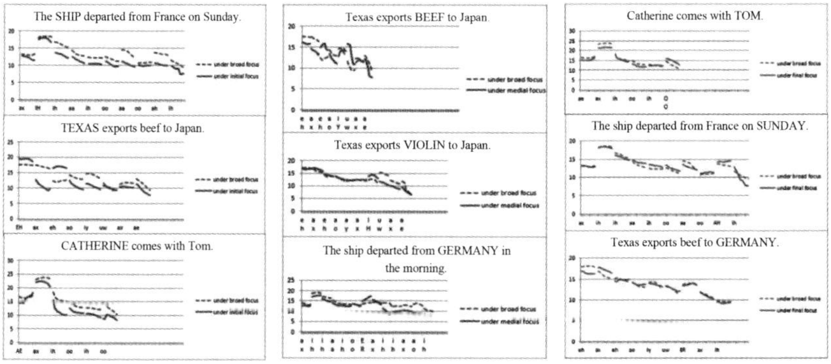

图 4-94 美国英语本族语者的三个窄焦点与宽焦点陈述句音高曲线对比
（从左到右三栏分别表示焦点在句首、句中、句末）

的时长和音强，发现焦点处的核心重音通常发生明显的时长拉长现象，同时音强增强。

东北英语学习者规整后的宽窄焦点句的音高曲线对比如图 4-95 所示。核心重音的音高模式与英语本族语者相似度较高，以 H* 的使用最为广泛，L* 或者 L*+H 也有小比例出现。与宽焦点相比，窄焦点句的核心重音处音高值和音域范围得到了一定的抬高和扩展，但当核心位于句末时，这一现象却非常不明显；整体音高变化上，在句首和句中焦点后尽管都出现了焦点后压缩（PFC）的现象，但压缩程度比美国本族语者小很多；句末焦点和宽焦点音高实现模式相似，只能利用时长和音强来对两者进行区分。边界调均为 L-L%。此外还对比了宽焦点对应位置的时长和音强，发现英语本族语者产出的焦点处的核心重音通常发生明显的音节延长和音强增强。

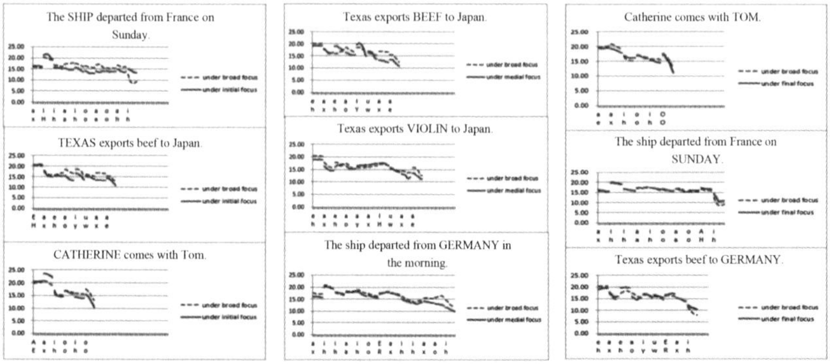

图 4-95　东北英语学习者的三个窄焦点与宽焦点陈述句音高曲线对比
（从左到右三栏分别表示焦点在句首、句中、句末）

两个群体在焦点实现方式上的具体差异体现在以下三个方面：①核心重音方面，将核心重音放在默认位置上的东北英语学习者比例低于英语本族语者，而且在宽焦点条件下差异显著。都较多使用 H* 来实现核心重音，使用低边界调 L-L%，这与普通话学习者和济南方言区学习者类似。②在音高方面，东北英语学习者的音高值总是高于英语本族语者，而且在多数焦点条件下差异显著。此外，英语本族语者倾向于使用焦点后压缩突出焦点；然而东北英语学习者在突出焦点时，未表现出本族语者那样的规律性，因此焦点重音凸显度不够。③在时长和音强方面，英语本族语者焦点处的时长和音强的绝对值和增量总是显著高于东北英语学习者。

（二）东北英语学习者的疑问句语调

本节我们将比对分析本族语者和东北相关地区英语学习者一般疑问句、语调疑问句、附加疑问句的语调特征。

（1）语料

从 AESOP-CASS 中选取表 4-38 所示的各种焦点条件下的一般疑问句 26 句。母语发音人为来自美国英语本族语者（AM）4 人，学习者为来自东北四个城市的大学生或者研究生，长春（CC）、哈尔滨（HB）、大连（DL）和沈阳（SY）各 4 人，男女均各半。学习者一般疑问句共 $26 \times 16 = 416$ 句，本族语者的一般疑问句 $26 \times 4 = 104$ 句。

表 4-38　　一般疑问句语料

焦点位置	焦点类型	英语一般疑问句
句首	窄焦点	—Anna comes to the party with Tom. —Can JANE/ANNA/CATHERINE come with Tom?
		—I gave flowers to George. —YOU gave flowers to George?
	宽焦点	Can Jane/Anna/ Catherine come with Tom?
		You give flowers to George?
句中	窄焦点	—Texas exports violin/beef to Japan. —Does Texas export BEEF/ VIOLIN to Japan?
		—Guess from where the ship departed in the morning. —Did the ship depart from JAPAN/ GERMANY in the morning?
		—I gave flowers to George. —You gave FLOWERS to George?
	宽焦点	Does Texas export beef/ violin to Japan?
		Did the ship depart from Japan/ Germany in the morning?
		You give flowers to George?

续表

焦点位置	焦点类型	英语一般疑问句
句末	窄焦点	—Jane comes to the party with Manny. —Can Jane come with TOM/ MANNY/ CHRISTOPHER?
		—I gave flowers to George. —You gave flowers to GEORGE?
	宽焦点	Can Jane come with Tom/ Manny/ Christopher?
		You give flowers to George?

（2）一般疑问句韵律边界

根据标注结果，对每一句韵律边界类型的分布进行分析。按照 ToBI 间断指数层的标注规范，边界 0 表示没有停顿，边界 3 表示韵律短语边界，边界 4 表示语调短语边界。比如 Can Jane come with Tom? 可能出现边界的有三个可能位置，如 Can Jane/ 3 /come with/ 0 /Tom/ 4，数字表示边界级别，304 代表三个位置的边界分布情况。用这种方法可以得到如图 4–96所示的各种焦点句中韵律边界分布情况。这里给出一个示例，其他语句不一一列举。结果表明，东北地区英语学习者和美国英语本族语者的韵律边界分布模式差异很大，学习者往往使用更多的语调单元为韵律短语和语调短语，如图 4–96 中 334、434、444 三种切分模式，都是学习者为主，即使是在较短的语句中也不例外，导致停顿过多，语句支离破碎，听起来很不流利。当然无论英语本族语者还是英语学习者有时都会有使用停顿来强调焦点词的现象存在，然而学习者却更倾向于只将疑问词归入一个语调短语或者中间短语这样的切分方式。

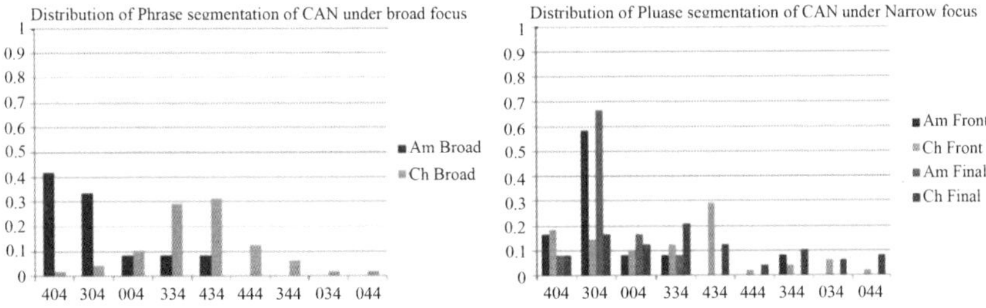

图 4–96　是非问句 Can...? 的韵律边界分布对比图

（Am 表示美国英语本族语者，Ch 表示中国东北英语学习者）

（3）一般疑问句音高重音分布

根据标注结果，对一般疑问句的核心重音分布进行对比分析。表4-39给出了一个对比示例，Can Catherine come with Christopher? 三种不同焦点情况的音高重音分布对比。这里不一一详述，只加以总结。在重音分布方面，东北地区英语学习者往往重读疑问句中的疑问词和介词，如例句中的Can和with，但对于美国本族语者来说，这种情况却很少发生。其次，学习者重读的词语在数量上要多于美国本族语者，而且往往落在非词重音上，如Catherine的最后一个音节并非词重音，学习者常常在此音节上出现音高重音。此外，学习者在多数情况下都重读了句末最后一个音节。

表4-39 美国本族语者和东北英语学习者的一般疑问句 Can Catherine come with Christopher? 对应三种焦点结构的音高重音分布对比

宽焦点	Can	Catherine			come	with	Christopher		
	ae	ae	ax	ih	ah	ih	ih	ax	ax
美国本族语者	50%	75%	0	0	0	0	75%	0	25%
东北英语学习者	43.8%	81.3%	0	18.8%	56.3%	43.8%	37.5%	0	43.8%
句首焦点	Can	CATHERINE			come	with	Christopher		
	ae	ae	ax	ih	ah	ih	ih	ax	ax
美国本族语者	0	100%	0	0	25%	0	50%	0	25%
东北英语学习者	37.5%	68.8%	0	25%	31.3%	37.5%	18.8%	12.5%	56.3%
句末焦点	Can	Catherine			come	with	CHRISTOPHER		
	ae	ae	ax	ih	ah	ih	ih	ax	ax
美国本族语者	0	75%	0	0	25%	0	50%	0	50%
东北英语学习者	18.8%	87.5%	0	6.3%	31.3%	37.5%	25%	18.8%	56.3%

（4）一般疑问句音高模式

将东北地区英语学习者的音高模式按照四个城市进行平均，将其与英语本族语者的平均音高模式进行对比。如图 4 –97 所示的一般疑问句 Can Jane come with Tom? 在各种焦点状态下进行对比，按照学习者的音高模式分为两组。美国英语本族语者的是非问句模式，在本章前面已经给出了详细的分析，是非问句的音高重音为 L^* 或者 L^*+H，边界调 H–H% 或者 L–H%。而东北地区四个城市的学习者焦点在句前时，音高重音模式分为 $L+H^*$（图 4 –97 左列）升调和 H^*L（图 4 –97 右列）降调两类，焦点在句末时，可以正确实现为 L^* 或者 L^*H，边界调大都可以实现为 H–H% 或者 L–H%，但有一个例外，即沈阳方言区的学习者（SY）在宽焦点句的末尾音高重音为 H^*，边界调实现为 L–L%（图 4 –97 右上）。其他语句情况这里不再一一对比。

总结一般疑问句语调模式如下：①表达非句末焦点词时，东北英语学习者会使用高调；而美国本族语者则使用低调来实现焦点重音。②在表达句末焦点词时，大部分英语学习者使用低调，但也有部分学习者使用高调；与之相对，美国本族语者都使用了低调，无一例外。③同一句话中，如果焦点位置不同，音高曲线表现为不管焦点是否位于句首，美国本族语者句首音节的音高曲线与宽焦点状态下的句首音节音高曲线重合；但当焦点位于句中时，音高曲线明显比宽焦点状态下要低，这说明美国本族语者可以通过核心重音 L^* 来区分句中的焦点。学习者的情况则不同，尽管焦点位置不同，但大约 37.5% 的学习者在前后焦点的音高曲线上都无明显的变化；其余学习者则体现了多样性的特点，在实现前焦点时，他们要么使用 PFC，要么扩大焦点词的音域，要么使用低升调加 PFC 加音域扩大，要么使用降调加 PFC。在实现句末焦点词时，他们或用高平调，或用高降调，或使用低升调，或使用音域扩大，或使用低升调加音高抬升。

分析结果显示，四个城市学习者都有出现边界调 H^*L–L% 的情况，但沈阳学习者出现频率更高，这可能与方言语调有关，需要进一步分析方言语调的情况才能给出合理的解释。

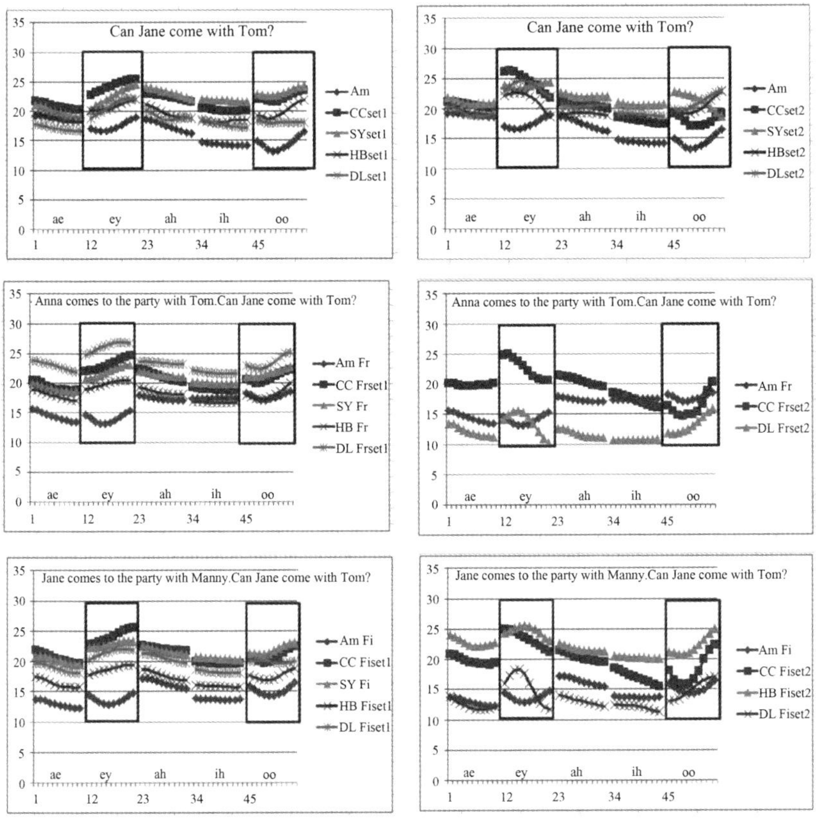

图 4-97 美国英语本族语者（Am）和东北地区四个城市英语学习者（CC、SY、HB、DL）的一般疑问句 Can Jane come with Tom? 在宽焦点（上）和窄焦点（中、下）情况下的音高模式对比（左右两栏表示两组分类）

（三）东北英语学习者的语调疑问句语调

语调疑问句是口语中常见的一类疑问句，句法形式上为陈述句，没有疑问句法标记，通过疑问语调实现疑问，如 You kidding me?，也常常表示回声问 The dog ate the book?。本节对比长春英语学习者（CC）和美国英语本族语者（AM）的陈述疑问语调。

（1）语料

从 AESOP-CASS 中选取 6 个语调疑问句，挑选时候考虑了句子长度和句法结构，每个句子都有四种不同信息结构（四个焦点类型），见表4-40。

表4-40 语调疑问句语料

语句编号	信息结构	对应语句（大写词表示焦点）
01	宽焦点	The dog ate the book?
	句首窄焦点	The DOG ate the book?
	句中窄焦点	The dog ATE the book?
	句末窄焦点	The dog ate the BOOK?
02	宽焦点	Mark left the socks on the fence?
	句首窄焦点	MARK left the socks on the fence?
	句中窄焦点	Mark left the SOCKS on the fence?
	句末窄焦点	Mark left the socks on the FENCE?
03	宽焦点	Texas exports beef to Japan?
	句首窄焦点	TEXAS exports beef to Japan?
	句中窄焦点	Texas exports BEEF to Japan?
	句末窄焦点	Texas exports beef to JAPAN?
04	宽焦点	You gave flowers to George?
	句首窄焦点	YOU gave flowers to George?
	句中窄焦点	You gave FLOWERS to George?
	句末窄焦点	You gave flowers to GEORGE?
05	宽焦点	The ship departed from France on Sunday?
	句首窄焦点	The SHIP departed from France on Sunday?
	句中窄焦点	The ship departed from FRANCE on Sunday?
	句末窄焦点	The ship departed from France on SUNDAY?
06	宽焦点	Don plays a clarinet in a class at school?
	句首窄焦点	DON plays a clarinet in a class at school?
	句中窄焦点	Don plays a CLARINET in a class at school?
	句末窄焦点	Don plays a clarinet in a class at SCHOOL?

发音人共12名，6名美国英语本族语发音人（3男3女），6名长春英语学习者（3男3女），均为土生土长的长春地区本科生和研究生，熟练掌握英语，没有听说障碍。一共产出288个语调疑问句（6句×4焦点类型×12人）。

（2）语调疑问句韵律边界

根据韵律标注结果，统计了语调短语IP个数，长春英语学习者（CC）的每句平均个数是美国本族语者（AM）的1.8倍（见表4-41）。

表4-41 语调短语（IP）个数分布

	CC（6人）	AM（6人）
ID总数	457	256
每句平均IP个数	3.2	1.8

我们以The dog ate the book？为例，表4-42给出各种信息结构下IP边界出现的比率。宽焦点、句首焦点和句末焦点句，三种焦点句中，IP的分布差异很大，美国本族语者倾向于将整个句子实现为一个IP，该IP中并不存在多个韵律短语，长春学习者倾向于实现为多个PP。焦点位于句中的情况，两种发音人的IP分布一样，而且情况最为复杂，倾向于在焦点重音（动词）的前或者后产出一个PP边界。

表4-42 语句The dog ate the book? 在不同信息结构中的IP边界分布

焦点类型	发音人	PP边界（/）	百分比（%）
宽焦点	CC	The dog ate the book?	66.7
		The dog / ate the book?	16.7
		The dog / ate / the book?	16.7
	AM	The dog ate the book?	100
句首焦点	CC	The DOG ate the book?	50
		The DOG / ate the book?	33.3
		The DOG / ate / the book?	16.7
	AM	The DOG ate the book?	83.3
		The DOG / ate the book?	16.7

续表

焦点类型	发音人	PP 边界（/）	百分比（%）
句中焦点	CC	The dog ATE the book?	16.7
		The dog ATE / the book?	33.3
		The dog / ATE the book?	33.3
		The dog / ATE / the book?	16.7
	AM	The dog ATE the book?	16.7
		The dog ATE / the book?	33.3
		The dog / ATE the book?	33.3
		The dog / ATE / the book?	16.7
句末焦点	CC	The dog ate the BOOK?	50
		The dog / ate the BOOK?	50
	AM	The dog ate the BOOK?	100

韵律结构与句法结构不同，但有一定的相关性，一般与语句长短和句法单元有一定关系（Cruttenden，2002）。表 4-40 第 01—06 句可以视为句法结构复杂度不断增加。这样可以粗略统计句法复杂性与 PP 个数的相关性，结果发现，两类发音人的 PP 分布与句法结构复杂性都相关（AM $P=0.027<0.05$；CC $P=0.003<0.05$），但学习者的 PP 个数受到句法复杂性的影响更大。

接下来，对比了语调短语边界（IP）的声学特征分布，如表 4-43 所示。可见 AM 和 CC 采用不同的手段来切分 IP，本族语者同时采用音高重置和边界停顿，学习者则主要采用停顿。

表 4-43　　PP 边界声学特征对比

特征＼分布	CC		AM	
	个数	百分比	个数	百分比
停顿	233	76.4	46	44.3
音高重置	54	17.7	50	47.6
IP 首音节轻音	6	2.1	3	3.3
IP 末音节延长	12	3.8	5	4.8
总数	305	100	104	100

总结韵律边界情况：①与美国英语本族语者比较，长春地区英语学习者切分产生的 IP 数量较多。在句子长度较短、包含音节数较少、句法结构较为简单的情况下，学习者采取的主要切分模式大致与本族语者相同。②大部分情况下，如在宽焦点、句首焦点和句尾焦点情况下，与本族语者比较，学习者所采用的切分模式呈多样化特点，其中只有少数与本族语者相吻合。③当焦点位于句子中间时，本族语者所使用的切分模式则呈现与学习者一样的多样性，有时甚至比学习者使用更多元化的切分模式。尽管如此，在数量上本族语者产出的 PP 仍然比学习者少。④无论本族语者还是学习者切分的 PP 数量都与所朗读的句子长度、音节数以及句法难易程度紧密相关。⑤从 PP 边界所依靠的外部声学指征来看，学习者与本族语者有着显著的差异。本族语者会根据表达需要交替使用停顿和音高重置来进行语调单元的切分。然而学习者切分手段主要为停顿，使用音高手段的意识和能力明显不足。同时，二者都较少使用起首轻音节和尾音节延长。⑥本族语者的语调单元切分与句法结构及信息单元的吻合度较高，而学习者在这方面表现不足，经常出现反复的、长时的不规则停顿，如限定词与中心语间的停顿，介词短语间的停顿等，这些不规则停顿影响了句子的连贯性，甚至影响听者对所读句子的理解。

（3）语调疑问句音高重音分布

根据韵律标注结果，我们对比分析了每个语句两类发音人的音高重音分布。以语句 The dog ate the book? 为例，表 4-44 四种焦点情况下重音分布。

表 4-44　The dog ate the book? 在四种焦点语境中的音高重音分布

宽焦点	The	**dog**	**ate**	the	**book**
	ax	**oo**	**aa**	ax	**uh**
CC	0	**83.3%**	**66.7%**	0	**100%**
AM	0	0	0	0	**100%**
句首焦点	The	**DOG**	**ate**	the	**book**
	ax	**oo**	**aa**	ax	**uh**
CC	0	**100%**	**16.7%**	0	**100%**
AM	0	**100%**	0	0	**16.7%**

续表

句中焦点	The	**dog**	**ATE**	the	**book**
	ax	**oo**	**aa**	ax	**uh**
CC	0	**50%**	**66.7%**	0	**100%**
AM	0	0	**100%**	0	**33.3%**
句末焦点	The	**dog**	**ate**	the	**BOOK**
	ax	**oo**	**aa**	ax	**Uh**
CC	0	**83.3%**	**66.7%**	0	**100%**
AM	0	**16.7%**	0	0	**100%**

重音分布统计结果表明：①美国英语本族语者是根据信息结构来实现音高重音的，将焦点词的重读音节实现为核心重音。然而大部分情况下，一方面，长春英语学习者产出的音高重音过多，并且核心重音错位的情况较多、较明显，甚至会重读一些功能词，这样就造成了句子焦点不突出的现象；另一方面，一些学习者又表现出焦点重音不能实现为核心重音，如表4-44中句子的句中焦点和句末焦点，学习者都没有实现为全句的核心重音。②不论是否处于焦点位置，长春英语学习者都倾向于重读句末音节，本族语者则会通过语调特征来判断句中的焦点位置。③长春英语学习者的核心重音与非核心重音之间没有明显差异，缺乏音高的起伏变化，听起来很平淡而乏味。与之相反，本族语者在朗读中核心重音与非核心重音之间有着强弱的变化，体现了语调的抑扬顿挫。

（4）语调疑问句音高模式

对比分析6个语调疑问句的重音和边界调的音高特征。图4-98给出了句子 The dog ate the book? 的部分发音人对比情况，其他语句不一一展示。美国英语本族语者的宽焦点句核心重音实现在句末为 L*+H，窄焦点无论位置如何，也都实现为核心重音 L*+H，语调疑问句语调模式为L*+H H-H%。长春英语学习者的宽焦点核心重音 L*+H 也实现在句末，但与此同时，dog 被实现为一个核心前重音，音高模式为 H*，边界调均实现为 H-H%；窄焦点在句首时，学习者的重音出现在焦点位置或者句末，重音类型为 H*L 或者 L*H，边界调有 H-H% 也有 L-L%；焦点在句中时，学习者的核心重音出现在句末，为 H* 或者 L*+H，而焦点实现为核心前重音，边界调为 H-H% 或者 L-L%；焦点在句末时，学习者的焦点实现为核心重音 L^*+H，但句首 dog 实现为核心前重音 L^*+H 或 H^*，边界调为 H-H%。

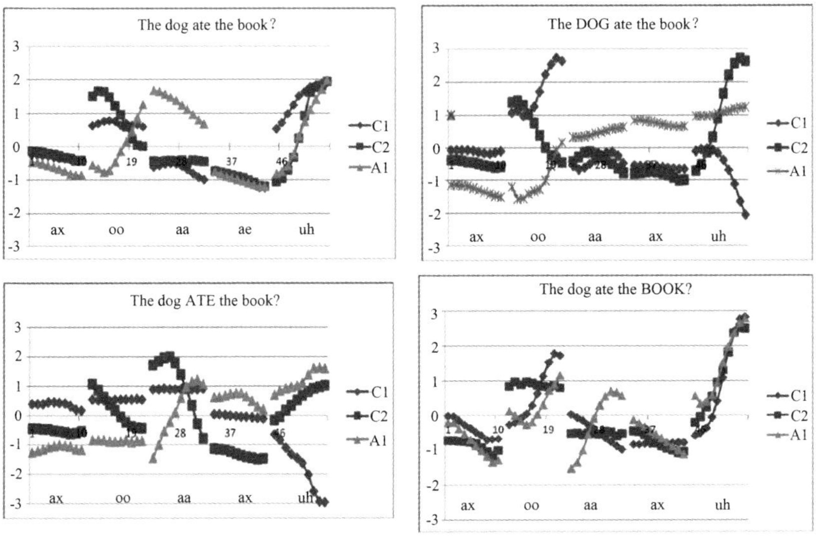

图 4-98　The dog ate the book? 在四种焦点语境中的语调对比
（A 表示美国英语本族语者，C 表示英语学习者）

分析结果表明：①在边界调特征上，几乎所有的本族语者在句尾都使用升调，而有些学习者却使用了陈述句的典型调型，即降调。特别是当句子较长、包含音节数较多、句法结构较复杂时，常有学习者使用降调，这应该是受句子形式的影响造成的结果，说明这些学习者未掌握好句子功能与形式的关系。②在焦点重音的实现形式上，学习者在句前和句中焦点重音的实现上，与前面讨论的其他方言点的一般疑问句出现的错误相同，都是使用 H^* 或者 LH^* 来实现焦点重音，而不是 L^* 或者 L^*H，学习者的产出中一定出现焦点后压缩（PFC）；句末焦点重音习得比较好。

（四）东北英语学习者的附加疑问句语调

在东北地区英语学习者附加疑问句语调特征研究中，我们主要分析了哈尔滨、沈阳、长春和大连四个城市的英语学习者产出的两种类型的附加疑问句，一种是附加部分为肯定句形式的附加疑问句，另一种是附加部分为否定句形式的附加疑问句。

通常情况下，说话人通过附加疑问句的附加疑问部分表达自己的观点，如果在附加疑问部分使用降调（F），表明对自己陈述句部分观点持确定态度，意思是希望得到听话人对自己观点的认同。如果在附加疑问部分使用升调（R），则表明对自己陈述句部分的观点不确定，意思是向听话人征求意见。我们这里主要分析第二类征求意见的附加疑问句。

在对附加疑问句韵律特征的对比研究中，我们主要考察了附加疑问句的重音分布、语调单元切分以及语调模式。

（1）语料

从 AESOP-CASS 语料库中选取 24 名分别来自东北四个城市的 24 名学习者，长春、大连、哈尔滨、沈阳每个城市各 3 男 3 女，以及 6 名美国英语本族语者（3 男 3 女）。选取 14 个附加疑问句，见表 4-45。既包括常恒型（肯定陈述句 + 肯定疑问句尾），也包括 2 类颠倒型，即肯定陈述句 + 否定疑问句尾和否定陈述句 + 肯定疑问句尾各 6 句。最终用于分析的语音数据共有美国英语本族语者的选择问句 14 × 6 = 84 句，东北方言区学习者的选择问句 14 × 24 = 336 句。

表 4-45　　附加疑问句语料

句型		句子编号	英语附加疑问句
颠倒型	肯定陈述句 + 否定疑问句尾	句子 1	She knows you, doesn't she?
		句子 2	It's wonderful weather, isn't it?
		句子 3	I told them not everybody could do it, didn't I?
		句子 4	They've got their books, haven't they?
		句子 5	Tom has been writing letters all afternoon but he should finish them now, shouldn't he?
		句子 6	Mary'll be pleased, won't she?

续表

句型		句子编号	英语附加疑问句
颠倒型	否定陈述句 + 肯定疑问句尾	句子 7	I haven't seen you before, have I?
		句子 8	The boys can't forget it, can they?
		句子 9	We couldn't do it, could we?
		句子 10	It wasn't a disaster, wasn't it?
		句子 11	She seldom goes to the cinema, does she?
		句子 12	It's not finished, is it?
常恒型	肯定陈述句 + 肯定疑问句尾	句子 13	You're ready to go, are you?
		句子 14	Give me some cigarettes, can you?

（2）附加疑问句韵律边界

根据韵律标注，对中国东北英语学习者（CH）和美国英语本族语者（AM）产出附加疑问句的韵律边界分布进行统计对比，见表 4-46。前三列给出边界出现的情况，边界 4（//）为语调短语（IP），边界 3（/）为韵律短语（PP）边界，第四列柱状图展示韵律边界模式的分布情况。

表 4-46　　　　三种附加问句的韵律边界分布对比示例

说话人	韵律边界位置	韵律边界模式	韵律边界模式分布图
CH	I / told them / not everybody could do it, // didn't it? //	3344	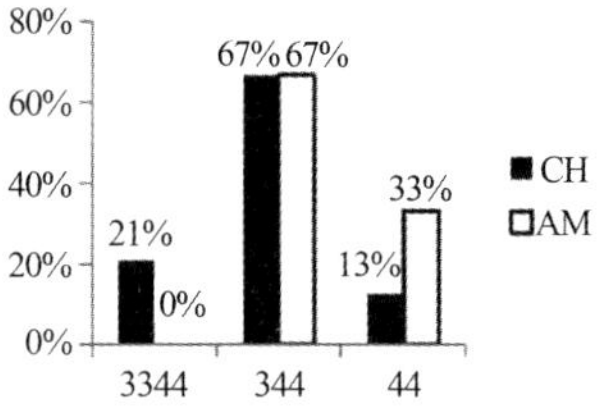
	I told them / not everybody could do it, // didn't it? //	344	
	I told them not everybody could do it, // didn't it? //	44	
AM	I told them / not everybody could do it, // didn't it // ?	344	
	I told them not everybody could do it, // didn't it? //	44	

续表

<table>
<tr><th>说话人</th><th>韵律边界位置</th><th>韵律边界模式</th><th>韵律边界模式分布图</th></tr>
<tr><td rowspan="3">CH</td><td>The boys / can't / forget it, // can they? //</td><td>3344</td><td rowspan="5">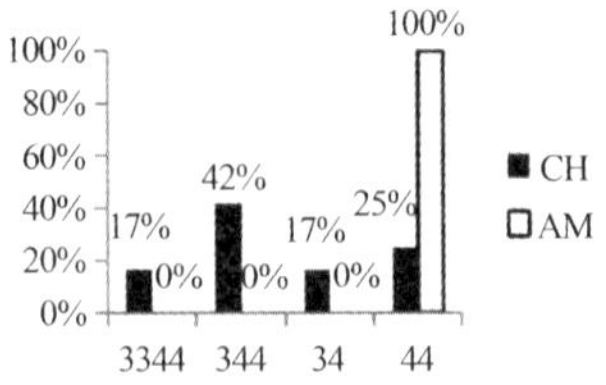
</td></tr>
<tr><td>The boys / can't forget it, // can they? //</td><td>344</td></tr>
<tr><td>The boys can't / forget it, // can they? //</td><td>44</td></tr>
<tr><td rowspan="2">AM</td><td>The boys can't / forget it, / can they? //</td><td>34</td></tr>
<tr><td>The boys can't / forget it, // can they? //</td><td>44</td></tr>
<tr><td rowspan="3">CH</td><td>You're ready / to go, // are you? //</td><td>344</td><td rowspan="5">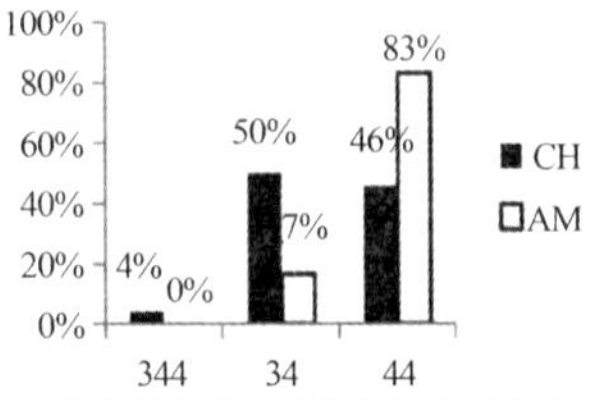
</td></tr>
<tr><td>You're ready to go, // are you? //</td><td>44</td></tr>
<tr><td>You're ready to go, / are you? //</td><td>34</td></tr>
<tr><td rowspan="2">AM</td><td>You're ready to go, // are you? //</td><td>44</td></tr>
<tr><td>You're ready to go, / are you? //</td><td>34</td></tr>
<tr><td rowspan="2">CH</td><td>Give me some / cigarettes, // can you? //</td><td>344</td><td rowspan="3">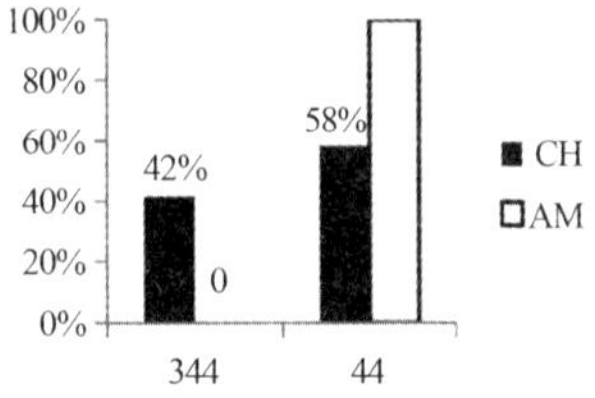
</td></tr>
<tr><td>Give me some cigarettes, // can you? //</td><td>44</td></tr>
<tr><td>AM</td><td>Give me some cigarettes, // can you? //</td><td>44</td></tr>
</table>

对比韵律边界分布，在各类附加疑问句中，与美国本族语者相比，东北地区英语学习者的韵律单元多且短小。美国本族语者平均每句约有 2.17 个 IP，每个 IP 约有 3.1 个词；中国东北英语学习者平均每句约有 2.42 个 IP，每个 IP 约有 2.8 词。肯定陈述句 + 否定疑问句尾的附加疑问句中，美国本族语者和中国东北地区英语学习者，大部分均将附加问句的两部分实现为两个语调短语，但本族语者实现为一个 PP + IP 的比例高约 5%；在否定陈述句 + 肯定疑问句尾的附加疑问句中，两部分也大都实现为两个 IP，但学习者在否定陈述部分的短语切分数量最多最复杂。在常恒型（肯定陈述句 + 肯定疑问句尾）附加疑问中，本族语者使用 PP + IP 的组合比例也高于学习语者。

表 4-47 **3 种附加问句的音高重音分布对比示例**

<table>
<tr><td>句子</td><td>I</td><td>**told**</td><td>**them**</td><td>**not**</td><td colspan="4">everybody</td><td>**could**</td><td>**do**</td><td>it</td><td>**didn’t**</td><td>**I**</td></tr>
<tr><td>03</td><td>ay</td><td>**ow**</td><td>**eh**</td><td>**oo**</td><td>**eh**</td><td>ih</td><td>**oo**</td><td>ih</td><td>**uh**</td><td>**uw**</td><td>ih</td><td>**ih**</td><td>**ay**</td></tr>
<tr><td>CH</td><td>0</td><td>**79.2%**</td><td>**8.3%**</td><td>**8.3%**</td><td>**41.7%**</td><td>0</td><td>**4.2%**</td><td>0</td><td>**4.2%**</td><td>**21%**</td><td>0</td><td>**12.5%**</td><td>**87.5%**</td></tr>
<tr><td>AM</td><td>0</td><td>**100%**</td><td>0</td><td>0</td><td>0</td><td>0</td><td>0</td><td>0</td><td>0</td><td>**16.7%**</td><td>0</td><td>0</td><td>**100%**</td></tr>
<tr><td>句子</td><td>The</td><td colspan="2">**boys**</td><td colspan="2">**can’t**</td><td colspan="3">**forget**</td><td>it</td><td colspan="2">**can**</td><td colspan="2">**they**</td></tr>
<tr><td>08</td><td>ax</td><td colspan="2">**oy**</td><td colspan="2">**aa**</td><td>ax</td><td colspan="2">**eh**</td><td>ih</td><td colspan="2">**ae**</td><td colspan="2">**ey**</td></tr>
<tr><td>CH</td><td>0</td><td colspan="2">**70.8%**</td><td colspan="2">**100%**</td><td>0</td><td colspan="2">**29.2%**</td><td>0</td><td colspan="2">**12.5%**</td><td colspan="2">**66.7%**</td></tr>
<tr><td>AM</td><td>0</td><td colspan="2">**100%**</td><td colspan="2">**16.7%**</td><td>0</td><td colspan="2">**50%**</td><td>0</td><td colspan="2">**50%**</td><td colspan="2">**33.3%**</td></tr>
<tr><td>句子</td><td colspan="2">You’re</td><td colspan="4">**ready**</td><td>to</td><td colspan="2">**go**</td><td colspan="2">are</td><td colspan="2">**you**</td></tr>
<tr><td>13</td><td colspan="2">ur</td><td colspan="2">**eh**</td><td colspan="2">**ih**</td><td>uw</td><td colspan="2">**ow**</td><td colspan="2">aa</td><td colspan="2">**uw**</td></tr>
<tr><td>CH</td><td colspan="2">0</td><td colspan="2">**20.8%**</td><td colspan="2">**45.8%**</td><td>0</td><td colspan="2">**25%**</td><td colspan="2">0</td><td colspan="2">**95.8%**</td></tr>
<tr><td>AM</td><td colspan="2">0</td><td colspan="2">0</td><td colspan="2">**33.3%**</td><td>0</td><td colspan="2">**100%**</td><td colspan="2">0</td><td colspan="2">**100%**</td></tr>
<tr><td>句子</td><td colspan="2">**Give**</td><td colspan="2">**me**</td><td>**some**</td><td colspan="4">**cigarettes**</td><td colspan="2">**can**</td><td colspan="2">**you**</td></tr>
<tr><td>14</td><td colspan="2">**ih**</td><td colspan="2">**iy**</td><td>**ah**</td><td colspan="2">**ih**</td><td>ax</td><td>**eh**</td><td colspan="2">**ae**</td><td colspan="2">**uw**</td></tr>
<tr><td>CH</td><td colspan="2">**54.2%**</td><td colspan="2">**4.2%**</td><td>**8.3%**</td><td colspan="2">**45.8%**</td><td>0</td><td>**8.3%**</td><td colspan="2">**4.2%**</td><td colspan="2">**95.8%**</td></tr>
<tr><td>AM</td><td colspan="2">**16.7%**</td><td colspan="2">**50%**</td><td>0</td><td colspan="2">**50%**</td><td>0</td><td>0</td><td colspan="2">0</td><td colspan="2">**83.3%**</td></tr>
</table>

（3）附加疑问句音高重音分布

根据韵律标注结果，对比两类发音人的音高重音分布，表4-47给出了上文提到的常恒型和颠倒型共3小类附加问句代表句的统计结果，体现了东北地区英语学习者（CH）和美国英语本族语者（AM）的音高重音分布差异。比如，肯定陈述句+否定疑问句尾的句子03，本族语者音高重音主要出现在told、do和I三个词上，显然told和I为两个核心重音，整句话分为两个IP；学习者的音高重音分布很广，核心重音尽管也在told和I上，但everybody也出现相当高比例的重音分布，说明学习者将语句切分为更多的韵律短语。从句子08否定陈述句+肯定疑问句尾和句子13肯定陈述句+肯定疑问句尾两个示例也可以看出学习者和美国英语本族语者之间的重音分布有显著的差异。比如，学习者常常把情态否定词can't和句末代词重读并实现为核心重音，对焦点动词的重读却很少。

此外，我们统计了承载重音的词类分布情况，如图4-99所示。其中的重要差别在助动词和动词上。

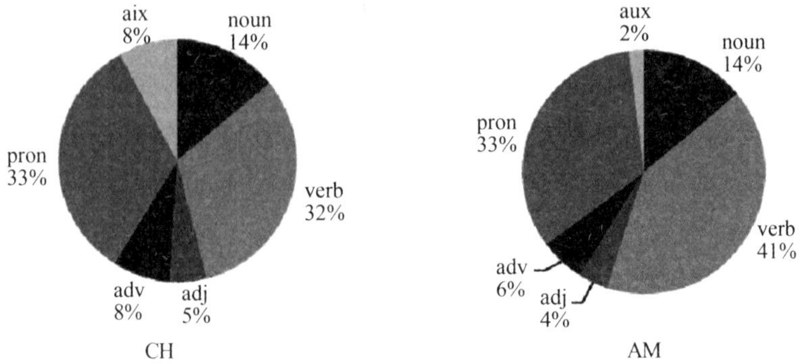

图4-99 附加问句中音高重音对应词类分布（左图为学习者，右图为本族语者）

总结重音分布情况，中国东北地区英语学习者的音高重音分布相对比较分散，而美国英语本族语者的音高重音分布相对一致，比较集中。首先，在否定陈述句+肯定疑问句尾型的附加疑问句中，大多数东北地区英语学习者把核心重音放在了否定动词上，以此来凸显陈述句的否定意义，而美国英语本族语者仅有很少一部分将音高重音放在了否定动词上。其次，14 个附加疑问句中的所有实词和虚词都被不同的东北地区英语学习者作为重音凸显，而美国本族语者产出的重音分布比较规则，与句法语义高度吻合。另外，东北地区英语学习者产出的重音出现在动词上的比例占所有重音词类的 32%，而美国英语本族语者则占比 41%；学习者产出的重音出现在助动词上的比例占所有重音词类的 8%，远大于本族语者的占比（2%）。

（4）附加疑问句音高模式

图 4-100 给出中国东北地区四个城市的英语学习者（长春 CC、大连

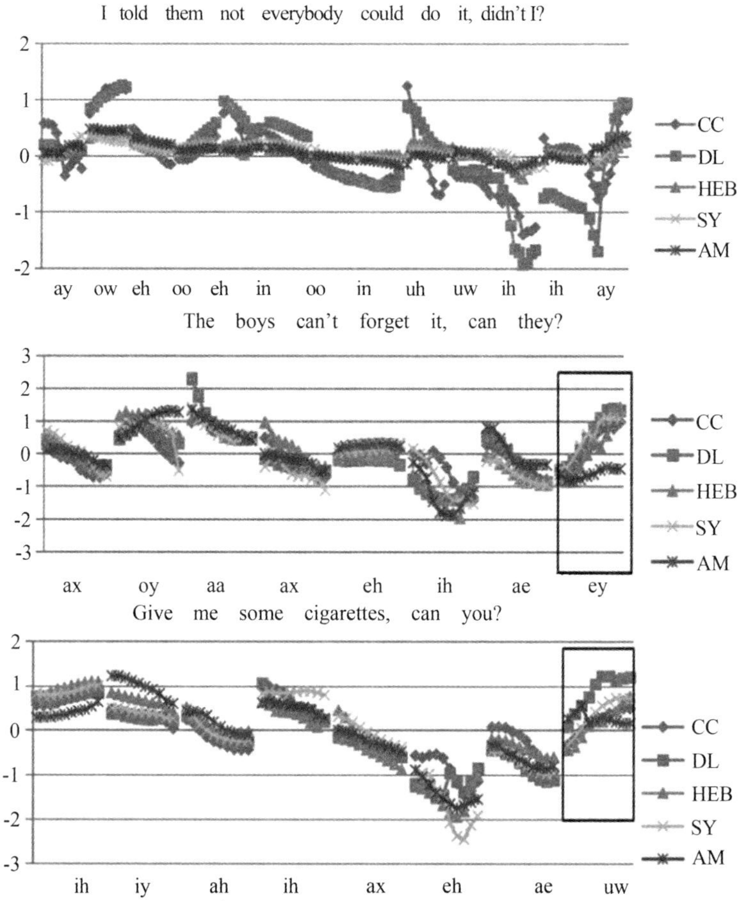

图 4-100 东北英语学习者和美国英语本族语者的附加疑问句音高曲线对比（音高为 Z-Score 规整结果）

DL、哈尔滨 HEB、沈阳 SY）和美国英语本族语者（AM）三种附加疑问句的语调实现模式示例。学习者和美国本族语者朗读附加疑问句在核心重音和边界调音高特征的实现上比较接近，陈述部分的核心重音都主要是高调（L+H*/H*），作为语调短语（IP）时边界调为 L-L%，作为韵律短语（PP）时边界为韵律短语重音 L-，与陈述句语调模式类似；而附加疑问部分的核心重音为 L*（或者 L*+H），边界调为 H-H%，与是非问句的语调模式类似。陈述部分的核心重音后都有 PFC，IP 之间有明显的音高重置。也发现两部分的停顿时长学习者明显长于本族语者，学习者更倾向于将 tag 部分实现为一个独立 IP，本族语者则可能实现为一个 PP。但学习者对附加疑问句的整体语调音高实现掌握比较好。

（五）东北英语学习者的祈使句语调

（1）语料

从 AESOP-CASS 语料库中选取 16 名分别来自长春、大连、哈尔滨、沈阳的英语学习者（每个城市各 2 男 2 女）；6 名美国英语本族语者（3 男 3 女）。研究语料是这 22 名说话人朗读的 16 个祈使句，这 16 个祈使句被划分为三种类型：简单句、复合句和附加疑问句，见表 4-48。

表 4-48　　祈使句语料

句型		句子编号	英语祈使句
简单句	Do-类	句子 01	Come to tea.
		句子 02	See you in the evening.
	Please-类	句子 03	Please come in!
		句子 04	Please push.
	Don't-类	句子 05	Don't do Charlie's dirty dishes.
		句子 06	Don't look for cheap valuables in a bank vault.
	Let's 类	句子 07	Let's not waste time!
		句子 08	Let's invite them to the party.
复合句		句子 09	Shut the door and open the window.
		句子 10	Look it up in the dictionary, and tell me its meaning.
		句子 11	Make sure to walk the dog before I get home.
		句子 12	Don't say anything unless you have to.

续表

句型	句子编号	英语祈使句
附加疑问句	句子 13	Take care of him for me, won't you?
	句子 14	Come over here a minute, will you?
	句子 15	Don't open the door, will you?
	句子 16	Open the window, would you?

（2）祈使句韵律边界

根据韵律边界切分的标注，分析两类发音人的祈使句的韵律边界分布情况，按照语料中祈使句的分类挑选一些例句在表 4 -49 展示。

不论祈使句是简单句还是复合句，中国东北英语学习者（CH）都将它处理为两个或两个以上的韵律短语（PP）；而美国英语本族语者（AM）通常将简单句切分成一个或两个 PP，将附加疑问句切分成两个 PP。具体来看，中国东北地区学习者普遍将简单祈使句中的 do - 类和 please - 类视为两个 PP。对于 don't - 类和 let's - 类，他们将其视为四个 PP，或者至少三个 PP。对于复合祈使句，学习者在韵律边界的数量和类型上都有较大的分歧，句子越长边界数越多。对于附加疑问句，所有的中国东北英语学习者都将逗号之后的疑问部分视为一个韵律短语（PP）或者语调短语（IP）。至于逗号之前的成分即陈述祈使句，学习者之间表现出较大的差异。

表 4-49　　不同句法结构的祈使句韵律边界分布对比

句子编号	发音人	边界位置（/和//分布表示 PP 和 IP 边界）	切分模式	切分模式占比
句子 01	CH	Come // to / tea. //	434	6.25%
		Come / to tea. //	34	93.75%
	AM	Come to tea. //	4	100%
句子 03	CH	Please / come in! //	34	87.5%
		Please come / in! //	34	6.25%
		Please come in! //	4	6.25%
	AM	Please / come in! //	34	83.33%
		Please come in! //	4	16.67%

续表

句子编号	发音人	边界位置（/和//分布表示 PP 和 IP 边界）	切分模式	切分模式占比
句子 05	CH	Don't / do // Charlie's // dirty / dishes. //	34434	12.5%
		Don't do // Charlie's / dirty dishes. //	434	31.25%
		Don't do // Charlie's / dirty / dishes. //	4334	6.25%
		Don't do / Charlie's // dirty / dishes. //	3434	31.25%
		Don't do / Charlie's // dirty dishes. //	344	18.75%
	AM	Don't do // Charlie's / dirty dishes. //	434	83.33%
		Don't do / Charlie's dirty dishes. //	34	16.67%
句子 07	CH	Let's / not waste time! //	34	25%
		Let's / not // waste / time! //	3434	6.25%
		Let's not / waste time! //	34	25%
		Let's // not / waste time! //	434	6.25%
		Let's not waste / time! //	34	12.5%
		Let's / not // waste time! //	344	25%
	AM	Let's / not waste time! //	34	50%
		Let's not / waste time! //	34	33.33%
		Let's not waste time! //	4	16.67%
句子 11	CH	Make sure to walk // the dog / before I get home. //	434	6.25%
		Make sure / to walk the dog // before I get home. //	344	12.5%
		Make sure // to walk the dog / before I / get home. //	4334	6.25%
		Make sure to walk the dog // before I /get home. //	434	6.25%
		Make sure / to walk the dog // before I / get home. //	3434	37.5%
		Make sure to walk the dog / before I // get home. //	344	6.25%
		Make sure to walk / the dog // before I get home. //	344	12.5%
		Make sure // to walk the dog // before I / get home. //	4434	6.25%
		Make sure / to walk the dog // before / I get home. //	3434	6.25%
		Make sure to walk / the dog // before / I get home. //	3434	6.25%
	AM	Make sure to walk the dog / before I get home. //	34	16.67%
		Make sure / to walk the dog // before I get home. //	344	33.33%
		Make sure to / walk the dog // before / I get home. //	3434	16.67%
		Make sure / to walk the dog // before / I get home. //	3434	16.67%
		Make sure to walk the dog // before / I get home. //	434	16.67%

续表

句子编号	发音人	边界位置（/和//分布表示 PP 和 IP 边界）	切分模式	切分模式占比
句子 15	CH	Don't / open the door, // will you? //	344	68.76%
		Don't open the door, / will you? //	34	18.75%
		Don't // open the door, / will you? //	434	6.25%
		Don't // open the door, // will you? //	444	6.25%
	AM	Don't / open the door, // will you? //	344	33.33%
		Don't open the door, / will you? //	34	50%
		Don't / open the door, will you? //	34	16.67%

相比之下，美国本族语者韵律边界分布相对集中，也就是种类变化不大。对于简单祈使句，由于其单词和句法短语更少，美国本族语者大多将其切分成两个 PP。对于复合祈使句，美国本族语者在切分的数量和类型上也有较大差异，但是他们极少违背切分句子的句法结构。至于附加疑问句，大多数句子都被切分成两个 PP，逗号之前的祈使句和逗号之后的附加疑问句。

（3）祈使句音高重音分布

根据音高重音的标注，对比中国东北英语学习者（CH）与美国英语本族语者（AM）的祈使句的音高重音分布情况，表 4－50 给出了表 4－49 中所示例的祈使句的重音分布情况。英语学习者几乎重读凸显了句子中的每个单词；而本族语者的调核位置通常位于实义词中。具体而言，对于学习者，please－类祈使句中的每个单词几乎都被重读了，其中第一个单词 please 被重读的最多。don't－类祈使句中将核心重音定位在第一个否定词 don't 上。let's－类祈使句中的第一个词 let's 被大多数人强调了。此外，复合句中的连词多被学习者认为是核心重音。一些学习者重读了复合句的第一个单词，而另一些则重读了第二个单词。而美国本族语者的 16 个祈使句中的音高重音数量相比学习者大大减少，只有几个介词被认为是核心重音。没有连词或者定冠词被视为核心重音。

表 4-50　　不同句法结构的祈使句音高重音分布对比

句子 01	Come	to	tea
	ah	uw	iy
CH	93.75%	12.5%	100%
AM	83.33%	0	16.67%

句子 03	Please	come	in
	iy	ah	ih
CH	93.75%	56.25%	43.75%
AM	100%	33.33%	50%

句子 05	Don't	do	Charlie's		dirty		dishes	
	oo	uw	ar	ie	ir	iy	iy	ih
CH	93.75%	18.75%	87.5%	12.5%	81.25%	0	43.75%	0
AM	66.67%	33.33%	83.33%	16.67%	50%	0	33.33%	0

句子 07	Let's	not	waste	time
	eh	oo	ey	ay
CH	75%	68.75%	37.5%	56.25%
AM	66.67%	83.33%	0	33.33%

句子 11	Make	sure	to	walk	the	dog	before		I	get	home
	ey	ur	uw	ao	ax	oo	ie	ao	ay	eh	ow
CH	25%	62.5%	5.25%	12.5%	0	75%	6.25%	68.75%	6.25%	25%	68.75%
AM	66.67%	16.67%	0	33.33%	0	50%	0	50%	16.67%	0	83.33%

句子 15	Don't	open		the	door	will	you
	oo	ow	ax	ax	oo	ih	uw
CH	87.5%	37.5%	6.25%	6.25%	43.75%	0	100%
AM	83.33%	33.33%	0	0	33.33%	0	100%

图 4-101 给出了两类说话人在这 16 个祈使句中产出音高重音的个数对比。可以看到，学习者与本族语者产出重音个数有一定的趋同性，但从学习者的祈使句可以发现音高重音个数多于本族语者，而且句子越长（第 6、10 和 11 句），音高重音出现的个数越多，即韵律边界的切分韵律单元越多。

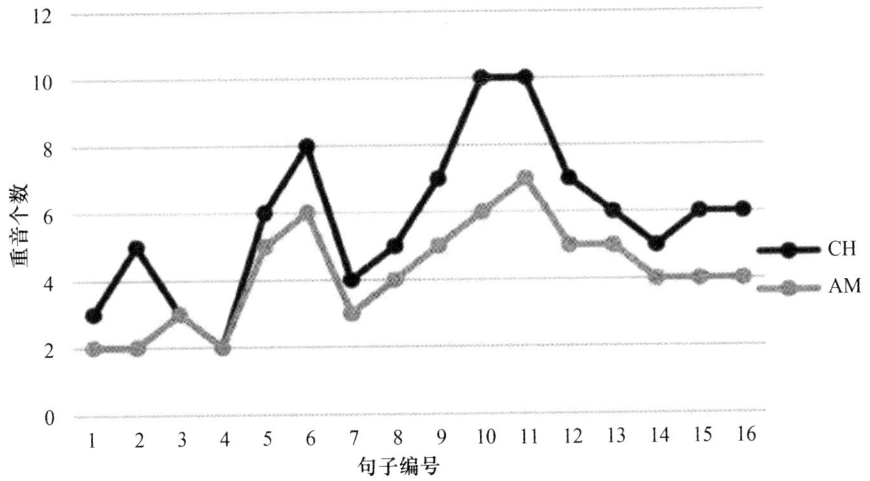

图 4-101 16 个祈使句出现音高重音的个数对比

（4）祈使句音高模式

上节讨论的祈使句示例对应的音高模式如图 4-102 所示，选择 2 位美国英语本族语者（AM）和长春（CC）、大连（DL）、哈尔滨（HB）和沈阳（SY）四个城市各 1 位英语学习者进行对比。可以看到，祈使句的边界调均为 L%，除了图中最后一个例子用附加问表示祈使语气，其语调模式同附加疑问句，边界调为 H%。在简单祈使句中，两组说话人几乎都采用 H* 的来实现核心重音。在复合祈使句中，两组说话人的语调模式都呈现了多样化的特点。

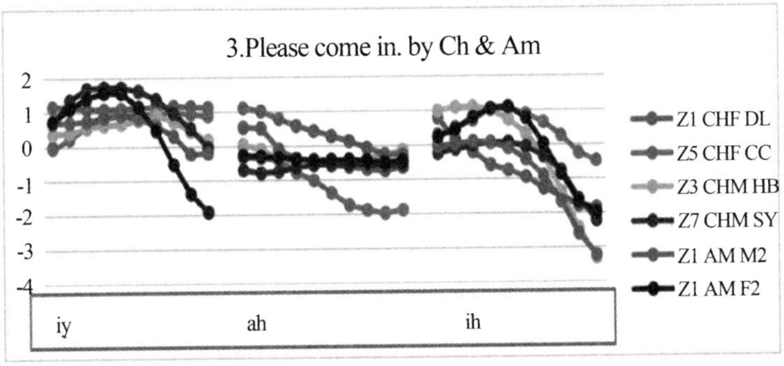

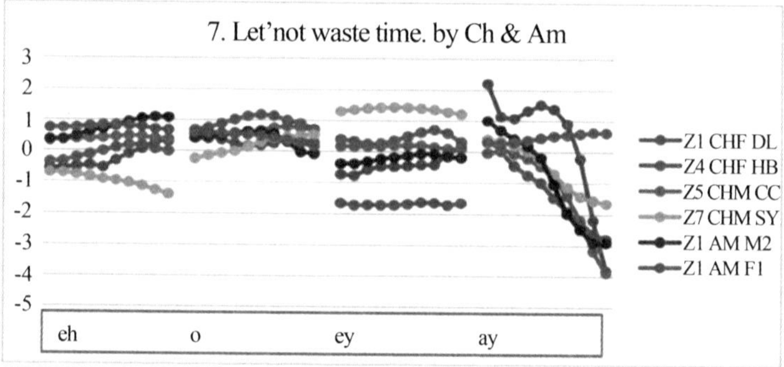

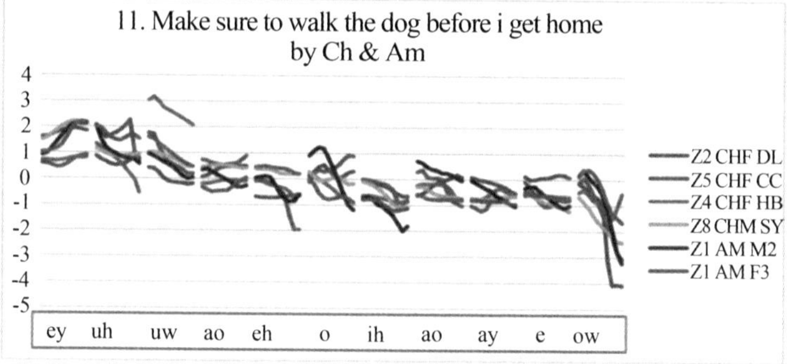

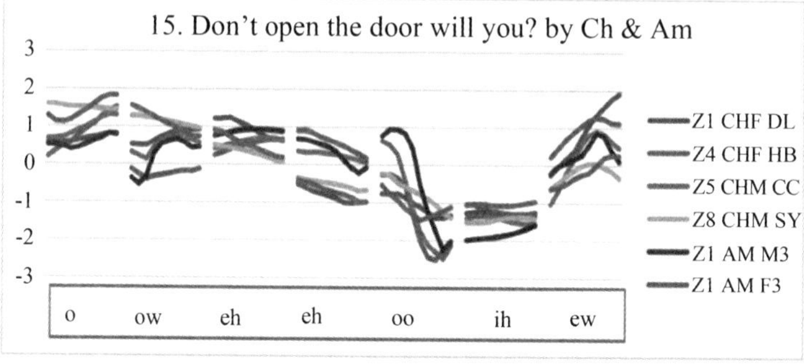

图 4-102　中国东北英语学习者与美国英语本族语者几种祈使句语调模式对比（音高为 Z-Score 规整结果）

（六）东北英语学习者的列举句语调

（1）语料

从 AESOP-CASS 语料库中选取东北地区英语学习者 16 名，分别来自沈阳、大连、哈尔滨和长春四个城市（每个城市各 2 男 2 女）。同时还选取了 4 名美国英语本族语者（2 男 2 女）。选择 4 个列举句，见表 4-51，包括 2 句常规列举句和两句示范列举句。这样学习者共产出 16 ×4 =64 句列举句，美国本族语者共 4 ×4 =16 句。

表 4-51　　　　列举句语料

句型	句子编号	英语列举句
常规列举	01	One, two, three, four, five, six, seven, eight, nine, ten, eleven, twelve, thirteen, fourteen, fifteen, they are fifteen.
	02	There is no sixth sense in addition to the five enumerated—sight, hearing, smell, taste and touch.
示范列举	03	Cauliflower, broccoli, cabbage, sprouts and onions.
	04	Hurry up, don't forget milk, butter, cooking oil, dog food and toilet paper.

（2）列举句韵律边界

根据韵律标注，我们对比分析两类发音人的列举句的韵律边界，发现不论是常规列举还是示范列举，学习者与本族语者的表现大致相同，即一个列举项处理为一个语调短语 IP。但与本族语者对照，有的学习者出现了语调短语切分与句子的信息块或句法结构之间的不对应，即出现了偏误，这可能主要是由于连词 and 的影响，学习者把其划分为一个独立的 IP，从而影响了正确的信息传递。所以，对于英语教育者和学习者来说，今后应该注重连词对列举句式语调短语边界 IP 的影响，加强连词和句末列举项的连读练习。

（3）列举句音高模式

我们考察所有句子的非句末列项的调型特征，发现有升调、降调、平调、升平混合调、升降混合调、降平调混合、降升调混合等多种，人数的分布结果如表 4－52 所示。

表 4－52　中国东北英语学习者（CH）与美国英语本族语者（AM）列举句音高模式对比

非句末列举项调型	句子 01		句子 02		句子 03		句子 04	
	CH 16 人	AM 4 人	CH 16 人	AM 4 人	CH 16 人	AM 4 人	CH 16 人	AM 4 人
升调	3	3	2	3	2	3	2	3
降调	1	0	5	0	14	0	11	0
平调	0	1	0	1	0	1	1	0
升平调混合	6	0					0	1
升降调混合	6	0						
降平调混合			3	0				
降升调混合			6	0			2	0

在音高模式方面，常规列举的非句末列举项调型一般为升调或平调。Tench（1997）发现英语本族语者更倾向于使用平调表达常规类列举；Cauldwell 和 Hewings（1996）同样认为在常规性列举项（routine categorizations）变成一种仪式（ritualistic）的情况下，通常使用平调，表示说话者之所以讲这些话是不得不说，而不是要和听话者交流这些信息。

东北英语学习者与美国英语本族语者的差异较大。无论是在常规列举还是示范列举中，非句末列举项部分本族语者主要（3 位）使用升调，少数（1 位）使用平调或者升平调；而学习者都出现了较多的降调或者升降调混合的情况。与前面分析的几种语调相比，东北地区学习者在列举句中的问题最大。

比如，在常规列举句语调模式中，14 名学习者均错误地把第一个列举项实现为降调，如图 4－103 上图所示；在示范列举语调模式中，有一半的学习者出现错误的高降调模式，如图 4－103 下图所示。学习者的这种语调错误，完全来自汉语母语的列举句模式的负迁移，但由于列举句语调模式的一致性，学习者只要建立语调意识，经过训练后比较容易掌握这一类语调。

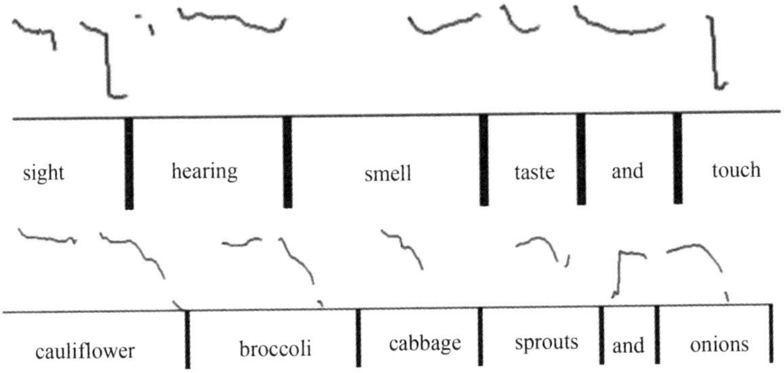

图 4-103 东北英语学习者错误的列举句语调模式

（七）东北英语学习者的语篇韵律特征初探

在篇章层面，我们对长春和哈尔滨两个城市的英语学习者与英语本族语者朗读语篇的韵律特征进行了对比研究。语篇信息结构与韵律有着密不可分的联系，不同信息状态对应不同的语音实现，起到表情达意的作用（郑秋豫，2015）。

（1）语料

选用 AESOP-CASS 中 10 名英语本族语者、10 名长春英语学习者和 10 名哈尔滨英语学习者的朗读语篇《北风与太阳》为研究语料，全文共 113 个单词。

（2）语篇信息结构与语音特征

就美国英语本族语者而言，他们在处理新旧信息方面采用不同的方法，差异之处在于新信息的韵律特征如音高、音强和音长均较已知信息更高更长，具有统计意义，说明英语本族语者能够较好地运用韵律特征来区分语篇中的不同信息状态。实现凸显新信息，弱读已知信息的目的。

但是长春英语学习者则无法较好地利用这些韵律参数区分不同的信息状态。他们在语篇中处理不同信息状态时无规律可循。具体有如下表现，新信息的音高、音强高于已知信息，然而时长值却低于已知信息，尽管个别单词或短语有例外现象，新信息与已知信息在音高、音强和音长方面的差异不具有统计意义，说明长春英语学习者不能很好地运用韵律特征来区分语篇中不同的信息状态。

我们进一步对哈尔滨英语学习者和美国英语本族语者篇章朗读中的重音产出开展对比研究。发现，哈尔滨英语学习者产出的重音数量多，是本族语者的近两倍。学习者产出更多的重音是因为他们停顿的次数更多，而且他们也受到母语东北官话的音节节拍计时性语言特征的影响。在重音间隔方面，哈尔滨学习者的重音间隔分布不均，这意味着他们在朗读文章时随意地放置重音。分析显示，一方面，学习者不熟悉重音计时性语言的重音特征；另一方面，流利度也影响了他们的重音间隔。

二者差异还体现在三种重音声学参数（音高、时长和音强）的使用上。哈尔滨英语学习者在重读音节上的音高比本族语者高，但重读音节与非重读音节的音高差异却不如本族语者明显，这反映出他们不能有效利用重音后的 PFC 来区分重读音节和非重读音节。哈尔滨英语学习者的重读元音时长明显短于本族语者的平均时长，学习者不能正确地使用时长特征来凸显重读音节。在应该重读的实词中，学习者重读元音的时长比非重读元音短得多；而在不应该承载重音的虚词中，重读元音时长比英语本族语者长。音强的表现与音高相似。哈尔滨英语学习者的音强高于本族语者，但二者在统计学上无显著性差异。学习者的重读和非重读元音音强差异不明显，有些学习者甚至在非重读元音上产出了更高的音强，而且完全没有规律可言。分析显示，学习者将音节计时的母语语音特征不恰当地迁移到了英语学习中；学习者对这三个声学参数在重音实现的重要性方面的知识了解不足。

此外，美国英语本族语者和哈尔滨英语学习者在词汇和句子层面上的重音位置也存在差异。对学习者来说，多音节词中容易出现重音移位现象。在句子层面上，哈尔滨学习者通常把重音放在虚词上，并且他们经常把句子的最后一个词重读以示结束。此外，他们还存在错误的韵律边界切分，例如把从句中的引导词 that 看作句子的独立成分。这种现象说明受汉语音节节拍和节奏的影响，学习者倾向于把每个音节和单词都读得清晰。再有，学习者在发音规则、英语朗读技巧和信息结构方面知识欠缺。

（八）东北英语学习者语调习得小结

通过对比分析东北地区几个代表城市的英语学习者与英语本族语者的几类语调的重音分布、韵律结构和音高变化模式，发现学习者的各类句型产出与本族语者之间都存在一定差异。

具体而言，学习者在陈述句语调的习得方面表现最好，所产出的音高重音类型大多与本族语者相似，为 H*，边界调也基本可以用与本族语者相似的 L-L% 来实现，这一点受到了汉语陈述句特征正迁移的影响。然而，学习者在重音位置的判断上存在一定问题，这一问题的表现具体有两方面，其一是由于母语方言音节计时特征的负迁移作用，造成轻重分布失误，产出的重音较多；其二则是部分学习者会将虚词实现为核心重音，造成这一现象的原因仍然是学习者母语中的部分属于实词词性的词在英语中为虚词，由此导致的判断失误。除此之外，学习者的语调中尽管也存在 PFC，但与本族语者相比压缩程度较小。究其原因，主要是学习者在实现重音时所采用的手段与本族语者间存在差异，学习者往往倾向于采用拉长时长和提高音强的方式来实现重音，而却忽略了焦点实现的最重要的手段，即音高，因此我们可以推断，学习者所产出的 PFC 并非其主观所为，而是在拉长时长的过程中无意地提高了焦点处的音高值。尽管与英语相同，PFC 是学习者母语中存在的语调特征，但该特征易失难得，需要经过训练才能够习得（高薇等，2015）。

疑问句方面，我们选择了一般疑问句、语调疑问句和附加疑问句三种句型进行分析，与陈述句相比，这三种句型与本族语者间存在的差异较大。一般疑问句中，本族语者使用 L* 或 L*+H 实现核心重音，而学习者只有在句末的焦点重音会正确产出，错误使用 H* 或 L+H* 等音高模式来实现非句末焦点句的音高重音，这一点跟北京、济南等方言区学习者的产出错误式是一样的，是受到母语疑问句负迁移作用的影响。部分学习者的边界调也有问题，采用了与陈述句相同的 L-L%。语调疑问句的边界调也存在同样的问题，即一部分陈述句的边界调用 L-L% 代替 H-H%。而附加疑问句的边界调则出现了升调和降调的使用比例几乎均等的情况，这是因为，学习者并不清楚边界调的升降是含有区别意义的功能，对于附加疑问句疑问部分语调的升降对应的具体功能也尚未习得，才因此会出现在产出时随意选择的情况。

祈使句除存在类似陈述句的多焦点及停顿过多等问题，在带有附加疑问句的祈使句中也存在着与附加疑问句类似的边界调选择的问题，即混淆升调和降调功能的现象。学习者的列举句语调问题最大，主要问题存在于每个列举项的音高实现上，即学习者不清楚升调和降调在该类句型中具体所表示的意义，出现了随意选择的现象。以上的偏误表明，学习者在语调产出时出现问题的两个主要原因，一是由于其母语中语调特征的负迁移作用，二是由于语调学习中相关知识的缺失，学习者未能将语调的形式和功能对应起来，产出中出现了随机选择边界调或音高类型的情况。

分析中我们将语音库里东北四个城市的发音人放在一起分析，主要发现各地发音人的语调偏误非常相似，但语料使用相对的单一，也存在一些有待加强的地方，其一，AESOP-CASS 主要录制大学生英语，他们交流以东北普通话为主；其二，鲜见对四地方言语调的研究，从而缺少与学习者方言语调的对比。未来有待从更为细致的语音特征进行对比分析，找到各自偏误特征。

四　江淮官话区南京、镇江方言区英语学者语调产出模式对比研究

本节研究来自中国的江苏省江淮官话区南京、镇江的英语学习者产出的陈述句和语调疑问句，对比分析他们产出的语调特征与英语本族语者的异同。

（一）语料

从 AESOP-CASS 中选取 20 名英语学习者（7 男 13 女），均来自中国的江苏省江淮官话区的南京或镇江，平时讲普通话；以及 6 名英语母语发音人。实验语料为表 4－53 所示句子。

表 4－53　　实验语料

句子编号	语句
1	Texas exports beef to Japan.
2	Mark left the socks on the fence.
3	The ship departed from France on Sunday.

通过对话或语境的变化得到宽焦点以及焦点在句首、句中、句尾的陈述句和语调疑问句，表 4－54 给出句 2（Mark left the socks on the fence.）的变化示例。这样每一句对应 2 个不同的语气和 4 种焦点结构，

一共有 24 个语句作为实验目标句。学习者共有 20 × 24 = 480 句，母语者共有 24 × 6 = 144 句。

对所有录音语句语料均进行韵律标注和音高校对，去除嘎裂情况严重的句子，具体处理方式参见第四章第二节。

表 4–54　SEN2 的陈述句和语调疑问句语境（大写单词为窄焦点）

句子编号	语气和焦点位置	目标句产生语境
050	陈述/宽焦点	A：What happened? B：Mark left the socks on the fence.
090	陈述/句尾焦点	A：Where did Mark leave the socks. B：Mark left the socks on the FENCE.
189	陈述/句中焦点	A：What did Mark leave on the fence? B：Mark left the SOCKS on the fence.
242	陈述/句首焦点	A：Who left the socks on the fence? B：MARK left the socks on the fence.
142	疑问/宽焦点	(ask What happened) Mark left the socks on the fence?
360	疑问/句尾焦点	(ask Who left the socks on the fence) MARK left the socks on the fence?
238	疑问/句中焦点	(ask What did Mark leave on the fence) Mark left the SOCKS on the fence?
181	疑问/句首焦点	(ask Where did Mark leave the socks) Mark left the socks on the FENCE?

（二）江淮官话区南京、镇江英语学习者的陈述和语调疑问句语调

（1）学习者陈述句和语调疑问句的音高模式对比

首先考察焦点重音位于句首时，江淮官话区英语学习者产出的陈述句和语调疑问句音高模式。所有学习者的陈述句和语调疑问句音高曲线平均值对比（时长规整）如图 4–104 所示，横坐标表示语句的音段，纵坐标表示 F0，单位是赫兹（Hz）。学习者的英语语调疑问句（Q）与陈述句（S）的区别类似汉语语调，焦点为句重音（核心重音），焦点重音实现为 LH*，两个句型的主要区别在于语调疑问句的句尾边界调为升调

（H%），陈述句为降调（L%）。然而句 3 的疑问句边界调类型仍为 L%，只是调阶高于陈述句，这个表现与学习者的汉语母语边界调表现一致，应该是一个明显的负迁移现象。另外，我们可以注意到语调疑问句的音高曲线从句首重音位置开始略高于陈述句。

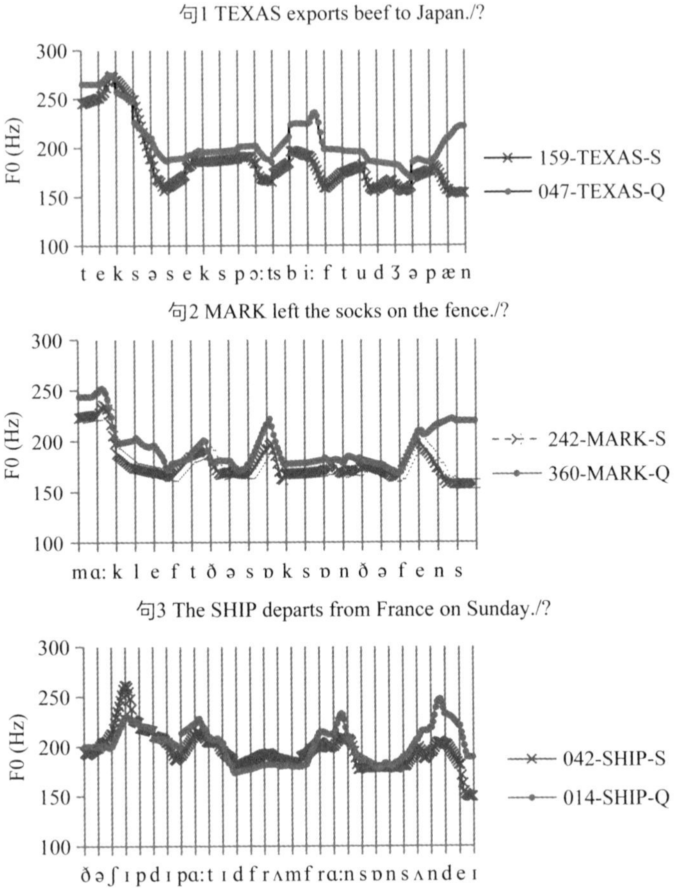

图 4－104　焦点重音在句首时，江淮官话区英语学习者陈述句和语调疑问句的平均音高曲线图（Q 代表语调疑问句，S 代表陈述句）

焦点重音位于句中时，江淮官话区英语学习者产出的陈述句和语调疑问句音高模式对比如图 4－105 所示。焦点重音落在句中时，学习者的英语语调疑问句与陈述句的区别类似汉语语调，焦点为句重音（核心重音），焦点重音实现为 H*L，两个句型的主要区别在于语调疑问句的句末边界调为升调（H%），陈述句为降调（L%）。另外，与焦点位于句首（图 4-104）不同的是，语调疑问句的音高曲线从句中重音后开始高于陈述句，一直持续到句末。

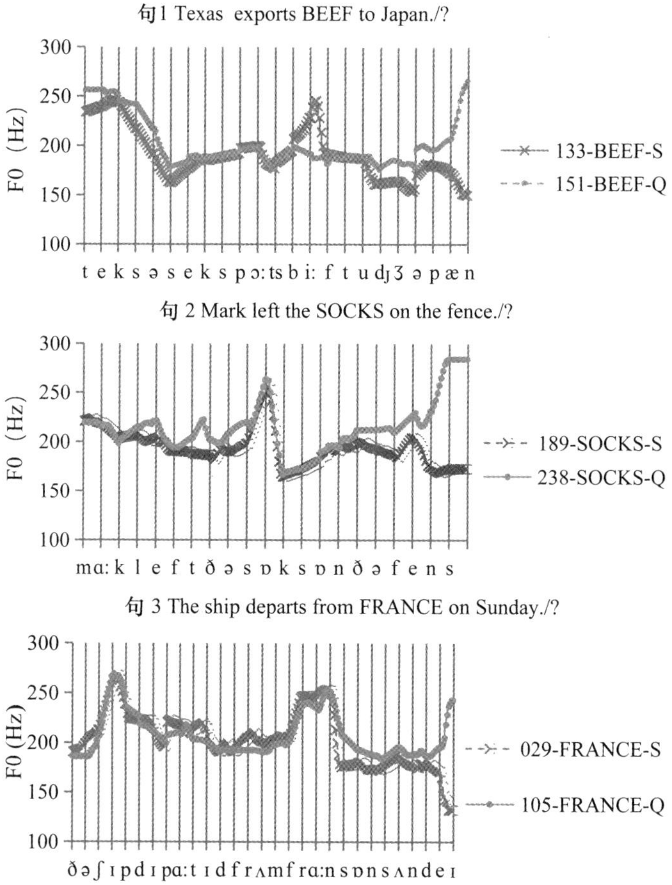

图 4-105　焦点重音在句中时，江淮官话区英语学习者陈述句和语调疑问句的平均音高曲线图（Q 代表语调疑问句，S 代表陈述句）

焦点重音位于句末时，江淮官话区英语学习者产出的陈述句和语调疑问句音高模式对比如图 4-106 所示。焦点重音落在句末时，学习者的英语语调疑问句与陈述句的区别类似于汉语语调，焦点为句重音（核心重音）；但焦点重音实现的模式不同，语调疑问句为 L*，陈述句为 H*L。语调疑问句的句末边界调为升调（H%），陈述句为降调（L%）。

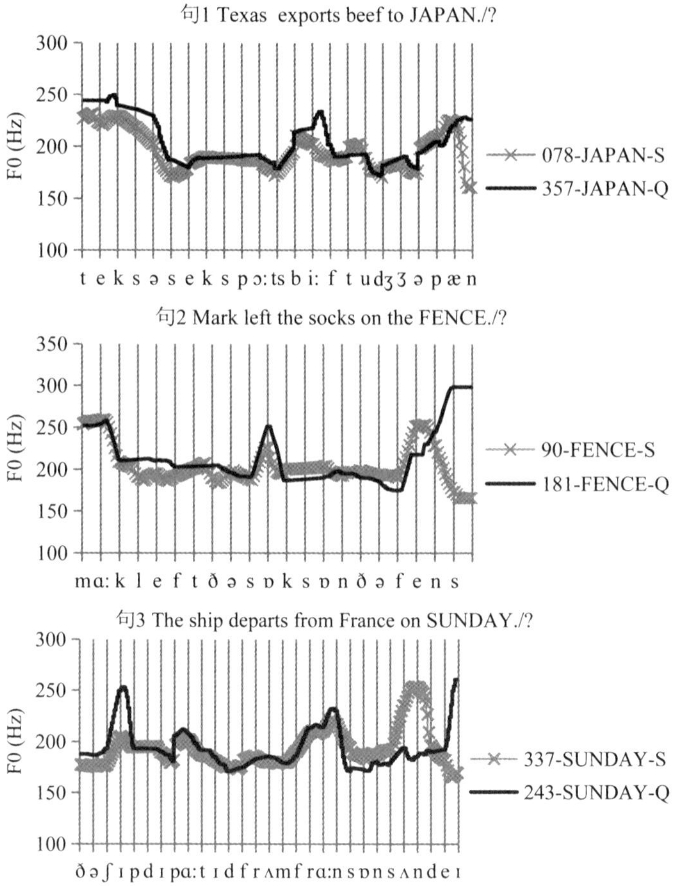

图 4-106　焦点重音在句末时，江淮官话区英语学习者陈述句和语调疑问句的平均音高曲线图（Q 代表语调疑问句，S 代表陈述句）

（2）学习者陈述句和语调疑问句不同焦点结构的音高对比

南京、镇江英语学习者陈述句的四种焦点结构的音高曲线对比如图 4-107所示。学习者焦点重音的实现方式与美国本族语者基本相似，为高调 H*（LH*）。但与宽焦点句和其他非焦点句比，焦点实现的语音特征不明显，并且未都出现焦点重音音域扩大，句首和句中焦点后也未都出现明显的 PFC。句末焦点的重音或者与宽焦点的音高无差异（句 1、句

2），或者比宽焦点高（句3）。

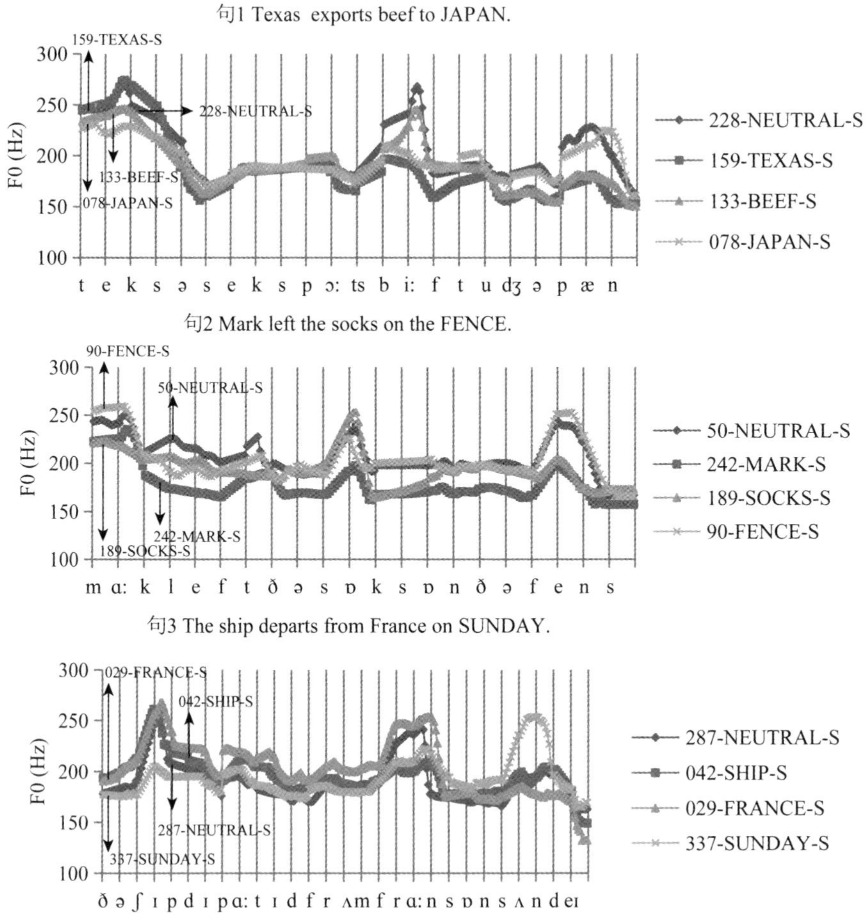

图4-107 江淮官话区英语学习者不同焦点重音位置陈述句的平均音高曲线图
（大写单词为焦点词，其中NEUTRAL代表宽焦点句，S代表陈述句）

图4-108给出了江淮官话区英语学习者语调疑问句的四种焦点结构中音高曲线对比。在语调疑问句中，学习者焦点重音的实现方式与美国本族语者有很大区别。当焦点重音不在句尾时，美语本族语者将音高重音实现为低调 L^*，而且音高重音后的音高曲线比非焦点情况更低；而学习者仍然将焦点重音实现为高调 H^*（LH^*），音高重音后的音高曲线更高。

将图 4–108 与图 4–107 进行对比可以发现，在非句尾焦点重音的情况下，江淮官话区学习者的语调疑问句焦点重音的实现方式与陈述句的实现方式较为类似。焦点重音位于句末时，大部分学习者可以正确地将焦点重音实现为 L*，也可以正确地将边界调实现为 H%，个别学习者会出现问题（如前文所述，当句 3 的焦点重音位于句首时）。

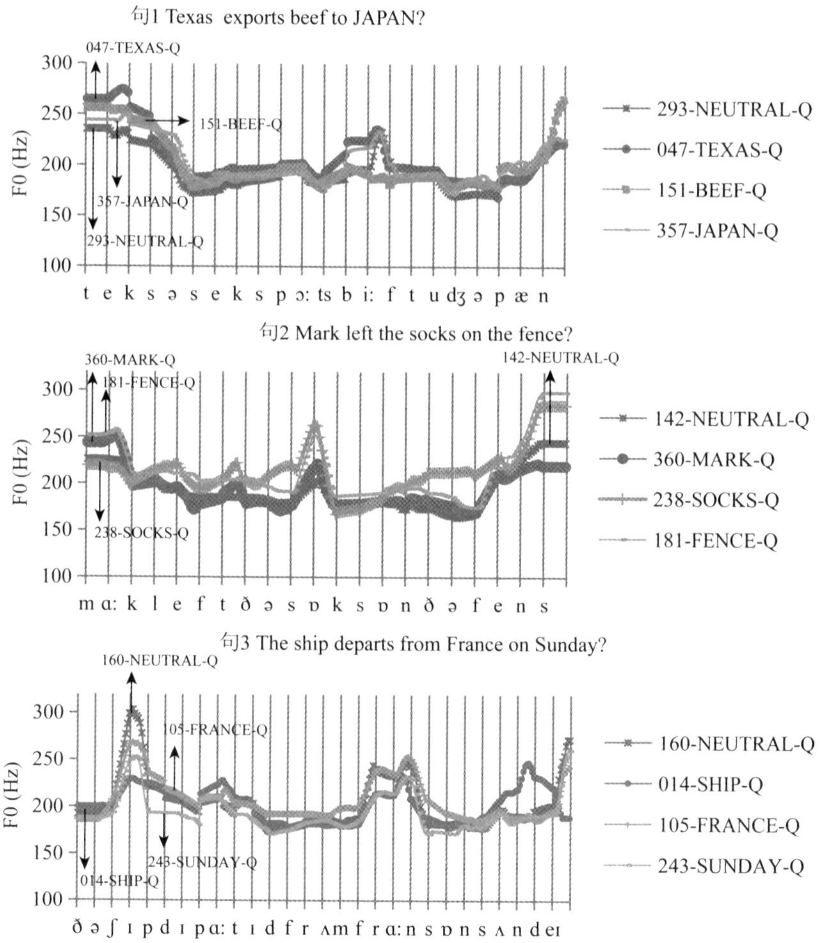

图 4–108　江淮官话区英语学习者不同焦点重音位置语调疑问句的平均音高曲线图

（大写单词为焦点词，其中 NEUTRAL 代表宽焦点句，Q 代表语调疑问句）

（三）江淮官话区南京、镇江英语学习者和英语本族语者的语调声学特征对比分析

本节统计分析英语学习者和英语本族语者产出的焦点重音和边界调的声学特征。

（1）学习者和本族语者焦点重音的声学特征对比

比较两类说话人产出的焦点位置和焦点后音域的音高特征（音域、音高斜率），如图 4-109 所示。无论是本族语者还是学习者，焦点区的音域都大于焦点后音域。进行方差分析，组间变量为组别（本族语者 vs. 学习者），组内变量为焦点（焦点区 vs. 焦点后区）和句型（陈述句 vs. 语调疑问句）。结果显示，焦点主效应显著［$F(1, 735) = 80.60$，$P < 0.001$］，事后分析结果表明，焦点区的音域要明显大于非焦点区［β(focused - unfocused) $= 0.430$，$t(735) = 8.935$，$P < 0.001$］。这表明，不论是本族语者还是学习者，都会通过扩大音域的方式来表明焦点位置。

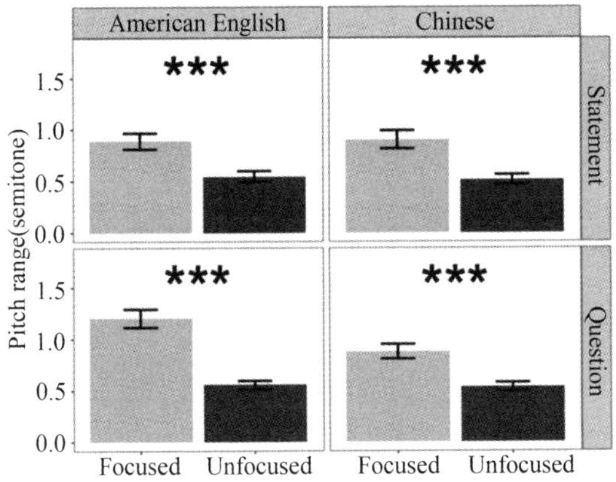

图 4-109 江淮官话区英语学习者和英语本族语者的焦点区音域对比

学习者和本族语者焦点区的音高斜率与句型关系如图 4-110 所示。方差分析结果显示，焦点、句型和组别之间的交互效应显著（$P < 0.001$）。事后分析结果表明，对于本族语者来说，陈述句焦点区的斜率要大于语调疑问句（$P < 0.001$），而学习者两种句型焦点区的音高斜率没有差异。这说明本族语者两种句型的焦点重音的调型不同，陈述句中的焦点重音实现为降调（H^*/H^*L），语调疑问句中的焦点重音实现为升调

（L*/L*H）；学习者则两种句型的焦点重音都实现为降调，只有焦点位于句末疑问句，边界调为 H% 的时候，产出才为升调。

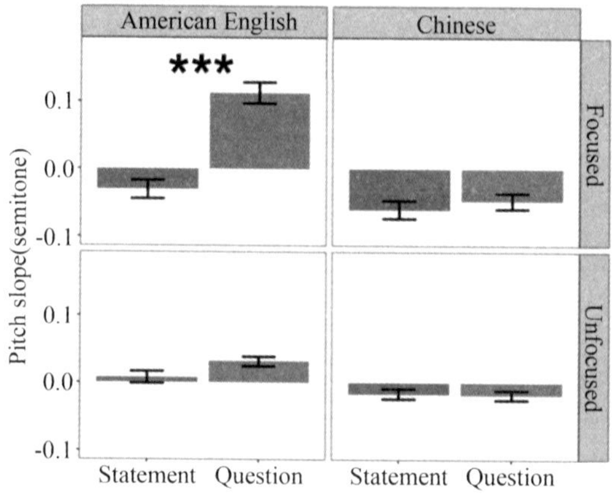

图 4-110　江淮官话区英语学习者和英语本族语者的焦点区音高斜率对比

（2）学习者和本族语者边界调的声学特征对比

学习者和英语本族语者边界调的音高斜率与句型关系比较如图4-111所示。方差分析发现，句型的主效应明显（$P<0.001$），句型和组别之间交互效应不明显（$P=0.586>0.05$）。事后分析结果显示，语调疑问句中的边界调音高斜率要显著高于陈述句（$P<0.001$）。这说明学习者和本族语者一样，在陈述句的结尾用下降调，语调疑问句结尾用上升调。

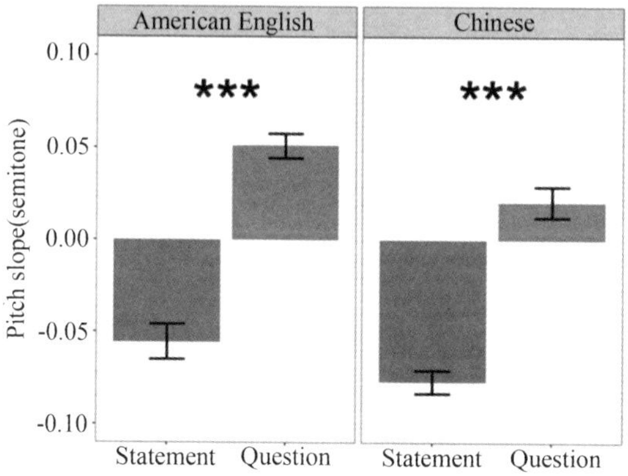

图 4-111　江淮官话区英语学习者和英语本族语者边界调音高斜率对比

（四）南京、镇江英语学习者英语语调习得小结

与美国本族语者相比，江淮官话区的英语学习者的语调疑问句的音高模式问题最大，同其他几个官话区非常相似：①语调疑问句中焦点重音在句前和句中的时候，音高重音的实现方式与陈述句中音高重音的实现方式几乎相同，均为 H^* 或者 H^*+L，而不能正确产出 L^* 或者 L^*H；只有焦点重音在句末，并且边界调为 H% 的时候，才能实现正确产出；②学习者的语调疑问句的边界调既有上升也有下降。这种现象可能与中国目前的语音教学现状有关，现有语音教学中，教师对学生语调的指导普遍停留在陈述句句尾下降，疑问句句尾上升的层面上；但对如何上升，是音高直接的抬升还是与汉语边界调一样，只是音阶的抬高，普遍缺乏正确的指导，因此亟待改进现在的英语语音教学。此外，针对江淮官话方言的语调研究目前仍是空白，未来需要进一步从母语方言的描写和分析出发，确认方言语调的特征对学习者的影响。

五 闽语福州方言区英语学习者语调产出模式对比研究

本节比较福州方言区英语学习者与英语本族语者的各种疑问句语调模式的异同，从声学、句法、语用等方面进行分析和探讨。

（一）语料

语料选用 AESOP-CASS 中的 19 个疑问句，涵盖四种疑问类型，包括 4 个一般疑问句、5 个特殊疑问句、4 个选择疑问句和 6 个附加疑问句，见表 4-55。

表 4-55 四种疑问句语料

句型	句子编号	语句
一般疑问句	s5_record_071	Is he a mailman?
	s1_record_067	Do you have a key?
	s1_record_011	Will Robin wear a yellow lily?
	s2_record_080	Have you locked the front door?
选择疑问句	CASS-E_063	Did you say mellow or yellow?
	CASS-E_180	Is his name miller or mailer?
	CASS-E_084	Are you growing limes or lemons?
	CASS-E_094	Are they reading, chatting or watching TV?

续表

句型	句子编号	语句
特殊疑问句	s2_record_077	How can I help it?
	CASS-E_251	What are you saying?
	CASS-E_407	Which one can I have?
	s1_record_062	Who ever saw his old clothes?
	s1_record_008	Where were you while we were away?
附加疑问句	CASS-E_266	It's not finished, is it?
	CASS-E_054	We couldn't do it, could we?
	CASS-E_401	Mary'll be pleased, won't she?
	s2_record_081	It's wonderful weather, isn't it?
	CASS-E_320	Open the window, would you?
	CASS-E_003	Come over here a minute, will you?

选取20名福州地区的英语学习者，10男10女，均来自福州地区一所普通高中的高二年级，为土生土长的福州本地人；以及6名英语本族语者，3男3女，美国人。因此，用于分析的疑问句，学习者有19×20=380句，本族语者有19×6=114句，总计494句。韵律标注也仍然采用第二章介绍的ToBI和IViE系统，在此不赘述。

（二）福州英语学习者和本族语者的疑问句语调对比

（1）音高重音分布

根据韵律标注结果，首先对比分析音高重音分布模式，主要关注福州方言区英语学习者与美国英语本族语者差异较为显著的三种疑问句型，即一般疑问句、特殊疑问句和附加疑问句。

福州学习者与美国本族语者产出的一般疑问句的音高重音分布见表4-56和表4-57，尽管核心重音都在句末实义词上，但分别有50%（表4-56中的ih）和75%（表4-57中的ey）的学习者倾向于将重音分配给句子中最后一个单词的前音节；本族语者都在最末音节上。此外，学习者的音高重音出现位置也更多，分布更分散。

表 4-56　　福州学习者（FZ）与美国本族语者（AM）的句子 Will Robin wear a yellow lily? 中音高重音分布对比

	Will	Robin		wear	a	yellow		lily	
	ih	oo	ih	ar	ax	eh	ow	ih	ih
AM	0	50.00%	0	50.00%	0	0	0	0	100%
FZ	0	85.00%	0	25.00%	0	35.00%	0	50.00%	15.00%

表 4-57　　福州学习者（FZ）与美国本族语者（AM）的句子 Is he a mailman? 中音高重音分布对比

	Is	he	a	mailman	
	ih	iy	ax	ey	ae
AM	0	66.67%	0	0	100%
FZ	0	60.00%	20.00%	75.00%	25.00%

特殊疑问句的音高重音分布对比见表 4-58 至表 4-61。福州学习者更倾向于将疑问词重读，在特殊疑问句句首的疑问词上实现音高重音。其中，学习者与本族语者差异比较大的疑问词是 what，40% 的学习者将其实现为音高重音，而本族语者为 0%。同时，学习者经常将疑问代词作为全句的核心重音，如表 4-60 和表 4-61 例句中的 Who 和 Where。

表 4-58　　福州学习者（FZ）与美国本族语者（AM）在句子 What are you saying? 中音高重音分布对比

	What	are	you	saying	
	oo	aa	uw	ey	ih
AM	0	0	0	100%	0
FZ	40%	10%	0	60%	0

表 4-59　　福州学习者（FZ）与美国本族语者（AM）在句子 Which one can I have? 中音高重音分布对比

	Which	one	can	I	have
	ih	ah	ae	ay	ae
AM	50%	0	0	0	50%
FZ	40%	45%	5%	0	40%

表 4-60　　福州学习者（FZ）与美国本族语者（AM）在句子 Who ever saw his old clothes? 中音高重音分布对比

	Who	ever		saw	his	old	clothes
	uw	eh	ax	ao	ih	ow	ow
AM	33. 33%	33. 33%	0	33. 33%	0	0	0
FZ	40. 00%	35. 00%	0	10. 00%	0	5. 00%	25. 00%

表 4-61　　福州学习者（FZ）与美国本族语者（AM）在句子 Where were you while we were away? 中音高重音分布对比

	Where	were	you	while	we	were	away	
	ar	er	uw	ay	iy	er	ax	ey
AM	50%	16. 67%	16. 67%	0	0	0	0	83. 33%
FZ	50%	5%	5%	35%	15%	0	0	20%

前面已经介绍了，学习者重读疑问代词的偏误现象，主要是由于英汉语特殊疑问句的句法差异造成的。当疑问词是主语时，使用陈述句词序。例如表 4-60 中，疑问词 who 是主语，词序与汉语疑问句相同，此时汉语疑问句式对英语疑问句式没有产生负面影响，因此学习者的错误率相对较低。当疑问词为替代成分时，采用疑问句序，如表 4-58、表4-59 和表 4-61，英汉特殊疑问句的词序截然不同，这给母语为汉语的英语学习者造成了困难。

附加疑问句结果见表 4-62 至表 4-63。与美国英语本族语者相比，福州方言区英语学习者的音高重音出现在更多位置上，几乎所有代词上都有音高重音出现，句末人称代词往往作为核心重音。Gussenhoven

(1983) 关于代词项的理论表明，人称代词只有在与其他代词对比变得突出时才能转化为核心调。因此，学习者一味选择将音高重音置于人称代词上是不符合英语口语语调模式的明显错误。

表 4-62 福州学习者（FZ）与美国本族语者（AM）在句子 We couldn't do it，could we? 中音高重音分布对比

	We	couldn't	do	it	could	we
	iy	uh	uw	ih	uh	iy
AM	0	16.67%	83.33%	0	100%	0
FZ	5.00%	45.00%	30.00%	25.00%	15.00%	85.00%

表 4-63 福州学习者（FZ）与美国本族语者（AM）在句子 Come over here a minute，will you? 中音高重音分布对比

	Come	over	here	a	minute		will	you
	ah	ow	ir	ax	ih	ih	ih	uw
AM	0	100%	0	0	0	0	100%	0
FZ	20.00%	45.00%	15.00%	10.00%	30.00%	0	20.00%	75.00%

表 4-64 福州学习者（FZ）与美国本族语者（AM）在句子 Open the window，would you? 中音高重音分布对比

	Open		the	window		would	you
	ow	ax	ax	ih	ow	uh	uw
AM	33.33%	0	0	50.00%	0	33.33%	0
FZ	10.00%	0	0	85.00%	0	10.00%	70.00%

（2）韵律边界

根据韵律边界的标注结果，对每一句的边界分布情况进行统计，用数字 0 代表无明显停顿，数字 3 和 4 分别代表韵律短语边界和语调边界。下面对比 19 个语句的韵律边界分布，图中 | 表示可以出现边界的位置，‖ 为语句边界，数字组合表示语句的韵律边界模式。

福州方言区英语学习者与美国英语本族语者的一般疑问句韵律边界

分布对比如图 4–112 所示。一方面，绝大多数美国本族语者产出的一般疑问句在谓语 + 宾语和主语 + 谓语两个成分之间都有韵律短语边界，跟语句的句法结构不一定完全一致。学习者则基本在主语 + 谓语之间切分句子。从图 4–112 右上图中可以清楚地看到，约 55% 的学习者根据主语 + 谓语的语法结构划分韵律短语，这与本族语者有很大的不同。曹剑芬（2001）关于汉语韵律切分的研究结果指出，在相对平衡的汉语句子中，绝大多数一级停顿典型地出现在主语与谓语之间。这证实了学习者在说某些英语句子的过程中受到汉语韵律系统的影响。另一方面，福州英语学习者对语调短语划分的认识不足，有时会将一个实词视为一个韵律短语，甚至会在冠词 a 后出现韵律边界。

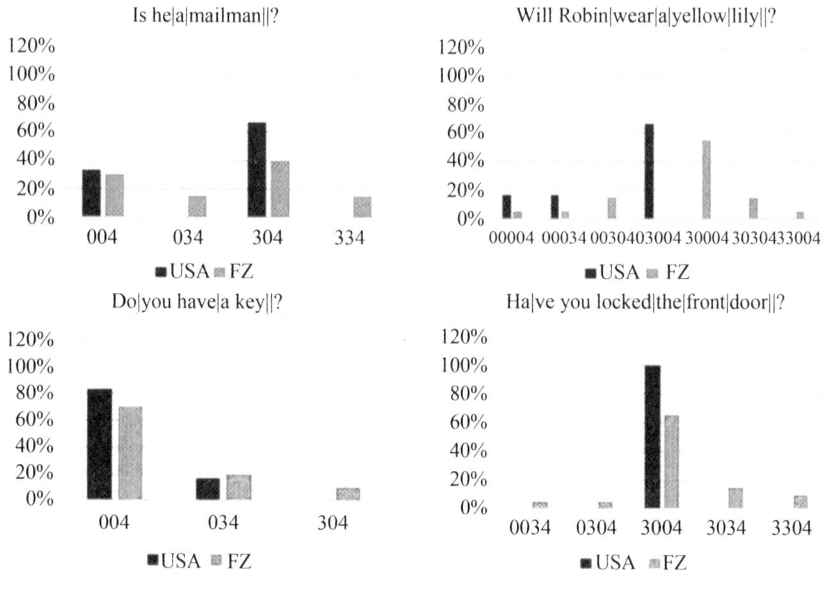

图 4–112　福州学习者（FZ）与美国本族语者（USA）一般疑问句韵律边界分布对比

福州方言区英语学习者与美国英语本族语者的特殊疑问句的边界分布模式如图 4–113 所示。学习者与本族语者的韵律结构模式在总体上保持一致，特别是短句，学习者的产出问题不大。但部分学习者在短句中划分多个韵律短语，如在图 4–113 的右下图，句中出现连词 while 时候，部分学习者将边界置于连词后。

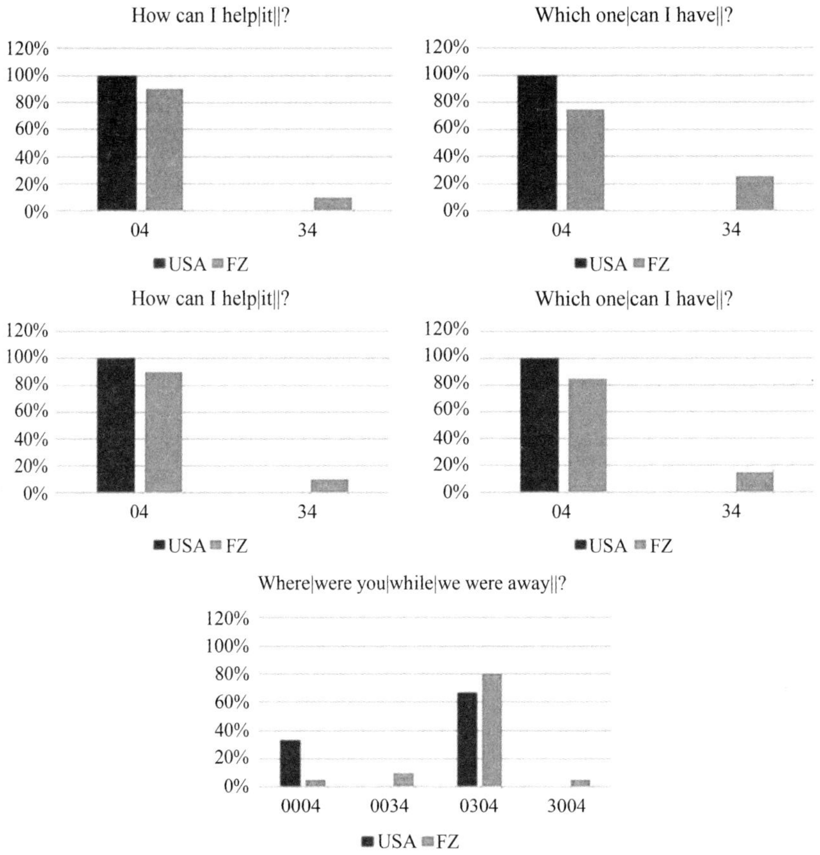

图 4-113 福州学习者（FZ）与美国本族语者（USA）特殊疑问句韵律边界分布对比

选择疑问句的结果如图 4-114 所示，与美国本族语者只将选项视为划分语调短语的根据不同，福州英语学习者产出的选择疑问句有两个偏误问题。第一个也是最典型的偏误是频繁切分。除了选项，学习者甚至将 or 视为独立的韵律短语。根据甘于恩（2007）对福州方言选择问句语调的描写，福州话选择问句的选项 AB 之间必须有较明显的语音停顿，可知这是母语负迁移导致的偏误。第二个偏误反映在图 4-114 的左上图中，大约 25% 的学习者使用 304 的短语划分模式，这意味着学习者根本没有意识到这是一个选择疑问句，而将其看作一般疑问句。而学习者在图4-114其他三个句法结构鲜明的附加疑问句中并未产出相似错误的韵律短语划分，因此这里不对此句型进行详细分析。

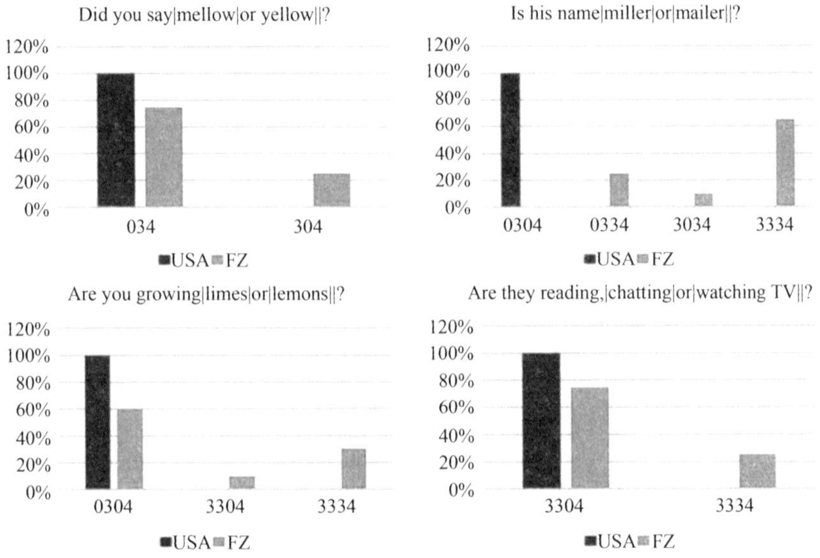

图4-114　福州学习者（FZ）与美国本族语者（USA）选择疑问句韵律边界分布对比

（3）语调音系模式

参照Grabe（2002）总结归纳的陈述句和疑问句的音高模式，将英语疑问句型的音高模式归纳分为HL和LH两类（表4-65）。

表4-65　英语疑问句型音高模式

边界类型	语调模式	F0变化趋势
HL	H*L%	降—平
	L*H L%	升—高平—降
	L* L%	低—降
	H*L L%	双倍下降

续表

边界类型	语调模式	F0 变化趋势
LH	H * L H%	高—降—升
	H * H%	高—升
	(L) H * %	(升) 高—平
	L * H %	升—高—平
	L * H%	尾部上升
	L * H H%	双倍上升

根据韵律标注结果，我们按照表 4-65 的分类，统计分析美国英语本族语者和福州方言区英语学习者的语调模式和句末边界调类型分布，结果见表 4-66。

表 4-66　美国英语本族语者（AM）与福州英语学习者（FZ）疑问句型音高模式分布对比

音高特征 / 组别	LH				HL				
	L * H H%	H * L H%	L * H%	H * H%	H * L L%	L * H L%	L * L%	! H * L L%	!H * L%
一般疑问句（AM）	95.83%	0	0	0	4.17%	0	0	0	0
一般疑问句（FZ）	23.75%	5%	11.25%	2.50%	43.75%	0	12.50%	0	1.25%
特殊疑问句（AM）	6.67%	0	0	0	86.67%	6.67%	0	0	0
特殊疑问句（FZ）	0	0	0	0	71.00%	13.00%	16.00%	0	0
选择疑问句（AM）	8.33%	0	0	0	83.33%	8.33%	0	0	0
选择疑问句（FZ）	17.50%	8.75%	11.25%	0	42.50%	10.00%	8.75%	1.25%	0
附加疑问句（AM）	91.67%	8.33%	0	0	0	0	0	0	0
附加疑问句（FZ）	51.67%	2.50%	0	1.67%	31.67%	10.83%	1.67%	0	0

英语一般疑问句的默认语调是升调（Wells，2006），L* H H% 被认为是最典型的一般疑问语调模式。95.83% 的本族语者使用 L* H H% 的音高模式，4.17% 使用 H* L L%；而在学习者中出现频率最高的一般疑问句音高模式为 H* L L%，比例高达 43.75%，其次是 L* H H%（一般句末为核心重音时），比例为 23.75%。此外，分别有 11.25% 和 12.5% 的学习者选择了 L* H% 和 L* L% 两种音高模式，这两种音高模式标志着尾部上升和低—降（见表 4-65）。所以，福州方言区的英语学习者在一般疑问句中出现的错误语调类型与中国其他方言区学习者是一样的。

Bolinger（1989）和 Halliday（1967）的研究发现英语特殊疑问句的典型语调模式为高降调（H* L-L%）。高降调表达出说话人对话语感兴趣，体贴而友好，而且说话人很有活力。参见表 4-66，86.67% 本族语者使用 H* L L%；学习者产出的特殊疑问句中出现频率最高的音高模式也是 H* L L%，比例达到了 71%。但仍有 16% 的学习者选择了 L* L% 的音高模式。参照表 4-65 的信息得知学习者 F0 曲线变化趋势为低—降，句末调起点低且变化小，在听感上的表现是语调特别平淡，尽管 L* L% 也为 HL 型的降调，但不具有传递信息的功能。

美国本族语者和福州学习者在产出特殊疑问句时，句末边界调的 F0 斜率不同，尽管大多数学习者产出的边界调类型与本族语者相同，但 F0 斜率要远小于本族语者。这很大程度归咎于福州方言的多降调但降值小的事实。从《福州方言志》（2001）一书可了解到福州话去声的调值为 213 和 242，与普通话的去声 51 截然不同，给听者的感觉是不干脆不自然的降调。总的来说，部分学习者特殊疑问句结尾出现了较为标准的降调，即语调单位内音高曲拱呈现英语标准的下倾（declination）态势，总趋势接近本族语者的模式。但大多数福州英语学习者产出的特殊疑问句中没有出现应有的降调，整个语调单位内的音高变化小，使得调尾听起来趋于平缓。

选择疑问句是说话人列举出两个或两个以上答案以供听者选择的疑问句，选择项之间用 or 隔开。选择疑问句与一般疑问句的语调模式差异主要存在于整个句子结尾处的边界调型。规范的选择疑问句的边界调模式是非末位选择项右边界调型为升调，表示未完待续；末位选择项右边界调型为降调（Bartels，1999），表示列举选择项的结束和完结。表4-66

显示，在美国本族语者产出的选择疑问句中，语调模式 H*L L%、L*H L%和 L*H H%分别占 83.3%、8.33%和 8.33%；而分别有 42.50%、10%、8.75%和 1.25%的学习者使用降调 H*L L%、L*H L%、L* L%和! H*L L%，有 17.5%、8.75%和 11.25%的学习者使用升调 L*H H%、H*L H%和 L*H%。可以看出，含音高重音 L*的音高模式总共占了 20%。

美国英语本族语者和福州方言区英语学习者产出的选择疑问句的音高模式有两个较为明显的差异。首先，福州学习者的整体语调音域要比本族语者窄。其次，本族语者产出的选择疑问句连词 or 前面的选择部分用升调，句末用降调；而福州学习者产出的选择疑问句连词 or 前面的部分通常用平调 L*，句末通常用升调 L*H H%（42.5%），其次是降调 H*L L%（17.5%）。这与汉语的选择问句前面的选择部分通常用平调，句末用降调的语调特征有关。此外，本族语者非句末选择项所对应的 F0 曲线呈现上升趋势，而学习者的变化幅度非常小，这说明学习者把一部分的选择疑问句当作一般疑问句处理了，并未从语义上表达询问听者偏好的意愿，产出的选择疑问句的音高曲拱和一般疑问句的类似，这个问题在中国不同方言区的学习者中也具有普遍意义。因此，学习者需要加强对语调的语用意义和形式关系的学习。

表 4-66 显示 91.67%和 8.33%的美国本族语者在附加疑问句中产出 L*H H%和 H*L H%的升调型音高重音。而福州英语学习者产出的附加疑问句属于升调型的有 51.67%的 L*H H%、2.50%的 H*L H%以及 1.67%的 H* H%，属于降调型的有 31.67%的 H*L L%、10.83%的 L*H L%和 1.67%的 L* L%。Wells（2006）认为英语的附加疑问句前半部分通常用升调，后半部分则有两种情况：如果说话者是询问某人以便获取信息，则用升调；如果说话者对自己说的内容很有把握，无意询问，而是谈一些双方明确知道的事，则用降调。尽管汉语的附加问句没有和英语的附加疑问句一样的肯定加否定或否定加肯定的结构（颠倒型），学习者产出的附加疑问句是符合英语句法结构的，这是值得肯定的。但学习者的主要问题是几乎总是将附加疑问句的 tag 部分单独实现为一个 IP，并且总是重读句末代词；本族语者则是根据语用功能选择语调的同时，不一定将 tag 部分实现为一个独立的 IP，并且会更多地将重音放在助动词或

者情态动词上。

（三）福州英语学习者语调习得小结

（1）福州英语学习者产出的英语疑问句的音高重音分布存在位置和频率异常现象。

重读音节和非重读音节通过不同的组合产生不同的节奏节拍。如果它们交替出现在语音流中，就会产生节奏模式。但福州方言区英语学习者产出的重读音节并不突出，这与其他汉语方言区的研究结果一致。实际上，学习者的音高重音模式只停留在单词层面。这说明他们还没有根据信息结构来实现短语、句子甚至语篇中的各种重音，听起来缺乏韵律美，这部分应在英语语音教学中得到重视。因此，英语中重音频繁的现象与学习者的母语特点有关，而重读音节的韵律特征对语言理解起着非常重要的作用。Roach（2000）指出，外国学习者对问句的理解产生偏误的主要原因是没有掌握正确的重音位置。比如，特殊疑问句中将疑问代词或者疑问副词重读，就是一个亟待解决的问题。

（2）福州英语学习者产出的英语疑问句的韵律边界存在停顿过多和停顿位置异常的现象。

停顿的位置与韵律边界密切相关，因此，语流中的停顿不是随机的，绝大多数是出现在句法结构的交界处。学习者容易产生两种异常现象：停顿过多和停顿位置异常。在极短的间隔内进行过多的停顿，导致句子中每一个或两个单词就进行停顿，没有流畅和连贯的感觉。鉴于英语学习者阅读一般疑问句和选择疑问句，几乎每个词都被切分，可以肯定地说，不能流利地产出完整的句子，是因为他们深受汉语停顿习惯的影响。停顿位置的异常表现在英语学习者有时将一般疑问句中的冠词、特殊疑问句中的疑问词、选择疑问句中的连词作为单独的韵律单元进行切分和强调。大多数学习者只是根据句法结构和标点符号进行切分，所以福州方言区英语学习者在附加疑问句中的产出结果相对理想。但当他们面对没有明显句法特征的长句时，就无法根据语义正确切分韵律单元，导致随机划分句子，停顿位置异常，这些错误的停顿都不可避免地会导致信息中断并降低语音清晰度。比如，在附加疑问句中，总是将 tag 部分实现为一个独立的 IP，不能根据语用功能来处理 tag 与其前一部分的关系。

（3）福州方言区英语学习者英语语调音高实现上较为显著的问题：

降调个数多，重音实现不充分。

首先，重音音高实现不够充分的现象普遍存在于各种疑问句型中，英语本族语者的音高曲线起伏较大，升降位置显著；学习者的音高曲线一般较为平滑，起伏较小，只有少数人的核心重音可以达到与本族语者相近的程度。其次，相当比例的学习者在一般疑问句中错误使用 H* L L%，这是其他汉语方言区学习者共有的问题。最后，学习者错误使用升调和降调。降调个数在通常默认调型为升调的句型如一般疑问句、选择疑问句以及附加疑问句中的比例分别占 57.5%、62.5% 和 44.2%。而在特殊疑问句中，学习者肯定会使用降调。不仅是句末边界调的调型，在韵律短语末甚至有些句子中每个词的音节尾都呈现下倾的趋势。这种声学表现与汉语比较符合，考虑到福州方言的声调几乎都是降调且音域都很小，可以合理推断福州英语学习者产出的英语疑问句语调特征受到了福州方言的负迁移影响。除了汉语迁移的影响因素以外，从学习者产出的英语附加疑问句中可以知道大约一半的学习者根本没有掌握特定句型的语调所传递的语用信息，在无上下文本的宽焦点语境中，却仍然使用降调。这些问题的发现促使英语教师应更重视且加强有关方面的教学，帮助英语学习者纠正语音偏误，甚至为跨方言地区英语学习者语调教学提供借鉴和指导。

第三节 语调韵律的消歧功能①

韵律在口语理解中起着至关重要的作用。韵律的一个重要功能是将话语分割成更小的短语。韵律短语和句法短语并不是同构的，而是话语句法结构的反映。在韵律短语对句法结构影响的研究中，韵律消歧（即运用韵律来解决句法歧义）是一个特别重要的方面。一些句法歧义可以通过放置韵律边界来解决，特别是对于括号歧义。例如，介词短语附着句 Tap the frog with the flower 可能有两种解释，即“用花轻拍青蛙”或

① 详细内容请参阅 Zhang，Y.，Ding，H.，et. al（2018）. Prosodic disambiguation by Chinese EFL learners in a cooperative game task. *Proceedings of the 9th International Conference on Speech Prosody*，979 – 983。

“轻拍有花的青蛙”。汉语中不存在英语介词短语附着歧义，但也有相似的句法结构歧义，如“关心学校的老师”，有两个可能意义：“关心（学校的老师）”和“（关心学校的）老师”（于秒，2011）。“我和哥哥的老师去了”，也有两个可能意义：“（我和哥哥的）老师去了”和“我和（哥哥的老师）去了”（津熊良正和孟子敏，1997）。这种歧义的本意可以通过用不同的方式将句子括起来加以区分。

韵律消歧在语音产出和感知中得到广泛研究。研究表明，说话人和听话人都可以使用韵律线索来解决句法歧义。韵律短语的主要声学相关因素是时长、基频（F0）和音强，但是音强很少作为韵律边界的信号研究。根据（Wagner 和 Watson，2010），边界前延长、停顿插入和调域起始位置强化是与韵律短语相关的主要声学线索。另外，调域末尾的边界调、音高重置和音质变化也与韵律边界有关。

在研究韵律在句子处理和语言理解中的作用时，也对第二语言中的韵律短语进行了考察。例如，对早期西班牙语和英语的双语者进行的一项研究表明，与单语者相比，双语者采用更长的时长和更少的极值音高运动（Fernández，2005）。法国的英语学习者可以使用韵律信息进行话语解释，但他们对韵律短语的划分与其法语水平有关（Fultz 等，2007）。而英国的德语学习者和德国的英语学习者由于对音高信息的使用不同，他们无法完全转换韵律线索来消除第一语言到第二语言的歧义（O'Brien 等，2014）。一项关于中国台湾英语学习者韵律消歧的研究表明，高水平英语学习者比英语本族语者使用更明显的停顿时长消解歧义，而低水平学习者不能可靠地使用停顿来消歧（Yang，2010）。对中国英语学习者韵律消歧的研究发现，学习者经常使用停顿来消解歧义，但英语本族语者不能有效地理解其意图（Zhang 和 Ding，2020）。研究表明，学习者的母语韵律可以影响第二语言，学习者在言语产出中使用韵律消解歧义与其语言经验有关，并且可能受到母语的影响。

汉语韵律的产出和感知研究（Shen，1992，1993）表明，停顿插入、F0 降低、音强减弱、边界前延长和韵律边界的喉部化是韵律消歧的声学相关因素。停顿是主要的韵律线索，而边界前延长则不那么重要。在对比英语和汉语韵律线索的研究中，发现两组说话人都利用插入停顿、边界前延长和音高变化来表示韵律边界，但他们对音高变化的使用不同。

研究认为英语的音高斜率更有效，而汉语中的音高重置更有效。英语是一种重音语言，汉语是一种声调语言，汉语中的音高在词层面用来区分词汇，在句子层面表示语调的变化（Zhang，2012）。此外，研究指出表示韵律边界的韵律线索是与特定语言相关的（Shen，1993）。由此，研究认为中国的英语学习者可能会使用与英语本族语者不同的韵律线索。

Snedeker 和 Trueswell（2003）、Kraljic 和 Brennan（2005）的研究发现，英语本族语者在能否利用可靠的韵律线索解决句法歧义方面，好坏参半。因此，推断说话人使用韵律线索消解歧义可能取决于语篇语境信息、说话人的歧义意识及排歧的必要性。其中，Kraljic 和 Brennan（2005）的研究，采用了基于游戏的对话任务引出目标话语，发现说话人和听话人都可以可靠地使用韵律信息消解歧义，即使他们没有注意到歧义。因此，我们的研究将采用合作游戏任务方式，以确保说话人产出的所有目标话语更加自然，且保证其消除歧义的韵律线索对分析是有效的。

一 实验方法

采用合作角色扮演游戏任务来引出目标话语。被试扮演说话者（A），合作者扮演听话者（B）。

（一）被试

被试者分为两组，即英语本族语者和英语学习者。10 名美国英语本族语者（5 男 5 女）和 20 名中国英语学习者（13 男 7 女）。所有英语学习者都是母语为普通话的上海大学生，学习英语约 10 年。英语本族语者是在中国进行短期国际交流的大学生。所有被试者年龄为 18—22 岁。此外，两名硕士生（1 男 1 女）和一名美国博士生（男性）扮演合作听者。所有参与者均无言语或听力障碍。

（二）实验材料

汉语和英语之间的介词短语附着歧义句的结构差异使得介词短语附着歧义句成为测试最佳句型。所有的句子具有相同的结构，即 VP－NP－PP1－PP2，其中 PP1 可以修饰动词短语，即动词短语附着（VP-attachment），也可以修饰名词短语，即名词短语附着（NP-attachment）。例如，停顿的位置不同，同一个句子可以表示不同的意思，对歧义句 Put the lemon in the pan on the tray 的消歧实验。根据韵律边界的特征，对应两个意义：Put（the lemon in the pan）on the tray，意思是“把煎锅里的柠檬放在板子上”，如图 4-115 中的（A）；以及 Put the lemon（in the pan on the tray），意思是“把柠檬放在板子上的煎锅里”，如图 4-115 中的（B）。

实验语料为 10 对介词短语附着句。实验句作为指引句呈现给被试者，作为操作对象呈现给合作者。

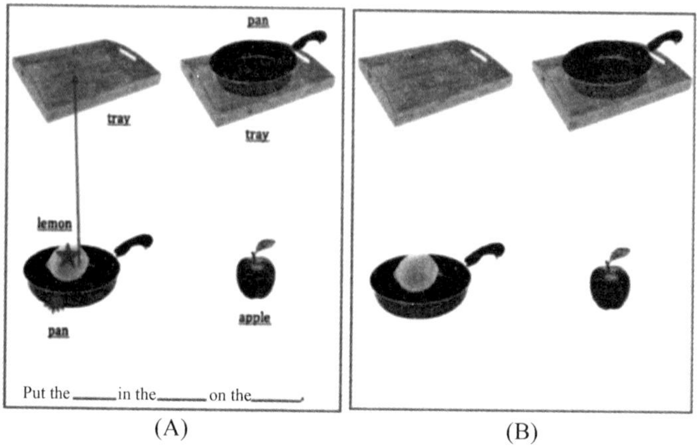

图 4-115 演示给被试者（A）和合作者（B）的样本图

图 4-115（A）通过平板电脑呈现给被试者。由四个物品组成：1）要移动的目标物，如星号所示；2）将箭头标示的目标物移动到其他位置的目的物；3）若合作者对介词短语附着句理解错误的目的物；4）干扰物。被试者在发出指示时要指明的物体由星号标记。图 4-115（B）在电脑屏幕上呈现给合作者，图上每个物品都可以随机移动。

每个物品的名称都用 16 号新罗马字体（Times New Roman）标注在物品旁边，这样被试者在对物品命名时会保持一致，并且语言更流畅。目标句的句子结构为 Put the ____ in the ____.，放在图片底部以确保目标句的一致。为了避免目标结构的机械产出，在每个目标项目之间插入填充物。在屏幕上呈现物品名称和图片，并在下面其他地方填入句子模式，这是一种内部干扰活动，在保持一致性的同时，有助于更好自发地产出目标句。填充句有不同的结构，且被试者可以以其偏好的任何方式产出句子。

（三）实验步骤

实验在专业录音室进行。使用 AVID Mbox Mini 声卡进行录音，采样率为 16 位，44100 赫兹。合作者坐在电脑前，被试者坐在合作者靠后一点的位置，方便他们交流。而且被试者只能通过话语来指示，不能使用眼睛注视或者手势。游戏开始之前，参与者被告知实验目的是由被试者使用给定的指示语句，让合作者执行平板电脑上图片所示的预期动作。要求合作者在真正理解被试者的指示后执行预期动作。如果有任何疑问，合作者应要求澄清，直到被试者给出的目标语言有效。英语母语组中，由英语本族语者扮演合作者；英语学习组中，由中国学生扮演合作者。

每次实验之前，被试们被告知在说出目标句之前，向合作者简要描述每次展示的物品及其位置，以便他们更熟悉物品，也更流利地说出目标话语。在实验过程中，被试者要观察合作者的操作，且要告诉合作者的操作是对还是错。如果合作者的操作不正确，被试者要重复说明，直到合作者正确操作为止。实验前，参与者进行了 8 次练习试验，以使参与者熟悉实验任务。

（四）声学测量

由于在本研究中，话语是自发产生的，被试偶尔会出现错误、重复、犹豫、咳嗽、咯咯笑和其他不流利的情况。所以只选择正确消除歧义且流利的句子进行分析。通过分析两种声学相关因素（时长和 F0）来研究学习者和英语本族语者所使用的韵律线索。

时长参数的提取使用 Praat 脚本 ProsodyPro 完成。为了测量时长相关量，对边界前延长、停顿以及它们的组合进行了分析。采用时长比的测量方法对不同个体的语速差异进行归一化处理，时长比由目标词的时长除以整句话的时长得到。由此，得到边界前时长比和停顿时长比。对于 F0 数据，分析了音高重置以指示关键位置的音高变化。F0 参数提取通过 VoiceSauce 使用 STRAIGHT 算法①完成。提取 F0 参数后，手动绘制关键

① STRAIGH（Speech Transformation and Representation using Adaptive Interpolation of weight spectrum）即自适应加权谱内插，是一种语音信号分析合成的算法，将语音信号解析成相互独立的频谱参数（谱包络）和基频参数，能够对语音信号基频、时长、增益、语速等参数进行灵活调整。该模型在分析阶段仅针对语音基频、平滑功率谱和非周期成分 3 个模型参数进行提取分析。

边界前和边界后音节的音高曲线。为确保音高曲线的平滑，通过计算窄带 Praat 窗口中的 F0 手动校正观察到的错误。在此步骤之后，使用公式（4-1）将 F0 值从赫兹（Hz）转换到半音（st），参考频率 *F0ref* 设定为 1 赫兹。计算音高重置的方法参照（Zhang，2012），取边界前音节和边界后音节的最小 F0 之间的差值。使用脚本提取最大 F0 和最小 F0。

二　结果分析

（一）时长

图 4-116 显示了边界前音节、停顿和边界后音节的平均时长比。本研究的关键句结构由两个介词短语组成，即__ in __ on __。因此可能会形成两种韵律短语或者二者兼而有之：__ # in __ on __（语境 A）或__ in __ # on __（语境 B）。因此，Pre1 指的是第一个边界前音节，P1 是第一个停顿，Prep1 是第一个介词，Pre2 是第二个边界前音节，P2 是第二个停顿，而 Prep2 是第二个介词。

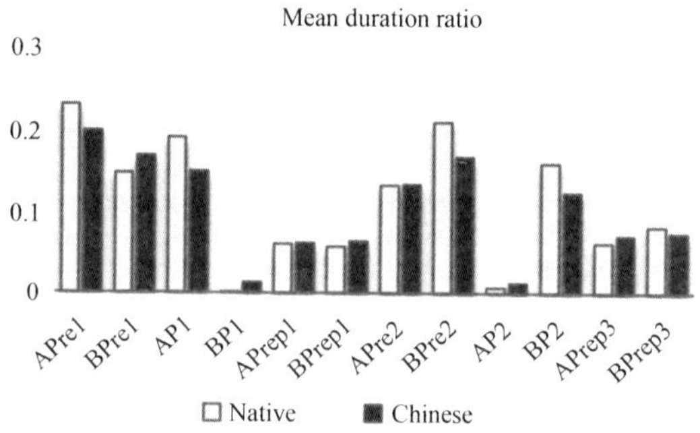

图 4-116　在语境 A 和 B 中英语本族语者和中国英语学习者在 10 个句子中的平均时长比

相比于语境 B，语境 A 中的 Pre1 被拉长，P1 在两组被试者中都有，且学习者的 P2 远大于本族语者。语境 B 中，学习者的 P1 比本族语者的 P1 短得多。且两组被试者均插入 P2，延长 Pre2。同时，本族语者的 Prep2 也有延长。

采用以语境为被试内变量和组别为被试间变量的混合被试间方差分析来测试时长变化的显著性。结果表明，两种语境下的时长变化均显著

（$P<0.001$），且两组被试间差异显著（$P<0.001$）。

为了确定话语中哪一项导致两组被试者之间的显著差异，进行事后成对比较。表 4-67（AM 代表本族语者，CH 代表学习者）中的结果表明，本族语者在语境 A 和语境 B 之间（NA * NB）的 Pre1、P1、Pre2、P2、Prep2 存在显著差异，学习者在语境 A 和语境 B 之间（CA * CB）的 Pre1、P1 和 P2 差异显著。语境 A 中（NA * CA），本族语者的 Pre1 和 P1 显著长于学习者，Prep2 则短于学习者。语境 B 中（NB * CB），学习者的 Prep1 显著长于本族语者，而本族语者的 Pre2、P2 和 Prep2 则明显长于学习者。

表 4-67 时长比的事后成对比较（s. 表示显著，n. s. 表示不显著）

语境	项目	显著性	语境	项目	显著性
NA * NB	Pre1	s.	NA * CA	Pre1	s.
	P1	n. s.		P1	s.
	Prep1	n. s.		Prep1	n. s.
	Pre2	s.		Pre2	n. s.
	P2	s.		P2	n. s.
	Prep2	s.		Prep2	s.
CA * CB	Pre1	s.	NB * CB	Pre1	n. s.
	P1	s.		P1	n. s.
	Prep1	n. s.		Prep1	s.
	Pre2	n. s.		Pre2	s.
	P2	s.		P2	s.
	Prep2	n. s.		Prep2	s.

从以上结果可以得出三个推断：1）本族语者在韵律边界前表现出更大的时长变化，即比学习者有更长的边界前延长和停顿；2）学习者更多地通过使用停顿来区分介词短语附着句的两种语义；3）本族语者在语境 B 中对 Prep2 的显著延长效应及 Prep2 在本族语者与学习者之间的显著差异表明，本族语者的韵律线索可能受到短语长度的影响，并且存在起始位置强化的情况，而学习者则不然。

（二）F0

通过测量音高重置来显示韵律边界处的音高变化。图 4-117 中，正值表示边界处的音高重置，负值时没有音高重置。本族语者在语境 A 和语境 B 的韵律边界处都显示出音高重置；学习者在语境 A 的第二个边界和语境 B 的第一个边界处表现出音高重置。

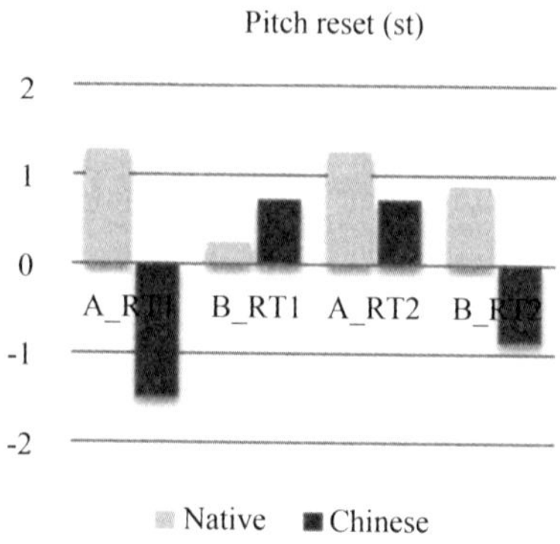

图 4-117　音高重置的平均值

双因素方差分析显示两组被试之间在第一个边界（$P<0.05$）和第二个边界（$P<0.005$）处的音高重置有显著差异。本族语者在两种语境中的第一边界处无显著差异。

对两组被试者之间音高重置的差异显著性进行事后比较。研究表明，本族语者在语境 A 中第一边界（$P<0.001$）和语境 B 中第二边界（$P<0.05$）的音高重置明显大于学习者。这表明学习者在语境 B 的第一边界和语境 A 的第二边界处使用了音高重置。而本族语者在两种语境的第一和第二边界处均使用了音高重置，且两个边界的音高重置之间差异不显著，表明音高重置的使用不受短语长度的影响。

三　中国英语学习者使用韵律线索消歧产出实验小结

我们采用了合作游戏任务来考察中国英语学习者解决句法歧义时对韵律线索的产出情况。实验任务中本族语者和学习者都使用韵律线索来区分介词短语附着歧义句的不同意思。声学分析旨在发现本族语者和学习者使用的韵律线索，以探究两组被试者之间的差异。

考察边界前延长和停顿等时长相关因素。本族语者和学习者都使用边界前延长和停顿来表示短语切分。但两组被试者之间存在差异。第一，本族语者在边界前和停顿上表现出更大的时长变化；第二，学习者中的音高重置存在混合表现；第三，本族语者在语境 B 中的 Prep2 表现出显著延长。这表明学习者可能会更频繁地停顿，从而产生更多的韵律边界。在这种情况下，学习者可能会使用相对韵律边界强度解决句法歧义，即在语境 A 和 B 中会在句子中使用两个停顿。本族语者在语境 B 中对 Prep2 的时长延长可能是由于不同结构的短语长度造成的。如 Put the lemon in the pant on the tray 在语境 A 中分别由两个三音节和六音节短语组成（即，Put the lemon / in the pant on the tray）；在语境 B 中分别由两个六音节和三音节短语组成（即，Put the lemon in the pant / on the tray）。研究认为，本族语者在一个长短语之后表现出调域起始位置的强化，而学习者则无该表现。

计算分析音高重置来考察音高。本族语者在两种语境的第一和第二边界处都使用了音高重置。这可能表明在句子的关键部分存在音高下倾。相比之下，学习者对音高重置的使用是混合的，在语境 A 的第二边界和语境 B 的第一边界处表现出音高重置，这可能是因为学习者频繁使用停顿，因而在语境 A 和语境 B 中产生更多边界。由于语境中的韵律边界不一致，对音高重置的平均使用也可能不同。

总之，本族语者和中国英语学习者都使用边界前延长和停顿来解决句法歧义。然而，相比于学习者，英语本族语者在边界后立即表现出调域起始位置的强化，并在边界前音节和停顿上表现出更大的时长变化。此外，英语本族语者在两种语境的第一和第二边界处都表现出音高重置，表明句子关键位置的音高下倾。另外，中国英语学习者的音高重置混合表现说明学习者使用相对边界强度来区分介词短语附着句的不同意思。

我们采用了一种基于游戏的任务来引出目标句，以获得更自然有效的话语进行声学分析。但是，在对音高变化的分析中，学习者在音高重置和时长变化上的混合表现说明他们倾向于使用相对韵律边界强度来解决介词短语附着句中的句法歧义，即在两种语境的边界处停顿。而本研究只测量了音高重置。还应该测量音高斜率的其他声学线索，因为前人研究（Shue 等，2011）发现这两种声学线索在汉语和英语的运用中不同。

汉语韵律消解歧义的产出研究表明，停顿和时长延伸的作用要大于F0，即与F0相比，停顿、时长延伸更有助于汉语语法歧义句消除歧义现象。王丹、郑波、杨玉芳（2003）也从产出和感知角度对层次切分歧义句进行深入研究，也发现歧义音节的前后停顿时长的变化是消解歧义的最主要手段，而歧义音节时长的变化只是一种伴随现象，而不是主要手段。汉语的这些研究这也许可以解释学习者处理英语句法歧义句的策略正是受到汉语的影响。

第四节 本章小结

通过本章对不同方言背景学习者英语语调产出模式的分析，我们看到不同方言区学习者的语调产出偏误有共性，也有特殊性。

首先，学习者的语调产出音系模式，与汉语语调密切相关。在音高重音的实现上，更多采用 H^*（H^*L）来实现，对于 L^* 类型的音高重音产出存在困难。因此，一般疑问句中，母语的 L^* 类型的音高重音很难产出，这是所有语调中最为突出的一类偏误，也是汉语重音的负迁移，即汉语句重音是扩大承载重音的声调的音域（抬高声调高调特征为主、降低声调低调特征有限），语调表层的低调特征，是声调特征，不是语调特征，在语调层面，重音没有对应的低调特征。

在语音实现上，学习者的语调产出模式，与他们的母语方言语调相关。英语本族语者的焦点音高重音实现，往往采用音域拉宽、时长拉长同时压缩焦点后删掉音域（PFC）的策略，我们看到，普通话学习者可以采用类似的手段，只是程度不如本族语者显著；而济南学习者，他们在济南方言语调中就不采用拉长时长的手段来表达焦点重音，在英语焦点重音的产出中也同样不使用时长手段实现焦点重音；福州学习者的下降调较多。

边界调的产出，主要问题出现在疑问句。对于选择疑问句，英语本族语者一定采用 L%，而二语学习者则一半用 L%，一半用 H%。边界调的实现也受到汉语边界调的影响，汉语的边界调是保持声调基础上的音阶和斜率变化，高边界调与句末词重音的实现有交互作用，因此，学习者边界调的实现与词重音的位置和语句焦点位置也存在交互作用，在产出 H% 调的时候出现负迁移。

学习者的一般疑问句还有一类突出的偏误问题，就是除了核心重音外，句首疑问助词后的代词或者其他名词性成分也被学习者重读，形成一个核心前重音。对特殊疑问句，由于汉语特殊疑问句中的疑问词属于非移位的类型（Wh-in-situ），一般承载疑问焦点并且重读，学习者则将汉语重读疑问词的习惯迁移到英语语调中，将英语疑问句的疑问词重读。

语调产出还涉及韵律结构。我们这里对间断的分布统计，已经很清楚表明了中国学习者在韵律结构上与本族语者存在差异，出现了更多的韵律词和韵律短语边界，因此也有更多的音高重音，使得语句的焦点重音听起来不够凸显，每个单词都很重，语句的连贯度也不够好。还有一些特殊句型，如选择疑问句，前面的特殊疑问句后，学习者往往有一个较大的语调短语停顿。

目前所有的研究关注点在焦点重音的实现上，学习者实现焦点重音没有那么凸显，但往往看到，焦点重音本身音高实现与本族语者并没有差异，问题出在了焦点后的 PFC 不到位，也就是说我们在压缩音域、弱读一些英语成分上做得更不好。因此，英语语调的偏误，不但要关注那些重读成分，更要去关注那些弱读成分的实现。

比如，我们发现学习者并非完全习得英语介词的弱读形式（Zhang 等，2019）。尽管学习者能够感知到弱读形式与非弱读形式的对立，但用来实现介词中元音弱化的手段与本族语者不尽相同。具体而言，学习者仅仅使用时长来区分介词的弱读与非弱读形式，从而凸显出句中非弱读音节。另外，学习者在产出介词的弱读形式时存在一定程度的母语迁移，即用汉语普通话中轻声音节的音高特征来实现弱读介词中的音高模式。就元音音质方面而言，学习者往往会用其母语中与目标语相似的音素来代替后者中的非弱读元音，并将该母语元音进行缩短从而实现弱化，但由于汉语普通话中不存在松元音，因此缺少松元音语音经验的学习者所产出的介词弱读形式中元音时长略长。

第五章将重点从节奏方面对比方言区学习者和本族语者的情况，进一步考察重音和韵律边界的偏误，以及与学习者英语水平的关系。

参考文献

曹剑芬：《汉语韵律切分的语音学和语言学线索》，《第五届全国现代语音学学术会议论文集》2001，第 184—187 页。

陈娟文、李爱军、王霞：《上海普通话和普通话词重音的差异》，《第六届全国现代语音学学术会议论文集》2003。

段文君、贾媛、冉启斌：《山东方言焦点语音实现的共性和差异性特征——以济南、聊城、淄博方言为例》，《清华大学学报》（自然科学版）2013 年第 8 期，第 835—838 页。

段文君、贾媛：《济南方言和太原方言中焦点语音实现的对比研究》，《第十三届全国人机语音通讯学术会议（NCMMSC2015）论文集》2015 年，第 249—253 页。

甘于恩：《闽方言疑问句比较研究》，《暨南学报》（哲学社会科学版）2007 年第 3 期，第 159—163、209、210 页。

高薇、许毅、穆凤英：《中国英语学习者韵律焦点教学的实验研究》，《外语教学与研究》2015 年第 6 期，第 861—873 页。

葛淳宇、李爱军：《语调类型学研究综述》，《中国语音学报》2018 年第 10 辑，第 57—71 页。

葛淳宇：《汉语语调的跨方言研究》，博士学位论文，中国社会科学院大学，2020 年。

贾媛、李爱军：《IViE：语调标注系统介绍》，《语音研究报告》2005 年。

津熊良正、孟子敏：《汉语语法歧义句消除歧义现象的韵律特征》，赵金铭、孟子敏编《语音研究与对外汉语教学》，北京语言文化大学出版社 1997 年版，第 47—56 页。

李如龙、梁玉璋编纂，福州市地方志编纂委员会整理：《福州方言志》，海风出版社 2001 年版。

林茂灿、李爱军：《英汉语调的相似性与对外汉语语调教学》，《中国语音学报》2016 年第 7 辑，第 1—8 页。

凌锋、王理嘉：《普通话上声深层形式和表层形式》，《第六届全国现代语音学学术会议论文集》（下）2003 年，第 123—126 页。

王丹、郑波、杨玉芳：《韵律特征对句法结构歧义解歧作用的实验研究》，《心理科学》2003 年第 4 期。

于秒:《v + n1 + 的 + n2 式歧义词组韵律消解作用的实验研究》,《南京理工大学学报》(社会科学版)2011 年第 5 期,第 82—87 页。

赵元任:《A preliminary study of English Intonation (with American Variants) and its Chinese Equivalents(英语语调(附美语变体)与汉语对应语调初探)》,《中央研究院历史语言研究所辑刊》1932 年外编《蔡元培先生六十五岁庆贺论文集》。又见《赵元任语言学论文集》,商务印书馆 2002 年版,第 718—733 页。

赵元任:《北平语调的研究》,原载《最后 5 分钟》,中华书局 1929 年版。又见《赵元任语言学论文集》,商务印书馆 2002 年版,第 253—272 页。

郑秋豫:《从口语韵律的功能与分析看语音对立》,《中国语音学报》2015 年第 5 辑,第 11—20 页。

Bartels, C. (1999). *The intonation of English statements and questions.* New York & London: Garland Publishing, Inc.

Bolinger, D. (1989). *Intonation and Its Uses.* Stanford, California: Stanford University Press.

Cauldwell, R., & Hewings, M. (1996). Intonation rules in ELT textbooks. *ELT Journal*, 50(4), 327 – 334.

Cruttenden, A. (2002). *Intonation.* London: Cambridge University Press.

Fernández, E. (2005). The prosody produced by Spanish-English bilinguals: A preliminary investigation and implications for sentence processing. *Revista da ABRALIN*, 4(1), 109 – 141.

Fultz, A., Chan, H., Jacob, H., & Kapia, E. (2007). Prosody in syntactic ambiguation in English- French interlanguage. *Proceedings of the Annual Boston University Conference on Language Development* (Vol. 32, No. 2), 394 – 405.

Grabe, E. (2002). Variation adds to prosodic typology. *Speech Prosody* 2002 *International Conference.*

Grabe, E., Nolan, F., & Farrar, K. (1998). IViE—A comparative transcription system for intonational variation in English. *Proceedings of ICSLP* 98.

Gussenhoven, C. (1983). Focus, mode and the nucleus. *Journal of Linguistics*, 19(2), 377 – 417.

Halliday, M. A. K. (1967). *Intonation and grammar in British English.* De Gruyter Mouton.

Hedberg, N., Sosa, J. M., & Fadden, L. (2006). Tonal constituents and meanings of yes-no questions in American English. In *Proceedings of Speech Prosody* 2006.

Kraljic, T., & Brennan, S. E. (2005). Prosodic disambiguation of syntactic structure: For the speaker or for the addressee? *Cognitive Psychology*, 50(2), 194-231.

Ladd, D. R. (1996). *Intonational phonology* (1st ed.). Cambridge: Cambridge University Press.

Li, A., & Xiong, Z. (2021). Into-Cass: A corpus for intonation and prosody study on Chinese dialects and minority languages. *The 24th Conference of the Oriental COCOSDA*, 53-58.

Liu, F. (2009). *Intonation systems of Mandarin and English: A functional approach* [Doctoral Dissertation, University of Chicago].

O'Brien, M. G., Jackson, C. N., & Gardner, C. E. (2014). Cross-linguistic differences in prosodic cues to syntactic disambiguation in German and English. *Applied Psycholinguistics*, 35(1), 27-70.

Pan, H. (2007). Focus and Taiwanese unchecked tones. In C. Lee, M. Gordon, & D. Buring (Eds.), *Topic and Focus: Cross-Linguistic Perspectives on Meaning and Intonation*, 195-213.

Pierrehumbert, J., & Hirschberg, J. (1990). The meaning of intonational contours in the interpretation of discourse. In P. R. Cohen, J. Morgan, & M. E. Pollack (Eds), *Intentions in Communication*, 271-311. Cambridge, MA: MIT Press.

Roach, P. (2000). *English phonetics and phonology: A practical course* (3rd ed.). Beijing: Foreign Language Teaching and Research Press.

Shen, X. S. (1992). A pilot study on the relation between the temporal and syntactic structures in Mandarin. *Journal of the International Phonetic Association*, 22(1-2), 35-43.

Shen, X. S. (1993). The use of prosody in disambiguation in Mandarin. *Phonetica*, 50(4), 261-271.

Shue, Y. L., Keating, P., Vicenik, C., & Yu, K. (2011). VoiceSauce: A program for voice analysis. *Proceedings of the ICPhS XVII*, 1846-1849.

Silverman, K. E. A., Beckman, M., Pitrelli, J. F., Ostendorf, M., Wightman, C., Price, P., Pierrehumbert, J., & Hirschberg, J. (1992). ToBI:

A standard for labeling English prosody. *Proceedings of the* 1992 *International Conference on Spoken Language Processing* (*Vol.* 2), 867 –870.

Snedeker, J., & Trueswell, J. (2003). Using prosody to avoid ambiguity: Effects of speaker awareness and referential context. *Journal of Memory and Language*, 48(1), 103 –130.

Tench, P. (1997). Intonation innovations. *IATEFL Newsletter*, 140, 17 –18.

Wagner, M., & Watson, D. G. (2010). Experimental and theoretical advances in prosody: A review. *Language and Cognitive Processes*, 25(7 –9), 905 –945.

Wang, Y., Chu, M., & He, L. (2003). Location of sentence stresses within disyllabic words in Mandarin. *Proceedings of the* 15*th ICPhS*, 1827 –1830.

Wells, J. C. (2006). *English intonation: An introduction.* New York: Cambridge University Press.

Xu, H. (2015). *A study of Chinese EFL learners' intonation pattern of alternative questions*[Master's thesis, Southeast University].

Yang, P. L. (2010). English language proficiency and production of prosodic disambiguation: A preliminary study of Taiwanese English learners. *English Teaching & Learning*, 34(3).

Zhang, J., Chen, Y., & Cui, J. (2019). Prosodic realization of focus in English by bidialectal Mandarin speakers. *Proceedings of Asia-Pacific Signal and Information Processing Association, Annual Summit and Conference* 2019, 2042 –2047.

Zhang, J., Li, A., & Zhi, N. (2019). An Experimental Study on English Majors Weak Form Productions of Preposition. *Proceedings APSIPA* 2019.

Zhang, X. (2012). *A comparison of cue-weighting in the perception of prosodic phrase boundaries in English and Chinese* [Doctoral dissertation, University of Michigan].

Zhang, Y., & Ding, H. (2020). The effect of ambiguity awareness on second language learners'prosodic disambiguation. *Frontiers in Psychology*, 11.

第五章

中国英语学习者的节奏产出研究

本章采用实验语音学方法对中国英语学习者与英语本族语者的韵律节奏进行对比，分析以普通话、东北话和杭州话为背景的中国英语学习者与英语本族语者在整体语速、韵律结构、重音模式以及节奏指标方面存在的差异；并且对中国小学生学习者英语口语的节奏指标进行初探，为英语韵律的节奏特征教学提供实验依据。

第一节　关于节奏

一　节奏的基本概念

第一章第二节已经对节奏的基本概念做了比较全面的介绍。节奏有广义和狭义之分，广义的节奏指均匀的、有规律的进程；狭义的节奏则指音乐或诗歌中交替出现的有规律的强弱、长短现象。我们要研究的是语言的节奏，当属于狭义节奏的范畴。从语言学角度看，节奏可以定义为由凸显要素有规则地出现所产生的知觉模式。相似成分的重复出现构成节奏，语音中的音节或者重读音节的重复构成语音的节奏（White 和 Mattys，2007）。简单地说，节奏就是话语里重读音节和非重读音节的排列模式。

从功能上，节奏有划分语言韵律单元的功能。不同的韵律单元有不同的节奏特征，语篇从最底层到高层的各种韵律节奏层级单位包括：音节、韵律词、韵律短语、语调短语、韵律组、语篇等，分别具有不同的节奏模式。反过来，这些节奏模式又可以帮助正确切分和区别各个层面不同的韵律单位，消除歧义，表达语言学功能；通过节奏强弱变化，传递说话人的语用信息与情感信息，表达语用功能与副语言功能，反映其真实交际意图；在诗词歌赋和音乐中，节奏是展现优美旋律的重要手段。

节奏概念有两大要素：一是凸显对比性要素，最典型的是“轻重”或“强弱”的对比，涉及语句的重音结构；二是时间性要素，即上述对比性要素按照一定时间间隔规律性出现的模式，涉及话语的韵律结构。

二 节奏指标分析

节奏类型的划分是根据感知的经验判断而缺少量化的可计算衡量尺度。考虑到不同说话人、语音文本材料、录音条件、语速和音段标注的差异性，这种经验的判断总是不那么直接可靠的（Ramus 等，1999）。近些年来，研究者提出了一些量化的节奏度量指标来衡量不同语言或者同一语言内部的节奏特点差异，包括音段尺度（Interval Measures，简写为 IM）和成对变化指标（Pairwise Variability Indices，简写为 PVI）。相关研究和使用的节奏指标有：Gibbon 和 Gut（2001）对英式英语和尼日利亚语的节奏比较（nPVI_V、DeltaC）；Dellwo 和 Wagner（2003）对英语、法语和德语的节奏比较（DeltaC、%V）；Lin 和 Wang（2005）对汉语和英语节奏比较（DeltaC、%V）。也有的研究是针对同一语言内部的不同变体展开的，如 Barry 等（2003）研究了意大利语言（DeltaV、DeltaC、%V、PVI）；Ferragne 和 Pellegrino（2004）研究了英式英语（DeltaV、DeltaC、%V、VarcoV、VarcoC、PVI）。Patel 和 Daniele（2003）、Patel 等（2006）利用节奏指标 nPVI_V 分别研究了英语和法语的节奏与音乐节奏的相关关系；White 和 Mattys（2007）以小规模语料为基础，提出了一些成对比较指标（nPVI_V、rPVI_C）、音段尺度（DeltaV、DeltaC、%V）以及语速规范化的音段尺度（VarcoV、VarcoC）来比较研究法语、西班牙语、英语和荷兰语四种不同语言的节奏特点。Mok 和 Dellwo（2008）则应用元辅音间隔时长参数及成对变异指数（PVI），测量广州话和北京话的节奏，并将结果与德语、英语、意大利语、法语进行了比较，发现广州话和北京话具有明显的音节计时特征，且广州话（粤语）没有词重音，在所有的音节型语言中最为典型。

也有很多研究者利用这些可计算的节奏指标来研究第二语言学习过程中的母语影响。Low 等（2000）利用 nPVI_V 研究了新加坡人的汉语母语对学习英语的影响；Gut（2003）利用指标 DeltaC、%V 和修正的 nPVI_V 研究了汉语、英语、法语、意大利语和罗马尼亚语等本族语者在学习德语时所受到的母语影响；Lin 和 Wang（2005）利用 DeltaC 和%V 研究了华裔加拿大人在学习英语时所受到的汉语母语的影响；Carter（2005）利用 nPVI_V 来研究了西班牙裔美国人在学习英语时所受到的母语影响。诸多研究表明这些节奏指标（尤其是 nPVI_V）能够反映出二语学习者在学习第二语言的时候受母语影响的结果。然而比较遗憾的是，上述研究大多都是以少量的，或者经过设计的语音语料为基础进行的，所得到的结论具有一定的局限性。

三　节奏的语音学研究

语音学对节奏问题的研究是语音韵律研究的重要组成部分。目前对韵律研究的重心在音高和时长两个方面，而这两方面和节奏问题都有关系。在时间维度，节奏表现为时间序列的“节律”现象；在音高维度，节奏的“轻重”规律和音高有密切关系。节奏的语音学研究主要集中在轻重和节律特性两个方面。

二语语音节奏研究有很多。重音和节奏规律的复杂性、多变性是影响学习者掌握好英语节奏的一个主要因素。他们要么根据单词原有的重音位置将所有单词组合起来发音，要么以汉语的重读、节奏模式取代英语本身应有的模式，形成所谓“中国式英语”，影响他们与英语本土人士的沟通。

比如，许立昭（2009）以英语复合词和短语为基础，利用音高、音强和音长三大类参数比较研究了中国台湾本地高级英语学习者和英语本族语者的重音在声学上的差异，发现：①由于复合词和短语的主重音（more prominent rhymes）和非主重音（less prominent rhymes）的排列不同，会造成两种结构的声学表现在音高、音强和音长上有显著差异。②中国台湾本地高级英语学习者和英语本族语者在复合词和短语的声学表现上有许多差异：首先，中国台湾本地学生在复合词和短语的调域上（F0 range）都和英语本族语者不同，而且在复合词中的音高对齐（F0 alignment）方面明显比英语本族语者延后。其次，在音长表现上，中国台湾学生在复合词的非重音节（less prominent rhymes）的长度以及复合词和短语的两音节中间的停顿都比英语本族语者长，音强上没有显著差异。

基于不同研究背景和目的，研究者提出了很多节奏度量指标来对不同语言或者相同语言的不同风格的话语节奏差异进行比较研究（White 和 Mattys，2007；于珏、Gibbon，2016），这些指标包括音段尺度（IM）指标和成对比较指标（PVI），其中 IM 指标包括：

1）DeltaV（ΔV）：元音音段时长的标准方差。

2）DeltaC（ΔC）：辅音音段时长的标准方差。

3）%V（percentV）：元音音段时长占整个句子时长的百分比例。

经过语速规范化的 IM 指标包括：

1）VarcoC：辅音时长的标准方差除以辅音时长平均值，结果乘以 100。

2）VarcoV：元音时长的标准方差除以元音时长平均值，结果乘以 100。

成对比较指标 PVI 包括：

1）nPVI：规范化成对比较指标，见公式 5－1。

2）rPVI：原始成对比较指标，或简称成对比较指标，见公式 5－2。

$$nPVI = 100 \times \left(\sum_{k=1}^{m-1} (d_k - d_{k+1}) / ((d_k + d_{k+1})/2) \right) \Big/ (m-1)$$

（公式 5－1）

$$nPVI = \left(\sum_{k=1}^{m} | d_k - d_{k+1} | \right) \Big/ (m-1)$$ （公式 5－2）

其中，m 是音段的数目，d_k 是第 k 个音段的时长。

基于这些节奏度量指标，Ding 和 Xu（2016）对 10 名中国英语学习者和 10 名英语本族语者的朗读节奏进行了对比，使用的节奏指标有%V、ΔC、ΔV、nPVI、rPVI、VarcoV 和 VarcoC。研究证实普通话是一种音节计时语言，与元音相关的节奏指标是区分中国学习者与英语本族语者的节奏比较有效的指标。元音重读、元音无减缩、缺少轻重对比等因素，造成了听感上中式英语的音节计时性感觉。

在我们的前期研究中，以大规模语料库为基础进行了相关研究。比如，我们针对闽南普通话、广州普通话、上海普通话，分析了声调产出和轻重模式的特点（陈娟文等，2003；Jin 等，2008；邵鹏飞，2009）。

结果表明，不同地域口音的说话人在学习普通话时，在节奏、韵律层级、重音分布上，往往受到其母语方言的影响。

本章将用学习者语料库 AESOP-CASS，对比分析中国英语学习者和美国本族语者的英语节奏，阐述中国英语学习者在英语节奏方面的问题。着重关注以下三个方面：

（1）在时长变化方面，通过韵律结构的标注信息，对比分析两类说话人群的：

1）语速特性和总体音节时长分布；

2）韵律单元的长短和韵律边界位置；

3）各级韵律边界后的静音时长分布。

（2）在重音方面，重点针对韵律短语和语调短语两级重音，对比分析两类说话人群的：

1）重音的位置分布；

2）重音的时长参数；

3）重音的音高参数。

4）时长和音高两个声学参数的相互关系；

5）在不同句型条件中重音的声学参数。

（3）综合各类可计算的节奏指标，比较研究各类节奏计算指标的度量和它们对节奏模式描述能力的贡献，并根据节奏指标的统计分析，进一步比较研究学习者和本族语者的节奏差异和空间分布特性。

第二节　普通话背景学习者的节奏产出研究

一　语料

在 AESOP-CASS 中挑选普通话背景的 12 个中国学习者和 7 个美国本族语者的英语产出语音作为语料。语料文本为大约 200 句长短不一的句子，其中包含祈使句、一般疑问句和陈述句三类句型，文本覆盖全音节。请英语本族语者对中国英语学习者的水平进行主观评测，将语言水平分为 3 个等级，从低到高分别为 2、3、4 级。美国本族语说话人的水平为 5 级。

所有的语音语料用自动音段切分工具切分后，在 Praat 软件（http：//

www. fon. hum. uva. nl/praat/）中经过人工校对和修正，并且进行多层级语音学标注。标注详细规范在第二章有说明，主要包含以下几层信息：

1）音段层：标注单词、辅音、元音的边界信息。有丢音或者增音现象的按照实际发音标注。

2）韵律边界层：标注音节、韵律词、韵律短语和语调短语边界，分别用数字 1、2、3 和 4 表示。

3）重音层：标注韵律词、韵律短语和语调短语对应的音高重音，分别用数字 2、3、4 表示，标注在承载重音的元音上。

利用 Praat 脚本，根据标注信息，提取每个句子的韵律边界、重音位置等信息，对音高 F0 数据进行人工校对，提取每个音段的时长、F0 等声学参数。最后根据每个人的基频分布范围进行半音化计算。半音的计算见公式 5－3：

$$F_{st} = 12^{*} \log_2(F_0 - F_{min}) \quad \text{（公式 5－3）}$$

其中 F_{min} 为该说话人的基频最低值。

为简明起见，在本章中我们将所有的单元音、复合元音统称为元音，同时也将句子或短语的音节数简单等同于元音数。首先来看表 5－1，给出了选取的语音语料的基本统计。表中分别列出了本族语者对学习者的英语水平主观评测得分、句子总数、句子长度（在本章中如无特别说明，所有句子长度计数单位为句中的元音个数，类似地定义短语的长度）、元音时长和两类短语长度。实际表达时经常出现增音或减音的现象，因此虽然说的是同样的句子，在实际中统计句子长度却略有差异。

表 5－1　两类说话人语音标注结果的初步统计

（A、C 分别表示美国本族语者和中国学习者，M、F 分别表示男、女）

说话人	水平	句子数目	平均句长平均音节数	平均语速（音节/秒）	元音时长（秒）	韵律短语平均音节数	语调短语平均音节数
AF01	5	200	11.97	5.20	0.099	5.64	8.45
AM01	5	199	11.95	5.63	0.091	5.53	8.34
AM02	5	198	11.89	5.52	0.091	5.68	8.28
AM03	5	198	11.85	6.08	0.086	5.93	8.20

续表

说话人	水平	句子数目	平均句长平均音节数	平均语速（音节/秒）	元音时长（秒）	韵律短语平均音节数	语调短语平均音节数
AM04	5	199	11.90	5.57	0.091	5.85	8.26
AM05	5	199	11.88	5.46	0.093	5.73	8.43
AM06	5	195	11.48	5.95	0.079	5.31	7.87
CF01	3	200	12.31	3.87	0.120	4.39	7.97
CF02	2	193	12.13	3.65	0.121	4.11	8.47
CF03	4	200	12.01	3.97	0.116	4.47	8.34
CF04	4	200	12.12	3.89	0.118	4.18	8.23
CF05	3	200	12.38	3.66	0.125	4.58	8.71
CF06	4	200	12.16	3.69	0.122	4.31	8.53
CF07	4	200	12.16	3.78	0.116	4.72	8.64
CM08	2	199	12.85	3.48	0.123	3.18	5.73
CM09	3	199	12.65	4.02	0.115	3.39	5.94
CM10	3	200	12.68	3.35	0.130	3.20	6.03
CM11	2	200	12.61	3.69	0.118	3.23	6.11
CM12	2	200	12.60	3.65	0.119	3.17	5.85

二　语速

语速通常指发音速度，也可以指听觉上对话语速度的感知印象。语速（speaking rate）和音速（speech rate 或 articulation rate）概念的区别在于：前者包含停顿，而后者不包含停顿（van Donzel 和 Koopmans-van Beinum，1996）。语速快慢的度量，是每秒所说的音节数，它笼统地用包含停顿在内的话语总时长来计量。比较不同话者的语速时，音速能更客观地反映听觉上感知到的语速差异（曹剑芬，2003）。本节语速计算包括停顿，单位是音节/秒（syllable/second）。

对照表 5-1 的平均语速这一列和图 5-1，我们首先来看看不同说话人的说话平均语速差异。分别把不同说话人整体语速和元音时长作图比较，可以看到，7 个美国本族语者（AF01，AM01-AM06）的语速都相对较快，平均语速都在每秒 5 个音节以上。而中国英语学习者（CF01 - CF07，CM08 - CM12）的平均语速都低于每秒 4 个音节，尤其是其中的男性学习者都在 3.5 个音节左右。同时，由于语速的降低，中国英语学习者的元音时长也都普遍比美国本族语长（图 5-2）。这说明，学习者在说英语时，由于熟练程度的差异，语速相对都有所放慢。考察学习者的英语水平，发现与其语速有明显相关性。

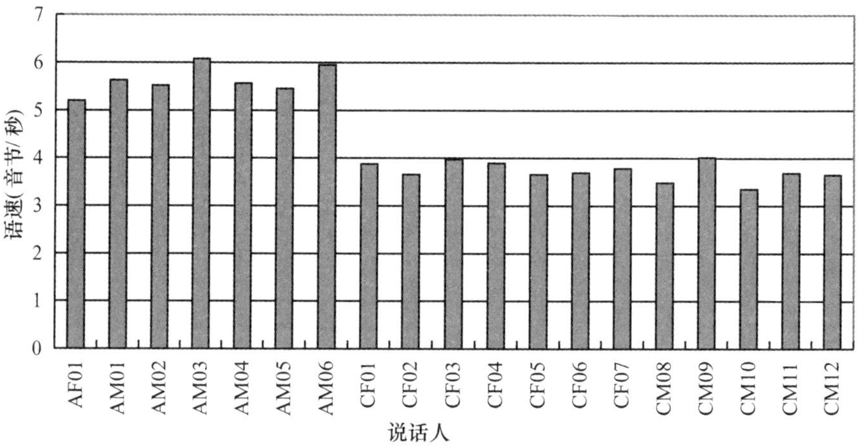

图 5-1　不同说话人整体语速统计

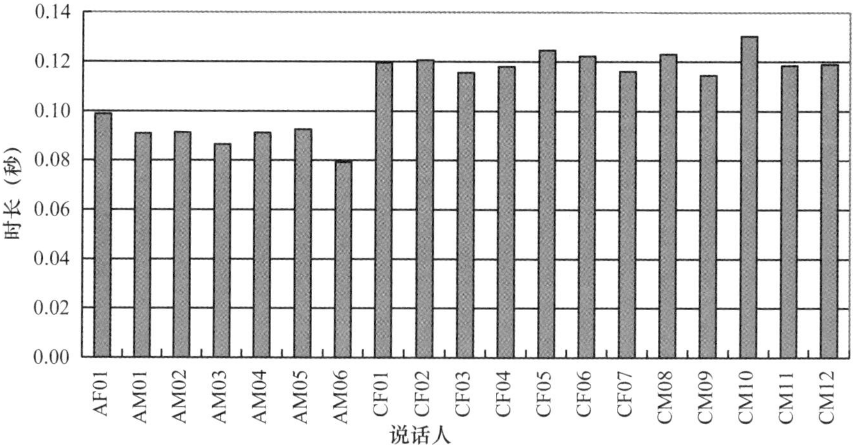

图 5-2　英语本族语者和学习者的元音时长统计

三　韵律结构

韵律结构在语音交互中传递着重要信息。韵律结构表达较好的语音不仅听起来自然流畅，而且也能为听者提供理解话语的重要语音线索。狭义上的韵律结构指语音的韵律单元切分，即说话人通过语音的抑扬顿挫使得语音成为有组织的若干单元的排列。在语言学习过程中，如何把握好话语的韵律结构（韵律单元切分）是衡量语音自然度的重要指标。在这里我们主要考察韵律单元长度、韵律边界位置、韵律边界后的静音段时长、韵律单元末的音段延长与英语习得水平的相关性。

（一）韵律单元长度

首先来考察不同说话人的韵律单元切分的音节长度。图 5-3 给出了不同说话人的韵律短语（3 边界）和语调短语（4 边界）两类短语所含音节数目（元音数目）。结合表 5-1 中的最后两列数据，可以看出，相对于美国本族语者来说，中国英语学习者的韵律单元包含的音节数都相对较少。习得水平高的女性中，其语调短语的音节数与美国本族语者没有区别，韵律短语的音节数接近美国本族语者；而习得水平较低的男性中，两类短语的音节数均显著少于美国本族语者。

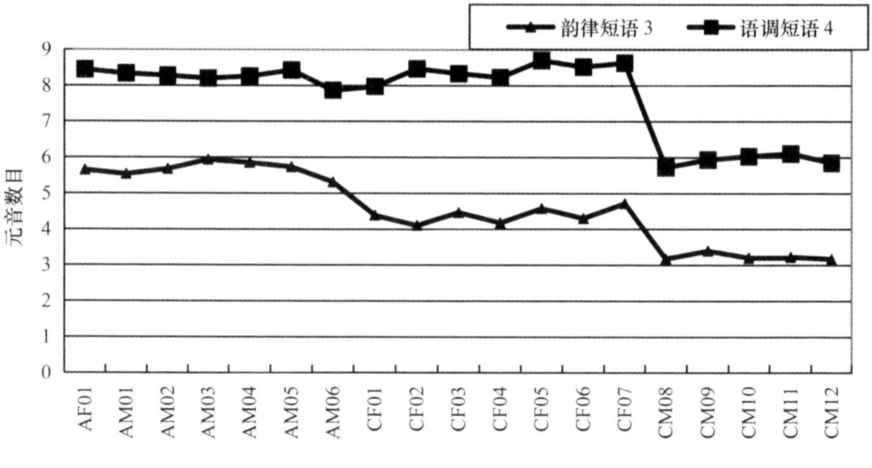

图 5-3　英语本族语者和学习者的语调短语和韵律短语所含音节数（元音数）统计

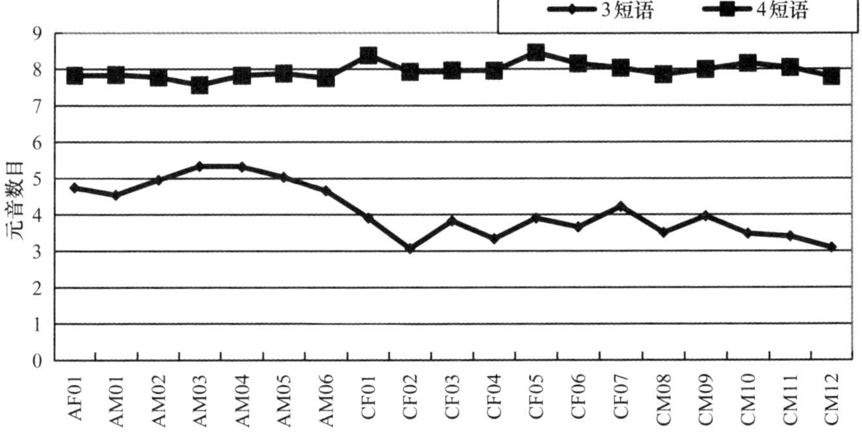

图 5-4 英语本族语者和学习者的短句中语调短语和韵律短语的长度比较

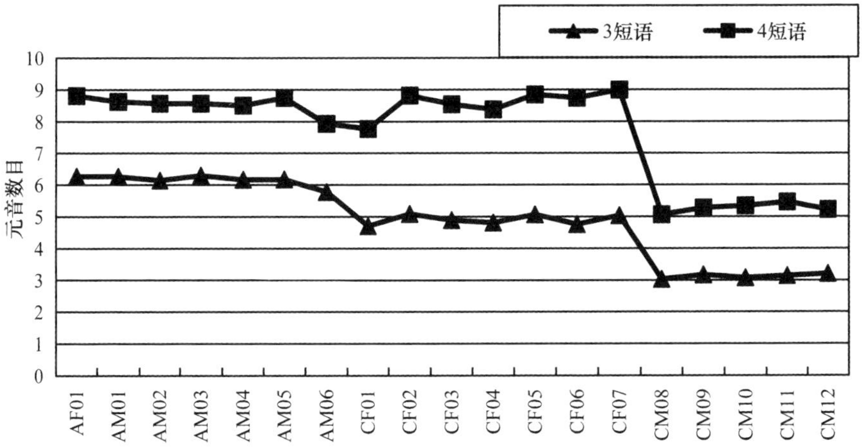

图 5-5 不英语本族语者和学习者的长句中语调短语和韵律短语的长度比较

进一步，我们根据句子的长度将元音数目分为小于等于 12 个和大于 12 个元音（音节）的短句和长句两大类别，然后分别画出两类句子中韵律单元所含元音（音节）数分布，见图 5-4 和图 5-5。可以看到，在短句中，中国学习者的韵律短语的音节数与美国本族语者之间的差别不是很大，由于很多短句中只有一个语调短语，因此比较语调短语的意义不大；但学习者的韵律短语的音节数均显著少于美国本族语者。而在长句中，分布模式同图 5-1 比较接近。习得水平较高的女性学习者，韵律单元的音节数接近美国本族语者；水平普遍较低的中国男性学习者韵律单元的音节数均显著少于美国本族语者。结合学习者的英语水平，说明语调短语具有较好的稳定性，英语学习水平较高的人都能比较好地掌握语调短语的切分，水平越低，语调短语的长度也越短（所含音节数越少）；而韵律短语则相对自由，比较难以掌握，学习者的水平越低，其韵律短语的长度也越短（所含音节数越少）。

（二）韵律边界位置

下面我们来考察相同的句子，不同说话人产出的韵律边界位置的相似性。

首先我们定义韵律边界位置向量，即第 K 个句子长度为 N 个单词的韵律边界位置向量如公式 5 -4：

$$A_k\ (a_1,\ a_2,\ \cdots,\ a_N) \qquad \text{（公式 5 -4）}$$

$$\text{其中 } a_n = \begin{cases} 0 & \text{非短语边界} \\ 1 & \text{3 短语边界} \\ 2 & \text{4 短语边界} \end{cases} \qquad n = 1 \cdots N$$

比如一个 6 个单词的短语边界位置向量如下：A = （0，0，0，1，0，2）。这样，对相同的 K 个句子（考虑到个别句子的增音减音现象，我们选取了其中所有人读出单词数严格相同的 150 个），我们得到 19 个不同说话人的韵律边界向量 A_{kj}（$k=1\cdots K$；$j=1\cdots 19$）。进而采用 e - 指数距离来计算对于相同句子不同说话人的相似度，对每个句子，得到 19 维相似度矩阵 S_{kij}（$k=1\cdots K$；i，$j=1\cdots 19$），对所有 K 个句子平均，得到最后 19 个人的韵律切分相似度矩阵 S_{ij}（i，$j=1\cdots 19$），如表 5-2 所示。

我们利用这一相似度矩阵，进一步对说话人和听音人的结果做多维度尺度分析（multidimensional scaling analysis，以下简称 MDS）。MDS 是一类统计分析方法的统称，最早产生于心理度量分析，是基于研究现象之间的相似性或距离将研究对象在一个低维（一般为二至三维）的空间形象表示出来，进行聚类或维度内含分析的一种图示法。用 MDS 做出 19 个说话人相对位置关系如图 5-5 所示。

表 5-2 英语本族语者和学习者的韵律边界位置的相似度矩阵

	AF01	AM01	AM02	AM03	AM04	AM05	AM06	CF01	CF02	CF03	CF04	CF05	CF06	CF07	CM08	CM09	CM10	CM11	CM12
AF01	1.00																		
AM01	0.93	1.00																	
AM02	0.93	0.93	1.00																
AM03	0.93	0.92	0.94	1.00															
AM04	0.94	0.94	0.95	0.94	1.00														
AM05	0.94	0.93	0.95	0.94	0.95	1.00													
AM06	0.87	0.87	0.87	0.88	0.88	0.89	1.00												
CF01	0.82	0.82	0.81	0.81	0.81	0.82	0.82	1.00											
CF02	0.79	0.79	0.80	0.78	0.79	0.79	0.80	0.87	1.00										
CF03	0.84	0.84	0.84	0.82	0.84	0.84	0.84	0.90	0.89	1.00									
CF04	0.80	0.79	0.81	0.80	0.80	0.80	0.81	0.88	0.88	0.89	1.00								
CF05	0.82	0.82	0.82	0.82	0.83	0.83	0.82	0.89	0.88	0.92	0.90	1.00							
CF06	0.82	0.81	0.81	0.80	0.82	0.82	0.82	0.86	0.88	0.89	0.88	0.89	1.00						
CF07	0.84	0.82	0.83	0.83	0.83	0.83	0.84	0.89	0.88	0.91	0.89	0.90	0.90	1.00					
CM08	0.69	0.68	0.68	0.67	0.69	0.69	0.70	0.71	0.71	0.72	0.72	0.72	0.73	0.72	1.00				
CM09	0.73	0.71	0.73	0.72	0.72	0.73	0.72	0.72	0.71	0.73	0.73	0.72	0.73	0.73	0.89	1.00			
CM10	0.69	0.69	0.70	0.68	0.69	0.70	0.70	0.71	0.70	0.73	0.71	0.72	0.73	0.72	0.89	0.86	1.00		
CM11	0.71	0.71	0.72	0.70	0.71	0.71	0.70	0.72	0.72	0.73	0.75	0.74	0.75	0.74	0.88	0.89	0.88	1.00	
CM12	0.69	0.68	0.69	0.68	0.69	0.70	0.69	0.72	0.71	0.72	0.75	0.71	0.73	0.73	0.90	0.89	0.89	0.89	1.00

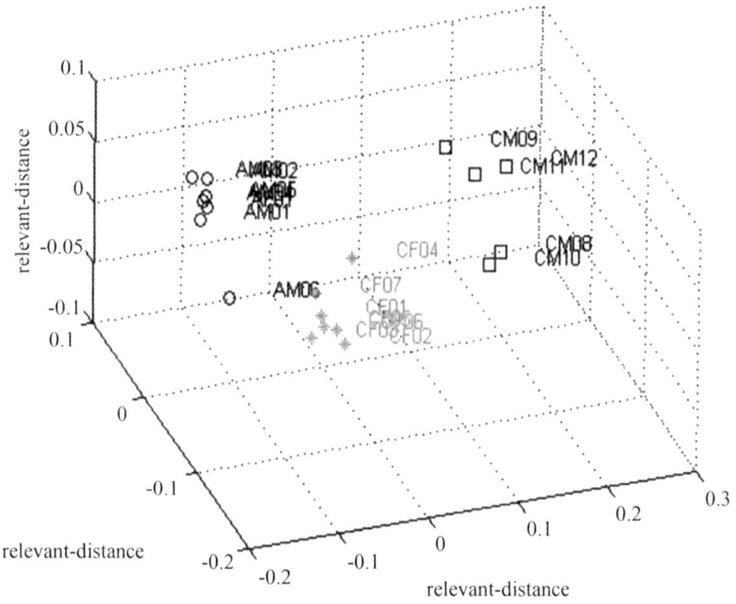

图 5-6　英语本族语者和学习者的韵律边界位置相似度的相对距离分布图

从表 5-2 和图 5-6 看出，说话人可以分出三大群组：美国本族语者（AF01，AM01-AM06）、中国女性学习者（CF01-CF07）和中国男性学习者（CM08-CM12）。其中在第一群组（美国本族语）中说话人 AM06 稍有位置相对比较偏的特例，而第三群组中国男性学习者分布比较散。相对而言，中国女性学习者更接近美国本族语者。结合说话人的英语习得水平，不难看出韵律结构是二语习得中的难点之一。

（三）韵律短语切分的时域特征

在与韵律短语切分相关的声学特征中，时域特征是说话人示意、听话人感知韵律短语边界的首要线索，主要包括停顿和韵律短语末延长。其中，停顿的时长与边界的强度相关，而韵律短语末延长是一个韵律单元结尾的主要信号。

我们首先考察不同韵律层级的停顿，即韵律边界处的静音段时长和静音段个数。

停顿有三种类型：①无声停顿，即没有声音，时长较长（往往大于

150ms)；②填声停顿，犹豫声或紧跟沉默后的犹豫声；③某个单词的拖长。在本节中，只考察第一类无声停顿。

在不同的韵律边界处，一般都会伴随有一定长度的停顿。在短语内部也会因为有一些短暂的停顿而出现静音。考虑到语流中的静音停顿是韵律节奏的重要因素，我们对不同说话人的语流中边界处静音段时长进行统计比较。根据语流的韵律边界把语流中的静音段分为三类：

1）Sil0：韵律短语 3 内部的静音段；

2）Sil3：韵律短语 3 边界处静音段；

3）Sil4：语调短语 4 边界处静音段。

考虑到不同说话人的语速影响，首先我们对每个人的静音段时长进行 Z-Score 规整（按照每个人静音段时长的均值和标准差进行规整），得到三类静音相对于该说话人语流中所有静音时长平均值的相对时长。此外，还分别计算了所有美国本族语者和所有中国英语学习者的平均结果，如表 5-3 和图 5-7 所示。可以看到，所有美国本族语者语流中的各类静音数目以及相对时长分布大致均衡，中国学习者语流中的各类静音数目和长度分布则相对差别较大，并且女性学习者的韵律短语内部停顿（韵律词边界）和语调短语边界处的停顿相对过长；男性学习者的韵律短语和语调短语边界处的停顿相对过短。学习者的边界 3 和 4 的停顿时长分布模式，女性学习者更接近美国本族语者。这说明在流利的英语表达中，学习者会受到母语、学习水平等因素的影响，从而影响韵律边界处的停顿时长。但从所有说话人的停顿系统分布上，韵律短语内部的静音都比较短，韵律短语边界位置的静音稍长，而语调短语边界位置的静音最长，本族语者和学习者的差异表现在韵律边界处停顿的程度不同。

表 5-3　英语本族语者和学习者的不同韵律边界处静音段时长（Z-Score）和数目分布

说话人	Sil0 时长	Sil0 数目	Sil3 时长	Sil3 数目	Sil4 时长	Sil4 数目
AF01	-0.285	445	-0.1	80	1.756	77
AM01	-0.318	398	-0.1	80	1.667	81
AM02	-0.303	433	-0.07	75	1.715	79

续表

说话人	Sil0 时长	Sil0 数目	Sil3 时长	Sil3 数目	Sil4 时长	Sil4 数目
AM03	-0.294	425	-0.16	68	1.677	81
AM04	-0.313	424	-0.14	63	1.726	82
AM05	-0.302	432	-0.09	70	1.758	78
AM06	-0.361	429	-0.04	50	1.943	78
CF01	-0.33	562	0.213	151	1.67	92
CF02	-0.397	498	0.41	188	1.516	74
CF03	-0.316	551	0.033	152	2.119	80
CF04	-0.344	536	0.048	188	2.064	85
CF05	-0.334	539	0.122	130	2.16	76
CF06	-0.295	502	-0.07	173	2.104	76
CF07	-0.284	571	0.005	142	2.249	72
CM08	-0.68	349	-0.1	247	1.108	237
CM09	-0.572	381	-0.23	221	1.263	212
CM10	-0.603	369	-0.15	233	1.223	210
CM11	-0.561	368	-0.22	228	1.278	201
CM12	-0.623	377	-0.09	255	1.176	220
所有本族语者 A	-0.311	2986	-0.1	486	1.748	556
所有学习者 C	-0.42	5603	-0.02	2308	1.468	1635

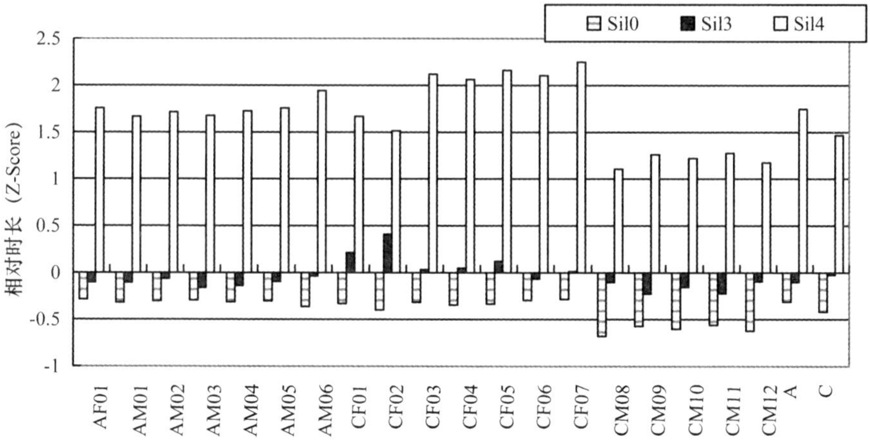

图 5-7　英语本族语者和学习者的不同韵律边界处静音时长分布

静音的个数也是韵律节奏的一个指标。这里的静音个数与韵律边界个数有比较一致的关系。图 5 -8 给出了每个说话人的不同韵律层级对应的静音个数分布。所有层级的停顿数在美国本族语者、中国女性学习者和男性学习者之间有系统差异。语调短语（停顿）数，中国男性学习者最多，而女性学习者接近美国本族语者；韵律短语（停顿）数，所有中国学习者都多于美国本族语者，水平低的男性学习者，韵律短语停顿数更多；韵律短语内部的停顿数，与美国本族语者比，女性学习者多而男性学习者少。表 5 -3 最后两行数据表明，中国学习者的语调单元个数大概是美国本族语者的 3 倍，韵律短语的个数是美国本族语者的 5 倍，韵律词一级单元个数约为美国本族语者的 2 倍。也就是说，学习者整体上停顿出现个数多，连贯度不好；句子越长，连贯度越差，句子被切得越散。

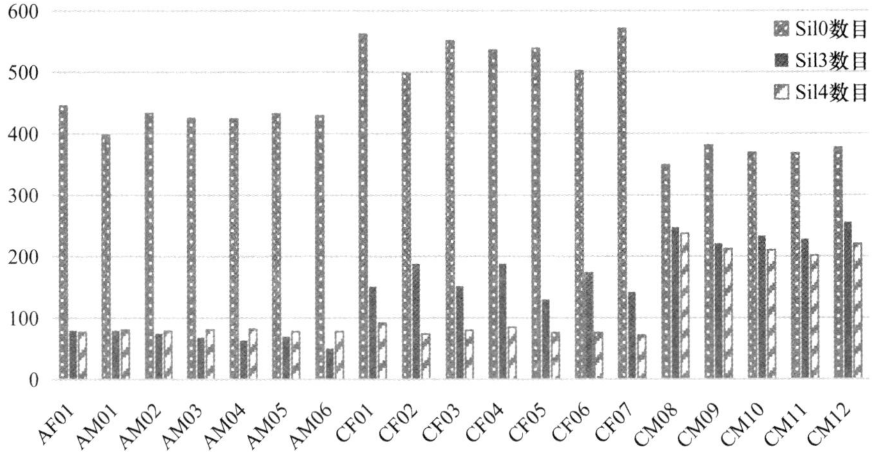

图 5-8 英语本族语者和学习者的不同韵律边界处静音个数分布

末尾延长指韵律短语的末尾时长拖长的现象。跨语言研究发现，末尾延长的方向既有前向的，也有后向的。其中美式英语表现出后向性的特征（progressive final lengthening），即离短语边界越远的音段受到短语末尾延长效应的影响越小。相比音节计时的语言，如汉语普通话，短语末尾时长延长在英语中更加凸显（Cruttenden，1997）。

通过分析英语本族语者（L1）和母语为普通话的英语学习者（L2）的英语朗读句边界末音节时长，发现与停顿相似，短语末尾时长延长在不同层级的韵律边界上的表现存在差异。如图 5-9 和表 5-4 所示，L1 和 L2 在句子不同位置的音节表现出相同的时长规律，即非短语末尾（NPF）<韵律词末尾（PWF）<音系短语末尾（PPF）<语调短语末尾（IPF）。

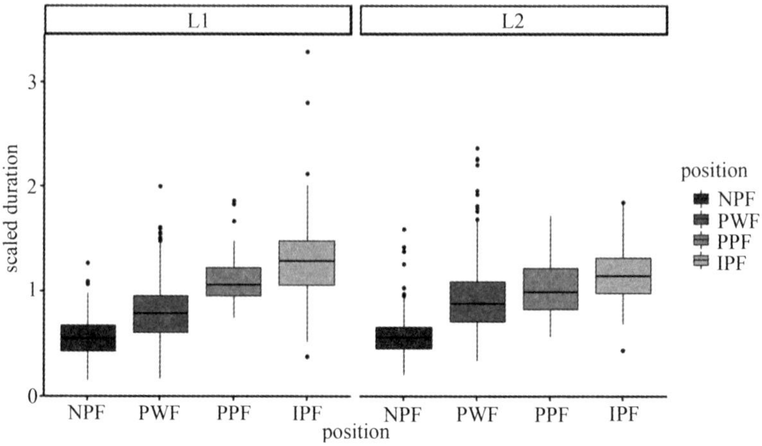

图 5-9　中国学习者与美国本族语者不同韵律边界处音节时长（Z-Score）

表 5-4　中国学习者与美国本族语者不同位置的音节时长的均值和标准差（Z-Score）

音节位置	L1		L2	
	平均值	标准差	平均值	标准差
NPF	0. 57	0. 19	0. 58	0. 20
PWF	0. 81	0. 28	0. 95	0. 35
PPF	1. 10	0. 24	1. 03	0. 25
IPF	1. 29	0. 35	1. 16	0. 26

使用混合效应线性模型对音节位置、说话人组别及其交互作用与音节时长的相关关系进行分析，结果见表 5-5。

表5-5 中国学习者与美国本族语者不同位置的音节时长的均值和标准差

参数	估计值	标准误差	*t*-value（df）	*P*	是否具有显著性
音节位置					有
NPF vs. PWF	0.18	0.02	8.58（1440）	<0.0001	
NPF vs. PPF	0.40	0.03	11.46（1439）	<0.0001	
NPF vs. IPF	0.51	0.02	20.33（1420）	<0.0001	
说话人组别					无
L1 vs. L2	-0.01	0.02	-0.56（42.4）	0.58	
音节位置×说话人组别					有
NPF（L1 vs. L2）	0.01	0.02	0.60（249）	0.55	
PWF（L1 vs. L2）	0.14	0.02	6.91（125）	<0.0001	
PPF（L1 vs. L2）	-0.07	0.05	-1.44（1155）	0.15	
IPF（L1 vs. L2）	-0.12	0.02	-5.35（188）	<0.0001	
L1（NPF vs. PWF）	0.12	0.03	4.45（1449）	0.0001	
L1（NPF vs. PPF）	0.44	0.04	9.99（1448）	<0.0001	
L1（NPF vs. IPF）	0.58	0.03	19.12（1443）	<0.0001	
L2（NPF vs. PWF）	0.25	0.03	9.24（1448）	<0.0001	
L2（NPF vs. PPF）	0.35	0.04	8.09（1448）	<0.0001	
L2（NPF vs. IPF）	0.44	0.03	14.57（1443）	<0.0001	

通过以上分析，我们可以得出如下结论：①本族语者和学习者都会在韵律短语划分的时候使用一定程度的韵律短语末尾时长延长；②与本族语者相比，学习者在较低的韵律短语层级存在过度延长而在较高的层级存在延长不足；③与本族语者相比，学习者的韵律短语末尾音节相对时长［音节时长/(音节时长+停顿时长)］较短，停顿的相对时长较长。

（四）小结

综合上述韵律结构的统计结果，可知韵律边界与英语习得水平相关。从韵律结构来看，与句子长短相关，中国学习者的英语比美国本族语者的韵律短语或者语调短语单元更小一些。一般说来，英语习得水平越高，韵律单元的切分定位更接近美国本族语者。

学习者的韵律边界位置的确定以及韵律单元长度的确定，都受到英语学习水平的较大影响。一般而言，学习水平较高的学习者，其韵律边界的数目、两类短语的长度以及边界的位置都能更好地趋近本族语者。而习得水平低的学习者在这几方面都与本族语者有较大差异，这说明中国英语学习者在学习英语时，韵律单元的切分是一个比较重要的问题。即使是水平高的学习者，韵律短语的切分也有差异。在静音段时长方面，习得水平较低的学习者，两类韵律短语的静音停顿时长的差异度比本族语者和水平高的中国学习者都要小。

四　重音模式

在英语或者其他重音计时的语言中，语句的重音有不同等级，承载音高重音（pitch accent）的音节比其他音节更凸显。音高重音分为韵律短语重音和语调短语重音。语调短语重音又称为核心重音（nuclear accent），也就是句重音。核心重音是语调不可缺少的重音成分。汉语的语句重音也是分层级的，有韵律词重音、韵律短语重音和语调短语重音之分，语调短语重音同样是汉语语调短语中不可缺少的重音成分。

我们知道，汉语作为音节计时的语言，在表达重音时，音高和时长甚至音强都会有一些变化，前面章节已经介绍了汉语语句焦点重音的声学表现和音系表达。而英语是一种重音型语言，中国学习者在表达英语韵律重音时，如何变化音高、时长等声学参数是值得深入探讨的问题。本节我们将深入比较分析表达不同层级的英语重音时，美国本族语者与中国学习者在重音实现的位置以及重音实现的声学参数上的差异。重音相关的声学参数主要有时长和音高，所以这里重点比较承载不同层级重音的元音的时长和音高特征。

（一）重音位置分布

根据标注的数据，做类似于韵律边界位置的分析。首先考察对于相同的句子，不同说话人在实现短语重音（包括韵律短语重音 3 和语调短语重音 4）位置上的相似性。

类似地，我们定义第 K 个句子、长度为 N 个单词的重音位置向量为：

$$B_k\ (b_1,\ b_2,\ \cdots,\ b_N) \qquad \text{（公式 5-5）}$$

表 5－6 **中国学习者与美国本族语者的短语重音位置的相似度矩阵**

	AF01	AM01	AM02	AM03	AM04	AM05	AM06	CF01	CF02	CF03	CF04	CF05	CF06	CF07	CM08	CM09	CM10	CM11	CM12
AF01	1.00																		
AM01	0.82	1.00																	
AM02	0.84	0.84	1.00																
AM03	0.88	0.82	0.85	1.00															
AM04	0.86	0.84	0.85	0.86	1.00														
AM05	0.80	0.82	0.83	0.84	0.84	1.00													
AM06	0.59	0.58	0.59	0.62	0.60	0.62	1.00												
CF01	0.48	0.49	0.47	0.49	0.50	0.50	0.47	1.00											
CF02	0.49	0.49	0.50	0.48	0.48	0.50	0.48	0.72	1.00										
CF03	0.55	0.53	0.53	0.55	0.55	0.52	0.52	0.74	0.76	1.00									
CF04	0.50	0.50	0.52	0.50	0.51	0.50	0.49	0.72	0.78	0.74	1.00								
CF05	0.51	0.55	0.53	0.53	0.53	0.54	0.51	0.72	0.75	0.79	0.76	1.00							
CF06	0.50	0.49	0.49	0.49	0.50	0.50	0.49	0.68	0.72	0.72	0.77	0.73	1.00						
CF07	0.50	0.48	0.50	0.48	0.52	0.52	0.49	0.71	0.74	0.75	0.78	0.76	0.79	1.00					
CM08	0.47	0.45	0.46	0.48	0.47	0.45	0.45	0.49	0.49	0.50	0.53	0.50	0.50	0.49	1.00				
CM09	0.50	0.47	0.49	0.50	0.49	0.48	0.46	0.47	0.48	0.50	0.49	0.51	0.49	0.48	0.79	1.00			
CM10	0.49	0.46	0.47	0.48	0.48	0.46	0.47	0.48	0.49	0.52	0.53	0.49	0.49	0.47	0.78	0.76	1.00		
CM11	0.40	0.41	0.41	0.41	0.43	0.41	0.41	0.43	0.45	0.42	0.49	0.44	0.49	0.48	0.71	0.71	0.75	1.00	
CM12	0.42	0.43	0.42	0.43	0.42	0.43	0.43	0.49	0.49	0.48	0.50	0.50	0.49	0.50	0.73	0.74	0.77	0.73	1.00

$$\text{其中 } b_n = \begin{cases} 0 & \text{非短语重音} \\ 1 & \text{韵律短语重音 3} \\ 2 & \text{语调短语重音 4} \end{cases} \qquad n = 1 \cdots N$$

采用前面计算韵律边界位置相似性类似的方法，对同样所有的150 个句子相似度进行平均，得到最后 19 个人的重音位置的相似度矩阵 S_{ij}（i，j =1···19），见表 5－8。

由表 5－6 可以得到各类说话人之间的两级重音位置的平均相似度：美国本族语者之间为 0. 77，中国学习者之间为 0. 61；中国女性学习者之间为 0. 744，中国男性学习者之间为 0. 75；中国男性和女性学习者之间为 0. 49，美国本族语者与中国女性学习者之间为 0. 50，美国本族语者与中国男性学习者之间为 0. 45。美国本族语者之间、中国女性之间、中国男性之间的相似度最高，美国本族语者和中国男性学习者之间的相似度最低为 0. 45，美国本族语者和中国女性学习者的相似度稍高为 0. 50。这说明发音水平的高低与重音分布密切相关。同级水平内，重音分布相似度较高。

进一步我们利用这一相似度矩阵进行 MDS 分析，得到 19 个说话人的重音相对位置关系，如图 5－10 所示。结合表 5－6 我们看出，19 个说话人

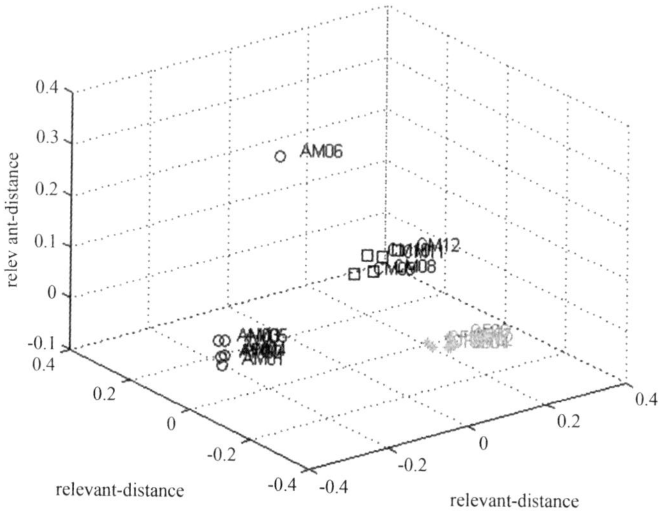

图 5－10　中国学习者与美国本族语者的重音位置相似度的相对距离分布图

可以非常明显地聚成三个群组：美国本族语者（AF01，AM01 - AM059）、中国女性学习者（CF01 - CF07）和中国男性学习者（CM08 - CM12）。另外，AM06 稍微特殊，相对位置分布比较偏离美国本族语者群组。结合韵律边界位置的相似性结果，可以看出这三个群组的集中程度更高，即分类关系更加明显，而不同群组之间的距离则拉得更开。这说明，重音位置的确是英语学习中的重要难点之一，相对于边界位置的确更加难以掌握。而本族语者对于重音位置的确定相似性比较高。

（二）各级重音的时长

接下来考察重音在时长方面的声学特点。首先考察承载韵律短语重音 3 和语调短语重音 4 的元音时长。

在考察重音的时长表现时，考虑到不同说话人甚至同一说话人的不同句子的语速可能都会不一样，尤其是重音之所以被感知为重，归根结底还是它和周围音节的比较得到的感知结果。因此我们认为，相对时长具有更好的可比性。

在这里，我们利用两个方法来计算相对时长：

（1）利用 Z-Score 规范化算法对每个说话人计算所有元音的相对时长：

Durmean、Durstd 为某位说话人的所有元音的平均时长和标准差，此说话人的规范化 Z-Score 时长 DZ 见公式 5 - 6。

$$DZ = \frac{Dur - Durmean}{Durstd} \qquad \text{（公式 5 - 6）}$$

根据公式 5 - 6，我们定义 DurZ 为所有除负载重音 3、4 之外的元音的规范化时长，DurZST3 为所有负载重音 3 的元音的规范化时长，DurZST4 为所有负载重音 4 的元音的规范化时长；

（2）在短语内部局部相对化，即计算重音位置的元音相对于本短语域内的所有元音的相对时长 DurST，见公式 5 - 7。

$$DurST = \frac{Dur}{meanDur} \qquad \text{（公式 5 - 7）}$$

其中，Dur 为负载短语重音的元音的绝对时长，meanDur 是本短语域内部除该重读元音外的其他所有元音的平均时长。根据公式 5 - 7，我们分别计算 3、4 重音的相对时长，分别记为 DurST3 和 DurST4。

表 5-7 列出了不同说话人的两级重读元音的相对时长统计结果。

表 5-7 中国学习者与美国本族语者的重读元音的相对时长统计结果

说话人	Z-Score 相对时长			局部相对化时长	
	DurZ	DurZST3	DurZST4	DurST3	DurST4
AF01	-0.13	0.52	0.72	1.49	1.53
AM01	-0.12	0.36	0.73	1.40	1.54
AM02	-0.13	0.52	0.70	1.37	1.58
AM03	-0.14	0.51	0.79	1.45	1.68
AM04	-0.13	0.38	0.81	1.37	1.64
AM05	-0.13	0.64	0.69	1.50	1.56
AM06	-0.17	0.59	0.84	1.42	1.58
CF01	-0.11	0.29	0.46	1.26	1.32
CF02	-0.13	0.36	0.50	1.39	1.42
CF03	-0.13	0.39	0.54	1.42	1.54
CF04	-0.12	0.34	0.42	1.32	1.38
CF05	-0.11	0.43	0.43	1.29	1.38
CF06	-0.15	0.51	0.55	1.46	1.48
CF07	-0.10	0.44	0.35	1.35	1.34
CM08	-0.23	0.32	0.70	1.35	1.54
CM09	-0.23	0.37	0.72	1.45	1.57
CM10	-0.23	0.50	0.55	1.49	1.49
CM11	-0.20	0.37	0.55	1.38	1.37
CM12	-0.21	0.29	0.64	1.33	1.47
本族语者 A	-0.14	0.50	0.75	1.43	1.59
中国学习者 C	-0.16	0.38	0.55	1.38	1.45

图 5-11 和图 5-12 分别显示了两类重音的相对时长的分布。从这些图表的结果我们可以看出：

首先，由于韵律短语重音 3 和语调短语重音 4 的元音在计算时基于相同的基准，因此用 Z-Score 方法得到的相对时长反映了重读元音时长在整体上的拉长和非重读元音的减缩。可以看出重音级别越高，音长拉长越明显。而且可以看出，本族语者的英语重读元音被拉得相对更长，也就是说，该长就长，放得很开。而中国学习者尤其是中国女性学习者则略有区别，相互之间的拉长或者压缩范围相对小一点。

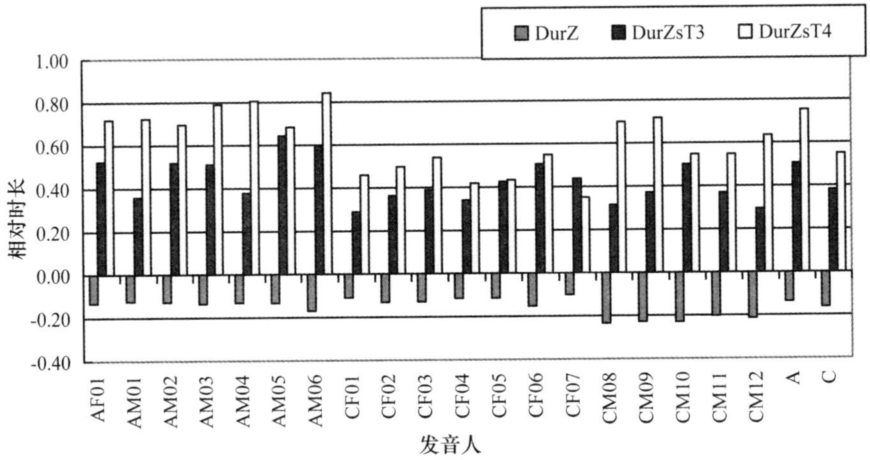

图 5-11 中国学习者与美国本族语者的两级重读元音 Z-Score 相对时长分布

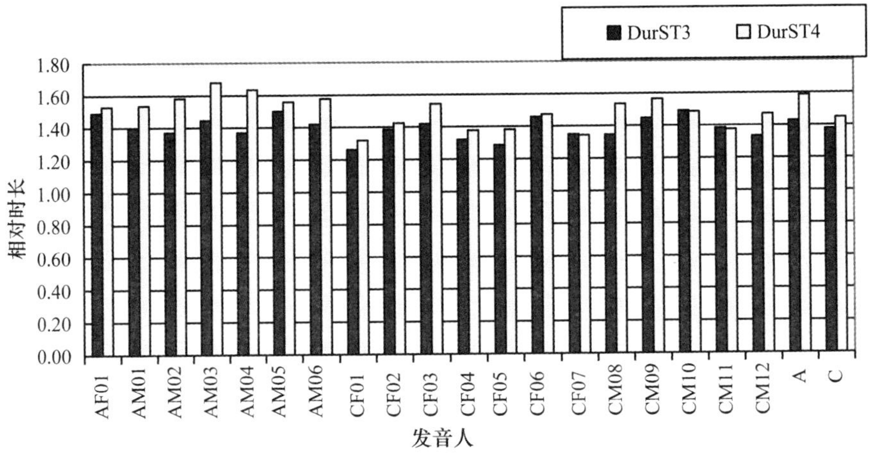

图 5-12 中国学习者与美国本族语者的两级重读元音的局部相对时长分布

其次，局部化相对时长反映了在局部重读音节相对于其他音节的拉长情况。由于在韵律短语重音 3 和语调短语重音 4 的元音局部相对时长所采用的基准是针对各自所辖短语内部的元音，这一结果反映了重读元音在局部的被拉长情况。从结果看来，重音 3 和重音 4 在局部相对其他元音都在 1.4—1.6 倍，这说明在局部的拉长是非常明显的，将近 40%—60%。级别更高的重音 4 更加明显。

进一步，我们利用 Z-Score 方法得到的相对时长对于不同级别的重音的拉长模式，来考察一下不同英语学习者习得水平的差异。以每个人的三类相对时长作为一个向量，利用余弦距离分别计算不同发音人的相似性，并根据相似性进行 MDS 分析，分别得到不同发音人的相对三维空间位置图，如图 5-13 所示。

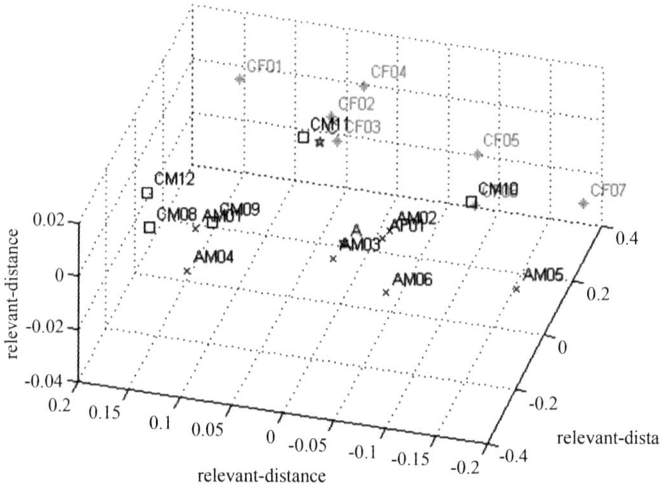

图 5-13　中国学习者与美国本族语者的重音 Z-Score 相对时长的关系比较

从图 5-13 可以看出，美国本族语者 AM01-06 和 AF01、中国学习者 CM08-12 和 CF01-07 的空间分布还是有一定的区域特性，但是不能判断习得水平与这一空间分布的相关性。

（三）各级重音的音高

时长方面，中国学习者负载语调短语重音的元音时长普遍没有美国本族语者长，而且两类短语重音的元音时长差距也不大，学习者水平似乎跟美国本族语者重音时长没有很好的对应关系。

对于汉语而言，一般说来，重音级别越高，音高 F0 的高点会抬得越高，调域也拉得越大，在重音的实现上，音高表现为第一位，音长次之（王韫佳，2004；Li 和 Fan，2015；李爱军，2017）。理论上，语调对于音高具有非常重要的影响，但为了简化起见，在本节中我们不妨忽略语调因素，重点探究重读元音的音高变化情况。

我们首先确定每个元音的音高最大值 *Fmax* 和最小值 *Fmin*，两者之差即为该元音位置的音高变化范围（音域）Frange。

类似于音长的局部相对化，计算重音位置元音的音高参数相对于本短语域内的所有元音的相对音高最大值 *Fmax* 和音域 Frange。计算公式见公式 5 -8。

$$NormF = F - meanF \qquad (公式 5-8)$$

其中，*F* 为负载短语重音的元音的绝对音高最大值或者调域，*meanF* 是本短语调域内部除该重读元音外的其他所有元音的音高最大值或者音域的平均值。此时我们只分别计算 3、4 重音的相对音高参数，分别记为：FmaxST3、FmaxST4 和 FrangeST3、FrangeST4。

按照不同说话人分别统计如表 5-8 和图 5-14、图 5-15 所示。

表 5-8 中国学习者与美国本族语者的两级重音的音高变化范围和音高最大值规整参数比较 （单位：半音）

发音人	FrangeST3	FrangeST4	FmaxST3	FmaxST4
AF01	1. 315	1. 476	5. 366	6. 317
AM01	1. 776	2. 517	7. 726	8. 36
AM02	1. 531	1. 762	6. 425	6. 954
AM03	1. 039	1. 539	4. 725	5. 496
AM04	1. 433	1. 743	7. 416	7. 624
AM05	1. 498	1. 85	5. 998	7. 033
AM06	1. 271	1. 614	5. 563	6. 851
CF01	1. 856	2. 273	14. 149	15. 346
CF02	1. 92	2. 646	14. 46	15. 604
CF03	2. 037	2. 661	13. 637	14. 972
CF04	2. 021	2. 255	14. 305	15. 325
CF05	2. 102	2. 334	12. 436	13. 876
CF06	2. 249	2. 723	13. 809	15. 604
CF07	1. 924	2. 417	11. 622	14. 042
CM08	1. 792	2. 939	7. 31	7. 688
CM09	1. 483	2. 531	6. 492	7. 144

续表

发音人	FrangeST3	FrangeST4	FmaxST3	FmaxST4
CM10	1.977	2.774	11.072	11.277
CM11	1.858	2.715	6.701	7.414
CM12	1.76	2.966	7.485	8.651
本族语者 A	1.415	1.771	6.151	6.935
中国学习者 C	1.902	2.633	10.722	11.618

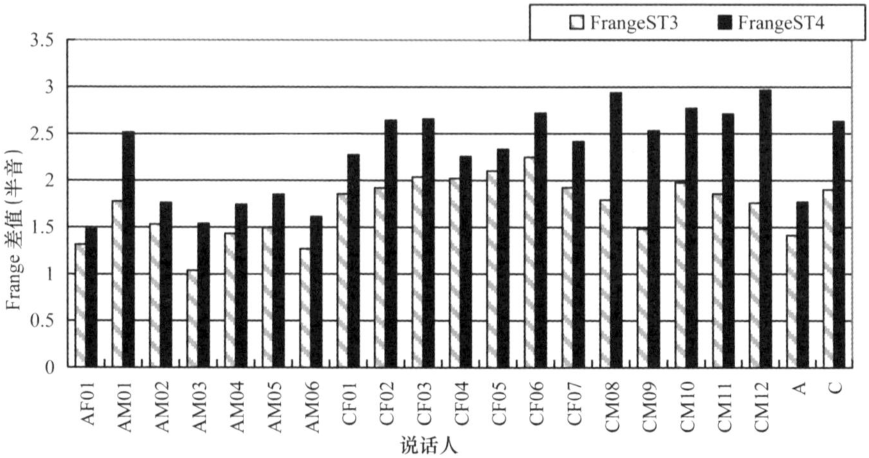

图 5-14　中国学习者与美国本族语者的两级重音的音高相对变化范围分布

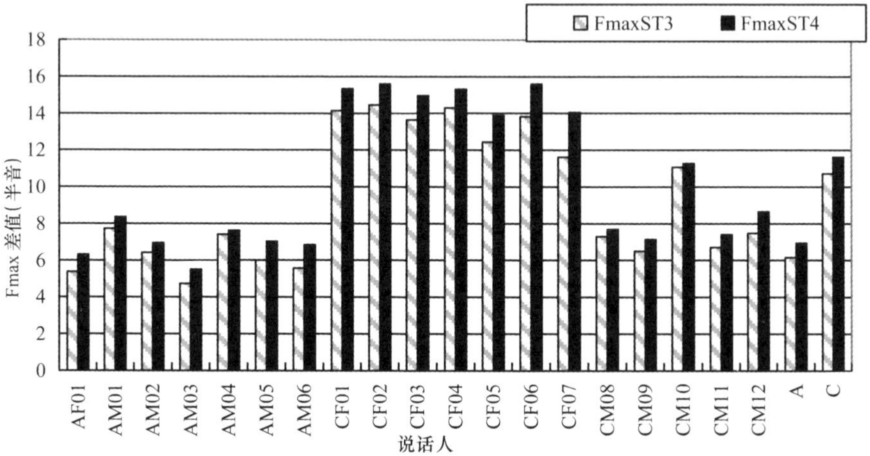

图 5-15　中国学习者与美国本族语者的两级重音的音高相对最大值分布

从这些图表可以看出，美国本族语者的重音音高变化模式与中国学习者有差别，但总体上变化趋势比较一致。重音级别越高，调域会拉得越大，音高的高点也会抬得更高。语调短语重音的调域相对值都比韵律短语重音更大，调阶也更高。相对于美国本族语者，中国女性学习者因为本身音阶比较高，重音位置音高显得相对更高，调域相对值也更大，而中国男性学习者在语调重音位置的调域相对值则更大。而美国女性AF01 总体上没有表现出突出的音高抬高或拉宽的特性。我们分析，因为美国本族语者在表达某音高重音时，很多重音是通过 L* 来实现的（如是非疑问句），而且存在很多音高延迟（Peak delay）现象，高点不在重读音节上，而是实现在后面的音节上。在对焦点句语调比较中，我们可以看到需从焦点重音域（焦点位置、焦点前和焦点后位置）整体分析音高重音才能更全面地比较本族语者和学习者之间的异同。

进一步，我们分别采用音高参数向量（FrangeST3、FrangeST4）和（FmaxST3、FmaxST4），利用欧式距离分别计算不同说话人的相对距离，并进一步进行 MDS 分析，做出相对位置关系图如图 5－16 和图 5－17 所示。

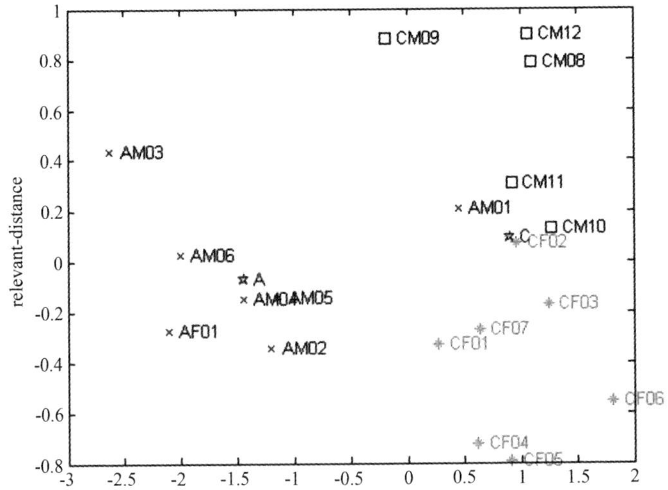

图 5－16 中国学习者与美国本族语者的重音的音域变化相对位置关系

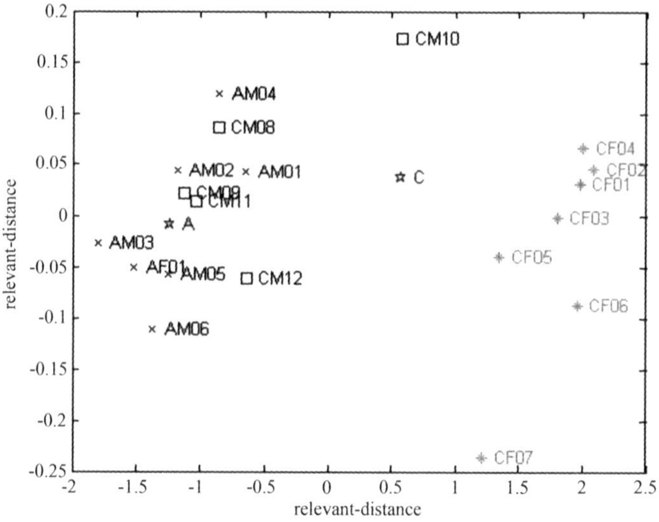

图 5–17　中国学习者与美国本族语者的重音的音高最大值变化相对位置关系

从图 5–16、图 5–17 可以看出，无论是从调域变化还是音高最大值变化来看，美国本族语者、中国女性学习者的分布都比较集中，两者之间的距离相对比较远。而中国男性学习者的位置分布相对比较分散。这说明中国学习者对于音高的变化很难掌握到和美国本族语者类似的水平。

（四）时长与音高

从上面的结果我们可以看出，在英语中，重音的时长和音高都会随着重音级别的增加而变长或者变大。为了进一步考察中国学习者声学参数的变化特点，我们以时长和音高调域的变化来分别比较中国学习者和美国本族语者在重音表现上的异同。

图 5–14 和图 5–15 分别展示中国学习者和美国本族语者的韵律短语重音和语调短语重音的声学参数。

在时长方面，中国学习者和美国本族语者都会把重音位置的元音拉长，相对于美国本族语者而言，中国学习者拉长的程度略微小一点。而在音高方面，中国学习者会把音高的调域拉得更宽。我们也进一步考察了音高的最大值、平均值的变化情况，都是类似的结果。这说明，美国本族语者同时使用音高和时长表现重音，而中国学习者更习惯用音高的抬高表现重音。结合汉语普通话语句层面的重音的研究结果，语句层面重音的音高变化比时长变化贡献更大（许洁萍等，2000；赵建军等，2011），我们可以看出这一结果是母语为普通话的中国英语学习者在学习英语时受母语影响的一种负迁移。

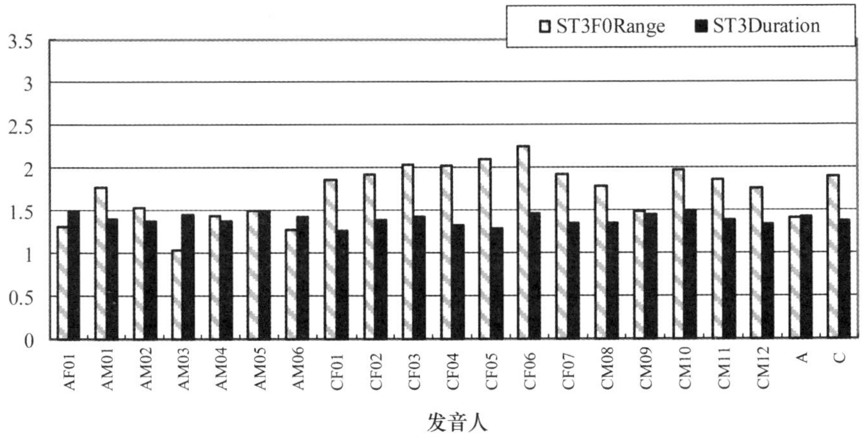

图 5-18 中国学习者与美国本族语者的韵律短语重音的相对时长、相对音域变化

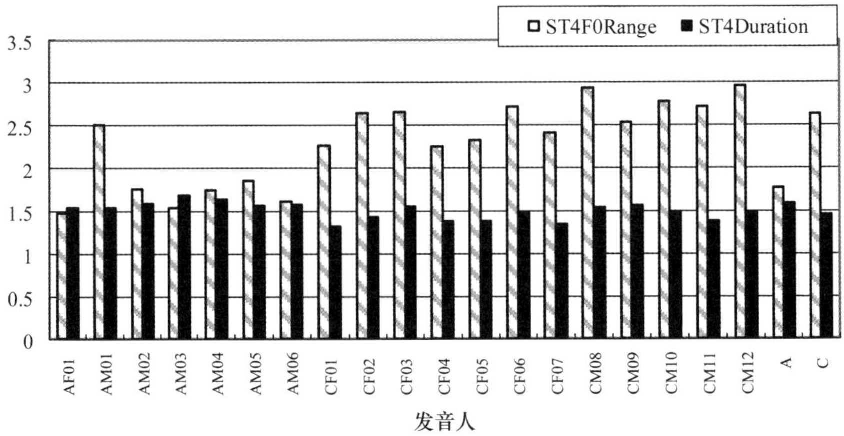

图 5-19 中国学习者与美国本族语者的语调短语重音的相对时长、相对音域变化

进一步，结合表5-1中的英语口语水平，我们来考察一下几类韵律特征和英语习得水平的相关性以及它们之间的相互相关性。主要考察3、4两类重音的时长 Dur、调域范围 FRange、音高最大值 Fmax 和音高平均值 Fave。相关系数矩阵见表5-9。

可以看出，英语习得水平与时长呈正相关，而与音高参数呈负相关。就声学特征本身而言，时长和音高特征也是负相关的。这说明，对重音的时长把握可以随着习得水平提高，而重音的音高实现，是英语重音习得中最难掌握的。

表5-9　中国学习者与美国本族语者的韵律特征之间、韵律特征与英语习得水平之间的相关性

	习得水平	ST3Dur	ST4Dur	ST3FRange	ST4FRange	ST3Fmax	ST4Fmax	ST3Fave	ST4Fave
习得水平	1.00	0.23	0.42	-0.34	-0.62	-0.15	-0.17	-0.14	-0.14
ST3Dur		1.00	0.57	-0.36	-0.24	-0.40	-0.40	-0.40	-0.40
ST4Dur			1.00	-0.72	-0.48	-0.68	-0.70	-0.67	-0.69
ST3FRange				1.00	0.76	0.83	0.83	0.82	0.80
ST4FRange					1.00	0.47	0.45	0.46	0.40
ST3Fmax						1.00	0.99	1.00	0.99
ST4Fmax							1.00	0.99	1.00
ST3Fave								1.00	0.99
ST4Fave									1.00

（五）陈述句和一般疑问句重音

第四章的研究表明，英语的音高重音类型与语调功能语气密切相关。比如一般疑问句中常常出现 L^*H（L^*）的音高重音类型，重音的实现为低调 L 特征，而不是高调 H 特征，那么承载重音的声学参数也会受到影响。

为了考察语调功能对于重音声学参数的影响，我们以陈述句型和一般疑问句型两类句型为例来比较在不同句型中，两类说话人重音的声学参数的差异。

表5-10和表5-11分别列出了陈述句、一般疑问句中，核心重音

（ST4）和韵律短语重音（ST3）在时长、音域、音高平均值和音高最大值上的差异。

表 5-10　　中国学习者与美国本族语者的陈述句中重音声学参数变化比较

发音人	时长		相对音域		音高平均值		音高最大值	
	DurST3	DurST4	FrangeST3	FrangeST4	FaveST3	FaveST4	FmaxST3	FmaxST4
AF01	1. 243	1. 215	6. 74	5. 942	1. 244	1. 077	18. 304	18. 853
AM01	1. 335	1. 22	7. 162	9. 004	2. 548	3. 006	18. 289	20. 446
AM02	1. 318	1. 375	4. 714	6. 558	0. 518	1. 469	16. 591	18. 231
AM03	1. 356	1. 386	4. 393	7. 041	0. 832	2. 004	22. 54	23. 694
AM04	1. 354	1. 411	5. 252	7. 325	0. 457	0. 65	17. 626	15. 84
AM05	1. 373	1. 252	5. 807	6. 111	1. 021	1. 115	15. 466	15. 722
AM06	1. 414	1. 302	4. 351	7. 586	0. 041	3. 82	18. 636	22. 533
CF01	1. 097	1. 024	6. 000	8. 416	1. 761	2. 215	19. 204	19. 466
CF02	1. 164	1. 236	5. 944	8. 353	1. 349	1. 874	18. 708	19. 808
CF03	1. 22	1. 195	6. 521	11. 268	1. 198	1. 346	17. 284	18. 942
CF04	1. 132	1. 093	7. 299	8. 228	1. 955	2. 124	17. 751	19. 24
CF05	1. 091	1. 006	6. 759	8. 017	1. 014	1. 392	13. 478	14. 011
CF06	0. 994	1. 262	8. 097	9. 394	2. 17	2. 073	16. 779	18. 041
CF07	1. 203	1. 069	6. 944	9. 297	1. 216	1. 678	11. 481	11. 889
CM08	1. 157	1. 046	5. 996	8. 178	0. 14	1. 576	18. 333	19. 511
CM09	1. 21	1. 301	5. 317	5. 693	0. 775	0. 476	16. 76	15. 861
CM10	1. 334	1. 163	6. 501	8. 599	1. 673	3. 287	21. 894	23. 579
CM11	1. 178	0. 977	3. 787	6. 081	0. 141	1. 14	16. 616	16. 986
CM12	1. 104	1. 119	7. 704	8. 854	1. 768	2. 826	17. 077	19. 144
本族语者 A	1. 337	1. 308	5. 597	7. 079	1. 008	1. 888	18. 099	19. 363
中国学习者 C	1. 152	1. 126	6. 431	8. 37	1. 289	1. 847	17. 199	18. 112

表 5-11　　中国学习者与美国本族语者的一般疑问句中重音声学参数变化比较

发音人	时长		相对音域		音高平均值		音高最大值	
	DurST3	DurST4	FrangeST3	FrangeST4	FaveST3	FaveST4	FmaxST3	FmaxST4
AF01	1. 518	1. 253	4. 002	6. 1	-0. 969	-1. 855	17. 32	15. 529

续表

发音人	时长		相对音域		音高平均值		音高最大值	
	DurST3	DurST4	FrangeST3	FrangeST4	FaveST3	FaveST4	FmaxST3	FmaxST4
AM01	1. 365	1. 269	5. 026	8. 865	-0. 503	-2. 428	17. 575	14. 971
AM02	1. 269	1. 434	4. 51	6. 713	-0. 254	-1. 053	16. 768	16. 13
AM03	1. 353	1. 542	3. 104	6. 007	0. 902	-1. 323	23. 896	22. 156
AM04	1. 23	1. 427	5. 404	7. 474	-0. 74	-2. 379	17. 342	14. 691
AM05	1. 552	1. 38	4. 054	6. 29	-0. 927	-1. 694	14. 615	13. 487
AM06	1. 301	1. 401	4. 342	5. 745	-0. 325	-1. 601	18. 797	17. 443
CF01	1. 153	1. 213	6. 007	5. 667	1. 199	0. 955	18. 851	17. 873
CF02	1. 191	1. 195	7. 069	7. 2	2. 161	1. 662	19. 51	20. 03
CF03	1. 201	1. 225	9. 009	8. 672	1. 666	1. 609	18. 76	17. 34
CF04	1. 127	1. 035	8. 165	9. 277	1. 738	2. 163	18. 61	18. 633
CF05	1. 174	1. 048	6. 473	6. 888	0. 785	1. 347	15. 326	16. 003
CF06	1. 309	1. 243	8. 998	8. 544	1. 305	1. 791	18. 145	18. 534
CF07	1. 244	1. 212	9. 588	9. 157	1. 205	1. 413	14. 944	13. 643
CM08	1. 093	1. 173	5. 973	6. 412	1. 337	-0. 215	19. 196	17. 563
CM09	1. 375	1. 327	4. 835	5. 343	0. 113	0. 583	16. 874	17. 073
CM10	1. 268	1. 106	7. 199	9. 079	1. 862	2. 596	22. 32	23. 777
CM11	1. 123	1. 026	5. 864	5. 8	1. 176	0. 675	17. 653	17. 185
CM12	1. 078	1. 15	7. 709	8. 686	2. 618	2. 929	18. 618	21. 226
本族语者 A	1. 372	1. 388	4. 366	6. 718	-0. 431	-1. 754	17. 982	16. 395
中国学习者 C	1. 189	1. 163	7. 244	7. 563	1. 47	1. 467	18. 27	18. 284

图 5-20 给出了中国学习者和美国本族语者在陈述和疑问句中，ST4 和 ST3 的声学参数变化情况。可以看出，总体上时长、调域和音高最大值的变化和我们前面的结论相类似。总体趋势上两种语气之间没有明显的不同，中国学习者在重音表达时，时长的拉长都比美国本族语者略小，而音高的变化都大于美国本族语者，这说明中国学习者的习惯受母语影响，更习惯用音高参数来表现重音。图 5-21 中我们再看看音高平均值的比较，在一般疑问句型中，美国本族语都普遍降低音高来表现重音，重音级别越高，音高的平均水平降得越低。而中国英语学习者的音高变化

明显不同于美国本族语降低音高的模式。这个结论从统计的角度支持了一般疑问句语调的结果，再次说明中国英语学习者在一般疑问句这一句型变化中很难学习到英语的焦点重音 L*H 的模式，而习惯用母语的方法（H*或 H*L）来处理重音。

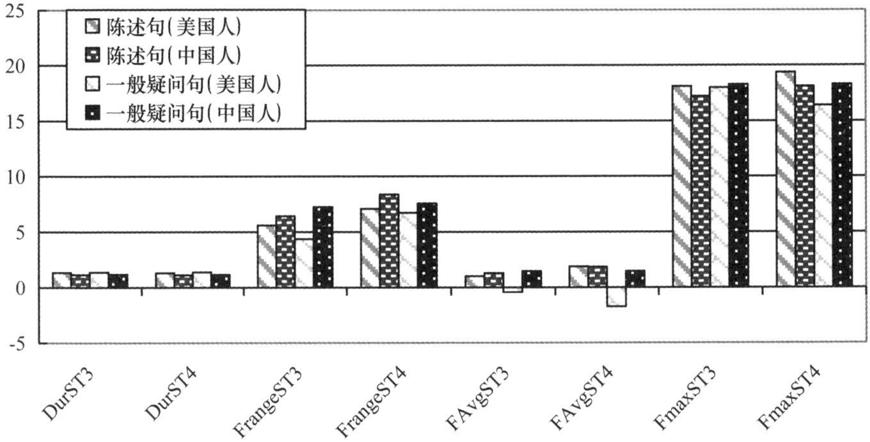

图 5-20 中国学习者与美国本族语者的陈述句和一般疑问句的重音声学参数对比

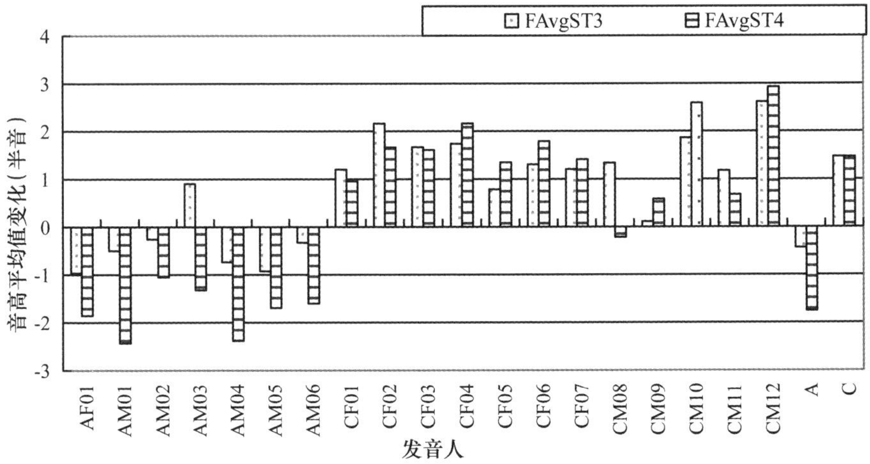

图 5-21 中国学习者与美国本族语者的一般疑问句的重音音高均值对比

（六）小结

英语习得水平越高，重音的位置也更接近美国本族语者。声学特征上，重音位置的元音时长都会被拉长，音高抬高，音域加大。英语习得水平越高的学习者越能在时长的变化方面更接近美国本族语者。同时，受到母语汉语的影响，中国学习者在重音位置更习惯用音高抬高的变化而不是时长的变化来表现。重音的音高变化统计结果支持了第四章对疑问句的研究，对中国学习者来说，L* 和 L*H 这种音高重音模式不容易习得，而以 H* 或者 H*L 代替。

五　节奏指标

在第五章第一节中，我们给出了几个节奏度量指标：% V、ΔC、ΔV、nPVI、rPVI、VarcoV 和 VarcoC。本节我们首先应用主成分分析方法来考察这些节奏指标的描述能力和差异，然后进一步利用几个主要的指标来分别比较中国学习者和美国本族语者的节奏差异。

（一）主成分分析方法

主成分分析法（PCA）是一种降维的统计方法，它借助正交变换，将其分量相关的原随机向量转化成其分量不相关的新随机向量。这在代数上表现为将原随机向量的协方差阵变换成对角形阵，在几何上表现为将原坐标系变换成新的正交坐标系，使之指向样本点散布最开的 p 个正交方向，然后对多维变量系统进行降维处理，使之能以一个较高的精度转换成低维变量系统，再通过构造适当的价值函数，进一步把低维系统转化成一维系统。

（二）节奏指标

我们首先应用主成分分析方法来考察上述节奏指标的相对描述能力。利用所有的语音数据分别计算每句话的 9 个节奏度量指标：DeltaC、DeltaV、VarcoC、VarcoV、percentV、rPVI_C、rPVI_V、nPVI_C 和 nPVI_V。

主成分分析得到的主成分因子旋转矩阵见表 5-12，9 类节奏指标的相对距离位置关系如图 5-22 所示。

表 5-12　　　　节奏指标主成分分析因子旋转矩阵

主成分	C1	C2	C3	C4
方差贡献率	35.0%	56.4%	73.4%	86.9%
DeltaC	0.723	0.506	0.201	0.214
DeltaV	0.216	0.289	0.866	0.222
VarcoC	0.912	0.211	0.143	-0.038
VarcoV	-0.047	-0.123	0.915	0.037
percentV	0.855	-0.184	-0.122	-0.057
rPVI_C	-0.168	0.23	0.169	0.895
rPVI_V	0.175	0.937	0.181	0.113
nPVI_C	0.146	-0.091	0.053	0.899
nPVI_V	-0.014	0.875	-0.113	-0.037

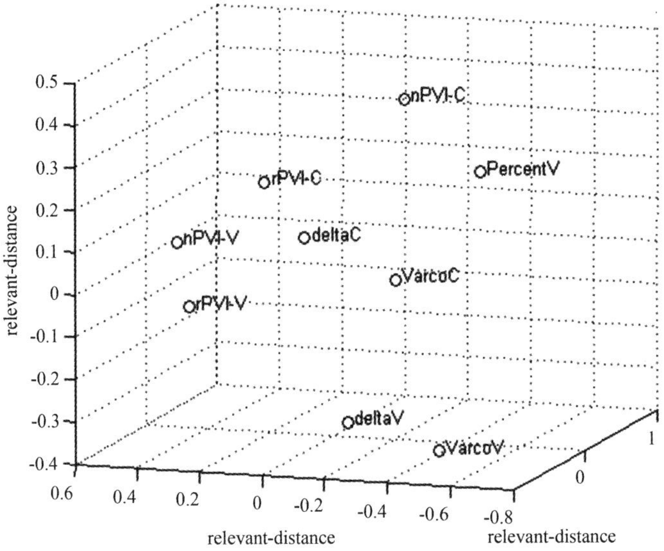

图 5-22　9 类节奏指标的相对距离位置关系示意图

从表 5-12 因子旋转矩阵可以看出，前 4 个主要成分（C1 ~ C4）能够描述 86.9% 的方差。首先我们看第一个主成分 C1（累计描述能力 35%），其中 3 个指标：DeltaC、VarcoC、percentV 在第一主成分中具有相对重要性。考虑到 percentV 和 percentC（辅音所占时长比重）具有较大相关性，因此实际上第一主成分分量可以说是辅音 C 的相关分量。第二个主成分 C2，累计描述能力 56%，其中的韵母相关指标 rPVI_V 和 nPVI_V 相对重要，这一主成分可以称为元音的成对比较分量。第三个主成分 C3，累计描述能力 73%，其中的音节相关指标 DeltaV 和 VarcoV 相对重要，这一主成分可以称为元音时长变化分量。第四个主成分 C4，累计描述能力 87%，其中的音节相关指标 rPVI_C 和 nPVI_C 相对重要，这一主成分可以称为辅音的成对比较分量。即：

1）辅音 C 的相关分量。主要包含：DeltaC、VarcoC 和 percentV；

2）元音的成对比较分量。主要包含：rPVI_V 和 nPVI_V；

3）元音方差分量。主要包含：DeltaV 和 VarcoV；

4）辅音成对比较分量。主要包含：rPVI_C 和 nPVI_C；

由此我们可以归纳如下：

1）基于辅音时长变化的节奏度量指标在节奏变化描述中相较于成对比较指标更加重要。

2）一些方差型（DeltaX 或者 VarcoX）和原始成对比较型（rPVI_X）的指标相对于规范化后的指标（rPVI_X 或者 nPVI_X）更加重要。这也许是跟本语料库是严格的匀速朗读语音有关系。

根据这一结果我们来看看中国学习者与美国本族语者的参数分布。在以前的研究中发现，中国英语学习者在说短一点的英语句子时，表达会比较好，但是一旦句子变长，表达出来就不是那么流利自然。因此，我们在这里以 12 个元音为标准将语料句子分为超过 12 个元音（>12）的长句和不超过 12 个元音（≤12）的短句两大类，然后分别进行统计。所有 9 类节奏指标参数见表 5-13。在表中我们将中国学习者按照英语口语主观评测水平分为三类分别进行统计。

（1）节奏指标分析

从表 5-13 可以看出，首先，无论是美国本族语者还是中国学习者，长句和短句的节奏指标基本上都存在较大差别，这说明句子长度对于节奏的影响也是比较重要的，这和以往的研究结果（大多是设计少量的语句进行分析节奏指标）有所不同。在大规模语料条件下，我们可以认为可计算的节奏指标的数值在一定程度上受到句子长短的影响，其分布具有一定的区域性。

表 5-13　　美国本族语者与中国学习者的节奏指标统计比较

短句节奏指标统计（句子中元音数目≤12）				
发音人	美国本族语者	中国学习者水平 4	中国学习者水平 3	中国学习者水平 2
DeltaC 均值（方差）	0.030（0.013）	0.039（0.016）	0.041（0.015）	0.039（0.015）
DeltaV 均值（方差）	0.063（0.020）	0.088（0.028）	0.088（0.030）	0.085（0.026）
VarcoC 均值（方差）	60.787（29.868）	56.225（25.157）	58.114（23.698）	57.013（23.269）
VarcoV 均值（方差）	71.762（12.727）	72.805（14.051）	70.707（14.227）	70.802（14.928）
percentV 均值（方差）	0.495（0.076）	0.456（0.074）	0.466（0.075）	0.442（0.077）
rPVI_C 均值（方差）	35.033（10.133）	50.118（15.005）	49.437（16.896）	46.440（14.058）
rPVI_V 均值（方差）	43.507（16.787）	62.402（26.648）	61.184（24.473）	59.871（24.576）
nPVI_C 均值（方差）	72.281（17.255）	74.301（16.350）	73.099（17.428）	68.961（15.095）
nPVI_V 均值（方差）	49.148（13.839）	51.033（15.928）	49.629（15.056）	49.258（15.382）
长句节奏指标统计（句子中元音数目＞12）				
发音人	美国本族语者	中国学习者水平 4	中国学习者水平 3	中国学习者水平 2
DeltaC 均值（方差）	0.035（0.011）	0.042（0.011）	0.045（0.013）	0.044（0.012）
DeltaV 均值（方差）	0.064（0.015）	0.076（0.017）	0.081（0.020）	0.079（0.017）
VarcoC 均值（方差）	69.930（25.388）	61.638（18.307）	64.325（22.045）	62.719（20.214）
VarcoV 均值（方差）	68.309（10.706）	65.619（9.950）	66.369（11.042）	65.740（10.621）
percentV 均值（方差）	0.489（0.055）	0.442（0.045）	0.421（0.061）	0.400（0.060）
rPVI_C 均值（方差）	33.480（7.231）	48.345（10.514）	49.182（11.417）	49.284（11.542）
rPVI_V 均值（方差）	49.276（13.757）	69.880（16.638）	68.919（19.562）	65.914（16.960）
nPVI_C 均值（方差）	68.381（11.560）	74.728（13.394）	72.848（13.452）	71.435（13.024）
nPVI_V 均值（方差）	51.562（10.254）	59.270（12.224）	56.246（12.713）	54.114（11.424）

其次，对于三个水平等级的中国学习者而言，基本上所有的指标在数值分布上与美国本族语者都具有明显差异。比如 DeltaC 和 DeltaV 都相对偏高，而 VarcoC 和 VarcoV 相对偏低或者差不多，这说明中国学习者在句内的音节时长变化较大，而语速都偏低，因而规范化后的 VarcoC 和 VarcoV 相对美国本族语者的反而偏低或者差不多。美国本族语者的 percentV 普遍高于中国学习者的，这说明美国本族语者会把元音发得更加充

分。而成对比较指标如学习者的 rPVI_V、nPVI_V 和 rPVI_C、nPVI_C 都普遍高于美国本族语者，这说明相连音节的时长变化，中国学习者的要比美国本族语者的大。

最后，这些指标在美国本族语者和中国学习者之间、不同习得水平的中国学习者之间的区分能力如何？我们将在下面作进一步具体研究。

以不同的节奏指标为参考坐标，分别得到中国学习者与美国本族语者的分布示意图。如图 5–23 和图 5–24 所示，不同习得水平以及不同句子长度类型的节奏参数变化情况。进一步根据上面计算得到的主成分 C1、C2 和 C3 为参考，做出不同类别说话人的在三维空间的相对位置关系示意图，如图 5–25 和图 5–26 所示。图 5–25 展示所有人的相对位置，图 5–26展示按照英语习得水平把说话人分类后的相对位置关系，这两个图显示，如果单纯从节奏指标的相对位置看，依据节奏指标的说话人分布，可以很好区分学习者和本族语者，但并不与学习者英语口语主观评测水平一致，如水平 3 更接近美国本族语者。这说明，这些可计算的节奏指标并不能直接反映出主观评测。

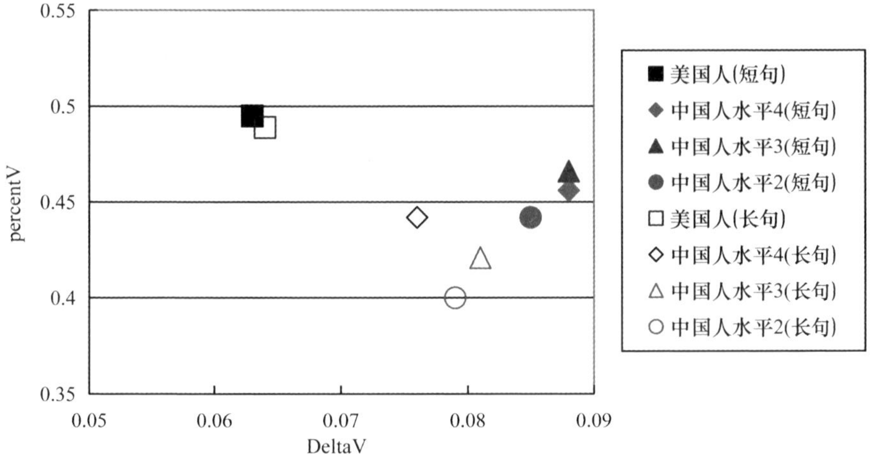

图 5–23　以 DeltaV 和 percentV 为参照的美国本族语者与中国学习者的节奏指标分布示意图

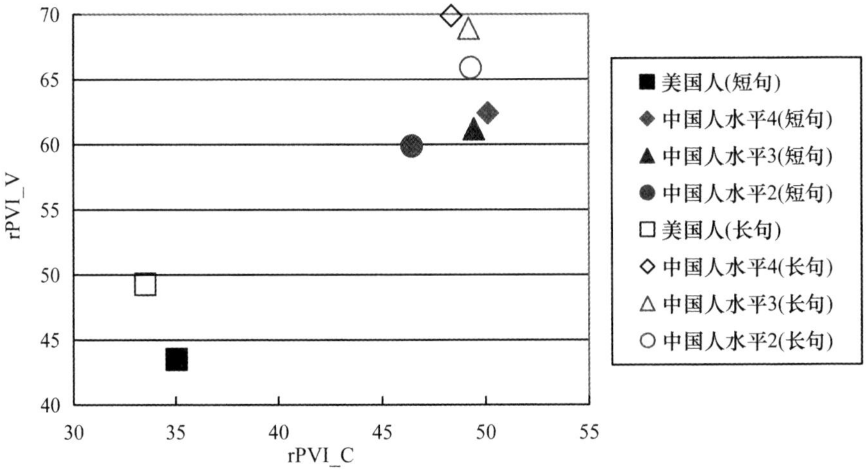

图 5-24 以 rPVI_C 和 rPVI_V 为参照的美国本族语者与中国学习者的节奏指标分布示意图

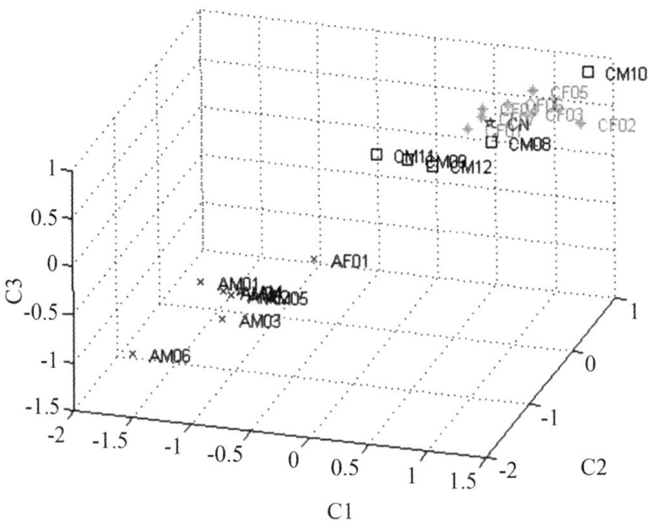

图 5-25 以三个主成分分量为参照的不同说话人的节奏指标分布示意图

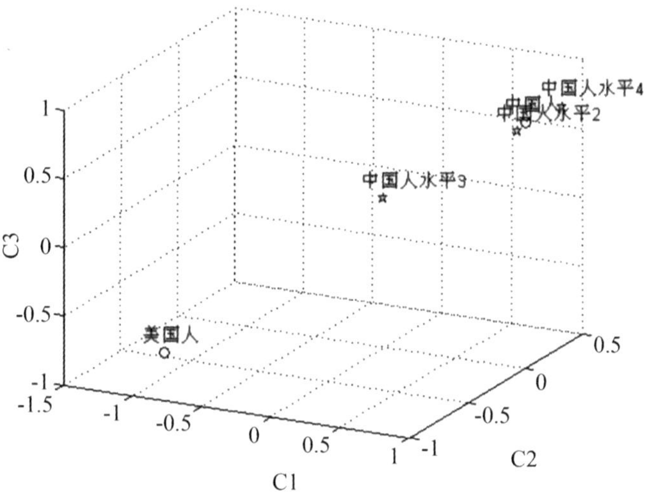

图 5-26　以三个主成分分量为参照的不同水平学习者的节奏指标分布示意图

（2）节奏指标的线性区分能力

为了进一步研究这些节奏指标对于不同类型说话人的节奏区分能力，我们进一步采用 Fisher 判别分析方法，对所有变量作区分度分析。

判别分析是一种根据观测变量判断研究样本如何分类的多变量统计方法，判别分析的方法中较常使用的有 Bayes 判别和 Fisher 判别。Fisher 判别是依据方差分析原理建立起来的一种判别分析方法，借用了一元方差分析的思想，即依据组间均方差与组内均方差之比最大的原则来进行判别。

在这里我们对 4 个类别的说话人，即 2（英语水平主观评测为 2 级的中国人）、3（英语水平主观评测为 3 级的中国人）、4（英语水平主观评测为 4 级的中国人）、5（美国本族语者）分别建立各个类别的线性判别函数 Fuction2、Fuction3、Fuction4 和 Fuction5。表 5-14 中的每一列是 4 个线性判别函数在不同指标上的线性系数。

表 5-14　　　　各分类判别函数系数表

指标	各类别判别函数系数			
	2	3	4	5
deltaC	0. 429	0. 481	0. 679	-0. 928
deltaV	0. 747	1. 087	0. 638	-1. 448
VarcoC	-0. 059	-0. 551	-0. 906	0. 888
VarcoV	-0. 648	-0. 813	-0. 381	1. 079
percentV	-0. 864	-0. 33	-0. 037	0. 718
rPVI_C	0. 308	0. 171	0. 103	-0. 34
nPVI_C	-0. 237	0. 013	0. 114	0. 063
nPVI_V	-0. 183	-0. 024	0. 172	0. 02

利用上述判别函数，我们可以得到对各类说话人数据的集内分类结果，见表 5-15。

表 5-15　　　　各类别线性判别分类结果统计

		判别结果				总数
	类别	2	3	4	5	
原始类别	2	386	94	166	78	724
	3	248	174	223	94	739
	4	158	165	329	74	726
	5	76	6	65	1101	1248
混淆率%	2	53. 3	13	22. 9	10. 8	100%
	3	33. 6	23. 5	30. 2	12. 7	100%
	4	21. 8	22. 7	45. 3	10. 2	100%
	5	6. 1	0. 5	5. 2	88. 2	100%

从上述线性判别结果可以看出，依靠本节提出的 9 类节奏指标，可以有效地线性区分美国本族语者和中国学习者，集内测试准确率达到 88%。但在不同习得水平的差别方面，这些节奏指标的线性区分能力是有限的，很难有效地区分开。

（三）小结

综合本小节的研究结果，我们有如下发现：

1）可计算节奏指标的提出，使得我们可以用量化的方法来研究语音的节奏特点，综合几类节奏的计算指标，我们可以归纳出 4 个主要的指标成分分量。

2）不论是美国英语本族语者还是中国学习者，长句和短句的节奏指标基本上都存在较大差别，这说明句子长度对于节奏的影响也是比较重要的，这和以往的研究结果（大多是设计少量的语句进行分析节奏指标）有所不同。在大规模语料条件下，我们可以认为可计算的节奏指标的数值在一定程度上受到句子长短的影响，其分布具有一定的区域性。

3）进一步利用可计算的节奏指标，发现中国学习者和美国英语本族语者在节奏指标的分布上具有明显的差异，不同习得水平的中国学习者在某些节奏指标上略有差异。比如，DeltaC 和 DeltaV 都相对偏高，而 VarcoC 和 VarcoV 相对偏低或者差不多，这说明学习者在句内的音节时长变化稍大，但是正如前面统计得到的他们的语速都偏低，因而规范化后的 VarcoC 和 VarcoV 相对美国本族语者的反而偏低或者差不多。美国本族语者的 percentV 普遍高于中国学习者的，这说明美国本族语者会更多地把元音发得比较充分。而成对比较指标，如 rPVI_V、nPVI_V 和 rPVI_C、nPVI_C，中国学习者都普遍高于美国本族语者，这说明相连音节的时长变化，中国学习者要比美国本族语者变化大。

4）应用线性区分度模型可以看出，这些节奏指标对于区分美国本族语者和学习者具有较好的线性区分特性，而对于区分不同习得水平学习者的能力则不足，因此需要作更深一步的研究对此进行探讨。

第三节　东北方言区学习者的节奏产出研究

一　长春、沈阳、哈尔滨和大连四地英语学习者与英语本族语者朗读语句节奏特征的对比研究

本节将中国东北地区长春、沈阳、哈尔滨和大连四个城市的英语学习者的朗读节奏特征与美国英语本族语者进行对比。

（一）语料

从 AESOP-CASS 东北地区的四个城市长春、沈阳、哈尔滨和大连的语音库中选取共 12 名说话人，每个城市各取 3 名，并以 12 名美国本族语者为对照组。以两组发音人朗读的 7 个句子为研究语料，见表 5-16。句子的类型包括陈述句、疑问句、祈使句和比较句，既有简单句也有复合句，既有长句也有短句。

表 5-16 朗读语料

句子编号	内容
S1	Bright sunshine shimmers on the ocean.
S2	Nothing is as offensive as innocence.
S3	A good attitude is unbearable.
S4	Check it out.
S5	I should go.
S6	Could you correct the answer sheets?
S7	You were informed of the fact on what day?

（二）语速

通过计算每秒产出的音节个数对比东北地区英语学习者与美国本族语者的语速。如图 5-27 所示，美国本族语者的平均语速在 4.6 音节/秒

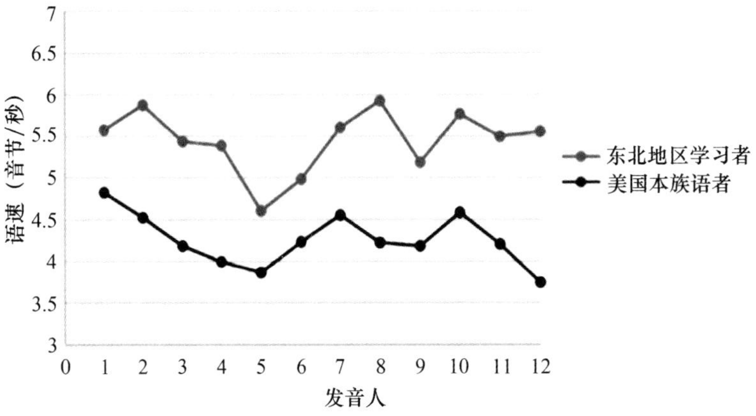

图 5-27 美国本族语者与东北方言区学习者的语速对比

到5.92音节/秒，学习者的平均语速范围则是3.74音节/秒到4.82音节/秒。中国东北地区英语学习者的语速低于美国本族语者，这是没有掌握语句节奏的表现。

（三）韵律结构

通过停顿特征考察东北地区英语学习者与美国本族语者在韵律短语切分上的节奏差异，结果见表5-17。这里将停顿标记为静音（silence）和中止（stop）两类。前者指单词之间的停顿，用于切分句子中的意群，与节奏相对应；后者指单词内部的停顿，受说话人的呼吸、迟疑和不熟悉等因素的影响而发生。

表5-17　　东北地区英语学习者与美国本族语者的停顿对比

停顿类型	发音人	总频次	总时长	平均时长
静音（Silence）	美国本族语者	12	1374 ms	114.5 ms
	东北地区学习者	57	10290 ms	180.53 ms
中止（Stop）	美国本族语者	2	221 ms	110.5 ms
	东北地区学习者	13	1506 ms	115.85 ms

与美国本族语者相比，东北英语学习者的词内停顿和词间停顿个数过多，致使产出的英语不如美国本族语者流畅。而且一些学习者几乎在每个单词之后都会停顿，听起来像一词一顿，词之间的间隔也大致相等。显然，他们忽视了英语节奏的特点，分离了意群，导致不当使用和过度使用停顿，不仅破坏了英语的节奏，而且还破坏了整个意群的语义一致性和连贯性。

（四）重音模式

东北地区英语学习者与美国本族语者音高重音模式，在第四章已经有一些比对分析，表5-18再次显示，东北地区英语学习者的音高重音频率远高于美国本族语者。

在英语中，重音通常落在承载重要信息的实词上，学习者重音与非重音凸显的对比不如本族语者那样明显，甚至将一些功能词，如介词和冠词也被视为凸显。学习者重音位置的错误放置，不仅扰乱了整个语流的节奏模式，甚至可能阻碍沟通。

表5-18 东北地区英语学习者与美国本族语者的音高重音个数分布对比

发音人		美国本族语者	东北地区学习者
重音个数		208	294
频率	重音（人均）	17.33	24.5
	每句中的重音（人均）	2.48	3.5
	重音比	31.5%	44.5%

（五）节奏指标

使用Ramus等（1999）的IM节奏测量模型和Dellwo（2003）的语速归一方法计算%V、ΔC、ΔV、VarcoV和VarcoC等指标，分析学习者和本族语者的节奏模式，以哈尔滨为例，结果如图5-28和图5-29所示。

通过分析比较，发现东北英语学习者的%V值远高于美国本族语者，而VarcoC值明显低于美国本族语者。因此，在以变量%V和VarcoC定位的节奏模式图中，美国本族语者集中在左上位置，而英语学习者则分散在右下方位置。从所选例句中，我们发现学习者区分英语中重读和非重读音节的意识很弱，产出的每个音节几乎强度均等。学习者几乎很少使用缩减非重读音节和延长重读音节的方法来实现英语的典型节奏模式。

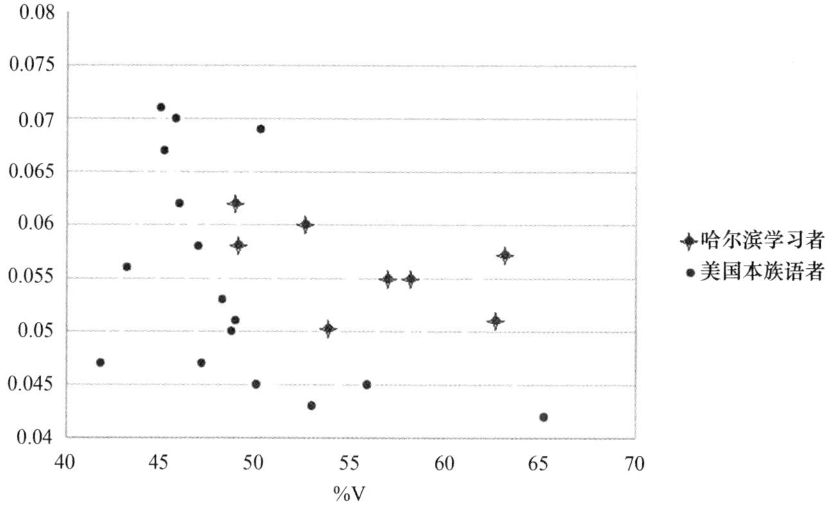

图5-28 哈尔滨学习者与美国本族语者基于%V与ΔV指标的节奏模式图

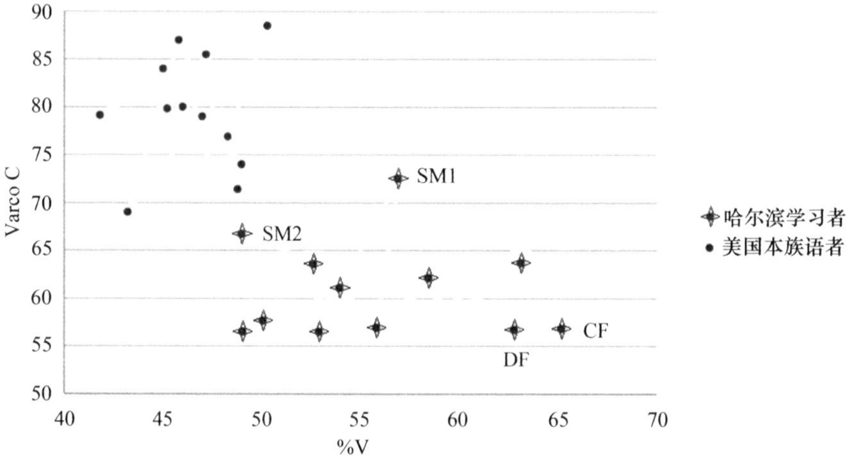

图 5-29　哈尔滨学习者与美国本族语者基于%V 与 Varco C 指标的节奏模式图

学习者重读和非重读音节之间的区别不如本族语者那样明显，而且元音和辅音都同样有完整饱满的发音。非重读音节缩减很少是因为他们在连续语流中很少应用英语的发音规则，如省音、连音或不完全爆破。

与此同时，美国本族语者的语速与 ΔC 显著相关，与 ΔV 不相关。相比之下，东北英语学习者的语速与 ΔV 和 ΔC 均不相关。总之，语速的巨大差异反映了学习者的英语流利程度较低，影响了英语节奏模式的完整性。

究其原因，中国东北英语学习者在朗读语句中产出的多重音偏误、不当和过度使用停顿以及低语速偏误，都反映出一些音节节拍的节奏特征，说明他们的英语节奏产出深受母语方言节奏特征的影响。

二　哈尔滨英语学习者与美国本族语者朗读语篇节奏特征的对比研究

在第五章第三节考察东北英语学习者在语句朗读中产出的节奏模式的基础上，本节进一步对哈尔滨英语学习者和美国本族语者在篇章朗读中产出的节奏模式进行对比研究，分别对说话人的韵律切分、核心重音位置、节奏时长以及语速等声学特征进行对比。

（一）语料

从 AESOP-CASS 语料库中选取 10 名美国本族语者和 10 名哈尔滨地区英语学习者，以两组说话人的朗读语篇《北风与太阳》为研究语料，全文共 105 个单词。相对于句子而言，篇章长度较长，有利于节奏特征的分析。

（二）语速

如图 5-30 所示，哈尔滨英语学习者的语篇语速低于美国本族语者。美国本族语者的平均语速范围是 3.3 音节/秒到 4.3 音节/秒，而哈尔滨学习者的平均语速范围是 2.2 音节/秒到 3.8 音节/秒。

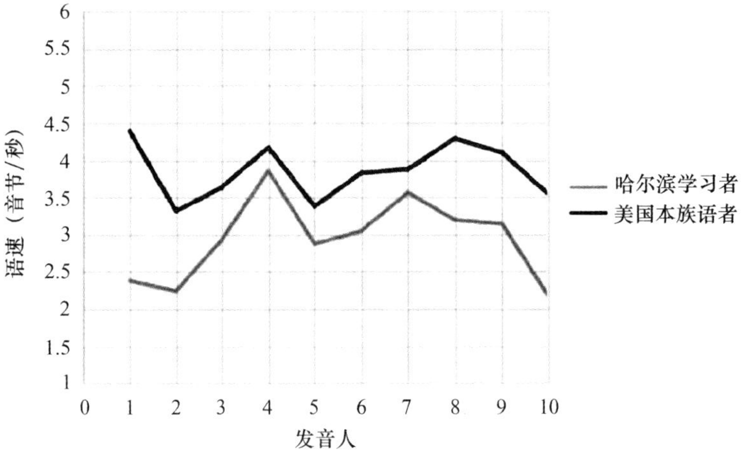

图 5-30 哈尔滨学习者与美国本族语者的语篇语速对比

哈尔滨学习者在朗读语篇时语速较低的原因可能有如下两个：①哈尔滨学习者对于单词不熟悉或者紧张，语流中出现了更多的停顿，导致语速提不上来；②哈尔滨英语学习者并未完全掌握英语的发音规则，如连读，因此常常会分开朗读每个单词。

（三）节奏指标

通过分析%V 与 ΔV、%V 和 VarcoC、nPVI_V 和 rPVI_C 三组节奏指标的相关关系，对比哈尔滨学习者在节奏时长参数上与美国本族语者的差异，结果如图 5-31、图 5-32 和图 5-33 所示。

通过分析语料，我们发现：①哈尔滨学习者的%V 的数值范围明显大于美国本族语者，尽管他们的% V 的平均数值与美国本族语者相似。②哈尔滨学习者和美国本族语者的 VarcoC 值存在差异，推测原因可能为学习者在产出辅音时不熟悉发音规则，如不完全爆破的使用。这种现象很可能是受母语迁移的影响而产生的，汉语中没有像英语一样复杂的辅音群，因此哈尔滨学习者很难掌握辅音群的发音规则，导致他们在辅音群的产出上出现节奏偏误。③nPVI_V 值可以很好地区分两类发音人的节奏模式。哈尔滨学习者的 nPVI_V 低于英语本族语者，即相邻单元中元音间隔时长变化相对本族语者较小，这个结果与普通话背景学习者相反。

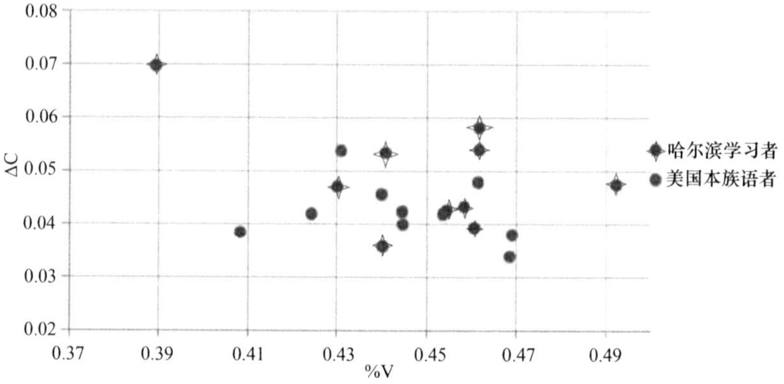

图 5-31　哈尔滨学习者与美国本族语者的% V 与 ΔV 指标对比

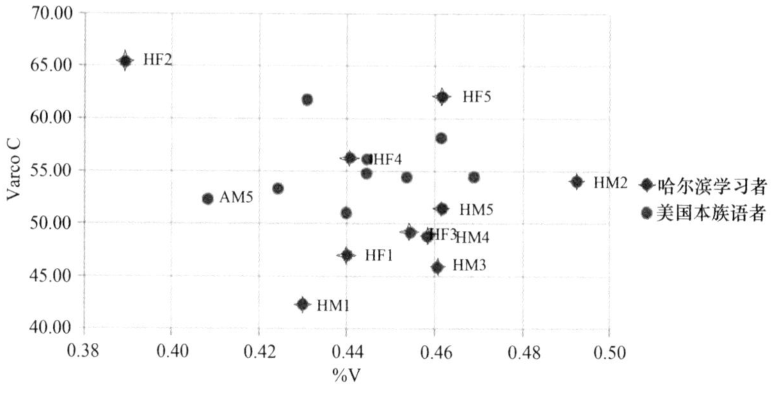

图 5-32　哈尔滨学习者与美国本族语者的% V 和 VarcoC 指标对比

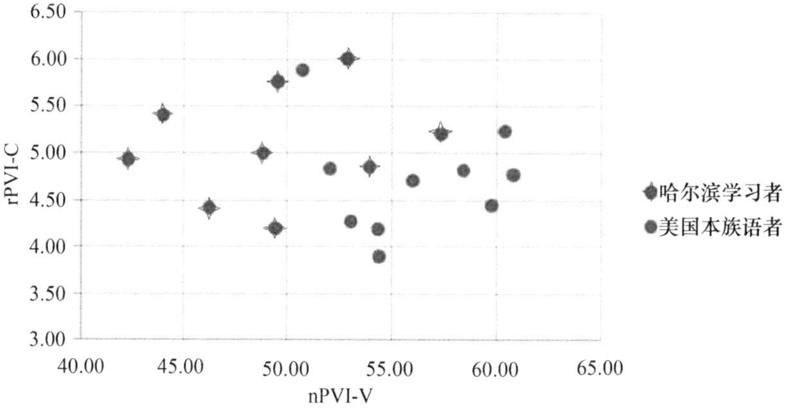

图 5-33 哈尔滨学习者与美国本族语者的 nPVI_V 和 rPVI_C 指标对比

第四节 杭州方言区学习者的节奏产出研究

杭州话和普通话一样，音节结构较为简单，每个音节都有独立的声调，没有音系层面的词重音。从节奏类型上来说，两者均属于音节型节奏语言，但节奏特点又不完全相同。普通话在语流中存在韵律词重音70%左右是左重型，上上变调为右控型。杭州话的单元音多于复合元音，音系中有入声韵，比舒声韵短促，而且语流中的韵律词变调类似上海话的广用式，即由首字调扩展到后面音节上。可见如果说世界的语言是分布在一个从重音型节奏向音节型节奏转变的连续体上，那么即便同属于音节型节奏的语言，其内部也可能存在一定的差异。

一 语料

从 AESOP-CASS 语料库中选取 20 名杭州方言区的英语学习者（10 男 10 女）和 20 名（10 男 10 女）英语本族语者。其中，杭州英语学习者为来自大学本科、硕士和博士研究生，文科 11 人，理工科 9 人。由中国籍、英国籍英语教师各 4 位依据英语朗读口语水平打分，根据评分结果分为高分组（3 人，分级为 1）、中级组（9 人，分级为 2）和低分组（8 人，分级为 3）。

研究语料采用杭州学习者产出的杭州话、带方言口音的英语朗读语料和英语本族语者产出的英语朗读语料。所选朗读文本是故事《北风与太阳》的英语版、普通话版及其符合杭州方言口语特点的方言版本。一共得到学习者 20 人 ×3（个版本语篇）=60 个语篇，加上本族语者的 20 个语篇，用于研究的语篇共有 80 个。对所有语篇进行音段标注，并进行辅音和元音 C、V 分段标注。

二　语速

杭州英语学习者在英语、普通话和杭州话朗读语篇中的语速对比见表 5-19。学习者在三种语言中朗读每个音节的平均时长相差不大，其中杭州话的平均语速最快，普通话次之，英语最慢。

表 5-19　　20 位学习者的平行语料基本信息

	英语	普通话	杭州话
音节总数	144	177	213
平均时长（秒）	51	48	47
平均语速（音节/秒）	2.82	3.69	4.53

与英语本族语者对比，杭州英语学习者产出朗读语篇的平均语速为 2—4 音节/秒，低于本族语者普遍大于 5 音节/秒的平均语速，单因素方差分析证明该差异具有显著性（$p<0.01$），如图 5-34 所示。此外，通过对比高分组、中级组和低分组三组学习者，可以得出语速与说话人的朗

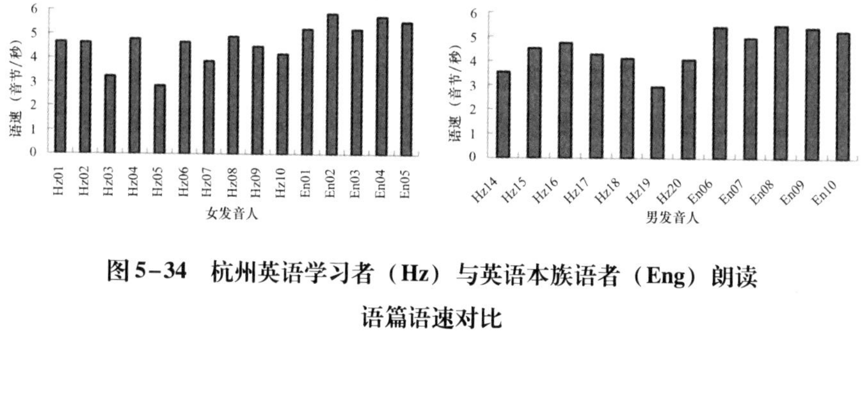

图 5-34　杭州英语学习者（Hz）与英语本族语者（Eng）朗读语篇语速对比

读口语水平具有显著的正相关关系，相关系数为 0.575（$P<0.01$），也就是说发音人的语速越快，其英语朗读水平相对就越好，当然从相关系数看，这种相关性也不算很高。

三 韵律结构

（一）韵律单元数目及长度

根据 ToBI 标注结果，首先分析杭州英语学习者与英语本族语者朗读语篇中各层级韵律单元总数，如图 5-35 所示。可以看出，学习者与英语本族者对于切分较大的韵律单元，如语句单元及语调短语，差异并不显著，但是随着韵律结构的细化，其差异则越来越大。例如，学习者切分的韵律短语及韵律词数量上明显多于英语本族语者，这体现了学习者与本族语者在这两种韵律单元切分上的不同。

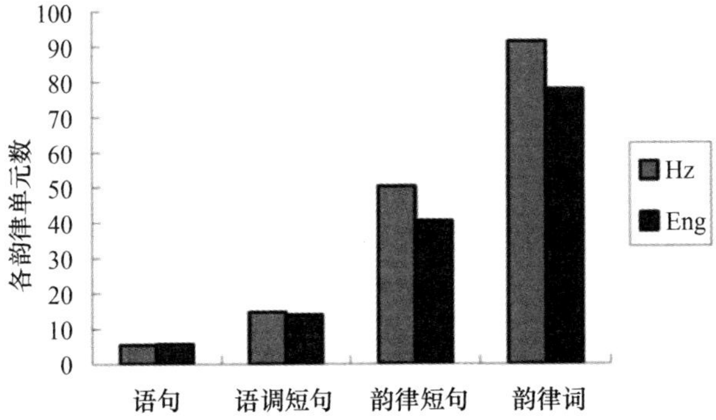

图 5-35 杭州英语学习者与英语本族语者的各级韵律单元的数目比较

更进一步考察，如图 5-36 所示，不同朗读水平的学习者之间，语句单元及语调短语总数相当，但是韵律短语及韵律词的总数存在差异，尤其是韵律词的总数差异较大，即随着学习者朗读水平的下降（1 级到 3 级），韵律短语及韵律词的总数不断递增。这说明习得水平的高低主要影响语调短语层级以下的韵律单元的切分。从性别的角度来看，男女发音人的韵律结构模式差异也主要表现在语调短语层级以下，相对而言，无论学习者还是英语本族语者，女发音人的韵律词总数均少于男发音人。这反映了男女之间的生理差异及朗读情感表达差异。

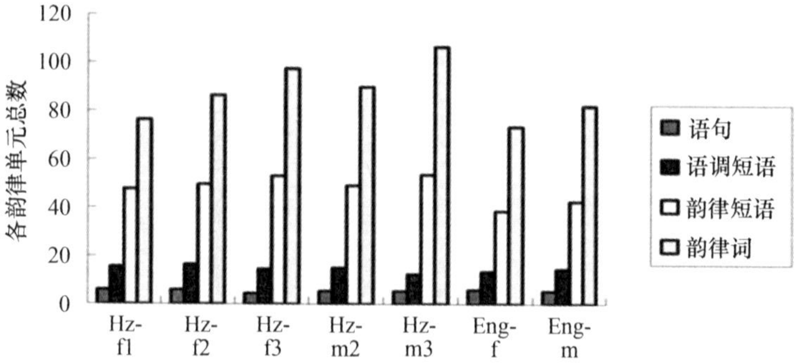

图5-36 不同性别（m，f）和英语水平（1~3）的杭州英语学习者与英语本族语者的各级韵律单元的数目比较

对上述结果做 ANOVA 单因素方差分析，有如下发现：①从各级韵律单元总数来看，学习者与本族语者之间的韵律短语总数［F（1，29）=30.208，$P<0.01$］及韵律词总数［F（1，29）=5.605，$P<0.05$］存在显著差异；②不同英语朗读水平的学习者之间，韵律短语总数［F（2，17）=19.221，$P<0.01$］及韵律词总数［F（2，17）=10.76，$P<0.01$］存在显著差异；③进一步作 Bonferroni 验后多重比较，发现高分组与低分组之间的上述韵律单元总数也存在较大差异（$P<0.01$）；各级韵律单元总数均不受性别因素影响（$P>0.05$）。对韵律单元总数与英语朗读水平作相关分析，发现韵律短语总数及韵律词总数与学习者英语朗读水平相关系数分别为 $R^2=0.852$，$R^2=0.763$，P 值均小于 0.01，即线性相关成立，英语朗读水平越低，韵律短语及韵律词数越多。

然后分析杭州英语学习者（Hz）与英语本族语者（Eng）朗读语篇中各级韵律单元长度的差异，用各级韵律单元所包含的音节数来计算，如图 5-37 所示。在语句及语调短语层面，两者所包含的音节数基本持平，即学习者的语句及语调短语的大小基本与英语本族语者相当；但是在韵律短语及韵律词层面，学习者的韵律短语及韵律词都较英语本族语者的短，包含的音节数较少。

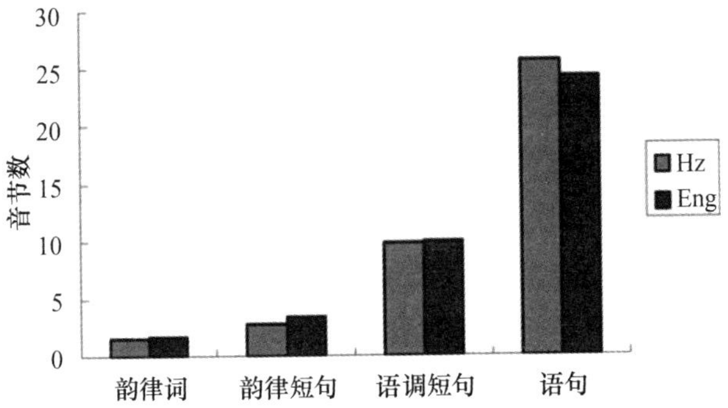

图 5-37 杭州英语学习者与英语本族语者的各级韵律单元的长度比较

进一步考察不同性别、不同英语朗读水平的杭州学习者之间各级韵律单元的长度的差异，结果如图 5-38 所示，不同朗读水平的学习者之间，在韵律短语及韵律词层面体现不出大小差异，但是到了语调短语层级以上，随着学习者朗读水平的下降，语调短语及语句所包含的音节数不断递减。从性别的角度来看，男女发音人的韵律结构模式差异也主要表现在语调短语层级以上，女发音人的语调短语及语句包含的音节数都较男发音人的少。

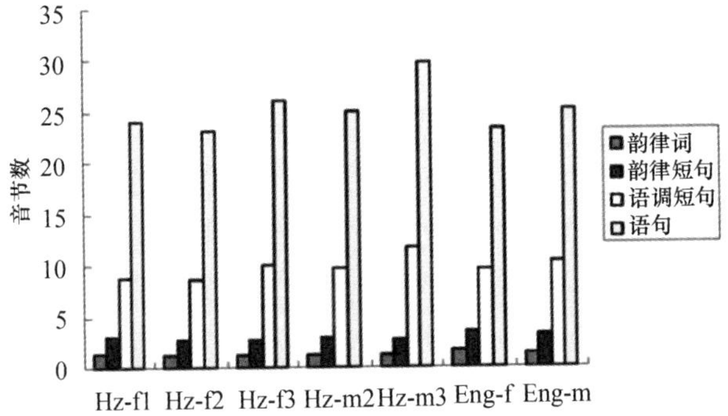

图 5-38 不同性别（m，f）和英语水平（1～3）的杭州英语学习者与英语本族语者的各级韵律单元的长度比较

对上述结果做 ANOVA 单因素方差分析，发现从各级韵律单元的大小来看，学习者与英语本族语者之间的韵律短语［$F(1, 29) = 25.131$，$P < 0.01$］及韵律词［$F(1, 29) = 12.821$，$P < 0.01$］存在显著差异。对韵律单元大小与英语朗读水平作相关分析，发现语调短语及语句大小与学习者英语朗读水平之间的相关性不具有统计意义。

（二）韵律边界位置

杭州英语学习者与英语本族语者朗读语篇中各级韵律边界位置的相似率统计见表5-20。从统计结果来看，首先，学习者组内的边界一致性没有本族语者高，这可能跟习得水平相关。其次，学习者之间语句边界与语调短语边界的一致性高于韵律词及韵律短语边界，而本族语者之间韵律短语边界的一致性低于其他韵律边界。这说明大部分学习者依赖停顿信息划分韵律边界，对于那些有明显较长停顿征兆的较大韵律单元，如语调短语及语句边界的划分，一致性就较高；而韵律短语及韵律词边界处停顿较短，有时甚至无明显停顿，完全依赖于学习者对语篇意义的理解及习得水平的高低，其划分的一致性就较低。最后，相对而言，女性学习者中的边界一致性较高，而男性学习者中则较低。

表5-20　杭州英语学习者与英语本族语者各级韵律边界位置的相似率（%）

发音人	性别	韵律词边界	韵律短语边界	语调短语边界	语句边界
杭州英语学习者	女	51.3	52.5	71.9	86
	男	46.8	44.5	69.7	89.68
英语本族语者	女	72.9	70.8	71.4	98.3
	男	64.5	63.3	66.7	92

进一步考察不同英语朗读水平与韵律边界划分的关系，结果见表5-21。首先，杭州学习者与英语本族语者之间的韵律边界位置相似率随着韵律单元的减小而减小；在杭州学习者内部，随着朗读水平的下降，韵律边界位置相似率越来越低。可见，杭州学习者对于较高韵律层级的边界确认不存在困难，基本能与英语本族语者保持一致，如语句边界位置的相似率能达到70%以上，而在较低韵律层级的边界切分上却存在较大困难，尤其是在韵律词的切分上，与本族语者的边界位置的相似率基本只有20%左右。事实上，韵律词的切分有赖于音步层的组合规律，而

Cummins 和 Port（1998）曾指出以音节计时的语言中，其节奏层级中缺少了音步这个层级，因此中国英语学习者难以像英语本族语者那样有效地组合韵律词，导致其边界与英语本族语者的边界位置的相似率较低。另外，从不同性别学习者习得的情况来看，女生的习得情况优于男生，其韵律各边界的相似率均高于男生。

表 5-21　不同英语水平的杭州英语学习者与英语本族语者各级韵律边界位置的相似率（%）

发音人	性别	朗读水平	韵律词边界	韵律短语边界	语调短语边界	语句边界
杭州英语学习者	女	1	28.1	40.3	58.5	85.7
		2	25.9	38.9	56.9	78.5
		3	18.4	29.0	36.1	71.4
	男	2	24.1	38.0	54.0	83.3
		3	13.6	23.5	41.1	78.7

（三）韵律短语切分的时域特征

与第五章第二节中的研究方法相同，我们主要通过考察无声停顿和短语末尾时长延长对比杭州英语学习者与英语本族语者朗读语篇中的节奏差异。

杭州英语学习者与英语本族语者的各类无声停顿时长的差异如图 5-39所示。与英语本族语者相比，学习者中 3 级（韵律短语）、4 级边界（语调短语）处的无声停顿相对较短，而 3 级边界内的无声停顿则相对较长。这说明在语调短语层级以下，学习者无法很好地设定停顿的时间长度，在切分较小韵律单元时较为犹豫，所用的停顿时间较长。

不同性别和英语水平的学习者与英语本族语者之间的各类无声停顿时长如图 5-40 所示。整体来看，随着学习者朗读水平的下降，各类无声停顿时长也随之延长。相对而言，这种规律在女性学习者中更为明显，在男性学习者中则表现得不如女性那么规则。低水平学习者在 4 级边界处的无声停顿反而比中级水平的学习者短很多，这很有可能是因为低级水平的学习者在边界处没有给予足够的无声停顿，而使用了末尾延长的手段，同时缩短边界处的无声停顿时长。

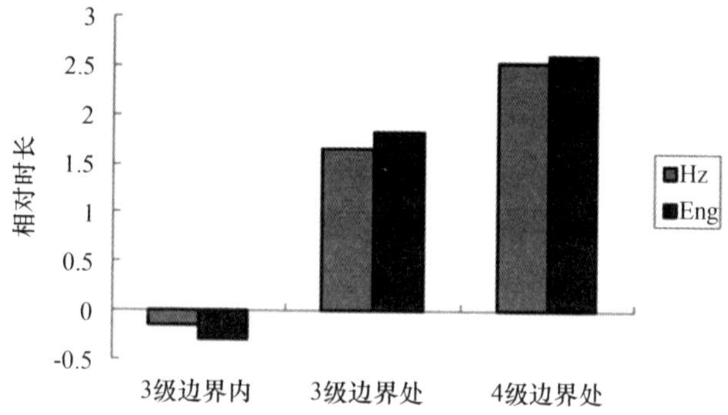

图 5-39　杭州英语学习者与英语本族语者的各类无声停顿时长比较

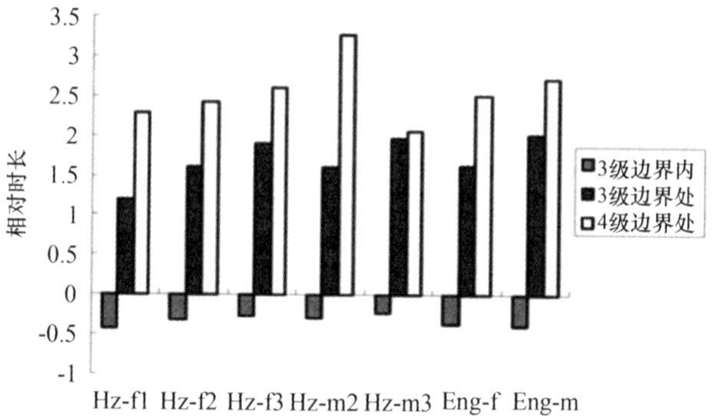

图 5-40　不同性别（m，f）和英语水平（1～3）的杭州英语学习者与英语本族语者的无声停顿时长比较

对比杭州英语学习者和本族语者短语边界延长的模式，如图 5-41 所示，学习者的韵律短语层级的末尾单元（即韵律词）和语句层级的末尾单元（即语调短语）均存在延长效应，即末尾单元的时长均大于该单元的平均时长；而语调短语层级的末尾单元（即韵律短语）及语篇层级的末尾单元（即语句）均不存在延长效应。英语本族语者的短语边界延长效应表现出随韵律层级提高而减小的趋势，即在韵律词和韵律短语中存在较强的延长效应，语调短语和语句中的延长效应则较弱。英语本族语者短语边界延长效应和停顿现象体现出了一种补偿关系——延长效应显著之处，停顿小；停顿显著处，延长效应小。而学习者则不存在这样系统的补偿效应。

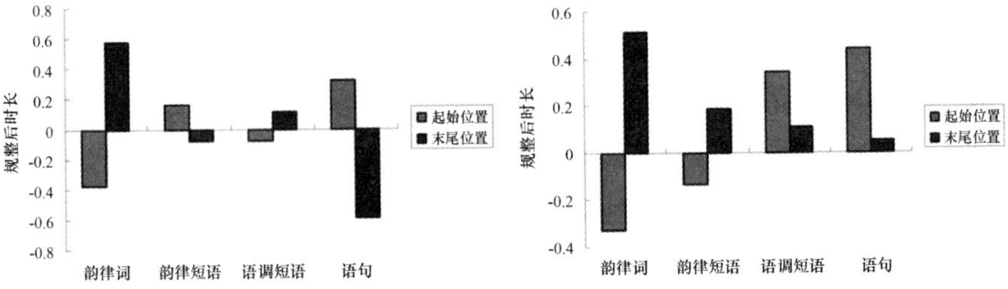

图5-41 杭州英语学习者（左）与英语本族语者（右）各级短语边界的延长比较

四 节奏指标

（一）杭州英语学习者朗读语篇节奏指标的跨语言分析

我们对杭州英语学习者朗读语篇节奏指标的分析除了从声学测量角度量化普通话、杭州话及英语的节奏差异，还会重点将普通话、杭州话与其他同属于音节型节奏语言（如意大利语、法语等）做比较，以期全面了解普通话与杭州话的节奏特点。普通话、杭州话及英语的节奏指标数据都为本研究自行测量所得，其他语言的数据则主要参照 BonnTempo 语料库中相同语篇《北风跟太阳》的节奏数据。

跨语言地考察杭州话（Hz）、普通话（Man）与英语等其他多种语言的各种节奏指标，结果如图 5-42 所示。

无论是%V 和 ΔC，还是语速归一化后的 VarcoC 和%V，都可以很好地区分音节型与重音型节奏语言，但是前者的区分度较后者的清晰，并能构成一个由重音型节奏语言向音节型节奏语言转变的连续统。杭州话与普通话均落在音节型节奏语言区，与法语、西班牙语及意大利语同属一类；而英语落在重音型节奏语言区，与德语及荷兰语同属一类。与其他同类语言相比，杭州话与普通话的音节型节奏特点最强，而英语的重音型节奏特点在同类语言中也是最强的。可以说这三种语言分别位于节奏类型的两极，差异较大，因而对于英语学习者而言节奏习得将会是一个难点。从某种程度上说，杭州地区的学习者在习得英语节奏时会因为受到母语方言及普通话的双重影响，从而较难习得重音型节奏的特点。其次，图 5-42 中普通话与杭州话的%V 值较高而 ΔC 值却较低，这主要是由于普通话与杭州话音节内部的元辅音交替中，元音占据主导地位，辅音地位较弱，加上没有音系学意义上的词重音，导致音节在听感上轻重对比不明显。英语的情况正好相反，%V 值最低而 ΔC 值却最高，说明英语中存在长短元音的对立，音节弱化现象丰富，且音节结构复杂，在音节内部的元辅音交替中，辅音占据主导地位，且辅音的时长间隔变化较大，导致音节在听感上的轻重对比较大，表现出典型的重音型节奏特点。

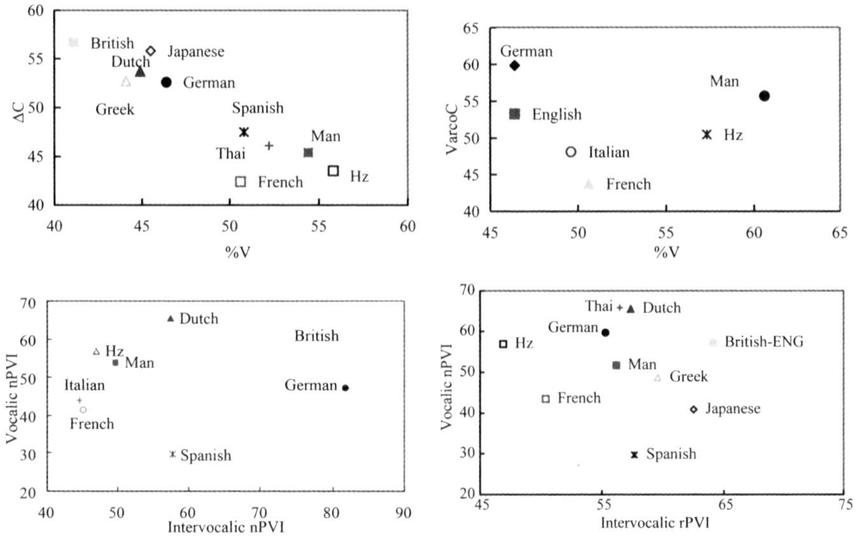

图 5-42　杭州话、杭州普通与其他不同语言的节奏指标对比

上述这些节奏差异在语速归一化后被弱化，我们从图 5-42 中可以看到普通话与杭州话的 VarcoC 值较其他音节型节奏语言高，且基本能达到重音型节奏语言英语的 VarcoC 值，这可能一方面跟本研究中的语料均为匀速朗读语篇有关；另一方面，对辅音间隔时长进行语速归一化的同时也弱化了语言内部本身存在的音位配列特点。

从 ΔV 和 VarcoV 这两个音段尺度来看，在所有语言中，杭州话与普通话的这两个音段尺度的值是最高的，甚至远远高出英语。这说明与其他音节型节奏语言不同，普通话及杭州话内部元音间隔时长的变化是很大的。我们知道，时长模式本身就会受到音段及超音段因素的影响，例如紧元音时长一般长于松元音，二合元音时长自然比单元音长。声调对时长也会产生影响，如普通话中上声最长。杭州话的音系中虽没有长短元音的对立，但是入声韵比舒声韵短促且声调主要附着在元音上，另外整个音系中单元音数目又远多于双元音，这些因素都会使得杭州话的 ΔV 和 VarcoV 值较高。而在普通话中，语篇中表现出的元音弱化、丢失，连读变调现象丰富，同样也会使得上述两个节奏指标值较高。

图 5-42 为各语言成对变异指标对比。nPVI 及辅音间隔时长 rPVI 也能很好地区分音节型节奏语言与重音型节奏语言。与 Ramus 等（1999）模型测量的结果一样，杭州话与普通话依然落在音节型节奏语言区，且两者的辅音间隔时长 rPVI 都偏低，而两者的元音间隔时长 nPVI 在所有音节型节奏语言中最高。这说明杭州话与普通话中辅音的复现规律性强，反映其较为简单的音节结构，而元音的复现规律性在普通话和杭州话中基本与重音型节奏语言（英语）类似，其变化比较丰富，这点与前人的研究有很大差异。

在重音型节奏语言中，荷兰语的元音间隔时长 nPVI 值最高，德语的辅音间隔时长 rPVI 值最高，英语的这两个成对变异指标均介于两者之间，说明元辅音的复现规律性都较弱，从而导致英语中音节的整体复现规律性较弱，属于典型的重音型节奏语言。

（二）杭州英语学习者与英语本族语者朗读语篇节奏指标的对比研究

杭州话是音节型节奏语言，英语是重音型节奏语言，两者属于不同的节奏类型。杭州话的%V 值最高而 ΔC 值却较低，而英语正好相反；杭州话的 ΔV 和 VarcoV 值高于英语；杭州话的辅音间隔时长 rPVI 较低，但元音间隔时长 nPVI 却与英语相当。考虑到普通话在该地区的普及程度，来自杭州地区的学习者在习得英语节奏时，多多少少也会受到普通话的影响。本节主要对比杭州方言区的中国英语学习者与英语本族语者之间的各种节奏指标，探究母语方言对英语节奏习得的影响以及这些节奏指标对于英语本族语者及中国学习者或者学习者之间不同习得水平的区分能力如何。

基于 Ramus 等（1999）的音段尺度（IM）测量法和成对变异指标

（PVI）分析，结果如图 5-43 至图 5-44 所示。

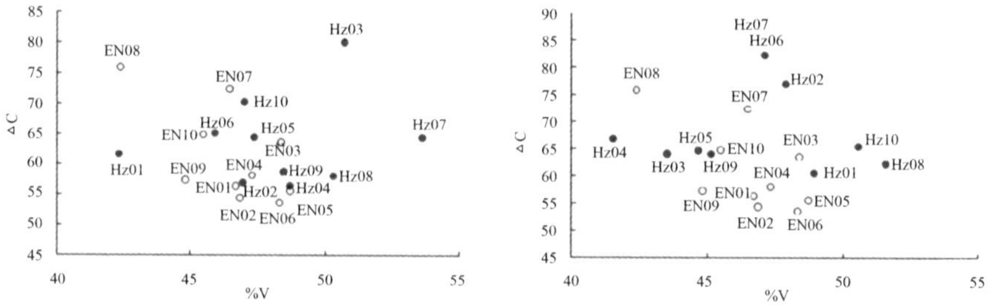

图 5-43　杭州英语学习者与本族语者的节奏指标%V 和 ΔC 对比

（左图为女性，右图为男性）

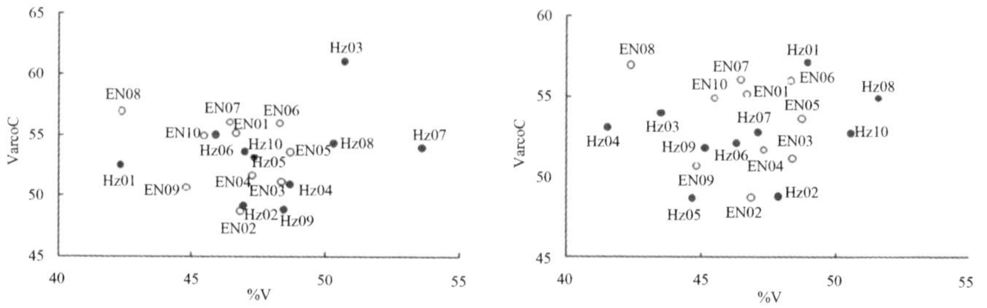

图 5-44　杭州英语学习者与本族语者的节奏指标%V 和 VarcoC 对比

（左图为女性，右图为男性）

就音段尺度（IM）指标而言，如图 5-39 所示，杭州英语学习者（Hz）的 ΔC 和% V 都普遍高于英语本族语者（Eng）。推测原因如下：其一，在杭州英语学习者的母语方言和普通话中，CV 的音节结构均占优势，因此说话人受到母语负迁移的影响；其二，说话人产出的停顿个数和末尾延长现象受到对目标语言及朗读语篇的熟悉程度的影响。对 ΔC 进行语速归一化后，如图 5-44 所示，大部分的中国学习者的辅音节奏指标 VarcoC 值还是略低于本族语者。此外，大部分女性学习者的上述几个 IM 指标与本族语者较为近似，且整体与本族语者重叠的区域较大；相对而言，男性学习者的节奏指标变化范围较大，与本族语者的重叠区域较少。反映出女性学习者的习得能力普遍较强，英语篇章朗读水平普遍高于男性学习者，这与整体的学习者英语朗读水平评测结果也相一致。

对比 ΔV 和 VarcoV，见表 5－22，一方面，中国学习者的 ΔV 值大致与英语本族语者相当；另一方面，消除语速的影响后，学习者的 VarcoV 普遍小于本族语者。也就是说，中国英语学习者在习得英语中的元音间隔时长时，不能像本族语者那样有效地将非重读元音的时长缩得很短，因此也就无法使得重读音节与非重读音节之间存在较大的时长差异，从而被感知为非本族语者口音。学习者中女性发音人的 ΔV 值及 VarcoV 值均大于男发音人，这反映出女生在习得英语中的元音间隔时长时强于男生，即对英语中的长短元音对立及元音的弱化掌握得较好，这一结果与之前的英语水平评测的结果也是一致的。

表 5－22　中国英语学习者与英语本族语者 ΔV 和 VarcoV 值的对比

节奏指标 / 发音人	英语本族语者		中国英语学习者	
	ΔV 值	VarcoV 值	ΔV 值	VarcoV 值
女发音人平均值	61. 434	58. 66496	58. 996	52. 40111
男发音人平均值	55. 217	52. 96004	57. 858	49. 53533
总平均值	58. 3255	55. 8125	58. 427	50. 96822

对照第五章第四节对杭州学习者母语方言及普通话的研究结果，无论是杭州话还是普通话，ΔV 和 VarcoV 这两个节奏指标的值都较高，甚至还高出了英语。然而学习者在习得英语时，并没有受到自身母语及普通话的影响，表现出较大的元音间隔时长变化，这可能有音段层的原因，也有超音段层的影响。

图 5－45 给出了杭州英语学习者（Hz）与英语本族语者（Eng）的成对变异（PVI）指标对比图。学习者中女生的分布大概集中在两个区域，其中一组发音人表现出较高的辅音间隔 rPVI 值，但其元音间隔 nPVI 值则与本族语者相当；另一组发音人则正好相反，辅音间隔 rPVI 值较低，而元音间隔 nPVI 值较高。从英语朗读水平的评测结果来看，前一组中的发音人英语朗读水平较高，而后一组中的发音人朗读水平较低（除 HZ05）。这在一定程度上说明，较高的辅音间隔 rPVI 值容易被感知为较好的英语朗读水平，也就是说如果学习者能够较好地习得英语中的复杂辅音组合，其习得水平就较高；反之，则习得效果较差。

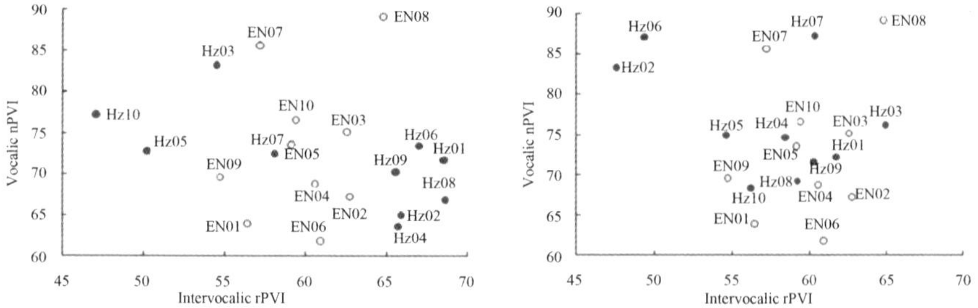

图 5-45　杭州英语学习者与英语本族语者的 PVI 指标（元音间隔 nPVI 和辅音间隔 rPVI）对比（左图为女性，右图为男性）

男性学习者的情况看起来与本族语者的重叠区域较大，但是仔细看会发现大部分学习者的辅音间隔 rPVI 值较低，而元音间隔 nPVI 值又相对较高。结果说明男性学习者对于英语中复杂的辅音组合习得并不是很好，插入弱化元音自然会使得局部的元音间隔变化较大，表现出较高的元音间隔 nPVI 值。根据实际的英语朗读水平听辨结果，男性学习者的朗读水平整体较低，这进一步说明辅音间隔 rPVI 与发音人水平之间可能存在一定的相关性。

对上述 7 个节奏指标与朗读水平之间进行皮尔逊相关性分析（Pearson correlation），发现 ΔC（$P = 0.022 < 0.05$）、VarcoV（$P = 0.000 < 0.01$）、rPVI（$P = 0.036 < 0.05$）以及 nPVI（$P = 0.000 < 0.01$）与学习者的朗读水平存在显著相关性。进一步对节奏指标与朗读水平做多元线性回归分析，发现只有 VarcoV（$R^2 = 0.573$）和 nPVI（$R^2 = 0.587$）两者与朗读水平之间存在线性回归关系，即这两者的值越高，英语的朗读水平越高；反之，则低。

（三）杭州英语学习者的母语方言对英语节奏习得的影响

杭州话与普通话都是音节型节奏语言，具有相似的节奏特点，与重音型节奏语言英语属于不同的节奏类型。按照 Flege（1995）的语音习得模型（SLM），在习得不同节奏类型的语言时长模式时，节奏的差异性与相似性是否也会与音段习得情况一样，即习得相似普通话更加不易习得（相似音素习得），直接通过等同分类，用母语节奏代替杭州普通话，而对于不同的节奏类型英语习得（陌生音素习得），却有更好的效果呢？

如图 5-46 所示，与母语是普通话的英语学习者（Man-eng）的节奏指标对比，杭州英语学习者的中介语（Hz-eng）更靠近目标语，即英国

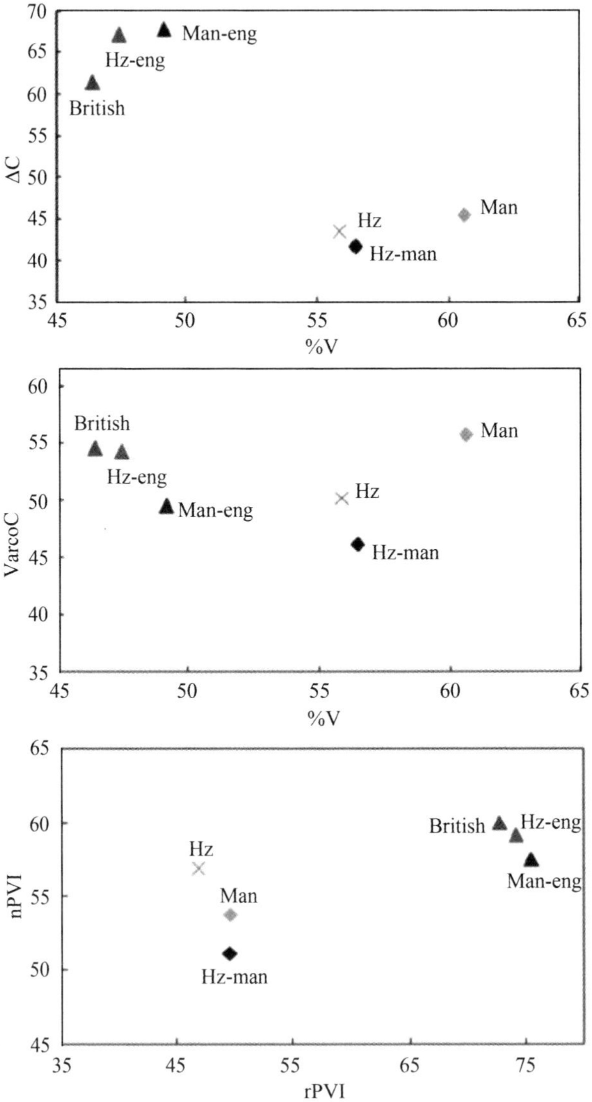

图 5-46　杭州学习者的杭州普通话（Hz-man）、杭州英语（Hz-eng）、杭州方言（Hz）与普通话（Man）和英国英语本族语者（British）之间的音段尺度指标%V 和 ΔC（上图）、%V 和 VarcoC（中图）、nPVI 和 rPVI（下图）对比

英语本族语者（British）。与普通话的节奏指标对比，他们的杭州普通话（Hz-man）更靠近杭州话（Hz）。因此，目标语节奏与母语方言节奏的相似性会对习得效果产生一定的负面影响，节奏相似会使得学习者的中介语更靠近母语。反之，如果目标语与母语的节奏特点相差较大，中介语则越靠近目标语，这种现象符合语音习得模型。

第五节　中国小学生英语口语的节奏模式

本节的研究对象从中国的成人学习者转向儿童学习者。中国有越来越多的儿童在小学期间开始学习英语，而以往的研究很少关注中国小学生英语口语的节奏模式。本节对中国小学生英语学习者和英语本族语者的口语语句产出进行韵律节奏评估，并分析二者在一系列节奏指标和停顿指标上的差异。

一　语料

语料来源于线上英语课程中英语本族语者的英语句子领读和中国小学生英语学习者的跟读，选取 273 个英语句子条目，共有由英语本族语者产出的 1000 个句子和小学生学习者产出的 5000 个句子。说话人由全国大学英语口语考试（CET-SET）的评分者对产出的句子进行韵律节奏评估，根据评分结果分组。所有语句在 Praat 中进行音段和韵律标注。

二　节奏指标

节奏指标的均值分析表明（见表 5－23），与停顿相关的节奏指标（%V、rateC、nS 和 sumS）呈现从本族语者（EnNa）到较高水平的学习者（EnHi）再到较低水平的学习者（EnLo）递增的趋势；与 VI 相关的节奏指标（ΔV、nPVI_V、VarcoV*100、rateV 和 rateCV）则呈现递减的趋势；而 EnNa 产出的与 CI 相关的节奏指标（ΔC、rPVI_C、VarcoC*100）低于 EnHi，高于 EnLo。此外，有 31 个句子出现 2—3 处增音，都由 EnLo 组的说话人产出；7 个句子出现 1 处较短的增音，都由 EnHi 组的说话人产出。

表 5-23　　不同组别说话人的节奏指标和停顿变量的均值

节奏指标	说话人分组		
	EnNa 本族语	EnHi 高水平学习者	EnLo 低水平学习者
%V	51	51.62	57.2
ΔC * 100	7.77	8.72	8.08
ΔV * 100	9.66	8.43	7.48
rPVI_C	9.19	9.5	9.29
nPVI_V	69.48	52.73	33.38
VarcoC * 100	48.93	55.9	54.92
VarcoV * 100	53.35	44.91	32.06
rateC	6.7	6.99	7.6
rateV	5.92	5.74	5.02
rateCV	6.18	6.17	5.88
nS	1.07	1.46	1.96
sumS (s)	0.16	0.25	0.48

节奏指标单因素方差分析的结果见表 5-24，很多节奏指标在差异的显著性上都呈现 EnNa-EnLo（高水平与低水平）到 EnHi-EnLo（本族语与低水平）再到 EnNa-EnHi（本族语与高水平）递减的趋势，而只有 nPVI_V和 VarcoV * 100 两个指标可以显著区分不同组别的学习者，如图 5-47所示。

表 5-24　　节奏指标和停顿变量的显著性水平（其中［—］=不具有显著性，［*］=$P<0.05$，［］=$P<0.01$，［***］=$P<0.001$）**

节奏指标	组间差异显著性		
	EnNa-EnHi（本族语与高水平）	EnNa-EnLo（本族语与低水平）	EnHi-EnLo（高水平与低水平）
%V	—	***	***
ΔC * 100	—	—	—
ΔV * 100	—	***	—
rPVI_C	—	—	—
nPVI_V	***	***	***

续表

节奏指标	组间差异显著性		
	EnNa-EnHi（本族语与高水平）	EnNa-EnLo（本族语与低水平）	EnHi-EnLo（高水平与低水平）
VarcoC * 100	*	*	—
VarcoV * 100	***	***	***
rateC	—	*	—
rateV	—	***	***
rateCV	—	—	—
nS	—	***	*
sumS（s）	—	***	***

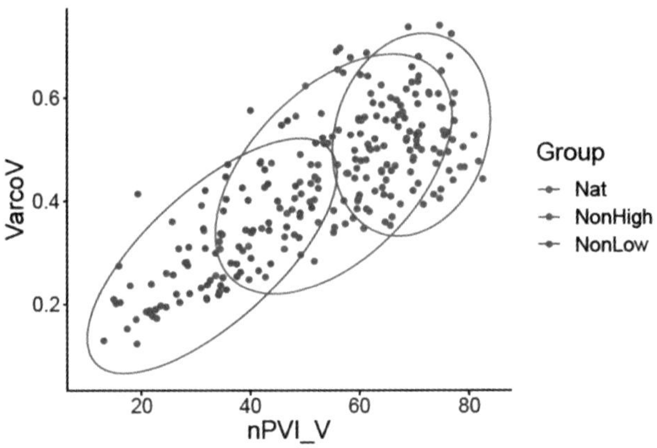

图 5-47　三组说话人（Nat：本族语、nonHigh：高水平、NonLow：低水平）nPVI_V 与 VarcoV 散点图

对在单因素方差分析中具有显著性的节奏指标进行双因素逻辑回归分析，比较 EnHi-EnLo、EnNa-EnHi 两组内部的差异，结果见表 5-25。与 EnHi 相比，EnLo 的%V 和 SumS（s）较高，nPVI_V 较低；与 EnNa 相比，EnHi 具有较高的 VarcoC 和较低的 nPVI_V。可知%V 和 sumS 虽然可以区分较高水平与较低水平的学习者，却不能区分 EnHi 与 EnNa。这表明与增音（%V）和停顿（sumS）增多相关的偏误经过语音训练可以取得较好的纠正效果；VarcoC 与重音计时语言的语速呈负相关。

表 5-25 双因素逻辑回归分析结果

EnLo（vs. EnHi）			
Predictors	Coefficient	Z-value	p-value
%V	0.085	2.946	0.003**
nPVI_V	-0.13	-5.139	2.76E-07***
sumS（s）	1.944	2.223	0.026*
EnHi（vs. EnNa）			
Predictors	Coefficient	Z-value	p-value
nPVI_V	-0.218	-6.49	8.59E-11***
VarcoC	3.359	2.403	0.016*
VarcoC	3.359	2.403	0.016*

综上所述，通过对中国小学生英语学习者与英语本族语者产出的时长变量的分析，我们发现与成人二语习得者相似，元音相关节奏指标（如 nPVI_V）是学习者口语是否具有重音语言特征一项较好的评价指标。此外，对于儿童英语学习者而言，与停顿相关的口语流利度是另一项重要的韵律评估指标。本节的研究结果对于中国小学英语口语韵律教学有一定的启示作用。

第六节 本章小结

我们在本章中对比研究了中国学习者和英语本族语者所说英语的节奏差异，着重分析了在语速、韵律结构和重音模式等方面的异同，并利用可计算的节奏指标，用量化的方法探索了节奏表达上的异同。

（1）对于普通话母语背景的学习者朗读语句节奏分析表明：受制于语言的熟练程度，中国英语学习者的英语语速普遍低于美国本族语者，语言习得水平越低，语速越慢，中间的停顿也越多。但语速与学习者英语水平无一致的相关性。

在韵律结构、重音结构上，中国学习者与美国本族语者有显著的差异。在不同层级韵律边界的停顿、2 级短语重音的音高和时长的语音实现上，也有系统的差异。从韵律结构来看，中国学习者所说的英语比美国本族语的韵律短语或者语调短语单元更小一些。一般来说，英语习得水平越高，韵律单元的切分定位和重音位置的分布越接近美国本族语。

声学参数上，一般说来，重音位置的元音时长都会被拉长，音高抬高，调域加大。英语习得水平越高的人越能在时长的变化方面更接近美国本族语者。同时受到母语汉语的影响，中国英语学习者更习惯用音高的变化而不是时长的变化来表现重音。学习者在重音的音高实现上问题比时长更大，即使是英语水平较高的学习者，也不能达到英语本族语者的重音实现模式。无论什么重音和什么语气语调，中国学习者都只用提高音高手段来实现，也即 H* 或 H*L，而不会使用 L* 来实现音高重音。

可计算节奏指标的提出，使得我们可以用量化的方法来研究语音的节奏特点，综合几类节奏的计算指标，我们归纳出几个主要指标成分分量。但句子（长短）与篇章对于节奏指标的分布具有重要影响。中国学习者和美国本族语者在节奏指标的分布上具有明显的差异。通过主成分 PCA 分析可知，第一主成分分量是辅音 C 的相关分量，包括 ΔC、VarcoC、%V 3 个指标；第二主成分分量为元音的成对比较分量，包括指标 rPVI_V 和 nPVI_V；第三个主成分为元音时长变化分量，相关指标有 ΔV 和 VarcoV；第四个主成分为辅音的成对比较分量，包括相关指标 rPVI_C 和 nPVI_C。利用线性区分模型，这些节奏指标可能很好预测美国本族语者，但不能较好地区分不同水平的中国学习者，相关的研究仍需加强。

（2）对东北四个方言点的学习者的朗读语句和语篇的节奏分析表明：中国学习者和美国本族语者在语句节奏和语篇节奏模式上都呈现差异。语篇的语速整体都比语句快。%V、ΔV 和 VarcoC 三个音段尺度指标对两类发音人的语句的节奏模式有比较明显的区分作用，但不能很好区分语篇的节奏；相对而言，nPVI_V 和 rPVI_C 两个成对变化指标可以较好区分语篇节奏模式，特别是 nPVI_V，学习者显著地小于本族语者。

（3）对杭州方言点的学习者朗读语篇的节奏分析表明：从语言单元的总数及大小来看，学习者对于切分较大的韵律单元，如语句单元和语调短语，与英语本族语者并无太大差异。但是随着韵律结构的细化，差异则越来越大，尤其在韵律短语及韵律词层面的差异，杭州英语学习者数量明显多于英语本族语者，长度却较本族语者短，而与普通话母语背景的学习者相似。杭州英语学习者朗读语篇时的语速低于英语本族语者，且与学习者的英语口语水平具有正相关关系。

尽管杭州英语学习者的 ΔV 和%V 都普遍高于本族语者，但不能很好区分二者；英语朗读口语水平较高的发音人的 PVI 较高，呈现趋近本族语者的趋势。说明较高的 rPVI_V 与较好的英语朗读水平具有正相关关系。相关性分析结果表明，ΔC、VarcoV、rPVI 以及 nPVI 与学习者的朗读水平存在显著相关性。这个结果与普通话北京学习者 PCA 分析结果比较一致。

（4）不同方言母语背景的节奏指标反映的模式差异，揭示了母语方言的节奏模式以及学习者英语水平对 L2 英语节奏模式的影响。就英语水平而言，目前所有节奏指标的相关性不高，缺少单一的相关性很高的节奏指标。不过，总体的趋势是音段尺度（IM）指标可以在一定程度上反映朗读语句的节奏问题，而对于语篇节奏来说，成对变化指标（PVI）更能反映英语本族语者和学习者之间的差异。就母语节奏模式而言，对杭州学习者的深度分析表明，母语的节奏类型和目标语节奏类型的相似度与节奏习得的相关性符合 Flege（1995）的语音学习模型（SLM）。相似的节奏特征更难习得，学习者倾向于直接使用母语来替代；差异较大节奏特征的习得效果更好一些。

（5）对中国小学生英语学习者节奏模式的探索研究，显示元音相关节奏指标（如 nPVI_V）和停顿都是与英语习得水平相关的节奏指标，为小学英语的节奏模式训练和教学提供了参考。

本章研究成果为中国英语学习者正确习得节奏指明了方向，需要从多个维度入手：①正确掌握重读音节与非重读音节中元音间隔时长的变化；②正确按照信息结构处理重音级别和相应的音高特征；③正确按照语义和语用功能划分韵律节奏单元；④正确使用韵律边界的停顿手段。

需要指出的是，上述研究还有不足的地方：首先，几个方言点的语料尚未完全统一，研究深度也不一致，与几个课题组的研究开展先后和人员投入关系比较大，有待继续开展更多方言点的研究。其次，分析语料均为朗读语音，未考虑交际功能、情感态度等因素。而实际的交流中，重音和节奏都会随着说话人传递各种信息产生很大变化（李爱军，

2008)；语速变化也影响韵律结构、重音结构、整体的音高变化，但这些变化是非线性的（李爱军，2010）。近来 Gibbon（2020）提出节奏共振峰理论（RFT），对语篇节奏的基频曲线、振幅包络曲线等低频信息进行节奏共振峰分析（RFA），为语篇和自然交际口语中的节奏模式研究提供了一些新的思路。

参考文献

曹剑芬：《语速特征及其变化》，《第六届全国现代语音学学术会议论文集》2003 年，第 143—148 页。

陈娟文、李爱军、王霞：《上海普通话和普通话词重音的差异》，《第七届全国人机语音通讯学术会议（NCMMSC7）论文集》2003 年，第 268—273 页。

李爱军：《情感句重音模式》，《中国语音学报》2008 年第 1 辑，第 132—140 页。

李爱军：《语速与英语语句的韵律特征》，《外语研究》2010 年第 4 期，第 28—35 页。

李爱军：《普通话不同信息结构中轻声的语音特性》，《当代语言学》2017 年第 3 期，第 348—378 页。

黎绮桃：《母语者和二语习得者英语朗读中的韵律短语切分的时域特征》，硕士学位论文，上海交通大学，2020 年。

邵鹏飞：《方言普通话和普通话的韵律比较及评测系统的研究》，硕士学位论文，山东师范大学，2009 年。

王韫佳：《音高和时长在普通话轻声知觉中的作用》，《声学学报》2004 年第 5 期，第 453—461 页。

许洁萍、初敏、贺琳等：《汉语语句重音对音高和音长的影响》，《声学学报》2000 年第 4 期。

许立昭：《英语复合词及片语重音研究：比较台湾高等英语学习者与以英语为母语的外国人》，学位论文，台湾大学语言学研究所，2009 年。

于珏、Gibbon Dafydd：《节奏研究的语料库及研究方法探讨》，《当代语言学》2016 年第 1 期。

赵建军、杨晓虹、杨玉等：《音高和时长在语篇语句重音中的作用》，《声学学报》2011 年第 4 期，第 435—443 页。

Barry, W. J. , Andreeva, B. , Russo, M. , Dimitrova, S. , & Kostadinova, T. (2003). Do rhythm measures tell us anything about language type. *Proceedings of the 15th ICPhS*, 2693 –2696.

Carter, P. M. (2005). Quantifying rhythmic differences between Spanish, English, and Hispanic English. In R. S. Gess, & E. J. Rubin(Eds.), *Theoretical and experimental approaches to romance linguistics: Selected papers from the 34th linguistic symposium on romance languages*, 63 –75.

Cruttenden, A. (1997). *Intonation*(*2nd ed.*). New York: Cambridge University Press.

Cummins, F. , & Port, R. (1998). Rhythmic constraints on stress timing in English. *Journal of Phonetics*, 26, 145 –171.

Dellwo, V. , & Wagner, P. (2003). Relationships between rhythm and speech rate. *The 15th International Congress of Phonetic Sciences*, 471 –474.

Ding, H. , & Xu, X. (2016). L2 English rhythm in read speech by Chinese students. *Interspeech* 2016, 2696 –2700.

Ding, H. , Lin, B. , Wang, L. , Wang, H. , & Fang, R. (2020). A comparison of English rhythm produced by native American speakers and Mandarin ESL primary school learners. *Interspeech* 2020, 4481 –4485.

Ferragne, E. , & Pellegrino, F. (2004). A comparative account of the suprasegmental and rhythmic features of British English dialects. *Proceedings of "Modelisations pour l'Identification des Langues"*.

Flege, J. E. (1995). Second language speech learning: Theory, findings, and problems. In W. Strange(Ed.), *Speech Perception and Linguistic Experience: Theoretical and Methodological Issues*(pp. 233 –272). York Press.

Gibbon, D. , & Gut, U. (2001). Measuring speech rhythm. *Proceedings of Eurospeech* 2001, 91 –94.

Gibbon, D. (2020). Rhythm Formants of Story Reading in Standard Mandarin, 《中国语音学报》第 14 辑.

Gut, U. (2003). Non-native speech rhythm in German. *Proceedings of the 15th ICPhS*, 2437 –2440.

Hayes, B. (1995). *Metrical stress theory: Principles and case studies.* Chicago, USA: The University of Chicago Press.

Jin, J. , Hu, W. , Wang, X. , & Li, A. (2008). A comparative study on tone realization in Cantonese-accented Mandarin and Standard Mandarin. *Proceed-*

ings of Speech Prosody 2008, 305 – 308.

Li, A., & Fan, S. (2015). Correlates of Chinese neutral tone perception in different contexts. *Proceedings of the* 18*th International Congress of Phonetics Sciences*.

Lin, H., & Wang, Q. (2005). Vowel quantity and consonant variance: A comparison between Chinese and English. *Proceedings of between Stress and Tone*.

Low, E. L., Grabe, E., & Nolan, F. (2000). Quantitative characterisations of speech rhythm: "Syllable-timing" in Singapore English. *Language and Speech*, 43, 377 – 401.

Meng, H., Tseng, C., Kondo, M., Harrison, A., & Visceglia, T. (2009). Studying L2 suprasegmental features in Asian Englishes: A position paper. *Interspeech* 2009, 1715 – 1718.

Mok, P. K. & V. Dellwo. (2008). Comparing native and non-native speech rhythm using acoustic rhythmic measures: Cantonese, Beijing Mandarin and English. In *Proceedings of Speech Prosody* 2008, Campinas, Brazil, 423 – 426.

Patel, A. D., Iversen, J. R., & Rosenberg, J. C. (2006). Comparing the rhythm and melody of speech and music: The case of British English and French. *Journal of Acoustic Society of America*, 119(5), 3034 – 3047.

Patel, A. D., & Daniele, J. R. (2003). An empirical comparison of rhythm in language and music. *Cognition*, 87(1), B35 – B45.

Ramus, F., Nespor, M., & Mehler, J. (1999). Correlates of linguistic rhythm in the speech signal. *Cognition*, 73, 265 – 292.

Van Donzel, M., & F. J. koopmans-van Beinum. (1996). Pausing Strategies in discourse in Dutch. Proc. *ICSLP*, 1029 – 1032.

White, L., & Mattys, S. L. (2007). Calibrating rhythm: First language and second language studies. *Journal of Phonetics*, 35, 501 – 522.

第四部分

语音感知与认知

第六章

中国英语学习者语音感知与认知研究

基于言语链理论我们了解到，言语感知和认知与言语的产出一样，都是言语链中的重要环节。

前几章从言语产出角度，重点介绍了中国方言区英语学习者在英语音段、语调和节奏韵律等方面的语音特征和偏误类型。相对于二语言语产出研究，言语感知研究相对薄弱，大都集中在音段感知方面，对语调韵律的感知研究较少。近年来越来越多的研究深入二语学习者在句子加工中对韵律信息的使用情况。早期研究指出，二语学习者在句子加工过程中关注韵律信息，而不是句法信息。进一步研究表明，韵律信息只会对二语学习者的句子加工起到一定的作用，并且与学习者的母语背景、学习经验和二语水平有关。例如，相比其他语言背景的学习者，如德语、法语、墨西哥语、瑞典语等，中国英语学习者对韵律更不敏感（Ying，1996），但与英语水平相关，高年级的英语学习者比低年级的学习者对韵律信息更敏感（Dekydtspotter 等，2008）。此外，相较于本族语者，二语学习者可能更不善于结合韵律信息和其他方面的信息（Nakamura 等，2016，2020）。

本章将利用心理学研究范式，从言语感知角度研究语调韵律的感知和认知机理，探讨感知与产出的关系、感知与学习者英语水平之间的关系，为语音教学提供理论支撑。

第一节 语调韵律的感知

语调是言语交际中不可缺少的因素，通过音高、时长、音强等声学参数不仅可以表达语用功能，还可以传递语言学信息和副语言学信息。不仅如此，语调还会影响语言的理解和认知加工（Braun 等，2011）。语调等韵律信息比音段信息更能影响语言交际的可懂度（Mennen 和 Leeuw，2014）。

近年来，中国英语学习者二语语音感知和产出研究也逐渐受到国内外研究人员的关注（Evanini 和 Huang，2012）。但上述研究往往偏重于音段层面。国际上基于二语习得视角的韵律研究近来逐渐升温，一些对学习者二语节奏、重音和语调等方面的感知和产出的实验研究开始出现（Ortega-Llebaria 和 Colantoni，2014）。然而到目前为止，尚未形成系统的语调感知理论，在语调感知和产出关系等问题上，还有大量的研究领域未涉及。

Vaissière（2005）将未形成系统的语调感知理论的原因归纳为以下几个方面：

（1）对语调缺乏清晰统一的定义。语调的定义可以严格地限制为对音高走势的感知，也可以包括其他实现相同功能的韵律参数（如停顿、相对响度、音质、时长和与不同的言语器官的增强相关的音段现象）的感知。首先，对语调研究的对象和目标没有广泛的共识。Pierrehumbert（1980）指出语调研究关注对象应是具有语法意义的语调对立；Bolinger（1986）则指出，语调的"语法"功能是次要功能，其主要功能是"情感"功能。其次，对如何表示语调还没有达成一致。音系学家主张两个层级的音高层级方法；而语音学家普遍支持多个层级的方法，或者是可以伸展和压缩音高范围、平行线的倾斜格栅理论。

（2）语调和语调感知理论的流派众多，观点不一。以线性语调观为基础的自主音段节律理论（AM 理论）提出，语调是由局部音高事件，即音高重音、短语重音和边界调等组成的。语调叠加观认为句尾语调由整体基频基线、局部短语重音（phrase accent）和局部词重音（word accent）叠加而成（Fujisaki 和 Sudo，1971；Öhman，1967）。语调功能观认为，语用助词、语调、句法、面部表情和手势等线索应该综合在一起考虑（Danes，1960；Uldall，1964）。而以听者为中心的 IPO 理论则认为对基频曲线的描述应该是与感知相关的基频模式。尽管不同语调观对语调的看法不同，越来越多的学者认为对语调现象的研究应该包括语音学、音系学、生理学、功能学、感知和脑神经科学各方面的因素。

（3）语调可以包括多方面的线索，局部层面的停连，半局部层面的音高基线重设，整体层面的句子下降或者上升的趋势、调域、调阶、语速等线索。这些语音韵律参数的感知是综合的，而停顿、时长、音强、音质等非音高的参数对韵律对立有辅助作用。这些线索构成连贯的整体，彼此互相权衡，形成了一个依赖于语境的等级结构，并且在不同语言之间既有相似性也有不同。

（4）已经确立的研究方法无法应用到语调研究中。首先，在心理声学领域通用的实验方法不适用于语调研究。对基频的感知不光涉及生理声学层面的加工，还涉及更高层面的认知和语言学加工（Pisoni 和 Luce，1987）。其次，由于语调中离散维度和连续维度并存，传统的语言学实验范式在语调研究中无法得到应用。语调义既含有全或无的对立，也含有范畴内部的渐变。另外，由于语体风格、语速、说话者之间的差异，以及末尾的韵律组织取决于成分大小等特征，尚未明确声学定义上的语调感知单位。

（5）研究语调感知和语调在言语感知中的作用的实验方法没有统一的语音学标准。目前已有的语调语料有两种方式，一种是自然录制语料，一种是合成语料。合成语料允许研究者系统地改变语调的单个参数，从而可以研究每个参数的贡献，但其中的单一基频控制可能不能代表人们日常交际中对语调的感知。

（6）语调感知受到语境的影响。一方面，对元音基频等声学特征的感知受到内部整体语音环境的影响；另一方面，对语调的功能和意义的感知受到语篇中语用语境的影响（李爱军，2021）。

（7）语调感知既有跨语言的相似性，对基频模式中的语调现象和语言学意义的感知又受到母语背景的影响，各语言之间有着各种差异。不同语言使用相同的感知线索，然而这些线索的等级顺序是不同的。

第四章基于 AM 理论对方言区英语学习者的语调产出进行了详细的研

究，其中对学习者陈述句和一般疑问句的语调模式的研究结果表明，中国学习者一般疑问句的核心重音在非句末时，其核心重音的实现方式和陈述句比较类似，均用 H* 或者 H*L 来实现重音。这与英语本族语者的一般疑问句有很大的区别，英语本族语者多使用 L*H（L*）来实现核心重音。基于此，本节对学习者语调感知的研究考虑采用二语语调习得理论 LILt（L2 Intonation Learning theory，Mennen，2015）的不同维度来开展，包括三个感知实验：第一个感知实验使用语料库中录制的语料，从语音感知维度，对比二语学习者和英语本族语听音人对陈述和疑问语调的音高重音感知模式，及其与学习者英语水平的关系。第二个感知实验则考虑二语语调语义维度，利用语音合成技术，操控音高重音类型和数量、边界调类型等参数，合成不同类型语调曲线，对比分析不同水平的学习者与英语本族语者的感知模式，探索学习者对语调形式和语义功能对应关系的处理机制。第三个感知实验则对比粤方言区和吴方言区学习者对句重音的感知，考察方言在韵律类型和结构上的不同对英语学习者句重音感知的影响。

一 基于语音库的英语重音感知模式对比

英语是重音语言，而汉语是声调语言。重音是英语最显著的韵律特征之一，英语重音可以分为词重音和句重音，两者都具有辨义和表义的功能。焦点是语句中需要强调、突出的重要信息，一般可以分为宽焦点和窄焦点。焦点实现的手段有句法手段、语义手段、语音手段，以及其他多模态手段。英语凸显焦点的语音手段主要是焦点重音，一个词若比周围词具有更高的音高、更长的时长以及更大的音强，我们就说它承载了这句话的焦点重音。

对英语来说，在影响重音的三个参数——音高、音长、音强之中，音高被证明是最有效和最重要的因素（Cruttenden，1997）。在汉语中，音高在强调重音、弱重音和普通重音的产出和感知中也扮演着重要的角色（Duanmu，2000）。第四章第一节，介绍了 Liu 和 Xu（2005，2007）对美国英语的陈述句与疑问句语调与普通话语调的对比研究，英语焦点处的音节音域扩展，而焦点后的音节音域压缩，焦点前的音节音域几乎没有变化。焦点重音可能是 L 调（疑问句中）或者 H 调（陈述句中）。

贾媛、熊子瑜和李爱军（2008）针对汉语的焦点重音也进行研究，发现语调重音是通过扩大焦点处音节的音域、压缩焦点后音节的音域来实现的，而焦点前域变化不大。音域扩大主要是通过抬高声调的/H/调值完成，声调/L/调压缩不如/H/抬高明显。结合其他研究（Chen，2004），我们可以说汉语普通话的焦点重音主要依托抬高声调的/H/调来实现。汉语和英语在焦点重音的韵律实现上的差别可能会影响中国英语学习者在学习英语过程中对英语语调模式的感知。

本节将研究重点放在中国英语学习者的重音感知模式。关注的问题是学习英语是不是要有“本族语者的耳朵”，也就是说，正确感知是否是正确产出的必要条件？我们试图从两个方面来研究这个问题：第一，中国学习者的英语水平对他们的语调模式产出有无影响？如果有，高水平学习者的语调产出模式是否跟本族语者的语调模式更接近。这一点可以通过让英语本族语者来听辨中国学习者和英语本族语者的重音模式来验证。感知结果如果是高水平的中国发音人的重音模式更接近美国英语本族语者，那么说明英语水平与语调产出相关。第二，中国学习者对语调模式的感知是否与英语水平有关系？这一点可以通过对比学习者与英语本族语者来听辨美国本族语者发音的重音模式来验证。如果高水平的中国学习者的感知模式与英语本族语者的更相近，说明语调的感知也与学习者英语水平相关。从而也说明，语调感知水平与产出水平相关，正确的感知是正确产出的必要条件。

（一）实验方法

（1）被试

两组被试参加实验并得到一定的报酬。第一组被试（A 组）共 19 人，包括 7 位美国本族语者（6 男 1 女）和 12 位中国学习者（5 男 7 女）。第二组被试（B 组）共 15 人，其中美国本族语者 6 位（5 男 1 女），中国学习者 9 位（2 男 7 女）。A 组被试（以下简称发音人）参加语调产出实验[①]，B 组被试（以下简称听音人）参加听辨实验。两组被试中的美国本族语者均来自美国北部，听力正常，自述未学过汉语；中国学习者均来自中国北方方言区。在语调产出实验时，被试会被告知大部分句子

① 见第四章语调产出研究。

的焦点位置，因此语调产出实验和感知实验用了两组不同的被试。

（2）实验语料

实验语料包括 8 对句子。每对句子有陈述句和一般疑问句两种句式，分宽焦点和窄焦点两种形式。宽焦点语句为无语境语句，要求发音人朗读单句，窄焦点语句的焦点通过上下文来完成，提供对话，要求发音人在充分熟悉后，朗读整个对话。发音人为 A 组被试者，每位发音人每句语料按照焦点的不同朗读两遍，共 608 个句子（16 × 2 × 19），具体见表 6–1。

表 6–1　　　　发音语料设计（粗体字是窄焦点句子中的焦点）

编号	一般疑问句/陈述句
1	Could you bemistaken? / You could be mistaken.
2	Can Icount on that? / I can count on that.
3	Does itmatter all that much? / It does matter all that much.
4	Have you got enoughmoney in hand? / You have got enough money in hand.
5	Would you say it's a practicalproposition? / You would say it's a practical proposition.
6	Can you find out whether John willhelp? / You can find out whether John will help.
7	Can I see him if I come backlater? / I can see him if I come back later.
8	Shall we be able to finish the job ontime? / We shall be able to finish the job on time.

（3）实验流程

实验分为两部分，第一部分为语调产出实验，第二部分为语调感知实验。

在语调产出实验中，A 组被试者完成句子朗读录音。录音在专业语音实验室录制。发音人先朗读无语境宽焦点语句，再朗读窄焦点语句，发音人发音时间不受限制，如果读得不理想可以重读。

在语调感知实验中，要求 B 组被试者对语调产出实验中的语料进行重音听辨，听辨软件为课题组编制的听辨软件，将语调产出实验的语料进行伪随机排列，相同条件和相同发音人的语料连续出现不超过 3 句，逐句呈现给听音人。听音人的任务是标注出句子中所有听起来凸显的词，数量上无限制。凸显的词标“1”，非凸显的词标“0”。这样每个听音人对每句话的听辨结果就是一个由 0 和 1 组成的向量。

（4）中国英语学习者英语口语水平评估

为了判断产出、感知与发音人和听音人的英语水平之间的关系，我们另外邀请了 3 位美国教师，对参加实验的中国发音人和中国听音人的英语口语水平进行了评估。评估的语料为所有中国学习者（听音人和发音人）朗读的英语篇章 *Cinderella*。评估的主要评判标准是语调韵律。表 6-2 中 C 代表中国英语学习者，F 代表女性，M 代表男性。LC 代表中国听音人，CF、CM 分别代表中国女性、男性发音人。表中给出 12 位中国发音人的英语水平和 9 位中国听音人的英语水平，高（H）、中（M）和低（L）三档。

表 6-2　　中国英语学习者的英语口语水平

发音人	水平	名次	听音人	英语水平	名次
CF07	H	1	LC02	H	1
CF04	H	2	LC07	H	2
CF05	M	3	LC08	H	3
CM10	M	4	LC06	H	4
CF01	M	5	LC01	M	5
CM08	M	6	LC09	M	6
CF06	L	7	LC04	M	7
CF02	L	8	LC05	L	8
CF03	L	9	LC03	L	9
CM09	L	10			
CM12	L	11			
CM11	L	12			

（二）结果分析

在感知实验完成之后，我们按照听辨结果计算每句话中每个凸显的词占所有单词的比例。以其中一位美国发音人朗读的窄焦点语句 Have you got enough MONEY in hand？和对应陈述句 You have got enough MONEY in hand. 为例，这一对句子的焦点为 money。

对于该句疑问句，听辨结果见图 6-1，有 5 位（83.3%）美国英语本族语者认为单词 money 凸显，而 5 位（55.6%）中国学习者认为单词 hand 凸显，4 位（44.4%）中国学习者认为单词 got 也凸显。该句疑问句听辨，中国学习者认为没有凸显的单词只有 you 和 in。而对该句陈述句，听辨结果见图 6-2，美国英语本族语者和中国英语学习者都认为 money 凸显。

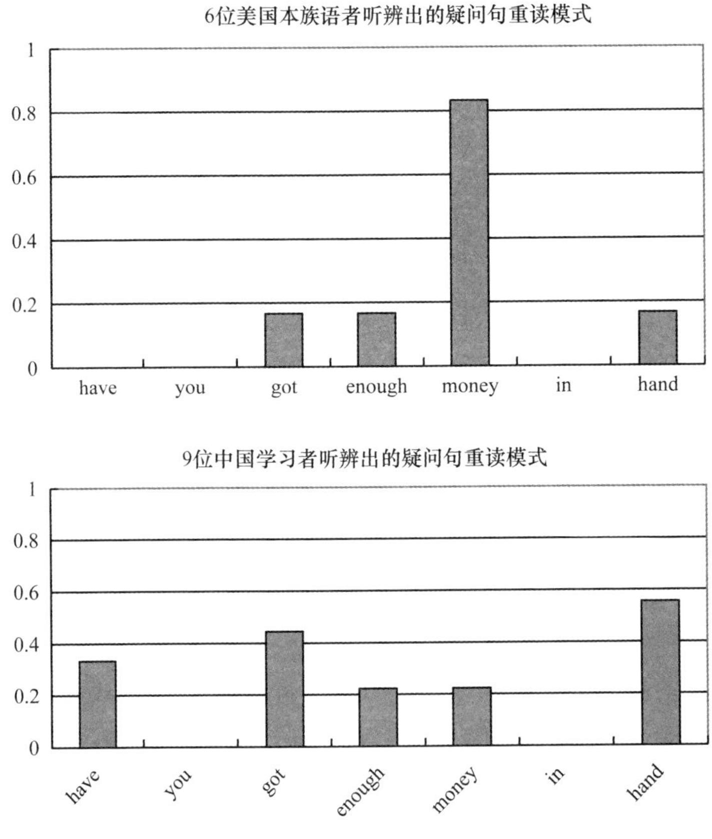

图 6-1 美国本族语者（上）和中国学习者（下）听辨窄焦点疑问句 "Have you got enough money in hand?" 的重音结果，焦点词是 "money"。发音人为美国英语本族语者

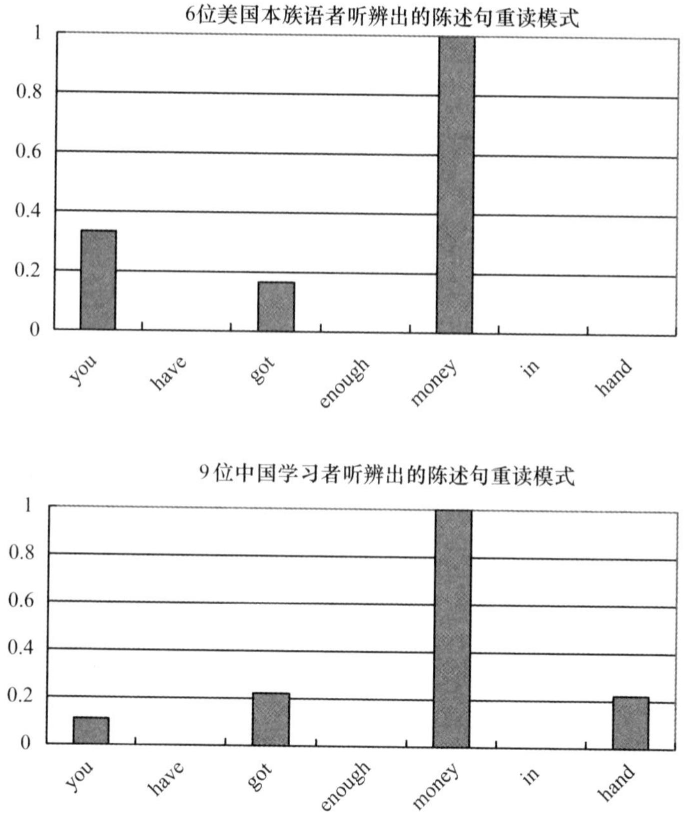

图 6-2　美国英语本族语者和中国学习者听辨窄焦点陈述句
“You have got enough money in hand.” 的重音结果，焦点词是“money”。
发音人为美国英语本族语者

从图 6-1 和图 6-2 可以看出，9 位中国听音人与 6 位美国听音人对同一句话所感知到的凸显词不尽相同，为了比较听辨结果的相似性，我们采用了 e－指数距离来计算两个听音人对同一句话感知到的重音模式之间的相似度，见公式 6－1。

$$S(x_i, x_j) = e^{-\frac{\|x_i - x_j\|^2}{\|x_i\| \|x_j\|}} \qquad (公式 6-1)$$

其中 x_i 和 x_j 分别表示听音人 i 和 j 对某一句话中每个单词的重音听辨向量。S（x_i，x_j）是两位听音人对该句话重音模式的感知相似度，数值越大，这两位被试者对该句话的听辨结果就越相似。以图 6-1 和图 6-2

为例，中国学习者与美国英语本族语者疑问句重音模式的感知相似度是0.38，差别较大，陈述句相似度是0.91，相似度非常高。以此为基础，我们得出所有听音人对某一发音人所有语句的距离矩阵，见表6-3。

表6-3　所有听辨人对某一英语本族语发音人的听辨距离矩阵
（LA和LC分别代表美国和中国听音人）

听音人	LA01	LA02	LA03	LA04	LA05	LA06	LC01	LC02	LC03	LC04	LC05	LC06	LC07	LC08	LC09
LA01	1.00	0.53	0.56	0.64	0.60	0.51	0.57	0.47	0.47	0.45	0.42	0.61	0.60	0.56	0.44
LA02	0.53	1.00	0.55	0.51	0.54	0.56	0.49	0.45	0.42	0.44	0.50	0.56	0.52	0.55	0.52
LA03	0.56	0.55	1.00	0.54	0.53	0.50	0.49	0.50	0.48	0.41	0.54	0.52	0.53	0.60	0.59
LA04	0.64	0.51	0.54	1.00	0.68	0.56	0.51	0.47	0.47	0.51	0.45	0.60	0.57	0.58	0.46
LA05	0.60	0.54	0.53	0.68	1.00	0.60	0.51	0.48	0.43	0.50	0.51	0.63	0.53	0.56	0.51
LA06	0.51	0.56	0.50	0.56	0.60	1.00	0.48	0.46	0.44	0.52	0.52	0.58	0.51	0.53	0.55
LC01	0.57	0.49	0.49	0.51	0.51	0.48	1.00	0.57	0.47	0.38	0.40	0.55	0.55	0.54	0.38
LC02	0.47	0.45	0.50	0.47	0.48	0.46	0.57	1.00	0.55	0.41	0.48	0.45	0.44	0.44	0.43
LC03	0.47	0.42	0.48	0.47	0.43	0.44	0.47	0.55	1.00	0.41	0.44	0.40	0.49	0.43	0.41
LC04	0.45	0.44	0.41	0.51	0.50	0.52	0.38	0.41	0.41	1.00	0.42	0.45	0.52	0.42	0.43
LC05	0.42	0.50	0.54	0.45	0.51	0.52	0.40	0.48	0.44	0.42	1.00	0.50	0.45	0.52	0.57
LC06	0.61	0.56	0.52	0.60	0.63	0.58	0.55	0.45	0.40	0.45	0.50	1.00	0.66	0.69	0.51
LC07	0.60	0.52	0.53	0.57	0.53	0.51	0.55	0.44	0.49	0.52	0.45	0.66	1.00	0.61	0.44
LC08	0.56	0.55	0.60	0.58	0.56	0.53	0.54	0.44	0.43	0.42	0.52	0.69	0.61	1.00	0.51
LC09	0.44	0.52	0.59	0.46	0.51	0.55	0.38	0.43	0.41	0.43	0.57	0.51	0.44	0.51	1.00

据此，我们可以进一步对听辨结果作多维度尺度分析（MDS分析）。

（1）中国学习者英语重音产出与英语水平的关系

发音人：
- 美国英语本族语者（7位）
- 中国英语学习者（12位）

听音人：
美国英语本族语者（5位）

首先我们基于美国本族语者听音人的听音结果，对中国学习者和美国英语本族语者产出的语调重音的感知模式进行分析。为了保证实验的有效性，首先，我们分析了 6 位美国本族语听音人对重音感知的一致性。通过分析 6 位美国听音人对 7 位美国本族语发音人的感知结果，我们发现，6 位美国听音人之间显示出了显著差别［F（5，204）=5.226，$P<0.001$］。Tukey HSD post-doc 分析表明，LA03 与其他 5 位听音人有明显差别。One-way ANOVA 分析显示其他 5 位听音人之间没有显著差别［F（4，170）=1.393，$P=0.239>0.05$］。因此，我们将 LA03 排除在外，用其余 5 位听音人的感知结果来进行 MDS 分析。

基于 e－指数距离，我们将 5 位美国听音人对 19 位发音人的重音感知模式进行 MDS 分析，如图 6–3 所示，在 3 维空间中的分布我们可以看出，中国学习者中 CF04、CF07 和 CF01 距离美国本族语者比较近。单向 ANOVA 分析的结果显示，19 位发音人的重音分布模式之间存在显著差异［F（18，737）=4.269，$P<0.001$］。

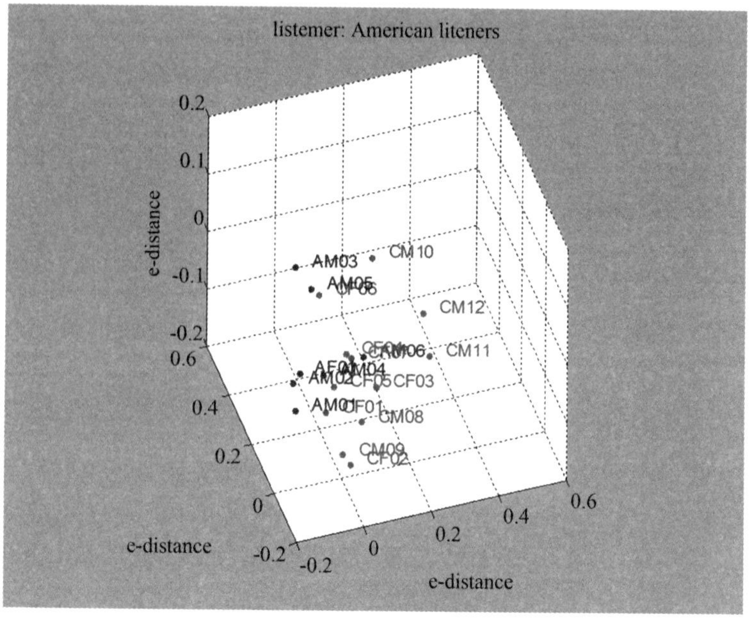

图 6–3　美国听音人对两类发音人（美国本族语者和中国学习者）的重音感知分布模式

最后，我们对 e－指数距离进行聚类分析，将发音人分成了 1、2、3 类。表 6–4 给出了发音人的英语水平以及他们之间的重音分布模式的相似性。表中英语本族语发音人之间的相似度很高，基本聚在一类；AM06与其他美国英语本族语者差别比较大，因为其他人都来自美国中西部，而 AM06 来自加州，口音与其他人差别比较大。中国学习者的英语水平评测是基于综合能力的，并未专门针对韵律。尽管如此，也不难看出重音感知的分布模式与英语水平之间的关联性，线性回归分析得到相关系数 $r=0.829$。水平越高的学习者，其重音感知分布模式与本族语者越接近，而水平越低的学习者，其重音感知分布模式与本族语者相似度越小。这也回答了本章开始我们提出的第一个问题，也就是说中国学习者的英语水平对他们的语调模式产出有影响，高水平学习者的语调产出模式与美国英语本族语者的语调模式更接近。

表 6-4　发音人英语口语水平与重音感知模式分布的 e－指数距离

发音人	e－指数距离	自动聚类分类结果	英语水平主观评级
AM03	0.618	1	H（英语本族语）
AM04	0.615	1	H（英语本族语）
AM01	0.613	1	H（英语本族语）
AF01	0.613	1	H（英语本族语）
CF04	0.610	1	H
AM02	0.610	1	H（英语本族语）
CF07	0.604	1	H
AM05	0.599	2	H（英语本族语）
CF01	0.595	2	M
CF06	0.594	2	L
CF02	0.593	2	L
CM08	0.591	2	M
CM09	0.591	2	L
CF03	0.590	2	L
CF05	0.590	2	M
AM06	0.565	2	H（英语本族语有口音排除）
CM10	0.546	3	M
CM12	0.536	3	L
CM11	0.524	3	L

（2）中国学习者英语语调重音感知与英语水平的关系

发音人：	听辨人：
美国英语本族语者（6位）	• 美国英语本族语者（5位） • 中国英语学习者（9位）

为了考察中国学习者英语音高重音的感知模式，我们对比了5位美国英语本族语者和9位中国英语学习者听辨6位美国英语本族语者语料的感知结果。从表6-4可以看出，美国发音人AM06的重音分布模式跟其他几位发音人不同，原因是该发音人来自美国西海岸加利福尼亚州，而其他发音人来自标准美国英语口音区中西部。除了AM06，单向ANOVA分析并未发现其他6位发音人的重音分布模式之间有明显的差别［$F(5, 210) = 0.233$，$P = 0.948 > 0.05$］。因此在感知实验中，我们将AM06排除在外，计算所有听音人对AM06之外的其他美国母语发音人语调产出语料听辨的结果。

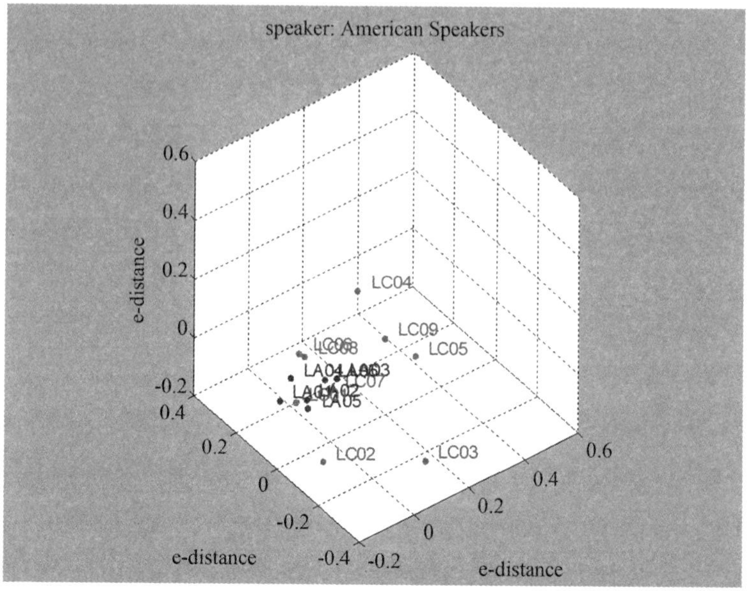

图6-4　两类听音人对英语本族语的重音感知分布模式

14 位听辨结果表明，5 位美国听音人对重音模式的感知存在一致性。但是，9 位中国听音人之间却存在较大的差异 [$F(8, 369) = 26.590$, $P < 0.001$]。图 6-4 给出了所有听音人感知到的重音分布模式的三维 MDS 分析的结果，可以看出美国听音人在空间中的分布比较集中，中国学习者听音人中 LC06、LC08 和 LC01 比较接近美国听音人，也就是说他们感知到的重音分布模式更接近美国听音人。

表 6-5 的相似度和聚类结果表明，中国听音人的英语口语水平与他们英语语调重音的感知是相关的，线性回归分析相关系数 $r = 0.854$。口语水平高的听音人感知到的重音分布模式与美国本族语听音人更接近。这说明了中国学习者对重音模式的感知与他们的重音模式产出之间存在着密切的联系。

表 6-5　　听音人英语口语水平与重音分布模式感知相似度

听音人	e-指数距离	自动聚类结果	英语水平主观评级
LA04	0.650	1	H（英语本族语）
LA05	0.636	1	H（英语本族语）
LA02	0.635	1	H（英语本族语）
LA01	0.622	1	H（英语本族语）
LC06	0.621	1	H
LC08	0.606	2	H
LA06	0.606	1	H（英语本族语）
LC02	0.606	1	H
LC01	0.573	2	M
LA03	0.563	2	H（英语本族语）
LC07	0.545	2	H
LC09	0.535	2	M
LC04	0.505	3	M
LC05	0.495	3	L
LC03	0.464	3	L

（三）小结

第四章我们分析了中国学习者和美国英语本族语者发音人的是非疑

问句（yes-no question）的不同韵律特征，发现中国学习者的一般疑问句的核心重音产出模式与美国英语本族语者区别很大。美国英语本族语者不管核心重音在句子的中间还是末尾，通常会在负载核心重音的词上用低升调（$L^{*}H$）。而中国学习者只在核心重音落在句子的最后一个音节上时用低升调（$L^{*}H$）；当核心重音不在最后一个音节上时，中国学习者通常采用高调（H^{*}）或者高降调（$H^{*}L$）。在感知方面，中国学习者习惯认为目标值为高（H）的声调是重读的，而对美国英语本族语者发音中的核心重音 $L^{*}H$，中国学习者常常不能作出正确的判断。

以前文图 6-1 和图 6-2 中的句子为例，语调曲线如图 6-5 所示，在产出实验中，中国学习者和美国英语本族语者在陈述句的焦点 money 的语音实现都用了降调（$H^{*}L$）；而在疑问句的焦点 money 的语音实现方面，美国发音人使用低升调（$L^{*}H$），而中国学习者则用了降调（$H^{*}L$）。这一发现与感知实验相对应，中国学习者习惯认为目标值为高（H）的声调是重读的，也就是说图 6-5 的疑问句中的 hand 和陈述句中的 money 会被判断为重音，而对美国英语本族语者发音中的核心重音 $L^{*}H$，中国学习者常常不能作出正确的判断。

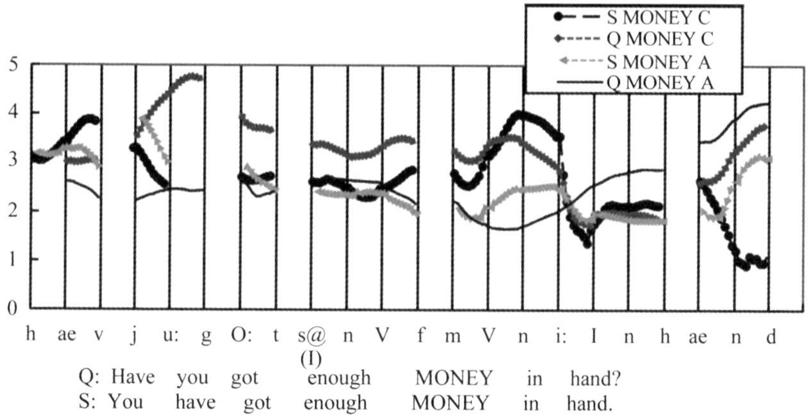

图 6-5　中国学习者与英语本族语发音人的陈述句和一般疑问句的音高走势图
（浊音段时长规整，S、Q 分别表示陈述句和疑问句；C、A 分别表示中美发音人）

总而言之，中国英语学习者语调重音产出模式与感知之间有着密切的关系。另外，研究表明中国学习者的英语口语水平与他们的重音感知和重音产出有密切的联系。学习者对于重音听辨结果的一致性要低于英语本族语者，尤其是对于一般疑问句的重音的听辨结果，和英语本族语者存在统计意义上的显著差异。中国学习者不能正确产出英语 L* H 与 L* 类型的核心重音，是两个语言之间的韵律系统差异造成的，并不是学习者无法感知到该重音造成的，我们将有进一步的实验进行验证。

二 英语语调感知：形式与功能①

前文对语调音高重音感知模式的对比研究，并未没有涉及具体的音高重音类型与语调的功能，只是在语音维度上对局部音高特征的感知，感知模式的差异也主要体现了语音层面的特征。根据 LILt 语调学习理论，还必须思考语义维度的加工，学习者对语调感知困难增加后，感知结果是具有跨语言的普遍性，还是受到学习者母语和二语水平的影响，是值得进一步探讨的问题。

AM 理论明确提出，具有重要语言学意义的是局部的音高事件，而不是事件之间的音高曲线。语调涉及三种音高事件：音高重音、短语重音和边界调。语调音高事件具有独立性，其中边界调具有传达疑问、陈述、情感、态度等语气的功能；音高重音则与语调传递的信息结构相关，一个语调中可以有多个音高重音，但只有最重的那个实现为核心重音，一般就是焦点重音。如果学习者能对核心重音位置而不是音高重音个数进行正确的感知，说明学习者能处理更高层级的语义信息，而不只是语音层面信息。如果学习者对音高重音类型和个数，以及边界调类型的感知跟本族语者有差异，则说明他们在语调功能上的感知有差异。

国外有少量研究探讨了与语义维度相关的语调感知。Gussenhoven 和 Chen（2000）请中国、荷兰和匈牙利三组被试者来听由三音节组成的英语句子对，选出其中的疑问句。结果显示，三种母语背景的被试者均倾向于选择更高的音高重音和高边界调的句子为疑问句，证明语调感知确实有一定的跨语言普遍性。Grabe 等（2003）选择了英国、西班牙和中国

---

① 本节内容发表于纪晓丽、张辉、李爱军等的《不同水平学习者对英语语调感知的实证研究》一文中，《外语教学与研究》2018 年第 3 期第 50 卷，第 393—406、480—481 页。

三组听辨人，对 11 种英语语调曲线的异同进行判断。结果显示三组被试者均将下降调和上升调分成两组，对下降调和上升调的组内分类则存在差异，Grabe 等认为语调感知受到人类通用听觉机制（universal auditory mechanism）的作用，但同时也受到母语背景的影响。

Ortega-Llebaria 和 Colantoni（2014）提出，对语调的感知是更高层次的加工的结果，如形式和意义配对的影响。为了验证此假设，Ortega-Llebaria 和 Colantoni 设计了两种不同加工层次的任务，涉及形式和意义配对（+access-to-meaning task，简称 +AM）与不涉及形式和意义配对（-access-to-meaning task，简称 -AM）的任务，邀请中国和西班牙两组英语学习者参与感知和产出实验。两组学习者 -AM 任务的听辨结果与本族语者没有差异；但 +AM 任务听辨结果不仅有组间的显著性差别，两组学习者组内也有显著性差异，尽管西班牙学习者的英语水平要高于中国学习者，但是中国学习者的感知结果，要比西班牙学习者更接近于本族语者。Ortega-Llebaria 和 Colantoni 由此得出结论，形式和意义的配对会影响学习者对语调的感知，当涉及语调的意义时，学习者对语调的感知受到母语，而不是二语水平的影响。但该研究两组听辨人母语背景不同，相同母语背景学习者对二语语调的感知是否受到二语水平的影响，还需要进一步实验验证。

因此，本节将进一步通过 PSOLA 语音合成技术，合成具有不同的音高重音类型和个数，以及边界调的语调曲线，将语调的类型纳入感知中，通过对比不同英语水平的学习者和本族语听辨人的感知模式，探讨学习者在语气和焦点信息传递等更高层次上对语调的加工机制。调型的调整包括 AM 语调理论中涉及的音高重音和边界调两个语调成分：1）边界调：通过句尾边界调 H%（上升）和 L%（下降）的变化来表达疑问和肯定两种语用意义；2）核心重音和音高重音：通过音高重音的个数和位置的变化来改变句子的核心重音位置。另外，中国英语学习者也按照英语水平分为两组，考察英语水平对语调感知的影响。

本节将探讨以下几个问题：

1）中国英语学习者对英语语调的感知与英语本族语者的异同；

2）中国英语学习者对英语语调的感知是否受到不同层次语义加工的影响；

3）中国英语学习者对英语语调的感知是否与其英语水平有关。

（一）实验方法

（1）听辨人

听辨人共分三组：第一组（A 组）听辨人为 12 位美国本族语者（6 男 6 女），来自美国北部，听说能力正常，自述未学过汉语；第二组（B 组）听辨人为 12 位中国英语教师（5 男 7 女），接受正规教育，学习英语的时间为 22—30 年，均通过英语专业 8 级，且口语水平较高；第三组（C 组）听辨人为 16 名非英语专业学生（6 男 10 女），刚通过大学英语六级考试，接受正规教育学习英语的时间为 10—14 年。两组中国听辨人均来自江淮官话区，平时在校讲普通话，没有自述听说能力障碍。

（2）实验语料

负载语调的语句（称为语调承载句）选自英语 ToBI 标注示例，内容为 Marianna made the marmalade。该语句包含 10 个音节，由一名美国女性发音人录制。选取了该句话的两种调型（简称为自然语句 A 和自然语句 B，分别见图 6-6 和图 6-7），自然语句 A 为陈述句语调，调型用 ToBI 标注为 H* H* L-L%，时长为 1.543 秒。自然语句 B 为疑问句语调，调型为 L* L* H-H%，时长为 1.466 秒。两句话时长差不超过 0.05 秒，10 个音节多数由元音、鼻音和通音组成，并且在朗读中不存在嘎裂等特殊发声态或其他副语言现象。

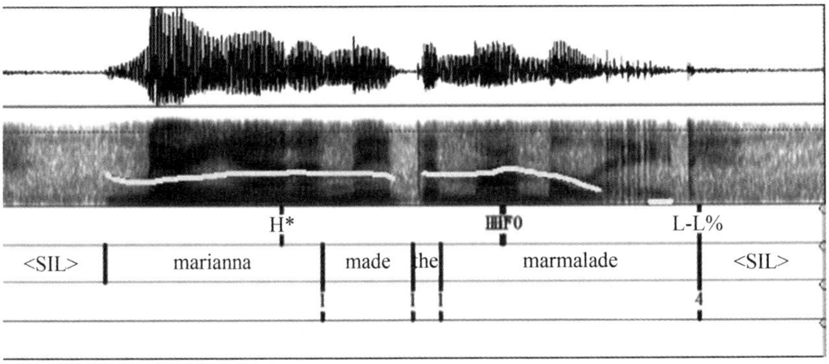

图 6-6　自然语句 A：Marianna made the marmalade 的语图和音高曲线

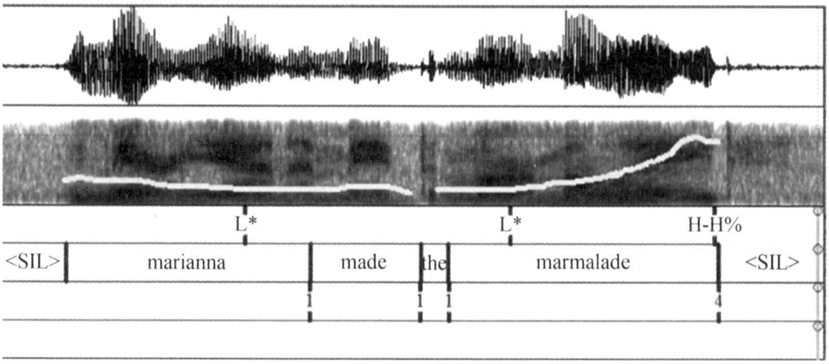

图 6-7　自然语句 B：Marianna made the marmalade 的语图和音高曲线

采用 praat 中 PSOLA 语音合成功能，调整自然语句 A 和 B 的音高，在语句 A 的基础上生成 4 种下降型语调曲线，即图 6-14 中 F4、F5、F6、F10；在语句 B 的基础上生成 4 种上升型语调曲线，即图 6-14 中 R1、R2、R3、R4。这 8 个语调曲拱均和原自然语句一样，句首单词 Marianna 和句尾单词 marmalade 重读，包含两个音高重音，是英语中少有争议的调型（Grabe 等，2003）。

为了进一步考察音高重音的变化对语调感知的影响，对 F4 的重音位置和个数进行调整，生成图 6-8 中 F1、F2 和 F3。F4 中 Marianna 和 marmalade 都重读，均为音高重音，核心重音为 Marianna，第二个音高重音 marmalade 降阶；F1 也是重读 Marianna 和 marmalade，但核心重音为 marmalade，音高重音升阶；F2 只有 Marianna 一个音高重音，也是核心重音；F3 只有 marmalade 一个音高重音，也是核心重音。对下降调 F10 也做了同样的调整，生成的语调曲线对应图 6-8 中的 F7、F8 和 F9。

另外，考虑到中国学习者一般疑问句语调产出的问题（详见第三章第二节和第三节），我们将 F4 的句尾边界调整为上升调，得到一种新的上升调 R8。F4 和 R8 唯一的区别就是句尾边界调的变化。随后在 R8 的基础上对重音个数和位置也做了与 F4 同样的调整，生成对应的 R5、R6 和 R7。最终共合成了图 6-8 的 18 种不同的语调调型，汇总列于表 6-6。18 个语调调型两两配对，包括 AB 和 BA 两种形式，生成 324 个实验刺激对，由被试者进行听辨实验。

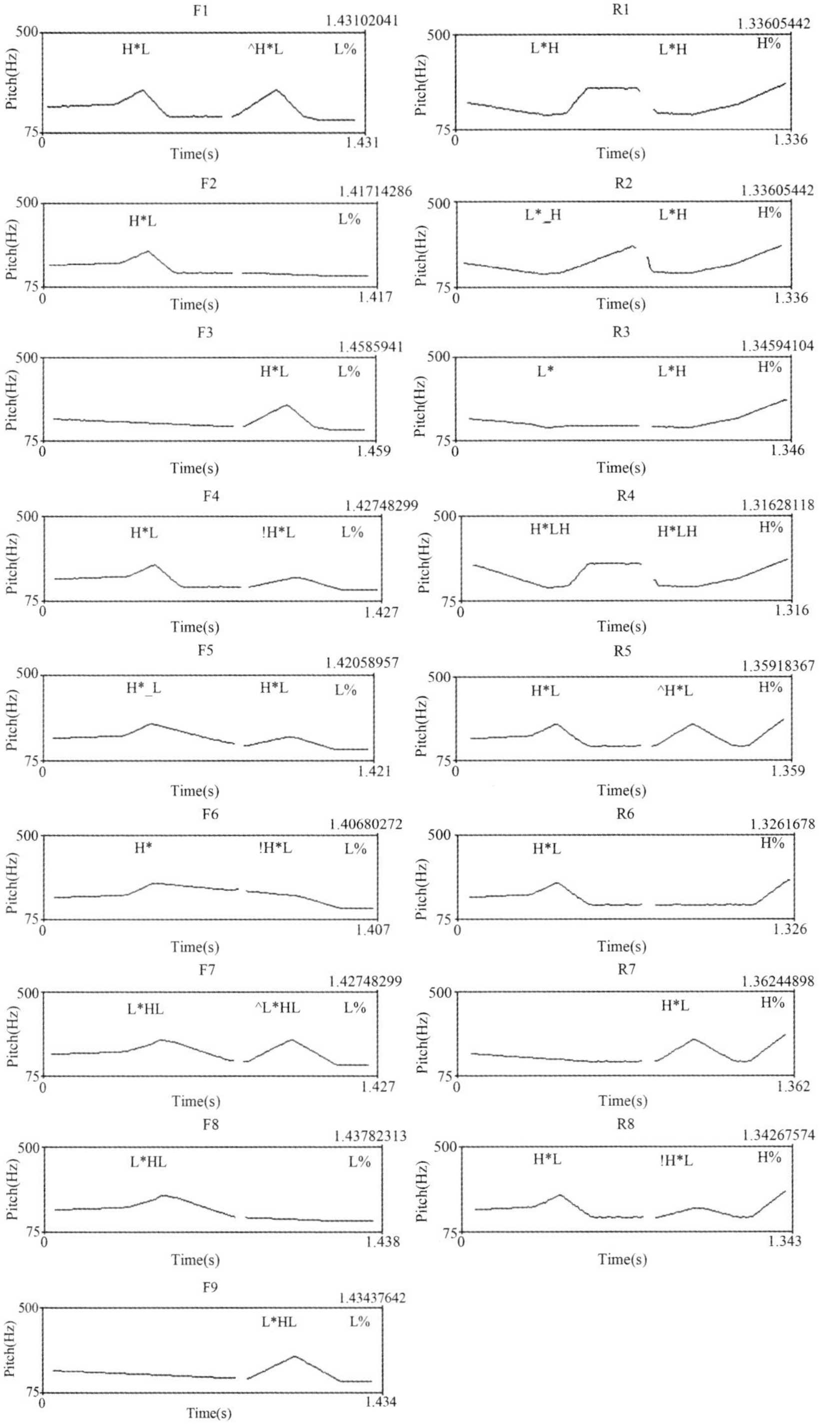
F1
1.43102041
H*L ^H*L L%
R1
1.33605442
L*H L*H H%
F2
1.41714286
H*L L%
R2
1.33605442
L*_H L*H H%
F3
1.4585941
H*L L%
R3
1.34594104
L* L*H H%
F4
1.42748299
H*L !H*L L%
R4
1.31628118
H*LH H*LH H%
F5
1.42058957
H*_L H*L L%
R5
1.35918367
H*L ^H*L H%
F6
1.40680272
H* !H*L L%
R6
1.3261678
H*L H%
F7
1.42748299
L*HL ^L*HL L%
R7
1.36244898
H*L H%
F8
1.43782313
L*HL L%
R8
1.34267574
H*L !H*L H%
F9
1.43437642
L*HL L%
Pitch(Hz)
500
75
Time(s)
0

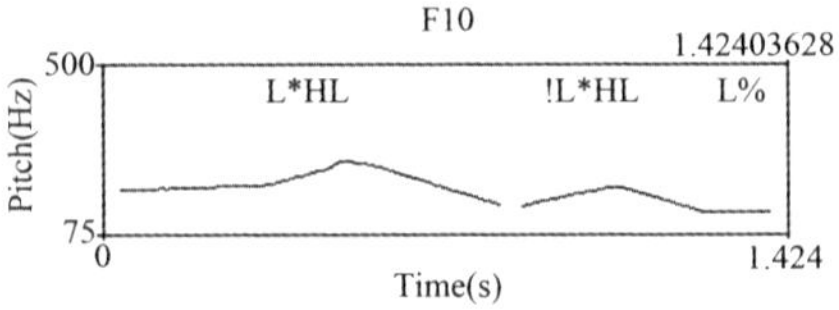

图 6-8　利用 Praat 的 PSOLA 合成工具制作的 18 种语调类型

（以句尾边界调划分，左侧为下降调型，右侧为上升调型；标注采用 IViE 语调标注系统）

表 6-6　　语调感知刺激描述

编号	音高重音个数	核心重音位置	边界调	语调特征表达
F1	2	2	L%	H* L ^H* L L%
F2	1	1	L%	H* L L%
F3	1	2	L%	H* L L%
F4	2	1	L%	H* L !H* L L%
F5	2	1	L%	H* _L H* L L%
F6	2	1	L%	H* !H* L L%
F7	2	2	L%	L* HL ^L* HL L%
F8	1	1	L%	L* HL L%
F9	1	2	L%	L* HL L%
F10	2	1	L%	L* HL !L* HL L%
R1	2		H%	L* H L* H H%
R2	2		H%	L* _H L* H H%
R3	2		H%	L* L* H H%
R4	2	1	H%	H* LH H* LH H%
R5	2	2	H%	H* L ^H* L H%
R6	1	1	H%	H* L H%
R7	1	2	H%	H* L H%
R8	2	1	H%	H* L !H* L H%

（3）实验程序

实验范式采用语音范畴化知觉研究中的经典任务范式——区别任务。实验程序用 E-prime 1.0 编制，听音人首先看到实验指导语，按下 ENTER 键后，实验开始，电脑屏幕变黑，出现白色加号示意，300 毫秒后播放刺激，两个刺激之间间隔500毫秒，刺激播放结束后，指示语出现，要求被试根据两个刺激语调的相似度，从1（完全相同）到4（完全不同）进行打分，操作通过电脑按键进行。在正式实验前，有14句训练语句，方便听音人熟悉实验过程，正式实验开始前有文字示意，由听音人选择进入正式实验环节或者重新进行训练。正式实验环节所有刺激对随机播放。整个实验环节由听音人自行控制时间，实测实验时间不超过60分钟，中间有两次短暂休息时间。

（二）实验结果

每个被试的听辨结果，可以汇总为相似度矩阵，表6-9为中国听辨人C1的相似度矩阵，以对角线为界，矩阵左下半部分为AB听辨结果，数值越大表明听感距离越大，即两个刺激越不相似。例如第一列第二行为F2和F1两个调型听辨结果，刺激对F2在前，F1在后，被试C1听完刺激对后打分为2，认为两个刺激不完全相同。右上半部分为BA听辨结果，例如第一行第二列为F1和F2听辨结果，刺激对F1在前，F2在后，打分为2。从表6-9可见，该被试对于相同的调型，打分为1（对角线白色区域），下降调（L%）或者上升调（H%）组内两两之间（浅灰色区域）打分较低，下降和上升两种调型之间（深灰色区域）打分较高。

表6-9　　中国被试C1的听辨结果

调型	F1	F2	F3	F4	F5	F6	F7	F8	F9	F10	R1	R2	R3	R4	R5	R6	R7	R8
F1	1	2	1	1	2	2	1	3	1	1	4	2	3	3	3	2	4	3
F2	2	1	4	2	2	2	3	1	4	2	4	4	3	4	3	3	4	3
F3	2	2	1	1	2	2	3	3	1	1	4	4	3	4	4	4	3	3
F4	2	2	3	1	1	2	2	1	2	1	4	3	3	4	3	3	4	3
F5	4	2	3	1	1	1	2	2	4	1	4	4	3	4	2	3	2	2
F6	2	2	4	2	1	1	2	2	3	1	4	3	4	4	4	3	4	3
F7	1	2	1	2	1	2	1	2	3	2	4	3	3	4	2	4	2	4
F8	3	1	2	2	1	1	3	1	3	2	4	3	2	4	4	4	2	4
F9	1	3	1	2	1	3	1	2	1	2	3	4	3	4	4	2	2	4
F10	3	2	3	1	1	1	2	2	3	1	4	3	3	3	4	4	3	3
R1	4	3	3	4	2	3	4	3	3	4	1	1	1	1	3	2	1	2

续表

调型	F1	F2	F3	F4	F5	F6	F7	F8	F9	F10	R1	R2	R3	R4	R5	R6	R7	R8
R2	4	2	3	3	3	2	4	2	4	2	1	1	1	2	2	1	2	3
R3	3	2	3	4	3	3	3	3	3	3	1	1	1	3	4	3	2	2
R4	4	2	4	3	3	3	3	3	4	3	1	1	1	1	1	3	2	3
R5	4	3	3	3	4	3	3	3	3	4	4	2	2	3	1	1	1	1
R6	3	3	3	2	2	3	3	2	4	3	2	2	3	2	1	1	2	1
R7	3	3	3	3	4	3	3	4	3	2	3	2	1	4	2	1	1	2
R8	2	2	3	3	3	3	3	3	2	4	3	3	2	3	2	1	2	1

在这里需要说明的是，两个调型（如表6-9中F2—F9距离为4）的得分高，只是说明被试C1认为F2和F9两种调型完全不同，反映被试C1对两种调型感知距离较远，并无答案对误之分。我们采用与之前章节相同的办法，借用心理度量分析方法多维度尺度MDS分析、结构对比检验（Configuration Comparison Test）和聚类分析（Cluster Analysis）对实验结果进行分析。

（1）多维度尺度MDS分析

首先，我们对被试语调感知的结果进行多维度尺度分析。听辨人认为某两种语调调型相似，MDS中这两种调型之间的距离就会较近；反之，MDS中距离较远的调型则相似度较低。MDS分析结果显示A组听辨人二维标准化初始应力为0.047，D.A.F值为0.953，二维尺度分析模型拟合较好。B组二维标准化初始应力为0.069，D.A.F值为0.930，二维尺度分析模型拟合满意，C组二维标准化初始应力为0.058，D.A.F值为0.934，二维尺度分析模型拟合满意①。

从图6-9可看出，美国听音人（A组）将所有调型分为下降调和上升调两组，这两组调型在MDS图中分布在不同的区域，下降调基本上集中在左下方，上升调在右上方。两组中国听音人（B组和C组）也将所有调型分为下降调和上升调两组，然而整体上两组中国听音人MDS图中

① 克鲁斯卡尔于1964年对谢帕德1962年提出的MDS模型给出了有效算法，根据他的经验标准，应力≥20%，则模型对数据的拟合程度为差；应力≤10%为满意；应力≤5%为好；应力≤2.5%为很好；其理想情况为0，称为完全匹配（张文彤，2004）。

各调型分布较松散，没有美国听辨人集中。

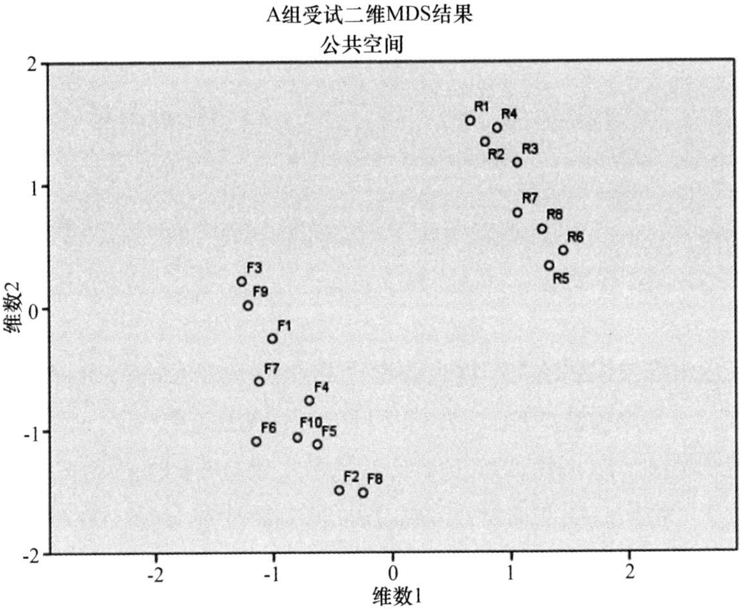

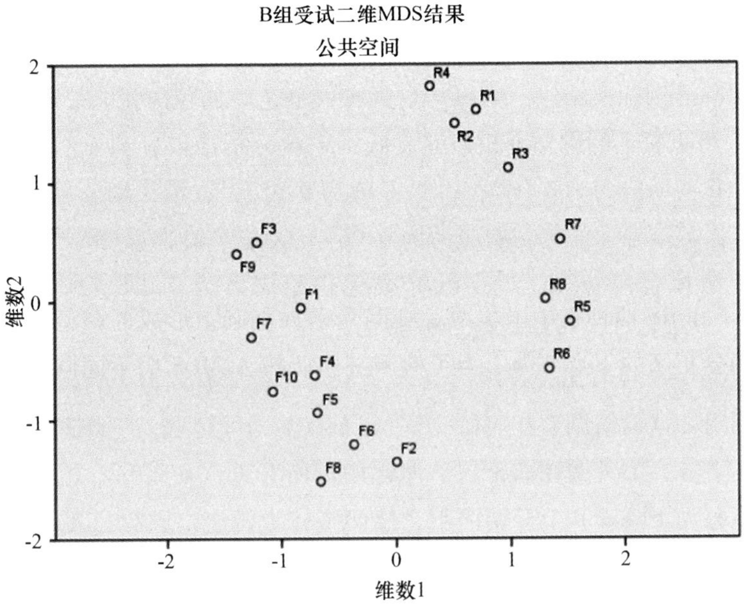

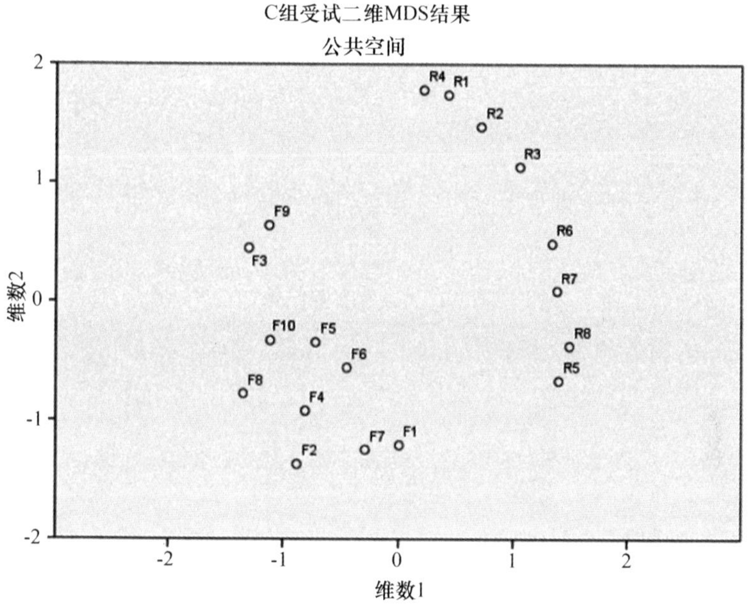

图 6-9　三组听辨人听辨结构的二维 MDS 结果

在下降调组内，三组听辨人的 MDS 图均显示 F1 和 F7 的距离较近，也就是三组被试都认为 F1 和 F7 的调型相似度较高。但是 F1 和 F7 在 A 组和 B 组 MDS 图中位于下降调分布区中间的位置，C 组却在下降调分布区最下面的位置。F2 和 F8 在 C 组中的位置也与 A 组和 B 组不同。三组听辨人 MDS 图中上升调的分布比较类似，R1、R2、R3 和 R4 四种英语中原有的疑问句调型均处在三组被试上升调分布区的上半部分，而 R5、R6、R7 和 R8 四种在中国学习者疑问句语调基础上形成的调型均分布在上升调分布区的下半部分。为了检测三组听辨人 MDS 中不同调型的空间分布到底是否具有显著性差异，我们采用与 Grabe 等（2003）的研究相同的方法进行检验，该检验方法为结构对比检验，用于检测两组数据在空间中的排列是否具有可比性和差异性。

（2）结构对比检验

MDS 计算过程会得出每组听辨人两两刺激对之间的欧式距离。18 种调型可以得出 153 个距离，形成距离矩阵。10 个下降调可以得出 45 个距离，而8个上升调可以得出28个距离。结构对比检验（以下简称CCT）以MDS分析得到的两两刺激间的欧式距离为基础。

整个CCT检验过程分为三步：首先对每两组听辨人的欧式距离作Pearson相关分析，如结果不相关，证明这两组被试的感知结果在MDS图中的分布排列不同，没有可比性。如结果相关，证明两组听辨人的感知结果在MDS图中的分布相似，有一定的可比性。

其次，对距离矩阵进行规整，规整公式为 $d_{ij}Vn = (d_{ij} - Mv)/5sv + 1$。$d_{ij}$为实验刺激i和j之间的距离，如调型F1和F2之间的距离。$d_{ij}Vn$代表听辨人n的实验刺激i和j之间规整后的距离。Mv代表该听辨人所有实验刺激之间距离的平均值。sv为其标准差。规整后的所有距离平均值为1，标准差为0.2。

最后，对每两组听辨人感知结果在MDS图中的分布作线性回归分析，求出斜率A和截距B，$dijVn = A^{*} dijWn + B$。此处，V和W代表不同的被试组。如果两组听辨人感知结果在MDS图中的分布完全相同，则 $A = 1$，$B = 0$。反之，则 $A \neq 1$ 或 $B \neq 0$。

表6-10显示了三组听辨人的CCT检验结果。我们对所有调型、下降调组和上升调组分别做了CCT检验。结果显示所有调型，不论是下降调组还是上升调组，三组听辨人的结果均具有相关性，说明三组听辨人对于18种调型感知结果有一定的相似性。尽管如此，斜率A和截距B的值显示，三组听辨人感知结果仍具有显著性差异。

表6-10　　　　三组听辨人CCT检验结果

组别	相关性	斜率A	sig.	截距B	sig.
18种语调调型					
A组/C组	0.824**	0.824**	0.000	0.176**	0.000
A组/B组	0.833**	0.834**	0.000	0.166**	0.000
C组/B组	0.890**	0.89**	0.000	0.110**	0.004
8种上升调					
A组/C组	0.669**	0.812**	0.000	0.188	0.118
A组/B组	0.401**	0.792**	0.000	0.208	0.099
C组/B组	0.552**	0.998**	0.000	0.002	0.877

续表

组别	相关性	斜率 A	sig.	截距 B	sig.
10 种下降调					
A 组/C 组	0.813**	0.670**	0.000	0.330**	0.007
A 组/B 组	0.793**	0.401**	0.006	0.599**	0.000
C 组/ B 组	0.998**	0.552**	0.000	0.448**	0.001

** $P<0.01$，表示数据有显著性意义。

将下降调和上升调分开考察，上升调组的相关性似乎要低于下降调组，但是斜率 A 和截距 B 的数据却呈现相反的结果，上升调的斜率 A 要更加靠近 1，而且只有上升调的截距 B 与 0 无显著性差异。

为了进一步确认是否准确，我们详细观察了三组上升调和下降调的线性回归图，发现上升调在 MDS 空间距离的排列实际上比下降调更相似，如图 6-10 所示，B 组和 C 组的上升调的排列几乎相同，而下降调的排列则存在差异。CCT 结果中上升调的相关性比较低可能是因为上升调个数少，得到的欧氏距离数量也少。下降调的相关性较高，但是斜率 A 和截距 B 的值与上升调呈现相反的趋势，为了深入分析三组听辨人对下降调和上升调内部的分类，我们以 MDS 分析得到的欧式距离为基础，进一步进行聚类分析。

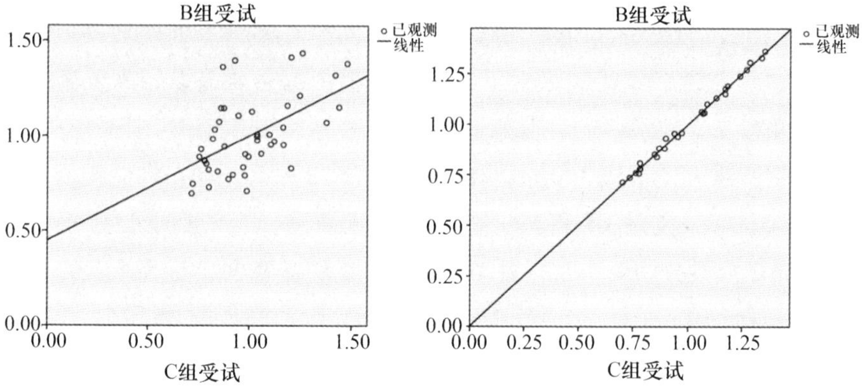

图 6-10　B 组和 C 组听辨人的线性回归图

（左侧为下降调，右侧为上升调）

（3）聚类分析

聚类分析可以展示三组听辨人对下降调和上升调组内的分类情况。图6-11为三组听辨人聚类分析树状图。与前面的MDS和CCT结果一致，三组听辨人均首先将调型分成了下降调和上升调两组。下降调和上升调组内的分类则比较复杂。中国两组听辨人依据音高重音个数分类的倾向在上升调中也有体现。美国听辨人将上升调单纯地分成了两大类，R1、R2、R3、R4为一类，R5、R6、R7、R8为一类；而两组中国听辨人在此分类的基础上，将R5、R6、R7、R8按照音高重音的个数分为了R5、R8和R6、R7两小类。

如图6-11上图所示，美国被试（A组听辨人）将下降调分为了两大类，第一大类为F5、F10、F4、F6、F2和F8，这几种调型的核心重音均为Marianna。第二大类为F3、F9、F1和F7，核心重音均为marmalade。对于第一大类，又分为了两小类，第一小类包括F5、F10、F4和F6，第二小类是F2和F8，两小类的区别是音高重音的个数。由此我们可以推测，美国听辨人对下降调的分类主要是以核心重音的位置为依据的，进一步细分时才会考虑音高重音个数。

C组听辨人将下降调分为两大类，一大类为F5、F10、F7、F1和F4，其共同点是有两个音高重音；另一大类为F3、F9、F8、F2和F6，其中F3、F9、F8、F2均有一个音高重音，只F6有两个音高重音。有一种可能是中国被试对F6的感知存在问题，将其感知为一个音高重音。由图6-11中图可以看出，F6语调曲线和其他有两个音高重音的调型有一定的区别，也就是说C组听辨人对下降调的分类依据主要是以音高重音个数为依据的。

B组听辨人结果较为复杂，如图6-11下图所示，首先将下降调分为了两大类，第一类是F3和F9，只有一个音高重音，核心重音为marmalade；第二大类分为两小类，一小类是F1和F7，有两个音高重音，核心重音为marmalade；另一小类包括了F5、F6、F2、F4、F8和F10，尽管音高重音数目不同，核心重音均为Marianna。可以说B组听辨人的分类介于美国听辨人和C组听辨人之间，B组听辨人在对下降调分类时既考虑了核心重音的位置，也考虑了音高重音的个数。

A组受试聚类分析树状图
重新调整距离聚类合并

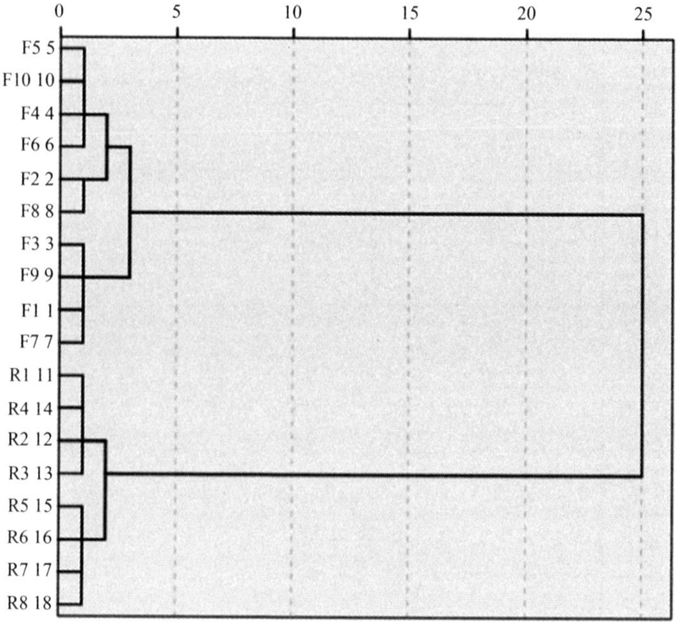

B组受试聚类分析树状图
重新调整距离聚类合并

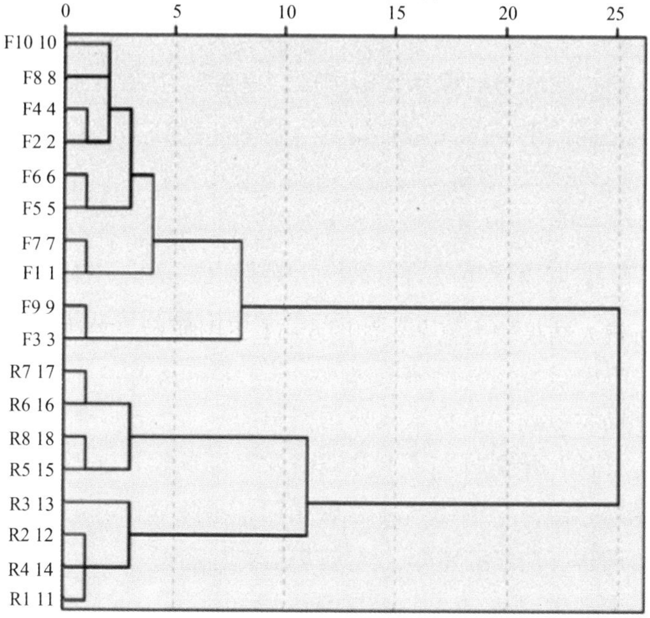

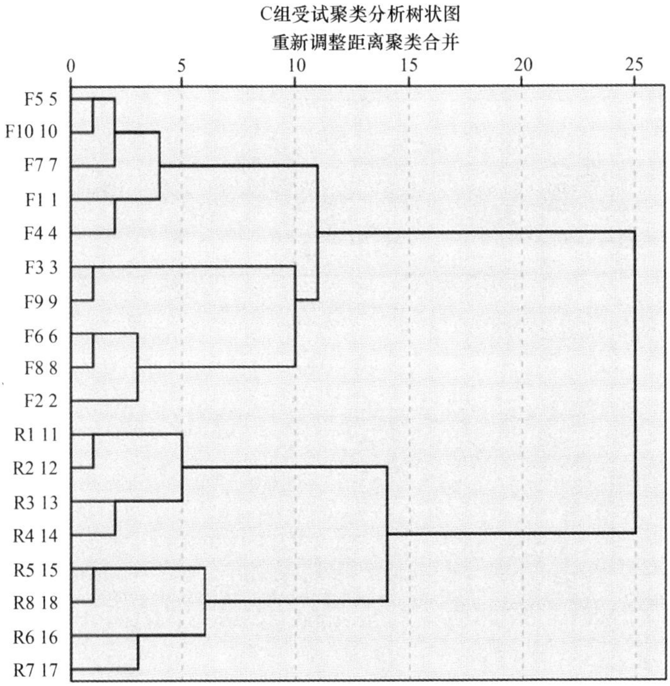

图 6-11 三组听辨人聚类分析树状图

（三）讨论与结论

首先，边界调类型的感知：中国学习者和美国英语本族语者的感知结果有相似之处，主要体现在对句尾边界调的区分上，三组被试均首先将 18 种调型分为下降调和上升调。前期研究中已经发现中国学习者一般疑问句的核心重音在非句末时，其核心重音的实现方式和陈述句类似，均用 H^* 或者 H^*L 来实现重音。因此上升调 R5、R6、R7、R8 是在下降调 F1、F2、F3、F4 基础上合成的，只有句尾边界调从下降改为上升，中国学习者有可能会将这八种调型归为一类。然而，MDS 和聚类分析结果均显示，中国学习者并未将这几种调型归为一类，而是和英语本族语者一样将它们分开，分别归入了上升调组和下降调组，证明中国学习者对语调边界调的感知，与英语本族语者相同，是独立于核心重音的；也同时说明对语调语气功能的感知，具有跨语言普遍性。

其次，音高重音感知：尽管学习者感知结果和本族语者显著相关，但是对音高重音的感知仍有差异。主要表现在以下几个方面：①中国学习者对下降调分类主要依据是音高重音的个数。尤其是非英语专业、水平较低的 C 组听音人，将有两个音高重音的调型（F5、F10、F7、F1 和 F4）分为一类，将有一个音高重音的调型（F3、F9、F8 和 F2）分为另外一类。②中国学习者语调感知结果在 MDS 图中的分布比本族语者要分散，聚类分析的结果也证实，中国学习者对下降调和上升调又进行了比本族语者更加详细的分类。Grabe 等（2003）安排英国、中国、西班牙被试对带有言语信息的语调曲线以及相对应去掉言语信息的纯音调曲线进行听辨。结果显示，英国和西班牙被试对纯音调的感知结果在 MDS 图中比带有言语信息语调曲线的感知结果分布要分散，而中国被试对纯音调曲线的感知结果和语调曲线结果无显著性差异。基于上述两点，我们可以认为中国学习者，尤其是英语水平较低的学习者，对音高重音的感知依据更多是语音维度音高曲线的变化，而不是依据其所表达和传递的意义，这点与本族语者有本质上的区别。

中国学习者对边界调感知与英语本族语者相同，对音高重音的感知结果与本族语者有很大的区别。边界调与语调的语气功能相关，音高重音与语调表达的信息结构相关。因此，这个结果其实可以从语调的类型学角度加以解释，也就是说人类语调存在共性，所有语言在用语调表示语气时，都毫无例外地用高调或升调表示疑问，用低调或降调表示陈述（Bolinger，1978）。当然，从发音生理和生物学角度也有如下解释，Gussenhoven 和 Chen（2000）指出，有些语调表达的意义是由人类发音机制决定，是天生的，不具有语言学属性，比如在基频产生的过程中，较小的喉腔发声基频较高，较大的喉腔基频较低。Ohala（1978）从生理上给出解释，各种语言（包括声调语言、音高语言和重音语言）的 F0 变化都有喉肌参与作用，其中环甲肌对提高 F0 是主要力量。疑问边界调音高的上升是由环甲肌引起的，说明人的喉头构造制约了“疑问”概念的形成。这种音高和语义之间的固定关系的原因还可以到生物学，尤其是动物行为学里去找。“用上升调表示疑问和用下降调表示肯定”，是人在与外界相互作用过程得到的体验。

从语言功能来看，焦点是指由特定语境引起的对句子中某一特定部分的强调（Liu 和 Xu，2005）。由于焦点在韵律上多实现为重音，焦点和重音之间存在紧密的关系。Gussenhoven（1983）曾提出，焦点与重音

(Focus-to-Accent) 理论，即用音高重音来标记句子中语音上最凸显的部分（即焦点），并提出了焦点和重音的对应关系，主张焦点和重音之间并非一一对应，重音按照一系列句重音分配原则（Sentence Assignment Rules）与焦点分布对应。本研究中的核心重音标记的即是句子的焦点（窄焦点），正是 LILt 中语义维度，形式和意义的配对我们的研究说明中国英语学习者与英语本族语者语调感知的不同体现在语调语义层面，即焦点信息和信息结构的感知上。也就是说学习者对语调的感知，受到不同层次语义加工的影响，越是涉及语义维度深层的加工，学习者对语调的感知越困难。

此外，学习者的二语水平与感知结果有着紧密的关系。C 组听辨人为非英语专业的学生，刚通过 6 级，B 组听辨人为英语专业教师，均通过了英语专业八级考试，而且英语口语较好，即 B 组听辨人的英语水平要高于 C 组被试，聚类分析结果显示，英语水平相对较高的 B 组听辨人对下降调组内的区分考虑音高重音个数的同时，也参考核心重音的位置，而英语水平相对较低的 C 组听辨人则主要以音高重音个数为依据，可以说，中国学习者对语调的感知随着二语水平的提高而向本族语者靠拢，逐渐把语调的形式与意义作为一个整体考虑。这点与 Ortega-Llebaria 和 Colantoni（2014）的实验结论不一致，我们认为这是 Ortega-Llebaria 和 Colantoni 研究中两组二语听辨人母语背景不同所致。

三 粤、吴方言区英语学习者语调感知研究

已有研究表明方言在韵律类型和结构上的不同对英语学习者句重音的习得有不同的影响（Jia 和 Li，2012），因此本节主要考察粤方言区和吴方言区英语学习者对句重音的感知情况。

粤语和吴语都是声调语言，但在句重音的语音实现上，与英语不尽相同，粤语有 9 个声调（3 个入声），语调特点是焦点重音没有音域扩大以及焦点后音高压缩（PFC），基频对句重音实现的影响不大，表达句重音的手段主要靠时长。而吴语有 5 个调，表达句重音的手段与英语有类似之处，句重音的实现是焦点处音域扩展是以及焦点后音高压缩（PFC），焦点时长也拉长。

本节以句重音感知为切入点，通过重音感知实验，考察如下问题：

1）粤、吴方言区英语学习者是否能准确感知英语句重音？

2）已有的产出研究表明，中国英语学习者在陈述句句重音上的产出表现好于疑问句，那么在重音感知中，陈述句句重音的感知表现是不是也优于疑问句句重音的感知？

3）音高重音的类型对信息的传递也起着非常重要的作用，粤、吴方言区英语学习者在句重音感知过程中对不同音高重音类型的感知是否存在差异？

（一）实验方法

（1）实验刺激

实验刺激由60个句子组成，陈述句和一般疑问句各30句。其中，陈述句选取了L+H* 和H* 这两种音高重音类型，边界调一律选用降调L-L%。疑问句选取了L*+H和H* 这两种音高重音类型，分别与上升的边界调H-H%和下降的边界调L-L%组合。音高重音和边界调的音系标注选择ToBI标注系统。每种组合分别录制了10个句子，这样陈述句和疑问句的实验刺激分别是20句，一共40句。除了目标句，每种句型的听辨还增加了宽焦点句各10句。实验刺激的类型和数量见表6-11。

表6-11　　实验刺激设计

编号	句型	核心重音（句重音）	边界调	数量
1	陈述	窄焦 L+H*	L-L%	10
2	陈述	窄焦 H*	L-L%	10
3	陈述	宽焦 H* L	L-L%	10
4	疑问	窄焦 L*+H	H-H%	10
5	疑问	窄焦 H*	L-L%	10
6	疑问	宽焦 L* H	H-H%	10

（2）刺激录制

60个实验句子的语音刺激由一名英语本族语者录制完成。除了提供给发音人目标句的文本，我们还提供了引导句，目的是让发音人在自然语境下产出目标句，即将句子重音放在实验设计的目标词上。表6-12列举了表6-11中不同音高重音类型句子录制时使用的引导句和目标句文本。录制完成后，由一名英语专业的学生对所录制的句子进行 ToBI 标注，以确保发音人按要求朗读了实验句子。标注的主要内容是目标词音高重音实现的方式和边界调。值得注意的是，在正式实验的听辨过程中，被试只需听辨目标句，判断目标句中句重音的分布，无须听辨引导句。

表 6-12 引导句、目标句文本示例（大写词为窄焦点，粗体字为核心重音）

句型和焦点类型	引导句	目标句	核心重音
陈述窄焦点	Bill played the guitar in a class at school. What about Tina?	Tina played the **DRUM** in a class at school.	L+H*
陈述窄焦点	Barbara teaches geography in the university. What about Susan?	Susan teaches **PHYSICS** in the university.	H*
陈述宽焦点	What happened?	My husband went to the airport to meet the **movie** star last Friday.	H*L
疑问窄焦点	What did Tina play in a class at school?	Did Tina play the **DRUM** in a class at school?	L*+H
疑问窄焦点	What does Susan teach in the university?	Does Susan teach **PHYSICS** in the university?	H*
疑问宽焦点	What happened?	Did your husband go to the airport to meet the **movie** star last Friday?	L*+H

为了更直观地展现发音人在录制句子的过程中，按照规定的音高重音模式产出了句重音，我们绘制了表 6-12 中除宽焦句之外其他音高重音类型句子的基频模式图，如图 6-12 至图 6-15 所示。从图中可以看出，发音人的确按照要求录制了实验句子，如陈述句中音高重音 L+H* 与边界调 L-L% 的组合，发音人实现为基频曲线上升的目标词和下降的边界调。陈述句中音高重音 H* 与 L-L% 的组合，发音人实现为基频曲线高降的目标词和下降的边界调。疑问句中音高重音 L*+H 与边界调 H-H% 的组合，发音人实现为基频曲线低平的目标词和上升的边界调。疑问句中音高重音 H* 与边界调 L-L% 的组合，发音人实现为基频曲线高降的目标词和下

降的边界调。

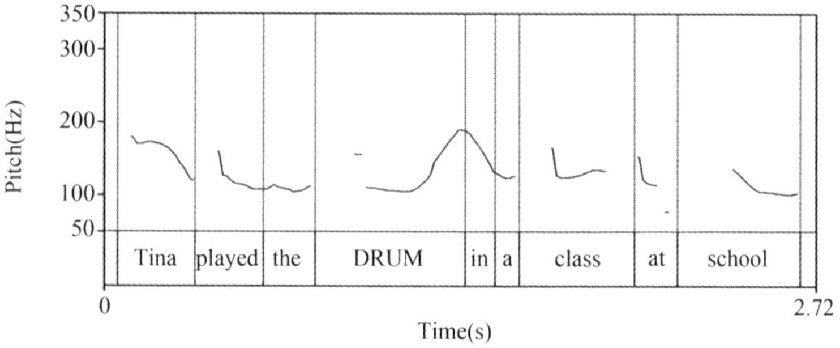

图 6–12　陈述句：Tina played the DRUM in a class at school.

（L+H* +L–L%）

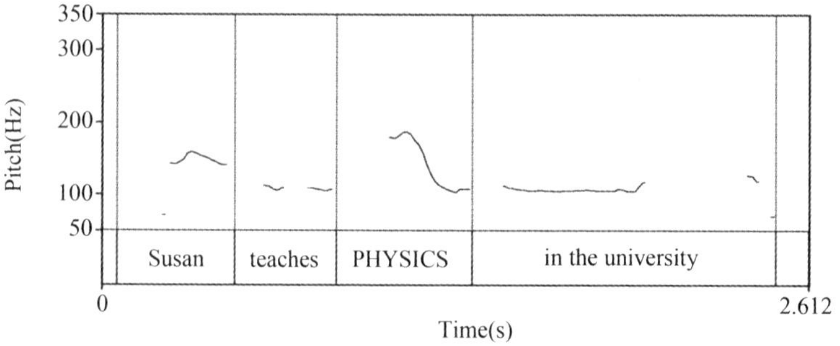

图 6–13　陈述句：Susan teaches PHYSICS in the university.

（H*+L–L%）

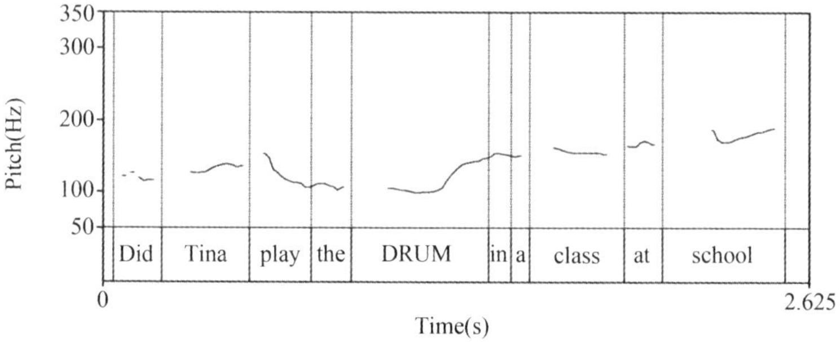

图 6–14　一般疑问句：Did Tina play the DRUM in a class at school.

（L*+H–H%）

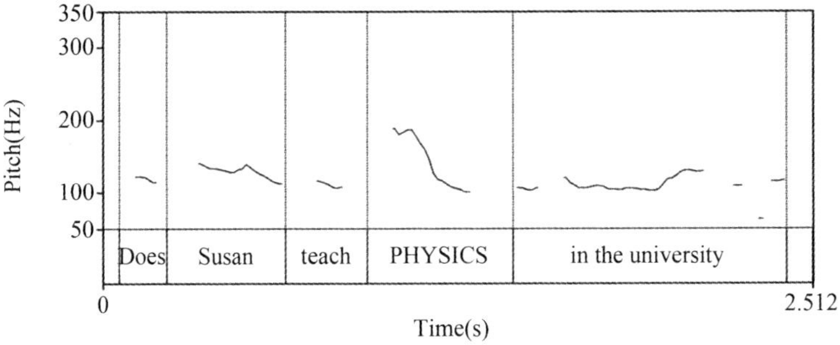

图 6-15 一般疑问句：Does Susan teach PHYSICS in the university?

($H^*+L-L\%$)

（3）被试

粤方言区英语学习者 20 名，其中参加陈述句和一般疑问句句重音听辨实验的各 10 人。吴方言区英语学习者 20 名，其中参加陈述句和一般疑问句句重音的听辨实验各 10 人。他们分别是广州和上海高校大一大二的英语专业或者通过英语六级的非英语专业学生，粤语和吴语分别是他们的本族语方言。所有被试均是右利手，没有听说读写方面的障碍。

（4）听辨流程

实验在一个安静的房间中进行，被试佩戴耳机听辨实验刺激。听辨过程中，刺激的文本呈现在电脑屏幕上，句子中所有单词的书写形式、大小均一致，目标词（重读焦点词）不会呈现大写、加粗等标记特征。所有句子随机播放，每个句子只播放一遍。要求被试在刺激播放结束后，选择他认为句子中重读的英语单词。选择过程中，被试可进行单项选择，也可以进行多项选择。如果认为句子中只有一个重读的英语单词，那么进行单项选择；如果认为句子中不止一个词重读，可以进行多项选择。而如果被试认为听到的句子中没有任何刻意重读的英语单词，则选择句子末尾的标点符号。被试做出选择后，点击电脑屏幕下方的“确定”按钮，则开始播放下一个句子。

（二）实验结果

实验结果的分析以打分为主，只要被试选择的目标词是句子中的重读词，就计 1 分。这包含两种情况，一是被试有且仅选择了一个词，且这个词刚好是目标词；二是被试选择了多个词，目标词包含其中。这两种情况只要占其一，均计为1分。如果被试没有选择目标词，无论其选择了多少个单词，都计为0分。最终某个句型的听辨结果是统计所有被试同类句型的得分总和。以粤方言区被试对音高重音 L+H* 与边界调L-L% 的组合这类陈述句的感知来说，被试人数是10人，句子数量是10，总分就是100分，即所有被试在这10个句子中都选择了目标词作为重读单词。正确率的计算方式是所有被试在这类句型上的得分除以该类句型的总分。粤方言区和吴方言区英语学习者对不同句型句重音的听辨结果见表6-13。

表6-13　　粤、吴方言区英语学习者句重音听辨正确率

编号	句型	音高重音	边界调	正确率（粤）	正确率（吴）
1	陈述	窄焦点 L+H*	L-L%	97/100 = 0.97	97/100 = 0.97
2	陈述	窄焦点 H*	L-L%	93/100 = 0.93	99/100 = 0.99
3	陈述	宽焦点 H*	L-L%	74/100 = 0.74	52/100 = 0.52
4	疑问	窄焦点 L*+H	H-H%	77/100 = 0.77	85/100 = 0.85
5	疑问	窄焦点 H*	L-L%	67/100 = 0.67	85/100 = 0.85
6	疑问	宽焦点 L*+H	H-H%	57/100 = 0.57	75/100 = 0.75

感知实验结果表明：①无论是粤方言区英语学习者还是吴方言区英语学习者，陈述句句重音的感知正确率都显著高于一般疑问句句重音的感知正确率，粤方言区的英语学习者尤为明显；②吴方言区英语学习者对一般疑问句句重音的感知表现显著好于粤方言区英语学习者；③陈述句和一般疑问句中宽焦点句的句重音在句末，两个方言区的英语学习者对宽焦点句的重音感知正确率均为最低，表现出多重音的感知习得偏误；④两个方言的感知结果表明，英语学习者对句重音的感知过程中，音高重音类型的作用与句型相关，一般疑问句中对 L* H 做重音也能有比较高的感知正确率，所以，学习者不能正确产出 L* H，并不是因为感知不到造成的。

四　小结

本节通过三个感知实验，考察了中国英语学习者语调感知特点。

基于语音库的重音感知模式对比研究，以不同水平的中国英语学习者和英语本族语者为研究对象，以陈述句和一般疑问句中的重音作为实验刺激，发现中国英语学习者对陈述句句重音的感知分布与英语本族语者接近，对疑问句句重音的感知分布则与英语本族语者存在较大差异。更加具体来说，学习者对 H^* 类音高重音的感知显著好于 L^*H，英语学习者对陈述句句重音的感知结果优于疑问句句重音的感知。另外，学习者对句重音感知的结果与学习者水平密切相关，英语水平越高的学习者对重音感知的结果也越接近英语本族语者。

方言区英语学习者重音感知研究所采用的实验方法与基于语音库重音感知模式对比研究所采用的方法大致相似，在实验流程上都是通过耳机播放实验刺激，让被试选择句子中重读的单词，在实验刺激的选取上都以陈述句和疑问句中的句重音为感知对象。研究发现，学习者对陈述句句重音的感知正确率显著高于一般疑问句句重音的感知；当同一个句型用两种不同类型的音高重音实现重读时，学习者对不同音高重音类型的感知也无显著差异。以上两点与学习者的方言背景无关，但是粤方言区英语学习者对疑问句句重音的感知正确率显著低于吴方言区英语学习者。

以 LILt 理论为基础，从形式和功能两方面，对比分析了英语母语与不同水平英语学习者的语调感知异同。首先是语音维度感知表明，中国英语学习者对于音高重音听辨结果的一致性要低于美国英语本族语者；学习者对陈述句音高重音的感知模式与本族语者比较接近，但对一般疑问句音高重音的听辨结果与本族语者存在显著差异。中国英语学习者音高重音产出模式与感知模式之间有着密切的关系，体现在英语口语水平与他们的重音感知和重音产出有密切的联系。其次是语义维度。已有的语调感知实验表明，边界调的感知受到人类通用听觉机制的影响，因此学习者不存在问题，但对更深层次语义（焦点）的加工则存在困难，与本族语者有显著差别。本族语者对音高重音感知依据是核心重音，以语调焦点信息表达的意义为分类依据。而中国学习者，尤其是英语水平相对较低的学习者，主要以音高重音的个数为感知依据，更多停留在对语音维度音高曲线的变化的感知。因此，中国学习者对语调感知的困难，主要在于 LILt 理论提出的语义纬度，无法将语调的形式和意义关联起来。但随着英语水平的提高，学习者对语调感知的结果向本族语者靠拢，高水平学习者对语调感知的依据不再只是音高曲线的变化，逐渐把语调的形式与意义作为一个整体考虑，在加工中形成构式整体的加工方式。

由此我们可以确定，学习者对一般疑问句产出中问题的原因，不在于无法正确感知语调曲线，一方面是汉语词汇韵律特征的负迁移，另一方面还在于无法将语调音高重音类型（L^*/L^*H）与更高层面的加工，如句法、语义、语用等联系起来。我们也致力于用神经语言学的实验方法验证语调的形式和功能之间的关系，进一步对这个问题进行认知层面的解释，相关的研究成果将另外成书展现给大家。

第二节　语调韵律的认知研究

既然中国学习者英语语调的感知问题，不在于无法正确感知语调曲线，而在于无法将语调音高重音类型与更高层面的加工，如句法、语义、语用等联系起来，那么，中国学习者是否就无法建立语调范畴，从而无法完成语调形式和意义的配对呢？本节围绕这个问题，介绍两个认知实验，第一个基于语调范畴感知训练实验，来探讨中国学习者英语语调的范畴感知学习机制；第二个采用视觉情景范式，利用眼动来研究粤、吴方言区英语习得者的焦点语调认知机制。

一　中国学习者语调范畴感知学习①

范畴学习（category learning）是人类的一项重要的基本认知技能，婴儿在不到一岁的时候就开始学会识别不同的音段范畴并开始习得单词的意义（Kuhl 等，1992）。有关听觉范畴感知学习的研究主要集中在音段和声调方面（Díaz 等，2012；Francis 等，2008；Quam 等，2018；Maddox 等，2013），目前，还没有实验考察不同记忆系统对二语者英语语调的范畴学习机制。根据 AM 理论，语调由音高重音（pitch accent）、短语重音（phrase accent）和边界调（boundary tone）三种音高事件组成，这三种音

① 引自纪晓丽、张辉、李爱军《中国学习者语调范畴感知学习机制探究》，《外语教学》2023 年第 44 卷第 1 期。

高事件都可以用高（H）、低（L）两种相对音高值来描述（Pierrehumbert，1980，2000；马秋武、贾媛，2009）。Ladd 和 Morton（1997）的团队进行了一系列实验，讨论本族语者对英语语调的重音感知是范畴化还是连续的。结果证明本族语者在语用的作用下，对重音的解读是范畴化的。Kapatsinski 等（2017）考察了美国成年人和儿童对英语语调的范畴感知，结果显示，成年人和儿童都能形成语调范畴，儿童的范畴宽度比成年人大，他们推测可能是因为儿童工作记忆低于成年人，无法整合多维的信息来识别语调。国内外有研究考察二语者的英语语调感知，但主要是通过对不同语言背景被试的对比，来探讨语调感知是具有跨语言普遍性，还是受到被试母语的影响（Gussenhoven 和 Chen，2000；Mennen 等，2012；Dupoux 等，1997；Liu 和 Rodriguez，2012）。到目前为止，还没有看到对二语者英语语调范畴感知进行的研究。二语学习者能否形成语调范畴，是本节将要探讨的问题。

（一）实验方法

（1）被试

有 41 名中国学习者参与该实验，为了排除方言、语言背景、语言学习经历对实验的影响，所有的被试都来自吴方言区，年龄在 18—20 岁（mean = 18.93，SD = 0.31），大一非英语专业学生，没有受过专业的语调训练或国外超过一个月的学习经历，被试均通过了四级考试（mean = 541.4，SD = 46.72），自述没有听说问题。完成实验后被试获得一定的报酬。

（2）实验刺激

实验刺激和 Kapatsinski 等（2017）一致，实验刺激是一句时长 3.43 秒，由 15 个“mi”音节组成的，无实际意义的句子。这句话的原始语料取自语料库 Speech Accent Archive（Weinberger，2015）中一名美国英语本族语者男性发音人朗读的一句语料，用 MBROLA 将句子中所有的辅音和元音设置为/m/和/i/（Dutoit 等，1996），排除句子的意义和节奏特征的影响。

这句话的语调曲拱通过 MBROLA 合成三种语调范畴原型：第一种是简单的平调（“flat” prototype），音高曲拱的基频保持在 250 赫兹左右不变；第二种是下降调（“final fall” prototype），音高曲拱前半段和平调一样，基频保持在250赫兹，从11个元音开始下降，到句尾下降到110赫兹；第三种是M调（muitifeature“M”prototype），音高曲拱也从250赫兹开始，在第4个元音开始上升，上升到顶峰350赫兹后开始下降，在第6个元音位置下降到215赫兹，并保持215赫兹到第八个元音后再次上升，在第13个元音位置上升到340赫兹，然后开始下降，在句尾下降到175赫兹。M调的设计代表了英语语调中音高重音的变化。

训练语料用Praat基于上述三种语调范畴原型生成（Boersma，2001），在三种语调范畴每个元音的中间部位进行扰动变化，或者上升1个半音（ST：semitone），或下降1个半音，或保持不变。每个语调范畴的变体（exemplar）都会有一个镜像变化，每个语调范畴生成6对变化样例。

测试语料包括了三个语调范畴原始音频、每个语调范畴中两对在训练中出现过的变体（TR1）、两对训练中没有出现的新的1个半音变化的变体（1ST）、两对新的3个半音变化的变体（3ST）和两对新的5个半音变化的变体（5ST），如图6-16第一行所示。除此之外，测试语料也包括M调的一些变化，M调中的左音高重音、右音高重音和两个音高重音间的波谷被去掉，然后进行1个半音的扰动变化，每种变化生成了两对不同音高位置和个数的M调变体，如图6-16第二行所示。

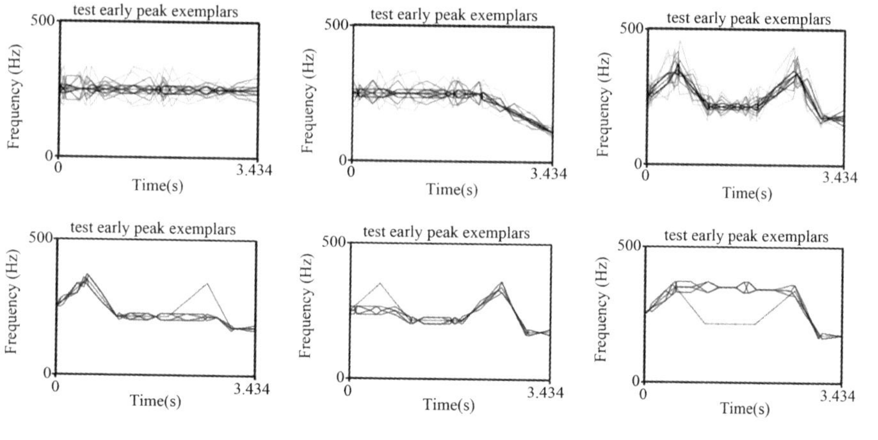

图6-16　测试语料示例（引自Kapatsinski等，2017，P391 Fig. 2）

(3) 实验流程

所有被试首先完成语言背景调查问卷，然后在消声室中完成语调训练实验、测试实验和认知测试。训练实验时，被试将听到随机播放的训练语料，两句话之间的间隔为500毫秒，在播放声音的同时，电脑屏幕上会出现和三种语调范畴分别对应的外星人图像，被试被告知将听到三个外星人说话的声音，被试需要认真学习三个外星人说话的特征。

训练结束后，被试马上进入测试环节，被试听到每一句训练的语料，然后选择是哪位外星人在说话，如图6-17所示，如果不是在训练中听到的外星人说话，则选择图片中的“其他外星人（one of these other aliens）”选项。

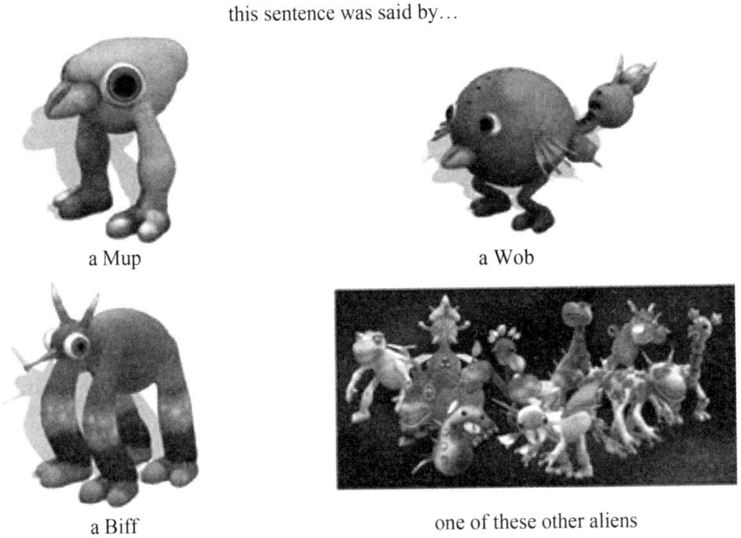

图6-17 测试程序界面（引自 Kapatsinski 等，2017，P392 Fig. 3）

(二) 结果分析

为了考察学习者是否能够形成语调范畴，我们首先采取了 Kapatsinski 等（2017）中的接受度大小来表示语调范畴感知，以和他们实验中美国英语本族语者的数据进行对比，接受度（acceptence）指的是听音人选择正确的语调范畴和选择“其他外星人”范畴在所有范畴中占有的比例，接受度越高，说明范畴宽度越高。

结果显示两组听音人之间无显著性差异［b = −0.11，SE(b) = 0.69，z = −0.16，P = 0.87］。无论是美国英语本族语者，还是中国学习者，对 TR1 和 1ST 语料的感知结果没有显著性差异［本族语者 b = −0.14，SE(b) = 0.32，z = −0.43，P = 0.67；学习者 b = −0.77，SE(b) = 0.68，z = −1.13，P = 0.25］。组别（本族语者 vs. 学习者）和语调变体（TR1 vs. 1ST）之间没有交互效应［b = −0.30，SE(b) = 0.38，z = −0.80，P = 0.43］。这说明学习者和本族语者一样，可以对 1ST 的语调范畴变体形成范畴化感知。从图 6-18 还可以看出，两组被试对 3ST 和 5ST 感知的结果和 1ST 范畴变体的结果有很大的差别，表 6-14 列出了两组被试对 3ST 和 5ST 感知结果的线性回归效果，可以看出，3ST 和 5ST 与 1ST 的语调变体结果有显著性差异，两组被试对 3ST 的接受度都在 45% 左右，本族语者对 5ST 接受度只有 17.4%，学习对 5ST 接受度是 27.2%，也就是说学习者对 5ST 语调变体的接受度要高于本族语者，但是结果并未达到显著性差异。

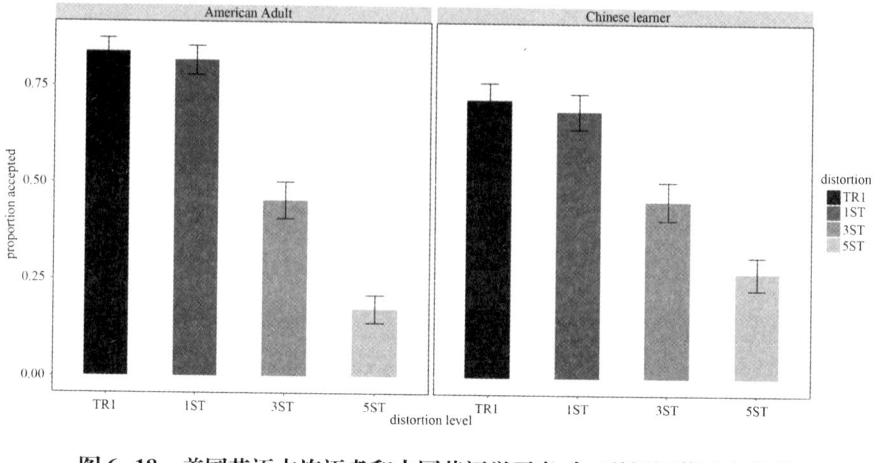

图 6-18　美国英语本族语者和中国英语学习者对三种语调范畴变体的范畴宽度

（注：本族语者数据来自 Kapatsinski 等（2017），此处 M 调变体不包括音高位置和个数的变化）

表 6-14 美国英语本族语者和中国英语学习者对 3ST 和 5ST 感知结果的混合线性回归结果

	Coefficient	SE	z	*P*
语调变体				
3ST	-2.33	0.33	-7.02	<0.001 ***
5ST	-4.09	0.4	-10.33	<0.001 ***
中国英语学习者	-0.36	0.64	-0.56	0.58
语调变体 * 组别				
3ST * 中国英语学习者	0.18	0.46	0.39	0.7
5ST * 中国英语学习者	0.71	0.54	1.31	0.19

如图 6-19 所示，两组被试对 M 调的不同变体之间的感知结果均有显著性差异，其中 M 正常变体和音高峰值延迟变体（late peak，代表去掉左边音高重音的 M 调变体）的接受度均较高；美国本族语者对 M 调正常变体的接受度是 86% 左右，中国英语学习者是 61% 左右。美国本族语者对音高峰值延迟变体的接受度是 69% 左右，中国英语学习者是 50% 左右。但是音高峰值提前变体（early peak，代表去掉右边音高重音的 M 调变

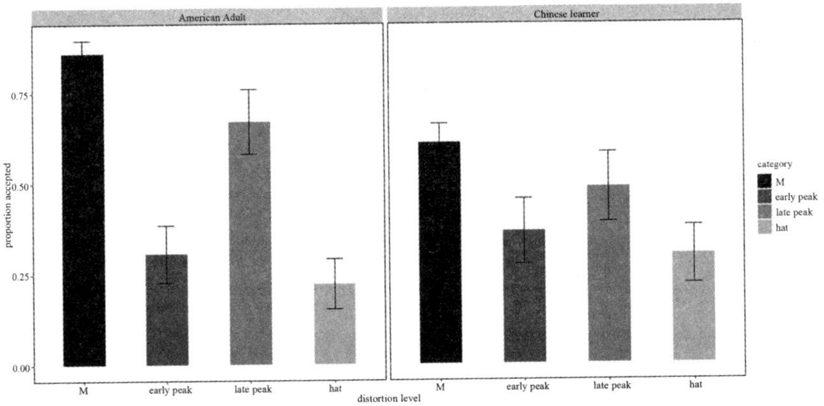

图 6-19 美国英语本族语者和中国英语学习者对 M 调音高重音位置变体的范畴宽度

（图中 M 代表 M 调的正常 1ST 变体，early peak 代表去掉右音高重音的 M 调变体，late peak 代表去掉左音高重音的 M 调变体，hat 代表去掉两个重音之间的波谷后的 M 调变体）

体）和帽子型变体（hat，代表去掉两个重音之间的波谷后的 M 调变体）的接受度均较低，美国本族语者音高峰值提前变体接受度是 31% 左右，中国英语学习者是 37% 左右；美国本族语者帽子型变体的接受度是 23% 左右，而中国英语学习者是 30% 左右。学习者对音高峰值提前变体和帽子型变体的感知结果和美国本族语者有边缘显著差异，也就是说学习者对音高峰值提前变体和帽子型变体的接受度要高于美国本族语者。

我们进一步对中国学习者的范畴感知结果进行详细分析，表 6-15 展示了学习者对音高扰动变化的感知结果。表中数值为所有被试将某一音高范畴归为某一个选项的比例，以表 6-15 中的第一行第一列的 0.651 为例，指的是所有被试听完 TR1 情况下的平调后，将其归为平调的比例是 65.1%，比例中的“其他”选项，即被试将听到的声音归为训练中没有出现过的、新的语调范畴的比例。

表 6-15 学习者对不同音高扰动变化的语调范畴变体感知结果

范畴 / 比例 / 变化	平调				下降调				M 调			
	平调	下降调	M 调	其他	平调	下降调	M 调	其他	平调	下降调	M 调	其他
TR1	0.651	0.035	0.238	0.076	0.076	0.843	0.064	0.017	0.273	0.163	0.512	0.052
1ST	0.616	0.029	0.227	0.128	0.064	0.831	0.064	0.041	0.256	0.134	0.523	0.087
3ST	0.477	0.047	0.203	0.273	0.064	0.547	0.093	0.297	0.174	0.122	0.337	0.366
5ST	0.302	0.029	0.203	0.465	0.058	0.407	0.099	0.436	0.105	0.047	0.14	0.709

表 6-15 中的灰色格子中的数值是语调范畴被归入原语调范畴的比例，可以看出，平调、下降调和 M 调的语调范畴感知结果受到音高扰动变化大小的影响。在音高扰动是 1 个半音时，不管是训练中出现过的旧语料（TR1），还是训练中没有出现过的新语料（1ST），三种语调范畴被归入原范畴的比例都在 50% 以上（TR1：平调 65.1%，下降调 84.3%，M 调 51.2%；1ST：平调 61.6%，下降调 83.1%，M 调 52.3%）。当音高扰动是 3 个半音时，只有下降调还有 50% 以上被归为原范畴（平调 47.7%，下降调 54.7%，M 调 33.7%），有 30% 左右的变体被归到新语调范畴（平调 27.3%，下降调 29.7%，M 调 36.6%）。当音高扰动变化

到5个半音时，三种语调范畴被归入原范畴的比例都降到50%以下（平调30.2%，下降调40.7%，M调14.0%），被归入新范畴的比例大大增加（平调46.5%，下降调43.6%，M调70.9%），大于归入原范畴的比例。

另外，从表6-15还可以看出，三种语调范畴的感知结果也有很大的不同，不论音高扰动变化大小，下降调被归入原范畴的比例都是最高的，平调次之，M调最低。表6-16详细对比了音高重音变化对语调范畴感知的影响，灰色格子中的数值是被试选择的比例最大的语调范畴，平调、下降调和M调被归为原范畴的比例都在50%以上，下降调被归为原范畴的比例高达83.1%。左重、右重和Hat调都是由M调音高重音变化生成的变体，它们被试归为M调的比例都在40%以下，Hat调和左重被归入新范畴（Hat调45.3%，左重33.1%）的比例超过了原范畴，左重和右重还有30%左右被归入了平调（左重30.8%，右重27.9%）。

表6-16 学习者对1ST变体下的所有语调范畴变体的范畴感知结果

比例 \ 范畴	平调	下降调	M调	左重	右重	Hat调
平调	0.616	0.064	0.256	0.308	0.279	0.134
下降调	0.029	0.831	0.134	0.076	0.163	0.11
M调	0.227	0.064	0.523	0.285	0.372	0.302
其他	0.128	0.041	0.087	0.331	0.186	0.453

图6-20展示了音高扰动和音高重音变化对语调范畴感知的影响。左幅是平调、下降调和M调三种语调范畴在不同音高扰动变化时被归入原范畴的比例，可以看到，TR1和1ST变体的准确率较高，3ST变体居中，5ST变体最低。以各语调范畴被归入原范畴的比例为因变量，语调范畴类型（平调、下降调和M调）和音高扰动变化水平（TR1、1ST、3ST和5ST）为自变量做重复测量方差分析，范畴类型的主效应显著[$F(2, 41) = 23.726$, $P < 0.001$]，音高扰动水平主效应显著[$F(3, 40) = 29.755$, $P < 0.001$]，范畴类型和音高扰动水平的交互效应不显著[$F(6, 37) = 0.742$, $P = 0.619 > 0.05$]。Bonferroni多重比较结果

显示，范畴类型变化方面，两两范畴之间的差异显著，P 值均小于 0.001；音高扰动变化方面，TR1 和 1ST 之间差异不显著（$P = 1.000 > 0.05$），其他音高扰动变化之间均存在显著差异。图 6-26 的右幅是 M 调及其变体被归入 M 调的比例，可以看出，学习者对 M 调变体的感知和 M 调不同，和 M 调相比，左重、右重和 Hat 调被归为 M 调的比例都很低。以 M 调及其变体被归为 M 调的比例为因变量，语调范畴变化类型为自变量，进行重复测量方差分析，结果显示语调范畴变化主效应显著［$F(3, 40) = 7.975$，$P < 0.001$］。Bonferroni 多重比较结果显示，M 调和三种变体的结果都存在显著性差异，三种变体两两之间差异不明显。

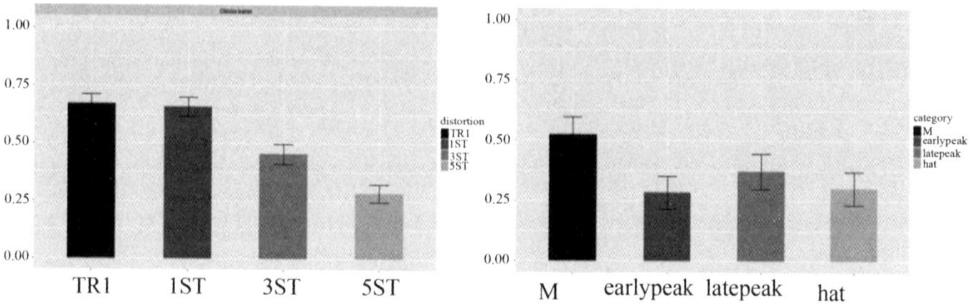

图 6-20　中国学习者不同语调范畴变体的范畴感知结果，左图是学习者对经过音高曲线扰动变化后的三种语调范畴变体的感知结果，右图是学习者对音高重音变化后的 M 调语调范畴变体的感知结果

（三）讨论

正如前文所述，语调由音高重音（pitch accent）、短语重音（phrase accent）和边界调（boundary tone）三种音高事件组成，一句话的音高曲拱除了上述三种音高事件外，其他部分的音高扰动变化对语调的意义影响不大，即我们对语调范畴进行的音高扰动变化，只要没有改变原语调范畴音高重音和边界调，如图 6-16 第一行所示，原则上就还属于原语调范畴。在实验中，我们对平调、下降调和 M 调三种语调范畴进行音高扰动的变化，结果发现在音高扰动变化是 1 个半音时，学习者对训练中出现过的语调（TR1）和没有出现的新语料（1ST）的感知结果没有显著性差异。也就是说学习者可以形成对应的语调范畴，将平调、下降调和 M 调变体归入原来的范畴，并没有因为 1ST 语料的音高扰动变化位置和 TR1

语料的不同，将 1ST 语料归入新的语调范畴。但该结果受到音高扰动变化的影响，随着音高扰动变化增大，学习者将测试语料归为新语调范畴的比例逐渐增加，当音高扰动变化增加到 5ST 时，学习者基本上将测试语料归为“其他”语调范畴的比例超过了归为原语调范畴的比例，但学习者并未在这三种语调范畴内部产生太多的混淆。前文我们已经提到，下降调和英语陈述句句尾边界调音高走势相似，M 调和英语陈述句音高重音及音高曲拱相似，即学习者基本能够对英语的边界调和音高重音形成语调范畴，但结果受到音高扰动变化的影响。

在实验中，我们还设计了 M 调变体，即由 M 调音高重音位置和个数变化生成的变体。M 调有两个音高重音，且两个音高重音的音高上升幅度相当，如图 6-16 右上幅所示。可以看出，M 调和英语陈述句中音高重音的实现方式类似，这句话的核心重音在第二个音高重音上。按照 Gussenhoven（1983）的焦点即重音（Focus-to-Accent）理论，即用音高重音来标记句子中语音上最凸显的部分（即焦点），核心重音标记的即是句子的焦点，M 调的焦点在第二个音高重音位置。Hat 调保留了 M 调的两个音高重音，且位置不变，但是去掉了两个重音间的波谷，改变了音高重音的实现方式。Hat 调在英语中常常被称为呼调，用于从远处呼叫某人的名字或者在演讲开始引起大家的注意等（Ladd，1996）。左重和右重都只保留了 M 调的一个音高重音，左重保留的是 M 调的第一个音高重音，右重保留的是 M 调的第二个音高重音，也就是说，左重的焦点在 M 调第一个音高重音的位置，右重的焦点则和 M 调一样。从语调意义和语法句式的关系来看，左重和右重都是陈述句语调，可以和 M 调归为一个语调范畴，Hat 调是呼调，和 M 调不属于一个语调范畴。从语调的语义功能来说，左重和 M 调焦点位置不同，是新的语调范畴，右重和 M 调焦点位置一致，可以将右重和 M 调归为一个语调范畴（Grice，2006；卜友红，2016）。

从表 6-16 可以看出，学习者将 Hat 调和左重归为新的语调范畴的比例最高，将右重归为 M 调的比例最高，学习者对 M 调变体的感知似乎是参考了语调的语义功能。然而将表 6-15 和表 6-16 对比发现，Hat 调有 45.3% 被归为“其他”，30.2% 被归为 M 调；3ST 音高扰动变化的 M 调有 36.6% 被归为“其他”语调范畴，33.7% 被归为 M 调。音高重音实现方式改变的 M 调变体和 3ST 音高扰动变化后的 M 调变体感知结果类似。这说明学习者认为音高重音实现方式的变化和音高扰动变化类似，并未考虑音高重音实现方式的改变引起的句子意义上的改变。在我们前面语调感知实验中，发现中国学习者对本族语者音高重音的感知基于核心重音的位置，核心重音的位置和句子的焦点相关，而低水平中国学习者对音高重音的感知依赖音高重音的个数。因此，有可能是学习者对 M 调变体的感知结果仍然受到音高重音的个数的影响。Schafer（2017）通过五个实验考察了韵律焦点对日韩英语学习者代词指代加工的影响，发现本族语者能够使用句子中的体（aspect）和韵律焦点信息确定先行词，学习者则没有将韵律焦点和更高层次的语义联系起来，他们在体（aspect）和韵律焦点信息不同时对先行词的选择是韵律焦点能留下更强的记忆痕迹（memory trace），增加注意（attention）的结果。Schafer（2017）的结论间接证明了我们的推测，学习者在形成语调范畴时，音高重音的变化增加了学习者的注意，但是学习者并没有充分考虑这些音高曲线的变化对语调意义和功能的影响。

（四）小结

通过语调范畴感知学习实验，我们发现中国学习者能够通过范畴感知训练建立基本的英语语调范畴，学习者对英语语调边界调的范畴感知学习的效果要好于对音高重音的学习效果。我们认为这是由于学习者在形成语调范畴的过程中，主要依靠音高曲线的变化，而未充分地考虑这些音高曲线的变化，尤其是音高重音的音高变化，对语调意义和功能的影响。也即，尽管在训练后，学习者对语调的范畴感知已经实现了基于信息整合的范畴学习，但学习者的信息整合可能主要考虑的是音高曲线维度上的变化，而未充分考虑英语语调中形式和意义的联系。我们认为，英语课堂中教师对边界调的教学，与英语和汉语在陈述和疑问语气表达上的共性共同作用，使得学习者快速习得了英语边界调的规则，从而在本实验中经过训练更早转入学习的后期。此外，学习者边界调的范畴感知学习效果要远远好于音高重音的学习效果，音高重音在两种语言中词汇韵律层面差异决定了其习得难度更高。

二 基于眼动的焦点语调认知

第四章详细介绍了关于焦点重音的产出研究，包括焦点重音的语音特点和音系表征的声学分析。这些语调的离线研究和前文中的感知研究表明，听者对焦点和重音的匹配关系比较敏感，他们会把焦点承载重音、非焦点不承载重音判断为合适的韵律，这种一致性匹配关系可以加速听者对言语的理解；而把非焦点承载重音、焦点不承载重音判断为不合适的韵律，而且这种不一致性匹配关系阻碍听者对言语的理解。

近年来，越来越多的学者采用心理语言学的手段考察焦点重音的在线加工研究。眼动研究中的视觉情境范式便是学者常采用的一种方法。针对母语加工的研究表明，恰当地使用音高重音，即本应该重读的词承载合适的音高重音，不应该重读的词未承载音高重音，在语言加工过程中具有优势，可以导致预期注视，引导被试更早地看到目标物；而不恰当地使用音高重音会导致眼动追踪过程中的花园路径效应（garden-path effect），使得被试正确注视目标物的时间点延迟（Ito 和 Speer，2008；Ito 等，2014；Perdomo 和 Kaan，2021）。

尽管韵律对语言理解很重要，但第二语言听者如何使用韵律线索仍不清楚。Chen 和 Lai（2011）采用视觉情境范式考察了荷兰英语学习者在英语在线指代消解中语调的使用情况，发现二语学习者在使用声学信息预测即将到来的指称名词时采用了学习者特有的策略，这些策略与学习者在其母语荷兰语中或英语本族语在英语中的处理过程都不太相似，即荷兰英语学习者不能像英语本族语者那样有效地将音高重音映射到语义信息。这结果与 Namjoshi 和 Tremblay（2014）的研究发现一致，该研究运用视觉情景范式也发现二语学习者没有使用对比音高重音来预测即将出现的指称。其实，中国英语学习者也很难将韵律线索与语义信息结合起来（Dussias 等，2013），当然与学习者的二语水平相关，但跟本族语者仍有差距。比如关于西班牙语学习者的研究发现，高水平西班牙语学习者学习英语时候，可以利用韵律信息进行有效的预测，但使用韵律线索来预测下文的能力与西班牙本族语者还是有差距。关于学习者利用韵律特线索加工新旧信息方面，研究不多，如 Shen（2020）采用视觉情境范式记录反应时和眼动，开展了在线研究，发现英语学习者能够利用音高重音韵律线索区分新旧信息，并且在恰当的韵律条件下反应更加迅速。

在二语习得过程中，英语学习者的韵律习得受到各自方言母语的影响。已有的在线加工的研究并未将学习者的方言背景考虑在内，本节将以粤、吴方言区英语学习者为例，考察不同方言区学习者在实时言语理解过程中对焦点重音的加工。

如前文已经提到，在焦点到语音的映射上，吴语和英语比较，更为类似，他们表达焦点重音的手段主要是音高，表现为焦点处音高的音域的扩展和焦点后音高音域的压缩（PFC）。粤语则存在较大差异，首先，粤语凸显焦点的语音手段主要是时长，而不是音高；其次，粤语是典型的不存在 PFC 的汉语方言。

本节我们主要运用视觉情境范式，考察广州粤方言区和上海吴方言区英语学习者在口语语篇理解过程中是否使用焦点重音来构建语篇信息结构。

（一）实验方法

（1）言语听觉刺激

研究设计了祈使句和一般疑问句两种英语句型。通过控制重读位置和目标词重读的音高重音类型，我们为每种句型分别设置了四种语调条件。

如表 6-17，祈使句中的条件 A 是宽焦点句，指的是目标指示语中没有任何刻意的重读，句重音位于句末 brown 上。条件 B 和条件 C 是窄焦点承载句重音，即重读实现的位置正确；但条件 B 和条件 C 焦点实现重读的音高重音类型不一样，条件 B 中焦点实现的音高重音类型是 $L+H^*$，是英语本族语者实现对比焦点常用的音高重音类型；条件 C 中焦点实现的音高重音类型是 H^*，虽然在使用频度上没有 $L+H^*$ 高，但也是本族语者使用的一种类型。条件 D 正确信息焦点应该为 brown，但设置为句末名词 DUCK，因此违反情况为焦点位置，但 DUCK 实现重读的音高重音类型是 H^*。

表6-17 祈使句设计示例（粗体表示句句重音、大写表示焦点）

条件	焦点设置	音高重音	边界调	第一句指示语	第二句指示语	违反情况
A	宽焦点 **brown**	H*	L-L%	Click on the red duck.	Now click on the **brown** duck.	作为对比
B	窄焦点 **BROWN**	L+H*	L-L%	Click on the red duck.	Now click on the **BROWN** duck.	音高重音类型和重音位置都正确
C	窄焦点 **BROWN**	H*	L-L%	Click on the red duck.	Now click on the **BROWN** duck.	音高重音类型频率低，重音位置正确
D	窄焦点 **DUCK**	H*	L-L%	Click on the red duck.	Now click on the brown **DUCK**.	高重音类型频率低，但重音位置错误

如表6-18，一般疑问句中条件A是宽焦点句，指的是目标指示语中没有任何刻意重读的词，句重音实现在brown上。条件B和条件C是句中焦点承载重读的句子，即重音实现的位置正确，但两类句子实现重读的音高重音类型不一样，条件B是英语本族语者在这类语调条件下正确使用的音高重音类型，条件C是英语学习者最常使用的音高重音类型。条件D是指重音实现的位置是错误的，即句末名词承载重读。

表6-18 一般疑问句设计示例（粗体表示句句重音、大写表示焦点）

条件	焦点	音高重音	边界调	第一句指示语	第二句指示语	违反情况
A	宽焦 **brown**	L*+H	H-H%	Could you click on the red duck?	Now could you click on the **brown** duck?	作为对比
B	窄焦点 **BROWN**	L*+H	H-H%	Could you click on the red duck?	Now could you click on the **BROWN** duck?	音高重音类型和重音位置都正确
C	窄焦点 **BROWN**	H*	L-L%	Could you click on the red duck?	Now could you click on the **BROWN** duck?	音高重音类型错误，重音位置正确
D	窄焦点 **DUCK**	L*+H	L-H%	Could you click on the red duck?	Now could you click on the brown **DUCK**?	高重音类型正确，但重音位置错误

听觉言语刺激的录制由一名英语本族语者完成，为了确保发音人按要求朗读实验目标句，我们对祈使句和一般疑问句中在四类语调条件下的第二句指示语的基频曲线进行了分析，如图 6-21 所示。

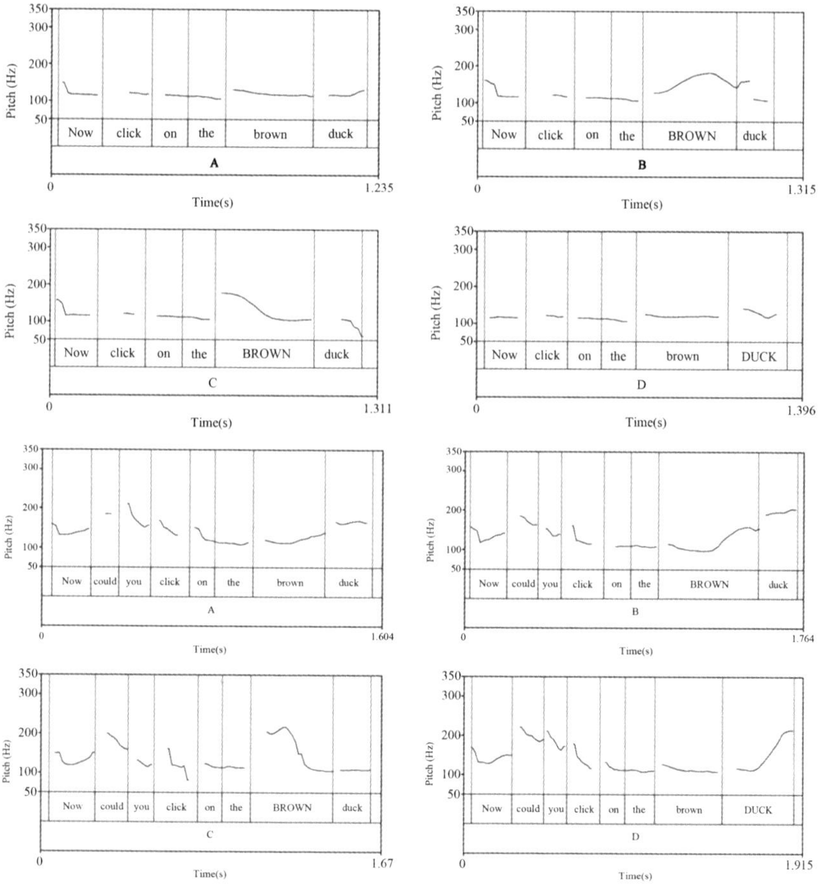

图 6-21　祈使句（上方四图）和一般疑问句（下方四图）各 4 个语调条件下的指示语基频曲线示例

（2）视觉情境刺激

目标刺激是电脑屏幕上同时呈现三幅图，如图 6-22 所示，这三幅图形状相同颜色各异。其中一幅图充当背景图片，在第一句指示语中提及；一幅图充当目标图片，在第二句指示语中提及；第三幅图充当干扰图片，和目标图片竞争。三幅图在颜色、位置的设计上都做了很好的匹配。以听觉言语刺激为“Click on the red duck. Now click on the brown duck.”的试次为例，红色鸭子作为背景图片位于三角形中中上的位置，棕色鸭子作为目标图片位于三角形的左下位置，粉色鸭子作为竞争项位于右下位置。与该试次在颜色、位置上相匹配的试次是背景图片，位于中上位置，但是粉色作为目标图片出现在右下位置，而棕色作为竞争图片位于左下。每对相匹配的试次在目标项和竞争项上的颜色相同，但形状却不同。这样组成的一对试次是右下和左下图片形成竞争。依次类推，当背景图片位于左下时，则是中上位置上的图片和右下位置上的图片形成竞争；当背景图片位于右下时，则是中上位置上的图片和左下位置上的图片形成竞争。图片这样设置的目的是防止被试习惯化的图片注视路径对实验结果产生影响。

图 6-22 图片呈现示例

（3）被试

粤方言区英语学习者来自广州土生土长的 80 名大学生，其中参加祈使句和一般疑问句实验的被试各 40 名。吴方言区英语学习者是来自上海土生土长的 76 名大学生，其中参加祈使句实验的被试 36 名，参加一般疑问句实验的被试 40 名。所有被试都是在校大学生，裸眼或矫正视力正常，辨色能力正常，右利手，没有听说读写障碍，实验结束后获得一定报酬。

（4）流程

目标试次按照拉丁方设计编排成四个实验版本，每个版本包含四组语调条件下的试次各 18 个。除目标试次，每个版本还包含 8 个练习试次和 60 个填充试次。每个被试被随机分配到四个版本实验材料中的一个，所有实验刺激通过伪随机方式呈现给被试。眼睛校准（五点校准）成功后正式进入实验。被试看电脑屏幕上呈现的图片，同时听耳机中播放的指导语。在理解指导语之后用手柄进行按键反应，手柄记录按键的选项及反应时，眼动仪同步监测眼睛在电脑屏幕上的眼动轨迹。第一次按键操作结束后，屏幕中央出现注视点“+”，该注视点的作用是将被试的空间视觉注意中心聚焦于屏幕中央，以便比较不同语调条件下被试对目标图片和竞争图片的目光停留。“+”呈现500ms后播放目标指示语，被试在理解指示语后进行第二次按键操作。两次按键操作完成启动下一个试次，每个试次呈现之前，都再进行一次漂移矫正。

（二）实验结果

（1）行为结果

行为结果主要是指被试按键过程中的正确率和反应时。在分析反应时数据之前，我们对数据进行了一些处理，其中包括删除按键反应错误的试次，以及错误试次删除后反应时超过均值上下2.5个标准差的试次。表6－19总结了各方言区各句型实验删除的试次信息。

表6－19　　行为反应中错误试次和超时试次占比

方言区	句型	错误试次	超反应时试次
粤	祈使句	67/2880 = 0.023	67/2880 = 0.023
粤	一般疑问句	72/2880 = 0.025	64/2880 = 0.022
吴	祈使句	56/2808 = 0.02	49/2808 = 0.017
吴	一般疑问句	66/2880 = 0.023	72/2880 = 0.025

从表6－19可以看出，粤方言区祈使句实验删除错误试次67次，占总试次的2.3%，超出反应时2.5个标准差的试次67次，占总试次的2.3%。粤方言区一般疑问句实验删除错误试次72次，占总试次的2.5%，超出反应时2.5个标准差的试次64次，占总试次的2.2%。吴方言区祈使句实验删除错误试次56，占总试次的2%，超出反应时2.5个标准差的试次49次，占总试次的1.7%。吴方言区一般疑问句实验删除错误试次66次，占总试次的2.3%，超出反应时2.5个标准差的试次72次，占总试次的2.5%。总而言之，删除试次占实验总试次的比例非常小，说明被试认真完成了该实验，实验具有较高的可信度。

粤方言区和吴方言区英语学习者在实验过程中的反应时如表6-20所示，括号中的值表示标准差。大写的A、B、C、D分别表示上文提及的四种语调条件。

表6-20　　各方言区行为反应时（毫秒）

方言区	句型	A	B	C	D
粤	祈使句	766（166）	757（169）	770（198）	872（206）
粤	一般疑问句	640（235）	592（262）	624（259）	738（305）
吴	祈使句	519（146）	492（157）	470（155）	554（164）
吴	一般疑问句	488（187）	411（219）	466（196）	553（235）

从表6-20可以看出，对粤方言区被试来说，不论实验句型是祈使句还是一般疑问句，语调B（祈使句：重音位置正确，$L+H^*$上升型音高重音；一般疑问句：重音位置正确，L^*+H型音高重音）条件下的反应时最短，语调D（重音位置错误）条件下的反应时最长，语调A（自然焦点）和语调C（重音位置正确，H^*型音高重音）条件下的反应时相差不大。对吴方言区被试来说，如果实验句型是祈使句，语调C条件下的反应时最短，语调D条件下的反应时最长，A和B条件下的反应时相差不大。如果实验句型是一般疑问句，B语调条件下的反应时最短，D最长，A和C条件下的反应时比较接近。

从表6-20来看，两个方言区的行为表现存在相同也存在不同的地方。相同的是两个方言区的被试在重音位置不正确的语调条件下所需的反应时更长，以及在重音位置正确的语调条件下所需的反应时更短。不同的是，两个方言区被试在重音位置合适的韵律情境下对音高重音线索的利用随着句型的不同而表现出不同的倾向，例如，在祈使句中，L^*型与$L+H^*$型音高重音相比较，H^*型音高重音更能加速吴方言区被试对语篇结构的理解，而$L+H^*$音高重音更能加速粤方言区被试对语篇结构的理解。还有一点不同是，吴方言区被试的行为反应时明显短于粤方言区被试。

（2）眼动结果

目标试次被划分为3个兴趣区，分别涵盖情景图片、目标图片和竞争图片。为了考察被试的眼睛注视比例在时程上的变化，采用一种基于移动平均的数据驱动方法对眼动数据进行分析。我们导出了目标指示语中自目标词开始至之后1000毫秒的采样点数据，每个试次包含500个采样点，然后以200毫秒（100个采样点）为一个时间窗长、2毫秒（1个采样点）为步长，对1000毫秒的采样点数据进行滑动平均。计算每一个时间窗长内被试对每个兴趣区的注视占比，然后按照相同的计算方式，逐次往后滑动一个步长，最终每一个试次共得到401个动态时间窗口下被试对不同兴趣区的注视占比数据。最后结合基于丛聚的置换检验对不同实验条件下的注视比例进行多重比较校正，以考察被试在哪些连续的时间点上对目标参照物的注视比例存在差异。

A. 粤方言区英语学习者结果

①祈使句

四组语调条件下（A/B/C/D）被试对目标图片的平均注视比例如图6-23所示。可以看出，随着时间的推移，被试对目标图片的注视逐渐增多。多重比较结果显示四组语调条件之间的平均注视比例均无显著差异（$P > 0.05$）。

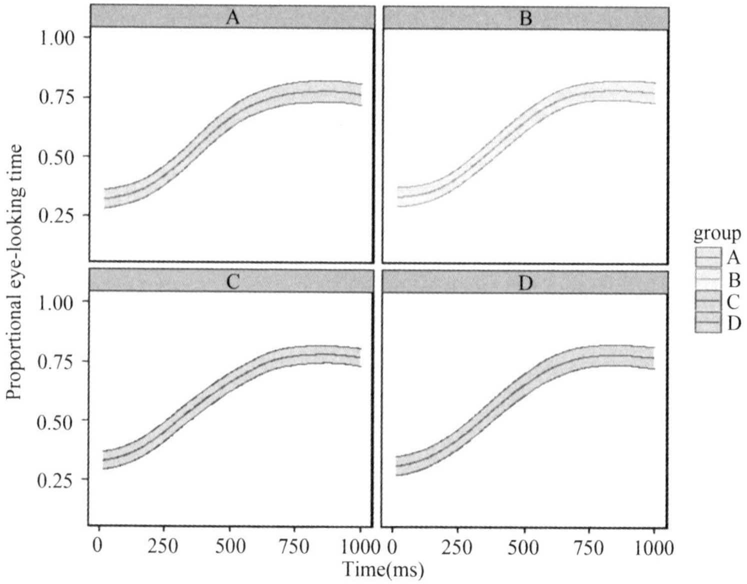

图6-23　四种语调条件下被试对目标图片的平均注视比例（粤+祈使句）

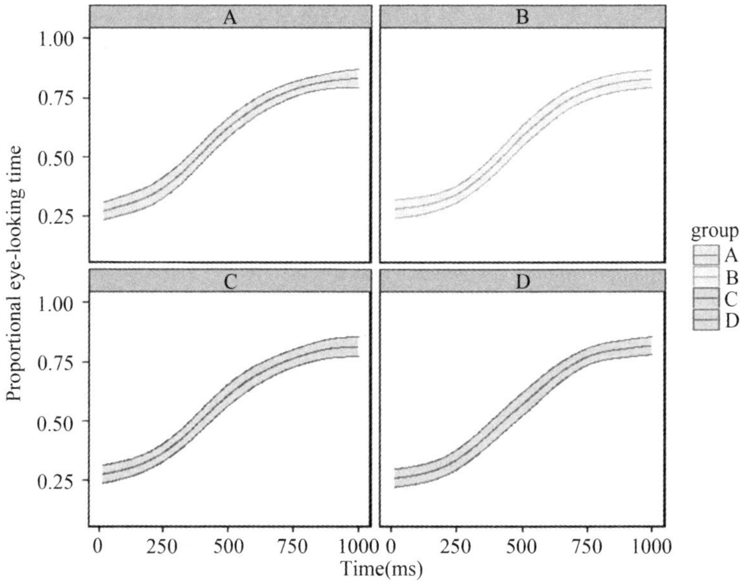

图 6-24 四种语调条件下被试对目标图片的平均注视比例（粤+疑问句）

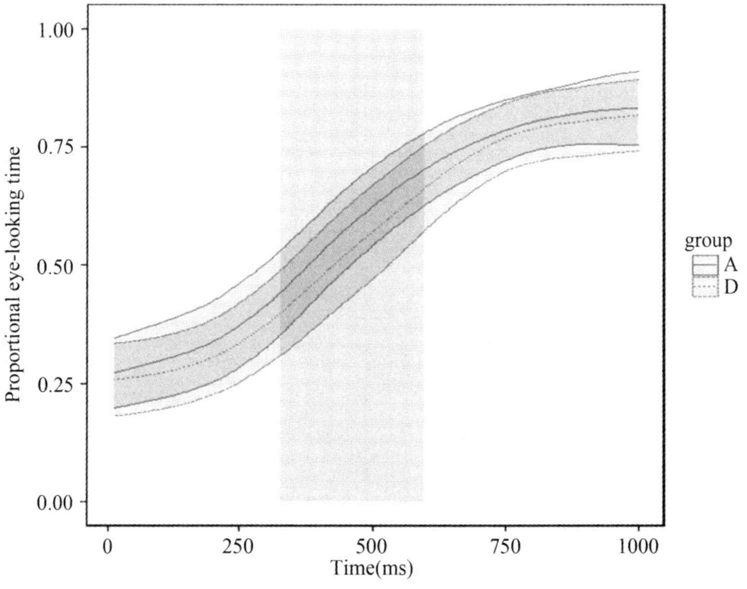

图 6-25 A 组和 D 组语调条件下被试对目标图片的注视差异（粤+疑问句）

②一般疑问句

四组语调条件下（A/B/C/D）被试对目标图片的平均注视比例如图6-24所示。可以看出，随着时间的推移，被试对目标图片的注视逐渐增多。多重比较结果显示A组和D组语调条件下被试对目标图片的平均注视比例出现了显著差异（t = 246. 24，df = 39，P = 0. 02），A组语调条件下被试对目标参照物的平均注视比例显著高于D组，如图6-25所示。其余语调条件之间的平均注视比例均无显著差异（P > 0. 05）。

B. 吴方言区英语学习者结果

①祈使句

四组语调条件下（A/B/C/D）被试对目标图片的平均注视比例如图6-26所示。可以看出，随着时间的推移，被试对目标图片的注视逐渐增多。多重比较结果显示四组语调条件之间的平均注视比例均无显著差异（P > 0. 05）。

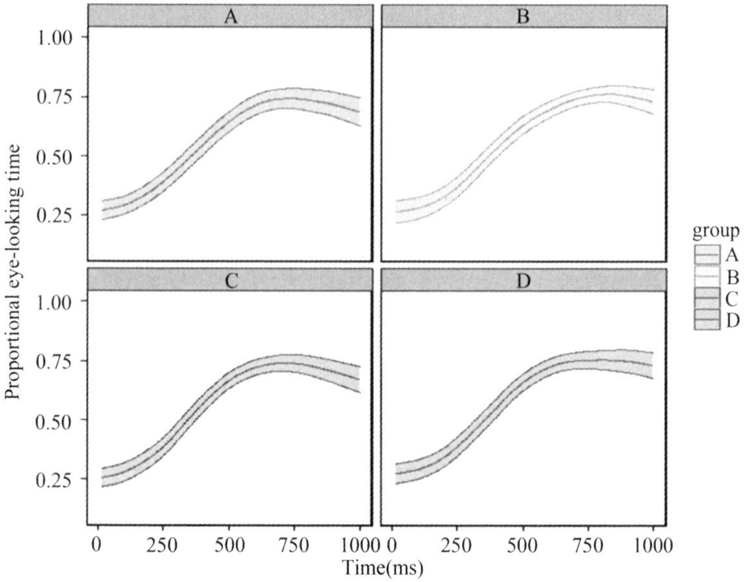

图6-26　四种语调条件下被试对目标图片的平均注视比例（吴+祈使句）

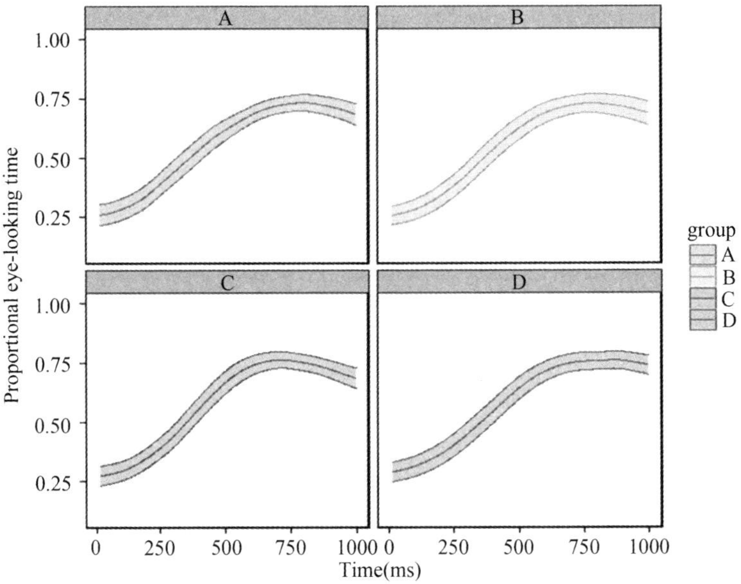

图 6-27 四种语调条件下被试对目标图片的平均注视比例（吴 + 疑问句）

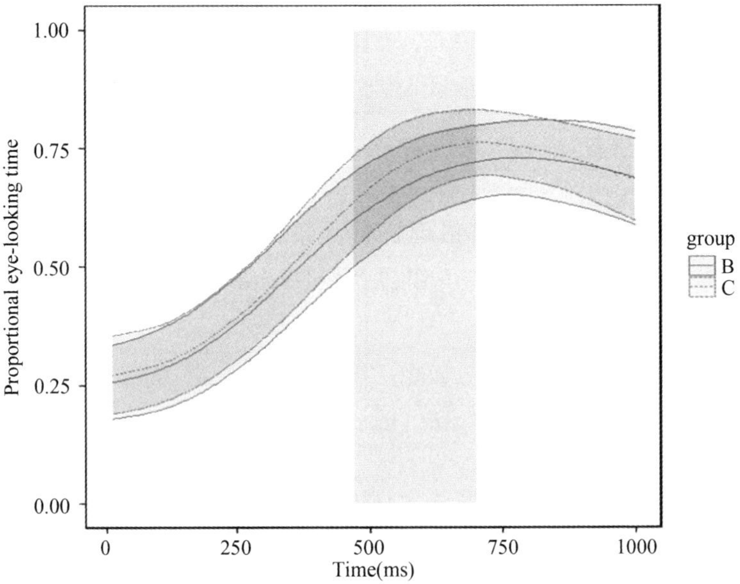

图 6-28 B 组和 C 组语调条件下被试对目标图片的注视差异（吴 + 疑问句）

②一般疑问句

四组语调条件下（A/B/C/D）被试对目标图片的平均注视比例如图6-27所示。可以看出，随着时间的推移，被试对目标图片的注视逐渐增多。多重比较结果显示B组和C组语调条件下被试对目标图片的平均注视比例出现了显著差异（$t=-229.36$，$df=39$，$P=0.036$），C组语调条件下被试对目标参照物的平均注视比例显著高于B组，如图6-28所示。其余语调条件之间的平均注视比例均无显著差异（$P>0.05$）。

（三）小结

本节运用眼动技术，采用视觉情境范式考察了粤、吴方言区英语学习者在实时言语理解过程中对祈使句、一般疑问句焦点重音的在线加工。从行为数据来看，不论是粤方言区英语学习者还是吴方言区英语学习者，其行为数据的结果与已有的离线研究结果比较一致，当焦点承载合适的音高重音时，被试理解句子并进行判断所需的时间相对较少，而当焦点不承载重音，非焦点承载重音时，被试理解句子并进行判断所需的时间最长。这说明焦点与重音之间的一致性匹配关系促进了学习者对言语的理解，而焦点与重音之间的不一致性匹配关系一定程度上阻碍了学习者对言语的理解。

眼动结果相对比较复杂。学习者能否将韵律信息与语篇其他信息进行整合以帮助理解句子与口语语篇句型和学习者的方言背景有关。对粤方言区英语学习者来说，当言语听觉刺激是祈使句时，学习者在四组语调条件下对目标图片的注视无显著差异，说明在祈使句在线加工中，语篇韵律并无促进学习者的言语理解。当言语听觉刺激是一般疑问句时，学习者对目标图片的注视在A组语调条件（宽焦句）和D组语调条件（焦点不承载中重音，非焦点承载重音）下出现了显著差异，D组语调条件下学习者对目标图片的注视显著低于第一组语调条件，说明在一般疑问句在线加工过程中，学习者对重音的位置比较敏感，焦点与重音之间不一致性匹配关系阻碍了学习者的言语理解。对吴方言区英语学习者来说，祈使句在线加工的结果与粤方言区英语学习者一样，语篇韵律并没有促进学习者的言语理解。而当言语听觉刺激是一般疑问句时，学习者对目标图片的注视在B组语调条件（英语本族语者正确语调产出模式）和C组语调条件（英语学习者错误语调产出模式）下出现了显著差异，C

组语调条件下学习者对目标图片的注视显著高于第二组语调条件，说明学习者对焦点实现的音高重音类型比较敏感，当焦点实现的重音类型是学习者口语表达所使用的语调类型时，可以有效促进学习者对言语的理解。

三 英语学习者的韵律解歧①

我们在第四章第三节中对韵律特征对解除歧义的贡献进行了声学分析。本节我们从感知角度来探讨学习者能否有效利用韵律信息来解歧，以及是否可以通过提高韵律意识，整合韵律线索提高句法解歧的能力。

句法分析需要协调多个信息域来解决歧义。因此，句法歧义结构可以揭示人们的句法结构附着偏好以及影响句子加工策略的多重因素。有研究发现，人们解决句法歧义的能力不仅与句子加工策略有关，也与元语言意识中的歧义意识有关。有关言语加工策略理论中的串行解析策略，或称花园小径模型（garden-path effect model），认为句子加工的难点在于当下的分析和之后的信息输入相矛盾。并行解析策略则认为句子加工的困难来自多重分析之间的竞争。然而，句子加工上的困难也可能是由于句法解析器根本没有意识到歧义的存在，在未意识到句法歧义的情况下，句法解析器将避免对结构进行重复分析，也就是说如果起初的分析是错误的，那么解歧的信息也不能促使解析器对句子进行二次分析。根据Ferreira等提出的（2002）“足够好”（“good enough”）假说，如果解析器没有意识到句子中的句法歧义，即使有解歧信息，它将采取足够好的策略对句子进行高效快速的分析，而不是对句子进行充分的解析。因此，为了解决句法歧义，句法解析器首先需要意识到歧义的存在，才能采取合适的解析策略来充分地理解句子。

与书写语言不同，口语还携带了韵律信息，包括重音、节奏和语调（Cutler和Swinney，1987）。韵律为听话者提供了关于词汇识别、句法解析和信息结构等方面的有用信息。然而，口语中的韵律信息是转瞬即

① 详细内容参阅Zhang Y and Ding H（2020）The Effect of Ambiguity Awareness on Second Language Learners' Prosodic Disambiguation. *Front. Psychol.* 11：573520. doi：10.3389/fpsyg.2020.573520。

逝的，随着句子的展开，句法解析器不能回顾前面的信息。因此，口语理解面临更多的困难。前人研究表明，韵律信息会影响听话者的解析决策（Cutler 等，1997）。听话者可以利用韵律边界与主要句法边界的对齐来消解句法歧义，减少他们的解析偏差（Lehiste，1973；Price 等，1991；Schafer，1997；Tree 和 Meijer，2000；Warren 等，2000；Clifton 等，2002；Snedeker 和 Trueswell，2003；Kraljic 和 Brennan，2005；Diehl 等，2008；Nakamura 等，2012）。例如，在介词短语附着歧义句中，韵律边界的位置可以帮助听话者区分句法歧义结构所表达的两种可能的意思（Schafer，1997；Kraljic 和 Brennan，2005；Schafer 等，2005；Snedeker 和 Yuan，2008）。在 Put the apple on the towel in the box. 这句话中，on the towel 可以修饰动词短语 put，即动词短语附着（VP-attachment），也可以修饰名词短语 the apple，即名词短语附着（NP-attachment）。一系列神经认知实验表明，韵律信息会在句子加工的早期影响听话者对句子的解析（Steinhauer 等，1999；Pannekamp 等，2005；Pauker 等，2011），并且可以消除由词汇和语境等信息引起的偏好（Altmann 和 Steedman，1988；Britt，1994；Spivey-Knowlton 和 Sedivy，1995；Tanenhaus 等，1995；van Berkum 等，1999；Spivey 等，2002）。

这些发现表明，二语学习者在解决句法歧义结构时会受制于多重制约因素，例如本族语背景、二语水平、对韵律信息的低敏感度，以及信息整合方面的困难等。

先前关于二语加工的研究大多集中在书面语研究，结果发现，二语学习者有能力掌握目标语的句法方面的知识，但是却不能恰当地利用这些知识来构建二语表达。句子结构越复杂、要整合的信息越多，他们在句子加工中的困难也就越大（Roberts 和 Felser，2011；Roberts 等，2008），正如 Sorace 和 Serratrice（2009）提出的界面假说（Interface Hypothesis）。而浅层次结构假说（Shallow Structural Hypothesis）认为二语学习者更多地依靠词汇、语义和语用等信息，而不是句法信息，来构建句子表达。因此二语学习者的句法加工策略比本族语者的更“浅”，并且与本族语者的加工策略有根本性的差别（Papadopoulou 和 Clahsen，2003；Papadopoulou，2005；Clahsen 和 Felser，2006a，2006b）。相比之下，利用脑电实验和其他在线加工方法的研究发现，如果二语学习者的二语水平足够高，二语学习者也可以采用本族语者那样的加工模式。因此，二语学习者和本族语者的差异可能是由于学习者的二语水平和他们的认知资源差异造成的（Just 和 Carpenter，1992；Hopp，2006，2014；Steinhauer，2006；Steinhauer 等，2009；Jackson 和 Dussias，2009；Roberts，2012；Witzel 等，2012；Reichle 等，2016；Nickels 和 Steinhauer，2018）。

二语口语理解需要二语学习者整合韵律信息和句法信息来对句子进行充分解析。然而，如果二语学习者没有意识到歧义的存在，他们将不可能充分地对句子进行分析。因此，二语学习者不能有效地利用韵律信息消除句法歧义可能是因为他们根本没有意识到歧义的存在。为此，我们在研究中制定了三项任务，旨在考察歧义意识对中国英语学习者在解决介词短语连接歧义时使用韵律的影响。在任务一和任务二中，听者没有被告知句法歧义。在任务三中，听者获得了关于句法歧义的具体信息。

（一）实验方法

本研究由三个实验任务组成，在一个实验任务中被试不会被告知他们将有下一个实验任务，以此来避免他们可能会尝试记住相关的实验材料。每个任务结束后，我们对被试的正确率进行分析。

（1）被试

30 名 18—21 岁的中国英语学习者参加了此项实验，他们都是来自上海的大学生，裸眼视力和矫正后视力以及听力正常。他们都是二年级的本科生，已经学习英语近 10 年，参加实验时已经通过了大学英语四级测试（CET-4）。所有被试均未在英语国家或地区居住或学习过，也不是英语专业的学生。实验结束后所有被试都会得到相应的实验报酬。

（2）实验材料

实验材料包括目标句和填充物。目标句使用介词短语附着歧义句，同 4.3 介绍的产出实验。所有的句子具有相同的结构，即 VP-NP-PP1-PP2，其中 PP1 可以修饰动词短语，即动词短语附着（VP-attachment），也可以修饰名词短语，即名词短语附着（NP-attachment）。停顿的位置不同，同一个句子可以表示不同的意思，例如，在 Put the dog in the basket（PAUSE）on the mat. 这句话中，in the basket 修饰 the dog，则表示“把篮子里的狗放在垫子上”，如图 6-29 中的 A；而在 Put the dog（PAUSE）in the basket on the mat. 这句话中，in the basket 修饰动词 put，意思是“把狗放在垫子上的篮子里”，如图 6-29 中的 B。

目标句由 10 位美国英语本族语者在角色互动游戏中自然产出（Zhang 等，2018），每位发音人产出两句相同文本不同韵律表达不同语义的句子。所有句子都可以利用韵律信息适当地消除歧义，来明确介词短语附着是名词短语附着还是动词短语附着。此外，实验还设计了 15 个具有类似结构的填充句以分散被试对句法歧义结构的注意力，填充句不是歧义句并且有多种句子结构。本实验总共用了 35 个声音刺激。

这些声音刺激被分为两个部分，每一部分的目标句中都有一半是动词短语附着句和一半名词短语附着句。目标句和填充句也是半随机分布，其中两个目标句之间至少有一个填充句。图片中所指示要移动的物体也进行了左右、上下的平衡。在任务一和任务三中，语料是通过耳机和图片呈现出来的听力实验，而任务二是通过图片和文字呈现出语料的阅读实验。被试需要选择其中的一到两幅图片对他们所听到的句子进行语义匹配。

（3）实验步骤

所有任务均通过 E-prime 2.0 程序完成。每位被试在安静的房间里进行单独测试，使用（AKG K240MkII）耳机收听声音刺激。实验开始前，被试阅读显示器上有关实验程序的说明，实验负责人口头向被试解释试验任务。任务一在第一周完成，为了缓解重复效应，完成任务一休息一周后接着完成任务二和任务三。在任务一中，他们会听到几个句子，每个句子对应屏幕上两张图片，他们需要仔细听句子和看图片，然后根据他们所听到的句子的意思选择其中一张对应的图片。听懂句子后，应该立即做出答复。在每个刺激出现前，被试将在屏幕中央看到一个红十字（“+”），同时听到一个 500 毫秒的嘟声。然后每个句子播放一次，图片显示将保留在屏幕上，直到他们通过按下相应的按钮进行答复。一周后，被试被再次邀请来实验室完成任务二，其中，目标句内容与任务一中的相同，只是这次没有声音播放，句子与图片显示在显示器上。被试需要阅读图片显示上方的句子，选择一张或两张可以解释该句意思的图片。任务二结束后，实验负责人对被试关于这些句子的歧义问题进行询问，大部分被试都报告说，在这个实验之前他们并不知道这种结构可能有两种不同的解释，其中只有一位被试在任务一中已经意识搭配句子存在歧义，另外四名被试在任务二之后意识到了句法歧义。这时实验员告知被试关于句法歧义的具体信息，但并没有提供如何采用韵律策略来消除歧义信息。在短暂休息后，进行任务三，被试被告知任务三是与任务一相同的实验。在整个实验过程中，被试没有得到任何关于如使用韵律手段消除这些句子的歧义，因此可以认为实验结果并未受到训练效果的影响。

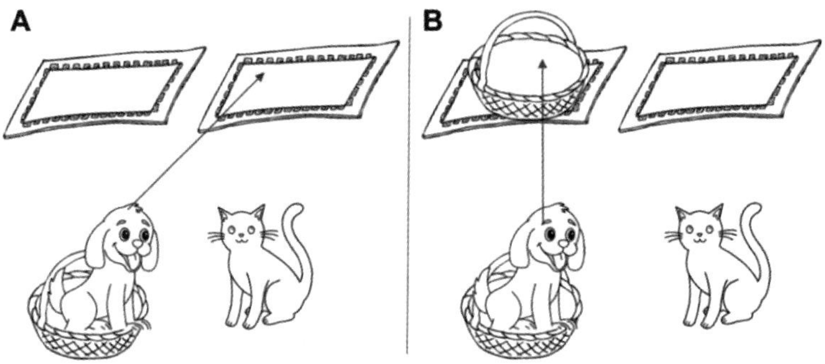

图 6-29 任务二中的实验示意图

（二）实验结果

（1）每个任务中的总体正确率

实验数据主要分析被试在每项任务中的正确率以及每位被试在三项任务中的正确率，以考察二语学习者对句子的总体理解，并探索个体在获得歧义信息前后对句子理解的差异。由于两位被试只参加了第一项任务，没能参加第二、第三项任务，所以最终任务一和任务三得到 560 个反馈数据（28 位被试 ×10 个句子 ×2 个条件），任务二得到 280 个反馈数据（28 位被试 ×10 个句子）。我们首先比较每项任务当中平均正确率，然后使用 R 中混合效应逻辑回归模型（logistic mixed-effects model）分析任务一和任务三正确率得分之间的关联。

图 6-30 的横坐标是条件，纵坐标表示判断正确率。任务一和任务三中，VP 和 NP 分别反映了当韵律支持动词短语附着和名词短语附着时被试对句子的正确理解。由于任务二中未有韵律信息，VP 和 NP 分别表示韵律信息指向句子为动词短语附着句和名词短语附着句时，被试判断的

正确率，C 表示被试认为句子歧义。误差条代表标准误差。

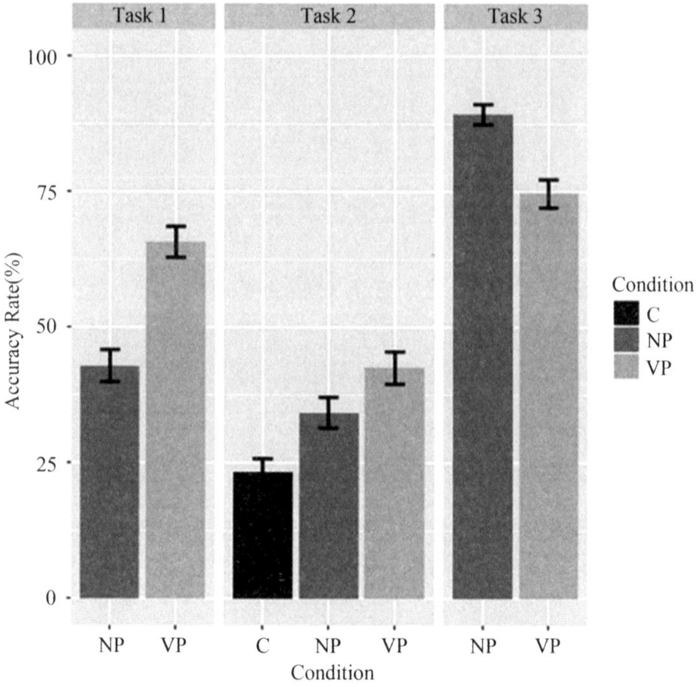

图 6-30　任务一至三的平均正确率

在任务一中，当被试听到使用韵律消除句法歧义的句子时，句子结构为动词短语附着的句子正确率为 65. 7%，名词短语附着句的正确率为 42. 9%，也就是说中国英语学习者更倾向于将介词短语的句法歧义句理解为动词短语附着句。任务二中没有提示韵律线索，被试只看到句子的文本，只有 23. 2% 的句子被被试认为是有歧义的。大部分句子被认为是动词短语附着句，也有部分句子被认为是名词短语附着句。而在任务三中，当被试被告知这些英语句子是有两种可能的意思之后，再进行任务一中的实验，结果发现被试倾向于选择名词短语附着句。句子结构为名词短语附着句的正确率高达 82%，动词短语附着句的正确率也有所改进，提升至 74. 6%。这一发现表明，被试在被告知句子歧义后，可以利用韵律线索来识别歧义句的意图。任务一和任务二的结果表明，被试未能消除句子歧义可能是因为没有意识到结构中的歧义，而不是因为无法发现检测到韵律线索。

为了进一步检查任务一和任务三之间的正确率差异，通过 R 语言中的 glmer 数据包分析及 Tukey 事后比较，结果显示任务三中的理解正确率显著高于任务一的正确率；任务一中动词短语附着句的正确率显著高于名词短语附着句；任务三中名词短语附着句的正确率显著高于动词短语附着句。

任务一和任务二中，被试在知道句法歧义之前没有意识到一种句法结构有两种不同解释，表现出对动词短语附着句的倾向。而在得知句子歧义后，被试则倾向于将句子分析为名词短语附着句。总体正确率的平均结果显示，二语学习者可以利用韵律信息来解决句法歧义，但在发现歧义后往往更关注句法结构而不是韵律信息。

（2）每个任务中个体被试的正确率

进一步考察每个任务中个体被试的准确率，以了解学习者在消解句子歧义能力上的差异程度。

表 6－21 总结了个体被试的正确率分布。表 6－22 显示了每个被试在每个任务中每个条件的准确率。任务一和任务三中，VP 和 NP 代表韵律指向为动词短语附着句和名词短语附着句时被试的判断准确率。任务二中，“歧义”、VP 和 NP 代表没有韵律线索时被试对歧义句的解读。

表 6－21　　　　三个任务中判断正确分布

任务 / 准确度范围（%）	1		2			3	
	VP	NP	Ambiguous	VP	NP	VP	NP
0—25	3 (10.71%)	12 (42.86%)	20 (71.43%)	14 (50%)	14 (50%)	3 (10.71%)	1 (3.57%)
26—50	6 (21.43%)	6 (21.43%)	2 (7.14%)	1 (3.57%)	8 (28.57%)	2 (7.14%)	0 (0%)
51—75	6 (21.43%)	3 (10.71%)	1 (3.57%)	4 (14.29%)	1 (3.57%)	4 (14.29%)	2 (7.14%)
76—100	13 (46.43%)	7 (25%)	5 (17.86%)	9 (32.14%)	5 (17.86%)	19 (67.86%)	25 (89.29%)

表6-21显示了被试判断正确率高低之间的高度变动性。任务一中，分布在76%—100%范围内的被试选择动词短语附着句的数量最多；而被试选择名词短语附着句在0—25%范围内最多。任务二中，只有5位被试认为句子有歧义，且大多数分布在0—25%范围内。相比之下，尽管有些被试不能有效利用韵律信息，他们在任务三中对动词短语附着句和名词短语附着句的判断正确率多分布在76%—100%。

表6-22中可见，任务一中，一些被试对动词短语附着句的判断相当准确，而另一些被试对名词短语附着句的判断相当准确。然而，在任务三中被告知歧义信息后，一些被试改变了选择倾向，而另一些被试仍有选择倾向或者从一种解释转向另一种解释。因此对个体被试正确率的分析解释了句法分析策略的个体差异，表明学习者之间的句法分析模式不一致。

表6-22　　三个任务中每个被试的判断正确率　　单位：%

被试 \ %	任务1		任务2			任务3	
	VP	NP	Ambiguous	VP	NP	VP	NP
1	100	0	50	0	50	100	100
2	40	100	0	30	70	30	90
3	40	40	10	60	30	100	10
4	10	90	0	0	100	70	60
5	70	10	0	90	10	90	80
6	90	10	0	0	100	80	100
7	80	50	80	0	20	100	80
8	80	0	100	0	0	80	80
9	40	70	0	100	0	90	90
10	90	10	0	50	50	200	90
11	70	50	100	0	0	70	100
12	70	40	0	60	40	100	80
13	60	40	0	20	80	100	100
14	80	100	90	0	10	90	100
15	100	0	0	90	10	60	70
16	90	10	0	80	20	0	100

续表

% 被试	任务 1		任务 2			任务 3	
	VP	NP	Ambiguous	VP	NP	VP	NP
17	90	20	60	0	40	100	100
18	20	90	50	20	30	0	100
19	60	80	0	80	20	40	90
20	60	80	0	10	90	60	100
21	100	0	0	70	30	90	100
22	20	80	0	0	100	100	100
23	30	90	90	0	10	80	100
24	50	50	0	100	0	80	100
25	80	10	10	90	0	90	80
26	30	70	10	60	30	90	100
27	100	0	0	80	20	80	100
28	100	10	0	100	0	20	100

（三）讨论与结论

本节采用听读两种任务，探讨中国英语学习者运用韵律解决句法歧义的情况。研究的主要目的是确定二语学习者在解决二语句法歧义时未能利用韵律线索的原因，特别是考察歧义意识的影响。

对总体正确率的分析表明，在获得关于句法歧义的具体指导之前，当被试在任务一中听歧义句子并在任务二中读这些句子时，他们更倾向把句子判断为动词短语附着句。将介词短语附着歧义句分析为动词短语附着句，可以用最小依附原则（Minimal Attachment Principle）来解释。该原则提出以最简单的方式构建句子结构。这一发现清楚地表明，具有消歧信息的韵律线索不能有效减少学习者的句法分析偏差。任务二中的数据表明，大多数被试没有发现结构中的句法歧义。在对被试的简短访谈中，其中一位被试报告了他在任务一中的歧义意识，另外四位被试注意到了任务二中的歧义，而其他被试表示在实验之前他们从未遇到这样的结构且没有发现一句话还有其他解释。在任务一中报告自己意识到歧义的一位被试判断正确率比其他被试好得多，这进一步表明被试在任务一中未能使用韵律线索可能是因为他们缺乏句法歧义意识，而不是无法检测到韵律线索。为了避免重新分析需要更多认知资源的句子，他们采用一种“足够好”的启发式方法来快速有效地解释句子结构，而不考虑现有的消除歧义韵律线索。尽管被试获得歧义的具体信息之前在阅读任务中对动词短语附着句的判断倾向与本族语者相同，这也不一定表明二语学习者采用了类似母语的句法分析策略，因为缺乏歧义意识限制了他们的意识加工，而倾向于构建单一的解释。然而，正如并行句法分析模型预测的那样，本族语者更可能并行地构建两种解释，且比起名词短语附着更偏重动词短语附着。

为了进一步验证这一假设，我们向被试们解释了句法歧义，但是没有提供任何韵律策略来解决歧义，也没有提供任何有关实验的正确答案。相比于任务一，任务三中被试对动词短语附着句和名词短语附着句的判断总体正确率显著提高。这一结果进一步表明，被试在任务一中未能解决歧义可能是由于他们缺乏歧义意识。然而，在任务三中，对名词短语附着句的判断正确率明显高于动词短语附着句，表现出了对动词短语附着句的过度解释。假设二语学习者在获得关于句法歧义的具体信息后，为了避免解释错误，他们更多关注频率较低的名词短语附着结构，而不是消解歧义的韵律线索。这一结果表明，学习者对句子结构的分析更多是句法上的，而不是韵律上的，这与浅结构假说（Shallow Structure Hypothesis）相矛盾。但这并不意味着二语学习者对韵律线索的敏感性低，因为前人研究表明中国和英国的被试在言语感知中对停顿的依赖程度高于最后的时长延长或音高重置（Zhang，2012；Yang 等，2014），且言语产出研究（Zhang 等，2018）表明，我们所有的刺激都通过停顿正确地消解了歧义。此外，被试只对一种解释的判断正确率较低，而不是对两种解释的判断正确率都低。如果低正确率归因于学习者对韵律线索的低敏感性，那么他们将同样难以确定另一种解释，这与其表现相矛盾。因此，我们认为被试对名词短语附着的判断倾向可能来自他们难以将韵律信息与句法结构整合起来，正如界面假说（Interface Hypothesis）认为的那样。

被试个体正确率显示了相当大的个体变异性。任务一中被试对其中一种解释的判断准确率很高，但对另一种解释的判断准确率较低，这表明他们不能利用韵律线索有效地解决句法歧义。任务二中，只有五位被试认为句子有歧义，而其他被试倾向于认为句子为动词短语附着句或者名词短语附着句。此外，一些被试从任务一中的一种解释转向任务二中的另一种解释，这表明他们可能不太确定自己在任务一中的判断，并猜测句子的意思。因此，二语学习者缺乏歧义意识限制了他们对任务一和任务二中句法结构的全面分析。被试在无意识加工中倾向将歧义句判断为动词短语附着句可以用最小依附原则来解释。但其他被试将歧义句判断为名词短语附着句的倾向则表明最小依附原则并不总能预测二语学习者的句法分析表现，他们的句法分析策略可能需要重新学习，这与他们的语言经验有关（Cutler，2012；Ip 和 Cutler，2018）。大多数被试在任务三中获知歧义信息后选择偏向有所减少，这表明学习者可以使用韵律线索来消解歧义。然而，仍然有一些被试无法改变原来的句法分析偏向，或者将选择偏向从一种解释转向另一种解释。我们认为这可能是因为他们难以将韵律信息整合到句法结构中。

基于上述发现，大多数二语学习者在获知歧义信息后能够利用韵律线索的事实表明，他们在之前的实验任务中未能解决歧义可归因于对句法歧义的不了解，这限制了他们对歧义结构的全面分析。但是，一些被试将句法分析偏向从一种解释转向另一种解释，这一发现不能简单地概括为缺乏歧义意识。对个体正确率的分析表明，二语学习者句法分析模式存在个体差异。例如，学习者缺乏歧义意识可能会限制对复杂结构的全面分析，而与句法分析策略无关。此外，由于韵律结构和句法结构并不总是同构的，他们在将韵律信息恰当地整合到句法结构中时可能会遇到困难（Shattuck-Hufnagel 和 Turk，1996；Cutler 等，1997）。另外，界面假说指出，当句子处理涉及多个信息源的整合时，二语学习者会遇到更多的困难，这会在认知资源的限制下增加计算负担。口语理解进一步受到语音信号瞬时性的影响，听过之后不能返回韵律信息。因此，我们认为学习者不能使用韵律信息的原因是他们缺乏歧义意识和信息整合困难。

本实验也为二语研究提供了理论启发。浅结构假说认为二语学习者更多地依赖词汇、语义和语用信息，而不是句法信息。在获知任务一和任务二的歧义之前，被试倾向于将歧义句解读为动词短语附着句并不一定表明他们可以获得类似于母语的句法分析策略，因为他们的无意识加工只构建了一种解释而限制对结构的全面分析。因此，他们将歧义句解读为动词短语附着句的倾向并不像英语本族语者那样，是因为对动词短语附着句的选择倾向重于名词短语附着句。然而，在任务三中被告知歧义后，被试将歧义句解读为名词短语附着句的倾向表明他们更关注句法结构而不是韵律信息，这表明他们更倾向于结构驱动的句法分析策略。这与浅结构假说相矛盾，表明二语学习者的句法分析策略并不比本族语者的句法分析策略“浅”，尽管他们在信息整合方面的困难导致他们更倾向于将歧义句解读为名词短语附着句而非动词短语附着句。个体句法分析的表现表明，学习者的句法分析策略与其语言经验有关，而最小依附原则并不总能预测学习者的句法分析倾向。一些被试不能通过韵律线索消解句法歧义，这可能说明他们无法像界面假说中所提出的那样，将韵律信息有效地整合到句法结构中。

近几十年来，研究二语学习者在口语理解中如何加工歧义句的研究越来越多。早期的一些研究表明，二语学习者在口语理解中难以解决歧义，这可能是由于他们对韵律线索的敏感性低、二语水平低、信息整合困难、本族语背景、有限的学习经验和有限的认知资源所致，或者二语句法分析策略必须重新学习（Harley 等，1995；Ying，1996；Dekydtspotter 等，2008；Nakamura 等，2016；Ip 和 Cutler，2018；Nickels 和 Steinhauer，2018）。本研究提供了额外证据，二语学习者在韵律消歧方面的困难可能来自他们缺乏歧义意识。在这种情况下，学习者根据自己的学习经验以“足够好”的启发式加工方式解释歧义，以避免更多的计算负担。学习者在获知歧义后未能通过有效的韵律消歧信息消解句法歧义，这表明信息整合的个体差异，而不是他们对韵律线索的低敏感性。通过使用不同发音人自发产生的刺激，本研究发现二语学习者很难使用韵律来解决句法歧义。这种困难可能是由于他们缺乏歧义意识和句法信息整合困难，而不是对韵律线索的敏感性低或无法检测韵律线索。

总之，中国英语学习者在一定程度上也是可以利用韵律的线索来分析句法歧义句的，正确率可达 75% 以上。在接收到关于句法歧义的特定信息之前，学习者没有意识到句法结构中的歧义，而是倾向于以“足够好”的原理来解释句子，以减少计算负担。在意识到句法歧义后，他们可以使用韵律线索来解决歧义。然而，研究发现，学习者从动词短语附着（VP-attachment）的偏向转向名词短语附着（NP-attachment）的偏向，这表明他们难以有效地将韵律信息整合到句法结构中。对个体准确率的分析表明，学习者在使用韵律线索时存在个体差异。学习者未能使用韵律线索可能是由于缺乏歧义意识和信息整合困难，而不是他们对韵律线索的敏感性低。

该研究对中国英语二语教学也有很好的启示。在口语教学中，若能传达言语韵律的功能，让学习者意识到韵律的作用，将会增强他们利用韵律的效率以正确理解英语的句子。

第三节 语音的产出与感知关系研究

二语语音习得理论强调语音产出和感知之间的关系，二语语音习得理论如知觉同化模型（PAM）、语音学习模型（SLM）等几个知觉心理模型均指出，语音习得的根本在于感知，二语语音发音的准确性取决于对二语语音听辨的准确性（Best，1995；Flege，1995），然而，运用上述模型主要的研究主要集中在音段层面，二语语调产出和感知的关系的研究相对来说比较缺乏，并对两者习得的先后关系存在争议。

有些研究认为，语调产出先于语调感知，总体来说，儿童在2—3岁的时候就可以产出短语和句子层面的语调，用于交际，但是到5—6岁的时候，儿童在句子理解的过程中，还不能像成年人一样加工语调信息，到9—10岁的时候，还会错误理解一些语调信息（Cruttenden，1985；Cutler和Swinney，1987）。Lentz和Chen（2015）考察了本族语成年人语调产出和感知之间的关系，结果发现，两者之间呈负相关关系，本族语成年人语调产出和感知之间也存在不平衡。Lentz和Chen由此提出，语调韵律的产出可以先于语调韵律感知，但上述研究集中在本族语儿童和成年人语调产出和感知的关系上，尚无研究直接证明，二语语调的产出先于语调感知。

有些研究与语音习得模型等有关音段的二语语音习得模型一样，认为准确的感知是语调产出的前提。Chen（2011）考察了4—5岁儿童对母语德语语调的产出和感知，结果发现，4—5岁的儿童同时具备了产出和感知的能力。Trofimovich和Baker（2006）通过考察在美国生活3个月、3年和10年的韩国学习者的英语语调，结果发现学习者英语语调产出的问题和感知困难有关。

我们也对中国学习者英语语调的产出和感知进行了详细的考察，发现中国学习者在产出过程中，无法用 L* 或 L*H 来实现一般疑问句句首和句中的焦点重音，在此基础上，我们设计了一系列的感知和加工实验，来考察产出中出现问题的原因。在本章第一节中，我们邀请了 9 位中国学习者进行重音听辨实验，要求学习者听 8 句由英语本族语者朗读，焦点分别在句首、句中和句末的陈述句和一般疑问句，标注出句子中所有听起来凸显的词。结果学习者对陈述句的听辨结果和本族语者相似，对于焦点在句首和句中的一般疑问句，学习者的焦点位置判断和本族语者有很大的区别，这似乎说明，学习者无法感知到 L* 和 L*H 音高重音，但该实验设计很难排除语料本身语义的影响，无法确定学习者的感知困难是纯语音层面的重音感知困难。

为了排除语义等因素的影响，在本章第一节中，我们基于 POSLA 技术，对一句话的音高进行调整，用 Praat 合成了 18 种语调类型，以句尾边界调来划分，分为下降调和上升调两种类型，在上升调中，音高重音的实现方式还包括了 H*L 和 L*H 两种音高重音，然后邀请 28 位中国学习者进行语调区分实验。结果发现，学习者不光可以区分开上升调和下降调，还能区分开上升调中的 H*L 和 L*H；高水平和中水平学习者的 MDS 图都显示，H*L 和 L*H 的上升调之间的距离要远于调内的距离。也就是说，学习者可以感知到纯语音层面的 L*H 和 H*L 的区别。由此，我们推测学习者与本族语者语调感知的不同体现在语调语义层面，即焦点信息和信息结构的感知上。换言之，学习者对语调的感知受到不同层次语义加工的影响，越是涉及语调语义维度深层的加工，学习者对语调的加工越困难，学习者的感知困难可能主要体现在形式和意义的配对上。

上述发现引发了我们对一个问题的思考，中国学习者是否无法就语调建立对应的语调范畴，从而无法完成语调形式和意义的配对。因此，在本章第二节中，我们进行了学习者语调范畴感知训练实验，探讨中国学习者英语语调的范畴感知学习机制。在该实验中，我们用 MBROLA 合成三种语调范畴原型，平调、下降调和 M 调，然后邀请 41 名中国学习者进行语调范畴感知训练实验，结果发现，学习者可以形成对应的语调范畴，但学习者对英语语调边界调的范畴感知学习的效果要好于对音高重音的学习效果。我们认为，学习者在形成语调范畴的过程中，主要依靠音高曲线的变化，未充分地考虑这些音高曲线的变化，尤其是音高重音的音高变化，对语调意义和功能的影响。即，尽管学习者对语调的范畴感知在训练后是基于信息整合的范畴学习，但学习者的信息整合可能主要考虑的是音高曲线维度上的变化，未充分考虑英语语调中形式和意义的联系。该实验还发现，下降调的范畴感知结果在训练后要明显好于 M 调，我们认为，英语课堂中教师对边界调的教学，使得学习者快速习得了英语边界调的规则，从而在本实验中经过训练后更早转入学习的后期，因此，学习者边界调对范畴感知学习效果要远远好于音高重音的学习效果。

从上述一系列实验可以看出，中国学习者英语语调产出和感知之间确实存在着紧密的联系，但不是简单的习得先后的关系。学习者可以感知到纯语音学上的音高重音 L* H 和 H* L 的区别，但是因为学习者在语调的形式—意义的配对上存在困难，因此，学习者感知一般疑问句中 L* H 为焦点重音存在困难。这是两种语言在词汇韵律和后词汇韵律类型差异导致的，汉语的/L/调是词汇韵律层面的特征，而英语的 L* 调是语调层面（后词汇层面）的特征，因此是一种非常典型的负迁移；此外，也与我们的英语教学有关，在教学中，很少涉及对 L* H 音高重音类型的形式和功能的讲解。在第八章，我们将通过可视化方式，加强语调意识的培养。经过语调训练后，学习者语调产出和感知都有很大的改善，但是产出的分数要高于感知的分数。

接下来我们通过吴、粤方言区英语学习者焦点重音在行为层面和认知层面的感知表现，结合语调产出，进一步探讨感知与产出之间的关系。

从吴、粤方言区英语学习者对陈述句的语调感知结果来看，当陈述句中的对比焦点采用 L+H* 和 H* 类音高重音实现凸显时，学习者感知句中焦点的正确率非常高，正确率在 95% 左右，说明学习者对 L+H* 和 H* 的感知非常敏感。再看吴、粤方言区英语学习者祈使句的语调产出结果，无论是粤方言区英语学习者还是吴方言区英语学习者，无论产出任务是看图片产出（未告知被试哪个词需要重读）还是看文本产出（重读词用大写标记出来），他们都只采用 L+H* 和 H* 两类音高重音形式表达祈使句中的焦点重音。粤方言区英语学习者采用 H* 音高重音表达句中对比焦点的比例分别是 98%（看图片产出）和 82%（看文本产出），采用L+H* 音高重音表达句中对比焦点的比例分别是 2%（看图片产出）和 18%（看文本产出）。吴方言区英语学习者采用 H* 音高重音表达句中对比焦点的比例分别是 93.8%（看图产出）和 83%（看文本产出），采用 L+H* 音高重音表达句中对比焦点的比例分别是 6.2%（看图产出）和 17%（看文本产出）。由此可以看出，尽管在看文本产出过程中，两组方言区英语学习者对 L+H* 音高重音的使用频率有所提升，但在表达祈使句焦点时仍以 H* 音高重音为主。

从吴、粤方言区英语学习者对是非疑问句的语调感知结果来看，首先，两组方言区英语学习者对是非疑问句焦点重音的感知正确率明显低于祈使句中焦点重音的感知，粤方言区英语学习者的表现更是明显，说明英语学习者对焦点重音的感知受到句型的影响；其次，当是非疑问句采用 L*+H 和 H* 两类音高重音表达句中焦点时，吴方言区英语学习者对两类音高重音的知觉表现非常类似，粤方言区学习者则表现出一定的差异，他们对 L*+H 类音高重音的知觉正确率稍高于 H* 音高重音的知觉正确率。再看两组英语学习者是非疑问句的语调产出结果，无论是粤方言区英语学习者还是吴方言区英语学习者，无论是看图产出还是看文本产出，L* 和 H* 音高重音的使用都是占主导地位的，如果学习者采用升调表达疑问语气，则是非疑问句中焦点的表达以 L* 音高重音为主；如果学习者采用降调表达疑问语气，则是非疑问句焦点的表达以 H* 音高重音为主。

结合吴、粤方言区英语学习者的语调感知和产出结果，可以发现当学习者能成功地感知到某类音高重音时，在语调产出环节不一定使用这类音高重音；但学习者在语调产出中如使用了某类音高重音，那么他在一定程度上是可以准确感知这类音高重音。这在一定程度上呼应了前人的研究结果——感知是产出的前提。不过产出与感知之间的对应关系受到句型的影响，祈使句焦点重音的感知正确率显著高于是非疑问句。

以上是从行为数据中探查感知与产出的关系，接下来我们从认知的角度看一下产出与感知之间的对应关系，我们以粤方言区英语学习者加工是非疑问句焦点重音的眼动数据和语调产出表现为例。为了与眼动数据相匹配，我们补充分析了另外 30 名粤方言区英语学习者是非疑问句焦点重音的语调产出表现（看图说话环节），如此一来共有 40 名被试的眼动数据和产出数据用于该部分的分析。

从粤方言区英语学习者对是非疑问句焦点重音的在线加工表现来看，学习者对焦点重音的位置比较敏感，当句中的焦点不承载重音，而非焦点承载重音时（语调条件 D），学习者对目标参照物的平均注视比例显著减少，如图 6-31 所示。

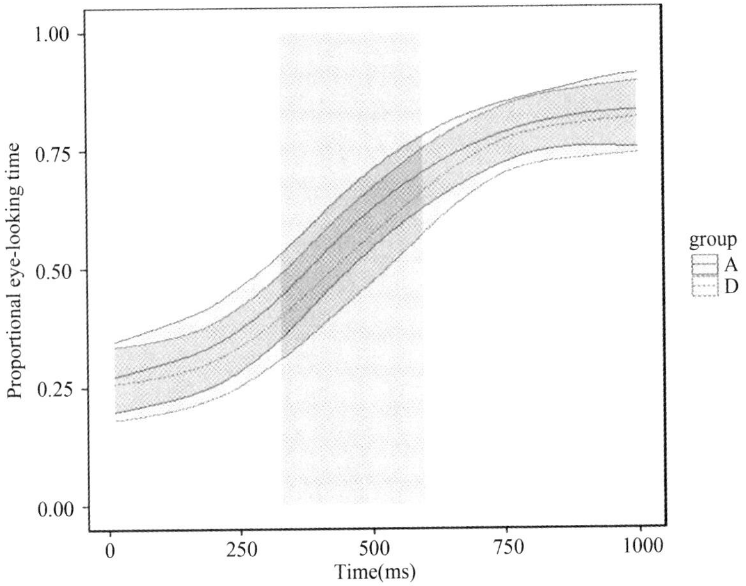

图 6-31 A 组和 D 组语调条件下被试对目标图片的注视差异

40 位粤方言区英语学习者是非疑问句焦点重音的产出结果见表 6-23。首先，我们按照边界调的标注结果将收集到的 2080 个目标句（40 名被试 ×52 个目标句）分成两类：采用升调表示疑问语气的句子和采用降调表示疑问语气的句子。经统计，共有 1070 个句子实现为升调疑问句，占比 51.4%，1010 个句子实现为降调疑问句，占比 48.6%。其次，按照目标词实现的音高重音类型，对每类句子进行再次分类。

从表 6-23 可以看出，如果学习者采用升调表达疑问语气，句中焦点主要采用 L* 音高重音实现凸显，如果学习者采用降调表达疑问语气，句中焦点主要采用 H* 音高重音实现凸显。

表 6-23　粤方言区英语学习者的音高重音类型分布（个数和比例）

音高重音	升调疑问句	降调疑问句
H*	241（22.5%）	896（88.7%）
L+H*	3（0.3%）	114（11.3%）
L*+H	12（1.1%）	0
L*	814（76%）	0
总计	1070（100%）	1010（100%）

考虑到一般疑问句焦点重音的产出存在较大的个体差异，我们根据边界调及焦点重音实现的音系表征对 40 位被试进行了分组：①第一组：13 人，采用升调表达疑问语气的句子占目标句总数的 80% 及以上，目标词音高重音的音系表征主要是 L*；②第二组：15 人，采用降调表达疑问语气的句子占目标句总数的 80% 及以上，目标词音高重音的音系表征主要是 H*；③第三组：12 人，边界调或目标词实现的音高重音类型较随机化，没有规律。

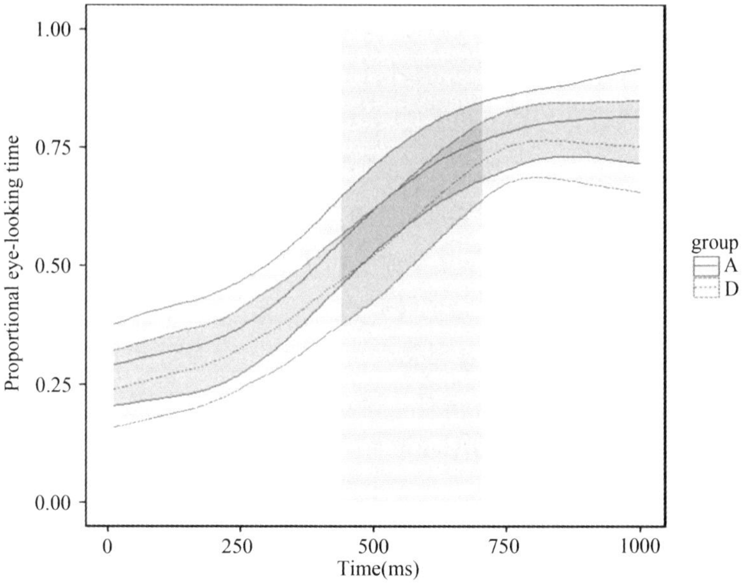

图 6-32　第一组人群 A 组和 D 组语调条件下被试对目标图片的注视差异

我们对第一组和第二组人群的眼动数据进行单独分析，发现第一组被试在 A 组(宽焦句) 和 D 组(焦点不承载重音，非焦点承载重音) 语调条件下对目标图片的注视比例有显著差异($t = 168.16$, $df = 12$, $P = 0.034$)，A 组语调条件下被试对目标图片的平均注视比例显著高于 D 组，见图 6-32，其余语调组别之间均无显著差异($Ps > 0.05$)。第二组被试在四组语调条件下对目标图片的注视比例均无显著差异($P > 0.05$)。

这一结果说明焦点重音产出表现相对更好的被试，其利用焦点重音在线理解句子的能力也相对更强，进一步支持了已有研究认为产出与感知关系密切的结论，但产出的问题不一定是感知不到造成的。

第四节 本章小结

本章从言语链出发，重点从言语感知角度分析了中国英语学习者二语语调韵律感知和认知特性。

对音段的感知，如英语元音感知，请参见《二语学习者的元音发音研究和可视化的语音训练》(智娜，2022；Zhi & Li，2021)。根据美、英本族语者的感知结果，探讨了学习者的元音的可懂度、外语口音评分等问题。从感知出发，厘清哪些信息会影响学习者元音发音的可懂度和外语口音评分。根据美、英听音人分别对学习者发音的可懂度感知和外语口音评分结果，将学习者可懂度分为 4 级，外语口音等级最高 (4 级) 的元音有单元音/u/和双元音/aʊ/发音。而学习者普遍产出的错误发音，即可懂度最低，且外语口音评分也最低的发音是 5 个单元音/ɔ ɒ ɛ æ ɪ/和双元音/iɔː/。此外，研究还发现除双元音/iɔ/，学习者双元音发音的可懂度等级要普遍高于单元音的发音。通过感知混淆矩阵的形式，得到两国听音人对学习者每个发音的感知混淆比例，不仅可以观察到美、英听音人对学习者发音在感知结果上的差异，也为后面进一步根据学习者的发音错误开展发音教学和训练提供了参考标准。

我们必须强调，二语感知和认知模式的解释，都离不开学习者的母语语言和语音系统，比如，在产出和感知方面，中国方言区学习者都对带有低调特征音高重音 L^* (L^*H) 表现出一致性的困难，主要还是由英语和汉语两种语言类型差异造成的形式和意义整合困难，一种典型的韵律层面的负迁移。其次，感知和认知研究结果，再次确认语音教学务必从言语链全链路出发，将语音学知识、感知和产出关系结合起来。

参考文献

Altmann, G. , & Steedman, M. (1988). Interaction with context during human sentence processing. *Cognition*, 30(3), 191 -238.

Best, C. T. (1995). A direct realist view of cross-language speech perception. In W. Strange(Ed.), *Speech Perception and Linguistic Experience: Issues in Cross-language Research*, 171 -204, Timonium, USA: New York Press.

Boersma, P. (2001). Praat, a system for doing phonetics by computer. *Glot International*, 5, 341 -345.

Bolinger, D. (1978). Intonation across languages. In J. Greenberg(Ed.), *Universals of Human Language, Volume 2: Phonology*, 471 - 524, Stanford, USA: Stanford University Press.

Bolinger, D. (1986). *Intonation and its parts.* Stanford: Stanford University Press.

Braun, B. , Dainora, A. , & Ernestus, M. (2011). An unfamiliar intonation contour slows down online speech comprehension. *Language and Cognitive Processes*, 26(3), 350 -375.

Britt, M. A. (1994). The interaction of referential ambiguity and argument structure in the parsing of prepositional phrases. *Journal of Memory and Language*, 33(2), 251 -283.

Chen, A. , & Lai, V. T. (2011). Comb or coat: The role of intonation in online reference resolution in a second language. In D. J. H. Capel, E. H. De Bree, M. A. De Klerk, A. O. Kerkhoff, & F. N. K. Wijnen (Eds.), *Sound and Sounds: Studies Presented to MEH (Bert) Schouten on the Occasion of His 65th Birthday*, 57 -68.

Chen, J. (2004). *Contrastive study on prosodic aspects for standard and Shanghai-accented Chinese*[Master's thesis, Zhejiang University].

Clahsen, H. , & Felser, C. (2006a). Grammatical processing in language learners. *Applied Psycholinguistics*, 27(1), 3 -42.

Clahsen, H., & Felser, C. (2006b). How native-like is non-native language processing? *Trends in Cognitive Sciences*, 10(12), 564-570.

Clifton Jr, C., Carlson, K., & Frazier, L. (2002). Informative prosodic boundaries. *Language and Speech*, 45(2), 87-114.

Cruttenden, A. (1985). Intonation comprehension in ten-year-olds. *Journal of Child Language*, 12(3), 643-661.

Cruttenden, A. (1997). *Intonation*. New York: Cambridge University Press.

Cutler, A. (2012). *Native listening: Language experience and the recognition of spoken words*. Cambridge: MIT Press.

Cutler, A., & Swinney, D. A. (1987). Prosody and the development of comprehension. *Journal of Child Language*, 14(1), 145-167.

Cutler, A., & Swinney, D. A. (1987). Prosody and the development of comprehension. *Journal of Child Language*, 14(1), 145-167.

Cutler, A., Dahan, D., & Van Donselaar, W. (1997). Prosody in the comprehension of spoken language: A literature review. *Language and Speech*, 40(2), 141-201.

Cutler, A., Dahan, D., van Donselaar, W. (1997). Prosody in the comprehension of spoken language: A literature review. *Language and Speech*, 40(2), 141-201.

Danes, F. (1960). Sentence intonation from a functional point of view. *Word*, 16(1), 34-54.

Dekydtspotter, L., Donaldson, B., Edmonds, A. C., Fultz, A. L., & Petrush, R. A. (2008). Syntactic and prosodic computations in the resolution of relative clause attachment ambiguity by English-French learners. *Studies in Second Language Acquisition*, 30(4), 453-480.

Díaz, B., Mitterer, H., Broersma, M., & Sebastián-Gallés, N. (2012). Individual differences in late bilinguals' L2 phonological processes: From acoustic-phonetic analysis to lexical access. *Learning and Individual Differences*, 22(6), 680-689.

Diehl, J. J., Bennetto, L., Watson, D., Gunlogson, C., & McDonough, J. (2008). Resolving ambiguity: A psycholinguistic approach to understanding prosody processing in high-functioning autism. *Brain and Language*, 106(2), 144-152.

Duanmu, S. (2000). *The phonology of standard Mandarin*. Oxford, UK: Oxford

University Press.

Dupoux, E. , Pallier, C. , Sebastian, N. , & Mehler, J. (1997). A distressing "deafness" in French? *Journal of Memory and Language*, 36, 406 – 421.

Dussias, P. E. , Kroff, J. R. V. , Tamargo, R. E. G. , & Gerfen, C. (2013). When gender and looking go hand in hand: Grammatical gender processing in L2 Spanish. *Studies in Second Language Acquisition*, 35, 353 – 387.

Dutoit, T. , Pagel, V. , Pierret, N. , Bataille, F. , & Van Der Vrecken, O. (1996). The MBROLA project: Towards a set of high quality speech synthesizers free of use for non-commercial purposes. In H. T. Bunnell & W. Idsardi (Eds.), *Proceeding of fourth international conference on spoken language processing ICSLP*, 1393 – 1396.

Evanini, K. , & Huang, B. (2012). Automatic detection of[th] pronunciation errors for Chinese learners of English. *Proceedings of the International Symposium on Automatic Detection of Errors in Pronunciation Training*, 71 – 74.

Ferreira, F. , Bailey, K. G. , & Ferraro, V. (2002). Good-enough representations in language comprehension. *Current Directions in Psychological Science*, 11(1), 11 – 15.

Flege, J. E. (1987). The production of "new" and "similar" phones in a foreign language: Evidence for the effect of equivalence classification. *Journal of Phonetics*, 15(1), 47 – 65.

Flege, J. E. (1995). Second language speech learning: Theory, finding and problems. In W. Strange(Ed.), *Speech Perception and Linguistic Experience: Issues in Cross-language Research*, 233 – 277, Timonium, USA: York Press.

Francis, A. L. , Ciocca, V. , Ma, L. , & Fenn, K. (2008). Perceptual learning of Cantonese lexical tones by tone and non-tone language speakers. *Journal of Phonetics*, 36(2), 268 – 294.

Fujisaki, H. , & Sudo, H. (1971). A generative model for the prosody of connected speech in Japanese. *Annual Report of the Engineering Research Institute, University of Tokyo*, 30, 75 – 80.

Grabe, E. , Rosner, B. S. , García-albea, J. E. , & Zhou, X. L. (2003). Perception of English intonation by English, Spanish, and Chinese listeners. *Language and Speech*, 46(4), 375 – 401.

Grice, M. (2006). Intonation. *Encyclopedia of Language & Linguistics*, 4, 778 – 788.

Gussenhoven, C. (1983). Focus, mode and the nucleus. *Journal of Linguistics*, 19(2), 377 – 417.

Gussenhoven, C., & Chen, A. J. (2000). Universal and language-specific effects in the perception of question intonation. *Proceedings of the 6th International Conference on Spoken Language Processing (ICSLP)*, 91 – 94.

Harley, B., Howard, J., Hart, D. (1995). Second language processing at different ages: do younger learners pay more attention to prosodic cues to sentence structure? *Language Learning*, 45, 43 – 71.

Hayes-Harb, R., & Watzinger-Tharp, J. (2012). Accent, intelligibility, and the role of the listener: Perceptions of English-accented German by native German speakers. *Foreign Language Annals*, 45(2), 260 – 282.

Hopp, H. (2006). Syntactic features and reanalysis in near-native processing. *Second Language Research*, 22(3), 369 – 397.

Hopp, H. (2014). Working memory effects in the L2 processing of ambiguous relative clauses. *Language Acquisition*, 21(3), 250 – 278.

Ip, M. H. K., & Cutler, A. (2018). Asymmetric efficiency of juncture perception in L1 and L2. *9th International Conference on Speech Prosody*, 289 – 296.

Ito, K., & Speer, S. R. (2008). Anticipatory effects of intonation: Eye movements during instructed visual search. *Journal of Memory and Language*, 58(2), 541 – 573.

Ito, K., Bibyk, S., Wagner, L., & Speer, S. (2014). Interpretation of contrastive pitch accent in six-to eleven-year-old English-speaking children (and adults). *Journal of Child Language*, 41(1), 84 – 110.

Jackson, C. N., Dussias, P. E. (2009). Cross-linguistic differences and their impact on L2 sentence processing. *Bilingualism*, 12, 65 – 82.

Jia, Y., & Li, A. (2012). Phonetic realization of accent from Chinese English learners in various dialectal regions. *The 8th International Symposium on Chinese Spoken Language Processing*, Hong Kong, China, 296 – 300

Just, M. A., & Carpenter, P. A. (1992). A capacity theory of comprehension: individual differences in working memory. *Psychological Review*, 99 (1), 122.

Kapatsinski, V., Olejarczuk, P., & Redford, M. A. (2017). Perceptual learning of intonation contour categories in adults and 9 – to 11 – year-old children: Adults are more narrow-minded. *Cognitive Science*, 41(2), 383 -415.

Kraljic, T., & Brennan, S. E. (2005). Prosodic disambiguation of syntactic structure: For the speaker or for the addressee? *Cognitive Psychology*, 50 (2), 194 -231.

Kuhl, P. K., Williams, K. A., Lacerda, F., Stevens, K. N., & Lindblom, B. (1992). Linguistic experience alters phonetic perception in infants by 6 months of age. *Science*, 255(5044), 606 -608.

Ladd, D. R. (1996). *Intonational phonology.* Cambridge: Cambridge University Press.

Ladd, D. R., & Morton, R. (1997). The perception of intonational emphasis: Continuous or categorical? . *Journal of Phonetics*, 25(3), 313 -342.

Lehiste, I. (1973). Phonetic disambiguation of syntactic ambiguity. *J. Acoust. Soc. Am.* 53: 380. Doi: 10. 1121/1. 1982702.

Lentz, T., & Chen, A. (2015). Unbalanced adult production and perception in prosody. *ICPhS* 2015.

Liu, C., & Rodriguez, A. (2012). Categorical perception of intonation contrasts: Effects of listeners' language background. *Journal of the Acoustical Society of America*, 131(6), 427 -433.

Liu, F. & Xu, Y. (2007). Question intonation as affected by word stress and focus in English. *Proceedings of the 16th International Congress of Phonetic Sciences*, 1189 -1192.

Liu, F., & Xu, Y. (2005). Parallel encoding of focus and interrogative meaning in Mandarin intonation. *Phonetica*, 62(24), 70 -87.

Maddox, W. T., Chandrasekaran, B., Smayda, K., & Yi, H. G. (2013). Dual systems of speech category learning across the lifespan. *Psychology and Aging*, 28(4), 1042 -1056.

Maddox, W. T., Chandrasekaran, B., Smayda, K., Yi, H. G., Koslov, S., & Beevers, C. G. (2014). Elevated depressive symptoms enhance reflexive but not reflective auditory category learning. *Cortex*, 58, 186 -198.

Mennen, I. (2015). Beyond Segments: Towards a L2 intonation learning theory. In E. Delais-Roussarie(Ed.), *Prosody and Language in Contact*, 171 - 188. Springer: Berlin Heidelberg.

Mennen, I., & Leeuw, E. (2014). Beyond segments: Prosody in SLA. *Studies in Second Language Acquisition*, 36, 183 -194.

Mennen, I. , Schaeffler, F. , & Docherty, G. (2012). Cross-language differences in fundamental frequency range: A comparison of English and German. *The Journal of the Acoustical Society of America*, 131(3), 2249 –2260.

Nakamura, C. , Arai, M. , & Mazuka, R. (2012). Immediate use of prosody and context in predicting a syntactic structure. *Cognition*, 125(2), 317 –323.

Nakamura, C. , Arai, M. , Hirose, Y. , & Flynn, S. (2016). Prosody helps L1 speakers but confuses L2 learners: influence of L + H * pitch accent on referential ambiguity resolution. *Proceeding of Speech Prosody* 2016, 577 –581.

Nakamura, C. , Arai, M. , Hirose, Y. , & Flynn, S. (2020). An extra cue is beneficial for native speakers but can be disruptive for second language learners: integration of prosody and visual context in syntactic ambiguity resolution. *Frontiers in psychology*, 10.

Namjoshi, J. , & Tremblay, A. (2014). The processing of prosodic focus in French. *27th Annual CUNY Conference on Human Sentence Processing.*

Nickels, S. , Steinhauer, K. (2018). Prosody-syntax integration in a second language: contrasting event-related potentials from German and Chinese learners of English using linear mixed effect models. *Second Language Research*, 34, 9 –37.

Ohala, J. J. (1978). The production of tone. In V. A. Fromkin(Ed.), *Tone: A Linguistic Survey*, 5 –39, New York: Academic Press.

Öhman, S. E. G. (1967). Numerical model of coarticulation. *The Journal of the Acoustical Society of America*, 41(2), 310 –320.

Ortega-Llebaria, M. , & Colantoni, L. (2014). Beyond segments: Prosody in SLA. *Studies in Second Language Acquisition*, 36, 331 –353.

Pannekamp, A. , Toepel, U. , Alter, K. , Hahne, A. , & Friederici, A. D. (2005). Prosody-driven sentence processing: an event-related brain potential study. *Journal of Cognitive Neuroscience*, 17(3), 407 –421.

Papadopoulou, D. (2005). Reading-time studies of second language ambiguity resolution. *Second Language Research*, 21(2), 98 –120.

Papadopoulou, D. , & Clahsen, H. (2003). Parsing strategies in L1 and L2 sentence processing: A study of relative clause attachment in Greek. *Studies in Second Language Acquisition*, 25(4), 501 –528.

Pauker, E. , Itzhak, I. , Baum, S. R. , & Steinhauer, K. (2011). Effects of cooperating and conflicting prosody in spoken English garden path sentences: ERP evidence for the boundary deletion hypothesis. *Journal of Cognitive Neuroscience*, 23(10), 2731 - 2751.

Perdomo, M. , & Kaan, E. (2021). Prosodic cues in second-language speech processing: A visual world eye-tracking study. *Second Language Research*, 37 (2), 349 - 375.

Pierrehumbert, J. B. (2000). Tonal elements and their alignment. In M. Horne (Ed.), *Prosody: Theory and Experiment*, 11 - 36, Springer, Dordrecht.

Pirrehumbert, J. B. (1980). *The phonology and phonetics of English intonation* [Doctoral dissertation, Massachusetts Institute of Technology].

Pisoni, D. B. , & Luce, P. A. (1987). Trading relations, acoustic cue integration, and context effects in speech perception. *The Psychophysics of Speech Perception*, 39, 155 - 172.

Price, P. J. , Ostendorf, M. , Shattuck-Hufnagel, S. , & Fong, C. (1991). The use of prosody in syntactic disambiguation. *The Journal of the Acoustical Society of America*, 90(6), 2956 - 2970.

Quam, C. , Wang, A. , Maddox, W. T. , Golisch, K. , & Lotto, A. (2018). Procedural-memory, working-memory, and declarative-memory skills are each associated with dimensional integration in sound-category learning. *Frontiers in Psychology*, 9, 1 - 15.

Roberts, L. (2012). Individual differences in second language sentence processing. *Language Learning*, 62, 172 - 188.

Roberts, L. , & Felser, C. (2011). Plausibility and recovery from garden paths in second language sentence processing. *Applied Psycholinguistics*, 32 (2), 299 - 331.

Roberts, L. , Gullberg, M. , & Indefrey, P. (2008). Online pronoun resolution in L2 discourse: L1 influence and general learner effects. *Studies in Second Language Acquisition*, 30(3), 333 - 357.

Schafer, A. J. (1997). *Prosodic parsing: the role of prosody in sentence comprehension* [Doctoral dissertation, University of Massachusetts].

Schafer, A. J. (2017). Differences between native and non-native English listeners in the use of prosodic focus and event structure to anticipate discourse structure and resolve reference. *JSLS* 2017 *Conference Handbook*.

Schafer, A. J. , Speer, S. R. , Warren, P. , & White, S. D. (2005). Prosodic influences on the production and comprehension of syntactic ambiguity in a game-based conversation task. *Approaches to Studying World-Situated Language Use*, 209 – 225.

Shattuck-Hufnagel, S. , Turk, A. E. (1996). A prosody tutorial for investigators of auditory sentence processing. *Journal of psycholinguistic research*, 25, 193 – 247.

Shen, D. , & Tang, P. (2020). A pilot study on the perception of Chinese and English prosodic focus by Chinese learners of English: the effect of foreign accent. 23*rd Conference of the Oriental COCOSDA International Committee for the Co-ordination and Standardisation of Speech Databases and Assessment Techniques*(*O-COCOSDA*), 17 – 21.

Snedeker, J. , & Trueswell, J. (2003). Using prosody to avoid ambiguity: Effects of speaker awareness and referential context. *Journal of Memory and Language*, 48(1), 103 – 130.

Snedeker, J. , & Yuan, S. (2008). Effects of prosodic and lexical constraints on parsing in young children(and adults). *Journal of Memory and Language*, 58(2), 574 – 608.

Sorace, A. , & Serratrice, L. (2009). Internal and external interfaces in bilingual language development: Beyond structural overlap. *International Journal of Bilingualism*, 13(2), 195 – 210.

Spivey-Knowlton, M. , & Sedivy, J. C. (1995). Resolving attachment ambiguities with multiple constraints. *Cognition*, 55(3), 227 – 267.

Spivey, M. J. , Tanenhaus, M. K. , Eberhard, K. M. , & Sedivy, J. C. (2002). Eye movements and spoken language comprehension: Effects of visual context on syntactic ambiguity resolution. *Cognitive Psychology*, 45(4), 447 – 481.

Steinhauer, K. (2006). How dynamic is second language acquisition? . *Applied Psycholinguistics*, 27(1), 92 – 95.

Steinhauer, K. , Alter, K. , & Friederici, A. D. (1999). Brain potentials indicate immediate use of prosodic cues in natural speech processing. *Nature Neuroscience*, 2(2), 191 – 196.

Steinhauer, K. , White, E. J. , Drury, J. E. (2009). Temporal dynamics of late second language acquisition: evidence from event-related brain poten-

tials. Second Language Research, 25, 13 – 41.

Strange, W. (1995). Cross-language studies of speech perception: A historical review. *Speech Perception and Linguistic Experience: Issues in Cross-Language Research*, 3 – 45.

Strange, W. (2011). Automatic selective perception (ASP) of first and second language speech: A working model. *Journal of Phonetics*, 39(4), 456 – 466.

Tanenhaus, M. K., Spivey-Knowlton, M. J., Eberhard, K. M., & Sedivy, J. C. (1995). Integration of visual and linguistic information in spoken language comprehension. *Science*, 268(5217), 1632 – 1634.

Tree, J. E. F., & Meijer, P. J. (2000). Untrained speakers' use of prosody in syntactic disambiguation and listeners' interpretations. *Psychological Research*, 63(1), 1 – 13.

Trofimovich, P., & Baker, W. (2006). Learning second language suprasegmentals: Effect of L2 experience on prosody and fluency characteristics of L2 speech. *Studies in Second Language Acquisition*, 28(1), 1 – 30.

Uldall, E. (1964). Transitions in fricative noise. *Language and Speech*, 7(1), 13 – 15.

Vaissière, J. (2005). Perception of intonation. In D. B. Pisoni, & R. E. Remez (Eds.), *The Handbook of Speech Perception*, 236 – 263. Blackwell Publishing Limited.

van Berkum, J. J., Brown, C. M., & Hagoort, P. (1999). Early referential context effects in sentence processing: Evidence from event-related brain potentials. *Journal of Memory and Language*, 41(2), 147 – 182.

Warren, P., Schafer, A. J., Speer, S. R., & White, S. D. (2000). Prosodic resolution of prepositional phrase ambiguity in ambiguous and unambiguous situations. *UCLA Working Papers in Phonetics*, 5 – 34.

Weinberger, S. (2015). *Speech Accent Archive.* George Mason University. Retrieved from http://accent.gmu.edu.

Witzel, J., Witzel, N., Nicol, J. (2012). Deeper than shallow: evidence for structure-based parsing biases in second-language sentence processing. *Applied Psycholinguistics*, 33, 419 – 456.

Yang, X., Shen, X., Li, W., & Yang, Y. (2014). How listeners weight acoustic cues to intonational phrase boundaries. *PloS One*, 9(7).

Ying, H. G. (1996). Multiple constraints on processing ambiguous sentences:

Evidence from adult L2 learners. *Language Learning*, 46(4), 681 -711.

Zhang, X. (2012). *A comparison of cue-weighting in the perception of prosodic phrase boundaries in English and Chinese*[Doctoral dissertation, University of Michigan].

Zhang, Y., Ding, H., Zelchenko, P., Cui, X., Lin, Y., Zhan, Y., & Zhang, H. (2018). Prosodic disambiguation by Chinese EFL learners in a co-operative game task. *Proceedings of the 9th International Conference on Speech Prosody*, 979 -983.

Zhi, N., & Li, A., (2021). Acoustic salience in the evaluations of intelligibility and foreign accentedness of nonnative vowel production. *Lingua*, 103069.

卜友红:《中国英语学习者语调习得问题研究》,《外语教学与研究》2016 年第 4 期,第 569—582 页。

李爱军:《语篇韵律与互动言语行为》,《语言学论丛》2021 年第 64 辑。

贾媛、熊子瑜、李爱军:《普通话焦点重音对语句音高的作用》,《中国语音学报》2008 年第 1 辑。

马秋武、贾媛:《语调音系学综览》,《南开语言学刊》2009 年第 1 期,第 85—92 页。

智娜:《二语学习者的元音发音研究和可视化的语音训练》,首都师范大学出版社 2022 年版。

第五部分

面向语音教学的应用研究

第 七 章

自动韵律标注

韵律标注是对比分析英语学习者和母语发音人之间韵律信息异同的基础，也是对学习者英语口语水平评估的基础。基于 AM 理论的韵律标注系统已经在第二章进行了详细介绍，包括英语韵律标注系统 ToBI 和 IViE，标注的主要信息包括韵律层级、音高重音和边界调等。

韵律标注一直是一项耗时耗力耗钱的工作，我们统计过，对 1 个小时的自然口语进行语音音段和韵律多层次的人工标注，需要 300 个小时的人工标注量，而且多人标注一致性也很难保证，受到标注者的各种因素制约。因此自动韵律标注技术一直是语音技术的一个研究热点，其中由于中介语的复杂多变性，学习者的 L2 自动韵律标注，从建模难度上远超 L1 自动韵律标注。

本项目利用当前主流的深度学习技术，提出了一种基于局部递归神经网络（LRNN）的韵律自动标注方法，构建了韵律自动标注平台，一方面应用于 AESOP-CASS 中所有英语语音数据的自动韵律切分，降低人工标注成本；另一方面应用于语音教学平台，对学习者的发音数据进行自动韵律切分，以便开展可视化教学和韵律评估。

第一节　概述

一　研究背景

随着英语学习热潮的形成，越来越多的人追求更地道、更自然的口音。同时，随着经济全球化的发展，越来越多的贸易联系和沟通要求我们有足够的英语口语水平来应对日常交流和各种突发事件。由此，提高英语口语能力成为英语教育中的关键性部分。但国内较为落后的教学现实仍然跟不上英语教育的需求：首先，有能力的语言教师在整体上较为缺乏，且分布极度不均衡，多集中于东部经济发达地区；其次，有留学经历，能地道使用口语的教师往往在教学上缺少经验，无法对学生的问题针对性的查缺补漏。所以，个性化的计算机辅助语言学习可能是解决国内口语教学困境的一方良药，这也是语音处理技术的一大发展方向。随着人工智能的发展，智慧教育的普及，语言辅助学习的应用层出不穷，它们为语言学习提供了更便携的方式、更友好的界面和更自然的互动环境（Arias 等，2010）。这种应用系统可以在给定一段语音的情况下进行深度分析，并提供即时的、定制化的反馈，帮助用户发现并改正发音质量、发音方式等问题。由此，学习者可以更自由更大胆地进行口语练习而不用担心在课堂面对老师时的焦虑和压力。

尽管需求旺盛，市场广阔，同类产品众多，但是还缺少可信的、稳定的、针对中国人英语学习现实情况的定制化语音评估平台。中国人的英语口音有其独有的特征，也有需要专项突破的问题，恰当的语音评估系统应该考虑到检测的真实性和反馈的针对性，所以将二语语音的基础性研究和先进的语音技术结合是不可抵挡的趋势。语音评估可以是小到音段细节的，如音素的删减、增添或替换；也可以是大到整个语音语调的，如整个句子的节奏或是抑扬顿挫。现在的评估系统多数着重评测单个词汇或是音节的发音准确度、语速的流畅度、跟读训练的完成度，却忽视了另一个重要的方面，即韵律的评估。韵律的使用很大程度上决定了发言人语音的自然程度，如何确定重音的位置，如何把握句子的节奏，如何合适地运用语调，这些都是韵律评估需要考虑的问题。同时，韵律作为语音、音系和语用的交界面，给予了语音更大的编码空间。情感、态度、意图以及各种言外之意均可以在这一层面混合编码，以声学的信号作为载体传播，在听音人一方进行解码重构，而不恰当的韵律可能会对交流造成阻碍（Giora，1999）。尽管母语者会对口音有着更大的包容度，但对于韵律造成的词不达意，他们并不会给予额外的照顾（Witteman 等，2014）。误解很容易在这种交际中产生，更糟的是，学习者很可能因不能得到良好的反馈而陷入语用石化的困境之中（Trillo，2002）。那么韵律评估的重要性就不言而喻了。

本章基于当前的语音处理技术，讨论如何实现针对英语二语语音数据的韵律自动标注技术，并且在 ToBI 韵律标注框架下探索如何用离散的韵律表征来评估发言人的韵律结构和模式。本研究不仅作为当前计算机辅助语言教学系统的一个补充，更在语言学理论的基础上，探索二语教学和人工智能思潮结合的可能性。

二 口语评估的研究现状

语音识别技术的发展从无到有，从劣到优，直接推动了口语语音评估的流行。Neumeyer 等（1996）设计了一个交互式的语言学习平台 VILTS（Voice Interactive Language Training System）。基于 SRI 的语音识别系统从多个方面对用户语音进行评分，分别是 HMM 相似度、语音片段准确度、语音片段周期和语流速度。Franco 等（1997）遵循 VILTS 设计的基本原则和评测标准，但在评价语音相似度这一特征上，计算了基于 HMM 的后验概率，分别在句子和说话人两个不同的方面提高了评估的准确程度，达到与人类专家评分 0.88 的相似度。Kim 等（1997）发现评估语速对于整体结果有一定的负面作用，因为语速很快但发音很差，或者语速很快但语音内容实则偏离了文本规定，都可以骗过系统进而轻易获得高分。所以他采取在系统中去除了对于语速的评估，使用了基于 HMM 的相似度和基于 HMM 的后验概率的联合评分方式回避这一问题，该方法进一步缩小了自动评分和人类专家评分的差距。Chen 等（2004）明确了语音评估的各个子任务，即语音内容相似性、语音语调相似性和基于非线性衰减的动态评分。语音内容相似性仍然是基于语音的 HMM 相似度和概率，但语音语调相似性由 Viterbi 解码先分离音节，随后在音节上用 GMM 得到音调识别结果。评分调整中使用了简单爬山算法（Downhill Simplex）。此外，也可利用其他语音识别技术，用训练的声学模型分离出正确和有误差的语音段，在此基础上对比其与标准语音的差异。最后，口音自适应技术也是一种评估可以利用的语音技术。该方法对音素的准确性进行全方位的考察，并给出基于每个音素的发音质量评分，进一步整合到整句的评分结果。基于音素的语音评估可以准确定位错误所在，通过点对点的对比，可以找到语音发音问题系统性的区别。在语音评估的发展过程中，基于 GOP（Goodness of Pronunciation）方法的评估逐渐占据了主流，这一方法根据人类专家基于量表的平均接受度和拒绝度，通过设定每个音素评分的阈值，既可以更准确地逼近人类专家的评分，又可以在每个音素提供反馈（Witt 等，2000）。

基于语音识别技术的语音评估从落地效果来看总体令人满意，但在评估的覆盖面、反馈的有效性等方面仍存诸多疑问。目前市场上的自动语音学习平台所不具备的，学界的研究所欠缺的一个重要的方面是基于韵律的二语评估。外语学习者在口语练习中的一个重要问题是避免“洋腔洋调”。这里的“洋腔洋调”对于中国的英语学习者来说则是将母语的韵律特征带入英语的产出中，造成一系列的韵律习得困难。常见特征有调型单一、无法正确掌握合适的语气、重音错位等。对韵律特征的评估相比于音段的评估则更为复杂。韵律特征一般体现在音高、音强、时长等特征上，和音段特征不同，它是一个更难以精确量化的概念。通常我们在具体操作时，会去衡量一些具体的表现形式，如重音、停顿、节奏、音高曲线等。目前韵律评估的方式共有三种：①在学习者语音中检测重音、语调、延停等特征，对某一个特征或整体特征进行单样本分析；②采用同样的朗读文本，不同的语音数据和变体，可以将样本和标准参数进行对比；③在有专家评分的语料库上训练评分模型，用模型对样本进行分数拟合。这三种方式各有千秋，第一种方式可以准确全面且深入地了解学习者的韵律问题，但缺点是成本高，专家意见不可或缺，需要融合语言学知识进行建模。第二种从数据出发，以参数进行判断，也是被广为采用、可行性很高的方法，但缺陷在于不够灵活机动，面对跟读任务时可以很好地给出反馈，但是遇到自由语音时，该方法无法给出恰当的评估。第三种也是常见的自动评估方式，但训练数据难得，模型稳健性存疑，同时拟合得分可解释性欠缺，学习者无法从分数中得到可用的反馈。如何从语言学理论和教学实际出发，改善韵律评估的精准性仍然是需要着重解决的问题。

三 韵律结构和韵律标注系统 ToBI

自然话语中的语音单元在表层以线性的方式排列组合，但在底层它们是一种非线性的关系。连续的音节串构成了短语、句子和篇章，但由于每个音节所扮演的角色不同，它们在韵律上的表现也相应各异。韵律是一个很宽广的语言学概念，语调的抑扬顿挫、轻重缓急都可以看作语言的韵律表现。韵律是不依赖于词汇的声学表现的总和，这其中包含了众多现象：重音、节律、语调等（Beel 等，2016）。韵律有着严格的层级和递归结构，根据韵律音系学理论，任意一个自然话语都可以按照一整套有限且有层级的单位进行切分，这些单位被称为韵律单位，如图7-1所示（Nespor 和 Vogel，1986）。它们从小到大依次为：韵素（mora）、音节（syllable）、音步（foot）、韵律词（prosodic word）、黏着组（clitic group）、韵律短语（prosodic phrase）、语调短语（intonational phrase）和韵律话语（prosodic utterance）。一般而言，任何一个特定的语言都可以在上述的层级中找到对应的位置，这就是韵律结构的普遍性。韵律结构和语法相互作用，形成了我们可感知的，习以为常的“韵律模式”，通俗来说就是在什么情况下该怎么说话。二语学习并不要求需要从理论上掌握所有的语言规则和限制，但从理论出发分析二语韵律的问题可以深化对问题和偏误的认知，进而提出系统的修正手段和方法。

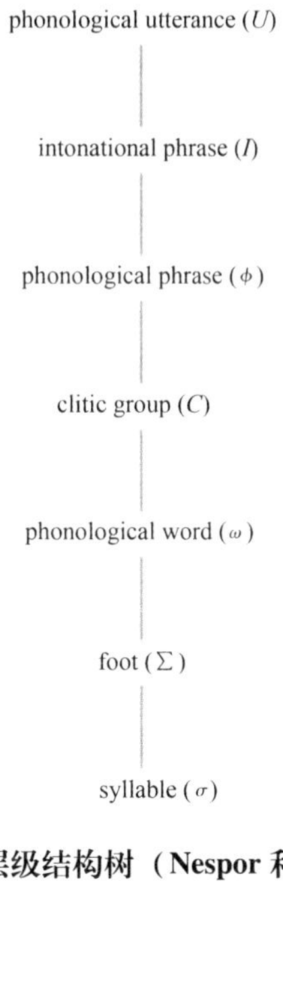

图7-1　韵律层级结构树（Nespor 和 Vogel，1986）

ToBI韵律标注系统基于自主音段音系学，建立在共时模型基础上，对语言的语调和韵律结构提出了五个显性的条件（Nespor 和 Vogel，2007）。第一，话语的韵律模式可以自由投射在不同的、由独立概念表示的层级上。语调曲拱由一系列线性的、基于自主音段的音高事件构成，较小的韵律成分可以呈递归式组合成更大的、有明确等级区别的韵律成分。例如根据两个词之间感知到的不同的停顿等级，用从大到小的数字序号给它们做标记。第二，音高事件被分离出高、低两个对立特征（H与L），这一概念是相对而言的，并不一定要求它们在整句中处于绝对的高位或低位。第三，局部的音高范围是由众多复杂的因素共同决定的，例如短语凸显程度或是降阶调、升阶调的影响。这些因素与音高事件的H、L标签无关，所以一个句子中的H*，其音高可能会低于同一句话中的L*。第四，所有短语中的音高事件在功能上或与边界调相联系，或与音高重音相联系。这些音高事件的绝对音高值既决定于它的功能，也决定于它的位置。音高重音和音段中重读的音节对齐，而边界调与音段对应的短语边界对齐。第五，高低对立的边界调和两种不同的边界类型及其连接强度紧密相关。在这套体系中，标注分为音高事件和边界调两种，统称为音高事件。其中音高事件包含基于音节的音高重音（附以“*”表示，如H*和L*分别表示高重音和低重音，下同）、降阶的重音（附以“!”表示，如!H和!L）、基于音系短语的短语重音（附以“-”表示，如H-和L-）和基于语调短语的边界调（附以“%”表示，如H%和L%），不同的音高事件可能会存在组合现象（如L-L%等）；边界从0到4，分别对应了从无延停到完整语调短语的边界。在音节单元上对语调进行分解意味着所有的韵律话语均可以在ToBI框架下得到统一描述，同时说话人韵律结构的差异均可以用ToBI进行统一刻画。在此框架下众多小样本实验结果表明，学习者和本族语者在以ToBI转写的韵律模式上有着细微的差异，如德国学习者（Anufryk等，2008）、越南学习者（Nguyen等，2008）、日本学习者（Pintér等，2014）和中国学习者（Chen和Fon，2011）。

四 自动韵律标注的研究现状

自动韵律标注是指从语音信号中检测出有效韵律成分，还原韵律结构。由于韵律标注可以在各种语音任务中增加额外的语言学信息从而提高模型表现，所以一直以来，自动韵律标注都受到了学界和工业界的广泛关注。语音合成、语言教育及本体研究方面的巨大需求，催生了该领域一系列的进步和发展。狭义上讲，自动韵律标注在 ToBI 范式下，等同于 ToBI 信息的自动识别任务。相关研究绝大多数使用波士顿大学电台新闻语料库（Boston University Radio News Corpus，BURNC），基于音素、音节或是词汇判断它们是否承载了重音；如果有，那具体的类型是什么。比如，Rosenberg（2010）的开源工具 AuToBI 是一个开源且全面的基于 ToBI 的韵律标注系统，它基于上述流程，将标注工作分为韵律事件的检测和再分类。给定语音，该系统对文本中的每一个词检测是否存在重音，判断其后是否跟着边界，再对所有检测到承载重音或处于边界的词进行第二次计算，按各个 ToBI 类别的置信分数的分布确定最终的标注结果。

部分研究只关注音高重音的识别。相比于相邻音节，重音音节通常有更长的时长、更高的频率、更大的响度，检测音高重音的存在相比于检测音高重音的类型目标更具体，也更易实现。Jeon 和 Liu（2009）利用神经网络（Neural Network，NN）和支持向量机（Support Vector Machine，SVM）实现了最好的识别效果，达到了 0.898 的准确率，但是该模型的 F1 分数为 0.85，略逊色于其他模型。在此基础上，Wang 等（2016）提出的基于卷积神经网络（Convolutional Neural Network，CNN）的标注结果实现了 0.869 的准确率和 0.882 的 F1 分数。不同的分类模型有不同的优势，如决策树（CART）可以清晰展示每一个决策依据（Hirschberg，1993），隐马尔可夫模型（HMM）可以对转移概率和表现概率建模（Ananthakrishnan 和 Narayanan，2005），最大熵模型（MaxEnt）可以充分利用任意的复杂相关特征，条件随机场（CRF）解决了标注偏置问题，弱化了 HMM 的假设（Levow，2008）。虽然各路模型在不同的方面各有千秋，但总体看来，若以正确率作为衡量标准，神经网络总能得到最优结果。

语调建模也属于韵律标注的一部分，模型参数可以作为口语评估的比较对象。Hirose 等（1984）提出了使用两个关键阻尼滤波器生成基频的方法。这一模型的理论基础是短语调和短语重音。该模型把基频的生成简化为两类特征的协同作用，一是短语特征，对应整体语调轮廓；二是重音特征，对应局部凸显程度。Hirst（1992）提出的目标逼近模型基于基频生成本质是逼近多个目标点的假说。首先使用拟合函数对多个目标点进行曲线拟合，再从音系层面分类出表征。与这种模型如出一辙的有 Taylor（1994）的 RFC 模型（Rise-Fall-Connection）和 Xu（2004）的 PENTA 模型（Parallel Encoding and Target Approximation），都是以参数控制曲线拟合逼近真实基频曲线。Taylor（1998）还尝试过更复杂参数，这一模型为 TILT 模型，通过 TILT 参数，基于振幅（amplitude）和时长（duration）对语调轮廓进行多维度描述。

基于音高、时长等特征的手工设计特征，一直是韵律评估重音识别任务中的主流。随着神经网络的流行，有些学者尝试使用训练的网络在频谱上自动学习特征，如 Stehwien 和 Vu（2017）成功使用 CNN 的网络结构在频谱等构成的特征矩阵上学习有效的表征，并以此为基础进行重音判断，其正确率高达 0.863，效果不输基于手工设计特征方法。面对普通话和粤语学习者英语韵律评估任务，Li 等（2017）则率先使用了多分布深度神经网络（Multi-Distribution Deep Neural Networks，MD-DNNs），但这一网络架构的核心思想仍然是基于 L1 英语本身的特性，而没有专门针对 L2 英语本身进行改良。我们将着重考察 L2 特性的网络架构是否可以进一步提高韵律评估的准确性。

第二节 基于局部递归神经网络的二语语音自动韵律标注

一 方法

面向二语语音自动韵律标注任务，我们提出一种新的神经网络架构，局部递归神经网络（Local Recurrent Neural Network，LRNN）。该架构在结构上增添了卷积层（convolutional layer）和基于局部音节序列的递归层（recurrent layer）。在功能上，卷积层可以从语音信号中提取更原始的表征，作为人工特征的辅助；而更短的递归结构则考虑到 L2 重音过多、短语零碎的特点，相当于给网络绑定了额外的先验知识，在模型训练时采用了混合训练的方法以进一步提高模型性能。其中，领域自适应（Domain Adaptation，DA）是一种典型的迁移学习（Transfer Learning，

TL)，我们可以利用本族语者（L1）数据和特征来增强学习者（L2）的训练，进而实现更优越的效果。而多任务学习（Multi-Task Learning，MTL）是考虑到在韵律标注的过程中重音事件和边界信息往往是相互影响的，如果可以将两个子任务平行处理，同时参考当前和先前的标注序列，增加限制，那么就可以最大程度提高标注的合理性和准确性。

（一）特征提取

（1）原始特征

语音信号、语言实体和韵律间有着密切、多元且本质的联系。为了更好地提高模型的效度和利用好这三者间的内部互动，我们尝试将三者均通过一定方式编码，作为共现特征使用在基于音节的韵律标注任务中。不仅要区分声学特征和语言特征，还要区分原始特征和辅助特征，以更好地厘清不同特征在自动标注中的利用率和贡献程度。

原始特征从声学方面来说是从语音信号中直接提取的连续的参数，从语言方面来说是利用大文本通过预训练得到的词和音节的分布式表征，即词向量和音节向量（Mikolov 等，2013）。具体来说，对于一个包含了 n 个音节的句子 $s_1, s_2, ..., s_n$，其中一个 s_t 的声学特征是在这个音节上按 p 个等距的采样点提取的。每一个采样点可以得到 d 种不同的特征，包括时长、基频、音强等。这些特征在句子层面进行 Z-Score 归一化，然后构成一个大小为 $p \times d$ 的特征矩阵 M_t。尽管梅尔倒谱系数（MFCC）在先前类似的研究中被认为是有效的，但在初步的前测实验中，我们发现引进这一参数仅能提高模型在 L1 数据上的准确率，相反，还会降低在 L2 数据上的准确率，这可能是因为 L2 数据各音素在频谱上的特征方差更大。此外，Heldner（2001）提出的谱加重（Spectral Emphasis）也是同样的情况。因此，在后续的实验中，考虑到这两个特征的局限性，我们将其移出了特征集。

语言信息也可以在一定程度上预测韵律的模式。近年来自然语言处理技术的发展给我们带来了处理语言成分关系的新的视角。词向量是基于语言样本中的分布来量化和分类各种成分间语义相似性的一种语言表征。从实践上说它指的就是将词汇表中的项按照其语料中的分布映射到实数的向量集。在 TTS（Rendel 等，2016）、言语治疗（Qin 等，2018）

和最近的重音识别（Stehwien 等，2018）中，词向量都表现出了令人惊喜的效果。Ni 等（2017）在 TTS 中尝试过将音节向量用于前端建模，并且得到了一个更稳健、更精简的前端模型。依据这样的思想，我们在维基百科上用连续词袋模型（Continuous Bag-Of-Words，CBOW）重新训练得到了可用的词向量和音节向量①。训练过程中，如遇到词典外词汇（Out-Of-Vocabulary，OOVs）则随机分配一个向量值。词向量和音节向量均为 z 维的行向量。对于第 t 个音节，他们被拼接在一起形成了一个新的向量，表示为 m_t 。

（2）辅助特征

辅助特征是指设计过的手工特征，包括常见的统计值。这一类型的特征往往应用最为广泛，有效性也被多个实验证实（Zhao 等，2013）。对每一个音节，我们提取出连续的声学特征，再计算以下值：

1）基频 F0 的最小值、最大值、平均值、标准差和斜率；

2）音强的最小值、最大值、平均值、标准差和斜率；

3）谱加重的最小值、最大值、平均值、标准差和斜率；

4）当前音节时长在当前词的比重；

5）当前音节时长在当前句子的比重；

6）当前词时长在当前句子的比重。

除了上述的词向量和音节向量，我们同样统计了部分文本特征：

1）当前音节中的元音类型；

2）当前音节中的元音位置；

3）当前音节中的音素的数量；

4）当前词中的音节的位置；

5）当前词中的音节的数量；

6）当前词的词性②。

这些离散的特征均以独热编码（One-hot Encoding）的形式，和辅助的声学特征一起，构成了一串长向量。对于第 t 个音节，该向量表示为 o_t 。

---

① 音节向量的训练方式与词向量一致，训练材料是将维基百科的内容全部转换为音节序列。

② 词性标签是 NLTK 工具自动标注的结果。

（二）模型结构

第一部分的卷积作为特征提取，第二部分基于局部音节计算上下文关系，第三部分引入辅助特征做最终预测。

我们提出的模型称为局部递归神经网络（LRNN），其部分结构根据韵律标注任务内容做了适当的修正。图 7-2 是 LRNN 的结构图，它主要由三个不同的部分构成，分别对应特征提取、预处理、上下文关系和融合信息输出结果。在这整个流程中，语音信号被转换成有意义的单元，在定长的语境中捕捉前后单元的作用力，最后结合基于音节的辅助声学信息和文本信息，模型对目标音节做出预测，判断该音节是否承载音高重音，或是该音节后是否紧随边界。

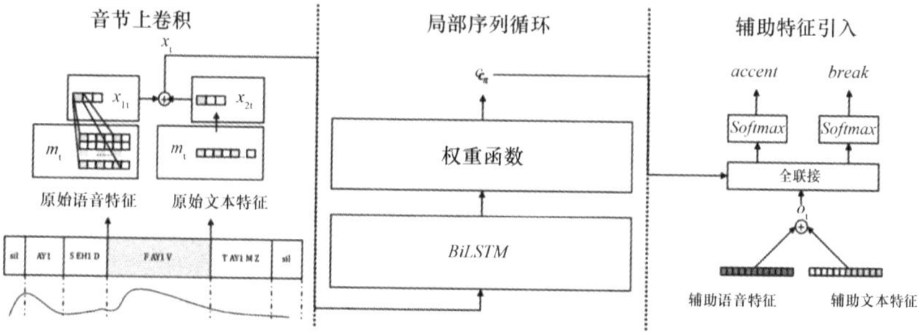

图 7-2　局部递归神经网络的结构图

LRNN 模型的第一部分是一个基于卷积层的高层特征表征转化。卷积层接收一个特征矩阵 M_t 和一个特征向量 m_t 。在矩阵上进行二维空洞卷积（Two-Dimensional Dilated Convolution），在向量上进行一维空洞卷积，其中稀释比率为 r 。稀释比率 r 会导致最后的输出矩阵上出现 $r-1$ 个零值。合适的空洞卷积可以夸大卷积的感受野，增加额外的参数，保持输出中数据的相对位置。通过卷积变换，原始声学特征被压缩，再展成一维向量 x_{1t} 以便与后续递归层相连接。另一个原始语言特征通过相似的卷积方式，转换为向量 x_{2t} 。通过拼接 x_{1t} 和 x_{2t} 得到的 x_t 即为我们从当下音节 s_t 提取出的高层表征。类比卷积在图像上的应用，高层表征提取的多为边缘、轮廓等更整体的内容，我们合理地猜想 x_t 很可能可以捕捉到频谱的整体样貌。通过卷积这一非线性的变换，输出的高层特征可以表达极大极小值等不易表达出的轮廓、位置、趋势等信息。

模型的第二部分是一个建立在局部序列上的 BiLSTM。与普通的 BiLSTM 相同，它计算的是整个序列的前后项关系，但由于在局部子序列上计算，它的上下文被截断和压缩了。目标向量 s_t 和它的数个前后项构成了一个完整的子序列，其内部项数是稳定的。每个句子都有和音节数量一样多的子序列，同时这些序列和其核心音节序数编号一致，形如 $l_1, l_2, \cdots, l_n$。对于子序列 l_t，它的特征构成为 $x_{t-k} \cdots x_{t+k}$。我们将其重新标记为 $\tilde{x}_1, \tilde{x}_2, \cdots, \tilde{x}_{2k+1}$。在这个子序列之上的隐藏状态 $\vec{h}_i^{(t)}$ 计算见公式 7－1①。

$$\vec{h}_i^{(t)} = f(\vec{h}_{i-1}^{(t)}, \tilde{x}_i) \qquad \text{（公式 7－1）}$$

其中激活函数为线性整流函数（$ReLU$）。最终的隐藏状态 $h_i^{(t)}$ 是由前向网络和后向网络计算结果拼接而成，即 $h_i^{(t)} = [\overleftarrow{h}_i^{(t)}; \vec{h}_i^{(t)}]$。当模型依次遍历每个音节的时候，隐藏状态随公式而改变。当计算到最后一个音节时，所有 h_i 经过求和得到最终状态 c_t。但是简单求和的问题在于并不能区分目标音节和相邻音节。面对相似的问题时，Stehwien 等人（2018）提出了一种简单的位置编号的方法，以 1 代表目标词，0 代表相邻词。我们认为根据协同发音原则，前后发音动作会出现连贯性，越近的音节对目标音节影响越大，0 和 1 的区分很可能抹杀了部分音节的作用。所以此处我们从区分音节位置的立场出发，提出随着距离变大，作用变小的假说，通过权重函数来重新计算 c_t，见公式 7－2。

$$c_t = \sum_{i=1}^{2k+1} (|i-k-1|+1)^{-1} h_i^{(t)} \qquad \text{（公式 7－2）}$$

模型的第三部分是一堆堆叠的前馈神经网络层，以 softmax 为激活函数，表示为 σ，将向量特征映射在概率空间内。最终得到的概率值表示为 y_t，见公式 7－3。

$$y_t = \sigma([c_t; o_t]) \qquad \text{（公式 7－3）}$$

此处我们引进了辅助特征 o_t 作为特征 c_t 的补充。我们认为 o_t 的引进可能会补充 c_t 没有捕捉到的，具有区分度的特征，o_t 在前人研究中已证实

① 此处以前向 LSTM 为例。

了有效性。如果采取多任务学习的训练方法，模型会产生多个预测值，即对于一个目标音节，y_t 可能是不唯一的。

（三）模型训练

LRNN 接收基于音节的特征向量，在训练时采用随机初始化参数的方式。不过如果初始化的值选择不当，模型表现可能会不尽如人意。模型损失函数采用了二元交叉熵（Binary Cross-Entropy），以自适应矩估计（Adam）方法进行最小化（Kingma 和 Ba，2014）。Adam 的优势在于通过计算梯度的一阶矩估计和二阶矩估计而为不同的参数设计独立的自适应性学习率，在解决局部优化和参数调整的问题上有优良表现。为了防止模型过拟合，我们在卷积层、局部递归层和前馈网络层连接处应用了 Dropout 的正则化方法。在一次训练中先随机选择一些神经元将其临时隐藏，然后再进行网络的训练和优化。下一次循环中，又隐藏另外一些神经元，如此直至训练结束。同时，我们尝试了批量正则化的手段，但由于表现欠佳，在最后训练中舍去不计。

当训练数据为 L2 语音时，我们利用了领域自适应的技术，先在 L1 数据上以同样的模型随机初始化训练，得到优化后的参数，再以该参数为初始值用于 L2 数据的训练。在此过程中，所有的可用数据都可以得到充分利用，让网络更加的稳健。通常在新数据上这些参数并不会全部更新，但由于 LRNN 的模型参数量较小，我们选择了更新所有参数。更新过程中设置了更低的学习率，因为我们期望从 L1 数据上得到的参数值足够应对大多数的情况，而面对 L2 数据，仅需一些小调整即可。

音高重音和边界并不是割裂的，它们的分布有着密不可分的联系。在这种情况下，共享两个任务的网络参数可能会为最终效果带来额外的加成。我们在多任务学习的框架下完成参数的共享。重音标注和边界标注任务在平行训练的过程中，统一进行参数优化，这样得到的参数的泛化能力会更强，更容易应对未知的数据。在实施层面上，两个任务的隐藏层均为共享的，但是任务相关的输出层的参数是独立的。

二　实验数据

本实验中我们使用三个数据集，分别是 BURNC、AESOP-CHN 和 AESOP-ENG，这些数据集囊括了不同语言背景的发音人，如英语、普通话和中国境内各类方言。这三个数据集中，BURNC 和 AESOP-ENG 均为英语本族语发音人，即 L1 数据。如前一章所描述的，BURNC 的发音文本为长篇英语新闻稿件；而 AESOP-ENG 的文本内容更为丰富，有英文短句、长句和短篇童话，其中一篇短篇童话《灰姑娘的故事》是第一部分的实验材料。AESOP-CHN 的文本内容和 AESOP-ENG 一致，但其发音人是来自中国各大方言区的英语学习者，即 L2 数据。三个库的详细数据见表 7-1，其中重音以音节为单位统计，边界以词为单位统计，总体来看 L1 数据远多于 L2 的数据。

表 7-1　　　　数据集统计结果

数据集	重音	音节数	边界	词数
BURNC（本族语者）	13061	39907	6995	25222
AESOP-CHN（本族语者）	1677	4082	1092	2666
AESOP-ENG（方言区学习者）	2666	7339	1081	4270

BURNC 是以电台主播为发音人，电台新闻为发音材料，新闻朗读为风格的语音库（Ostendorf 等，1995）。其中一部分数据上有完整的 ToBI 标注，它也成为 ToBI 自动标注的奠基之作。该项目发起者之一的 Ostendorf 等（1995）在其实验结果中表明，对于判断是否有音高重音存在，标注者的一致性可以达到 91%。但这一结果并没有普遍的适用性。Pitrelli 等（1994）发现，在他们自建的语料库上，这一指标只能达到 81%。所以很可能在音高重音和非音高重音之间并没有一个特别明确的边界，也有可能这是语料类型和风格的差异所导致的结果（Wightman，2002）。除了 ToBI 标注，该语音库还提供了人工校对过的词边界、音节边界和音素边界，如图 7-3 所示。总计 431 个句子，时长 10642 秒。其中两位男性发音人（m1、m2）和两位女性发音人（f1、f2）的共计 2.4 小时的语音数据用作模型训练，剩下 0.3 小时的数据作为验证，而另一位男性发音人 f3 的 0.3 小时数据用作测试。

AESOP-CHN 为从 AESOP-CASS 中选取的 154 位学习者的英语，他们语言背景各异，英语水平也不尽相同，但均有六年以上的英语学习经验。所有发音人都是在校大学生，且无语言和沟通的障碍。该库包含 1963 句话，大多数为短句，共计 6587 秒。与 BURNC 一样，L2 数据也需要进行切分：随机抽样的 80% 的数据用于训练，10% 用于验证，最后的 10% 用于测试。

AESOP-ENG 为从 AESOP-CASS 中选取的 20 位英语本族语发音人数据，数据量较小，所以也是一个 L1 数据集。总计 1890 句长短句，时长约 1890 秒。相比 AESOP-CHN，该库中的数据平均语速更快，所以虽然朗读材料在内容和数量上相似，但总时长却明显短于 L2 数据。

因为 AESOP 的两个数据子集未提供相应的切分和标注，我们利用 ProsodyLab-Aligner 对语音进行音素级别的强制对齐。为了保证数据对齐的准确率，基于 HMM 的声学模型分别在两个数据上进行重新训练。有了音素边界，根据内置词典很容易得到词边界，而音节边界是由最大节首辅音原则（Maximal Onset Principle）计算求得。7 位语言学专业的学生在此基础上做了 ToBI 标注，他们在此前接受了约 12 小时的培训。最后 7 位标注者的一致性可达 0.87，尽管略低于 BURNC 报道的结果，但我们认为这仍是在可接受的波动范围之内的。

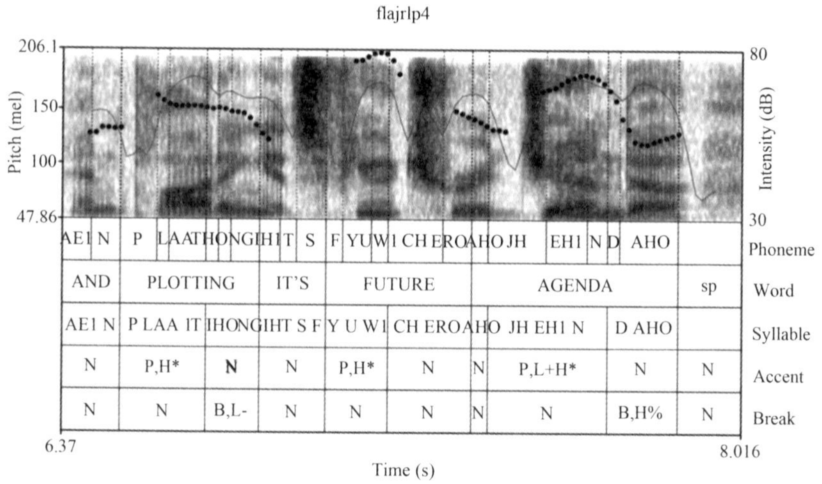

图 7-3 以 BURNC 为例的 ToBI 标注范例（三维频谱上的点线代表基频曲线，实线代表音强曲线）

图 7-3 的标注层级从上到下分别是：音段（phoneme）、词（word）、音节（syllable）、音高重音（accent）和边界（break）。break 层上，在韵

律短语和语调边界分别给出短语重音和边界调。对于重音来说，N 表示无重音，P 表示有重音，其后跟着具体的重音类型；对于边界来说，N 表示词后无边界，B 表示词后有边界，其后跟着具体的边界类型。

三 实验配置

本节将介绍实验中的各参数配置情况。首先是特征参数，声学特征从语音信号中以每个音节 20 个采样点的方式采集而成，并在整句的水平上进行 Z-Score 归一。语言特征包含了 150 维的词向量和 150 维的音节向量，如此最终的语言特征是一个 300 维的向量。

其次是模型参数，详情如下：处理声学信息的卷积层含大小为 3×3 的 32 个卷积核，其稀释比率为 2，而处理语言信息的卷积层则含长度为 3 的 64 个卷积核，其稀释比率也为 2。局部递归层内有一隐藏层的神经元结构，共计 256 个神经元，分别是 128 个前向单元和 128 个后向单元。再尝试了 3、5、7、9 各种组合后，局部序列 $2k+1$ 的最终值定在了 5。

最后是训练的超参数，所有参数均在验证集调试而得。正则化的 Dropout 值设为 0.2。训练数据分成了若干批次便于参数在不同批次大小上调整，每一次迭代，都是用 32 批次的数据，网络共训练 30 轮。Adam 优化器以 0.003 的学习率在 L1 数据上优化模型参数，但在 L2 数据上以更小的学习率 0.0001 进行模型参数的微调。每个模型在训练过程中都在验证集上使用早停法（Early Stopping），当模型表现开始下降的时候，即停止训练，从而避免因继续训练导致的过拟合问题。

四 实验结果

（一）自动韵律标注的结果和不同模型的横向对比

当要求模型精确分类的时候，因为概率的计算方式，最后的预测结果多偏向于数量多的类别。ToBI 标注本身是不平衡的，某些标签会占数据的大比重，这样会造成少数类难以检测。我们在以下实验中仅使用重音和边界的有无信息，弱化分类。

本节将介绍 LRNN 在测试集上的结果和与其他模型的对比，用于比较的模型有 MLP 和 BiLSTM-CRF，对比结果见表 7-2。

以 F1 分数为衡量指标，边界检测定义为词后是否随边界；重音检测定义为音节是否有重音。因为整体模型是基于音节为单位的，所以在统计指标时，边界检测任务被对应到词单位进行换算，所以边界的 F1 分数是词为单位。

表 7-2　三种不同的模型在三个不同数据集上的测试结果

模型	BURNC		AESOP-CHN		AESOP-ENG	
	重音	边界	重音	边界	重音	边界
MLP	0.817	0.677	0.774	0.691	0.809	0.658
BiLSTM-CRF	0.853	0.798	0.804	0.813	0.851	0.801
LRNN	0.848	0.803	0.821	0.822	0.851	0.809

MLP 的结构较为简单，包括一层输入层、一层隐藏层和一层输出层，且层与层之间是全连接的。M_t 被转换为一维向量，与 m_t 和 o_t 拼接成一段长向量作为模型的输入，所有的特征没有经过任何优化处理。经过隐藏层的非线性变换，得到最后的输出结果。

BiLSTM-CRF 是一个混合模型框架，主体由 BiLSTM 构成，基于传统 RNN 处理序列数据的思想，但在其顶部多了一层 CRF。CRF 作为一个后处理，可以在解码过程中依据依赖关系会作出最优路线的预测，进一步优化 BiLSTM 的结果。这一混合框架在命名体识别（NER）和词性标注（POS）等任务上已经得到了广泛的使用（Huang 等，2015），并取得了良好的效果。韵律标注和这一类型的任务相似，都是处理序列问题，且前后的依赖关系会影响整个序列的结构。那么在韵律标注上使用 BiLSTM-CRF 作为对比模型就显得十分自然且有必要了。这里，BiLSTM-CRF 将会基于整句进行标注，它的输入预处理与 MLP 一致。

所有的模型均在 L1 数据上训练，并在三个不同的数据集所对应的测试集上进行测试。在 L1 数据上，BiLSTM-CRF 和 LRNN 比 MLP 表现更优，说明捕捉上下文依赖关系的结构优于只顾当前音节的结构。BURNC 上重音检测最高的 F1 分数由 BiLSTM-CRF 获得，边界检测最高分由 LRNN 获得。但对于 AESOP-ENG，同样的 L1 数据集，BiLSTM-CRF 和 LRNN 在重音检测上的任务不相上下，甚至在边界检测上 LRNN 略优于 BiLSTM-CRF。在 L1 数据上二者并没有明显的差异，但 L2 数据上 LRNN 的优势逐渐显露出来了，它在各项任务上的得分均高于同期其余模型。因此我们认为 LRNN 更适于 L2 数据，但同时在 L1 数据上也不会逊色。为区分模型的不同版本，后续提及本实验中 LRNN 模型时，以 L1 – RND 表示①。

（二）特征和网络结构的消融实验

为了更好地了解什么特征是有效的，什么网络结构是合理的，我们在 L1 – RND，即上述模型的基础上进行了特征和结构的消融实验。

特征消融的结果见表 7–3。首先移除的是音强，总体 F1 分数随之稍微下降。第二个移除的是基频，这一次 F1 分数的下降程度比之前移除音强要更明显了，说明基频信号对于自动识别来说至关重要。第三次尝试，音长特征的移除带来了 F1 分数的继续下降，但这次幅度要小于基频的影响，但大于音强的影响。最后一次我们移除了音节向量，这次移除在不同的数据集上有不同的效果，相比于 L1 数据，L2 数据上的 F1 分数并没有受太多影响。这也从侧面表明了 L1 的重音分布更有规律性，其特性从音节层面就可体现。而 L2 的重音，尽管数量上明显多于 L1，但分布更无章法，也不依赖于音节的特性。综上，在所有备选特征中，基频无疑是最重要的，也是对模型预测结果影响最大的一个。这个结果也是第四章产出实验分析可以预测的，三个韵律特征与重音的相关性是不一样，总体来说音高与音长大于音强，而音高又大于音长。

表 7–3 基于 LRNN 的特征消融实验结果（最终经过数轮消融只剩下词向量和辅助特征）

特征	BURNC		AESOP-CHN		AESOP-ENG	
	重音	边界	重音	边界	重音	边界
整体	0. 848	0. 803	0. 821	0. 822	0. 851	0. 809
– 音强	0. 834	0. 788	0. 811	0. 809	0. 839	0. 787
– 基频	0. 789	0. 749	0. 765	0. 759	0. 791	0. 755
– 时长	0. 760	0. 722	0. 741	0. 705	0. 764	0. 728
– 音节向量	0. 711	0. 642	0. 721	0. 637	0. 713	0. 639

① 模型命名方式以“数据集” – “参数初始化方法” – “多任务学习（如果存在）”。对于参数初始化方法，RND 表示随机初始化，而 TL 表示领域自适应的优化后参数。

表 7-4 呈现网络结构的消融结果。以自上而下的顺序，从辅助特征到卷积网络，数轮消融依次进行，最终只留下单层前馈网络。第一次移除的是辅助特征 o_t ，但模型得分只有很微小的下降。第二次移除了权重函数，这次得分相比于前一次尝试有了较大幅度的下降，其中，在 L1 数据上音高重音检测分数下降了 0.022。值得注意的是，权重函数的作用似乎在边界检测上更明显，即相比于音高重音检测任务，它在边界检测上的贡献度更大。第三次我们移除了局部的 BiLSTM，从结果来看，这一结构对于 L2 数据的影响会更大一些。这一结果也与我们前文讨论的 L2 韵律结构的特性相一致：更多的重音、更随意的边界对捕捉全局依赖关系或完全无视依赖的结构干扰性更大。但针对这一结论应有更详细的研究厘清 L2 韵律单元的作用域。最后一个移除的成分是卷积层，该结构移除后，在重音检测任务上，模型分数下降了 0.019。总体看来，最有效、贡献程度最高的结构是卷积层，相对而言，效果较次者是辅助特征和权重函数。

表 7-4　　基于 LRNN 的结构消融实验结果

结构	BURNC		AESOP-CHN		AESOP-ENG	
	重音	边界	重音	边界	重音	边界
整体	0.848	0.803	0.821	0.822	0.851	0.809
- 辅助特征	0.841	0.791	0.817	0.815	0.845	0.789
- 权重函数	0.838	0.769	0.809	0.805	0.839	0.773
- 局部循环	0.825	0.692	0.787	0.709	0.827	0.675
- 卷积	0.807	0.679	0.768	0.701	0.809	0.662

（三）基于领域自适应和多任务学习的网络优化

我们尝试使用领域自适应和多任务学习的训练策略来进一步提高预测效果，本小节将会详细阐述具体的操作方法和模型训练的细节。

领域自适应的思想在于将 L1 - RND 的优化后参数作为初始化值，在 L2 数据用更小的学习率对这些参数进行进一步更新，这样模型的预测将会更具针对性，更能适应 L2 数据的特性。与此同时，我们也关注另一个问题，多大量的 L2 数据可以得到一个稳定而可用的结果？当然，任何基于统计的学习方法都有数据至上的原则，数据量越多，越干净，模型表现越佳。但在面对有限数据的时候，很可能存在一个临界点，到达这个临界点的数据量即可满足微调需求。为了回答这一问题，我们将 L2 数据按比例分成十份，在此基础上训练得到十个模型，记为 L2 – TL。这些模型在测试集上的结果将会与 L1 – RND 横向比较。对同样的 L2 训练数据，我们也想观察他们以随机初始化参数的方式训练的结果，这些模型记为 L2 – RND。观察图 7 –4 可知，从手头的 L2 数据来看，L2 – TL 总会得到最好的结果，但随着训练数据的增加，L2 – RND 和 L2 – TL 的差距在不断缩小。对于重音检测任务，L2 – TL 的分数增长在 L2 训练数据达到一半时停滞了，这说明，只需要当前一半的训练数据，微调就可以成功地让模型预测率达到较好的水平。但是与随机初始化训练方式相比，需要更多的数据才能够达到相似的效果。对于边界检测任务，至少需要 70% 的数据，L2 – TL 的得分才能够有明显的增长。

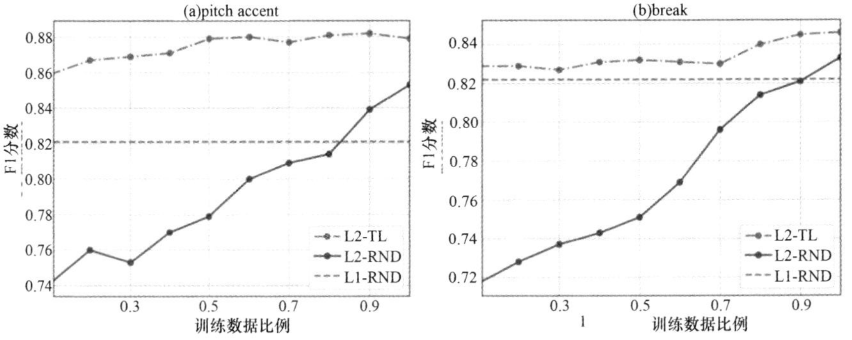

图 7 –4　L2 – RND 和 L2 – TL 两个模型在不同比例训练数据下的 F1 分数，其中 L1 – RND 在完整数据上训练的 F1 分数作为两个模型的参考。

多任务学习是利用重音检测和边界检测两个任务内在的联系，让网络学得的参数更具有稳健性和普适性。在所有 L2 数据的基础上，我们以有自适应和无自适应的训练区别，分别得到四个模型，分别是 L2 – RND、L2 – RND-MTL、L2 – TL 和 L2 – TL-MTL。表 7 –5 详细记录了他们在不同任务上的得分。尽管多任务学习的收益较小，但我们仍能观测到，使用多任务学习后，模型在测试集上的表现仍有可观测的提升。在这四个模型的对比中，重音检测任务提升可达到0.013，而边界检测任务提升可达到0.01。此外，我们发现，就算使用了多任务学习，无自适应的模型依然竞争不过没有使用多任务学习的有自适应的模型。显然，领域自适应在该任务上的有效性大大超过了多任务学习。

表7-5 基于多任务学习的L2-RND模型和L2-TL模型在AESOP-CHN测试集上的表现

模型	AESOP-CHN	
	重音	边界
L2-RND	0.853	0.833
L2-RND-MTL	0.861	0.842
L2-TL	0.879	0.846
L2-TL-MTL	0.892	0.856

第三节 基于自动韵律标注的语言背景识别

一 方法

语言背景识别任务指的是通过分析被试者的语音，判断其为本族语（L1）或二语（L2）发音人。这里，我们设计了面向语言背景识别的神经网络模型，我们称为编码器（Encoder）。模型输入在传统的声学信息和文本信息外，还加上了描述韵律的ToBI序列，以验证以上提出的自动韵律标注方法在语言评估中的有效性。

ToBI作为离散的标签符号，在计算机中需以独热向量的方式被表达。独热向量又称one-hot编码，即有多少个状态或符号就有多少个比特，只有一个比特为1，其余全为零。对于状态或符号的排序是随机的，对于独热表达也没有任何影响。以音高重音为例，假设仅存在两种音高重音：H^*和L^*，数字化表示就是1和2两种状态。但1和2会有大小的区分，这是我们不想看到的结果，自然需要另一种没有大小区别的表征，如01和10，如此两个向量之间的距离是等距的，即使加进新的状态或符号，仍不会出现影响向量空间度量的结果。将离散型的特征使用 one-hot 编码会让特征之间的距离计算更加合理。

也就是说，用 one-hot 编码的每个 ToBI 符号都是一个维度，彼此是独立的。但各种 ToBI 状态均互相独立和韵律音系学与 ToBI 理论出现了矛盾，理论上这些符号的关系都是紧密相连的，甚至不同的符号所代表的状态是互相制约的。我们的想法是，从一个固定的维数去描述这个 ToBI 状态，每一个维数不再是代表这个状态随机位置的 one-hot 编码，而是连续的值，可以有意义地表达这个状态的值。形式化表达这个学习过程就是，在 ToBI 出现的所有语音序列 $\{(x_i, y_i)_{i=1}^{N}\}$ 中，我们要找出一个新 x_i 所对应的 y_i 的函数，$f{:}x \rightarrow y$ 。具有相似上下文的单词往往是有联系的，word2vec 利用这一思想，用输入单词 x 作为中心词去预测其他词在它周围的可能性。我们则是用输入 ToBI 序列作为语音的韵律表达，来预测这一表达来自母语者或非母语者的可能性。同样地，这一网络的中间状态即可作为这一段 ToBI 序列的表征，即 ToBI Embedding。

名为 L1/L2 Detector 的编码器可以接受整句的语言信息、声学信息和 ToBI 三个维度的信息。与前一部分的 LRNN 模型类似，L1/L2 Detector 接收的是包括原始特征和手工特征的综合特征。所有原始特征的处理均移植于 LRNN 中的卷积层，即 L1/L2 Detector 接收的原始特征实则为 LRNN 的卷积部分处理后的特征。图 7-5 是 L1/L2 Detector 的示意图，它基于 RNN 的结构，组成成分较为简单。首先是堆叠的 BiLSTM，再是一个全联接层。堆叠的 BiLSTM 接收这三部分不同的信息后可以计算出成分间的依赖关系。第一个 BiLSTM 输出一个粗处理的编码序列，第二层以这个序列为输入，再次计算隐藏节点的对应关系。最后这一特征向量被全联接层接收，输出二维向量，分别对应 L1 或 L2 的后验概率。为了测试这些特征的最优组合，我们将网络结构固定，通过排列组合不同的输入，训练不同的模型。可以说文本特征提供了语音材料本身的信息，声学特征提供了语音的细节信息，而 ToBI 特征提供了韵律的变换和言语的风格信息。这三部分特征为模型提供了不同维度的视角。

L1/L2 Detector 基于整句信息做决策，所以在音节单元上，三类特征会以列向量的形式拼接。最后所有音节代表的特征将会进一步拼接成矩阵，并直接输进堆叠的 BiLSTM 层。两层递归层内有均有一隐藏层的神经

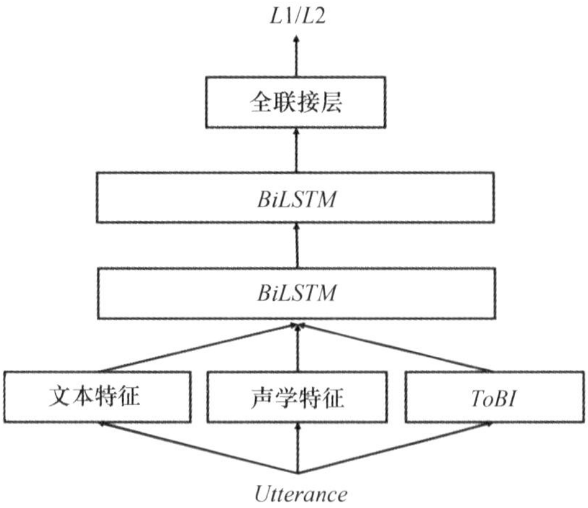

图 7-5　基于 RNN 的 L1/L2 Detector 示意图

元结构，第一层共计 256 个神经元，分别是 128 个前向单元和 128 个后向单元；第二层共计 128 个神经元，分别是 64 个前向单元和 64 个后向单元。最后的全联接层有 32 个神经元。训练的超参数在验证集调试而得。连接层之间正则化的 Dropout 值设为 0.2。训练数据分成了若干批次便于参数在不同批次大小上调整，每一次迭代，都是用 32 批次的数据，网络共训练 30 轮。Adam 优化器以 0.003 的学习率在 L1 数据上优化模型参数。每个模型在训练过程中都在验证集上使用早停法，当模型表现开始下降的时候，即停止训练。

二　实验数据

第二节所介绍的三个数据集，BURNC、AESOP-CHN 和 AESOP-ENG，仍然是我们主要的数据来源。由于各数据集中说话人和说话文本的差异，尽管可以直接拿来训练网络，但势必会有众多干扰因素出现的风险。所以为了保持 L1 和 L2 数据的平衡性，我们在说话人的数量，朗读文本的风格和长度上进行了筛选和控制。

首先，我们排除了所有过长的文本，如大段的篇章（定义为二十个单词以上的句子）和过短的文本（定义为五个单词以下的句子）。但在 BURNC 这一新闻数据集上很难挑选出合适的样本，因为所有的文本都过长，接近于一个段落。因此，发音数据需要进行二次处理。假设从整体中切分出的句子，其韵律模式与单独句子一致，那么我们对每一个音频文件以句为单位进行重新切分，如此先挑出了所有符合规范的语音样本。其次，由于二语发音人数量明显多于本族语发音人数量，这样就较难保持发音人数量人的平衡。我们从三个数据集中随机挑选了1000句L1语音样本和1000句L2语音样本作为训练集，分别来自25个本族语说话人和124个非本族语说话人。验证集和测试集均有100句L1语音样本和100句L2语音样本，分别来自2个本族语说话人和12个非本族语说话人，3个本族语说话人和18个非本族语说话人。由于该任务受发音人风格的影响较小，所以发音人数量的不平衡不会对最后结果造成太大的影响。此外，非本族语说话人的数量较多可以保证编码器学到的韵律模式具有一定的普遍性，所以对模型的稳健型来说反而会利大于弊。综上，不同数据集的说话人都不同，但L1和L2数据的量级和朗读文本的长度基本一致。

对于单纯获取ToBI embedding的任务，我们是不需要验证集和测试集的，因为得到模型输出前隐藏节点的状态，即可求得ToBI embedding。但对于验证ToBI序列对于语言背景识别任务的贡献，我们需要验证集和测试集保证模型的稳健型，不会在训练集上过拟合。

三 实验结果

本小结主要展示三个结果：①对未知语音选择自动标注ToBI模型的测试；②基于不同版本的自动标注ToBI对于语言背景识别任务的贡献；③基于L1/L2 Detector的ToBI Embedding对说话人距离的计算结果。

首先，对于语言背景识别任务来说，我们并不清楚某个说话人是本族语者还是非本族语者，这样就不能根据L1或L2的特性从中挑选出最为合适的自动标注模型。将L1上表现最优的模型，L1-RND，和L2上进行优化处理过的模型，L2-TL-MTL，在三个音库的测试集上分别进行测试，结果如图7-6所示。结果表明，L1-RND在L1数据上的结果是最优的，而L2-TL-MTL在L2数据上的结果也总是最优的。但是两者在各自领域的领先程度却不尽相同，L2-TL-MTL在L2数据上的领先优势明显大于L1-RND在L1数据上的优势。这可能是因为L2-TL-MTL是从L1-

RND 的参数基础上优化而得的，在保持了 L2 数据的优势的同时，其泛化能力也在 L1 数据上得到了体现。因此，L2－TL-MTL 在 ToBI 自动标注上的总体水平是略高于 L1－RND 的。

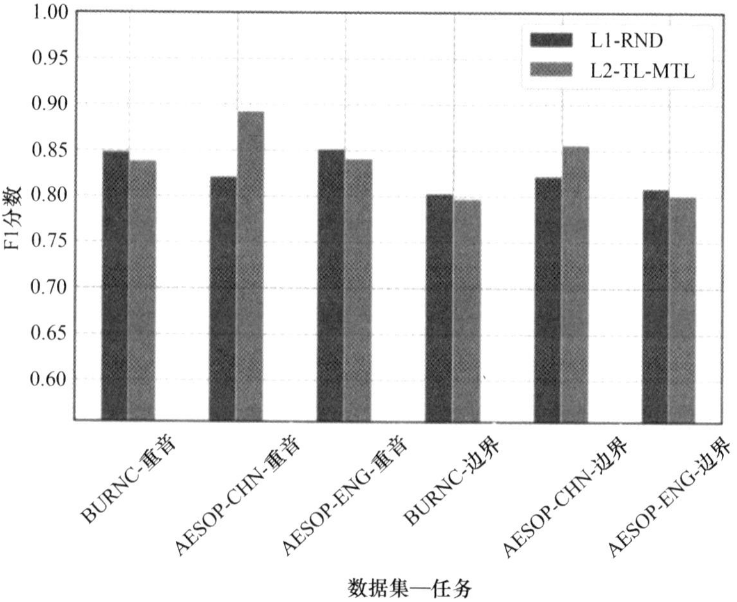

图 7－6　L1－RND 和 L2－TL-MTL 在三个数据集上 F1 分数的横向比较

其次，我们尝试了在语言背景识别任务中使用不同标注工具的 ToBI 结果。该任务的基线是添加利用 AuToBI 这一开源标注工具自动生成的标注结果作为一类特征，该标注包含了完整的 ToBI 精细分类。在此基础上，作为横向比较，我们利用基于 LRNN 的标注模型生成另一版本的 ToBI 标注。如前一结果所显示，L2－TL-MTL 的总体水平略高于 L1－RND，那么二者联合标注的话，是否会有更准确的结果呢？考虑到不同模型的适用性，我们尝试将 L1－RND、L2－TL-MTL 和 L1－RND ＋ L2－TL-MTL 三种标注模型均运用于 ToBI 生成，对于每一个语音样本，现有三种不同版本的 ToBI 序列，分别是基于 L1－RND、L2－TL-MTL 和二者标注结果相加。每一类标注均有两个子类，分别是和 AuToBI 相似的完整 ToBI 标注和仅对重音和边界位置检测的序列。二者差异在于完整的 ToBI 序列含类别较为丰富，但是精准度较低；而位置序列信息较少，但是精准度更高。最后一个对比的类型是人类专家手工标注的 ToBI 特征，该特征含完整 ToBI 子类，同时精准度和一致性更高。

不同特征在母语背景识别任务的 F1 分数的宏平均见表 7-6，我们在文本和声学特征的基础上增加了不同版本的 ToBI 特征，其中手工 ToBI 与 AuToBI 涵盖所有 ToBI 类型，即完整 ToBI，而部分 ToBI 指的是仅包含重音和边界位置信息的序列。使用 F1 分数的宏平均[①]作为 L1/L2 区分任务的度量标准。仅使用文本特征和声学特征的分类得分是 0.823，我们将其看作本次实验的基线。通过增加不同的 ToBI 特征，模型的得分有了较大幅度的上升。其中人工标注的 ToBI 序列得分最高，为 0.921，这说明了如果 ToBI 特征够准确的话，那么是有足够的区分度，来分别 L1 和 L2 不同的形式和风格。在自动标注的 ToBI 序列中，L1-RND+L2-TL-MTL 生成的复合标注无疑是最有效的，而 AuToBI 的生成效果较次。值得注意的是，基于 LRNN 生成的完整 ToBI 序列并不比检测的位置序列更好，这可能是因为生成的完整序列信息较为丰富，但同时噪声更大，甚至掩盖了其带来的信息增益。无论是哪一个版本的生成序列，和人工序列相比都会有一些距离，所以我们仍需要在自动标注上提高其准确性。

表 7-6 不同特征在母语背景识别任务的 F1 分数的宏平均

特征组合	F1 分数
文本 + 声学	0.823
文本 + 声学 + 手工 ToBI	0.921
文本 + 声学 + L1 - RND 完整 ToBI	0.901
文本 + 声学 + L2 - TL-MTL 完整 ToBI	0.901
文本 + 声学 + L1 - RND 完整 ToBI + L2 - TL-MTL 完整 ToBI	0.902
文本 + 声学 + L1 - RND 部分 ToBI	0.905
文本 + 声学 + L2 - TL-MTL 部分 ToBI	0.899
文本 + 声学 + L1 - RND 部分 ToBI + L2 - TL-MTL 部分 ToBI	0.907
文本 + 声学 + AuToBI	0.870

① 即所有类别 F1 分数的算术平均值。

最后，我们基于 t-SNE（van der Maaten&Hinton，2008；Chorowski 等，2015）可视化从 L1/L2 Detector 学习到的 ToBI Embedding 和其他两种声学、文本的复合表征。这一复合表征 x_c 是三种 Embedding 的算数和。t-SNE 和 PCA 同属降维的手段，但是相比于 PCA，t-SNE 的降维结果可以更完整地保留下属性的信息，更具有代表性，也更能在可视化中展示出样本间的差异。图 7-7 显示了 2000 个语音样本在二维空间的分布，可以观察得知由这三种 Embedding 的复合表征所表示的语音样本在散点图上清晰地分成了两类。直观来看，这与母语背景识别任务的结果一致，90% 以上的语音样本均可在三类特征上区分出其说话人的语言背景，少有离群值的出现，表示这些样本较大程度上偏离了两种典型的韵律模式，这样的模式从评估上看则分数较低。和实验一的处理方式相类似，我们偏向于将语音样本在空间的距离等同于其韵律模式和自然程度与母语水平的差距。从这个角度看，基于整句的表征依然可以明确区分出不同说话人的水平差异。但是，由于 t-SNE 本身过于平滑分类边界的问题，有些差异性可能在平滑的过程中被抹平了。直接计算各个表征向量在多维空间的距离则可以避免这个问题，但这一处理在可视化效果上又有所不足。

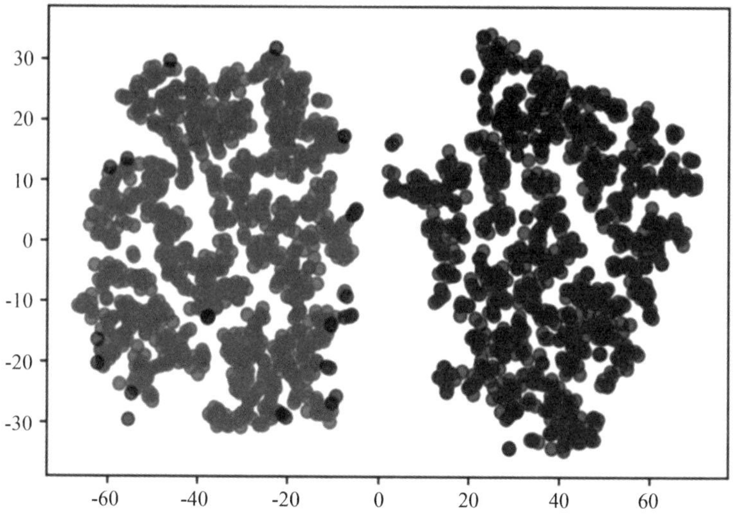

图 7-7　基于复合表征的语音样本可视化，其中右侧黑色样本为学习者，左侧灰色样本为本族语者

第四节 基于改进注意力机制的无监督停顿标注

一 背景

统计参数语音合成（SPSS）（Zen 等，2009）是目前语音合成的一个主流方法。它包括三个主要部分，文本分析、声学建模和波形重建。文本分析（Liberman 和 Church，2013）从输入文本中提取语言学特征，如音素文本和韵律结构。声学建模的目的是使用统计模型来表示语言和声学特征之间的映射关系。在合成时，使用声码器（Morise 等，2016；van den Oord 等，2016）来根据预测的声学特征重建语音波形。

最近，基于神经网络的序列到序列（Seq2Seq）声学模型，如 Tacotron（Wang 等，2017）和 Tacotron2（Shen 等，2018），以及神经网络声码器，如 WaveNet（van den Oord 等，2016）已经被提出，大大改善了 SPSS 的自然度。

原始 Tacotron 的一个问题是它的注意力机制不够强大，这可能导致错误预测声学特征，如重复、跳过和注意力崩溃。缓解这个问题的一个方法是利用音素序列和声学特征序列之间的单调特性来修改注意机制。一些改进的注意技术已经被提出，如前向注意力机制（forward attention）（Zhang 等，2018）和逐步式单调注意力机制（stepwise monotonic attention，SMA）（He 等，2019）。在 SMA 中，排列路径被限制为严格的逐步式单调，这意味着在每个解码步骤中，注意力只能选择停留在同一个音素或向前移动到下一个音素，而不能向后移动和跳过。这一策略有效地提高了 Seq2Seq 语音合成的稳健性。

短语边界（Sanders 和 Taylor，1995）是语音合成的重要韵律标签，它们通常由连续语音中的停顿表示。然而，考虑到在训练阶段标记短语边界的成本和在合成时需要预测短语边界，通过字母到音素（G2P）转换得到的音素序列可能不包含语句中短语边界的停顿，特别是对于低资源语言来说。缺乏明确的停顿位置对 SMA 中严格的逐步对齐的假设提出了挑战，在没有短语边界的情况下，可能会降低合成语音的质量。由于标准 SMA 不能很好地处理这些插入的隐藏状态，因此要对这些状态进行建模。

因此，我们提出在音素序列中插入隐藏状态来处理没有明确提供停顿的情况，并设计了一个半逐步单调注意（semi-stepwise monotonic attention，SSMA）。在这种方法中，采用的是一种无监督的方式，使用隐藏状态来吸收语料中的停顿段。与 SMA 相比，SSMA 在每个解码帧的注意力对下一帧有三种选择，包括前进到下一个音素，停留在同一个音素，或跳到隐藏状态。实验结果表明，在未给出短语边界的情况下，SSMA 在客观和主观评价方面都优于 SMA。此外，从 SSMA 的排列路径中得出的停顿位置和人工标记的短语边界之间的 F1 得分是 56.22%。该研究证明了 SSMA 在无监督情况下学习短语边界的能力。

二　方法

该方法建议在每两个相邻的音素之间插入一个隐藏状态。为了处理这些插入的隐藏状态，提出了一个半逐步单调注意（SSMA），如图 7－8 所示。SSMA 机制是对 SMA 机制的修改，它可以处理音素序列中由于缺

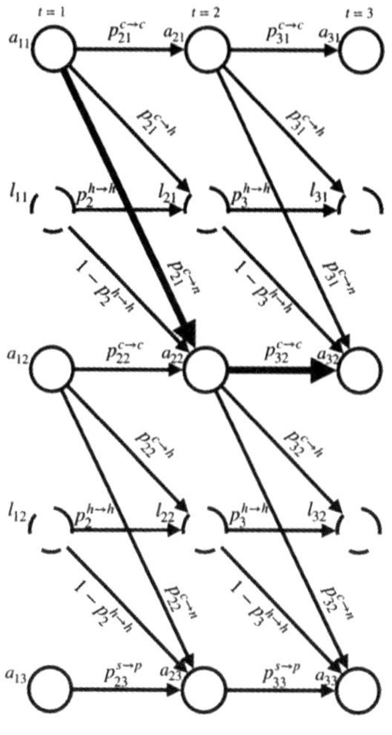

图 7－8　SSMA 示意图（其中 $t\in\{1,2,3\}$，$n\in\{1,2\}$；虚线圆圈表示每个解码步骤的隐藏状态）

乏明确的短语边界而出现的暂停标签缺失的情况。这些隐藏的状态预计会吸收对应于停顿的解码帧。这里将其命名为“半逐步式”，是因为如果相邻的两个音素之间没有停顿，这些隐藏的状态是可以跳过的，因此对齐路径不是严格意义上的逐步。

算法一：

Algorithm 1: 逐步式单调注意力机制 (SMA)

Input: 查询向量 $\boldsymbol{q}_t$，键向量 $\boldsymbol{K}=\{\boldsymbol{k}_1,\boldsymbol{k}_2,\cdots,\boldsymbol{k}_N\}$，前一个注意力权重 $\boldsymbol{a}_{t-1}$，
  $mode \in \{hard, soft\}$

Output: 注意力权重 $\boldsymbol{a}_t=\{a_{t1},a_{t2},\cdots,a_{tN}\}$，上下文向量 $\boldsymbol{c}_t$

```
if t = 1 then
│ a_t1 ← 1; {a_t2, a_t3, ··· , a_tN} ← 0;
else
│ F={f_1, f_2, ··· , f_N} ← G * a_{i-1};
│ // * 表示卷积操作
│ for n ← 1 to N do
│ │ e_{t,n} ← v^⊤ tanh(W q_t + V k_n + U f_n) + b;
│ │ if mode = soft then
│ │ │ p_{t,n} ← σ(e_{t,n} + γ𝒩(0,1));
│ │ else if mode = hard then
│ │ │ p_{t,n} ← θ(e_{t,n});
│ │ end
│ end
│ a_t ← a_{t-1} · p_t + [0; a_{t-1,1:N-1} · (1 − p_{t,1:N-1})];
│ // · 表示逐元素乘积
│ // 1 : N − 1 表示索引范围
│ // a_t 已被标准化
end
c_t ← Σ_{n=1}^{N} a_{t,n} k_n;
return a_t, c_t;
```

算法二：

Algorithm 2: 半逐步式单调注意力机制 (SSMA)

Input: 查询向量 $\boldsymbol{q}_t$, 键向量 $\boldsymbol{K}$=$\{k_1, k_2, \cdots, k_N\}$, 隐状态嵌入向量 $\boldsymbol{k}_l$, 前一个注意力权重 $\boldsymbol{a}_{t-1}$ 和 $\boldsymbol{l}_{t-1}$, $mode \in \{hard, soft\}$

Output: 注意力权重 $\boldsymbol{a}_t = \{a_{t1}, a_{t2}, \cdots, a_{tN}\}$ 和 $\boldsymbol{l}_t = \{l_{t1}, l_{t2}, \cdots, l_{t,N-1}\}$, 上下文向量 $\boldsymbol{c}_t$

if $t = 1$ **then**

　$a_{t1} \leftarrow 1; \{l_{t1}, a_{t2}, l_{t2}, \cdots, a_{tN}\} \leftarrow 0;$

else

　$\boldsymbol{F}$=$\{\boldsymbol{f}_1, \boldsymbol{f}_2, \cdots, \boldsymbol{f}_N\} \leftarrow \boldsymbol{G} * \boldsymbol{a}_{i-1};$

　$e_t^l \leftarrow (\boldsymbol{v}^l)^\top \tanh\left(\boldsymbol{W}^l \boldsymbol{q}_t + \boldsymbol{V}^l \boldsymbol{k}_l\right) + b^l;$

　for $n \leftarrow 1$ **to** N **do**

　　$\boldsymbol{q}'_{t,n} = \boldsymbol{V}'^\top \tanh(\boldsymbol{W}\boldsymbol{q}_t + \boldsymbol{V}\boldsymbol{k}_n + \boldsymbol{U}\boldsymbol{f}_n) + \boldsymbol{b}';$

　　$e_{t,n}^s \leftarrow \boldsymbol{v}^\top \tanh\left(\boldsymbol{q}'_{t,n} + \boldsymbol{V}\boldsymbol{k}_n\right) + b;$

　　$e_{t,n}^j \leftarrow \boldsymbol{v}^\top \tanh\left(\boldsymbol{q}'_{t,n} + \boldsymbol{V}\boldsymbol{k}_{n+1}\right) + b;$

　　if *mode* = *soft* **then**

　　　$p_{t,n}^{c \to c} \leftarrow \sigma(e_{t,n}^s + \gamma\mathcal{N}(0,1));$

　　　$p_{t,n}^{c \to n} \leftarrow (1 - p_{t,n}^{c \to c})\sigma(e_{t,n}^j + \gamma\mathcal{N}(0,1));$

　　　$p_{t,n}^{c \to h} \leftarrow (1 - p_{t,n}^{c \to c})(1 - \sigma(e_{t,n}^j + \gamma\mathcal{N}(0,1)));$

　　　$p_t^{h \to h} \leftarrow \sigma(e_t^l + \gamma\mathcal{N}(0,1));$

　　else if *mode* = *hard* **then**

　　　$p_{t,n}^{c \to c} \leftarrow \sigma(e_{t,n}^s);$

　　　$p_{t,n}^{c \to n} \leftarrow (1 - p_{t,n}^{c \to c})\sigma(e_{t,n}^j);$

　　　$p_{t,n}^{c \to h} \leftarrow (1 - p_{t,n}^{c \to c})(1 - \sigma(e_{t,n}^j));$

　　　$\{p_{t,n}^{c \to c}, p_{t,n}^{c \to n}, p_{t,n}^{c \to h}\} \leftarrow \text{binary}(p_{t,n}^{c \to c}, p_{t,n}^{c \to n}, p_{t,n}^{c \to h});$

　　　$p_t^{h \to h} \leftarrow \theta(e_t^l);$

　　end

　end

　$\boldsymbol{a}_t \leftarrow \boldsymbol{a}_{t-1} \cdot \boldsymbol{p}_t^{c \to c} + \left[0; \boldsymbol{a}_{t-1,1:N-1} \cdot \boldsymbol{p}_{t,1:N-1}^{c \to n}\right] + \left[0; (1 - p_t^{h \to h})\boldsymbol{l}_{t-1}\right];$

　$\boldsymbol{l}_t \leftarrow p_t^{h \to h}\boldsymbol{l}_{t-1} + \boldsymbol{a}_{t-1,1:N-1} \cdot \boldsymbol{p}_{t,1:N-1}^{c \to h};$

　// $\{\boldsymbol{a}_t; \boldsymbol{l}_t\}$ 已被标准化

end

$\boldsymbol{c}_t \leftarrow \sum_{n=1}^{N} a_{t,n}\boldsymbol{k}_n + \boldsymbol{k}_l \sum_{n=1}^{N\ 1} l_{t,n};$

return $\boldsymbol{a}_t$, $\boldsymbol{l}_t$, $\boldsymbol{c}_t$;

在第 t 个解码步骤中，a_{tn} 表示第 n 个音素的注意权重，并且 l_{tn} 表示第 n 个音素后隐藏状态的注意权重。我们有 $\sum_n (a_{tn} + l_{tn}) = 1$ 。如算法二所示，第 $t-1$ 个解码步骤的第 n 个音素的注意力有三种选择，以得出第 t 个

解码步骤的注意力：留在当前音素，向前跳到下一个音素，或者跳到当前音素之后的隐藏状态。让 $p_{t,n}^{c\to c}$ 、$p_{t,n}^{c\to n}$ 和 $p_{t,n}^{c\to h}$ 分别表示这三种选择的概率，它们的总和应该是 1。此外，第 $t-1$ 个解码步骤的隐藏状态的注意力有两种选择，以推导出第 t 个解码步骤的注意力：留在当前的隐藏状态或跳转到下一个音素。让 $p_t^{h\to h}$ 和 $1-p_t^{h\to h}$ 分别表示这两种选择的概率。

与 SMA 的算法 1 类似，注意力权重 $a_t=\{a_{t1},a_{t2},\cdots,a_{tN}\}$ 和 $l_t=\{l_{t1},l_{t2},\cdots,l_{t,N-1}\}$ 以递归方式计算。详细的伪代码显示在算法 2 中，其中 W，V，v，b，W^l，V^l，v^l，b^l，U，V' 和 b' 是可训练权重。

当 $t=1$ 时，注意力权重被手动设置为第一个音素为 1，其余音素和隐藏状态为 0。考虑到在第 t 个解码步骤的音素有三个选项来选择下一个解码步骤的注意力，采用了基于位置敏感的注意力的两级预测策略[11]来计算这些选项的概率。具体来说，我们首先预测留存概率 $p_t^{c\to c}$，然后预测 $p_t^{c\to n}./(p_t^{c\to n}+p_t^{c\to h})$，其中 ./ 表示元素相除。

为了提高查询的有效性，使用深度神经网络（DNN）计算查询矩阵 q'_t。DNN 模型接受三个输入，即：查询 q_t，键 K 和位置向量 F。DNN 使用 $q'_{t,n}$ 和 k_n 计算概率 $p_{t,n}^{c\to c}$，DNN 使用 $q'_{t,n}$ 和 k_{n+1} 计算概率 $p_{t,n}^{c\to n}/(p_{t,n}^{c\to n}+p_{t,n}^{c\to h})$。当 n 为最后一个音素的索引时，学习一个句末（end-of-sentence，EOS）嵌入向量来替代 k_{n+1}。然后，$p_t^{c\to n}$ 和 $p_t^{c\to h}$ 可以得出 $p_t^{c\to c}$ 和 $p_t^{c\to n}./(p_t^{c\to n}+p_t^{c\to h})$。在我们的初步实验中，我们发现这种策略比使用 Gumbel-Softmax 的合成语音可以获得更高的自然度。简单地使用 DNN 来计算隐藏状态 $p_t^{h\to h}$ 上的停留概率，DNN 模型接受两个输入，即查询向量 q_t 和隐藏状态嵌入 k_l。DNN 首先预测 e_t^l，然后再次应用加噪的技巧和 sigmoid 函数来计算 $p_t^{h\to h}$。最后，注意权重 a_t 和 l_t 被反复计算，上下文向量 c_t 被相应更新。

在训练阶段，$p_{t,n}^{c\to c}$、$p_{t,n}^{c\to n}$、$p_{t,n}^{c\to h}$ 和 $p_t^{h\to h}$ 是以基于概率的软模式计算的。在推理阶段，采用的是硬模式。在硬模式下，$p_{t,n}^{c\to c}$、$p_{t,n}^{c\to n}$ 和 $p_{t,n}^{c\to h}$ 的最大值被设置为 1，其他两个值被设置为 0。正如算法 2 中的 binary 函数所示。$p_t^{h\to h}$ 也变成 0 或 1。

三 实验数据

实验使用了一个由女性说话者录制的中文语料，文本是从报纸上选取的。录音的采样频率为 16000 赫兹，分辨率为 16 比特。总共有 12319 句话（约合 17.51 小时），分割成一个由 11608 个语料组成的训练集，一个由 611 个语料组成的验证集和一个由 100 个句子组成的测试集。训练集用于训练声学模型，验证集用于调整超参数。

实验基于开源项目 Tacotron2（https://github.com/NVIDIA/tacotron2）。训练模型时，使用了 80 个波段的旋律谱图作为声学特征，帧长为 64ms，帧移为 15ms。音素序列被作为模型输入，为了简化，普通话的首字母和尾字母被当作音素。一个音素嵌入向量、一个音调嵌入向量和一个语调位置嵌入向量被连接起来以代表每个音素。使用了 Adam 优化器（Adam optimizer），训练 epochs 为 200，训练批次大小为 80。最初的学习率是 1e－3，采用指数式衰减，每 10 个 epochs 衰减 0.9 倍。实验中，建立了一个 WaveNet 声码器来重构波形。

最后，建立了三个基于 Tacotron2 的声学模型进行比较①。

（1）SMA-PB

注意力机制是逐步单调注意（SMA）（He 等，2019）。在训练和合成阶段，文本的短语边界都无法获得。初始偏置 b 为 3.5，噪声尺度 γ 为 2.0。在训练阶段使用了软模式，而在合成阶段使用了硬模式。

（2）SSMA-PB

该模型采用 SSMA 代替 SMA，其他模型结构和超参数与 SMA-PB 相同。在训练或合成阶段，该模型使用的数据与 SMA-PB 相同。初始偏置 b 和 b^l 为 3.5，噪声尺度 γ 为 2.0。软模式用于训练阶段，而硬模式则用于合成阶段。

（3）SMA＋PB

该模型具有与 SMA 相同的结构和超参数。在训练和合成阶段，该模型使用了具有手动标记的短语边界的文本。

四　实验结果

为了探索我们提出的 SSMA 方法的可解释性，进行了两个实验，以评估以下方面从 SSMA 的对齐方式和手动标记的短语边界得出的暂停位置的

---

① 音频例子见 https://xiaozhah.github.io/SSMA_demos。

一致性。

(1) 从文本预测短语边界

实验评估了使用 SSMA 在推理阶段确定的停顿位置从文本中预测短语边界的准确性。测试集中的句子是由 SSMA-PB 以硬模式合成的。如果两个相邻的音素之间的隐藏状态在解码时被分配了一个以上的帧，那么这两个音素之间的短语边界就会被预测出来。与静音音素相邻的隐藏状态没有被考虑。

评价指标包括预测短语边界的精确度、召回率和 F1 得分。结果显示见表 7-7 第一行。我们可以看到，SSMA-PB 达到了 73.61% 的召回率，这意味着大多数真正的短语边界都可以通过基于 SSMA 的解码找到。然而，其精确度要低得多。一个可能的原因是有一些由 SSMA 确定的短暂停顿，可能不符合真正的短语边界。应该注意的是，SSMA-PB 是以无监督的方式预测短语边界的，即在训练阶段没有利用短语边界注释。

表 7-7　SSMA-PB 系统从文本中预测短语边界和通过强制对齐标注短语边界的结果

	精确度（%）	召回率（%）	F1 分数（%）
短语边界预测	32.72	73.61	45.31
短语边界标注	43.67	78.89	56.22

(2) 使用强制对齐标注短语边界

本实验评估了在同时给出文本和录音的情况下，通过基于 SSMA 的强制对齐来注释短语边界的准确性。在这里，解码器是以 teacher-forcing 的方式进行的，这意味着在每个解码步骤中都要输入真实的梅尔谱图历史。在计算出对齐路径后，按照之前实验中使用的条件对短语边界进行了标注。

短语边界标注的结果见表 7-7 第二行，其中采用了之前实验中的相同指标。可以看出，基于 SSMA 的短语边界标注比基于 SSMA 的短语边界预测取得了更高的精度、召回率和 F1 得分。这是合理的，因为前者同时利用了文字和声音信息。SSMA-PB 在注释短语边界上的 F1 得分是 56.22%，这表明 SSMA 中无监督学习的隐藏状态位置确实与人工标记的短语边界有很强的关联性。

第五节　自动标注平台建设

一　平台功能

自动标注平台是整合了音段强制对齐和ToBI标注的一体化工具，标注平台的主要功能包括：

1）音频与文本信息的自动读取；

2）音段的强制对齐与切分；

3）对母语与非母语模型的快速切换；

4）ToBI标注的自动添加；

5）处理信息的实时反馈。

二　开发过程与运行环境

平台的开发面向Windows环境下的使用者，所以开发过程选择在anaconda3的Windows版本下进行。图形界面开发使用PyQt5，PyQt5是现在广泛使用的面向python的GUI库。界面的设计和布局可以利用PyQt5的可视化工具Qt Designer进行，设计好的界面会生成.ui文件再通过pyuic5命令可以生成对应的.py文件。对于运行神经网络模型这样的长耗时操作，如果使用单个线程的图形界面，线程长时间被处理过程占用会造成界面的长时间无响应。利用PyQt5中包含的多线程模块QThread，将控制按钮与子线程连接，控制按钮控制子线程的开启，子线程负责音段切分和韵律标注操作，主线程负责发送/接受信号。在子进程运行的过程中我们通过重新定向标准输出流sys.stdout至PyQt5的文本模块QTextEdit来实现输出信息的实时显示。

调试好的python程序利用pyinstaller打包生成可以在windows环境下直接运行的.exe应用文件。

三　运行示例

1）程序运行界面。

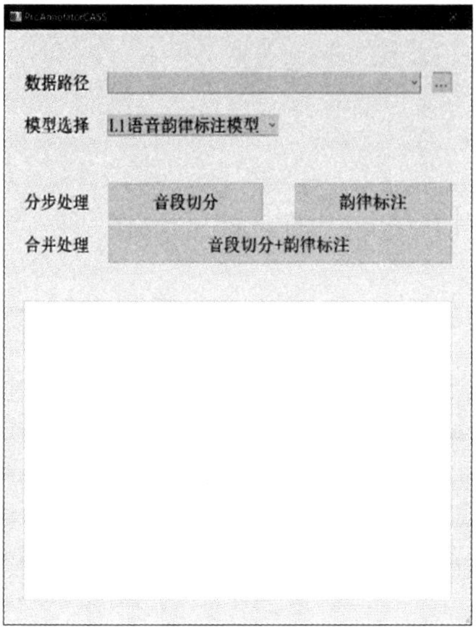

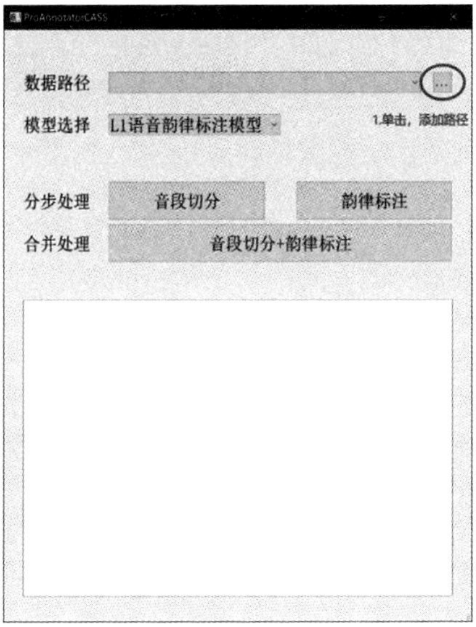

2）单击……添加文件路径，路径中包含待处理语音文件及对应的文本转写。

3）单击音段切分对音频进行强制对齐，并生成包含音素、单词及音节的 . TextGrid 文件。

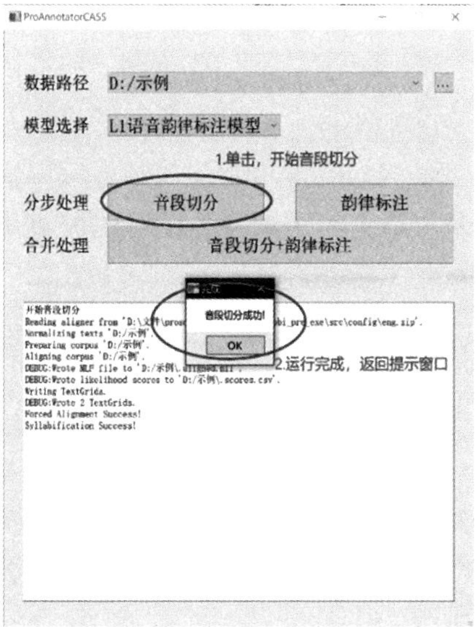

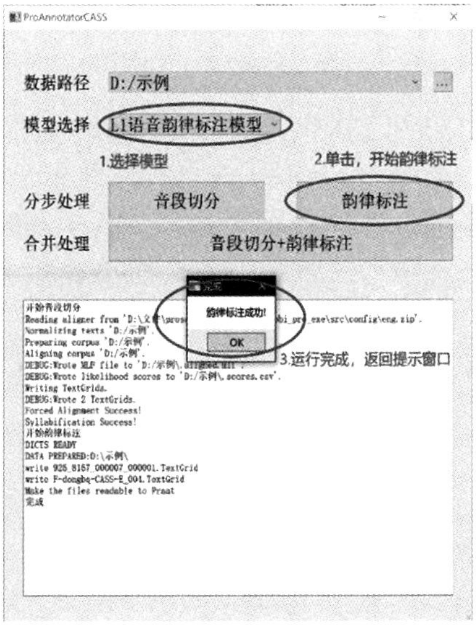

4）针对处理对象为 L1 或 L2 语音选择相应模型，生成带有 ToBI 标注的 . TextGrid 文件。

5）也可以在选择完相应模型后，将音段切分和韵律标注合并处理。

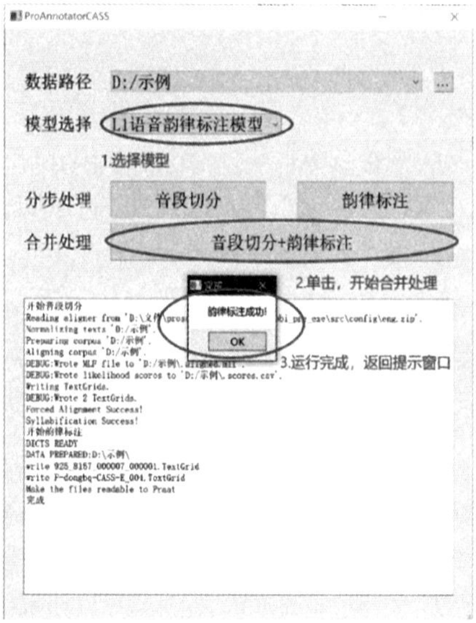

6）生成的 TextGrid 文件可使用 Praat 软件读取展示，如图 7-9 所示。

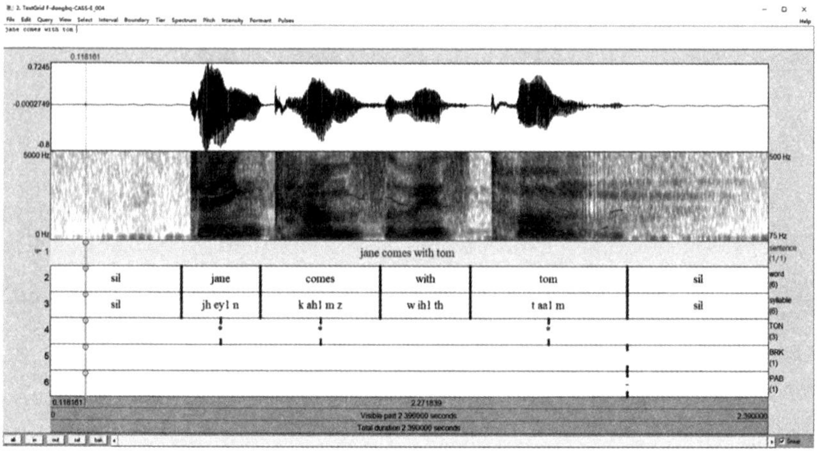

图 7-9　自动标注平台 ToBI 标注结果示例

参考文献

Ananthakrishnan, S. , & Narayanan, S. S. (2005). An automatic prosody recognizer using a coupled multi-stream acoustic model and a syntactic-prosodic language model. *IEEE International Conference on Acoustics, Speech, and Signal Processing*, 269 -272.

Anufryk, V. , Jilka, M. , & Dogil, G. (2008). Prosodic variation in L2: A case of Germans speaking English. *Second ISCA Workshop on Experimental Linguistics.*

Arias, J. P. , Yoma, N. B. , & Vivanco, H. (2010). Automatic intonation assessment for computer aided language learning. *Speech Communication*, 52 (3), 254 -267.

Beel, J. , Gipp, B. , Langer, S. , & Breitinger, C. (2016). Research-paper recommender systems: A literature survey. *International Journal on Digital Libraries*, 17(4), 1 -34.

Bisani, M. , & Ney, H. (2008). Joint-sequence models for grapheme-to-phoneme conversion. *Speech Communication*, 50(5), 434 -451.

Chen, K. , Hasegawa-Johnson, M. , & Cohen, A. (2004). An automatic prosody labeling system using ANN-based syntactic-prosodic model and GMM-based acoustic-prosodic model. *IEEE International Conference on Acoustics, Speech, and Signal Processing*, 1 -509.

Chen, S. , & Fon, J. (2011). Prosodic features of non-native English production. *ICPhS* 2011, 456 -459.

Chorowski, J. K. , Bahdanau, D. , Serdyuk D. , Cho, K. , & Bengio, Y. (2015). Attention-based models for speech recognition. *Advances in Neural Information Processing Systems*, 577 -585.

Franco, H. , Neumeyer, L. , Kim, Y. , & Ronen, O. (1997). Automatic pronunciation scoring for language instruction. *International Conference on Acoustics, Speech, and Signal Processing*, 1471 -1474.

Giora, R. (1999). On the priority of salient meanings: Studies of literal and figurative language. *Journal of Pragmatics*, 31(7), 919 -929.

He, M. , Deng, Y. , & He, L. (2019). Robust sequence-to-sequence acoustic modeling with stepwise monotonic attention for neural TTS. *Proceedings of Interspeech* 2019, 1293 – 1297.

Heldner, M. (2001). Spectral emphasis as an additional source of information in accent detection. *ISCA Tutorial and Research Workshop (ITRW) on Prosody in Speech Recognition and Understanding.*

Hirose, K., Fujisaki, H., & Yamaguchi, M. (1984). Synthesis by rule of voice fundamental frequency contours of spoken Japanese from linguistic information. *Proceedings of International Conference on Acoustics, Speech, and Signal Processing*, 9, 597 – 600.

Hirschberg, J. (1993). Pitch accent in context predicting intonational prominence from text. *Artificial Intelligence*, 63(1 – 2), 305 – 340.

Hirst, D. (1992). Prediction of prosody: An overview. In G. Bailly, C. Benoit, & T. R. Sawallis (Ed.), *Talking Machines: Theories, Models, and Designs* (pp. 199 – 204).

Huang, Z., Xu, W., & Yu, K. (2015). Bidirectional LSTM-CRF models for sequence tagging. *arXiv preprint arXiv*: 1508.01991.

Jeon, J. H., & Liu, Y. (2009). Automatic prosodic events detection using syllable-based acoustic and syntactic features. *IEEE International Conference on Acoustics, Speech, and Signal Processing*, 4565 – 4568.

Kim, Y., Franco, H., & Neumeyer, L. (1997). Automatic pronunciation scoring of specific phone segments for language instruction. *Fifth European Conference on speech Communication and Technology.*

Kingma, D. P., & Ba, J. (2014). Adam: A method for stochastic optimization. *arXiv preprint arXiv*: 1412.6980.

Levow, G – A. (2008). Automatic prosodic labeling with conditional random fields and rich acoustic features. *Proceedings of the Third International Joint Conference on Natural Language Processing* (Vol. I).

Li, K., Wu, X., & Meng, H., (2017). Intonation classification for L2 English speech using multi-distribution deep neural networks. *Computer Speech & Language*, 43, 18 – 33.

Liberman, M., & Church, K. W. (2013). Text analysis and word pronunciation in text-to-speech synthesis. *Advances in Speech Signal Processing*, 791 – 831.

van der Maaten, L., & Hinton, G. (2008). Visualizing data using t-

SNE. Journal of Machine Learning Research, 9(11), 2579 – 2605.

Mikolov, T., Sutskever, I., Chen, K., Corrado, G., & Dean, J. (2013). Distributed representations of words and phrases and their compositionality. *Advances in Neural Information Processing Systems*, 3111 – 3119.

Morise, M., Yokomori, F., & Ozawa, K. (2016). WORLD: A vocoder-based high-quality speech synthesis system for real-time applications. *IEICE TRANSACTIONS on Information and Systems*, 99(7), 1877 – 1884.

Nespor, M., & Vogel, I. (2007). *Prosodic phonology: With a new foreword.* Berlin: Walter de Gruyter.

Nespor, M., & Vogel, I. (1986). *Prosodic Phonology.* Dordrecht: Foris.

Neumeyer, L., Franco, H., Weintraub, M., & Price, P. (1996). Automatic text-independent pronunciation scoring of foreign language student speech. *Proceeding of Fourth International Conference on Spoken Language Processing* (*ICSLP'96*), 1457 – 1460.

Nguyen, T., Anh, T., Ingram, J., & Pensalfini, R. (2008). Prosodic transfer in Vietnamese acquisition of English contrastive stress patterns. *Journal of Phonetics*, 36(1), 158 – 190.

Ni, J., Shiga, Y., & Kawai, H. (2017). Global syllable vectors for building TTS front-end with deep learning. *Proceedings of Interspeech* 2017, 769 – 773.

Ostendorf, M., Price, P. J., & Shattuck-Hufnagel, S. (1995). The Boston University radio news corpus. *Linguistic Data Consortium*, 1 – 19.

Pintér, G., Mizuguchi, S., & Tateishi, K. (2014). Perception of prosodic prominence and boundaries by L1 and L2 speakers of English. *Fifteenth Annual Conference of the International Speech Communication Association.*

Pitrelli, J. F., Beckman, M. E., & Hirschberg, J. (1994). Evaluation of prosodic transcription labeling reliability in the ToBI framework. *Third International Conference on Spoken Language Processing.*

Qin, Y., Lee, T., & Kong, A. P. H. (2018). Automatic speech assessment for aphasic patients based on syllable-level embedding and supra-segmental duration features. *Proceedings of International Conference on Acoustics, Speech, and Signal Processing*, 5994 – 5998.

Rendel, A., Fernandez, R., Hoory, R., & Ramabhadran, B. (2016). Using continuous lexical embeddings to improve symbolic-prosody prediction in a text-to-speech front-end. *Proceedings of International Conference on Acoustics, Speech, and Signal Processing*, 5655 – 5659.

Rosenberg, A. (2010). AuToBI—A tool for automatic ToBI annotation. *Proceedings of Interspeech* 2010, 146 – 149.

Sanders, E., & Taylor, P. (1995). Using statistical models to predict phrase boundaries for speech synthesis. *http://hdl.handle.net/1842/1278.*

Shen, J., Pang, R., Weiss, R. J., Schuster, M., Jaitly, N., Yang, Z., Chen, Z., Zhang, Y., Wang, Y., Skerrv-Ryan, R., Saurous, R. A., Agiomvrgiannakis, Y., & Wu, Y. (2018). Natural TTS synthesis by conditioning WaveNet on MEL spectrogram predictions. 2018 *IEEE International Conference on Acoustics, Speech and Signal Processing (ICASSP)*, 4779 – 4783.

Stehwien, S., & Vu, N. T. (2017). Prosodic event recognition using convolutional neural networks with context information. *Interspeech* 2017.

Stehwien, S., Vu, N. T., & Schweitzer, A. (2018). Effects of word embeddings on neural network-based pitch accent detection. *arXiv preprint arXiv*: 1805.05237.

Taylor, P. (1994). The rise/fall/connection model of intonation. *Speech Communication*, 15(1 – 2), 169 – 186.

Taylor, P. (1998). The TILT intonation model. *Fifth International Conference on Spoken Language Processing.*

Trillo, J. R. (2002). The pragmatic fossilization of discourse markers in non-native speakers of English. *Journal of Pragmatics*, 34(6), 769 – 784.

van den Oord, A. V., Dieleman, S., Zen, H., Simonyan, K., Vinyals, O., Graves, A., Kalchbrenner, N., Senior, A., & Kavukcuoglu, K. (2016). WaveNet: A generative model for raw audio. *9th ISCA Speech Synthesis Workshop*, 125 – 125.

van der Maaten, L., & Hinton, G. (2008). Visualizing data using t-SNE. *Journal of Machine Learning Research*, 9, 2579 – 2605.

Wang, X., Takaki, S., & Yamagishi, J. (2016). Enhance the word vector with prosodic information for the recurrent neural network based TTS system. *Proceedings of Interspeech* 2016, 2856 – 2860.

Wang, Y., Skerry-Ryan, R., Stanton D., Wu, Y., Weiss, R. J., Jaitly, N., Yang, Z., Xiao, Y., Chen, Z., Bengio, S., Le, Q., Agiomyrgiannakis, Y. , Clark, R. , & Saurous, R. A. (2017). Tacotron: Towards end-to-end speech synthesis. *Proceedings of Interspeech* 2017, 4006 – 4010.

Wightman, C. W. (2002). ToBI or not ToBI? . *Proceedings of Speech Prosody* 2002.

Witt, S. M. , & Young, S. J. (2000). Phone-level pronunciation scoring and assessment for interactive language learning. *Speech Communication*, 30(2 – 3), 95 – 108.

Witteman, M. J. , Weber, A. , & Mcqueen, J. M. (2014). Tolerance for inconsistency in foreign-accented speech. *Psychonomic Bulletin & Review*, 21(2), 512 – 519.

Xu, Y. (2004). Transmitting tone and intonation simultaneously-the parallel encoding and target approximation(PENTA) model. *International Symposium on Tonal Aspects of Languages: With Emphasis on Tone Languages.*

Zen, H. , Tokuda, K. , & Black, A. W. (2009). Statistical parametric speech synthesis. *Speech Communication*, 51(11), 1039 – 1064.

Zhang, J. X. , Ling, Z. H. , & Dai, L. R. (2018). Forward attention in sequence-to-sequence acoustic modeling for speech synthesis. *IEEE International Conference on Acoustics, Speech and Signal Processing (ICASSP)*, 4789 – 4793.

Zhao, J. , Zhang, W – Q. , Yuan, H. , Johnson, M. T. , Liu, J. , & Xia, S. (2013). Exploiting contextual information for prosodic event detection using auto-context. *EURASIP Journal on Audio, Speech, and Music Processing, Nature Publishing Group*, 2013(1), 1 – 14.

第八章

语音可视化教学

前面的章节围绕中国方言区英语学习者的英语音段、韵律产出和感知进行了介绍，这些研究成果的最终目的是用于教学，提高学习者的英语发音水平。在当今大数据和人工智能技术快速发展的新时代，语音技术作为智能交互技术的核心，应该更好地服务于社会需求，为我国语音教学的发展和语音评测提供更智能的手段。而语音学的三维建模与发音逆推成果，结合可视化的手段，可以为学习者提供个性化的服务。英语教学中，以教师为中心的单一模式课堂要转向多元化、多模态的交互式新课堂。本章将简述口语评测和教学中的智能语音技术，以及利用可视化方法开展语调教学实验的前景。

第一节 语音评测与教学中智能语音技术

在英语学习中，发音一直是教学和训练的一大难点。学习者会在发音上花费很多功夫，如跟着录音材料进行反复的发音模仿和练习，从一开始的单音、单词训练，到后来的成句、成段乃至整篇文章的跟读和练习。“拿着书本，戴着耳机，在各个角落大声地朗读英语课文”，是很多学过外语的人都曾有过的难忘经历。然而，很多学习者虽在发音训练上花足了精力和时间，但在和外国人交流时，却变得“含蓄”或者不自信起来。他们认为自己的发音不够标准，并担心“中式”的口音会影响交流，而不愿主动开口说英语。久而久之，越是“不敢”说，就越“不会”说。因此，很多人学了好几年英语，却自嘲学到的是“哑巴英语”，只会看和写，遇到听说场合就感到力不从心。

这些需要我们检视现在的口语教学和评测。就拿我们关注的大学英语口语教学，仍存在一些问题。首先，师资严重不足，教师口语教学水平的参差不齐，具有语音学知识的教师很少，培养学生口语发音能力不能得到有效落实。其次，由于口语测试时间、测试人员有限，使得大规模的英语口语测试难以实现。四、六级考试委员会早在1999年就开始实行了四、六级口语考试，但由于是直接型面试口试，缺乏足够的考官，且受考试场地、设备，尤其是成本开支等因素的限制，考试的规模一直控制在较小的范围里。因此，尽管每年有接近一千万的四、六级考生，但是参加口试的人数每年平均还不到4万（蔡基刚，2005）。大学英语口语测试不到位会对大学英语教学产生许多负面作用。由于没有英语口语测试，学生缺乏英语口语的动力，许多学生甚至会放弃口语的学习。在以教师为主导的传统口语测试环境下，由于学生人数众多，而考试时间和教师精力有限，使得大规模的英语口语测试难以实现。

人工智能和语音技术的发展，为促进大学英语口语教学改革提供了强大的支持，也为大规模在线英语口语教学与测试提供了实现手段。目前，国内一些从事语音技术和人工智能领域的公司推出了针对英语语音学习和训练的产品及手机App。多个省市的四六级口语评测、甚至高考口语都开始采用机器自动评测技术。

但目前市面上的语音训练产品多强调语音跟读和诊断打分等功能，侧重对学生的口语交际能力的培养，结合文本、音频、视频等，以多情境下的对话内容和角色扮演模块满足学生在课上和课下的口语实践及练习。但这些训练软件对语音知识，如国际音标中的元音、辅音、语调韵律等语音的发音生理层面的讲解不够具体和直观，不仅缺少用易懂的可视化模型来呈现发音器官的运动模式，对学生在发音层面的问题也缺少反馈和纠正型意见。其实就是缺少针对中国学习者的语音训练系统（Computer Assisted Pronunciation Training，CAPT），让学生在语音学习中，不但靠耳朵进行语音的听辨练习，还可以通过可视化的图像或者影像来进一步了解发音器官的运动轨迹和发音原理，结合视觉和听觉来模仿和体验发音动作，从而达到掌握标准的外语语音的目标。

一　口语语音评测技术简介①

人工智能的发展分为计算智能、感知智能和认知智能三个阶段，以语音识别、计算机视觉为代表的感知智能致力于让机器感知周围的世界，让机器“能听能看”。智能语音技术属于感知智能范畴，即让机器像人一样“能听会说”的技术，是人工智能技术的重要组成部分，包括语音合成、语音识别、声纹识别、语种识别、语音增强和语音评测等关键技术。其中，语音合成将文字信息转化为语音；相反，语音识别可以将人的语音转换成文字信息；与语音识别相关的声纹识别和语种（方言）识别技术分别用以识别出说话人信息和语种（方言）信息；另外，语音增强是语音信号被各种各样的噪声干扰后，从噪声背景中提取有用的语音信号，抑制、降低噪声干扰的技术；语音评测则是对语言学习者的口语水平进行评价的技术。

在教育领域，口语教学和评价是智能语音技术最主要的应用场景，其中语音评测技术最为重要，应用最为成熟和广泛，在语言学习和口语考试中扮演着重要的角色。从20世纪90年代开始得到广泛研究，发展迅速。语音评测技术的核心功能是替代专家和老师对学习者的发音和口头表达进行自动评分和错误诊断反馈，具体包括检测和诊断发音错误、评价发音水平以及口语表达能力等。语音评测包括朗读评测和口头表达评测两项关键技术。前者主要包括如字词、句、语篇的朗读题型，考察重点是学习者的发音错误情况和发音质量，当前检测技术集中在音段、声调（汉语学习者）方面。后者主要包括如口头翻译、口头复述、看图说话、话题表述等题型，主要考察学习者的逻辑思维能力、语言组织能力和口语交际能力。

朗读（或跟读）评测技术研究较早，目前已达到成熟水平。一个典型的朗读（或跟读）评测原理框图如图8-1所示。

朗读（或跟读）评测最基础的步骤是评测文本与评测音频的时间对齐，称为音频切分。朗读评分和检错都基于此切分结果进行特征提取。

① 本节参考魏思、吴奎、竺博等的《语音评测技术助力英语口语教学与评价》一文，参见《人工智能》2019年第3期，第72—79页。

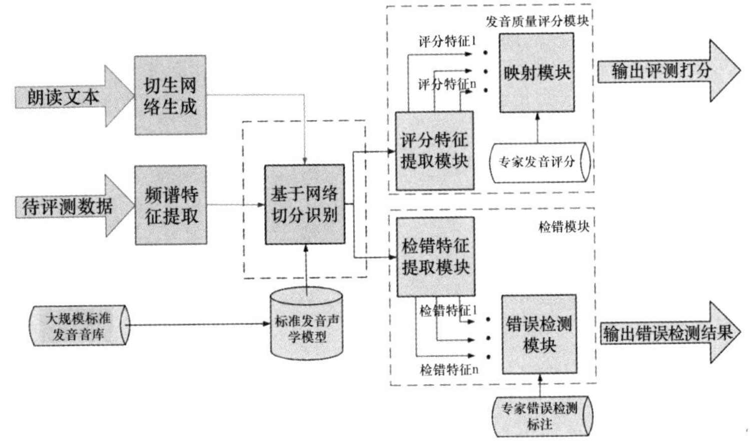

图8-1 朗读（或跟读）评测原理框图（魏思等，2019）

切分的一般步骤为：基于朗读文本，首先生成一个音素切分网络，然后结合标准发音模型，获取朗读文本中每个音素在评测音频中的时间边界。一般来说，切分网络结构设计较为灵活，在漏读、增读、回读等各种复杂情况都能够准确地进行边界切分。发音质量一般包括准确度、流畅度和完整度三个维度，评分有三个维度的各自分数以及综合分数。在声学模型层面，2010 年以后，深度神经网络（DNN）模型取代高斯混合—隐马尔科夫模型（GMM-HMM），成为语音识别声学模型的主流结构，自动发音错误检测和发音质量评价也跟随步入深度神经网络时代，效果进一步提升。

即兴口语表达评测技术难度远大于朗读（或跟读）评测，直接使用没有文本的即兴话语评价学习者的表达能力极其困难。目前的做法通常是先识别学习者的即兴口语表达内容，表示成文本，然后基于识别文本提取内容相关特征。进一步将识别文本作为评测文本，提取发音水平相关的特征，再与内容相关特征组合在一起构成完整的评分特征，如图8-2所示。

如上所述，语音识别准确性和内容特征矢量化表征是即兴口语表达评测的核心。得益于语音识别和自然语言处理技术的发展，特别是深度学习在这两个领域的突破，口语复述（retelling）等半开放性口头表达评

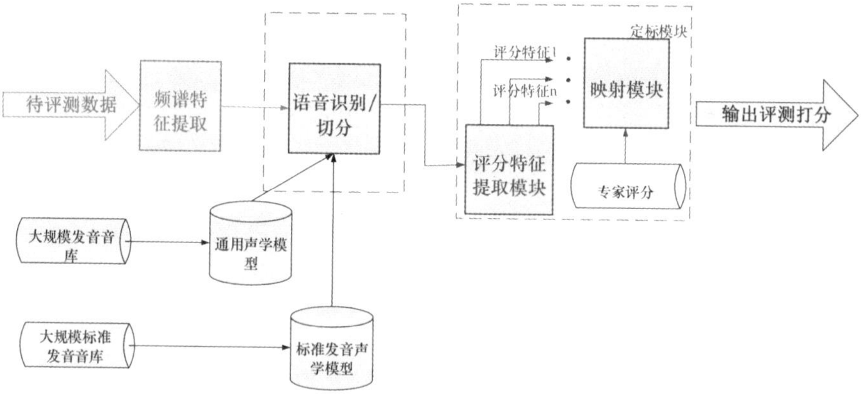

图8-2　即兴口语表达评测原理框图（魏思等，2019）

测才渐渐达到实用水平。在语音识别方面，主流的语音识别系统以LSTM神经网络为声学模型，识别率已经达到90%以上，满足评分需求。在内容矢量表示方面，基于word2vect、LSTM、CNN、decoder-encoder的内容表示亦成为目前的主流方法。

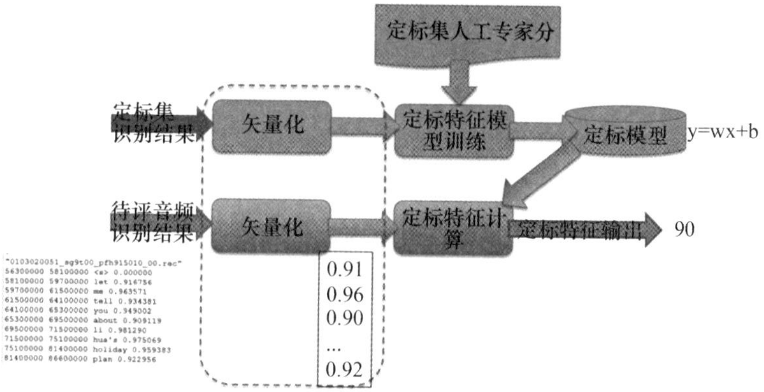

图8-3　基于人工专家定标集的定标评分方案（魏思等，2019）

对于看图说话、话题表述等开放性题型，即使可以通过现在主流的深度神经网络进行回答内容的矢量化表征，但由于参考答案空间无限大，可以有不同的角度、不同的词汇和语法结构，计算机无法直接进行评分。

目前通常采用专家定标，机器进行学习的技术方案，称为定标方案，如图 8-3 所示。具体过程是每个题目选取一批覆盖高低分的数据集，称为定标集，让机器通过学习专家的人工评分结果，形成与专家老师定标标准相一致的评分标准，在学习过程中，让机器掌握人工专家评分的数据所具有的不同特性。

二 语音教学中的发音逆推与可视化技术

上述的评测技术，薄弱点是反馈信息不够，如果应用到语音教学中，很难给出学习者直观的发音偏误的反馈。

基于可视化的发音训练策略，教师可通过生动、直观的三维发音动画来调动学习者的积极性和兴趣使学习者能更清楚地观察和模仿本族语者的发音动作。发音可视化是从语音声学信号出发，推定发音器官的位置和形状，并以视频方式呈现的技术，主要包括发音器官建模与发音状态逆分析等关键技术，在可视化语音合成、语音学习等领域有重要的应用。

基于大数据的语音多模态建模技术可将动态的可视化 3D 发音模型和发音逆推系统应用于个性化教学中。通过如图 8-4 所示的发音逆推系统，利用语音与发音运动数据，对学习者的发音器官运动进行预测；通过视觉和听觉体验的结合，学习者可以更准确地模仿和练习发音动作，自我调节发音器官运动的协调性，提高语音学习的效率。

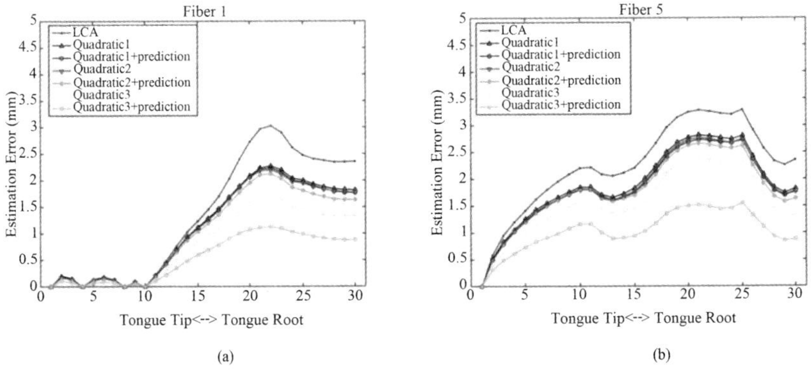

图 8-4 融合多模态深度学习技术的发音建模与发音逆推建模框架

（Luo 等，2017；Fang，2019）

发音训练平台提供的智能评测和反馈报告，使学习者能实时地了解学生在语音上的问题，不断调整训练任务，如通过增加有针对性的强化练习和个性化任务来帮助学生完善发音策略，减少影响语言可懂度的发音错误等。学生也可通过计算机自动评测系统提供的评分和反馈意见，积极改进自己的发音问题，提高语音学习的效率。

三 发音器官建模

发音器官建模包含发音器官形态建模和发音运动控制两个方面。

发音器官的网格化建模是发音可视化研究的重要基础。传统的发音器官网格化建模主要基于正中矢状面，建模过程中参考声道两端（喉和上、下齿）的位置，建立描述声道的形状半极坐标系。这样的半极坐标的优点是简单，适用于简单形状的声道形态描述，对带有舌下腔体和复杂支管的声道形状不适用，也不适合描述舌、软腭等位置和形态变化范围较大的发音器官的形状，如重要的发音部位舌尖在很多发音中无法被这样的坐标系正确描述。21 世纪初，有研究人员对上述工作进行了改进，使舌尖成为建立半极坐标系的其中一个参考位置，从一定程度上解决了二维建模的问题。但即使是使用改进后的半极坐标系统，由于该坐标系只能描述落在坐标线上的舌表面的位置，而无法描述舌表面任意部位的位置，因此不同形态下发音器官的表面形态的坐标序列之间的对应性差，人为引入了描述误差，给后续的发音器官建模带来困难。

后续有一些研究将该坐标系应用于法语和瑞典语三维发音器官建模，然而由于改进后的坐标系只考虑了沿声道方向的形状描述，而没有考虑垂直声道方向的形状描述，以上的三维建模在垂直的方向上采用的是均匀分布的建模方法，导致模型的精度不理想。

我们首次构建了包含 109 个发音状态下发音器官形态的核磁共振数据库，并进行了人工标注。这是我们所知的规模最大覆盖最全面的静态汉语三维发音形态数据库。此外，我们跳出传统的基于半极坐标的发音器官形态描述方法的框架，采用笛卡尔坐标系，以发音器官的生理边界作为约束条件，对发音器官的不同部位进行分割并分别均匀建模。

为了验证我们的描述系统，我们采用了如图 8－5 所示的线性成分分析法 PCA，从标注好的数据集中分别抽取出控制下颚（jaw）和舌体

(tongue) 的线性成分，并基于分析得到的线性方程（见公式 8 -1）重构舌的形态。PCA 分析得到的线性成分有：JH（jaw height 下颌高低）、JA（jaw advancing 下颌前后）、TA（tongue advancing 舌前后）、TT（tongue tip 舌尖）、TD（tone dorsum 舌背）。

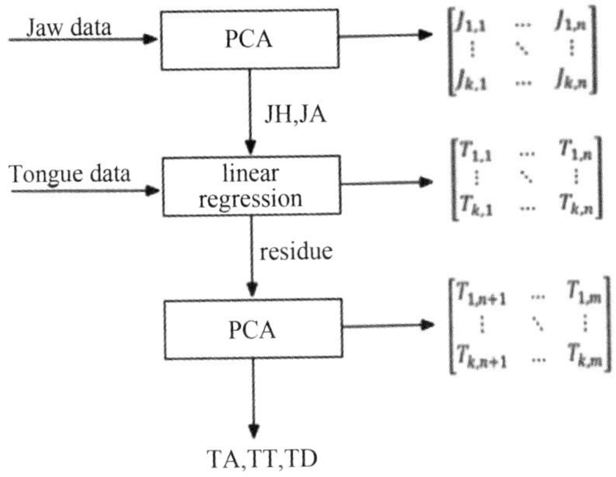

图 8-5 线性成分析法分析流程图

$$S = \begin{bmatrix} T_{1,1} & \cdots & T_{1,n} & T_{1,n+1} & \cdots & T_{1,m} \\ \vdots & \ddots & \vdots & \vdots & \ddots & \vdots \\ T_{k,1} & \cdots & T_{k,n} & T_{k,n+1} & \cdots & T_{k,m} \end{bmatrix} \begin{bmatrix} JH \\ JA \\ TA \\ TT \\ TD \end{bmatrix} \quad \text{（公式 8 -1）}$$

表 8-1 两种不同坐标描述系统发音器官重构误差 （单位：厘米）

	Accumulating contribution rate	RMSE	Std.	Max error
笛卡尔坐标	85.1%	0.09	0.05	0.36
半极坐标	85.4%	0.13	0.09	0.75

表 8 -1 给出了两种不同坐标系统下发音器官形态的重构误差。从表中我们可以发现，采用笛卡尔坐标系的情况下，发音器官重构的均方根误差从 0.13 厘米减小到 0.09 厘米，最大误差从 0.75 厘米减小到 0.36 厘

米，标准差从 0.09 厘米减小到 0.05 厘米。这一结果表明采用笛卡尔坐标系，并引入发音器官生理边界约束，能够有效提高发音器官形态建模的精度。

如何控制发音器官模型实现连续的高精度的发音状态是发音可视化研究的重要工作内容，也是依据语音生成的流体力学机制产生语音信号的重要基础。传统方法在基于半极坐标系建立发音器官模型/声道模型后，试图用线性成分分析法分析发音器官运动的自由度，并用分析得到的自由度来控制发音模型实现各种发音状态。这类方法存在两个问题：①舌等发音器官的形状和位置在发音过程中是非线性变化的，用线性函数逼近非线性函数就会损失一部分精度；②为了保证分析得到的线性成分的可解释性，人为地丢弃了一部分不好解释的线性成分，又会导致一部分精度损失。我们从实际控制发音模型的角度出发，用实际测量得到的发音运动数据驱动发音模型，而不是用从静态模型得到的线性成分出发。这样做有两点好处：①用实际数据驱动发音模型更为直接，减少了中间变化引入的误差；②我们可以不被发音状态的线性可解释性束缚，采用非线性模型可以获得更好的拟合结果。

在控制模型建模过程中我们采用可直接测量的舌面和下颚代表点的坐标作为模型的控制参数，代表点如 TT（tongue tip 舌尖），TB（tongue body 舌体），TD（tongue dorsum 舌背），TR（tongue root 舌根），LI（lower Incisor 下切牙）等，考察了 7 组控制点组合（[TT，TB，TD]，[TT，TB，TR]，[TT，TD，TR]，[TT，TB，TD，TR]，[LI，TT，TB，TD]，[LI，TT，TB，TR]，[LI，TT，TD，TR]）和三组非线性特征组合（四元组 Quadratic1 ~ Quadratic3）：（Quadratic1：$[x_i^2, y_i^2, x_i, y_i]$，Quadratic2：$[x_i^2, y_i^2, x_iy_i, x_i, y_i]$，Quadratic3：$[x_i^2, y_i^2, \cdots, x_ix_j, \cdots, x_iy_i, \cdots, y_iy_j, \cdots, x_i, y_i]$）。这三种非线性特征分别考虑了横纵坐标相互独立，本控制点横纵坐标相关，和不同控制点之间横纵坐标相关等非线性特征。此外，我们还比较了加入一个预估的舌根部的控制点 TP 对控制精度的影响。表 8-2 给出了上述各种条件下模型的平均控制误差。实验结果表明：①采用更多的控制点能够提高模型的控制精度；②来自不同部位的控制点比来自相近部位控制点的控制精度高；③考虑不同控制点之间相关性的控制模型的精度高于只考虑控制点内部相关性的控制模型的精度；④加入预估的舌根部控制点有助于进一步提高控制模型的精度；⑤非线性模型的误差降低为线性模型的50%左右。图8-6给出了正中矢状面和舌边缘模型节点的平均误差，结果表明采用非线性模型能显著降低控制模型的误差。

表8-2 舌面节点的重构误差（Quadratic# + pre 代表先估计 TP 的坐标，然后将 TP 作为控制点加入控制模型） （单位：毫米）

	TT	TT	TT	TT	TT	TT	TT
	TB	TB	TD	TB	TB	TB	TD
	TD	TR	TR	TD	TD	TR	TR
				TR	LI	LI	LI
LCA	1.9	1.8	1.8	1.7	1.3	1.3	1.3
Quadratic1	1.6	1.5	1.5	1.4	1.2	1.2	1.2
Quadratic1 + pre	1.5	1.5	1.5	1.4	1.2	1.1	1.1
Quadratic2	1.5	1.5	1.5	1.4	1.1	1.1	1.1
Quadratic2 + pre	1.4	1.4	1.4	1.3	1.1	1.1	1.1
Quadratic2	1.3	1.3	1.3	1.1	0.9	0.8	0.9
Quadratic3 + pre	1.0	1.1	1.1	0.7	0.6	0.6	0.6

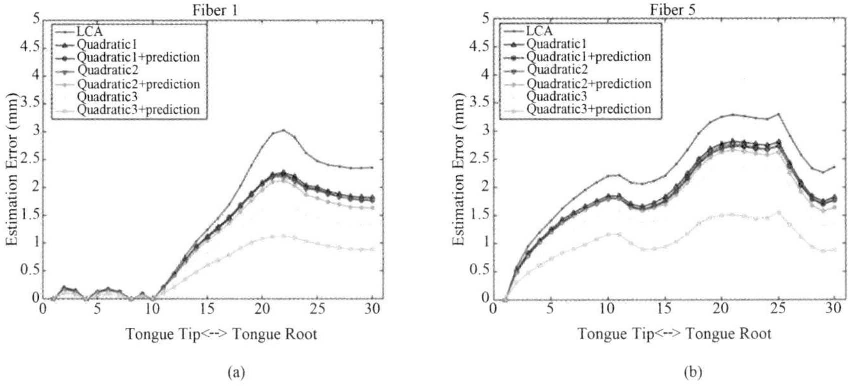

图8-6 （a）正中矢状面舌面节点的误差；（b）舌边缘节点的误差

四　发音运动逆分析

发音运动逆分析指从语音声学信号逆推得到发音器官的形状和位置。本项目中，我们重新回顾了传统的发音逆分析方法和评价指标，考察了不同发音逆推模型的性能。之前大部分相关工作主要探索的是声学特征的作用。在对不同发音逆分析模型进行优化时，传统工作在设计代价函数时假设所有发音器官在任何时刻对发音的贡献是相同的。但是大量的语音学研究成果表明不同的发音器官在发音过程中的贡献是有差异的。有些发音器官在产出具体语音时有特定的运动模式，显著影响语音的声学特征，被称为关键发音器官；而其他的发音器官的运动模式受上下文环境影响较大，在不同环境中没有一致的运动模式，且对语音声学特征影响不大，称为非关键发音器官。基于这一发现，我们系统分析了传统发音逆推模型的全部发音器官的平均均方根误差、各发音器官的平均均方根误差、关键发音器官的平均均方根误差、非关键发音器官的平均均方根误差等评价指标，发现全部发音器官的平均均方根误差反映的是非关键发音器官的平均均方根误差，而我们更关心的关键发音器官的均方根误差比全部发音器官的平均均方根误差要大25%左右，见表8－3和表8－4。

表8－3　四种发音逆分析方法的平均RMSE（均方根误差）（单位：毫米）

	MMSE	Trajectory	MLP	DBLSTM
Avg.	1.68	1.50	1.56	1.37

表8－4　四种发音逆分析方法关键发音器官和非关键发音器官的平均RMSE（均方根误差）（ncrt：非关键发音器官，crt：关键发音器官）

（单位：毫米）

	MMSE		Trajectory		MLP		DBLSTM	
	ncrt	crt	ncrt	crt	ncrt	crt	ncrt	crt
Avg.	1.69	2.26	1.51	2.00	1.57	2.04	1.39	1.69

这一结果发现在传统的发音逆分析方法中，评价指标不区分关键发音

器官与非关键器官在发音中的作用，导致虽然平均意义的逆分析误差令人满意，但关键发音器官的分析误差过大，无法保证与正确语音的对应性。

基于这个发现，我们对传统方法中的代价函数进行了改进，根据发音器官在具体发音中的重要程度和在数据库中的分布情况，及在训练过程中的误差，动态设置阈值 Th_i ，对代价函数中发音器官的重要性进行动态加权，具体公式见公式 8 -2 至公式 8 -5。实验结果表明，通过选择适当的阈值，可以有效减小发音逆分析得到的发音器官的误差，见表 8-5、表8 -6和表 8 -7。

$$RMSE_t(i) = \sqrt{\frac{1}{N_s}\sum_{t=1}^{N_s} (\widehat{y}_{i,t} - y_{i,t})^2 I(i,(\widehat{y}_{i,t} - y_{i,t})^2)}$$

（公式 8 -2）

$$I(i,x) = \begin{cases} 0x < Th_i andm(i,t) = 0 \\ 1else \end{cases}$$ （公式 8 -3）

$$m(i,t) = \begin{cases} 0noncriticalatinstantt \\ 1criticalatinstantt \end{cases}$$ （公式 8 -4）

$$RMSE_{avg} = \frac{1}{N_c}\sum_{i=1}^{N_c} RMSE_t(i)$$ （公式 8 -5）

表 8-5 不同阈值条件下发音逆推方法得到的通道 RMSE 和总体平均 RMSE （单位：毫米）

	Loss-G	*Loss-Min*	*Loss-Mean*	*Loss-Max*	*Loss-crt*
V_x	0. 38	0. 38	0. 33	0. 36	0. 45
V_y	0. 47	0. 45	0. 41	0. 45	0. 53
TD_x	1. 84	1. 52	1. 22	1. 40	2. 10
TD_y	1. 81	1. 63	2. 10	2. 13	2. 09
TB_x	1. 89	1. 55	1. 28	1. 46	2，27
TB_y	1. 76	1. 67	2. 05	2. 13	2. 48
TT_x	1. 92	1. 60	1. 34	1. 52	2. 41
TT_y	2. 02	1. 85	2. 35	2. 47	2. 61
LI_x	0. 86	0. 79	0. 68	0. 78	0. 98
LI_y	1. 13	1. 01	0. 91	0. 98	1. 26
LL_x	1. 24	1. 08	0. 93	1. 06	1. 39

续表

	Loss-G	*Loss-Min*	*Loss-Mean*	*Loss-Max*	*Loss-crt*
LL_y	2.07	1.81	2.83	3.17	3.65
UL_x	0.89	0.84	0.75	0.86	0.94
UL_y	0.95	0.88	0.76	0.88	1.19
Avg.	1.37	1.22	1.28	1.56	1.73

表 8-6 不同阈值条件下发音逆推方法的得到的关键发音器官的 RMSE

（单位：毫米）

	Loss-G	*Loss-Min*	*Loss-Mean*	*Loss-Max*	*Loss-crt*
TD_y	1.84	1.38	1.05	0.95	1.04
TB_y	1.53	1.39	1.12	1.11	1.02
TT_y	1.90	1.42	1.14	1.05	1.14
LL_y	1.48	1.32	1.04	0.91	1.01
Avg.	1.69	1.38	1.09	1.01	1.05

表 8-7 不同阈值条件下发音逆推方法的得到的非关键发音器官的 RMSE

（单位：毫米）

	Loss-G	*Loss-Min*	*Loss-Mean*	*Loss-Max*	*Loss-crt*
V_x	0.37	0.38	0.33	0.36	0.45
V_y	0.47	0.45	0.41	0.44	0.53
TD_x	1.84	1.53	1.23	1.40	2.10
TD_y	1.81	1.74	2.41	2.44	2.38
TB_x	1.90	1.56	1.28	1.47	2.26
TB_y	1.79	1.70	2.14	2.22	2.60
TT_x	1.92	1.60	1.35	1.52	2.40
TT_y	2.07	2.05	2.82	3.00	3.15
LI_x	0.86	0.78	0.68	0.78	0.98
LI_y	1.13	1.01	0.90	0.98	1.26
LL_x	1.24	1.08	0.94	1.05	1.39
LL_y	2.14	1.86	2.98	3.34	3.85
UL_x	0.89	0.84	0.75	0.86	0.94
UL_y	0.95	0.88	0.76	0.88	1.20
Avg.	1.39	1.24	1.39	1.48	1.82

第二节 基于3D发音生理模型的元音可视化教学研究

多模态训练法在二语教学中的应用日渐广泛。在进行二语教学时，除了传统的教学材料，辅之以相关的音频和图片或视频材料，能够更好地帮助学习者提高二语学习效率。以母语为日语的汉语学习者为例，在训练过程中加入口腔内各发音器官和唇部的运动图以及基于MRI的发音动画教程，可以帮助学习者有效地改善清化元音、清浊塞音、舌尖闪音及鼻音的发音（Liu，2018），有效地建立其发音训练过程中的自我监督及自我反馈机制。Katz等（2015）在此基础上设计了一套自动化程度更高的3D反馈系统，可实时呈现学习者在单个音段发音过程中的舌体与下颌部位的运动画面，当其发音部位摆放在正确的位置时，该系统便会给出正向的信号反馈，测试结果显示，长期使用该训练系统确实能够帮助学习者更加高效地掌握正确的发音方式。

一 可视化的发音模型

目前国内较权威的国际音标的音频资料是由我国两位著名的语音学家赵元任先生和周殿福先生分别于1981年和1985年录制，并被收录于中国社会科学院语言研究所的《音路历程》CD中，供人们学习和研究。国际语音学会网站共享了四位知名语音学家的IPA的发音，如图8-7所示。

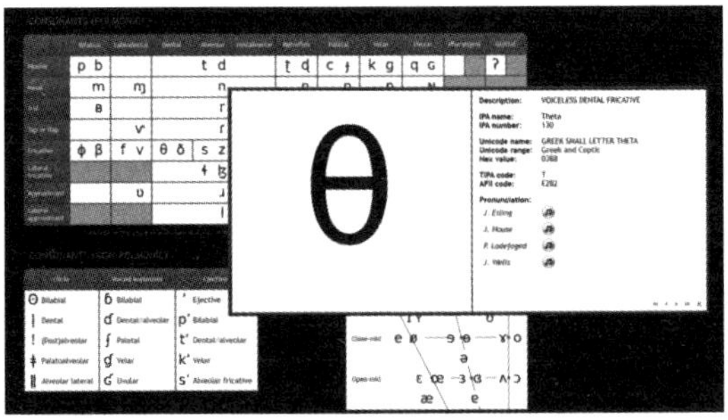

图8-7 国际语音学会分享的IPA发音

（来自IPA i-charts（2022），https：//www.internationalphoneticassociation.org）

这些语音资料非常珍贵，却受限于仅为音频文件，无法用于构建可视化国际音标发音模型。

目前网上也有一些 IPA 发音录像和简单的动画。如谢菲尔德大学 IPA 学习网站（https：//learnipa. group. shef. ac. uk/IPAChart/charts/pulmonic. html），分享了 Andrew Linn 和 Sandra Whiteside 的正位和侧位发音动作录像，也配置了舌位示意图，如图 8–8。

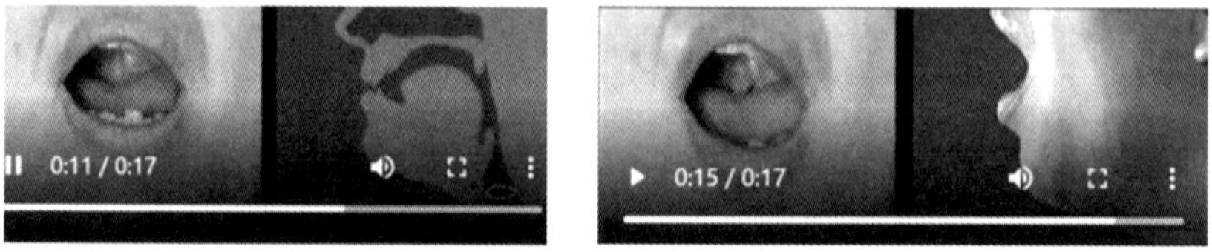

图 8–8　发音录像和二维动画示例

来自网站 https：//learnipa. group. shef. ac. uk/IPAChart/charts/vowels. html。

我们与中科大合作，利用电磁发音仪 EMA 采集了来自中国社会科学院的 4 位语音学专家（2 男 2 女）的国际音标的发音数据，涵盖了国际音标中的 25 个声调、306 个辅音、40 个单元音，以及 117 个双元音的发音动态信息，建成了高质量的国际音标发音 EMA 数据库。结合 X 线录像数据，通过对库中的 3D 发音数据进行可视化 3D 发音模型（Yu 等，2013；Li 等，2015），开展语音教学和研究，见图 8–9 所示。模型逼真地呈现了

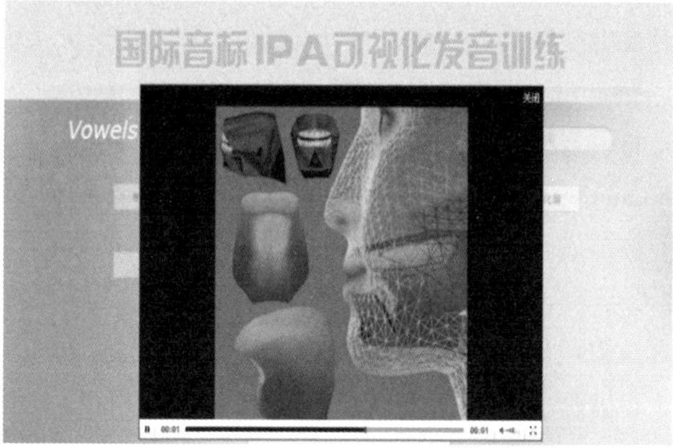

图 8–9　可视化的 3D 发音模型界面

发音人的舌运动特征（舌正面和侧面）、嘴唇的运动模式（正面和侧面），以及发音器官整体的运动状态。

我们对比两组被试，分别基于可视化发音模型和只基于音频进行国际音标学习的效果，详细研究报告见智娜（2022）。两组被试均接受了连续6周的国际音标学习，通过可视化方法学习的小组的平均正确率达到了88.5%，高于通过音频学习的小组的平均正确率78%。其中前者的元音和声调的正确率都达到了90%以上，辅音的正确率也达到了83.3%，且各项的标准偏差也均小于通过音频学习的小组。表明通过可视化方法进行学习的小组对国际音标的掌握程度较高。

从可视化学习的小组中随机抽取了一名中国英语学习者C，并用EMA记录了该学习者在产出元音/æ/、对立元音/ɪ/和/i/、对立元音/ʊ/和/u/的发音运动数据。图8-10A是学习者C的/æ/发音的舌位图，从中可以观察到该学习者在发单元音/æ/时，舌位呈向后滑动的运动轨迹（参见图中back-3到back-8的运动）。表明经过可视化训练的学习者已经避免了将/æ/发成双元音/aɪ/的舌位特征，以及可以通过舌位来区分松紧元音/i/和/ɪ/（图8-10B）以及/u/和/ʊ/（图8-10C）。

未来的研究还需在以下几个方面加强：

首先，增加发音人的数量，在中国方言区英语学习者语音库AESOP-CASS的基础上，构建我国方言区英语学习者的发音生理数据库，为不同方言区的学习者提供“因地而异”的发音反馈和纠正型意见。其次，当学习者基本掌握了元音范畴的发音后，连续语流的发音训练和发音偏误反馈将是外语教学中的重点。语音生成过程涉及时域安排（timing）和运动控制（motor control），使得语音之间相互影响，产生协同发音或者语流音变。而相关的语音变化只是现象，本质则是发音姿态（gesture）的协同产生（coproduction），以及相邻语音单元间相互连接和彼此影响的一种自然机制。语音生成过程还涉及不同语言在音系层面的音位配列规则和发音实现关系等。因此，融合EMA发音生理数据、语音声学数据和核磁共振发音数据，利用机器学习，如深度神经网络技术，可以构建连续语句的可视化发音模型，呈现实时的发音动态。课题组已经建立了连续汉语普通话的实时可视化3D发音驱动模型，正致力于利用英语生理、声学数据，结合深度学习技术构建实时可视化3D模型，用于英语教学上。

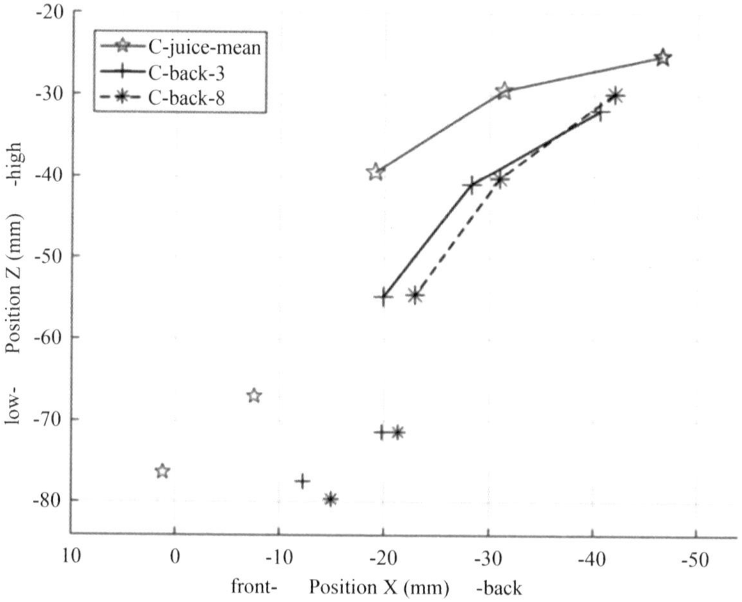

（A）学习者 C 的/æ/的发音生理图

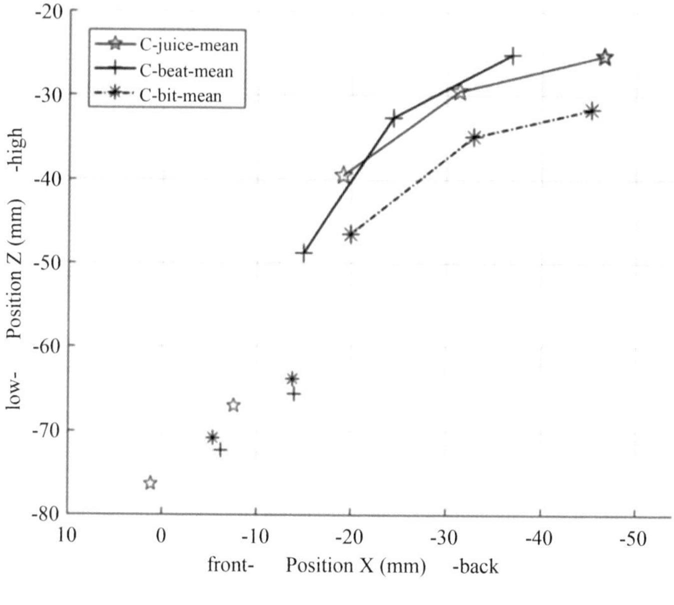

（B）/i/（beat）和/ɪ/（bit）的发音生理图

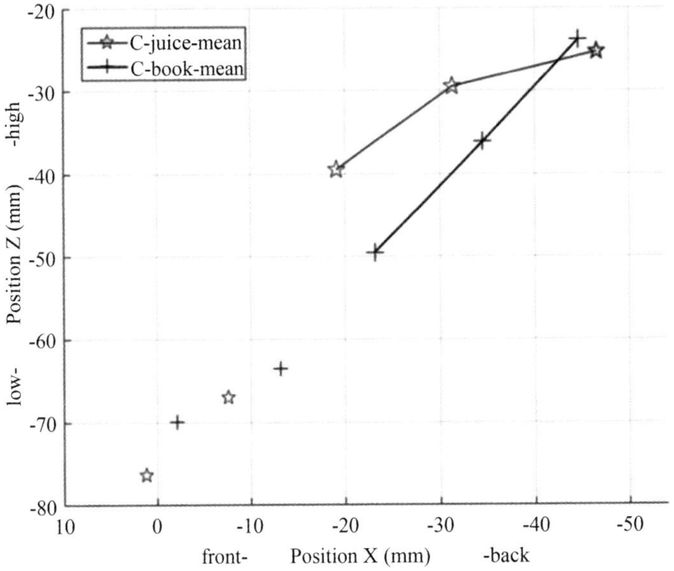

（C） /u/ （juice） 和/ʊ/ （book） 的发音生理图

图 8-10 学习者 C 经过发音训练后元音的发音生理图

（（A）：/æ/；（B）：/i/和/ɪ/；（C）：/u/和/ʊ/）

交际意图的表达和传递，除了要有音段信息，更要有超音段韵律信息（特别是语调信息）。因此，学习者的语调习得非常重要，也是语音教学亟待加强的部分。下节利用 Hirst（Bigi & Hirst，2012；Looze & Hirst，2014；Hirst，2015，2018）提出的语调分析模型（ProZed），将语调的音高和时长等韵律特征进行可视化呈现，结合课题组前期的研究成果（Wang，2010；Wang 等，2011；Zhi 等，2015；智娜和李爱军，2020；纪晓丽等，2018），将本族语者和学习者的音高重音、边界调等语调成分的实现模式，直观呈现给学习者，提高语调学习的效率。

第三节 语调多模态教学研究

目前基于可视化技术的英语发音教学还是以音段为主，然而多模态教学方法并不局限于音段层面，在超音段层面上也有着突出的表现。实验证明，可视化语调学习软件 Better Accent Tutor 能够帮助学习者掌握词重音分布，从而更好地区分单词中的重读音节与非重读音节（Zhuang 和 Bu，2011）。其具体做法是将单词内各个音节中元音的时长、音高及能量以线条图的方式展示出来，方便学习者在朗读过程中掌握重读音节中的元音特征（Zhuang 和 Bu，2011）。但该软件并未解决句子层面上的语调学习问题，这一不足在 Demenko 等（2009）的研究中得到弥补，其所设计的软件可以在训练过程中将本族语者与学习者的语图曲拱同时以可视化的形式展示出来，引导学习者主动对自身所产出的语调升降趋势和坡度与本族语者的进行比较。该软件目前已经在以俄语为母语的德语学习者以及以德语为母语的俄语学习者的语调训练中取得了显著的效果（Demenko 等，2009）。Lee 等（2017）的研究给此类训练软件额外增加了自动反馈的功能。并非所有的学习者都能够通过音频或视觉图像的方式来发现自身相较于本族语者在语调产出上存在的偏误，而计算机辅助教学（CALL）系统可以给这部分缺乏敏锐性的用户提供及时的训练反馈，即当学习者存在语调产出错误时，系统会给予警示。该系统首先能够对学习者所产出的句重音进行预测，在发音结束后实时探测句中的重音，包括对重音的位置和实现方式进行判断，若两项均与本族语者一致，则显示产出正确，否则将予以错误警告。实验结果显示，韩国英语学习者在使用该软件进行学习后，其节奏及流畅度都有了显著的改善（Lee，2017）。

我们发现，以上列举的多模态教学方法尽管在语调训练中发挥了一定程度的作用，但仍有待改进和进一步提高。学习者是在对语调知识完全无认知的情况下参与的训练，其训练成果是否能够泛化到实验结束后长期的二语学习和交际过程尚未可知。若学习者能够在其接受训练之前，学习一些语调知识，并对他们所在地区的学习者语调产出中普遍性的偏误有一定的了解，应该可以提高学习者的语调学习意识，从而提高其学习效率和泛化能力。

有鉴于此，我们在语调可视化教学的探索性研究中，考察以下三个因素对语调学习的影响：

（1）模态：考虑声音和视觉两种模态，即学习者在学习语调时听录音或者观察语调曲线图。

（2）学习方式：按学习培训中有无知识讲解，可以分为隐性学习法和显性学习法。按知识讲解和反馈情况，可以分为无监督、半监督和全监督三种学习方式：学习者若没有任何的指导，就是无监督的学习方式；若学习中给学习者讲解一定语调知识，则是半监督的学习方式；若学习中不但有语调知识的讲解，还有对学习者产出语调中存在问题的反馈和发音指导，这里就作为全监督的学习方式。

（3）学习者的方言母语背景：选择三个大学——首都师范大学、中国政法大学、镇江大学，分别招募母语背景为北京话、北方官话和镇江话的学习者、吴方言区的中国学习者参加实验，考察不同方言背景的学习效果。

一 语调可视化与语调可视化教学

图 8-11 给出了一个语调可视化例子。例子中呈现的可视化语调图是借助 Hirst（Bigi & Hirst，2012；Looze & Hirst，2014；Hirst，2015，2018）所开发的 ProZed 工具生成的。利用韵律标注结果，在 Praat 中运行 ProZed，自动生成语句 Jane comes with Manny. 的可视化语调曲线。语调曲线的上方标记音高重音的类型、韵律边界和边界调类型，下方呈现波形图；音高曲线代表音高的走势，随着语调的上升和下降而变化，黄色的圆圈代表音节的时长，圆圈越大，时长越长。可视化曲线为英语学习

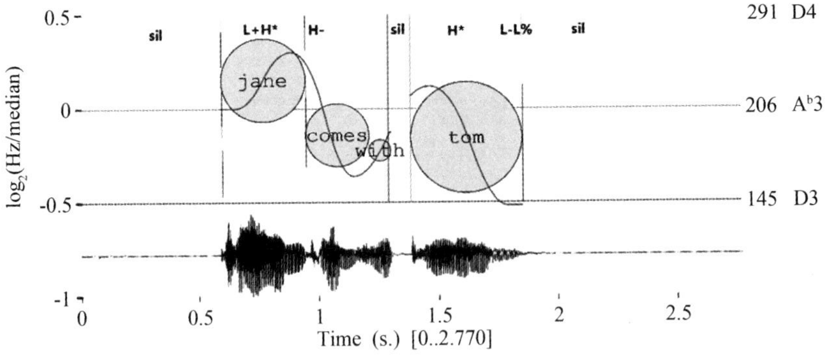

图 8-11 具有英语韵律标注（ToBI）的英语句子自动生成语调可视化图形示例

者直观地显示了英语语调的曲拱、重音凸显、时长、停顿等韵律特征，让学习者方便容易地针对音高升降、调域变化、时长变化等特征来学习语调，并在学习中将这些语音特征与句子的焦点、语气、情感态度等功能关联起来，提高语调产出的自然度和可懂度。

二 隐性和显性训练方式与中国英语学习者语调学习

前人研究已证实英语的句重音可在感知及产出训练中习得，通过提供发音指导以及关于重音特征的显性教学可在一定程度上改善重音的产出情况（Pennington 和 Ellis，2000；Levis 和 Levis，2012，2018；Mitrofanova，2012）。但在第二语言语音习得方面，对音段特征训练的研究多于对超音段特征训练的研究。大量前人的研究专注于元音和辅音的正确感知和产出（Bradlow 和 Alexander，2007；Lively 等，1993；Iverson 和 Evans，2009；Lengeris 和 Nicolaidis，2014；Kartushina 等，2016；Mallén 和 Vázquez，2019）。而对于超音段特征的训练通常以声调训练为研究对象（Wayland 和 Li，2008），关于语调特征训练的研究相对较少（Levis 和 Levis，2012，2018）。

少量关注了超音段训练的国外研究重点在于探究显性训练对于二语者超音段特征习得的作用。例如，Pennington 和 Ellis（2000）的研究发现，粤语为母语的英语学习者接受语调特征的指导后所产出的重音优于只关注句子的词汇和语法特征时的重音产出情况。Levis 和 Levis（2012）探究了在训练过程中给予被试一定的语调指导（即显性训练）对于提高英语作为第二语言的学习者的对比焦点产出能力的作用。实验结果表明，对比焦点能够习得，且在训练过程中给予指导是一种有效的训练方式。Gordon 等（2013）、Saito 等（2019）探究了显性训练如何影响二语语音特征的习得，以及对于二语者口语产出的可理解性的影响。很少有研究者比较隐性训练法以及显性训练法对于语调习得的影响（Liu & Tseng，2019），且将研究对象放在语句重音习得上的更少。

在显性训练的相关研究中，早期的研究主要采用由教师或实验指导人员在训练过程中向被试提供发音方面的指导的方法。但该方法存在一些问题，如指导者可能不具备提供准确指导的能力，指导者无法时刻为学习者提供指导，学习者可能因为害怕犯错而不愿进行尝试等，使得训练效果不佳。近期的研究主要探究利用计算机辅助韵律训练的有效性，研究结果支持在二语习得过程中应该使用语音技术，在大数据统计下创建的计算机程序相比于人工的识别具有更高的准确性，可以为学习者提供个性化的发音指导；计算机也可为被试提供自动的视觉信息指导，向被试展示他们的语音产出与标准的产出存在哪些差异；同时，学习者不必担心重复练习的尴尬，可单独且多次进行练习，提高训练的效率（Levis，2018）。然而，关于计算机辅助发音训练的有效性尚且缺乏系统性的实验论证，关于隐性训练与显性训练对于韵律特征习得作用的有效性的对比研究较少。

因此，这方面研究的主要发展趋势便是进一步探究计算机辅助韵律训练方法的有效性，进一步完善训练方法以促进二语语音的有效习得。本节的研究基于 ProZed 语调可视化工具，探究不同语音训练方式对于中国方言区英语学习者重音习得的作用，探索语调习得背后的机制。

（一）研究方法

（1）被试

一共有 24 名来自吴方言区的中国学习者参加实验，具体信息见表 8-10。在实验开始前，通过问卷对被试做语言背景调查，包括年龄、方言、开始学习英语年龄（age of acquisition）、外语学习经历和国外学习经历等，有其他外语学习经历或有超过一个月国外学习经历的被试被剔除，所有被试自述听说能力没有问题。

表 8-10　　　　中国学习者（被试）的语言背景信息

编号	性别	年龄	母语方言	学习英语时间*	四级英语（CET-4）	发音水平
显性						
04	F	21	苏州	11 years	508	低
07	M	19	无锡	10 years	380	高
08	M	20	无锡	9.5 years	585	中
10	F	21	上海	13years	547	中
12	F	19	苏州	10 years	395	高
14	M	19	镇江丹阳	15years	544	低
18	F	20	绍兴	15years	521	中

续表

编号	性别	年龄	母语方言	学习英语时间 *	四级英语（CET－4）	发音水平
显性						
20	M	20	苏州	11years	451	低
21	M	22	上饶	11years	473	低
22	M	20	常州	10years	524	高
23	F	19	无锡	13years	528	中
27	M	19	常州	9years	520	中
隐性						
01	M	20	绍兴	10years	572	高
02	F	19	杭州	9. 5 years	485	中
06	M	19	无锡	13years	542	中
09	M	20	苏州	10 years	532	低
11	F	19	宣城泾县	10 years	568	高
13	F	21	温州	16years	536	中
15	M	19	苏州	14years	596	中
16	M	20	宁波	10 years	434	低
19	F	19	杭州	9. 5 years	560	高
24	F	20	苏州	14years	519	低
25	M	19	丽水	11years	568	中
26	F	19	无锡	13years	553	中

* Length of learning English as a foreign language.

根据前测被试朗读的语句，将被试分为显性和隐性两组，每组各 12 人，两组的性别、年龄（显性组：mean = 19. 92，SD = 1；隐性组：mean = 19. 50，SD = 0. 67）和学习英语年限（显性组：mean = 11. 46，SD = 2. 06；隐性组：mean = 11. 67，SD = 2. 22）都无显著性差异。

（2）语料

根据我们的研究结果，中国学习者语调的一个主要问题是不能用低调或低升调实现一般疑问句中的焦点重音。本研究的训练主要包括了两种句型，陈述句（S）和一般疑问句（Y－N）。训练语料一共有五组句子，每组句子包括了陈述句和对应的一般疑问句，每一句话通过引导句分为宽焦点和窄焦点两种情况，窄焦点分为焦点在句首、句中和句尾三种情况，见表8-11。

表8-11　　训练语料举例

句型	引导句	目标句
陈述句（S）	What did you say?	Harry gave flowers to Lily.
	Who gave flowers to Lily?	HARRY gave flowers to Lily.
	What did Harry give to Lily?	Harry gave FLOWERS to Lily.
	Who did Harry give flowers to?	Harry gave flowers to LILY.
一般疑问句（Y-N）	What did you ask?	Did Harry give flowers to Lily?
	Guess who gave flowers to Lily.	Did HARRY give flowers to Lily?
	Guess what Harry gave to Lily.	Did Harry give FLOWERS to Lily?
	Guess who Harry gave flowers to.	Did Harry give flowers to LILY?

为了测试训练的效果是否能够泛化到新语料，除了训练语料外，还有另外两组语料，一组语料是拓展语料：和训练语料的句子框架结构完全相同，但是意义稍有变化的语料；另一组语料是泛化语料：和训练语料的句子结构相同或相似，但意义毫无关系的语料，见表8-12。

表8-12　　训练、拓展和泛化语料举例

	句型	引导句	目标句
训练	S	What did you say?	Harry gave flowers to Lily.
	Y-N	What did you ask?	Did Harry give flowers to Lily?
拓展	S	What did you say?	Leo gave lemons to Linda.
	Y-N	What did you ask?	Did Leo give lemons to Linda?
泛化	S	What did you say?	Texas exports beef to Japan.
	Y-N	What did you ask?	Does Texas export beef to Japan?

（3）实验流程

本研究包括前测、训练、后测和固化测试四个环节，见表8-13。所有的环节均在消声室进行。

表 8-13　　整体实验流程

前测		朗读屏幕上对话
训练	显性训练	—明确要求边听边看可视化语调曲线走势 —模仿跟读任务
	隐性训练	—只听录音 —跟读任务
后测		与前测内容和过程一样

为了检测训练的效果，两组被试需参与前测、后测和固化测试。前测在训练的前一天进行，后测在训练结束的第二天进行。测试均包括语调产出实验和语调感知实验，语调产出实验主要使用 xPerception 软件（熊子瑜，2019），可以同时显示发音文本和图片，播放声音和录制声音。界面如图 8-12 所示，在 xPerception 的界面上显示文本对话，对话 A 是引导句，B 是目标句，要求被试熟悉句子后，按照自己的理解用正确的语调朗读对话，语料包括训练、拓展和泛化语料。语调感知实验借助心理学软件 E-Prime 进行，要求被试在听完句子后，选出句子中读的最重的单词，语料包括训练、拓展和泛化语料的目标句，涵盖了四种焦点情况。

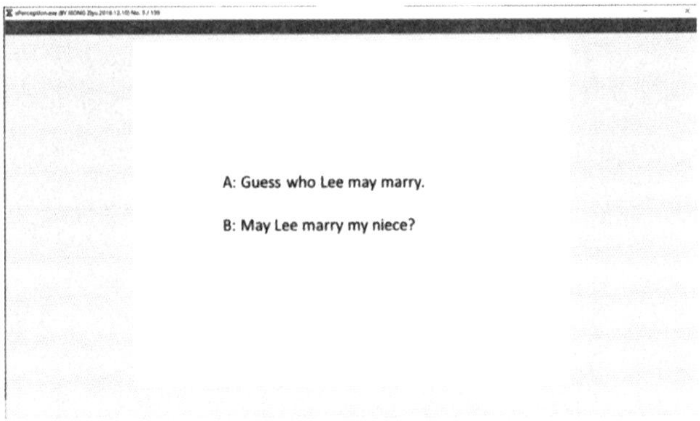

图 8-12　测试中的语调产出实验界面

在被试完成前测后，按照前测语调产出的水平被分成显性和隐性两组。训练持续三天。在训练开始前，使用与目标语料不同的三组句子让被试熟悉训练流程，隐性组在熟悉的过程中主要熟悉软件的操作和训练的流程，显性组在熟悉流程的同时接受语调的基础讲解，讲解的基本内容为陈述句中的音高重音通过降调（H*L）实现，边界调用低调（L%）；一般疑问句的音高重音通过升调（L*H）实现，边界调用高调（H%）。训练时，两组被试接受的训练语料和时长完全相同，只是训练的方式不同。显性组在听到本族语者读的句子的同时，会看到通过使用 ProZed 程序画出的音高图，如图 8-11 所示，隐性组在听到本族语者读的句子的同时，会看到句子的文本，和测试时语调产出实验界面类似。目标语料的每个句子播放两遍后，要求被试跟读句子，并尽量模仿本族语者的语调。

（4）评分

三位评分人对所有被试的句子打分，打分标准在 Minematsu 等人（2004）的基础上进行调整，对音段、节奏和语调进行五度打分。根据 AM 语调理论，打分对象包括了核心重音位置、核心重音方式和边界调三个方面。如果核心重音位置正确，即核心重音在焦点位置，给 1 分，否则记为 0 分；核心重音方式正确，即陈述句核心重音为降调，一般疑问句核心重音为升调，给 1 分，否则记为 0 分；边界调正确，即陈述句用下降边界调，一般疑问句用上升边界调，给 1 分，否则记为 0 分。

（二）结果分析

（1）产出训练结果

首先，为了考察训练效果，我们对训练语料的前测和后测数据从核心重音位置、重音实现方式和边界调三个方面进行分析。从表 8-14 可以看出，显性组的核心重音位置和重音实现方式比隐性组提高明显。

表 8-14　　两组被试前测和后测产出实验分数对比

考察项目		核心重音位置		音高重音类型		边界调	
句型		S	Y-N	S	Y-N	S	Y-N
前测	显性	0.62	0.60	0.67	0.55	1	0.85
	隐性	0.66	0.63	0.72	0.51	1	0.76
后测	显性	0.88	0.83	0.91	0.90	1	0.98
	隐性	0.87	0.83	0.92	0.74	1	0.94

为了对数据进行进一步分析，我们分别对核心重音位置、重音实现方式和边界调的得分做多因素方差分析，组间变量为组别（显性 vs 隐性），组内变量为测试（前测 vs 后测），句型（陈述句 vs 一般疑问句）。核心重音位置方差分析结果显示，测试［F（1，21）=149.22，$P<0.001$］和句型［F（1，21）=10.30，$P=0.004<0.05$］主效应显著（表 8-15），说明两组被试的核心重音位置得分在训练后得到显著提高，训练效果受到句型的影响，陈述句的训练效果比一般疑问句好。

表 8-15　　核心音高重音方差分析结果

	F-Value	*P*-value	$\eta^2 p$［90% CI］
组别	0.47	0.502	0.022［0.000，0.203］
测试	149.22	<0.001 ***	0.877［0.781，0.921］
组别*测试	1.06	0.316	0.048［0.000，0.255］
句型	10.30	0.004 **	0.329［0.079，0.544］
组别*句型	0.04	0.835	0.002［0.000，0.104］
测试*句型	2.20	0.153	0.095［0.000，0.321］
组别*测试*句型	0.82	0.375	0.038［0.000，0.237］

重音实现方式的方差分析结果见表 8-16，可以看出，测试［F（1，21）=406.93，$P<0.001$］和句型［F（1，21）=39.65，$P<0.001$］主效应显著；另外，组别和测试交互效应显著［F（1，21）=10.41，$P=0.004<0.05$］，组别和句型交互效应显著［F（1，21）=9.35，$P=0.006<0.05$］，测试和句型交互效应显著［F（1，21）=5.39，$P=0.030<0.05$］。总结来说，在重音实现方式上，两组被试的一般疑问句得分均显著低于陈述句得分，经过训练后，两组被试的重音实现方式均有显著提高，但训练效果受到训练方式和句型的影响，显性组重音实现方式的平均分在训练后都达到了 0.9 以上，隐性组陈述句的得分由原来的 0.72 提高到 0.92，但一般疑问句的得分由 0.51 只提高到了 0.74。

表 8-16 重音实现方式方差分析结果

	F-Value	*P*-value	η^2p [90% CI]
组别	2.91	0.103	0.122 [0.000, 0.353]
测试	406.93	<0.001 ***	0.951 [0.912, 0.968]
组别*测试	10.41	0.004 **	0.331 [0.081, 0.546]
句型	39.65	<0.001 ***	0.654 [0.427, 0.776]
组别*句型	9.35	0.006 **	0.308 [0.065, 0.527]
测试*句型	5.39	0.030 *	0.204 [0.012, 0.437]
组别*测试*句型	1.89	0.184	0.083 [0.000, 0.305]

边界调方差分析结果见表 8-17，测试 [F（1，21）=15.99，*P* < 0.001] 和句型 [F（1，21）=23.23，*P* < 0.001] 主效应明显，测试和句型交互效应显著 [F（1，21）=15.48，*P* < 0.001]。结合表 8-14 可以看出，两组被试陈述句边界调在训练前得分已经达到了满分，一般疑问句的边界调在训练后得到显著改善。

表 8-17 边界调方差分析结果

	F-Value	*P*-value	η^2p [90% CI]
组别	2.41	0.135	0.103 [0.000, 0.331]
测试	15.99	<0.001 ***	0.432 [0.164, 0.623]
组别*测试	0.46	0.503	0.022 [0.000, 0.203]
句型	23.23	<0.001 ***	0.525 [0.262, 0.689]
组别*句型	2.02	0.170	0.088 [0.000, 0.312]
测试*句型	15.48	<0.001 ***	0.424 [0.157, 0.617]
组别*测试*句型	0.43	0.519	0.020 [0.000, 0.199]

总体来说，核心重音位置、重音实现方式和边界调得分的测试主效应均显著，这说明两组被试的核心重音位置、重音实现方式和边界调在训练后均有显著提高。具体来看，两组被试核心重音位置的得分都从前测的 0.6 左右提升到 0.8 以上，两组之间没有显著性差异。两组被试陈述句的边界调得分前后测得分均达到 1 分；一般疑问句边界调的得分在前测时分别为 0.85（显性）和 0.76（隐性），在后测时，两组得分分别提

高到0.98（显性）和0.94（隐性），两组之间无显著性差异。但在重音实现方式，测试和句型交互效应明显，两组被试陈述句得分在前测时分别为0.67（显性）和0.72（隐性），后测时为0.91（显性）和0.92（隐性），显性组一般疑问句得分从前测的0.55提升到0.90，隐性组得分则从前测0.51只提升到0.74。无论是显性还是隐性训练，都能有效提高学习者的核心重音位置、边界调和陈述句的重音实现方式，隐性训练在提升一般疑问句的重音实现方式方面的效果无显性训练效果好。

（2）感知实验结果

我们还考察了训练对学习者语调感知的影响，两组被试前测和后测的感知练习分数对比见表8-18。

表8-18　　两组被试前测和后测感知分数对比

考察项目		核心重音位置	
句型		S	Y-N
前测	显性	0.69	0.49
	隐性	0.76	0.55
后测	显性	0.83	0.66
	隐性	0.82	0.70

感知实验方差分析结果见表8-19，测试和句型主效应显著；另外，组别和测试交互效应显著，测试和句型交互效应显著。总结来说，在重音感知上，两组被试的一般疑问句得分均显著低于陈述句得分，经过训练后，两组被试的重音实现方式均有显著提高，但训练效果受到训练方式和句型的影响，陈述句感知结果比一般疑问句好，显性组感知效果比隐性组好。

表8-19　　感知实验方差分析

	F-Value	*P*-value	η^2p［90% CI］
组别	0.98	0.331	0.033［0.000，0.193］
测试	45.04	<0.001 ***	0.608［0.409，0.730］

续表

	F-Value	P-value	η^2p [90% CI]
组别*测试	0.42	0.523	0.014 [0.000, 0.151]
句型	60.69	<0.001 ***	0.677 [0.501, 0.778]
组别*句型	0.04	0.844	0.001 [0.000, 0.074]
测试*句型	9.61	0.004 *	0.249 [0.055, 0.448]
组别*测试*句型	0.26	0.616	[0.000, 0.133]

（三）小结

总体来说，不论是显性训练还是隐性训练，都可以提高学习者的语调产出和感知，但核心重音位置、重音实现方式和边界调的训练效果受到训练方式和句型的影响。显性和隐性训练对核心重音位置和边界调的效果没有显著性差异，但隐性训练在提升一般疑问句的重音实现方式的效果没有显性训练效果好。从感知来看，隐性组对一般疑问句的感知也没有显性组好。在第四章学习者语调产出实验中，我们提出中国学习者语调产出的一个重要的问题是在一般疑问句或陈述疑问句中，无法用低调或低升调实现音高重音，结合本节内容来看，显性训练可以有效帮助学习者改正这一问题。

在本节中，我们对比了显性和隐性训练对学习者英语语调产出的作用，结果显示，显性训练明显要优于隐性训练，但是本节的训练语料仅局限于陈述句和一般疑问句，被试也仅包括吴方言区学习者，在下一节中，我们将训练的语料扩充到更多的句型，并将被试的方言区也进行进一步扩充，将训练方法增加至五种，来考察显性训练的可靠性和适用范围。

三 不同监督方式与中国英语学习者的语调学习

本节在上一节对比显性和隐性教学法的基础上，进一步研究不同的监督反馈机制在可视化教学中的有效性。我们选择半自动的多模态学习策略进行探索实验，让学习者在对基本的目标语语调知识及其潜在的产出偏误有一定了解的基础上进行训练，辅之以训练后的人工评价及结果反馈，以此来检验多模态教学方法在中国英语学习者语调训练中的作用，并在实验中结合线上教学方式，进一步扩大了学习者的方言母语背景，在首都师范大学、中国政法大学、镇江大学分别招募母语背景为北京官话、北方官话和镇江话的学习者，以考察不同方言背景学习者的学习效果。

（一）研究方法

（1）被试

本次实验起初共邀请了75位分别来自3个方言区的被试（北京方言区、北方方言区、江淮官话区），实验过程中有4名同学因个人原因退出实验，导致数据作废，最终的实验参与人数分布见表8-20。

表8-20　　被试分布表

训练组＼方言区	G1	G2	G3	G4	G5
北京方言区	5	5	5	5	5
北方方言区	4	5	5	5	5
江淮官话区	3	4	5	5	5

所有被试均为年龄范围在18—22岁的英语专业本科生，在其方言区所在地出生长大，能够熟练地运用其母语方言和汉语普通话进行交流，英语口语水平中等，且无听觉或视觉障碍。以上71位被分配在5个不同的训练组中，参加5种不同的语调训练（G1—G5），见表8-21。

表8-21　　语调多模态可视化训练方法和分组情况

分组	听声音 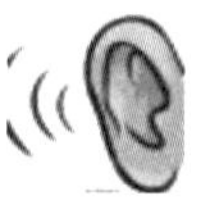	看语调模式 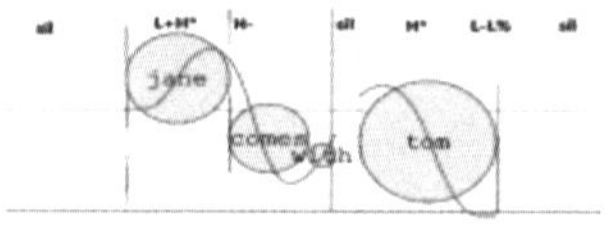	是否反馈学习
G1（控制组）	×	×	×
G2（单模态无监督）	√	×	×
G3（单模态有监督）	√	×	√
G4（多模态无监督）	√	√	×
G5（多模态有监督）	√	√	√

其中第一组为控制组，第二组为只接受听音训练的学习者，第三组

学习者在接受听音训练之后，还会进行训练后的反馈指导，第四组学习者会接受听音和看可视化语调图两个维度的训练，第五组学习者会在第四组的基础上接受训练后反馈指导。

（2）语料

我们选取了前几章研究的最典型的三种句型进行语调教学实验，即陈述句、一般疑问句和特殊疑问句，同时考虑语句的不同焦点信息结构。对每个方言点的25位被试按照表8-21分为5组，分别参与体验其中一种语调训练方法，并在实验结束对其训练结果进行评价，从而分析出上述三种句型的语调学习中发挥作用最显著的一种训练方法。

实验由前测、后测以及5次训练组成，训练中所采用的实验句与前后测不同。所有实验句均引自O' Connor和Frederick（1973）的《英语口语语调》及AESOP-CASS语料库，每个例句都包含一个引导句和一个目标句，以确定目标句的焦点。

（3）实验流程

实验全程采取线上讲解模式和线下自主训练相结合的模式进行。借助线上平台组织小规模的线上课堂教学活动，利用网课形式向被试进行训练前的相关语调知识的讲解和训练后的反馈指导，以及语调训练实验工具xPerception的操作方法（熊子瑜，2019）。xPerception在参加实验被试（学习者）的PC端运行，图8-13是其操作界面的示例，界面同时展示了发音文本内容、可视化语调曲线、音频波形图等。被试在听取音频的同时可以观看对应的可视化语调图及文本内容。xPerception还可以通过录音功能，实时录制被试产出的语音，并将所有录音实时保存在后台服务器上，从而实现在线实验或者教学。此外，实验员可以根据实验需求，设置音频的播放次数、可视化语调曲线与音频出现的前后顺序、两条音频播放的间隔时长、可视化图形的尺寸等。

五个小组采用不同的训练方法来进行语调学习，具体如下：

第一组（G1）：该组为控制组，被试仅需参与前后测，无须进行本实验组织的任何形式的语调训练，也无须因本实验停止正常的课堂及课后学习活动，仍可按照以往的学习方式进行语调学习；

第二组（G2）：该组被试除参与前后测，还需参与5次语调训练，在训练过程中仅有由英语本族语者朗读的音频材料作为辅助，要求被试尽可能地模仿英语本族语者的语调模式对朗读语料进行跟读并录音；

第三组（G3）：该组被试除了与第二组被试相同的学习内容，还需在训练前接受语调相关知识培训，在每次训练后接受语调存在问题的反馈指导；

第四组（G4）：该组被试在训练过程中除了模仿英语本族语者发音，同时还可根据如图 8-13 所示的可视化语调曲拱来具体观察话语语调的走势，从听觉及视觉两个维度来学习目标语语调的特征；

第五组（G5）：该组被试在第四组训练内容的基础上另外增加了训练前的语调知识讲解和训练后反馈指导。本组与第三组的反馈有所不同，第三组仅根据学习者与本族语者朗读语料的录音来开展反馈指导，通过对比音频让学习者发现自己与本族语者在语调实现上的差异，第五组则在音频的基础上加入了训练过程中所采用的可视化语调曲拱的对比，即在被试训练录音结束之后由实验员将其发音通过 ProZed 工具制作成可如图 8-13 所示的视化语调曲拱图，学习者在语调图的辅助之下寻找其与本族语者在语调特征上的区别。

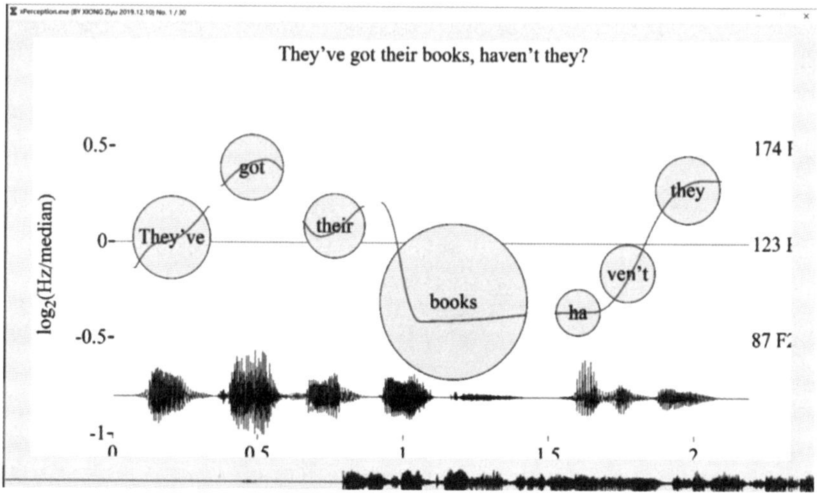

图 8-13　xPerception 操作界面（下方为被试朗读时所产生的波形图）

因此，第三组和第五组学习者均需在训练之外接受训练前的语调知识讲解和训练后的反馈指导。训练前的语调知识讲解通过线上课堂模式展开，由实验员根据当天训练任务将三种句型的语调特征呈现给被试，实验员会重点讲解句中焦点和边界调的音高模式及时长等特征，并根据前几章对二语语调习得的研究，将含有一定偏误的中国英语学习者朗读语料呈现给被试，指出其与本族语者在以上特征中存在的差异，帮助学习者在训练中尽可能地避免此类潜在错误。

实验要求被试在训练过程中将每句音频播放至少 3 次，收听过程中注意结合音频与可视化语调图（第三组和第五组）观察句子语调的走势，并在收听结束之后对学习语句进行跟读并录音。所有录音文件均会自动保存在后台文件夹中，由实验员对录音文件进行筛选，只保留每句的最后一条录音作为打分依据。整个训练过程在线下进行，实验员在训练过程中不会对被试进行任何形式的干预。被试可在训练文件发放的当天任意时间段进行学习并录音，但需将其朗读训练及录音过程时长控制在 40—50 分钟内。被试在录音结束之后将其录音语料打包发送给实验员，以便实验员进行打分反馈。

（4）评分

每次训练结束后，训练员会将被试的训练录音统一收集并对就第三组和第五组被试的每句发音进行打分，找出其相较英语本族语者存在的偏误并在此基础上进行反馈。

学习者的语调评分，仍然基于 AM 语调理论，依照上节多维度评分标准进行：在核心重音的位置（焦点语义信息）、核心重音的音高模式（语音实现）、边界调类型（功能和语音实现）这三个维度上，若被试的实现方式与本族语一致，则判为“正确”，若相异则为“错误”。

关于英语本族语者的实现方式，第四章已经有详细介绍。首先在陈述句方面，本族语者会采用降调（H* L）、升降调（L* HL）或高平调（H*）来实现核心重音，一般疑问句中核心重音常用低升调（L* H）实现，特殊疑问句中的核心重音多采用高降调（H* L）或（L* HL）；边界调方面，本族语者的一般疑问句边界常用高边界调（H%）实现，而陈述句和特殊疑问句则均采用低边界调（L%）实现（Ji，2010；Wang，2010）。

第三组和第五组被试在前 4 次训练结束之后都会收到打分表，见表 8-22，“1”代表实现正确，“0”则表示实现错误。本次实验由于是一次探索性实验，因此打分方式此处调整为“一刀切”式的“正确”与“错误”，并没有根据产出的偏误程度给出更多等级。

表 8-22　　被试 X 的语调评分示例

语句编号	核心重音的位置（nuclear accent placement）	焦点重音模式（pitch pattern of focus）	边界调（boundary tone）
S1	1	0	1
S2	0	1	1
S3	0	0	0
S4	1	1	1
S5	1	0	0
S6	0	1	1

（5）训练反馈

第三组和第五组采用的训练方法都是有反馈的全监督方式，但被试接受的反馈指导的方式有所不同。第三组被试的反馈仅对比音频，实验员整理被试存在错误的语调及其错误类型，并将其与本族语者的音频进行一对一（或多对一）对比，通过线上课堂的形式呈现给被试，帮助被试明确自身存在的语调问题，从而在下次训练中避免同类错误出现。每次反馈实验员都会通过提问的方式检查被试对本次讲解内容的掌握程度，整个反馈过程会持续 40—60 分钟。第五组被试的反馈除了音频还会借助可视化语调图，被试在实验员的带领下，通过对比自己和本族语者的语调曲拱的走势，对自身的语调错误有更加直观的认识。

（二）结果分析

整个实验结束之后，我们对所有被试的前后测进行了打分，打分标准仍然参照训练中的方法。

统计结果表明，五组被试经过本次训练，后期语调产出的水平均有提高，但与其他四组相比，第一组，即控制组的提高并不显著，其他四组在三种句型总得分方面均有显著的提高，其中第五组后测得分相较于前测的提高最大。为了进一步检验不同训练方法针对各类句型及每种句型中语调的不同方面的作用，我们又分类型对每组被试的前后测得分进行了统计。

除第一组在特殊疑问句边界的得分上存在下降外，其他四组的后测相较于前测得分均有提高，且在核心重音的位置、核心重音的音高模式、边界调类型三个维度的特征上都存在一定程度的提升。其中第二组在一般疑问句核心重音位置及音高模式等 2 个项目上有显著性提高；第三组被试在陈述句核心重音音高模式、一般疑问句核心重音音高模式以及特殊疑问句核心重音位置等 3 个项目上存在显著性提高；第四组在一般疑问句核心重音音高模式和边界调实现 2 个项目上有显著性提高；第五组被试存在显著性提高的项目最多，包括陈述句的核心重音位置及音高模式、一般疑问句的核心重音音高模式、边界调实现方式及特殊疑问句的核心重音位置 5 个项目。

（三）小结

以上探索性实验的结果显示，尽管训练时长较短，音频 + 可视化语调曲线 + 有监督的反馈这一训练模式在中国学习者的英语语调教学中的效果最佳。我们还发现，首先，有显著性提高的项目大多集中在核心重音的实现及音高模式上，边界调方面的提高并不显著。这是因为边界调实现方式在三种句型中的前测表现最佳，因此相较于其他项目其提升空间略小。其次，学习者通过“看”这个通道观察可视化语调，帮助其将“听”到声音信号与语调曲线起伏变化以及表达语用功能对应起来，同时通过对比自己的语调特征与目标语的语调特征，提高语调意识，有效产出正确语调模式。最后，我们也发现了尚未解决的问题，比如，就个体而言，部分被试在一般疑问句 L* H 的核心重音音高模式上错误比较“顽固”，我们分析造成这一现象的原因可能是训练时间有限。为此，我们再次邀请相关被试参与后期的“强化训练”和“泛化训练”，仅就其存在问题的项目用第五组被试的训练方法进行学习，进一步训练的结果表明可以达到预期效果。

第四节 本章结语

我们对多模态可视化教学的探索研究表明，在语音教学中采用显性训练结合多模态可视化的反馈教学效果最佳。语调可视化教学前景可期。

首先，随着对中国方言区英语学习者语调研究的深入，在语调可视化教学中，应该针对不同方言区学习者的二语语调偏误开展训练；其次，基于方言区英语学习者的语料库，将感知和产出学习结合起来，探索构建二语语音习得言语链有效途径；再次，扩大学习语料，让学习者在言语交互中提高语调的泛化能力；最后，需进一步结合韵律自动评测技术，提高语调特征特别是音高重音类型的识别，从而提高自动化反馈能力，提高学习的自动化和个性化服务水平。

其实，除了上面报告的内容，项目组还完成了广州和上海各 80 名学习者的可视化语调教学实验，训练语调类型扩大到 7 类，将会在教学平台建设中加以体现。

参考文献

蔡基刚：《大学英语四、六级计算机口语测试效度、信度和可操作性研究》，《外语界》2005 年第 4 期，第 66—75 页。

纪晓丽、张辉、李爱军、龚箭：《不同水平学习者对英语语调感知的实证研究》，《外语教学与研究》2018 年第 5 期。

魏思、吴奎、竺博、王士进：《语音评测技术助力英语口语教学与评价》，《人工智能》2019 年第 3 期，第 72—79 页。

熊子瑜：XPerception 语音听辨感知过程记录工具（Version 019. 12. 11）［电脑软件］。https：//mp. weixin. qq. com/s/apjADRgQj1SREycqPnA5Kw.

智娜、李爱军：《基于可视化发音模型的语音训练研究》，《外国语》2020 年第 1 期，第 59—74 页。

智娜：《英语学习者的元音发音研究和可视化的语音训练》，首都师范大学，2022 年。

Bigi, B., & Hirst, D. J. (2012). Speech phonetization alignment and syllabification (SPPAS): A tool for the automatic analysis of speech prosody. *Proceedings of the 6th International Conference on Speech Prosody.*

Bradlow, A. R., & Alexander, J. A. (2007). Semantic and phonetic enhancements for speech-in-noise recognition by native and non-native listeners. *The Journal of the Acoustical Society of America*, 121(4), 2339 – 2349.

Demenko, G., Wagner, A., Cylwik, N., & Jokisch, O. (2009). An audiovisual feedback system for acquiring L2 pronunciation and L2 prosody. *Proceedings of International Workshop on Speech and Language Technology in Education.*

Fang, Q. (2019). Is average RMSE appropriate for evaluating acoustic-to-articulatory inversion? . 2019 *Asia-Pacific Signal and Information Processing Association Annual Summit and Conference(APSIPA ASC)*, 997 – 1003.

Gordon, J., Darcy, I., & Ewert, D. (2013). Pronunciation teaching and learning: Effects of explicit phonetic instruction in the L2 classroom. *Pronunciation in Second Language Learning and Teaching Proceedings*, 4(1), 194 – 206.

Hirst, D. (2015). ProZed: A speech prosody editor for linguists, using analysis-by-synthesis. In Keikichi H., Tao, J(Eds.), *Speech Prosody in Speech Synthesis. Modeling and Generation of Prosody for High Quality and Flexible Speech Synthesis*(pp. 3 – 17). Berlin, Heidelberg: Springer Verlag.

Hirst, D. (2018). On prosodic structure. *Comunicación presentada a la 9th International Conference on Speech Prosody.*

Iverson, P., & Evans, B. G. (2009). Learning English vowels with different first-language vowel systems II: Auditory training for native Spanish and German speakers. *The Journal of the Acoustical Society of America*, 126(2), 866 – 877.

Ji, X. (2010). *Acquisition of intonation by Chinese EFL learners——An empirical study based on experimental phonetics* [Master's thesis, Zhejiang University].

Kartushina, N., Hervais-Adelman, A., Frauenfelder, U. H., & Golestani, N. (2016). Mutual influences between native and non-native vowels in production: Evidence from short-term visual articulatory feedback training. *Journal of Phonetics*, 57, 21 – 39.

Katz, W. F., & Mehta, S. (2015). Visual feedback of tongue movement for novel speech sound learning. *Frontiers in Human Neuroscience*, 9, 1 – 13.

Lee, G. G., Lee, H., Song, J., Kim, B., Kang, S., Lee, J., & Hwang, H. (2017). Automatic sentence stress feedback for non-native English learners. *Computer Speech and Language*, 41, 29 – 42.

Lengeris, A., & Nicolaidis, K. (2014). Effect of phonetic training on the perception of English consonants by Greek speakers in quiet and noise condi-

tions. The Journal of the Acoustical Society of America, 136(4), 534 - 538.

Levis, J. M. (2018). Technology and second language pronunciation. *Journal of Second Language Pronunciation*, 4(2), 173 - 181.

Levis, G. M., & Levis, J. M. (2012). Learning to produce contrastive focus: A study of advanced learners of English. *Pronunciation in Second Language Learning and Teaching Proceedings*, 3(1), 124 - 133.

Levis, J. M., & Levis, G. M. (2018). Teaching high-value pronunciation features: Contrastive stress for intermediate learners. *The CATESOL Journal*, 30(1), 139 - 160.

Li, R., Yu, J., & Wang, Z. (2015). Collision handling in 3D articulatory animation for Chinese speech articulation. *IFAC-Papers OnLine*, 48(28), 1047 - 1052.

Liu, J. (2018). On the interlanguage-based teaching of Japanese segment pronunciation: An experimental phonetic approach. *Journal of Japanese Language Study and Research*, 4, 77 - 84.

Liu, Y. T., & Tseng, W. T. (2019). Optimal implementation setting for computerized visualization cues in assisting L2 intonation production. *System*, 87, 102 - 145.

Lively, S. E., Logan, J. S., & Pisoni, D. B. (1993). Training Japanese listeners to identify English /r/ and /l/. II: The role of phonetic environment and talker variability in learning new perceptual categories. *The Journal of the Acoustical Society of America*, 94(3), 1242 - 1255.

Looze, C. D., & Hirst, D. J. (2014). The OMe(Octave-Median)scale: A natural scale for speech prosody. In N. Campbell, D. Gibbon, & D. J. Hirst (Eds.), *Proceedings of the 7th International Conference on Speech Prosody*.

Luo, R., Fang, Q., Wei, J., Lu, W., Xu, W., & Yang, Y. (2017). Acoustic VR in the mouth: A real-time speech-driven visual tongue system. *IEEE Virtual Reality* 2017, 112 - 121.

Mallén, A. M. M., & Vázquez, V. P. (2019). The improvement of intelligibility in the oral production of standard English: A study about the production of vowel quality in stressed and unstressed syllables. *English Language Teaching*, 12(4), 115 - 126.

Minematsu, N., Tomiyama, Y., Yoshimoto, K., Shimizu, K., Nakagawa, S., Dantsuji, M., & Makino, S. (2004). Development of English speech database read by Japanese to support CALL research. *Proceeding of* 2004 *ICA*, 790 – 793.

Mitrofanova, Y. (2012). Raising EFL students' awareness of English intonation functioning. *Language Awareness*, 21(3), 279 – 291.

O' Connor, J. D., & Frederick, G. (1973). *Intonation of colloquial English*. New Jersey: Prentice Hall Press.

Pennington, M. C., & Ellis, N. C. (2000). Cantonese speakers' memory for English sentences with prosodic cues. *The Modern Language Journal*, 84(3), 372 – 389.

Saito, K., Sun, H., & Tierney, A. (2019). Explicit and implicit aptitude effects on second language speech learning: Scrutinizing segmental and suprasegmental sensitivity and performance via behavioural and neurophysiological measures. *Bilingualism: Language and Cognition*, 22(5), 1123 – 1140.

Wang, X. (2010). *Phonetic research on English Prosody Acquisition of Chinese learners based on a large comparative speech corpus* [Doctoral dissertation, Graduate School of Chinese Academy of Social Sciences].

Wang, X., Jia, Y., & Li, A. (2011). A comparative study on accentuation implementation of Chinese EFL learners vs. American native speakers. *International Conference on Speech Database and Assessments* (*Oriental-COCOSDA* 2011).

Wayland, R. P., & Li, B. (2008). Effects of two training procedures in cross-language perception of tones. *Journal of Phonetics*, 36(2), 250 – 267.

Yu, J., Li, A., Hu, F., Fang, Q., Jiang, C., Li, X., ... & Wang, Z. F. (2013). Data-driven 3D visual pronunciation of Chinese IPA for language learning. 2013 *International Conference Oriental COCOSDA held jointly with* 2013 *Conference on Asian Spoken Language Research and Evaluation* (*O-COCOSDA/CASLRE*), 1 – 6.

Zhi, N., Li, A., & Jia, Y. (2015). The role of L1 production compactness on the L2 production accuracy. *Proceedings of the* 18*th International Congress of Phonetic Sciences* (*ICPhS* 2015).

Zhuang, M., & Bu, Y. (2011). The study of better accent tutor & visualized suprasegmental teaching. *Technology Enhanced Foreign Language Education*, 138, 31 – 38.

第 九 章

中国方言区英语学者语音资源共享与语音学习平台

“中国英语学者语音资源共享与语音学习平台”包括三个子平台：中国方言区英语语音库 AESOP-CASS 共享与英语发音学习平台、国际音标 IPA 可视化发音训练平台、英语语调韵律可视化学习平台。

第一节　中国方言区英语语音库 AESOP-CASS 共享与英语发音学习平台

中国方言区英语学习者语音库 AESOP-CASS 已整理上传至语言研究所科研管理系统“所内语料库”专栏下。

平台主要功能包括：对 AESOP-CASS 所有方言区英语学习者和英语本族语者的声音进行查找、播放和编辑；根据学习者的地理信息按照 GIS 地图进行展示；提供基于语音库的英语发音学习和评测功能，学习者可以跟读并录制自己的声音入库，老师可以对录音进行音段和语调韵律的多维度打分。

一　语料库上线数据

该语音库包含有十大方言区 1000 多位发音人的语音数据，每位发音人朗读方言、普通话和英语的设计语料，各部分语料又细分为词语、句子和语篇等内容，声音文件数总计 7 万余条。目前科研管理系统上能够在线访问的只有英语句子语料，从每个方言区挑选了一部分发音人的数据，有的方言区只有几个人的发音材料，有的方言区有十几个发音人的发音材料，共计 195 名方言区发音人的英语语句数据，声音文件数总计 241657 条。另外，还上传了 2 位英语本族语者的英语语句数据，声音文件数总计 2584 条。各方言点录制和上线的发音人数与声音条目总数见表 9-1。

表 9-1　　各方言点的发音人数和声音条目数

方言区	子方言区	方言点	发音人总数	声音条目总数	上线的发音人数	上线的声音条目数
官话区	北京	北京	50	2300*50	6	1292*6
	东北地区	哈尔滨	50	4000*50	6	1292*6
		长春	50	4000*50	6	1292*6
		沈阳	50	4000*50	6	1292*6
		大连	50	4000*50	6	1292*6
	山东地区	乳山海阳	10	3290*10	2	1292*2
		威海文登莱城	10	3290*10	2	1292*2
		烟台福山牟平	9	3290*9	2	1292*2
		长岛龙口蓬莱栖霞	15	3290*15	2	1292*2
		招远莱阳莱西	10	3290*10	2	1292*2
		胶南	10	3290*10	2	1292*2
		蒙阴	10	3290*10	2	1292*2
		青岛	10	3290*10	2	1292*2
		日照	10	3290*10	2	1292*2
		潍坊	10	3290*10	2	1292*2
		菏泽	12	3290*12	2	1292*2
		济宁	18	3290*18	2	1292*2
		临沂	10	3290*10	2	1292*2
		枣庄	10	3290*10	2	1292*2
		滨州沾化	11	3290*11	2	1292*2
		德州	2	3290*2	2	1292*2

续表

方言区	子方言区	方言点	发音人总数	声音条目总数	上线的发音人数	上线的声音条目数
官话区	山东地区	济南	10	3290 * 10	2	1292 * 2
		聊城	10	3290 * 10	2	1292 * 2
		泰安	9	3290 * 9	2	1292 * 2
		淄博	8	3290 * 8	2	1292 * 2
	江苏地区	镇江	50	3290 * 50	20	1292 * 20
	陕西地区	西安	48	3890 * 48	20	1292 * 20
晋语区	山西地区	太原	30	3550 * 30	20	1292 * 20
闽语区	福建地区	福州	30	3450 * 30	18	1292 * 18
吴语区	浙江地区	宁波	50	3765 * 50	20	1292 * 20
湘语区	湖南地区	长沙	50	4000 * 50	20	1292 * 11 + 501 * 9
粤语区	广东地区	广州	13	5650 * 13	7	1292 * 3 + 501 * 4
标准语音	美国	/	30	2180 * 30	2	1292 * 2
合计			755	2674480	197	244241

根据研究需要，英语语句材料被设计分成以下类型：Carrier sentences、CASS-E、Intonation and phrasing、Prosodic disambiguation、Reduced and unreduced function words、Target words at prosodic boundaries、Target words in narrow focus、s1_record、s2_record、s3_record、s4_record、s5_record、s6_record、s7_record、s8_record。每种类型所包含的语句数量见表9-2。

表9-2　　英语语句材料的分类及其说明

类型	条目数	说明
Carrier sentences	20	考察不同目标词在相同语句环境下的声学特征
CASS-E	415	考察不同功能、不同焦点类型和位置的句子
Intonation and phrasing	12	考察语调切分

续表

类型	条目数	说明
Prosodic disambiguation	13	考察韵律歧义
Reduced and unreduced function words	5	考察功能词的弱读式和完整式
Target words at prosodic boundaries	16	考察韵律边界对目标词声学特征的影响
Target words in narrow focus	20	考察目标词由语境影响而位于窄焦点环境中的目标词的声学特征
s1_record	97	考察语音平衡句子、命令短语、韵律停顿位置不同语句、带有语调标记的句子、带有语调标记的各种功能句子、带有语调标记的对话、带有边界和重音标注的语句
s2_record	96	
s3_record	101	
s4_record	97	
s5_record	102	
s6_record	104	
s7_record	100	
s8_record	94	

二 在线展示平台功能

（1）条目页面与条目筛选

每个条目给出了序号、发音内容、分类关键词、条目类型、数据库名称等基础信息。默认情况下，每页呈现20个发音条目，多于20个条目则会分页显示，点击下图右上角的“上一页/下一页”可实现页面跳转，查看更多条目内容，如图9-1所示。

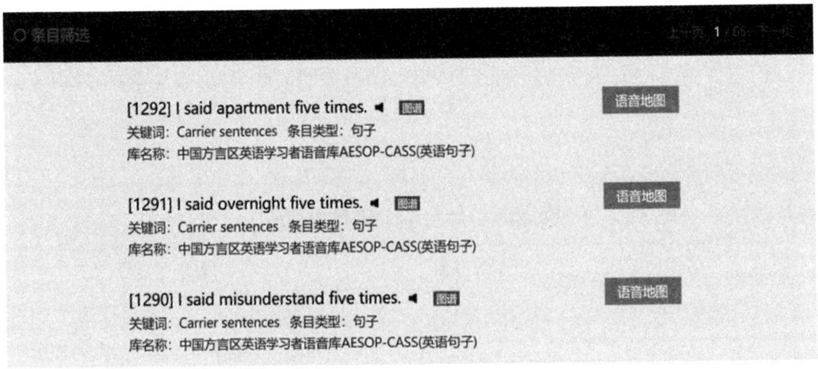

图9-1 条目列表页数据示例

条目筛选：点击图 9-1 所示顶部的“条目筛选”按钮可下拉出现筛选条件对话框，如图 9-2 所示，用户可以输入相应内容，从“标题、内容、分类、关键词、关联内容、备注信息、条目编号”等几个维度筛选出所需的条目。

图 9-2　条目筛选对话框

（2）标准音播放与语图展示

在条目列表页即可点击播放每个条目的标准音，每个条目都关联了一男一女两个标准音，点击条目标题右侧的小喇叭图标即可播放标准音，2 个标准音会随机播放。点击小喇叭右侧“图谱”按钮即可查看标准音的语图和音高数据图，如图 9-3 和图 9-4 所示。

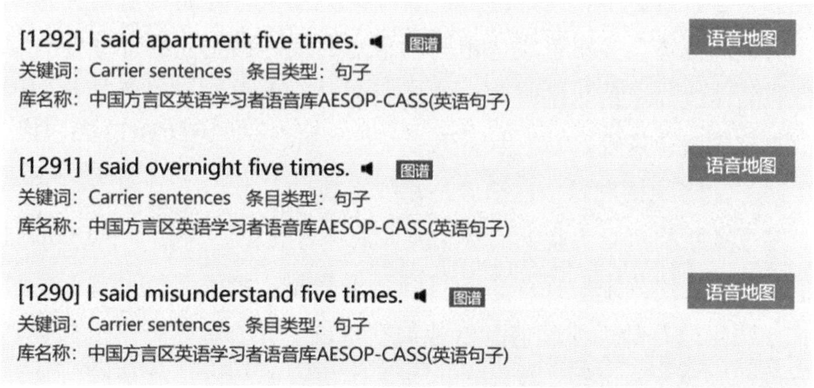

图 9-3　标准音播放按钮与语音图谱按钮

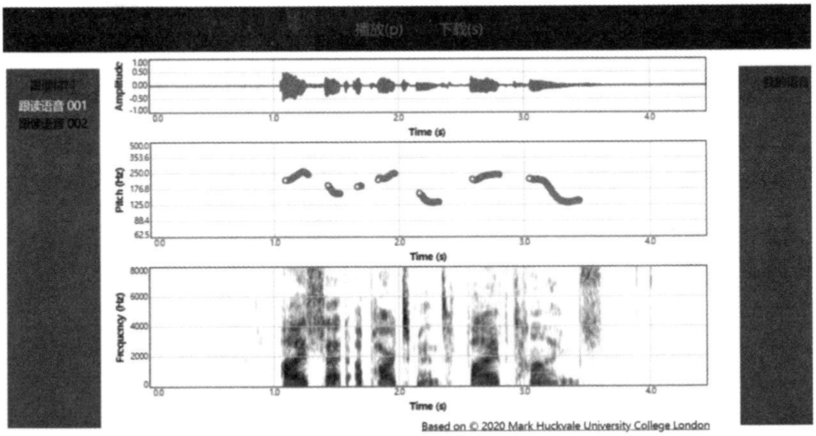

图 9-4 标准音图谱示例

在如图 9-4 所示的图谱分析页面，用户可以选择相应的语音条目，系统自动分析其宽带语图和音高数据，可点击顶部的“播放”按钮播放语音，可点击顶部的“下载”按钮下载选定的语音文件。

缩放和移动图谱功能：点击“Ctrl-Up / Ctrl-Down”按钮可以缩放语音图谱，以便细致观察声学参数。另外，点击“Ctrl-Left / Ctrl-Right”可以左右移动语音图谱。

选定播放：用户在声音图谱上点击鼠标左键，系统会记录鼠标左键按下时光标在图谱中的横向位置，并换算成选定段的起始时间；用户移动光标，在合适的位置松开左键，系统会记录鼠标左键弹起时光标在图谱中的横向位置，并换算成选定段的末点时间。被选定的部分会有绿色和红色的竖线标示其起讫时刻点位置。此时点击顶部“播放”按钮则可播放选定的声音片段。

（3）语音地图展示，含播放与评价等功能

每个条目都可以关联上大量发音人的声音文件，为便于展示和筛选，我们采取地图形式来呈现各个条目的语音数据：根据每位发音人的母语位置（出生地）的经纬度信息给他们在地图上添加标签，点击标签则可以播放该发音人的声音文件。点击各个条目右侧的“语音地图”按钮即可进入地图展示页面，如图 9-5 所示。

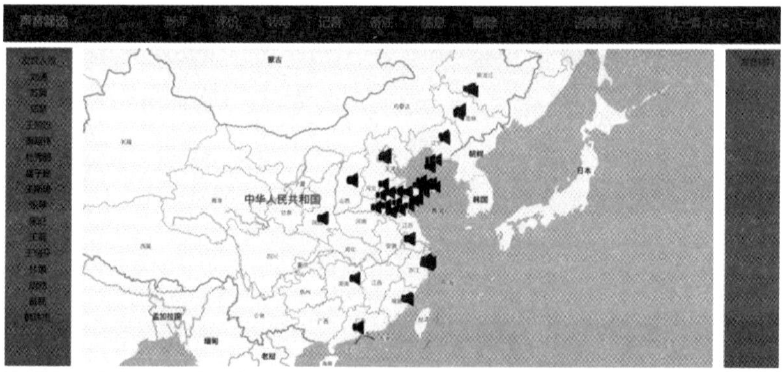

图 9-5　语音地图展示页面

默认情况下，每个地图页面会呈现 15 位发音人的声音数据，如果有更多的发音人，则会分页显示，点击上图右上角的“下一页”可以看到更多发音人的语音数据，用户可以点击“上一页”“下一页”按钮进行切换。系统按照发音上传的时间顺序进行逆序排列，最新上传的声音文件会出现在首页。

在地图上点击小喇叭图标，或者左侧列表中选定一个发音人的姓名，则会弹出发音人的基础信息，如姓名、年龄、性别、教育程度、母语类型等，同时会播放该发音人的声音文件。点击发音人的信息卡片，可以再次播放当前发音人的声音文件，也可以点击上图右侧发音人声音文件列表中的条目进行播放，如图 9-6 所示。

图 9-6　发音人基础信息展示

删除功能：数据库管理员和发音人点击顶部的“删除”按钮，可以删除当前播放的声音文件。

评价、转写、记音和备注功能：数据库管理员和发音人点击顶部的相应按钮，可以对当前播放的声音文件进行评价、转写、记音和备注等操作。系统可记录并展示评价、转写、记音和备注的数据内容。评价功能目前主要适用于教师与学生之间的沟通，教师可以对学生的发音材料进行点评，学生可以看到教师的点评内容，还可以与教师通过评价功能模块进行沟通交流。教师可以事先设定一些点评要点，然后针对各个声音文件加以选择，还可以对声音质量进行打分，如图 9–7 所示。

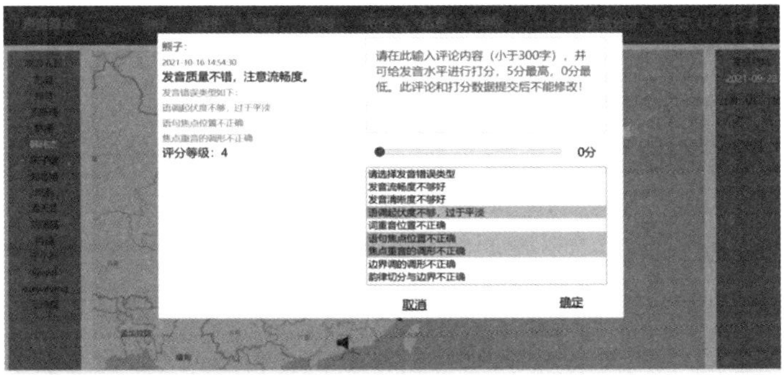

图 9–7 对声音文件进行评价

语音分析功能：点击顶部的“语音分析”按钮，可进入语音图谱页面，呈现当前播放的声音文件的波形图、音高数据图和语图，如图 9–8 所示。

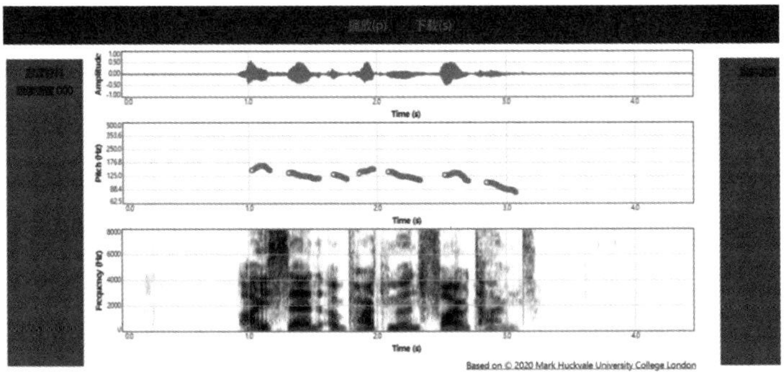

图 9–8 语音图谱页面

（4）在语音地图页面筛选发音人的声音数据

声音筛选：在语音地图页面点击“声音筛选”按钮可下拉出现筛选条件对话框，用户可以输入相应内容，从“发音人编号、邀请码、发音人姓名、母语类型、省、市、县、学校名称、年龄、性别、教育程度、发音语言、语言使用、发音水平、发音风格、音频格式、录音环境、声卡麦克风、数据来源、发音错误、发音得分、转写内容、备注内容、记音内容”等多个维度筛选出所需的声音文件。

第二节　国际音标 IPA 可视化发音训练平台

平台主要研究目标是利用 AI 语音和视觉技术为语言学习者提供便捷、有效的 IPA 学习辅助工具。为了实现上述目标，项目实际构建了基于多模态发音模型的 3D 可视化 IPA 发音系统。首先，利用核磁共振成像构建发音器官的精细形状模型；其次，利用电磁发音仪等生理数据采集设备，同步采录标准发音人的语音和发音器官运动等多模态生理数据；再次，采用多流隐马尔可夫模型对发音器官运动特征和声学特征进行联合建模；又次，将隐马尔可夫模型的合成结果和发音器官的生理特性结合起来合成与发音过程同步的三维发音器官动画（称为视素）；最后，通过对视素和语音的同步播放以展示不同音素在视觉表现上的细微差别，从而达到为学习者提供多模态发音指导的目的。

一　发音器官 3D 形状建模

考虑到可视化发音教学对于三维模型的高精度要求，采取如下措施来构建精细的从外观到内部发音器官的人头三维模型，如图 9-9 所示：首先基于核磁共振 MRI 发音数据来得到内部发音器官的三维数据［图（a）—图（c）］，并且体素化来得到三维模型［图（d）—图（e）］；接着基于多视角可见光图像匹配技术来得到外观三维模型［图（f）］；然后采用医学数据中的骨骼数据作为骨骼三维模型［图（g）］；然后在内部发音器官三维模型和外观三维模型上选取对应的特征点［图（h）］，将它们匹配成完整的人头三维模型［图（i）—图（l）］。

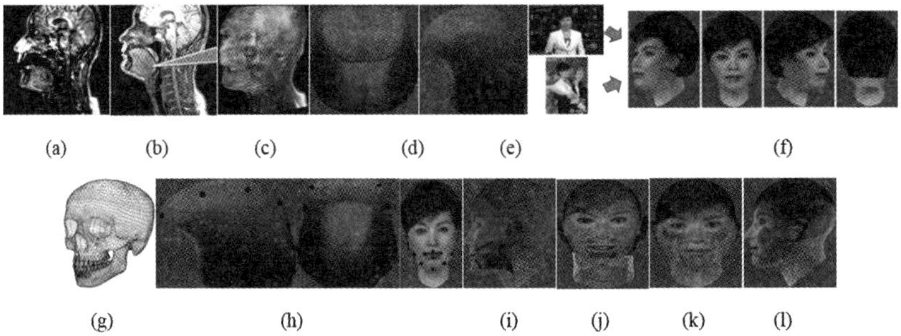

图 9-9 发音器官 3D 形状模型构建措施

（a）发音人头中矢面的 MRI 切片；（b）将某一时刻采集的发音人头在多层矢面上的 MRI 切片配准后得到的三维人头数据；（c）在（b）上标记出的舌头轮廓；（d）—（e）体素化后的舌头三维模型；（f）人头外观三维模型；（g）骨骼三维模型；（h）在舌头和外观三维模型上标记的特征点；（i）—（j）未加入骨骼的人头三维模型；（k）—（l）加入骨骼的人头三维模型。

二 连续语音下发音器官动画模型

发音器官的运动与所发的音是协调一致的。因此在连续语音下，应该合成语音同步的发音器官动画，也即合成在可视化协同发音影响下的、与当前音素对应的视素。在发音器官中，因为牙齿、口腔壁的运动是较为简单的刚体运动，且受限于嘴唇等其他部位，这里我们主要讨论具有复杂非刚体特性的舌头和嘴唇运动，以及如何合成与发音协调一致的发音器官动画（Yu 等，2013）。

（一）发音数据采集与处理

为了有效地描述发音特性和建模它的协同发音现象，所采集的数据集包括发音、对应的 3D 发音器官运动和音素级的时间同步信息，包括两个部分的内容，第一部分对应的是以国际音标 IPA 形式表示的音素以及包含各个音素的单词。总共包含 488 个音素；第二个部分对应的是包含各种协同发音现象的语句。总共包含 698 个句子（21767 个单词）。

具体过程是，训练者在朗读数据集中发音语料的时候，利用录音设备录入音频，与此同时同步地利用电磁发音数据采集技术 EMA 记录下 3D 发音器官的运动轨迹。在录制发音器官运动数据时，我们将 9 个传感器贴在头部某些位置，用来记录头部和发音器官（舌、上唇、下唇和下颚）

的运动，如图9-10所示。选取三个参考点（两侧耳后和鼻梁：$H_{1,2,3}$，即图中NOSE、LE、RE标识的位置）记录发音时头的运动（旋转和平移）；$T_{1,2,3}$（图中TT、TB、TR）记录舌面上从舌尖到舌背上三个位置的运动（T_1距舌尖大约1cm，T_1与T_2、T_2与T_3之间的相距大约1cm）；此外，还有三个传感器（$L_{1,2,3}$，即图中是UL、LL、LI标识的位置）分别记录上唇、下唇和下颚的运动。其中，$T_{1,2,3}$和$L_{1,2,3}$处传感器记录得到的运动是头部运动和发音器官运动两者之和。以$H_{1,2,3}$为依据，经过适当的旋转和平移可以得到$T_{1,2,3}$和$L_{1,2,3}$在发音过程中的运动轨迹。每个传感器以200赫兹的采样率录制x，y，z方向的位置坐标。

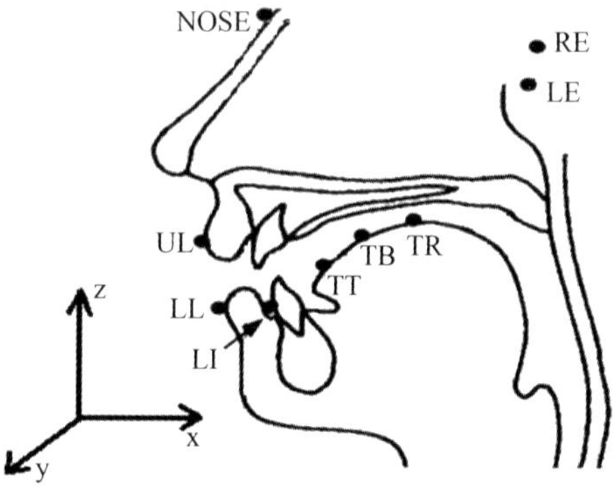

图9-10　EMA传感器安装位置

（二）基于HMM的发音器官运动合成

基于统计学习方法的语音合成已得到了广泛的应用。与此同时，它也有效地推动了基于隐马尔可夫模型（Hidden Markov Model，简写为HMM）的发音器官运动合成的进步。研究证明，在足够训练数据情况下，基于语音和发音器官运动联合训练的合成结果要优于基于单个训练的合成结果。

鉴于此，本项目采用多流（Multi-Stream）HMM对运动特征参数和声学特征参数联合进行建模。具体过程分为特征提取阶段、训练阶段和合成阶段。

在特征提取阶段，特征包括两个部分。第一部分为$T_{1,2,3}$和$L_{1,2,3}$在t时刻的x，y，z轴坐标组成的静态运动特征y_t。将y_t以及时域上的一阶和二阶差分构成运动观测向量 $Y_t = [y_t^T, \Delta y_t^T, \Delta^2 y_t^T]^T$，$\Delta y_t = 0.5 \cdot (y_{t+1} - y_{t-1})$，$\Delta^2 y_t = y_{t+1} - 2 \cdot y_t + y_{t-1}$)。定义 $y = [y_1^T, y_2^T, \cdots, y_t^T]^T$、$Y = [Y_1^T, Y_2^T, \cdots, Y_t^T]^T$分别为静态运动特征序列和运动观测序列，且有 $Y = W_y \cdot y$，W_y，由计算 Δy_t和 $\Delta^2 y_t$时获得。

第二部分为 t 时刻的 24 阶 mel－cepstrum 声学参数组成的静态声学特征 x_t。$X_t = [x_t^T, \Delta x_t^T, \Delta^2 x_t^T]^T$是声学观测向量。$x = [x_1^T, x_2^T, \cdots, x_t^T]^T$、$X = [X_1^T, X_2^T, \cdots, X_t^T]$ 分别为静态声学特征序列和声学观测序列，且有 $X = W_x \cdot x$。

在训练阶段，采用多流 HMM 将运动观测参数和声学观测参数作为相互独立的流进行建模。例如对于 y_t，每个单音素对应的 y_t采取从左到右拓扑结构的 HMM 模型来建模，且每个模型都有 5 个状态，每个状态的观测空间采用单高斯模型来建模；然后根据 Baum Welch 算法来训练得到单音素模型后，进一步训练得到上下文相关的三音素模型，为解决数据稀疏问题，训练中根据前后音素对模型的每个状态基于最小描述长度准则（Minimum Description Length，简写为 MDL）进行决策树聚类，聚类因素包括当前、前一个和下一个音素的类型。训练得到的模型 λ 包括运动模型以及时长模型。

在合成阶段，在将文本输入语音合成器得到文本标注 l（音素序列和各个音素的时长）后，根据 l 来得到发音器官运动的过程是一个 HMM 参数生成问题，即先根据时长模型确定最优状态序列，再生成运动特征。这里有所不同的是，由于有声学特征的存在，这里的状态序列由 viterbi 对齐得到，见公式 9－1。

$$\hat{q} = \arg\max_q P(q \mid l, X, \lambda) \qquad \text{（公式 9－1）}$$

然后用公式 9－2 估计运动特征：

$$\hat{y} = \arg\max_y P(Y \mid \hat{q}, \lambda, l) = (W_y{}^T \Sigma_{\hat{q}}{}^{-1} W_y)^{-1} W_y{}^T \Sigma_{\hat{q}}{}^{-1} \mu_{\hat{q}} \qquad \text{（公式 9－2）}$$

其中 $\mu_{\hat{q}}$ 和 $\Sigma_{\hat{q}}$ 为观测模型的均值与方差。

三 3D 发音器官动画

在上节合成的只是舌头和嘴唇上传感器（$T_{1,2,3}$和 $L_{1,2,3}$）所在位置的运动轨迹，这对于舌头和嘴唇的整体运动来说是稀疏的，所以为了进行真实感的发音器官动画合成，应该以上述稀疏运动轨迹为基础，进行舌头和嘴唇的稠密动画合成。

（一）舌头动画

解剖学知识表明，肌肉纤维的物理分布决定了肌肉的动力学特性。舌头主要由肌肉纤维构成，这些肌肉纤维共同组成了具有摄取食物、吞咽和说话功能的舌头肌肉结构。基于对舌头肌肉组织的详细分析，在图 9-10的图(d)—图(e)给出的舌头三维几何模型的基础上，确定了舌头肌肉纤维的物理分布，如图 9-11 所示。

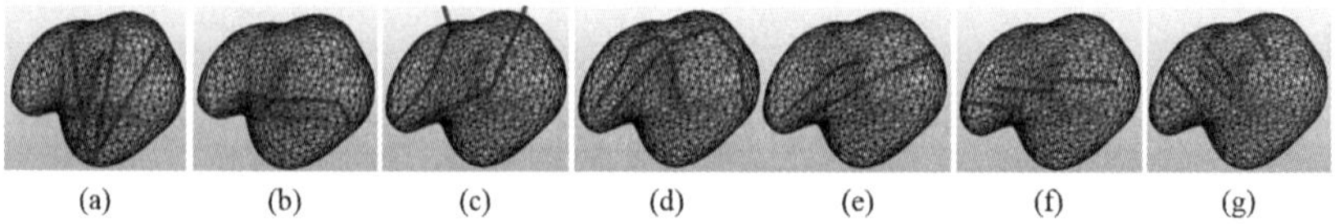

图 9-11 舌头肌肉纤维的物理分布

(a) Genioglossus (GG); (b) Hyoglossus (HG); (c) Styloglossus (SG); (d) Superior longitudinal (SL); (e) Inferior longitudinal (IL); (f) Verticalis (V); (g) Transversus (T).

接着，根据舌头肌肉纤维的物理分布，将舌头几何模型分为两个部分：肌肉、肌肉周围的软组织。对于软组织，将它建模为类似于橡胶的 MOONEY-RIVLIN 模型。该模型是各向同性的，且具有不可压缩和超弹性的性质，它是已被广泛采用的材料建模方法；对于肌肉，除了上述特性，还赋予肌肉纤维的主动和被动特性。该主动和被动特性由应变能量方法来描述，见公式 9-3。

$$U = U(I_1, I_2) + U(J) + U_f(\overline{\lambda_f}, C) \qquad \text{（公式 9-3）}$$

I_1和I_2是应变的偏各向同性不变子。J 是变形梯度的雅克比（Jacobian）矩阵。$\overline{\lambda_f}$是纤维因子。$C=(\alpha_1, \alpha_2, \cdots, \alpha_m)$ 是舌头上 m 条肌肉的激励值。$U(I_1, I_2)$ 是肌肉的应变能量密度，$U(J)$ 是关于体积变化的应变能量密度，这两者代表了肌肉的不可压缩、各向异性和超弹性的性质。$U_f(\overline{\lambda_f}, C)$ 代表了肌肉纤维在收缩时的非线性动力学特性，并由 Hill 三元模型来描述力—速度和力—长度关系。

然后，基于肌肉纤维的主动和被动特性，采用有限元方法来模拟舌头 3D 几何模型的变形。本项目采用有限元方法来对舌头几何模型在肌肉激励下的变形进行模拟。部分模拟结果如图 9-12 所示。

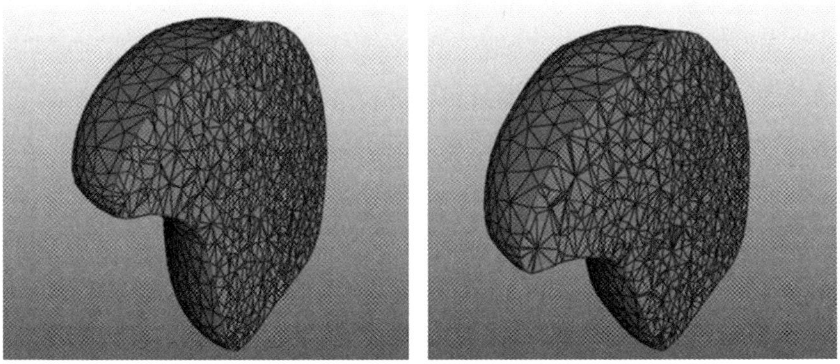

图 9-12 在有限元方法的驱动下，左图是舌头几何模型在静止时的状态，右图是舌头几何模型在肌肉收缩时的状态

（二）嘴唇动画

面部的运动主要是通过肌肉层的弹性作用和下颌骨的运动进行控制，通过皮肤层的变形来表现的。基于生理模型的动画模型主要通过对面部的解剖机理和物理结构进行分析研究来模拟面部的生理构成和运动，进而达到生成脸部表情动作的目的。从生理学的角度来看，这种基于生理模型的动画方法是非常自然的一种想法；从数学上来讲，该方法也是切实可行的。

鉴于此，本项目用于嘴唇动画所构造的生理动画模型由 3 部分组成：骨骼、肌肉和皮肤。

骨骼包括头骨和下颌骨，前者可以看作是静止的，功能是为了防止在肌肉伸缩的过程中将皮肤拉扯到不真实的位置；后者通过绕固定端点的旋转以及前后、左右的平移运动来控制嘴巴的运动。

肌肉层根据人脸动作编码系统（Facial Action Coding System，简写为 FACS）中对表情变化起决定作用的动作单元（Action Unit，简写为 AU）定义相关的虚拟肌肉（Ekman 和 Friesen，1978），并将肌肉分成三类：线形肌、括约肌和片状肌。模拟方法采用 Waters 肌肉模型。该模型根据脸部肌肉的运动特性和方向性特性，建立了与底层骨骼相互独立的向量肌肉模型，且每个肌肉向量都有各自的影响域，并通过它们的运动来产生人脸动画。同时在肌肉作用范围内定义基于自由变形原理（Free-Form Deformation，FFD）的局部变形块，用来在皮肤产生不真实变形（通过下面所述的变形率来度量）时对皮肤进行精细的调整。

为了模拟皮肤，在弹性网格上定义了非线性结构弹簧和边界约束弹簧，前者用来模拟皮肤的弹性，后者用来防止皮肤被拉破，同时将皮肤网格根据不同肌肉的作用范围进行分块。并且通过计算弹性网格所在曲面的曲率来得到皮肤的变形率，进而据此判断皮肤变形的程度。

综上所述，当得到 $L_{1,2,3}$ 的值后，首先通过对皮肤网格上的点的受力分析来计算它的位移，皮肤网格上的点受 4 种力：弹簧内部拉力、肌肉拉力、下颌骨的牵引力和头骨的约束力，通过分别计算各种力的大小来计算网格点在某个时刻的位移。然后通过变形率的大小来判断是否对某个区域使用上述的局部 FFD 变形来修补变形失真。

四　语音同步的发音器官动画

为了生成语音同步的发音器官动画，具体措施如下：

1）基于语音合成器，从文本中得到发音信息（音素序列及时长）；

2）合成与发音信息同步的视素；

3）将上述合成结果和发音信息同步播放即可得到最终结果。

部分合成结果如图 9–13 所示。

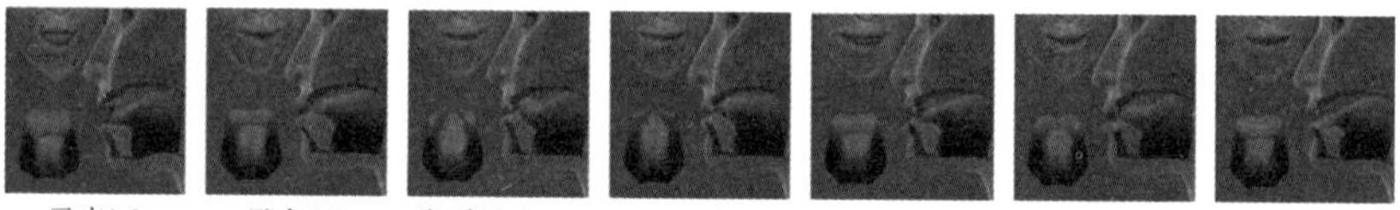

元音[a]　元音[u]　卷舌元音[yr]　双元音[ar]　双元音[an]　双元音[ɔr]　辅音[fa]

图 9–13　部分发音器官动画合成结果

五　国际音标 IPA 可视化发音训练平台

目前，利用三维动态发音建模技术，推出了“国际音标 IPA 可视化发音训练”平台，对辅音、元音、声调和儿化韵等进行语音和发音训练。

此平台可以实时在 PC 和移动设备上使用，如图 9-14、图 9-15 所示。

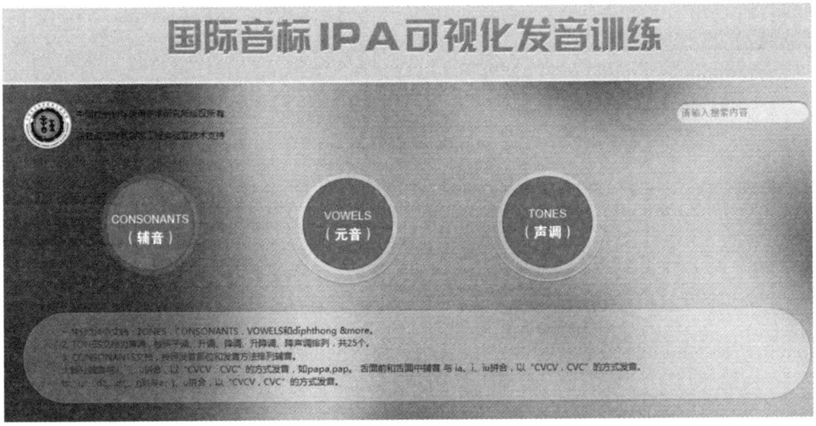

图 9-14 国际音标 IPA 可视化发音训练

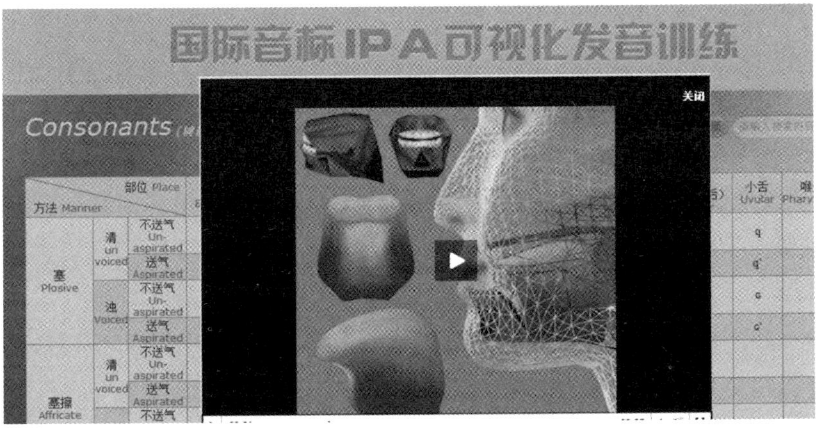

图 9-15 国际音标 IPA 可视化发音训练

第三节 英语语调韵律可视化学习平台

基于对中国方言区英语学习者的语调韵律问题研究，我们提出一套有针对性的语调训练材料和可视化训练方法，搭建了面向英语课堂的英语语调在线教学和学习的一个原型系统，即“英语语调学习平台（Einto-

CASS）”界面如图 9-16 所示。

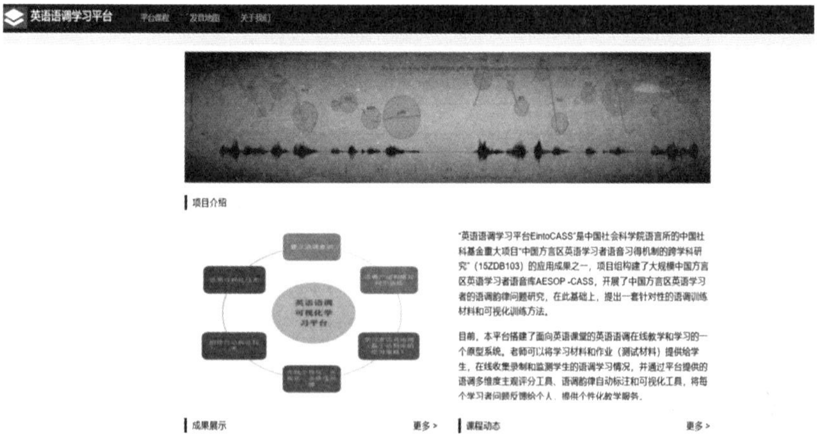

图 9-16　英语语调学习平台首页

本网站权限分为管理员、教师、学生三种角色。其中管理员主要负责提供教学资源及网站基本运营工作，教师以班级为单位进行教学活动。

通过该平台，教师可以将学习材料和作业（测试材料）提供给学生，在线收集录制和监测学生的语调学习情况，并通过平台提供的语调多维度主观评分工具、语调韵律自动标注和可视化工具，将每个学习者问题反馈给个人，提供个性化教学服务。

训练材料从语言学专业角度出发，由浅入深，讲解了语调概念、语调曲线（形式）和语调功能的关系，让学习者建立语调意识（intonation awareness），按照语调功能分类开展语调学习；通过可视化的语调训练方法（visualized intonation learning and training），让学习者建立语调语音形式与语义、语用功能之间的关系；系统提供所有学习材料的本族语发音人的标准语音和可视化语调曲线，方便学习者跟读并记录自己的声音；同时，采用语音地图展示不同方言区学习者的发音，让学习者通过语料库学习策略（corpus-based learning strategy），加深对母语方言口音带来的语调“偏误”的理解，提高学习效果；测试习题设置了语音感知和产出两个方面内容，通过在线录制产出声音，老师能够及时利用系统提供的语调韵律标注和多维度打分工具，给学习者提供专业的反馈和学习指导。

一 训练教材设置

线上教材内容共包括七讲，见表9-3，每讲作为一个章节，其中，每个章节均包含课件和练习两大板块，章节列表显示界面如图9-17所示。课件由管理员编写并上传，内容涵盖相关语调理论知识、本族语者语调特征及学习者产出及感知中存在的偏误等。语调特征及偏误的讲解部分均用多模态的方式呈现，学习者可以听到对应的发音，同时观察可视化语调曲线图。

表9-3　　　　线上教材章节内容

章节	内容
第一讲	什么是语调
第二讲	语调的描述
第三讲	陈述句语调
第四讲	一般疑问句语调
第五讲	特殊疑问句语调
第六讲	选择疑问句语调
第七讲	反义疑问句语调

图9-17　英语语调学习线上教材章节列表

二　感知和产出练习

各个章节的练习部分均包括了产出和感知两个类型的练习，其中感知类练习主要考察学习者对词重音和句重音位置、重音类型、重音等级、停顿、边界调等方面的感知，学习者需结合相关的词义或句子功能，在英语本族语者音频及可视化语调曲线图的判断下进行判断，如图 9－18 所示。

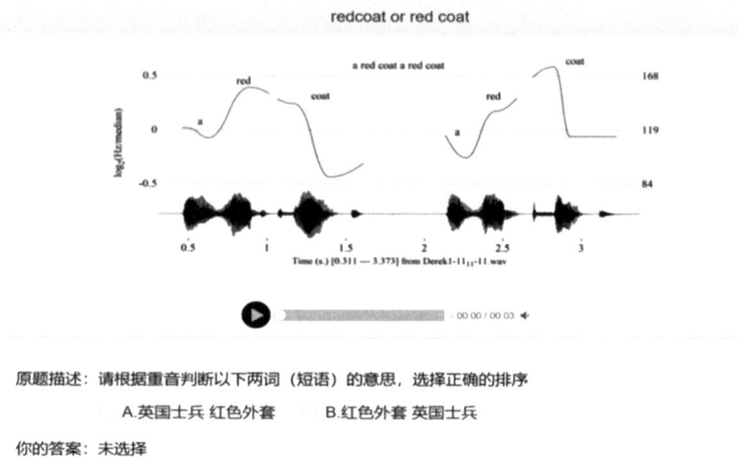

图 9－18　感知练习界面示例

图 9－18 中的感知练习为次重音位置判断，学习者可点击播放按钮听取录音，该录音为英语本族语者发音，所配可视化语调曲线图也是根据这一进行发音利用脚本进行绘制。音频共播放三遍，学习者需在三遍全部播放结束之后，结合所示的短语或复合词的词义，判断两个项目的播放顺序，即选择正确的词义排序。若学习者在三遍播放结束之后仍未作出判断，可点击播放按钮重复听取。点击提交之后不可更改答案。

产出类练习则是学习者在英语本族语者音频与可视化语调曲线图的帮助下进行的跟读练习，如图 9－19 所示，跟读过程中，学习者需根据可视化语调图中的提示，正确实现所朗读句型对应的语调特征，包括重音位置、边界调特征等。

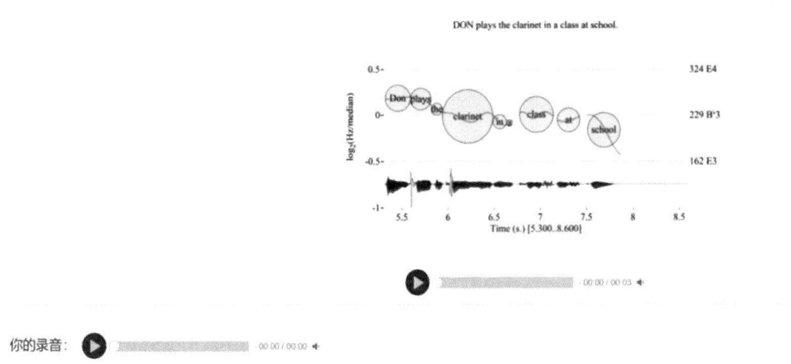

图 9-19 产出练习界面示例

与感知练习相同，学习者在进行产出练习时，可先点击播放按钮，听取英语本族语者发音，同时观察可视化语调图，三遍播放结束之后方可进行跟读录音，录音结束之后可点击“你的录音”按钮，听取自己的发音，若不满意可点击录音按钮，重复录制，另外，点击语图下面的播放按钮，也可在本族语者音频三遍播放结束之后重复听取本族语者发音。

三 多维度打分

感知和产出练习需要学生在规定时间内作答，到期之后教师便可进行作业批改。感知与产出的批改方式有所不同，在批阅感知练习时，教师仅需进行学习作答正确与否的判断，如图 9-20 所示；在产出练习的批改中，教师需要对学习者的发音进行多维度的主观判断，以错误标签的方式呈现，如图 9-21 所示。

错误标签由管理员根据题目考察方向进行配置，每类练习所配置错误标签不同，教师在批阅时需根据所考察句型的语调特征，判断学习者在产出中存在的偏误，若存在错误标签中所显示的偏误，则点击选择该标签，错误标签可多选。另外，教师还需对学习者的发音打出 1—5 分的印象分。

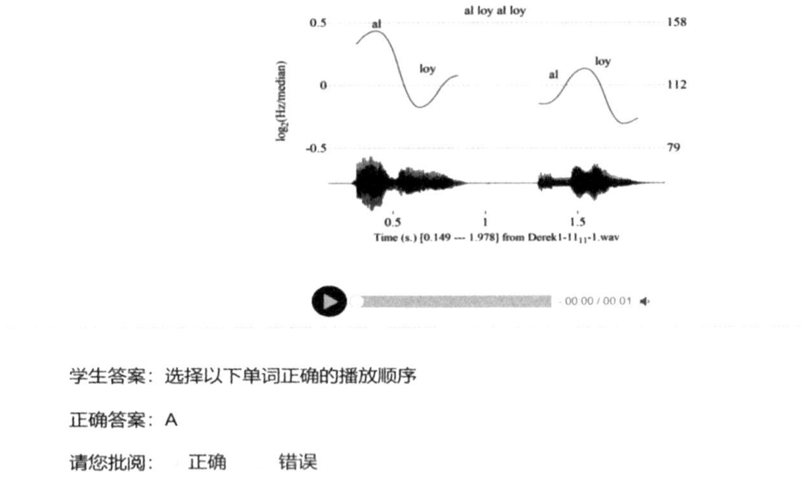

图 9-20　感知练习打分界面示例

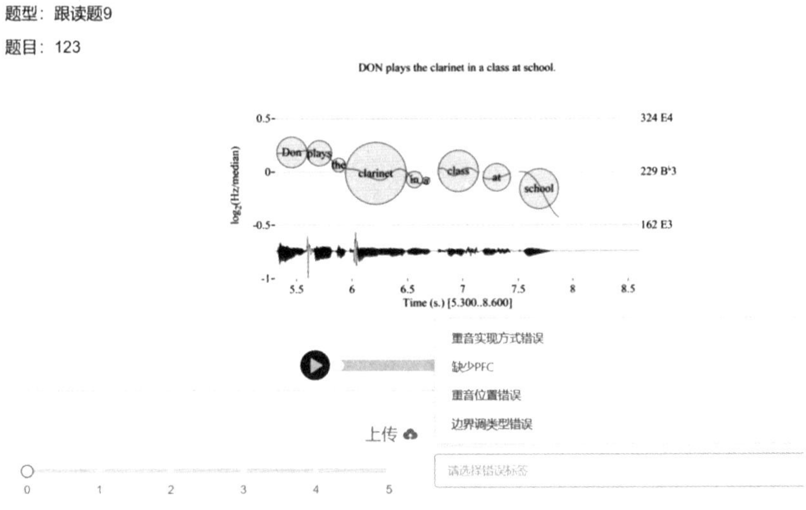

图 9-21　产出练习打分界面示例

四　反馈

批改结束之后，教师还需对学生的偏误进行反馈，如图 9-22 所示，点击下方“下载”按钮，用学习者音频进行可视化语调图的绘制，并将其存在偏误的图与英语本族语者的对比图同时上传至批改界面中，方便学习者观察其存在的产出错误。所上传语图为缩略图，学生点击放大镜之后方可查看大图。若教师对所上传示图不满意，可点击更换，上传新的反馈示图。

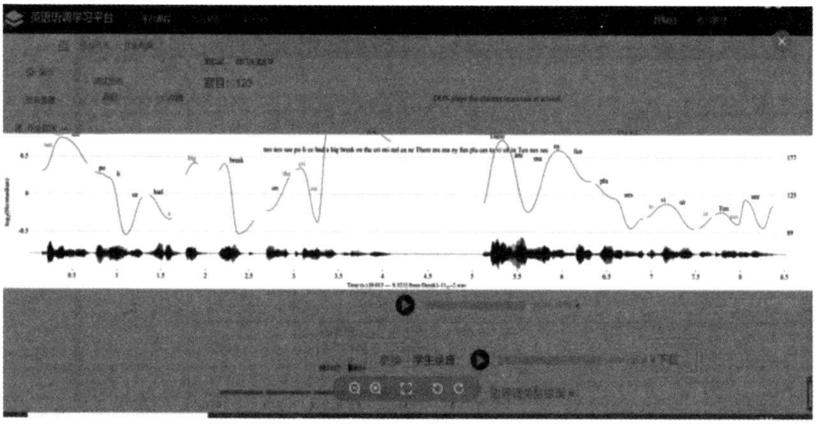

图 9－22 老师反馈界面示例

该教材目前还处于扩充阶段，后续会继续增加新的句型及语言行为所对应的语调特征的讲解和练习。同时还会增加泛化训练，帮助学习者在日后的产出中规避问题，提高交际效率。

五 通过语音地图开展语音库多样本学习

另外，系统中还配有发音地图，发音地图与公开课程关联，学生注册为该网站用户并参与公开课程学习之后，其产出练习的发音便会与发音地图关联。所有用户公开课程的产出音频，均可被其他用户在发音地图中查看。该项功能旨在帮助有方言背景的学习在了解其所在方言区的英语语调特征及常见偏误。学生点击“发音地图”按钮，可进入功能界面，选择所需查看的方言区所在位置。

在发音地图板块中，我们对用户的发音内容根据章节进行了分类，点击章节下方对应练习，便可听取所有已作答该练习的用户发音。若需查看其他方言区用户发音，可返回发音地图界面，选择其他地区之后重新点击“查看详情”按钮，便可进入新的方言区发音地图界面。重复上述操作根据需要可听取所有方言区学习者发音。

参考文献

Yu, J., Li, A., Hu, F., Fang, Q., Jiang, C., Li, X., Yang, J., & Wang, Z. F. (2013). Data-driven 3D visual pronunciation of Chinese IPA for language learning. 2013 *International Conference Oriental COCOSDA held jointly with* 2013 *Conference on Asian Spoken Language Research and Evaluation* (*O-COCOSDA/CASLRE*), 1-6.

Ekman, P., & Friesen, W. V. (1978). *Manual of the facial action coding system* (FACS). Palo Alto, CA: Psychologists Press 1978.

后记与致谢

我对 L2 语音的研究，缘于言语工程的需求。

2000 年，清华大学郑方教授邀请我一同参加了美国 Johns Hopkins University的 workshop 项目，开展面向自然即兴口语的语音识别建模研究。我负责汉语自然口语库的语音标注和语音分析，由于发音语料为带有各种方言口音的地方普通话，研究涉及了方言区人讲普通话的发音问题，但主要是音段方面的“偏误”。

同期，我们跟 NOKIA 中国研究院语音研发部负责人王霞合作，参与了欧盟 SPEECON（Speech Data for Consumer Devices）项目，面向多语言和多口音的语音识别。这个项目一共收集了 16 个欧洲语言以及汉语和日语语音库，我们负责完成了汉语语音库。包括600 个发音人，来自多个方言区，年龄跨度从 12 岁到 65 岁。基于这个库，我们一同开展了普通话和地方普通话语音对比研究，不但关注了音段特征还关注了超音段特征，在第六届全国语音学会议 PCC2004 上，作为大会报告分享了阶段成果。同样，面向中式英语的语音识别技术的需求，我们开展了中国英语学习者韵律特征研究，部分内容体现在本书的第四章和第五章中。

2005 年，在中国社会科学院语言所与科大讯飞联合实验室框架下，面向普通话水平自动评测，我们开展了有针对性的方言口音普通话研究。结合应用需要，基于真实的普通话水平测试语音库，详细对比分析了上海、厦门、武汉等地不同水平（三级六等）的地方普通话与标准普通话，在音段特征和韵律特征的系统差异上，为普通话学习和普通话客观评测提供了语音学方面的分析结果。

2011 年，中国社会科学院开始实施创新工程项目，为我们持续开展

L2 语音研究提供了更高的平台，也为 2015 年申请到社科基金重点项目打下了坚实基础。

从国内和国际大环境看，在线语音学习有迫切的现实需求和应用前景。联合国教科文组织于 2019 年底在巴黎配合国际母语年召开了国际会议 LT4ALL（Language Technology for All），旨在推进不同民族共享 AI、语言和语音技术。我们也看到了语音和语言的在线学习技术在打赢脱贫攻坚战、筑牢中华民族共同体意识上起到了重要作用。

为了加快实现《2030 年可持续发展议程》的承诺，联合国教科文组织 2021 年 11 月发布《国际教育连通性宣言》并提交各国批准，目的是在世界上引导教育的数字化转型。新冠疫情加剧了人们对互联技术的依赖，并使教育更深层次地融入了数字生态系统。在过去的两年，电脑和互联网暂时取代了校园，使得国际上成千上万的学生足不出户也能获得受教育机会。教育的数字化转型正在加速，后疫情时代的教学活动必将与 AI、互联网、元宇宙等技术进行深度融合，向虚拟空间转移。在此背景下，研究和搭建的在线语音学习平台，应用前景可期。后期可通过扩大方言区研究和教学试点，进一步整合学习资源，让研究成果早日从实验室走向实用。

国际知名语音学家 Daniel Hirst 在给项目负责人的邮件中指出，可视化教学在中国非常有潜力，期待未来有相关合作项目："I was very happy to see that you had used Momel to visualise intonation contours for L2 speakers in your 2020 paper with Zhao and Xiong. I think it would also be interesting to provide auditory feedback as well as visual-cloning the prosody of the native speaker onto the recording of the L2 speaker so that the learner can hear their own voice with a native speaker's prosody-perhaps we could collaborate on a project to do this? I'm sure there is a huge potential for a tool like this in China."（我很高兴看到，在 2020 年你与赵和熊的合作论文中使用了 Momel 来可视化 12 位发音人的语调曲线。我认为提供听觉反馈，并且将本族语发音人的韵律"克隆"到第二语言学习者的发音中也会很有趣，这样学习者就可以听到配上本族语发音人韵律的自己的声音，也许我们可以开展这样的合作项目？我相信在中国这样的工具会有巨大的应用潜力。）

本成果得到国家社科基金重大项目"中国方言区英语学习者语音习

得机制的跨学科研究”（批准号：15ZDB103）以及中国社会科学院创新工程项目的支持。参与该项目录音的合作单位有：南开大学、天津大学、湖南大学、西北工业大学、山东科技大学、山东农业大学、浙江大学、同济大学、江苏科技大学、福州师范大学、山西大学、西北民族大学、吉林大学、湖南大学、延边大学、宁波大学等。从启动到完成主要研究历时 10 年，后期受到了新冠疫情的影响，但在课题组成员的齐心协力工作下，圆满地完成了任务。

要感谢的人很多。首先感谢林茂灿先生，他一直鼓励我要将语音和语言学研究应用到语音教学中，服务国家和人民大众。他还身体力行，参加了国际中文教育中文水平等级标准制定，并带着我一起开展中英语调对比研究。其次，要感谢子课题负责人顾曰国、贾媛、宋大为、胡方。特别是贾媛，在语音库建设方面，投入大量精力，奔波全国各地录音、培训标注人员，使得语音库 AESOP-CASS 成为项目最重要的研究基础。还要感谢课题组主要成员：熊子瑜、凌震华、翟红华、唐颖、周晓凤、丁红卫、方强、于珏、纪晓丽、罗颖艺、冉启斌、徐亮、闫小斌、曾婷、赵瑾、苏一、井志红等老师，以及博士后研究人员：智娜、曹冲。

还要感谢参与项目的一批硕博研究生。博士研究生：葛淳宇、赵晨扬、张司晨；硕士研究生：毕雪、陈璇达、陈雅莉、丁雪扬、丁云霞、董倩、范晓丹、冯光照、冯琳、高敏洁、葛蓉、巩韦丽、顾蕊、郝洪利、何超、黄辉、江丽萍、李丹丹、李佳、李嘉蓉、李晋、李沛儒、李霞、李心、李媛媛、梁子欣、刘畅、刘珊珊、卢怡睿、马影、南惠真、潘淑芳、千冬霞，曲圆、史菲菲、孙昊、孙敏、孙晓童、王翠玉、王妃妃、王菲、王凤、王海艳、王坤、王利、王萌、王猛、王培娟、王文静、王雪甜、王艳书、王阳、王宇，魏召召、徐荣、薛永辉、杨迪、杨迎、伊鹏飞、尹璁璁、张晨迪、张景哲、张丽娜、张戎张圣南、张晓光、张玉芳、赵爱敏、赵存花、赵吉玲、赵梦瑶、赵桐琪、周金梅、周舒航、朱兴轩、朱奕诺、邹一赫。

最后还要感谢社科院与科大讯飞联合实验室的技术支持。通过重大项目锻炼了队伍，培养了一大批高校的青年教师骨干和一批未来从事英语语音教学的研究生。基于语料库并结合人工智能技术的在线语音学习和教学平台是我们课题研究成果落地的目标，溯洄从之，道阻且长！

赢在论文
术篇

郑明华 主编

中国协和医科大学出版社

图书在版编目（CIP）数据

赢在论文·术篇/郑明华主编．—北京：中国协和医科大学出版社，2010.3
ISBN 978-7-81136-321-0

Ⅰ．赢…　Ⅱ．郑…　Ⅲ．论文-写作　Ⅳ．H152.3

中国版本图书馆 CIP 数据核字（2010）第 031543 号

赢在论文·术篇

主　　编：郑明华
责任编辑：顾良军

出版发行：中国协和医科大学出版社
（北京东单三条九号　邮编 100730　电话 65228583）
经　　销：新华书店总店北京发行所
印　　刷：北京佳艺恒彩印刷有限公司

开　　本：787×1092　1/16 开
印　　张：28
字　　数：640千字
版　　次：2010 年 5 月第一版　　2013 年 10 月第三次印刷
定　　价：50.00 元

ISBN 978-7-81136-321-0/R·321

主　编　郑明华
副主编　唐道林　顾　兵　范玉琛　邱立新　潘海峰　张　勇　聂　海
主　审　陈永平　汪谋岳
参加编写人员（按汉语拼音排序）

鲍　羿　Burke/Cornell Medical Research Institute
陈嘉伟　广东省医学情报研究所
程俊霖　重庆师范大学
段为钢　云南中医学院
范玉琛　山东大学齐鲁医院
高　茜　辽宁中医药大学
顾　兵　南京医科大学第一附属医院
郭　强　第三军医大学
蒋　鑫　第二军医大学附属上海长征医院
李　升　井冈山大学医学院
连　艳　第三军医大学新桥医院
刘　禹　哈尔滨医科大学附属第四医院
罗　阳　第三军医大学西南医院
聂　海　重庆医科大学附属第一医院
潘海峰　安徽医科大学
秦成峰　中国人民解放军军事医学科学院
邱立新　复旦大学附属肿瘤医院
施可庆　温州医学院附属第一医院
孙晋客　山东省文登整骨医院
唐道林　University of Pittsburgh
王　华　安徽医科大学
王俊宏　南京医科大学第一附属医院
王　伟　安徽省立医院
肖洪涛　四川省人民医院
谢而付　南京医科大学第一附属医院
袁　慧　皖南医学院
张长征　安庆师范学院
张　耀　第三军医大学
张　勇　中国药科大学
郑明华　温州医学院附属第一医院
朱　伟　泸州医学院

总 序

医学论文是总结、记录和共享医学科研成果或临床经验的重要手段，是医学相关知识得以传播、医学科学技术得以繁荣、进步的重要平台。对于医学工作者来说，医学论文已经成为展示自己及所在部门的专业水平和技术能力的重要依据。而对于中国的医学工作者来说，发表SCI论文更具有不言而喻的重要性——甚至，这种重要性在现实中有被夸大之嫌。

在丁香园，医学论文写作一直是众多网友关注的一个焦点。关于医学论文写作和发表的讨论总能引起很多网友的关注。即便其中存在某种功利性的考虑，但我始终认为，通过我们的共同努力，让医学工作者不再为论文写作感到头疼，让他们享受与杂志审稿人斗智斗勇的快乐，让他们沉醉于医学论文顺利发表的成就感，应该是一件很有意义的事。

丁香园早在2006年就开展了医学论文写作的全国巡回讲座，这种讲座更加侧重于实战经验荟萃，而不是空泛的理论。我们的一句口号是："让大家看了就能懂，懂了就会用，用了就有效"，用自己的亲身经历去揭开SCI论文的神秘面纱。北京、上海、杭州、成都、重庆、哈尔滨、长沙、南昌……在全国巡回讲座的所到之处，我们总能感受到广大医务工作者希望了解医学论文写作、尤其是SCI论文写作的热情。我想，何不将这些经验总结起来，用图书的形式更系统、更有针对性地向读者介绍SCI论文的写作之道呢？

一个偶然的机会，我得知四川大学的林东涛老师与中国协和医科大学出版社合作，拟引进英国著名的医学论文写作培训专家蒂姆·阿尔伯特的专著《赢在论文·谋篇》（Winning the Publications Game）。这本书篇幅虽然不长，但却简明扼要地阐述了医学论文写作和发表过程中需要关注的问题。尤其难得的是，蒂姆曾长期担任知名期刊编辑，并自1990年以来一直在开展论文写作培训工作，具有大量"实战经验"可以分享。其中的"智谋"自然可以为广大医务工作者借鉴。不过，囿于篇幅限制，这本书对于国内读者来说可能不够解渴，国内读者所关注的研究设计、数据分析、国际期刊概况乃至论文遣词造句、图片处理、回复审稿人意见等均未在蒂姆的书中涉及。有鉴于此，我们邀请丁香园网站的骨干版主——温州医学院的郑明华医生牵头，组织丁香园优秀网友，群策群力，通过"网络合作"的方式编成了一本篇幅更大、涉猎内容更广、体系更为完整、更具有中国特色的《赢在论文·术篇》。相信这本集丁香园网友智慧和汗水于一体的书能为国内医学工作者的论文撰写再助上一臂之力。

正如《Clinical Risk》主编、《BMJ》副主编哈维·马克维奇（Harvey Marcovitch）在为《赢在论文·谋篇》中文版专门撰写的序中所言，并不是说只要研究资料或临床发现是准确的，你据此写成的论文就一定品质上佳，其中的确是有一些值得注意的规律和窍门的。不过，过于强调技巧和窍门并非我们撰写此书的本意，我们只是希望用自己的一点点经验，一点点技巧，打破 SCI 论文发表的坚冰，起到铺路石和敲门砖的作用。当您有一天大步跨入科研圣殿，掌握科研真谛的时候，再回头看，也许这些经验和技巧已经微不足道了。但是，如果这两本书能帮助您在医学论文写作和发表的过程中少走弯路，那么，所有参与其中的策划者、作者、译者和出版者都会倍感欣慰。如果您发现其中有些经验不够妥当，或者您有更多更好的经验，也非常欢迎您在丁香园网站的论文版积极参与讨论和交流，那里还有众多高手等着和您过招。

丁香园　李天天
于杭州钱塘江畔
2009 年 10 月

目 录

论文准备篇

论文撰写篇

论文发表篇

附 录

论文准备篇

第一章 论文概述

第一节 论文的概念

在人类发展的历史长河中，人类为了求生存、求发展，通过自己的勤劳和智慧不断改造自己所生存的环境，从而推动生产力的发展，推动人类科技和社会文明的不断进步。在远古时期，没有文字，人类靠耳目交流信息，由于这种交流方式不能很好地被记载下来，所以在信息传输中会出现一些偏差。为了更好地交流，文字应运而生。文字的出现，带来了人类文明空前的繁荣。人类通过文字，对当时的生产力状况和社会进步程度的记录，就形成了各个不同时期的著作。在每个时期都有可以代表当时科技水平和文明程度的文字描述，这些我们都可以称为论文。《辞海》中对论文的解释是讨论、研究某种问题的文章，它是人类对自然科学和社会科学领域内的问题进行深入探讨研究，经过分析、论证、推测、总结后得出的文章，是人类智慧的结晶，是推动科学和社会发展的重要因素。论文作为科技和社会文明的重要载体，具有悠久的历史。论文的发展大致可以分为三个阶段：古代论文、近代论文和现代论文。

一、古代论文

古代的论文大多是经验性的总结，包括了社会的各个方面。由于当时的条件限制，古代的论文一般都不能大范围地公开发表，传播的范围也比较小。中国古代最早的医学论著是《黄帝内经》，其中包括许多医治方法，每一个方法我们都可以看作是一篇论文，且代表当时的最高医疗水平。《水经注》是一部古代较完整的以记载河道水系为主的综合性地理著作，对现代的地理研究仍具有很高的参考价值，其书中每一章对河流、山川的记录都可以看作一篇论文。古希腊学者欧几里得的著作《几何原理》也代表了古希腊当时的数学研究最高水平，其中的黄金分割理论至今仍是很多美学设计的基础。从这些专著，我们不难看出，自从有了人类文明，人类就不断在与自然界斗争，不断总结经验。受当时条件的限制，这些著作大部分不能广泛传播，只能小范围传阅，这也限制了当时科学技术的发展。为了更好地信息交流，出现了报纸和期刊，最早的报纸可以追溯到汉朝宫廷出版的手抄本报纸《邸报》，它是当时官府用以抄发皇帝谕旨和臣僚奏议等文件及有关政治情况的刊物，这也大大方便了当时信息的传递。

二、近代论文

近代的两次工业革命带来了科技的飞速发展，作为论文发表的媒介，期刊大量出现，期刊的大量出现也带来论文的大量发表。近代的论文已经基本具备论文的雏形，但仍有很多不完善的方面，例如：格式的不统一、期刊发行时间不规律等。世界上最早的期刊是由法国的戴·萨罗于1665年在巴黎创办的《学者杂志》（Journal des Scarabs），最早的中文期刊是1815年由英国人马礼逊在马六甲创办的《察世俗每月统计传》，后来中国大陆陆续出现《六合丛谈》、《益智新录》、《万国公报》等20多种期刊，随后中国的期刊进入了飞速发展期。据不完全统计，至抗日战争和解放战争时期，各种期刊已达到900多种。近代也出现了许多医学期刊，最早的医学期刊是英国人于1823年创办的《The Lancet》，至今仍是顶级医学期刊。最早出现的中国医学期刊是1887年出现的《中华医学杂志》。期刊的大量出现，为论文的发表、出版和交流提供了良好的平台，为科技发展创造了良好条件。

三、现代论文

随着科技的快速发展，当今期刊的学术性、印刷质量、规范程度、编辑水平和传播方式比以前都有很大的提高，尤其是近年来网络的出现与发展使得世界范围内的读者能够快速阅读最新的科技论文。目前世界上有期刊20多万种，其中医学期刊近4万种，每年发表的论文有1000多万篇。论文的种类涵盖自然科学和社会科学的各个领域，论文的形式也出现许多新的种类，例如：论著、综述、病例报道、会议及墙报类等。国家标准GB7713-87给论文下了定义：论文是某一学术课题在实验性、理论性或观测性上具有新的科学研究成果或创新见解的知识和科学记录；或是某种已知原理应用于实际中取得新进展的科学总结，用以提供学术会议上宣读、交流或讨论；或在学术刊物上发表；或作其他用途的书面文件。因此，论文应该有一些创新的内容，例如发现、发明和创造等，而不是低水平的模仿、重复和抄袭。

此外，本书旨在介绍如何撰写和发表论文，涉及医学、药学和生命科学专业领域，如无特别强调，本书中所提及的论文指这些专业领域内的论文。

第二节　论文的分类和结构

一、论文的分类

论文是人类对自然科学和社会科学领域进行深入探讨研究，经过分析、论证、推测、总结后得出的文章，其可以按照不同的分类方式进行分类，按照写作层次要求不同可以分为学士论文、硕士论文和博士论文；按照学科门类划分，可分为社会科学论文和自然科学论文。社会科学论文主要包括历史、地理、政治、人文和宗教等方面论文，而自然科学论文主要包括数学、物理、化学、生物和医学等方面论文。医学论文是以人的生理和疾病为研究基础，是医学工作者在医学研究和临床工作中的经验总结，它是推进医学科学发展的重要方面，也是促进医学科研成果的交流和提高医疗技术水平的重要工具。目前医学论文的主要形式有论著类（含简报）、病例报道类、综述类（含Meta分析）、观点假说类、会议摘要及墙报类和评论类等。

（一）论著类

论著（originals）是论文种类中最常见的一种形式，属于原创性论文。它是根据具体的选题所进行的调查、实验、临床等研究，也包括临床工作的经验总结或者新理论、新技术应用于实际取得新进展的科学总结。这类论文的典型特点是创新性，所以该类论文应该有作者自己新的见解和观点，科学上许多突破性成果就是通过该类论文形式发表而受到广泛关注的。该类论文的结构一般包括文题、作者、单位、摘要、关键词、正文、致谢和参考文献等，其中中文期刊上发表的文章还应有英文摘要部分，而正文一般由研究背景、材料与方法、统计方法、结果和讨论几个部分组成。不同期刊对该类文章的格式会有不尽相同的要求，所以投稿前应该注意认真阅读拟投期刊的稿约。

研究简报（short communication）是论著的一种简略形式，它的基本格式和结构与论著类相似，只是限于期刊的篇幅要求或者研究内容的相对简单，才进行了不同程度的压缩（各期刊的要求不同）。该类论文在研究背景、材料与方法和讨论等部分，都采用精炼的语言，将自己的研究描述得简洁明了，也属于原创性论著的一种重要形式。值得一提的是，不同的英文期刊对该类型的论文有着不同的名称，例如：《Molecular Cancer》期刊专栏“Short Communication”旨在方便快速发表有了初步实验结果的论文。此外，也有一些期刊把研究简报称作 Notes，例如《Journal of Clinical Microbiology》，有时由于受到期刊版面的限制，不能全部刊登研究全文，所以将论文缩减至 1000 字以内，以 Notes 形式发表。

（二）病例报道类

病例报道类论文（case report），又称个案报道论文，是临床工作者通过在临床上遇到的特殊病例和罕见病例，以简短文字进行报道的医学论文。它是医学写作中一种常见的论文形式，文字篇幅较小，一般不超过 1000 字，形式也比较单一。通过病例报道我们可以了解这些病例的临床症状、诊断和鉴别诊断、异常实验室指标、治疗方案和疾病转归过程，加深临床工作者对该类病例的认识和经验积累，从而更好地为临床服务。然而病例报道的发表也是比较困难的。对病例报道的发表标准，Huge EJ 提出了四点标准：①特殊病例：这类疾病非常罕见，在人群中发病率非常低；②能证明某种不是现有常规因果联系的病例：指在同一病人身上发现不同的病症或异常变化，并且提示其中和该疾病存在着某种因果关系；③不典型的或有重大变异的病例；④出现意外的疗效或特殊副作用的病例：有些治疗过程中出现意想不到的好效果或意外的副作用，超过现有文献报道的。标准的病例报道分为三段式，分别为前言、临床治疗和讨论。写作时一定注意文字简练。目前许多临床类期刊热衷于刊登该类形式的论文，例如：《BMJ Case Report》和《Journal of Clinical Microbiology》。

（三）综述类（含 Meta 分析）

综述（review）是对某一段时期的医学某一个领域内研究的成果和进展进行系统、全面的分析、归纳、总结后得出的一种论文形式。科研工作者通过搜索、查询和阅读期刊或者网络中最新论文后，才能写出完美的综述。它是信息学在医学研究和科研过程中的具体应用。综述的发表为本专业内科研工作者了解本专业动向提供了帮助，也为其他非该专业内的科研工作者了解该领域提供了便利。小型综述（mini-review）是篇幅比较小的一种综述形式，目前许多期刊都有小型综述的发表。综述作为一种总结性的论文，具有以下特点：①综合性：综述能够全面、系统地反映某一学科在最近一段时期内的发展概况和研究进展。综述既有纵向的回顾和展望，即总结已取得的研究成果、预测发展趋势，又有横向的对比，即比较不同国家、主要研究机构和不同学者之间的研究水平。综述的最终目的是让读者对此专业内的研究进展有一个概括的了解；②评述性：综述是对以前研究的实验数据、实验资料和实验进展做客观归纳整理，然后对别人的研究进行评论，得出自己的观点和简介，同时也可以对别人的研究提出具体建议，所以，综述的写作应该有自己的观点，不能是简单的文献堆列。综述的最高境界是使读者通过作者的观点点拨，看后有种“顿悟”的感觉；③新颖性：如果一篇综述把五年前的文献进行归纳和总结，估计对现实也没有多少指导意义，科技快速发展的今天，可能一个月就会有新的突破性发现。所以在综述写作上一定要选取最新的文献，在综述投稿后如果被拒，想再投第二份期刊时，应注意最新进展和文献更新。

综述写作最重要的方法是总结和对比，写作之前要查阅文献，对本领域的研究进展进行了解和理解后才能进行写作，通过对现有文献进行比较鉴别，可以发现该领域的现状以及发展趋势，同时可以比较不同地区、不同单位研究水平的差距。值得一提的是在国外综述一般都是约稿，由该领域的资深专家写作完成，而在中国综述一般都由在读的研究生写作，因此，国内综述内容的深度和广度与国外综述相比还有一定的差距。

Meta 分析（Meta analysis）是使用统计学方法，对同一课题的多项独立研究的结果进行系统、定量的综合性分析，它是由 Beecher 在 1955 年首次提出。Meta 分析是文献的量化综述，以同一课题的多项独立研究的结果为研究对象，在严格设计的基础上，运用适当的统计学方法对多个研究结果进行系统、客观、定量的综合分析。其主要优点有：①能对同一课题的多项研究结果的一致性进行评价；②对同一课题的多项研究结果作系统性评价和总结；③提出一些新的研究问题，为进一步研究指明方向。

（四）假说和观点类

这类论文主要是对新的假说通过数学推导和逻辑推理，从而得到新的理论的一种论文形式。这类论文在物理、化学及数学学科中常见，在医学学科论文中相对少见。其基本结构形式是先提出一个假说或者观点，然后通过一定的推理，同时可以辅助一些实验进行佐证。我们所知道物理学中的许多定律、定理都是通过这种论文的形式发表的。医学上许多致病机制的论文也可以通过假说论文形式进行发表，在没有完全明确这些机制时我们通过假说的形式推断这些过程发生的可能过程，然后通过一些比较实验和配对实验来确证假说正确与否。目前，《Medical Hypotheses》等期刊热衷于刊登医学假说类论文。

（五）会议摘要和墙报类

会议摘要类论文（meeting abstract）是为了满足定期举行的学术会议需要所产生的一种论文形式。会议摘要一般是在会议上以口头演讲、书面交流和墙报交流的方式作介绍，其内容新颖，要求是最新的研究成果。会议摘要一般在 600 ~ 1000 字之间，比一般的论著要简洁，而比论著的摘要部分复杂，国内许多学者也称这种形式论文为“大摘要”，作为会议摘要的论文必须是没有公开发表的内容。值得一提的是会议摘要的文章和公开刊物上发表的论文不同，其在会议论文集中公开后，也可以在公开刊物上发表，不属于“一稿多投”现象。同时会议摘要也可以在不同的会议中出现。2009 年 7 月 19 ~ 23 日在美国芝加哥举行的 AACC 年会（2009 American Association for Clinical Chemistry Annual Meeting）对会议摘要的要求为字数不能多于 500 字，摘要应包括实验目的、实验方法、实验数据和结论。

墙报类论文（poster），也属于会议论文的一种。在会议期间，墙报将大量的文字信息，浓缩成一份文字材料，张贴于墙上。由于商业目的需求，现在的墙报制作越来越精美。墙报有时受会议提供的墙面限制，在文字方面要求简练，必要时可以配合图片和表格说明问题。为了更好地促进广大科研工作者学习和交流，墙报在展示期间可以要求作者在展示现场进行宣讲，解答读者的各种提问，以及与同行进行讨论。一般墙报类论文都是从投稿的会议摘要类论文中选取，例如2009年AACC年会就是从投稿的摘要中选取部分作为墙报类论文进行张贴交流。

（六）其他类

除了以上这些常见的论文形式外，还有一些其他形式的论文，比如评论类、方法与技术类和读者来信类等。

评论类论文（comments）主要是对某一期刊的某一篇文章发表自己的看法或者在某一医学领域内进行总结和评价，必要时作者也会辅助一些自己的实验数据及某一篇文章的结论和结果进行比较，同时提出自己的一些不同见解和建议。有些专业内资深学者也可以对某一专题领域进行全面系统的总结，同时指出该学科内的研究动向、技术革新和应用前景等方面存在的问题。

方法与技术类论文（technical briefs）主要是一些应用类医学学科常出现的一种论文形式。在外科类学术期刊中，会经常发表一些作者独创的手术方法、手术步骤类的论文。为了让读者更好学习，这类论文通常会配上精美的操作图片和详细的解说，为同行进行学习和交流提供了便利，对医疗水平的提高具有十分重要的意义。2007年，在《Orthopedic Clinics of North America》第3期刊登的一篇文章《Minimally invasive techniques for the management of lumbar disc herniation》，对椎间盘最小创伤手术方法的描述就属于这种类型的文章。一些实验方法学研究期刊（如《Biotechniques》）专门发表技术类论文，对医学研究实验方法的选择很有指导意义。

读者来信类论文（letter to the editor）是指作者对该期刊以前发表的论文，发表自己的观点或看法的一类论文，可以对此研究结果发表不同的看法，例如指出其实验设计、实验方法和讨论存在一些不足等，也可以阐述该研究成果的重要性，同时指出该领域还有哪些值得研究的方向。在阐述的过程中可以使用自己的实验结果进行说明，也可以引用别人的结果进行说明。

二、论文的结构

医学论文作为医学发展、实验研究和临床工作总结的主要形式，具有固定的结构和格式。由于研究项目、研究内容、论文类型和期刊要求的不同，论文的格式和结构也不完全相同。论著类论文是医学论文中最常见的一种论文形式，其主要结构包括论文题名、作者署名、作者单位、摘要、关键词、前言、材料与方法、结果、讨论、结论、致谢和参考文献等部分。中文类期刊的论著类论文有时还需要添加英文摘要。

（一）论文题名

论文题名（title）是读者认识全文的一个窗口，是对论文内容的高度概括和提炼，题名须以一个最简明、最直接的词语来表达论文的思想内容，反映研究的广度和深度。一个恰当的题名会让读者耳目一新，让读者有继续阅读的欲望。中文题名一般要求不超过20个字，英文题名一般要求不超过10个实词。好的题名能起到画龙点睛的作用。概括起来，论文题名的确定要遵循以下要点：①题名要准确切题：论文取名时应该能反映论文的研究内容，这样也让读者知道该论文的大概研究领域，是否有继续阅读的必要；②文字精炼，表述明确：论文的题名要尽量以最少的文字表达清楚作者的研究内容、研究的主要目的和研究的某些因素之间的关系；③层次分明：有些论文会有主标题和副标题，主标题和副标题之间要层次分明，一虚一实，相互补充。同时论文的题名要切忌小题大做、随意拔高或刻意复杂化。

（二）署名

论文的署名（authorship）是对作者的成果肯定和荣誉的体现，也是作者拥有版权的标志，而且还表示文责自负，同时也便于读者与作者进行交流联系。当论文发表后署名也利于读者的检索。对于文章的署名，一般期刊都有严格的要求，一般在选定课题、制定研究方案、实施研究工作和撰写论文四部分工作中，对全部或部分工作做出主要贡献，并能对文稿内容负责的人可署名。有些期刊（如《Medical Science Monitor》）要求在论文中列出署名的作者对论文做了哪些工作和贡献。一些部分工作参与者、协助收集样本人员、委托某项检测的工作者以及论文协助修改者，可以酌情列入致谢人员中。论文署名的原则一定要根据对论文的贡献大小进行排列，不能以职位高低、资历深浅排列。署名顺序一旦确定就不要轻易调整。个人署名一般要写真实姓名，不能写笔名或者化名。有些论文具有通讯作者，通讯作者是指论文的主要选题者、制定研究方案者和指导者，对论文具有版权。一篇文章的第一署名人即第一作者是对论文贡献最大的人；目前国外有些研究内容庞大而复杂，需要多位科研人员通力协作完成、可以设立两名或多名第一作者，通常会在论文中进行说明。值得注意的是有些论文是以研究机构的名称进行署名，这类论文的版权归单位集体所有。

（三）作者单位

作者单位（affiliation）是为了方便和作者联系，作者单位的书写应清楚明了，同时应该包括所在城市和邮政编码。它代表了一个单位的科研水平，所以在科研工作中作者应该客观进行实验研究、不能弄虚作假，避免作者所在的单位给读者留下不好的印象。作者单位在论文中还有一个重要的含义，就是这篇论文的版权不仅归作者所有，同时也归作者单位所有，对作者单位提高自己的学术地位、申报重点学科和重点实验室具有重要的意义。特别指出的是，国内高校都要求在职的研究生用于毕业发表的论文一定要把就读的学校写成作者第一单位，否则会影响毕业。

（四）摘要

摘要（abstract），是科技论文的组成部分。它是对论文内容的简要的概括性的介绍。摘要一般分为结构性摘要和陈述性摘要，结构性摘要是论文常用的摘要形式，主要分为目的（objective）、方法（methods）、结果（results）和结论（conclusion）四部分。陈述性摘要是指明文献主题范围，多用于实验性或技术性较强的论文。在摘要部分不应该出现图、表或表达式等非文字资料，也尽量避免自我评价。摘要是论文题名的扩充，是全文的高度概括。摘要的字数一般要求是正文字数的3%～5%。摘要写作应避免太过于简单而不能全面反映论文的内容，同时也要避免太过于冗繁而显得拖沓。值得一提的是，不同的外文期刊对摘要会有不同的要求，例如《Clinical Chemistry》的摘要形式就是标准的结构式摘要。同样是使用结构性摘要，《Clinical Cancer Research》期刊的结构性摘要则为目的（purposes）、实验设计（experimental design）、结果（results）和结论（conclusions）四个部分组成，而《Haematologica》的摘要则由背景与目的（background and objectives）、设计与方法（Design and Methods）、结果（Results）和结论（conclusions）四个部分组成。《Nucleic Acids Research》所使用的摘要形式则为陈述性摘要。基本上同一协会主办的期刊会对摘要要求一致，例如《Cancer Research》和《Cancer Prevention Research》同属于 AACR（American Association for Cancer Research）期刊，都使用了陈述性摘要。

（五）关键词

关键词（keywords），是从论文的题名、正文和摘要中抽选出来、能提示论文主题内容特征、具有实质意义和未经规范处理的自然语言词汇。关键词的主要作用是用于编制索引和帮助读者检索文献，因此关键词对整个论文来说是非常重要的，它涉及作者的研究论文是否能被其他研究人员检索到。由于关键词是未经规范处理的一些词汇，所以美国和中国都发布了主题词表来代替关键词。一般一篇论文的关键词为 3 ~5 个，关键词的选取一定要选最重要的最能代表论文研究内容的词语。

（六）引言

引言（introduction），也称前言，是论文主体的组成部分，它的作用是向读者初步介绍论文的背景和内容。引言的内容通常有如下几个方面：为什么要写这篇论文，要解决什么问题，现有的研究进展，本研究组的研究基础等。引言的最终目的是成为帮助读者阅读全文最生动和直接的引导。

（七）材料与方法

材料（materials，在人类研究中多称 subjects）是指研究作者对研究过程中使用的器材、仪器、实验耗材、试剂名称和厂家、动物品系、患者组成与来源等进行简单的描述，而方法（methods）是指研究过程中作者采用哪种分组、何种方法、何种步骤进行研究。材料与方法的清楚说明也利于读者学习和借鉴，从而进行重复和再现该实验，同时在此基础上继续科学研究。所以材料与方法部分应该忠实于原研究，不应该弄虚作假。很多期刊要求单独一段列出实验研究使用的统计方法和统计软件，能使读者明白研究者得出结论的依据。同时，统计学方法和统计软件的介绍也便于读者也可以在进行相同或者相似研究时进行借鉴。

（八）结果

结果（results）是作者通过研究后所得原始资料进行科学的归纳和（或）精细科学的统计学处理后的描述。结果的叙述应该注意顺序，层层递进。为了弥补文字表述的不足，结果可配合图、表进行辅助说明。表格应该用三线表，图尽量使用原始图片或者仅作稍许修改的图片。作者对结果的描述应该忠实于原始数据，切不可编造和篡改数据。学术界出现的一些篡改和伪造数据的研究者，都对其研究生涯造成了极坏的影响。

（九）讨论

讨论（discussion）是论文中的重要部分，主要包括主要原理和概念、实验条件、本文结果与他人结果的差异、突出新发现新发明、解释因果关系，同时说明偶然性和必然性、尚未定论之处、相反理论、急需研究的方向和问题。讨论不是研究结果的简单重复，而是对研究结果更深入一步的认识。讨论应该立足于本研究结果，同时可以与前人的结果进行比对，不能是简单的文献罗列。讨论的要点是：①本研究的结果说明了什么问题，得出了什么规律性的东西，解决了什么理论和实际问题；②对前人有关本问题的看法作了哪些检验，哪些与本文结果一致，哪些不一致，作者做了哪些修正、补充或者否定；③本研究的不足或遗留问题。

（十）致谢

致谢（acknowledgement）是指对帮助过作者完成此项研究的单位和个人表示感谢。一项科研工作，往往不是一个人或者几个人的力量所能完成，有时需要各方面的协作完成，为了感谢有关单位和个人的指导和帮助，因此，论文中设立了“致谢”项。致谢中提到的人和单位应该是切实帮助过作者的人，切不可用来做人情，同时也应该征得致谢者的同意。

（十一）参考文献

参考文献（reference），是指论文参考和引用别人研究的文献。参考文献一般置于论文最后，是论文的重要组成部分。它不仅表明论文的科学依据和历史背景，而且也一定程度上揭示作者在前人基础上的发展、提高和创新。参考文献的列出也表示对文献作者的尊重。文献应用时一定要是作者自己阅读过的，应该避免文献引用的再引用。引用的文献必须是公开发表的论文和资料，引用尚未发表的文献，也不方便读者的查询和调阅。文献引用过程应避免自引率过高。不同期刊对参考文献的格式要求是不一样的，参考文献可以使用文献管理软件 Endnotes、Notes Express、Reference Manger 和“医学文献王”等进行编辑。在投稿过程中，如果被一个期刊拒稿，再想投别的期刊时，文献管理软件对参考文献格式的更改将大大提高工作效率。

第三节　论文的特点

科技论文作为记载新科研成果的一种重要载体，必须对原始结果进行科学、客观和准确的记录，不能有任何夸大或者与实际不符的成分。对于文学作品来说，同样一个题目和内容可以由不同的作者去写作；而科技论文则不同，不能是简单的重复，应该在前人的研究基础上有一定的创新。论文为了更好地表述清楚，让读者更容易看懂，写作格式应该符合一定的要求，而不能像文学作品那样随意。目前不同种类的论文都有自己特有的固定格式。医学论文作为科技论文的一个重要领域，其特点与科技论文的特点基本一致，主要有科学性、学术性、创新性和规范性等。

一、科学性

科学性是论文的首要特点，是论文的根本，这也是由科学研究的任务所决定的。科学研究的任务是揭示自然界事物发展的客观规律，发现客观真理，为人们改造客观世界提供帮助。如果一篇论文有任何伪科学成分，那么它就不能成为论文。论文的科学性主要表现在以下几个方面：客观性（真实性）、准确性、逻辑性和再现性。

客观性，是指在研究和写作过程中，应该具有严肃的科学精神和端正的科学态度，从选题到实验论证、开题、预实验、数据总结、撰写论文和成果申报等，任何一个环节都必须实事求是去对待，反对科学上不诚实的态度。要做到不能肆意夸大、伪造和剽窃、弄虚作假和篡改实验数据。

准确性，是指论文要客观、准确的反映研究成果的真实情况。论文既要突出自己成功的经验和亮点，也要归纳自己的经验教训和不足。因此，论文的数据必须准确可靠，能够确切地反映一些内在的本质，表述语言应简明恰当，不能含糊其辞，要力求对文章的每一个符号、图片、表格和参考文献等都达到准确无误。

逻辑性，是指论文必须用科学的逻辑思维方式，将实验和临床上观察、检测和统计得到的感性数据经过缜密的分析、概括、综合、推理和论证，从而揭示现象的本质。一篇高质量的论文必须做到结构严谨、层次分明、论据充分得当、推理符合逻辑和结论正确。

再现性，是指论文必须能经得起别人的验证和重复，从而能够得到广泛的应用。在科学研究的道路中，许多后来的研究者都会以前人的研究成果作为基础，进行进一步的拓展研究和深入研究，这就要求论文的结果必须能经得起验证和重复。同时，科技论文的结果如果重复性好和稳定性高，也可以解决工作生活中遇到的实际问题，具有一定的应用价值。而那些不能再现的研究，如同昙花一现，对解决实际问题帮助不大，也只能是空头理论。

二、学术性

学术性是科技论文的本质要求，某一学科领域的科学论文应该是较为专业和系统的论文总集。应该有一定的理论高度，要分析研究具有学术价值的问题，也应该体现一定的学术思想，这是科技论文区别于其他体裁文章的特点之一。文学类的文章可以使用通俗的语言进行写作，而科技论文的语言应使用专业术语，甚至使用专业图形、表格和公式进行表达，这样就使得科技论文让外行人比较难以看懂，而内行人一看即懂，这点也是科技论文具有学术性的重要体现。广义上说，科技论文也属于议论文的一种，但是科技论文又不同于一般议论文的写作方法，一般议论文由论点、论据和论证方法构成，仅论证某个具体问题的利与弊，或者就某种社会现象发表感慨，不具有学术性。而科技论文都是系统和针对性的探讨某一领域的问题，论证和引述更为严谨，而且结论基本都由自己试验或者切身实践后获得的一些材料来支持。

三、创新性

科学研究的首要任务就是创新，就是把以前没有的东西创造出来，把以前没有发现的机制加以揭示和阐述，创新是科学研究的灵魂，没有创新的科学研究只是别人研究的重复，对科学发展没有帮助，是没有意义的。因此，许多期刊都以文章是否有创新性来判断文章刊登与否。同时，我们可以用创新的大小来衡量文章科研水平的高低，来判断其成果大小。也就是说创新是论文的灵魂，创新性是衡量科技论文价值的根本标准。创新性大，论文的价值就高，创新性小，论文的价值就低，没有创新性的论文，也没有发表的必要。论文的创新性不论大小，只要有一点点创新，同样可以发表，同样对科技进步具有推动作用。

四、规范性

科技论文为了满足更好交流的需要，撰写格式和语言的使用都应该符合一定的规范。为了更好地规范科技论文的写作，我国于1988年1月1日颁布了《科学技术报告、学位论文和学术论文的编写格式》（GB7713-87），此标准对不同种类的论文版式、语言规范、计量单位使用等作了严格的规定和要求，国内期刊的投稿都应该参照此规定。对于医学论文的撰写，国际医学期刊编辑委员会于1979年公布《生物医学期刊统一要求》，成为世界范围内医学论文撰写格式的标准文件。此标准对论文的题目、作者、摘要、方法、结果、讨论及参考文献的写法都有严格的规定，同时对论文中出现的图、表、数字和计量单位等也都有规范要求。该标准发布后，经过三次修订，目前使用的该规范是2008年10月最新一次修订版，主要加入了伦理方面的要求。此外，不同期刊都有自己的稿约，对本期刊投稿的文章作了各自的规定。论文的规范性对论文投稿后录用与否起到很关键的作用，一篇论文的质量再高，研究内容再深，如果撰写不符合一定的格式，也可能给主编产生不好的印象从而被拒稿，这是非常可惜的。同时，我们在撰写论文时是否使用规范的要求也反映我们对待科学研究的态度，科学研究应该有一个端正的态度和严格的规定，这样才有长足的进步。

第四节　撰写与发表论文的意义

科学研究的最终目的是推动社会和科技的发展，科技论文是科学研究成果的主要表现形式，也是科学研究的重要环节。通过科技论文的撰写，科学研究中的新技术、新方法、新理论、新观点、新发现和新成果等才能以文字的形式被记录保存，使科技工作者之间进行快速、便捷的交流变成了可能。因此科技论文的撰写也是科技交流的重要手段。同时，撰写论文也是科研工作者必备的基本素养，论文的撰写过程也是对科技人员科研思维训练的一个过程。综上所述，撰写论文主要有以下几点意义。

一、记录新的科研成果

如前所述，自从有了人类文明，人类通过不同的方式记录自身获得的经验，从而推动生产力和科技的发展。但是，古代没有定期交流的期刊，很大程度上限制了科技知识的记录、传递和交流，自十七世纪法国巴黎和英国伦敦开始出现学术期刊后，世界各地也相继出现许多期刊。大量学术期刊的出现迅速加快科学知识的传递，同时也为科技发展新成果的记录提供很好的平台。许多科研工作者想查阅前人的研究成果，可以到图书馆通过调阅以前的期刊进行借鉴，这大大方便了科学研究。目前世界上有学术期刊约20万种，科研工作者的实验研究都是最早在这些科研期刊上发表、从而被记录的。发表的论文会以文字的形式很好地保存下来。近年来，随着电脑网络技术的发展，大量电子期刊的出现，使得科技论文的传播更为便捷。

二、促进学术交流

科研工作者为了将自己的科研成果展示给同行，最好和最快捷的方法就是将自己的科研成果形成专业论文，发表在专业期刊上。对论文中出现的科学理论和学术观点的鉴定，通常也在科学期刊上进行，通过学术期刊的上论文的交流，可以淘汰伪科学的思想。同时，许多反映新进展的论文，也可以通过定期举行的学术活动进行讨论，从而能为更多的人提供面对面的交流和沟通的机会，更好地促进科技和学科的发展。目前，科技期刊的论文交流已经成为国际学术交流的主要途径。此外，衡量一个科研工作者的近期成果，论文的发表数量和质量也是一个重要方面。对中国科研工作者来说，发表SCI（Science Citation Index）论文是与国际接轨和交流的需要，也是让国际同行了解我们的最好途径之一，同时论文发表的期刊影响因子高低也能从某种程度上反映一个科研工作者论文的质量和档次。许多大学的图书馆为了更好地与国外交流，每年都会订购大量的国外学术期刊。近年来，我国也大量创办了英文期刊，为我国的学术论文能够被更多国外科研工作者阅读和了解提供了方便。这种国际间日益密切广泛的学术交流，对世界和我国的科学技术快速发展都是有益的。

三、人才培养的功能

科研工作者从实验设计、具体实施、资料总结、撰写论文到论文的最终发表，每一个环节都非常关键。此过程也是锻炼一个科研工作者科研能力和科研思维的过程。在此过程中，科研工作者可以通过回顾科研设计和具体实施的全过程，发现自己的不足，然后得以改善，科研实践中能力得到提高。另外，在科研设计、开题报告和论文撰写的一系列过程中可以请求专家指导，进行同行评议，虚心接受别人提出的意见和建议，多思考别人提出的合理建议和意见，对自己科研过程的环节进行修正。科研的过程其实也就是老师带学生、前辈指导后辈的一个过程。科学的发展正是在这种接力棒式的传播中得到长足进步。同时，科技工作者也离不开科技期刊，他们可以通过阅读科技期刊上面论文，学习其中的成功经验，为自己撰写论文提供参考。

四、推动科学和社会的进步

科学知识是科研工作者在实验实践中不断总结后得到的。科学知识包括许多新理论、新方法、新观点、新发明和新创造，如果这些科学知识可以反过来指导社会实践，社会生产力水平将会大大提高。而科技论文就是科学技术知识的良好载体，许多新的理论都是通过论文的发表而被大众所熟知。周而复始，通过论文的发表使得科学理论和实践更加紧密地联系在一起，使得社会科技水平不断进步。因此，科技论文在社会发展和社会进步的道路上有着举足轻重的地位。

第二章 选　　题

阿尔伯特·爱因斯坦曾经说过："提出一个问题往往比解决一个问题更重要，因为解决一个问题也许仅仅是一个数字上的或实验上的技能而已，而提出新问题、新的可能性，从新的角度去看旧的问题，却需要有创造性和想象力，而且标志着科学的真正进步。"著名医学家贝尔纳也曾说过："课题的形成和选择是研究工作中最复杂的一个阶段。一般说来，提出课题比解决课题更困难。"

第一节　选题的重要性

一、科学研究的概念

科学研究一词来源于英文的"research"，由前缀"re"和"search"组成，合在一起的含义为反复探索。研究者们常常习惯于用"研究与开发"（research and develop，简称 R&D）来表示科学研究。科学研究是指人们探索未知或未完全了解事实的本质和规律以及对已有知识分析整理的实践活动。前半部分是科学研究的创造活动，即创新、发现和发明，是探索未知事实及其规律的实践活动；后半部分是继承活动，即对已有知识分析整理，使其规范化、系统化。在科研活动中，创造知识与整理知识是不可分割的两个重要组成部分。

二、选题对科学研究活动进展的影响

作为一种系统的创造性活动，科学研究是一个不断提出问题和解决问题的过程。选择课题是科学研究全过程的第一环节，贯穿于整个科研工作的主题思想，指导各项工作的主线，是带有方向性的关键决策，具有非常重大的战略意义。选题就是要正确地发现和提出问题。这些问题，有的来自临床实践，有的来自文献资料。所谓正确，就是指提出的问题要符合科学的认识规律。选题的观点是否正确、选题的方法是否恰当不仅关系到科研的水平和成果的价值，而且与科研的成败、研究的效率有密切关系。正确可行的选题不仅可取得可喜的成果，而且可节省研究时间和研究经费。失误的选题，如：选题的科学性缺乏、可行性不高或低水平重复等，会直接导致整个课题的失败以及人力、财力和时间的巨大浪费。因此，科研工作者必须严肃、认真地进行科研选题，这对于科研工作的顺利进行并取得预期的效果，有着十分重要的意义。

三、选题体现了研究者的学术水平

选题是科学研究工作的强大动力。许多有价值、有吸引力的课题会激发研究人员去思考、去学习、去研究。问题总是在科研活动的前方，也是全部科学探索的起点。研究者对一

个尚待解决的科学问题的提出、研究方案的构建和预期研究成果的展望，集中反映了研究者的科学思辨能力的强弱程度、对学科前沿发展动态了解的深浅程度、基本理论与专业知识的扎实程度和实验技术与方法的熟练程度，体现了研究者的科学思维、理论深度、实践能力和科研阅历。总之，选题反映了研究者的综合学术水平。

四、选题对论文发表的影响

科学研究是论文撰写与发表的前期准备阶段。一个好的科学选题往往会有好的实验结果，所整理出来的文章也常常可以发表在高水平的期刊杂志上。可见，科研选题的质量对后期的论文发表有着重要的影响。医学论文的选题往往与作者从事的专业和科研工作紧密相连，一般都反映了科研工作的局部或整体。对编辑部来说，采不采纳你的论文，要看你的选题对不对路，是否解决了一些科学问题；对读者来说，看不看你的论文，也是取决于他对你的论文选题是否感兴趣。

第二节 选题的基本原则

科学史表明，虽然研究成功的影响因素有多种多样，但其中一个最关键的原因是选题得当。研究者只有选出恰当的课题，才有成功的可能。既然选题对科学研究及论文发表有重要意义，那么，研究人员又应该如何进行选题呢?

任何一项科研选题都有一定的创新成分及不确定性，因而无法在事前保证选题肯定正确。所以选题总是具有一定的风险性。为了降低风险性、提高选题的把握性、提高课题开展的成功率，选题必须遵循一定的原则。

一、科学性原则

选题的科学性原则是指选题的依据与设计理论是科学的。科学性是选题众多原则中最根本的原则，是科学研究的生命。如果学术论文的科学性有问题，在审稿专家审阅论文或鉴定科研成果时，可以“一票否决”。

科学性原则包括三个方面的含义：一是选题必须有理有据，这是选题的理论基础；二是选题要符合客观规律；三是科研设计必须科学，符合逻辑性。

为了保证选题的科学性，可以从以下几个方面做起：①选题时要以辩证唯物主义为指导思想，与客观规律相一致；②以事实为依据，从实际出发，实事求是；③要充分了解所选课题的国内外研究现状和发展趋势；④选题不能与已确认的基本科学规律和理论相矛盾；⑤研究者还要随着基础事实和背景理论的进步而“与时俱进”，对选择的课题及其内容进行必要的调整。科研项目申请书中的“立项依据”就是要阐明拟开展课题的科学性问题。

二、需求性原则

需求性原则是选题的重要原则，是指选题应从社会需要和科学本身发展的需要出发。需求性原则又称目的性原则，明确为什么要研究这个项目，即必须弄清楚拟选课题的目的和意义。与选题的目的性、需求性相联系的是课题的价值性，只有研究课题所解决的问题是有价值的，如社会价值、经济价值、学术价值和理论价值等，才会达到满足社会和经济需要的目的。因此，研究课题的价值性就成了衡量选题需求性和目的性的重要标准，从这个意义上来讲，选题的需求性、目的性和价值性原则是一致的。

从大的方面而言，选题要考虑人类生存、社会建设和科学发展的需要。就医学研究而言，有“救死扶伤、治病救人”的任务，应尽量选择在医药卫生领域中迫切需要解决的关键问题，如心脑血管病、恶性肿瘤和呼吸系统疾病等严重威胁人类健康和生命的疾病。医学基础研究、公共卫生问题、提高生命质量等课题属于长远需要的范畴，也可以选择。就某一具体的专业而言，可结合本专业内研究热点进行选题，因为这些科研热点往往反映了本领域内亟须解决的问题，具有较大的价值性。

三、创新性原则

（一）创新性的概念和特点

选题的创新性是指选择那些尚未解决或未完全解决的、预期经过研究可获得一定价值的新成果的课题，如新观点、新设计、新理论、新技术、新产品和新效益等。通俗地讲，创新就是“人无我有，人有我优，人优我新”。就医学研究而言，基础研究的创新性是指提出对学科发展有价值的理论性问题；而应用研究的创新性则表现在能够提出具有实践指导意义、可提高预防、诊断、治疗和康复效果的新技术、新方法、新材料或新手术方案等。

“有所发明，有所发现，有所创造，有所前进”是创新性的高度概括。“有所发明”强调的是过去从来没有的东西，现在被发明了，如：电灯、电报和电脑等；“有所发现”强调过去本来就存在的客观事物，但现在才被认识到，如：新大陆、新行星和胰岛素等；“有所创造，有所前进”强调的是在原有的基础上，有新的进步、新的发展。

（二）辩证地看待创新性

创新是科研活动最本质的特点，要求所选课题为国内外还没有研究过或没有充分研究过的问题。已公开发表的科学研究成果无国界之分，换言之，作为科学研究不存在什么“国内首创”和“省内首创”。牛顿发现万有引力、爱因斯坦发现相对论、孟德尔发现遗传定律，都是前所未有的开创性工作。但这不是大多数科研工作者所能达到的，医学研究也不应苛求前所未有。

除了填补前人未涉足的研究空白外，下面的研究也具有创新性：①在前人已有的基础上继续突破，在理论上、方法上或结果解释上有所发现、有所改进；②用已有的方法，在前人研究的基础上补充了新内容、新观点，发现了新规律；③对观察方法或统计方法的改进等。

（三）创新性的参考性思路

选题要创新，要求研究者头脑清晰，思维活跃，善于抓住新事物、新线索；要求研究者经常追踪文献，了解研究领域的历史、现状和发展趋势，力求避免因信息闭塞而造成的科研重复。

贯彻创新性原则，关键点就在一个“新”字上。那么，这种创新的课题在哪里呢？一般而言，在各种各样的矛盾点上，如：事实与理论的矛盾、新旧理论之间的矛盾、不同学科之间的矛盾等。这些矛盾突出表现在：科学发展的前沿领域、学派相争论的领域、不同学科的交叉领域、研究工作遇到挫折失败的地方等。科研人员应关注这些领域，抓住线索，进行创新性研究。

四、可行性原则

选题的可行性原则是指所具备的完成和实施课题的主客观条件，是决定选题能否成功的关键。科学研究是认识世界改造世界的一种探索性、创造性活动，总要受到一定的条件限制。如果选题不具备可以完成的主客观条件，再好的选题也只能是一种美好的愿望。如：跨越太平洋的大桥、穿通喜马拉雅山的隧道、1000层以上的高楼，在理论上都可以设计出来；但在施工技术与经济核算上就不具有可行性。因此，选题要从实际出发，脚踏实地，结合研究者和所在单位的情况考虑有无实现课题研究的条件。

为达到选题的可行性，必须考虑以下因素：①科研人员的素质：课题负责人的学术素养与组织协调能力，研究人员的理论水平、专业知识、实验操作技术的掌握情况、科研经验及课题组研究人员间的团队合作精神等；②工作基础：选题通常不是从零开始，一般都对拟选课题已具有一定的研究基础；③研究所需的材料与实验性资源是否得到保证；④实验场所和课题所需的实验仪器设备状况；⑤研究经费来源是否有保障等。除已具备的条件外，对那些暂不具备的条件，可以积极努力创造条件。如研究进展不详，可以先进行文献检索与阅读；研究经费不足，可积极申请各级各类课题资助；实验仪器缺少，可联系校内外相关实验室借用。总之，选题应结合研究者自身情况，扬长避短，利用有利的条件，克服不利的条件，选择符合实际情况的研究课题。

五、其他

（一）效益性原则

效益性原则是指预期成果可能获得的效益。考虑到我国仍为发展中国家的基本国情，要把有限的科研资金投入到最迫切需要解决的医学课题中去。因此，目前只能资助可能获得较大效益的科研项目。具体来说，对于基础研究而言，要求具有理论意义和（或）潜在的应用价值；对于应用研究而言，要求具有明确的经济效益和（或）社会效益。

（二）伦理原则

目前，在医学研究中越来越注重伦理问题，保护研究对象的利益。2000年第52届世界医学大会修订的《赫尔辛基宣言》指出："涉及人体的生物医学研究必须遵从普遍接受的科学原则，并应在充分的实验室工作、动物试验结果以及对科学文献的全面了解的基础上进行。强调在人体中进行的任何研究都应向志愿参加的受试者告知研究的目的、方法、预期的受益、可能的风险及不适。应告知受试者有权拒绝参加试验或在试验过程中有随时退出的自由。"医学伦理学是进行医学研究课题选择时必须要考虑的问题，相应的课题必须经过伦理委员会的审查和每位受试者的知情同意。

第三节 选题的基本过程

选题是科研工作开始的第一步。从研究设想的提出到最终课题的确立是一个连续的过程，包括提出问题、文献复习、课题再评价以及确定课题等四个基本过程（图 2-1）。

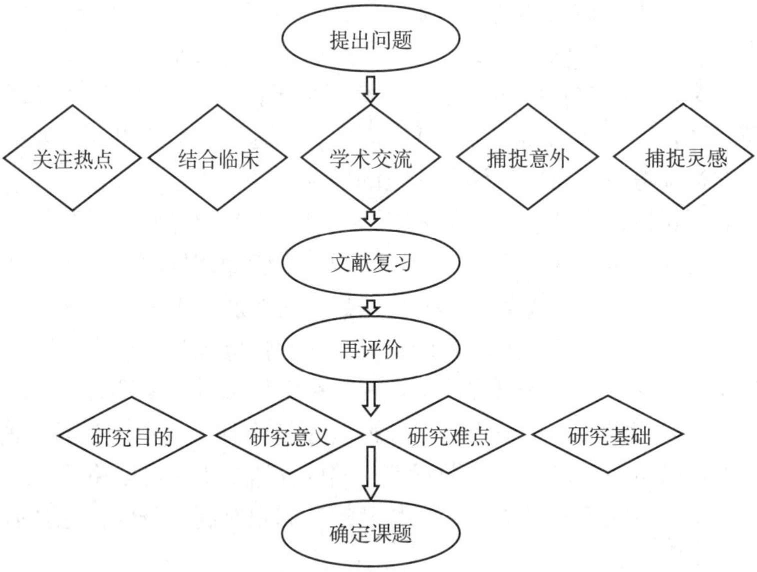

图 2-1 选题的基本过程

一、提出问题

提出问题是科研的起点。历史上有许多著名科学家成功选题的例子，如波特见到扫烟囱的工人中阴囊上皮癌多发，联想到阴囊上皮癌发生是否与职业有关，因此设想调查了工作情况，提出煤炭不完全燃烧可以致癌的假说，最后研究发现了阴囊上皮癌的发病机制。许多划时代的发现，都是从初次意念、提出假说开始的。但是科学问题的提出并不是凭空产生的，它需要有合适的土壤。总的来说，医学科研选题的土壤来源于如下几方面。

（一）关注热点，选择本专业尚待解决的问题

通常来说，绝大多数研究选题来源于研究者熟悉的领域，问题的提出是长期对本专业知识积累和关注的成果体现。创新研究是建立在扎实、广博的知识基础之上的。如果连基本理论都没搞清楚，如何谈得上创新？

研究方向是科研人员在较长时期内从事研究活动的领域。历史上许多杰出的科学家在相当一段时间内总是集中主要精力在某一领域内进行探索，并获得突破。科技工作者在一定时期内围绕某一研究方向主攻某一重要问题，可以保证研究工作的连续性和积累性，也可为具体课题的选择提供线索和范围。所以许多专家学者非常重视研究方向的确定，他们将研究课

题定位于某一研究领域内，当某课题完成后，又可拓展出新的研究方向，就实现了科研课题选定过程中点与面的结合。对一个刚步入研究生涯的科技工作者来说，一般可先确定一个大体的研究方向，选择一个适当的课题进行初步研究探索，在不断研究探索的过程中逐步形成自己的研究方向。如我国著名细胞生物学家、两院院士薛社普长期致力于研究细胞分化和发育研究的相关课题。他注意到鸟类以下的红细胞都有核，而哺乳类动物成熟的红细胞却没有细胞核这一特殊生命现象。为什么哺乳类红细胞分化到了晚幼红阶段开始将核排了出来？这一生化过程的生物学机制是什么呢？由此他产生了哺乳类红细胞发生过程中可能存在某种排核（去核）促分化的因素（EDDF）的想法。按照这个设想，他提出了“红细胞分化的核物质变化规律与红细胞分化去核因子的基因表达调控的研究”这一课题，连续获得国家科技攻关和多项自然科学基金的重点资助，在红细胞成熟和分化方面取得了一系列研究成果。而在这一研究成果基础上，我们是否可以提出科研设想，即采用特异性的分子生物学及其他手段对肿瘤细胞进行干预，使其能主动去核而不影响正常细胞分化呢？如果研究成功，这必将对肿瘤治疗带来不言而喻的革命性突破。

在关注研究热点方面，对于你将要从事某一领域的研究，你必须了解该领域内国际国内的同行研究者们在这一学科研究领域的最新研究动态以及该领域的前沿研究内容和成果，以判定你即将从事的研究内在的学术地位和价值。文献的检索与阅读在这一过程中显得尤其重要。刚开始时，需要精读一两篇最具代表性的文献。在此基础上了解发展动态。在看文献时，绝不要静态地、孤立地、离散地看文献本身，而要动态地了解文献的重要性和不足。提出对文献的质疑，感悟文献的不足。另外，每隔一段时间查阅权威杂志出版的文献（无需每天都看），尽量明白文献的精髓。这不仅能有效地扩展知识面，而且可能成为你创新研究的灵感来源。参加国际国内学术会议，多与国内外同行交流也是掌握学科前沿的途径之一，这不仅可以提高自己的学术交流能力，而且有助于了解大的研究领域的前沿问题。听取别人的研究思路，学习别人的思维方式，自己感兴趣的研究报告还可以跟踪其研究论文，成为自己创新研究的灵感来源。

（二）结合临床，选择日常工作中碰到的问题

平时总能听到临床医师特别是附属教学医院的临床医师抱怨工作太忙，根本无法集中精力思考科研课题，无法潜心进行科学研究。其实不然，临床医师有临床专业的优势，他们平时在科研、教学、疾病防治实践中，随时都可能发现一些问题，萌生一些想法。尽管这些想法不一定都能发展成为有价值的研究课题，但从临床中发现问题，解决问题，并服务于临床是科研创新中的最直接也是最有意义的创新。创新要勤于思索，大胆假设，要从文献中吸取精华。另外，要想创新就要做一个有心人。有时教授学者在学术报告中提及的一个现象或机制，报纸报道的某个有趣的发现，都可能使你脑中灵光一现，说不定你百思不得其解的实验结果正好可以从中得到解释，正所谓处处留心皆学问。

例如，日本学者铃木不二男在临床工作中发现：发育成熟的软骨内血管退化、消失，而软骨如果不发生退行性变，周围血管就难以长入，他因此提出了软骨内可能存在抵抗血管新生的因子的假设。他按照设想进行一系列研究，终于发现了具有抑制血管新生功能的软骨调节素-1（chondromodulin-1）。这样的例子举不胜举，说明临床医师并不缺少科研课题思路，

只要善于发现和总结，还是可以在临床工作中有所突破和发展。

（三）从学术交流中“悟”出问题

科研是一个开放性的活动，只有在相互交流和学习中科研才能取得不断的进步和发展。打个比方可以很形象地说明这个问题：你有一件物品，我有一件物品，如果我们相互交换，那么我们每个人得到的还是一件物品；但是，对于思想来说，得到的结果可能截然不同。如果我们相互交换思想，我们每个人得到的可能是两个思想。也许在我们得到两个思想之后，经过融合思考，可能就会产生第三个思想，这就是创新！所以学术交流是科研活动中不可缺少的一个环节。

相信大多数实验室的导师每周都会定期组织一次学术交流活动，让一个人或两个人作报告，其他的人在下面听报告，可以随意提问以及提建议，而且，每次还会请几个老师把关。在听别人报告的时候，你就可以学到许多东西，并且学会提问，学会分析别人的报告，提出有益的建议，对于作报告者，也会从你的提问和建议中得到启发，认识到不足，这对于双方都是一个非常好的交流与学习。而且，在学术交流时，大家可以把自己遇到的问题提出来，其他人可以帮你想办法，出主意，也许某个问题对你来说很难，但对于别人来说可能很简单，你何不请别人帮你解决这个问题，或者让他给你一个很好的建议。

此外，定时进行的学术交流报告，也可以检查我们科研工作的进展，及时发现问题，及时解决；如果一个人独自搞学问，不闻不问，就会走入一个死胡同，甚至自己做出来后才发现别人早已完成了，自己只不过再重复别人的工作，没有一点创新，那么你所做的科研是没有任何意义的。

而且，学术交流不仅仅限于本专业，相关专业也需要进行长期的交流。我们的专业虽然是医学，但许多领域的东西与生物学甚至物理和化学有关，所以与其他专业科研人员一起做课题，一起交流往往可以得到意想不到的结果。虽然不是一个专业，但是和他们交流会得到很大的收获，因为同专业的人思维大部分都很相似，但是另外一个专业的人，思维就可能完全不一样，会从其他的视角去看问题。有时候你觉得进入困境的时候，他的想法和见解会使你豁然开朗。所以，建议不同专业或相关专业的人士也经常进行一些学术交流，这样最容易带来学术上的创新，以新的思路解决学术上的难题。

（四）忠于事实、捕捉意外

前面介绍的“按部就班的科学研究方法”是科学研究方法常常遵循的模式，但在真正的实践中，没有必要像做广播操那样一节节地做下去，研究者往往会根据不同的情况变通地进行研究。直觉、灵感，甚至运气这一类因素往往在科学研究和科学创新中更起作用。偶然性的发现或灵光一现在科学研究中有时可以发挥事半功倍的作用，甚至达到意想不到的结果，在欧美科学界流传着这样一种说法，许多诺贝尔奖得主的灵感来自喝下午茶。英国科学家弗莱明发现青霉菌杀菌作用进而发明青霉素，就是这样一个极佳的例子。

当然，这样的“好运气”只有那些具有一定领悟能力和善于思考的人才会碰上，换句话说，有些人之所以会碰上这样的“好运气”，只是因为他们具有十分敏锐的直觉，而这种敏锐的直觉则是依靠他们良好的科学素养、丰富的实践经验、深刻的理解力，特别是时时刻刻把想要解决的难题放在心上！

（五）从灵感中提出假设

灵感也是科学研究不可缺失的一个重要组成部分。数学家严加安曾说过：“科技创新犹如化学反应，知识是载体，直觉、想象和灵感是催化剂。”做出创新成果往往需要有灵感，而灵感主要来源于生活。相传有人向希腊国王告发工匠在制作金王冠时用银子偷换了金子，国王叫阿基米德想办法鉴定金王冠是否掺假。于是阿基米德便冥思苦想如何解决这个难题。有一天当他躺进澡盆洗澡时，发现自己身体越往下沉，盆里溢出的水就越多，而他则感到身体越轻。他突然领悟到可以用测定固体在水中排水量的办法，来确定金冠的比重。阿基米德找到的不仅是鉴定金王冠是否掺假的方法，而且是重要的科学原理——浮力定律。

二、文献复习

任何医学科学研究都是前人科研工作的继续。在动手做某项科学研究之前，应该通过查阅医学文献，了解有关研究题目的历史和现状。当然，我们在此所说的文献查阅不是漫无目的地为拓宽知识面、提高专业知识而进行的文献查阅方式。本阶段所涉及的文献查阅是有目的性的，是为求证研究所提出问题是不是一个值得研究的科学问题而进行的活动。它必须牢牢结合选题方向进行有针对性的文献检索，筛选过滤相似文献，提取有价值的文献，以了解该领域当前的国内外的研究进展以及尚待解决的问题。在检索过程中，根据个人爱好不同，我们可以采用由面到点的方法，也可以采用由点到面的方法。在此，我们以上述“红细胞分化的核物质变化规律与红细胞分化去核因子的基因表达调控的研究”为例阐述由面到点的检索方法。假定我们的研究立题是采用红细胞去核分化相关技术抗肿瘤细胞生长。对于这个课题，在面上，我们首先需要做的是尽可能找一到两篇该领域权威人士撰写的最新的述评性文章，详细了解红细胞分化发育及细胞去核的具体过程以及肿瘤细胞分化发育相关文献。然后我们可以重点把目光放在红细胞去核分化因子这一关键问题上，着重了解其来龙去脉，包括表达、分化、调控以及在细胞成熟过程中作用，为什么它会导致红细胞脱核，以及其表达调控的空间和时间。接下来我们可以检索有无促肿瘤细胞脱核方面的相关研究，了解有关肿瘤细胞脱核方面的最新进展。然后我们把红细胞去核分化因子和肿瘤细胞作为两个点结合起来进行文献搜索，研究国内外有无最新红细胞去核分化因子在肿瘤细胞内表达调控以及促肿瘤细胞脱核方面的研究，如果有，找到全文后详读文献以了解最新的研究动态，并及时调整自己的研究重点。如果没有，先别忙着庆祝，要思考为什么没有相关研究，是研究立题确实是一个独创性研究，还是该课题不值得研究或难度太大无法进行研究。当这两个点结合起来确实没有相关文献时，我们则根据我们已有的红细胞去核分化因子表达调控方面的知识进行文献求证，如该因子仅表达于红细胞某一阶段，我们则可以检索有无红细胞去核分化因子促其他细胞脱核分化的实验研究，有则借鉴之并用于肿瘤细胞研究；倘若该因子广泛存在于各种细胞，则需检索有关其靶向调控的研究文章，并探讨其应用于肿瘤细胞的可行性。当然，这一过程中有关肿瘤细胞的靶向研究也是完成标书过程中必须要兼顾的。而由点到面的检索方式则反之，首先对研究的切入点进行检索，然后对检索结果有的放矢地展开研究，在此就不再赘述。

三、再评价

当研究假说成立后，研究者脑海里必须经常保持警惕：一旦假说开始形成，偏倚可能也随之产生。偏倚会影响观察、解释以及判断，主观愿望可能在不知不觉中发生影响。防止这种倾向发生的最好方法，是养成一种使自己的愿望服从客观证据的思想方法。而对研究立题进行再评价是克服这种困难的最好办法。再评价则是在围绕选题的基本原则下对研究立题进行重新审视，主要包括如下几方面的内容。

（一）为什么要研究这个课题

这涉及课题的需求性原则，再次从需求性原则出发探讨选题的目的性与课题的价值，从社会价值、经济价值、学术价值和理论价值角度探讨研究课题的可行性。对于基础研究而言，着重探讨研究课题所能带来的理论意义和潜在的应用价值；对于应用研究而言，则需从经济效益和社会效益方面考虑。

（二）该研究能解决什么问题

课题立项完成后，回答研究所能解决的问题也即是再次探讨立题科学性的过程。这是研究者及资助者最关心的问题，只有很好地回答立题所能解决的问题后课题才有生命力。因此研究者必须静下心来，充分了解所选课题的国内外研究现状和发展趋势，在不违背已确认的基本科学规律和理论的前提下，以事实为依据，从实际出发，实事求是地评价课题的科学价值所在，探讨研究所能解决的问题。

（三）解决主要问题的难点是什么，如何突破

研究课题的难点及突破口是每一个课题所必须面对的问题。对这一问题的回答是对课题研究认识的再次升华过程，它可以使研究者清醒地认识到研究课题存在的问题及未知性，克服这些困难所需面对的阻力以及预期成功的可能性，这可以让研究者结合自身工作条件和基础，对课题完成有一个充分的估计。

（四）前期基础

前期的工作基础和实验数据是立题研究的理论依据和保障，是我们进行下一步研究的信心来源。事实上，在立题过程中进行的一些前期工作（如小范围的调查或预备性实验等）有助于完善研究方案，选择更合理的技术路线，筛选更有效的研究方法或观察指标。同时在申请基金时，有较坚实的前期工作基础也能增强标书的竞争力，并可以使评阅者对研究者的研究背景有更深入的了解。

四、确定课题

课题虽然是研究者的周密研究过程的起点，但毕竟还是初步的，还必须具体化一些，进一步明确课题研究包含的问题的范围和界限，把模糊、不确切的问题变成清晰、确切的问题。随着课题的具体化，就可以更加明确地规定研究的任务和目的。一个研究课题往往包含好几个层次的问题、任务和目标，研究计划可以对此作出分析，对它们所处的层次和相互关系形成明确的概念，并按由浅入深、由近及远的原则规定各研究阶段的目标和任务。一般来说，课题中包含的科学见解和思想只是对问题的某种认识，这种认识应该在课题的具体化和

精确化过程中得以展开，并且能在研究计划中得到体现。

第四节　选题的技巧与注意事项

一、选题的技巧

（一）从课题项目指南中选题

国家和地方各级卫生和科技部门都会定期或不定期地下达课题项目指南，如国家973计划、863计划、国家自然科学基金和各省市级课题的项目招标指南等，都明确提出了鼓励研究的科研领域和重点资助的范围，比较详细地提出了一系列可供选择的研究项目和课题。我们可以根据自身条件选择适合自己的研究课题。科研人员应关注这些项目指南，可从国家科技部、卫生部、国家自然科学基金委员会、各省科技厅、卫生厅和各级医学会的网站上获取相关的项目指南信息，并认真学习，深刻体会项目指南中蕴涵的科学精髓。这些项目指南是政府各级部门组织专家反复讨论、论证并结合我国社会和经济发展而确定的，体现了科研选题的需求性原则，按这种需要进行选题是一种事半功倍的方法。但是值得提出的是，项目指南中所列出的课题是比较宏观和笼统的，科研人员进行选题时，应在这个范围内结合自身的科研专长再进行细化，从某一角度、某一方面或某一侧面探讨这个课题。从客观上来讲，这也给每位选题者增加了一定的思维和发挥的空间，可充分发挥出选题者的主观能动性。

（二）从学术争论中选题

科学研究是一种探索性的创造性思维，是在发现问题、提出问题和解决问题的过程中不断发展的。由于人们看问题的角度不同，且易受各种主客观因素的影响，对同一现象、同一问题持有不同观点、不同认识，甚至产生激烈的争论，也是科学中常有的事。如手术治疗中术式的选择、疾病治疗中药物的选择、诊断方法的选择以及检验方法与试剂的选择等。

在学术争论中，会有正确与错误之分，即便是基本正确，也会有不完备之处，争论的双方都会有许多问题值得进一步探讨和深究。因此，关注学术之争，深入了解争论的历史、现状和争论焦点，抓住这样的问题去选题，很有意义。

学术争论是活跃学术气氛、促进科学交流与繁荣的重要一环，也是辨别“真科学”与“伪科学”的重要手段。对自然科学研究而言，学术争论常常是打开源头创新之门的钥匙。对此类学术争鸣的焦点进行选题，通过临床与实验研究提出自己的观点与看法，这样的论文常常能引起编辑与审稿专家的注意，刊出后也会受到读者的关注。

（三）善于借鉴，巧用移植

“他山之石，可以攻玉”。建立课题的借鉴移植是选题的重要方法之一，它是指把应用于某学科、某专业、某疾病的先进方法和（或）技术等移植过来，应用于另一学科、专业、疾病，为己所用。如现代医学影像学大量地移植和借鉴物理学和计算机技术领域的最新成果，已发展成为临床医学最重要的辅助学科之一。

（四）从学科的边缘交叉区和空白区选题

各学科之间的交叉点是探索奥秘的藏宝之地。科学史表明，科学研究经历了综合、分化、再综合的过程。随着现代科学的飞速发展，一方面，学科高度分化，分支越来越多、越来越细；另一方面，学科高度综合，一门学科往往又与众多学科相联系。高度分化与高度综合的结果，必然产生多学科的相互交叉和相互渗透。学科交叉点往往就是科学新的生长点、新的前沿，这里最有可能产生重大的科学突破，使科学发生革命性的变化。因此，从多学科的融合中提出新问题，选出新方向，更有可能有新的突破。

从学科交叉区选题的形式包括三个层次：第一是方法上的交叉，即采用其他学科的研究方法、研究技术来解决本学科的问题，从而得到新的数据、结果和结论。第二是不同学科、不同专业的研究人员互相结合，针对同一问题，从不同侧面去进行研究。第三是学术思想上的交叉与互融。学科交叉是学术思想的交融、交叉思维方式的综合和系统辩证思维的体现。自然界现象复杂多样，仅从某一视角研究事物必然具有较大的局限性，不可能深刻揭示其全部规律，而采取交叉思维的方式进行的跨学科研究具有多视角的特点，就有可能形成正确完整的认识。著名物理学家海森伯就曾提出：“在人类思想史上，重大成果的发现常常发生在两条不同的思维路线的交叉点上。”DNA 分子双螺旋结构的发现就是一个非常典型的学科交叉的例子，该发现是物理学、化学和生物学交叉融合的结果。涉及的主要四位研究人员，Wilkins 和 Crick 是物理学家，Watson 是生物学家，Franklin 是化学家，前 3 位学者荣获了 1962 年诺贝尔生理学及医学奖。

学科的高度分化与综合也往往产生一些学科空白区。著名科学家钱学森的导师维纳有一句名言：“花最少的精力，而可能获得最大的成功，只可能是那些未开垦的处女地。”学科的空白区也可以作为选题的来源，在别人还没开垦过的土地上，更可能培育出绚丽的成功之花。

二、选题的注意事项

（一）结合自己的专业和专长选题

选题不应仅仅注意到上文提到的基本原则和技巧，还应结合自己的专业和专长，这样更容易获得成功。切不可为了选题而选题，或为了发表一篇文章而随便选个题目做一下。结合选题者自己的专长进行选题，会更了解所选课题的专业背景，也往往会有更高的研究欲望，这对后续的科学研究而言是一个好的开始。这样“量力而行”和“有的放矢”的选题也更容易发表高水平的学术论文。反之，如果脱离自己的专业和专长、缺乏基础或不感兴趣，即使题目选定了，也很难高质量地完成实验、写出高质量的论文出来。

（二）选择合适的选题范围

选题上常常出现的一个误区就是所选课题过大，研究内容太多，做起来往往费时费力，而且不容易把问题搞清楚，更不容易出文章、出成果。如“中药的免疫调节机制研究”、“肿瘤的诊断方法研究”和“环境因素对不孕的影响”之类的选题就属于研究内容太大、主攻目标不明确的例子。

一般而言，选题宜小不宜大，一个课题只能解决某一领域的某一个问题，如国家自然科学基金的要求就是“回答一个科学问题”，题目小容易做深做透，把问题搞清楚，也往往可以发表高水平的论文。如“纳米银镀层抗菌医用聚丙烯网片的实验研究”、“线粒体功能障碍在肾小球足细胞早期损伤中作用的研究”和“脊髓谷氨酸转运体在慢性病理性疼痛发病机制中作用的研究”之类的选题，大小就比较合适，反映出明确的研究目的和具体的研究内容。因此，要对选题的范围加以界定，大小要合适，力争从实际出发，量力而行，恰如其分。

（三）努力扩大自身知识面

在科学技术迅速发展的今天，学科分化越来越细，文献浩瀚如海，研究者如果只注重本学科、本专业的学习是远远不够的。在选题及课题研究的过程中，不可避免地、或多或少地会涉及其他专业。一般而言，一个优秀研究者所要具备的知识结构包括以下两个方面：①广博的多学科知识，自然科学研究者甚至还需要懂一些社会科学学科的知识，如哲学对指导科学研究有很多理论上和方法学上的帮助；②透彻的、有相当深度的专业知识。研究者们往往更注重后一方面知识的积累，但是，如果只注意学习本专业的知识，往往会造成科学研究的“后劲不足”。因此，研究者在学习本专业知识的同时，应注意学习相关专业的理论知识与实验技术，可拓展自己的研究思路，提高自己发现问题、分析问题和解决问题的能力。

（四）加强与相关学科的交流

多学科的知识对推动科研选题乃至整个科研活动有着重要的意义，但是，毕竟对大多数科研人员来说，重新学习一个专业非常困难，更不用说同时学习多个专业了。因此，加强学科交流是一个有效的弥补方式，在与不同专业的人员交流中，常常会打开困惑你多年的“谜团”；对你来说很复杂甚至无法解释、不能解决的难题，在另外一个专业的人员看来，有可能就是“小菜一碟”。此外，不同学科人员的交流过程中，很可能会撞击出“灵感的火花”。

（五）要克服思维定势

科学研究是探索未知的活动，而推动探索工作的动力是大脑的思维活动，在探索的实践中，常形成固定的思维习惯，即思路，为选择和解决各类科研问题提供了帮助。然而，在选题时，思维活动也常常受到这种“固定思路”的影响，考虑问题僵化、机械，心理学称之为思维定势。思维定势是科研选题的大忌，它往往使选题工作重复着一个思路，一成不变地照搬、照套已有模式，甚至钻进死胡同。如在申请国家自然基金时，有一个人研究基因芯片中标了，大家都来研究基因芯片；有一个人搞蛋白质组学中标了，大家都来研究蛋白质组学。结果盲目跟踪，毫无创新可言。在选题的实践中，应努力避免跳入身边同事的“模子”里面去，可通过看多领域的文献、了解不同倾向的观点、多参加一些跨学科跨专业的科研实践等方法来避免“一叶障目”。

第五节 选题的案例分析

一、案例分析1：HLA新等位基因的发现

（一）案例概述

HLA是人类主要组织相容性抗原，在白细胞上表达最强，因此俗称白细胞血型。HLA系统是迄今发现的最复杂的人类基因多态性系统，至2005年5月WHO公布的HLA等位基因已有2006个，分属于HLA各

个基因座位。HLA 多态性非常丰富，因此又有人把个体具有的 HLA 等位基因看作是区别于别人的“基因身份证”。

在医学上，HLA 与器官移植和造血干细胞移植关系特别密切，供者和受者 HLA 等位基因相配程度越高，移植器官越易植活，排斥反应越小，术后对于免疫抑制药物依赖越轻。HLA 对于造血干细胞移植更重要，完全匹配可以减轻致死性的移植物抗宿主病（GVHD）。进一步研究发现，机体免疫活性细胞识别入侵的异种或异体抗原诱导特异性免疫反应发生时，必须要有自身 HLA 抗原参与，此称 HLA 抗原免疫反应限制性。

两年来，我们在为近 2 万份中国造血干细胞捐献志愿者 HLA 基因分型的大量工作中，采用分子生物学方法，利用 SSP（sequence specific primers）技术在 HLA 低分辨分型，利用 SSOP（sequence specific oligonucleotide probes）技术在 HLA 中分辨分型，以及分别应用 DNA 单倍型特异性分离技术（haplotype specific extraction，HSE）和 DNA 亚克隆技术，通过以 DNA 序列分析为基础的 HLA 高分辨分型，最终发现和确定了我国汉族人群中的三个 HLA 新等位基因。经美国国立卫生研究院（NIH）基因库（GenBank）审核论证，于 2005 年 2 月 18 日被 WHO HLA 命名委员会正式命名为 B*0740，DRB1*1449，DRB1*1609。随后，我们将鉴定三个 HLA 新等位基因的主要资料整理成文，分别发表于免疫遗传学国际著名杂志《Tissue Antigens》和《International J Immunogenetics》。迄今我国报道的 HLA 新等位基因近 20 个，不到已知 HLA 等位基因总数的 1%。由我国自行鉴定的 HLA 新等位基因更是寥寥无几，而在江苏是首次。

美国 One Lambda 公司已根据 WHO 公布的我们实验室发现的新等位基因序列更新了 HLA 分型试剂盒，实际应用于世界范围 HLA 分型工作中，体现了我们实验室研究成果的实际应用价值。

（二）分析

本案例成功运用临床实验标本中标本量大的特点，进行了 HLA 新等位基因的筛选工作。然而，在那么大的群体中如何有效地筛查，需要 HLA 专业分析人员的配合和指导，以及对 HLA 基因分布研究知识的积累。作者熟悉国内外研究进展，制定了详实的筛查计划及严密的论证计划，最终发现并鉴定了 3 个 HLA 新等位基因。研究成果得到了 WHO HLA 命名委员会正式命名，相关文章得以发表，并获得了自己的知识产权，以及最终应用、服务于临床，体现了重要的科研、实用价值。个人具体的体会如下。

1．原始“火花”的产生　也就是说在选题中发现研究新亮点，可能很多人为找这个新点而苦恼！我的体会是：要大量阅读，增加自己的知识储备量，这里一定要包括泛读和精读，合理搭配，节约宝贵时间；研究领域不要涉及太广，要选几个自己感兴趣的领域深挖；密切联系自己的工作，联系自己的优势，这样想出的科研课题可以更好地得以实现，具有切实可行性；本案例就是在临床工作中产生，并联系国内外文献资料，设计形成了探索中国 HLA 新等位基因的原始“火花”。

2．理论形成　这一步非常重要！就是说把发现的“火花”用“理论”证实它，让它成为选题的依据。在本案例中就是对 HLA 新等位基因的论证过程。如何进行有力的论证，如何满足 WHO 的命名基本要求等。这些都需要在熟悉了解国内外文献的基础上进行回答，并且也都是非常现实的需要马上解决的问题。如果理论不能形成，有再好的 idea 也不能实现。

3．创新性和价值　有无创新性，这就需要我们的积极检索了，要通过检索来证实这个“火花”是否具有创新性。另外，还要注意这个“火花”的现实意义或者长远意义。这两点都涉及将来的课题申请以及投稿。科研劳动的特点就是创新，没有探索性、缺乏创新性、只是重复前人做过的工作，不能算作真正的科研。那种将国外已经应用而国内尚未开展的新的实验方法移至国内进行重复，也不属于创新。选题、立题要有创新性和先进性，还必须与科学性相结合，所提出的新问题、新假设、新思路必须符合客观规律。在本例中，作者不仅在方法上进行了创新，而且选择的研究对象也是文献未报道的，属于创新点之一。同样，发现中国人的 HLA 新等位基因对于研究中国人群的 HLA 遗传学特点具有重要意义。

4. 可行性分析　这包括方法、材料、资金、设备等等。方法还包括实验方法和分析方法（软件应用，统计）等。总之，在可行性上要尽量发挥自己的优势和特长，不要选那些自己都没有信心的“火花”！本例中作者从事 HLA 分型工作，是在实践过程中摸索出来的对 HLA 新等位基因的理解，并且参照文献，认为自己的实验室中可以完成相关实验。另外资金充足、标本来源丰富等都是该实验顺利完成的必要条件。

二、案例分析 2：肠杆菌科细菌和非发酵菌中整合子的研究

（一）案例概述

抗生素的大量及不合理使用促进了细菌耐药的迅速发展，细菌耐药已逐渐成为一个全球性的问题，其严重后果是影响抗生素的临床治疗效果、增加患者的治疗成本、缩短新药的应用周期、直接威胁人体健康。传统观念认为，细菌耐药是由基因突变引起。然而，这种基因突变引起的细菌耐药性并不能传播。整合子（integron）概念的提出更好地解释了细菌耐药快速发展的原因。整合子是一种与耐药基因水平传播有关的新的可移动基因元件，它由两侧的保守区及其间的可变区构成，可变区可含有一个或多个耐药基因。在整合酶的作用下，整合子可捕获外源耐药基因，并借助于质粒或转座子在同种和（或）不同种细菌之间水平传播。

作者在 2003 年开始进行科研选题，拟进行硕士课题的实验研究。根据文献检索结果，当时国内对整合子的研究刚刚起步，只有为数很少的几篇文章发表，研究涉及的菌株量很少，只有几株或几十株。而中国作为一个抗菌药物使用的大国，整合子介导细菌耐药的特点必然与国外不同，因此，我们选择整合子作为研究的靶标，系统收集了中国南京地区四家大医院的肠杆菌科细菌和非发酵菌（包括铜绿假单胞菌和鲍曼不动杆菌），进行了整合子的检测，并分析了整合子中所携带的耐药基因。

我们共收集了 342 株肠杆菌科细菌、铜绿假单胞菌和鲍曼不动杆菌，首次调查了南京地区整合子的流行性情况，证实了整合子广泛存在于这些菌株中。在整合子检测和整合子携带的耐药基因的分析方法学上，我们也进行了一些优化。对于整合子的检测，以往是采用 3 次 PCR 分别检测 3 种不同类型的整合子，我们采用简并引物同时扩增 1 类、2 类和 3 类整合酶基因来检测整合子，再采用限制性内切酶对扩增产物的酶切分析来确定整合子的类别（不同种类整合子的酶切带型不一样），不会造成漏检，且通过 1 次扩增同时检测了 3 种类别的整合子，降低了实验成本，节省了实验时间，是进行大样本整合子筛查的理想方法。而关于整合子携带的耐药基因研究，以往主要依靠 DNA 测序技术，然而在进行大样本整合子携带的耐药基因分析时，要对整合子可变区阳性扩增产物全部进行测序成本很高，工作量也很大。因此，我们联合限制性片段长度多态性技术（restriction fragment length polymorphism，RFLP）和 DNA 测序技术分析整合子携带的耐药基因，即先对可变区的阳性扩增产物进行 RFLP 分型，对于 RFLP 带型一致的片段，仅需选取 1 例进行测序，所得测序结果可代表这一“类型”的可变区片段所含的基因，这样可大大节约实验成本，降低工作量。这一方法是进行整合子中耐药基因分析的一种快速、价廉的方法，特别适用于大样本的研究。

对整合子携带的耐药基因的分析发现，整合子可变区主要含有编码对氨基糖苷类和磺胺类抗生素耐药的基因，并含有少量的 β-内酰胺类耐药基因、氯霉素耐药基因和功能不清的开放阅读框。经 GenBank 数据库 blast 比对，首次检出了 5 种整合子可变区耐药基因组合形式：*aadB-catB-like-bla*$_{oxa\text{-}10}$/*aadA*1、*aadA*6-*orfD*、*aadB-bla*$_{P1}$、*aadB-aac*（6’）-Ⅱ*a-bla*$_{CARB\text{-}8}$ 和 *orfI-aadA*1，已登录 GenBank，基因号分别为 DQ141319、

DQ091179、DQ141316、DQ288251 和 DQ092497。这些新的基因盒组合形式的发现，丰富了整合子携带耐药基因的组合种类，也证实了整合子在细菌耐药机制与耐药传播中的作用。

考虑到1类整合子广泛存在于南京地区肠杆菌科细菌、铜绿假单胞菌和鲍曼不动杆菌中，2类整合子在志贺菌中流行；且肠杆菌科细菌、铜绿假单胞菌和鲍曼不动杆菌对氨基糖苷类、β-内酰胺类和喹诺酮类等抗生素的耐药和多重耐药与1类整合子的存在明显有关，志贺菌对链霉素、复方新诺明、氯霉素和四环素的耐药与2类整合子明显有关，我们提出将整合子作为细菌耐药的标记（marker），用于细菌耐药性监测。

（二）分析

1. 密切结合临床　著名医学专家韩启德院士曾经说过，做科研就要么“顶天”，要么“立地”。“顶天”讲的是通过科学研究提出新假说，发现新机制、新方法等；“立地”讲的是所做的研究要有实际应用的价值。很多临床一线的工作人员常常感叹，整天忙于应对临床工作，没有时间抽出精力再另外去做科研。而实际上临床工作与科研工作并非两个独立的任务，两者之间有很多相通之处。临床一线的医务人员更应该多做一些“立地”的科学研究项目，毕竟医务人员更清楚临床需要什么。丁香园准中级站友 jgw 在帖子中就提到，在他做住院医生的时候，发现阑尾炎的误诊比较多，通过查阅文献，试用B超诊断阑尾炎，以期减少误诊。通过坚持不懈的动物实验与临床应用研究，最终取得了成功，目前这项成果已经在全国很多医院普及使用，并写进了外科学的教科书中。本案例也是一个密切结合临床的例子，立足于细菌耐药愈演愈烈的实际，收集临床菌株，进行耐药机制的研究。所研究的整合子也可用于临床，进行地区的细菌耐药性评价。

2. 发展相对性创新　科学研究最重要的原则之一是“创新”，但谁都知道，原始创新谈何容易。提出一个新假说，发现一个新机制，探索一个新技术、新方法需要多年科研工作的沉淀，“冰冻三尺、非一日之寒”。当然，有的时候，发现一个新基因、新蛋白，还需要幸运女神的眷顾，但是不要忘了，“幸运女神只眷顾有充分准备的人”。很多成功的科学研究都可以做到相对的创新，即在前人的基础上有所突破，在某一理论的某一角度、某一侧面上有所发展。就拿本案例来说，如果要发现一个新型的整合子就很困难，而发现一些新的整合子基因盒组合形式（cassette array）就相对容易，我们就首次报道了5种新的基因盒组合形式，成功发表了2篇SCI论文。

3. 不要盲目跟从专业内的热点问题　选择专业内的热点问题进行科学研究本是个好方法，但目前，国内学术界存在着盲目跟从专业热点的现象。就拿国内对整合子的研究来说，2002～2004年发表的关于整合子的论文（图2-2）较少，为1～6篇，属于起步阶段；2005～2007年后论文数增长明显，为30～46篇；2008年略有回落，为33篇。但仔细研读一下近几年的文章，会发现大多属于同一类型，即收集一批菌株后检测整合子，属于低水平重复，没有新意，学术价值也较小。进一步分析每年发表的中华级论文所占百分比（图2-3），发现2003～2005年中华级论文所占比例较高，为33.3%～50.0%，2005～2008年逐年下降，至2008年仅为9.1%。因此，研究者们不可盲目选择热点问题，而应认真进行文献检索、阅读和分析，力争在选题的视角或检测方法学等方面有所突破，切不可照着前人的思路简单重复。

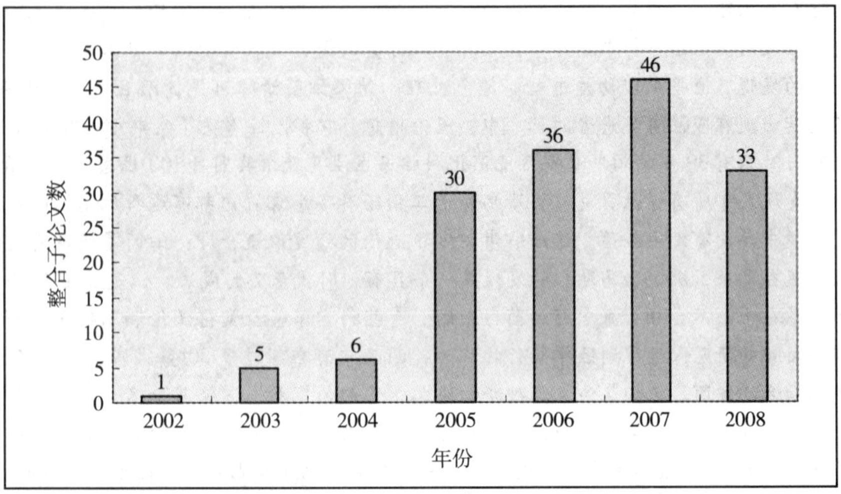

图 2-2 2002 ~2008 年发表的关于整合子研究的中文论文数（不含综述）

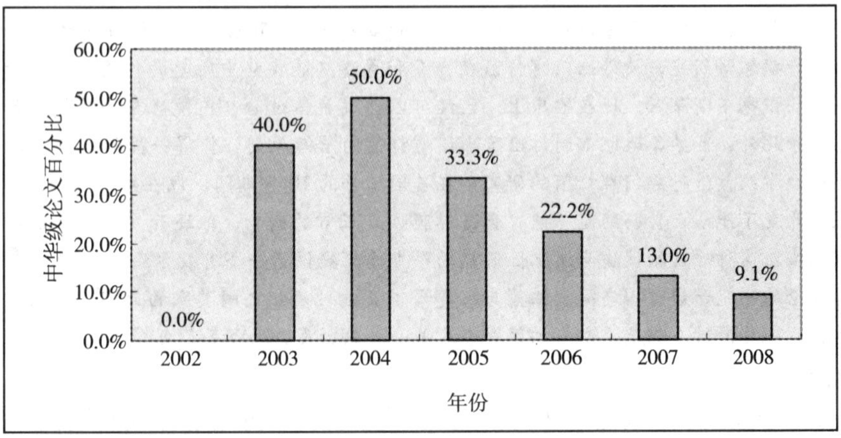

图 2-3 2002 ~2008 年整合子研究中文论文中中华级论文所占百分比

三、案例分析 3：幽门螺杆菌与消化性溃疡关系的发现

（一）案例概述

长期以来，医学界一直认为，慢性胃炎和消化道溃疡等疾病与精神压力过大和不健康的生活方式有关，这些不良因素会导致人的胃酸水平过高，长时间的胃酸刺激便会引发慢性消化道疾病。所以，过去临床上治疗慢性胃炎和消化道溃疡常规会使用抑制胃酸的药，但效果并不理想。在沃伦和马歇尔的发现得到承认之前，医学教科书里也明确指出，人的胃中是不存在细菌的，因为胃酸具有腐蚀性，没有任何细菌能在其中存活。

1979 年，在澳大利亚珀斯皇家医院工作的沃伦用高倍显微镜观察一份胃黏膜活体标本时，意外地发现其中存在着无数细菌。沃伦查阅大量文献后发现仅有少量文献报道在胃内发现有细菌存在，而在这些文献中，所有研究者都认为这是实验污染或其他原因造成，所以并未见后续研究报道。而且当时经典权威著作均将胃内无细菌存在作为铁一样的事实写进教科书。但沃伦并没有像其他研究者一样迷信书本，想当然地认为胃中不可能存在细菌这一说法，将标本中的细菌当作污染而将之丢弃。沃伦为了验证他的胃黏膜中存在细菌的设想，他又对其他活体标本进行了检测。令人惊奇的是，又在其他活体标本中找到这种细菌。为了让同事相信他的发现，他将病理切片进行了染色处理，结果细菌清晰可见，而且数量比预想的多得多。由于这种细菌总是出现在慢性胃炎患者的标本中，沃伦猜想，它和慢性胃炎等疾病可能有着密切关系。

于是，他和当时只有30岁的珀斯皇家医院消化科临床医生马歇尔共同对100位患者的胃活体组织切片进行了研究，并发现几乎所有慢性胃炎、胃溃疡和十二指肠溃疡患者胃内都有这种细菌，而在无胃炎及胃溃疡的患者胃黏膜中却没有发现细菌。这进一步印证了沃伦的研究假说，即：细菌是慢性胃炎和消化性溃疡的致病原因。现在看来，沃伦和马歇尔的发现是一个具有划时代意义的成果。但是，在20多年前，固守传统观念的学术界人士是不会相信胃中有细菌存在的。有些科学家甚至觉得沃伦和马歇尔的研究是荒诞不经的。为使这一大胆的研究假设得到医学同行的认可，两名学者在经过了30多次实验后，终于在1982年培养出了一种不知名的细菌。他们认为，这种新细菌属于弯曲菌家族，遂将其命名为幽门弯曲菌。后来又发现，它应该属于螺旋菌，所以又改名为幽门螺杆菌。接下来，为了证明自己的观点是正确的，马歇尔不惜拿自己当“实验动物”。他没有胃炎，也没有胃部其他不适。他让其他医生取出了一些他的胃黏膜组织，以证明他的胃中没有幽门螺杆菌。随后，他吞下了含有幽门螺杆菌的培养液。一周后，他开始出现胃痛、恶心等胃病症状。通过内镜检查和病理活检发现，马歇尔已经患上了胃炎，而且在他胃部发炎处存在着幽门螺杆菌。在应用了抗生素等药物之后，他的胃病很快就痊愈了，再次检查他的胃黏膜组织则未发现有幽门螺杆菌的存在。最终，人们终于意识到这一研究成果的重要意义。随后，全世界的科学家通过人体试验、抗生素治疗和流行病学等研究，使得幽门螺杆菌在胃炎和胃溃疡等疾病中所起的作用越来越清晰，对这种病菌致病机制的认识也不断深入。现在临床上，已经可以通过抗体试验、内镜检查和呼气试验等方法诊断幽门螺杆菌感染。此外，世界各地也都制订出了幽门螺杆菌的治疗原则。值得一提的是，1986年马歇尔来到美国弗吉尼亚大学继续进行幽门螺杆菌的研究。在美国工作的10年期间，他在幽门螺杆菌研究方面取得了丰硕的成果，开发了能杀灭胃肠细菌并使胃肠道黏膜恢复正常的药物，他还开发了能查出细菌散发的硫化物的呼吸测试法。这种呼吸测试法为消化性溃疡的早期诊断提供了一个有效方法。

马歇尔和沃伦的研究开启了一扇探索细菌与人类慢性炎症性疾病之间关系的大门。现在，一些科学家由此开始考虑其他一些慢性炎症是否也与细菌感染有关，如结肠炎、风湿关节炎等疾病。

（二）分析

可以说在这个案例中，沃伦和马歇尔教授具有了研究者可能成功的所有必备条件：强烈的研究兴趣、扎实的临床和科研工作基础、严谨科学思想武装的头脑和机遇的垂青。

1. 强烈的研究兴趣　首先，科研成功的第一个重要因素是强烈的研究兴趣，兴趣是创新的巨大源泉，也是研究原动力所在。兴趣是最好的老师，许多科学家、发明家取得伟大成就的原因就是由于浓厚的认识兴趣所产生的强烈的求知欲望。在本案例中沃伦的科研兴趣来源于临床医学工作的偶然发现，虽然与现有理论相悖，但沃伦并没有迷信权威学说，而对此倾注了极大的研究兴趣，创新性地提出胃黏膜中存在细菌这一假说，并对这一观点进行反复验证，以谨慎的态度对待提出的科学问题。如果没有沃伦对胃黏膜内发现的细菌倾注强烈的好奇心，就不会有胃内存在细菌这一创新性的研究假设的出现，我们对慢性胃炎和消化性溃疡病因的认识可能要晚上数年甚至数十年。

2. 扎实的基础积累和良好的文献阅读方法　光有研究兴趣，没有扎实的临床及科研积累也是无法达成目的的。对于我们许多初学者来说，不通读本专业研究领域内50篇以上相关文献，精读5～10篇研究“大牛”所写最新综述性文章是不会有好的创意产生的。在研究创意产生前你必须读别人的论文（original paper）。知道别人的长处和短处。这样你才知道你的进一步工作是干什么，怎么解决别人没有解决好的问题。如何做到和做好这些呢？我个人的经验就是：需要强烈的质疑精神。这种精神是决定一个人研究水平的最关键非智力因素之一。沃伦教授就具有这种强烈的质疑精神。我所接触的一些很好的研究者，都是在这方面有很深“造诣”的人。他们看别人的文章，总是鸡蛋里面挑骨头，对别人提出的任何一个观点，本能的反应是完全不相信。人格上有某种好斗的倾向。我可以担保，如果你是这种类型的人，恭喜你，你确实很适合做研究。具备这种精神的人，通常会在一切很微妙或很复杂的理论中保持清醒的头脑，正确的评价别人的工作，而不是盲从或扼杀新的思想。质疑，或者是批判精神，并不是不认可别人的工作。质疑的一个好处，就是当你质疑了半天，发现别人的东西是对的，或是很有意义的时候，你会真正理解别人的思想和他的价值。养成这样的习惯，会使你的学术积累更深厚。所得来的知识是活的，而不是死的，为以后更鲜活的思想提供借鉴。质疑的另外一个最重要好处就是，当你发现别人的不足或缺点的时候，这就是你得到 idea 的最重要发源地之一。所以，你要带着批判的眼光来读你遇到的每一篇学术论文！另外值得一提的是要学会带着问题读文献，当研究立题在头脑中形成一个初步框架时，要在阅读文献时刻意带着问题在文献中找答案，探询你所提出的问题在文献中有无报道，有没有人曾尝试在这方面进行研究等，这也就是文献复习和再评价过程。

3. 科研立题的意义和可行性分析　研究成果是否具有意义对于研究立题来说无疑是首位的，要么解决一个关键问题，要么能够产生实际应用。沃伦和马歇尔教授在发现胃内存在细菌这一事实前提下，进一步提出科研假说，即幽门螺杆菌与慢性胃炎发生存在着关系，这一研究立题对于临床治疗慢性胃炎和消化性溃疡显然具有重要的意义。另外，选题除了新意还要有可行性，可行性也就是回答你能否解决它的问题。假如你需要大型仪器，中国没有，不可能让你去国外做，那就死了这条心。或者立意很好，但是实施起来非常困难，不容易出结果。谁都知道癌症的早期诊断和治疗意义非常大，但是做起来很难，或者可行性好，但是由于时间限制做不完。相对而言，技术手段的重要性要低一点，你可能会说，技术手段越先进，发高影响因子的文章越容易，这样说有一定道理。但是如果你立题好，技术手段越简单越好，这就是为什么立题非常重要的原因所在。一旦你能找到最简单的路子，你的立题意义决定你能不能发高水平文章，简单的方法决定你的课题能按期完成。当然，这一点说起来容易，做起来却非常难。

4. 要学会触类旁通　研究创新包括源头创新，如沃伦教授提出胃内幽门螺杆菌与慢性胃炎关系，同时它也包括“移植”模式的创新，如在马歇尔和沃伦的研究开启了一扇探索细菌与人类慢性炎症性疾病之间关系的大门后，一些科学家由此开始考虑其他一些慢性炎症是否也与细菌感染有关，如结肠炎、风湿关节炎等疾病。我们也可以采用类似的思维方式来进行研究立题，这种创新对我们来说难度相对小一些，成功的可能性也更大些。

四、案例分析 4：EB 病毒潜伏膜蛋白 2A 转染树突状细胞激发特异性 CTL 治疗鼻咽癌的研究

（一）案例概述

EB 病毒属 γ 疱疹病毒亚科，是一种致肿瘤病毒。鼻咽癌是我国华南地区最常见的恶性肿瘤之一，其发

生与EB病毒感染密切相关。鼻咽癌发病率高，以侵犯青壮年为主，易发生淋巴结和远距离转移，而且不能手术治疗。放射治疗是首选治疗方法，但放疗往往难以清除微小肿瘤病灶和循环中转移的肿瘤细胞，且治疗产生的副作用对机体免疫功能可造成损害。由于鼻咽癌患者机体存在免疫逃避机制，往往不能产生有效的特异性抗肿瘤免疫反应，因此鼻咽癌的免疫治疗尤为重要。基于携带EBV及其产物是肿瘤细胞区别于正常细胞的最大特点，靶向EBV的免疫治疗方法，可特异性杀伤EBV阳性的肿瘤细胞。

机体抗肿瘤免疫需通过抗原提呈细胞（antigen presenting cell，APC）对肿瘤抗原进行加工、处理方可诱导产生，作为体内功能最强的专职APC——树突状细胞（dendritic cell，DC）在机体抗肿瘤免疫中发挥重要作用。利用强免疫原性的肿瘤抗原修饰DC，在体内外诱发产生针对肿瘤细胞特异的免疫应答是近十年来抗肿瘤免疫治疗的热点。我们实验室自上世纪九十年代末就开始将该策略用于鼻咽癌免疫治疗的相关研究。

免疫治疗的关键在于选择有效的肿瘤抗原。在广泛阅读国内外相关文献的基础上，我们最终选择了EB病毒潜伏膜蛋白2A（latent membrane antigen 2A，LMP2A）作为免疫治疗的靶抗原。我们通过体外细胞因子诱导培养，从人外周血单核细胞（peripheral blood mononuclear cell，PBMC）获得DC，以LMP2A重组腺病毒转染DC，再与自体PBMC混合培养。结果正常健康携带者及鼻咽癌病人的PBMC，经LMP2A重组腺病毒转染自体的DC刺激后，都显著诱导出针对EBV-LMP2A的特异性细胞毒性T细胞（cytotoxic T lymphocyte，CTL）。在体外实验的基础上，我们进一步探讨动物模型体内LMP2A转染树突状细胞治疗EB病毒相关肿瘤的效果。我们将LMP2A转染入SP2/0细胞，筛选得到稳定表达LMP2A的SP2/0细胞，将其注入BAL B/C小鼠皮下形成肿瘤，得到表达LMP2A的小鼠移植瘤模型。用转染LMP2A后的树突状细胞输入荷瘤小鼠体内，能明显抑制肿瘤的生长，延长荷瘤小鼠的生存期。在后续的实验中，我们又在裸鼠体内研究LMP2A特异性CTL的抗肿瘤效应。结果治疗组内1只裸鼠肿瘤完全消失，其余肿瘤均明显小于对照组；而且治疗期间所有裸鼠生活特性正常，均未发生死亡及其他病理变化。这些结果提示体外诱导的人LMP2A特异性CTL可在鼻咽癌裸鼠动物模型体内发挥有效、安全的抗瘤作用。

该研究先后获得2项国家自然科学基金和3项省级课题的资助，相关研究成果为靶向EBV的鼻咽癌临床免疫治疗提供了理论基础和客观依据。

（二）分析

以上呈现的是一个紧紧跟踪学科发展，密切联系国内实际，充分发挥自身优势，持之以恒深入研究的典型案例。现就个人体会进一步阐释如下。

1. 准确的定位　如果把科研分为基础研究、应用基础研究和应用研究三个层次，我们在做科研前首先应该确定自己的总体定位。我希望做哪个层次的研究，能够做哪个层次的研究？前一个问题源于你的科研兴趣和职业定位。你是对机制的探讨更感兴趣，还是对解决临床的实际问题更关注？你是（或将是）一名临床医生，还是一名基础研究人员？后一个问题“我能做哪个层次的研究”，这既与个人能力、经历相关；但更重要的，也是我们难以控制的是我们的实验室能做哪个层次的研究。实验室的软件如何（传统、研究基础、技术平台），硬件又是怎么样？在一个长期从事应用研究的实验室，单枪匹马去做信号转导显然不是一件轻松的事。尽管目前国内一些重点实验室的仪器设备与时俱进，达到了国际水平；但更多的实验室仍然处于温饱水平，有台PCR仪，再有台蛋白电泳仪基本就能算个富农了。牛人甲语录：“飞机大炮干飞机大炮的活，大刀长矛办大刀长矛的事”。在仪器设备难以资源共享的现实条件下，脚踏实地选准定位是十分重要的。我们实验室从自身实际出发，多年来一直坚持走应用基础研究的道路。在本案例中，没有复杂的机制探究，没有开创性的技术研发；而是合理地选择一些成熟的技术，创新的移植于一个新的问题的研究。因此从自身和环境的实际出发，准确定位是做好科研的第一步。在选准了科研定位之后，我们要解决的问题是选择什么样的研究方向。当然研究方向的确定，同样取决于自身的兴趣、素质，取决于实验室和周围环境的条件和积累。坚持一个有活力、有潜力的研究方向，是成功的关键。比如我们实验室的科研选题一直围绕的就是肿瘤相关病毒的免疫学研究这个方向，这是病毒学、免疫学和肿瘤学的相互渗透的一个领域，选题的空间相对比较宽广。这个案例介绍的选题，就是围绕这个方向，体现的正是多学科的交融。

2. 抢得“潜力股” 一旦确立了科研定位和方向，接下来的问题是选择什么样的具体课题。同样是肿瘤的免疫治疗这样的应用基础性研究，可以做鼻咽癌、肺癌、乳腺癌……五花八门；可以用单克隆抗体、DC、细胞因子……千奇百怪。林妹妹、宝姐姐到底选谁呢？具体的选题要注意新颖性、科学价值和延续性。目前，我们的研究还是盲目跟风的为多，借用葛优的台词“哪儿人多，我进哪儿”。举个例子，这几年似乎跟免疫沾点儿边的都在做Toll样受体。这样热点很快就会引起审美疲劳。我们重点关注的应该是“潜力股”，也就是将来的热点。要能发现潜力股，必须有敏锐的嗅觉。什么是将来的热点？什么是最有希望的“潜力股”呢？科学价值无需多说，没有谁会把大笔的经费投在无关痛痒的鸡毛蒜皮上面。但必须指出的是，有没有价值是相对的。比如在美国，结核的发病率低，结核的研究就显得不太重要，相关的研究投入就不多；NIH甚至会把更多的钱投在西尼罗河病毒上。再比如说鼻咽癌，美国发病率远远低于中国，他们在研究EBV相关肿瘤时似乎更倾向于研究淋巴瘤。本案例中，我们研究的对象是我国华南地区十分常见的鼻咽癌，这就很有意义。我们选择LMP2A转染DC治疗鼻咽癌，而几乎同时老外做的是LMP2A转染DC治疗淋巴瘤。最后，选题要注意课题的延续性。如果你的课题建立在本室前人的基础上，那么你的研究会省力很多。因为你有物质基础，有技术平台，一切水到渠成。报课题时，评审专家还会说你有研究基础。但遗憾的是，我们的研究常常遍地开花，今天张三做一块，明天李四来了又重启炉灶。表面上摊子铺得很大，但没有深入的东西，缺乏厚度。牛顿都说自己“站在巨人的肩上”，我们不在已有的基础上发展是十分困难的。

第三章 文献检索

在今天这个信息爆炸的时代，如果缺乏有效利用信息的能力，将很难从五花八门的信息中汲取新知识，把握时代潮流。检索就是一门在信息的海洋中撒网捕鱼所必需的新技能。科学技术的日新月异，导致文献资源急剧增加，如何从浩如烟海的文献中快速、准确地搜寻所需？文献检索就是一块敲门砖。文献检索贯穿科研活动始末，熟练掌握文献检索，将极大地改变我们的思维方式、学习方式。

第一节 文献检索概述

一、文献检索的概念与分类

（一）文献检索的概念

文献检索（literature retrieval）有广义和狭义之分，广义的文献检索包括文献的存储和检索（storage and retrieval）两个过程，是指将文献按照一定方式集中组织和存储起来，并按照文献用户需求查找出有关文献或文献中包含的信息内容的过程；狭义的文献检索则仅指从文献集合中找出所需要文献的过程。

（二）文献检索的分类

文献检索主要有以下几种不同的分类方法：

1．按文献加工深度分类　文献检索按加工深度不同分为题录检索、文摘检索和全文检索，可以分别为用户提供题录信息、文摘信息、全文信息。

2．按检索手段分类　文献检索按检索手段分为手工文献检索和计算机文献检索，计算机检索包括光盘检索、联机检索和互联网检索。近年来，互联网检索正以其数据更新快、检索速度快和多途径检索等诸多优点，成为现阶段使用最广泛的文献检索方式。

3．按检索对象分类　文献检索按检索对象分为以文献中的数据为对象的数据型信息检索（data retrieval）；以文献中的事实为对象，检索某一事物发生的时间、地点或过程的事实型信息检索（fact retrieval）；以及以文献原文为检索对象的文献型信息检索（literature retrieval）。

二、文献检索的意义

从事医学科学研究，撰写医学论文，离不开查阅文献。文献检索是打开人类知识宝库的金钥匙，具有十分重要的意义。

（一）参考、借鉴

科学研究和论文创作具有继承性、发展性，必须继承和借鉴前人的成果（科研思维、科研设计方法等)，以避免重复研究，提高自身的科研素养与科研效率。

（二）学习

随着现代科技的飞跃发展，知识的更新速度很快，而传统的书本知识很难在第一时间体现出来，文献检索能使我们及时地跟踪各学科领域内的最新研究进展，学习新的研究方法、新技术，更快地掌握新知识。

（三）创新

在继承和探索的基础上有所创新是文献检索的灵魂，通过检索，要善于分析别人研究中的优缺点，借鉴其优点，而对其缺点加以改进，提炼出新的方法、技术、观点，形成自己的新思想。

三、文献检索技术、途径与方法

（一）文献检索技术

在计算机文献检索系统中，基本的检索技术有布尔逻辑检索、截词检索、位置算符检索、字段检索、全文检索等。

1. 布尔逻辑检索　布尔逻辑检索主要通过以下三个布尔运算符来实现。

（1）逻辑与（AND）：含义是检出的记录必须同时含有所有的检索词，作用是增加限制条件，缩小检索范围，提高查准率。

（2）逻辑或（OR）：含义是检出的记录中至少含有几个检索词中的一个，作用是放宽检索范围，提高查全率。

（3）逻辑非（NOT）：用来排除含有某些词的记录，作用是缩小命中文献范围，增强检索的准确性。

三种布尔逻辑算符的优先级从高到低为 NOT > AND > OR，也可用优先算符“()”来提高布尔逻辑算符的优先级。

2. 截词检索　截词检索指在检索式中使用截词符号来表示检索词的某一部分允许有一定的词形变化，主要用于检索词的单复数、词性的词尾变化、词根相同的一类词以及同一词的拼法变异等，提高查全率。不同的数据库和搜索引擎有不同的截词符号。常见的截词符有：“?”和“*”，“?”常用于有限截词（0~1 个字母）；“*”常用于无限截词（0~n 个字母）。

3. 位置算符检索　位置算符检索适用两个检索词以指定间隔或者指定的顺序出现的场合，比如，以词组形式表达的概念、彼此相邻的两个或两个以上的词、被禁用词或特殊符分隔的词以及化学分子式等。常用的位置算符有：

（1）A（W）B：表示 AB 两词靠近，次序为 A 先 B 后。

（2）A（nW）B：表示 AB 两词靠近，次序为 A 先 B 后，中间最多可加 n 个词。

（3）A（n）B：n 含义为 near，表示 AB 两词靠近，次序可变。

（4）A（nN）B：表示 AB 两词靠近，次序可变，中间最多可加 n 个词。

（5）A（F）B：F 的含义为 Field，表示 AB 两词在同一字段中，次序可变，中间可插任意检索词。

（6）A（S）B：S 的含义为 Sentence，表示 AB 两词在同一子字段中（同一句子中），次序可变。

4. 字段检索　字段检索是限定检索词必须在数据库记录中规定的字段范围内的一种检索方法，字段检索有时是用代码来表示，不同数据库提供的检索字段可能有差异。

5. 全文检索　全文检索是指直接对原文进行检索，通常用于全文数据库和搜索引擎中。

（二）检索途径

文献检索的主要途径包括著者途径、主题词途径、分类途径、关键词（或自由词）途径、题名途径等。

（1）著者途径　许多检索系统均有著者索引，专利文献检索系统有专利权人索引，可以利用这些索引从著者、编者、译者、专利权人的姓名或机关团体名称字顺进行检索。

（2）主题词途径　主题词检索是根据标引人员按照规范词表标引出的主题词进行检索，其优点是专指性强，便于读者对某一问题、某一事物和对象作全面系统的专题性研究；缺点是主题词选择必须准确，否则无法进行查找。

（3）分类途径　即按学科分类体系来检索文献，能体现学科系统性，反映学科与事物的隶属、派生与平行的关系，便于我们从学科所属范围来查找文献资料，易于扩大或缩小检索范围。

（4）关键词（或自由词）途径　关键词（或自由词）检索的最大优点是词语不必规范化，用户可根据自己的需要，选择熟悉的词语进行检索，比较方便。其缺点是容易漏检，因而使用这种途径进行检索时，必须同时考虑多个同义词、近义词，以减少漏检。

（5）题名（书名、刊名、篇名）途径　一些检索系统中提供按题名检索的途径，如书名目录和刊名目录。

（6）引文途径　文献所附参考文献或引用文献，是文献外表特征之一，利用这种引文而编制的索引系统，称为引文索引系统，用户利用引文途径可以从被引论文去检索引用论文。

（7）其他途径　有些文献有特定的序号，如专利号、报告号、合同号，一些医学文献还编有特定形式的索引，如药物名称索引、基因符号索引等，其优点是方便了专业用户的检索，其缺点是掌握起来比较困难。

（三）检索方法

1. 计算机检索的主要方法

（1）截词检索法：有前方一致、后方一致、中间一致等形式。

（2）组配检索法：即将表示提问的检索词用布尔逻辑连接成一个检索提问式进行计算机检索的一种方法。

（3）加权检索法：即用户根据检索词的重要关系，分别给每一个检索词赋予一个值，经过特定的加权运算后，输入一个规定值，以此值的大小决定文献取舍。

（4）扩展检索法：扩展检索法，是为节省时间并保证查全率所采用的应用上位概念扩展查找有关文献的方法。

2. 手工检索的主要方法

（1）顺查法：自课题研究的起始年代，由远而近查找，缺点是费时、费力、工作量大。

（2）倒查法：与顺查法相反，由近而远、逆时间顺序的检索方法，一般由当年开始，倒查1~2年或5年。

（3）抽查法：根据文献资料发表集中的年代或时期，抽出其中一段时间进行文献检索的方法，一般适合在熟悉该学科、课题发展特点的情况下使用。

（4）追溯法：利用已有文献信息如述评、综述或专著后所附参考文献进行追溯查找，缺点是漏检、误检的可能性较大。

（5）分段法：是综合应用多种方法进行查找的综合性文献检索方法，这种检索方法多在医学科研人员选定了课题、制定了科研计划后，或检索工具不全时使用。

四、文献检索步骤

检索者因需求和习惯的不同，检索方法和途径也多不同，但检索的基本步骤却是一样的，一般包括：

（一）分析检索课题

根据检索课题的要求，初步明确文献检索的类型、文种、年限等。对于科学研究的文献查新，尤其要注意查全率；对于论文的写作、发表等，则面临格式要求、选择什么样的期刊发表等问题。

（二）选择检索工具

选择适当的数据库等检索工具，确定检索方法。

（三）编制检索策略

综合分析课题及数据库的特点，将检索词表转换成系统采用的检索标识，选择检索技术构建检索提问表达式。

（四）查找文献信息

开展检索，对检索结果进行分析、评价。

（五）调整检索策略

根据对检索结果的分析，反复修正检索策略，直至达到比较满意的结果。

（六）获取原始文献

对检索结果进行再分析，包括文献的出处、作者单位、摘要、甚至参考文献等，选择影响力高、有代表性的原始文献进行阅读。

第二节　国内医学文献的检索

一、中国生物医学文献数据库（CBM）

（一）数据库概况

1. 简介　中国生物医学文献数据库（CBM）由中国医学科学院医学信息研究所开发研制，该数据库收录了1978年以来1600多种中国生物医学期刊以及汇编、会议论文的文献题录，学科范围涉及基础医学、临床医学、预防医学、药学、口腔医学、中医学及中药学等领域。CBM已经实现了与维普全文数据库的链接功能，对于1989年以后的全文，授权用户可以直接获取全文。

2. 登录　CBM 网络版登录地址：http://cbmwww. imicams. ac. cn，在 CBM 数据库的登录页面（图 3-1），用户输入用户名和密码，点击确认按钮，进入检索页面（图 3-2）。

（二）检索

CBM 提供基本检索、主题检索、分类检索、期刊检索、作者检索以及索引检索六种方式，此外用户还可采用限定检索、定题检索或通过检索史进行组配检索。

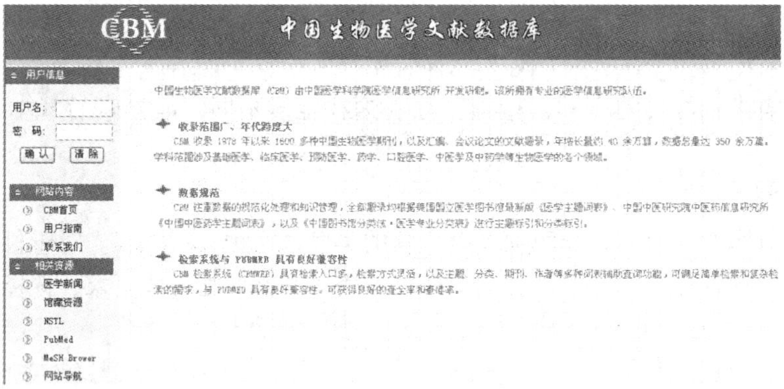

图 3-1　CBM 网络版登录页面

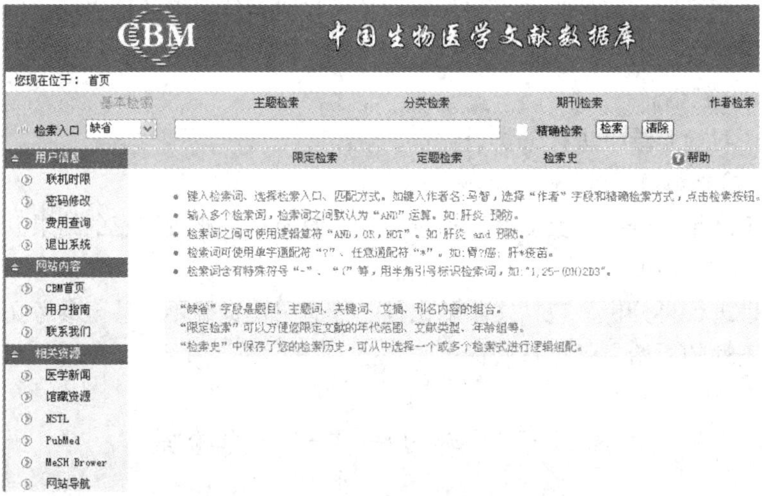

图 3-2　CBM 检索页面

1. 基本检索　系统缺省的检索界面就是基本检索，用户需要在检索入口后的下拉菜单中选择题目、作者、文摘、关键词、刊名等检索字段，默认的“缺省”字段是题目、主题词、关键词、文摘和刊名内容的组合。

用户可以在检索词输入框中输入单个检索词，也可输入检索式。在检索词输入框后有“精确检索”的匹配方式，选择后就要求检索词与检索字符串完全相等，然后点击右侧的

“检索”按钮，系统将在指定的字段内进行搜索。

在初次检索结果中，基本检索界面会出现“二次检索”选择框，输入新的检索词，勾选“二次检索”，点击“检索”按钮，即可在上一次检索结果范围内进行新的检索。

注意：精确检索仅限于作者、关键词、刊名、出版年、期、分类号、主题词、特征词等字段。

2. 主题检索　点击 CBM 检索页面上方“主题检索”链接，进入主题检索页面。CBM 全部题录均根据美国国立医学图书馆最新版《医学主题词表》（即 MeSH 词表）和中国中医研究院图书情报研究所新版《中医药学主题词表》进行了主题标引，并根据《中国图书资料分类法》进行了分类标引。主题检索可用中文主题词、英文主题词及同义词进行查找，并且可以通过设置是否加权、是否扩展，选择合适的副主题词，使检索结果更符合检索需求。

在检索入口处的下拉菜单中，可选择使用中文主题词或英文主题词进行检索（缺省状态为中文主题词）。

在主题词输入框键入检索信息，如“心脏病”，点击查找按钮，系统显示含有心脏病的所有款目词、主题词列表以及对应的文献数量，有时显示的第一个主题词（或第一页）并不是我们需要的，就需要向下查找或翻页。找到需要的主题词后点击即可进入该主题词页面，用户可以选择是否“加权检索”、“扩展检索”，数据库提供了可组配的副主题词供选择，此外还可以浏览主题词注释信息和树形结构表。

加权检索表示仅对主要概念主题词检索；扩展检索指对当前主题词及其所有下位主题词进行检索；副主题词用于对主题词的某一特定方面加以限制，强调主题词概念的某些专指方面。主题词注释包括该主题词的中文名称、英文名称、树状结构号等内容，阅读主题词的注释信息，可以对检索起到一定的帮助作用。

树形结构表主要说明了主题词之间的相互关系，由上位概念词到下位词一层层打开，形似倒置树枝的形状，用户可以在结构表中选择合适的上位词或下位词执行检索。

3. 分类检索　分类检索是依据《分类表》，通过分类名和分类号进行检索。

分类检索在检索入口处提供“分类名”、“分类号”两种字段，在检索词输入框中输入检索词，点击“查找”按钮，若查找的是类名，则显示所有含有检索词的类名及对应的分类号的列表；若查找的是分类号，则显示以此分类号开始的分类表。用户也可通过点击分类导航类目前的“+”，打开下一级类目，找到需要的类名后直接点击。选中“扩展检索”表示对该类目及其下位类同时进行查找。

4. 期刊检索　在期刊检索页面，数据库提供刊名、出版单位、出版地、主题词四种字段，输入检索词，点击“查找”按钮即可获得含有该检索词的期刊列表，选择所需期刊名点击，显示期刊信息及检索设置页面，用户可以设置期刊的出版年、期；选择“期刊代码”检索，可检出该刊及其更名期刊；设置好后，点击“期刊检索”按钮开始检索。

期刊的查找也可通过点击“期刊导航”下的目录逐级浏览期刊的基本信息并进行检索。

5. 作者检索　在检索输入框键入作者姓名，点“查找”按钮，系统显示包含检索词的作者列表，找到所需点击即可。

6. 索引检索　在输入框键入检索词，点“查找”按钮，出现索引词列表，从索引词列表中选中合适的索引词，点击后即可开始检索。

7. 限定检索　在“基本检索”主页面，点击检索词输入框下方的“限定检索”链接，进入限定检索页面，用户可以对文献类型、年龄组、性别等进行限定。限定检索可以在检索前限定，或者对已有检索式做限定，取消限定检索前，限定设置始终有效。

8. 定题检索　定题检索是对预先制定好的检索策略（检索史）进行保存，在下次使用数据库时可以直接调用保存过的检索策略，用于定期跟踪某一课题的最新文献。点击检索词输入框下方的“定题检索”链接，进入定题检索用户登陆页面，用户成功注册后可以制订检索策略并保存，以后定期调用检索策略，获取最新信息。

9. 检索史　点击检索词输入框下方的“检索史”链接，进入检索史页面，检索史页面按照时间顺序从上到下依次显示检索式，用户可从中选择一个或多个检索式用逻辑算符（AND、OR 或 NOT）组配检索。一次检索最多能够保存 1000 条策略，每页最多显示 100 条，用户也可删除检索史。

（三）检索结果的处理

在检索完成后，系统直接显示检索出的文献，缺省情况下，仅显示文献的题录信息（图 3-3），用户可根据需要在“显示”按钮后的下拉菜单中选择“文摘格式”或“详细格式”，点击“显示”按钮即可显示相应格式。

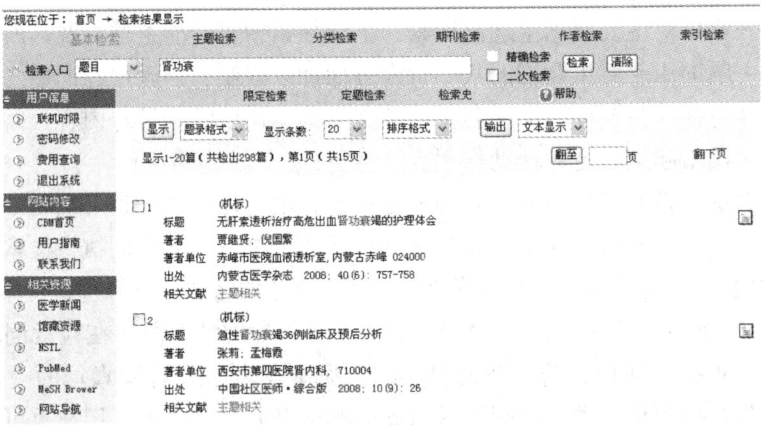

图 3-3　CBM 数据库检索结果页面

在浏览检索记录的同时，可以通过勾选记录前的复选框对需要的记录进行标记。对于检索结果，用户还可设置每页显示条数、改变排序方式、设置输出格式等。CBM 数据库对记录中的作者、期刊、关键词、特征词、主题词、副主题词都做了超链接，用户直接点击后系统将开始检索并显示结果。在一些检索记录后有一文本框，此即 CBM 提供的全文链接，授权用户可以直接点击获取全文。

（四）检索举例

查找有关发表在核心期刊上的药物治疗肝硬化方面的中文文献。

分析：“肝硬化”作为一种疾病，可利用主题词进行查找，“药物治疗”与副主题词“药物疗法”对应，“核心期刊”可利用“限定检索”来实现。

步骤：利用主题检索查找“肝硬化”，然后选择扩展全部树，勾选副主题词“药物疗法”，点击“主题检索”按钮；在检索结果界面点击“限定检索”，进入限定检索页面，勾选“核心期刊”，点击确认按钮；最后点击“检索”按钮，即可得到检索结果（图3-4）。

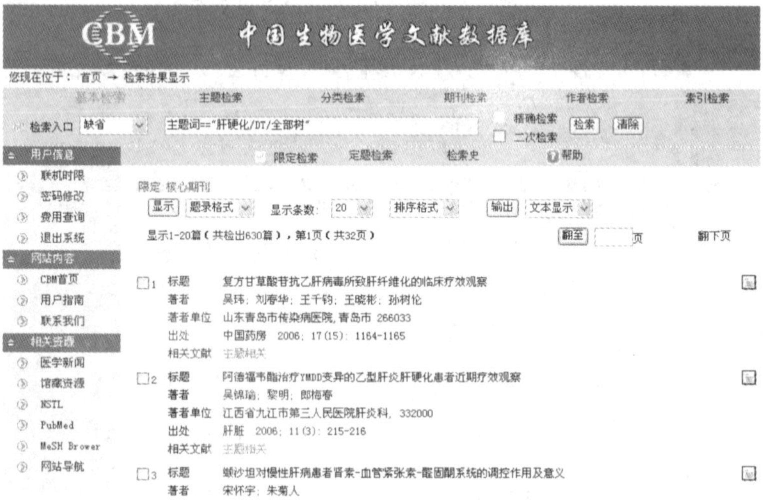

图3-4　CBM数据库检索举例结果页面

二、中国期刊全文数据库（CJFD）

（一）数据库概述

1．简介　中国期刊全文数据库是中国知识基础设施工程（China National Knowledge Infrastructure，简称CNKI）的重要组成部分，由中国学术期刊（光盘版）电子杂志社开发，是目前国内内容较为丰富的动态更新的中国期刊全文数据库。截至2008年底该库共收录期刊9200多种，含1800多种核心期刊，累计1994年以来的全文文献量2900多万篇，近4000种期刊可回溯到创刊；收录内容包括理工A、理工B、理工C、农业、医药卫生等十大专辑，每日更新。近来，出版商又推出了中国期刊全文数据库（世纪期刊），该库基于对近5年来期刊、学位论文、会议论文等文献引文数据的分析，遴选出4195种过刊引文数据较高的刊物，累计回溯1979年至1993年的文献量540多万篇，部分刊物回溯至创刊。

2006年10月，由清华大学学术期刊电子杂志社和清华同方知网技术有限公司承担的《中国学术期刊网络出版总库》通过验收。该数据库平台核心资源是CNKI系列数据库，包括中国期刊全文数据库、中国博（硕）士学位论文全文数据库等，可一次检索中文期刊、学位论文、重要会议论文、专利、标准等16种学术资源，还可与德国Springer公司期刊库等外文资源统一检索。该平台共收录文献总量4667万篇，检索手段丰富，提供科研基金检索、引文检索等，但鉴于各单位订阅数据库不同，以及数据库应用对象的不同，本节仅介绍中国期刊全文数据库（1994～），其他相关数据库将在后面章节介绍。

2. 登录　用户可以通过单位图书馆提供的链接进入中国知识资源总库页面（图3-5），也可直接登录网址：http://www.cnki.net/，输入有效用户名和密码登录，或直接点击IP登录。成功登陆后点击“中国期刊全文数据库”进入其主页面（图3-6）。

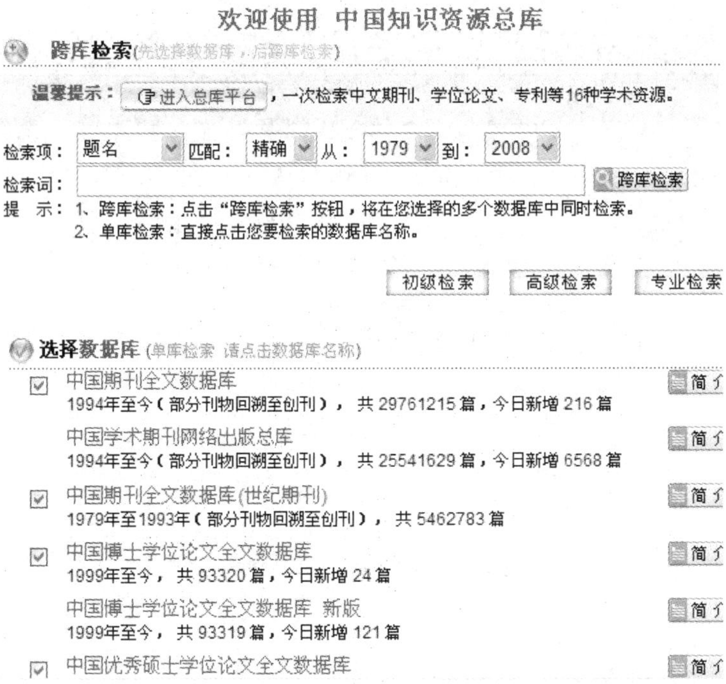

图3-5　中国知识资源总库页面

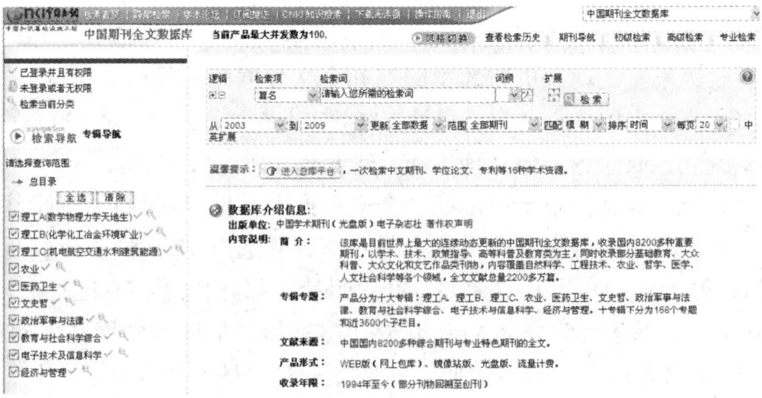

图3-6　中国期刊全文数据库主页面

（二）检索方法

中国期刊全文数据库提供初级检索、高级检索、专业检索三种主要方式；用户也可通过“期刊导航”进行浏览检索。

1. 初级检索　登录数据库后默认的检索方式即初级检索，用户首先在左侧检索导航十大专辑中勾选查询范围，也可通过逐级点击某一专辑缩小检索范围，然后在检索项下拉框里点选检索字段，输入检索词，并根据检索要求选择词频、扩展，还可点击检索输入框前“逻辑”项下的“+”，增加一行检索条件输入栏以进行组配检索；在检索输入框下的限制栏内，选择对时间、范围、匹配等限制条件，设置检索结果的排序方式、每页显示的记录数，最后点击“检索”按钮即可。用户还可以在检索结果页面输入检索词等并勾选“在结果中检索”，以进行二次检索。

2. 高级检索　高级检索允许用户在一个检索项中输入两个检索词（在两个输入框中输入），词之间可进行“并且”、“或者”、“不包含”、“同句”、“同段”五种组合；每个检索项中的两个检索词可分别使用词频、最近词、扩展词；各检索项还可使用逻辑算符组配检索。

3. 专业检索　专业检索比高级检索功能更强大，但用户需要熟悉系统的检索语法，使用逻辑运算符和关键词构造检索式进行检索，因此主要适用于熟练掌握检索技术的专业检索人员，如图书情报专业人员查新、信息分析等工作。

（三）检索结果的处理

在检索结果页面（图3-7），提供了命中的文献记录数，以及每条记录的篇名、第一作者、刊名、年/期等信息；页面左下方还列出了相似词，点击某一相似词即可对其执行相应检索并得到检索结果。用户可以勾选所需的记录并点击“存盘”，选择输出格式，然后打印结果；点击记录前的“ ”图标，授权用户可以直接下载CAJ格式的文献全文。

图3-7　CNKI检索结果页面

用户点击某一记录的篇名后，即可浏览到该记录的详细信息（图 3-8），包括英文篇名、作者中（英）文名、作者单位、文献出处等；以及 CAJ、PDF 两种格式的全文。系统还提供与该记录有关的相似文献、相关研究机构、相关文献作者、相关期刊、文献分类导航等，充分利用这些信息，有助于提高文献的查全率、查准率，以及对某一学科发展的深入了解。

图 3-8 CNKI 文献信息页面

三、中文科技期刊全文数据库

（一）数据库简介

中文科技期刊数据库源于重庆维普资讯有限公司 1989 年创建的中文科技期刊篇名数据库，包含了 1989 年至今的 9000 余种期刊刊载的 1200 余万篇文献，并以每年 150 万篇的速度递增，所有文献被分为社会科学、经济管理、医药卫生和工程技术等 8 个专辑，8 个专辑又细分为 35 个专题。出版商最近推出的中文科技期刊数据库镜像站 6. 30 版本增加了参考文献检索入口，可以用参考文献的任意字段检索出所需要的中刊文献记录，丰富了用户的检索使用方式；同时提供了以引文为线索的文献关联漫游功能，可以实现文献间求根溯源的参考、被引、耦合等关联漫游。

用户可以在网站首页输入有效用户名和密码，点击“登录”按钮登录；系统对于包库用户，还提供绑定 IP 地址的登录方式，授权用户只要访问本网站首页面，即可自动登录。

（二）检索

中文科技期刊数据库提供快速检索、传统检索、高级检索、分类检索和期刊导航五种检索方式（图 3-9）。

1. 快速检索　系统默认的检索方式，选择检索字段，输入检索词，点击“搜索”按钮即可进入结果显示页面，在检索结果页面可进行期刊范围的选择、出版年限的限制等，还可选择“在结果中检索”、“在结果中添加”、“在结果中去除”以进行二次检索。

2. 传统检索　用户点击数据库主界面上方的“传统检索”链接，进入传统检索页面。用户可根据自己的需要选择检索字段、期刊范围、年代限制，在分类导航栏勾选学科范围缩小检索范围，在检索输入框中输入检索词（式），点击“检索”按钮；用户可以勾选页面左

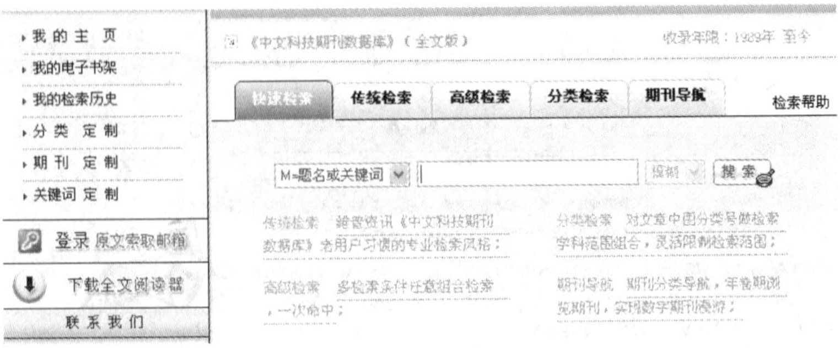

图 3-9 中文科技期刊数据库主页面

上角的同义词，即可找到和输入检索词同义或近似的词，以获得更多的检索结果，提高查全率。点击“二次检索”按钮，还可实现在上次检索结果中进行再检。

3．高级检索 高级检索提供向导式检索、直接输入检索式检索两种方式。

（1）向导式检索：用户可在多个检索输入框中输入不同的检索词，选择不同的检索字段，并使用逻辑运算、匹配度、扩展功能及扩展检索条件等进行组配检索。

（2）直接输入检索式检索：用户直接在检索框中输入检索式，点击“扩展检索条件”并对相关检索条件进行限制后点“检索”按钮即可。

4．分类检索 点击数据库主界面上方的“分类检索”链接，进入分类检索页面。用户首先要在左侧的分类表中勾选分类学科，并添加到右侧的“所选分类”方框中，然后在下方的检索栏选择字段，输入检索式，点击“搜索”按钮即可。

5．期刊导航 点击数据库主界面上方的“期刊导航”链接，进入期刊导航界面。用户可以通过输入刊名或 ISSN 号、按字顺查、期刊学科分类导航三种方式来浏览期刊，并可按期查看该刊的收录文章。

（三）检索结果的处理

在检索结果页面，显示了检索条件、检索结果等信息，用户除可以进行重新检索或二次检索外，还可以选择显示方式、每页显示的记录数、保存检索式、下载全文等，图 3-10 是以全记录方式显示的检索结果，系统提供 PDF 和 VIP 两种格式的全文。系统还对记录中的作者、机构、刊名、关键词、相关文献等作了链接，点击即可在系统内对相应信息进行直接检索。

四、万方数据资源系统

（一）数据库简介

万方数据资源系统除含会议论文、学位论文、期刊论文等全文类信息资源外，还含有文摘题录类信息资源及事实型动态信息资源，本节主要介绍收录期刊论文的中国数字化期刊群。

中国数字化期刊群作为国家“九五”重点科技攻关项目，共收录了哲学政法、社会科学、经济财经、教科文艺、基础科学、医药卫生等 8 大类 100 多个类目的近 5500 余种各学科领域期刊；从 2001 年开始，数字化期刊已经囊括我国所有科技统计源期刊和重要社科类核心期刊。

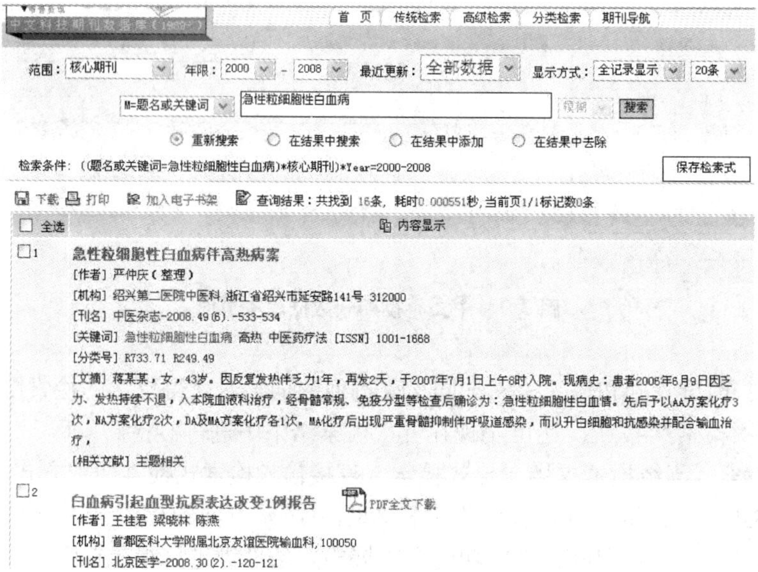

图 3-10 中文科技期刊数据库检索结果页面

用户可以从单位图书馆的链接进入万方数据资源系统（图 3-11），在登录万方数据知识服务平台（http://www.wanfangdata.com.cn/），免费注册后，可以享受系统提供的个性化服务。

图 3-11 万方数据资源系统主页面

（二）检索

用户在系统主页面点击中国数字化期刊群即可进入其检索页面（图3-12）。用户点击“全部字段”下拉列表，选择检索字段，然后在文本框中输入检索词，点击“检索文章”按钮；也可点击检索框前的“+”，增加一组检索条件框，并选择逻辑运算符进行组配检索；还可勾选限定年限范围前的复选框，选择起始年份执行检索。

另外，用户还可以在数字化期刊刊名数据库的刊名检索栏输入刊名，检索需要的期刊。如果需要检索中华医学会系列期刊的最新文献，应登录网址：http://cma.wanfangdata.com.cn进行检索，以免漏检。目前有些学校/机构订购。

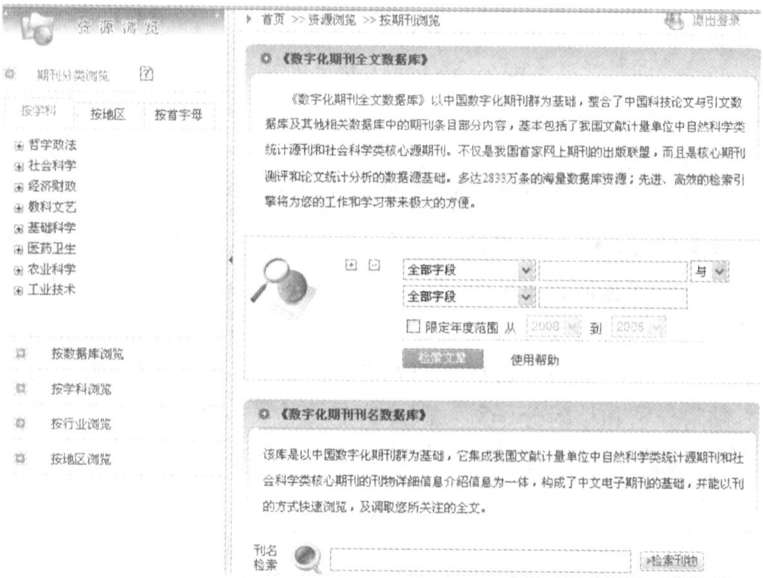

图3-12　数字化期刊全文数据库检索页面

（三）检索结果的处理

在文献检索结果页面（图3-13），用户可以勾选“在结果中检索”前的单选项，输入检索词，选择年度范围，点击“检索”按钮进行二次检索。

用户可以浏览到本次检索结果的描述信息，包括检索结果记录数、每条记录的论文标题、来源期刊、年、期等；可以改变结果的排列方式，每页显示的记录数等，可以将选中的记录导出为简单格式、详细格式、xml格式和参考文献格式；可以点击“查看全文”链接直接下载全文。

当用户点击“详细摘要信息”链接时，浏览器将会在新的弹出窗口中进入细览页，显示该记录的详细信息（包括标题、作者、刊名、摘要等）和引用的文献信息链接；系统在细览页也提供“查看全文”链接。

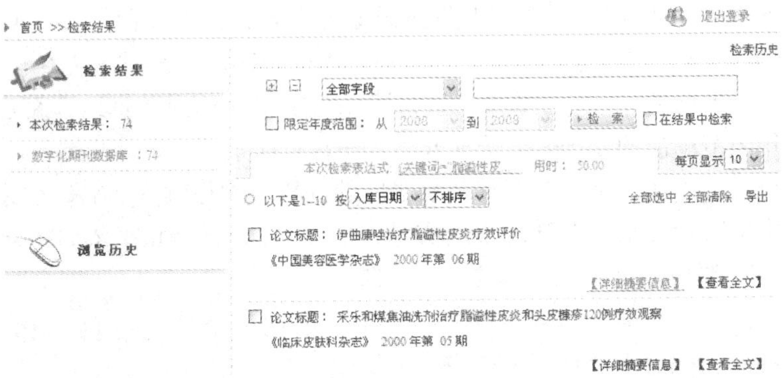

图 3-13 文献检索结果页面

五、小结

在应用中文数据库查找中文文献时，需要注意以下几点：①国内几大数据库均还不够完善，在收录期刊上也不尽相同，如中华医学会旗下的 115 种期刊 2007 ~ 2009 年的数据库版权独家授权给了北京万方数据股份有限公司；因此为了查全文献，最好在几个数据库分别检索；②部分医学名词不规范，一个疾病、药物有几种表达方式，如心肌梗塞和心肌梗死、肝硬变和肝硬化、黏附分子和粘附分子等，因此容易漏检；③国内数据库的更新相对较慢，一些最新发表的论文可能暂时检索不到；④CBM 常常作为检索中文文献的首选之一，但订购单位不多，不及 CNKI、VIP 普及。

第三节　国外医学文献的检索

一、PubMed

（一）数据库概况

PubMed 由美国国立医学图书馆（NLM）下属国家生物技术信息中心（NCBI）开发，收录 10000 多种期刊的题录与文摘，含 MEDLINE 收录的 5200 多种期刊的 1500 多万条记录。通过 PubMed 检索系统，能免费检索到比 MEDILNE 收录范围更大的生物医学文献信息，免费浏览题录和文摘、提供全文链接，部分全文可直接免费获取。

PubMed 登录网址：http://www.ncbi.nih.gov/pubmed，登录后进入 PubMed 首页（图 3-14），点击页面右上方的［Register］链接，免费注册后可登录使用系统提供的个性化服务功能。

（二）检索

PubMed 提供了基本检索、高级检索两种主要检索方式，支持布尔逻辑检索（AND、OR、NOT）、截词检索（＊）、限定检索（字段标识符）、精确检索（用双引号）等。

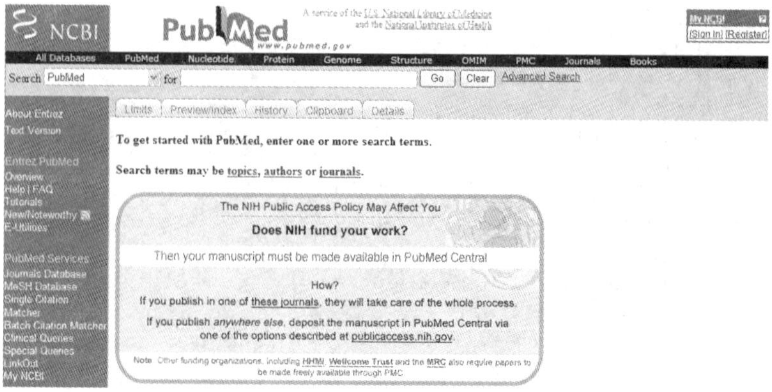

图 3-14　PubMed 基本检索页面

PubMed 有自动转换检索词功能，能对主题词和副主题词进行自动扩展检索，在检索输入框中键入检索词后，系统将自动按顺将检索词与主题词转换表（MeSH Translation Table）、刊名转换表（Journals Translation Table）、短语表（Phrase List）和著者索引（Author Index）中的词进行核对，并转换、匹配为相对应的词；但当进行精确检索时，将不执行自动转换检索词的功能。

用户也可以利用 PubMed 的其他服务功能中的“Journals Database”、“MeSH Database”等从不同角度、不同途径进行检索，准确获取所需信息。

1. 基本检索　基本检索是 PubMed 的默认检索方式，用户在检索框中输入检索词（如自由词、关键词、主题词、作者姓名等）或检索式，点“Go”按钮，即可完成初步检索。

2. 高级检索　点击“Advanced Search”，进入高级检索页面（图 3-15）。用户在检索框中输入检索式，点击“Search”按钮进行检索；也可在下方的三个检索框中选择作者、刊名、出版日期等检索字段，选择组配检索方式（系统提供 All of these、Any of these 两种，分别相当于布尔逻辑算符中的 AND、OR），然后输入相应检索词进行检索。用户点击“Add More Citation Search Fields”，还可以增加检索输入框，或者通过下方的“Limit by Topics, Languages, and Journal Groups”、“Index of Fields and Field Values”、“Queries”进行更多的限定，以缩小检索范围，提高查准率。

（三）PubMed 的其他服务

在 PubMed 首页左侧“PubMed Services”栏，列出了 PubMed 的其他一些服务，包括期刊数据库（Journals Database）、MeSH 数据库（MeSH Database）、单篇引文匹配器（Single Citation Matcher）、组引文匹配器（Batch Citation Matcher）、临床查询（Clinical Queries）、专题查询（Special Queries）、链接（LinkOut）和我的 NCBI（My NCBI）。

1. 期刊数据库　在 PubMed 首页左侧点击“Journals Database”链接，进入期刊数据库主页，期刊数据库用于通过主题、刊名全称或缩写、ISSN 检索期刊编目信息和期刊上发表的文章，或者通过主题词进行浏览。

2. MeSH 数据库　在 PubMed 首页左侧点击“MeSH Database”链接，进入 MeSH 数据

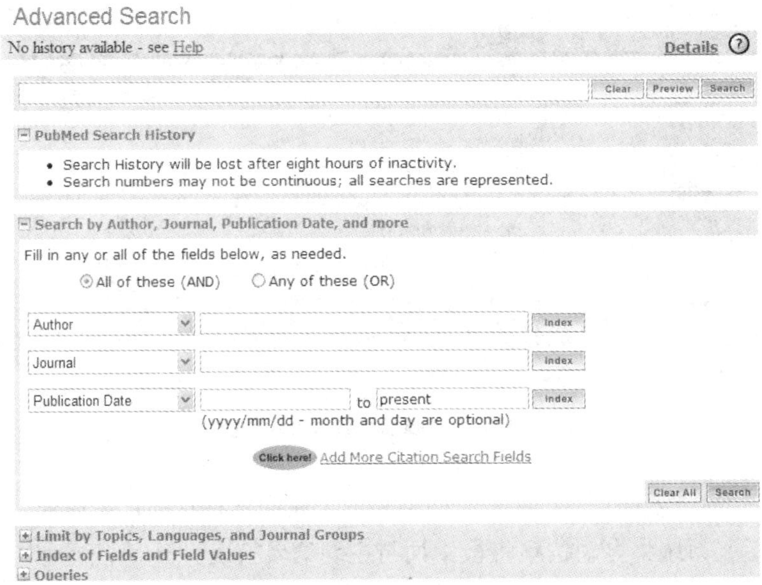

图 3-15　PubMed 高级检索页面

库主页，MeSH 是美国国立医学图书馆用于标引文献内容的先组式主题词表，每年更新。数据库可提供每个 MeSH 词的信息，并以树状结构显示，用户可在线查询 MeSH 词，或选择 MeSH 词进行检索。用户在检索框内输入检索词后系统将自动进行匹配检索，对于非 MeSH 词的检索词，系统将提供同义或近义的 MeSH 词供选择。

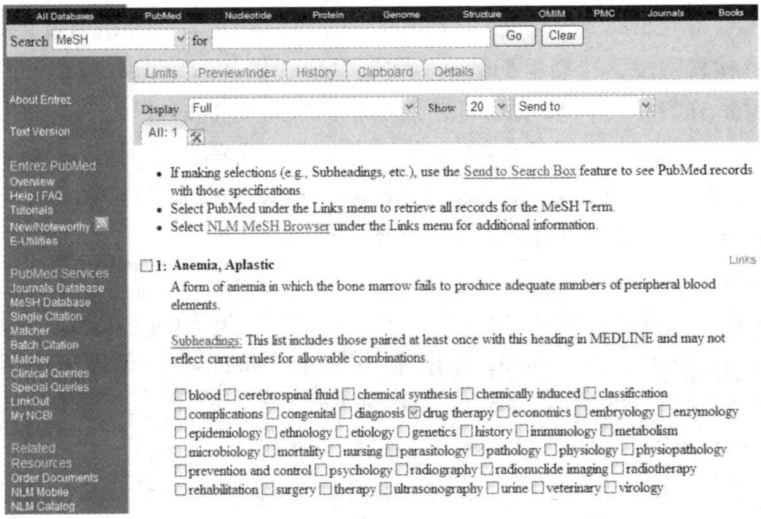

图 3-16　MeSH 数据检索页面

用户输入检索词（如 aplastic anemia），点击“GO”按钮执行检索，在结果页面点击 MeSH 词（Anemia，Aplastic），可浏览该主题词的定义、树状结构表等（图 3-16），并提供可供组配的副主题词进行检索；还提供是否只针对主要主题词检索及是否进行扩展检索等功能。在图 3-16 结果页面，我们勾选“drug therapy”，并在“Send to”下拉框中选择“Search Box with AND”，系统即将弹出“Anemia，Aplastic/drug therapy”[Mesh] 这一检索式，用户点击“Search PubMed”按钮，即可在 PubMed 中进行检索。

3．单篇引文匹配器　单篇引文匹配器的功能是从期刊名、出版日期、卷、期、论文起始页码、作者姓名及篇名中任意字段来检索单篇或多篇论文。

4．组引文匹配器　组引文匹配器的功能是按照特定格式（期刊名称｜出版年｜卷｜论文起始页码｜作者姓名｜关键词）一次查找大量文献。

5．临床查询　临床查询主要包括三项功能：①Search by Clinical Study Category：查找与疾病相关的治疗、诊断、病因和预后方面密切相关的文献；②Find Systematic Reviews：主要检索系统综述文献；③Medical Genetics Searches：检索医学遗传学方面的文献。

6．专题查询　提供对数据库中的某一个专题内容进行检索，系统提供了艾滋病、癌症等专题，点击某一专题并在检索界面输入检索词，系统即在该专题内检索。

7．链接　在结果页面，点击“LinkOut”，可以获取该论文被哪些全文数据库收录、在世界上哪些图书馆有收藏、全文链接等信息。

8．我的 NCBI　注册用户可使用此功能进行一些个性化操作，如存储检索式、定期发送最新相关文献、存储检索结果文献等。

（四）PubMed 的特征栏（Feature Bar）

PubMed 的特征栏位于检索提问框下方，包括“Limits”、“Preview/Index”、“History”、“Clipboard”、“Details”5 个重要的、各具特色的辅助检索功能按钮。

1．Limits（条件限定）　点击特征栏中的“limits”按钮，进入 Limits 界面，该界面包括 Affiliation、Publication Types、Publication Date、Ages、Entrez Date、Languages 等限制检索功能，如采用 limits 检索功能，当进入另一个检索界面时，紧邻 limits 的方框将有相应的标识出现；如果运行检索，所选择的限制检索功能项将显示在 display 键上方的黄栏中。在运行下一个检索前关闭 limits，可以点击 limits 旁的小方框清除标识。

用出版物类型、年龄、性别、动物和人等进行限制检索时，只能在 Medline 中进行检索，而不包括 Pre-Medline 和出版商提供的其他文献。

2．Preview/index（检索策略预览/索引）　用于显示检索结果前预览检索策略和检索结果的记录数，调整检索策略，从索引表中选词，限制检索字段等。

3．History（检索史）　点击特征栏上的 History 键，查看在 History 栏中保存的所有检索策略和结果，History 显示检索序号、检索词、检索时间以及检索结果数量，可以点击检索结果数字的超链接以浏览检索结果，也可以在检索序号之间添加逻辑运算符进行检索。History 最多能保存 100 个检索式，History 中的记录将在停止检索 1 小时后消失，点击“Clear History”按钮可以清除 History 和 Preview/Index 中的信息。

4．Clipboard（剪贴板）　点击“Clipboard”键，系统将检索的文献暂时保存在 Clipboard 中，用户再采用打印或保存等功能对 Clipboard 中的记录进行集中处理，一旦将文献加到 Clipboard 中，即可通过 Clipboard 查看所选的文献。Clipboard 最大存储量为 500 条，Clipboard 中的记录将在停止检索 1 小时后自动清除，断开连接后保存 8 小时。

5. Details（细节）“Details”有助于用户了解 PubMed 系统通过自动词语匹配功能、句法规则转换出的实际检索策略，点击“Details”按钮，显示出实际的检索策略和采用的句法；点“URL”按钮，返回到检索结果界面，用户可以编辑检索策略重新进行检索，也可保存检索策略。

（五）检索结果处理

对于检索结果，PubMed 提供了多种显示方式、保存方式等。

1. 显示格式　在检索结果页面，PubMed 默认的是 Summary 格式；用户可以选择按出版日期、第一作者等方式对结果进行排序。

2. 保存检索结果　PubMed 允许用不同的格式（Text、Email、Printer 等）保存检索结果，最多保存 10000 篇记录。

3. 获取全文链接　在检索结果页面（图 3-17），PubMed 集成了多个全文数据库的全文链接，用户可以直接点击外部全文数据库的链接以获取全文，也可以利用“LinkOut”来查看哪些全文出版公司收录、哪些图书馆有收藏电子版或印刷版等信息；需要注意的是其“LinkOut”并非完全准确。

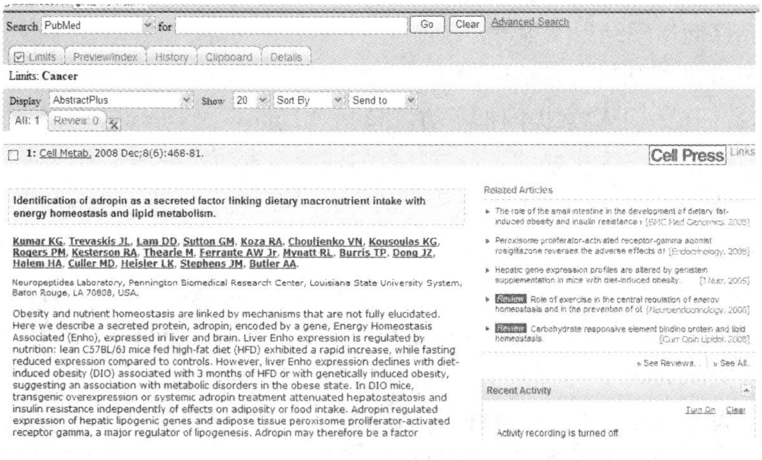

图 3-17　PubMed 检索结果页面

二、EMBASE. com

（一）数据库简介

EMBASE. com 由爱思唯尔（Elsevier）科学出版社编辑出版，是将荷兰《医学文摘》（EMBASE）和 Medline 数据库整合而成的网络数据库，可同步检索 Embase 和 Medline 数据库，且没有重复记录。截止 2008 年底，该数据库收录来自 70 多个国家和地区的 7000 多种同行评审期刊，包括大量欧洲和亚洲医学刊物，共有1900多万条记录，每年新增60多万条记录，近10年新增记录中有50%可以链接到全文。

用户登录网址：http://www.embase.com/search/simple，直接进入快速检索页面（图3-18）；EMBASE.com主要采用IP认证方式登录，用户提供有效的“Subscription Key”并注册后即可在非授权IP范围内以用户名、密码登录使用，注册后还可获得更多个性化服务。

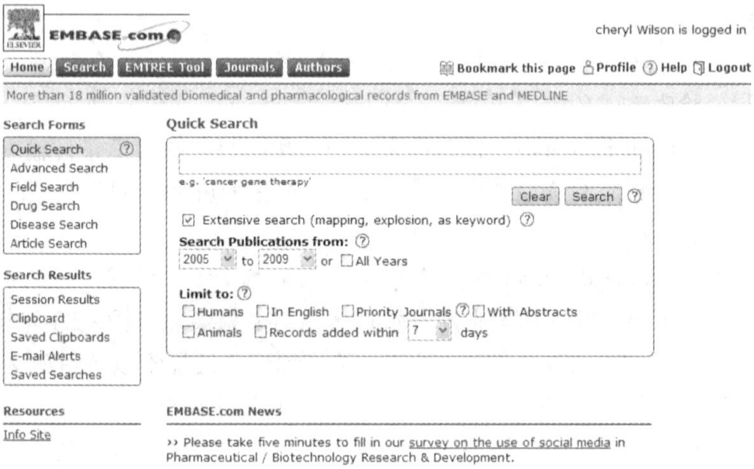

图3-18 EMBASE.com快速检索页面

（二）EMTREE主题词表

图3-19 EMTREE主题词表

EMBASE.com使用EMTREE主题词表对文献进行索引，EMTREE包含5万多个受控叙词（也称优选术语）、210万同义词（完全集成了MeSH术语），与药物有关的副主题词（连接词）17个，与疾病有关的副主题词（连接词）14个，2000年又新增与给药途径有关的副主题词（连接词）47个。

用户点击快速检索界面上方的“EMTREE Tool”按钮，即可通过检索术语（Find

Term)、分类浏览（Browse by Facet）、字顺排列浏览（Browse A-Z）三种方式查找 EMTREE 术语（图 3-19）。点击“Browse by Facet”按钮，可发现 EMTREE 主题词表由 15 个部分组成，并可逐级点击。在“Find Term”下的输入框中输入检索词（如：gastric cancer），点击“Find”，得到 EMTRE 术语（stomach cancer），点击可显示有关该术语本身在 EMTRE 树状结构中的位置及其同义词，可显示以该术语作为关键字检索的记录等；还提供道兰氏医学词典中对该术语的定义，以及提供拼写建议、标记已查看的记录等。

（三）检索

EMBASE. com 数据库可使用逻辑算符、截词符、位置符、短语检索等，还可对其检索结果进一步限制，检索方式包括以下六种。

1. 快速检索（Quick Search）在快速检索页面，用户可以在检索条件输入框键入检索词或检索式，然后选择检索限制选项，点击“Search”按钮即可完成初步检索。此检索方式操作容易，适合初学者使用。

2. 高级检索（Advanced Search）点击“Advanced Search”链接，进入高级检索页面。高级检索为用户提供了更丰富的检索选项，包括术语对照检索、以输入的词作关键词进行检索、扩展检索（即包括被检索词及其所有下位词的检索）、仅检索以关键字为重点内容的文章、同义词检索等。“Record Limits”可限制人类与动物研究类型、语言、是否带有摘要，是否带有分子序列号、特定时间段增加的记录等；也可对不同研究性质的文献类型、出版物类型、研究领域、文献语种、性别、年龄组等进行限制。

3. 字段检索（Field Search）点击“Field Search”链接，进入字段检索页面。数据库提供了包括期刊缩写名称（ta）、摘要（ab）、作者名称（au）等 23 种字段，用户可在特定字段中任选一种或多种进行检索，带有下划线的字段因检索频率较高，提供了可检索索引，帮助用户查出特定作者、药品名称或制造商名称等。

4. 药物检索（Drug Search）药物检索与高级检索界面类似，但增加了“专门检索以某药物为研究重点的文献”检索选项，还提供药物专题检索（药物副作用反应、临床试用、药物分析等）和用药方式的检索（口服、肌肉注射、静脉注射等）等。

5. 疾病检索（Disease Search）数据库提供“专门检索以某疾病为研究重点的文献”选项，提供疾病专题检索（病因学、诊断、外科手术、药物治疗等），帮助用户更精确地检索疾病的某一类或几类分支的相关文献，提高相关性。

6. 文章检索（Article Search）数据库提供了作者（输入格式：姓在前，名的缩写在后）、期刊名称、期刊缩写名称、ISSN、CODEN 代码，以及期刊卷、期号、文献首页等检索字段，还可限制出版日期。

除以上六种检索方式外，数据库还提供了作者检索功能，在快速检索界面，点击“Author”，进入作者检索页面，输入作者（作者姓在前，名的缩写在后），点击“Find”即可。

（四）期刊浏览

EMBASE. com 数据库还提供了期刊浏览功能，在快速检索界面，点击“Journals”，进入期刊浏览界面，系统提供根据期刊的名称、期刊的学科主题、期刊的出版商信息三种浏览方式；用户通过期刊浏览可以查看到数据库收录范围内的该期刊卷、期情况，以及具体的文献记录等。

（五）检索结果的处理

在检索结果页面（图3-20），用户可以根据检索需要勾选检索历史中的记录进行组配检索（AND/OR/NOT），浏览命中记录的题名、作者、刊名及卷期等信息，选择不同的格式（简短记录、详细记录）显示结果，设置每页显示记录数；检索结果可按照结果的相关性或出版年限排序；可保存、删除、设置邮件提示、打印、电邮、输出检索式及选中的记录。可显示/关闭检索的具体信息；提供Scirus数据库的快速检索界面。

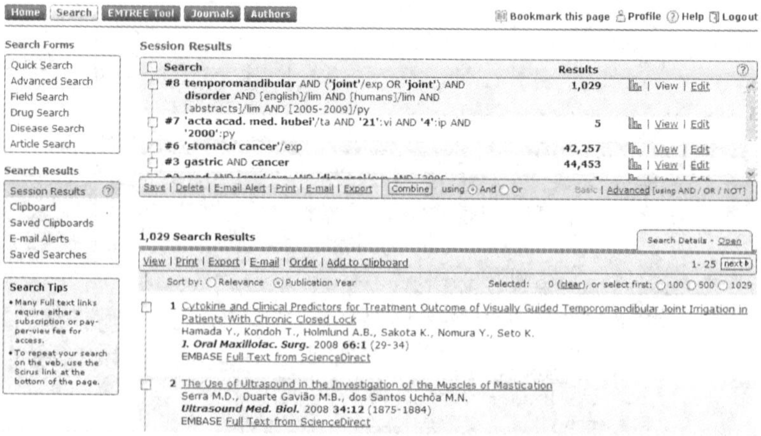

图3-20 EMBASE.com数据库检索结果页面

点击单条记录的文题，可进一步浏览到该记录的详细信息（摘要、相关文献、作者地址等），还有提供再检索的主题词和著者链接。部分文献提供了全文链接，点击“full text”，可以链接至全文下载页面。

（六）个性化服务

EMBASE.com数据库注册用户可以享受个性化服务，包括定题快报（E-mail Alerts）、保存检索策略（Retrieval strategy）、数据分析（Data Analysis）、个人剪贴板（Clipboard）等。

三、BIOSIS Previews

（一）数据库简介

BIOSIS Previews（简称BP）由原美国生物科学信息服务社（现隶属于Thomson）出版，是生命科学领域最全面的文摘索引数据库之一，收录了《生物学文摘》（Biological Abstracts）的期刊内容与Biological Abstracts/RRM的非期刊内容（报告、综述、会议），包括100多个国家和地区的6000多种期刊、1500多次会议的文献，涵盖所有生命科学领域，尤偏重于基础和理论方法的研究。该数据库每周更新，每年新增60多万条记录，现已有1926年以来的1900万条记录。

BIOSIS Previews与ISI Web of Knowledge平台上的其他多个数据库建立动态链接，并可以迅速与原始文献全文及其他学术信息资源建立链接。

（二）检索方法

BIOSIS Previews 采用 IP 认证登录，用户登录 ISI Web of Knowledge（http://isiknowledge.com/），点击“选择一个数据库”链接，在数据库列表中点击“Biosis Previews”，进入该数据库主页，点击“search”即进入检索页面（图 3-21）。数据库提供简体中文、English 两种语种，检索途径主要有检索（Search）、高级检索（Advanced Search）两种。

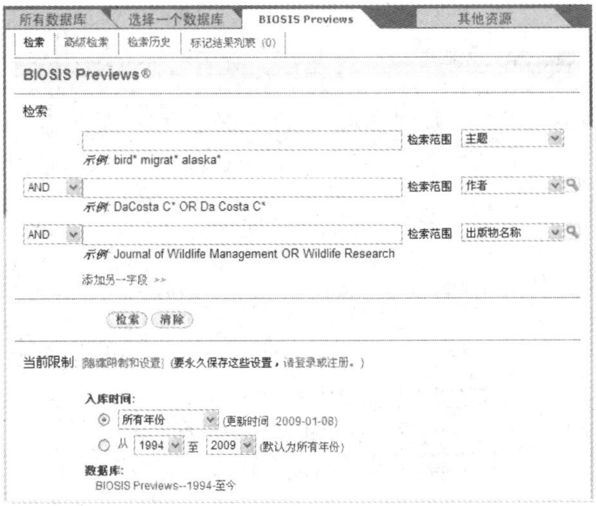

图 3-21　Biosis Previews 的检索页面

1. 检索（Search）　在检索页面，数据库提供了三组检索词输入框，通过“添加另一字段（Add Another Field）”可增加检索词输入框，“检索范围”后的下拉菜单可用于限定检索词出现的字段，两组检索词之间可选择布尔逻辑算符（AND、OR、NOT）进行组配；在检索框下方，用户还可限制文献的入库时间。

2. 高级检索（Advanced Search）　在高级检索页面，用户可以使用页面右侧的字段标识，以及布尔逻辑运算符、括号和检索式引用来构建检索式；在检索框下方，提供了入库时间、语种、文献类型、文献处理类型、分类注释等限制供用户选择。

除了上面两种主要的检索方式外，用户还可以点击“检索历史”链接，然后选择已有的检索式，进行 AND 或 OR 的检索式逻辑组配，或删除检索式。

（三）检索结果的处理

在检索结果页面（图 3-22），用户可按更新日期、相关性、第一作者等排序浏览结果；可以选择每页显示的记录条数，点击单条记录的标题；可以浏览该条记录的详细信息，点击“”或其后的“全文”链接图标，获取全文链接，授权用户可进一步获取全文。用户可以通过“精炼选项”进一步精炼检索结果；或者通过在“结果内检索”文本框中输入检索式进行二次检索。数据库还提供根据题录中的某些字段（作者、文献类型、语种、来源出版物、学科类别等）分析检索结果。

用户可以将所需记录添加到标记结果列表中，进行打印、保存、通过电子邮件发送、订购或导出记录；要输出记录，首先必须选择输出记录的范围，然后选择输出记录的格式，最后选择输出选项（包括打印、电子邮件、添加到标记结果列表、保存到 EndNote Web 等）。

（四）个性化服务

用户免费注册并登陆后，可以使用数据库提供的个性化服务，包括访问时自动登录、选择起始页、保存检索式、设置检索历史跟踪服务、设置引文跟踪、使用完全集成的免费 EndNote Web 在线保存和管理参考文献、创建并维护用户经常阅读和设置了目录电子邮件跟踪服务的定制期刊列表等。

图 3-22　Biosis Previews 的检索结果页面

四、Scopus

（一）数据库简介

Scopus 是由 Elsevier 公司与加拿大多伦多大学、美国匹兹堡大学、英国牛津大学等 21 所大学及研究机构的 300 多位图书馆员和研究人员经过两年多时间共同努力完成的，于 2004 年 11 月正式推出，是目前全球规模最大的文摘和引文数据库之一。Scopus 涵盖了由 4000 多家出版商出版发行的科技、医学和社会科学方面的 15100 多种期刊（包括《中华医学杂志》等中文期刊），以及 750 种会议记录、600 种商业出版物。数据每日更新，收录年限回溯到 1966 年，完全覆盖 Medline 的内容，每年新增 110 万条记录，目前已有 3000 多万条摘要和题录信息，2.4 亿条参考文献，1.27 亿条专利记录。

Scopus 不仅为用户提供了其收录文章的引文信息，还直接在界面整合了网络和专利检索，直接链接到全文、图书馆资源及参考文献管理软件等。用户通过 Scopus 可以就某一学科的文献进行评估、就感兴趣文章和作者的引文数据进行实时追踪、追踪研究领域热点及发展趋势。

Scopus 数据库登录网址 http://www.scopus.com/，采用 IP 认证方式，授权用户免费注册后可使用系统提供的个性化服务。

（二）检索

Scopus 数据库提供基本检索、作者检索、机构检索、高级检索四种检索方式。

1．基本检索（Basic Search） Scopus 数据库首页即基本检索页面（图 3-23），用户在检索条件输入框内键入检索词、词组或检索式，通过下拉菜单选择检索字段，结合布尔逻辑算符进行组配检索；还可限制出版时间、文献类型、学科主题，避免检索范围过宽。

图 3-23 Scopus 数据库基本检索页面

2．作者检索（Author Search） Scopus 数据库对作者可以进行精确检索或模糊检索，还可通过作者所属机构缩小检索范围，并限制学科领域，不仅实现了作者文献和引用作者文献的快速查找，同时也提高检索的准确性。使用作者检索可了解某一领域专家包括其学术档案、发表文章以及文章历年被引用情况等信息。

3．机构检索（Affiliation Search） 在“Affiliation”检索框中输入机构名称，点击“Search”按钮，即可展开检索，系统给每个机构都绑定了一个代码，在检索结果中点击机构名后的“Details”链接，即可得到该机构代码、地址等详细信息，并可查看该机构作者发表文章的学科与专业领域情况。直接点击“Details”下方的具体文献数，或者勾选所需机构并点击上方的“Show documents”按钮（图 3-24），将显示具体的符合检索条件的文献信息。

用 Scopus 的机构检索可以了解哪些学校和机构在某一领域的研究成果最多，有哪些具体的研究方向、核心研究人员等。在作者检索中，系统也提供了“Affiliation Search”组合检索框。

4．高级检索（Advanced Search） Scopus 数据库高级检索允许用户使用布尔逻辑算符、位置算符、通配符实现对多个检索字段间的逻辑运算，并在检索框下方列出了可供检索的字段代码、检索算符、检索技巧的示例等，用户还可增加作者名、机构名的检索选项，使检索结果更准确。

Scopus 数据库可以同时在学术期刊、网络资源和专利文献中检索，检索结果可以选择显示期刊论文（Scopus）、网络资源（Web）或专利文献（Patents），也可以点击“Combined Results”，Scopus 将各种类型的文献综合在一起显示。用户还可浏览参考文献、被引文献、相关文献等，并按出版年、相关性、作者、文献来源以及文献被引用次数等排序方式对检索

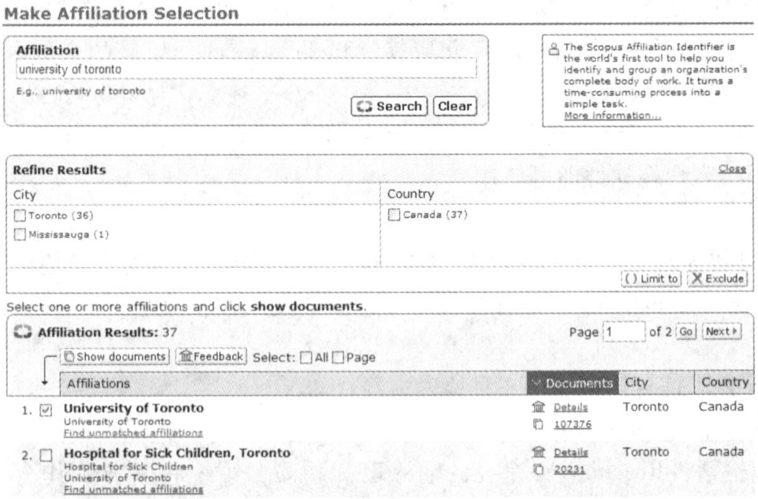

图 3-24　Scopus 数据库机构检索结果页面

结果进行排序。

（三）其他功能

1. 期刊分析（Analytics）　点击 Scopus 主页面上的“Analytics”按钮，进入“Journal Analyzer”页面，系统提供刊名、ISSN、出版商三个检索字段，输入相应检索词，限定学科范围，点击“Search”按钮即可。在检索结果中点击刊名，即可在页面右侧浏览到该期刊被引情况、文章发表情况、趋势线图等分析结果。

2. 全文链接　Scopus 提供多种全文链接方式：通过“View at Publisher”（出版商网站）实现全文链接；通过“Full Text”对机构已获得全文使用权的电子期刊进行链接；通过 LinkFinderPlus 或 SFX 实现全文链接；通过馆际互借（ILL）、按篇付费（PPV）等获取全文。

3. 个性化服务　Scopus 可以将读者的检索策略及检索史进行保存，并按用户的设置定期将新的检索结果以题录或文摘的方式发送到用户的电子信箱，定期通报论文被引用的情况，及时追踪最新研究进展。

4. 引文分析　Scopus 提供了引文分析功能，用以发现某一领域的研究热点并判断发展趋势。用户可以了解被引文献的题录信息、特定文献历年被引次数、特定年份所有文献被引次数、各文献特定年份范围被引次数小计、各文献所有年份被引次数总计等。

5. 资源浏览　点击 Scopus 主页面上的“Sources”按钮，进入传统出版物、期刊、图书等的快速检索与浏览界面，Scopus 将收录的刊物清单按刊名首字母顺序排列，期刊名称前有“”标识的，说明该期刊有全文访问权限；有“”标识的，则只能浏览文摘或题录。

五、SciFinder Scholar

（一）数据库简介

SciFinder Scholar（SFS）由美国化学学会旗下的化学文摘服务社出版，整合了 Medline、

《化学文摘》等数据库的期刊文献和专利摘要，以及4000多万种化学物质记录和CAS注册号，是世界上信息量最大、最具权威的化学数据库。SFS收录的文献资料来自200多个国家和地区的50多种语言，包括CA 1907年以来、Medline 1953年以来的全部内容以及1900年以前的上万条记录。

目前，SciFinder Scholar已经升级到2007版，用户下载并安装SFS2007后，运行SciFinder Scholar客户端软件即可使用。

（二）检索

SFS提供3种检索方法（图3-25）：信息检索（Explore）、信息定位检索（Locate）与最新期刊目次浏览（Browse）。为提高检索效率，检索文献前应先在"Database"标签中选择适当的数据库。

1. 信息检索　信息检索提供三种检索途径。

（1）文献检索（Literature）途径：提供研究主题、作者、组织机构三种检索入口。

（2）反应检索（Reactions）途径：输入已知物质，系统将其分别作为产物、反应物、试剂、催化剂、溶剂等进行检索。

（3）物质检索（Substances）途径：通过输入化学结构或分子式进行检索，并进一步了解化学物质的商业来源、管制化学物质列表及反应信息等。

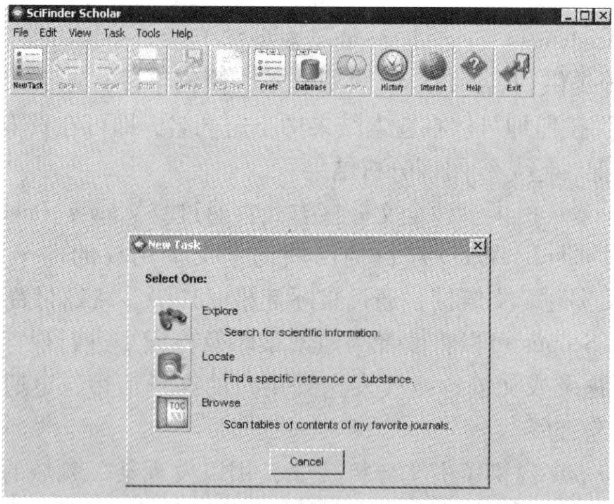

图3-25　SciFinder Scholar检索页面

2. 信息定位检索　信息定位检索常用于检索特定的文献或物质：

（1）文献定位（Locate Literature）：用于期刊名、题名等记录或CA文摘号、专利号等的定位检索。

（2）物质定位（Locate Substances）：用于化学名、商品名、CAS注册号等的定位检索。

3. 最新期刊目次浏览　系统提供了最新期刊列表，通过浏览期刊的年卷期等信息，用户可查找到所需文献。

SFS2007 还提供联合（Combine）、相交（Intersect）、去除（Remove）等功能，用户可以使用不同的方式进行组合检索，更容易地获取所需检索信息。

注意：SFS 丰富的检索途径给用户带来方便的同时，也增加了使用的困惑。对于一般主题检索，宜选择“Explore”中的“Research Topic”检索；已知化学物质的结构式或分子式等信息，可首选“Explore”中的“Substances Explore”；已知化学登记号或物质代号、商品名等信息，则应选“Locate”中的“Locate Substances”。在通过结构式进行检索时，用户可以直接画出结构式，也可以引自其他文件信息。已知作者或机构名，则首选“Literature Explore”中的“Author Name”或“Company Name \ Organization”。

（三）检索结果的处理

在结果显示页面（图 3-26），SFS 提供去重（Remove Duplicates）、分析/过滤（Analyze/Refine）、获取相关信息（Get Ralated Information）三个功能按钮。去重功能帮助用户除去多个数据库中的重复记录；获取相关信息功能方便用户对所选文献所有涉及到的化学物质与化学反应进行再检索；过滤功能对数据库、年代、语种、文献类型等进一步限定，缩小检索范围；分析功能通过对检索结果的选择分析，以字顺或频率的顺序逐一输出分析得出的文献索

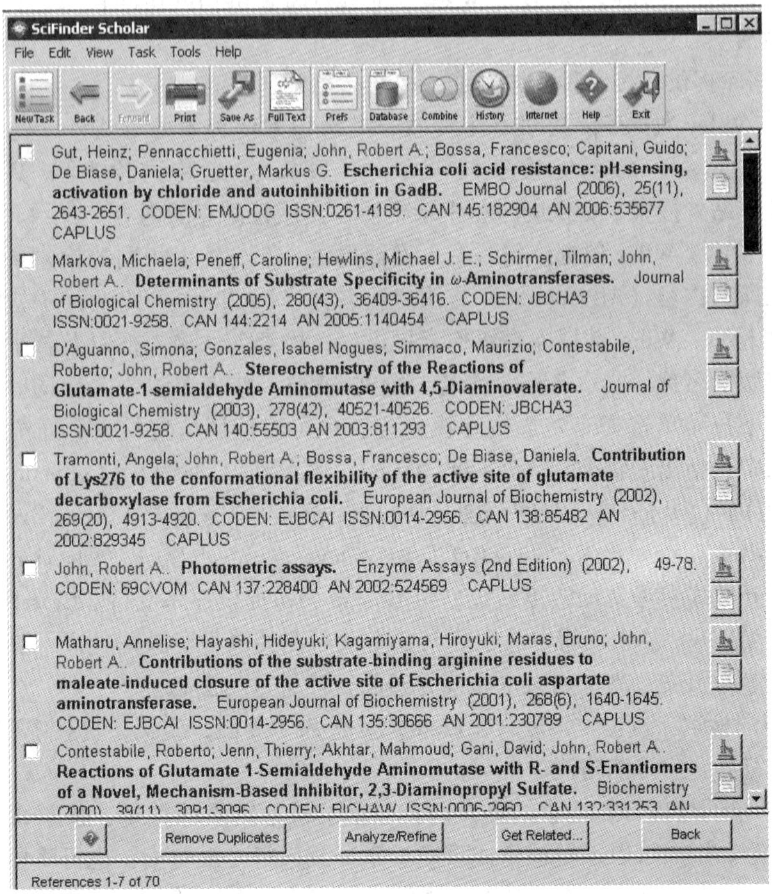

图 3-26　SciFinder Scholar 检索结果界面

引词、补充关键词、CAS 化学登记号等，用户可以进行有选择的限定，进一步选择更全面、更准确的检索词或进行专项分析工作。

SciFinder Scholar 2007 还提供对参考文献和结构式进行分类、分析和二次检索，链接引文和化学物质的目录资讯、商业来源、市场信息以及 3D 模型；浏览科技期刊目录及核心期刊影响因子；保存和打印检索结果；访问文献全文和链接到网络中的专业化学搜索引擎等。

六、其他

（一）Wiley 全文数据库

1. 简介 Wiley InterScience 全文数据库由美国 John Wiley & Sons Inc.（约翰·威立国际出版公司）创建，拥有众多的国际权威学会会刊和推荐出版物，尤其在生命科学、化学等学科领域颇具影响力。截止 2008 年底，Wiley 数据库共收录有 1794 种期刊、6880 种图书、95 种大型专业参考书、16 种实验室指南、12 个在线数据库，其出版物以英文期刊为主。

Wiley 提供了一项漫游功能（Roaming Access），即当用户所在机构拥有 Wiley InterScience 的增强接入许可（EAL）时，用户可以注册并激活“漫游访问”功能；激活漫游之后的九十天内，用户在任何地方登录 Wiley，都具有所在机构的访问权限，到期后还可按相同程序重新激活。

Wiley 数据库提供了按学科领域浏览、按产品类型浏览两种方式。

2. 检索 Wiley 数据库除提供基本检索、高级检索两种主要方式外，还提供 CrossRef/Google Search（CrossRef/Google 检索）、Acronym Finder（缩略词检索），其中，CrossRef/Google 检索属于站外搜索，提供同时检索多个协作出版社站点的内容。

（1）基本检索：Wiley 数据库每一个页面都提供一个与主页相同的检索条件输入框，用户可以选择在所有内容（All Content）或出版物名称（Publication Titles）中检索。

（2）高级检索：Wiley 数据库高级检索提供三个检索条件输入框以及若干限定选项，用户可以选择出版物名称、文章名称、作者、全文/摘要、作者单位、关键词等字段，检索式之间可以通过下拉菜单选择布尔逻辑算符组配，也可以使用位置检索、通配符、精确检索等。限定选项中包括出版物类型（Product Type）、收藏和保存项目（Collections and Saved Items）、学科范围（Subjects）、时间范围（Date Range）、排序方式（Order By）等。

（3）CrossRef/Google 检索：CrossRef 是由 Wiley、Nature、IEEE、Elsèvier 等多个出版机构联合建立的开放式参考文献链接系统，由 Google 公司提供技术支持。CrossRef 系统通过数字目标标识符（DOI）技术，将参考引文与其全文所在的电子资源网址进行链接，使得研究人员通过点击参考引文，浏览到大量在线并经同行评论过的文献。

（4）缩略词检索：点击“Acronym Finder”，进入主界面，定义了科技中使用的 200,000 多个缩略语、符号、字母缩略词。

3. 检索结果的处理 在检索结果界面，显示了检索结果的数量、检索式、所有检索结果的题录信息等。用户可以编辑检索式重新检索，或进行二次检索；也可将检索策略保存在个性化服务中（仅限注册用户）。对于检索结果，可以选择排序方式，免费浏览、Email 和打印摘要；授权用户可以选择保存、打印、电子邮件等形式获得全文，单篇文章也可通过

Articleselect 或 Pay-Per-View（按次计费）获取。

（二）ScienceDirect 全文数据库

1. 简介　ScienceDirect（SD）全文数据库由荷兰 Elsevier（爱思唯尔）出版集团于 1999 年推出，致力于为用户提供文献检索、摘要信息、全文阅览等即时访问服务；其电子出版物涉及物理学与工程、生命科学、健康科学、社会科学与人文科学四大学科领域，涵盖生物化学、遗传、分子生物学，免疫学与微生物学，医学与牙科学，神经系统科学，药理学、毒理学、药物学等 24 个学科。截至 2008 年底，SD 数据库共收录 6749 种电子刊物，超过 930 万篇全文。SD 数据库提供包括操作历史、期刊收藏管理、提示管理等多种个性化服务，大部分服务需要注册后方可使用。

2. 期刊/图书的浏览　点击导航栏的“Browse”按钮，进入浏览界面，SD 数据库提供按刊名首字母顺序（Journals/Books Alphabetically）、按学科分类（Journals/Books by Subject）、按收藏的喜爱期刊/图书（Favorite Journals/Books）三种浏览方式，用户使用浏览功能，可浏览特定的期刊/图书信息以及订阅的全文。

3. 检索　SD 数据库提供了三种检索方式：快速检索（Quick Search）、高级检索（Advanced Search）、专家检索（Expert Search）。

（1）快速检索：在数据库主页，系统提供了四个检索条件输入框，以帮助用户快速搜索到所需文献，不同检索字段之间的逻辑关系为 AND。

（2）高级检索：提供两个检索条件输入框，检索字段可以选择文题（Title）、作者（Authors）、关键词（Keywords）、摘要（Abstract）等，用户可以结合一些限定选项、布尔逻辑运算进行更有针对性的、更精确的检索。

（3）专家检索：点击“Expert Search”按钮，进入专家检索页面，除了在 Term（s）限定选项上与高级检索不同外，其他基本相同。

4. 检索结果的处理　在检索结果页面，用户可以浏览命中文献数，修改检索策略、进行二次检索；注册用户还可保存检索策略，设置邮件提示服务。用户可浏览命中文献的题名、作者、出处等题录信息，可以选择按日期或相关性排序；也可通过 Email 将文章发到指定电子邮箱。用户点击相关链接还可浏览文章的摘要、参考文献、全文等。

（三）Ovid 全文数据库

1. 简介　OVID 数据库平台是由美国 OVID 技术公司（OVID Technologies，Inc.）推出的在线服务系统，目前共收录 300 多个人文、科技方面数据库，其中生物医学方面的数据库主要包括期刊全文数据库（Journals@ OVID）、电子图书数据库（Books@ Ovid），以及 BIOSIS Previews、MEDLINE、EMBASE Drugs & Pharmacology、EBM Reviews 等；2008 年 OVID 平台正式升级为 OvidSP 版。

截至 2008 年底，“Journals@ OVID Full Text”共收录 2200 多种科技、医学期刊，包括 LWW 全文电子期刊、牛津大学出版社（OUP）医学电子全文数据库等，其中临床医学类约占 50%。Books@ Ovid 共收录了 1400 多册专著、参考书等，主要是临床医学方面的教科书、专著等，国内很少高校订购有 Books@ Ovid 全文数据库。

授权用户可以点击图书馆提供的链接进入该数据库平台，也可以在 OVID 登录界面点击

“Start OvidSP”按钮，或者输入有效的用户名、密码登录。登录后选择数据库（最多不超过五个），点击“Continue”按钮进入。

在期刊浏览界面，用户可选择按刊名首字母顺序（A-Z）或学科分类（Subject Categories）方式进行浏览。

2. 检索　目前，Ovid 期刊全文数据库提供四种检索方式：基本检索（Basic Search）、题录检索（Find Citation）、字段检索（Search Fields）、高级检索（Advanced Ovid Search），默认的是基本检索界面。

（1）基本检索：用户输入检索词/词组，选择是否进行“拼写检查”（Check spelling）和“相关词同时检索”（Include related terms），并对时间等条件进行限定，然后点击“Search”按钮，进行检索。

（2）题录检索：点击“Find Citation”按钮，进入题录检索界面，系统提供文章题目、期刊名称、作者、卷期、页数、出版年份等输入框，用户可以选择一个或多个输入框快速检出特定的文章。

（3）字段检索：点击“Search Fields”按钮，进入字段检索界面，用户输入检索词或词组，选择一个/多个字段，或者所有字段，然后点击“Search”按钮，即可完成检索。

（4）高级检索：高级检索又包括关键词检索（Keyword）、作者检索（Author）、篇名检索（Title）、刊名检索（Journal）四种途径。无论是哪种检索途径，用户都可以运用布尔逻辑算符、截词符等，提高检索效率。

3. 检索结果的处理　OVID 数据库的检索结果一般显示在页面下方，默认显示格式为题录格式；检索结果可以打印、发送到指定的电子邮箱或存盘。OVID 提供 HTML 和 PDF 格式的全文，在文献的题录显示中有“Ovid Full Text”链接的，表示可以访问全文。

4. 个性化服务　OVID 数据库平台为个人注册用户免费提供包括检索策略的储存、检索结果的保存、设置电子邮箱订题服务（Auto Alert）等在内的个性化服务。

（四）Ingentaconnect 全文数据库

1. 简介　Ingentaconnect 全文数据库是 Ingenta 公司为出版商和消费者搭建的一个电子交流平台。截至 2008 年底，Ingentaconnect 全文数据库共收录全球 280 个学术出版机构 31927 种电子期刊，收录全文总数超过 2500 万篇，内容涵盖生物学/生命科学、化学、医学、护理、心理学/精神病学等 15 个学科门类。

Ingentaconnect 全文数据库主要通过 IP 认证登录，登录后将在主页右侧显示用户所属机构名称；授权用户也可通过账号、密码或者 Athens 登录。非授权用户可以使用网站提供的检索、浏览等功能，还可以免费浏览文献摘要等信息，但不能获取全文。

Ingentaconnect 全文数据库主要提供了三种浏览模式，即按刊名首字母顺序（Publication title）浏览、按学科分类（Subject area）浏览、按出版商（Publisher name）浏览。

2. 检索　Ingentaconnect 全文数据库提供快速检索（Quick Search）和高级检索（Advanced search）两种检索方式。

（1）快速检索：在 Ingentaconnect 全文数据库主页及浏览、检索过程的所有页面，系统均提供快速检索功能。

（2）高级检索：点击 Ingentaconnect 全文数据库主页的"Search"按钮，进入高级检索界面。用户可以输入一个检索条件进行查询，也可输入多个检索条件实现多个检索字段的组合检索，包括"search for"、"author"、"publication"三个检索条件，还可以对相应检索选项进行限定。

用户可以输入具体的卷、期信息，并对检索范围作进一步限制，设置每一页显示的论文数，最后点击下方的"search"完成检索。

高级检索与快速检索一样，也可以使用各种逻辑运算符进行组配。

3．检索结果的处理　Ingentaconnect 全文数据库提供的检索结果页面显示了检索结果的数量、检索式、所有检索结果的题录信息等。

对于注册用户，Ingentaconnect 全文数据库提供了"Manage My Ingenta"功能，包括修改个人的注册资料、个人订阅情况、保存的检索策略、为保存的检索创建邮件提示服务等，用户可以管理自己的 ingenta 档案。

（五）Highwire Press

1．简介　HighWire Press 是世界上最大的提供生物医学免费全文的网站之一，由斯坦福大学 HighWire 出版社于 1995 年建立，内容涉及生物医学各领域。截至 2008 年底，共收录电子期刊 1203 种，文章总数 510 多万篇，其中超过 180 万篇文章可免费获得全文；网站还提供 Medline 收录的 4500 种期刊中的 1300 多万篇文献的题录或摘要供检索。

HighWire Press 登录网址：http://highwire. stanford. edu/，系统为用户提供了许多特色服务，免费注册后，用户可定制自己感兴趣的期刊列表，在以后的检索中可以进行选择浏览等。

2．检索　HighWire Press 数据库提供快速检索、高级检索两种主要检索方式，另外，用户还可以按个人订阅期刊、所属机构订购期刊、免费全文期刊等方式进行浏览。系统对每种期刊的免费程度都有注释：标识为"free trail"的期刊表示在一段时间内提供免费试用的期刊；标识为"free"的期刊表示是免费期刊，可以获得该刊的所有电子版全文；标识为"free issues"的期刊表示可以免费获得该刊过刊的全文，时间从几个月前到两年前，各刊不一。

（1）快速检索：HighWire Press 数据库主页即为快速检索页面，可通过著者等途径进行检索，根据需要选择检索的期刊范围或年限范围等进行限定。

（2）高级检索：点击主页上方"Search"选项卡，进入高级检索页面，用户在检索框中输入检索词，选择文献范围和年限范围等，点击"Search"按钮完成检索。检索结果以题录格式显示，同时列出该文献的其他链接，如期刊主页、文摘、HTML、PDF 全文格式以及是否免费等。在其 HTML 格式的全文中还附有该文的参考文献及引证文献链接。

第四节　学位论文、会议论文及专利等的检索

一、学位论文

（一）国内学位论文的检索

1. 中国学位论文全文数据库（万方） 中国学位论文全文数据库由国家法定学位论文收藏机构中国科技信息研究所提供，并委托万方加工建库，收录了自1977年以来的我国自然科学领域博士、博士后及硕士研究生论文，涵盖自然科学、数理化、生物、医药、卫生、环境、社会科学等学科领域，共有90多万条记录。

从机构图书馆进入万方数据资源系统首页后，点击“中国学位论文全文数据库”，进入该库检索平台（图3-27），在字段列表选择检索字段，并在其后的检索词输入框内输入检索词，点击“检索”按钮进行检索，或者通过点击“分类检索”进行浏览，如需要进一步缩小检索范围，可在结果中二次检索。

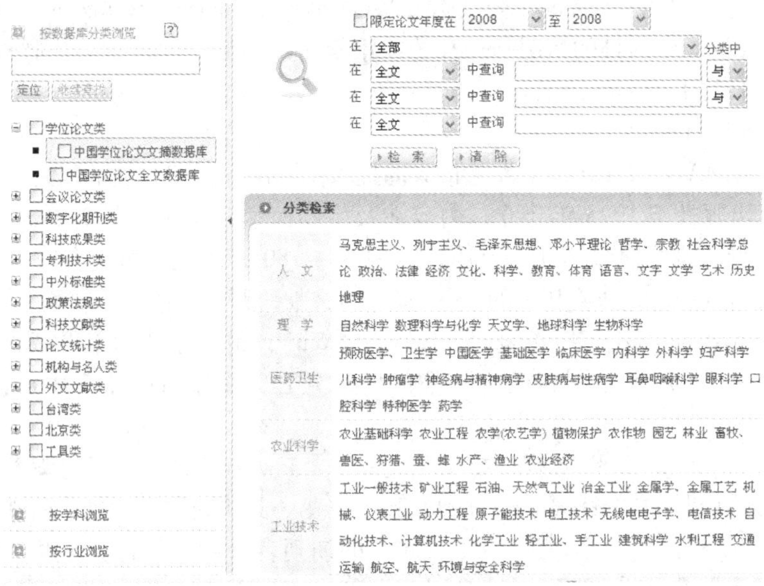

图3-27 中国学位论文全文数据库检索页面

用户也可直接登录万方主页（http://cd.wanfangdata.com.cn/），点击“学位论文”，进入学位论文检索页面，输入检索式，点击“检索”按钮即可，系统还提供了按“学科、专业或目录”或“学校所在地”进行浏览；点击“高级检索”按钮，用户可使用高级检索、经典检索、专业检索三种方式进行检索。

在检索结果界面，用户可以浏览论文题名、作者、专业、授予学位、导师姓名、授予学位单位、分类号、关键词、摘要、论文页数等信息，也可选择“查看全文”或“打包下载”。

2. 中国优秀博硕士学位论文全文数据库（中国期刊网） 《中国优秀博硕士学位论文全文数据库》由清华大学、清华同方光盘股份有限公司等共同开发，分《中国优秀博士学位论文全文数据库》（CDMD-D）和《中国优秀硕士学位论文全文数据库》（CDMD-M）。该数据库收录了1999年以来78多万篇中国大陆高校的博硕士论文，包括420家博士培养单位的博士论文9万多篇，652家硕士培养单位的硕士论文69万多篇，收录内容分为医药卫生、文史哲、政治军事与法律等十大专辑，网上数据每日更新。

用户在成功登录“中国知识资源总库”后，勾选中国优秀博（硕）士学位论文全文数据库，点击“跨库检索”按钮，进入“跨库初级检索”页面（图3-28），初级检索是一种简单检索，用户首先选择专辑（一个或多个），输入检索词（式），选择检索项、时间、排序方式、匹配方式之后，点击“检索”按钮即可。系统还提供了“跨库高级检索”、“跨库专业检索”两种方式，高级检索可以进行逻辑组配检索，专业检索仅适用于熟练掌握检索技术的专业人员。用户还可以在结果中进行二次检索。

图3-28　万方数据库跨库初级检索页面

数据库为收录的每篇论文提供了中英文题名、作者中文名、导师、学位授予单位、基金、关键词、中英文摘要等信息，还提供相似文献、相关文献作者等链接，用户可以选择在线阅读、整本下载、分章下载、分页下载等方式获取全文。

3. CALIS高校学位论文库　CALIS高校学位论文库（http://etd.calis.edu.cn/ipvalidator.do）是由国家投资建设的高校范围内的学位论文共建共享项目，由清华大学承担，收录包括北京大学等全国著名大学在内的94个CALIS成员馆的硕士、博士学位论文，在本项目参建单位内提供学位论文的全文浏览服务，到目前为止收录论文25万条。

该数据库提供简单检索、复杂检索两种检索方式，系统默认的是复杂检索（图3-29），用户可以输入多个检索条件，确定检索词的匹配方式，限定检索字段，选择逻辑算符，设置限定选项、显示设置等；也可以通过点击“学科浏览”来查看相关学科的相关内容。

在检索结果页面，系统显示命中结果的数目及列表，包括中英文题名、著者、答辩日期；用户可以在检索结果中进行二次检索，点击“详细信息”链接，可以浏览到论文文摘、导师姓名、单位等更多信息，并可以选择保存方式（E-mail、打印、下载）。用户可以选择通过“通过开放连接方式获取全文”或“馆际互借”来获取所需学位论文。注册用户还可以使用保存检索历史、定题通告、账户管理等个性化服务。

（二）国外学位论文的检索

ProQuest Dissertations and Theses（PQDT）

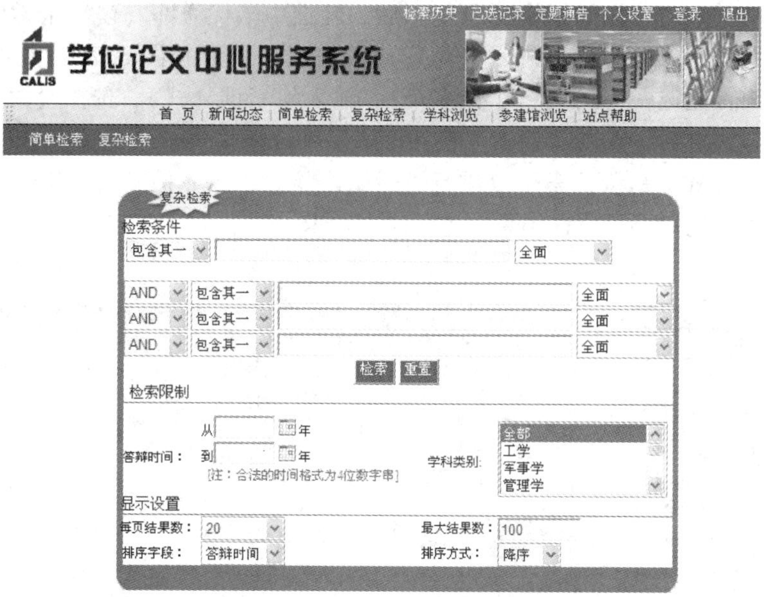

图 3-29 CALIS 高校学位论文库复杂检索页面

PQDT 作为 ProQuest 数据库平台为用户提供学位论文的数据库，收录有欧美 700 余个学术机构文、理、工、农、医等领域的博士、硕士学位论文，该库最早回溯到 1861 年，最晚为上学期的毕业论文，对 1997 年以来发表的论文，用户可免费浏览前 24 页。截至 2008 年底，该库共收录 240 万篇学位论文，其中 100 万篇可以提供 PDF 格式的全文，每年新增 6 万篇论文。

用户登录 ProQuest 数据库平台后，选择“Dissertations and Theses”数据库，进入基本检索页面（图 3-30），用户在检索输入框键入检索词（式），选择日期范围，可以选择将检索结果仅限制在全文文档，在检索选项中输入相关内容进行限定，缩小检索范围。

与基本检索相比，高级检索在检索字段，检索选项方面都有一些变化，检索字段包括导师、委员会成员、学位、学科名/代码、学校名/代码、卷/期等；在“更多检索选项”方面则增加了导师、学科名/代码、学校名/代码等。

该数据库还提供了按学科浏览和按位置浏览两种论文浏览功能：按学科浏览可以检索出 PQDT 收录的所有该学科的学位论文，点击每一类学科名，会在其下方弹出树形的位置浏览方式；按位置浏览途径可以检索出某校所有被 PQDT 收录的学位论文。

在检索结果页面（图 3-31），每条记录均包括题名、作者、学位、学校、时间、页数、出版号等；点击“摘要”链接，则显示该论文更加详细的题录和文摘信息，包括论文名称、作者、学位、学校、日期、指导老师、ISBN、来源、学科等。点击“文本全文”链接，授权用户将可以获取全文，用户也可以点击“订购”，采用信用卡支付方式获取原文。

图 3-30　PQDT 基本检索页面

图 3-31　PQDT 检索结果页面

二、会议论文

（一）国内会议论文的检索

1. 中国学术会议论文全文数据库（PACC） 中国学术会议论文全文数据库由北京万方数据股份有限公司出版，收录了1994年以来国家级学会、协会、研究会组织、部委、高校召开的全国性学术会议及国家性会议论文全文，目前已收录各类学术会议5000余个，范围覆盖自然科学、工程技术、农林、医学等领域，论文数量已达76万多篇。

用户进入万方数据资源系统后，选择“中国学术会议论文全文数据库”，进入检索页面，该数据库提供经典检索和专业检索两种方式，经典检索最多提供五个检索条件输入框，用户选择检索字段及布尔逻辑运算符，并限定年度范围，执行“检索”即可；专业检索需要用户熟悉系统的检索语法并编制检索式。在检索结果页面，用户可以进行二次检索，可以浏览论文作者、会议时间、地点、关键词、摘要等，也可查看或下载PDF格式全文。

2. 中国重要会议论文全文数据库（CPCD） 中国重要会议论文全文数据库（CPCD）由中国学术期刊电子杂志社（CNKI）出版，收录我国2000年以来国家二级以上学会、协会、高等院校、科研院所、学术机构等单位举办的重要学术会议的论文全文，部分社科类会议论文回溯至2000年前，内容分医药卫生、教育与社会科学综合等十大专辑，十专辑下分为168个专题和近3600个子栏目；论文数量已超过100万篇，数据库每日更新，年更新约10万篇。

用户登录中国知网首页，选择“中国重要会议论文全文数据库”，进入检索页面，该数据库提供初级检索、高级检索、专业检索三种方式，用户通过“会议主办单位导航”中的“分类导航”或“地域导航”，还可按会议主办单位浏览论文信息。CPCD数据库为用户提供的信息包括会议名称、地点、主办单位、论文摘要、相似文献、相关研究机构等，授权用户可以获取CAJ和PDF两种格式的全文。

（二）国外会议论文的检索

1. 科技会议录索引（ISTP） 科技会议录索引（Index to Scientific & Technical Proceedings，ISTP）由美国科学信息研究所（ISI）编辑出版，主要收集世界上各种重要的会议文献，通过网络方式提供会议论文的书目信息等，是科研人员查找权威会议文献的最佳途径。ISTP收录内容涵盖生命科学、临床医学、化学、生物学、环境与能源科学等学科，包含6万多场会议的480多万条论文记录，每年更新38万多条记录，可提供1991年以来的会议录论文的文献信息和著者摘要。

ISTP数据库包括科技版（Conference Proceedings Citation Index-Science，CPCI-S）、社会科学与人文科学版（Conference Proceedings Citation Index-Social Sciences & Humanities，CPCI-SSH），CPCI-S提供访问国际著名科技会议论文的题录信息和作者摘要，涵盖农业、环境科学、生物化学、生物技术、医学等学科领域；CPCI-SS提供访问国际著名社会科学和人文科学会议论文的题录信息和作者摘要，涵盖心理学、社会学、公共卫生学、管理学、经济学、艺术、历史、文学和哲学等学科领域。

ISTP数据库基于ISI Web of Knowledge（http://www.isiknowledge.com）平台，用户登录

后选择“Web of Science”数据库，在 Web of Science 数据库主页下方的“引文数据库”中勾选“CPCI-S”和（或）“CPCI-SSH”，然后在检索输入框中键入检索词/检索式，选择检索范围和布尔逻辑算符，点击“检索”按钮即可得到检索结果。

在检索结果页面，用户可以进一步精炼检索结果，对检索结果进行分析、创建引文报告，在检索结果列表中标记感兴趣的记录并选择输出方式；查看会议论文的作者、会议信息、摘要、语言、引用次数等信息，也可直接下载 PDF 格式全文或链接到其他数据库以获取全文。

2. OCLC 会议论文文摘数据库（OCLC PapersFirst）　OCLC PapersFirst 是世界性的会议论文索引数据库，该数据库收录在“大英图书馆资料提供中心”会议录中所收集的自 1993 年 10 月以来在世界各地的学术会议（包括代表大会、专题讨论会、博览会、座谈会）上发表的论文摘要，内容涉及文、理、农、工、医各个领域，该库目前有 650 多万条记录，每两周更新一次。

用户登录 OCLC 主页（http://firstsearch.oclc.org/）后选择“PapersFirst”数据库，该数据库提供基本检索、高级检索、专家检索三种方式，系统默认的是高级检索界面。该库为用户提供了论文的登入号、著者、题名、出版商等信息。

三、专利

（一）国内专利的检索

中华人民共和国知识产权局专利检索　中华人民共和国知识产权局面向公众免费提供 1985 年 9 月 10 日以来公布的全部中国专利信息（网址：http://www.sipo.gov.cn/sipo2008/zljs/），该检索系统提供包括发明、实用新型和外观设计三种专利的著录项目及摘要，并可浏览到各种说明书全文及外观设计图形等。

该系统提供了申请（专利）号、名称、摘要等 16 个检索入口，用户在检索入口输入相应检索词，点击“检索”按钮即可。在检索结果页面，系统分别给出了三种专利的命中记录数，用户将浏览到申请号、专利名称等信息，还可以重新搜索；点击单条记录，可以查看该专利的详细信息，如果要查阅该专利的申请公开说明书或审定授权说明书，均必须安装该网站提供的专用浏览器。

除了登录中华人民共和国知识产权局的官方网站查询专利外，万方数据资源系统推出的“中国专利全文数据库”，收录从 1985 年至今受理的全部发明专利、实用新型专利、外观设计专利数据信息，包含专利公开（公告）日、公开（公告）号、主分类号、分类号、申请（专利）号、申请日等项信息。用户还可通过中国专利信息网、中国知识产权网等进行检索。

（二）国外专利的检索

1. 德温特世界创新专利索引数据库（Derwent Innovation Index-DII）　DII 数据库隶属 Thomson 集团，通过 ISI Web of Knowledge 平台整合 Derwent World Patents Index（WPI，德温特世界专利索引）与 Patents Citation Index（PCI，专利引文索引），为用户提供全球专利信息。通过 DII 可以访问来自全球 40 多个专利机构（包括美国专利局、欧洲专利局、世界知识产权组织等）的 1400 多万项专利，以及被引和施引专利、被引文献和全文专利数据来源文献。DII 收录专利被划分为化学、工程、电气和电子三大类，数据回溯至 1963 年，每周更新，是检索全球专利最权威的数据库。

DII（网址：http://isiknowledge.com/）采用 IP 认证登录，登录后选择“Derwent Innovation Index”，进入检索页面（图 3-32）。用户注册后可以使用 Email 定题快讯、保存检索策略等个性化服务。

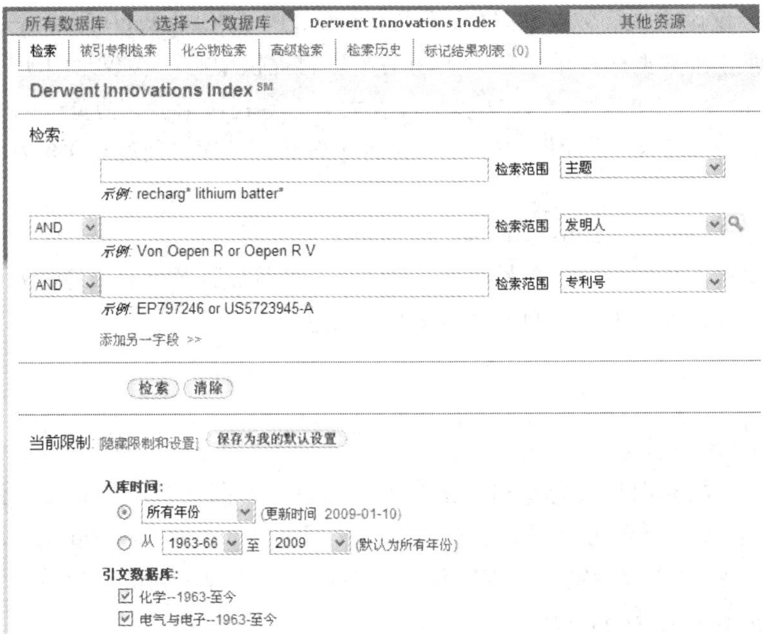

图 3-32 DII 数据库检索页面

DII 提供了检索、被引专利检索、化合物检索、高级检索四种方式，支持布尔逻辑运算符、邻近算符、截词符；除了能够提供较多的专利常用检索字段外，还能够从被引用专利文献的途径进行检索，并对入库时间、引文数据库等进行限定。

DII 数据库还可以与 ISI Web of Knowledge 平台上的期刊、会议录及其他数据库跨库检索，用户通过 DII 了解工程技术领域内的发明创造的同时，也可由 Web of Science 所提供的各个学科核心期刊的文献信息，获取相关的基础研究信息，深入理解基础研究与应用技术的互动与发展。

在检索结果界面（图 3-33），用户可以进一步精炼检索结果，对检索结果进行分析，在检索结果列表中标记感兴趣的记录并选择输出方式（打印、存盘、Email、输出到文献管理软件）；可以查看专利的发明人、专利号、被引用次数、描述性摘要、德温特分类、专利申请细节和日期等信息，也可直接在线阅读或下载 PDF 版专利全文。

2. 美国专利数据库（USP） 美国专利数据库（网址：http://www.uspto.gov/）由美国专利商标局（USPTO）建立，数据库分授权专利（Issued Patents）和申请专利（Patent

图 3-33　DII 数据库检索结果界面

Applications）两部分，每周更新一次。授权专利数据库收录美国 1790 年 7 月 31 日以来的所有授权专利；申请专利数据库对 2000 年 11 月 9 日起递交的专利申请进行公开，从 2001 年 3 月 15 日开始正式出版专利申请说明书。

授权专利数据库提供快速检索（Quick Search）、高级检索（Advanced Search）、专利号检索（Patent Number Search）三种方式，在前两种方式中，1790～1975 年的专利只能从授权日期、专利号、美国专利分类号三个字段进行检索；申请专利数据库提供快速检索（Quick Search）、高级检索（Advanced Search）、公告号检索（Publication Number Search）三种检索方式。各种检索方式均支持布尔逻辑算符、截词检索、优先算符等。

对于 1790 年至 1975 年的专利，数据库仅提供全文图像说明书；1976 年以后的专利，则提供了全文图像说明书、文本说明书等。在检索结果页面，显示了专利的题录数据、文摘、说明书等，点击相应链接，可以进入专利全文文本、图像页等。

3. 欧洲专利数据库　欧洲专利数据库（网址：http://ep.espacenet.com）由欧洲专利局（EPO）建立，旨在通过因特网为用户免费提供专利检索服务，内容涵盖了 80 多个国家的 6000 多万专利文件，涉及生物工程、化学化工等 12 个学科，大部分数据回溯至 1970 年，一些重要国家的专利申请可回溯至 1920 年，提供英、德、法三种语言。

数据库除提供快速检索（Quick Search）、高级检索（Advanced Search）、专利号检索（Number Search）和分类检索（Classification Search）四种方式外，还新开发了一种智能检索（Smart Search）方式，即用户只要输入熟悉的检索词（如关键字，发明人姓名等），而不需指定检索范围，数据库即可完成检索。检索结果列表包括专利文献号、发明名称等信息，提供题录数据，点击“Description”标签，显示该专利说明书；点击“Claims”标签，显示该专利权利要求项；点击“Mosaics”标签，显示该专利的插图；点击“Original document”标签，显示该专利全文；点击“INPADOC legal status”标签，显示该篇专利的法律状态。

第五节 如何获取文献的全文

通常，当我们通过数据库检索得到文献信息（文摘、题录）后，需要进一步阅读文献全文，如何才能获得所需的文献全文呢？本节主要介绍以下几种方法，供大家参考。

一、通过学校、医院图书馆等机构获取

国内绝大部分高校、省级以上的医院都订购了一些全文数据库，用户进入所在机构的图书馆主页，一般即可浏览到自己单位订购了哪些全文数据库，比如在清华大学图书馆主页（http://www.lib.tsinghua.edu.cn/）点击“电子资源/数据库”链接，可以浏览到清华大学订购的国内外数据库。用户进入所在单位的网上图书馆，选择所需全文数据库进行检索，即可获取已购文献的电子版全文。如果所在机构没有订阅全文，用户可以通过学校图书馆提供的馆际互借向国内的院校图书馆（主要是 CALIS 及 CASHL 成员馆）请求提供原文文献复制及原文传递服务，复制及传递的文献类型包括期刊论文、会议录文献、学位论文等，传递方式包括传真、快件或普通邮寄、电子邮件等；或者直接通过文献传递服务机构（国家科技图书文献中心、中国高等教育文献保障系统、国家图书馆等）订购全文，当然，这两种方式用户都需交纳一定费用。

另外，用户也可利用图书馆的馆藏目录或公共联机书目查询系统（OPAC）检索图书馆收藏的纸本文献，然后进行借阅、复制。

二、通过搜索、论坛求助等免费获取

（一）搜索引擎

1．Google Scholar 搜索引擎　Google Scholar（http://scholar.google.com/）是 Google 公司于 2004 年推出的一种免费学术搜索引擎，以文献检索为目标，对互联网上各类学术文献资源进行搜索，并过滤掉大量与学术研究无关的一般网页内容。搜索结果包括研究论文、图书、专利和科研报告等类型文献，以文章的作者、出版物知名度和文献被引频次为依据进行排序，用户也可以点击“Related articles”链接，显示与搜索主题相关的文献。

2006 年 1 月，Google Scholar 中文版（http://scholar.google.cn/）推出，提供来自维普、万方等的文献信息，以及中国科学院国家科学图书馆的 40 余万条书目数据，并通过原文传递服务获取全文。

2．Health On the Net Foundation（HON）　Health On the Net Foundation（http://www.hon.ch/）由 HON 基金会（健康在线基金会）于 1996 年 3 月建立，支持英语、汉语等五种语言，提供“普通病人”和“医护人员”两种搜索入口，在“医护人员”主界面，用户可以通过 HONselect（用 HONselect 搜索 33000 个医学主题词）、新闻（搜索关于 300 个医学主题的新闻）、医学会议（检索关于医学会议的 HON 全球数据库）、MEDLINE（在 MEDLINE 中检索）、Trials（检索 ClinicalTrials. gov 数据库）等链接，实现相应的搜索功能。

3．Medscape　Medscape（http://www.medscape.com/）是一个功能强大的医学专业搜

索引擎，主要为临床医生等专业人员提供及时、高质量的医学信息，包括综述文章、杂志评论、专家专栏等，以及来自路透社、期刊出版社的医疗新闻。Medscape 有 CME（提供丰富的免费学习课程）、Conference（提供世界范围内主要的医学会议文献）、Journals（免费提供 200 多种世界著名医学期刊发表的文章）等特色服务，还可检索图像、声频、视频资料等。网站更新及时，方便用户搜索。

其他常用搜索引擎还包括 Google、百度、Yahoo 等通用搜索引擎，以及 Medical Matrix、MedicineNet、Intute 等专业搜索引擎。

（二）免费网站

目前，因特网上有一些提供免费期刊全文的网站，用户可以查询是否能免费获取，此类网站中影响较大的有：

1. HighWire Press　HighWire Press（http://highwire.stanford.edu/）由斯坦福大学图书馆于 1995 年创立，至 2008 年底已收录 140 多个学术出版商出版的 1203 种电子期刊，其中有 42 种完全免费，255 种过刊免费，收录文献 510 多万篇，其中 180 多万篇文献可免费获取全文。用户通过在"Browse"界面点击"Journals with free full-text articles"即可浏览到免费期刊列表、查看免费全文。

2. Electronic Journal Library　Electronic Journal Library（http://rzblx1.uni-regensburg.de/ezeit/index.phtml?bibid=AAAAA&colors=7&lang=en）由 491 个图书馆、研究机构等联合建立，截至 2008 年底，共收集生物学期刊 2700 多种，医学期刊近 8000 种，有 3000 多种生物医学期刊提供免费全文。

3. Free Medical Journals　Free Medical Journals（http://www.freemedicaljournals.com/）网站提供 430 种医学电子期刊的免费全文，用户可以通过专业、刊名首字母进行浏览。

4. Biomed Central　Biomed Central（伦敦生物医学中心，http://www.biomedcentral.com/）目前共出版 197 种生物医学类学术期刊，内容涵盖生物学和医学的所有主要领域，其中绝大部分期刊均可免费获取原文。点击主页"Journals A-Z"链接，期刊名后标有"all content Open Access"的即可免费获取。

5. 其他免费网站

（1）Directory of Open Access Journals（http://www.doaj.org/）：目前共收录 3824 种学术期刊，其中 1351 种期刊提供全文。

（2）FindArticles 网站（http://findarticles.com/）：收录各类文献和资料 1100 万篇，大部分为免费全文资料。

（3）PubMed central（http://www.pubmedcentral.nih.gov/index.html）：由美国国家医学图书馆（NLM）下属国家生物技术信息中心（NCBI）创立的开放存取（open access）的生物医学和生命科学全文数据库。

（4）UKPMC（http://ukpmc.ac.uk/）：英国医学与生命科学领域的开放获取系统（UK PubMed Central），由 Wellcome Trust 基金会牵头，九家大型研究资助机构（英国卫生部、医学研究委员会、英国癌症研究中心等）与大英图书馆、曼彻斯特大学以及欧洲生物信息研究所（EBI）共建。

（三）论坛求助

随着因特网的日益普及，各类学术论坛如雨后春笋，许多学术论坛都建有文献求助板块，为用户提供一个文献求助、检索及交流的平台。在百度里输入“求助文献 inurl：bbs”进行搜索，即可发现许多提供免费文献求助的论坛，用户注册后按论坛要求发帖求助，就有可能获得网友的免费帮助。

（四）Email 求助

近年发表的文献，一般都留有作者的 E-mail 地址以供联系，在数据库检索结果中，作者的 Email 地址通常附在作者所在单位地址后，用户可以通过 E-mail 向作者索取原文。如果查到的文献较早或没有 Email 地址，可以通过数据库的著者途径检索该作者近年来发表的文献，找到联系方式；或者在网上查询作者个人主页或其单位网站以获取其 Email 地址。国外作者一般都愿意免费提供，但求助的 E-mail 应尽量简明扼要，不要写些不着边际的话。

（五）学者主页与个人博客

有些学者在因特网上建有个人主页或博客，并提供自己发表的论文全文等信息，可以试试，但由于学者主页与个人博客比较分散、个体随意性较强等原因，很难形成稳定的免费网络资源获取来源。

（六）其他方法

1. 账号、密码　有些机构会在网页中公布其订购数据库的登录账号、密码；有些机构在试用某种数据库时，数据库出版商会提供免费试用账号、密码，这类信息一般出现在图书馆主页有关试用数据库的通知里，普通用户通过搜索引擎可以检索到。

2. 文献代理　目前很多全文数据库采用 IP 认证登录，用户浏览器的 IP 地址只要在数据库开发商授权范围内，就可拥有一定的全文下载权限。因此，用户可以通过使用代理改变 IP 地址以获取权限，尤其是国内外一些著名大学的代理，一般具有多个数据库的权限。

文献代理有普通代理、加密代理，对于普通代理，用户可以到网上收集代理列表（例如用 google 搜索“free proxy list”），然后使用一些代理软件验证，找到有权限的，在浏览器中进行设置即可；加密代理则需要输入正确的账号、密码进行认证后才能使用，一些学术论坛或个人博客会不定期公布。

3. EZ Proxy　EZ Proxy 是一个通过远程认证访问电子资源的代理软件，被国内外图书馆广泛使用，以实现校外教职员工等通过 Internet 访问图书馆等校内资源，用户需登录（用 google 搜索“inurl：ezproxy login site：edu”即可获得许多国外大学的登录网址）并进行认证后，即可实现资源的访问。一些学术论坛或个人博客会有一些账号公布，用户可以利用搜索引擎检索。

4. VPN　虚拟专用网络（Virtual Private Network，VPN）被定义为通过一个公用网络（通常是因特网）建立一个临时的、安全的连接，是一条穿过混乱的公用网络的安全、稳定的隧道，它通过特殊的加密通讯协议在 Internet 上构建私人的专用网络，不是真的专用网络，但却能够实现专用网络的功能。目前有相当多的大学采用 VPN 来实现校外访问功能，用户一般需要安装客户端软件，或在 VPN 软件中导入学校的 pcf 文件（对 VPN 进行配置的文件，不同学校的 pcf 文件不同），然后通过认证后方可使用；也有些学校的登录不需软件，类似

EZProxy 的登录方式。

5. Athens Athens 是英国高等教育部于 1996 年开发的一个用于网络数据库登录管理的项目，用户登录网址：https://auth. athensams. net/?ath_ returl =%2Fmy%2F&ath_ dspid = ATHENS. MY，输入自己申请并经所在机构管理员批准的账号、密码进行认证，一旦通过，即可访问其权限范围内的所有数据库而无需再次进行认证，也无 IP 等限制。目前使用 Athens 的主要以英国的学术、科研、医疗机构为主。

需要注意的是：①各种全文数据库的出现，使文献检索和得到全文的过程变得相对简单，但各文献数据库的收录范围都是有限的，因此用户往往需要在几个数据库中进行检索，以免漏检；②全文的获取在“精”而不在“多”，应该有选择性地获取文献全文，重点是那些影响因子高的、知名专家的、引用次数多的文献，还有近几年的综述性文献，切忌囫囵吞枣。

第四章　科 研 设 计

第一节　概　　述

一、科研设计的目的和内容

（一）医学科研简介

医学科研是人们运用科学实践和缜密思维来探索生命活动及疾病规律的认识活动，目的是阐明生命活动规律，明确疾病病因，改善预防、诊断、治疗疾病的方法，从而提高人群健康水平。医学科研活动的一般过程包括选题和立题、制定研究方案、实验实施并及时调整研究计划、收集资料并整理结果、数据处理、撰写研究总结或论文、申报成果或专利。

医学科研的分类方法多样：①根据医学科研过程不同发展阶段和任务，医学科研可分为基础研究（basic study）、应用研究（application study）和发展研究（development study）；②按照处理因素可分为单因素研究（single factor study）和多因素研究（multiple factor study）；③按照研究对象可分为基础研究（basic study）、临床试验研究（clinical trial）和社区干预研究（community-intervention study or community survey）；④根据研究手段（是否施加干预措施）不同可分为实验性研究（experimental study）和观察性研究（observational study）；⑤按照研究时限可分为前瞻性研究（prospective study）或队列研究（cohort study）、回顾性研究（retrospective study）或病例-对照研究（case-control study）、横断面研究（cross-sectional study）。医学科研的类型确定科研设计的类型，本书重点根据研究手段、研究时限的分类方法进行阐述。

（二）科研设计的目的

科研设计是医学科研的具体步骤，通过对科学研究的目的、对象、内容和实施步骤等进行设想，制定研究方案和计划安排，保证科学研究具有科学性、创新性、规范性、可行性、经济性。无论是实验性研究还是观察性研究，都应根据研究目的和内容，结合统计学要求，选定合适的分析指标、确定研究总体范围、确定研究方法、估计样本含量、制定资料收集计划、质量控制方法以及研究工作步骤和时间安排等，确保课题完成的速度和研究结果的可靠性。因此，科学严密的研究设计能达到假说建立科学、研究目的明确、立论依据充分、研究思路清晰、处理因素合理、研究指标具体、研究方案可行，避免浪费人力、物力和时间，按时完成研究课题，保证数据资料可靠、结论可信。任何科研设计存在不足或缺陷，可能导致不必要的浪费，降低研究结果的可信度甚至导致错误的结论。

（三）科研设计的基本内容

科研设计涵盖了科研工作的全过程。科研设计包括专业设计与统计设计两部分，专业设计是从专业理论、技术的角度来提出科学假说，确定研究课题，围绕假设制定技术路线和实施方案，保证科研课题具有实用性和创新性，科学合理的专业设计是科研成功的决定性因素，是确定科研成果大小的前提条件；统计设计是指依据研究目的和现有条件，运用统计学专业理论知识和方法确定研究因素，选择效应指标，确定研究对象，撰写实施方案，数据收集、整理、分析以及解释结果。通过周密、系统的安排，控制抽样误差和系统误差，保证样本的代表性和样本间的可比性，以最少的人力、物力和时间获得准确可靠的数据资料和结论，保证科学研究具有可重复性和经济性，是科研成功的基础性因素。因此，专业设计和统计设计是科研设计的两个方面，二者缺一不可。

1. 建立医学假说　通过查阅国内外文献，了解最新进展，结合自己专业理论知识和研究领域，从基础研究或临床研究中存在的问题出发，以已知的科学理论和科学事实为基础，经过整理、加工和概括，对所研究的生命活动现象及疾病的规律性提出的一种假定性的解释和推理，称为医学假说，它是医学发展的重要环节和科学思维形式，又是取得医学研究成果的重要前提。几乎所有的医学成果与医学理论最初都是以假说的形式提出来的，2008 年度诺贝尔生理学或医学奖得主、德国科学家 Harald zur Hausen 当年提出人类乳头瘤病毒（HPV）引发子宫颈癌的假说并最终得到验证，就是很好的实例。

2. 明确研究目标　在建立医学假说的基础上，将假说转化为研究中需要解决的具体问题，即具体的研究目标。每个科研设计与研究目标和验证假说密切联系，一般而言，一项研究设计要解决的主要问题不能太多，一般为 1～2 个，应围绕整个科研的一个环节，突出一个重点，明确要解决什么主要问题，达到何种目的，切忌包罗万象或模棱两可。在解决主要问题时可能解决与研究假设有关的其他次要问题，以进一步完善和补充该项研究结果。如研究某种药物关节腔内注射治疗关节骨性关节，主要问题是该药是否有效？是否比口服药物治疗（对照组）效果更好？次要问题是受试者依从性如何？是否增加治疗成本？研究设计必须针对主要问题，并采取有效措施控制非研究因素干扰，确保研究结果能回答主要问题。

3. 制定研究方案　研究方案说明如何实施具体研究，是科研设计的核心部分，是指导整个研究过程的重要依据。在科研设计时要为验证医学假说选择最佳研究方案，使系统误差降到最低限度，确保实验结果的可靠性。

一项课题的研究方案有多种类型，需要根据研究目的和内容决定最佳研究方案。任何研究方案重点阐述以下内容：研究对象的种类、纳入标准、抽样方法、对照分组、样本含量；处理因素的性质、质量、强度、方法；观察指标的数量、检测方法、判断标准；确定具体的设计方法是实验性研究还是观察性研究，单因素设计还是多因素设计等。

4. 确定数据的统计学处理方法　科学周密的研究设计是正确运用统计学方法进行资料分析的前提，尤其在临床试验或社区干预调查研究时显得更为重要，如果没有准确良好的设计，即使使用复杂的统计方法处理数据也只能得到不可信甚至与实际相反的结论。医学科研工作者应该在一个研究基础上开始前咨询统计学问题，在研究设计必须根据研究目的、资料类型以及统计方法的适用条件等正确选择统计方法。科研设计是顺利进行试验和收集、分析数据的先决条件，不要试图通过统计分析来弥补设计上的错误。

5. 研究进度安排　研究进度是科研设计的重要内容，包括完成研究课题需要的时间安排；不同研究阶段达到的目标、时间进度计划及预期结果。科学合理的研究进度计划便于科研工作者从整体上把握研究过程，按研究进度开展工作，并随时进行对照检查，督促课题按时或提前完成。对于重大的研究课题如863、973项目，应制定阶段性研究进度或以分题为单位制定出具体明确的进度计划，包括人员培训、试验准备、指标观察、结果整理、阶段性交流、年度小结、成果报告等。对于交叉项目较多的研究进度计划，可采用计划进度表加以表示。

6. 确定质量控制方法　研究设计时要充分了解和掌握研究过程中可能产生的各种偏倚、机遇和混杂因素，并针对上述因素制定相应的防范措施。如采用视觉模拟评分评价膝关节腔内注射药物后疗效，规定采用视觉模拟评分量表对研究对象进行3次评分的平均数作为分值；临床研究时由于研究者或研究对象的主观性易产生误差，在设计时需采用盲法处理；实际科研工作中常采用对重复或对比研究的方法对研究数据进行质量评价，如通过重复研究计算前后数据资料进行一致性检验、相关性分析，与来源不同的同类资料进行对比等。

综上所述，科研设计是对某一科研课题的具体内容和研究方法进行具体设想和计划安排，主要反映课题研究的具体实施方案及其科学性、创新性、高效性和可行性。研究课题确定后，是否严格按照科研设计的要求实施研究方案是达到预期目标的关键因素。

二、科研设计的基本原则

理想的科研设计应能控制抽样误差，避免或减少系统误差，从而提高科研效率、保证结果可信。因此，科研设计必须遵循随机、对照、重复、均衡原则，对于临床研究须遵循盲法和伦理道理原则。

（一）随机化（randomization）

随机化指在抽样研究调查或实验研究抽取或分配样本时，总体中每个研究对象或观察单位都有完全均等的机会被抽取或分配到实验组或对照组，而不受研究者或研究对象主观意愿所左右。根据随机事件的不确定性规定在实验分组和抽样研究时必须贯彻随机化原则，它是保证非处理因素均衡一致的重要手段，对实验结果真实性和样本的代表性有重要意义。研究设计中的随机化有三层意义：①抽样随机：研究总体中符合实验条件的每个研究对象被抽取的机会相同，以保证样本具有代表性；②分组随机：每个研究对象分到实验组和对照组的机会均等，以提高样本组间的可比性；③实验顺序随机：每个研究对象接受处理的先后次序的机会一致。

随机化通过产生随机数实现。随机化分组的方法包括三种：抽签法、随机数字表法、计算机随机化分组法。采用计算机软件（如SPSS、EXCEL）进行随机化分组具有使用方便、可重现结果、研究对象可随机而均匀进入各处理组等优点。

1. 随机化分组的基本步骤

（1）编号：将研究对象按某种标准进行编号，如动物可按体重，患者可按就诊顺序、住院号等进行编号。

（2）产生随机数：每个研究对象获得的随机数可以是一位数，两位数或三位数，一般要求数与样本量的位数相同。产生随机数的方法很多，最初采用抽签、掷骰子、摸球等，后采用随机数字表、随机排列表，目前普遍采用计算机软件产生随机数。

（3）随机数排序：对产生的随机数从小到大进行排序。

（4）确定组别：根据受试对象获得的随机数决定受试对象在哪一组。例如，分两组可按随机数的奇偶；分 k 组可按随机数除以 k 后的余数进行分组。

2. 实例：采用 SPSS 进行随机化分组

将 15 只体重为（2.5 ±0.3）kg 的家兔随机分为三组，每组 5 只。

（1）编号：家兔称重，按体重从轻到重进行编号等。

（2）SPSS16.0 进行随机化分组

1）输入编号：打开 SPSS 软件，输入家兔编号 1 ~ 15；

2）设定随机种子：点击主菜单 transform→random number generators，在打开的对话框中设定随机种子为 20001122（数值可任意填）→OK；

3）产生随机数：transform→compute variable，对话框 target variable 输入“随机数”，numeric expression 中输入 RV. UNIFORM（0, 10），或直接在 functions and special variables 框中找到 RV. UNIFORM（?,?）后双击，填入数值→OK；

4）确定分组：transform→visual binning，对话框 variables 中“随机数”选入 variables to bin→continue→打开对话框点击“随机数”，binned variable 中输入“随机化分组”，点击 make cutpoints 按钮→打开下级对话框，点击 equal percentiles based on scanned cases 单选按钮，在 number of cutpoints 中输入 2→apply→OK→OK，完成随机化分组过程。该步骤也可用 recode 命令完成；SPSS 早期版本可运行 categorize variables 过程进行分组（图 4-1）。

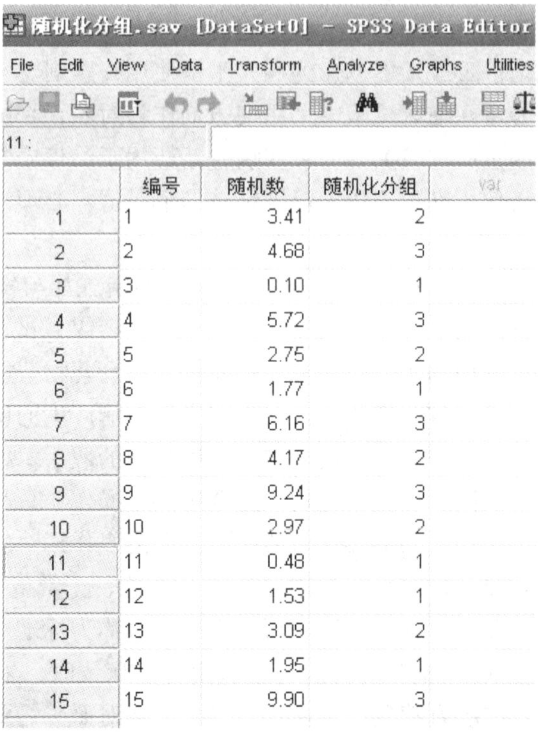

	编号	随机数	随机化分组	var
1	1	3.41	2	
2	2	4.68	3	
3	3	0.10	1	
4	4	5.72	3	
5	5	2.75	2	
6	6	1.77	1	
7	7	6.16	3	
8	8	4.17	2	
9	9	9.24	3	
10	10	2.97	2	
11	11	0.48	1	
12	12	1.53	1	
13	13	3.09	2	
14	14	1.95	1	
15	15	9.90	3	

图 4-1　采用 SPSS 对 15 只家兔随机化分为三组

（二）对照（control）

对照指的是在抽样调查或实验研究的过程中，确立可供相互比较的组别。因此，确定接受处理因素的实验组的同时必须设立对照组，设立对照时要求具有组间一致性，即各对比组之间除处理因素不同外，其他重要的非处理因素的分布尽量保持一致，因此正确设立对照可以甄别处理因素和非处理因素之间的效应，排除非处理因素对研究结果的影响，突出处理因素效应，此外设立对照还可以消除或减少误差，使研究结果更具有科学性、可比性和可靠性。科学设立对照组必须遵循三个基本要求：对等、同步和专设。对等是指除处理因素外，对照组非处理因素与实验组完全一致；同步是指对照组和实验组在整个研究过程中始终处于同一时间和同一空间；专设指对照组是专门为相应的实验组而设立，一般不得采用历史结果、文献记载或他人资料作为研究对照。根据不同的研究目的和研究内容选择不同的对照形式。

1. 空白对照（blank control） 设立的对照组不施加任何处理因素或干预措施，作用是排除非处理因素的影响。临床研究设立空白对照可排除或控制研究对象基础疾病、疾病自愈、缓解、恢复对结果的影响，但前提条件是不得延误对照组患者的诊断、治疗和康复。例如研究某种药物是否具有促进骨折愈合作用，实验组人群服用该药，对照组不服用该药物，观察期满后比较两组受试对象骨折愈合情况。

2. 安慰剂对照（placebo control） 空白对照的特殊类型，指的是对照组使用外观与受试药物相同而无药理活性并对自然病程不产生任何影响的制剂，以消除非药物因素尤其是受试者的精神心理因素对研究结果的影响。在一定的范围内慎重设立安慰剂对照，以不损害病人健康为原则，对于病情危重或发展迅速的病人不得使用安慰剂。一般说来，只有在无其他肯定有效药治疗方法，方可在临床试验中采用安慰剂作为对照，否则应使用标准对照。安慰剂通常用于受精神心理因素影响较大的慢性疾病；新药用于治疗慢性病的临床试验，不会因使用安慰剂而延误病情；使用安慰剂作为轻度精神抑郁、癔症心理治疗的一部分；诊断明确不需要药物治疗的患者。

3. 实验对照（experimental control） 对设立的对照组施加与实验组操作条件一致的干预措施，排除实验操作（灌胃、注射、穿刺、手术等）、溶媒、试剂等对实验结果的影响，实验对照用于动物实验。常用的实验组照有实验操作对照、药物溶媒对照。前者是指对设置的对照组施加与实验组条件一致的操作，旨在控制操作影响产生的误差，如研究某种抗生素接骨板对血液中性粒细胞的影响时需要设立与实验组相同的假手术组，采用与实验组相同的麻醉、切开、显露、骨膜剥离、钻孔、攻丝、缝合等手术操作，只是不采用接骨板固定；后者是指采用实验实验组改善相同的溶媒作对照，以排除溶媒作用对实验结果的影响。

4. 标准对照（standard control） 采用现有的标准值、正常值或公认有效的经典治疗、标准治疗方法作对照，以及在标准条件下进行观察的对照称为标准对照。例如在评价防旋型股骨近段带锁髓内钉（PFNA）治疗治疗股骨粗隆间骨折疗效时，采用公认常规疗法即股骨近段带锁髓内钉（PFN）或动力髋螺钉（DHS）治疗作为对照。需要注意的是，在采用标准治疗对照时，必须选择疗效肯定的药物或疗法，而且所试验的药物或疗法属于同一类型，同时不得耽误患者正规的治疗，延误病情。

5. 自身对照（self control）　不另设对照组，实验和对照都在同一研究对象上进行，关键是看实验处理前后效应指标的差异，实验处理前的对象状况为对照组，实验处理后的对象变化为实验组。如采用某种抗生素治疗全身感染前后血中白细胞计数的自身对比观察；或是对照与实验在同一对象身上进行，在身体对称部位（如眼睛、肢体）分别作处理组和对照组的比较观察。在观察的不同时期接受不同的疗法，如先接受对照处理的个体后接受试验处理，或先接受试验处理后接受对照处理，然后比较它们的差异，这种方法称为自身交叉对照，适用于实验对照，不宜设置空白对照。自身对照可以最大限度减少个体抽样误差，但对有自限性或周期性发作倾向的疾病，不可采用自身对照；两次用药要有足够洗脱期，以消除前阶段用药对后阶段的影响；研究期间病情等条件需保持稳定。

6. 相互对照（mutual control）　不单设对照组，几个采用有效处理的实验组相互比较，明确不同实验措施的差异。通常采用不同的处理方法或同一种处理不同剂量或不同的给药途径之间比较；或几种不同的方法或仪器测定同一批样本来比较各种方法的精密度、准确度。例如采用几种不同的有效降糖药治疗 2 型糖尿病，目的是比较几种药物疗效的高低、血糖稳定性等。由于相互对照各组作用效应不能肯定导致实验结果不能肯定，因此最好与安慰剂对照或标准对照联合应用。

7. 历史对照（historical control）　以研究者本人或他人过去的研究资料与参考文献上记载的研究结果与本次研究结果进行比较，故又称回顾对照或文献对照。不同时期研究对象、技术水平、致病因素、诊断标准、治疗方案、实验条件等均难保持一致，可比性差，一般不宜采用。如评价因时间因素引起的差异，可采用历史对照。例如研究我国 2000 年 ~ 2008 年间车祸伤伤情特点变化。

8. 配对对照（paired control）　配对对照分为自体配对对照和异体配对对照两种方法，自体配对对照即自身对照，如前所述。配对对照可节省样本数，其抽样误差最小，统计效率最高，如有条件应优先选用。异体配对是在动物实验时选择同窝别、同性别、体重相近的动物，临床试验时选择疾病、性别、年龄、病情等相当的患者进行配对，在每对内部随机分为实验组和对照组，经处理因素作用后比较两组间的差异。动物最好选择纯系动物，而临床试验最理想的异体配对是同卵双生兄弟（姐妹）。

9. 阴性对照与阳性对照（negative or positive control）　阴性对照不加处理因素或采用对实验不产生任何影响的物质代替处理因素，而其他的实验条件都一样，用以检测实验过程是否存在问题，对照组应是阴性结果。阳性对照给对照组施加已经被证明有效的处理因素，对照组应该是阳性结果。一个很好的例子就是在进行免疫组织化学染色时须采用生理盐水、PBS 代替一抗作为阴性对照，而采用已知抗原阳性的切片作为阳性对照，阴性对照用确证不含已知抗原的标本作对照，应呈阴性结果，另外空白、替代、吸收和抑制试验均为阴性对照。当阴性对照成立时，才能判定检测结果，主要用于排除假阳性。阳性对照是用已知抗原阳性的切片与待检标本同时进行免疫细胞化学染色，对照切片应呈阳性结果，阳性对照对证明整个染色程序符合要求，尤其当待检标本呈阴性结果时更加重要。

（三）重复（replication）

重复是指采用相同的实验条件下进行多次实验或观察，是消除或减少非处理因素影响、减小随机误差或抽样误差的重要手段，也是提高实验结果可靠性的惟一方法，因此任何研究必须经多次重复得到相同或相似的结果才准确可信。重复原则要求研究对象具有代表性，不仅应具有与相应总体的同质性，而且应有足够的样本含量。重复程度表现为样本含量的大小，但并不是样本越大越好，因为样本越大，越难控制实验条件，并且浪费人力、物力和时间，因此不提倡盲目追求大样本，而样本量太小缺乏代表性，研究结论不可靠。因此在正式实验或观察前应当估计样本含量大小。

样本含量估计的决定因素包括：①检验水准（α）：即犯第一类错误的概率。α 越小，所需样本量越大。一般取 $\alpha=0.05$，还应明确单双侧。②检验效能（$1-\beta$）：β 是犯第二类错误的概率，$1-\beta$ 表示在特定的 α 水准下，H_1 为真时检验能正确发现的能力。$1-\beta$ 越大，所需样本量越大。通常取 $\beta=0.1$ 或 0.2，一般 $1-\beta$ 不能低于 0.80。③允许误差（δ）：即样本统计量与总体参数的差值，或处理组间的差别。δ 越小，所需要样本量越大。④总体变异度：均数比较时一般采用总体标准差（σ）表示变异度，σ 越大，所需样本量越大；率比较时用总体率 π 表示变异度，总体率 π 越接近 0.5，所需样本量越大。此外，资料性质、个体变异、研究设计的类型、单侧或双侧检验、指标间相关程度、研究质量等均可影响样本大小。

不同的统计检验都有特定的估计样本量的方法，一般说来样本大小常用的估计方法有查表法、公式计算法和计算机软件法，研究者可根据不同的实验目的选用，查表法简便易行，但条件固定；公式计算法适用范围广，但计算过程繁琐；计算机软件法简便、实用，但需要时间学习软件实现过程。目前专门用于计算样本含量的商业软件有 PASS、GenStat for windows、CHISS 统计软件、nQuery Advisor、SamplePower 等，如需要可在相关网站下载试用或正式购买。

（四）均衡（balance）

均衡即齐同对比，指实验组和对照组的背景相同或相近，即除处理因素外，其他一切条件应尽可能一致。只有在良好均衡性的情况下才能排除各种混杂因素和交互作用的影响，使实验组和对照组之间具有良好的可比性，保证结果的准确可靠。

均衡原则与随机、对照、重复原则共同称之为科研设计“四大原则”，而均衡原则是核心，贯穿于随机化、对照和重复原则之中，与其他三个原则相互联系、相互补充、相辅相成。一般情况下可通过随机化分组、合理估计样本量大小并科学设立对照组，提高实验组和对照组各种混杂因素分布的均衡性。在实际科研工作中，达到均衡性良好的方法有以下几种：①匹配：对照组在非处理因素和特殊上与实验组保持一致。例如，动物实验时，所选择实验动物的种类、品系、性别、年龄、体重、窝别、生理条件、健康状态、营养状况、饲养环境等要保持一致；临床研究时，要求纳入研究患者的年龄、性别、民族、人种、职业、文化程度、经济状况、生理状态、生活习惯、精神心理状态、身体状况、既往病史、过敏史、治疗史、妇女特殊生理期及病因、病种、病型、病期、病程、病情程度、合并症等因素尽量保持相同或相似，以排除在对两组进行比较时配比因素的干扰。②交叉：各实验组中再设立实验和对照。例如甲、乙两个医院研究某种药物对老年女性患者骨质疏松症治疗效果的多中心观察，虽然两组患者年龄、性别、病种、病程等基本一致，但两个医院医疗条件、病人来源、辅助检查等参差不齐，不能单纯将甲医院设定为实验组，乙医院为对照组，而是采用甲、乙医院分别设立对照组和实验组，最后综合分析、比较；③分层：将对结果有影响的非处理因素按不同标准分层，再分组接受不同的处理。临床研究中常见的例子是按年龄分层，老年人与老年人比较，中年人与中年人比较，儿童与儿童比较分别观察结果，以消除年龄对结果的影响。分层时找准分层条件，尽量保证层内变异范围小，而层间差别大，达到减少抽样误差目的。

（五）盲法（blind method）

盲法原则主要应用于临床试验研究。按研究方案规定，参与研究的观察者和（或）受试者、其他有关研究人员均不知道研究对象分配在对照组或实验组的方法称为盲法。此外，在对研究资料的分析与报告时也需要遵循盲法原则。采用盲法是为了有效地消除或减少研究者或受试者的测量偏倚和精神心理因素的影响，确保对每一个研究对象都能作出准确可靠的评价。

1．单盲法（single blind）　受试对象不知道自己被分配到实验组或对照而观察者知道的方法，称单盲法。优点是简便易行，可避免受试者的主观因素所致的测量偏倚；观察者可随时观察病情变化，决定是否终止试验或改变方案，有利于受试者健康和安全。缺点是不能避免研究人员主观意愿所产生的偏差。采用单盲法获得结论的客观性和可信度低于双盲法。

2．双盲法（double blind）　试验观察者和受试者双方均不知道受试者属于实验组还是对照组，也不知道接受处理的干预措施，称为双盲法。在临床研究中，如果反映疗效和安全性的主要指标是主观、定性的，或者定量指标容易受精神心理因素影响而产生偏倚的应采用双盲设计。双盲试验常用于随机对照试验（randomized controlled trial，RCT）。如果在药品临床试验中，双盲条件下将试验药和对照药分别模拟称为双盲双模拟（double blind double dummy）。比如说 A 药是片剂，B 药是胶囊，如果不做模拟剂分得很清楚，如果采用 A 片剂 + B 模拟胶囊、B 胶囊 + A 模拟片剂处理就有利于试验的进行。双盲双模拟适用于两种不同的剂型用量用法的药品试验。

双盲法颇为复杂，实际执行起来难度大。因此，在试验设计时必须考虑到双盲试验的可行性，制定严格的管理制度和方法；确定并培训相关研究人员如研究设计者、医务人员、统计师、药师及临床观察人员；试验的药物或治疗方法等处理因素必须严格保密；指定统筹负责和监督管理的监视员；制定应急信件和紧急情况个别病例因出现严重副作用甚至病情加重时揭盲的标准；严格盲态核查。

双盲法临床试验的优点是避免或减少在资料收集和分析时产生偏倚，常用于评定药物疗效。缺点是管理工作繁琐，执行较困难；副作用大的药物容易导致破盲；对危重病或病情进展迅速的患者不适用采用双盲试验。

3．三盲法（triple blind）　三盲法是双盲法的进一步扩展，即研究者/观察者、受试者和资料分析或报告人员均不知道受试对象的分组和干预措施，全部采用编号处理，称为三盲法。优点是可以避免双盲试验在资料分析时的信息偏倚，结果更加客观可信；缺点是设计复杂，安全性要求高，需要较多的人力、物力和时间，执行有一定困难，临床上应用较少。

4．非盲法（non-blind）　研究者和受试者均知道实验组和对照组的分组情况以及采取的干预措施，试验公开进行，故又称为开放试验（open trial），适用于多因素观察分析或有客观评价指标的试验。优点是研究设计和实施简便易行；一旦发生意外，便于及时处理受试者，其主要缺点是容易产生偏倚，尤其是测量偏倚。

（六）伦理（principle of ethics）

临床医学研究的研究对象是人，涉及道理和伦理学原则。赫尔辛基宣言Ⅱ是医学临床研究道德和伦理要求的指导性文件，体现了医德伦理在临床医学实践中的地位至高无上。临床医学研究必须捍卫受试者的生命权和健康权，当研究目的、研究方法和受试者利益发生冲突时，应当无条件维护受试者利益。

开展临床研究的医疗机构必须成立伦理委员会，它是作为临床研究机构负责人的咨询机构而设立的合议制机构。每开展一个临床试验或研究，伦理委员会必须从尊重受试者个人的尊严、知情权、人权及其他权利，对临床研究的研究计划、受试者情况、实施方案、补救措施以及其他相关的必要事项进行审查。其中最重要的是知情同意（informed consent），它是受试者在准确获取信息并充分理解的基础上自愿参加临床试验研究。

研究者必须在试验前向受试者或有行为能力的受试者家属提供试验有关事项，包括患者有权不同意参加试验和无条件退出试验；临床试验的研究目的、时间和程序；可能受益的预期结果；可能承担的风险或不适；有疑问或问题与谁联系；发生不良事件损害时应得到免费医疗和补偿/赔偿；受试者隐私的保护范围。受试者知晓相关信息后，如果同意参加试验，需要在知情同意书上签字确认。

动物实验时也应遵循伦理原则，在国外实验室比较重视维护实验动物福利。目前，国内也越来越重视规范动物实验，规定动物实验人员必须经过正规培训，取得《动物实验人员上岗证》后方可开展动物实验。动物实验应遵守“3R”原则，即Reduction（减少）、Replacement（替代）和Refinement（优化）方法的简称。正确的科研设计应充分考虑到动物的权益，尽可能减少动物用量、使用其他手段和材料替代动物进行实验、善待实验动物并完善实验程序和技术，消除或减轻给动物造成的与实验目的无关的疼痛和不安。

三、科研设计的基本要素

（一）研究对象（subject）

研究对象指在研究中接受处理的人、动物、细胞、分子（如DNA、RNA、蛋白质、基因等）或其他材料（如细菌、病毒等），是处理因素作用的客体，又称受试对象、实验对象、研究单位。因此，根据受试对象的不同医学研究可分人体试验（临床试验）、动物实验、细胞实验和生物大分子实验。正确选择受试对象是实验成功的关键。在科研确定选择受试对象时需要考虑：①基本条件：对处理因素敏感、反应必须稳定；②严格规定研究对象的入选原则，即明确纳入标准（inclusion criteria）与排除标准（exclusion criteria），以保证研究对象个体间的均衡性。

（二）处理因素（treatment factor）

处理因素指研究人员根据研究目的施加于研究对象并可以直接或间接发挥效应的特定实验措施，又称为受试因素、实验因素，通常包括物理因素（如温度、手术、激光、光线、射线等）、化学因素（如药物、毒素、激素等）和生物学因素（如病原体、生物制剂等）。

研究设计时正确选择主要处理因素对研究结果具有非常重要的意义，通常主要处理因素源于前人或本人的科学假设，并根据研究目的和可行性来决定。在同一项研究中，处理因素可以是一个（单因素），也可以两个或多个（多因素），不同的处理因素来还可以同时设立不同处理水平（如将药物剂量细分为大、中、小剂量组）。科学研究中除主要处理因素之外，其他能直接或间接发挥作用并影响研究结果的因素称为非处理因素（non-treatment factor），也称为混杂因素（confounding factor），如性别、年龄、身高、体重、基础疾病等，控制混杂因素可通过设立恰当的对照来实现。此外，对处理因素制定统一标准，确定相对固定的方法和条件，保证整个研究过程中处理因素的稳定。综上所述，研究设计时要抓住主要处理因素、明确处理因素与混杂因素、保证处理因素标准化。

（三）实验效应（experimental effect）

实验效应是指处理因素作用于研究对象后客观反应或结果，一般采用具体的检测（观察）指标来反映，是医学科研的核心内容。正确选择检测指标是研究成功的关键因素，应根据研究目的、研究内容和研究条件来确定检测指标，必须遵循客观性、有效性、准确性、稳定性和可比性等原则。

例如，研究脊髓损伤对大鼠大脑皮质神经元细胞凋亡的影响，其研究对象是大鼠，处理因素是脊髓损伤，效应指标是大脑皮质神经元细胞凋亡。又如，在一项关于严重多发伤患者血清降钙素原变化及意义的研究中，研究对象是人，处理因素是严重多发伤，效应指标是血清降钙素原水平。

第二节　常用科研设计方案

一、单因素设计（single factor design）

（一）完全随机设计（completely randomized design）

1. 简介　完全随机设计是一种将同质性的研究对象随机分配到不同处理水平组或对照组的单因素设计方案，在医学研究中最常用，其设计要求在于除处理因素外，其他非处理因素应当相同，保证组间具有均衡可比性。优点是设计简单，易于实施，信息损失较小，出现缺失数据时仍可进行统计分析；缺点是缺乏对混杂因素有效控制，样本量要求较大，一次只能分析单个因素。完全随机设计资料的统计处理：数值变量可采用 t 检验、单因素方差分析、秩和检验等；分类变量可采用 x^2 检验、秩和检验等。

2. 实例　将24只大鼠分为3组，每组8只，1组为对照组，另2组为不同处理水平组，观察某种药物是否影响血液中转氨酶的活性，可以采用完全随机设计。具体的分组方法有抽签法、随机数字表法和计算机软件随机分组法，见本章第一节中有关内容。

（二）随机区组设计（randomized block design）

1. 简介　非处理因素保持一致的研究对象组成一个区组（或称单位组、配伍组），如同窝别同性别的动物、生产家和批号相同的试剂等，因此随机区组设计又称为随机单位组设计、配伍组设计。研究设计时，首先将按研究对象同质或基本同质分成区组，再将各区组内的实验对象随机分配到对照组或各处理水平组，当处理水平数为2时即为配对设计（paired design）。根据处理组数的多少确定每个区组的实验对象的多少，例如实验安排3种不同的处理，每个区组就有3个实验对象。随机区组设计优点是组间同质性好，很好地控制了混杂因素的作用，减少了组间误差，提高了检验效能；缺点是分组繁杂，执行难度较大，并且一旦数据缺失，统计分析麻烦。随机区组设计资料的统计处理：数值变量可采用方差分析或Friedman秩和检验；分类变量资料可采用x^2检验等。

2. 实例　利用SPSS进行随机区组设计的分组

为观察某种化疗药物对H22荷骨肉瘤小鼠血白细胞水平的影响。将同种属24只小鼠按性别、体重配成8个区组建立荷瘤鼠模型，按大剂量、中剂量和小剂量给药，2周后采集血液检测血白细胞水平，比较不同剂量组之间白细胞水平差异有无统计学意义，采用随机区组设计。

（1）输入编号：启动SPSS软件，输入小鼠“编号”1～24；

（2）产生区组变量：transform→compute variable，对话框target variable输入“区组变量”，expression中输入TRUNC［（编号－1）/3＋1］，或直接在functions and special variables框中找到TRUNC命令后双击，填入［（编号－1）/3＋1］→OK；

（3）设定随机种子：点击主菜单transform→random number generators，在打开的对话框中设定随机种子为12008888→OK；

（4）产生随机数：transform→compute variable，对话框target variable输入“随机数”，numeric expression中输入RV. UNIFORM（0，1），或直接在functions and special variables框中找到RV. UNIFORM（?,?）后双击，填入数值→OK；

（5）随机数编秩，即确定分组：transform→rand cases，variable框加入“随机数”，By框加入“区组变量”→OK，自动产生变量“R随机数”，即为随机数按区组别量进行编秩的结果。至此，每只小鼠分组也非常明确（图4-2）。

（三）拉丁方设计（Latin square design）

1. 简介　拉丁方设计是指实验研究涉及三因素（一个处理因素、两个区组因素）、等水平的科研设计方案，用g个字母排成g×g方阵，每行、每列中一个字母仅出现一次，字母表示处理因素，行、列分别表示两个区组因素（分别称为行区组和列区组），因此拉丁方设计是随机区组设计思想的进一步扩展，适用于各因素间无交互作用且水平数相等的实验。其优点是采用双向区组化技术控制非研究因素的影响，提高了实验效率和精度；缺点是由于处理因素与区组因素水平数必须相等，使两者之间相互制约，缺乏灵活性，适用范围受到限制。拉丁方设计资料统计学处理：方差分析或非参数检验。

2. 实例　为了研究6种不同剂量的某种促进骨折愈合的药物治疗大鼠股骨骨折后骨折端骨组织骨形态发生蛋白（BMP）mRNA表达水平的影响，选择不同种系不同体重的36只大鼠进行实验，经治疗4周后检测骨折端BMP mRNA表达水平。

（1）确定因素和水平：本例研究对象是大鼠，效应指标是BMP mRNA表达水平；处理因素为药物，非处理因素是种系和体重，各因素均为6个水平。

（2）选定基本拉丁方：各因素有6个水平，应选用6×6拉丁方设计方法（表4-1）。

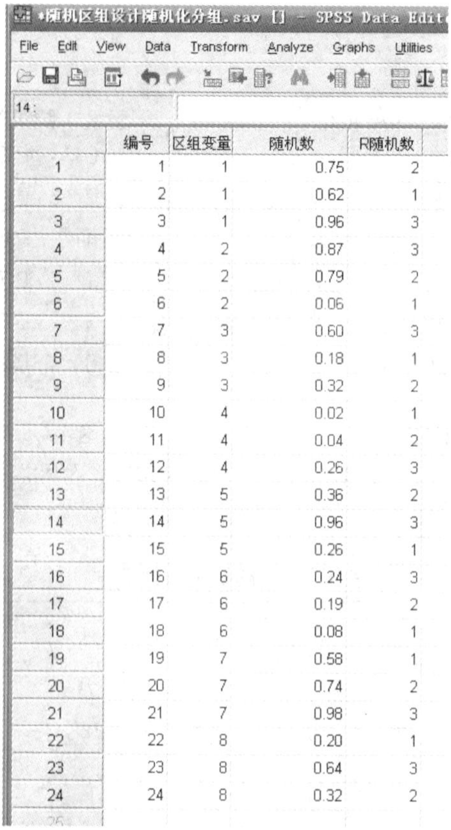

	编号	区组变量	随机数	R随机数
1	1	1	0.75	2
2	2	1	0.62	1
3	3	1	0.96	3
4	4	2	0.87	3
5	5	2	0.79	2
6	6	2	0.06	1
7	7	3	0.60	3
8	8	3	0.18	1
9	9	3	0.32	2
10	10	4	0.02	1
11	11	4	0.04	2
12	12	4	0.26	3
13	13	5	0.36	2
14	14	5	0.96	3
15	15	5	0.26	1
16	16	6	0.24	3
17	17	6	0.19	2
18	18	6	0.08	1
19	19	7	0.58	1
20	20	7	0.74	2
21	21	7	0.98	3
22	22	8	0.20	1
23	23	8	0.64	3
24	24	8	0.32	2

图 4-2　随机区组设计的随机分组

表 4-1　拉丁方设计表（表内字母代表药物剂量）

种系	体重					
	1	2	3	4	5	6
1	A	B	C	D	E	F
2	B	C	D	E	F	A
3	C	D	E	F	A	B
4	D	E	F	A	B	C
5	E	F	A	B	C	D
6	F	A	B	C	D	E

（3）基本方行列随机化，并随机分配处理水平。

1）行随机化：采用 SPSS 产生 6 个随机数（具体操作如前述），编秩，根据秩次进行重新排序，进行行变换（图 4-3），行变换后的结果见表 4-2。

2）列随机化：采用 SPSS 产生 6 个随机数，编秩后进行列变换（图 4-4），列变换后的结果见表 4-3。

行区组	随机数	R随机数
1	0.140	1
5	0.156	2
4	0.291	3
2	0.431	4
3	0.612	5
6	0.700	6

图 4-3　行随机化

列区组	随机数	R随机数
6	0.079	1
2	0.323	2
4	0.690	3
1	0.779	4
3	0.838	5
5	0.935	6

图 4-4　列随机化

（行区组随机化后第 1 行仍为第 1 行，第 5 行变换为第 2 行，以此类推；列区组随机化后第 6 列变换为第 1 列，第 2 列仍为第 2 列，以此类推。）

表 4-2　行随机排列拉丁方

	1	2	3	4	5	6
1	A	B	C	D	E	F
5	E	F	A	B	C	D
4	D	E	F	A	B	C
2	B	C	D	E	F	A
3	C	D	E	F	A	B
6	F	A	B	C	D	E

表 4-3　列随机排列拉丁方

	6	2	4	1	3	5
1	F	B	D	A	C	E
5	D	F	B	E	A	C
4	C	E	A	D	F	B
2	A	C	E	B	D	F
3	B	D	F	C	E	A
6	E	A	C	F	B	D

3）随机分配处理水平给字母：采用 SPSS 产生 6 个随机数，分别代表不同剂量，利用 SPSS 产生 6 个随机数，编秩后按秩次确定各字母代表处理因素水平，即不同药物剂量（图 4-5）。

剂量	随机数	R随机数	字母
1	0.004	1	A
5	0.024	2	B
6	0.389	3	C
3	0.477	4	D
2	0.667	5	E
4	0.702	6	F

图 4-5 处理因素各水平的随机分配
（A 代表第 1 种剂量，B 代表第 5 种剂量，类推）

（四）交叉设计（cross-over design）

1. 简介　交叉设计是一种双因素设计，它是在两个不同的阶段将两种处理因素施加于同一批研究对象的研究设计。其设计过程：①根据实验目的，确定 T_1、T_2 两种处理因素；②将符合条件的研究对象随机为Ⅰ、Ⅱ两组；③通过随机方法，在第一阶段Ⅰ组接受 T_1 因素处理，Ⅱ组接受 T_2 因素处理；④间隔一段时间，待处理因素作用消失，即洗脱期（wash-out）；⑤在第二阶段Ⅱ组接受 T_2 因素处理，Ⅰ组接受 T_1 因素处理；⑥分析评价两阶段观察结果。其优点是在同一研究对象身上观察两种处理的效应，节约了样本量，能有效控制个体差异，均衡性好，可以减少误差，提高检验效率；缺点是只适用于慢性病的治疗性研究，并且费时、费力，可能由于受试者死亡、治愈、退出试验等导致数据缺失，增加统计分析困难。交叉设计资料统计处理：数值变量采用方差分析或非参数检验，分类变量采用 x^2 检验等。

2. 实例　临床试验验证依替膦酸二钠片治疗骨质疏松症的疗效。选择 160 例患有骨质疏松症的 55 岁以上绝经妇女作为研究对象，随机分为Ⅰ、Ⅱ两组，每组 80 例，两组患者峰值骨量可比性良好，采用盲法治疗。治疗方法选择依替膦酸二钠片（1 号片）和安慰剂（2 号片），两者外形与剂量完全相同，用法均为 1 次 1 片，一日 2 次，2 周为一疗程，间隔 11 周。第一阶段Ⅰ组服用 2 号片、Ⅱ组 1 号片；第二阶段Ⅰ组服用 1 号片、Ⅱ组 2 号片。服药前，两组均作骨量评估、检测血清钙磷水平、碱性磷酸酶、骨钙素。两个阶段结束时分别复查上述项目，然后评定疗效。

（五）序贯设计（sequential design）

1. 简介　序贯设计是一种边试验、边分析的科研设计方法，按照研究对象进入试验的顺序，每观察一例或一个阶段的结果就进行一次统计分析，决定下一步试验，一旦得出预先确定的结论，即可停止试验，否则，根据具体情况继续或终止试验。序贯设计分析按照不同的标准有多种分类方法，如单向、双向序贯试验设计；开放型、闭锁型序贯试验设计；质反应、量反应序贯试验设计；单一、配对、成组序贯试验设计等。序贯设计适用于需要尽快得出结论的临床研究，也用于大的、昂贵的动物实验。其优点是：可以节省研究对象样本数，缩短试验周期，同时避免病人接受长期无效的治疗，适合于临床应用，并且计算方便；缺点是：仅适用于单项指标试验，不适用于多中心、大样本试验或慢性病疗效观察。序贯设计资料的统计学处理：根据研究目的和事先确定的统计参数绘制序贯分析图或序贯试验边界图（包括接受/有效边界 U 和拒绝/无效边界 L），逐一分析实验结果，并根据实验是否接触 U 或 L 边界来判断实验结束、终止或继续。

2. 实例　研究某种促白细胞增生药物的对肿瘤患者化疗后白细胞减少治疗效果。选择化疗后白细胞低于 2×10^9/L 的肿瘤患者作为研究对象。规定用药后血白细胞升高 3000×10^9/L 为有效，并规定 $\sigma=0.05$，$\beta=0.05$，试验用药有效率≥80% 为药物有效，≤30% 为药物无效。本研究采用质反应意向开放型序贯设计，其分析基本步骤为：①根据实验目的和预先的规定计算序贯分析图中的各项参数；②确定接受边界、拒绝边界线的线性回归方程；③绘制序贯分析图的边界线；④绘制实验结果曲线；⑤判断结果。

二、多因素设计（multiple factors design）

（一）析因设计（factorial design）

1. 简介　析因设计将两个或两个以上处理因素的不同水平进行组合，对所有可能的组合进行实验，又称为完全交叉分组设计，是一种多因素多水平交叉分组进行全面实验的设计方法，旨在观察各处理因素的主效应和各因素间的交互作用。析因设计的处理组数由处理因素和处理水平数决定，是各因素水平的乘积，例如 4 因素 2 水平设计的处理组数有 $2^4=16$ 个，如果每个因素取 3 个水平，则处理组数有 $3^4=81$ 个，故一般多用处理因素和水平数少而精的简单析因设计。由于析因设计可以充分剖析处理因素与效应之间的关系，适用于因素和水平数不大，处理因素与效应之间关系比较复杂的研究。析因设计可以观察各因素不同水平的效应大小，查找各因素间的交互作用，通过比较各种组合，找出最佳组合。一般认为两因素间的交互作用称为一级交互作用，三因素之间的交互作用称为二级交互作用。其优点是同时观察多个因素的效应和因素间的交互作用，提高了实验效率；缺点是多因素水平设计时工作量大，交互作用内容繁多，统计分析和结果解释困难，耗费人力、财力。析因设计资料统计处理：数值变量采用多因素方差分析或非参数检验。

2. 实例　利用 SPSS 进行析因设计随机分组。联合降压是降压达标的关键，中、重度高血压和难治性高血压尤其如此，常需要联合两种或两种以上的药物进行联合治疗。假设某项研究选择 16 例收缩压 >160mmHg，舒张压 >100mmHg 的顽固性高血压患者作为受试者，采用小剂量和大剂量的硝苯地平控释片（15mg，30mg）、贝那普利片（5mg，10mg）治疗一段时间后评价降压效果。采用两因素两水平析因设计方法，即 2 ×2 析因设计，每组研究对象 4 例。设计模式见表 4-4。

表 4-4　2 ×2 析因设计模式

因素和水平		贝那普利（因素 B）	
		5mg（b_1）	10mg（b_2）
硝苯地平（因素 A）	15mg（a_1）	a_1b_1	a_1b_2
	30mg（a_2）	a_2b_1	a_2b_2

（1）确定研究因素和水平个数：主要根据专业知识和研究目的确定，水平数可以不等，本例处理因素和各处理水平均为两个。

（2）各处理组研究对象的重复数根据研究目的和统计学要求确定，至少≥2。

（3）利用 SPSS 实现析因设计随机分组：①启动 SPSS，输入编号 1～16；②设定随机种子：点击主菜单 transform→random number generators，在打开的对话框中设定随机种子为 20006666→OK；③产生随机数：transform→compute variable，对话框 target variable 输入“随机数”，numeric expression 中输入 RV. UNIFORM（0，1），或直接在 functions and special variables 框中找到 RV. UNIFORM（?,?）后双击，填入数值→OK；④随机数编秩：transform→rand cases，variable 框加入“随机数”→OK，自动产生变量“R 随机数”，即编秩结果；⑤产生硝苯地平控释片的分组变量 A：transform→compute variable，对话框 target variable 输入“分组变量 A”，expression 中输入 TRUNC［（R 随机数 -1）/8 +1］，或直接在 functions and special variables 框中找到 TRUNC 命令后双击，填入［（R 随机数 -1）/8 +1］→OK；⑥产生贝那普利片的分组变量 A：transform→compute variable，对话框 target variable 输入“分组变量 B”，expression 中输入 TRUNC［（R 随机数 -1 -（分组变量 A -1）×8）/4 +1］，或直接在 functions and special variables 框中找到 TRUNC 命令后双击，填入［（R 随机数 -1 -（分组变量 A -1）×8）/4 +1］→OK，结果见图 4-6。

	编号	随机数	R随机数	分组变量A	分组变量B
1	1	0.357	4	1	1
2	3	0.351	3	1	1
3	4	0.059	1	1	1
4	6	0.198	2	1	1
5	9	0.451	7	1	2
6	12	0.550	8	1	2
7	14	0.388	6	1	2
8	16	0.378	5	1	2
9	2	0.924	12	2	1
10	8	0.713	10	2	1
11	10	0.765	11	2	1
12	15	0.673	9	2	1
13	5	0.960	14	2	2
14	7	0.962	15	2	2
15	11	0.989	16	2	2
16	13	0.944	13	2	2

图 4-6　利用 SPSS 进行析因设计随机分组

（分组变量中 1 和 2 分别代表小剂量和大剂量，如患者编号 1、3、4、6 随机分到 a1b1 组）

（二）正交设计（orthogonal design）

1. 简介　正交设计是在析因设计基础上发展起来的一种高效、快速、经济的多因素科研设计方法。它利用一套规范化的正交表和交互作用表对多个处理因素和水平之间的组合进行均匀搭配，合理选择有代表性的部分水平组合进行实验，是析因实验的部分水平组合的实施，最后经过统计分析推断全面实验的情况，找出最佳的处理水平组合。正交表是正交设计的核心，按照正交表进行设计组间更具有均衡性、可比性和代表性。常见正交设计表包括 L_8（2^7）、L_9（3^4）、L_{18}（3^7）、L_{27}（3^{13}）、L_{16}（4^5）等，如处理因素水平数不等，可采用混合型正交表，如 L_8（4×2^4）等。其优点是明显减少实验次数，缩短实验周期，节约实验资源，例如，对于四因素、各有三个处理水平的试验，按析因设计共有 $3^4=81$ 个处理，但用正交设计可用 L_{27}（3^{13}）、L_{18}（3^7）正交表进行实验；缺点是不能全面考察因素之间的交互作用，统计分析较难。正交设计资料的统计处理：极差分析法、方差分析法或极差法。

2. 实例　采用 SPSS 进行正交设计分组。糖尿病的综合性治疗包括药物治疗、运动治疗、饮食治疗等。为了观察饮食治疗、运动治疗、药物治疗控制血糖的最优组合，选择 27 名 60 岁左右的治疗前空腹血糖在 9.0 ~ 12.0mmol/L 的女性糖尿病患者进行试验，采用 L_9（3^4）正交设计模型，每种组合纳入 3 名研究对象，在进入试验前测定基础血糖。3 个因素分别是药物（A）、运动（B）、饮食（C），每个处理因素有 3 个水平。治疗药物选择罗格列酮片、二甲双胍片、格列本脲片按推荐剂量口服。综合治疗 2 个月后，检测空腹血糖，以每个组合血糖降低值的总和作为观察指标。

1. 确定处理因素和水平，见表 4-5。

表 4-5　糖尿病综合治疗优化方案的因素

实验因素	水平 1	水平 2	水平 3
药物治疗（A）	1 种药物	2 种药物	3 种药物
运动疗法（B）	少活动	中等运动	剧烈运动
饮食治疗（C）	节食	控制饮食	普通饮食

2. 利用 SPSS 生成正交表　①启动 SPSS，data→orthogonal design→generate；②在 generate orthogonal design 对话框 factor name 中依次输入 A、B、C 三个处理因素，每次输入后点击 Add 加入，可在 label 框中加入相应标签；③依次选中变量 A、B、C 并点击 define value 按键定义变量，在 generate design：define value 二级对话框 value 列前三行依次输入 1、2、3 三个水平→，点击 continue 按钮继续定义完毕所有变量，可在 label 框中加入相应标签；④在 data file 中点选 replace working date file 单选框→OK，生成正交表（图 4-7）。A、B、C 三列分别代表三个处理因素；status 列为待考察的评价指标；card 列是实验序列号。

（三）裂区设计（split plot design）

1. 简介　裂区设计是采用区组化控制技术进行的多因素研究设计，是完全随机区组设计、拉丁方设计等的综合运用。不同的是，随机区组设计采用单向区组控制，拉丁方设计采

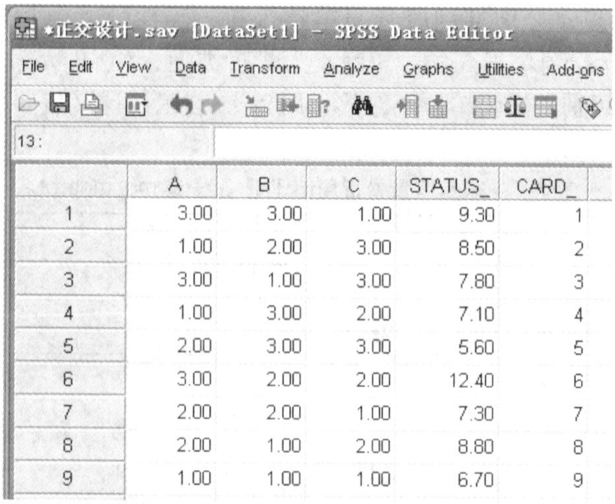

	A	B	C	STATUS_	CARD_
1	3.00	3.00	1.00	9.30	1
2	1.00	2.00	3.00	8.50	2
3	3.00	1.00	3.00	7.80	3
4	1.00	3.00	2.00	7.10	4
5	2.00	3.00	3.00	5.60	5
6	3.00	2.00	2.00	12.40	6
7	2.00	2.00	1.00	7.30	7
8	2.00	1.00	2.00	8.80	8
9	1.00	1.00	1.00	6.70	9

图 4-7　利用 SPSS 设计的正交表

用双向区组控制，属于单因素多水平间的比较，而裂区设计用于多因素比较。裂区设计时将区组作为一级实验单位，区组中每个成员作为二级实验单位。作用于一级实验单位的因素称为一级处理因素（主处理），作用于二级实验单位的因素称为二级处理因素（副处理），按一级处理因素划分的小区称为主区或整区，在各主区内按二级处理因素划分的更小的小区称为副区或裂区。每个实验单位均接受不同级别因素的处理。如果再将二级实验单位分为三级实验单位或更细的实验单位，则称之为再裂区设计。由于裂区设计时的处理因素分为两次甚至多次施加，故称为裂区设计。其优点是保证主要处理因素获得较高的精确度；缺点是资料的统计分析较复杂，次要处理因素的精确度低。

裂区设计适用于：①两个处理因素要求精度不同，一个因素比另一个因素的主效更重要，此时一般要求精度高的因素作为副处理，另一因素则为主处理，这样安排的目的是主要处理因素各水平的重复数较次要因子大，才能保证实验结果的精确度；②根据专业知识，已知某一处理因素的效应比另一处理因素的效应更大时，可采用裂区设计，此时将可能出现较大差异的因素作为主处理；③在原有的试验的基础上，临时增加一个处理因素时，可在原主区中再划分副区，变成裂区设计。需要强调的是临时改变设计仅是一种补救措施，而不能作为常规设计。

裂区设计对实验单位采用析因处理，但与多因素分析的析因设计亦不同，析因设计对各因素不同水平的所有组合进行试验，具有全面性和均衡性，其不同处理因素全部作用于同一级别的实验单位，实验单位间是独立、平等的；而裂区设计中不同处理作用于不同级别的实验单位，并且实验单位间是不独立的，不平等的。因此，在医学研究中裂区设计多用于研究全身用药与局部处理对观察指标的综合效应。裂区设计资料的统计学处理：方差分析，两两比较采用 SNK 检验或非参数检验。

2. 实例　为探讨某种抗炎药对骨折早期骨折局部 TNF-α 含量的影响，以 12 只家兔作为一级实验单位，分别静脉滴注抗炎药（实验组）和生理盐水（对照组），以每只家兔的双后肢作为二级实验单位，分别复制股骨简单骨折和粉碎性骨折模型，观察指标骨折局部TNF-α 含量。A 因素为全身注射药物，B 因素为骨折类型，A、B 因素均为 2 个水平，由于处理因素作用于不同级别的实验单位上，故采用 2×2 裂区设计（表 4-6）。

表 4-6　家兔股骨骨折局部 TNF-α 含量 mg/mgprot

滴注药物（A）	家兔编号	骨折类型（B）简单骨折（b_1）	骨折类型（B）粉碎骨折（b_2）	滴注药物（A）	家兔编号	骨折类型（B）简单骨折（b_1）	骨折类型（B）粉碎骨折（b_2）
抗炎药（a_1）	1	10.5	18.6	生理盐水（a_2）	7	14.2	26.8
	2	11.3	13.4		8	13.2	22.5
	3	8.6	12.8		9	13.9	24.6
	4	13.9	16.9		10	14.3	23.8
	5	9.5	17.4		11	17.1	24.7
	6	10.4	15.8		12	12.8	25.4

（四）嵌套设计（nested design）

1. 简介　嵌套设计是根据专业知识将影响效应指标的处理因素按主次顺序排列，首先按照处理因素 A 将研究对象进行分层，每层再按处理因素 B 进行分组的设计方案，此为两因素嵌套设计，如需再按处理因素 C 将每组分成更小的小组，则称为三因素多水平的嵌套设计，因此，嵌套设计又称为系统分组设计、组内分组再分组设计、层次分组设计、巢式分组设计等。

嵌套设计时，根据专业知识和各处理因素隶属关系，确定起主要作用的因素为一级处理因素，起次要作用的为二级处理因素，在三因素嵌套设计中尚有三级处理因素，依此类推，各因素水平间无交叉作用。实验处理组数为最小级别处理因素水平数的合计。适用于专业上认为处理因素对检测指标的影响有主次之分且相互之间无交互作用的情况，考察多个处理因素对观察指标的作用。其优点是比较符合生物医学研究，可较好地安排该试验；缺点是由于嵌套设计的效应指标并非在所有水平下进行观察，因此所获信息量较少，无法鉴别交互效应。

2. 实例　为了比较 3 个药品生产企业（处理因素 A，分别为 A1、A2、A3）所产抗生素疗效是否存在差异，其中企业 A1、A2 可生产 B1、B2、B3 等 3 种剂，A3 可生产 B1、B3 两种剂型，已知 3 个企业生产条件相似，根据专业知识认为某种抗生素剂对控制感染差异比较大。选择 40 名 35 岁左右感染病情相似的男性患者，随机接受上述 3 个企业所生产的不同剂型的抗生素进行治疗，治疗前检查血降钙素原水平，治疗一周后检测血中降钙素原变化，采用治疗前后降钙素原水平的差值作为效应指标（表 4-7）。

表 4-7 采用某种抗生素不同剂型抗感染血清降钙素原变化（ng/ml）

编号	企业: A1			A2			A3	
剂型:	B1	B2	B3	B1	B2	B3	B1	B3
1	2. 12	0. 85	1. 25	2. 05	0. 99	1. 32	2. 21	1. 23
2	1. 89	0. 64	1. 16	1. 68	0. 76	1. 24	2. 15	1. 08
3	2. 31	1. 15	1. 34	1. 97	1. 05	0. 98	1. 92	1. 11
4	1. 88	0. 92	1. 18	2. 43	1. 13	1. 22	1. 84	1. 31
5	2. 34	0. 72	1. 27	2. 10	0. 84	1. 15	2. 06	1. 29

三、重复测量设计（repeated measures design）

1. 简介 重复测量设计是指在不同的时间点上或不同的场合下对同一研究对象某一效应指标进行反复多次测量，并评估处理因素和时间因素对效应指标影响的一种科研设计方法，在医学研究领域使用广泛，常用来研究处理措施对效应指标的性和量效性变化趋势。根据处理因素个数及重复测量因素个数，常见的重复测量设计包括具有一个重复测量的单因素、两因素、三因素设计，具有两个重复测量的单因素、两因素设计。设计时需要明确处理因素和测量因素的个数，以利于分组和观察。其优点是设计方便、有效，减少样本含量和控制个体变异；其缺点是可能出现顺序效应（不同的处理因素排列顺序可能会产生不同效应），滞留效应（前面的处理效应可能滞留到下次处理），统计分析过程复杂等。由于多次重复测量资料之间可能具有相关性，因此不能采用 t 检验、一般方差分析、线性回归模型等，其统计学处理：一般采用重复测量资料的方差分析，其球对称性（sphericity）采用 Mauchly 检验，也可根据实际需要采用协方差分析、Hotelling T^2 检验等。

2. 实例 观察多发骨折患者伤后血浆白介素-6（IL-6）水平的动态变化，选择病情相似的 6 名多发骨折患者作为试验组，另选择 6 名单发骨折患者作为对照组，每位患者分别于受伤当天、伤后 3 天、7 天、14 天采集静脉血检测血中 IL-6 浓度（表 4-8）。本次研究设计类型为具有一个重复测量的两因素设计，处理因素为两种骨折类型（两水平），时间因素为 4 个不同时间点（四水平），效应指标为血浆 IL-6 水平。

表 4-8 多发骨折患者血浆 IL-6 水平（ng/ml）

编号	单发骨折组				编号	多发骨折组			
	1 天	3 天	7 天	14 天		1 天	3 天	7 天	14 大
1	0. 492	0. 623	0. 561	0. 479	1	0. 619	1. 065	1. 112	0. 452
2	0. 534	0. 492	0. 485	0. 492	2	0. 543	0. 934	0. 862	0. 571
3	0. 295	0. 442	0. 312	0. 300	3	0. 612	1. 253	1. 086	0. 918
4	0. 526	0. 694	0. 615	0. 613	4	0. 376	0. 862	1. 221	0. 664
5	0. 434	0. 543	0. 614	0. 463	5	0. 458	0. 710	0. 992	0. 425
6	0. 392	0. 465	0. 473	0. 405	6	0. 925	1. 416	1. 442	0. 843

第三节 临床研究试验设计

一、概述

（一）临床研究设计的特点

在医学科学研究中，观察、分析、比较、归纳及演绎是最常用的研究方法。从宏观角度来讲，技术层次方法、逻辑层次方法和哲学层次方法是医学研究目前存在的三种形式方法。这三种层次的方法各自从不同的高度指导科学研究工作，在特定的范围内发挥重要作用，三者之间相辅相成，共同构成研究方法学的完整体系。其中，流行病学方法用于临床研究由来已久，其通过研究人群中疾病和健康有关状态和事件的分布及决定因素，并研究防制疾病及促进健康的策略和措施。近三十年来，由于临床医学与流行病学双向发展和需要，形成了一门独立的学科——临床流行病学。临床流行病学是在病人及其群体中应用流行病学与医学统计学的原理和方法科学地观察和解释临床事件，宏观研究临床问题的学科。它是临床医学、流行病学、社会医学、卫生经济学与统计学五门学科的边缘科学，以研究临床科研的设计、测量与评价（design，measurement，evaluation）为主要内容，并提倡随机、对照、盲法和重复作为医学临床研究设计的指导原则。

（二）临床研究设计的分类

18 世纪末期，法国医生 Pierre Charles Alexandre Louis 利用寿命表研究了结核病的遗传作用；通过设立对比观察，探索放血疗法对炎症性疾病的疗效；并在描述疾病的分布频率、流行强度等方面作出了重要贡献，被誉为现代流行病学的先驱之一。进入 20 世纪后，流行病学逐渐形成一套严谨、科学、规范的研究系统，在医学领域，被作为一门方法学广泛应用。在临床医学实践中被广泛应用的流行病学方法主要包括以下几种。

1．观察性研究（observational study） 是流行病学的基本方法，主要包括描述性研究和分析性研究。在此类研究中，调查分析不加入任何人为因素，不改变体内外环境的任何条件，一般是在接近于自然条件下进行的。其优点是最经济、最便于开展的科学研究；缺点是不能人为控制研究条件，其研究结果的真实性有限。

描述性研究（descriptive study），是指通过在特定人群中收集、归纳、整理、分析资料数据，疾病或健康状态按时间、地点、人群三间分布特点，也可以包括可疑病因因子的分布特点。在描述分布时，必须有明确统一的诊断标准、准确的病例数字以及人口数字。描述性研究是流行病学研究中最基本、最常用的方法，是进行流行病学系列研究的基础，所得到的结论可对病因提出线索或假说，或临床决策研究提供有效的措施。

分析性研究（analytical study），是指根据描述流行病学的研究结果提出特定分布原因的假设，并在人群中验证这些假设，以探索病因和流行规律。主要有两种：①从疾病（结果）开始去探索原因（病因）的方法称为病例对照研究，从时间上是回顾性的，所以又称回顾性研究；②从有无可疑原因（病因）开始去探索是否发生结果（疾病）的研究方法称为队列（或群组、定群）研究，从时间上是前瞻性的，所以又称前瞻性研究。分析性研究是在描述性研究的基础上进行的，增加了“分析”的含量，设置了对照组进行比较，提高了研究的论证强度，也是病因研究的主要方法之一。

2. 实验性研究 又称实验流行病学（experimental epidemiology）、干预性研究等，是指以现场（人群）为实验对象，在人群中，人为地增加或消除某种因素后，观察对某种疾病或健康特征的影响，以进一步证实这些因素的病因作用。根据研究的对象，流行病学实验可分为人群现场实验和临床实验，其主要特点是需要人为主动控制一些处理因素，这是与分析性研究的主要不同之处。由于人为控制试验条件的因素增加，流行病学实验的论证强度进一步提高，在病因及危险因素研究、治疗和预防效果的评价中具有重要作用。

3. 理论流行病学研究（theoretical epidemiology） 又称数理流行病学研究，是指采用数学模型来模拟人群中疾病的发生过程。这种采用数学模型的方法不仅可以对某些疾病的流行病学理论进行研究、探讨，还可进行疾病控制对策与措施的效果评价，以及疾病流行趋势的预测等。随着计算机技术的发展与普及，再结合地理信息技术、卫星遥控技术，理论流行病学研究正日益广泛和深入，已展现出无限的发展前景。根据研究内容的不同，目前，数学模型大致可分为研究流行特征和规律的模型、疫情预测的模型、效果评价的数学模型等。值得注意的是，由于模型条件的客观限制，理论流行病学所得到的结果一般不能完全体现实际情况下的疾病流行的特征和规律，因此不能完全套用。但在流行病学的理论研究和疾病预防、预测研究中，可将其作为一种独具特色和优势的研究方法。

二、常用临床研究设计

（一）横断面研究（cross-sectional study）

现况调查（prevalence study）是研究特定时间与特定空间内人群中的有关变量与疾病或健康状况的关系。由于所获得的资料是某一特定时间上收集的，好似时间的一个横断面，故又称横断面研究。

1. 基本方法及适用范围

（1）确定调查的目的：横断面研究主要用于了解疾病或健康的人群分布、弥补疾病监测和常规登记报告的不足、考核防治措施的效果及提供病因研究线索。

（2）根据研究目的选择不同的调查对象：通过调查有代表性的人群来估计全体，或调查某职工人群、某少数民族、某特殊生活习惯人群或某些不同地理结构地区的人群等。

（3）根据调查对象的实际情况确定横断面调查的种类：①普查（census）：指对特定时间，特定范围人群的全面调查。特定时间应该较短，甚至是某时点，可以是 1～2 天或 1～2 周，大规模普查不宜超过 2～3 个月，不宜太长。普查能发现人群中几乎全部病例，使其能及早得到治疗。普查的资料能较全面地描述疾病的分布与特征，为分析病因提供线索。普查不适用于发病率很低、尚无简单易行诊断方法的疾病。②抽样调查（sampling survey）：抽样调查是指调查某人群中一部分有代表性的样本人群，根据这种调查结果可估计出该人群某病的患病率或某些特征的情况。这是以小窥大，以局部估计总体的调查方法。其优点是省时、省人力与物力，因调查范围小，工作容易仔细进行。缺点是设计、实施与资料分析比较复杂，不适用于个体变异过大的材料。

（4）横断面调查中常见的偏倚及其控制：偏倚（bias）指系统误差，研究的结果或推论偏离真实值，或导致这种偏离的过程。也可以说是在资料的收集、分析、解释或发表过程中，能够导致结论系统地与真实值有所不同的任何趋势。系统误差的原因在于研究者、研究条件、设备及研究过程中的各种影响因素。横断面调查中常见偏倚为无应答偏倚、回忆偏倚、测量偏倚及调查人员偏倚。对上述偏倚的控制方法主要有：①在设计中明确规定为随机抽样的调查，必须严格遵守随机化的原则；尽量提高抽查对象的受检率；及时分析无应答的原因以便补救。②选用精良的仪器设备，并事先作好校准。在整个调查中力求试剂、方法一致。③统一训练调查人员，并对其进行监督和质量控制。

（5）调查资料的整理分析：①检查与核对原始资料，对资料的准确性、完整性进行检查、填补或删去缺漏、纠正错误。②按已明确规定好的标准，将全部调查对象分组归类。③制作统计图表，将原始资料分组进行比较，了解疾病或某种状况在不同地区、不同时间以及不同人群组中的分布。

2．实例

寒冷地区部队指战员精液质量的调查

［摘自《中华流行病学杂志》2003，24（3）：206-209］

物理因素对男性生殖健康影响的流行病学调查国内外很少报道，一些研究机构也仅限于精液常规分析和内分泌激素的检测。采用分子水平的实验技术进行流行病学调查，无疑将为开展男性生殖健康保健、早期发现亚临床损伤探索一条新的途径。季节与生殖健康的关系越来越受到人们的关注，近年来国内已有专家开始研究高热、高原低气压等对生殖功能的影响。为研究寒冷低温对精液质量的影响，我们对驻守在黑龙江边防线上某部194名指战员的精液质量进行调查分析，从DNA水平探讨寒冷气候对男性的生殖危害。

对象与方法

1．研究对象：本研究按照整群抽样的方法进行。调查组入选标准：在寒冷地区工作2年以上，冬季户外温度低于－30℃长达3个月，每人每日户外作业>2h，年龄20～40岁之间。剔除标准：在寒冷地区工作不到2年，年龄<20岁或>40岁，近3个月内曾患急性病或合并男性生殖泌尿系统疾病者。根据上述标准共有218人参加，194人应答，应答率为88.9%。对照组选择冬季户外温度－10℃左右、在非寒冷地区工作的部队指战员212人，172人应答，应答率为81.3%。工作年限和年龄要求同上。两组平均年龄23～25岁，平均工作年限2.9～3.1年。

2．方法：首先对全体人员进行男性生殖健康专题讲座和咨询答疑，然后分别组织他们填表、查体及留取精液标本。

（1）填表：组织专职人员协助受检者填写《男性生殖健康调查表》，调查表内容依照全国妇女卫生学组制定的生殖职业流行病学调查中常用的分析指标及其统计方法。

（2）查体及留取精液标本：体检内容包括测量身高、血压；重点查外生殖器；B超检查膀胱、前列腺和精腺等。以自慰法留取精液标本，3天后重复1次。以第2次精液标本为主。所有受检人员3天前被告知禁止大运动量训练、禁止洗热水浴和禁止大量饮酒。

（3）实验室检测：①精液常规化验：主要检测精子密度、活力、畸形率、pH值和液化时间等项目。②精子DNA检测2精子染色质结构分析（spermchromatin structure assay，SCSA）：通过流式细胞仪检测精子中异常精子所占的比例。专业软件对输入数据处理得出SCSA参数αt、compαt和sdαt。其中compαt是DNA变性精子的百分数。根据SCSA的创始人Evenson和Jost的研究得出评估人群生育潜能的阈值（又称亚不孕的预测值）：compαt<15%具有高生育潜能；16%～29%具有中生育潜能；≥30%具有低生育潜能；80%～90%无生育能力。单细胞凝胶电泳（简称彗星试验，single cell gelelect rophoresis，SCGE）是根据Singh等

1988 年设计的方法，在荧光显微镜下观察单细胞的头部、尾部大小及比率。根据彗星尾部 DNA 含量将精子细胞核 DNA 损伤程度分为 5 级。0 级：无损伤，精子核完整；1 级：轻度损伤；2 级：中度损伤，可见明显彗尾；3 级：重度损伤；4 级：完全损伤，精子核消失。

（4）现场环境测试：调查组户外温度 -30℃ ~ -40℃，湿度 70%，风力（东北风）2 ~ 3 级，室内温度 16℃，留精室温度 20℃。

（5）统计学方法：全部数据输入计算机，Excel 软件分析，用 t 检验和 u 检验。

结果

1. 精液常规检测：

（1）精液密度分布情况：两组人员精子数量正常者略有差异，对照组达 73.25%。各组精子数量异常者中分布比例不同，调查组中多精症者 55 人，占异常精子人数的 68.75%，少精症仅 22 人；对照组中少精症者 34 人，占异常精子数的 73.9%，多精症仅 12 人（表略）。即调查组以多精症为主，对照组以少精症为主。

2. 精子 DNA 检测：

（1）彗星试验：正常人群Ⅰ级彗星率 <2%，对照组 1.9%，而调查组高达 4.4%，同时Ⅱ级彗星率也略有增高。

（2）精子染色质结构分析：调查组中 compαt 参数均明显高于对照组（$P<0.01$），差异有非常显著性。

3. 横断面研究的优缺点 横断面研究中常用的是抽样调查。由于是通过随机地选择代表性样本来进行暴露与患病状况的描述研究，结果有较强的推广意义。现况研究是在收集资料完成之后，将样本按是否患病或是否暴露来分组比较，即有来自同一群体的自然形成的同期对照组，使结果具有一定的可比性。横断面研究的缺点主要为该研究所得结果是一种静态资料，如病程较短，在发病后不久即可痊愈或死亡者，常常漏诊。如人群活动性大，调查的失访率会明显增加，检查结果就可能有较大的误差。此外，横断面研究需要足够的人群样本，这给调查、检测的质量带来了难度，一般容易出现信息偏倚和测定偏倚。

（二）病例对照研究（case-control study）

病例对照研究是选定患有某病的病人（病例组）与未患该病的人群（对照组），分别调查两组过去暴露于某个（或某些）危险因素的情况及程度，以判断某暴露危险因素与某病有无关联及其关联的程度大小的研究方法。病例对照研究属于回顾性研究，是分析流行病学研究方法之一。这一方法主要用于探索疾病的危险因素，在描述流行病学工作基础上，对形成的病因假设进行初步检验。病例对照研究也应用于提出病因假设。

1. 基本方法及适用范围

（1）确定调查的目的：病例对照研究属于观察性研究方法，研究者不给被研究对象任何干预，也不能主动控制研究因素的变化，而只是客观地收集研究对象的过去暴露情况，这是分析流行病学的共有特点。因此，其观察方向是由果及因，即回顾性研究，在研究疾病与暴露因素的先后关系时，是先有结果，再由结果推论病因。这就决定了研究不能确定暴露因素与疾病的因果关系，只能推测判断暴露与疾病是否有关联，而且只限于统计学上的关联。故在调查前需明确本研究是为了检验病因假设还是为了探索可疑危险因素。

（2）拟定研究计划：只要包括病例的要求、选择病例方法、病例来源及病例与对照的比例（成组或配对）；对照的要求、选择对照的方法及对照组的来源；根据比值比（OR）和暴露率的估计，确定样本量；调查的暴露因素的种类及其定性或定量的规定；设计调查表；确定调查方法和时间；调查人员及其培训；可能发生的偏倚及其控制方法等。

（3）根据调查对象的实际情况确定病例与对照的匹配方式：①病例与对照不匹配（即随机不匹配）：在设计所规定的病例和对照人群中，分别抽取一定数量对象，不要求对照组与病例组在某些分布特征方面类同。②病例与对照匹配：匹配就是要求对照组在某些因素或特征上与病例组保持类同，目的是进行两组比较时排除匹配因素的干扰，是一种限制手段。如以年龄做匹配因素，在分析比较两组资料时，可免除由于年龄差异而引起发病率高低的影响，因而可以更清楚地说明其他因素与疾病的关系，能增加分析时的流行病学检验能力或流行病学效率。

（4）病例对照研究中常见的偏倚及其控制。病例对照研究容易产生偏倚，但对其产生的各种偏倚可以通过严谨的设计和细致的分析来减少、防止和识别。主要有选择性偏倚、回忆性偏倚、调查偏倚、混杂偏倚等。控制选择性偏倚的方法是尽量采用随机取样的方法从目标人群中选择研究对象；避免完全选用住院病人进行病例对照研究，否则下结论时应慎重；对病例组和对照组应当建立严格的诊断标准、纳入标准、排除标准。避免观察偏倚的方法是尽量选用新发生的病例，避免选用死亡病例；加强调查者的培训，提高和统一调查方法及技术，尽量采用盲法进行观察。控制混杂因素的方法：进行研究设计时，按照确认的混杂因素配对选择对照；资料分析时，进行分层调整，分层调整可用 Mantel-Haenszel 法和 Woolf 法。

（5）调查资料的整理分析：流行病学资料的整理分析的程序及方法和统计学相似，但偏重于暴露因素的效应估计和因果关联的分析。包括①检查、核对调查资料：对获得的资料进行检查、核对、纠正、归纳和编码。保证资料的完整性和尽可能高质量。②整理资料：按病例组与对照组分别将编码的原始资料输入计算机，使原始资料系统化、条理化，在此基础上计算各项指标，描述分布特征。不用计算机时，先设计整理用表，手工计数填表。③分析暴露因素与疾病的联系：即病例组与对照组的暴露率有无显著意义，一般用 χ^2 检验。再求暴露因素与患病的联系强度，即比值比（odds ratio）（OR），及 OR 的 95% 可信限。④分析并控制混杂因素：若怀疑存在混杂因素时，则应按混杂因素进行分层分析（stratified analysis）或计算标准值比，必要时可进行多因素回归分析。

2. 实例

成年人肺结核病的非生物危险因素病例对照研究

［摘自《中华流行病学杂志》2005，26（2）：92-96］

近 20 年来，结核病疫情在许多国家出现了回升或居高不下的现象，已成为一个严重的全球性公共卫生问题和社会问题。我国是全球 22 个结核病高负担国家之一，现有活动性肺结核患者 450 万，病例数位居全球第二位。结核病疫情的回升或居高不下除了结核菌耐药、HIV 感染等生物因素外，社会、经济、行为等一些非生物因素所起的作用也不容忽视。非生物因素多而复杂，大多数非生物因素与结核病之间有无关系，尚缺乏确切证据，即使研究较多的吸烟与肺结核病的关系，目前也尚难肯定。探讨肺结核病发病有关非生物危险因素，有助于确认肺结核病的高危人群，便于采取有针对性的结核病预防控制措施。我们在这方面作了一些调查，现报道如下。

对象与方法

1. 研究方法：1∶2 配比病例对照研究。

2. 病例入选标准及来源：病例入选标准为初治涂阳肺结核病患者（全部痰涂片经河南省结核病防治所参比室鉴定），年龄在 25～60 岁之间，合并糖尿病、矽肺、HIV 感染等疾病者除外。病例来源于河南省巩义市、临颍市、镇平县、禹州市结核病防治机构2002年10月至2004年3月发现的符合入选标准的肺结核病患者，每个县（市）从入选第一例病例开始，按发现顺序连续入选40例（中间没有挑选），由于巩义、临颍市各有1例不符合要求而剔除，最后供分析的为158例。其中男性123例，女性35例；平均年龄（43.80±10.79）岁。

3. 对照选入标准及来源：按就近原则，分别从病例住所周围选择与病例同性别、同年龄组（25～、30～、35～、40～、45～、50～、55～60岁）2名健康人为对照，既往患过结核病的除外，符合入选标准的对照316名；其中男性246名，女性70名；平均年龄（43.97±10.52）岁；经统计学检验两组年龄差异无统计学意义（$t=0.16$，$P>0.05$），有较好的可比性。

4. 调查方法与内容：设计统一的调查表，由经过统一培训的调查员入户逐项询问填写；调查因素有个体因素和家庭因素两方面，并对每项因素进行了具体规定。个体因素包括：婚姻、职业、文化程度、吸烟史、外出打工史等，家庭因素有家庭收入、财产、负担人口、住房等。

5. 统计学分析：采用Excel 2000建立数据库，采用StataSE 8.0进行单因素和多因素条件logistic回归分析；应用*OR*值及其95%的可信区间（*CI*）来估计其相对危险度。

结果

1. 变量的有关情况及其分级赋值：所调查变量的有关情况见表1（略）；在进行统计分析前，将调查的变量进行分级赋值。

2. 单因素分析结果：

（1）婚姻状况：158例病例中已婚的136例（占86.08%）、单身的22例（占13.92%）；316名对照中已婚的301名（占95.25%）、单身的15名（占4.75%）；其单因素条件logistic回归分析OR=3.522，$P<0.01$。

（2）职业：158例病例中农民110例（占69.62%）、工人8例（占5.06%）、干部或教师8例（占5.06%）、个体经营者23例（占14.56%）、其他职业9例（占8.18%）；316名对照中农民230名（占72.78%）、工人24名（占7.59%）、干部或教师15名（占4.75%）、个体经营者27名（占8.54%）、其他职业20名（占6.54%）；由于职业是无序多分类变量，

因而将其设立哑变量，共设立7个哑变量，进行单因素条件logistic回归分析，结果只有个体经营与农民相比差异有统计学意义（$P<0.05$，$OR=2.376$）。

（3）文化程度：病例组、对照组高中及高中以上文化程度者的分别占12.03%、16.45%；由于其是有序分类变量，将其进行分级赋值后进行单因素条件logistic回归分析$OR=0.752$，$P<0.05$。

（4）吸烟：158例病例中28.48%不吸烟，316名对照中44.62%不吸烟，单因素条件logistic回归分析吸烟与不吸烟相比，*OR*值95% *CI*为5.194（2.489～10.837），将其按吸烟量进行分级赋值后进行单因素条件logistic回归分析（$OR=1.647$，$P<0.01$）。

（5）外出打工史：158例病例中有外出打工史者74例（占46.84%），316名对照中有外出打工史者93名（占29.43%），单因素条件Logistic回归分析，$OR=2.359$，$P<0.01$（表3）。

（6）家庭情况：在家庭各因素中，单因素条件logistic回归分析，家庭年收入、家庭财产、家庭收入在社区的水平三种因素P值均<0.05，其*OR*值分别为0.770、0.720、0.409；户主、家庭住房、家庭负担人口三种因素P值均>0.05，其*OR*值分别为1.832、0.801、1.219。

3. 多因素分析结果：采用多因素条件logistic回归前进法引入变量，变量进入模型的显著性检验水平定为0.05。考虑到家庭年收入、家庭财产、家庭收入在社区的水平均为反映家庭经济条件的指标，三者之间具有密切的相关性，家庭财产具有客观性，能较真实地反映被调查者的家庭经济条件，因而在多因素分析时仅引入家庭财产。结果进入模型的变量有外出打工史、吸烟、婚姻状况、家庭财产、职业中的个体经营，其*OR*值与95% *CI*见表4（略）。

3．病例对照研究的优缺点　因为研究需要的样本量少，故特别适用于罕见病的研究，往往是罕见病检验病因的惟一研究方法。研究省时、省钱、省人力，并易于组织实施，可较快得出结果。此外，此法既可检验有明确假设的危险因素，又可广泛探索尚不够明确的众多因素，且失败机会少。

其缺点是研究容易产生偏倚，如通过回忆得来的资料，可靠性稍差，易产生偏倚；选择研究对象时，难以避免选择性偏倚；混杂因素的影响较难控制；暴露与疾病的时间先后，有时难以判断。病例组和对照组都不能代表总体，其结论不能推论全体。大多不能计算发病率或死亡率，故只能计算相对危险度（relative risk，RR）的估计值 OR。只能初步检验病因假说或提出病因线索，不能得出暴露与某病的因果关系。

（三）队列研究（cohort study）

队列研究是指将特定人群按暴露和未暴露于某因素（危险因素、致病因素或保护因素）分为两组，然后追踪观察一定时间后，比较两组发病或死亡的结局，从而判断暴露因素与疾病的关联及关联强度的一种研究方法。队列研究也称群组研究或定群研究，属于前瞻性研究，它同病例对照研究一样，属分析流行病学研究方法。由于这种方法可以直接观察到人群暴露于病因的情况及其结局，从而确定危险因素与疾病的关系，故其论证强度高于病例对照研究，可以进一步检验病因假设和防治效果评价。是一种介于病例对照与人群实验研究之间的一种方法。

1．基本方法及适用范围

（1）确定调查的目的：经过病例对照研究初步检验的病因假设，可用队列研究进一步检验。队列研究的暴露组可以暴露于某一自发选择的有治疗或预防作用的因素下，与非暴露组比较，可以评价其保护因素的预防效果。但队列研究设计、实施较为复杂，难度较大，故要事先周密考虑以下因素：①拟检验的因素是否找准；②所研究的疾病的发病率或死亡率不宜太低；③有无把握获得观察人群暴露、非暴露资料，能长期随访，并获得可靠完整的资料；④是否有明确规定的结局变量，及获得结局变量的简便而可靠的手段；⑤有无足够的人力、财力和时间，保证长期随访工作；⑥历史性队列需考虑历史资料的完整可靠。

（2）拟定研究计划：研究计划包括确定研究因素、暴露组与非暴露组来源、要求及两组的划分，样本大小、调查内容、时间及调查分析方法，可能发生的偏倚及其控制方法，调查员的培训、器材的准备、预期结果等。检验两组的均衡性。暴露组与非暴露组除研究的暴露因素不同外，其他主要特征，如年龄、性别、职业、住地等要均衡可比。

（3）追踪观察：其目的是收集资料，这关系到研究的成败。登记暴露因素及暴露程度，观察其中两组的发病日期、诊断日期，用国内或国际统一诊断标准核实诊断。如果死亡，也要核实死亡诊断、死亡日期、地点和死因。登记人口迁移、外出、返回及出生等。追踪结局不仅限于发病和死亡，还可以同时收集各种化验结果和多种结局资料，如血清抗体的滴度、血脂、尿糖等。在队列研究中，非预定结局的疾病、死亡的信息也要收集。此外，基础资料（信息本底）和与生产混杂有关的因素也要注意收集。规定收集资料间隔时间，要多次收集。在收集资料中，研究者易带主观的偏性，最好用单盲或双盲法追踪。

（4）队列研究中常见的偏倚及其控制：队列研究中常见的偏倚有失访偏倚、选择性偏倚、测量偏倚或信息偏倚及混杂偏倚。控制失访偏倚的方法主要是要求失访人数不宜大于5%。失访后与未失访组的主要特征经 χ^2 检验不应有显著差别，否则偏倚太大。控制选择性偏倚，必须严格按规定的标准选择研究对象。控制混杂因素的方法：进行研究设计时，按照确认的混杂因素配对选择对照；资料分析时，进行分层调整，分层调整可用 Mantel-Haenszel 法和 Woolf's 法。并通过提高测量的精确性及诊断标准和诊断技术，防止测量偏倚。

（5）调查资料的整理分析：同病例对照研究数据的整理分析步骤基本一样，但着重于率的计算，特别是人年的计算、暴露组与对照组率差的显著性检验及计算暴露因素与发病关联的各项指标等。

2. 实例

山东省40岁以上人群心脑血管病死亡事件影响因素的队列研究

［摘自《中华流行病学杂志》2007，28（2）：120-124］

随着我国老龄化社会的到来和居民生活方式的改变，心脑血管疾病成为威胁人民健康的主要疾病，是我国人群的首要死亡原因。而随着人口寿命逐渐延长，高危人群的大量增加，可以预见我国心脑血管疾病对人民健康的威胁还将进一步加大。虽然这些疾病的一些主要危险因素已十分明确，但是各种因素对心脑血管病死亡的影响和作用强度及各因素在不同年龄段作用的差异仍是当前研究的热点。

对象与方法

1. 研究方法　研究对象样本人群为全国第三次高血压抽样调查的山东省 10 个自然人群，于 1991 年 8～10 月进行基线调查，记录各例的年龄、性别、体重指数、高血压家族史、高血压病程、脑卒中史等，按照统一的随访方案和诊断标准对心脑血管病的发病和死亡事件进行随访。1991 年 8 月以后死亡者，均入户调查并到医院收集临床资料和死因诊断。到 1999 年底共随访 8 年，收集 32 559 例，其中年龄≥40 岁者 13 262 例，剔除血压指标不完整者 26 例及因工作调动、迁出等原因失访者 2 228 例，共计 11 008 例年龄 40～90 岁，平均年龄 54.12±10.17 岁。

2. 诊断标准　（1）高血压：SBP≥140mmHg 和/或 DBP≥90mmHg，或正在服用降压药物即为高血压，患者均无继发性高血压。（2）心脑血管病死亡患者的确定死亡病例资料从当地卫生机构或公安机关获得，住院病例根据住院病历、出院记录及住院期间的辅助检查，如 CT、MRI、冠状动脉造影等确定非住院病例根据患者全身及局部症状、体征及功能障碍等确定。诊断标准与 WHO MONICA 方案诊断标准相同。饮酒：每日饮白酒≥50g 者；吸烟：每日吸烟量≥1 支和既往吸烟者。

3. 统计学分析。应用 foxpro6.0 软件建立数据库，用 spss12.0 统计软件进行分析。计量资料以均数±标准差表示，计量资料组间比较采用 t 检验，计数资料进行 χ^2 检验，各影响因素与脑卒中的相关分析应用 Cox 回归。以 $P<0.05$ 作为有统计学意义。

结果

1. 人群一般特征。总随访 11 008 人年为 85229.92 人年，平均随访 7.76 年±1.38 年，随访期间共发生心脑血管病死亡事件 434 例。心脑血管病死亡组与非心脑血管病死亡组随访开始时基线临床资料比较见表 1（略）。

2. 各因素与年随访心脑血管病死亡危险的 Cox 回归　以心脑血管病的死亡时间为应变量，将年龄、性别、高血压病程、BMI、是否吸烟、是否饮酒、脑卒中史、心肌梗死史、SBP（每 10mmHg）、DBP（每 10mmHg）作为回归分析的协变量，进行 Cox 回归分析。结果显示，有脑卒中史者，其发生心脑血管病死亡的相对危险度（RR）为 2.862，是心脑血管病死亡事件最强的预测因子；吸烟者 RR 为 1.239，SBP 每升高 10mmHg，发生心脑血管病死亡的 RR 为 1.171；DBP 则为 1.214。而且年龄也为发生心脑血管病死亡的危险因素之一，年龄每增加 1 岁，RR 为 1.099。饮酒则为心脑血管病死亡的保护因素；女性发生心脑血管病死亡的危险性显著低于男性，RR 为0.637。本资料中其他因素与心脑血管病死亡相关性无统计学意义。

3. 各因素与年随访心脑血管病死亡危险相关性在不同年龄段人群的差异　将该人群按年龄分为40－岁、60－岁、≥75岁三个年龄段，各年龄段人群随访人年，心脑血管病死亡例数见表3（略）。

3. 队列研究的优缺点

优点　资料由研究者前瞻性观察来看，比回忆可靠，偏倚少，因果现象的时间顺序合理；可以获得两组人群的发病率或死亡率，可计算 RR 和 AR 等反映疾病危险关联的指标，可以充分而直接地分析病因的作用，论证强度高；可估计全体人群的发病率或死亡率，不同地区人群可以比较；有助于了解人群疾病的自然史，有时还可获得多种预计以外疾病的结局资料；较适于研究常见病的病因，因所需样本不必太大。

缺点　不适于发病率很低的疾病的病因研究，因它需要样本量最大，难以达到；需随访很长时间，容易失访并易改变暴露水平而产生偏倚；研究费时，费人力与财力，组织工作难；设计科学性要求严密，资料收集分析难度大，特别是暴露人年计算繁重；每次只能研究一个或一组因素，不适于多种病因研究；若得不出预期结果，则损失大。

（四）叙述性研究（narrative inquiry）

所谓叙述性研究就是指通过叙述的方式来进行研究的方法，它被广泛运用于社会科学的多个领域，如教育学、人类学和心理学等领域。叙述性研究是一种没有对照或仅有历史（潜在）对照的设计方案，如基础医学研究形态或功能的描述；临床医学的病例报告（个案调查），临床分析，未设对照组的治疗，诊断总结报告及预防医学中的暴发（流行）调查，疾病自然史的描述等均属此类型，它既可从原因看结果，如从治疗看疗效，也可从结果找原因，即前瞻与回顾均可进行研究设计方案。由于没有对照组的设计，叙述性研究数据的分析结果论证强度也相对较低，强度弱于分析性研究。本节以临床个案调查为例。

个案调查（case investigation）是指对个别发生的病例、病例的家庭、班组、房室及周围环境所进行的流行病学调查。个案调查一般无对照人群的资料，不易分析各种因素与发病的关系，一般只能提供发病原因线索和积累发病资料，不能得出病因结论。

1. 基本方法及适用范围

（1）确定调查的目的：在进行此类调查时，工作人员应当迅速通过检索已有的数据资料，了解该社区、单位及其附近地区在过去和近来有关该病的流行情况，然后携带必要器材，如体检、化验及标本采集用具和必要的药品到现场进行调查。

（2）询问座谈：询问座谈对象为患者、患者家属、同事、邻居、单位负责人，以及了解情况的有关人员。询问座谈内容为：发病和治疗经过，现在病情；最长与最短潜伏期间，发病前后的有关生活、生产劳动及交往情况。使通过提问，尽量为寻找发病原因提供线索，如从何而来？又传给谁？周围还有哪些人患病？哪些人没有病？为什么如此？现已采取哪些措施？

（3）查看现场：根据不同的病种及了解的情况，有重点地查看饮食、饮水、居住和劳动的条件，有关传播媒介与鼠类的孳生，家畜、家禽的饲养管理情况，以及施放的危害物品和施放危害物品场所情况，并判断与该病发生或流行的关联程度，估计病原因子或有害理化因子可能散播的范围，对施放的危害物品及场所进行照片拍摄或录像。

（4）样本检验：对患者、可能的传染源、接触者及传播媒介应立即进行必要的检查或检验，现场不能进行的检测或检查，应采取标本（血、粪便、呕吐物、鼻咽分泌物、脓、食品和水等），带回实验室检查。在人为生物恐怖攻击事件中，可疑被污染物（空气、树叶、泥土、用品、水和食物等）的样本采集要特别注意避免再污染发生，要妥善运送，带回实验室检查。

（5）检查资料：查阅患者的病历、门诊登记、请假单、化验单、疾病登记、死亡报告，以便进一步确诊病例，而且，应尽量避免漏诊和误诊，因为这些措施有助于找出发病原因。

（6）提出措施：条件可能时，应立即执行必要的治疗及预防措施。如卫生宣传教育，病人的救治隔离，环境的消毒，周围人群的药物预防等。

（7）提交调查报告：根据调查的目的以及获得的调查检测资料，对个案调查进行小节，描述重要的调查和分析资料，回答相应的问题。

2. 叙述性研究的优缺点

叙述性研究设计方案，适用性广，许多研究的起步阶段常以此为起点，在对此问题有一定认识后，再逐步采用论证强度较高的设计方案进行深一层次的研究。对于一些自然病史已了解得比较清楚者，用此设计方案进行研究，凡能明显改善其自然病程者就可认为有效，已介绍于前文的历史对照部分。对许多病因已知的疾病的暴发（流行）调查中，只要证据确凿也可得出明确结论。但对一些原因不明或比较复杂的问题，为排除偶然机遇造成的假象，常需在叙述性研究的基础上进一步深入的研究。

（五）多中心随机对照试验（RCT）

随机对照试验（randomized controlled trials，RCT）是指将全部符合纳入标准的同质观察对象按随机原则分配入包括干预组和对照组的两个或多个组，平行使用干预药物或安慰剂或对照药物的临床研究方法。随机对照试验往往被认为是设计科学、偏倚最小的试验，而它们的研究结果也为治疗方案或医疗政策的制定提供重要的依据。其与描述性研究和分析性研究不同，主要有特点有：是实验法，有人为的干预措施，如某种治疗新药物、新方法或预防措施的临床实验研究；在病因研究中，去除或加上某个因素等，因此又称干预实验；有严格的平行对照组；由于实验对象是人，要求实验对象的选择及实验方法都要有严格条件限制，且对象要求有良好的依从性。

1. 基本方法及适用范围

（1）确定实验目的：RCT 可用于多种医学课题的研究，可根据具体研究目的而定，实验研究的目的必须明确。只有目的明确，才能围绕目的制订出可行的研究计划。

（2）确定研究对象：确定目标人群，即打算将实验组和对照组的实验结果推论的总体人群（N），其数量可以设想大到全体人群，小到某地区、某单位，又可到某性别、某年龄组。再从 N 中确定有代表性的研究对象，即指符合研究要求条件的人群（Ne）。再将 Ne 随机分成实验组及对照组。如为某种药物临床试验，其试验对象应选该药物所治疗的某种病的病人为对象；如果是病因实验研究，选择研究对象要求从预期发病率较高的人群中选择；如果是评价某项预防措施效果，如某种疫苗效果，要求在该病高发区进行。

（3）确定样本量：其样本量的大小决定于四个因素：某病在一般人群中发生率大小，小者需要样本量大，反之则小；实验组、对照组比较数值差异的大小，差异小样本量大，反之则小；检验的显著性水平 α、β 大小，α、β 定得越小，需样本量大，反之则小；单侧或双侧检验。具体计算公式可参考专业书籍。

（4）随机分组：研究对象的样本量确定之后，下一步是用随机分配（random allocation）方法将研究对象分配到实验组与对照组。随机分配是使每个研究对象都有可能被分配到两组中的任何一组中去，使已知和未知的混杂因素在两组分布相等，从而提高两组的可比性。随机分配的方法很多，通常选用的方法有：掷硬币、查随机数字表、从计算器取出随机数，也可用区组随机和分层随机分配方法。研究对象分组后，实验组接受干预措施，如预防或治疗措施，对照组给予安慰剂或某种标准处理。

（5）应用盲法：盲法是对开放试验而言。所谓开放试验是研究者与研究对象都了解分组情况，从而易产生偏倚。但有些试验是可以用开放试验的。如新的手术方法，是可以测量的血压、血脂、血糖等为指标的研究。盲法试验避免了来自研究对象及研究者的主观偏见而产生的偏倚，故在研究的实施中应采用盲法。

（6）资料收集与分析。对于收集的完整的原始资料，要用正确的方法做统计分析处理，才能得出正确的结论。分析中要计算以下指标：有效率、治愈率、保护率、n 年生存率等。

2. 实例

静脉注射地尔硫䓬治疗不稳定性心绞痛多中心随机对照试验

［摘自《中华心血管杂志》2005，33（3）：238-243］

不稳定性心绞痛（UAP）是介于稳定性心绞痛和急性心肌梗死之间的一种临床症候群，有增加心因性死亡和心肌梗死的危险，对其治疗有两个目的：即刻缓解缺血和预防严重不良事件（即死亡或急性心肌梗死）。硝酸甘油（NTG）虽长期作为 UAP 抗缺血治疗中的一线药物，其不足之处是引起的反射性心率加快和心脏收缩力增加作用可部分抵消对心肌耗氧减轻的作用，而且持续应用 24h 以上时可出现耐药。国外研究提示静脉注射地尔硫䓬（DIL）用于 UAP 急性期的治疗，其疗效和安全性可能优于静脉注射 NTG。国内前期研究也提示静脉注射 DIL 可作为一种临床治疗 UAP 的新疗法。本试验目的旨在评价静脉注射 DIL 与 NTG 比较对国人 UAP 的有效性和安全性。

资料与方法

1. 患者来源：2000 年 2 月～2002 年 5 月期间，协作组在 19 个医院中选择共 UAP 患者 213 例。

2. 入选及排除标准：（1）入选标准：（a）恶化劳力型心绞痛；（b）轻度活动即诱发的初发型心绞痛（1 个月内）；（c）静息型心绞痛。上述任何一种心绞痛患者，在入选前 12h 内仍有心绞痛发作或 48h 内发作次数≥2 次方可入选。如发作时记录到心电图，则必须有下述异常心电图变化之一：（a）两个肢体导联（同一室壁区）或相邻两个胸导 ST 段下降≥0.1mV；（b）两个肢体导联（同一室壁区）或相邻两个胸导 T 波倒置；（c）两个肢体导联（同一室壁区）或相邻两个胸导 ST2T 伪改善。若无心绞痛发作时心电图，则症状必须典型，同时需要过去冠状动脉造影资料确诊为冠心病或者有明确的陈旧心肌梗死病史。（2）除外条件（下列中任何一条）：（a）NYHA 心功能≥3 级；（b）≥二度房室传导阻滞；（c）清醒时心率仍≤60 次/min；（d）病态窦房结综合征；（e）收缩压≤90mmHg（1mmHg = 0.133kPa）；（f）主管医生认为患者病情不适宜入选。

3. 分组设计及用药程序：（1）入选患者立即进入 DIL 组与 NTG 组的随机、开放、对照试验。来自计算机的随机表密封于纸袋中，入选时拆开以决定分组。（2）试验中可合并使用阿司匹林及低分子肝素或静脉普通肝素治疗（监测 APTT），但必须停用 β 受体阻断剂、其他钙离子通道阻滞剂及口服硝酸酯类药物。（3）试验用药：DIL 注射剂（商品名：合贝爽注射剂，天津田边制药有限公司生产）。（4）用药时间：持续静滴 48h。

4. 疗效观察：(1) 用药前后48h内两组心绞痛次数、最长持续时间及心电图变化。(2) 血压、心率变化。(3) 静脉用药48h内临床终点事件：难治性心绞痛（最大点滴剂量时心绞痛仍未缓解或反复发作或需急诊PTCA、CABG者）、急性心肌梗死、死亡、急诊PTCA，CABG。(4) 药物不良反应。(5) 治疗过程中因窦性心动过速（心率≥100次/min）或血压升高等需加用β受体阻断剂或钙离子通道阻滞剂者。

5. 心电图缺血改善标准：异常ST段下降恢复≥0.1mV；缺血性倒置T波变为直立；异常抬高的或伪改善的ST2T恢复至无心绞痛发作时的水平。

6. 统计分析：对同时有几个事件终点者作联合终点分析时，视为一次计数。用Kaplan-meier方法进行生存分析，用时序检验比较两组生存分布。用Woolf法计算相对危险度95%可信限。计数资料比较用χ^2检验；计量资料中近似正态分布成组资料用t检验，结果表示为均数±标准差；非正态分布成组资料用Mann-WhitneyU法，配对资料用Wilcoxon法，同时列出均数及中位数。以双侧$P<0.05$为差异有统计学意义。全部分析用SPSS软件完成。

结果

1. 入选213例患者，DIL组104例，NTG组109例，基线特征见表1。两组比较差异无统计学意义。

2. 患者治疗期间症状及心电图改善情况：治疗48h内，两组心绞痛发作次数及最长持续时间均较治疗前48h明显减少；约半数患者24h心电图ST段异常（抬高或压低）得到改善，30%左右的患者T波异常（倒置或伪改善）得到恢复，48h心电图改善的人数进一步增加。但两组之间比较，症状及心电图改善情况差异均无统计学意义。

3. 用药48h期间，心率、收缩压、舒张压、心肌耗氧指数（收缩压×心率）变化见图2-5（略）。两组间心率差异在第1h就达到统计学意义，且一直保持到48h。虽两组用药后收缩压和舒张压均有下降趋势，但差异无统计学意义。NTG与DIL均降低了心肌耗氧指数，但DIL在治疗中、后期（12~48h）比NTG能更有效地降低心肌耗氧指数。

4. 用药48h内心脏缺血事件及联合终点：DIL组较NTG组比较，难治性心绞痛风险降低68%［4例（3.8%）比13例（11.9%），$P<0.05$］，相对危险度（95%可信限）为0.32（0.11~0.96）。DIL组1例87岁有心肌梗死病史的老年男性于治疗24h发生猝死。NTG组1例因难治性心绞痛于48h内行PTCA。DIL组与NTG组各有4例患急性心肌梗死。虽DIL组的联合终点呈更低趋势，但与NTG组比较差异无统计学意义［8例（7.7%）比16例（14.7%），95%可信限0.52（0.23-1.17）］。

5. 药物不良反应：DIL组心率≤50次/min者有8例（7.7%），而NTG组无1例，差异有统计学意义，但DIL组心动过缓8例患者中的7例无明显不适主诉，仅1例同时出现低血压并因此而停药，未发现房室传导阻滞者。两组非心血管不良反应：DIL组1例出现消化道出血（可能与抗凝药有关）；NTG组2例发生严重头痛，并因此需减量或停用NTG。低血压的发生率两组差异无统计学意义（DIL组2例占2.9%，NTG组4例占3.7%）。DIL组1例发生心功能恶化（≥NYHA3级）。

6. 因病情需要需加用β受体阻滞剂或钙离子通道阻滞剂者：DIL组2例（1.9%），NTG组13例（11.9%），差异有统计学意义（$P<0.01$）。加药原因：DIL组1例为高血压，1例为症状不缓解：NTG组5例为高血压，5例为症状不缓解，3例为心动过速。

3. 随机对照试验优缺点

优点　是前瞻性试验研究，为检验假设最有力的方法；随机化分组使得组间均衡，尽可能地排除混杂偏倚，可比性好；研究对象有严格的纳入标准和排除标准，观察指标和判断标准统一，加上盲法的应用，减少了测量偏倚。

缺点　研究的结论代表性受限；安慰剂作为对照易出现伦理问题；知情同意原则增加了试验的难度。

第四节　医学研究中常见误差及控制方法

一、误差分类

临床医学研究研究对象通常是人群。由于生物多样性的存在，其个体差异大。在研究的设计、实施、分析以至推论等各环节均可出现很多影响研究结论的因素，使研究结果总是会或多或少的偏离真实情况，甚至出现失实，这种偏离我们称之为误差（error），我们应严格控制医学科研质量，避免失实，尽量减少误差，以保证科研结论、结果的真实和可靠。根据误差的性质和产生的原因一般可分为三类：

1. 过失误差（mistakes，gross error）　属主观错误造成的一种与实际事实明显不符的误差，如工作不认真、责任心不强等的操作失误、填错结果、读错数据等，在科研中应杜绝其发生。

2. 随机误差（random error）　又叫偶然误差或机遇（chance）。是由某些不易控制的因素造成的，临床研究中的常见的随机误差包括测量误差、抽样误差和随机分组误差等。如在相同条件下对同一对象作多次测量，其测量数值与真实值存在差异，且方向是不确定的，也就是说，这种误差的存在使研究结果随机的高于或小于真实值。但采用多次测量值的平均值可使其接近真实值，但不能消除随机误差。由于研究对象存在较大个体差异，在目标人群中随机选择样本研究，每次选择均存在抽样误差和分组误差。我们在医学科研的设计、测量过程中只能尽量将随机误差控制在一定范围之内，避免其影响研究结果的真实性，而不能完全消除随机误差。

3. 系统误差（systematic error）　指研究结果由于某些不能准确定量的但较为恒定的因素造成的测量值具有倾向性的、系统地偏离真实值而引起的误差。与随机误差不同，偏倚的存在总是造成研究结果总是高于真值或低于真值，具有方向性。在研究工作中定量的估计系统误差的大小很困难，但可确定其方向。偏倚（bias）属于系统误差，在临床研究中经常遇到，系统误差应严格控制并尽可能消除。

医学科研结果出现不同的误差除由于研究者所选择的研究方案不同引起外，主要与发生在不同水平的变异（variability）有关，如选取研究对象的样本量和抽样方法；如研究对象在个体水平上的个体变异（individual variability），在群体水平上的个体间遗传变异（genetic variability between individuals）、环境变异（environmental variability）；如在测量过程中采用的手段、方法、测量环境条件等均可导致随机误差（机遇）和系统误差（偏倚）等的产生，最终导致研究结果误差的产生。虽然要在研究工作中完全避免误差是不可能的，但对于研究中可能存在的各种误差，我们要在临床研究工作的各个环节中尽量加以控制和预防，以使研究结论更符合实际情况，即保证其的真实性。医学科研中，测量的质量和水平是影响研究结果的主要因素之一。测量的质量和水平可以用误差概念来描述，也可以用精确度来描述。精准度可分为精密度和精确度，它们与误差来源和性质是密切相关的，医学科研应尽量选用精密度和精确度均较高的仪器和方法进行测量。

二、常见偏倚及控制方法

目前，国内外对偏倚尚无统一的分类，在各种临床流行病学书籍和文献中，已总结出几十种偏倚，可以简化为6种：①阅读相关领域资料时的偏倚；②在分类和选择研究样本时的偏倚；③实验实施过程中的偏倚；④在测量暴露和结局时的偏倚；⑤在分析数据时的偏倚；⑥在解释结果时的偏倚。本章采用Meittinen（1976）提出的建议，将临床实践和科研中所出现的偏倚按其性质和产生的阶段归纳为三大类：①选择偏倚（selection bias），主要发生在科研设计阶段；②测量偏倚（measurement bias），又称信息偏倚（information bias），主要发生在资料搜集阶段即观察、研究、测量的实施阶段；③混杂偏倚（confounding bias），在设计阶段随机化和均衡性受到干扰，而分析时又未加以纠正，导致混杂因素失控，发生混杂偏倚。

1. 选择偏倚　主要由于研究对象的确定、诊断、选择等方法不正确（研究设计上的缺陷），使被选入的研究对象与未被选入者（根据研究目的，应该被选入）的重要特征具有系统的差异，或者各比较组间研究对象重要特征具有系统差异，破坏了研究对象的代表性和组间的均衡性原则而产生偏倚。这种偏倚使得从样本得到的结果推及总体时出现了系统的偏离。选择性偏倚的存在导致样本人群的有关变量和变量间关系不能代表研究的总体人群，使统计推断失去依据或者各组间除研究因素之外的其他一些影响试验结果的因素在组间分布不均衡，有关特征的构成比差异显著，导致组间没有可比性。选择偏倚最终与其他因素引起的误差效应混在一起，导致夸大或缩小临床研究效果，甚至出现错误的研究结论而使研究结论失去了价值。选择偏倚在各种临床流行病学研究设计中都可能产生，尤其是在病例对照研究和临床试验中较为常见。根据选择偏倚产生的原因，归纳起来有下面常见的几种：

（1）入院率偏倚（admission rate bias）：又称伯克森偏倚（Berkson bias）。入院率偏倚是指由于疾病的严重程度、就医条件、对疾病的认识水平以及医疗保健制度和社会文化经济等诸多因素的差异等，而使患不同种类疾病的人（或具有某种特性者）的住院率不同，使得以医院对象进行研究时产生的偏倚，在病例对照研究中最常见。入院可以指住院，也可以指就诊。

（2）错误分类偏倚（misclassification bias）：在选择研究对象时，由于疾病诊断方法不完善、诊断标准不明确统一等原因，错误地将病例判断为非病例而归类于对照组，或将非病例判断为病例而归类于病例组，产生研究对象错误分类到研究各组，影响了结果的真实性。

（3）检出征候偏倚（detection signal bias）：又称检出偏倚研究某疾病时，当某一因素与该病并无因果联系，但这因素能促进类似该病的症状和体征出现，使患者急于求医，使该病的检出率大为提高，从而提高了所研究疾病的发现机会，得出了该因素与该病有因果关系的联系，这种因某种因素促使该病检出率提高而造成的虚假因果关系，称为检出征候偏倚。检出征候偏倚在病例对照研究中是很常见的问题。著名的例子是在研究服用雌激素与子宫内膜癌的关系中，因为服用雌激素会使绝经期妇女子宫出血而增加子宫内膜癌的发现机会，而夸大服用雌激素与子宫内膜癌间的联系。

（4）无应答偏倚（nonresponsive bias）和失访：在临床流行病学调查中，研究对象中因各种原因不回答所提出问题的人称为无应答者，但无应答者在某些重要的特征或暴露方面可能与应答者有区别，将会影响研究结果的真实性，这就是无应答偏倚。另一种情况是在治疗或病因的前瞻性研究中，常有部分受试者中途退出，称之为失访。

2. 测量偏倚　是在资料收集、观察过程中，对比较的各组的研究对象的获取信息的方法不一致造成的系统误差。信息偏倚产生的主要原因有研究对象与研究者各自的倾向性；诊断或结果判断的标准不明确、不统一；收集与观察的方法不恰当、不一致；测量仪器和方法的缺陷，型号不同，标准不一致；既往资料不准确或遗漏等。根据测量偏倚产生的原因，归纳起来有下面常见的几种：

（1）诊断怀疑偏倚（diagnostic suspicion bias）：当研究者事先已经知道了研究对象的某些情况，如具有某种已知的暴露因素，怀疑他们已患有某种疾病，因此在诊断或判定治疗效果时，主观上作出对预期结果有利的判断，故而对暴露者使用多种诊断手段，进行详细的检查，并提高方法的灵敏度，使暴露组的诊断率和检出率提高，而对于非暴露组则因不怀疑他们患有某种疾病而对诊断和检查不够认真，这样各比较组的资料就会出现系统误差，影响结论的真实性，即为诊断怀疑偏倚。

（2）暴露怀疑偏倚（exposure suspicion bias）：该偏倚多见于病例对照研究，当研究者事先知道研究对象患有某种疾病，可能在资料收集过程中会更主观、主动、更仔细地对患病者收集相关暴露因素，而对未患病者未必如此，而产生的偏倚，称为暴露怀疑偏倚。若调查表设计不完整、一问多答、调查的深度和广度不一致、暗示性启发式询问、记录不完整等，均可出现暴露怀疑偏倚，夸大可疑因子与疾病的联系。例如采用病例对照研究方法研究父亲吸烟与幼儿白血病联系，研究者对白血病幼儿比对照组更仔细收集父亲吸烟暴露史和暴露强度，最终就人为夸大了父亲吸烟暴露与幼儿白血病的联系。

（3）回忆性偏倚（recall bias）：指各比较组的研究对象回忆以往发生的事或经历，在准确性和完整性方面存在的系统误差。回忆偏倚在病例对照研究中最常见。产生回忆性偏倚的主要原因是：①由于调查询问的因素或事件发生的频率很低，未给研究对象留下深刻的印象；②或者因调查发生久远的事件而研究对象对此已记忆模糊或遗忘；③病例组的病人因患病而对过去的暴露史反复思索，甚至家属也帮助提供线索，以致夸大了暴露情况，而对照组的非病人对调查不够重视，未认真回忆暴露史，因此使病例组和对照组提供的既往史的准确性和完整性差异较大；④可能由于特殊原因，有的研究对象故意夸大或降低致病因素的暴露水平。以上种种原因都会导致回忆偏倚，影响结果的真实性。临床实践表明，当询问病人既往病史时，回答的真实性和完整性随发病时间与调查时间的间隔加大而降低。

（4）检查偏倚或测量偏倚（detection bias）：检查偏倚是指因检查方法和检查仪器的准确性、精确度等或对检查的重视程度不同造成的偏倚。尤其需要依靠调查者的视觉、听觉、嗅觉和触觉等感官测量的指标容易出现检查偏倚。由于检查者技术不过硬，不熟练、判断标志不明确、标本数量大，判断速度过快、检查者的重视程度以及所用仪器、设备校正不准确、试剂不同批次或不符合要求、使用方法的标准或程序不统一、分析、测试条件不一致等均可导致不准确的信息，是检查偏倚出现的主要原因。

3. 混杂偏倚　在评价研究因素与疾病或某一现象之间的关系时，可能存在一个或多个外来因素（extraneous factor），如果这个外来因素与前二者之间均有联系并且可以增加或减少所研究的效应，导致研究因素的效应与外来因素的效应混合在一起，从而全部或部分地缩小或夸大了所研究因素与疾病之间的真实联系，将导致研究结论发生系统误差。这种外来因素就成为混杂因素（confounding factor）。因混杂因素导致的系统误差称为混杂偏倚。混杂偏倚不能通过增加样本例数来减小或消除。

作为混杂因素必须满足两个条件：①该因素可影响结局，如可能促进或阻止阳性结局的发生；即其是独立危险因素；②该因素不均匀地分布于比较组之间。若该因素是研究因素与疾病病因链上的中间环节或中间步骤，即是因果关系中的中间变量，则其不是混杂因素。其可分为：

（1）正混杂偏倚：指由于混杂因素的作用，使暴露因素与疾病之间的关联被夸大。

（2）负混杂偏倚：指由于混杂因素的作用使暴露因素与疾病的关联被人为地减弱。

4. 偏倚的控制方法

（1）选择偏倚的控制：严格的研究对象纳入和排除标准；对研究对象要随机分配、随机分组；多设对照组；严格诊断标准；提高应答率、依从性。

（2）测量偏倚的控制：在研究设计阶段应对各种暴露因素做出严格、客观、可操作的定义，并力求指标的定量化；研究者对拟进行的研究要制定明细的资料收集方法和严格的质量控制方法；尽可能采用盲法收集资料；尽可能采用客观指标的信息；广泛收集各种资料。

（3）混杂偏倚的控制：对研究对象的选择条件加以限制，将已知存在混杂因素的对象不纳入研究，规定各比较组在人口学特征上近似或在疾病特征上相同；将可疑混杂因素作为配对因素，使各比较组同等分配具有同等混杂因素的对象，以此来消除混杂作用；在进行人群调查时，先按可能的混杂因素进行分层，然后在各层内进行随机抽样，这样可以较好的控制混杂；在实验性研究中，将研究对象随机分配到各组中去，可以提高各组的均衡性，使混杂因素在各组间分不均匀。

三、机遇

1. 简介　机遇是指在随机抽样过程中由于抽样本的随机变异而引起的误差称为机遇。所以机遇又称抽样误差或称为随机误差。在临床科学研究中，我们观察的患者病例，只是该病总体的一小部分，一般不可能是该病的总体；在总体中，由于各个个体之间存在着差异，在随机抽样时样本的均数与总体的均数总是存在差异的；而样本的观察值总是落在总体值得两侧，是围绕在总体值周围而分布的，当观察的数量达到一定水平时，观察值高于或低于总体值的可能机会一般来说是相似的，所以称抽样误差为机遇。机遇和偏倚都是影响结果可靠性和真实性的重要因素，都是临床研究中经常会碰到的误差；两者之间并非是相互排斥的，在多数情况下，他们是共存的。但由于它们产生的原因不同，应该加以区别。偏倚应该消除，而机遇只能使其期减小，而不可能被消除。

2. 机遇的控制方法　由于在总体中各个样本之间存在着差异，因此在随机抽样中由于样本的差异而引起的差异误差是客观存在的，是不可避免的。主要控制方法有：①在抽样调查中，首先需要根据研究目的与假设，确定 α 和 β 错误的概率大小等因素来确定样本量。

避免样本太大浪费人力和物力；样本太小，难以获得正确的研究结果；②从总体研究对象中抽取样本进行研究时，必须遵守随机化原则，尽量采用随机性好的抽样方法，进行随机抽样和随机分组，以保证样本有较好的代表性和组间可比性，使研究结果具有较好的内部真实性和外部真实性，具体抽样的方法常见相关书籍；③为控制机遇的影响，应在研究实施阶段使用精确度、准确度高的仪器（方法），保证实验试剂、药剂等的质量，严格控制测量条件（包括人、机、环境等因素），尽量使每次测量时的各种因素保持齐同，提高研究结果的可靠性。

四、交互作用

1. 简介　不同学科、不同学者对交互作用（interaction）的概念定义存在差异。在流行病学研究中交互作用一般含义指两个或多个因素相互依赖发生作用而产生的一种效应。当两个或两个以上的因子共同作用于某一事件时，其效应大于或小于两因子或多因子共同作用于某一事件时，其效应大于或小于两因子或多因子单独作用的效应时，表明因子间存在交互作用。我们这里主要介绍的统计学交互作用即专指两个或两个以上的因素作用于同一对象时，其效应可能大于或小于两个单独作用效应之和。生物学上称为增效（synergism）或拮抗（antagonism）作用，与上述偏倚、混杂、机遇均不同，他不发生质的误差，只是夸大或缩小了联系强弱的程度。交互作用广泛存在于医学研究中，如临床治疗中常遇见的食物和药物、药物与药物间的交互作用，病因研究中各种暴露因素间的交互作用等。需要注意的是有统计交互不一定意味有生物学意义，下结论要慎重。

2. 交互作用的识别　主要方法有：①分层分析。分层分析是识别交互作用比较经典的方法，可以通过比较按照可疑的交互因素分层后层间的效应测量值-相对危险度或率差来判断是否产生交互作用；②多因素分析模型。我们可以采用的 logistic 回归模型、多元回归分析识别因素间的交互作用是否存在。但需要说明的是在这些模型中，一般是以相乘模型为基础估计因素间的交互作用，对数据要求严格，对结果的解说也存在一定问题；③采用交互作用指标进行估计；④由于多因素分析模型中采用因子乘积项分析交互作用存在许多不足，有学者提出构造交互作用指标进行估计的方法；⑤广义相对危险度模型。在了解所研究资料的联合作用时，通常可以通过广义相对危险度模型加以拟合，然后采用与研究资料最接近的模型来确定交互作用。

第五章　研究的实施

第一节　概　　述

研究的实施是整个课题研究的重点和难点。课题设计方案一旦通过讨论研究，确定下来后，就要遵照执行，付诸试验。

第二节　开题报告或课题论证

一、开题报告或课题论证的作用

开题报告是实验实施与论文写作的重要环节，是研究者在进行国内外相关课题的文献查阅、研究水平和动态分析与实验的初步设计后结合所研究的课题拟定的关于课题选题、设计规划和实施的论述行报告，是实验实施的前瞻性计划和有力的依据。开题报告或课题的论证是整个实验研究设计、实施和撰写论文的质量保障，培养研究者进行论文选题、突出难点、把握重点、确定关键技术路线、制定实验计划等能力，是实验实施前的必要条件，同时也是对研究课题的论证和设计。

二、开题报告的写法

1. 开题报告的基本内容　开题报告的内容主要包括研究背景，研究目的和意义，实验方案，研究的主要内容、方法，检测的指标，技术路线和拟解决的问题，可行性和创新性分析以及实验的进度安排和备选方案等等内容，根据实际情况和开题报告格式的不同可以做相关的改进。但是开题报告最重要的部分如实验方案，研究的主要内容、方法、检测的指标，技术路线和拟解决的问题，可行性和创新性分析等必须要重点阐述清楚，缺一不可。下面我们来详细解读开题报告的各个部分的写法。

2. 开题报告各部分的撰写

（1）明确研究目的意义：研究的目的意义主要是阐明为什么要研究这个课题，能够得出什么样的结论，解决什么样的问题，达到什么样的目标。只要清晰明确地回答了上述几个问题就能够让读者理解你的研究目的和意义，从而更加突出这个课题的研究价值、学术价值、经济价值等等。

（2）国内外研究现状：研究现状也可以称之为研究背景，是课题的开题依据，要想完整清晰的了解与课题相关领域的国内外研究现状必须查阅大量相关的文献资料，掌握理论、实践动向和发展动态，了解问题产生的背景和前人的研究方向、方法、技术路线、检测指标和结论，在别人研究的基础上，为我所用，提出本课题所要研究的问题。如果有人已经完整阐述和解决了你所提出的问题，那你的课题就没有研究价值了，需要重新寻求研究方向和切入点。在有些开题报告中也可以把研究目的意义和现状合二为一，综合进行阐述。

（3）研究内容：研究内容就是你研究的是什么，是依据你的研究目标也就是要研究的问题而制定的具体任务，确定研究范围与核心，做到重点突出，内容具体详尽，切忌大而空。

（4）研究方法：研究方法主要是根据本课题的研究内容和实际条件所采取的一种或多种试验方法。

（5）检测指标：检测指标是根据本课题的研究目的意义有针对性的提出的实验检测项目。

（6）技术路线：技术路线是开题报告的重要内容，着重强调各种标本的采集及重要试剂的来源，实验方法的过程及相关步骤，数据的收集及处理等，一般用图表来说明。

（7）要解决的关键问题和技术：要解决的关键问题和技术是课题研究创新性的体现，是开题报告中的重点和难点。

（8）实验方案：实验方案要求目标明确，重点突出，保证具体的研究方向

（9）预期结果：预期就是对研究成果的预测，也就是实验过程中可能出现的情况，用什么试验方法解决，有什么样的预期效果，能否达到研究目标等。

（10）创新性：创新性是开题报告的核心内容，它是指在前人的研究基础上，根据已有的科学理论和研究技术，对研究课题进行更深入的研究和探讨，加以创新把握独特的切入点和见解。

（11）经费预算：每一个课题研究都有相应的经费进行支持，对经费的初步预算和合理分配也是开题报告中的主要内容，是课题顺利完成的重要保障。经费的预算包括文献查阅费用、实验器材和药品的费用，动物模型的费用、自筹经费等，需要进行合理分配，做到张弛有度。

（12）可行性分析：可行性分析主要是针对研究所需要的条件进行论证，如研究成员的研究能力，研究所需要的材料、实验器材，研究经费，该课题目前的前期工作，存在问题的解决对策，社会应用前景等。

（13）研究进度：研究进度是用来规范研究进程的，主要是指课题研究的时间安排及每一阶段的研究内容及起止时间。

（14）备选方案：实验正式开始前应该考虑到现有的实验设计在实际操作过程中可能会因为客观/主观因素无法顺利进行，因此必须提前想好一套备选方案，主要集中在技术路线、实验方法等方面。

3. 实例分析

《山葵提取物对肝癌细胞的抑制作用研究》开题报告

（一）项目的立项依据与研究内容

研究目的和意义

山葵又称山嵛、山嵛菜、日本辣根、瓦莎毕，学名 Wasabi［Wasabia japonica（Miq.）Matsum.］：英文 Japanese horseradish。系十字花科（Cruciferae 山嵛菜属，喜阴性多年生草本植物。山葵可以说全身都是宝，

它含有丰富的氨基酸、维生素和人体所需的多种微量元素，因含芥子甙，经芥子酶分解成丙烯芥子油等成分而具有特殊芳香的辛辣味，其主要成分为各种芥子油（即异硫氰酸盐 isothiocyanates）为主，其余还有 omega-methylsulfinylaalkyl，omega-methlthioalkyl，omega-alkenyl，iso-propyl，sec-butyl，3-butenyl，4-pentenyl，5-hexenyl，hexyl，6-heptenyl……等等。它们挥发性强且不稳定，在植物体内通常与糖类结合成配糖体（Sinigrin）存在于根茎组织内，若这些组织遭到破坏，此配糖体就受 Myrosinase 酵素分解产生芥子油而挥发。山葵有促进食欲、防腐、解毒、发汗、利尿、清血、镇痛、杀菌和杀灭消化道寄生虫的作用，并能促进淀粉性食物的消化、稳定肠胃中的维生素 C。山葵本身是天然绿色植物，并经日本人民长期食用证明摄入无害。据报道山葵中含有的异硫氰酸盐还有预防癌症、哮喘、和危害身体的血凝块的作用，可以开发研究用于医疗和保健方面。本课题——“山葵提取物对癌细胞的抑制作用及其机制研究”从对癌细胞的抑制作用研究入手，主要探讨山葵有效成分提取物对肝癌细胞的生长抑制作用，更好的开发、利用山葵的药用价值，开发其药用价值，符合时代的要求。此研究处于国内领先水平，是一个具有很大经济潜力和社会效益的项目。

国内外研究现状及分析

目前我国内地及港台地区对于山葵的开发和利用主要集中在对山葵的栽培和繁殖技术以及山葵的病虫害和防治上（真菌类、细菌类、病毒和线虫类），但在山葵的药用价值的开发和研究上面还是一片空白，国内有姜子涛等对芥末中烯丙基异硫氰酸酯的提取和含量测定的研究，主要成果是建立了几个行之有效的检测方法。日本和欧美国家及地区对于这方面有一定研究：美国的太平洋农场提取山葵的有效精华成分开发出作为保健用品的山葵胶囊；在日本，KUMAGAI H 等发现了山葵精油（essential oil）中的易挥发成分（volatile components）有抑制血小板聚集（platelet aggregation）的作用。各种芥子油中，以 Omega-methylthioalkyl isothiocyanates 对血小板聚集的抑制作用最强。而这种成分在山葵根部和叶柄中含量最高。OCHI H 等用不同的检测方法对山葵植株根、茎、叶各部位提取物的抗氧化活性（Antioxidative activities）进行了研究，发现叶提取物的这种活性最强。另外，MURATA I 等试验研究了山葵等几种香料和调味品对鳕（cod）中分离出的异尖线虫 1 期幼虫的抑制作用。试验结果，几种香料和调味品（豆酱油、醋、盐水、圆姜汁、葱汁、芥末、山葵软膏制品、山葵原汁）中，山葵原汁 1min，幼虫被完全抑制［2］。INA K 等采用一种改进的生物测定方法，确定了从山葵和辣根（Cochlearia armoracia/Armoracia rusticania）根部提取的芥子油对贻贝（Mytilus edulis）的驱避作用（repellent activity）。TANIDA N 等通过对 Wistar wky 雄鼠的试验研究，发现山葵对由 MNNG 诱发的老鼠胃癌具有抑制作用；FUKE Y 等的研究证明山葵提取物对人胃癌细胞 MKN-28 的生长具有抑制作用。上述试验开创了对山葵治癌作用研究、探讨的先河，但在国内尚未见对其他癌细胞生长抑制作用及其抑制机制的具体研究报道。因此，本课题采用山葵提取物对肝癌细胞的抑制作用进行研究，以弄清山葵提取物对动物癌细胞的抑制和作用机制，为山葵抗癌药物的制备提供理论依据。

研究内容：

1. 山葵有效成分的提取和测定。
2. 山葵提取物对肝癌细胞的抑制率和半数抑制浓度。
3. 山葵提取物抑制肝癌细胞在形态、生物化学和分子生物学上的特征。
4. 山葵提取物对肝癌细胞周期的影响
5. 山葵提取物对肝癌细胞 p53 基因表达的调节作用。
6. 山葵提取物对裸鼠体内肝癌细胞的增殖与凋亡。

拟采取的研究方法：

1. 用盐酸滴定法测定山葵提取物中异硫氰酸酯的含量。
2. 传代、培养癌细胞，采用细胞培养方法。
3. 用 MTT 法测定山葵提取物对肝癌细胞的抑制率和半数抑制浓度。

4. 用末端脱氧核苷酰转移酶（TUNEL 法）标记免疫荧光染色法检测细胞周期。

5. 用倒置荧光显微镜和透射电子显微镜观察用山葵提取物作用过的癌细胞.

6. 用细胞免疫组织化学法测定用山葵提取物作用过的肝癌细胞的 p53 基因表达的调节作用。

7. 种肝癌细胞于裸鼠体内，分为三组（第一组接种肝癌细胞作为对照，第二组接种山葵提取物作用过的肝癌细胞，第三组接种肝癌细胞然后注射山葵提取物），测定癌细胞在动物体内的增殖和凋亡。

论文工作的全体进度与安排（含调研、完成时间等）

起止时间	进度安排	备注
2003.10	论文选题	与导师商讨
2003.10～2004.2	资料收集	尽可能广泛
2004.3～5	撰写和提交开题报告	与多位老师商讨
2004.6～2004.11	完成实验	导师指导
2004.12～2005.3	完成论文初稿	导师指导
2005.4	修改并进行初稿的完善	与导师商讨
2005.5	提交最终研究成果	导师最后把关

三、开题报告或课题论证时的注意事项

1. 精心准备、冷静汇报、沉着应对　在开题报告撰写完成以后，为了保障研究课题的质量就必须聘请相关学科的专家对开题报告进行论证和评价，听取建议和意见，拓宽思路和视野。在开题报告论证会上，首先由研究者对课题和报告的内容进行详细汇报并对专家提出的相关问题进行解释和回答。研究者要在事前精心准备，熟悉研究课题相关领域的理论基础，把握研究方向，对专家可能提到的问题和难点做充足的准备，不打无准备之仗。在课题论证的时候要做到冷静汇报，清楚而详细地介绍课题研究的背景，目的意义，学术价值和研究目标，研究内容、方法、步骤、技术难点，创新性和可行性分析以及研究的技术和经济保障等方面的内容，对专家提出的问题做到沉着应对，知无不言。

2. 正确对待专家提出的问题　在课题论证中，研究者做完开题报告的论述后，一般会留出一段时间让专家和旁听者进行自由提问和讨论，根据课题存在的问题和不足，从学术高度给予中肯的批评，提出建议和帮助，体现自由的学术氛围。无论是专业问题还是对创新性和可行性提出的质疑和疑问，研究人员要正确对待，虚心接受，耐心解释和回答，这样才能使不同研究领域和研究方向的研究者相互学习和启发，开辟新的研究思路和研究方法，达到开题报告论证的目的。

3. 开题报告的修改和完善　开题报告论证结束后，为了使课题得到进一步的完善，综合专家提出的问题和建议，特别是技术路线上的重点和难点，对开题报告进行修改，使整个课题研究和实施更具有科学性和可行性。

第三节 基础研究实验实施

一、预备实验

因为实验中的不可知因素很多，有很多实际操作中的问题是在最初实验设计的时候没有想到的，这个时候我们就要根据具体情况及时调整实验方案，又或者很多实验条件需要摸索，这个时候我们需要的不是实验结果，而是优化的实验条件。在进入实验实施阶段后，我们仍然有一个准备的过程，这个过程与实验实施前的准备不同，它属于实验实施的范畴，但又不同于正式实验，而是在为正式实验做准备，因此我们叫它预备实验，即预实验。根据预实验的目的不同，我们将它分为了导向性预实验、观测性预实验和筛选性预实验三大类。

（一）导向性预实验

所谓导向性，即事物向着某个方向发展的特性。就某些实验而言，我们对其在实施后将朝着哪个方向发展不能得出明确的结论，因为在实验设计的时候其实并没有足够的文献理论支持，实验者往往只能根据自己对已有文献的把握和理解做出几个可能的推断，然后给每个推断都设计出一套相应的实验方案。由于整个实验设计都是建立在这些推断之上的，所以此时对于这些推断的验证就非常必要了，因为它提示了实验会朝着哪个方向发展，决定了实验方案的最终选择。通过预实验进行验证，哪一个推断正确，就选择哪一个相应的实验方案。这样就能避免从一开始就走入歧途，最终导致人力物力的浪费。这就是导向性预实验。比如在中枢神经损伤中，炎症反应起着重要的作用，它既有保护性的一面，又有损伤性的一面。想要研究炎症反应对中枢神经系统的影响，首先就要通过预实验，比如抑制炎症因子的表达来观察小鼠脊髓损伤后的功能恢复和再生情况，以此得出初步结论即炎症反应对中枢神经损伤到底是有益还是有害，有了这个初步结论才能进一步对接下来的实验进行有针对性的设计。

（二）观测性预实验

对于某些实验，研究导向性很明确，实验设计也没有问题，但是要顺利的进行还需要在一些细节方面进行确认和完善，这个时候往往要用到观测性的预实验。比如要研究某种蛋白在脊髓中的表达，虽然实验技术都是一些常规的方法，比如免疫组化、原位杂交以及 Western blot 等，但是实验要顺利进行，有几点必须事先就确认好：待测蛋白在脊髓哪些节段表达、在每个节段的什么部位表达，等等，明确了这些问题将对今后实验过程中准确有效的把握取材部位提供很好的帮助，从而避免了无效的取材和试剂的浪费，影响实验进度甚至造成假阴性结果。这些都是要通过观测性预实验来完成的。

（三）筛选性预实验

正式实验之前，常常还需要对实验对象、材料、方法等进行优化、遴选，这就是筛选性预实验。比如分子生物学实验常常会遇到从一批菌株中筛选出符合实验需求的某一菌株，或者要从多个备选小肽分子中选择一个最符合实验设计要求、最可能出结果的小肽进行下一步的批量实验，这就需要通过筛选性预实验来完成。另外，免疫组化实验中，在拿到一个新抗体的时候，通常需要设计不同的抗体稀释浓度来摸索实验所需最佳浓度，以保证阳性结果最强、特异性最好，同时又不至于浪费抗体。这也是通过筛选性预实验来完成的。

二、正式实验

（一）形态学研究

1．形态学研究观察工具　形态学中大体标本的观察主要是用肉眼或用放大镜、量尺和称量工具等，而对于形态学中的有机体细微结构、超微结构和细胞内物质的观察就需要运用显微镜。显微镜分为光学显微镜和电子显微镜。形态学研究中的光学显微镜包括普通光学显微镜、荧光显微镜、相差显微镜、倒置显微镜、激光共聚焦扫描显微镜等。电子显微镜与光学显微镜的主要区别在于前者是用电子束代替可见光，电磁透镜代替光学透镜，成像于荧光屏上。它主要是用来观察有机体超微机构，常用的电子显微镜分为透射电子显微镜和扫描电子显微镜两种。

2．形态学研究标本处理　形态学中的标本主要包括人体正常及病变器官、组织的大体标本和组织切片标本。大体标本的处理要运用尸体剖验技术取出正常及病变器官、组织，在必要的切取后放于10%福尔马林液中固定，同时切取厚度不超过0.5厘米的小块组织固定于10%福尔马林液中，制作切片。切片标本一般采用石蜡切片法、火棉切片法和冷冻切片法。石蜡切片法、火棉切片法大体相同，通过取材和固定、洗涤、脱水、透明、浸蜡、包埋、切片、展片和贴片等步骤，最后根据研究目的和要求，染色，制作成切片标本。冷冻切片法是将组织材料迅速冷冻硬化，直接利用冷冻切片机切片，一般用于快速病理诊断、脂类和酶组织化学切片。

3．正确选择染色方法　形态学研究中的染色方法大体分为常规染色方法，组织化学技术染色法和免疫组织化学技术染色法。常规染色法一般采用苏木精-伊红染色法（HE）染色法，是形态学研究中最常用的染色方法，广泛应用于组织学和病理学、临床诊断中，适用于各种切片。组织化学技术是对组织和细胞内成分进行定位、定性和定量的形态学技术，这种染色法主要运用于检测糖类、脂类、核酸和酶类。免疫组织化学技术是检测组织细胞内肽类物质或蛋白质的形态学实验技术，实质是用标记的抗体追踪抗原，按照标记的物种的不同可以分为免疫荧光法、免疫酶法、免疫铁蛋白法等。研究者可根据研究内容和检测指标的不同正确选择染色方法。

4．形态学研究定量技术　形态学研究的定量技术主要是指观察对象的数量、面积、密度、光密度等数据的记录和分析。比如NSE免疫组化切片观察，除了可以对特异性染色的神经元形态、分布进行定性的观察，还可以通过相关软件如Image Pro Plus对其阳性细胞数量、阳性细胞的积分光密度（IOD）进行定量分析，从而更准确地反映免疫反应强弱、阳性蛋白表达量的多少等具体指标。

（二）机能学研究

1．简介　机能实验学是一门研究生物正常机能、疾病发生机制和药物作用规律的新兴的基础医学课程。它继承并发展了生理学、生化学、药理学和病理生理学实验课程的核心内容，并且更加强调学科之间的交叉融合，更加重视新技术的应用，更加注重创新能力的培养。机能学研究的最基本特点是：①实验对象为活体，无论是整体的动物还是器官、组织都是在活体状态下进行实验，其机能状况可直接影响实验结果；②不同动物及器官、组织对药物及剂量的反应差异较大；③它往往不能直观得出结论，要通过对实验结果的分析才能得出。因此在进行机能学研究的时候要仔细选择动物模型，制定详尽的研究方案，对结果进行认真的记录和分析。

2. 选择动物模型 机能学研究主要是以实验动物为主要对象，通过观察动物模型的基本生理生化反应，研究病理生理学机制，分析干扰因素的作用及影响，得出实验结果，因此，合理正确的选择动物模型，是顺利完成实验、获得真实可靠实验结果的保证。机能学研究中常用的动物模型有小白鼠、大白鼠、豚鼠、家兔、蛙、蟾蜍、猫、狗等，根据实验的目的和要求来选择不同的动物模型。实验动物模型的选择原则一般是：①尽量选择与人类各方面机能相似的动物；②选用遗传背景明确和模型性状显著且稳定的动物；③选择解剖生理特点符合实验目的要求的实验动物；④根据不同实验研究的特殊要求选用不同种系敏感实验动物；⑤选用易获得易养殖符合节约原则的动物。

3. 制定研究方案 研究方案包括实验的具体指标的制定，动物模型的选择和实验基本方法，试剂的配制，实验动物的用药量和给药技术与途径等。它是整个机能学研究过程的依据。

4. 机能的观察实验 机能学实验是对人或动物的生理机能以及致病因子、药物引起的机能变化进行实验观察，探讨各种生理机能活动及其异常变化的规律和机制，药物的治疗作用及机制，因此，选择实验观察指标应注意几点：①该观察指标能灵敏可靠反映实验对象的机能活动和变化；②尽量采用可测量的观察指标；③难以用仪器定量记录的实验结果，应客观、准确、具体地描述记录。在实验过程中，要仔细、耐心观察并及时记录每项实验结果，例如刺激的种类、强度、时间、所用药物的名称、剂量、给药时间和途径，动物模型对刺激或药物的反应性质、特征、强度、持续时间、变化过程等。实验结果的原始记录要及时、完整、精确、实事求是，切忌用事后的整理记录来代替原始记录。原始记录的方式包括文字、数字、表格、图形、照片或录像等，要写明实验日期、实验方法、实验条件、试验者，记录好观察测量的结果和数据。

（三）分子医学研究

1. 简介 “分子医学”一词是1994年在《自然》杂志和专题学术会议上以标题形式提出的。1995年，由分子医学领域里进行基础和临床研究的科学家编辑出版的《分子医学》杂志正式创刊，它标志着现代生物医学已进入了分子医学的新阶段。分子医学研究的内容主要包括：发现控制正常细胞行为的基本分子；弄清基因异常表达、基因相互作用的混乱与疾病发生的关系；通过检查和纠正这些异常基因对疾病进行诊断、治疗和预防。分子医学对疾病的操作和认识都是在分子和基因水平上进行的，它的发展依赖于分子技术和研究手段，如PCR技术、基因克隆技术、基因转移技术等。

分子医学研究的实验技术多种多样，主要包括了核酸技术（如核酸的制备与扩增、核酸杂交与核酸探针、基因克隆等）、蛋白质技术（如蛋白质样品的制备和定量检测、SDS-聚丙烯酰胺凝胶电泳、免疫印迹、蛋白质层析等）、免疫分析技术（如单/双向琼脂扩散实验、酶联免疫吸附实验、酶联免疫斑点实验等）以及生物芯片、RNA 干扰等分子医学的前沿技术。具体实验方法可参考相关分子医学实验技术书籍。

2. 分子医学研究的实施要点

（1）实验准备：①阅读相关文献，确定研究领域；②提出初步的实验设想，注意实验提出的问题要明确而精炼，这样才方便以该问题为中心展开多方面的实验；③确定测量指标和实验方法，注意指标是否能反映问题，实验方法是否可行；④选择实验结果的统计分析方法。

（2）实验设计：①根据实验的初步设想改进、完善实验方案；②思考所采用的实验方法能否充分反映并解决实验设计中提出的问题，实验手段最好能从多个方面多个角度证明同一个问题；③确定实验对照和实验重复次数以保证实验数据更准确。

（3）进行实验：①及时、详细地记录实验操作步骤和实验结果；②安排好时间进行重复实验；③对实验中出现的预期结果以外的现象不能忽视，应认真分析该结果出现的可能原因，分析该结果有无进一步深入研究的必要性。

（4）讨论分析：①按实验设计进行相关数据的统计学分析；②根据实验结果，提出自己的分析和思考，形成讨论。

3. 分子医学研究的注意事项　虽然分子医学研究方法多种多样，但是在实验实施过程中有很多注意事项却是共通的，不管运用何种实验手段这些要点都需要严格谨记，现列举如下：

（1）安全性：分子医学所涉及的试剂多为化学药品，因此实验者应当清楚地知道自己使用的化学药品可能存在的危险性。在实际操作中，如果某种试剂是自己不熟悉的，必须首先通过查阅试剂相关说明以确定其特性，特别是与安全有关的特性。如表 5-1 中所列举的部分试剂，实验前充分了解它们的危险性对于实验者的人身安全以及实验的顺利进行都是很有必要的。另外，对于有危险的试剂，除了使用中要注意自我防护，在实验结束后处理废弃试剂时也要慎重，切忌乱扔乱放，而应按照实验室相关管理规定正确处理。

表 5-1　分子医学实验中常见试剂危险评估信息

物质	危险性	建设措施
十二烷基磺酸钠（SDS）	刺激性，有毒	戴手套
氢氧化钠（NaOH）	高腐蚀性，强刺激性	戴手套
异丙烷	极易燃，刺激性，腐蚀性，可能致癌	勿用明火，戴手套
苯酚	剧毒，烧伤，可能致癌	使用通风橱，戴手套
氯仿	可挥发，有毒，刺激性，腐蚀性，可能致癌	使用通风橱，戴手套

（2）数据的测量：数据是指对特定性质或差别的测量，可分为半定量数据、定量数据和定性数据。①半定量数据：数据有量化的等级，但是这些等级并非真正的直接测量所得，而只是一组具有相对大小顺序的数据。比如 Western blot 检测蛋白表达时，蛋白表达量的高

低通常用（样本 OD 值/内参 OD 值）来表示，这个比值只能表示样本蛋白的相对含量高低，而无法表示所测蛋白表达量的绝对值。②定量数据：即量化的数据，包括质量、浓度、温度、时间、产物的数量等，这些数据能够反映被测对象的绝对含量。如用 ELISA 检测血清中某蛋白的含量，由于用已知浓度的蛋白做了标准曲线，所以最后测出的数据按照标准曲线进行换算后，得出的数值就是该蛋白在血清中的实际浓度的数值。③定性数据：该数据与数量无关，而只是用来对被测对象进行描述。如基因杂交中的形态学特征，或某样本中某种分子的存在与否。

（3）测量误差：只要是测量都会有误差，它可由刻度不标准的仪器造成，如一只标度不准的离心管。因此实验前应检查仪器的准确性。或者由实验操作造成，如在试剂储存过程中酶活力的降低或丧失。因此对于同一个检测对象可用不同的方法检测看最终结论是否一致。也可由个人因素造成，如实验者对“预期”结果的强烈期望导致观察结果时有意无意的受到主观心态的影响，从而导致判断不客观不准确。因此测量时应采用“盲试”，如测量者在不知道各种检测对象名称、顺序的情况下进行测量记录。

所以对于测量误差，我们首先要认识和理解它产生的可能来源，然后才能采取相应的措施去减少。但即使这样误差也是无法避免的，因为有的因素是无法控制的，比如一台仪器测量的精确度是有限度的，一个实验每次重复的时候各种条件也无法保证绝对一致。因此，在最后记录实验结果时，必须把各种误差的可能来源都考虑在内并且估计它们对结果的影响程度，这样的实验才是严谨的。

三、观察并记录实验结果

1. 一般原则　研究者在进行实验结果的记录时，要求实验记录必须有下列主要内容：课题名称、实验目的、研究内容、实验日期、实验条件、参考文献、实验材料、试验设计原理和方法、实验过程、实验结果、实验讨论和记录者签名等。在观察和记录时必须遵守下列原则：①记录的原始实验数据一旦记入记录本后，不允许再作改动，重复实验得到的数据要重新如实记录，而不是修改上次实验记录结果；②在实验记录中，现象一旦发生，数据一旦测出，就应该立即记录，不能事后凭记忆记录，以免错记；③实验周期较长的研究，要坚持连续观察和记录，保持记录的系统性；④保持实验记录的完整性，实验条件、实验过程、实验日期、仪器设备的基本情况以及观察到的现象和检测的数据都要完整记录，有时还要求把干扰因素等一一记录；⑤观察和记录实验结果是要求客观、准确，结果是什么就记录什么，不做主观评论。

2. 常见问题及处理

（1）实验记录是不允许随意删除、修改数据的。如果因为笔误、计算错误等原因确实需要修改，可以在修改处划一斜线（但不能完全涂黑）以作标记，保证修改前的记录能够辨认，同时注明修改时间及原因并签字。

（2）对于非文字性的实验数据，如照片、图表等，最好粘贴在实验记录本上并做好相应的图片说明，这样的原始记录才更丰富可信，也便于前后实验的对比分析。

（3）实验记录不只是对实验方法、步骤、结果的单纯记录，更重要的是对结果的分析和总结。每一次实验结束后，应该对自己的实验过程进行总结，和以往的实验结果进行比较，如果这次的结果更好效率更高，就要分析是什么原因造成的，从而有助于自己今后的实验更好的开展。简单的记录是不够的，只有加入了自己的分析与思考，才能使自己不断进步。

四、课题进展讨论

1. 主要内容　实验研究不是一个人的事，在实验设计上需要集思广益，在实验操作中也需要多方协助。开题报告的时候最具有价值的部分就是讨论，即专家、同行对自己的课题设计的意见和建议。同样的，在课题进行过程中，他们的意见和建议也是非常重要的。因为课题研究的进展不会一帆风顺，事先设计好的思路、方案，到了实际操作的时候可能会由于客观或主观的种种因素而难以实现或难于取得预期的效果。课题研究在这个时候往往会出现瓶颈，如果继续按照之前的方案继续往下做，可能难以取得良好的结果，甚至造成试剂、时间、精力的浪费。所以在课题研究过程中，课题进展讨论是很有必要的。

课题进展讨论主要汇报以下几点内容：①实验进度；②实验方案中未曾预料到的设计上的缺陷；③实验过程中遇到的技术上的困难；④实验结果中难以解释的现象。当局者迷，旁观者清，通过与他人多讨论、多交流，集思广益，多方请教，往往能获得新的启发、拓宽自己的思路、及时调整研究方案、解决自己一个人难以解决的问题。所以课题研究中，应该根据自己的实验进度，计划、安排好课题进展讨论时间，这将有助于课题的顺利进行。

2. 常见问题及解决

（1）实验设计的调整：虽然实验设计都是提前就确定好了的，但是正式实验进行中可能会发现预先设计好的方案并不能完美的解决问题，因此需要进行调整。但这种调整是细节部分的小调整而非整体的大调整。比如要检测一氧化氮（NO）在大脑里的表达分布，最初设计是在脑片中直接检测。但 NO 是一种气体形式的神经递质，很不稳定，实际操作中想要直接检测它在大脑里的表达分布很困难，这时通过与他人进行讨论请教，可能就会想到用间接法进行检测，即检测 NOS（一氧化氮合酶）的表达，因为 NO 的生成必须有 NOS 参与，所以凡是有 NOS 的地方就必然会有 NO。通过对实验方法的调整，由直接检测改为间接检测，就能解决这一事先并未预料到的问题。

（2）实验技术的改进：术业有专攻，每个人从事的研究领域不一样，擅长的实验方法也就不一样。但一项课题研究通常要用到的方法会跨多个领域，比如免疫组化法属于形态学领域，质粒转染属于分子生物学领域，而离子通道的检测就属于电生理领域。不同的人对不同的实验技术都有各自的要点和经验。面对自己不甚熟悉的实验技术，必须向相关领域的行家多请教，他们会提出很多建设性的意见，而这些意见由于专业局限性你可能很难想到。

（3）实验结果的解释：实验有时会出现与预期结果相反的情况，或者会观察到异常现象，这些都不能忽视，而应该谨慎地分析产生的原因，从而考证该结果的意义。专业知识的局限性往往会造成思考角度的局限性，因此对于某个实验结果，如果自己没有绝对的把握给出具有说服力的解释，就必须通过与他人讨论交流、共同分析，最终拿出合理的解释。

3. 加强内部交流　除了按计划进行课题进展讨论，加强内部交流也是应该大力提倡的。

参与课题进展讨论的人可能并非都与实验者来自相同领域，因此他们的建议也会有不够专业的一面，对专业问题他们也许并不能给出很好的具有建设性的意见；另外，由于课题研究还涉及到知识产权等保密问题，很多实验设计的核心部分不便与课题组以外的人交流。而课题组内部人员间的交流就不存在上述问题。所以除了日常的课题进展汇报，加强内部交流也能为课题顺利进行提供极大的帮助。

五、实验条件控制

1. 实验条件控制的重要性 在医学研究中，一切实验研究都是在一定的实验条件下进行的。实验条件的选择和控制是实验研究的基础，实验条件必须满足研究对象，同时对实验条件进行控制，才能得到理想的实验数据和实验结果，例如：植物抗癌成分的有效提取物对人消化系统癌细胞抑制作用的研究中，研究者首先要对实验条件进行控制，如对抗癌有效提取物进行正常细胞耐受实验，确定其浓度变化对癌细胞的影响，把握动物模型制作中的影响和干扰因素等，才能使实验顺利进行。如果在实验实施过程中不能对实验条件进行有效控制或有较大差异，我们所得到的实验结果无法得到国内外专家同行的认可，研究论文也不能在国内外杂志刊物上进行刊登和交流，那我们的实验研究效果将大打折扣。

2. 实验条件控制方法 在实验实施过程中，由于具体的实验目的和要求不同，实验条件控制的方法也不同，有些是单因素对实验条件进行控制，有些多种因素对多种实验条件进行影响和控制，例如在医学试验中只控制药物浓度和同时控制药物浓度和剂量最终所得到的实验数据和结果将会有很大差异。因此实验实施中要根据实验研究的目的和内容严格控制实验条件和干扰因素，规范实验方法，减少误差。例如在建立标准化的小鼠脊髓损伤模型时要合理选择麻醉剂，减少麻醉剂对小鼠神经递质等生理指标的影响，排除干扰因素，使实验结果真实可信。

第四节 临床研究的实施

一、横断面研究的实施

（一）横断面调查实施要点

1. 明确调查目的后，确定调查对象 进行横断面研究的目的在于描述疾病或健康状况的分布，发现病因线索，用于疾病的二级预防，评价疾病的防治效果，进行疾病监测，衡量国家或地区的卫生水平和健康状况，确定生理指标或正常值范围，进行卫生服务需求研究和社区卫生规划制订，评估、制订有关卫生或检验标准、提供卫生决策依据，确定高危人群等。

根据研究目的和实际情况确定研究对象。方法包括普查和抽样调查。普查是指为了解某病的患病率或某人群的健康状况，在一定时间内对一定范围内的人群中的每一成员作调查或检查。选择普查的原则包括：①所普查的疾病最好是患病率比较高的，以便短时间内调查能得到足够的病例；②普查的是时间不能拖得太长，以免人群中的疾病或健康状况发生变动而影响普查质量；③检测手段和方法简易、准确；④有足够的人力、物理和财力进行调查。通过普查，能发现人群中的全部患者。一次调查可观察多个因素和疾病的关系，同时进行卫生宣教，但应注意，由于普查对象多，难免漏诊、误诊，并且参加普查的工作人员多，掌握调查技术和检验方法的熟练程度不等，使得普查研究的质量不易控制。同时，由于工作量大，很难进行深入细致的调查。

抽样调查是指从某一总体人群中按一定原则随机抽取部分有代表性的个体（样本）进行调查，用这部分样本的调查结果推算出该人群总体某病毒患病率或某些特征的情况，以局部估计和反映总体的调查方法。例如要研究某个地区某病现患率，该目标地区的总体人群即目标人群（target population）或叫抽样框架（sampling frame），按统计学原则从其中抽取部分人作为调查对象，即样本人群或研究人群（study population）。常用抽样有：①在抽样后才测暴露。这时可在一个确定的地理区域内的人口、家庭或其他单位抽取样本；②根据暴露状态选择人群，特别是暴露容易识别时。例如，想比较某市不同区的精神紊乱患病率，则可从不同区抽样；③研究某职业暴露，可选择有暴露的工厂的工人与无暴露的工厂的工人，比较其患病率；或选择工厂中有暴露的部分工人与另一部分无暴露的工人比较；④如果是相对小的人群，则可包括全部人群；如果不实际或花费太大，则可选择暴露组与非暴露组。抽样调查可以节省人力、物力、时间。因其调查范围小，工作能做得细致。抽样调查时根据抽取样本所调查的结果来估计样本所代表总体的某些特征，因此抽样调查必须遵循随机化原则，样本必须足够大，才能获得较好的代表性。抽样调查的设计、实施与资料分析较复杂，重复和遗漏不易发现，不适用于变异过大的研究对象，另外，也不适用于患病率低的疾病。

2. 估计样本量并确定抽样方法估计样本含量　样本含量的大小直接决定了研究结果的精确性和代表性。精确度要求越高，样本含量越大；预期患病率越高，样本含量越小。计算公式为：

计量资料：$N=(u_{\alpha}\sigma/\delta)^2$

N：样本大小；u_{α}：$\alpha=0.05$ 或 0.01 时的 u 值，$u_{0.05}=1.96$，$u_{0.01}=2.58$；$\alpha=0.05$，σ 为标准差，δ 为允许误差。例如，调查某地儿童白细胞计数是否偏低，已知正常儿童白细胞计数标准差（σ）为 $1\times10^9/L$，$\delta=0.1$，则 $N=4\sigma^2/\delta^2=4\times(1\times10^9)^2/(0.1\times10^9)^2=400$ 人。

计数资料：$N=u_{\alpha}^2PQ/d^2$

N：样本大小；S：总体标准差的估计值；P：某病预期患病率。$Q=1-P$；d：容许误差，d 的单位与 S 或 P 一致。当 $d=0.1P$ 时，则样本量估计公式可看作 $N=4S^2/d^2$，$N=4PQ/(0.1P)^2=400\times Q/P$。当 $d=0.15P$ 时，$N=4PQ/(0.15P)^2=178\times Q/P$。例如，抽样调查某地儿童幽门螺旋杆菌感染时，据以往研究幽门螺旋杆菌感染率不超过10%，若规定允许误差为0.1P，即3%，则样本量为 $N=1.96^2\times0.1\times0.9/0.03^2=400\times0.9/0.1=3600$ 人。样本量的确定还可以根据以往的经验来估算，见表5-2。

表 5-2 按不同预期阳性率和允许误差估计的样本量

预期现患率	允许误差		
	0.10P	0.15P	0.20P
0.050	7600	3382	1900
0.075	4933	2103	1328
0.100	3600	1602	900
0.150	2264	1009	566
0.200	1600	712	400
0.250	1200	533	30
0.300	930	415	233
0.350	743	330	186
0.400	600	267	150

注：*P* 为某病预期患病率。

2.2 确定抽样方法

(1) 简单随机抽样 (simple random sampling) 是一种最基本的抽样方法，具体方法是将所有研究对象排列编号，利用随机数字表或抽签、计算机等抽出进入样本的号码。

(2) 系统抽样 (systematic sampling) 随机化地按照一定的顺序机械地每隔一定数量位抽取一个单位。例如要在 1 条街道 120 户住户中随机抽取 8 户作为调查样本，120/8 = 15，则每隔 15 户人家抽取 1 户作为随机抽取户，若从第 11 户开始抽取，应抽取第 11、26、41、56、71、86、101 和 116 户。

(3) 分层抽样 (stratified sampling) 用于分布不均匀的研究人群，先按不同的特征（如性别、年龄、职业疾病程度等）将研究人群分为若干层，然后从每层简单随机抽取样本，层内变异越小越好。

(4) 整群抽样 (cluster sampling) 将总体中各单位归并成若干个互不交叉、互不重复的集合，称之为群；然后以群为抽样单位抽取样本的一种抽样方式。整群抽样要求各群有较好的代表性，群内各单位的差异要大，群间差异要小。整群抽样实施方便，特别适用于缺乏总体单位的抽样框。

3. 拟定调查表并完善 调查表又称问卷 (questionnaire)，编制调查表是关系到研究成败的关键其内容主要分为两部分，一是一般性项目或叫识别项目，包括姓名、性别、年龄、出生年月、出生地、文化程度、民族、职业、工作单位、现住址等。另一是调查研究项目或叫研究变量，这是调查研究的实质部分。研究变量应该反映研究目的，研究变量可以是疾病指标和相关因素变量（疾病指标、死亡、可疑危险因子）、人口学指标（性别、年龄）和相关因素（经济收入、教育程度、饮食习惯、家族史等）。

在编制问卷过程中应注意：①调查表文字表达应清晰、准确、易懂，以客观定量问题为主；②问题的排列方式应按逻辑顺序和心理反应排列，先易后难、先一般后隐私；③调查表的设置方式可采用“闭关式”调查表，即将各种可能的答案列在调查表上由回答者选择其中一个答案，对于难于限定答案尺度的，也可采用“开放式”调查表，即被调查中问题的回答不受限制；④准备用计算机处理的调查表，在每个问题的右边留出适当位置，注出标号，供编码用，适于计算机处理资料；⑤应采用不同角度询问同一问题，以了解被调查者回答问题的正确性；⑥应记录调查的时间和调查员的姓名，以备检查调查的质量；⑦措辞要准确、简练、通俗易懂、易于回答，尽可能不用专业术语，避免引起被调查者的误解或不同理解；⑧与本次调查有关的项目一项也不能缺，无关的项目一项也不应有；⑨尽量获取客观和定量指标。

4. 研究指标及其测量

（1）指标的确定　研究指标即调查的内容或项目，由研究目的所决定。研究指标应包括暴露与结局两类指标。暴露泛指研究对象所接触的各种外在因素（如环境因素、职业因素等）和自身所具有的各种内在特征（如年龄、性别或某些临床检测结果等）及行为习惯（如吸烟、饮酒等）；结局指研究对象是否患病或某种检测指标的大小及是否阳性等。

（2）指标的测量　研究指标应尽量采用定量和客观的指标，少用定性和主观的指标。每一项研究指标均应有明确的定义或说明。测量的方法应先进、灵敏、特异、可靠、价廉，且安全易行。

5. 整理调查资料　当调查资料收集完成后，应对原始资料进行检查与核对，并进行逻辑检错，以提高原始资料的正确和完整。应填补缺漏、删去重复，纠错，合并归纳等，保证资料的质量。然后对原始资料进行整理，进行必要的划组、整理，制订统计表。再对数据进行统计描述，指标多采用现患率、阳性率、检出率等，定量资料计算平均数；分析结果时，为了便于不同地区的比较，常采用率的标准化方法。数据分析包括描述数据分布、相关分析、关联分析、多因素分析等研究分析疾病或健康状况的规律性。横断面研究结果的解释非常重要，将描述性资料进行对比分析，寻找规律，可以为进一步流行病学分析病因假设提供证据。将调查对象分为患者和非患者，通过对比二者的差异可对病因作初步检验，但结果不能作因果关系的分析。

（二）实施横断面调查中注意事项

1. 横断面调查的资料分析　横断面调查的资料分析主要有以下几个步骤：①在检查与核对原始资料时应注意准确性与完整性，查漏补缺，删去重复，纠正错误；②对疾病或某种健康状态按已明确规定的标准，将全部调查对象分组归类；③将原始资料分组进行比较，了解疾病或某种健康状态在不同地区、不同时间以及不同人群组中的分布。

2. 横断面调查中常见的偏倚　横断面调查中容易出现选择偏倚、信息偏倚、观察者偏倚、测量偏倚以及预期偏倚，应采取相应措施分析和避免。

3. 横断面调查中的质量控制　即偏倚的控制，这是横断面调查成败的关键。故应在设计阶段预先考虑防止。主要控制方法：①确保抽样过程的随机化原则；②提高研究对象的依从性和受检率；做好宣传工作，广泛收集信息，消除被调查对象顾虑，做好补漏补查工作；③选择正确的测量工具和检测方法，对调查内容认真考虑，对疾病诊断和阳性结果应有明确的标准，尽量询问近期情况，采用客观指标，仪器使用前应进行标定，试验、检验方法应有详细规定并要求严格遵循；④进行调查员培训，统一标准和方法（统一调查程序和方法，对调查全过程进行监督）；⑤进行预调查，通过预调查及时发现问题，及时调整和改进调查方法；⑥做好资料的复查、复核等工作，一般应该复检10%的资料；⑦选择正确的统计分析方法，注意混杂因素的影响，应结合临床流行病学的统计方法和原则，结果的分析解释和推理须慎重严密。

二、病例-对照研究的实施

（一）病例-对照研究实施要点

1. 选择病例和对照

（1）病例的选择　原则：①病例必须严格符合公认的诊断标准，诊断结果要真实、可靠，以保证病例组中不含诊断不明确或误诊的病例；②选择调查的病例应有一定的代表性，应包括轻、重各型病例；③被选择的病例还必须具有暴露于调查因素（可疑病因）的可能性。如研究口服避孕药与某些疾病的关系时，做过绝育手术或其他原因禁忌使用或不能服用避孕药的患者，就不能作为研究对象，否则会产生偏倚。

病例来源：①选择一定时期内在某个或某些医院就诊的病例，包括门诊病例和住院病例。从医院选择病例是最常用的方法，尤其适用于临床医生，在医院选择病例容易实施，诊断准确率高，病人容易合作，节省费用，信息准确可靠，既可以研究病因，又可以用于药物效用、药物不良反应及疾病预后的研究，但此类病例来源往往容易产生选择性偏倚。②某人群某病全部病例。将某期间一定人群中某病全部病例进行收集，一般可以通过疾病监测资料或普查资料获得。采用本法收集的病例代表性好，但往往不易收集完整，在实际执行时往往有较多困难，因此临床医生较少采用此类病例研究临床问题，多用于疾病病因的研究。

病例类型：在选择病例时，应注意有3种不同的病人，即新发病例、现患病例和死亡病例。①新发病例由于刚刚发病，对疾病危险因素的记忆较清晰，提供的信息较准确，所以在病例对照研究中应首选新发病例。②现患病例最大的优点是病例数较多，资料容易收集；但是患病时间长，回忆信息的准确性较差，暴露因素在较长时间的患病过程中易发生改变（如环境的迁移），从而导致偏倚。但如果是进行某种疾病不同预后是否可能与住院期间应用某种药物或药物不同剂量有关的病例对照研究，则这一点的影响不十分明显。③死亡病例的资料主要由死者家属、亲戚或朋友提供，可靠性较差，现已很少被人使用。但如果是在临床上探讨某种疾病死亡和存活的影响因素，则可以采用死亡病例，因为所需信息在病志中大部分已经有记载。

（2）对照的选择

原则：①对照必须从产生病例的人群中获得，即对照若发病，则可能成为病例，而每一病例在未发生疾病以前，应该是合格的对照。②对照与病例之间应具有良好的可比性，即对照在某些因素或特征（如年龄、性别等）方面应与病例基本一致，从而减少这些因素或特征对研究结果的影响。为了保证对照与病例的可比性，许多病对照研究加上了相应的配对条件。在注重这种两组可比性的时候，也不能过分追求。如果要求病例和对照除研究因素以外，其他因素都相同的话，就可能导致匹配过度。③对照必须明确排除患有所研究的疾病，以及与研究因素或研究疾病在解剖学、病理生理学上有关的其他疾病。如在研究服用阿司匹林和急性心梗的关系时，则患有慢性风湿性关节炎（常用阿司匹林）和慢性消化性溃疡（常急用阿司匹林）者均不宜作为对照。因为如果对照中包括因慢性关节炎而住院的患者，结果就可能会低估阿司匹林的危险性，因为这些患者比一般人群使用阿司匹林机会多；如果对照中包括慢性消化性溃疡的住院患者，结果又可能会过高地估计阿司匹林的危险性，因为这类患者会减少阿司匹林的使用。又如研究肺癌时，慢性支气管炎、肺心病患者就不应作为对照。

对照来源：①来自产生病例的同一个人群。在实际工作中最常选对照是来自于产生病例的医院，即医院中患有其他疾病的患者，此类对照容易选取，并能较好的排除不合格对照，与病例在同一环境中接受调查，比较合作，应答率较高，简便易行，省时省力，适于临床医生。但最好从多医院、多科室、多病种的患者中选取，以减少选择性偏倚。②从病例产生的同一科室与病例诊断相同者中选择，“病例”是要具有某特征者（如死亡、复发、有并发症等），而“对照”则不具有此特征。此项选择适于临床医生探讨药物疗效、药物不良反应及预后研究。③从社会团体人群或社区人口中选择对照。要求病例来自该人群。非该病病例或健康者作为对照。这种对照的选择是较为理想的方法，但在实际施行中有较多的困难。主要适合疾病病因以及疾病防治效果的评价研究。④以病例的配偶、同胞、亲戚、同学或同事、邻居作为对照。主要适合疾病病因以及疾病防治效果的评价研究。

除了以上几种形式外，在病因研究的病例对照研究中可以在医院和社区同时选择对照以进一步增加结果的可信性。

由于各种对照的来源所要解决的问题不同，加之各有其局限性，因此无法比较哪一种更优。在对照方式的选择上应根据研究的实际内容而定。但不管选择哪种对照，都要保证对照组和病例组的可比性及暴露因素获得的可信性。

（3）病例与对照的匹配

匹配的概念：匹配又称配比，是指在选择研究对象时，通过一些限制条件，使对照和病例在某些特征或混杂因素上保持一致，其目的主要是对两组进行比较时增强了对照与病例的可比性，同时在一定程度上消除了混杂因素的影响。

匹配的种类和比例：①成组匹配：使病例组和对照组内的匹配因素分布一致，如性别比为1∶1，或年龄构成相同等。②个体匹配：以病例和对照个体为单位进行匹配。除研究因素外病例与对照的其他因素（主要是一些对研究疾病有影响的非研究因素）相一致。个体匹配中1个病例匹配1个或多个对照，常用的匹配比例为1∶1、1∶2、1∶3和1∶4，以1∶1和1∶2的形式多见，但1∶4形式的统计效能更高。多个对照的匹配主要用于一些病例难以收集的罕见病研究，但最多不宜超过1∶4，因为过多地增加对照时，所获得的有效信息量增加较少，而统计分析的难度却增加很多。

匹配因素与匹配过度：匹配因素应该是研究因素以外与疾病无直接关系的需要控制的混杂因素，包括性别、年龄、民族、职业等。这些因素的存在常歪曲暴露与疾病的关系，从而导致混杂偏倚。如以年龄做匹配因素，在分析比较两组资料时，可免除由于两组年龄构成的差别对疾病和因素的影响，从而更正确地说明所研究因素与疾病的关系。匹配因素越多，可比性越强。然而，匹配因素过多时一方面给对照的选择带来困难，另外易导致“匹配过度”，使病例组与对照组某些研究因素分布的差异变小或消失。

2. 估算样本含量　样本量的估计是病例对照研究成败的一个重要因素。样本量太小，组间差异可能就不能充分表现出来；样本量太大，又会造成人力、物力上的不必要的浪费。在临床实际工作中，样本量的大小经常会受到许多因素的影响，如病例和对照的来源、财力、人力、完成日期等限制。

（1）在估算样本量之前，要明确以下几个指标：①所研究的危险因素在病例组和对照组中的暴露率，可通过查阅有关文献或做小规模的预调查确定。暴露率越低，研究所需的样本量越大；②预期的相对危险度：在病例对照研究中，由比值比（*OR*）来估计。*OR* 同样可以通过查阅文献或预调查获得。*OR* 值越大，研究所需的样本量越小；③要求统计检验时的显著性水平，即 α 值；α 取值越小，说明研究的精确度越高，同时所需的样本量越大。一般取值 0. 05 或 0. 01；④研究要求的把握度（power 值 = 1-β）：即能发现疾病与暴露因素之间确实存在的关系概率。若把握度定为 0. 90，则有 90% 的把握能发现这种关系。把握度越大，所需样本量含量也越大。一般取 β 值 0. 1 或 0. 2。

掌握了上述 4 种变量后则可查阅有关统计学专著、查表或应用相关的计算公式估算样本量。假设暴露率及 *OR* 无法估计，则可用经验的累积法处理，即先调查病例和对照各 100 例，然后做统计学处理，如果不能获得相应的结论，则可再增加适当的样本量，按经验如 1∶1配比总数 100 对，往往可以达到统计学的要求。

（2）估计样本量的方法

1）成组（不配对）设计时的样本量估计

$$N = \frac{[u_\alpha \sqrt{2P(1-P)} + u_\beta \sqrt{P_0(1-P) + P_1(1-P_1)}]^2}{(P_0 - P_1)^2}$$

$$P_1 = \frac{P_0 \times OR}{1 + P_0(OR - 1)}$$

$$P = \frac{1}{2(P_0 + P_1)}$$

其中 N 为每组的人数，P_0 为研究因素在人群中暴露率，P_1 为该因素在病例组中的暴露率。u_α 和 u_β 需查表得出。

2）配对设计时的样本量估计

$$M = \frac{[u_\alpha/2 + u_\beta \sqrt{P(1-P)}]^2/(P-0.5)^2}{(P_0Q_1 + P_1Q_0)}$$

式中，M 为研究的对子数，P_0、P_1 分别为对照组与病例组的估计暴露率，$P = OR/(1 + OR)$，$Q = 1 - P$。

3. 选择研究因素　病例对照研究的因素除了所研究的因素外，还应包括其他可疑的因素以及可能的混杂因素等。主要通过制定同一种调查表调查病例与对照的因素暴露情况。

首先要明确调查因素的数量。病例对照研究中暴露因素的选择不是越多越好，要根据研究目的精心考虑，仔细选择。例如，研究吸烟与肺癌之间的联系时，吸烟是研究的暴露因素，因此，应紧紧围绕吸烟问题进行深入调查，除了询问调查病例和对照是否吸烟外，还要调查每日吸烟量、吸烟深度、吸烟种类、戒烟的时间等。与研究目的无关的因素不要随意放入。

对研究因素暴露的有无要有明确的规定，不能模棱两可。要尽可能地采取国际或国内统一的标准，如吸烟是指每天吸 1 支以上纸烟而且超过 1 年者。又如在研究用阿司匹林是否可以减少脑梗死的发生时，应明确规定应用阿司匹林，规定每日应用量或每周应用量以及持续的时间。

病例对照研究中对暴露因素最好进行定量或分级，目的是为了探讨暴露因素与疾病之间的剂量反应关系。例如，探讨某种药物是否与该病具有某种特征相关，除要分析应用与否外，还要将药物的应用分几个剂量组，例如每日 5mg、10mg、15mg，然后比较不同剂量水平与特征间的关系。这一点在临床上更应引起注意，因为在同一单位对相同诊断的病人所用的治疗方案可能不会有较大差别，而药物应用的剂量很可能有差别。

4．整理资料　资料收集后，首先要进行核对，然后按研究对象的各种特征，如年龄、性别、居住年限等以及研究因素的各种特征进行整理、统计。如在研究医院感染的危险因素时，可划记整理住院天数，使用抗生素的种类，使用天数，有无置留导管、置留天数等暴露人数。最后对病例组与对照组该危险因素的暴露人数进行 χ^2 检验，计算 OR。如果存在混杂因素，还要进行分层分析；如研究的因素是多因素，还需作多因素分析。在此基础上，对研究因素与疾病的关系做出结论。

5．均衡性检验　均衡性检验是检验病例组与对照组在研究因素以外的其他主要特征方面是否有可比性。要把两组的这些特征逐一加以比较，必要时做显著性检验。一般做均衡性检验的项目有性别、年龄、职业、居住地、文化程度等，如果该因素是拟研究的危险因素，不能把该因素作为均衡性检验的项目。如果均衡性检验结果两组无统计学意义，表示两组可比性好。

（二）病例-对照研究实施过程中的注意事项

病例对照研究已成为许多研究者常用的研究方法之一，但由于一些研究者未能采用正确的设计或未考虑到该方法本身所具有的一些局限性，从而得出了一些错误的研究结果和结论。因此，应用病例对照研究时应注意以下问题：

1．对病例应有清楚明确的定义，最好采用新发病例，并说明排除标准及原则。

2．倘若可能，应当在一项研究中设立两组或两组以上的对照，对照可以与病例匹配或从备选人群中随机选择，以使研究结果更可靠。

3．在研究之初，就应该考虑到可能的偏倚，以便加以避免或减少。在研究设计时不能避免的偏倚，应当在分析数据时加以考虑。

4．在发表病例对照研究结果时，应交代清楚具体的研究方法，包括对病例和对照的选择、收集暴露因素的方法及分析技术方面的描述。

5．在发表病例对照研究的初步发现，尤其在应用该方法探索病因时，下结论应当慎重，以避免误导。

三、队列研究的实施

（一）队列研究实施要点

1．选择暴露人群　暴露人群必须暴露于研究因素中，要有较高的暴露水平，暴露时间要足够长，所观察的疾病的发病率或卫生事件发病率要比较高，即容易观察到“果”。暴露对象的来源可选自3类人群：①特殊暴露人群：指对某因素有高暴露水平的人群，例如职业暴露，或吸毒，或居住在某危险因素环境中的人群等；②社区人群：在社区人群中选择有暴露者作为研究对象，例如吸烟、饮酒、超体重、有负性事件的人群；③医院人群：可选择医院病人或医护人员，例如经常接受放疗或化疗的病人，或经常接触血液的化验人员等。

2. 选择非暴露人群　非暴露人群即是对照人群，选择对照组的目的是进行比较，因此必须注意与暴露人群的可比性，即对照人群除无暴露因素外，其他各种因素或人群特征，如性别、年龄构成等应尽可能与暴露者相近。正确选择对照人群直接影响队列研究的质量。设立对照组的方式可分为以下3类；①内对照：即在同一研究人群中，选择无暴露或暴露水平低的人员作对照。如在吸烟与肺癌的队列研究中，研究对象选择的是英国所有注册的医生，按设计事先规定好的吸烟定义将医生分成吸烟与不吸烟两组，在这里其中的不吸烟组自然就成了内对照组。内对照的可比性较好，也比较方便可行，应尽量选用内对照。②外对照：选择职业人群或特殊高危人群作为暴露组，常需在该人群之外特设对照组。如以放射科医生为暴露群组来研究放射线的危害时，可以在同一地区或同类医院中的不接触放射线的五官科医生或检验科医生中选择对照组。③一般人群对照：当一般人群对该暴露因素的暴露率较低时，可选一般人群作对照，即把暴露人群与全人群作比较，这种方式比较省时省力，但要注意其可比性，要求所选的对照人群要能代表一般人群，用来比较的两个群体间在时间、地理及人群的各种特征等方面应具有可比性。

3. 制定调查表并培训调查员　由于队列研究所涉及的调查员多，跨时长，因此编一本调查员手册，内列全部操作程序、注意事项及调查问卷的完整说明十分必要。

调查员应有严谨的工作作风和科学态度，具有调查所需的专业知识。诚实可靠是调查员应具备的基本品质。调查员的工作作风、科学态度、调查技巧与技术以及工作经验等都将直接影响调查结果的真实性和可靠性。因此，在资料收集前，应对所有调查者进行严格的培训，掌握统一的方法和技巧，并进行考核。

4. 收集资料　应全面准确。设计时应制定各类相关的调查表及其调查手册，在正式实施调查前应进行预调查并根据情况对调查表作相应修改，同时应对调查员进行培训，考核合格后才可上岗。

设计时还要注意：和被研究疾病或事件以及暴露因素相关的其他主要因素均应全面收集，以排除混杂。如研究脑卒中预后时，调查表不仅应包括一般情况：性别、年龄、婚姻、文化程度，尚应有个人行为及疾病既往史：吸烟、饮酒、高血压、冠心病、陈旧性心肌梗死和心房纤颤、脑卒中史（脑梗死、脑出血、自发性蛛网膜下腔出血）及糖尿病史；不仅应包括临床特征：入院时心率、血压、Glosgow量表分值、NIHSS量表分值、OCSP分型及并发症等，尚应有治疗状况及结局：溶栓、抗凝、神经保护、降纤，实验室检查结果（血常规、肝肾功能、凝血系列、同型半胱氨酸、血糖、血脂、心电图、颈部血管B超、影像学），住院天数、本次入院结局等。

5. 样本量估计　队列研究所需样本含量一般均比病例对照研究的样本含量大，主要受一下几个参数影响：

（1）非暴露人群或全人群中被研究疾病的发病率（P_0）：P_0 越接近50%，所需要研究的人数就越大，反之所需要的人数就越少。该参数可通过查阅文献或预调查获得。

（2）暴露人群中的发病率（P_1）：同样，也可以通过查阅文献或者预调查获得；若相对危险度已知，也可以用公式 $RR = P_1/P_0$ 求得 P_1。

（3）确定 α 值：显著性水平要求越高，所需观察的人数越多。

（4）把握度（power）：即检验效力 1 - β，指当两个总体确实有差异时，在检验水平（α）上能发现该差异的能力。一般样本含量越大，把握度越大，通常 β 取 0.10。

在实际研究中，对照组的样本含量要大于或等于暴露组的样本量。因队列研究中常常出现失访，一般按10%估计失访率，即应在估计的样本量基础上加10%作为实际研究的样本量。

计算样本量的公式如下：

$$N = 2\overline{PQ}(U_\alpha + U_\beta)/(P_1 - P_0)^2$$

N：暴露组的样本量；P_0：非暴露组人群（对照）的估计发病率；P_1：暴露人群的估计发病率；$\overline{P} = (P_1 + P_0)/2$；$\overline{Q} = 1 - \overline{P}$；$U_\alpha$ 及 U_β：标准正态分布的 U 界值。

例：在某项研究中，估计暴露人群发病率为50‰，对照人群的发病率为10‰，显著性水平按 $\alpha = 0.05$，要求检验效能（1-β）为90%，即：$P_0 = 0.01$，$P_1 = 0.05$，$U_\alpha = 1.96$，$U_\beta = 1.28$，将值代入样本量计算公式得 $N = 118$ 人。按10%估计失访率，实际样本量应为118（1+10%）≈130人，即暴露组应至少为130人，而对照组要大于或等于暴露组的样本量。

6. 终止调查　观察终点（end-point）指观察对象出现了预期的结果，至此就不再继续观察该对象了。观察的终止时间是指整个研究工作可以得出结论的时间，也可说此时整个研究工作到达了终点，应以暴露因素作用于人体产生结局的一般潜伏期作为确定随访期限的依据。

观察终点常为规定疾病的发生或死亡。如规定发生冠心病或肺癌死亡为终点，则患了其他病不应视为已达观察终点，如得了糖尿病还应继续随访。但如果研究对象在未到观察终点之前死于其他疾病，尽管不能对其继续随访，仍不能按到达随访终点对待，这也是失访的一种。这种认识至关重要，它直接影响资料的分析。

7. 整理资料　资料整理方法与病例对照研究类同。资料整理的表格形式见表5-9。队列研究的资料分析，主要是计算各组的发病率或死亡率或事件发生率，检验其差异的显著性，以分析暴露因素与疾病（事件）是否有联系，如存在联系则进一步计算相对危险度等指标，分析联系的强度。

（二）队列研究实施过程中的注意事项

1. 队列研究费时、费力、消耗大，加强实施过程，特别是资料收集过程中的质量控制显得特别重要。因此要注意调查员的选择、培训并制定调查员手册；

2. 注意调查过程中的监督。常规的监督措施包括：①由另一名调查员作抽样重复调查；②人工或用计算机及时进行数值检查或逻辑检错；③定期观察每个调查员的工作；④对不同调查员所收集的变量分布进行比较；⑤对变量的时间趋势进行分析；⑥在访谈时使用录音机录音等。应注意将监督结果及时反馈给调查员。

3．队列研究在设计、实施和资料分析等各个环节都可能产生偏倚，因此，在各阶段都应采取措施，预防和控制偏倚的产生。

（1）选择偏倚的防止　选择偏倚一旦产生，往往很难消除，因此应采取预防为主的方针。首先要有一个正确的抽样方法，即严格遵守随机的原则；严格按规定的标准选择对象；对象一旦选定，必须克服困难，坚持随访到底；如果有志愿者加入或有选定的研究对象拒绝参加，则应了解他们的基本情况后，与正常选择参加的人群进行比较，如果两者之间在一些基本特征上没有差异，则可认为导致的选择偏倚很小，否则，将引起的选择偏倚不能忽视。

（2）失访偏倚的防止　主要靠尽可能提高研究对象的依从性。在研究现场和研究对象的选择中就要考虑此问题，并应做好宣传解释工作。对失访者和已随访者的特征作比较分析，从各种途径了解失访者最后的结局，并与已随访者的最后观察结果做比较，以推测失访可能导致的影响。如果失访率达到20%以上，则本次研究的真实性就值得怀疑。

（3）信息偏倚的防止　选择精确稳定的测量方法、调准仪器、严格实验操作规程、同等地对待每个研究对象、提高临床诊断技术、明确各项标准、严格按规定执行时防止信息偏倚的重要措施。此外，还应认真做好调查员培训工作，提高询问调查技巧，统一标准，并进行有关责任心和诚信度的教育。

（4）混杂偏倚的防止　在研究设计阶段可利用对研究对象做某种限制，以便获得同质的研究样本；在对照选择中采用匹配的办法，以保证两组在一些重要变量上的可比性；在研究对象抽样中，严格遵守随机的原则等措施，来防止混杂偏倚的产生。

四、临床试验的实施

（一）临床试验的实施要点

1．选择试验对象　在临床试验设计中选择研究对象是一个重要问题，应慎重对待。临床试验是选择某病患者作为研究对象，所以应规定明确的诊断标准以选择患者，避免将未患所研究疾病的人或患其他疾病者选入，有时将病情严重程度诊断错误，这些都会导致偏倚。

（1）诊断标准　尽可能按国际疾病分类标准（如ICD 10）或全国学术会议规定的诊断标准来选择患者。因为这些标准具有权威性，以便得出的结果能与他人的结果进行比较，并推广应用。若研究的疾病尚无公认的诊断标准，研究人员可自行拟定。此时应尽量采用客观指标，如病原学、实验室结果等，并且要对指标的实验方法的灵敏度和特异度进行分析。

符合诊断标准的病例不一定都能入选作为研究对象，要根据研究目的和具体条件，慎重制定纳入和剔除标准。

（2）纳入标准　制定纳入标准时应考虑以下几点：

1）尽可能选择对干预措施比较敏感的病例作为研究对象，以便研究对象能在试验中受益。

2）要使研究对象具有代表性，样本应具备总体的某些基本特征，如年龄、性别、疾病类型、病情轻重比例等均要能代表总体。

3）在临床试验中，选择依从性好的患者做研究对象，但要尽量防止不符合要求的患者进入试验。志愿者是依从性很好的受试者，在临床试验中经常采用志愿者作为研究对象，但要注意志愿者是否会因经济困难或求医心切等原因对研究结果产生影响。

（3）剔除标准　制定剔除标准时应考虑以下几点：

1）当患者患有另一种影响疗效的疾病时，不宜选做研究对象。如患有胃肠道疾病时，不宜选做某些口服药物的试验对象，因为胃肠有病会影响药物的吸收，同时药物也可能加重胃肠损害。

2）患有研究疾病以外的其他严重疾患不宜选做研究对象，如心、肝、肺、肾功能不全者，以免研究对象在研究过程中因病情严重或死亡而终止试验，从而造成失访。

3）对试验药物过敏及不依从者也不宜选作受试对象。

4）孕妇和儿童也不应列为研究对象，除非是产科或儿科实施的特殊人群的临床试验研究。

2. 设立对照

设立对照的目的是为了比较，为能将实验结果的组间差别归之于干预措施的效应，这就要求两组研究对象必须具有可比性，除了是否给予不同干预措施外，其他的基本特征如性别、年龄、居住地、病程状况等应尽可能一致。

（1）设立对照的作用

1）区分疾病的自然进程　到目前为止，许多疾病的自然史不能预测，判断某一患者的预后尤为困难。像某些自限性疾病，如感冒等，即使不治疗症状也可自行消失。在慢性非自限性疾病中，其自然史也会出现缓解、复发交替过程，如系统性红斑狼疮。在用药物治疗这些疾病时，若未设对照组，则极易将疾病的自愈或缓解误归为药物的疗效。

2）消除霍桑效应（Hawthorne effect）　在一些新药或新疗法的临床试验中，由于研究对象在试验过程中受到许多特别的关注，而其本人对新药或新疗法也充满希望，从而过多地报告治疗反应好的结果，出现“报喜不报忧”的现象。这种由于受到他人的关注而导致的认为夸大客观效果的现象，称为霍桑效应。如目前对艾滋病治疗方法、对SARS治疗方法的评价等都存在明显的霍桑效应。只有严格设对照组，使不采用新药的对照者也受到同样的关注和重视，最终通过比较来消除此效应。

3）消除安慰剂效应　安慰剂效应是干预过程中，由于外界的影响，试验对象对药物产生的心理作用。在试验过程中，要求安慰剂（placebo）与试验药物在外形、颜色和气味等方面相同，但不含有效成分，也无不良效应。在患者信任的情况下给予安慰剂，由于患者的心理作用变化，可以使部分人感到原有的不适症状有所减轻，这就是所谓的安慰剂效应。只有通过设立对照，才能消除这种非特异性的安慰剂作用，从而将真正的药物特异性的治疗作用显现出来。

4）确定治疗的不良反应　在临床试验的新药疗效评价时，部分患者出现不同程度的异常反应是常见的，如果没有设立对照组，使观察者无法正确地判断试验过程中的不良反应是疾病本身的表现，还是药物的毒副反应。

（2）设立对照的方式

1）按对照的选择方法分类

随机对照（randomized control）　按随机化方法将研究对象分为试验组和对照组，用此方法设立的对照类型为随机对照。随机对照可使试验组和对照组的研究对象除了研究因素以外的各因素（如临床特征、预后和其他因素）在两组间分布均衡，还可以消除研究者或研究对象由于主观因素而引起的各种偏倚。但是并非素有的临床疗效评价都可以用随机对照这种方法，如有些药物或疾病还可能涉及医学伦理方面的争议。

非随机对照（non-randomized control）　是未按照随机化方法选择的对照类型。如比较新疗法（手术）的效果时，一所医院作为试验组实施新疗法，而另一所医院作为对照组，仍然实行原有疗法，经过一段时间后比较两组的疗效。这种对照方法简便易行，也易为患者和医生所接受。但主要缺点是难以保证试验组和对照组队均衡、可比性，可能是临床试验的结果产生偏倚。

2）按对照的性质分类

标准对照（standard control）　又称有效对照，是流行病学实验中常用的一种对照方式。标准对照是以常规或现行的最好防治疾病的方法作对照。适用于已知有肯定防止效应的疾病。

安慰剂对照（placebo control）　即对照组给予安慰剂措施。安慰剂通常用乳糖、淀粉、生理盐水等成分制成，不加任何有效成分，但外形、颜色、大小、味道与试验药物或制剂极为相近。设立安慰剂对照的目的主要是避免研究者和研究对象双方主观因素对试验结果的影响。在所研究的疾病尚无有效的防治药物或使用安慰剂后对研究对象的病情无影响时才可以使用。否则，给予患者无疗效的安慰剂会违背医学伦理。

空白对照（blank control）　即研究对象不给予任何处理或干预措施的对照。目的是观察药物对有自愈倾向的疾病的真正效应。空白对照简单易行，但不给患者采用任何治疗措施亦可引发医学伦理的争议。

3）按研究设计方案分类

自身对照（self control）　对照与试验为同一研究对象，如以患者用药前后的血压值作对比。这种对照不需要另设对照组，可节省样本量，并可避免个体差异所引起的误差，但有一定的局限性。例如有短期自愈倾向或有周期性发作倾向的疾病等，若影响试验结果时，则不宜用自身对照。

交叉对照（cross-over control）　即在试验过程中首先将研究对象随机分为两组，在第一阶段，一组给予干预措施，另一组为对照组，干预措施结束后，两组对换试验，这样每个研究对象均兼做试验组和对照组成员。但这种对照必须有一个前提，即第一阶段的干预一定不能对第二阶段的干预效应有影响，这在许多试验中难以保证，因此这种对照的应用受到一定限制。

历史性对照（historical control）　以过去的研究结果作为对照，这是一种非随机、非同期的对照。如果某病在一段时间内其自然病程、诊断方法、诊断标准和治疗水平比较稳定或变化不大，而且两组患者在临床特征、主要预后因素等均保持均衡，采用此类型对照评价一种疗法的疗效则具有其优越性。

3. 确定样本大小　研究对象的选择标准确定以后，就要确定试验组和对照组需要多少病例才能得出预期的结论。一般情况下，样本量越大，试验结果就越接近总体的真实情况。

一种疗法仅对个别患者有效，并不足以证实该疗法对大多数患者有效，只有当样本量达到一定数量时，其研究结果才具有推广意义。由于个体间差异的存在，只要是用样本反应总体，则不可避免地存在抽样误差，样本数越大，误差可越小；但样本数过大，病例不易获得，且使工作量太大，工作不易细致，甚至造成不必要的浪费。所以在研究开始前，应确定一个适中的样本大小。

（1）决定样本大小的因素

1）试验组或对照组预期的率，或预期的均数及标准差，如治愈率、血压下降值等，可从以往研究结果或预试验中估计。

2）临床试验设计要求的精确度，精确度越高，样本量就越多；反之，就可少些。

3）α 值和 β 值。

4）试验设计方法、双侧或单侧检验等。

（2）常用的样本大小计算方法

1）两组均数的差异对比（如血压、脉搏、细胞数以及各种检测值等）

配对设计时：

$$N = \frac{t^2 s^2}{x^2} \quad 或 \quad N = \frac{t_{0.05}^2 s^2}{x^2}$$

t 为给定条件 α 下的 t 值，N 为对子数，x 为差数的均数，s 为差数的标准差。

成组设计时：

$$N = \frac{2t^2 s_c^2}{(x_1 - x_2)^2}$$

S_c 为合并标准差，当 $N_1 = N_2 = N$ 时，试验效率最高。

2）两组率的差异对比（如治愈率、好转率、死亡率等）

查表法：根据预计两组的率查表。

由公式计算：

$$N = \frac{8PQ}{(P_1 - P_2)^2}$$

P 为合并率，Q = 1 − P，P_1 和 P_2 分别为两组预计的率。

4. 随机分组原则　采用随机的方法分组，目的是使所有受试对象有同等机会被分配到试验组或对照组。此法可使处于试验组和对照组的某些已知和未知因素，能被测量和不能被测量的因素达到基本相等，同时能避免研究者或受试者主观意愿的干扰。在临床试验中，随机分组原则是进行统计推断的前提，因为统计的参数估计和假设检验都是建立在随机基础上的。随机分组还是保证非处理因素在试验组和对照组之间均衡的一个重要手段，因为影响试验结果的因素是事先难以全部估计的，通过随机分组可以使试验组和对照组之间的非研究因素大致均衡。随机分组设计主要有以下几种：

（1）完全随机分配　简单地按随机数字表将观察对象完全随机地分配到试验组和对照组。

（2）区组随机分配　按患者进入研究的顺序将患者分成数目相同的若干区组，再对每一区组的对象进行随机分配，可保证组间例数始终相同。

（3）分层随机分配　先按某种重要影响因素进行分层，如按病情进行分层，然后在每一层内进行随机分组，这样每一层内的同质性比较好。在分层随机分配时，应注意分层数以及每层的级数不可太多，否则就会组合太多，给病例收集造成困难。

（4）配对随机设计　将某些因素相近似的两个观察对象配成一对，再随机决定哪一例在试验组，哪一例在对照组。

5. 盲法观察原则（blind trial）　临床试验是通过询问病史、观察患者的反应以及测定临床指标而获得资料的。在收集资料过程中，很容易出现信息偏倚。如患者对治疗的反应不完全是治疗因素的作用，它还包含患者的心理状态、生活条件及社会因素等的影响。所有这些因素都可能是患者的症状和病情得到改善或恶化或出现不良反应。除了患者本身的心理因素意外，研究者、医务人员、检验人员等参与研究的人员，总希望自己的研究得出理想的阳性结果，有时可能会有意无意地偏重于对新疗法组的观察或照料。所以，在询问患者时不自觉地暗示患者，而患者为了迎合医生的意图，或者知道这种药可能有镇痛效果时，由于心理作用的影响而自觉症状减轻。因此在临床试验中，如果观察的指标为患者的主观指标，为了消除可能的影响因素对治疗试验的影响，在进行试验设计时，应采用盲法（blind method）进行观察，使研究者或观察对象不明确干预措施的分组，研究结果因而更加真实、客观。盲法有以下几种：

（1）单盲　只有研究者了解分组情况，研究对象不知道自己是试验组还是对照组。这样消除了来自患者方面的主观因素的影响，但避免不了临床医生在考核疗效时主观因素对结果的影响。

（2）双盲　研究对象和临床医生都不了解分组情况，而是由第三者（研究组其他人员）来安排和控制全部试验。其优点是可以避免患者和医生的主观因素所带来的偏倚。

（3）三盲　不但患者和临床医生不了解分组情况，而且负责资料分析的研究人员也不了解分组情况，从而避免了来自患者、负责疗效观察的医生和负责资料分析的研究人员的主观因素的影响。

如果观察只能是开放的，如干预措施是外科手术时，不可能采用盲法，此时可采用其他的临床试验方法，如与已知料想的手术对比，评价新手术方法的效果。

6. 选择效应指标　临床试验的考核中，选用何种效应指标，直接关系到研究结果的准确性和可靠性，因此选择正确的效应指标显得十分重要。效应指标有三种类型，即计量、半计量和计数。一般而言，计量指标都是客观测量的定量指标，产生观察性偏倚较小；计数指标是一种定性指标，若依靠主观判断来定性计数，则易产生偏倚；半计量指标用于等级资料。选择效应指标一般要考虑以下几个因素：

（1）选择定量的或客观的指标　临床上并非任何测量指标都能统一和标准化。如患者的主观症状变化、疼痛、乏力等都没有客观尺度；而病愈、病残、死亡、手术、病理发现、实验室的各种检测结果等为客观指标。疗效考核尽量使用能定量的客观指标。除应有近期疗效指标外，最好还应有远期疗效指标。

（2）选择灵敏度高的指标　在检测患者是否受到乙型肝炎病毒感染时，可用 PCR 法检测乙肝病毒 DNA，也可用 ELISA 法检测血清 HBsAg，前者灵敏度比后者高。

（3）选择特异性高的指标　例如依据乙肝病毒DNA定量检测结果，作为乙肝抗病毒药物治疗效果的指标。该指标特异性较高，有助于疗效考核结论的可靠性。

（4）经济可行　在保证一定的灵敏度和特异性的基础上，尽量选用操作方便、价格低的观测指标。

（二）实施过程中的注意事项

1. 伦理学问题　在临床试验中，若治疗措施的效果还不十分清楚，或者对其安全性、不良反应仍有疑问，若给患者应有可能会产生无效或有害后果。另外在研究中需设立对照组、使用安慰剂、利用盲法，这也存在对患者没有进行有效治疗的问题。因此，在临床试验中必须考虑伦理学问题。

2. 临床依从性　依从性（compliance）是指患者执行医嘱的程度，又称遵医行为。患者对治疗措施依从与否，直接影响药物疗效及研究质量。做一在临床试验中，维持与改善患者的依从性是十分重要的。此外，还应采用有关方法测试患者的依从性。为了保证研究质量，不依从者应控制在10%以内。

3. 剔除、退出和失访病例及其处理　临床试验中，填写了知情同意书并筛选合格进入随机化试验的受试者，可能由于各种原因不能或没有完成治疗和观察。入选了不符合入选标准的病例，或在随访中发现患者存在排除标准，这部分病例不能进入疗效分析，但在不良事件分析中仍应包括。患者在研究结束前任何时刻都可撤回知情同意书，可视为退出研究；也可因疗效不满意或无任何理由地退出研究；也可因发生不良事件由医生认为需要终止进一步临床试验。无论何种情况，研究者均需填写中止或退出试验的主要原因记录。对因变态反应、不良反应、治疗无效而退出试验的病例，研究者应根据受试者实际情况采取相应的治疗措施。出现失访病例，研究者应采取登门预约、电话、信件等方式，尽可能与受试者联系。减少失访是保证试验可靠的重要依据。

4. 偏倚问题　临床试验中也存在选择偏倚、信息偏倚和混杂偏倚。

（1）选择偏倚　主要是研究对象的选择和分组时出线的偏倚，可通过随机抽样和随机分组等方法加以控制。

（2）信息偏倚　是测量试验结果时，受人为倾向因素的影响而造成的偏倚，可通过盲法测量或采用客观指标进行控制。

（3）混杂偏倚　是临床试验中最常见的偏倚，是由于混杂因素在两组中分布不均所引起，可在设计和分析过程中加以控制。

第六章　结果整理

第一节　概　　述

一、结果整理概述

实验结果的整理是指在实验结束后，本着科学严谨的态度，及时地对原始的实验记录进行系统的整理、分析和总结，从而探寻并揭示实验项目的变化规律，并为书写实验报告或科研论文提供必备的数据资料。结果整理的真实性、准确性和合理性，将直接影响到实验报告或科研论文的质量和水平。因此，为了保证结果整理真实可靠，对实验条件、实验步骤以及出现的异常现象等都务必进行忠实详尽的记录；对于实验结果而言，无论是预期结果还是意外结果，都要实事求是地整理表达，不得采用任何方式改变或曲解原始结果。

二、结果整理的基本原则

在整理实验结果的过程中，请务必遵循以下五项基本原则：

1. 科学性原则　一要把握实验结果的客观性，切忌主观臆断；二要把握实验结果的全面性，切忌以偏概全；三要尊重实验结果的差异性，坚持用科学的方法实事求是地整理实验结果。

2. 随机性原则　实验设计中的随机性原则是指被研究的样本是从全部样本中任意抽取的。这样做不仅可以消除或减少系统误差，使显著性测验有意义，而且可以平衡各种条件，避免实验结果中的偏差。

3. 设立对照原则　在实验设计中，一般都要设置对照组。通过干预或控制研究对象以消除或减少实验误差，鉴别实验中的处理因素与非处理因素的差异。通常采用空白对照的原则，即不给对照组以任何处理因素。但是要注意，不给对照组以任何处理因素是相对实验组而言的，实际上对对照组也要做一定的基础处理，只是不加实验组的处理因素而已。

4. 单因子变量原则　所谓“单因子变量”，即控制其他因素不变，而仅改变其中的某一因素，观察其对实验结果的影响。

5. 平行重复原则　即控制某种因素的变化幅度，在同样条件下能够重复实验，从而观察其对实验结果的影响程度。任何实验都必须能够重复，这是具有科学性的标志。

第二节 结果整理基本步骤

一、结果资料的分类

实验的结果资料可分为数据资料、图片资料及影音资料。

1. 数据资料

(1) 科研数据：数据资料包括计量资料（如血压值、心率数、生化数据等）及计数资料（如阳性反应数或阴性反应数、死亡数或存活数等)。对数据资料要以统一的单位和正确的数值作定量表示，必要时进行统计学处理，以保证整理的实验结果准确可靠。例如，凡属测量性质的结果（高低、长短、快慢、多少等)，以正确的单位和数值定量，并把测量数据列成表格。

(2) 采集数据

1) 手工采集：手工采集即实验操作结束以后，采用手工技术对实验中产生的各种数据进行收集和分类，以便于进行数据的整理。在自动采集还未实现智能化之前或是在某些无条件使用计算机的不发达地区，手工采集便成为数据采集的重要手段。但是如果实验数据量大且操作环节繁琐时，手工采集往往出错次数频繁，实验结果差异大，导致数据采集工作效率较低。

2) 自动生成：电子计算机技术的应用及发展为实验数据的自动生成提供了重要依据和前提条件。例如，可以将某个 PC 机作为数据采集服务器，并对其安装自动采集数据软件（如“Robot”或“Spider”，均可在某些网站免费下载)，然后再把实验仪器与该 PC 机对接，从而实现数据自动采集的功能。其实，数据从实验仪器转换到数据采集服务器上并未改变它的内容，只是从形式上改变它在原设备中的识别标识，变为采集服务器所要求的标识并为其所识别。

3) 数据库提供：数据库就是一组经过计算机整理后的数据，存储在一个或多个文件中。数据库系统将所有数据保存在数据库中，进行科学的组织，并借助于数据库管理系统，以其为中介，与各种应用程序或应用系统接口，使之能方便地使用数据库中的数据。Visual FoxPro 6.0 是目前微型计算机上应用广泛的数据库管理系统开发软件之一。该软件具有数据独立性高、冗余度低、操作简便、界面灵活、出错率小等优点。常用的其他软件有 Access、Oracle、Excel 等，各具优势。实验人员可以根据自己的需要和实际情况，酌情选择。

2. 图片资料 图片资料主要包括照片、图形、卡片等。在实验的过程中，数据资料的获取对于其后的科研工作具有重要的指导意义，但图片资料的重要性也不言而喻。无论是照片、图形还是卡片，都具有直观、形象、真实、生动的特点，具有很强的说服力。因此，在实验过程中，有意识、有目的地获取一定的图片资料，并附以图片说明（如实验时间、地点、人员、事件、场景等)，便于为书写实验报告以及开展科研工作提供了一定的实物依据。

3. 影像资料 影音资料包括录音、录像等形式，与图片资料有相似之处，同样具有直观、形象、真实、生动的特点。但二者也存在一定差异：从设备来看，和图片资料相比，影音资料的记录工具主要有录音机、录音笔、摄像机等，设备更加现代化；从资料内容来看，图片资料通常记录的是实验的个别片段或细节，而影音资料可以记录整个实验过程，包括声音、动态图像，后者的内容更加丰富、完整；从保存方式来看，图片资料主要采取实物备份的形式，而影音资料则可刻录成光盘存入电脑备份，保存时间较长，其保存效果也明显优于前者。

二、审核原始数据

1. 审核原始数据的重要性 原始数据是在实验过程中的原始记录，它是证明在一定时间进行了某项实验的惟一途径。为了保证采集数据的完整性和准确性，凡是收集的各种数据都必须经过严格仔细的审核：将原始数据与审核结果进行比较、检查和校验，只有二者一致，则可以确认为实验的原始数据。此外，在审核实验数据（结果）的同时，还应对实验的时间、地点、环境、程序、文字说明等进行认真核实校对。原始数据的审核环节是进行数据分析、归纳和总结的必要前提，也是保证实验结果的准确性和有效性的重要条件。

2. 审核原始数据的方法 审核数据包括逻辑检查和计算检查。逻辑检查是从数据的相互关系中检查是否合乎逻辑，有无矛盾。计算检查是检查各数字相加是否符合总计，检查无误才能进行统计分析。

对于获取的原始数据可以充分利用相关软件或操作程序进行审核，尽可能避免使用手工录入，以节省审核时间，保证审核的进度和审核的效率。但是，对于无效的数据必须经过专业人员的鉴别与判断，进行筛选予以剔除。这样，在减少审核时间的同时，保证了数据的准确性和有效性，便于进一步进行数据的整理与分析。

3. 数据处理方法 实验结束后，需要对实验中测得数据进行计算、分析和整理，这一系列去粗取精、去伪存真、探寻规律、发掘本质的过程便称为数据处理。处理实验数据是实验工作中不可缺少的部分，下面介绍几种常用的处理实验数据的方法：

（1）列表法：列表法就是将实验中测量的数据、计算过程和最终结果等以一定的形式和顺序列成表格。列表法的优点是结构紧凑、条目清晰，可以简明地表示出有关物理量之间的对应关系，便于分析比较、随时检查错误，易于寻找物理量之间的相互关系和变化规律。同时数据列表也是图示法、解析法的数值基础。列表应满足以下要求：简单明了，容易看出有关量之间的关系，便于处理数据；必须注明表中各符号所代表的物理量、单位；表中记录的数据必须忠实于原始测量结果、符合有关的标准和规则。应正确地反映测量值的有效位数，尤其不允许忘记末位为“0”的有效数字；在表的上方应当写出表格的名称。

（2）图示法：图示法就是在专用的坐标纸上将实验数据之间的对应关系描绘成图线。通过图线可直观、形象地将物理量之间的对应关系清楚地表示出来，它最能反映这些物理量之间的变化规律。而且图线具有完整连续性，通过内插、外延等方法可以找出它们之间对应的函数关系，求得经验公式，探求物理量之间的变化规律；通过作图还可以帮助我们发现测量中的失误、不足与“坏值”，指导进一步的实验和测量。定量的图线一般都是医学工作者最感兴趣的实验结果表达形式之一。

（3）数据挖掘：数据挖掘（data mining）就是从大量的、不完全的、有噪声的、模糊的、随机的数据中，提取隐含在其中的、人们事先不知道的、但又是潜在有用的信息和知识的过程。数据挖掘技术从一开始就是面向应用的，它不仅可用于特定数据库的简单检索查询调用，而且要对这些数据进行统计、分析、综合和推理，以指导实际问题的求解，发现事件间相互关联关系和进行预测。

数据挖掘并不专用于特定领域，它需要凝结各种技术和创造力去探索可能隐藏在数据中的知识。在很多情况下，应用数据挖掘技术是为了实现以下三种目的：发现知识、使数据可视化、纠正数据。数据挖掘的常用的软件工具主要有以下几种：IBM Intelligent Miner、SPSS Clementine、SAS Enterprise Miner、Oracle Darwin、Unica PRW、SGI MineSet 等。

三、资料的分组、归纳、制表和作图

为便于分析比较，对于原始资料应该根据类别及时进行分组，以便进行数据分析和整理。并对资料做好标记，内容包括：题目、时间、室温、动物或标本、给药记号、给药量等。

用统计表、统计图等方式把搜集的原始数据、典型案例、观察资料等进行初步的整理和分析。统计表要求布局合理、表格清晰、表头明确、数据准确。统计图有曲线图、柱形图、圆形图等，可适当选用。绘图时要列出数据刻度，并要标明单位，要有标题及适当的图形注释。对较长的曲线可适当的剪裁粘贴，但不能漏掉有意义和价值的曲线部分（包括预期结果及非预期结果）。

用统计检验来描述实验因子与实验结果之间的关系，得出研究的最终结果，然后对实验结果的事实加以分析、归纳和说明。

四、数据资料编码

数据资料往往量大繁杂，且让人难以记忆。为了便于使用，常常需要对加工处理的数据资料进行编码，用一个编码符号代表一条信息或一串数据。对数据进行编码在计算机的管理中非常重要，可以方便地进行信息分类、校核、合计、检索等操作。因此，数据编码就成为计算机处理的关键。即不同的信息记录应当采用不同的编码，一个码点可以代表一条信息记录。人们可以利用编码来识别每一个记录，区别处理方法，进行分类和校核，从而克服项目参差不齐的缺点，节省存储空间，提高处理速度。需要注意的是，在进行数据编码时应遵循系统性、标准性、实用性、扩充性和效率性的原则。

五、数据资料录入计算机

数据资料录入计算机可以采用键盘录入法和非键盘录入法。

1. 键盘录入法是通过键盘以手工方式把所需的原始数据输入到电脑中。注意在录入的过程中，一定要细致认真，并及时校验，减少人为录入的失误次数，避免产生错误的实验结论

2. 非键盘录入法即在录入数据时不借助键盘，而是利用扫描仪、语音录入系统等其他

方式录入所需的数据，包括语音录入、扫描录入和手写录入等。从这种渠道取得的数据大多数都是非文字的资料如图片、声音等，因此必须首先对其进行可识别处理，转换成所需格式的数据方可用于以后的测试。

六、照片或影像资料的分类、整理

1. 照片（含数码照片）、影像资料应该附有简要的文字说明，包括事由、时间、地点、人物、事件、场景、摄影者等。

2. 完整的照片或影像资料应包括数码图像文件、纸质数码照片和文字说明三部分。不得对归档的数码图像进行技术修改。归档的数码图像文件资料应是原件，剪切版和修改版不能作为档案归档。

七、妥善保存原始数据资料

原始数据资料可以按照以下的方法进行整理、保存：将原始数据录入计算机，然后刻录在光盘上保存。采取一式 3 套，即一套封存保管，一套提供利用，一套异地备份。

八、数据共享与安全

对于已经审核并整理好的数据资料，一定要进行加密保护，以保证其安全性和保密性，防止无关人员随意调用、改动，导致采集的数据遭到破坏或被泄密，同时也避免自身的知识权益受到侵害。另一方面，对于部分相关人员，可以授予操作口令，以便其随时查阅并提取有效信息，实现数据共享。

第三节 撰写实验记录

一、概述

实验记录是指在实验室内进行科学研究过程中，应用实验、观察、调查或资料分析等方法，根据实际情况直接记录或统计形成的各种数据、文字、图表、图片、照片、声像等原始资料，是进行科学实验过程中对所获得的原始资料的直接记录，可作为不同时期深入进行该课题研究的基础资料。

实验记录的基本要求是：真实、准确、及时、完整、清楚。不得伪造或者编造数据，不得随意涂改或者取舍，不得写“回忆性”记录。

实验记录的统一标准格式，要求必须包括下列主要内容：项目（课题）名称、实验目的、研究内容、实验日期、实验条件、参考文献、实验材料、实验设计原理和方法、实验过程、实验结果、实验讨论及记录者签名。

二、实验报告的书写

按照一定的格式和要求表达实验过程和结果的文字材料称为实验报告。它是实验工作的全面总结和系统概括，是实验工作不可缺少的一个环节。书写实验报告的过程，是对所测得的数据加以处理，对所观察的现象加以分析，从中找出本质规律和内在联系的过程。书写实验报告是实验研究工作的基本功之一，有助于提高分析综合能力及逻辑思维能力，也可为撰写科研论文打下基础。

一份完整的实验报告除一般要求的项目（姓名、班级、实验组、时间、地点）外，应包括以下内容：

1. 实验设计　一份科学、完整的实验记录必须有一个详细的实验设计，实验设计的内容应当按照科研目标详细编制。

2. 实验名称　首次实验记录必须注明课题名称，每个实验开始必须注明实验名称。

3. 实验时间　每次实验必须在记录纸的左上方按照年-月-日顺序记录实验日期和时间，例如：09-01-02　9：00～13：00。

4. 实验方法　常规实验方法应当在首次实验记录时注明方法来源，创新实验方法必须详细记录实验步骤和细节。

5. 实验材料　要详细记录实验所采用的仪器设备名称及其度量精度，实验动物种属及其来源，主要试剂的生产厂家、规格和生产批号。自制试剂要在首次记录中详细说明配制方法和配制时间。实验材料如有变化，必须在相应实验记录中加以说明。

6. 实验环境　对于环境条件敏感的实验，要详细记录实验当天的天气情况和实验室微小气候。

7. 实验结果　要准确记录定量观察指标的实验数据和定性观察指标的实验变化。在不同的时间点上，从同一个受试对象身上观测来的数据必须写在同一行上，不得跳行或打乱顺序。

8. 结果分析　每次实验结果要做明确的文字小结，图片和照片要附必要的文字说明。对于实验结果与预期结果不相符的，要详细记录并分析其原因。

9. 实验人员　详细记录所有参加实验的人员。

论文撰写篇

第七章 论著撰写

第一节 论著撰写概述

一、医学论著的地位

医学论文属于科技论文的重要组成部分，是医学发展的重要信息源，是医学科技成果的总结和记录，是作者辛勤劳动的成果和创造智慧的结晶，也是作者对医学事业做出的贡献，并以此获得社会的尊重和承认的客观指标，是应得的荣誉，也是论文版权归作者的一个声明。医学论文的种类和体裁较多，但其中最基本、最具代表性的是论著（originals）。论著是医学论文的核心。论著促进学术交流，成果推广和科技发展，促进了科研的深化，是考核作者知识，科研水平的重要载体之一。因此，熟悉和掌握论著撰写的一般规范、原则、步骤和写作技巧，对于医务工作者和生命科学研究人员传播科研成果和宝贵的临床经验至关重要。

二、医学论著的分类

（一）根据写作语言分类

1. 中文论著　写作语言为中文，目前国内大部分期刊是中文期刊。

2. 英文论著　写作语言为英文，目前国际上大部分科学引文索引（Science Citation Index，SCI）收录期刊是英文期刊。

（二）按学科性质分类

1. 基础医学论著　主要报道基础研究成果，研究水平通常在体外细胞分子水平或者整体动物实验。例如，《Cell》偏向发表对基本生命过程和细胞调控基本机制探讨的理论成果。

2. 临床医学论著　主要报道临床研究成果，可分为发病机制、诊断、医疗及护理等方面。临床医学论著分为描述性研究、分析性研究和实验性研究。其中分析性研究包括病例对照研究和队列研究，而队列研究分为回顾性和前瞻性。例如，《The New England Journal of Medicine》偏向发表多中心联合调查、大型回顾性或前瞻性的临床病人调查研究。

3. 预防医学论著　主要报道预防医学研究成果，可分为卫生保健、防疫及流行病学调查。例如，《Epidemiology》偏向发表流行病研究的最新成果。

（三）按照研究内容分类

1. 实验研究　包括非人体实验研究（受试对象为动物和细胞）和人体实验研究。其中动物实验和人体实验需要伦理审查后进行，并且在论文中进行适当表述。

2. 资料分析　用既往的资料通过统计学处理后再进行分析整理。常见的有临床资料分析和流行病学资料分析。

3．调查研究　指在一定范围的患者或者健康人群中，对某种疾病的发病情况、病因病理、防治效果进行流行病学调查研究，并对防治方案进行评价的文章。

（四）按研究的主要形式

1．分析性研究论著　将研究对象从总体联系中分解出若干分支，然后同时或逐个进行分析，阐明现象发生的内在机制。

2．描述性研究论著　客观描述研究对象的某些现象或特征。

3．综合性研究　在逐个进行分析的基础上进行系统性综合认识，揭示整体联系。

（五）按文章长短分类

1．短篇论著　短篇论著对文章长短、图表数目、参考文献数目、材料与方法的描述有严格的限制。不同期刊对短篇论著的命名有不同的称呼。例如《Science》和《Nature》等称短篇论著为通讯（letters）。此外，国内一些杂志对短篇论著也称作论著摘要或研究快报等。

2．长篇论著　具备完整的论著格式要素，通常对版幅没有短篇论著类似的严格限制。

三、医学论著的写作特点

医学论著作为一种医学论文写作形式，写作要求上具有其他医学论文类型的共同特点，并有其自身特点。

（一）语言方面

在运用语言方面除了准确性、简明性外，还具有科学性和规范性。通过语言表达，可以评价作者的医学论著的写作能力，也能反映出作者的科学研究的态度和学风。语言表达流利通顺、遣词造句严谨、科技符号标准规范的论著反映的是作者研究工作的严谨和认真，一定程度上反映了研究成果的可信度。相反，如果作者的写作语句不通、丢字错词、量和单位使用混乱且不规范，很难让人相信这样的作者能够提供给读者真实可信的高水平研究成果。医学论著的语言要求不带有感情色彩，不能夹带个人的主观评论，语言朴素直白，实事求是地介绍科研结果。相反，文献综述是评论性的（英文 review 就是“评论”的意思），因此要带着作者本人批判的眼光来归纳和评论文献，而不仅仅是相关领域学术研究的“堆砌”。

（二）词汇方面

不同于其他的科技论文，医学论著是运用医学术语来表达医学研究的研究内容。医学术语是医学专门术语，它用压缩的形式浓缩丰富的知识，反应生命科研成果，具有高度的概括性、专业性、严肃性和单义性。除医学术语外，医学论文中还大量使用外来词语、书面词语。与医学综述相比，医学论著对书面词语使用更朴素，不使用华丽的词汇。

（三）句式方面

医学论著的句式单一、严整、很少变化。例如，多用正常词序的句子，很少使用变式句和倒装句。大部分为陈述句，几乎不使用感叹句、反问句、祈使句。长句和复合句多。

（四）结构方面

几乎所有医学期刊都对论著类论文有着严格的写作格式要求。不同于医学综述，论著文体结构通常由题名、作者、摘要、关键词、引言、结果、结论、致谢、参考文献、附录等构成。论著一般按照逻辑关系组织段落，中心句通常位于段首，便于读者抓住要点。

四、医学论著的写作基本原则

（一）科学性

科学研究是探索真理的活动。科学性是贯穿医学科研、医学实践的一条主线。一篇医学论著的首要条件是必须具有科学性。所谓科学性是指论文所介绍的方法、结果、论点是否用科学的方法来证实，是否经得起实践的考验。科学性的内涵通常可分解为真实性、准确性、可重复性和可比性。论文在匿名评审过程中，论文的科学性是审稿人衡量稿件质量的几个重要指标之一。这就要求：①选题应有一定的事实根据和科学的理论依据。有人讲科学研究就是一个搭积木的过程。在前人的研究基础之上，运用新的研究手段去回答和阐明新的科学问题。没有任何理论或者实验基础的论文是不能通过匿名评审；②科研设计必须符合逻辑，要周密、严谨、科学及合理。对整个工作的手段、方法实验等都能做科学的安排和记录。做到科研设计缜密，努力避免技术性失误；③对实验和观察的数据，要进行如实的记录和客观的描述，必要时要进行统计学处理。论文的数据、引用的资料应准确无误，不凭主观臆断和个人好恶随意取舍客观数据。要求作者仔细观察实验过程，并对实验数据进行精确记录，写作时要详细介绍必要的、关键的实验方法，使论文具有可重复性；④对其结果的分析要从实际资料出发，逻辑推理要具备严谨的科学态度，其结论和评价应恰如其分地反映客观事物及其运动规律，得出恰当的结论，切忌空谈设想和抽象推理，夸大研究结果，歪曲结论。

（二）创新性

科学的生命在于创新，没有创造就没有发展。一篇医学论文要有新意，有新内容、新观点、新方法、新经验，即“有所发现，有所发明，有所创造，有所前进”。创新性是论文的灵魂。创新性也是编辑部与审稿人衡量稿件质量，评判是否录用的基本标准之一。所以要求论著的学术内容有别于过去已发表过的文献，应有所独创、有所发现或发明，是对以往人类认识新的补充和提高。例如在基础研究方面：选题立意新、研究方法和手段先进、研究层次多样性、有新发现、新观点、新理论；在临床研究方面：研究的样本数更大，或采用的方法更为严格、观察指标更全面、统计方法改进、条件分类更细、诊断治疗方法有创新、效果更好、提出新见解等等。如果你所阐述的问题，确实是一个新结论、一个新发现或者是一种新方法，当然是新意盎然，可以称作原始创新。如果你谈的是别人已经发表过的文章中的问题，那么就要选择一个新的角度，或者抓住某一个方面补充自己新的见解，例如不同的疾病或者病理模型，甚至提出不同的观点或意见，这样有了新的立意，实现了推陈出新、二次创新，才能受到编辑的重视和读者的喜爱。许多文稿投寄期刊，特别是高水平期刊后未被采纳，主要就因为它们只是重复了过去的文献的内容，缺乏创新性。

中国国家标准 GB7713-87 对学术论文的创新性的要求是：“某一学术课题在实验性、理论性或观测性上具有新的科学研究成果或创新见解和知识的科学记录；或是某种已知原理应用于实际中取得新进展的科学总结。”国际顶尖杂志对创新性的要求更为苛刻。《Nature》、《Science》、《Cell》是生命科学研究最著名的三大顶尖期刊，所刊登的文章对生命科学研究进程，对人类认识自然规律的影响力深远。这些期刊投稿指南中的收稿范围对创新性都提出了要求。例如，《Nature》认为创新是科研成果新颖，引人注意（出人意料或令人吃惊），而且该项研究看来在该领域之外具有广泛的意义，无论是报道一项突出的发现，还是某一重要问题的实质性进展的第一手报告，均应使其他领域的科学家感兴趣。《Science》则认为，创新是指对自然或理论提出新见解，而不是对已有研究结论的再次论证，内容激动人心并富有启发性，具有广泛的科学兴趣。具体而言，就是说在已沉寂的研究领域提出创新思想，在十分活跃的研究领域取得重大进展或者是将原先彼此分离的研究领域融合在一起。《Cell》则认为，创新是不同寻常意义的发现，特别是哪些在概念上有创新或者颠覆性的发现，能够引起同行的广泛关注，能够提出令人吃惊的假说和生物学机制。总之，它们的要求是共同的，即新颖的、高水平、影响面广的最新研究成果。

创新并不是依靠作者的文字写出来的，需要创新的思维和创新的实践基础。提高创新性是建立在作者对文献复习、科学选题、科学论证基础之上的系统工程。在论文中应该反映作者是如何把未知变为已知，把未有变为已有，把知之不多变为知之较多，把知其然变为知其所以然，从而有了新的认识，发现新的事实，找到新的规律，阐明新的理论，发明新的技术。这样的论著才会受到编辑、审稿人和读者的青睐。

（三）逻辑性

论文要求必须脉络清晰，结构严谨，论证的展开应符合思维的客观规律。论述的逻辑性最能体现作者的写作水平和技巧。论文写作缺乏逻辑性是论文评审被拒的几个常见原因之一。所谓逻辑性是指论文字句通顺、有层次、有说服力、文字准确、清晰地反应作者的研究思路。论述的逻辑性是建立在实验设计和实验实践的逻辑性基础之上。每篇论文都要回答和解决一个科学问题（即研究目的），通过实验结果，推导得出科学结论。作者需要通过各种科学手段去证明这个科学问题，即论证。论文就是作者通过文字告诉读者如何通过实验去证明这个科学问题，得出科学结论。如果描述文字缺乏逻辑性和层次性，可能造成读者和审稿人不能理解作者的研究思路，误解研究结果，忽略其研究价值。提高论著的逻辑性，需要在科研设计、语言文字、论著层次、结构论述严密程度、逻辑性、图表设计方面进行训练，严格遵守逻辑学的基本规律，不能出现违背逻辑学原理和规律的错误，增强论著的可读性。

（四）学术性

论文是否有学术价值，是评价论文质量的公认标准。学术性，即论文具有从实践中概括出来的对某一事物的理性认识的特性。论著集中体现了作者的学术水平，表现为：①科研选题是否有新意，在论点或方法上具有创新性，在理论上是否有新观点，看是否解决或回答了学科专业中提出的迫切需要解决的问题，其答案对生命科学是否有直接或间接的指导意义；②研究策略是否合理，能否抓住科学问题的本质，合理的设计实验进行科学实践，推动科学研究的前进；③所用的材料和实验模型是否具有权威性和通用性，证据是经过组织和加工的，不是事实的罗列；④写作语言是否规范、科学。

（五）规范性

规范性是医学论著写作的基本原则。规范性是指对论文的语言文字和表述形式方面的质量要求。只有遵循一定的规范，论文作者所要表达的意思才会具有专一性、明确性，才不会被读者和审稿人误解。医学论文写作在长期的演变过程中已经逐渐形成自有的格式和要求。对于中文期刊投稿，作者需要遵循已有的科技论文写作的有关国家标准。无论中外文期刊投稿，论文作者都需要严格按照期刊投稿指南有关论著写作的一般性要求和特殊要求，例如写作时态、缩略语、符号、格式等。提高论著的规范性，需要论文作者做到：①语言文字规范、准确，仔细推敲遣词造句，避免歧义，避免使用口头语、语气词、方言、带有感情色彩具体生动的文学用语；②学科术语规范，尽量使用国际通用、规范的专业词汇，即使是新名词，也要做到首次出现给予解释，并且前后统一。现有的工具书有全国自然科学名词审定委员会公布的各种名词，卫生部药典委员会编写的《中华人民共和国药典》等；③计量单位规范，可以参考《中华人民共和国法定计量单位》和通用国际单位；④论文格式规范，严格按照期刊投稿指南的要求，可以参考期刊发表论著的写作格式；⑤缩略语规范，目前很多SCI期刊投稿指南中已经列出了期刊所在学科常见的缩略语。

五、基础研究和临床实验医学论著的特点

（一）基础研究论著特点

基础研究是探索自然规律，追求新发现、新发明，创立新学说，积累科学知识，为认识世界、改造世界提供基础理论和方法的研究。基础研究的主要目的在于发展和完善理论，寻求新的事实，阐明新的理论或重新评价原有的理论，它偏向回答的是“为什么”的问题。基础研究的指向具有普遍性，它不一定要有当下的、具体而直接的实际用处，虽然我们并不排除这种可能性。基础医学论著是实验研究性质的医学论文，多为研究生的实验研究报告以及有一定经验者所从事的研究工作而总结成文，或者是训练有素、经验丰富的作者完成的科研论文，大多有较好的文字质量与学术水平。基础医学论著是反映实验研究成果的论文，其核心内容是实验设计和实验过程与实验结果的观察与分析，探讨实验中客观现象的发生原因和发生规律，形成的结论中要提出自己的观点，始终贯彻创新地发现与创见性见解。基础研究论著的主要读者对象为生命科学工作者。因此，在基础研究论著写作时更强调论证的逻辑性和严谨性，观点的鲜明性，文字的简洁性和可读性。

（二）临床研究论著特点

临床研究具有直接的实际应用价值，解决某些特定的实际问题或提供直接有用的知识为临床服务，偏向回答“是什么”和“怎么样”的问题。临床研究的目的是解决当下的实际问题，这样的研究多是指向特定问题的。临床医学论著是指应用临床资料撰写的论文。可以从病史中汇集作回顾性总结，也可在临床工作中前瞻性研究和追踪性调查，由于选材不同，在写作方面而有不同。临床研究论著偏向于诊疗学上新成果的阐明。临床实验是临床研究的重要组成部分。临床实验是按实验法，运用随机分配的原则将实验对象（患者）分为实验组和对照组，给前者某种治疗措施，不给后者措施或给以安慰剂，经过一段时间后评价两项措施产生的效应，目的是评价临床治疗、预防措施的效果和病因研究。因此，在此类临床论著写作时注意临床资料的完整性，实验设计的科学性，药物剂量的准确性，对照组设置的合理性，人体实验医学伦理问题，统计方法的正确使用和描述，结果归纳总结，对临床工作的指导意义等。

六、中文医学论著和英文SCI医学论著的特点

（一）中文论著特点

中文论著的作者多是国内的生命科学或者医务工作者，报道的内容多是国内生命科学研究进展。受中文期刊编辑部对收稿范围、稿件篇幅、每期刊载论文数目等条件限制，中文论著相对来说简单，表现为前言介绍简单，作者展示的研究结果不是很多，不会出现补充结果甚至视频影像结果，而且讨论和文献引用也不是十分充分。因此中文论著要求作者写作时更要注意文字的简洁精炼，在有限的篇幅内将自己的研究成果展示给读者。中文期刊的审稿人多来自国内，杂志编辑部编辑通常会对稿件的文字描述和题名进行修饰。

（二）英文 SCI 论著特点

英文论著的读者群来自世界各地。作者将国内的最新研究进展展示在世界舞台。SCI 期刊对稿件篇幅的限制相对宽松，对稿件的新颖性和科学性要求更为严格。稿件要经过国际同行专家匿名评审后，符合期刊要求后才能刊出。对研究内容要求更深、广、完整，而且研究手段更多样化。如果受篇幅限制，一些不重要的结果将在杂志社网络中的已补充结果的形式刊出。近年来，《Nature》、《Science》、《Cell》等顶尖期刊所刊登的论文基本都是庞大的研究内容和海量的信息。因此英文论著要求作者注意文字描述的准确性和逻辑性，完整展现一个科学问题如何被解决。英文期刊的审稿人多来自国外同行，杂志编辑部编辑一般不会对稿件的文字语言进行修改。

七、医学论著的写作道德

（一）树立写作动机

医学论著写作动机正确与否对论文写作具有左右影响。动机为愿望和为达到目标所付出的努力之和。人的行为活动受动机支配。论文发表与否可反作用于写作动机，起加强或减弱作用。影响论著写作动机的主要因素包括：①认知因素：影响作者写作动机的认知因素主要指作者对论文的自我认识。一个品德行为高尚，追求真理的生命科学工作者，为丰富人类医学知识，增强人类对疾病的认识，寻找和开发新的疾病治疗药物和措施，为他人或后人提供科技材料而写作。因此医学论文特别是论著就是人类认识和战胜疾病的史学记录，是作者对医学贡献的表达方式；②情感因素：作者的情感体验也会影响到他们的写作动机。它主要包括兴趣、态度和自信等。兴趣，作为重要情感因素之一，是指主体对刺激的一种积极的响应，它和动机有着密切的联系。态度和个人的价值观、信念相关，它能促进也会阻碍论著撰写的发展，所以培养积极的写作态度对加强写作动机有很大的帮助。另一重要的情感因素——自信也发挥着举足轻重的作用，可以说，没有一定程度的自信心，任何活动都无法进行下去；③社会环境因素：论著目前仍然是评价生命科学工作者工作业绩的客观指标之一，是专业技术职务晋升需要。发表在国内尤其是国外期刊论著数量直接或间接地反映了个人的科研水平和学术地位。研究生需要一定数量和质量的论文满足学校对于研究生毕业的基本要求。此外，一些单位和科研机构出台的论文发表奖励措施也影响了作者的写作动机。

（二）坚持实事求是

实事求是是论著写作的基本道德。伪造数据、篡改数据、主观臆断、任意取舍都是论著写作中的大忌。对突破性成果必须有确凿的证据，并设定其适用范围。注意论文用词的科学与严谨，作者在文章中慎用“国内外尚未报道”、“首次报道”、“填补国内外空白”等词句。论文的价值是需要通过他人评阅和历史来检验。

（三）杜绝剽窃抄袭

剽窃抄袭是论文大忌。其表现形式多样，例如完全照抄他人的材料方法与结果，引用他人的观点没有注明出处，过度引用等。有意抄袭他人成果，观点，不仅涉及道德问题甚至涉及法律版权问题，轻者论文撤回，重者官司缠身。我国司法实践中认定剽窃（抄袭）一般来说应当遵循两个标准：第一，被剽窃（抄袭）的作品是否依法受《著作权法》保护；第二，剽窃（抄袭）者使用他人作品是否超出了“适当引用”的范围。关于“适当引用”的数量界限，我国《图书期刊保护试行条例实施细则》第十五条明确规定：“引用非诗词类作品不得超过2500字或被引用作品的十分之一”；“凡引用一人或多人的作品，所引用的总量不得超过本人创作作品总量的十分之一”。因此，论著写作中，对于非常识性的重要观点要做到文献引用。切忌将他人的原创观点挪为己用。坚持公开、公正、严谨、自律的论文创作过程，防止和杜绝发生抄袭、剽窃、造假等不良行为和重大学术失误。

（四）合理引用文献

学术论文中所使用的他人研究成果，包括观点、结论、数据、公式、表格、图件、程序等必须一一注明原始文献的出处，不使用未经亲自阅读过的二次文献；所有使用过的文献应该在文后全部按文献标注规范详实列出，避免遗漏和错误，防止和杜绝侵害他人知识产权。作者通过引用参考文献反映论文的科学依据，体现尊重他人研究成果的态度。科学文献的引用和被引用说明了科学知识和情报内容的继承与利用，但其引用动机比较复杂。

按照学者温斯托克（M. Weinstock）的研究，文献引用的动机有以下15种：

（1）对开拓者表示敬意；

（2）对有关著作给予荣誉；

（3）核对其所用的方法及仪器；

（4）提供背景阅读资料；

（5）对自己的著作予以更正；

（6）对别人著作予以更正；

（7）评价以前的著作；

（8）为自己的主张寻求充分的论证；

（9）提供研究者现有的著作；

（10）对未被传播、很少被标引或未被引证的文献提供向导；

（11）验证数据及物理常数等；

（12）核对原始资料中对某个观点或概念是否被讨论过；

（13）核对原始资料或其他著作中的起因人物的某个概念或名词；

（14）承认他人的著作或概念；

（15）对他人的优先权要求提出争议。

因此论著作者应该根据实际情况做到合理引用文献。对于可能引起偏倚、误解、争议和违法的引用或不标引的情况，应特别慎重。

（五）正确署名致谢

署名要实事求是，根据作者贡献大小依次署名。致谢必须实事求是，应防止剽窃掠美之嫌，也勿强加于人，如未经允许写上专家、教授的名字，以示审阅来抬高自己。正确地标注研究成果是考核项目完成情况和各类基金资助效果的重要依据，也是评审受资助者继续申请科研基金的主要根据，因此基金资助项目的研究成果，必须严格按各基金规定在致谢部分进行标注。

（六）遵守投稿指南

投稿指南是期刊编辑部对论文准备、投稿、发表做出的详尽的规定，例如征稿范围与栏目设置、稿件书写格式要求、参考文献著录格式、图表要求、稿件发表与审理程序等。论著作者应该按照投稿指南要求组织文章，撰写文章。特别是文稿格式、结构要素要符合投稿指南的要求。一篇论著被拒后改投其他期刊，应该按照新期刊的投稿指南要求来重新编排文章。

（七）符合医学伦理

医学论著的写作必须符合医学伦理道德。例如在文章中不要出现病人的姓名和病人的隐私；在材料和方法中要对受试对象为动物和人的实验进行伦理学许可声明；对于刊登的病人照片要遮住患者的面部或者眼部；对于社会敏感的医学伦理问题例如安乐死、堕胎等在文章中要注意遣词造句，不能带有感情色彩，要注意正方与反方的感受。

第二节　论著撰写步骤

科学研究者素质包括：自身素质（个人品德与意志）、专业知识能力与水平（研究领域新进展）、知识创新能力（科研设计、文献检索、统计学）、文字语言运用能力（包括母语和外语）、计算机应用技术（包括软件和网络的应用）、跨学科学习、科研合作能力、获取知识解决问题的潜力。这八个方面是每一个探索者的成功起点。高品质医学研究就是在这些基础上起步的，无论是选题、设计、实施到论文的写作都是如此。论文写作在某种意义上说是以上八个方面的综合体现，一个成功的论文作者应该全方位具备这些素质，并且熟悉论文撰写发表流程和相关技巧。

论文动手写作之前，作者还需回答以下几个问题：①本专业领域里，该方向的研究多不多？②同类研究一般发表在哪些期刊？③目前的研究前沿是怎么样的？④自己的研究的目的是什么？⑤有什么独特或创新的地方？⑥是否是按照当前的主流方法进行研究？⑦研究结果能解释什么新问题？⑧可以推导或总结出什么结论？⑨研究方法是否有明显缺陷？上述问题的回答有助于作者量化判断现有的实验结果是否构成一篇论著，以及能够发表在什么水平的期刊上。具体写作撰写步骤和程序如下：

一、资料准备

论著写得好坏，关键在于准备。会写论著的人，一般总是三步过程。论文写前深思熟虑，全局在胸；充分打好论文腹稿和写作思路，提起笔来，一气呵成；写出论文初稿后，反复通读，千锤百炼。不会写论文的人相反。他们不假思索，拿起笔来就写，写几下就停，去找材料，查数据，补实验。笔头感觉仿佛有千斤重。这两种人的差别在于准备状况的不同，这是很多初写论文的人意识不到的。作者在论著起草之前应该从以下方面准备：

1. 文献 首先是围绕研究问题收集文献资料。虽然在科学研究或临床观察前后，已对有关文献资料和学术科研进展进行了搜集和分析，但是在撰写科研论文时仍要查阅大量有关文献，以作为对已掌握的文献的补充。如果没有这些最新、最经典的参考文献，要想使论文达到新颖和独创性是不可能的。作者掌握研究问题相关文献越多，越容易撰写自己的论著。搜集文献资料应特别注意以下几方面的内容：①在方法上沿用前人的，或在前人的基础上加以改进的；②背景知识介绍支持作者观点的；③在理论认识上支持本文观点的；④前人研究的结论与自己文章所述不同，需要加以说明的；⑤国际权威期刊或者高水平杂志发表的与研究内容相关的文献；⑥好的表达句式和单词。将这些资料搜集好后，做好记录和标识，以备撰写文章时使用。由此可见，查阅搜集文献在整个科研和写作过程中的重要性及必要性。搜集文献的过程也是管理文献的过程。为了提高文献管理的效率，作者应该掌握一款常用文献管理软件（例如 EndNote 软件）的使用。文献管理软件的运用对于提高论文写作速度，满足期刊文献著录要求起到事半功倍的作用。

2. 实验数据 实验资料和数据是论文的基础，也是评判论文水平的关键指标。查阅实验记录本和相应的电子文档，对原始数据进行整理和初步的归纳分析，做到去腐存精，去伪存真，加以提炼取舍。其方法一是在科学思维中形成结晶，另一是将结晶的论点对照资料，然后对资料进行分别归类、并列成图表，以示醒目；也可借图表推进思考，获得更好的启发。此外，对实验过程中涉及到的各种特殊仪器的型号和各种缓冲液配方以及主要试剂的货号和生产厂家等，也应即时准确地整理出来。根据实验数据的表示法，通常有列表法、图形法和方程式法。作者应该选择合适的数据处理、数据分析、科技绘图软件，在实事求是的基础上，对数据和资料进行数据编辑和加工，整理成图表。这部分工作有时在实验结果分析时已经完成，有时需要在论文起草前集中汇编。对于原始照片，要做好扫描工作并根据期刊要求利用图片编辑软件做适当裁剪和编辑工作。

3. 计算机知识和软件 随着电脑的普及，网络投稿成为主流。为了提高论文写作质量和速度，作者应该掌握常用论文写作发表相关的计算机应用技术，包括一些常用软件的使用与技巧。例如，①文字处理软件：例如微软办公软件 WORD；②文献管理软件：例如 EndNote；③统计作图软件：例如 SPSS、Origin、SigmaPlot；④翻译软件：如新编全医药学大词典；⑤图片编辑处理排版软件：Photoshop、Illustrator；⑥PDF 文献阅读软件：Adobe reader；⑦搜索引擎：Google、Yahoo。

二、写作构思

作者系统复习文献和已有的原始资料后，确定写作思路，包括论著表述重点和核心，提炼观点，明确结果，并提出结论，在此基础上对研究结果进行科学取舍。依据论文格式，来思考如何进行反映主题思想，并融化在整个文章之中。通常一篇论著只回答和解决一个科学问题，科学问题有大有小，任何结果或者论点都围绕科学问题多层次、多水平展开。作者在研究中可能得到很多结果，对于无关的、不是直接有说服力的结果应该去掉，展示紧密相关联有说服力的结果。此外，作者还要回答哪些结果是重复文献报道，哪些结果具有独创性。作者需要运用辩证唯物主义的观点，分析一下设计中哪些观点在理论上成立，而在实验中得到证实；哪些观点在实验中没有得到证实或未完全证实，需要进一步设计实验验证；哪些现象和指标超出原来设想，而且可能有新的启示，需要进行新的分析；哪些结果还需要其他实验证实；哪些结果通过对实验材料和实验模型的分析，提炼出实验材料和模型能说明的观点和能得到的结果，提出结论，使实验材料和理论认识充分结合起来。通过以上的准备工作，作者应该综合初步判断研究结果能发在哪个级别的期刊，进一步阅读该期刊投稿指南，确定写作思路和侧重点（如偏重机制阐明，偏重疾病模型，偏重治疗干预等），完成结果的筛选，并列出简单的结果列表，例如图 1、图 2、图 3 分别是什么，是否包含有小图，例如图 1A，图 1B 等，最终明确写作要素的先后次序。

三、拟定提纲

有人讲写论文就是讲故事。故事本身的曲折新奇程度决定论文发表期刊的档次。如何讲，讲到何种程度需要作者构思思路。思路明确后，撰写论文之前，作者应先拟定提纲作为全文的骨架，使其形成结构，疏通思路的作用。一方面，有了一个好的提纲，就能纲举目张，提纲挈领，掌握全篇论文的基本骨架，以便有条理地安排材料、进一步明确层次和重点，展开论证，文章才写得有条理，结构严谨，层次清楚。另一方面，提纲是论文逻辑构成的写作设计图。通过提纲把作者的构思、观点用文字固定下来，做到目标明确，主次分明，随写作思路和文献复习的进一步深化，会有新问题、新方法和新观点的发现，使原来的构思得到调整、修改、补充和完善，有利于及时发现问题，避免大返工。

论文提纲的拟定的基本要求：①要有全局观念，从整体出发去检查每一部分在论文中所占的地位和作用。看看各部分的比例分配是否恰当，篇幅的长短是否合适，每一部分能否为中心论点服务；②从中心论点出发，决定材料的取舍，把与主题无关或关系不大的材料毫不可惜地舍弃；③要考虑各部分之间的逻辑关系。

论文提纲分为详细提纲和简单提纲两种。简单提纲是高度概括的提要式提纲，只提示论文主体的主要要点。这种简单提纲构成了文章粗线条，是文章大标题的缩写。例如，以《p53 蛋白在胰腺肿瘤细胞化疗中的作用》为例，简单提纲可以写成下面这样：

题名：p53 蛋白在胰腺肿瘤细胞凋亡中的作用

（一）前言

1. 胰腺肿瘤的特点
2. p53 的主要功能

（二）材料与方法

（三）结果

1. 胰腺肿瘤细胞与正常细胞 p53 蛋白的表达差异
2. 化疗药物对胰腺肿瘤细胞 p53 表达的影响
3. 抑制 p53 表达对化疗药物所致胰腺肿瘤细胞凋亡的影响
4. 过表达 p53 对化疗药物所致胰腺肿瘤细胞凋亡的影响

（四）讨论　详细提纲，是把论著的主要论点和展开部分较为纤细的列出来，是经过作者深思熟虑构成的，是医学科研工作者常用的写作方法。例如，以《p53 蛋白在胰腺肿瘤细胞凋亡中的作用》为例，详细提纲可以写成下面这样：

题名：p53 蛋白在胰腺肿瘤细胞凋亡中的作用

（一）前言

1. 胰腺肿瘤的特点

（1）发病率呈显著上升趋势

（2）存活率低，病死率高

（3）肿瘤细胞对化疗药物的不敏感性是其中重要原因

2. p53 的主要功能

（1）重要的肿瘤抑制基因

（2）p53 突变

（3）p53 与细胞凋亡的关系

3. 研究问题的提出

（二）材料与方法

1. 主要试剂

2. 细胞系

3. 主要方法：基因转染，RNA 干扰，RT-PCT，蛋白质印迹，流式细胞仪检测

4. 统计学处理

（三）结果

1. 胰腺肿瘤细胞与正常细胞 p53 蛋白的表达差异

（1）mRNA 水平

（2）蛋白水平

2. 化疗药物对胰腺肿瘤细胞 p53 表达的影响

（1）mRNA 水平

（2）蛋白水平

3. 抑制 p53 表达对化疗药物所致胰腺肿瘤细胞凋亡的影响

（1）生化指标：Caspase 活性，DNA 碎片

（2）形态学指标：凋亡百分率

4. 过表达 p53 对化疗药物所致胰腺肿瘤细胞凋亡的影响

（1）生化指标：Caspase 活性，DNA 碎片

（2）形态学指标：凋亡百分率

（四）讨论

1. 胰腺肿瘤细胞与正常细胞 p53 蛋白的表达差异的意义

2. 化疗药物对胰腺肿瘤细胞 p53 表达影响的意义

3. 改变 p53 表达水平对化疗效果的影响及可能机制

四、论著起草

拟写草稿就是根据提纲和写作思路，把要写的内容依次连接起来，把实验数据和资料进行归类分析。它是对论文内容和形式的再创造过程，也是论文写作最重要的阶段。草稿的拟写方法有多种。实验研究论文的撰写多采用顺序写作法，即按照医学论文和期刊的规范体例或提纲顺序介绍研究背景，提出研究问题，展示自己的研究结果，阐述自己的观点，分析实

验数据，得出实验结论。除了一气呵成，也可采用分段写作法，此种写作法多是作者对论文的中心论点已经明确，或提纲已形成，但对某一层次的内容没有把握或没有考虑成熟，而暂放一下，可先写好已经成熟的段落内容，待内容成熟或进一步实验后再写作，这样不受顺序的先后限制，采取分部写作，例如分别完成首页、前言、材料与方法、结果、讨论、图注、参考文献等，最后依次组合而形成初稿。完成全文后，需进行前后对照检查，使全文风格一致，层次清楚，衔接紧凑。在论文起草的过程中，作者不要拘泥于细节例如文章的时态和语态，标点符号等，应该尽快地将文章的主体框架完成，这样一方面增强了作者撰写的动力和热情，另一方面为论著修改提供了一个毛坯。

论文撰写时，特别需要注意论述的逻辑性。论著就是作者通过各种研究结果来证明自己的学术观点。初学撰写论文的人常犯的毛病，是论点和论据没有必然联系，有的只限于反复阐述论点，而缺乏切实有力的论据；有的材料一大堆，论点不明确；有的各部分之间没有形成有机的逻辑关系。

五、论著修改

修改是论文写作中不可缺少的工作。无论是初写者还是经验丰富的作者，在初稿完成后都要经过一番审读、推敲、修改才能定稿，做到文要切题、词要达意、段落分明、行文流畅、内容科学。有人认为完成初稿只是完成写作的一半工作。修改能够提高论文的质量，增强作者对科学问题的认识，并且提高作者的写作技巧。修改是对初稿内容的进一步深化和提高，对文字进一步加工和润色，对观点进一步订正，对细节进一步确定。论著修改主要目的是发现一些细微的错误，使论文更规范、更科学、具备可读性。修改过程中应注意以下几个方面的内容，即方法是否正确，材料是否可靠、结果是否精确、观点是否正确、结论是否科学客观、文题与正文是否相符、论点是否鲜明；论据是否充分、论证是否严密、中心是否突出、详略是否得当、布局是否合理、格式是否齐全、图文数表有无重复、标点是否正确、用词是否符合医学术语、文字是否通顺简洁、有无错别字、单位符号是否正确、统计方法是否正确等等。

（一）常见论著修改方法与技巧

1. 分类修审　论文初稿完成后做全面的加工、增补、删减、调整润色直到定稿。作者可以遵循写作要素集中分类重点修审。例如，集中修改审校时态语态，集中修改审校单位符号，集中修改审校文字上下标等。做到有的放矢，避免多次通读视觉疲劳引起的遗漏。发现文字表述错误后，要学会使用 Office 软件中的搜索查询替换功能，这样能将同类错误一次全部更正。对于英文论文，最好请母语为英语的同行专家进行文字和语法的校正。此外要学会使用搜索引擎例如 Google 校正英文论文遣词造句，输入主题词或者关键词，利用 Google 查询类似表述方法，避免中文式英语出现。

2. 文献修审　论文初稿完成后，作者此时有必要回过头来再对一些经典文献仔细研读。在英文论文写作时，每增加一篇外文文献的阅读，都会对论著的修改起到意想不到的作用。此外，做到发现问题即时修正，避免过后遗忘。

3. 搁置修审　长时间反复的通读论著初稿，作者容易出现思维定势，不容易发现新的错误和纰漏。此时可以将论文放置一段时间，当自己头脑清醒，思维受到新的刺激，有新的感受时，就可以发现论文需要修改的地方，有时修改可能造成论文改头换面，甚至推倒重来。

4. 他人修审　有时，由于作者自己的思路有一定的局限性，可能对文章的某些问题认识不足或对初稿的偏爱，一时难以对文稿作恰当的增补和删减。为了保证质量，还要请同行专家修改或提出意见，这样才能使论著质量更高。多人修审校对时，要开启 WORD 中的修订功能，这样能够显示文档修改调整的文字，便于论著主要撰写人员最后取舍定稿，选取最好的改法和表达方式。

（二）SCI 论著修改检查细节

鉴于 SCI 论著在版面要求、写作方式的不同，作者应该在定稿之前重点对下列细节进行全面检查：

1. 语言问题　例如是否有中国式思维的英文句子。语言问题是 SCI 论著投稿被拒的最常见原因。解决办法有以下几种：①自行解决：作者可以开启 Word 软件中的拼写和检查工具，将显示可能有错误的词句单独挑出来，然后通过点击右键中 Word 的自动更正功能，可以修改小的文法和拼写错误。对于不能修改的句子，例如 Word 软件显示为“片段，并非完整的句子”，此时作者可以将该句输入到 Google 搜索引擎中，对比搜索结果，对句子的结构，时态和语态进行调整纠正。此外，借助一些常用的医学翻译软件，例如新编全医药学大词典，发现和纠正一些常见医学专业词汇拼写错误；②他人解决：请母语为英语的同行修订，既能保证语言不出问题，又能对专业内容进行提出建议，是最为科学的解决办法。此外可以借助丁香园医学论坛，通过求助的方式确定一些词句表述方式；③商业解决：目前有些 SCI 杂志或者论文翻译修改公司提供有偿论文英语修改服务。这种方式最简单和快速。但是需要作者支付大笔费用，而且通常只能发现和修改语言问题，不能纠正专业问题。

2. 版面格式　一定要严格按照所投杂志的要求来排版，具体可以参考投稿指南的要求和该杂志最近发表的文章。在版面格式上要做到一模一样，认真对待。部分杂志在编辑初筛阶段可能因为你的格式不符合期刊要求，而直接拒稿。

3. 避免在文章中使用“首次发现”、“首次报道”、“该研究特别有意义”的语句。国外的审稿人非常忌讳上述表述。作者应该陈述事实，尽量少使用一些“最高级”用词的描述方式。是不是首次发现由他人说了算，有没有意义需要时间来检验。

4. 首页有什么特殊要求？比如是否写清了通讯作者和页眉标题（running title），页眉标题是否符合字符数要求，一般 50 个字符以下。首页是否要求标明全文字符数。首页是否要求提供关键词。现在很多杂志在论文正式出版的时候是看不到关键词的，关键词一方面帮助编辑部对文章进行图书情报学上的论文索引，此外也为编辑部选定审稿专家起辅助作用。

5. 摘要是否为有特殊格式（比如格式摘要：目的，方法，结果，结论），是否有字数限制。

6. 参考文献著录格式一定要符合杂志的格式。作者使用文献编辑管理软件可以避免著录格式的错误。如果使用手工著录，作者要注意正文和结尾文献清单的编号是否一致、参考文献的数目是否有限制、是否引用正在出版的（in press）文章或未公开的（unpublished da-

ta）数据等。

7. 是否引用了著名杂志的文章为参考文献（大家看影响因子超过10的杂志文章，他们引用的文献多数也是来自10以上的杂志，也就是说高影响因子的杂志就尽量不要引用低档杂志的文章，这是一条论文撰写发表过程中的潜规则）。

8. 引用了几篇该杂志的文章作为参考文献（有的杂志有明确要求要引几篇，有的没有要求，但是编辑在还是喜欢作者多引用他们杂志的文章）。

9. 注意文章中不要有中文输入法情况下的标点符号。国外的计算机操作系统由于没有安装中文语言包，可能对一些中文字符识别为乱码或者为非法程序。

10. 标点符号是否正确？空格是否恰当？上下标是否正确？

11. 注意缩写的格式，时间表示的格式，希腊字母的格式。

12. 斜体是否标明（例如基因名，微生物名词，*in vitro*，*in vivo* 等）。

13. 材料与方法中试剂后的厂家是否符合该杂志的要求（有的不但要标明公司名字和国家，还要标明城市名和货号）。

14. 是否进行了伦理道德的声明。动物实验和人体实验一定要在材料和方法部分说明经过了伦理委员会的批准同意后才进行的科学研究。

15. 图表是否符合杂志的数目（number）、大小（size）和分辨率（resolution）的要求？有几副彩图？能否支付彩图发表时的费用？图的格式类型是否有要求？图的模式是否有要求，比如过去一般要求是 CMYK 模式，现在很多杂志要求 RGB 模式，满足在线出版。

16. 图表是放在后面，还是插入在文章中，或者单独成为一个文件。

17. 字数是否符合杂志要求。有的杂志对字数也有要求。比如最多8个版面。他一般会告诉你怎么推测自己的文章占几个版面，比如有的杂志大约是8000个字符数（characters）为一个版面（包括空格）。

18. 全文的字号行距是否符合要求。一般杂志要求是12号字（12-point），双倍行距（double space）。

19. 是否进行了致谢，确认基金资助号是否有错误。

六、论著定稿

经过几轮修改和全部作者审阅同意后，论文完成了定稿，此时可以根据期刊的要求准备打印稿，或输盘、储存电子稿，为论文投稿做最后准备。对于定稿的稿件要做好文件命名。为了便于稿件管理和识别，文件命名最好包括以下要素：题名，最后修改日期，拟投杂志全名或缩写。

第三节　论著撰写体例格式

近年来医学论著有了好几个格式标准。例如：①中文期刊有过国家标准的四个部分，即前置、主体、附录、结尾；②惯用格式，包括题名、作者及所在单位、摘要、关键词、引言、正文（含结论）、致谢、参考文献、附录；③温哥华（Vancouver）格式，即导言（introduction)、材料与方法（material and method)、结果（result）和讨论（discussion)；④期刊特殊格式，例如有的杂志将论著结果和讨论合二为一，要求描述结果和进行讨论同时进行。其中，温哥华格式是最重要、最广为采纳的生物医学期刊投稿的统一要求。

论著文章所要求的温哥华格式构架为引言、材料与方法、结果、讨论，但这个构架还没有包括文章的其他重要和应有部分，如扉页、摘要、致谢、说明（插图、表格及图表注解）和参考文献等。

温哥华格式对论著各格式要素基本要求简述如下：

（1）扉页　内容包括一个简明、贴切的标题，所有作者的全名、工作单位、最高学位、所在科室和部门、稿件声明、通讯作者、再版须知、研究资金来源、页眉标题、字数统计（正文字数及摘要字数)、插图表格数量、参考文献数量、作者贡献等（最终格式由杂志来定夺)。

（2）摘要和关键词　摘要讲述研究的背景、目的、过程、主要结果和结论。摘要中的数据必须与正文保持确切一致。关键词用于文章的交叉索引，应采用美国《医学索引》（index medicus）所提供的医学主题词。

（3）引言　引言是导出当前研究题名、假设和目的所需的一段简明合理的引子。

（4）材料与方法　写入研究计划或方案确立当时已有的材料。研究过程中取得的材料应放在结果部分。应对研究对象加以详细叙述，点明研究的作用和过程。所有技术性资料应作详尽交代，以便他人可以重复验证。在统计分析方面，应使审稿人和读者能够检查研究方法和结果的合理性，因此除了注重统计学结果处理以外，还要注重资料的量化。

（5）结果　通过对文章内容、表格和插图进行合理综合后，对数据进行扼要表述，不得啰唆。如果有大量的重要附加材料或补充材料，可能会打断主文本内容的流畅性，应归为附录，尤其是电子版的附录形式。

（6）讨论　阐述本研究的新颖性和重要性，也就是本文值得发表的理由。阐述本研究的不足之处，并检验其对结果造成的影响。

（7）参考文献　格式大体上依据美国国家医学图书馆的 ANSI 格式，要求引文按照在文章中出现的顺序进行编排，引文题名的缩写方法依照《医学索引》的风格。

第四节　论著正文撰写

一、题名

（一）题名的定义

论著题名（title）又称“题目”、“文题”、“标题”或“篇名”，对论文起画龙点睛的作用，需简明、确切、醒目。有的题名还包括副标题或引题。中国国家标准 GB7713-87 规定：“题名是以最恰当、最简明的词语反映报告、论文中最重要的特定内容的逻辑组合。题名所用每一词语必须考虑到有助于选定关键词和编制题录、索引等二次文献可以提供检索的特定实用信息。题名应该避免使用不常用的缩略词、首词字母缩写、字符、代号和公式等。题名一般不宜超过20字。报告、论文用作国外交流，应有外文（多用英文）题名。外文题名一般不宜超过10个实词。”

（二）题名的作用

1. 题名是论文的总纲　医学论著的题名是在文章完成之后作者在统观全文内容的基础上抽提出来的，能充分反映论文的研究范围和深度，高度概括和准确揭示论文的核心内容和重要论点，尤其是其创新性内容在题名中应得以体现。题名对论文起了画龙点睛的作用。题名应以最少的字数表达出最大的信息量，科学但不晦涩，准确但不繁琐，从而使读者见一斑而知全豹。

2. 题名是读者决定是否阅读全文的第一向导　读者通过浏览题名可大致了解论著论述的内容和涉及的范围以及创新性。故看了题名就初步知道是否符合科研或临床工作的需要，从而决定是否应该详细阅读它。由此可见，题名是指引读者阅读的航标。

3. 题名是文献检索编制的依据　当前知识爆炸、文献爆炸，要有效地阅读科技文献，首先依赖文献检索。文献检索依赖于科技情报工作者的文献编制。医学论著的题名是制作专题文献的最主要信息源。早在20世纪60年代，论文的“题名”在文献检索中的地位就取代了“统治”了近百年的“作者”的首席地位。在手工检索工具中，如美国的《医学索引》（Index Medicus）、《现刊目录》（Current Contents）和我国的《中文科技目录·医学卷》等都只标明论文的题名，读者只能根据题名判断文章内容，然后决定是否收集和阅读原始文献。而在现代科技数据库的建设中，“题名”已被ISO标准确定为“摘要”不可或缺且不需重复的成分，并成为现代网络检索技术中的重要“点击”源。此外，题名常是关键词的重要来源，而手工检索和计算机检索中都是根据关键词查找文献的。为此，科技论文的题名需要考虑尽可能包括全部主题词，有助于选择关键词和编制题录、索引等二次文献信息，以确保读者在检索时既快速而又不偏、不漏。

4. 题名是增加作者论著被引用的重要参考　SCI即《科学引文索引》，是自然科学领域基础理论学科方面的重要的期刊索引数据库。论文被SCI收录和引用，成为评价作者国际学术地位、基础科学研究水平、科技创新实力和科技论文质量的国际通用的依据，许多国家和地区均以被其收录的论文情况作为其学术水平的一个重要指标。一篇完整的科技论文应该力求规范统一，必须满足国际检索系统对论文格式的要求。他人在引用文献时，同等条件下，如果某篇文献的题名准确反映了研究工作的科学问题，而且内容简明而有特色，这样的论文容易被其他学者引用。

（三）确定题名的原则

1. 言简意赅，引人入胜　根据国家标准GB7713-87规定，题名一般不宜超过20字，英文题名中实词不超过10个。但鉴于一些医学专用名词本身很长，实际上很多中文医学期刊刊载的论著题目字数都超过了20个字。国际英文期刊在投稿指南中也通常会对题目的字数进行限制。医学科研论文应尽量简明扼要，简短精炼，避免繁琐冗长，与主题无关的词应删除，在不影响全面概括文章内容的情况下，能省约的字一律省去。题目是研究内容的高度浓缩。有的作者在撰写题名时生怕读者看不懂，恨不得将文中所有内容列出，这样题名就变成了专业名词术语的堆砌。因此作者应删繁就简，一目了然，力避套话、空语。所谓简明，就是文字简炼、易懂。同时忌同义、近义词连用。如“…的分析研究”中“分析”与“研究”同义，取“研究”即可，将“分析”删去。例如，“盐酸伐昔洛韦分散片治疗儿童水痘的疗效和安全性随机对照多中心研究”。题名力求醒目，引人入胜。所谓醒目，是指引人注目，能吸引读者产生非读不可的兴趣。要达到醒目，必须要靠内容的新颖。此外，论文的样本数大者，国内期刊喜欢在题名中突出病例数以吸引读者。例如“139 例小儿原发性膀胱输尿管反流临床分析”。但是，SCI 期刊很少在题目中出现样本数。

2. 准确反映论文的内容，符合其深度和广度　论著包括引言、资料与方法、结果及讨论等部分。而论文题名仅一句话，不可能反映如此多的内容，一般仅反映主要研究对象、方法、目的或结果。题名应准确反映论文的内容、范围、深度和广度。所谓准确，就是恰如其分地描述，不能夸大或缩小，更不能名不副实，偷换概念。所谓深度，就是通过题名显示研究问题的研究水平、技术含量。所谓广度，就是要求文题显示研究意义的普遍性，能够得到多个领域的同行关注。

3. 客观、含蓄地描述研究结果　一篇论文中结果是主要的，由结果升华到结论更是可贵的。在中文医学期刊题名中，一般不具体提结果和结论，而只作客观地、含蓄地描述。常以价值、意义、作用、影响及观察等词进行描述。例如，“…的价值”，“…变化的意义”，“…的影响”，“…的作用”，“…的实验研究”及“…的临床观察”，至于真实的结果和结论如何，留待读者自己去阅读和评论。如，“139 例小儿原发性膀胱输尿管反流临床分析”、“乙型肝炎病毒宫内感染对新生儿外周血细胞因子干扰素 γ 和白介素 4 的影响”、“c-Jun 氨基末端激酶信号转导途径在哮喘大鼠气道重塑过程中的作用作者”、“脑源性神经营养因子及神经干细胞移植治疗新生大鼠缺氧缺血性脑损伤的实验研究”、“儿童急性淋巴细胞性白血病 E2A/PBX1 融合基因的检测及临床意义”等。但是由于文化背景的不同，英文期刊中经常出现以结果或结论来命名的题名，并且部分带有描述性的形容词。如“Targeting heat-shock protein 90 improves efficacy of rapamycin in a model of hepatocellular carcinoma in mice”，其中“improve”，“改善”的意思，是对研究结果的说明；“p53 and Pten control neural and glioma stem/progenitor cell renewal and differentiation.”其中“control”，“控制”的意思，是对研究结果的说明；“Critical role of IkappaB kinase alpha in embryonic skin development and skin carcinogenesis”，其中“critical”，“关键性的”意思，说明研究对象的重要性，带有评论性的语气。总之，题名中一般不用含义过于笼统、夸张、空洞的华而不实的词汇。少用或不用虚词、冗长的形象词，而应选用简洁、专一、规范的名词术语。

4. 规范用词　医学论文题名所用的词语必须有助于选择关键词和编制题录、索引等二次文献，应适合学术交流和信息的需要。当前文献信息量呈几何级数增长，要有效地查找所需的医学科研文献，主要依靠关键词检索，由于题名是关键词的主要信息源，因此用词规范至关重要，不规范的专业用语绝对不能出现在标题上，另外要尽量避免使用非公知公用的缩略词、字符、代号和公式等。

5. 语法准确，结构合理　中文标题在文字表达上要符合现代汉语语法、修辞和逻辑规则，决不能出现语病，同时还要给人以美感，给人以耳目一新的感觉。英文标题在文字表达上要符合英语语法。医学论文题名撰写时应熟悉词与词之间的逻辑关系，组合时一般不采用动宾结构，而常采用以名词为中心词的偏正结构，另外还有并列结构、因果结构等。在分析题名结构时，还要注意词语的搭配是否恰当，判断的标准主要有三方面：科学性、语法规则、语言习惯。此外，尽量少用副标题。如果使用，中文的主题名和副题名之间常用破折号分开，而英文的主题名和副题名则用冒号隔开，且英文的表述比较简明。

6. 外延和内涵恰如其分 “外延”和“内涵”属于形式逻辑中的概念。所谓外延，是指一个概念所反映的每一个对象；而所谓内涵，则是指对每一个概念对象特有属性的反映。作者确定题名时，若不考虑逻辑上有关外延和内涵的恰当运用，则有可能出现谬误，至少是不当。常见不当的表现为文题大题小做或小题大做。

7. 符合期刊要求 国内中文期刊和国际 SCI 期刊对题名命名的总原则是一致的，即做到 brevity（简短性）、clarity（明确性）、indexibility（可检索性）、specificity（特异性）。但是国内中文期刊和国际 SCI 期刊在题名具体用词表述和题名框架上仍然不同，作者应该根据杂志特点、具体要求以及东西方文化和语言习惯做出适当调整。例如在英文题名大小写分 3 种情况：①全部大写；②实词首字母大写，虚词小写（有 4 个或 5 个字母以上的虚词首字母也可大写）；③第 1 个词的第 1 个字母大写，其余全部小写。作者应该根据杂志具体要求进行统一调整。

（四）期刊投稿指南对题名要求举例

1. 中文期刊

（1）《生物化学与生物物理进展》 文题应言简意赅。为方便检索系统收录，一般不超过 20 个字。文题中应使用规范的缩略词、符号、代号，非常见的外文科技名词和化学化合物名应写全称。文题应中英文对照分别按上述要求排在正确的位置。

（2）《癌症》 题目：力求主题突出，简明确切，一般在 20 字左右，最好不设副标题；英文文题：精练、准确，所有实词首字母大写。

（3）《中华儿科杂志》 文题：力求准确、简明，即准确表达论文的核心内容；能用一个字表达清楚的文题绝不用两个字；最好不设副标题。

（4）《中华血液学杂志》 文题：文稿均应提供中、英文文题。力求简明、醒目，反映出文章的主题，中文文题一般以 20 个汉字以内为宜。

2. 英文期刊

（1）《Cell》 Titles can occupy no more than three lines of type. Each line should contain no more than 38 characters, including spaces. The title should convey the conceptual significance of the paper to a broad readership.

（2）《Nature》 Do not exceed 90 characters (inc. spaces) for Letters, or 75 characters (inc. spaces) for Articles. Titles should not include numbers, acronyms, abbreviations or punctuation. They should include sufficient detail for indexing purposes but be general enough for readers outside the field to appreciate what the paper is about.

（3）《Blood》 Short title for the running head (not to exceed 50 characters, including spaces between words)

（五）确定题名的方法与技巧

1. 从论文设计的三大要素中确定题名　科研设计的三大要素为对象、处理和效应，即研究对象、研究方法和研究结果。通过三大要素确定论文题目是中文医学期刊采用的最常见方法。由于检测手段和研究方法的不断更新，作者通常运用多种研究方法去阐明科学问题，因此题名中出现研究方法的情况已经越来越少见。作者如果技术手段单一，可以在题名中出现研究方法，特别是一些采用新技术或者高通量筛查技术的论著，例如基因芯片、蛋白质组学等。一般而言，论文题名也由此三部分或其中两部分构成。例如，“儿童急性淋巴细胞性白血病 E2A/PBX1 融合基因的检测及临床意义”，研究对象为“E2A/PBX1 融合基因”，研究结果为“检测及临床意义”；“蛋白芯片技术筛选急性淋巴细胞性白血病患儿血清标志蛋白初步研究”，研究方法是“蛋白芯片技术”，研究对象为“血清标志蛋白”，研究结果为“初步研究”；“利用受体漂白荧光共振能量转移技术研究 β-分泌酶在活细胞内的二聚化”，研究方法是“受体漂白荧光共振能量转移技术”，研究对象为“β-分泌酶”，研究结果为“二聚化”。

2. 以主要机制、结果或结论为主立题　研究结果和结论是论文创新性的集中体现。读者或者同行审稿人通过对研究主要研究结果或结论的阅读，就能知晓论文的创新性。尽管这种形式在国内医学期刊并不常见，相反，国外 SCI 期刊发表的论著屡见不鲜。对于基础研究的论著，这样的题名通常要讲清楚研究结果的具体意义或者具体的机制。例如，“miR-29 miRNAs activate p53 by targeting p85alpha and CDC42”，告诉读者研究内容为“miR-29 活化 p53”，具体机制是通过“p85alpha and CDC42”起作用。“Human inhibitor of growth 1 inhibits hepatoma cell growth and influences p53 stability in a variant-dependent manner”，研究内容为“人生长因子 1 的抑制剂（human inhibitor of growth 1）对肝癌细胞生长和 p53 稳定性的影响”，具体机制是“通过突变体依赖性的方式”发挥作用。

3. 借鉴参考文献确定题名　论文撰写前后，作者都检索阅读了大量参考文献，每篇文献都有不完全相同的题名，作者可选择与自己研究内容相近的论文，借鉴其题名特点，确定有自己独特风格的题名。本方法是最有效、最快速的拟定论著特别是 SCI 期刊论著题目的方法。具体操作是根据作者文章内容的主要关键词（2 到 3 个），利用网络或者文献管理软件，检索中外文期刊数据库，获得大量相关的论文题名，通读和比较后，选取其中可以借鉴的题名主体结构，然后替换成自己的关键词，再做适当调整后就确定了自己的论著题名。下面以“p53 蛋白与凋亡”为例，借鉴文献确定题名。

（1）中文论著题名确定

第一步：进入中文数据库维普资讯（http://www.cqvip.com/index.shtml）（图 7-1）或其他中文期刊数据库主页。

第二步：进入高级检索界面（窗口右上角），定义检索项为题名出现 p53 与凋亡。其他设置可根据检索内容的冷热程度调整。例如，这里时间设置为“2000～2008”，专业设置为“医药卫生”，期刊范围选择为“核心期刊”。此外可以在拟投期刊下进行搜索，因为每个期刊编辑部在对题名要求上有一些共同点，对比分析某期刊所发论著题名特点，就能找寻一些共同点（图 7-2）。

第三步：获取检索结果，共发现 177 篇符合检索设置的文章（图 7-3）。

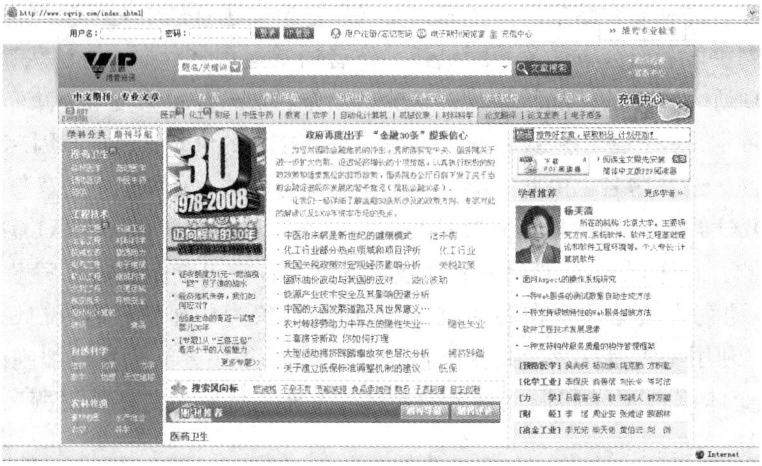

图 7-1 维普资讯的主页

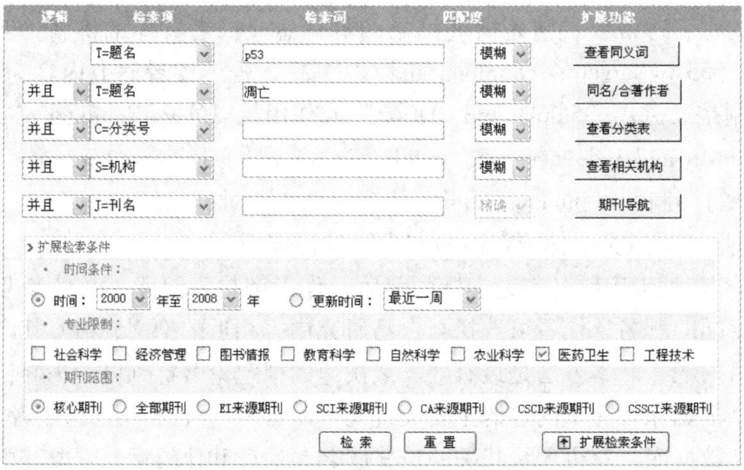

图 7-2 维普资讯的检索界面

第四步：浏览检索结果，选定合适的题名框架（下划线为前 10 条检索结果题名的框架）

1）题名：pcEgr-hp53 稳定转染联合 X 射线诱导人肺腺癌 A549 细胞凋亡及相关凋亡蛋白表达变化

2）题名：核因子-κB、p53 及 Bcl-2 在铅诱导 PC12 细胞凋亡中的作用

3）题名：p53 突变型胃癌细胞株细胞凋亡及基因调控机制的研究

4）题名：外源性碱性成纤维细胞生长因子对吸烟大鼠脑细胞凋亡及p53 表达的影响

5）题名：野生型p53 基因在人肝癌细胞的表达及诱导其凋亡

6）题名：喉癌中细胞凋亡与凋亡相关基因 Survivin 及p53 的研究

图 7-3　维普资讯的检索结果

7）题名：外源野生型p53 正向细胞凋亡调控因子基因对人胰腺癌 PC-3 细胞生长的作用

8）题名：低氧预适应对脑缺血-再灌注大鼠神经元凋亡及 P53 蛋白表达的影响

9）题名：三氧化二砷对肾癌 GRC-1 细胞凋亡及 p53、Survivin 基因表达的影响

10）题名：吴茱萸碱在诱导人黑色素瘤 A375-S2 细胞凋亡过程中对 SIRT1 和p53 蛋白的影响

第五步：综合分析，如有必要再次调整检索选项，确定作者自己的题名。

（2）英文论著题名确定

第一步：打开文献管理软件 EndNote，链接搜索数据库为 PubMed，并点击（图 7-4）。

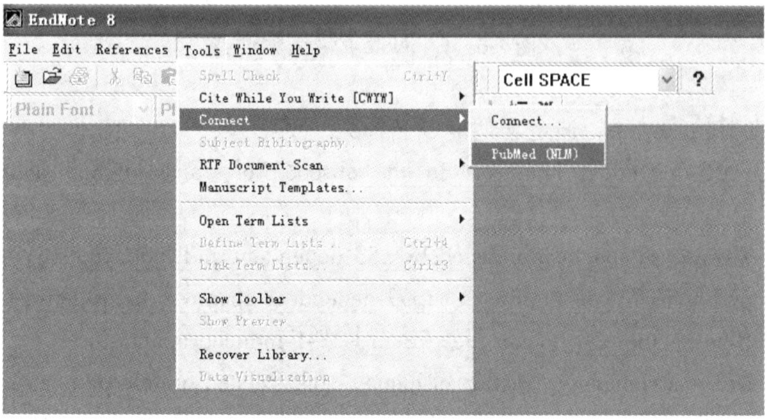

图 7-4　EndNote 的检索入口

第二步：在搜索界面中，设置检索项，题目（Title）为“p53”与“apoptosis（凋亡）”。期刊（Journal）为“Nature（《自然》）”。逻辑关系为“AND”，表示选择项同时出现（图7-5）。

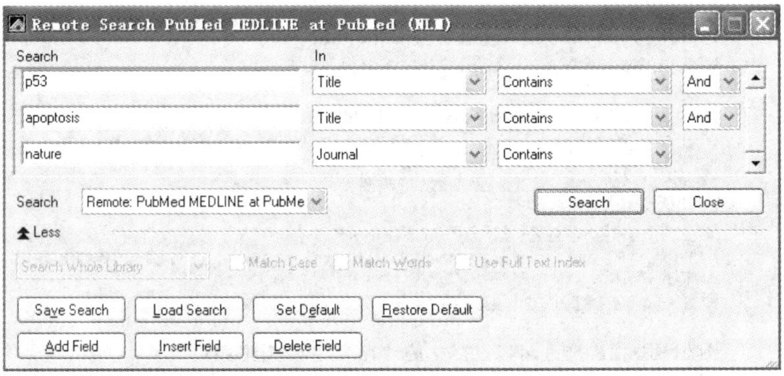

图7-5 EndNote的检索界面

第三步：点击“Search”，获取检索结果，共发现12篇符合检索设置的文章（图7-6）。

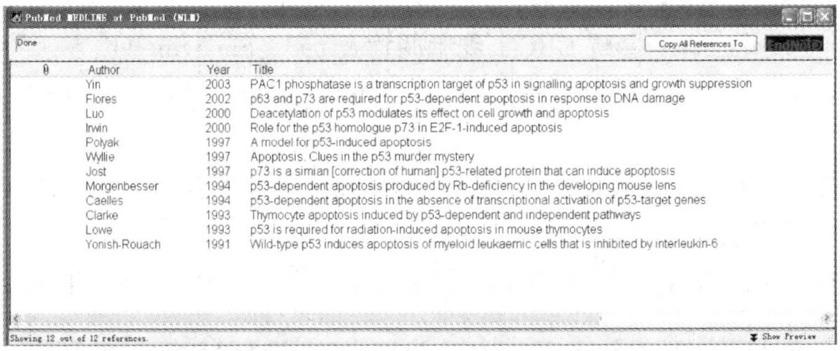

图7-6 EndNote的检索结果

第四步：浏览检索结果，选定合适的题名框架，例如

1）题名：p53-dependent apoptosis in the absence of transcriptional activation of p53-target genes

2）题名：Thymocyte apoptosis induced by p53-dependent and independent pathways

3）题名：p63 and p73 are required for p53-dependent apoptosis in response to DNA damage

4）题名：Role for the p53 homologue p73 in E2F-1-induced apoptosis

5）题名：p73 is a simian [correction of human] p53-related protein that can induce apoptosis

6）题名：p53 is required for radiation-induced apoptosis in mouse thymocytes

7）题名：Deacetylation of p53 modulates its effect on cell growth and apoptosis

8）题名：p53-dependent apoptosis produced by Rb-deficiency in the developing mouse lens

9）题名：PAC1 phosphatase is a transcription target of p53 in signalling apoptosis and growth suppression

10）题名：Wild-type p53 induces apoptosis of myeloid leukaemic cells that is inhibited by interleukin-6

第五步：综合分析，如有必要再次调整检索选项，确定作者自己的题名。

4. 筛选主要关键词合成题名　关键词是文章反映的主要内容，如能准确地选取关键词，选择合适的语法结构，进行逻辑组合，即为文章的题名。当然这种逻辑组合不是字面上的组合，而是内容上的逻辑组合。例如，“蛋白芯片技术筛选急性淋巴细胞性白血病患儿血清标志蛋白初步研究”，就是将3个关键词组合起来的，其研究对象为急性淋巴细胞性白血病患儿，方法为蛋白芯片技术，目的是观察血清标志蛋白。“细胞外信号调节激酶信号转导途径在哮喘大鼠气道重塑中作用及糖皮质激素的调控”，就是将“细胞外信号调节激酶”、“哮喘”、“气道重塑”、“糖皮质激素”四个关键词组合成的题名。

5. 根据目标期刊的特点确定　目前国内外期刊数目和种类都很多。即使是相同专业的期刊，每个期刊的收稿范围和读者对象不尽相同。作者在论文构思和起草前，已经初步选择了拟投期刊的范围，并且根据第一候选期刊的特点，在论文写作遣词造句以及写作重点等方面做了一些调整。论文主体撰写完成后，作者还需要根据期刊名字和收稿范围调整题名的内容。例如作者的文章内容是关于儿童白血病的研究，因此从内容看适合《中华血液杂志》，又适合《中华儿科杂志》。如果拟投《中华血液杂志》，作者应该在题名中强调血液学的内容。如果作者拟投《中华儿科杂志》，作者应该在题名中强调研究对象为儿童。国外SCI期刊更是如此，特别是一些期刊收稿量大，编辑要对文章的格式和内容进行初筛，并不对研究内容的科学性进行审查，将明显不符合期刊特点的稿件拒绝。题名是编辑判断文稿是否符合期刊收稿特点的第一向导。因此，好的题名有助于作者通过编辑部的初筛。

6. 反复推敲　论著完成初稿后，还要对题名进行反复推敲，看是否符合确定题名的原则，是否准确反映了文章的内容，是否简练醒目，引人入胜，是否用词规范，结构合理。最好是全体作者集体讨论协商，必要时还要请同事阅读，提出意见和建议，力争做到一篇好文章有一个好题名。此外，国内期刊编辑通常会对不合适的题名进行修改。相反，国外SCI期刊的编辑不会对题目进行修改，题目的确定是作者的权利。

（六）医学论著题名的常见问题

1. 题名冗长　目前，中文期刊对论题命名的长短有一定的共识，认为题名字数一般不超过20个字。题名冗长多为作者、编者对医学文献主题理解不深，不熟悉题名中必须具备的构成要素，使得题名内容重复、主次不分、重点不突出，其结果必将是无效信息点增多，信息资源浪费，题名冗长费解。文题要求短小精悍、醒目，反映出文章的主题。

2. 用词不准确　不能反映论著的内容。题名表达不准确，与论文内容有出入，文不扣题，文题不协调。

3. 题名不符　以全代偏，以偏代全。

4. 大题小作　题名过于夸大，言过其实。空泛不具体、可检索性差。

5. 小题大作　小题大作即文章题名具体，而内容涉及范围较广。

6. 选词不当　题名有提供给二次文献机构、数据库系统检索和收录的特有功能，因此应尽可能包含较多的关键词，以供标引者选用和读者检索之用。编辑出版已进入网络化时代，数字出版部门通过开发集成化的信息检索系统建立查询网络平台，加强文献资源的合理配置和利用，这均要求题名的词语规范，应将尽可能多的关键词包含在题名中，以提高读者的检索效率和查全率，提升论文的价值。

7. 缩写不当　因限于题名字数要求，目前很多期刊的题名中大量出现中文或英文缩写以满足这一要求。缩写不当可能造成信息遗漏甚至歧义。因此，题名尽量不使用不太为同行所熟悉的符号、简称、缩写以及商品名缩写形式。

8. 标点不当　多数观点认为，题名中尽量不出现标点，能用文字代替的尽量代替。目前，期刊题名中出现频率最高的是顿号，其实很多情况下可以将顿号省略，或用连词代替。

9. 数字不当　题名中除病例数多数期刊均用阿拉伯数字，目前主张题名中的数字尽量使用阿拉伯数字，但不包括作为名词或形容词的数字。

10. 省略不当　题名包含论文核心信息，省略不当会造成歧义。

11. 词序、语序、结构、时态不当　国内中文期刊论著题名通常采用短语，国外 SCI 期刊论著题名通常采用句子，且时态常用一般现在时。

12. 空话套话　采用"…浅谈"，"试论…"，"…初探"，"…漫谈"，"…之我见"等词。外文稿件中采用"Study of（on）…"，"Evaluation…of…"，"Observations on…"，"Exploration and discussion on…"等。

13. 概念模糊与逻辑错误。

（七）常见医学论著题名的表述方式举例

1. 中文期刊

（1）…对…作用的研究

1）人骨髓来源间充质干细胞对新生大鼠高氧肺损伤干预作用的研究

2）黄芪对 IgA 肾病模型大鼠免疫紊乱调节作用的研究

（2）…例…的研究

1）20 例汉族新生儿呼吸窘迫综合征肺表面活性物质蛋白遗传缺陷的研究

2）140 例婴幼儿腹泻的研究

（3）…对…的保护作用

1）钙蛋白酶抑制剂 3 对新生鼠缺氧缺血性脑损伤的保护作用

2）肢体缺血预处理对兔肾急性缺血再灌注损伤的保护作用

（4）…对…的比较研究

1）当归多糖与血小板源性生长因子、血小板生成素对巨核细胞造血影响的比较研究

2）不同剂型与剂量硝酸酯类药物分时给药方案的比较研究

（5）…变化及意义

1）川崎病 Toll 样受体信号途径调节因子变化及其意义

2）子痫前期孕妇血清胎盘生长因子与一氧化氮水平的变化及意义

（6）…的随机对照研究

1）预防乙型肝炎病毒母婴传播预防乙型肝炎病毒母婴传播的随机对照研究

2）水蛭素合用阿司匹林与单用阿司匹林或氯吡格雷治疗短暂性脑缺血发作的随机对照研究

（7）…特征分析

1）注意缺陷多动障碍混合型和注意缺陷型的神经心理特征分析

2）皇姑区女性性工作者艾滋病知识和性行为特征分析

（8）…危险因素分析

1）儿童传染性单核细胞增多症并发 EB 病毒相关性噬血细胞综合征临床危险因素分析

2）慢性阻塞性肺疾病医院感染危险因素分析

（9）…状态下…的变化

1）氧化应激状态下肺泡Ⅱ型上皮细胞修复存活、凋亡及调控因子 Bcl-2/p53 的变化

2）ARDS 状态下大鼠肺泡Ⅱ型细胞水通道蛋白 1 表达的变化

（10）…随访研究

1）吸入糖皮质激素与口服孟鲁司特治疗咳嗽变异型哮喘的疗效比较及随访研究

2）肝炎肝硬化患者免疫功能在脾切除后的随访研究

（11）…的监测

1）2000～2006 年北京地区婴幼儿乙型流感病毒感染的监测

2）新生儿高胆红素血症神经毒性作用的监测

（12）…地区…的分析

1）北京地区人群中人 Boca 病毒血清抗体的分析

2）合肥地区 1162 例正常人群骨密度的分析

（13）…危险因素研究

1）全国城市中小学生肠易激综合征危险因素研究

2）儿童白血病相关危险因素研究

（14）…病…的表达及其与…的关系

1）川崎病患儿外周血单核细胞趋化蛋白 1 的表达及其与冠状动脉损害的关系

2）胃癌及癌前病变中 Survivin 和 COX-2 蛋白的表达及其与 Hp 感染的关系

（15）…模型的研究

1）腺病毒介导的 p21 基因转染肺动脉高压大鼠模型的研究

2）迷走神经干刺激建立缓慢型心律失常动物模型的研究

（16）…的诊断价值

1）神经传导功能和 F 波在下肢瘫痪儿童中的诊断价值

2）血清食欲素 A 对儿童阻塞性睡眠呼吸暂停低通气综合征的诊断价值

（17）…方法检测…

1）寡核苷酸芯片方法检测儿童急性淋巴细胞性白血病融合基因

2）电化学发光 PCR 方法检测结肠癌中 K-ras 癌基因点突变

（18）…随机对照研究

1）一氧化氮吸入治疗新生儿胎粪吸入综合征的随机对照研究

2）PELFw 方案和 5-FU/LV 方案在高危胃癌辅助化疗中的随机对照研究

（19）…表达及其意义

1）半胱氨酸蛋白酶 3 和白细胞介素 8 在高氧暴露下早产大鼠肺组织中的动态表达及其意义

2）PTEN 与 P-糖蛋白在肺鳞癌与肺腺癌组织中的表达及其意义

（20）…对…的影响

1）地塞米松对大鼠胎肺形态结构及 Wnt 信号转导途径的影响

2）美满霉素对血管性痴呆大鼠 VEGF、IL-1β 和 TNF-α 表达的影响

（21）…表达研究

1）食物过敏动物模型中 T 调节细胞的功能及活化基因 foxp3、肿瘤坏死因子受体 mRNA 表达研究

2）兔颞下颌关节盘前移位后髁突软骨细胞 Fas 及 Caspase-8 表达研究

（22）…的表达…及…的调控作用

1）大鼠肺动脉高压模型结缔组织生长因子的表达及辛伐他汀的调控作用

2）TNF-α 在 MODS 鼠心肌中的表达及 p38 MAPK 的调控作用

（23）…突变分析

1）乙型肝炎病毒相关性肾炎患儿乙型肝炎病毒 S 基因突变分析

2）人工耳蜗植入患者的缝隙连接蛋白相关基因 GJB2 突变分析

（24）…改变及意义

1）高氧致慢性肺疾病新生大鼠肺组织尿激酶型纤溶酶原激活因子和纤溶酶原激活物抑制因子 1 表达的动态改变及意义

2）TLR4 表达在大鼠小肠缺血再灌注损伤中的改变及意义

（25）…的作用比较

1）亚硝酸乙酯和一氧化氮吸入治疗大鼠急性肺动脉高压的作用比较

2）尼尔雌醇与米索前列醇在绝经后妇女取环术中的作用比较

（26）…干预研究

1）心肺复苏后血浆组织因子和组织因子途径抑制物的变化及银杏达莫的干预研究

2）普伐他汀钠对兔激素性股骨头坏死的干预研究

（27）…调节/调控/抑制/促进…

1）肌球蛋白轻链激酶非激酶活性调节磷酸化肌球蛋白 ATP 酶活性及肌丝运动

2）CasPase-3 调控蟾酥诱导人肺腺癌（ASTC-a-1）细胞的凋亡

3）去整合素基质金属蛋白酶 19 抑制人正常胎盘来源滋养层细胞的浸润能力

（28）采用…研究…

1）采用 SELDI 蛋白质芯片技术研究氧化亚铁硫杆菌对磷酸盐缺失的反应
2）采用组织芯片技术研究 c-FLIP 在胃癌中的表达及其意义
（29）…表达及纯化
1）含短 C 肽人胰岛素原类似物 DesB30 在毕赤酵母中的表达及纯化
2）结核分枝杆菌 ESAT-6 蛋白的表达及纯化研究
（30）…参与…的表达/产生
1）MAPK/ERK 和 MAPK/P38 信号通路的活化参与沙眼衣原体诱导前炎因子的产生
2）NF-κBp50 参与 IL-4 在 THP-1 细胞中诱导 DC-SIGN 的表达
（31）…通过…途径抑制…
1）过氧亚硝酸阴离子通过鸟苷酸环化酶途径抑制钠电流影响海马神经元兴奋性
2）姜黄素通过 Notch 途径抑制人宫颈癌细胞株 HeLa 细胞增殖
（32）…克隆/构建…的初步鉴定
1）人 PRL-3 基因启动子的克隆及转录因子 Snail 结合位点的初步鉴定
2）人精子特异性乳酸脱氢酶 DNA 疫苗的构建及其免疫效果的初步鉴定
（33）干扰/抑制…表达对…的影响
1）RNA 干扰 Cyclin D1 基因表达对瘢痕疙瘩成纤维细胞增殖和 G1 期调控的影响
2）RNA 干扰抑制 S100A8 基因表达对 Hec-1B 细胞凋亡及体外药敏的影响
（34）…过表达对…的影响
1）ACE2 基因过表达对糖尿病心肌病大鼠心功能的影响
2）PIAS3α 过表达对前列腺癌细胞增殖和凋亡的影响
（35）…通过…方式…
1）NOK 通过 JAK2 依赖性方式激活 STAT3 信号通路
2）雷公藤通过 p53 依赖性方式激活凋亡信号通路
（36）…差异/比较蛋白质组学研究
1）肺鳞癌患者与健康人血清的差异蛋白质组学研究
2）正常与脑缺血大鼠脑皮质线粒体的比较蛋白质组学研究
（37）…分离鉴定与分析
1）拟南芥抗凋亡突变体 fbr136 的分离鉴定与分析
2）高海拔地区 65 例牙周炎患者厌氧菌的分离鉴定与分析
（38）…的分子基础
1）PITX2 R62H 突变导致角膜环状皮样瘤的分子基础
2）Mac-1 与白细胞黏附及杀伤效应的分子基础
（39）…临床疗效及安全性观察
1）伊马替尼治疗慢性粒细胞白血病 151 例临床疗效及安全性观察
2）伊曲康唑治疗儿童肺部真菌感染临床疗效及安全性观察
（40）…方案治疗…疗效观察
1）以 HAA 方案诱导治疗成人初发急性髓系白血病疗效观察

2）TP 方案联合热疗治疗非小细胞肺癌的疗效观察

（41）…检测中的意义

1）CD7 和（或）CD56 阳性急性髓系白血病患者干细胞表型分析及在微量残留病检测中的意义

2）血清-腹水清蛋白梯度与肿瘤抗原 125 水平在肝硬化检测中的意义

（42）…的实验研究

1）高迁移率族蛋白-1 诱导 U937 细胞分泌白细胞介素-1β 的实验研究

2）人存活素特异性 siRNA 促进 SOSP-9607 细胞凋亡的实验研究

（43）…的临床研究

1）卡前列素配合宫腔填塞防治高危产妇剖宫产术中及术后出血的临床研究

2）2 型糖尿病微量白蛋白尿与双下肢血管病变关系的临床研究

（44）…模型的建立

1）人-NOD/SCID 小鼠异种急性移植物抗宿主病模型的建立

2）同种异位不停跳心脏移植模型的建立

（45）…的鉴定和功能研究

1）阻断血管性血友病因子与胶原结合的抗人 vWF-A3 单抗的鉴定和功能研究

2）脑缺血相关蛋白质的鉴定和功能研究

（46）…表达的调控

1）脐血 CD34 + 细胞中 CⅡTA 基因对 MHC-Ⅱ类分子表达的调控

2）Y-盒结合蛋白 1 对白血病 K562 细胞多药耐药基因-1 表达的调控

（47）…表型分析

1）正常骨髓 CD34 + 和 CD117 + 细胞亚群免疫表型分析

2）92 例 B 系急性淋巴细胞白血病多参数流式细胞术免疫表型分析

（48）…的测定及意义

1）急性心肌梗死和脑梗死患者血浆中 ADAMTS13 急性心肌梗死和脑梗死患者血浆中 ADAMTS13 的测定及意义

2）多发性硬化患者血清谷氨酸脱羧酶抗体的测定及意义

（49）…突变研究

1）慢性淋巴细胞白血病患者 IgVH 基因突变研究

2）骨髓增生异常综合征患者线粒体 DNAD-loop 区突变研究

（50）…的应用

1）凝血酶生成实验在监测华法林抗凝治疗中的应用

2）卵泡穿刺术联合宫腔内人工授精术在未破裂 LUFS 治疗中的应用

2. 英文期刊

（1）…influences…during

1）CCL3L1-CCR5 genotype influences durability of immune recovery during antiretroviral therapy of HIV-1-infected individuals

2) The eccentric muscle loading influences the pacing strategies during repeated downhill sprint intervals

(2) …is required for…

1) The Creb1 coactivator Crtc1 is required for energy balance and fertility

2) Microfilament and microtubule assembly is required for the propagation of inositol trisphosphate receptor-induced Ca^{2+} waves in bovine aortic endothelial cells

(3) …mediates…against

1) IL-22 mediates mucosal host defense against Gram-negative bacterial pneumonia

2) Serum IgG mediates mucosal immunity against rotavirus infection

(4) …control of…in…

1) Chemical control of protein stability and function in living mice

2) Genetic control of heat-shock protein synthesis and its bearing on growth and thermal resistance in Escherichia coli K-12

(5) The role of…in

1) The role of working memory in tactile selective attention

2) The role of IFN-alpha and nitric oxide in the release of HMGB1 by RAW 264. 7 cells stimulated with polyinosinic-polycytidylic acid or lipopolysaccharide

(6) …promotes…

1) Hepatic insulin resistance directly promotes formation of cholesterol gallstones

2) High-mobility group box 1 protein promotes development of microvascular thrombosis in rats

(7) …alters…results in

1) Hepatocyte-specific ablation of Foxa2 alters bile acid homeostasis and results in endoplasmic reticulum stress

2) Overexpression of E2F6 alters cell cycle dynamics and results in dilated cardiomyopathy in mice

(8) …controls…by/via…

1) The miR-15a-miR-16-1 cluster controls prostate cancer by targeting multiple oncogenic activities

2) Leptin controls adipose tissue lipogenesis via central STAT3-independent mechanisms

(9) …has a crucial role…

1) Brain-type creatine kinase has a crucial role in osteoclast-mediated bone resorption

2) Ikaros has a crucial role in regulation of B cell receptor signaling

(10) …is associated with…

1) The expression of receptor for advanced glycation end products is associated with angiogenesis in human oral squamous cell carcinoma

2) Depletion of tumor-infiltrating macrophages is associated with amphoterin expression in colon cancer

（11）…and…

1）Beta-catenin stabilization extends regulatory T cell survival and induces anergy in nonregulatory T cells

2）RAGE expression in rhabdomyosarcoma cells results in myogenic differentiation and reduced proliferation, migration, invasiveness, and tumor growth

（12）…results in…by…

1）NK/iDC interaction results in IL-18 secretion by DCs at the synaptic cleft followed by NK cell activation and release of the DC maturation factor HMGB1

2）Granulocytic differentiation of HL-60 cells results in spontaneous apoptosis by increased caspase expression

（13）A method for…

1）A method for quantifying normal human mammary epithelial stem cells with in vivo regenerative ability

2）A method for the measurement of solar cell series resistance

（14）Expression of…

1）Expression of a noncoding RNA is elevated in Alzheimer's disease and drives rapid feed-forward regulation of beta-secretase

2）Expression of receptor for advanced glycation end products and HMGB1/amphoterin in colorectal adenomas

（15）…is a direct target…

1）The actin cytoskeleton of kidney podocytes is a direct target of the antiproteinuric effect of cyclosporine A

2）Telomerase reverse transcriptase gene is a direct target of c-Myc but is not functionally equivalent in cellular transformation

（16）…in tuning…

1）Opposing effects of HLA class I molecules in tuning autoreactive CD8 + T cells in multiple sclerosis

2）In vivo costimulatory role of B7-DC in tuning T helper cell 1 and cytotoxic T lymphocyte responses

（17）…causes…due to…

1）Dcir deficiency causes development of autoimmune diseases in mice due to excess expansion of dendritic cells

2）Nrf2 deficiency causes tooth decolourization due to iron transport disorder in enamel organ

（18）…restore…

1）PlGF-MMP-9-expressing cells restore microcirculation and efficacy of cell therapy in aged dystrophic muscle

2）Aminoglycoside antibiotics restore dystrophin function to skeletal muscles of mdx mice

(19) …assessment of…

1) Noninvasive assessment of cancer response to therapy

2) Assessment of cell proliferation in hydatidiform mole using monoclonal antibody MIB1 to Ki-67 antigen

(20) …maintains…by/via…

1) Notch signaling maintains bone marrow mesenchymal progenitors by suppressing osteoblast differentiation

2) Interleukin-1β maintains an apoptosis-resistant phenotype in the blast cells of acute myeloid leukaemia via multiple pathways

(21) …initiates…

1) Oxidative damage-induced inflammation initiates age-related macular degeneration

2) Leishmania donovani infection initiates T cell-independent chemokine responses, which are subsequently amplified in a T cell-dependent manner

(22) …confers…

1) RPN2 gene confers docetaxel resistance in breast cancer

2) The OBF-1 gene locus confers B cell-specific transcription by restricting the ubiquitous activity of its promoter

(23) …mediates…by/after/in…

1) Dok1 mediates high-fat diet-induced adipocyte hypertrophy and obesity through modulation of PPAR-gamma phosphorylation

2) p53 mediates nontranscriptional cell death in dopaminergic cells in response to proteasome inhibition

(24) Detection of…using…

1) Detection of colonic dysplasia in vivo using a targeted heptapeptide and confocal microendoscopy

2) Detection of bladder cancer using a proteomic assay

(25) …is not essential for…

1) SNO-hemoglobin is not essential for red blood cell-dependent hypoxic vasodilation

2) Inducible nitric oxide synthase is not essential for control of trypanosoma cruzi infection in mice

(26) …stabilizes…by inhibiting…

1) Robo4 stabilizes the vascular network by inhibiting pathologic angiogenesis and endothelial hyperpermeability

2) TSC1 stabilizes TSC2 by inhibiting the interaction between TSC2 and the HERC1 Ubiquitin Ligase

(27) …leading to…

1) Cell-free HTLV-1 infects dendritic cells leading to transmission and transformation of CD4

(+) T cells

2) Calcineurin inhibitor attenuates left ventricular hypertrophy, leading to prevention of heart failure in hypertensive rats

(28) Prevention of…through…

1) Prevention of Treacher Collins syndrome through inhibition of p53 function

2) Prevention of T cell anergy by signaling through the gamma c chain of the IL-2 receptor

(29) …as…in…

1) Endocannabinoid signaling as a synaptic circuit breaker in neurological disease

2) 3-Chlorotyrosine as a marker of protein damage by myeloperoxidase in tracheal aspirates from preterm infants: association with adverse respiratory outcome

(30) …: a…

1) HIT: a versatile proteomics platform for multianalyte phenotyping of cytokines, intracellular proteins and surface molecules

2) Conformationally altered p53: A putative peripheral marker for Alzheimer's disease

(31) Distinct roles of…

1) Distinct roles of matrix metalloproteases in the early-and late-phase development of neuropathic pain

2) Distinct roles of PDE4 and PDE10A in the regulation of cAMP/PKA signaling in the striatum

(32) …is a therapeutic target…

1) Interferon-gamma is a therapeutic target molecule for prevention of postoperative adhesion formation

2) PDGFR-A is a therapeutic target in alveolar rhabdomyosarcoma

(33) Activation of…regulates…

1) Activation of c-Kit in dendritic cells regulates T helper cell differentiation and allergic asthma

2) CD28 activation pathway regulates the production of multiple T-cell-derived lymphokines/cytokines.

(34) …assay to evaluate…

1) Mouse embryonic stem cell-based functional assay to evaluate mutations in BRCA2

2) Development of a clinical assay to evaluate Toll-Like receptor function

(35) Targeting of…

1) Targeting of antigen to the herpesvirus entry mediator augments primary adaptive immune responses

2) Targeting of EBNA1 for rapid intracellular degradation overrides the inhibitory effects of the Gly-Ala repeat domain and restores CD8 + T cell recognition

(36) …that…is

1）A GRK5 polymorphism that inhibits beta-adrenergic receptor signaling is protective in heart failure

2）E2F1 induces phosphorylation of p53 that is coincident with p53 accumulation and apoptosis

（37）Treatment of…by…

1）Treatment of inflammatory and neuropathic pain by uncoupling Src from the NMDA receptor complex

2）Treatment of late infantile neuronal ceroid lipofuscinosis by CNS administration of a serotype 2 adeno-associated virus expressing CLN2 cDNA

（38）…is…that

1）Niemann-Pick disease type C1 is a sphingosine storage disease that causes deregulation of lysosomal calcium

2）Bim is a novel member of the Bcl-2 family that promotes apoptosis

（39）A new…causes…

1）A new type of ERK1/2 autophosphorylation causes cardiac hypertrophy

2）A new PCSK9 gene promoter variant affects gene expression and causes autosomal dominant hypercholesterolemia

（40）…acts as…

1）SUMOylation of Kruppel-like transcription factor 5 acts as a molecular switch in transcriptional programs of lipid metabolism involving PPAR-delta

2）Topors acts as a SUMO-1 E3 ligase for p53 in vitro and in vivo

（41）…in vitro and in vivo

1）In vitro and in vivo irinotecan-induced changes in expression profiles of cell cycle and apoptosis-associated genes in acute myeloid leukemia cells

2）Topors acts as a SUMO-1 E3 ligase for p53 in vitro and in vivo

（42）…involves…

1）CD3-specific antibody-induced immune tolerance involves transforming growth factor-beta from phagocytes digesting apoptotic T cells

2）Transcriptional repression by p53 involves molecular interactions distinct from those with the TATA box binding protein

（43）…has a major role in…

1）The succinate receptor GPR91 in neurons has a major role in retinal angiogenesis

2）Basolateral LAT-2 has a major role in the transepithelial flux of L-cystine in the renal proximal tubule cell line

（44）Identification of…

1）Identification of oxadiazoles as new drug leads for the control of schistosomiasis

2）Identification of temporal patterns of gene expression in the uteri of immature, ovariectomized mice following exposure to ethynylestradiol

（45）…attenuates…

1）Glutaminyl cyclase inhibition attenuates pyroglutamate Abeta and Alzheimer's disease-like pathology

2）Inhalation of sphingosine kinase inhibitor attenuates airway inflammation in asthmatic mouse model

（46）Differential regulation of…

1）Differential regulation of central nervous system autoimmunity by TH1 and TH17 cells

2）Differential regulation of amino acid exchange and protein dynamics across splanchnic and skeletal muscle beds by insulin in healthy human subjects

（47）…impairs…

1）Activation of PDGF-CC by tissue plasminogen activator impairs blood-brain barrier integrity during ischemic stroke

2）Downregulation of small GTPase Rab7 impairs osteoclast polarization and bone resorption

（48）…controls…

1）Transcription factor FOXO3a controls the persistence of memory CD4 (+) T cells during HIV infection

2）Bcl-2 controls dendritic cell longevity in vivo

（49）…induces…to…

1）HIF1alpha induces the recruitment of bone marrow-derived vascular modulatory cells to regulate tumor angiogenesis and invasion

2）NF-B induces expression of the Bcl-2 homologue A1/Bfl-1 to preferentially suppress chemotherapy-induced apoptosis

（50）…but not…

1）The loss of Nf1 transiently promotes self-renewal but not tumorigenesis by neural crest stem cells

2）Expression of Bcl-2 but not Bax has a prognostic significance in tongue carcinoma

（51）…determines…

1）Akt determines replicative senescence and oxidative or oncogenic premature senescence and sensitizes cells to oxidative apoptosis

2）p53 determines multidrug sensitivity of childhood neuroblastoma

（八）眉题

眉题（running title），又叫“简要题目”“页眉题目”，通常出现在外文期刊中。眉题有很多方面不同于题名。例如：①字数严格限制：如果论著的题名字数没有限制，题名较长，眉题则有严格限制，字数通常限制在一行内或者期刊半个版面的宽度；②构成形式：眉题多为短语，题名即可是短语，又可是句子；③出现位置：投稿时，编辑部要求作者在文稿首页列出题名和眉题。一旦论文接收，排版出清样后。题名依然在论文首页。但是，眉题出现在非首页的页眉处，位置通常在每页上方（如下图）；④高度概括文章内容。由于字数限制，眉题是题目的二次压缩。眉题命名的基本方法也是从题名中挑选核心主题词，组成新的短语；⑤作用：方便读者识别文章。题名只出现一次，但是眉题出现多次；⑥使用更多的缩写词。

题目：MDM2 antagonists activate p53 and synergize with genotoxic drugs in B-cell chronic lymphocytic leukemia cells

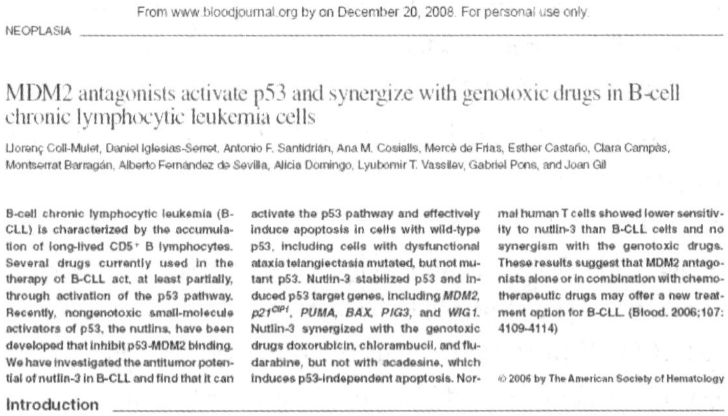

From www.bloodjournal.org by on December 20, 2008. For personal use only.

NEOPLASIA

MDM2 antagonists activate p53 and synergize with genotoxic drugs in B-cell chronic lymphocytic leukemia cells

Llorenç Coll-Mulet, Daniel Iglesias-Serret, Antonio F. Santidrián, Ana M. Cosialls, Mercè de Frias, Esther Castaño, Clara Campàs, Montserrat Barragán, Alberto Fernández de Sevilla, Alicia Domingo, Lyubomir T. Vassilev, Gabriel Pons, and Joan Gil

B-cell chronic lymphocytic leukemia (B-CLL) is characterized by the accumulation of long-lived CD5+ B lymphocytes. Several drugs currently used in the therapy of B-CLL act, at least partially, through activation of the p53 pathway. Recently, nongenotoxic small-molecule activators of p53, the nutlins, have been developed that inhibit p53-MDM2 binding. We have investigated the antitumor potential of nutlin-3 in B-CLL and find that it can activate the p53 pathway and effectively induce apoptosis in cells with wild-type p53, including cells with dysfunctional ataxia telangiectasia mutated, but not mutant p53. Nutlin-3 stabilized p53 and induced p53 target genes, including *MDM2*, *p21^CIP1^*, *PUMA*, *BAX*, *PIG3*, and *WIG1*. Nutlin-3 synergized with the genotoxic drugs doxorubicin, chlorambucil, and fludarabine, but not with acadesine, which induces p53-independent apoptosis. Normal human T cells showed lower sensitivity to nutlin-3 than B-CLL cells and no synergism with the genotoxic drugs. These results suggest that MDM2 antagonists alone or in combination with chemotherapeutic drugs may offer a new treatment option for B-CLL. (Blood. 2006;107:4109-4114)

© 2006 by The American Society of Hematology

Introduction

眉题：MDM2 ANTAGONISTS INDUCE APOPTOSIS IN B-CLL

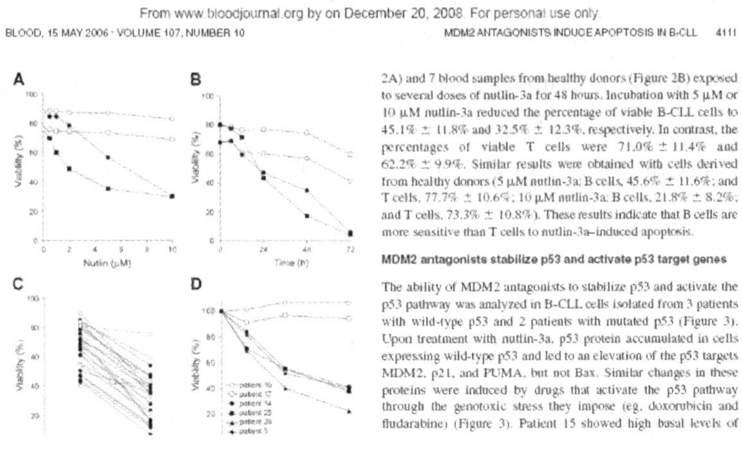

From www.bloodjournal.org by on December 20, 2008. For personal use only.

BLOOD, 15 MAY 2006 · VOLUME 107, NUMBER 10　　MDM2 ANTAGONISTS INDUCE APOPTOSIS IN B-CLL　4111

2A) and 7 blood samples from healthy donors (Figure 2B) exposed to several doses of nutlin-3a for 48 hours. Incubation with 5 μM or 10 μM nutlin-3a reduced the percentage of viable B-CLL cells to 45.1% ± 11.8% and 32.5% ± 12.3%, respectively. In contrast, the percentages of viable T cells were 71.0% ± 11.4% and 62.2% ± 9.9%. Similar results were obtained with cells derived from healthy donors (5 μM nutlin-3a: B cells, 45.6% ± 11.6%; and T cells, 77.7% ± 10.6%; 10 μM nutlin-3a: B cells, 21.8% ± 8.2%; and T cells, 73.3% ± 10.8%). These results indicate that B cells are more sensitive than T cells to nutlin-3a–induced apoptosis.

MDM2 antagonists stabilize p53 and activate p53 target genes

The ability of MDM2 antagonists to stabilize p53 and activate the p53 pathway was analyzed in B-CLL cells isolated from 3 patients with wild-type p53 and 2 patients with mutated p53 (Figure 3). Upon treatment with nutlin-3a, p53 protein accumulated in cells expressing wild-type p53 and led to an elevation of the p53 targets MDM2, p21, and PUMA, but not Bax. Similar changes in these proteins were induced by drugs that activate the p53 pathway through the genotoxic stress they impose (eg, doxorubicin and fludarabine) (Figure 3). Patient 15 showed high basal levels of

眉题撰写方式举例：

题目：Enhanced TNF-induced apoptosis in Fanconi anemia type C-deficient cells is dependent on apoptosis signal-regulating kinase 1

眉题：Ask1 MEDIATES TNF SENSITIVITY OF Fancc-/-CELLS

题目：Rapamycin stimulates apoptosis of childhood acute lymphoblastic leukemia cells

眉题：RAPAMYCIN INDUCES APOPTOSIS OF cALL BLASTS

题目：Suppression of apoptosis by bcl-2 overexpression in lymphoid cells of transgenic zebrafish

眉题：SUPPRESSION OF APOPTOSIS BY bcl-2 IN ZEBRAFISH

题目：TNF-related apoptosis-inducing ligand（TRAIL） in HIV-1-infected patients and its in vitro production by antigen-presenting cells

眉题：TRAIL IN HIV-1 PATIENTS AND ITS PRODUCTION BY APCs

题目：Meis1-mediated apoptosis is caspase dependent and can be suppressed by coexpression of HoxA9 in murine and human cell lines

眉题：Meis1-MEDIATED APOPTOSIS

题目：Bcl-xL prevents apoptosis of late-stage erythroblasts but does not mediate the antiapoptotic effect of erythropoietin

眉题：ROLE OF Bcl-xL IN LATE ERYTHROPOIESIS

题目：The sesquiterpene lactone parthenolide induces apoptosis of human acute myelogenous leukemia stem and progenitor cells

眉题：PTL INDUCES APOPTOSIS OF AML STEM/PROGENITOR CELLS

题目：Fas-ligand（CD178） and TRAIL synergistically induce apoptosis of CD40-activated chronic lymphocytic leukemia B cells

眉题：CD40-ACTIVATED CLL CELLS

题目：The targeting of primary effusion lymphoma cells for apoptosis by inducing lytic replication of human herpesvirus 8 while blocking virus production

眉题：VALPROATE-INDUCED APOPTOSIS OF PEL CELLS

题目：Synergy between imatinib and mycophenolic acid in inducing apoptosis in cell lines expressing Bcr-Abl

眉题：ENHANCED IMATINIB CYTOTOXICITY WITH GTP DEPLETION

二、作者及作者单位

论文的质量和数量是衡量生命科学家取得科研成就的最重要指标。过去五十年里，研究人员的数量和协作完成的论文稿件数量都在稳定增长，因此多个作者署名的论文也就相应增加。尽管如此，仍然缺少有用且明确的指南来帮助生命科学家处理署名权益问题，因而对“作者”的真正定义缺乏一致的概念。《中华人民共和国著作权法》第十一条规定：“创作作品的公民是作者。由法人或其他组织主持，代表法人或其他组织意志创作，并由法人或者其他组织承担责任的作品，法人或者其他组织视为作者。”学术论文署名的本意：一是标明作者是谁，让读者知晓，便于联系；二是表示作者对文章的内容、观点和论文发表后所产生的结果负责；三是明确对自己的研究成果和所发表的论文享有著作权。学术论文署名是一件严肃的事情。作者署名必须遵守科学道德，实事求是，署名不仅是一种荣誉，更重要的是一种责任。尽管如此，决定有署名权的作者与作为受致谢者之间的界线是作者署名权问题中最有争议的方面之一。

（一）作者的权利与义务

1. 权利 著作权是作者的基本权利。《中华人民共和国著作权法》第十条明确规定著作权包括下列人身权和财产权：

（1）发表权，即决定作品是否公之于众的权利；

（2）署名权，即表明作者身份，在作品上署名的权利；

（3）修改权，即修改或者授权他人修改作品的权利；

（4）保护作品完整权，即保护作品不受歪曲、篡改的权利；

（5）复制权，即以印刷、复印、拓印、录音、录像、翻录、翻拍等方式将作品制作一份或者多份的权利；

（6）发行权，即以出售或者赠与方式向公众提供作品的原件或者复制件的权利；

（7）出租权，即有偿许可他人临时使用电影作品和以类似摄制电影的方法创作的作品、计算机软件的权利，计算机软件不是出租的主要标的的除外；

（8）展览权，即公开陈列美术作品、摄影作品的原件或者复制件的权利；

（9）表演权，即公开表演作品，以及用各种手段公开播送作品的表演的权利；

（10）放映权，即通过放映机、幻灯机等技术设备公开再现美术、摄影、电影和以类似摄制电影的方法创作的作品等的权利；

（11）广播权，即以无线方式公开广播或者传播作品，以有线传播或者转播的方式向公众传播广播的作品，以及通过扩音器或者其他传送符号、声音、图像的类似工具向公众传播广播的作品的权利；

（12）信息网络传播权，即以有线或者无线方式向公众提供作品，使公众可以在其个人选定的时间和地点获得作品的权利；

（13）摄制权，即以摄制电影或者以类似摄制电影的方法将作品固定在载体上的权利；

（14）改编权，即改变作品，创作出具有独创性的新作品的权利；

（15）翻译权，即将作品从一种语言文字转换成另一种语言文字的权利；

（16）汇编权，即将作品或者作品的片段通过选择或者编排，汇集成新作品的权利；

（17）应当由著作权人享有的其他权利。

一旦论文被期刊录用，作者被要求与期刊之间签署版权转让协议书。版权转让协议书是重要的法律文件，会对作者的权利进行约定。此时作者应该按照转让协议书中的约定履行权利与义务。只有签署版权转让协议书后方能刊出作者论文。例如，中华医学会系列期刊论文著作权转让书中对版权约定的具体内容包括："前述论文所有作者自愿将本文著作权及相关财产权转让给中华医学会，即中华医学会对本文的部分或全文具有但不限于以下的使用权：汇编权，发行权，复制权，翻译权，网络出版及信息传播权；许可国内外文献检索系统和网络、数据库系统检索和收录；允许或通过各种介质、媒体以及其他语言文字出版和使用本文的权利；以不违反中华人民共和国现行或以后出台的法律规定的方式使用本文。未经中华医学会书面许可，本文作者承诺不再以任何方式允许第三方使用本文，并承担相应违约责任。论文作者承诺本文为原创和第一次发表使用，无知识产权纠纷，无一稿多投，不涉及任何形式之保密义务。论文作者承诺承担一切违反义务和侵权责任。”

国外SCI期刊对作者权利的规定更为详细。期刊对普通类型作者和特殊类型作者（例如政府工作人员）的要求并不完全一致。例如，《Blood》期刊版权转让协议书中明确规定普通类型作者转让版权后仍然保留论文使用的下列权利：

(1) Reprint the Work in print collections of the author's own writing.

收入作者论文汇编集为目的，论文重印

(2) Present the Work orally in its entirety.

论文口头交流

(3) Use the Work in theses and/or dissertations.

论文学术报告.

(4) Reproduce the Work for use in courses the author is teaching. (If the author is employed by an academic institution, that institution may also reproduce the Work for course teaching.)

教学使用为目的，论文重印

(5) Distribute photocopies of the Work to colleagues, but only for non-commercial purposes.

非商业为目的，同事对论文中图片的使用

(6) Reuse figures and tables created by the author in future works the author writes.

图表再次使用于作者将来的专著书籍中

(7) Post a copy of the Work on the author's personal website, departmental website, and/or the university's intranet, provided a hyperlink to the Work on the Blood website is included.

用于作者个人网站，所在单位网站，并且要提供论文在《Blood》期刊发表的网上链接

(8) In all the instances under clause (a) through (g) above, the author will give proper credit to the original publication in Blood as follows: This research was originally published in Blood. Author (s). Title. Blood. Year; vol: pp-pp. © by the American Society of Hematology.

在上述a-g具体情形下，作者应该给出合适的文章来源。

(9) Effective September 2006, ASH and Blood are participating in the NIH PubMed Central (NIH Portfolio) Archive. ASH's and Blood's participation in this initiative means that Blood authors who published NIH-funded papers in the journal from May 2005 forward will not be obligated to submit manuscripts to the NIH archive because Blood will submit the final article on their behalf.

(关于NIH基金资助论文，递交NIH图书馆的规定。)

(10) Effective October 2006, ASH and Blood have modified its access restriction policy to facilitate compliance with the Wellcome Trust requirement for authors to deposit papers in an open-access repository. For Wellcome Trust-funded authors whose papers are accepted and published in Blood, the journal requires an additional open access fee of 2000, in addition to the regular publication fees charged to authors. Upon payment of the fee, Blood will deposit the Wellcome Trust-funded article into PubMed Central and ensure immediate free access of the article on the Blood Web site and on PubMed Central.

（关于论文免费阅读权限的规定。）

2. 义务 作者的署名不仅仅意味着荣誉和利益，同时也表明了责任，即：参与署名的所有人都有义务对所发表研究成果的科学性和真实性负责。《中华人民共和国著作权法》没有明确规定作者应承担的义务。但是作为作者，一些基本的义务需要履行：

（1）论文撰写前：参与课题的构思、设计和操作；

（2）论文撰写中：对题名的拟定、摘要的撰写、关键词的选定、正文的撰写、各部分的文字处理、数据的处理和使用、图表的绘制、参考文献的查阅和遴选等负有部分或全部责任；

（3）论文审稿中：回答或补充实验满足审稿人和编辑提出的各种审稿意见；

（4）论文发表中：支付论文发表费用，签署论文版权转让法律文书；

（5）论文发表后：解答读者疑问。署名也是为了建立作者与读者的联系。读者阅读文章后，若需要同作者商榷，或者要询问、质疑或请教，以及求取帮助，可以直接与作者联系。署名即表示作者有同读者联系的意向，也为读者同作者联系提供了可能。如有必要，要告之求教或质疑者实验过程中一些未在论文描述的细节或者一些实验现象，并且尽可能满足其他同行对论文涉及的特殊实验材料（例如质粒）的需求。

总之，论文一经发表，署名者应对论文负责。如果论文中存在剽窃、抄袭的内容，或者政治上、科学上和技术上存在错误，那么署名者就应完全负责。

（二）作者署名的条件

在具有同行审阅机制的期刊上发表的论文是科学家们与学术同行进行交流的媒介。发表论文的质量和数量是科学家个人简历、申请项目、创造成就感和实现自我价值的重要依据。在过去的五十年间，许多学科分支应运而生，研究人员的数量和由多人共同完成的论文稿件都有增加，多作者署名的文章也相应地增加。选择哪些人成为终稿的作者，以及确定他们的排列顺序，并非小事而且难以处理。

每个杂志对作者署名条件的要求并不完全相同，综合看来论文署名作者应具备以下一条或多条：①课题的提出者及设计者（规划方案，设计实验）；②课题研究的主要执行者（执行方案，执行实验）；③进行资料收集并做统计处理的人员；④论文的主要撰写和修改者；⑤对论文主要内容能承担全部责任，并能给予全面解释和答辩的人员；⑥分析数据；⑦提供新的试剂或关键材料或分析工具；⑧同意文章的最后结果；⑨其他作者无异议。可能一个作者的贡献不只一个具体方面，同样，可能多个作者对同一具体方面做出贡献。

总之，学术论文的署名应实事求是，署名者应对该项成果承担相应的学术责任、道义责任和法律责任。

（三）第一作者署名条件

学术论文的第一作者是在文章的署名中排列在首位的作者。现有的期刊稿约一般只是笼统地规定按工作的重要程度和内容的多少来对作者排序，而长期以来晋升职称、评价工作成绩时，考核部门只认可文章的第一作者；因此，常因是否是第一作者而出现争议，其中又以研究生论文第一作者署名问题的争议较为多见。

文章的第一作者应该是文章主要观点或主要见解的拥有者，第一作者还更应该是得出该课题研究成果第一手资料的具体操作者和掌握者，更应该是该课题论文的主要执笔者。第一作者对文章的实验结果（数据的处理和使用、图表的绘制）均负有全部责任或主要责任，负责回答该研究全部的实验原理、主要实验过程和主要实验现象以及主要实验数据等方面的问题。如果对论文的科学贡献一样，可以出现并列第一作者。

（四）通讯作者署名条件

杂志要求指定至少一位作者为通讯作者（corresponding author）。通讯作者表示该作者是发起和组织本次研究的最主要作者，通常是课题的负责人。从严格意义上讲，通讯作者有义务全面负责论文发表以及发表后的相关事宜，例如论文的书写、论文的校正、与编辑部的通信联络、发表后接受读者的咨询或对质疑做出回复以及提供论文中使用的关键研究材料等。按照国际惯例通讯作者位于作者排名的最后，当然，第一或其他位置的作者也可以是通讯作者。通讯作者原则上是一个，也有些杂志允许两位或多位通讯作者。通讯作者的标注形式因杂志而异，如 Corresponding to：Dr. …，Department of…；或者 Address reprint requests to：…，Department of…；或者 Correspondence should be addressed to…等。

在国际上通讯作者的地位常高于第一作者。国外通讯作者通常讲就是 PI（principal investigator，主要研究者）。PI 有自己的科研经费和实验室。研究生和博士后在 PI 领导下工作，完成科学论文，成为第一作者。在同行口头交流中（例如国际会议），同行经常提及和引用的是某某 PI 的工作，而不是第一作者的名字。因此通讯作者的影响力往往超过第一作者。目前国内一些单位还存在不认可通讯作者地位的偏见，因此研究生与导师争夺第一作者的情形时有发生。

（五）并列作者

两个或多个作者的工作对于论文具有科学意义上的共同贡献，此时可以通过加注形式列为共同作者。并列第一作者在国外 SCI 期刊很常见，但是在国内中文期刊中较少见，甚至有的期刊明确规定不能出现并列第一作者。并列作者最常见的方式为并列第一作者，即可以是两名别列第一作者，也可以是多名。此外，并列通讯作者也很常见，通常为两名并列。其他，如并列第二作者的情形也少见。确定并列作者需要论文主要完成人员根据实际科研贡献大小共同确定，并且其他作者没有异议。

常见英文表示方法：

（1）These authors contributed equally to this work.（通常适用于两个以上并列作者）

（2）Both authors contributed equally to this work.（通常适用于两个并列作者）

（3）…and…contributed equally to this paper.（通常适用于两个并列作者）

（4）Correspondence should be directed to either…or…who contributed equally to this work.（适用于并列通讯作者）

（六）作者署名顺序和贡献陈述

一些科学刊物、专业学会以及科学家个人早就尝试着给作者署名权下定义，并想为决定哪些参加者应该在文章上署名提供指导。在不同的科学领域中使用着不同的方法，例如，以作者资历、资助金额、贡献的程度和重要性等确定作者的署名顺序。我国国家标准 GB7713-87 规定：“在学术论文正文前署名的个人作者，只限于哪些对于选定研究课题和制订研究方案、直接参加全部或主要部分研究工作并作出主要贡献以及参加撰写论文并能对内容负责的人，按其贡献大小排列名次。至于参加部分工作的合作者、按研究计划分工负责具体小项的工作者、某一项测试的承担者，以及接受委托进行分析检验和观察的辅助人员等，均不列入。这些人可以作为参加工作的人员一一列入致谢部分，或排于脚注。”然而，这些方法无法与读者进行有效的沟通，读者只能根据自己的假定来判断是怎样选择作者以及怎样排序的。而且，这些问题往往困扰投稿的作者。例如，第一作者就是对研究项目贡献时间和精力最多的人，但是怎么比较第1作者与第2、第3或者其他作者相关的贡献的大小呢？是否所有作者都对发表的当前工作负有同等的责任？是否每一位作者都应该对文章中的观点负责？

为解决这些问题，国际上一些权威杂志开始采用署名结合贡献陈述的方式。稿件上署名的贡献者应公开标出作者各自负责的特定部分，并随文章出版发行。这项制度要求每个作者公开承担各自研究贡献的责任与义务；此外，这项制度有助于读者更客观地判定研究者的荣誉归属，从整体上也可以判断研究成果的可信度。例如，《PNAS》（美国国家科学研究院院刊）和《Nature》、《Science》杂志要求作者在提交的稿件同时提交一个声明，详细陈述每个作者的实际贡献。

重要的是，作者贡献陈述制度为作者提供一个表明个人贡献的机会，无论是什么贡献，与稿件同时出版发表。只有通过公布了这方面信息，贡献者才能对与之关联的责任进行担保，相应的义务与荣誉也能够得到公认。例如，文章的统计分析由某作者完成，该作者在署名的同时承担了相应的义务。例如回答同行对统计分析的质疑，甚至对出现的统计错误负全面责任。具体贡献的合著者应当对他们所作的具体工作负责，但是对于他人的结果仅承担有限的责任。作者贡献陈述制度也为读者了解作者的贡献提供了直接的证据，此外也能减少和杜绝学术挂名等不道德现象。

（七）中文名字英文表示方法

对于中国人来说，标准的英文姓名写法肯定是根据拼音来，但是在一些细节上目前似乎没有统一的要求。英文中 Family Name 也是 Last Name，就是我们说的“姓”；First Name 或 Given Name 就是我们说的“名”。英文书写中往往是“名”居前，“姓”位后。以王小明为例，可以有如下几种写法，Xiao-Ming Wang，Xiaoming Wang，Xiao Ming Wang。那么这些写法有什么大的区别和影响呢？在我们最常使用的 Medline 检索引擎里，检索到的文章作者是“姓”居前，“名”居后的，和我们中国人平时用的习惯一样，单是“名”是简化的，只取第一个大写字母。如果王小明在论文里使用了“Xiaoming Wang”格式，那么在 Medline 上检索到的就是“Wang X”；如果使用“Xiao-Ming Wang”，那么在 Medline 上检索到的就是“Wang XM”。笔者从个人的角度来说，可能后者更符合我们的要求，而使用前者则会让叫“王晓”的人和叫“王小明”、“王小华”等的人在 Medline 上“重名”。而这种重名有可能会带来一些不必要的麻烦。当然，在正式的期刊全文里，都是表示全名的，而且是遵循“名”前“姓”后原则。作者姓名之后就是作者单位的书写了。

此外，部分期刊要求对第一作者或通讯作者进行简单介绍。作者应该按照杂志要求实事求是地进行介绍。

（八）论文作者署名存在的问题及原因分析

学术论文的署名是件非常严肃的事情。它标志着作者作为原始著作权人应当享有的一种人身权利及所应承担的社会责任。常见的滥用署名权包括：

1. 一稿多投　一稿多投，是指作者将自己享有著作权的某一未发表作品同时或在特定时限内投寄给多家期刊并希望被采用的行为。一稿多投是一种不道德行为。目前很多杂志在投稿须知中明确禁止一稿多投。造成一稿多投的原因很多，例如：①从主观方面来看，作者不清楚哪些杂志合适发表自己的论著，为了使稿件早日见刊，采用“广种薄收”的办法，同时将稿件投往两家以上的刊物。或不等时限，又投往另一家刊物。此外，有的作者为了满足晋升和毕业论文要求的时限；②从客观讲，一些医学期刊特别是一些中文医学期刊审稿周期长，作者担心一些时效性强的研究内容因审稿周期长，而失去竞争力。

2. 重复发表　重复发表是指未经期刊杂志社同意，两篇或多篇论文的内容基本相同，不管是否用不同语言发表在不同期刊。重复发表是严重的侵权行为，违背了作者与期刊签署的版权转让法律文书。常见的原因为：①一稿多投后同时被接收，作者未做取舍，造成论文同时被刊载；②将中文文章翻译成英文后再投其他期刊。尽管语种不同，但研究内容一致。因此，大多数杂志不愿意接受重复发表的论文。这里包括：完全或部分重复，因此，作者投稿时必须做一个完整的声明，说明有可能与本文的重复发表相关的前期发表过的初步研究报告、会议论文或摘要、学术报告、新闻报道（包括其他语种的翻译）等，以便编辑处理时作出决定。一旦发现作者未经这种声明尝试重复发表，编辑部有权未经作者的解释或同意就刊登重复发表声明，这将对作者以及作者单位的学术声誉很不利。此外，重复发表应该与合理的二次发表区分开来。合理的二次发表必须具备以下条件：①作者必须经得两个期刊的同意；②首次发表的优先权应得到尊重；③二次发表的版本应忠实反映首次发表；④二次发表的标题页，应采用脚注形式，向读者、同行及文献检索机构表明，该文已经全部或部分发表过，并指出首次发表的出处。

3. 挂名现象　现在有些人原本不是论文的作者，但为了评职称、晋级、考核、结项、毕业、拿到学位等，通过某种关系在别人的论文上署名。常见的原因为：①急于发表论文，利用不正当手段挂名；②感谢他人指导，还人情挂名；③帮助亲朋好友，照顾关系挂名；④利用名人效应，抬高身价挂名。这里涉及被动挂名问题，被动挂名者多是有名望的专家学者，如果他们在不知情的情况下，名字被别人署在论文上，他们的署名权受到了侵犯。稿件挂名侵犯了他人的著作权，滋长了学术腐败，影响了刊物信誉，对职称评定带来了负面影响。

4. 第一作者和通讯作者滥署名　相比与其他作者，第一作者和通讯作者发表后获得的荣誉更高，例如科研奖励、基金申报、职称评定、学术地位等。第一作者和通讯作者滥署名常见原因为：①利益驱动：有的作者以文章作为利益交换的馈赠品，将第一作者或通讯作者的头衔送给有关方面的负责人或亲人挚友，以获取其他利益；②导师原因：目前国内有些导师本身在评定职称的时候，还需要文章。有的单位职称评价体系目前只认可第一作者论著，还不认可通讯作者。上述原因势必造成一些导师与研究生争夺第一作者的位置。此外，有的导师为了科研小组的整体利益做出一些违背科学道德的行为。科研工作是探索性活动，导师可能同时有几个学生，有的学生研究过程中的阻力小，因此出的结果和文章多。但是，对于哪些科研过程中所遇阻力大的学生，导师为了让学生按时毕业，可能将其他学生的论文拱手送出。

（九）作者单位的重要性

写明作者单位，一方面是为了便于读者与作者联系与交流，另一方面是表明研究工作的单位属性、条件保证与资料来源。目前，很多中文期刊要求作者单位出具论文投稿单位介绍信，介绍信重点在论文创新性，是否一稿两投，是否涉及保密，是否抄袭，是否涉及署名纠纷进行介绍。作者单位书写需要注意单位、科室或研究室最好有固定、统一的英文表示方法。统一的格式有利于让读者了解你们的研究历史和现状。正确的单位英文表示方法可以通过查询研究室过去的 SCI 文章或者咨询导师或者网络检索获取。论文发表总量和质量也是评价学术单位科研能力的重要指标。此外，论文评审阶段，评审人通过论文作者归属单位可以判断文章的质量。例如，很多同行评审人员对于来自国家研究机构、著名大学、重点实验室的论文更认可，其中一个重要的原因是他们相信上述单位的研究实力。

（十）作者单位的书写方法

中文医学期刊一般将作者单位依照作者顺序在文章首页下以脚注表示。第一作者的单位应注明单位所在地名及邮政编码，其余作者只写单位名称。单位名称后注以各作者姓名。中文期刊具体书写如：作者单位：130021 长春，白求恩医科大学第一临床学院妇产科（张××，李××），内科（王××）。作者工作单位应写全称，并且具体到科室。如“北京医科大学附属第一医院”。由于军区医院和军医大学名称上已标明军队所属单位，则可省略“中国人民解放军”字样。省会及著名城市（如大连、青岛、深圳等）以及所有医学院校均不加省名。省、市、自治区、县、市等要写全称。作者为进修生者，可脚注“××为进修生”。第一作者已变更单位时，可脚注“××现在××单位工作”，以便读者联系。

英文医学期刊对作者单位的要求更为具体。例如要求注明每一个作者的单位，所在科室、学校、研究所、城市、省、国家等。此外，经常可见一个作者同时标注 2 到多个不同单位的情况。作者当前地址的英文表示方法为“Current address：××”。

常见医院科室英文翻译

medical department/department of internal medicine：内科

surgical department；department of surgery：外科

pediatrics department：小儿科

obstetrics and gynecology department：妇产科

ophthalmology department：眼科

dental department：牙科

ENT（ear-nose-throat）department：耳鼻喉科

urology department：泌尿科

dermatology department；skin department：皮肤科

department of general surgery：普通外科

orthopedic surgery department：矫形外科

traumatology department：创伤外科

plastic surgery：整形外科
anesthesiology department：麻醉科
pathology department：病理科
cardiology department：心脏病科
psychiatry department：精神病科
orthopedics department：骨科
department of cardiac surgery：心脏外科
department of cerebral surgery：胸外科
neurology department：神经科
neurosurgery department：神经外科
thoracic surgery department：脑外科
department of hepatobiliary surgery：肝胆外科
department of traditional Chinese medicine：中医科
department of infectious diseases：传染病科
geriatrics department：老人病专科
hematology department：血液科
department of rheumatism：风湿科
department of endocrinology：内分泌科
department of plastic surgery：医学整形科
hepatology department：肝病专科
nephrology department：肾脏科
department of emergency：急诊室
department of venereology：性病专科
department of physiotherapy：理疗科
central laboratory：中心实验室
nursing department：护理部
X-ray department/department of radiology：放射科
intensive care unit（ICU）：重症室

三、摘要与关键词

（一）摘要的定义和作用

摘要（abstract）是科技论文要点的概述和高度浓缩。摘要质量的高低直接影响着文章的被引用率。国际标准 ISO214-1976 指出：摘要是一份文献内容的准确压缩，不加解释或评论。中国国家标准 GB7713-87 规定：摘要是报告、论文的内容不加注释和评论的简短陈述。

对一篇完整的论著都要求撰写随文摘要。其主要作用有：

1．导向作用　摘要是读者判断论文价值，判断论文是否值得阅读的依据。摘要能让读者尽快了解论文的主要内容，以补充题名的不足。读者是否需要通读某篇论文，从题名上进行初步筛选判断后，主要的就是根据摘要来决定，所以，摘要担负着吸引读者和介绍文章主要内容的任务。目前，很多国内外期刊还不能免费提供读者全文浏览。因此，阅读了免费的摘要，即可为读者提供了是否付费阅读全文的必要条件。

2. 报道作用　摘要是文章内容的浓缩。作者在撰写摘要时，通常陈述最主要的、最激动人心的发现。因此，摘要内容单一，针对性强，为科研工作者了解学术动态、借鉴成功经验、制定写作计划和开展学术研究提供了极大的方便。

3. 检索作用　摘要为读者、科技情报人员和计算机检索提供方便。对于科技情报人员，论文发表后，文摘杂志对摘要可以不作修改或稍作修改而直接利用，从而可避免由他人编写摘要可能产生的误解、欠缺和错误，这就为科技文献的检索和利用提供了极大的方便。特别对于中文医学论文，英文摘要是通向世界的惟一窗口。所以论文摘要的高低，直接影响论文的被检索率和被引频次。

总之，写好摘要是科技人员写作所必备的基本功。如果一篇内容价值较高的学术论文，其摘要写得平平淡淡，不能体现论文的特点和学术价值，将带来一系列不利影响：失去被刊载的机会，需要本文的读者不会阅读全文，从而失去应有的学术影响，影响文章的被引用率，直接妨碍研究成果的应用和推广；对中文期刊论文而言，难以进入国际检索系统等。

（二）摘要的分类

1. 根据内容的不同，摘要可分为以下三大类：报道性摘要、指示性摘要和报道-指示性摘要。

（1）报道性摘要（informative abstract）：报道性摘要也称信息型摘要或资料性摘要或情报性摘要。其特点是全面、简要地概括论文的目的、方法、主要数据和结论。它用来报道论文所反映的作者的主要研究成果，向读者提供论文中全部创新内容和尽可能多的定量或定性的信息。通常，这种摘要可部分地取代阅读全文。多用于一般论著，多为学术性期刊所采用。

（2）指示性摘要（indicative abstract）：指示性摘要也称为说明性摘要、描述性摘要（descriptive abstract）或论点摘要（topic abstract）或简介性摘要。一般只用二、三句话概括论文的主题，而不涉及论据和结论，多用于综述、评论等。此类摘要可用于帮助读者决定是否需要阅读全文。

（3）报道-指示性摘要（informative-indicative abstract）：报道-指示性摘要以报道性摘要的形式表述一次文献中信息价值较高的部分，其余部分则以指示性摘要形式表达。目前这种形式在《Nature》、《Science》、《Cell》权威杂志中很受欢迎，一方面可以说明研究的普遍意义吸引大众群体的目光，另一方面为科学研究专业人士提供核心学术提示，即论文的独特性和创新性。

以上摘要形式都可供作者选用。一般地说，向学术性期刊投稿，应根据论文价值的大小、刊发刊物的类型、稿约来决定，否则摘要就可能失去应有的作用。

2. 根据撰写格式不同，摘要可分为以下两大类：结构式摘要和非结构式摘要。

（1）非结构式摘要（non-structured abstract）：传统的摘要多为一段式，在内容上大致包括简要说明研究的目的，说明提出问题的缘由，表明研究的范围和重要性；简要说明研究课题的基本设计，使用材料和方法，如何分组对照，研究范围及精确程度，数据是如何取得的，经何种统计学方法处理；简要列出研究的主要结果和数据，有什么新发现，说明其价值及局限。叙述要具体、准确。并需给出结果的主要数据及置信值、统计学显著性检验的确切值；简要说明经验证、论证取得的正确观点其理论价值或应用价值等。目前非结构式摘要多用于基础研究论著。由于没有固定的格式要求，因此非结构式摘要撰写方式灵活，表现形式多样。

（2）结构式摘要（structured abstract）："结构式摘要"是报道性摘要的结构化表达，强调论文摘要应含有较多的信息量。结构式摘要与传统摘要的差别在于其分项具体，前者便于读者了解论文的内容，行文中用醒目的字体（黑体、全部大写或斜体等）直接标出目的、方法、结果和结论等标题。与传统摘要比较，结构式摘要的长处是易于写作（作者可按层次填入内容）和方便阅读（逻辑自然、内容突出），表达也更为准确、具体、完整。目前，国内医学期刊大多数采用结构式摘要，并对其使用效果和进一步优化进行了较为深入的探讨。结构式摘要多用于临床研究论著。

临床医学类论著结构式摘要可进一步细分为全结构式摘要和半结构式摘要。

1）全结构式摘要：①目的（objective）：研究的问题、目的或设想等；②设计（design）：研究的基本设计，样本的选择、分组、诊断标准和随访情况等；③单位（setting）：说明开展研究的单位（是研究机构、大专院校，还是医疗机构）；④对象（patients，participants）：研究对象（患者等）的数目、选择过程和条件等；⑤处置（interventions）：处置方法的基本特征，使用何种方法以及持续的时间等；⑥主要结果测定（main outcome measures）：主要结果是如何测定、完成的；⑦结果（results）：研究的主要发现（应给出确切的置信度和统计学显著性检验值）；⑧结论（conclusions）：主要结论及其潜在的临床应用。例如JAMA（Journal of the American Medical Association）采用全结构式摘要。

2）半结构式摘要：如《New England Journal of Medicine》采用背景（background）、方法（methods）、结果（results）、结论（conclusions）等4个方面；《The Lancet》则采用背景（background）、方法（methods）、发现（findings）和解释（interpretation）等4个方面。国内医学中文期刊结构式摘要通常只包括：目的（objective）、方法（methods）、结果（results）、结论（conclusions）四个部分。

（三）中文摘要撰写的基本要求

根据期刊要求，可以把摘要的写作要求归纳成如下几点：

1. 基本原则　书写文摘时应该围绕研究的问题、过程和方法、结果。写出好的摘要要求作者组织文章主要概念并清楚、简明地表达的能力。

2. 人称　作为一种可供阅读和检索的独立使用的文体，中文摘要常用第三人称而不用其他人称来写。

3. 篇幅和结构　中文摘要通常是结构式摘要。结构要合理，篇幅一般较短，一般要求200～300字。

4. 文字表达　语言要精练和具体确切、通顺。无多余的话，表达要明确具体，不含糊，无空泛、笼统、夸大的词语，应有较多而有用的定性和定量的信息。

5．语法　摘要中的语言应当符合现代汉语的语法规则、修辞规则和逻辑规则，不能出现语病。此外，标点符号要正确。

6．格式　要使用规范化的名词术语，不用非公知公用的符号和术语。不得简单地重复题名中已有的信息，并切忌罗列段落标题来代替摘要。除了实在无变通办法可用以外，一般不出现插图、表格，以及参考文献序号，一般不用数学公式和化学结构式。不分段。摘要段一般置于作者及其工作单位之后，关键词之前。

7．缩略语、略称、代号　在首次出现时必须加以说明。

（四）英文摘要撰写的常用技巧

1．英文摘要写作的时态、人称和语态　写作时所采用的时态应视情况而定，力求表达自然、妥当。写作中可大致遵循以下原则：①介绍背景资料时，如果句子的内容为不受时间影响的普遍事实，应使用现在时；如果句子的内容是对某种研究趋势的概述，则使用现在完成时；如果出现明显的过去事实的陈述，则使用过去时；②在叙述研究目的或主要研究活动时，如果采用“论文导向”多使用现在时（e. g. This paper presents…）；如果采用“研究导向”，则使用过去时（e. g. This study investigated…）；③概述实验程序、方法和主要结果时，通常用过去时；④叙述结论或建议时，可使用现在时、臆测动词或 may，should，could 等助动词（e. g. We suggest that…）。

由于主动语态的表达更为准确，且更易阅读，目前很多期刊都提倡使用主动语态。英文摘要通常采用第一人称撰写。

2．英文摘要写作常用思路　开头通常使用一句话阐明研究问题的重要性（例如：“…play an important role in…”），有时候还需要简单介绍他人或自己先前的工作（例如：“We previously found that…”），要求文字简练。上述简单介绍后提出一个未解决的科学问题，通常用“However…”连接。然后用一句概括性的话说明本研究的主要发现，即解决了这个科学问题。文字表达上常采用“Here，we demonstrated that…”。随后，要求作者选择性的列出一些主要发现包括使用的方法和特殊材料。在结果陈述时候常使用一些连接词表达这些发现逻辑上的关系或者内容的重要性，例如“moreover”，“furthermore”，“importantly”。最后，要有一句总结性的句子概括文章的结论包括理论和应用价值，例如“Taken together，these findings indicate that…”。

（五）摘要撰写的常见问题

1．未选准摘要类型　如前所述，摘要大致可分三种，不同类型的摘要具有不同的功能。报道性摘要可充分反映文章创新的内容。科技论著如果没有创新内容，如果没有经得起检验的与众不同的方法或结论，是很难引起读者的阅读兴趣的，因此，学术性医学期刊多选用报道性摘要，用稍长的篇幅，向读者介绍论文的主要内容。而对创新内容较少的论文，如学术性期刊的简报、则应选用指示性摘要。报道-指示性摘要则为二者折中，内容应有详有略。

2．要素残缺　部分作者在撰写摘要的过程中，在研究目的、方法、结果、结论四要素中，有的仅写了方法，未写明结果和结论；有的缺少目的和结论；有的则过于笼统，缺少事实和数据，看不出具体研究了什么。这样的摘要显然不能构成一篇短文，也不能表达论文的中心思想，信息价值降低，也自然不能发挥其应有作用。

3. 丧失独立与自明性　一篇较好的摘要可使读者迅速而正确地判断文献的基本内容是否与自己的专业有关，从而确定是否有必要阅读全文。这样的摘要应具备独立性与自明性、准确性与完整性、学术性与通用性、简练性与概括性兼备特点。而实践中经常发现，有的摘要出现了只有依赖正文或参考文献才能理解的代码和符号；有的包括了参考文献、化学结构式、公式及其他非公知公用的名词术语和缩略语；有的摘要冗长，语言不精练，着墨于无关紧要的细节上。这无疑会给读者的阅读和理解带来困难，严重影响摘要功能的发挥，使其不能作为独立的信息进行交流。

4. 形式不规范　例如人称错误：国家标准 GB6447-86《文摘编写规则》规定：中文摘要要用第三人称的写法或省略主语，可采用“对…进行了研究”、“报告了…现状”、“进行了…调查”等记述方法标明一次文献的性质和主题。但许多摘要仍以“本文”、“作者”、“本实验”、“我们”等作为主语，明显不符合摘要写作要求。这也是部分作者甚至期刊编辑最常犯的错误。

5. 表述不客观　一些作者，为了提高论文的价值而在摘要中进行自我评价。在有的摘要的末尾常见这样的语句：“本项目（本研究）达到……水平”，“研究结果表明，有…指导作用”，“在国内（某领域）居领先地位”等。摘要只需客观、如实地反映原文的内容即可，不应进行评价。

6. 与原文内容重复　字数过多，不精炼，如重复前言中的内容，达不到简明扼要的要求。此外，许多摘要内容与原文题名雷同，信息价值低，可读性差。

7. 语言文字拼写和使用错误　用词要正确，注意拼写错误。

8. 结论过长，与结果混淆　结论应该简练，提炼核心思想，并且与结果区分开来。

（六）医学英文摘要常用句型

1. 介绍目的常用句型

（1）直接用 to determine 短语表达

举例：To determine if use of omeprazole protects against the gastric mucosal injury

（2）The purpose/aim/objective/goal（of present study is）was to

举例：The aim of this study was to determine the protective function of omeprazole on gastric mucosal injury.

（3）The present study is/was designed/devised/intended to

举例：The present study was designed to establish whether there might be a genetic predisposition to an altered pattern of anti-inflammatory cytokine produced in patients with irritable bowel syndrome.

（4）This study was performed/conducted/carried out/undertaken to

举例：An experimental study was conducted using a canine mode to elucidate…

（5）We aimed/sought to/attempted to

举例：We sought to assess whether there is an increased risk of tuberculosis among individuals who work in certain industries occupations.

2. 研究对象的选择、来源及标准

（1）纳入研究：…were entered into/enrolled in/selected（randomly）

举例：A total of 169 patients were included in the study，83 of whom received…

（2）排除或退出研究：…were excluded from participation，withdrew from the study due to/because to

举例：Patients with significant aortic valvular diseases were excluded.

3. 研究对象的分组

（1）…were divided into/classified/grouped into

（2）…were divided randomly/randomized into

（3）…were divided equally into

举例：Patients were divided into three groups：Group 1…Patients（n = 100）with a history of duodenal ulcer and a positive H. pylori screening test result were randomized into 4 groups. OAC group received 20 mg omeprazole，…

4. 年龄

（1）某一年龄

举例：A 50-year-old patient

（2）在某年龄范围内及平均年龄

举例：Patients range in age from…to…，with a mean of（50 years）.

（3）在某一年龄以上或以下

举例：Patients more than 50 years. Patients under/less than 50 years.

5. 性别、时间

（1）性别

举例：Twelve patients（7 male and 5 female）；The male-to-female ratio was 1∶4

（2）时间

举例：Body weight was measured weekly，and liver biopsy was obtained at 4，8 and 12 weeks…

6. 诊断与治疗

（1）诊断

举例：…be diagnosed as having…

…be diagnosed as…by…/with…

…be suspected as…

（2）治疗

…be treated with…alone or in combination with…

…be treated on outpatient/inpatient basis

7. 结果部分

（1）结果表明

The results showed / demonstrated / revealed / documented / indicated / suggested…that…

It was found that…

举例：The results showed that high thigh cuff Doppler technique was 79 percent sensitive，56 percent specific and 63 percent accurate.

（2）与…有关

A was related / correlated /associated with B.

There was a relationship /correlation between A and B.

There was a relation of A with B and C

举例：Insulin sensitivity index was negatively with blood velocity（$r = 0.530$，$p < 0.05$），body mass index（$r = 0.563$，$p < 0.01$）and baseline insulinemia（$r = 0.489$，$p < 0.05$）

（3）增加或减少

表示数值增加的动词：increase，rise，elevate

表示数值增加的名词：increase，increment，elevation

表示数值减少的动词：decrease，reduce，fall，drop，decline，lower

表示数值减少的名词：decrease，decrement，reduction，fall，drop，decline，lowering

从…增加到…，平均增加…：increase from…to…，with a mean/average（increase）of…

从…增加到…，总的增加…：increase from…to…，with an overall increase of…

增加了 10%：increase by 10%

（4）倍数比较

增加或减少 3 倍：increase by 3 fold（times）；A 3-fold increase

A 是 B 的 3 倍：A is 3 fold（times）as…as B. A is 3 fold（times）B

（5）结果的统计学意义

明显不同（significant difference）

很明显不同（very/highly significant difference）

区别不明显（insignificant difference）

无区别（nonsignificant difference/no difference）

（6）统计学意义常用句型

There was/is significant difference in…between A and B

The difference in…between A and B was/is significant

A was/is significant difference from B in…

No significant difference was found / observed / noted in…between A and B

8. 结论部分

（1）结果提示：These results suggest that…

举例：These data confirm the presence of at least two major HCV genotypes in Nigeria.

（2）结果支持或反对某种观点：These results support the idea that…；These results fail to support the idea that…

举例：These results do not support the idea that treatment to lower cholesterol concentration cause mood disturbance.

（3）表示观点的确定或不确定性：There is no evidence that…；It is likely/unlikely that…

举例：There is no evidence that NIDDM produce any change in bone metabolism or mass.

（4）具有…意义：Be of great (some/little/no) clinical significance in…to…

举例：The detection of p53 gene is of great clinical significance in tumor diagnosis.

（5）前瞻性说明：…remain to be further studied; It is remains to be proved that…

举例：However, the relation of insulin resistance to hypertension remains to be further studied.

（6）插入语：This is the first case of pancreas divisum.

举例：This is the first case, to our knowledge, of pancreas divisum.

（七）中英文摘要撰写实例分析

1．中文摘要

（1）题名：Argonaute 亚族蛋白对人类肿瘤细胞周期的影响［《生物化学与生物物理进展》，2008；35（12）：1394-1402］

摘要：Argonaute（Ago）家族蛋白与小的非编码 RNAs（siRNAs，miRNAs，piRNAs）生物发生和细胞功能密切相关。它可以结合小 RNAs，调控蛋白质的合成或影响 mRNA 的稳定性，即 RNA 干扰（RNAi），并且参与 Piwi 相关 RNAs（piRNAs）的生成。人类 Argonaute 蛋白家族包括 8 个成员，对其中的 4 个（Ago1～Ago4）mRNAs 进行了实时定量 PCR（qRT-PCR）检测，其在许多细胞中共表达，与细胞生长紧密相关。针对人乳腺癌 MCF7 和子宫颈癌 HeLa 细胞系，通过下调 Ago 亚族蛋白表达量，研究其在细胞周期中的调控作用。MTT 实验证明，Ago 蛋白表达缺失导致细胞增殖活性显著下降（$P<0.01$），生长受阻。进一步研究揭示，细胞周期在 G0/G1 期发生停滞，其中 Ago1（$P<0.01$）和 Ago4（$P<0.05$）的作用尤为明显，但并不引发凋亡。虽然具体调控机制尚不清晰，但在人类肿瘤细胞中 Argonaute 蛋白可直接或间接地参与细胞周期进程的调控。

分析：该摘要由 7 句话组成。第 1 与 2 句作者高度概括了 Argonaute 蛋白家族与小的非编码 RNAs 的关系，属于背景知识介绍。告诉读者 Argonaute 蛋白家族调控 RNA 的一些生物学性状和功能。第 3 句为作者研究策略的第一步，即研究了 Argonaute 蛋白家族成员在细胞中的基础表达，结果显示 Argonaute 蛋白家族成员中的 4 个在多种细胞中表达。但是作者对“多种细胞”的指向性不明确。例如多种细胞主要是那个类型，是否包含正常细胞和肿瘤细胞。进一步作者对 Argonaute 蛋白进行了功能研究。首先在第 4 句中作者介绍了研究的主要策略是选择性的在一些肿瘤细胞系中通过下调 Ago 亚族蛋白的表达。导致蛋白表达下调的方法目前常用方法有 siRNA，shRNA，反义寡核苷酸技术等，但是作者此处缺少通过那种方法下调蛋白表达的描述，因此是一大缺陷。第 5、6 句是描述下调 Ago 亚族蛋白成员后的表型改变，是本研究的主要结果，其中也包括一些检测方法的描述。第 7 句是作者的结论，并且阐明了研究的局限性。

（2）题名：Hsp22 对 SCA3/MJD 转基因果蝇的神经保护作用研究［《生物化学与生物物理进展》，2008；35（12）：1430-1436］

摘要：为了探讨 Hsp22 在 SCA3/MJD 发病机制中的作用。选用 GMR-GAL4 和 elav-GAL4 驱动子，利用经典的 GAL4-UAS 系统，将含有 78 个 CAG 重复扩增的 ataxin-3 蛋白片段（MJDtr-Q78）分别在果蝇眼睛和神经系统选择性表达，构建 GMR-GAL4/UAS 和 elav-GAL4/UAS 系统 SCA3/MJD 转基因果蝇模型，然后利用遗传学方法和热休克反应使 Hsp22 在 SCA3/MJD 转基因果蝇眼睛和神经系统以不同水平过表达。结果表明，Hsp22 过表达显著抑制了 MJDtr-Q78 蛋白的神经毒性，果蝇眼睛视网膜光感受神经元变性明显缓解，果蝇存活能力也显著提高。Hsp22 对 SCA3/MJD 具有保护作用，增强 Hsp22 表达对 SCA3/MJD 可能是一种潜在的治疗方法。

分析：该摘要由 4 句话组成。从结构看属于非结构式的摘要。从内容上看包含了目的、方法、结果、结论四个主要要素，层次清楚。并且 4 句话分别对应四个要素。其中一些连接词和句式值得的学习和借鉴。例如在研究目的中用了“为了探讨…的作用”，在研究方法中用了“选用…，利用…，将…表达，构建选用…，然后利用…”，在研究结果中用了“结果表明…”。但是上述摘要在缩写词的使用方面还需规范，例如“Hsp22”和“SCA3/MJD”首次出现的时候应该给予全称。此外如果能够在第 1 句话前增加一句对“Hsp22”和“SCA3/MJD”背景知识的介绍，可能更加容易增强读者对研究问题的了解。

（3）题名：乙型肝炎病毒宫内感染对新生儿外周血细胞因子干扰素 γ 和白介素 4 的影响 [《中华儿科杂志》，2008；46（7）：531-534]

摘要：目的　探讨乙型肝炎病毒（HBV）侵犯新生儿外周血单个核细胞（PBMC）后，对新生儿免疫功能的影响，了解其免疫失败发生的机制。方法　聚合酶链反应法（PCR）检测 67 对乙型肝炎表面抗原（HBsAg）、乙型肝炎 e 抗原（HBeAg）阳性孕妇及其新生儿血清和 PBMC 的 HBV DNA. 根据新生儿 PBMC 中 HBV DNA 分成阴性和阳性组，将新生儿的 PBMC 分别在植物血凝素（PHA）和纯化 HBsAg 刺激下进行体外细胞培养，检测培养上清液中干扰素-γ（IFN-γ）、白介素-4（IL-4）的分泌含量。结果（1）35 例母亲 PBMC HBV DNA 阳性者其新生儿 15 例为阳性，母亲与患儿 PBMC HBV DNA 阳性，差异有显著统计学意义（$P<0.01$）。（2）新生儿 PBMC 内 HBV DNA 阳性组与阴性组比较，纯化 HBsAg 刺激时，阳性组 IFN-γ 的分泌量较阴性组低（$P<0.01$），IL-4 含量显示 PBMC HBV DNA 阳性组高于阴性组（$P<0.05$），PHA 刺激时，两组 IFN-γ、IL-4 含量差异无统计学意义（$P>0.05$）。结论 PBMC 内的 HBV DNA 可能是 HBV 母婴垂直传播的一条重要途径；宫内新生儿 PBMC 感染 HBV，IFN-γ 特异性反应低下，而 IL-4 特异性反应增强，细胞调节失衡，可能是新生儿免疫失败和易于免疫耐受的一个重要原因。

分析：该摘要是典型的结构式摘要，结构严谨，表达简明，语义确切。摘要中首次出现缩略语加以说明。在结果展示部分作者分条描述，层次清楚。如果能对 IFN-γ、IL-4 的检测方法和具体检测数据进行描述，将增加摘要的信息含量。此外，目前很多杂志要求作者给出具体的 P 值替代传统的 $P>$ 或 $P<$。

2. 英文摘要

（1）题名：Toll-like receptor signalling in macrophages links the autophagy pathway to phagocytosis（Nature，2007；450：1253-1257）

摘要：Phagocytosis and autophagy are two ancient, highly conserved processes involved, respectively, in the removal of extracellular organisms and the destruction of organisms in the cytosol.（第 1 句话，作者介绍研究背景，吞噬和自噬是古老的清除细胞器的机制）Autophagy, for either metabolic regulation or defence, involves the formation of a double membrane called the autophagosome, which then fuses with lysosomes to degrade the contents, a process that has similarities with phagosome maturation.（第 2 句话，作者介绍研究背景，自噬的定义）Toll-like-receptor（TLR）engagement activates a variety of defence mechanisms within phagocytes, including facilitation of phagosome maturation, and also engages autophagy.（第 3 句话，作者介绍研究背景，TLR 的功能）Therefore we speculated that TLR signalling might link these processes to enhance the function of conventional phagosomes.（第 4 句话，作者基于上述背景知识介绍的相关性，给出自己的假说，因此这种写作方式是先声夺人，告诉读者基于过去的一些重要理论，有机的将过去表面看来不相关联的两个事物，例如 TLR 与 autophagy，联系起来从而产生一个新的观点和理论）Here we show that a particle that engages TLRs on a murine macrophage while it is phagocytosed triggers the autophagosome marker LC3 to be rapidly recruited to the phagosome in a manner that depends on the autophagy pathway proteins ATG5 and ATG7; this process is preceded by recruitment of beclin 1 and phosphoinositide-3-OH kinase activity. Translocation of beclin 1 and LC3 to the phagosome was not associated with observable double-membrane structures characteristic of conventional autophagosomes, but was associated with phagosome fusion with lysosomes, leading to rapid acidification and enhanced killing of the ingested organism.（第 5 ~6 句都是证明假说的重要实验结果）

分析：该摘要的写作思路是先基于对过去理论的介绍，提出一个新的学说或观点。新的学说或观点即是情理之中又是意料之外。作者先给出结论或者论点后，作者再选择性的给出重要的论据或者实验结果。写作中并不用过多的笔墨对研究方法进行描述。

（2）题名：Release of chromatin protein HMGB1 by necrotic cells triggers inflammation（Nature，2002；418：191-195.）

摘要：High mobility group 1（HMGB1）protein is both a nuclear factor and a secreted protein.（第 1 句话，作者介绍研究背景，HMGB1 有核内和核外功能）In the cell nucleus it acts as an architectural chromatin-binding factor that bends DNA and promotes protein assembly on specific DNA targets.（第 2 句话，作者介绍研究背景，HMGB1 核内具体功能）Outside the cell，it binds with high affinity to RAGE（the receptor for advanced glycation end products）and is a potent mediator of inflammation.（第 3 句话，作者介绍研究背景，HMGB1 核外功能）HMGB1 is secreted by activated monocytes and macrophages，and is passively released by necrotic or damaged cells.（第 4 句话，作者介绍研究结果，HMGB1 不但能主动分泌，而且细胞坏死的时候被动释放）Here we report that Hmgb1（-/-）necrotic cells have a greatly reduced ability to promote inflammation，which proves that the release of HMGB1 can signal the demise of a cell to its neighbours（第 5 句话，作者介绍核心研究结果，HMGB1-/-的细胞坏死后不再产生炎症）. Apoptotic cells do not release HMGB1 even after undergoing secondary necrosis and partial autolysis，and thus fail to promote inflammation even if not cleared promptly by phagocytic cells.（第 6 句话，作者介绍核心研究结果，凋亡细胞不能释放 HMGB1 同时，也不产生炎症）. In apoptotic cells，HMGB1 is bound firmly to chromatin because of generalized underacetylation of histone and is released in the extracellular medium（promoting inflammation）if chromatin deacetylation is prevented.（第 7 句话，作者介绍凋亡细胞不能释放 HMGB1 的机制）Thus，cells undergoing apoptosis are programmed to withhold the signal that is broadcast by cells that have been damaged or killed by trauma.（第 8 句话，作者的结论）

分析：该摘要的写作思路是符合一般英文摘要的写作思路，先介绍研究背景，例如 HMGB1 已知的核内和核外功能。然后描述一些重要的实验现象，例如细胞坏死的时候伴有炎症和 HMGB1 释放，细胞凋亡的时候不伴有炎症和 HMGB1 释放。并且对现象解释的一些机制研究。例如凋亡时，HMGB1 去乙酰化导致其构象改变，HMGB1 结合在核内。最后提出结论。例如，坏死细胞释放 HMGB1 促进了炎症。

（3）题名：Early Revascularization and Long-term Survival in Cardiogenic Shock Complicating Acute Myocardial Infarction（JAMA，2006；295：2511-2515.）

摘要：**Context** Cardiogenic shock remains the major cause of death for patients hospitalized with acute myocardial infarction（MI）. Although survival in patients with cardiogenic shock complicating acute MI has been shown to be significantly higher at 1 year in those receiving early revascularization vs initial medical stabilization，data demonstrating long-term survival are lacking.（对背景知识介绍，并且阐明一个急需解决的科学问题）

Objective To determine if early revascularization affects long-term survival of patients with cardiogenic shock complicating acute MI.（研究目的介绍）

Design，Setting，and Patients The Should We Emergently Revascularize Occluded Coronaries for Cardiogenic

Shock (SHOCK) trial, an international randomized clinical trial enrolling 302 patients from April 1993 through November 1998 with acute myocardial infarction complicated by cardiogenic shock (mean [SD] age at randomization, 66 [11] years); long-term follow-up of vital status, conducted annually until 2005, ranged from 1 to 11 years (median for survivors, 6 years).（介绍研究人员，研究对象组成，研究方案等）

Main Outcome Measures All-cause mortality during long-term follow-up. （主要结果是如何测定、完成的）

Results The group difference in survival of 13 absolute percentage points at 1 year favoring those assigned to early revascularization remained stable at 3 and 6 years (13.1% and 13.2%, respectively; hazard ratio [HR], 0.74; 95% confidence interval [CI], 0.57-0.97; log-rank *P* = .03). At 6 years, overall survival rates were 32.8% and 19.6% in the early revascularization and initial medical stabilization groups, respectively. Among the 143 hospital survivors, a group difference in survival also was observed (HR, 0.59; 95% CI, 0.36-0.95; *P* = .03). The 6-year survival rates for the hospital survivors were 62.4% vs 44.4% for the early revascularization and initial medical stabilization groups, respectively, with annualized death rates of 8.3% vs 14.3% and, for the 1-year survivors, 8.0% vs 10.7%. There was no significant interaction between any subgroup and treatment effect. （主要结果，统计学结果完整，给出了具体出确切的置信度和统计学显著性检验值）

Conclusions In this randomized trial, almost two thirds of hospital survivors with cardiogenic shock who were treated with early revascularization were alive 6 years later. A strategy of early revascularization resulted in a 13.2% absolute and a 67% relative improvement in 6-year survival compared with initial medical stabilization. Early revascularization should be used for patients with acute MI complicated by cardiogenic shock due to left ventricular failure. （主要结论及其潜在的临床应用价值，用词实事求是，不夸大研究结果）

分析：该摘要是典型的全结构式摘要。摘要详细介绍了研究目的或要解决的问题，解决问题的方法及过程，主要结果及结论，以及创新独到之处。国外临床医学类论著注重统计方法的选择。在论文摘要中对统计结果的描述要科学、严谨。

（八）关键词

1. 关键词的定义和作用　《科学技术报告、学位论文和学术论文的编写格式》是这样定义关键词（keyword）的：“关键词是为了文献标引工作从报告、论文中选取出来用以表示全文主题内容信息款目的单词或术语”。关键词主要作用包括：①用于文献标引；②反映文献主题；③选作关键词的词语，应是单词或术语。关键词虽然是一种自然语言（它是直接从文献中选取的著者的自然用语），它不要求在词义、词形上做严格的规范化处理，但选用的词应是能揭示文献主题内容的实词，包括名词、名词性词组等。

2. 关键词的选取

关键词包括主题词和自由词2个部分：主题词是专门为文献的标引或检索而从自然语言的主要词汇中挑选出来并加以规范了的词或词组；自由词则是未规范化的即还未收入主题词表中的词或词组。每篇论文中应专门列出3～8个关键词，它们应能反映论文的主题内容。其中主题词应尽可能多一些，它们可以从综合性主题词表（如汉语主题词表）和专业性主题词表（如NASA词表、INIS词表、TEST词表、MeSH词表等）中选取。确能反映论文的主题内容但现行的主题词表还来不及收入的词或词组可以作为自由词列出，以补充关键词个数的不足或为了更好地表达论文的主题内容。关键词作为论文的一个组成部分，列于摘要段之后。

（九）学科分类号

中文科技文献在出版或发表时一般要求为其明确学科分类号，目的是便于文献的整理、检索和利用，目前几乎重要刊物、学位论文、图书等都要求文献发表或出版时要标注其学科分类号。学科分类号一般按文献研究内容的学科属性进行标注，像关键词一样应该明确说明该文献所研究课题的学科类别，既不能按所学专业也不能按招生目录中的研究方向标注，因为这些都过于宽泛，很难明确说明论文的研究内容，因此学科分类号应具有一定的专指性，一般应至少达到 3 ~ 4 级类目，如 R（医学卫生），R6（外科学），R65（外科学各论），R655（胸部外科学），R655. 1（胸壁）等。

确定文献学科分类号的常用工具：①印刷本工具：《中国图书馆分类法》（可到图书馆查询）；②电子版工具：《中国生物医学文献数据库（CBMDisc)》

四、引言

（一）引言的定义和作用

引言（introduction）又称绪论、前言或导论。引言是开篇之作，写于正文之前，是正文内容的开端，说明研究的起点、重点、目的和学术价值，体现论文的科学性和创新性。引言写作的好坏直接影响到该论文的整体评价和学术水平。

（二）引言的内容和格式

引言的目的是为论文的写作立题，目的是引出下文。在写引言之前首先应该明确几个基本问题：①为什么要进行这项研究？无论基础研究还是临床研究，生命科学的最终目的是战胜疾病，延长人类寿命。然而，由于自然规律的复杂性，人类认识和实验手段的局限性，目前某些疾病仍然在蔓延甚至直接危险人类生命。对于这些疾病病因，发病机制的探索以及寻找有效的干预措施就构成了生命科学研究的原动力。因此，引言中作者要阐明研究的重要性，说明论文的主题、范围和目的；②是否有研究基础？科学研究就是科研人员在别人或者别人的工作基础上波浪式前进。因此，引言中作者要对已有的理论和实验基础进行归纳总结，告诉读者本研究的起因、本研究的现状、哪些问题已经解决、现在进展到何种程度、哪些问题亟待解决、本研究与前人工作之间的关系等；③研究重点和研究意义如何？一个课题最终要解决一个问题。如果作者还没有用实验结果逻辑上回答这个问题，那暂时还不能构成论文。科学问题有大有小，因此研究意义也不尽相同。通常引言中，作者要对研究方法、预期结果和研究意义进行简短的说明，目的是吸引读者兴趣。

国内医学期刊，由于受篇幅限制，作者没有过多的版面撰写前言。因此，国内期刊引言一般不分段，通常涉及基础研究的论文引言较长，临床病例分析较短。相反，国外大多论文引言较长，通常是分段，最后一段通常是描述本研究的重要发现和研究意义。因此，在撰写中英文引言时，要根据中英文期刊特点做出适当文字长短和格式调整。

（三）引言写作原则和具体要求

1. 开门见山，紧扣主题　国内期刊由于篇幅限制，通常希望作者直奔主题，一开头就让读者接触到文章的中心，了解文章的主要内容。因此，作者不能用过多文字对研究历史和现状和立题过程进行描述。国外期刊由于篇幅限制较为宽松，作者可以对相关的背景知识进行详细介绍，从而引出科学问题，并且围绕科学问题开展论证。背景知识介绍一定要注意围绕主题，重要的背景知识要引用原始文献。引言应当直截了当，切中要点，针对性强。

2. 详略得当，重点突出　引言写作大忌之一就是将引言写成综述，读者读后不知道文章的研究重点。作者应该合理处理写作素材，素材选择上要有重点，并且尽量选择有利于自己的学术观点。写作上要根据正文中的研究内容调整前言内容。并对结果中的一些检测对象要做适当铺垫性的介绍。否则不是相关领域的读者阅读结果时，突然感觉冒出一些新名词和信息点。因此，引言既是对背景知识的介绍和研究问题的阐述，也是对结果中的信息点的介绍。作者要巧妙的让这些信息点融入到背景知识介绍中。

3. 思路清晰，层次清楚　思路清晰，层次清楚是激发读者阅读的重要因素。医学论文属于科技论文，因此前言中，尽量做到每段有一个中心句统领全段。句与句之间要有逻辑性。先介绍什么，后介绍什么要心中有数。科学问题的提出应让读者有水到渠成的感觉。因此，作者在写作的时候要注意引导读者。

4. 文字简洁，用词准确　锤炼语言是论文写作最基础的功夫。文字简洁要求作者熟练使用文字，用最少的文字表述作者的意图。此外，用词要准确和规范。词不达意则言不达意，言不达意则不能准确地表达中心思想。一些专用名词要做到全文一致。

5. 观点正确，评价合理　陈述观点要注意分寸，注意区分是结果还是观点。如果是结果还要注意当时的实验条件和模型。对于研究热点甚至长期以来有争论的学说，更要注意评价的客观、科学和合理性。对于与自己相反或者矛盾的观点，尽量不要引用。如果非引用不可，要注意措辞并且要引用原文，指出不足时候要实事求是，绝不能讥讽。对于自己的研究意义描述时候，不能夸大其词。同时，也避免客套。例如避免使用“首次报道”“未见报道”“填补国内外空白”。

6. 符合杂志特点　鉴于中文期刊对引言有短小精悍的要求。因此中文期刊引言不要过长，不要分段描述，注意不要与摘要雷同，也不是摘要的注释，长度一般控制在200字内。此外，要考虑杂志的读者群，根据读者群和专业特点，写作上应有所侧重。引言是阐述论著新颖性、重要性的部分，应当明确地加以阐述，尤其是对哪些投送至综合性、一般性（非专业性）科学期刊的论著，更应该向其他专业的读者作清楚的说明。

（四）引言写作的基本方法

1. 中文引言写作基本方法　中文引言通常是一段式。通常用四到五句话概括问题的提出，研究的历史现状，存在的问题。本工作的目的、方法、研究思路（可包括简明结果、结论）。在引言中特别注意解释或定义专门术语或缩写词。

常用论著引文结构是：…是…（定义，属背景知识介绍）。其中…日益受到人们重视（定义中的某一个方面，指出文章的研究重点和范围）。尽管…取得进展（介绍研究现状），但其…（介绍存在的问题）。本研究在…模型上，采用…方法，观察…指标，比较…差异，以探讨…（介绍研究目的）。

2. 英文引言写作的基本方法　SCI英文期刊对引言通常没有严格的版幅限制，因此作者相对不受中文期刊的字数限制，文字更多。英文引言写作基本方法是采用倒金字塔结构从已知事物到未知情况，再提出问题，然后提出解决问题的实验方案（图7-7）。

（1）已知事物：从叙述已知的主题开始。无背景或者背景简单的引言会使引言显得毫无特色，且失去引言在论文中的功能：激发读者对本论著的兴趣；为读者提供理解本论著所需的背景材料。对于已知事物的介绍要围绕课题进行，突出重点。已知事物主要来源于他人的工作或者自己的工作，如果描述的是一般性的共识或者理论，作者可以应用综述作为参考文献。如果描述的是新理论或者新观点，作者应该应用原始参考文献，引用的时候应该直接引用，不能杜撰。

（2）未知情况：已知事物介绍后，继而转向该主题未知方面或存在的疑问。在转向未知情况的时候要使用转折词链接，过渡要自然。对尚存在的问题要陈述集中、合理、恰当、容易理解。如果是指出他人理论不足时，应该尊重科学、实事求是，让人心悦诚服。写作上可以将已知事物和未知情况合为一段进行介绍，也可以分别概述。

（3）提出问题：基于对已知事物和未知情况的分析，作者此时应该提出研究中的关键问题和迫切问题。描述时候注意问题提出的逻辑性，让读者读后认可作者提出的确实是一个新问题，而且重要。通常来说提出问题来自于对过去理论的补充，或者对过去理论的纠正。

（4）解决问题：基于上述问题，作者此时提出解决问题的方案或者科学假说。如果有助于读者理解论著中的观点，尤其是在长而复杂的论著中，可以在引言中最后一段先写出核心答案。陈述本研究科学意义要避免概念切换，夸大事实。

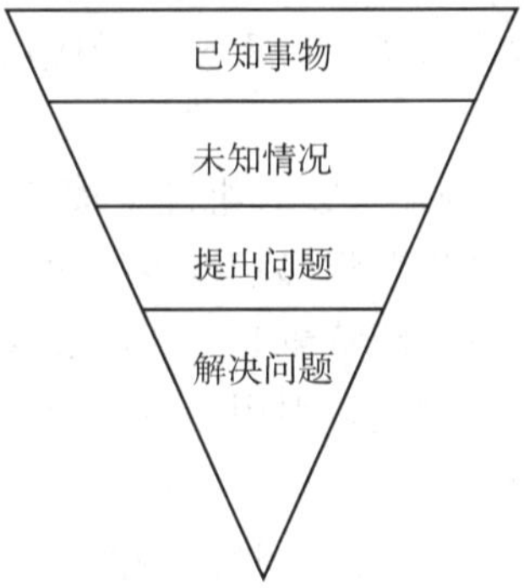

图 7-7 引言写作的倒金字塔结构

倒金字塔写作要点：

（1）要明确哪些句子是中心句，中心句统领全段内容，特别注意段落开头语与结尾语的作用，将主题逐层深入；

（2）要保证句子间有很强的连贯性，尤其要写好逻辑推导中的关键步骤，并用好连接词和连接短语，注意写作的层次；

（3）要重复相同的关键词，使整个引言围绕特定的主题展开，即主题突出；

（4）要保持观点的一致性，防止前后理论矛盾，特别注意某个研究问题有重大学术争论时候问题的展开与介绍；

（5）舍去不必要的细节，使得主题清晰和突出；

（6）引用最相关和最具说服力的原始文献以指引读者，注意适当引用自己或者科室前期工作文献，表明工作有基础；

（7）要清楚表明研究工作的新颖性和重要性。叙述前人工作的欠缺以强调自己研究的创新时，应慎重并留有余地，切忌全盘否定；

（8）合理处理哪些内容在引言中出现，哪些在讨论中介绍，避免内容交叉重叠；

（9）引言一般与结论相呼应。在引言中提出的问题，在结论中应该有解答。

（五）引言写作的常见错误

一般的引言包括这样两层意思：一是“立题”的背景，说明论文选题在本学科领域的地位、作用以及目前研究的现状，特别是研究中存在的或没有解决的问题。二是针对现有研究的状况，确立本文拟要解决的问题，从而引出下文。一般作者在引言写作中集中存在这样两方面的问题，具体表现为：

1. 引言无引文　引言无引文容易出现在中文期刊临床研究文章。论文引言必须有参考文献。参考文献的数量和质量能够说明研究问题的现状和历史，从而映射出研究问题的科学性和重要性。此外，如果引用的文献有自己或者实验室的前期的工作，一方面能让读者了解工作的连续性，另一方面也能有助于审稿人加深对文章工作基础的了解，增加论文被接收的概率。科学研究注重事实根据。参考文献就是不同实验室、不同技术背景下的科学记录。如果读者对作者介绍的背景知识有疑惑或者兴趣，读者通过作者引用的文献浏览原始文献，能够更好的加深背景知识的细节了解。引用文献时候，文献数量应尽量少，若该项研究已有很多报道，就应选择与主题有关的首次报道、最重要和最成功的研究论著，也可引用综述性论著对大家熟悉的理论知识。

2. 引文与介绍不符　由于作者的疏忽或者纰漏，读者根据作者提供的文献并不能得出作者描述的相应论点。如果出现这种情况将影响作者的信誉，间接地也反应作者的科学工作的不严谨性。因此要求作者引用文献介绍背景时，作者要亲自浏览原文，并且注意原文中哪些是实验结果，哪些是作者的推论和假设。引用的时候，观点陈述需要实事求是，并且确认无引用错误。不要用推论解释推论。

3. 引言过于简单　引言最重要的是提出研究问题。在提出问题之前，要告知论著主题的已知或已确信的信息，并陈述目前未知或有疑问的方面，以便了解作者为什么要做本研究。有些论文的引言三言两语，只介绍了研究目的，缺乏背景材料、目前现状和存在的问题，不能达到导语的作用。对方法、对象、材料的介绍可使读者了解你将怎样解决问题、研究的对象是谁、材料是什么，以增加引言的信息性、增强论文的可读性。

4. 引言冗长　将引言写成综述也是引言撰写中的常见错误。过多的引用文献，交代研究背景，或者重复一些大家熟知的基本理论，会分散读者的注意力，混淆读者的视觉，让读者抓不住论文的主旨和研究重点。引言要达到简洁明晰的效果，应该注意背景素材选择，将与本研究密切相关的背景突出。

5. 引文罗列、缺少逻辑性　有的作者由于对研究问题了解不深，在介绍研究现状时往往是列出一大堆文献，罗列出不同研究者的不同做法和结论，缺乏作者的分析和归纳，没有概括出研究的成果和存在的问题，甚至将一些与本文研究没有直接关系的文献也列在其中。因此，作者应该使用一些连接词和连接短语将各个背景知识信息点串联起来成为有机整体，让读者紧跟作者的思维，从而引出论文研究的主题。

6. 缩略语和英文缩写不当 引文中对于首次出现的缩略语和英文缩写要给予全称，便于读者理解。期刊通常要求是在文章中出现三次以上的名词才使用缩略语。

7. 不科学的评价 评价包括他人的工作也包括本实验发现的意义。评价时，力求科学，用词正确，实事求是，即不能夸大事实，又不能贬低他人成果。

（六）英文引言撰写常用连接词、连接短语与句型

（1）Although it is now well documented that…

举例：Although it is now well documented that tumor cells have the ability to induce angiogenesis by secretion of extracellular molecules promoting the outgrowth of small vessels, the stimulation of angiogenesis mediated by the necrotic cells themselves may be a very efficient mechanism by which tumors can escape growth limiting because of hypoxia.

（2）In addition, there is now increasing evidence that…

举例：In addition, there is now increasing evidence that besides their role as regulators of transcription at least some members of that group of proteins can also exert extracellular functions.

（3）…and colleagues showed that…

举例：Scaffidi and colleagues15 showed that HMGB1 rapidly leaked out from permeabilized necrotic cells, but not from permeabilized apoptotic cells.

（4）Recent studies showed that…

举例：Recent studies showed that HMGB1, known as an architectural chromatin-binding protein, can be extracellularly released by passive diffusion from necrotic cells and activated macrophages.

（5）It has been reported that…

举例：It has been reported that HMGB1 is released from the majority of necrotic cells, and is also secreted from activated

（6）Previously, we established…, and demonstrated that…

举例：Previously, we established a specific enzyme-linked immunosorbent assay (ELISA) for HMGB1, and demonstrated that protein levels were significantly elevated in the plasma and lung epithelial lining fluid of patients with acute lung injury and mice instilled with lipopolysaccharide (LPS).

（7）We also showed that…

举例：We also showed that HMGB1 was increased in synovial fluid of patients with rheumatoid arthritis, which might play an important role in the pathogenesis of chronic inflammation in the disease.

（8）In these experimental and clinical studies, we hypothesized that…

举例：In these experimental and clinical studies, we hypothesized that HMGB1 from necrotic cells or activated macrophages/dendritic cells may have a pathogenetic role in organ failure (OF).

（9）Thus, while it is becoming increasingly clear that…

举例：Thus, while it is becoming increasingly clear that heat shock proteins may enable the heart to withstand superimposed stress, the precise biochemical signal (s) that elicits the myocardial stress response is not known.

(10) Unfortunately, these studies…

举例：Unfortunately, these studies were confined to juvenile myocardial cells; moreover, they did not examine the synthesis of the important family of 70-kDa stress proteins, which are thought to promote tissue repair in the heart.

(11) Despite advances in…

举例：Despite advances in intensive medical management, mortality rate in severe acute pancreatitis (SAP) is still high.

(12) It has been demonstrated that…

举例：It has been demonstrated that HMGB1 is secreted actively by living inflammatory cells such as stimulated macrophages/monocytes and is released passively from necrotic or damaged cells.

(13) In this study, to clarify whether…

举例：In this study, to clarify whether HMGB1 is implicated in SAP, serum HMGB1 concentrations were determined in patients with SAP at the time of admission. Relationships between their serum HMGB1 levels and various clinical factors for SAP were analyzed.

(14) We have previously found that…

举例：We have previously found that endogenous tumor necrosis factor (enTNF) acts as a cross-resistance factor against the cytotoxicity caused by exogenous TNF, adriamycin and heat by inducing manganous superoxide dismutase (MnSOD), thereby scavenging reactive free oxygen radicals.

(15) However, …has not been clarified.

举例：However, the relationship between these two factors has not been clarified.

(16) The term…describes….

举例：The term vasculogenesis describes the de novo formation of new vessels from angioblasts during embryonic development.

(17) Recent evidence supports…

举例：Recent evidence supports the involvement of integrins for the homing of EPCs to sites of active neovascularization.

(18) Specifically, we found that…

举例：Specifically, we found that integrins mediate the endothelial adhesion and transendothelial migration of human adult peripheral blood- derived EPCs in vitro and the homing of murine BM hematopoietic progenitor cells and murine BM EPCs to ischemic tissues in vivo.

(19) Interestingly, …

举例：Interestingly, the blockade of another integrin, the integrin, does not inhibit homing of BM EPCs to ischemic tissues but increases mobilization of BM-derived progenitor cells.

（20）Nevertheless，…

举例：Nevertheless，in a tumor model，the inhibition of integrin decreased the homing of BM progenitor cells to sites of active tumor angiogenesis.

（21）Others have demonstrated…

举例：Others have demonstrated the accumulation of progenitor cells in fibronectin-rich regions in the hypoxia-induced remodeled pulmonary artery vessel wall.

（22）Thus，it is conceivable that…

举例：Thus，it is conceivable that different integrins may play distinct context-and tissue-specific roles for the homing of progenitor cells.

（22）However，…are unclear.

举例：However，the regulation of integrin activity and，more importantly，the influence of factors of the ischemic environment on integrin-dependent functions of EPCs are unclear.

（22）In addition，…

举例：In addition，HMGB1 is actively secreted on activation of cells by inflammatory cytokines.

（23）In a murine model of…，suggesting that suggesting that…

举例：In a murine model of myocardial infarction，exogenously administrated HMGB1 in the periinfarcted left ventricle led to recovery of left ventricular function through regeneration of cardiomyocytes from resident cardiac c-K progenitor cells，suggesting that HMGB1 may have therapeutic relevance.

（24）Here，we report that in addition to…

举例：Here，we report that in addition to this regulatory phosphorylation by protein kinase C，HMG1 proteins in insects are constitutively phosphorylated by casein kinase II within their acidic C-terminal tails.

（25）…but do not…

举例：These regions modulate the binding affinity of HMG1-BD，but do not influence the extent of DNA distortion.

（26）Moreover，…

举例：Moreover，the C-terminal portion of the HMG1 proteins is important for stimulation of transcription and nuclear retention.

（27）Further studies revealed that…

举例：Further studies revealed that a more upstream region of the iNOS promoter/enhancer（2951 to 2911）is responsible for the synergistic induction of iNOS by IFN and LPS.

（28）We designed the present study to further elucidate…

举例：We designed the present study to further elucidate the important regulatory elements in region 2234 to 131 responsible for iNOS induction in vascular smooth muscle cells by the proinflammatory cytokine IL-1b.

（29） Until our present study，…had not been elucidated.

举例：Until our present study，the functional importance of these sites in vascular smooth muscle cells had not been elucidated.

（30） Furthermore，there had been no identification of…

举例：Furthermore，there had been no identification of nuclear proteins （binding in the downstream region of the iNOS promoter/ enhancer） that facilitate iNOS transactivation by NF-κB.

（31） The role of…has been studied extensively…

举例：The role of HMG-I （Y） in enhanceosome assembly has been studied extensively in the IFN-β gene after viral stimulation.

（32） …has been shown to…

举例：HMGI （Y） has been shown to enhance the binding of transcription factors，such as NF-kB and activating transcription factor-2，to their binding sites by DNA-protein and protein-protein interactions.

（33） Despite the…，little is known about…

举例：Despite the wealth of data associating aberrant-or overexpression of HMGA1 proteins with cancer，little is known about the molecular roles by which HMGA1 proteins exert their tumorigenic effect.

（34） Because of…，we determined whether…

举例：Because of the aforementioned properties of HMG-I （Y），we determined whether this protein bound to the iNOS promoter/enhancer and interacted with NF-kB subunits to regulate iNOS gene transcription.

（35） We also determined whether…

举例：We also determined whether the site of HMG-I （Y） binding overlapped a binding site for NF-kB （as occurs with IFN-b），or if HMG-I （Y） bound at a site different from NF-kB.

（36） However，accumulating evidence indicates that…

举例：However，accumulating evidence indicates that the p53 apoptotic function is the most relevant for both tumorigenicity and induction of tumor-resistance to antineoplastic treatments.

（37） Here we show that…

举例：Here we show that HMGA1 interacts with the p53 tumor suppressor and interferes with its proapoptotic activity.

（38） Experiments with…demonstrate…

举例：Experiments with H1 knockout mice demonstrate the existence of cellular mechanisms that strive to maintain a constant level of H1 and that reduction of H1 beyond a critical point is not compatible with normal embryonic development.

（39） …raising the possibility that…

举例：HMG proteins move very rapidly throughout the nucleus，raising the possibility that they can access the nucleosomal sites temporarily vacated by H1 and modulate the interaction of H1 with chromatin.

（40） Our data indicate that…at least in part by…and suggest that…plays a key role in…

举例：Our data indicate that H1 binding to chromatin is modulated at least in part by a competition process involving the HMG proteins and suggest that a dynamic and competitive network of chromatin interactions involving H1，HMG proteins，and perhaps other structural proteins plays a key role in regulating the local structure and activity of the chromatin fiber.

（41） When…，…

举例：When the mitochondria-dependent apoptotic pathway is triggered，efflux of CytC（cytochrome c） from the mitochondrial matrix into the cytoplasm occurs.

（42） Based on these concepts，…

举例：Based on these concepts，we have obtained a clone derived from the MCF7 cancer cell line in which bcl2 gene expression is stably down-regulated by using the anti-bcl2 hammerhead ribozyme Rz-bcl2.

（43） We designed the present study to further elucidate…

举例：We designed the present study to further elucidate the important regulatory elements in region 2234 to 131 responsible for iNOS induction in vascular smooth muscle cells by the proinflammatory cytokine IL-1b.

（44）：Despite significant advances in…

举例：Despite significant advances in intensive care therapy and antibiotics，the overall mortality due to severe sepsis is 30%，and sepsis is associated with an annual health care cost of nearly 17 billion.

（44） During the past 20 years，a series of basic scientific observations have focused…

举例：During the past 20 years，a series of basic scientific observations have focused sepsis research on products of the innate immune system.

（45） For example，…

举例：For example，the majority of patients with sepsis in large-scale trials of anti-TNF were not enrolled until many hours or days into their clinical course，after the early proinflammatory cytokine response had peaked.

（46） It has become clear that…

举例：It has become clear that HMGB1 is released from endotoxin-stimulated macrophages after a significant delay，beginning 8-12 h after the release of the early cytokines（e. g.，TNF and IL-1）.

（47） As described here，…

举例：As described here，a similar approach has revealed that the other DNA-binding domain of HMGB1，the A box，competes with HMGB1 for binding sites on the surface of activated macrophages and attenuates HMGB1-induced release of proinflammatory cytokines.

（48）…process…be divided into at least four major steps：…

举例：The transposition process can arbitrarily be divided into at least four major steps：（i） binding of the transposase to its sites within the transposon IRs；（ii） formation of a synaptic complex in which the two ends of the elements are paired and held together by transposase subunits；（iii） excision from the donor site；（iv） reintegration at a target site.

（49） Because…，it is of importance to…

举例：Because there is substantial interest in developing transposon technology for gene therapy and gene discovery，it is of importance to dissect the molecular mechanisms involved in transposition and its regulation.

（七）实例分析

1．中文杂志

题目：Sorcin 高表达与胃癌细胞株 SGC7901 多药耐药的关系 [《癌症》，2008；27（4）：337-342]

引言：化疗是晚期胃癌、术后复发转移及残胃癌的主要治疗方法，而肿瘤的多药耐药（multidrug resistance，MDR）是胃癌化疗失败的主要原因。胃癌多药耐药的机制非常复杂，现有机制不能圆满解释和逆转胃癌的多药耐药。SGC7901/VCR 是胃癌细胞 SGC7901 经递增浓度的长春新碱（vincristine，VCR）诱导形成的、具有典型的 P-糖蛋白（P-gp）高表达的多药耐药性的细胞株，但是 P-gp 的抑制剂维拉帕米（verapamil，VRP）并不能完全逆转 SGC7901/VCR 细胞的多药耐药性，这提示 SGC7901/VCR 细胞存在其他的耐药机制，有待寻找新的耐药相关基因[1]。我们运用蛋白质组学技术比较 SGC7901 细胞和 SGC7901/VCR 细胞蛋白质表达谱的差异，发现可溶性耐药相关钙结合蛋白（solube resistance-related calcium binding protein，Sorcin）在 SGC7901/VCR 细胞中显著高表达，与胃癌耐药密切相关[2]。本研究构建 FLAG-Sorcin 融合蛋白并在胃癌 SGC7901 细胞中表达，旨在进一步探讨 Sorcin 与胃癌 MDR 的关系，并为后续的 Sorcin 蛋白相互作用蛋白质的研究奠定基础。

分析：第一句阐明了多药耐药与胃癌化疗失败的关系，属于常识性内容，因此作者没有引用文献。第二句阐明了现有多药耐药机制的复杂性与不足，属于抽象性的语言，如果能增加一到两点原因的具体列举，可能更有助于读者对全文重要性的判断。第三句阐明了本文主要实验材料 SGC7901/VCR 多药耐药胃癌细胞的表型特征，作者引用文献注释，并且提出本研究需解决的科学问题，即“P-gp 的抑制剂维拉帕米（verapamil，VRP）并不能完全逆转 SGC7901/VCR 细胞的多药耐药性的原因与机制”，构成了文章的主要研究内容。第四句，是作者过去工作的已有发现，属于工作基础，并且引用了文献注释。第五句是本文的主要研究目的和研究内容，包括主要方法介绍。整个前言中首次出现的缩写语给出了中英文全称。

2．英文杂志实例

题目：SATB1 reprogrammes gene expression to promote breast tumor growth and metastasis（Nature，2008，452：187-193）

前言：Metastasis is the final step in solid tumor progression and is the most common cause of death in cancer patients[1].（第一句介绍了肿瘤转移的重要性，肿瘤转移常见，引起死亡）Metastasis is a multi-step process：invasion of tumor cells into the adjacent tissues，entry of tumor cells in the systemic circulation（intravasation），survival in circulation，extravasation to distant organs，and finally growth of cancer cells to produce secondary tumors[2,3].（第二句介绍了目前对肿瘤转移的传统认识，多步过程）How tumor cells become metastatic is largely unknown（第三句引出问题，肿瘤转移很多问题还不清楚）. It was widely believed that metastatic cells are rare and evolve during late stages of tumor progression from a series of genetic changes that enable the cells to progress through the sequential steps that finally result in growth in distant organ microenvironments（第四句话锋一转，引出基因遗传改变影响肿瘤转移的学说，也是作者要的研究领域）. Recently, however, gene expression analysis of human breast carcinomas with known clinical outcomes has revealed profiles that are associated with disease progression and has identified groups of genes whose characteristic expression pattern can predict the risk of metastatic recurrence[4,5,6,7,8,9]（第5句，证明肿瘤中的乳腺癌转移确实受遗传改变）. The detection in some primary tumors of such poor-prognosis gene 'signatures' indicates that a large number of cells in the primary tumors already have such a gene expression pattern（第6句为作者的引申，引出问题的重要，注意用词的温和，又体现重要）. Therefore, in addition to the traditional view of metastasis as an evolving process of rare variant clones, the poor-prognosis signatures suggest that cells in some primary tumors are predisposed to metastasis[10]（第7句找到文献支持作者的假设）. In fact, there might be an active molecular mechanism underlying such events（第8句，结论性的观点）. How gene expression profiles are established in these tumor cells such that they acquire metastatic properties is unknown（第9句，提出科学问题，即基因表达谱如何改变，如何影响肿瘤转移）.

Here we show that the protein SATB1 is necessary for breast cancer cells to become metastatic, and when ectopically expressed in non-metastatic cells, can induce invasive activity in vivo（第1句，介绍本文的主要发现SATB1参与转移）. We also show that SATB1 expression in breast cancer cells establishes gene expression profiles consistent with invasive tumors（第2句，仍然介绍本文第2个重要发现，受SATB1影响的基因表达谱）. SATB1 is a nuclear protein that functions as a 'genome organizer' essential for proper T-cell development11（第3句背景知识介绍，SATB1是核蛋白，影响T细胞发育）. SATB1 constitutes a functional nuclear architecture that has a 'cage-like' protein distribution surrounding heterochromatin（第4句仍然是对STAB1的介绍，SATB1分布特点，鸟笼状）. This architecture is referred to as 'the SATB1 regulatory network', as SATB1 regulates gene expression[11,12,13,14] by recruiting chromatin remodelling/modifying enzymes and transcription factors13, 14 to genomic DNA, which it tethers via specialized DNA sequences highly potentiated for unpairing (base unpairing regions, or BURs)[15,16,17]（第5句仍然是对STAB1的介绍，SATB1影响染色质功能）. On T-helper 2 cell activation, SATB1 becomes expressed and folds the cytokine-gene locus into dense loops for rapid induction of multiple cytokine genes18（第6句仍然是对STAB1的介绍，SATB1影响T细胞功能，调节细胞因子基因）. In breast cancer cells, we find that once SATB1 is expressed, it coordinates expression of a large number of genes to induce metastasis（第7句介绍本文的发现）. Removal of SATB1 from aggressive breast cancer cells not only reverses metastatic phenotypes but also inhibits tumor growth, indicating its key role in breast cancer progression（第8句介绍本文的发现）.

分析：整个前言言简意赅。作者合理控制了用词语气和连接词使用。写作也体现了一些疾病机制探讨论著前言写作的模式。首先介绍对某个疾病研究的重要性，表现为发病率，死亡率高。然后谈对发病机制有了一些认识。然而这些认识仍不足。最近某某提出了一些新观点。本文是上述新观点的深入。然后是对你的靶蛋白的背景知识介绍，通常要将与本文中心有关系的背景知识归纳概括写进来。

五、材料和方法

（一）材料和方法的定义和作用

材料与方法是科技论文的基础，是判断论文科学性、先进性的主要依据。材料与方法可以使读者了解研究的可靠性，也为别人重复此项研究提供实验资料和事实依据。因此材料与方法部分在生物医学论著中占有举足轻重的地位，一篇优秀的论著，材料必须充分、真实、准确，方法必须科学和具体。

（二）材料和方法的表述方式

在医学论著中，关于材料与方法部分的表述方式一般分为以下三种：①材料与方法：多见于基础研究论著，以实验动物以及细胞培养为研究对象；②资料与方法：多见于临床研究论著，以患者为研究对象；③对象与方法：多见于流行病学研究论著。

（三）材料和方法的写作要点

论著结果是否可靠、结论是否可信，要看材料与方法。对材料的描述要清楚、准确；对方法的描述要详略得当、重点突出；力求语法正确，表达简洁且合乎逻辑。此外，阅读拟投稿期刊的“读者须知”，了解相关具体要求。

1. 基础研究论著　一般包括以下要素：①受试对象与分组；②具体的实验指标（人或动物）及其选择标准；③使用的设备与仪器；④具体的实验方法和实验程序；⑤实验的环境条件；⑥检测项目与指标；⑦数据处理与统计学分析。

实验研究需要说明动物的名称、种系、等级、数量、来源、性别、年龄、体重、饲养条件和健康状态，以及划分实验组和对照组等情况。药品、试剂应使用化学名称、并注明剂量、单位和厂家甚至货号。若需配置，应给配方和制备方法。仪器设备注明名称、型号、规格和生产单位。单位要参考使用国家统一标准中的规定或者杂志的特殊要求。应用的软件需注明软件名、版本号和厂家。如果涉及动物实验，要给出遵循的动物操作原则和规范。

方法学描述上注意逻辑顺序，根据实际操作描述关键实验步骤，写作原则是读者根据作者的描述能够重复实验。对建立的方法包括统计学方法要注明参考文献，如使用通用的方法写明什么方法即可。引用他人的方法要给出原文出处，不必全部照抄。对有实质性改进的方法，重点描述改进的部分。对文献报道过但并非大家熟知的方法，应该简单加以介绍并注明出处。对于自己实验室建立的方法和一些较新方法，应该详实介绍，步骤清楚，以便他人重复。

此外，一些杂志要求，一些基因芯片数据、蛋白质或 DNA 测序数据需要在美国 PUBMED 上进行登记，并在材料与方法中给出登记号。

2. 临床研究论著　一般包括以下要素：①病例选择标准（诊断与分型标准）；②病例的一般资料；③分组情况；④治疗方法；⑤疗效观察项目；⑥疗效判断标准；⑦数据处理与统计学分析；⑧医学伦理问题。

临床研究的对象是病人，应说明来自住院或门诊，同时必须将病例数、性别、年龄、职业、病因、病程、病理诊断依据、分组标准、疾病的诊断分型标准、病情和疗效判断依据、观察方法及指标等情况作简要说明。上述内容可根据研究的具体情况加以选择说明，并突出重点：①对研究新诊断方法的论文，要注意交代受试对象是否包括了各类不同患者（病情轻重、有无合并症、诊疗经过等），受试对象及对照者的来源（如不同级别的医院某病患病率及就诊率可能不同），正常值如何规定，该诊断方法如何具体进行等等；②研究疾病临床经过及预后的论文，要注意说明病人是在病程的哪一阶段接受治疗，病人的转诊情况，是否制定了观察疾病结果的客观标准；③病因学研究论文则要交代所用研究设计方法（如临床随机实验、队列研究等)，是否做剂量-效应观察；④对临床疗效观察研究来说，主要说明病例选择和剔除标准，病例的一般资料（如年龄、性别、病情轻重等)，分组原则与样本分配方法（配对、配伍或完全随机)，疗效观察指标和疗效标准；⑤治疗方法如系手术，应注明手术名称、术式、麻醉方法等；如系药物治疗则应注明药物的名称（一般用学名而不用商品名)、来源（包括批号)、剂量、施加途径与手段、疗程，中草药还应注明产地与制剂方法。

所有以人为对象的生物医学研究，必须要遵守“赫尔辛基”宣言（Declaration of Helsinki)，即“公正、尊重人格、力求使受试者最大程度受益和尽可能避免伤害”。参加临床实验的各方必须了解和遵守这些规则。国外每个医院都有正规的伦理委员会或者组织负责临床研究的伦理审查。我国卫生部在 2007 年颁布了《涉及人的生物医学研究伦理审查办法（试行)》的通知，要求各省设置伦理委员会，凡是涉及人的生物医学研究和相关技术应用必须经过伦理审查才能开展研究。因此，临床论著写作投稿中，大部分 SCI 期刊包括国内的权威杂志，以人为对象的临床实验通常要求投稿时需附上当地医学伦理委员会的证明及参与此实验对象签名的知情同意书。或者在论著中进行申明，例如“The present study was approved by the ethics committee of the University and adhered to the tenets of the Declaration of Helsinki. Additionally，the written informed consent was obtained from the patients.”

此外，一些高影响因子 SCI 杂志要求随机对照实验（randomized clinical trial，RCT）发表之前，必须到国际上的临床随机对照实验登记中心登记，取得登记号才能送审以及接收。没有注册的 RCT 的结果不会被这些杂志承认，不能在这些杂志上发表的。尽管如此，目前对 RCT 尚有一更重要的要求，即是报告的方式必须参考 CONSORT 声明。CONSORT 声明发表于 1996 年（Begg C，Cho M，Eastwood S，*et al*. Improving the quality of reporting of randomized controlled trials：the CONSORT statement. JAMA. 1996；276：637-639.)，为作者报告随机对照实验结果提供了建议。它包括一份应报告条目的核对表并推荐使用流程图，清楚地显示出受试者在实验期间的变动过程。核对表的项目涵盖了文题摘要、引言、方法、结果和讨论部分的内容。修订的核对表包括精选的 22 个项目，经验证据表明不报告这些信息会对疗效产生错误估计，或者需要这些信息以判断发现的可靠性和相关性。因此不论你是否注册，作者首先要按照 CONSORT 声明进行你的 RCT 报告。关于 CONSORT 最新信息和相关指南可访问 CONSORT 网站（http://www.consort-statement.org/www.consort-statement.org)。其他类似的声明还有 QUOROM 声明、STARD 声明等。

（四）材料和方法写作过程中的常见问题

（1）实验步骤描述的过于繁琐或者简单　如果采用的方法已经有文献记载，一般简述并引用该文献即可。若文献篇幅较长需要压缩，或所引文献较新且易于查找，也可只表明文献出处。对于实验中采用的商品化的试剂盒，如果严格按照其说明书操作，就不比将其说明书的内容在论文中再加以表述，只表明“按说明书操作”即可。相反，实验步骤描述过于简单会让读者失去必要的理解信息，从而不能重复作者的实验结果，影响读者对论文科学性和真实性的判断。

（2）资料不完善　临床研究论文中，常出现病人一般资料、病例选择标准、分组情况、疗效判断标准、诊断标准等资料的不完整或者缺失。

(3) 资料前后矛盾　论文写作中材料与方法中出现的数据应该与结果中的数据一致。若前后矛盾将影响论文的可信度。例如病人例数、药物剂量、统计方法等。

(4) 表述不规范　例如药物名称、单位符号等要符合国际通用标准。

(5) 写作层次混乱　通常将主要基本材料和主要方法写在最前面，然后依次介绍其他方法。

(6) 没有进行伦理学声明　作者进行实验设计实施之前，获得相关部门的伦理许可，如果是人体试验，需要患者知情同意。论文写作时候进行声明。

六、结果

(一) 结果的作用

论文的核心和精髓主要体现在“结果”（results）部分。结果是研究成果的总结，也是立论和实际应用的依据。结果是论文科学性、可信性的基础，是期刊编审者和读者重点关注之处。

(二) 结果部分的主要内容

通常包括的主要内容有三个方面：①结果的归纳性介绍，一般要列出相应的统计图表，并对结果进行定量或定性的分析；②结果的重点描述，尤其是主要的实验数据分析和临床观察结果；③结果的评价和讨论，即对结果的说明解释或与研究假设及其他作者研究结果的比较。

(三) 结果撰写的原则

结果是论文的核心。因为在“引言”部分，你所提出的问题，均可在“结果”部分找到答案。这部分要求对研究结果进行客观的陈述，既不受其他文献的影响，也不受作者主观意愿的左右。所以，“结果”部分不需要过多拓展，只是要客观的陈述。

1. 结果要紧扣主题　作者在课题设计和构思的时候，通常会将课题设计的宏大，研究内容众多，并且得出很多结果。论文写作前，作者要进行论文构思，即这篇论文作者要解决和回答哪些科学问题？这些科学问题是否有内在联系？是否围绕一个核心主题？确定了论文表达的核心议题后，根据论文主题选择写作素材。结果写作的时候，作者要紧密围绕论文主题行文，去粗取精，去伪存真，切忌面面俱到。对于核心结果要表述清楚，并且突出重点。一篇论文什么都想说，结果很可能什么都说不清楚。因此，有些数据不一定适合于这一篇论文，可留作它用，不要硬行拼凑到一篇论文中。在论文评审过程中，评阅人也经常碰到这样的问题，即作者的稿件写的很长，结果也很多，但是读完后，不明白作者要表达的核心议题。这种稿件常常会因为主题不突出而被期刊拒稿。

2. 结果要分清主次　如上所言，一篇论文往往只有一个主题，尽管结果指标可能有多个，但根据其与主题的关系，应有主次之分，即一篇论文的结果有主要结果和次要结果。主要结果是预定的最重要的结果，常决定于样本量的大小。一些实验可能会有一个以上的主要结果，但不宜提倡，因分析的多样性可影响结果的解释。研究感兴趣的其他结果为次要结果。既然结果有主有次，报告时自然应该有重有轻、有先有后。一般而言，应该用较多的文字报告主要结果，次要结果可简要介绍，一些无关的结果可不做介绍。在报告的先后次序上，也应先报告主要结果，后报告次要结果。但是对于结果简单的论文，作者应该全面介绍每一个结果。

3. 结果要合乎逻辑　逻辑性指论文必须结构严谨，层次分明，前提完备，概念确切，推理严密，运算无误，分析透辟，判断准确，令人无懈可击。论文结果是论文核心内容，判断推理由此导出，讨论由此引发，结论由此得出。结果是用文字、公式和图表表达，要求结果部分脉络清晰、结构严谨、推断合理、概念准确、文字通顺、符号规范。结果描述之前，可以适当用简短文字提供研究背景，检测指标的意义。结果与结果之间要合理使用转承连接词和句子，表明研究的先后，研究的层次。此外可以进行简短的推断，但是语言不必过多，要与讨论部分区分开来。总之，结果与论文其他部分，应前后呼应自成系统。不应是罗列一堆数据或一串现象的简单描绘。准确、精炼、顺畅的文字语言表达能力，不仅说明作者具有准确驾驭文字的能力，而且也反映作者具有严密的逻辑思维能力和高度的抽象和概括能力。因此，作者报告结果逻辑性强，将引导读者的注意力，按照作者的思维逐步获得答案。

4. 结果要实事求是　作者在报告结果时，要持科学、务实的态度，是什么结果就报告什么结果，而不要受人为因素的影响。不论结果是阳性或阴性，肯定或否定，达到或没达到预期结果。即使是没有达到预期结果甚或与他人报道的结果不一致，只要方法可靠、数据无误、统计分析正确，则结果可信，应如实报道。特别要指出的是阴性的结果也是结果，有争议的结果或意外的结果往往会引出进一步探讨的课题，千万不要随意取舍。

造成阴性结果难发的主要原因有：一是目前一些期刊，特别是国内期刊不愿意发表阴性结果稿件。认为阴性结果对读者的影响较小。不过，这种认识上的偏见逐渐被纠正。一些杂志已经增加了阴性结果论文发表的比率。但无论如何阳性结果论文永远是主流。二是审稿人的原因。审稿人在审稿的时候，可能对你的阴性结果提出更多的疑问和意见。因此作者在回答和增加实验应对审稿人意见的时候，遇到的困难更大，作者因为无法回答或者解决，从而造成撤稿或退稿。三是作者的原因。造成阴性结果的原因可能与作者的实验设计和实验操作相关。作者认为只有阳性结果才是“真正”或“希望”的结果，阴性结果则往往被认为是一种“失败”或“不理想”。

5. 结果要准确，要有统计学处理　生物医学论文要以真实的、具体的数据作为结论的依据。没有数据不称之为“结果”，没有“结果”则“结论”就失去了根基。因此，作者应准确、真实、客观地描述实验研究、临床研究和现场研究所观察到的结果，提供具体数据。未经统计学处理的实验观察记录和数据称为原始数据。应该根据研究目的，将原始资料数据经过核对、归纳分析，进行必要的统计学处理，找出有价值的信息，得出相应的结论，然后用文字和各种图表表达。

6. 图表和文字不要重复　一篇科技论文尽管内容很好，倘若作者没有用准确、精炼的文字语言能力将其表达出来，也不能算是一篇上乘之作。为了使结果更直观、简洁，论文中常用到图和表。但作者应注意一个问题，就是图表所示内容与文字表述尽量不要重复。如果某些内容图表已经有所表示，作者一般无须再用文字表述，以免给人以繁琐、多余之感。

7. 时态　作者在描述SCI英文论著结果时，通常采用用过去时。但是概括结果的标题一般用一般现在时。

8. 叙述方式合理运用。在具体写作时，作者根据具体情况合理采用叙述方式，常见叙述方式有：①概括叙述：即只谈重要的现象和主要的过程，这样文字简洁，例如在复杂表格结果描述；②顺序叙述：按事物发展的时间顺序或科学探索研究工作的时间顺序叙述，使人能了解全过程。例如，动物实验中的行为改变结果描述；③客观叙述：即根据事物或现象的实际情况进行叙述，不夹带个人的主观看法；④夹叙夹议：既讲客观事实，同时也谈作者对结果看法，即推论同时进行。

（四）结果撰写的常见方法举例

1. 中文期刊

（1）标题：RT-PCR 检测 BGC-823 细胞 MMP-2、u-PA 的 mRNA 表达

MMP-2、u-PA 在三组细胞中均有表达。Ad-VEGF165 组的 MMP-2 mRNA 的表达水平明显高于对照组和 Ad-GFP 组（0.6646 ± 0.0486 vs 0.3803 ± 0.0254，0.4096 ± 0.0668，均 $P<0.05$），而后两组间比较差异无显著性，提示 Ad-VEGF165 转染体外培养的 BGC-823 细胞后促进了该细胞 MMP-2 mRNA 的表达，而 GFP 对 BGC-823 细胞 MMP-2 mRNA 的表达没有影响（图 2A）。Ad-VEGF165 组的 u-PA mRNA 的表达水平明显高于对照组和 Ad-GFP 组（0.8216 ± 0.0798 vs 0.4043 ± 0.0620，0.406 ± 0.1158，均 $P<0.05$），而后两组间比较差异无显著性，提示 Ad-VEGF165 转染体外培养的 BGC-823 细胞上调了该细胞 u-PA mRNA 的表达，而 GFP 对 BGC-823 细胞 u-PA mRNA 的表达没有影响（图 2B）。

分析：RT-PCR 检测的描述结果，作者做到了图表和文字不重复，图显示的是 RT-PCR 电泳图结果，文字给出了具体灰度扫描数值。在描述的时候指出了最高表达的组别，并且组与组之间进行了统计学分析，并且给出了 P 值。此外，每个结果陈述后，作者进行了简短的推论，例如“提示 Ad-VEGF165 转染体外培养的 BGC-823 细胞后促进了该细胞 MMP-2 mRNA 的表达，而 GFP 对 BGC-823 细胞 MMP-2 mRNA 的表达没有影响”。

（2）标题：结直肠癌患者外周血 hTERT mRNA 表达与临床参数的关系

53 例结直肠癌患者按患者的年龄、性别及肿瘤的临床分期，有无血行转移和淋巴结转移，浸润深度，分化程度，肿瘤直径的大小进行分组，观察外周血 hTERT mRNA 在结直肠癌患者中的表达情况。由表 3 可见：结直肠癌患者外周血中 hTERT mRNA 的检出率与患者的淋巴结转移、血行转移及临床分期呈正相关（$P<0.05$），而与患者的年龄、性别、肿瘤大小、分化程度等临床病理参数差异无统计学意义（表 3）。

分析：作者首先介绍了临床分组情况。然后概括性指出表格中的主要发现，即哪些指标之间呈正相关，哪些指标有统计学意义。

2. 英文期刊

（1）标题：Sustained expression of β-catenin results in the development of a novel IL-7R + pre-DP thymocyte population（结果的标题，通常用一般现在时）

To investigate the importance of intrathymic down-regulation of β-catenin, we used CAT-Tg mice that express stabilized human β-catenin gene from the proximal Lck promoter (38)（提出研究问题并说明了主要的动物模型）. We have previously shown that mRNA for the transgene was not expressed in DN2 cells (44), expressed at very low levels in sorted DN3 cells, and was sharply induced in the DN4/pre-DP cells (Fig. 2A, left panel)（研究的主要发现，并且结合了作者过去的发现）. Additionally, we have shown that β-catenin protein levels matched mRNA levels in DN3 and DN4 cells (44). Analysis of the distribution of thymocytes in DN subsets in CAT-Tg mice showed a relative decrease in the DN3 (c-Kit-CD25 +) cells and an increase in the DN4/pre-DP (c-Kit-CD25 −)

cells（Fig. 2A，right panel）. To determine whether increased transition of DN3 cells to the DN4 stage was associated with enhanced pre-TCR signaling，we assayed for expression of Egr3，which has been previously implicated as a target of pre-TCR signaling（13，14）.（进一步深入，提出研究问题，并说明主要检测指标）Expression of Egr3 in CAT-Tg DN3 cells was comparable to control DN3 cells but was increased in CAT-Tg DN4/pre-DP cells compared with control DN4/pre-DP cells（data not shown）. Together these observations demonstrate that expression of Tg β-catenin was sufficient to facilitate β-selection.（对上述结果的归纳与总结，带有推论性质）。

分析：该结果写作框架是：To investigate···. We have previously shown that···. Additionally，we have shown that···. To determine whether···. Together these observations demonstrate that···

（2）标题：Sustained expression of β-catenin blocks thymocyte development at the pre-DP stage in vivo（结果的标题，通常用一般现在时）

To determine whether β-catenin-dependent overexpression of Egr family members resulted in a block in development in vivo，we analyzed adult CAT-Tg mice.（提出研究问题）We have previously reported that CAT-Tg mice have lower thymic cellularity（38）.（告诉读者作者过去的研究发现）In this study，we show that the percentage of DN thymocytes is increased in CAT-Tg thymuses compared with C57BL/6 thymuses（Fig. 4A，left panel）. A more dramatic accumulation is noted in some mice（Fig. 4A），and these thymuses were lower in cellularity. Approximately 60% of CAT-Tg DN thymocytes compared with 7% C57BL/6 DN thymocytes expressed IL-7R（Fig. 4A）. Because IL-7R + pre-DP thymocytes fail to up-regulate RORt，which is required for development to the DP stage，we suggest that these cells are a dead-end population.（作者对结果进行了简短分析）Furthermore，we propose that the increase in this dead-end population is the reason for decreased thymic cellularity in CAT-Tg mice.（作者对上述结果进行了假设）

Next，we determined whether Notch and c-myc signaling pathways，known to regulate thymocyte development，were impacted by β-catenin expression and contributed to the generation of the dead-end population.（作者在第一段观察到的结果基础上，进一步提出科学问题，是第一个科学问题的深入）We found that Notch signaling was not impaired as expression of Deltex-1，a target of Notch signaling，was comparable in CAT-Tg and control DN thymocytes. We also found that expression of c-myc was comparable in CAT-Tg and control DN thymocytes（Fig. 4B）. These data suggest that the function of β-catenin was independent of these regulators of thymocyte development.（作者即时对其中的一个结果进行了推论）In accordance with data shown in Fig. 2，molecular analysis of CAT-Tg DN thymocytes showed significantly higher abundance of Egr 1，2，and 3，and low levels of RORt expression compared with control DN cells（data not shown）. In addition，we noted increased expression of TGFβ mRNA（Fig. 4C），which may also contribute to the block in development（47）. Thus，we conclude that sustained expression of β-catenin in pre-TCR-signaled thymocytes blocks their development to the DP stage due to aberrant expression of Egr genes，RORt and TGFβ. We propose that down-regulation of pre-TCR-induced signals is an essential aspect of proper T cell development in the thymus.（作者基于上述发现，提出了这部分内容的假说）。

分析：该结果写作框架是：To determine whether···We have previously reported that···In this study，we show that···. Furthermore，we propose that···. Next，we determined whether···. We found that ···. These data suggest that···In addition，we noted···. Thus，we conclude that···. We propose that···.

（五）结果撰写的常见英文句型和词汇

1. To evaluate the effects of···，···

举例：To evaluate the effects of IgG blockade of the PD-1/PD-L1 interaction, a panel of mouse mAbs was generated by hybridoma technology.

2. To characterize the kinetics of…, …

举例：To characterize the kinetics of Ab binding to PD-1 in a 1 : 1 stochiometry, monomeric Fabs were made of the PD-L1 blocking mAbs 1B8 and 8A10 and the PD-L1 nonblocking mAb 3H4, and tested by SPR for kinetic binding to PD-1 as described in the Materials and Methods.

3. To further support that…, …

举例：To further support that IL-10 delivery impaired the differentiation of monocytes to inflammatory DCs in T. brucei brucei-infected mice, bone-marrow CD11b + Ly6c + CD11c- monocytes were isolated from noninfected Ly5. 2 mice, labeled with CFSE, and transferred to noninfected or infected Ly5. 1 recipient mice treated with control or IL-10 AAV.

4. In addition, …

举例：In addition, the cells transferred in infected IL-10-treated mice expressed a lower MHC-II level than the cells transferred in infected control-treated animals.

5. These data confirm that…

举例：These data confirm that the IL-10 delivery efficiently inhibits the differentiation and maturation of monocytes to inflammatory DCs during T. brucei brucei infection.

6. Together, these experiments indicate that…

举例：Together, these experiments indicate that IL-10 can efficiently limit the differentiation of CD11b + Ly6c + CD11c- monocytes to CD11b + Ly6c + CD11c + inflammatory DCs in strong proinflammatory conditions occurring in T. brucei brucei-infected mice.

7. …We therefore compared the effects of…

举例：As the main component of i. v. Ig (IVIG), IgG is known to suppress inflammatory responses in vitro and in vivo. We therefore compared the effects of serum and purified IgG on inhibition of IFN.

8. As shown in Fig. …

举例：As shown in Fig. 4A, serum inhibited IFN-production stimulated by immune complexes.

9. To further test this conclusion, we compared…

举例：To further test this conclusion, we compared the inhibitory effect of normal serum compared with serum obtained from four patients with humoral immunodeficiency states (CVID or XLA (hypogammaglobulinemia), with IgG reduced by 80% or more) before IVIG therapy.

10. To determine whether…, …

举例：To determine whether in addition to IFN-, CSF autoantibodies could induce IM associated with NPSLE, we quantified, using a multiplex assay, the five IM mentioned above and three IM (TNF-, IL-10, and IL-12p40) not usually implicated in NPSLE.

11. Since…, we tested whether….

举例：Since IP-10 is known to be induced by type 1 and type 2 IFNs，and since we observed that the concentration of immune complex-induced IFN-correlated with that of IP-10（$r = 0.88$，$p < 0.001$），we tested whether a neutralizing mAb against IFN-affected IP-10 production in the standard bioassay.

12. This possibility was further supported by the observation that⋯.

举例：This possibility was further supported by the observation that incubation of primary human microglia，the resident macrophage type cell in the CNS，with either IFN-or IFN-β induced IP-10 as well as IL-6（especially IFN-β），but only low concentrations of MIP-1（Fig. 5D）.

13. Unlike⋯，⋯

举例：Unlike MIP-1，IL-6 levels were increased in most of the baseline CSF samples but，on average，the immune complexes did not significantly augment IL-6 concentrations using PBMC as responder cells.

14. To address the possibility that⋯，we⋯

举例：To address the possibility that immune complexes could act on cell types resident in the CNS，we used primary human microglia as responders and observed that NPSLE CSF could stimulate IL-6 and IP-10 production by microglia in the presence of Ag（Fig. 5E），although IFN-induction was not detected（data not shown）.

15. We have shown that⋯

举例：We have shown that mucosal immunization of newborn mice with S. Typhi expressing a foreign Ag generates potent immune responses during the neonatal period .

16. In this study，we investigated⋯

举例：In this study，we investigated the capacity of S. Typhi（F1）to mucosally prime the neonatal immune system for a vigorous and accelerated anamnestic response to a subsequent parenteral boost with F1-alum.

17. Although⋯，⋯

举例：Although the capacity for avidity maturation is not fully developed in very young infants，vaccines that support Th1-type responses appear to favor this process.

18. We examined⋯

举例：We examined the kinetics of avidity maturation of F1 IgG Abs in newborn mice primed with S. Typhi（F1）and boosted with F1-alum，as well as in mice primed and boosted with S. Typhi（F1）or F1-alum，and control groups（Fig. 2B）.

19. In contrast，⋯

举例：In contrast，priming and boosting with F1-alum produced exclusively IgG1；this group had the lowest IgG2a/IgG1 ratio of all treatments.

20. We hypothesized that⋯. To test this hypothesis，⋯.

举例：We hypothesized that a Salmonella-based vaccine，due to its adjuvant properties，would activate and enhance maturation of neonatal DC，thereby allowing for a more efficient Ag presentation and T cell stimulation in the early life setting. To test this hypothesis, BM-derived immature neonatal DC were generated by treatment of nonadherent cells with IL-4 and GM-CSF; CD11c + cells were sorted and stimulated in vitro with S. Typhi using increasing m. o. i.

21. Further confirmation of…

举例：Further confirmation of monocyte subset location within the lungs was established by the in vivo intravascular cell-labeling technique using fluorescence-conjugated anti-CD45 Ab injected i. v. just before sacrificing the mice.

22. …whereas…

举例：Primary LPS followed by secondary low-dose LPS challenge produced a dramatic increase in memTNF expression on Gr-1high but not Gr-1low monocytes (n = 3-4/each group; $p < 0.01$), whereas memTNF levels after a single, low-dose LPS injection (at either the primary or secondary challenge time points) were negligible (Fig. 7).

23. In contrast to…, …

举例：In contrast to the differential activation of NF-B, both zymosan and depleted zymosan triggered p38 MAPK phosphorylation in bmM (Fig. 4C).

24. Collectively, our data indicate that…

举例：Collectively, our data indicate that although Dectin-1-CARD9-Bcl10 signals directly activate NF-κB and TNF-production in bmDC, Dectin-1 signaling alone does not activate NF-κB in bmM.

25. Considering…, we hypothesized that…. To address the first possibility,

举例：Considering the parallel differentiation of bmM and bmDC with M-CSF and GM-CSF respectively, we hypothesized that either 1) M-CSF signals restrict the ability of Dectin-1 to activate the CARD9-NF-B pathway in bmM, or 2) GM-CSF signals permit the direct activation of NF-B via CARD9 in bmDC. To address the first possibility, we added M-CSF to GM-CSF-derived bmDC overnight before stimulation, and observed no effect of M-CSF on the ability of these cells to produce TNF-upon stimulation with zymosan, depleted zymosan, or the TLR2 ligand Pam3CSK4 (Fig. 5A).

26. Furthermore, …

举例：Furthermore, these cells now produced robust TNF-following exposure to depleted zymosan.

27. We also measured…

举例：We also measured TNF-production by DC derived from bone marrow using Flt3L (Flt3L DC).

28. Consistent with…, we…

举例：Consistent with our demonstration above that CARD9 is recruited to Dectin-1 phagosomes in macrophages (Fig. 2, B and C) and that CARD9 is responsible for Dectin-1 collaboration with TLR2 in bmM (Fig. 3G), we observed CARD9 expression in bmM as well as GM-CSF-derived bmDC, although the DC had much higher levels of CARD9 than bmM (Fig. 6A).

29. We next examined whether…

举例：We next examined whether GM-CSF and IFN-priming alter CARD9 levels or the surface expression of Dectin-1 on bmM. Neither GM-CSF nor IFN-had any effect on CARD9 expression (Fig. 6C).

30. For this purpose, …

举例：For this purpose, DCs from aged and young individuals were activated with human DNA for 24 h as described in Fig. 1.

31. No…was observed….

举例：No colocalization of DNA was observed with the lysosomal marker, LAMP-2 suggesting that DNA does not enter the lysosomes (Fig. 4A).

32. Recent studies have identified…

举例：Recent studies have identified DAI (DNA-dependent activator of IFN-regulatory factors, also known as DLM-1/ZBP-1) as a cytosolic receptor that senses both foreign and self DNA (12, 13).

33. Recent reports suggest…

举例：Recent reports suggest an involvement of IRFs particularly IRF-3 (14) and IRF-7 (13) in IFN-secretion via cytosolic DNA sensors (12).

34. More importantly, …

举例：More importantly, IRF-3 activity was significantly increased ($p<0.05$) in DC from aged subjects exposed to human DNA as compared with DCs from young subjects exposed to human DNA (Fig. 4).

35. …was not significantly different between…and…

举例：Basal level of IRF-3 activation was not significantly different ($p>0.05$) between the aged and young subjects.

36. It has been shown that …

举例：It has been shown that IRF-3 is activated by ds-B-form-DNA through the NF-B dependent signaling pathway (16).

37. These data were further confirmed with…

举例：These data were further confirmed with flow cytometry (Fig. 6, B and C) by determining the phosphorylation of the p65 subunit using specific Abs.

38. To further investigate a role of…, we…

举例：To further investigate a role of NF-κB in the activation of DCs by human DNA, we used a cell-permeable, specific, peptide inhibitor, NF-κB SN50 (18) (BIOMOL) that inhibits the translocation of p50 unit to the nucleus preventing the formation of active p50/p65 heterodimers.

39. Addition of the inhibitor resulted in…

举例：Addition of the inhibitor resulted in a significant inhibition ($p<0.05$) of IFN-and IL-6 secretion from human DNA-stimulated DCs (Fig. 6E).

40. …failed to…

举例：The same dose of MRS2578 failed to attenuate LTD4-mediated calcium flux in the CHO-CysLT1R cells (Fig. 2B).

41. …was diminished…

举例：ERK activation in response to LTD4 (500 nM) was diminished by MRS2578 (1 μM; Fig. 2, C and E), whereas phosphorylation induced by UDP (1000 nM) was completely blocked.

42. Neither…nor…

举例：Neither LTD4 (500 nM) nor UDP (1000 nM) could induce ERK activation in mBMMCs from CysLT1R-null or from LTC4S-null mice (Fig. 2, D and E), whereas both ligands elicited responses from CysLT2R-null mBMMCs that were similar to those observed in the wild-type cells (Fig. 2, C-E).

43. At the highest doses tested, …

举例：At the highest doses tested, both LTD4 and UDP substantially attenuated apoptosis of wild-type mBMMCs (Fig. 3, A and B).

44. At lowerconcentrations, …At higher concentrations, …

举例：At lower (0.0125 – 0.125 mM) concentrations, H_2O_2 was not toxic to macrophage cultures. At higher (0.25 – 1.0 mM) concentrations, however, H_2O_2 exhibited a dose-dependent cytotoxicity to macrophage cultures.

45. To gain insight into the mechanisms underlying…

举例：To gain insight into the mechanisms underlying H_2O_2-mediated HMGB1 release, H_2O_2 was washed-out after a brief (2 h) exposure, and HMGB1 levels in the culture medium were determined 24 h after the onset of H_2O_2 stimulation.

46. Consistently, …

举例：Consistently, pretreatment with JNK inhibitor dramatically reduced cytoplasmic HMGB1 levels in H_2O_2-stimulated macrophages (Fig. 4B), suggesting that JNK inhibitor attenuates H_2O_2-induced HMGB1 release through interfering with its cytoplasmic translocation.

47. As expected, …

举例：As expected, in situ hybridization or immunohistochemistry of sections from WT mice and CXCL10-/- mice injected with PBS 3 and 7 days earlier yielded no signal of CXCL10 outside the injection-region (data not shown).

48. A statistically nonsignificant increased incidence of…was observed…

举例：A statistically nonsignificant increased incidence of prostate cancer (P = .06) was observed in the vitamin E group but not in the selenium + vitamin E group.

49. The baseline characteristics of participants are shown in…

举例：The baseline characteristics of SELECT participants by each of the 4 groups (placebo, vitamin E, selenium, and selenium + vitamin E) are shown in Table 1.

50. There were no significant differences…

举例：There were no significant differences（all $P > .15$）in any prespecified secondary cancer end points（Figure 3 and Table 4）.

51. …were similar…

举例：The percentage of patients who had an annual PSA examination and DRE was similarly high and the biopsy rate was similar across all groups，indicating that the prostate cancer findings were not due to screening-associated detection bias.

52. The only statistically significant differences（$P < .01$）were…

举例：The only statistically significant differences（$P < .01$）were for selenium vs placebo for alopecia and grades 1 to 2 dermatitis.

53. Compared with…

举例：Compared with placebo，vitamin E also did not reduce the incidence of total cancer（HR，1.04；95% CI，0.95-1.13；$P = .41$）.

54. …did not impact…

举例：Censoring participants at the time of vitamin E nonadherence did not impact the results for prostate cancer（HR，0.95；95% CI，0.84-1.07；$P = .38$）or total cancer（HR，1.02；95% CI，0.93-1.11；$P = .68$）.

55. Among…，…had no effect….

举例：Among 13 334 men without a baseline history of cancer，vitamin E had no effect on the prevention of total cancer，nor was there any substantial effect of vitamin E on newly diagnosed cancer among 1307 men with cancer at baseline or on prostate cancer among men with another cancer at baseline.

56. There was no effect…

举例：In addition，there was no effect modification by randomized beta carotene or vitamin C or the ongoing multivitamin treatment assignment.

57. …，respectively.

举例：The overall rates of total cancer for the active and placebo vitamin C groups were 17.6 and 17.5 per 1000 person-years，respectively.

58. The rates of…were…

举例：The rates of prostate cancer were 9.4 cases per 1000 person-years for the active vitamin C group and 9.2 cases per 1000 person-years for the placebo group（HR，1.02；95% CI，0.90-1.15；$P = .80$）.

59. There was no effect…

举例：There was no effect modification by any cancer risk factor on the effect of vitamin C on total cancer，including stratifying by previous history of cancer.

60. …no association of…

举例：Further，analyses restricted to events and times after 4 years of treatment，or after 6 years, found no association of vitamin C with total cancer.

61. To address whether…, we first compared…

举例：To address whether bmM are deficient in any of the key components of this pathway, we first compared the expression of CARD9 and Bcl10, as well as Dectin-1 itself, in bmM, and in bmDC.

七、讨论

（一）讨论的定义与作用

讨论是作者表达个人见解、阐述学术思想、开展学术交流的主要内容。它是整篇论文的精华部分，是对整篇论文所阐述论点的最终评价，反映了作者的研究水平。讨论主要针对“材料与方法”、“结果”这两部分内容进行综合分析、比较、论证，阐明事物间的内部联系与发展规律，揭示研究结果的理论意义和实用价值。讨论要以研究的结果为依据，作者既不要不敢下结论，也不可妄下结论。讨论部分也是论文评审阶段评审人最爱提问的地方。

（二）讨论部分的主要内容

如果说前言是说明“根据什么”，正文就是说明“用什么或做什么，并得出什么”。讨论部分的内容主要是对本实验或临床观察的方法和结果进行解释、阐述、评价和推论，是说明“为什么”。其具体内容通常包括以下几个方面：

1. 理论依据与实验依据　即选择本研究课题的背景材料，国内外对于类似问题的研究进展，是否有类似的报道和发现，本研究的重点是要解决什么问题，这些问题是否有逻辑可行的理论依据。写作时候注意与前言的背景知识区分开来，如果是同一篇背景知识文献，前言可以介绍主要结果和结论。讨论的时候可以就具体的细节进行对比，即哪些发现与他人报道相同，哪些发现与他人报道不同。阐明理论依据的时候应该引用经典重量级的文献作为理论支持。

2. 研究方法的机制和特点　应说明研究方法的科学性、研究材料与对象的客观真实性以及研究数量的充分性等，表明作者的支持论据是科学可信的。应交代研究方法的机制，指出其明显特点，评价其较过去方法的优越之处。对于文章采用的新方法，作者应该比较其与经典方法的不同，指出其优势，并且指出可能的不足。

3. 研究结果与过去文献的比较　应着重指出本研究结果的新发现、新效果，并应对研究结果进行分析和解释。作者可以根据本研究的理论或国内外的新学说、新见解，以及自己的实验依据进行阐述。也可以将本研究的结果与过去的文献进行比较，或用别人的资料补充和说明自己的结论和观点。只有经过文献比较，才能进一步证实本研究结果的先进性和可靠性。在对国内外相关文献中的结果与观点作出讨论，表明自己的观点时，尤其不应回避相对立的观点或学说。

4. 阐述研究结果的理论价值和实际意义，说明本研究的重要性　作者从研究结果中得出新观点、新结论、新理论。这部分通常是对本研究工作的升华，是论文先进性与创造性的重要体现。仅仅就事论事地介绍研究方法与结果，常常是不够的。还应该在此基础上，提出自己的新见解，探求其本质和规律，并上升到理论的水平。作者撰写的时候，注意用词的准确性，过分夸大研究结果的意义可能适得其反。国内的医学期刊通常允许作者介绍研究成果的经济利益。相反，国外期刊通常是不允许介绍其发现的经济利益。国际医学期刊编辑委员会（ICMJE）发布的《向生物医学期刊投稿的统一要求》也明确规定除非做了经济学分析，一般不应下成本、效益方面的结论。

5. 提出尚存在的问题并展望　任何一项研究都有它的不足之处。即使是国际权威期刊发表的文章，文章也多多少少存在一些不足和需要改进的地方。例如，样本数不足、研究方法和检测手段单一、研究水平的单一性（例如只有体内实验没有体外实验，只有体外实验没有体内实验）等。对于作者要合理处理这些不足，有的实验不足要写进讨论中，自己先将不足展示出来，这样能够减少论文评阅人在评阅过程中的提问。如果是受客观条件限制，例如临床资料中病人随访资料不完整性等造成的，作者可以写进讨论中，并且指出得出文章结论的具体前提条件，即文章的局限性。如果是一些准备后续实验需要证明的新问题，作者也可以适当介绍，表明作者研究的可持续性。总之，讨论部分可在肯定已取得的成绩的基础上提出目前研究的不足、今后努力的方向及有待进一步解决的问题。

（三）国际医学期刊编辑委员会对讨论部分的建议

国际医学期刊编辑委员会（ICMJE）发布的《向生物医学期刊投稿的统一要求》对讨论部分的书写作了统一要求，主要可归纳为以下5点：①应强调指出研究获得的新的重要结果和结论，不要重复引言和结果部分内容；②应说明研究的价值和局限性，如有其他相关研究，应阐述其间的关联；③要与研究的目的结合起来讨论，避免妄下研究结果不支持的结论；④除非做了经济学分析，一般不应下成本、效益方面的结论；⑤要避免强调和暗示尚未完成的工作的重要性，如果有把握，可以提出新的假设和建议。

（四）作者在写讨论时易出现的问题

讨论部分写作，作者应力求做到可靠的论据，有力的论证、明确的论点、准确的表达。常见问题如下：

1. 妄下结论　任何结论都有其产生的具体条件并且有其适用范围。一些作者比较容易人为夸大研究的理论或实用价值，甚至有人还能得出研究结果不支持的结论。讨论中说话要留有余地，不要动不动就用“首次发现”、“未见报道”、“填补了…领域的空白”、“取得了创新性成果”、“达到了国际（内）领先（先进）水平”等，不要把话说得过大，有些话留给别人去说，评价让同行专家去做。这样，不仅是显示谦虚和学术风格，同时也免得将来的尴尬。网上查阅文献十分迅捷、方便、准确，但是仍难免会有遗漏，甚至失误。即使是查新报告，由于受检索人员的业务水平以及检索数据库的不同，检索结果和结论也不尽相同。同样任何人做的一项研究归根结底都只具有相对真理性。对尚未定论之处及相反的理论，应进行分析。陈述假说要有把握，特别要注意不能把未经实践证实的假说当作已经证明的理论。

2. 讨论不系统　有些作者对研究所反映的问题讨论得不够系统、完整，导致论文分割。所谓论文分割，主要指以下两种情况：①作者在讨论时不引用或没有系统引用相关文献。②作者虽引用了相关文献，但没有结合自身的研究讨论。这两种论文分割的结果都一样，就是使读者看完论文后，仍对该研究缺乏系统、完整、深入地了解和理解。

3. 与引言、结果部分重复　有些作者在讨论部分，仍喜欢强调引言部分已经明确的研究目的，并引用结果部分已经列出的具体数据，使讨论和引言、结果部分内容重复。实际上，讨论是根据研究的目的和结果所做的总结性、提示性陈述，主要是对研究所反映的问题进行分析和评价。文中已经有的，就不必再简单重复。即使是相同的内容，如果有必要再次强调，作者应该改换描述方式和角度，增强文章的可读性。

4. 扬长避短　在讨论中与其他研究做对比时，只强调本研究的长处和优点，而对于本研究存在的问题只字不提。对于与别人有差别的结果，或轻易否定自己，或不愿意指出研究的局限性，炫耀自己的发现和结果，断言自己的研究结果正确，而不去讨论为什么会得出不同于别人的结论。作者应该对研究结果有一个可观的评价，既强调研究的成功或可取之处，还要指出研究的不足。指出研究的不足（只要不是大的如科研设计方面的问题），并非否定研究本身，而是为了让读者更客观地看待研究的结果和结论，使他们注意到研究还没有解决或者以后需要解决的问题。

5. 重点不突出、内容冗长、罗列文献　有些作者的讨论叙述臃肿，文字拉杂，反复唠叨，喋喋不休，对每一个问题都作仔细的解释，毫无主次之分。有时对某一问题尚未解释清楚时，又另外讨论其他内容，甚至重复他人的或者众所周知的内容。冗长的文字反而使该说明的问题模糊不清，使读者不得要领，对该研究缺乏系统、完整和深入的理解。讨论一定要紧紧围绕相关的学术观点，以研究结果为依据，通过科学的推理阐述自己的观点，得出科学的结论。引证别人的观点、结果是十分必要的，但是决不能喧宾夺主，本末倒置，把自己的主要观点淹没于旁征博引之中。因此作者写作时，避免面面俱到、罗列文献，应该层次清楚、删繁就简、重点突出。

6. 用词不准确，主观臆断　讨论中任何结论都要有依据，包括作者自己的研究结果或国内外其他作者的结果，而不能主观臆测，特别是自己的结论与别的作者结论不符或没有达到预期研究目标时。对于有临床指导意义的基础或者临床研究，用词应该更加谨慎科学，注意文字的外延和内涵，避免语言上误导读者。

（五）讨论部分的写法方法

医学论文“讨论”部分的写法可多种多样。讨论的写作方法很大程度上取决于文章的结构，而文章的结构的优劣又取决于作者思路是否清晰、周密。文章结构无固定格式，往往根据文章主题表达的需要进行构思。一般考虑如下几个环节：

1. 段落层次要清晰　层次常由若干自然段组成。好的文章其层次是内在的、隐性的，作者在行文格式上无任何标志，读者要根据自己对内容的理解来划分。①递进式：它对需要论证的问题，采取一层深于一层的形式安排结构，提出一个论点之后，一步步深入，一层层展开论述，使层次之间呈现一种层层展开、步步深入的逻辑关系，从而使中心论点得到深刻透彻的论证；②分总式、总分式：论文各层次之间是先分后总或先总后分的关系。一般是先提出一个或几个问题然后从几个方面分别论述分析提出的问题，最后对所分析的论述的问题作出总结，提出作者的意见和观点；③并列式：先提出总论点，再围绕总论点分为几个分论点和层次，各个分论点和层次平行排列，分别从不同角度、不同侧面，一个一个分别加以论述。当然，在运用这种方式时，要注意各部分之间内在的逻辑关系；④综合式：交错运用以上几种方式组织安排论文的结构。一篇容量较大的论文，采用综合方式组织论文结构，一则能更好地表现内容，二则也增加文章的感染力，适应读者欣赏习惯。

2. 过渡照应要严密　文章过渡的方式主要有三种：词语过渡、句子过渡、段落过渡。同时也要注意过渡的内容不能太多，多了反而显得繁琐累赘。照应，是指文章前后内容之间的关照与呼应，是保证文章内容前后紧密衔接的一种具体方式或手段。在文章写作中，前面写到的事物，后文要有照应；后面要写的问题，前面应埋下伏笔，这就是照应。文章有了照应，能使结构层次更加分明。文章缺少照应，就会给人一种不完整或是偏离题意的感觉。文章照应的方式主要有以下三种：题文照应，即题目和文章正文内容之间的照应；首尾照应，或称首尾呼应，是文章开头和结尾之间的照应；前后照应，这是专指正文中前后内容之间的照应。

3. 开头结尾要有魅力　好的开头，一方面有利于表现主题和拓展思路，突出论文的创新性，以保证行文的顺利进行；另一方面，还能增加文章的美感，引起读者的阅读兴趣。结尾是保证文章结构完整的重要因素。医学论文结尾通常总结全文，强化论文的创新性，以结论结尾，并且对研究内容进行展望。文章的结尾一忌“画蛇添足”，二忌“虎头蛇尾”。

4. 合理运用论证方法　论证方法多种多样。从论文分类看，可分立论法和驳论法；从逻辑关系推理的形式看，可分归纳法、演绎法和类比法；从论点和论据的关系看，可分直接论证法和间接论证法；从论据的特点看，可分例证法、引证法和因果法；从论证的表现手法看，可分对比、类比、反证引申、旁证和假设等方法。

5. 行文严谨　行文的好坏，一方面取决于立意、选材、布局等构思活动的优劣，因为构思是对将要写作的文章从内容到形式所作的总体构想，直接引导着行文的走向；另一方面也取决于作者语言文字技巧的高低，因为把一个主题、一个材料准确有力地表述出来，需要作者选用合适的表达方式、遣用恰当的词语。作者遣词造句、表达文意的能力直接制约着文章的写作。因此，在行文阶段，作者应该掌握好表达方式的选用和词语句子的锤炼与修饰。

（六）常用表述推论和研究意义的英文句型

1. A potential new therapeutic strategy

2. Abrogation of the response to ______ may prove to be clinically useful

3. Abrogating the action of ______ may be beneficial in treating patients with sepsis

4. Therapies directed at their inhibition may be useful in the clinical setting

5. Minimizing the frequency of these episodes may be important in preventing MOF

6. A potential therapeutic target in attenuating ______

7. This could be a useful therapy during resuscitation of patients

8. Anti-______ strategies may thus offer therapeutic benefit

9. This ______ can be considered a useful and safe adjunct in patients with injury

10. Administration of ______ appears to be a novel and useful adjunct in patients with trauma

11. We suggest that ______ may negatively impact leukocyte exudation in patients with sepsis

12. Strategies aimed at increasing IkB might prove effective in reducing lung injury in the patient with trauma

13. Therapy aimed at attenuating NF-B activation may reduce postoperative sepsis and

organ dysfunction

14. The interaction of SAP with bacteria may provide a novel target for therapeutic intervention in sepsis

15. This possibility may lead to development of new strategies to prevent multiorgan failure and death in critically ill patients

16. This appears to be a novel approach to improving organ functions after trauma-hemorrhage and resuscitation

17. These studies indicate that CM-LPS complexes exert a selective anti-inflammatory effect on hepatocytes and may represent a new therapeutic strategy for treating gram-negative sepsis

18. Fibrin sealant may be efficacious in patients ______ who present with adhesions or those undergoing multiple operations

19. ______ should be considered as a useful adjunct for the treatment of immunodepression in victims of trauma

20. Clinical use of ______ may be a potential strategy for preventing MOF

21. The interaction of ______ with bacteria may provide a target for therapeutic intervention in sepsis

22. ______ is upregulated after hemorrhagic shock resuscitation: a clue to the mechanism of multiple systems organ failure

23. Abrogating the action of ______ may be beneficial in the treatment of patients with sepsis

24. Therapies directed at their inhibition may be useful in the clinical setting

25. Vascular quenching of ______ could be a useful therapy during resuscitation of patients after prolonged hemorrhagic shock

26. These results provide the theoretical basis for AGM-CSF therapy as a novel modality of treatment for ARDS.

27. The available data provide important insights into the molecular mechanisms of T cell leukemogenesis that may lead to the development of new drugs for treatment of mature T cell leukemia.

28. These observations may provide further insight into the pathogenesis of postinjury MOF and underscore the need for further investigation into current transfusion practices in trauma and the use of red blood cell substitutes.

29. Because elevated serum levels of soluble CD-16 may predict and contribute to infection following trauma, further studies of the function of small FCD-16 and its effects on the posttraumatic immune response are warranted.

30. Further studies to better elucidate these mechanisms underlying the dysregulated response of MOF will potentially identify therapeutic options to improve survival.

31. In conclusion, proinflammatory cytokines can increase the ______ ADF ribosylation of GAPDH and a 130-kD protein in enterocytes. The physiologic relevance for these posttranslational modifications is currently being studied.

32. An understanding of the mechanisms regulating PMN apoptosis during sepsis may lead to novel strategies for the treatment of systemic inflammatory conditions.

33. The therapeutic use of hyperosmotic fluids is a safe, inexpensive, and yet unexplored means of lessening organ dysfunction in diseases characterized by PMN-mediated tissue injury.

（七）讨论写作举例

1. 题名：Bim 基因在大肠癌中的表达

大肠癌是我国常见的恶性肿瘤之一，其发生、发展是多基因、多因素共同作用的结果。虽然目前研究已发现一些与大肠癌发生、发展相关的基因，但还有很多尚属未知。许多恶性肿瘤的细胞增殖与凋亡往往与肿瘤的生长、侵袭、转移及预后密切相关；肿瘤细胞增殖水平的提高和凋亡水平的下降，可加速肿瘤细胞的增长，从而增强其侵袭性生物学行为。

Bim 基因是 O'Connor *et al*[1] 于 1998 年发现的，由 6 个外显子组成。Bim 蛋白属于 Bcl-2 家族，仅含 Bcl-2 家族 4 个同源结构域（BH1-4）中的 BH3 结构域，而 BH3 域被认为是细胞凋亡起始的必需因子[6]。Bim 在多种正常细胞中均有表达，其中包括造血细胞、上皮细胞、神经细胞及生殖细胞等[7]。上皮细胞实体瘤中 Bim 是紫杉醇体内敏感性的决定因素[8-9]。Sunters *et al*[3] 研究发现将紫杉醇作用于乳腺癌细胞系后，可通过 PI3K/ PKB 途径导致转录因子 Foxo3a 活化，进而上调 Bim 的表达引起乳腺癌细胞凋亡。有报道[4]在正常增殖期子宫内膜组织中，Bim 呈强阳性表达。非典型增生子宫内膜组织中表达开始减少，而在子宫内膜癌细胞中，Bim 蛋白表达明显下降。Bouillet *et al* 报道，Bim 基因的缺失可导致 10 多种肿瘤的发生[10]。有研究[5]发现 Ph 染色体阳性的急性淋巴细胞白血病细胞株中，Bim 呈低水平表达；慢性粒细胞白血病急变时 Bim 表达较对照组明显降低，而 Imatinib 可诱导 Bim 表达从而引起白血病细胞凋亡。这些研究均提示 Bim 具有诱发细胞凋亡、调节细胞周期，在肿瘤的发生、发展中起着重要作用。但其在大肠癌中作用如何，国内相关报道很少。Nikrad *et al*[11] 在结肠癌细胞系研究中发现，蛋白酶体抑制剂 bortezomib 是通过 Bim 激活死亡受体配体 TRAIL 而促进癌细胞凋亡的。最新研究发现糖皮质激素之所以能够用于治疗急性淋巴细胞白血病，是由于其能诱导 Bim 高表达而促进白血病细胞凋亡[12]。

本实验检测了 Bim 蛋白在正常大肠组织与癌组织中的表达情况。结果表明大肠癌组织中 Bim 蛋白表达明显下降，而且细胞异型性越明显，Bim 阳性细胞越少，染色越浅，提示 Bim 基因的表达水平下降是大肠癌发生发展过程中的一个分子事件，这种改变是否构成大肠癌发生过程中的重要一环，尚待我们后续进一步研究。我们在实验中发现 Bim 基因在浸透浆膜病例中的表达明显低于在未及浆膜病例中的表达，且与患者的临床分期密切相关，即随着大肠癌临床分期的进展，Bim 表达率降低。淋巴结转移者的 Bim 表达低于无转移者的 Bim 表达，这提示 Bim 基因不仅可能与大肠癌的发生相关，而且与大肠癌的进展也相关。Yip et al[13] 构建 Bim 腺病毒表达载体，给小鼠鼻咽癌移植瘤内注射，发现肿瘤体积缩小并维持在 14d 内一直小于 8.5mm。放疗并结合肌肉注射该载体可使肿瘤缩小，小鼠生存期比单纯放疗平均延长 30d，没有发现明显的毒副作用。这表明 Bim 的转录调控和翻译后修饰或许可以作为诱导肿瘤细胞 Bim 表达水平上调的切入点，从而为大肠癌的临床治疗提供新的思路。我们通过随访 98 例大肠癌患者，发现术后生存时间越长者，其 Bim 蛋白的表达率越高，说明 Bim 基因表达与大肠癌的预后关系密切，这为进一步将 Bim 基因的检测应用于临床、并作为判断大肠癌患者预后的指标提供初步依据。

分析：作者第一段讨论了大肠癌发病机制学说。第二段讨论了 Bim 基因的结构和主要功能，即在细胞凋亡中的作用。第三段讨论了作者的发现及临床意义。

2. 题名：A Major Ingredient of Green Tea Rescues Mice from Lethal Sepsis Partly by Inhibiting HMGB1

We recently discovered that green tea, brewed from the leaves of the plant, Camellia sinensis, is effective in inhibiting bacterial endotoxin-induced HMGB1 release [31], but the active components responsible for its activities were previously unknown.(提出研究问题) Here we report that a major component, EGCG, recapitulated HMGB1-inhibiting activities of green tea, and dose-dependently inhibited LPS-induced HMGB1 release in macrophage/monocyte cultures.(文章的主要发现和创新点即 EGCG 抑制 HMGB1 释放) At concentrations that completely abrogated LPS-induced HMGB1 release, EGCG did not affect LPS-induced nitric oxide release, but only partially attenuated LPS-induced TNF secretion. These data contradict with some reports [39], [40], but agree with several other observations [32], [33]. The underlying causes for this discrepancy are unknown, and may be partly attributable to EGCG's chemical properties, which can spontaneously dimerize to liberate immunostimulatory products (such as hydrogen peroxide) [10], [41].(第 1 段直接指出本文的主要发现，属于先总后分)

The mechanism underlying EGCG-mediated suppression of HMGB1 release remains elusive.(本段内容的中心句) For instance, it is not known whether EGCG-mediated suppression of HMGB1 release is dependent on its antioxidant activities, because some antioxidants (e. g., catechin, ethyl gallate) failed to inhibit LPS-induced HMGB1 release. Similarly, it is not yet known whether EGCG inhibits LPS-induced HMGB1 release through inhibiting LPS-induced cytoplasmic translocation, or post-translational modification (such as acetylation or phosphorylation). Interestingly, it has been suggested that EGCG can bind to lipid raft-associated cell surface receptor (e. g., the 67 kDa laminin receptor, 67LR) to confer its anti-cancer properties [42], [43], or anti-inflammatory allergic response [44], [45]. LPS can induce clustering of ligand/receptor complexes (containing hsp70, hsp90, CXCR4, GDF5 and TLR4) within membrane macrodomain (lipid rafts), which transmit signals to active macrophages to produce various proinflammatory mediators [38]. Since receptor clustering-disrupting agents (such as nystatin or MCD) can prevent LPS-induced cytokine production [38], it will thus be interesting to determine whether EGCG inhibits HMGB1 release via similar mechanisms.(第 2 段，作者分析了 EGCG 抑制 HMGB1 释放的可能机制)

Once released, extracellular HMGB1 employs several cell surface receptors (such as TLR2, TLR4, or RAGE) to activate innate immune cells to produce pro-inflammatory cytokines [46] - [49]. Indeed, fluorescence resonance energy transfer (FRET) analysis has demonstrated a close physical interaction between HMGB1 and TLR2 or TLR4 on macrophage cell surface within 5-15 minutes of HMGB1 incubation [47], long before subsequent HMGB1-induced cytokine release. Intriguingly, we observed a time-dependent accumulation of exogenous HMGB1 clustering on macrophage cell surface within 2-6 hours of HMGB1 incubation, which correlates with the kinetics of HMGB1-induced release of proinflammatory cytokines [29]. On the other hand, EGCG dose-dependently inhibited cell surface clustering of exogenous HMGB1, and consequently attenuated HMGB1-induced release of proinflammatory mediators (e. g., TNF, IL-6, and NO). Consistently, agents (e. g., catechin or ethyl gallate) incapable of inhibiting HMGB1-cell surface clustering uniformly failed to inhibit HMGB1-mediated cytokine production. We thus propose that HMGB1 may induce potential ligand/receptor (e. g., TLR2, TLR4, or RAGE) clustering on macrophage cell surface, which may be a prerequisite for HMGB1-mediated macrophage activation. Given the diverse range of receptors (e. g., TLR2, TLR4, or RAGE) involved in HMGB1 recognition [7], [50], [51], it is intriguing to investigate whether binding of HMGB1 to different receptors leads to combinational clustering of different receptors (such as TLR2 or TLR4) within the lipid rafts [38], [52], [53]. Nevertheless, our present study suggests a novel mechanism by which EGCG prevents HMGB1-mediated cytokine production-potentially by interfering with HMGB1-induced ligand/receptor clustering. Although EGCG-mediated suppression of HMGB1 cell surface clustering may not account for its inhibitory effects on LPS-induced HMGB1 release, it likely underlies its inhibitory effects on cytokine activities of the secreted HMGB1.(第 3 段，作者分析了 EGCG 抑制 HMGB1 释放的新机制)

In light of the capacity of EGCG in inhibiting LPS-induced HMGB1 release and cytokine activities, we explored its efficacy in animal models of lethal endotoxemia and sepsis (induced by cecal ligation and puncture). (段落过渡，作者指出下一个研究目标即发现) Consistent with a previous observation that green tea polyphenols confer protection at 24 h post onset of endotoxemia [32], we found that EGCG promoted significant, and long-lasting protection against lethal endotoxemia. More importantly, delayed and repeated administration of EGCG, beginning at 24 h after onset of sepsis, significantly rescued mice from lethal sepsis, supporting a therapeutic potential of EGCG in the clinical management of human sepsis. (第 4 段，作者分析了 EGCG 在动物实验中的作用)

The pathogenesis of lethal sepsis remains obscure, but is mediated in part by excessive release of early (e. g., TNF and IL-1) and late (e. g., HMGB1) proinflammatory cytokines. Appearing relatively early in the circulation, TNF plays a protective role in sepsis [54], and its circulating levels do not correlate with lethality of experimental sepsis [34], [35], [55]. In contrast, dys-regulated inflammatory response sustained by late-acting mediators (such as HMGB1) may be more pathogenic in lethal sepsis. Because EGCG could inhibit LPS-induced TNF release in vitro, we strategically administered EGCG in a delayed fashion (at 24 h post CLP) to preserve a potentially beneficial early TNF response. Consequently, delayed administration of EGCG did not affect circulating levels of TNF at late stage of sepsis, but specifically attenuated systemic accumulation of HMGB1, as well as IL-6 and KC-two most reliable surrogate markers of lethal sepsis [34], [35]. In contrast to HMGB1, IL-6 and KC may not critically important in the pathogenesis of sepsis, because neither anti-IL-6 nor anti-KC antibodies confer long-lasting protection against lethal sepsis [56], [57]. Therefore, we propose that EGCG rescues mice from lethal sepsis partly through inhibiting systemic HMGB1 accumulation, as well as HMGB1-induced release IL-6 and KC. (第 5 段，作者分析了 EGCG 在动物实验中的作用机制，是第 4 段内容的深入)

In conclusion, we demonstrated a major tea component, EGCG, recapitulated green tea's HMGB1-inhibiting activities, and dose-dependently abrogated LPS-induced HMGB1 release in macrophage/monocyte cultures. Its beneficial effects in experimental sepsis were partly attributable to: 1) attenuation of systemic accumulation of proinflammatory mediator (e. g., HMGB1) and surrogate markers (e. g., IL-6 and KC) of lethal sepsis; and 2) suppression of HMGB1-mediated inflammatory responses by preventing accumulation of exogenous HMGB1 on macrophage cell surface. (点题，并且与开头呼应，重现强调研究的主要发现和结论以及意义) The doses of EGCG given to septic mice (4 mg/kg, i. e., 10 μM) are much higher than those readily available in humans (up to 1 μM) after ingestion of 1 cup of green tea 58. (指出文章的局限性) However, concentrated forms of de-caffeinated green tea extracts or purified EGCG are commercially available, and an individual does not need to drink multiple cups of tea everyday to enjoy the health benefits that green tea confers. It will be possible and important to evaluate the therapeutic potential of tea catechins (such as EGCG) for patients with lethal sepsis or other inflammatory diseases in future studies (对将来工作的展望).

分析：作者采用总分总方式组织讨论的层次和段落。第一段首先给出文章的主要发现。然后分段逐层递进对文章的主要发现进行分析和讨论，指出研究结果的创新性及其文献的支持。最后一段作者概括了研究的结论及其意义，并且指出了文章的局限性和今后的工作方向。

八、图表和图注

目前越来越多的国内外期刊在其投稿指南中对图片采集和处理进行了具体的要求，允许对图片进行适当的处理和加工。

（一）图片处理的原则和目的

图片处理的目的是为了满足期刊对图片发表的要求，让图片更加简洁、美观和易理解。总的原则是：①保证图片信息的真实；②不丢失重要的图片信息；③不模糊或者颠倒原始图传递的信息。因此对图片处理要谨慎，要求处理后的新图与原图在信息传递上应该保证高度一致性。

（二）图片处理的常见错误

①原始图缺少备份，处理导致原图信息不可逆转的丢失。因此，一定要妥善存储好记载第一手信息的原始图；②不恰当去除图片背景，包括完全去除背景、更换背景、或者去除一些重要的局部背景信息，例如噪音信号等；③使局部选择部分更清晰或者模糊。期刊允许对整个图片的对比度，亮度以及色彩平衡进行适当调整；④移花接木，例如将其他图片上的内容移到另一张图片上；⑤没有任何标记的拼接。

（三）图注

图注（figure legend）是对插图的图样作出的注释。读者和审稿人只要阅读图注和图片，不用阅读正文就应该了解图片的内涵，即图注和图具有自明性。因此作者对图注应该重视，图注撰写要求简明扼要，信息准确，规范，有较好的说明性。大部分期刊要求，图注单独成为一个部分位于正文中。撰写时，每一个图注应该有一个标题概括图片的中心内容，图题应该独立于正文，应该含有足够的信息，从而让读者明白插图表达的意义。下列内容通常要求在图注中明确阐明：①图片中缩写、图例、代码的注释；②如果是显微镜图片，要标明放大倍数；③实验条件，包括处理时间和剂量，注意单位正确使用；④研究对象，例如细胞种类，动物属性等；⑤统计学方法和统计数值。

九、表格

表格（table）是简明、规范的科技语言，是医学论文的重要组成部分，具有对比鲜明、表达力强、易得要领、便于计算和分析等优点。

1. 表格的种类

（1）文字叙述表：表格以文字叙述为主，多见于临床研究论文中各种病症的比较。采用文字表时应注意归类总结，力求专业术语少而精，并根据需要加用表线。

（2）统计表：是医学论文最常用的一种，它在表达、积累、分析、比较资料方面都有着极为重要的作用。

（3）混合型：既含有文字表述又含有统计表。

2. 表格选择原则　尽量避免文字、表格和插图重复表达相同内容。如果表格内容简单，能够用文字清楚表达，就选择文字表述。如果能够用插图形象生动的表达，就选择插图。如果使用表格，如表格栏目中的内容基本相同或为相同类型的表格，应尽量删除或合并。作者在精心设计表格时，应力求科学、准确、一目了然。

3. 制表基本要求

（1）结构完整：表格的组成要素如下所示。表格结构方面存在的问题常为表题不切、过简或转行时未注意语气的停顿；主谓语标目不准确或主语标目缺如；有的排列混乱，合计项或谓语纵标目分层时未加横线等。

（2）内容突出：表格的排列应简单明了、内容突出。根据对主语标志处理的不同，可分为简单表、分组表、复合表。复合表应用最为广泛，但其自身对照表较难理解和编制。来稿中常见的问题是重点不突出、自明性差、重复或资料不全，令人费解。

（3）逻辑排列：统计表中的主语一般指被说明的事物，多为文字如组别、类型等。有时也可以是体现主语的时序如年份或数字组段如时间、分值。谓语一般指用以说明主语的指标，多为数字以及体现谓语的成分如例数、百分数、标准差或标准误等。通常主谓语标目合起来可以构成一句完整的话。来稿中常见的问题是主语或谓语缺如、或主谓颠倒，例数或动物数写在主谓语标目后等。

（4）对比鲜明：作为分析用的表格，最主要的作用就是进行比较。为更好地达到此目的，应将对比事项组别、指标进行必要的准确的归类，按比较的需要靠近排列。来稿中有的表格虽列出了很多数据，但由于标目不合理或未给出标目，读者难以理解，使表格失去了应有的、清晰的逻辑对比功能。

（5）表达准确：如比和率的运用，最常见的问题是不加区分，简单的以"%"代标目或将比误为率。而有的表虽列出了百分比或百分率的数值，但表题、表头、表身内均未列出总例数，给读者比较分析带来困难。

（6）表内数字：一律用阿拉伯数字，上下个位对齐。数字中如有"±"或"~"号，则以其为中心对齐。数字为零的例数或百分数应分别写作 0 和 0.0。未取得数据者以"…"表示；未做者则以"-"表示。表内有效数字应一致。表内数字常见的问题是："…"与"-"用法混淆或一律以空白表示，不知其含义；还有的区间数缺乏连续性；同一指标的有效位数不一致等。

（7）表内单位：表格的单位有共用单位和特有单位。共用单位可直接写在表题后并加圆括号，特有单位可写在相应标目后并加圆括号，且表体内单位应与正文一致。单位中常见的问题是书写错误；计量单位列在表内数据后或不标示；体液检测值单位未换算成 L 而用 ml 或 dl 表示；时间单位用法不一，有的用中文，有的用符号。按中华医学会规定，表格中时间单位统一用符号表示，如伤后时间（d），而不写作伤后时间（天）。用作分母时，原则上应与分子的计量单位表示法相同即分子、分母的计量单位同用中文或同用符号如次/日、r/min。

（8）表格的注释：表题、标目或某个数据需注释时，可在其右上角加注释符号，并在表下用相同的符号加注相应的文字。对表需作附加说明者，可在表下加"注：…"，句末不用标点。个别作者投稿时由于未仔细核对，常常是表中数据标有"*"，表下却没有注释；或表下有注释，表内数据却无注释符号。

（9）表格中的统计符号：论文中的显著性检验，只在表下注释 *P* 值是不够的。应将检验方法、计算结果及 *P* 值均列出，以便读者进一步了解实际差异的大小。一般将统计结果的表示方法如 x ± s 或 x ± sx 写在表题后面或谓语标目处。t 值或 *P* 值等作为标目词时不能只写"*P*"、"*t*"，而应加"值"。表下注释 *P* 值结果时，应注明比较对象（如 × × 与 × × 比较，t = × ×，$^{*}P<0.05$）。不少稿件中表内数据为 × × ± × ×，却未注明是 x ± s 还是 x ±

sx；*P*、*t* 作标目时未加“值”字；表下注释 *P* 值结果未注明比较对象。动物数或例数均以 n 替代，按中华医学会规定应一律用中文如鼠数、犬数、例数表示。

十、致谢

（一）致谢写作的注意事项

对于给予了实质性帮助而又不能列为作者的单位或个人应在文后给予致谢（acknolwedgement）。致谢部分主要是对本研究做出了一定奉献的志愿者，或提供了一定帮助的其他人员，如技术指导，论文写作和修改，实验材料馈赠等。致谢中亦可对基金的资助进行说明，但是有些杂志要求将基金资助等信息单独列在首页的脚注中，要注意阅读稿约。

书写论文致谢部分应该注意以下方面：

（1）致谢内容和致谢用词都必须征得被谢人或被谢单位的同意；

（2）对致谢的内容必须书写清楚，要实事求是，既不任意取舍也不夸张渲染，更不要为提高论文身份，强拉名人助威和包装自己的论文，也不应该将致谢部分视为资助单位的宣传广告；

（3）致谢用词要简短、恳切、真诚、对被致谢人不做任何介绍，要明确写出帮助类型；

（4）根据国家基金委相关规定，基金资助号署名要实事求是，既不能遗漏受资助的相关基金，又不能将无关基金署在论文中。

（二）常见国内基金英文表示方法

国家重点基础研究发展计划（973）

The National Basic Research Program of China

国家高技术研究发展计划（863）

Hi-Tech Research and Development Program of China

国家985重点建设项目

Key Construction Program of the National “985” Project

国家自然科学基金

The National Natural Science Foundation of China

国家基础研究计划

National Basic Research Priorities Program of China

国家科技攻关计划

National Key Technologies R & D Program of China

广东省自然科学基金项目

Guangdong Natural Science Foundation

国家科技部基础研究重大项目前期研究专项

Special Prophase Project on Basic Research of the National Department of Science and Technology

中国科学院创新工程重要方向项目

Innovative Program of the Chinese Academy of Sciences

教育部新世纪优秀人才支持计划

New Century Excellent Talents in University

国家教育部博士点基金资助项目

Ph. D. Programs Foundation of Ministry of Education of China

高等学校博士学科点专项科研基金

Specialized Research Fund for the Doctoral Program of Higher Education

中国科学院"百人计划"研究项目

The Program of "One Hundred Talented People" of the Chinese Academy of Sciences

中国科学院院长基金特别资助

Special Foundation of President of the Chinese Academy of Sciences

中国科学院西部之光基金

West Light Foundation of The Chinese Academy of Sciences

国家杰出青年基金

China National Funds for Distinguished Young Scientists

教育部科学技术研究重大项目

The Important Project of Ministry of Education

教育部长江学者奖励计划

The Cheung Kong Scholars Programme

国家博士后科学基金

The National Science Foundation for Post-doctoral Scientists of China

国家创新研究群体科学基金.

The Funds for Creative Research Groups of China

高等学校骨干教师资助计划

Foundation for University Key Teacher by the Ministry of Education of China

国家教育部和国家人事部留学回国人员基金

Project supported by the Scientific Research Foundation of the State Human Resource Ministry and the Education Ministry for Returned Chinese Scholars

国家重大国际（地区）合作研究项目

Project supported by the Major International（Regional ）Joint Research Program of China

国家重点基础研究项目特别基金

Project Supported by the National Key Basic Research Special Foundation of China（NKBRS-FC）

国家重点基础研究专项基金

Project supported by the Special Foundation for State Major Basic Research Program of China

霍英东教育基金

Project supported by the Fok Ying-Tong Education Foundation of China

中国科学院"九五"重大项目基金

Project supported by the Funds for Key Program of the Chinese Academy of Sciences in the National "9th 5-year Plan", China (Grant No.)

国家自然科学基金国际合作与交流项目

Supported by Projects of International Cooperation and Exchanges NSFC

海外及香港、澳门青年学者合作研究基金

Joint Research Fund for Overseas Chinese, Hong Kong and Macao Young Scholars

全国博士学位论文作者专项资金资助项目

A Foundation for the Author of National Excellent Doctoral Dissertation of PR China

（三）致谢常见表述方式举例

1. 中文期刊

（1）本研究承蒙某某单位某某教授指导完成，谨此致谢！

（2）本文承蒙某某教授审修，谨此致谢！

（3）本实验中某某试剂承蒙某某单位某某教授惠赠，谨致谢意！

2. 英文期刊

（1）We thank Pat Garland, Josephine Mulligan, and the staff of the Coombe Women's Hospital for expertly providing us with cord blood. We also thank Dr. Alfonso Blanco (Flow Cytometry Facility, University College Dublin Conway Institute of Biomolecular and Biomedical Research, University College Dublin, Dublin, Ireland) for expert sorting assistance.

（2）We thank Drs. Joseph F. Costello and Toshiharu Yamashita for critical discussion about the manuscript. We also thank Miho Higuchi for excellent technical support. This work was supported in part by grants-in-aid for cancer research from the Ministry of Education, Culture, Sports, Science, and Technology of Japan.

（3）This work was supported, in whole or in part, by National Institutes of Health National Research Service Award/Kirschstein Fellowship GM075486 (to D. S.), Grant GM37537 (to D. F. H.), and Grant GM53512 (to C. D. A.). This work was also supported by Rockefeller University.

（4）We are grateful to Hiro Funabiki and members of the Funabiki laboratory for generously sharing the frog colony, Jim Maller for Xenopus A6 and S3 cell lines, and Aude Dupre and Jean Gautier for instruction on oocyte extraction. We are especially thankful to Sandra Hake and Laura Banaszynski for constructive comments on the manuscript.

（5）We acknowledge Nadine Aguilera for animal handling. We thank Drs. C. Thibault and P. Kastner of the Affymetrix platform, Illkirch, France. We especially thank C. Rey and G. Cavillon of the Neurobiotech, Lyon, France, and C. Savouret of the Stratagene technical services. We are especially grateful to Drs N. Davidson, T. Osborne, and B. Pain for helpful discussion and the critical reading of the manuscript.

十一、利益冲突声明

（一）利益冲突声明的定义和主要内容

医学和科学期刊都要经受严格的审查，以确保学术中立，不含倾向性信息。国外期刊一般对原始论著、综述和研究进展之类的文章有利益冲突声明（conflict of interest statement 或 Disclosures）要求。部分杂志将其单列在致谢后面。有的杂志将这一部分内容放在版权转让协议书中。牛津出版社对利益冲突定义为指在论文中陈述的结论、含义或观点中，任何可能引发偏倚问题的直接或间接的经济利益或相关性，或其他情况——包括向作者本人、其所属部门或组织，因个人关系、或直接的学术竞争提供资助的相关商业或其他来源。

通常说来由通讯作者负责从所有共同作者那里获取相关信息，确认他们是否有任何利益冲突需要声明，然后综合所有共同作者提供的书面声明，然后在稿件处理前将声明提交给编辑部。编辑们可以得到这些信息。如果您的稿件被发表了，这些信息将在发表的文章的声明中体现出来。此外，由于每一个杂志的要求不一样，有的是在论文接受后，作者再被要求签字并提交利益冲突表格。

对利益冲突的声明有助于读者判断该文章是否有倾向性，声明的内容通常包括以下内容，各编辑部要求声明的内容和层次不尽相同，但多是非常重要的信息：

（1）学术纷争和作者知情：学术纷争指作者内部就某个研究课题存在不同的学术理解；作者知情是指在论文发表过程中部分作者没有获悉文章的受理消息，或者多位作者合作完成，但互相之间缺乏交流。这些冲突可能不会导致文章的失实和偏颇。例如，可能会因某篇文章、社论或其他文献的发表而影响与某位人士的学术联系或竞争、与某人士的密切关系或引发强烈憎恨等。

（2）资金：说明文章的发表与否是否会对作者造成从某些机构获取薪水、设备、供给、参会旅游费用等的影响。说明研究经费是否来自制药公司或企业。

（3）个人经济利益：说明文章的发表与否是否会导致个人的股票、分红、奖金的增加和损失，以及对专利保护和专利申请的影响。

（4）工作：说明文章的发表与否会造成作者现在、近期或预期工作的影响。如果作者受聘于制药公司、企业以及制药公司或企业所雇用的第三方中介，这些情况都必须披露。例如某个作者在大学担任职务，并且在制药公司担任顾问。

（5）商业利益和商业秘密：说明文章的发表与否是否会导致商业获利或者商业秘密泄露。目前国外有很多研究经费来自工业界支持。例如某个生物制药厂资助经费给科研人员对新药进行疗效评估和副作用分析。文章的结论将影响生物制药厂的股票价格，药物的推广和应用。因此，可能出现实验结果受商业利益的影响甚至控制，研究结果带有导向性。

（6）实验材料的知识产权。说明文章的发表与否是否涉及知识产权问题。例如某个实验材料并不能通过现在的生物公司获取，而是通过惠赠的方式从其他实验室获取。如果这个实验室目前正在将其商品化，应该进行利益冲突声明。

如果没有以上利益冲突或情节不重要，则必须讲明无利益冲突。有些作者可能存在潜在利益冲突，但未必就一定是利益冲突。就算有潜在利益冲突或者有实际意义的利益冲突，也不意味着会对投稿产生负面影响。披露的目的是要保持专家审稿和发表流程的透明度，而且也告知读者，让他们自己去下判断。

（二）国外期刊对利益冲突声明要求举例

(1)《Journal of immunology》

Conflict of Interest Disclosures: Authors of submitted papers that contain information affecting actual or potential commercial products must declare any conflict of interest or financial interest in the product or in potentially competing products held by them, their spouses, or their minor children. Financial interests include consultancies, employment, service on Board of Directors, honoraria, royalties, research support, grants, or contracts, if any exceed 5,000 per year in any of the preceding five years. They also include expert testimony, or patents received or pending, stock, and equity interests (diversified mutual funds or investment trusts do not constitute competing financial interests). The conflict should be stated briefly on the online manuscript submission screen, e. g., "J. B. Doe has received royalty payments from PQR Incorporated." It is the responsibility of the corresponding author to review this policy with all authors and to list collectively the relevant relationships. All disclosures will remain confidential during the review process, but papers accepted for publication will acknowledge conflict of interest and financial interests in a published disclaimer describing the nature of the interests. If authors declare no conflict of interest or financial interests, this also will be noted in a published disclaimer.

(2)《Blood》

Conflict of interest disclosure

American Society of Hematology (ASH), the Publisher of Blood, and the Blood Journal are committed to ensuring the integrity of all their activities. The Conflict of Interest Disclosure policy for Blood contributors requires each author to disclose all relevant financial and other interests, regardless of amount or value, that might be construed as resulting in an actual, potential, or apparent conflict in one's role as contributor to Blood.

At the time of online submission of their manuscript to Blood, authors are required to disclose any potential financial conflict of interest, which may include one or more of the following: employment; consultancy within the past two years; ownership interests (including stock options) in a start-up company, the stock of which is not publicly traded; ownership interest (including stock options but excluding indirect investments through mutual funds and the like) in a publicly traded company; research funding; honoraria directly received from an entity; paid expert testimony within the past two years; any other financial relationship (e. g., receiving royalties); membership on another entity's Board of Directors or its advisory committees (whether for profit or not for profit).

Examples of conflicts of interest that need to be disclosed include also financial interest in a company whose potential product was studied in the present work; employment by a company whose potential product was studied in the present work; and patent related to the work presented in the present work.

Any involvement of medical writers/researchers, particularly those employed or supported by the pharmaceutical industry, in the writing of an article must be clearly defined and disclosed in the Authorship section of the manuscript. In addition, authors of invited review articles must disclose this type of involvement to the Editor-in-Chief before its submission.

If the authors have no conflict of interest to declare, they must also state this at submission. It is the responsibility of the corresponding author to review this policy with all authors and to collectively list in the manuscript (under the Acknowledgment section or in the Authorship section) and in the online submission system ALL pertinent commercial relationships.

It is important to note that this policy and the disclosure statements will not be regarded as creating a presumption of impropriety in the existence of financial interests or other relationships of a commercial nature. Instead, Blood's purpose is to inform its editors, reviewers, and readers of the existence of financial relationships pertinent to the article in the interest of the full transparency of the peer review and publication processes.

During the peer review process the conflict(s) of interests will be disclosed only to editors and reviewers, who will keep them confidential. If the paper is accepted for publication in Blood, all disclosures, including statements of no conflict of interest, will appear in the First Edition, final print, and final online versions of the article, in the Authorship section.

All authors are asked to electronically sign their copyright transfer using Blood Bench > Press, which is available to all authors upon successful initial submission. If accepted, an article will not be prepublished or otherwise published in the journal until all signatures are received.

（三）利益冲突英文表述方法

1. 无利益冲突

(1) The authors have no financial conflict of interest.

(2) The authors have no relevant financial interests to disclose.

(3) The authors certify that there is no actual or potential conflict of interest in relation to this article.

2. 存在利益冲突

举例：

(1) H. Wang, A. E. Sama, and D. Chen are coinventors of a patent application with the title "Inhibition of inflammatory cytokine production with tanshinones." This patent application has been filed by their employer, The Feinstein Institute for Medical Research, which is designated as the sole owner of the patent application.

(2) M. E. Bianchi and A. A. Manfredi are named as investors in a patent application based partially on the data reported in this paper, with the assignee as Fondazione San Raffaclc.

(3) Dr Bianchi is part owner of HMGBiotech, a company specializing in HMGB proteins, and holds a patent application on the use of HMGB1 in tissue damage. The other authors report no conflicts.

(4) RLC is a consultant for HistoRx, the Yale licensee of the AQUA patent. Beyond that, there is no conflict of interest on the part of any other authors on this work.

十二、参考文献

（一）参考文献的定义与作用

参考文献是指为撰写或编辑论著而引用的有关图书资料。参考文献表明作者对与本课题有关的国内外研究现状的了解程度，从中能够发现该课题目前的研究解决了什么问题？没解决什么问题？哪些问题是急需要解决的？哪些问题虽然重要但目前仍解决不了的？可能的前景是什么？等等。它也能说明作者是站在一个什么样的高度、以什么为起点进行研究的。如果没有一定的阅读量，就不能反映作者对本领域的研究动态的把握。因而，如实地呈现参考文献不仅表明作者对他人劳动的尊重与承认、对他人研究成果的实事求是的科学态度，也展示作者的阅读量的大小。参考文献也可为同一研究方向的人提供文献信息，使读者能清楚地了解作者对该问题研究的深度和广度。此外，参考文献是对期刊论文引文进行统计和分析的重要信息源之一。

（二）参考文献引用原则

1. 引用的参考文献应该经过挑选　随着医学科学事业的不断发展和进步，医学文献的数量和种类不断增加。作者在选用参考文献的时候需要经过筛选，需要用自己的知识和鉴别能力，从众多的相关文献中挑选出科学的、有说服力的、有代表性的文献。如果不严格筛选，可能会得出错误的结果，不仅误了自己，也可能会误导读者。

按照循证医学的思想，汇总分析的证据等级是很高的。即便如此，如果没有严格的综述设计，汇总的是众多设计不严密、结果不可靠的文献，结果很可能事与愿违。因此，作者参考和引用文献时，需选择，不可随意引用。

2. 引用的参考文献应该仔细核对　对拟选用的参考文献要仔细核对，以免出差错。不仅在文字和著录格式上要核对，在内容上也要与原文核对。例如：①作者姓名是否引用错误：按照医学期刊一般的要求，应光标国外作者的姓，再标其名字的首字母、如 Bill Clinton，应标为“Clinton B”。有些作者常把国外作者的名和姓颠倒了；②单词拼写是否错误：这种差错多为作者粗心大意，或者因没有与原文核对，而是通过转引所致；③页码是否有误，或者只标起页未标止页；④增刊没有显示出来。

3. 引用的文献作者应亲自阅读原文　作者一定要亲自阅读参考文献的原文，千万不可为了图省事，满足于间接转引。因为这样做是很危险的，容易出现以讹传讹的错误。

4. 应注意参考文献的著录格式　因参考文献的著录格式各刊不尽相同，投稿前作者应注意杂志稿约的有关规定，至少得先看看有关期刊发表的论文的参考文献是如何标注的，以了解有关期刊的参考文献的著录格式，以免出错。文后参考文献著录规则通常采用“顺序编码制”（温哥华格式）和“著者出版年制”（哈佛格式）两种格式。目前对于国外期刊，有条件的读者应尽量使用文献管理软件例如 EndNote 完成文献著录。

5. 尽量避免引用“个人通讯”（除非它提供的信息从其他途径无法获得），若万不得已，应在括号中注出作者姓名及报道日期。对于科技文章，作者还应持有允许引用该通讯的书面材料及确保其准确性的证明材料。

6. 合理引用自己的文献　一定数量的自引文献，说明作者的研究有工作基础，是过去工作的延伸和升华，对于读者了解作者的立项基础有一定帮助，此外也可能增加稿件被接收的概率。但是只引自己的论文，不引经典文献和原始文献，会对作者的学术信誉和基本道德造成影响。编辑和审稿人认为只引作者自己的论文，说明作者的研究课题没有引起同行的关注，不属于热点课题，也不属于前沿课题，同时还认为作者对当前该领域各相关学科的进展不了解，起码很长时间没有查阅文献资料或阅读学术期刊了。

7. 引用文献的时效性和权威性 如果有多篇文献可选择的情况下，作者尽量引用发表在高影响因子的权威期刊上的文章作为参考文献，表明作者研究问题的重要性。此外，对于一些进展内容的参考文献，尽量引用最新发表的文献，表明作者研究问题属于研究热点。通常说来，国内期刊编辑部通常要求作者多引用近三年来发表的文献。国外期刊编辑部没有这种明确规定。

8. 尽量多引用拟投期刊发表的文献 现有评价期刊质量高低的重要标准之一是期刊的影响因子。期刊发表文献的引用率决定期刊的影响因子。因此，期刊编辑部特别是国内期刊编辑部希望作者能够多引用自己期刊的文章。因此作者在必要时多引用拟投期刊发表的文献。同时需要指出的是，一些审稿人，特别是国外 SCI 期刊的审稿人来自世界各地，他们并不是某个期刊的固定审稿人，如果过多引用某一个期刊文献，而忽略其他期刊重要文献的引用，会造成审稿人对作者的错误印象，甚至反感，造成拒稿的可能。

（三）参考文献著录格式

1. 参考文献格式国家标准 GB 7714-87 国家标准规定了各类型出版物中的文后参考文献的著录项目、著录顺序、著录用的符号、各个著录项目的著录方法以及参考文献标注法。

2. 中华医学会系列杂志参考文献的著录格式 中华医学会系列杂志有固定的参考文献著录格式，但即便是同一种期刊，不同种类的参考文献的著录格式不相同。投稿前一定要认真阅读稿约。

3. 温哥华格式（Vancouver Format）

温哥华格式是外文生物医学期刊最常采用的文献著录格式。但仍建议作者参考目标期刊的著录格式。

4. 哈佛格式（Harvard style）

哈佛参考文献注释体系起源于美国，20 世纪 50、60 年代开始流行，尤其在物理学和自然科学研究领域使用最多。哈佛注释体系（Harvard System），也叫“作者-日期法”（Author-date method）。根据哈佛体系，每一个引文，无论直接还是间接，都应分别在两处注明：在文中引用处注明；在全书或全文最后的参考书目（bibliography）处注明。

第八章 综述撰写

第一节 医学综述概述

一、医学综述定义

医学文献综述，简称综述（review）在医学论文中属科技情报研究类论文。它是作者以医学领域的某一专题为中心，在对专题所涉及的文献进行广泛阅读和理解的基础上，对该专题的研究现状（包括主要学术观点、前人研究成果和研究水平、争论焦点、存在的问题等）、新水平、新动态、新技术、新发现和发展前景等内容进行综合分析、归纳整理和评论，并提出自己的见解和研究思路而写成的概述性、评述性专题论文。

国内外的医学术期刊一般每期均刊载有不同数量的文献综述。如国外的“The Clinics of North America”系列杂志“Advances in Cancer Research”等杂志以及中华医学会的国际系列杂志（原国外医学系列杂志）多以刊登医学综述文章为主；另外，中华医学会主办的中华系列杂志几乎每期也都有医学综述的发表。

二、医学综述的类型

各种医学期刊对医学综述的要求有所侧重。按照综述内容的写作重点的不同，医学综述通常可分以下四种：

（一）现状综述

此类综述是国内外医学期刊中最为常见的一种类型，是对有关某一专题新进展和新技术的近期文献进行综合分析的评述。此类综述的主题主要包括以下两种类型：①前人写过的主题，而该主题近期有新的进展、新的发现，需要进行进一步的综述；②一个全新的、前人没有综述过的新主题。

（二）专题综述

此类综述的内容多是由相关专业的专家对某一专题所发表的文献进行关键性评述，具有较高的权威性。目前期刊上多以“专论”、“特邀专题”等形式出现，多为期刊编辑部就期刊该期拟重点介绍的专题向相关知名专家约稿。

（三）回顾性综述

此类综述较少用，其书写方式主要是按照时间顺序对某一专题进行分析、评述。从此类综述的内容中可以看出该主题的整个发展历史和概况，有利于刚从事该项研究的人员系统性了解该专题，并从中得到启迪，为今后的研究工作打下基础。

（四）文献综述

此类综述常见于目前发行的“系列丛刊”，如“年鉴”、“会议纪要”、“年度综述”等刊载的综述。此类综述的主要目的是对一定时期内围绕某一专题的论文加以汇集和解释，但不加以评论。

三、医学综述的特点

医学综述不单纯是客观地归纳报告原著资料，而是作者通过对不同的学术观点或持赞赏态度，或持反对态度的评论，从而达到间接表达作者观点和倾向性的目的。因此，医学综述具有以下特点：

（一）间接性

间接性是指医学综述不同于以发表最新研究结果为目的的原始文献，而是以期刊上已经发表的原始文献作为研究素材，对其分析归纳、加工整理而成。它反映了有关专题研究的历史、现状、新动向和新趋势，或集中综合报道某一课题的新理论、新技术等。偶尔在医学综述中也可能包含某些来自作者的实验或调查研究所获得的新素材，但主要是介绍在一次文献中已发表的材料。正因为如此，对文献的查找、筛选和鉴别，成为医学综述撰写的基础。

（二）综合性

综合性是指医学综述要全面概括医学某一专题在一定时期内的研究动态及发展趋势。这一特点主要表现为两个方面，即经过对大量原始文献的收集综合，能全面系统地反映国内外某一学科或专题在一定时期内的发展历史、现状以及未来发展趋势；第二个方面表现在对原始文献中大量数据、资料、不同观点加以梳理整合，全面准确地反应学术研究的各个侧面。因此，医学综述绝非简单的罗列过去的研究成果，也不是某一阶段医学科技发展的动态性报道。

（三）评介性

评述性是指能够全面、深入、系统地论述某一方面的问题，对所综述的内容进行综合、分析、评价，反映作者的观点和见解。综述虽与述评同属于二次文献中的相近体裁，但它们之间仍有着很大的差别。综述多以综合为主，而述评则重在评论。综述性文献是基于作者的学识对相关内容进行分析和评价，作者的见解和观点透过相关内容的叙述而得以体现。尽管作者在取材时应持客观、无偏见的态度，但毕竟要按自己的理解和意图来选择和组织材料，将作者自己的见解寓意其中，即将作者的潜在倾向性贯穿于全文，含而不露。从这个意义看，撰写综述性文献是利用收集到的文献作为原料来进行再创作，因而具有很强的研究性质。

（四）新颖性

新颖性是指综述要搜集最新资料，获取最新内容，将最新的医学信息和科研动向及时传递给读者。这一特点主要表现在三个方面：第一，所综述的内容代表了该领域当前的研究热点和发展方向；第二，国内无类似文章发表或是在此基础上的更新和深入，提供了更多的新内容、新观点；第三，要尽可能查阅和引用最新文献资料，以近三年内的文献为主。当然，由于学科的特殊性，中医的文献综述除了收集具有创新的最新进展外，还要注意从古籍中寻根求源。

四、医学综述的作用

（一）对作者的作用

撰写医学综述是临床、教学和科研工作者的基本功。撰写医学综述有以下几个方面的好处：①撰写文献综述是进行科研选题及科研设计的第一步，通过综述的撰写可以了解有关专题的历史和现状，目前存在的主要问题和矛盾以及如何进行突破等，为科研选题、制定研究方案提供有力依据，避免重复研究；②通过撰写医学综述，可以掌握相关领域的新发现和新技术，从而指导科研和医疗实践；③通过撰写综述，提高作者整理归纳、综合分析、写作和思维表达能力；④通过收集文献，进一步熟悉文献的查找方法和资料的管理方法；在查找和阅读文献的过程中扩大知识面，开阔视野；⑤撰写综述同时也是作者学术水平、文字构思能力和外语水平的展示。

（二）对读者的作用

阅读文献综述可使读者在短时间内对综述所涉及问题的发展历史、发展现状及发展趋势等形成全面系统的认识。因此，阅读医学综述具有重要的价值：①使读者在较短的时间内对该专题的历史、现状、当前争论的焦点及发展趋势等形成较完整、系统、明确的认识，从而帮助选择科研方向，选定研究课题，避免重复研究；②帮助读者有效地进行知识更新；③、文后所附的参考文献可为读者提供独特的情报检索系统，利用参考文献采用回溯检索和循环检索法，可获得成大量相关文献资料，并可满足在检索工具缺乏情况下的族性检索。

五、综述的内容要求

（一）选题要新

医学综述的选题必须注意新颖性，依据客观需要和自我优势选择近年来发展较快、进展较多、知识尚未普及或存在较大争论的新课题。另外，选题必须是目的期刊近期未曾刊载过的，一片综述若与已发表的综述文章“撞车”，即选题与内容基本一致，同一种期刊短期内是不可能再次刊用的。

（二）题目要明

综述的题目要准确、恰当、简洁，既能概括综述主题，又能引人注目，使读者看过题目后即可了解综述的主旨。题目应特别注意恰如其分地反映研究范围和学术深度，不要大题小作或文不对题。

（三）层次要清

抓住专题有关学术争论的矛盾焦点，及其内在纵深发展的相互联系，围绕各争论焦点对收集的文献资料进行消化、分析和提炼，在学术构思的层次上要做到清晰明确。这就要求作者对素材科学地进行分类，分类的目的是使资料内容单元化，从大到小，逐层逐级地划分。

（四）说理要明

综述犹如写议论文，论据要充分有力，处处以事实为依据，决不能异想天开地臆造数据和结果，或将自己的推测作为结论。引用文献必须具有很强的可信性，因此引用文献尽量选用权威期刊刊载的或知名专家撰写的具有代表性、科学性和可信性强的研究文献，分析文献的主要论点及主要依据，并将各篇文献中的论点、论据提炼出来，并按作者的思路加以安排和阐述。

（五）文献要新

由于现在的综述多为“现状综述”或“进展综述”，所以在引用文献中，应尽量引用较新的原始文献，最好为3年内的文献。普赖斯指数（即引用最近5年内发表的文献数占全部引用文献的比例）最好达70%以上；普赖斯指数越高，则医学综述越新颖，对读者的吸引力越大，越能引导新课题研究，也越易于发表。

（六）审校要严

初稿经反复修改、润色后要请相关领域的专家进行审校，从专业和文字方面进一步修改提高，对每个观点、数据要多次核对无误，并在纵观全文的基础上做到必要的增删、修补。对引用文献提出的观点必须进一步确认无误，避免出现引用观点与作者原意不相符、甚至相反的情况。文末列出的参考文献必须和正文的引用年份、作者姓名和文中的角码序数相符合。

第二节 综述的格式

文献综述的格式与一般研究性论文的格式有所不同。这是因为研究性的论文注重研究的方法和结果，特别是阳性结果，而文献综述要求向读者介绍与主题有关的详细资料、动态、进展、展望以及对以上方面的评述。因此文献综述的格式相对多样，但总的来说，一般都包含以下几个部分：题名、摘要、关键词、前言、正文、结语和参考文献。

一、题名

题名应准确恰当、言简意赅地概括全文的内容，要恰如其分地反映学科研究范围和学术深度。中文题名一般不超过20个汉字，英文题名不超过10个实词。注意题名与内容的一致性和协调性，切不可文不对题。另外，题名应讲究简洁性、对称性和涵盖性，如“异种胰岛移植”、“细胞凋亡与假体无菌性松动”、“肝干细胞的研究进展”等。

二、摘要

综述的摘要应是对所综述内容不加注释和评论的简短陈述，具有独立性和自含性，要求概括说明综述的目的、方法、范围、要点以及对该专题的发展趋势预测和展望，以帮助读者快速的了解该综述的内容；使读者能通过阅读摘要就能获得必要的信息，确定有无必要阅读全文。摘要一般在综述完成后书写，这样有利于把握全文的主题思想。摘要的写法可按照一般文摘的规定和要求撰写，常采用报道式摘要，部分国外期刊要求按照结构式摘要进行书写。多数医学期刊对综述摘要的写作有不同的具体要求，部分期刊对综述不要求写摘要，写作时应予以注意。

三、关键词

关键词是对表达综述主题内容具有实质性意义的词汇，是用来标引综述主题内容特征的语言。这些词汇对能否检索到该综述起着关键的作用，主要从综述的标题中提取，并可从摘要、正文中抽取补充。中华医学会规定每篇论文标引 3 ~5 个关键词，应尽量选用目前通用的美国《Index Medicus》的医学主题词表《MeSH》（Medical Subject Headings）及《汉语主题词表》等中所列的规范词。如《MeSH》中没有相应的词，可根据树状结构表选用上位词或习用的自由词。

四、引言

引言也叫前言，是一篇医学综述的开始。在对综述主题的历史和现状扼要说明的基础上，开门见山地表明本综述的目的、意义及作用，为撰写正文打下基础；定义有关概念，规定综述范围，介绍本课题的基本内容。引言一般以 200 ~ 300 字为宜，避免冗长，要言之有物。

五、正文

正文是综述的主体部分，也是信息量最大、价值最高的部分。正文包括论点和论据两大部分，一般是先提出问题，然后围绕所提问题进行分析与论述。此部分没有固定的格式，要根据不同的选题来决定写作的方式。写作时要注意逻辑性，逐层深入。可采用纵向撰写，就是按事物发展的先后顺序写，说明这一课题的提出及各历史阶段的发展状况，体现各阶段的研究水平；也可以横向撰写，就是按同一主题的不同方面分别叙述；还可应用对比撰写，就是把文献论点或论据进行对比分析，比较它们的异同点及分歧的焦点等。不论以何种形式写作，都要求做到：①全面系统地搜集资料，客观公正地如实反映；②分析透彻，综合恰当；③层次分明，条理清楚；④语言简练，详略得当。对于纵向或横向比较资料可以采用必要的表格，表格要求与一般论著类文章之相同。

对于层次或观点较多的内容，可根据撰写目的，分为若干个 2 级标题，2 级标题下可设 3 级标题、4 级标题。2 级标题必须紧紧扣住文章主题，3 级标题应紧紧围绕 2 级标题，以此类推，在每个小标题下论述一个观点、一个事件或一个侧面内容。如“肿瘤基因治疗的研究进展”，该综述的正文分为基因沉默疗法、自杀基因疗法、免疫基因疗法、基因替代疗法、反义基因疗法及抗端粒酶疗法等几个部分进行讨论；又如“肱骨近端骨折的治疗进展”，其正文分成非手术治疗和手术治疗两个 2 级标题，手术治疗又分为经皮穿针固定、髓内钉固定、接骨板固定以及人工肩关节置换四个 3 级标题，其中接骨板固定又分为传统接骨板、锁定接骨板两个 4 级标题。

正文内容应着重论述专题的历史与现状、发展趋势、各学派的主要观点和依据、争论的焦点、当前研究的新发现和主要问题、存在的薄弱环节、对未来发展前景的展望等。其引用的资料应该是比较新颖权威的，主要是对某一专题做过深入研究而又有丰富经验和贡献的专家所写的文献和资料。对不同观点、甚至相反观点，要客观如实反映。综述者本人的观点可以表明或已内涵其中，但不应占主要地位。

在正文的写作中还应注意避免使用华而不实、无实质内容及不确切的形容词、虚词和代词，如“取得了引人注目的成果”、“有趣的是”、“大量研究证明”、“某项研究证明”、“近几年来”、“数年来”等等。

六、结语

结语是将综述的主要观点、结论以及研究水平和发展趋势进行概括总结，与引言提出的问题相互呼应，使读者通过对前言和结语的阅读就能了解该综述的主要内容和观点。扼要陈述综述所得结论、目前存在的主要问题及分歧所在、指明今后的发展趋势和前景。对已从事该项研究多年、具有丰富经验者，最好能提出自己的见解，如赞成什么、反对什么、今后应注重发展什么等。但发表己见时要有理有据，合乎逻辑，不能凭空议论，牵强附会，更不可宽泛无际。

结语的基本要求是：①简明扼要的总结出综述的主要内容，标明主要事实，使重点、要点突出；②提出今后的发展方向，寻找突破口及解决思路，以启示新的科研课题。一般综述是将结语单列一项，但也可放入正文末尾，视具体情况而定。

七、参考文献

参考文献是综述的重要组成部分，不能省略。文献引用的多寡是衡量该综述质量、水平的一个标志。参考文献是撰写综述的重要依据，为读者提供了寻找原始论文的线索，也是对原著作者劳动的尊重。从参考文献中读者可以看出作者的资料来源，同时可使杂志编辑和审稿人了解文章的深度和广度，以便给出客观的评价。

参考文献必须是作者亲自阅读的最新、最有价值的原创性论著，切不可将自己未曾阅读原文的文献作为自己的参考文献；尽量引用权威、知名学者的文献或权威、核心期刊的文献；尽量引用近3~5年的文献，不引用或少引用专著和教材；不能引用未公开发表的文献和资料。引用格式大多采用国际通用的“温哥华”格式。

第三节 综述的写作步骤

综述是在查阅大量的文献资料，并对文献资料进行科学的处理后撰写而成的。因此，医学综述的撰写需要充分的准备，并按照一定的步骤进行，只有这样才能保证综述的质量。这些步骤主要包括选定主题、收集文献、处理资料、拟定提纲、撰写成文、修改和审核等。

一、选定主题

能否写出高质量的综述，选题恰当与否至关重要，原则上视作者所从事专业、专长及科研工作需要而定，应避免“为综述而写综述”的做法。在选定题目时，首先应当结合自己的日常或研究工作，要把查阅的文献与自己的研究成果有机地结合起来，只有写自己熟悉的内容，才能做到综中有述，述中有综，既不是纯粹的文献堆砌，又不是单纯的经验之谈。选题要具有先进性、科学性、实用性和可行性，一般遵循以下几条原则：①应选择自己熟悉的专题或与所从事专业密切相关的专题，这样综述更有针对性，更好的把握其发展历史和现状，展望发展趋势；②选题应新颖，依据我国医学发展现状和国际医学发展水平，选择代表该领域的发展方向和发展水平的专题，或近年来有重大突破或争议较大的专题；③能够得到大量相关的最新原始文献，以反映该领域的新理论、新成果、新技术或新动向；④综述的题目不宜过大，求全则不精，费时费力，不易深入；题目较小的综述穿透力强，易深入，对初写者来说更是如此，从小范围写起，积累经验后再逐渐写较大范围的专题。例如“骨肿瘤的治疗进展”这样一个题目范围太大太广，骨肿瘤包括数十种良性、恶性骨组织来源的肿瘤，治疗有包含手术、放疗、化疗、免疫治疗、基因治疗以及中西医结合治疗等等，写起来无从下手，不易深入。如果题目定为“骨肉瘤的化学治疗现状”或“骨肉瘤的基因治疗进展”则范围就局限了，写起来容易深入，具有更高的指导价值。

常见的综述选题范围：①所从事的专业领域、已进行或正在开展的研究工作，具有一定的经验和资料；②为科研作准备，所选题目是与自己科研有关的内容；③对某一专题已积累了大量的文献资料，能够提出新的进展性观点；④所从事的研究领域近年有重大突破或进展，需深入探讨或有必要介绍给读者；⑤在实践中发现了新问题，同行间尚未形成共识，需要加以总结；⑥新病种、新诊断、治疗手段，新药应用于临床，尚形成结论性共识，需对其归纳整理；⑦临床、科研工作中急需解决的课题；⑧基础理论研究中的新进展、新观点；⑨各学科之间的相互联系，或边缘交叉学科中的新动态等。

需要指出，选题与论文的标题既有关系又不是一回事，标题是在选题基础上拟定的，是对选题的高度概括，但选题及写作不应受标题的限制。

二、收集文献

文献资料是综述的研究对象，是综述的物质基础。题目确定后，需要收集和积累有关文献资料。资料收集应达到齐全、新颖等基本要求，掌握全面、大量的近期文献资料是写好综述的前提，否则随便搜集一点资料就动手撰写是不可能写出好综述的。文献应以近 3 ~ 5 年学术期刊上刊载的论著为主；对权威期刊刊载的、权威学者撰写的、影响较大的、或被引次数较多的文献一定要想方设法得到全文，进行精读、推敲；对偏僻期刊的文献，如果收集确有困难，可以放弃；中文文献应以中华医学会系列杂志或核心期刊刊载的文献为主。

收集的方法可分为手工检索和计算机检索。将查找到的文献首先要浏览一下，根据阅读中发现的线索再跟踪查找。此外，在平时工作学习中，随时积累，做好读书文摘或笔记，以备用时查找，可起到拾遗补缺作用。

三、整理资料

文献收集到以后，如何从这些文献中选出具有代表性、科学性和可靠性的单篇研究文献十分重要，从某种意义上讲，所阅读和选择的文献的质量高低，直接影响文献综述的水平。因此在阅读文献时，要写好“读书笔记”、“读书心得”和做好“文献摘录卡片”。用自己的语言写下阅读时得到的启示、体会和想法，将文献的精髓摘录下来，特别是将文献整理成文献摘录卡片，对撰写综述极为有利。一般来说是边收集边阅读，在广泛阅读资料的基础上，对有代表性、有权威性的文献要精读、细读，并做好摘录。摘录应包括作者、文题、刊名、年、卷、期、页码及核心内容。最后对摘录卡片或笔记进行整理、分析、归类，为撰写综述准备材料。

阅读时，应先阅读摘要和结论，初步确定其是否对综述有用，如果内容符合该综述的需要，再粗读全文，进一步确定其有用的部分，然后对有用部分进行精读。资料的阅读要和思考结合起来，边阅读边思考。思考主要包括两个方面，一是指对资料的分析鉴别，鉴别资料的真伪、可信程度，看其是否符合客观实际，论据是否真是可靠，是否充分，论证是否严密。把虚假的、错误的资料排除掉，以免因此而影响综述的质量。二是对选择出来的、准备使用的资料要加以思考，反复认识、准确理解资料的意义。这一点对于进一步确立主题，调整安排结构以致撰写全文都有着重要的作用。

运用逻辑和统计方法对广泛收集到的资料进行筛选、鉴别、分类、归纳等处理，使之系统化、条理化。通过阅读题录、文摘，浏览标题、作者、出版单位、附录文献来识别文献资料与本综述选题的相关性和可靠性，以确定具有实用意义的资料。分类的目的是使资料内容单元化，可从大到小逐层逐级地划分。归纳的意义是使资料内容系统化并产生初步的判断。科学合理地检索文献、有序地整理资料，就等于完成了撰写任务的一半。

四、拟定提纲

科研论文已有相对固定的写作程式，如医学论文的温哥华格式；而综述的写作却没有固定的格式。惟一的准则就是要在正式写作之前，先拟定一个详细的写作提纲。草拟提纲的重点是确定前言的内容和正文的各级标题，要求做到紧扣主题、层次分明、逻辑严谨、提纲挈领、用词精炼，并把摘录卡分别置于相应标题之下。初步拟定后，应对大纲进行全面检查，看其观点与资料是否一致，材料是否充分，各部分之间是否匀称，如有问题，需根据情况进行调整、调换、增补和取舍。经过反复的检查，使大纲日臻完善，这样就把整篇综述的“架子”搭起来了。

编写提纲具有如下好处：①保证写作时思路连贯，条理清晰，层次分明；②有利于材料的组织安排，防止遗漏、重复或杂乱无章；③提纲简短扼要，便于调整变动，寻找最合理的篇章结构；④使写作紧扣中心，突出重点，防止内容分散或离题。

五、撰写成文和修改

拟定大纲后，就可以根据大纲的要求进行写作了。根据写作提纲，逐项将内容展开，并注意观点与内容的一致。在写作过程中，可根据需要调整结构和补充内容。论述观点时，作者可有倾向性，但不同观点也应列出。写作中用到某篇文献的观点时，注意按顺序标上参考文献的角码，并与文章后面的“参考文献”部分相对应。可把重要的、权威的观点先写，这样说服力会强一些。一般采用“夹叙夹议”的方法进行写作，比较正反两方面的观点及其依据，可适当提出自己的观点和对文献的评论，避免用“剪贴式”的写作方法，即生搬硬套原文的内容和观点。

在归纳相同观点，列举不同观点的同时，作者亦可融入自己的实验研究结果，客观、公正、全面地对某观点进行评述。在科研工作中，实验手段、条件和方法的不同而得出不同实验结果和结论的现象非常普遍，也很正常。所以作者在写综述时就经常会碰到同一实验项目而实验结果和结论不同的文献。在这种情况下，作者应客观地把这些结论不尽相同甚至完全相反的情况从综述中反映出来，给读者以全面了解，让读者根据自己的工作实践对这些结论进行科学的分析、判断。

写作时应注意以下几点：①内容客观，文献引用正确：综述要如实反应原作者的观点，不能任意改动；②思路清晰、条理清楚：综述要有条理性，前后呼应，不自相矛盾；③论点集中，内容贴切相扣：集中阐述文章的主要观点，使读者阅读后能很快抓住主题思想；④结构严谨、语言精炼、逻辑性强；⑤翻译准确、专有名词统一规范，缩写符号首次出现应附英语全称及中文注释。

初稿写出后，要反复修改和补充，包括内容增减、结构统一、数据核对和文字润色，综述发表前，最好请有关专家和同行审阅，力求做到主题明确、观点鲜明、逻辑严密、层次清楚、数据可靠、文字精练、表达准确。

第四节　文献综述写作常用结构和句型

一、题目

…的研究进展

…在…中的…作用

…在…（对象）中的研究进展

…与…研究

…与…的进展

…与…相关性研究进展

…新趋势

…新进展

…现状

…再评价

…：…（如，骨桥蛋白：一种新的肿瘤标志物）

Effect of…（因素）on…（效用）in…（对象）Progress

…（效用）in…（研究对象）Progress

…（如，Neurofibromatosis）

Advancements in…

Advances in…

Progress in（on）…

A review of

…：A（systematic）review

Current status of…

Current concepts of…

New insights into…
Role of…in…
New findings on…
Impact of…on…
Recent topics on…
Update on…
Trends in（on）…
Overview of…
Changes in…
News in…

二、摘要

归纳了…研究中的关键问题
指出了…及其…研究的主要进展
讨论了…的类型、影响因素、…
在此基础上，对…规律的研究前景进行了展望
本文就…的研究现状作一综述
…，近年受到重视。
…是…的新发现（进展、技术等）
…也在不断发展
…近年来受到国内外研究者的极大关注
The aim of the article is to review…
In order to…
This paper describes…
The purpose of this study is…
We systematically reviewed the published evidence regarding…
This review discusses…
The article reviews…
In this review we…
This review briefly describes…
Indeed，…
In fact，…
…is currently unknown.
Important progress has been made in…
According to recent reports，…
Further studies will help to…
We tried to get a more precise insight into…

…deserve further study.

三、前言

…是…的重要研究内容
随着…的发展（提高）
…目前已经广泛应用于…
目前…的热点是…
…已成为研究热点。
…日益受到重视
过去研究主要集中在…
鉴于…的工作将对今后…研究意义以及…的现实应用意义
作者就…的关键问题进行了系统的分析和综述
…问题一直受到高度重视
近年来的研究显示，
近年来，许多研究表明，
一直是研究的焦点。
本文就…的研究进展作一综述
本文就该方面的研究综述如下
…是…发展方向
…成为…的新阶段。
…是目前研究的热门领域。
…是…中难以解决的难题。
随着对…的研究越来越深入，
近年来对…的研究有了明显的进展
In addition，…
Because…
…has been insight into…
…was recognized only recently as…
This review outlines…
It has been reported that…
Although there is still much controversy about…
To our knowledge，…
At present，
In this review，we will discuss
…is currently unknown.
Up until recently…
Recently，…

We will begin by reviewing…
Important progress has been made in…
This review discusses…
The article reviews…
Some…, while other…
In this article we outline

四、正文

了解…的成因及其影响因素对认识…有重要的意义
…的特征可用…来描述，其中常用的有…
由于…受…等多种因素的影响，所以研究者通过…来描述各因素对…的影响
影响…的因素很多，下面就…进行论述
…不仅取决于…，而且受到…的制约
…与…有关
…是…的重要影响因素之一
…对…的影响主要表现在…
有研究表明…，但…的研究表明…
大量研究发现，…。（然后列举 2 ~3 个文献）
…等采用…，结果发现（提示）…
产生…的原因有…
…是…的关键因素
…应用…证实了…
…的研究证实，
…指出
…建议
现已证实，…
…的研究也支持这个观点
…对于…可产生显著影响
因此，…可能是多种因素综合作用的结果
…是包括其他相关因素在内的综合作用的结果
但…存在几个问题。
…已成为研究热点。
目前已将研究方向投向了…
但目前…尚不清楚。
…具有发展潜力。
…有待于进一步观察。
目前对…尚未有一致性意见。

但迄今为止，…
也是，
另外，
再者，
同样地，
然而
相反
从另一方面来说，
虽然如此
In another study, …
However,
…has been proposed
…has also been widely studied…
These results further support…
Experimental evidence indicates that…
…reported that…
Several studies have shown that…
Taking into account…
As mentioned previously, …
A serious potential problem comes from studies showing that
According to（作者）et al. …
The data of many experiments show that
On the other hand,
In contrast,
In addition,

五、结语

总之，
因此，
综上所述，
…尚需进一步研究
进一步研究…，才可能…
…目前仍存在一定的不足。
…以及取得了非常显著的发展，但仍许多问题需要解决。如…
…，亟待解决（研究）。
不妨从以下几个方面进行研究和尝试：…
…，其潜在意义重大。

…未来如何，还需要更多的研究来明确。
就长期而言，…
…刚刚起步，…尚不十分清楚
进一步研究…显得十分必要。
…尚有待于进一步的研究。
我们相信在不远的未来，…
In summary,
Taken together,
…shows promise, but additional researches are needed to…
It would be important to…
More…are needed to…
There is a need to develop…
…has progressed significantly.
Future research should focus on…
…should be a major focus of future research
…will help to further clarify…
Summarizing…
…will be developed in the future…

第五节　医学综述写作的常见问题与分析

一、选题不新、重复

医学综述的选题必须注意新颖性，通常选择近年来发展较快、进展较多，有切合实际需要的热点课题，或带有方向性的课题。为求“新”，选题应注意结合自己的实际工作，最好选择自己比较熟悉、比较专长的题目，是自己拟进行研究或与其密切相关的课题，尽量不要去写自己不熟悉的内容。这样才能在比较了解该专题的发展历史及现状，有利于收集资料，才能对所接触的文献准确理解，融会贯通，这样也有比较充分的发言权，所写出来的综述才能准确、可靠，具有可读性，也只有这样才能对自己的实际工作有所裨益。总之，选题要实事求是，量力而行，掌握四个“相符”：与个人主观条件相符、与自身客观条件相符、与科学研究现实相符、与自己今后的研究方向相符。

另外，忌作重复综述。比如，某一主题近期已经有相关综述发表，而相关的主要理论、技术、观点等没有突破性进展，则综述不能满足新颖性的特点。因此，在确定主题之前，必须检索近期是否有类似综述文章发表，如果所写的主题和别人的文章重复，而和别人的文章相比又没有独到的见解和新进展，则应另选主题，防止无效劳动和重复劳动。

二、题目过大、文不符题

有的作者单纯追求选题的大而全，范围过于宽广，导致“架子”大，中心不突出，材料分散，篇幅过长，对问题说明不深，不透彻。例如，“胃癌的研究现状”、“骨肿瘤治疗的研究进展”等题目都是太大的题目，是很难写好综述的。题目应选择小而具体的、实用的专题，因为题目小，资料容易搜集、整理，写出的综述重点突出，穿透力强，易深入。特别对初学写综述者来说更以写较小题目为宜，从小范围写起，积累经验后再逐渐写较大范围的专题。

此外，题目还必须与内容相称、贴切，应特别注意要恰如其分，体现出综述的独到、新颖之处。不能小题大作或大题小作，更不能文不对题。如一篇综述各种类型白血病中特异性染色体异常的文章，原题为“原癌基因与白血病的分子病理学”就显得过大、过泛，若改为“白血病与染色体改变”则更贴切。综述血管内皮生长因子的文章亦不要统称为“血管内皮生长因子研究进展”。可根据综述内容命题为“血管内皮生长因子与心肌缺血”、“血管内皮生长因子与肿瘤转移”等。

三、罗列原始文献

综述是文献的“综合评述”，作者应自己先理清思路，将收集的大量文献分析归纳，把分散在各篇文献中的论点、论据提炼出来，并按一定的思路加以安排和阐述。有些综述只是简单地将原始文献中的观点罗列在一起，没有分析、归纳和提炼，综述写成了论点的堆砌。

如一篇综述写道：“Bigneer 等（原稿所附参考文献，下同）研究发现盐敏感性 DahiIwai 高血压大鼠高级颈神经节神经细胞中 TH 免疫反应性及 TH 原位杂交信号均强于盐耐受性 DahiIwai 大鼠。Zhang 等认为原发性高血压可能存在有遗传性交感神经功能过亢。Nassdorfer 发现高血压患者中存在肾上腺素 β 受体调节功能的改变。但 Huang 等却认为交感肾上腺髓质机能亢进不能作为部分原发性高血压患者的病因。”此例中作者罗列了四位原作者的研究发现后再无下文，TH 到底在哪个环节上与高血压有密切关系、有何关系，读者读后其思维仍处于混沌状态，而且文中有两处论点未标注参考文献，读者无法进一步验证和查阅。

有的综述抄袭内容达 70% ~90%，基本上照搬文献内容，将原始文献的目的、方法、结果及结论进行简单的描述，无任何评论，即有“综”无“述”。有的作者在综述中没有表达出自己的潜在倾向性，即综述者的观点，使读者阅读综述后不能形成一个明确的结论或倾向，更谈不上指引研究方向了。一篇好的综述文章不是简单的资料堆积，作者须对大量的文献进行归纳、整理、分类、取舍，从中筛选出有价值的信息，然后逐层深入阐述，使这些信息条理化、系统化，从而成为一篇具有较强逻辑性的研究成果。

四、文献不全、不新

掌握全面、大量的文献资料是写好综述的前提，否则，随便搜集一点资料就动手撰写是不可能写出好综述的，甚至写出的文章根本不成为综述。文献收集不全、不新，往往易造成重要理论、技术或观点的缺失。如近年来多孔钽假体用于治疗股骨头坏死，已有不少介绍多孔钽假体治疗股骨头坏死的动物模型、生物力学以及临床评价方面的文献。如果撰写关于股骨头坏死治疗方面的综述，则必须注意收集这方面的文献，否则写出来的综述将存在重大的缺陷，失去了研究价值。

一篇2008年发表的关于“跟骨骨折的治疗现状”一文，其参考文献19篇，其中2000年以前的文献6篇，2000年～2003年11篇，2006年2篇，其普赖斯指数仅为10.5%，引用文献陈旧，学术价值就显得很低。有的作者认为综述资料时间越长越好，因而，收集文献资料追求篇数多、时间长，其实，文献资料既不是越多越好，也不是时间跨度越长越好。具体的限度虽然没有明确的规定，但原则上是参考文献的引用数目，一般期刊限定在30条以内，最多不能超过50条，时间上以近3～5年为宜。

五、提纲层次不清

有些综述将主要观点与次要观点混杂排列，或者将上下级关系的标题列为并列关系，或将并列关系的标题列为上下级关系。这样的综述就显得主体部分结构不够严谨，杂乱无章，思路不清晰，重点不突出，从而影响读者的理解。应根据题目反映的主题，拟定一个详细的写作大纲，先列出大标题，注意把主要的观点放在前，次要观点放在后，通过顺序上的安排，突出重点。然后在大标题下面再安排若干个小标题，做到层次清楚、前后呼应。拟定提纲后，把材料安排到各标题下，判断各部分是否匀称，是否遗漏重要观点。如有问题，再进行调整、调换和补充。

六、参考资料生搬硬套

有的作者对所收集的资料原文中没有的内容、数据经过自己的推理、加工，写入文中，这是绝对不允许的。综述的基本原则是忠于原文、让事实说话。另外，有的作者为追求参考文献的新颖性，将一些文献虽有涉及但不作为重点探讨的部分进行引用。如撰写关于糖尿病治疗的综述，而参考文献中引用了数篇关于其他疾病合并糖尿病方面的文献，而文献并没有对糖尿病的治疗进行深入的探讨。这样的综述显得内容干瘪，没有说服力。

七、详略把握不当

有些作者喜欢将专题涉及的各个内容写的面面俱到，不分重点，甚至对近来没有突破或进展的部分也加以详细叙述。这样就难以显示综述的重点，亦即近年来进展较快、价值较大的那个部分。综述由于信息量大，综合性强，如果不注意详略得当，那么，重点就难以突出，综述就难以起到浓缩资料的作用。在以一至若干个相同或类似、或相反的事实、数据、观点来论证一个问题时，切忌将其一一详述，应将其中最具代表性和典型性的材料详述，辅之以相关内容补充式的简述。

八、名词术语不规范

医学名词术语的统一和规范化是科技期刊及文献检索质量高低的重要标志，计算机的普及对科技期刊文献中的科技名词术语规范化提出了更高的要求。但作者和编辑往往忽略了对名词和术语进行规范，综述写作中名词术语及缩写不规范较为常见，主要表现在以下两个方面：

1. 使用非规范化名词　目前新旧名词混用、继续使用旧名词和不规范名词的现象仍十分常见。比如，将“霍奇金病”写为非规范的“何杰金病”，将“白细胞介素”缩写为非规范的“白介素”，等等。我国已于1985年正式成立了全国自然科学名词审定委员会，对各学科名词进行审定和规范，并自1989年起正式出版公布了《医学名词》、《生理学名词》、《医学主题词注释字顺表》等数部专著，对许多名词进行了修正和规范，已成为许多医学期刊规范名词术语的依据。

2. 英文名词的翻译不规范　由于部分英汉医学词典以及部分教科书对一些医学专有名词的翻译不统一，或者日常交流中使用不规范的简称，在论文综述写作中常常出现医学专有名词翻译不准确、不统一的现象。比如将“vitronectin”翻译为“玻连蛋白”、“玻基结合素”，其规范译名应为“玻璃粘连蛋白”；将“fibronectin”翻译为“纤维粘连蛋白”、“纤维连接素”、“纤连蛋白”，其规范译名应为“纤维连接蛋白”；等等。综述的内容多为学科及专题的最新进展，故综述中新名词和新术语十分常见；另外，一些医学名词的翻译尚未形成共识。使用这类名词术语时应于首次出现时先叙述其中文全称，然后括号注出英文全称及其缩写形式，如“肘关节恐怖三联征（terrible triad of the elbow，TTE）”。

九、参考文献质量不高

对综述来说，参考文献质量的高低直接决定其文章的价值，故应注意多查阅和引用国外有影响的医学期刊和核心期刊，如《Science》、《Nature》、《N Engl J Med》、《JAMA》、《Am J Med》等，多引用权威或知名学者发表的文献，最好是近2～3年的新文献。有些综述引用一些不为人们了解、国内难以查阅到的期刊的文献，给编辑部及审稿人审稿带来许多麻烦，亦给读者进一步了解相关信息造成不便。

十、引用间接文献

综述的文献资料必须是一次性文献资料，而且是作者亲自阅读过的。综述的基本原则是忠于原文，应由亲自阅读的一次文献归纳、综合而成。有的作者为了省事，甚至投机取巧，写作时直接把一次性文献资料中的参考文献一一列举出来。经过加工的2～3次文献往往带有加工者的学术倾向，则可能造成不客观，不准确，可靠性大大降低。这不仅违反了综述参考文献引用的基本原则，而且对读者是极不负责的。

第六节　实例分析

一、中文杂志实例

膨胀髓内钉的应用研究进展

夏志敏　周辉　吕建华

交锁髓内钉固定在很多国家已经成为治疗长骨干骨折的标准内固定方式。但这一内固定方式也存在一定不足：(1) 锁钉过程繁琐，延长手术时间，增加术中出血。(2) 反复锁钉增加手术创伤和并发症，而锁钉断裂的报道也并不少见[1]。(3) 术中须进行多次X线透视，对医患双方均产生较大伤害。(4) 扩髓会迅速增加骨质的温度，严重破坏骨内膜和髓内血运，影响骨折愈合，并可能导致骨折延迟愈合[2]；不仅如此，反复的扩髓会增加髓腔压力，而使诸如脂肪微粒、碎屑物等进入血液循环，有导致脂肪栓塞而引起肺部或心血管系统并发症的危险[3]；还有人认为，尤其对于一些开放性骨折，扩髓增加了骨折的感染率。虽然应用非扩髓的髓内钉可以避免上述并发症的发生，但普通非扩髓交锁髓内钉固定与髓腔内壁缺乏紧密接触，稳定性较差，容易导致骨折愈合时间延长以及断钉等并发症发生[4]。

自2000年以来，一种新型的膨胀髓内钉系统逐渐应用于临床，避免了很多传统髓内钉的不足，有着良好的初步临床结果，现就其应用研究现状作一综述。

一、膨胀髓内钉的设计特点

二、膨胀髓内钉的临床应用

（一）骨干骨折

1. 胫骨干骨折

2. 股骨干骨折

3. 肱骨干骨折

（二）股骨转子间骨折

（三）病理性骨折

（四）骨质疏松性骨折

（五）骨折不愈合

三、并发症

（一）肢体短缩

（二）延迟愈合、不愈合

（三）术中继发医源性骨折

（四）器械并发症

1. 加压泵失效

2. 膨胀髓内钉术后萎缩

3. 膨胀髓内钉术后爆炸

综上所述，膨胀髓内钉在四肢长骨干骨折的治疗中，至少有与交锁髓内钉同样的疗效，有些方面甚至还要优于后者，如缩短手术时间、X线暴露时间、住院时间以及骨折愈合时间等。一般认为，膨胀髓内钉在AO分型A型及B型骨折中应用较为合适[6,9,10,12]，复杂骨折以及骨质量欠佳者应慎用，且术后负重时间也应适当推迟。值得注意的是，器械以及内固定物相关的并发症并不少见。而目前的研究随访时间普遍较短，样本量也都较小，仅一项进行了前瞻性随机对照研究。因此，仍有必要进行证据等级更高的研究。

致谢

参考文献

（引自：夏志敏，周辉，吕建华. 膨胀髓内钉的应用研究进展. 中华骨科杂志，2008，28：699-691.）

点评：

本文属于现状综述类文献，是对膨胀髓内钉在临床应用中的相关近期文献进行综合分析、归纳整理和评论，并在结语部分提出了自己的见解和研究思路，使读者快捷、全面地了解该研究领域的研究水平和发展动态。

关于选题，“膨胀髓内钉”在国外已经有了初步的发展，但国内对其研究和应用较少，目前国内的读者需要借助这样一篇综述对“膨胀髓内钉”形成较为系统的认识。作者根据自己的临床工作实践，选择了这样一个的专题进行综述，从而紧紧把握了“选题新颖”的要求，使得综述在权威杂志上得以较快的发表。因此，选题是文献综述写作的关键环节。综述只有选题新颖才具有参考价值，才能引起读者的阅读兴趣。一般综述的选题都是近年来发展较快、进展较大而切合实际需要的课题。因此，撰写者不仅对所综述专题的领域有相当的了解，而且应在选题之前广泛浏览相关文献，尤其是知名专家所撰写的文献，以便于寻找突破点、创新点，避免重复综述。如果与拟综述专题相关的综述较多，则更加需要撰写者开动脑筋，寻找与众不同的侧重点或新突破进行综述。

关于文题，《膨胀髓内钉的应用研究进展》符合文题对“简洁性”、“涵盖性”的要求。该文题准确、恰当、简洁地概括综述的主要内容，使读者看过题目后即了解综述的主旨。全文在简要介绍了膨胀髓内钉设计特点的基础上，详细地介绍了膨胀髓内钉在临床应用的范围及现状，并外对膨胀髓内钉应用中发生的常见并发症进行了详细的综述，因此题目应恰如其分地反映了该综述的研究范围和学术深度，主题与内容相贴切，保持了题目与内容的一致性及协调性。

中华系列杂志对综述类文献多不要求摘要及关键词，如拟投稿的杂志有此要求，可根据该杂志的稿约以及参考已发表的综述进行相应的撰写或修改。

本综述的引言略显冗长，对交锁髓内钉存在不足以及其可能引起的并发症介绍较多，并引用文献4篇。引言中对交锁髓内钉存在的问题可以稍带即过，便于引出“膨胀髓内钉”的概念，然后介绍本综述的目的以及意义等，最后规定综述范围，介绍本课题的基本内容，并以“现就其应用研究现状作一综述”引出正文部分。

正文中，作者基于读者对“膨胀髓内钉”不甚了解的现状，首先简要地介绍了其设计特点，使读者对“膨胀髓内钉”有一个直观的了解。在设计特点中引用了一幅示意图，使读者的认识更加直观的认识。目前，国外杂志的综述类文献中图片、示意图或图表应用较多，这样可以减少文献内描述性文字的篇幅，便于读者的阅读和理解，避免误解。但在国内杂志的综述类文献中图片、示意图或图表应用较少，该文是一个应用示意图的成功案例，使读者直观地了解“膨胀髓内钉”的设计和构造。因此，在撰写综述时，可以根据需要适当应用图片、示意图或图表等。

紧接着，作者介绍了“膨胀髓内钉”在各类骨折中的应用现状情况。作者在该二级标题下设置了5个三级标题，然后在三级标题“骨干骨折”下设置了三个四级标题。然后根据拟定的提纲对各个小标题进行撰写，在每个小标题内详略有致地引用1~4篇文献来丰满综述的主体内容。如“胫骨干骨折”小标题下，详细地介绍了骨科权威杂志《Clin Orthop Relat Res》2007年的一篇文献，然后简要地介绍了3篇文献来支持综述者的潜在倾向性。另外，作者还引用了3篇观点不尽相同甚至完全相反的文献，使读者对目前的研究情况全面了解，让读者根据自己的工作实践对这些不同的观点进行科学的分析、判断。最后，作者对“膨胀髓内钉”临床应用中发生的并发症情况进行了综述，以使读者对其临床应用的情况有一个全面的了解。如果本综述没有介绍这一部分内容，则读者会误认为“膨胀髓内钉”较交锁髓内钉优势明显，这样的理解难免有失偏颇。首先作者从一篇关于“膨胀髓内钉”的围手术期并发症的研究开始，引出了几种已经报告的并发症情况。

结语部分，作者以“综上所述”引出，将综述的主要观点、结论进行概括总结，与引言提出的问题相互呼应，鲜明地表达了作者的观点，即“至少有与交锁髓内钉同样的疗效，在某些方面甚至还要由于后者”。最后作者指出了目前研究的不足，即“随访时间普遍较短，样本量也都较小”，并指明了将来的研究方向和思路，即“有必要进行证据等级更高的研究”。

作者对引用文献全部获得了全文，并进行了认真细致的阅读、理解和整理。全文共引用文献31条，其中英文文献28条，中文文献3条；3年内的文献21条，5年内文献27条，普赖斯指数高达87%。文献多出自《Injury》、《J Trauma》、《J Orthop Trauma》、《J Bone Joint Surg》、《Arch Orthop Trauma Surg》等骨科及相关学科的权威或知名杂志，从而从根本上保证了综述的新颖性、可信性和可读性。引用格式采用国际通用的温哥华格式，并且引用参考文献准确无误。

二、英文杂志实例

Advancements in Ankle Arthroscopy

Abstract

Introduction

1. Anterior Ankle Arthroscopy

    Indications and Contraindications

    Diagnosis

    Routine Fixed Distraction Versus Dorsiflexion

    Surgical Technique

    Complications

1.1 Osteochondral Defects

    Etiology

    Clinical Presentation

    Diagnosis

    Classification and Staging

    Treatment

    Surgical Technique and Rehabilitation

    Results

1.2 Anterior Ankle Impingement

    Etiology

    Clinical Presentation

    Diagnosis

    Treatment and Rehabilitation

    Results

2. Hindfoot Endoscopy

    History

    Indications

    Posterior Ankle Impingement

    Surgical Technique and Rehabilitation

    Results

3. Summary

Acknowledgment

References

(引自 Niek van Dijk C，van Bergen CJ. Advancements in Ankle Arthroscopy. J Am Acad Orthop Surg. 2008，16：635-646.)

点评：

在国外，撰写医学综述者多为具有多年实践经验的专家、教授。本文的作者是荷兰阿姆斯特丹大学医学中心矫形外科的知名专家、学科带头人 Dijk CN 博士。Dijk CN 博士是足踝外科领域的权威，尤其在踝关节镜领域，其发表的关于足踝外科的文献数十篇，踝关节镜的文献近 20 篇。因此，由 Dijk CN 博士撰写的该综述具有较强的临床实用性和权威性。

鉴于近三十年来踝关节镜已经由原来的诊断手段而逐渐成为一个重要的治疗手段，尤其是近年来踝关节镜外科治疗某些踝关节疾患，尤其是慢性或创伤性疾患，取得了突飞猛进的发展。因此，作者意识到需要对近年来踝关节镜手术及其治疗各种疾病的进展进行综述，使读者在较短的时间内对该主题的历史、现状、当前争论的焦点及发展趋势等形成比较系统的认识，帮助读者有效地进行知识更新，指导临床医生的临床实践活动。该文的选题符合选题的一般范围：首先，作者是所综述专题领域的专家，在该领域内具有丰富的经验和资料，具有很强的参考性和指导性；其次，选题新颖，根据目前国际临床医学研究的热点问题，尤其是踝足外科的热点问题，代表了该领域的发展方向和发展水平的专题。另外，本文的选题偏大，包含的内容较为广泛，但鉴于作者的丰富知识和经验，对目前国际踝关节镜发展历程和现状况的把握，以及对文字的驾驭能力，使得综述思路连贯，条理清晰，层次分明，紧扣中心，突出重点。

摘要部分采用了报道式摘要格式，简要地介绍了踝关节镜的发展及转变、关节镜的入路情况以及各入路的适用情况。通过阅读摘要，读者可以获得必要的信息，包括综述的目的、方法、范围、结论等，以便确定有无必要阅读全文。目前各个期刊对综述类文献摘要的要求不一，部分期刊不要求摘要，有的采用报道式摘要，如本文；也有采用结构式摘要，分为目的、方法、结果及结论，个别杂志采取六部分结构式摘要，即目的、资料来源、资料选择、资料提取、资料合成结果和结论。作者应注意阅读期刊的投稿要求，并注意参考该期刊近期发表的综述类文章的结构要求。本文没有关键词栏目。关键词是对表达综述主题内容具有实质性意义的词汇，主要从综述的标题中提取，并可从摘要、正文中抽取补充。如本文的关键词可以是：ankle joint；arthroscopy；surgery；ankle injuries 等。

引言部分首先对踝关节镜的历史进行了简要的概述，然后介绍了踝关节镜的优点，以及两种踝关节镜手术的适应证等。引言部分写作简洁，开门见山，直入主题。引言是在对综述主题的历史和现状扼要说明的基础上，开门见山的表明本综述的目的、意义及作用，为撰写正文打下基础，并介绍本课题论述的基本内容，从而引出综述的主体部分。

正文部分采用了横向式书写方式。在撰写全文前，首先对全文形成一个轮廓，即写作提纲，写作提纲根据写作内容的不同而分不同级别的小标题。作者将正文部分分为“Anterior Ankle Arthroscopy”和“Hindfoot Endoscopy”两个部分（二级标题）进行论述，在“Anterior Ankle Arthroscopy”二级标题下首先介绍了前方踝关节镜的适应证、禁忌证、诊断价值、外科技术以及并发症等情况。然后，按照前方踝关节镜的适应证再分为两个三级标题（“Osteochondral Defects” 和 “Anterior Ankle Impingement”），每个三级标题下分别对疾病的病因、临床表现、分型、诊断以及治疗、康复等内容进行叙述。这样，全文的基本框架就建立了。然后对每个小标题进行充实、丰满。每一个小标题的开头，均以论点引路，以论点带论据的方法组织材料，以一次文献中的实验材料来论证这一观点，客观地、实事求是地反映出了主题的发展现状。在每一小标题中，作者引用一到数篇文献来支持自己的观点，并做到详略有致。叙述中，作者还对目前的研究情况进行评价（比如“None of the current grading systems, however, is sufficient to direct the choice of treatment.”）指出了目前的分级系统的不足之处，即不能指导治疗的选择。基于本文属于技术性的综述，因此对存在的争议没有进行详细的描述。

另外，正文部分作者引入了大量的图片，使读者对所论述的内容有直观的认识；这样的综述不但对有一定知识和经验积累的读者具有指导作用，而且对初学者也容易理解，便于掌握和领会其内涵，尤其是具体的操作步骤等。对于纵向或横向比较资料可以采用必要的表格，图表等进行描述，以减少文字部分的叙述，并减少描述不清和错误理解等情况的发生。

在结语（Summary）部分，作者再次将综述的主要内容、观点及结论等进行概括总结，并与前言提出的问题相互呼应。如，作者提出“The diagnosis should be established before surgery”，与正文中“Diagnosis”标题下所论述的内容相呼应。最后一段，作者对每种疾病的手术方式给出一个较为明确的阶段性总结，也就是总结全文的观点，与引言部分提出的问题相呼应。因此，在结语写作中，应注意给出指导性或倾向性性意见，不使读者读后感觉整个研究中充满矛盾，满头雾水。

本文引用参考文献 61 篇，其中作者发表的文献 16 篇，通过这一点可以看出，作者在该领域做了大量的工作，取得了相当的成绩。由于本文为专题综述性质，因此对文献的新颖性要求相对较低，近 5 年文献 25 篇。但本文所引用的文献多出自权威杂志或相关领域的知名专家，因此综述的结论就有了可靠的保障。

第九章 Meta 分析

第一节 Meta 分析概述

一、Meta 分析概述

随着科学技术的不断发展和互联网的普及，全世界的医学期刊每年大约刊登600万学术论文。临床医生和研究人员由于时间和资源有限不能全面及时掌握医学信息。因此，对原始文献的结果进行综合分析的需求应运而生。

Meta 分析是对具有相同研究目的的多个独立研究结果进行系统分析、定量综合的一种研究方法。该方法源于 Fisher1920 年“合并 P 值”的思想，1976 年，心理学家 Glass 进一步将之发展为“合并统计量”，并首次将这类分析命名为“Meta analysis”，国内也称“荟萃分析”。经过多年发展，Meta 分析已经成为循证医学对文献资料进行系统综述的基本统计方法，广泛应用于医学研究的各个领域，包括病因研究、临床试验、诊断、治疗和预后研究等等。

二、Meta 分析与叙述性文献综述的区别

Meta 分析和叙述性文献综述均是对医学研究文献的分析和总结，但是两者在研究目的、文献的检索和收集、结果的推断等方面存在差别。

1. 目的　Meta 分析集中研究某一具体问题，具有相当的深度。正确进行 Meta 分析，可以指导临床实践、医疗决策和今后的研究导向。而叙述性文献综述的目的既可以是了解某一疾病的全貌，也可以仅涉及某一方面的问题，了解该专题的概况或最近进展。

2. 文献的检索和收集　在检索文献时，全面、系统地收集所有相关的文献资料是 Meta 分析与叙述性文献综述的重要区别之一。对于纳入 Meta 分析的文献有严格的选择标准和质量评价。相比之下，叙述性文献综合在选择文献方面要宽泛的多（对研究间的异质性不做分析），若追溯的年代较长，一篇文献中可以包括同一疾病的不同研究方法、不同的诊断标准或诊断指标。

3. 结果的推断　对原始文献提供的数据进行“再处理”也是 Meta 分析与叙述性文献综述的重要区别。Meta 分析通过合并研究增加样本含量，获得的结果较客观，结果具有可重复性。而叙述性文献综述的结果是定性描述，不同的研究者由于主观倾向可能得出不同的结论，结果具有不确定性，而且时效性短。

4. 发表形式　在期刊中 Meta 分析一般是以论著形式发表，而叙述性文献综述是以综述形式发表。

三、新手练习 Meta 分析写作的好处

所有医学院校都要求研究生具备文献综述的能力，有的学校把发表一篇综述作为毕业的硬性指标之一。那么，学习撰写 Meta 分析对一个科研新兵有什么好处呢？

1. 通过阅读大量的文献，加深对本专业或专题的理解（和叙述性文献综述相同）。

2. 在阅读中发现问题、矛盾或争论，并通过正确的统计方法解决问题，培养归纳、整理和分析的能力。

3. 在刊物上发表的医学文献并非都是正确的，可能会出现各种错误或不足。Meta 分析对文献进行严格的质量评价，可培养科学、批判的学术态度和敢于质疑精神。

4. Meta 分析具有研究设计、资料收集、统计分析和结果推论四个基本步骤，研究者可在纸上体验科研活动的整个过程，增加对科研工作的理解，同时培养写作技巧和积累写作经验。

5. 对于临床医生，进行 Meta 分析有助于培养良好的临床思维习惯。临床医学已从经验医学模式向循证医学模式改变，故临床医生的思维方式也要尽快改变。在分析、判断病情和选择资料措施时遵循循证医学原则，减少失误，提高医疗质量。

四、国内外 Meta 分析的发表情况

近二十多年来，Meta 分析在医学研究领域受到世界范围日益广泛的重视，研究领域不断扩大，文献发表的数量不断增加，但是也出现了不少问题。

1. 文献报告数量逐年增加。国外有人统计 1981～1988 年共有 391 篇有关 Meta 分析的文章发表，而 1989～1993 年则有 1929 篇（Olkin I. Invited commentary re：“A critical look at some popular Meta-analytic methods”. Am J Epidemiol，1994，140：297-299.）。现在通过 PubMed 检索 2007 至今以 Meta 分析形式发表的论文就高达 4245 篇。中国期刊全文数据库显示 Meta 分析文献 1994～1999 年 150 篇，2000～2005 年 1170 篇，2006 至今已有 1284 篇。

2. 研究领域广泛　国外发表的 Meta 分析文献涉及的研究领域包括：临床试验、临床诊断、病因及危险因素研究、疗效及安全性评价、预后生存质量分析、健康干预和卫生决策等整个生物医学领域。国内 Meta 分析起步较晚，文献主要集中在临床和病因学研究，其他领域较少。不过在中医药和中西医结合治疗领域的研究可以算是特色。

3. 文献质量良莠不齐　国内外发表的部分 Meta 分析文献质量存在问题，主要表现在文献检索不够系统全面、对纳入的文献未严格质量评价、统计方法掌握不当强行合并有明显异质性的结果等，从而影响结果的准确性。

第二节　方法与步骤

一、选题

什么样的题材适合做 Meta 分析？Meta 分析十分适用于针对同一主题的 RCT（临床随机

化对照试验）的综合分析，因为这类试验严格遵循随机化原则，处理组和对照组之间可比性好，综合分析的结果较为可靠，所以针对 RCT 的 Meta 分析也是最常见的。近年来，Meta 分析也广泛应用于非试验研究上，如病例对照研究和队列研究，这些研究结果往往不一致，但是暴露因素可能的健康影响效应具有重要的卫生学意义，需要对这类结果进行综合分析。

二、文献检索

由于 Meta 分析是对某一主题已有的研究进行综合分析，所以尽可能全面、系统地收集相关文献是进行文献检索的基本原则。

（一）文献检索策略

1．常用的检索词　主题词和关键词。关键词在计算机检索系统中得到广泛应用，最大的优点是词语可以直接取自最新文献，但是不对文献的实质内容作分析，与主题词相比，检索的准确性要差一些。

2．文献检索方式　用数据库和网上资源检索筛选文献信息，再辅以手工检索是 Meta 分析收集文献的优效方法。

3．检索范围　各种电子数据库、期刊、会议论文以及未发表资料等等。另外，论文和文献综述后面的相关参考文献也包括在内。语种和发表年代也需要确定。

（二）文献检索步骤

由两个检索人员根据检索策略独立检索相关文献（图 9-1），如遇不一致讨论解决。

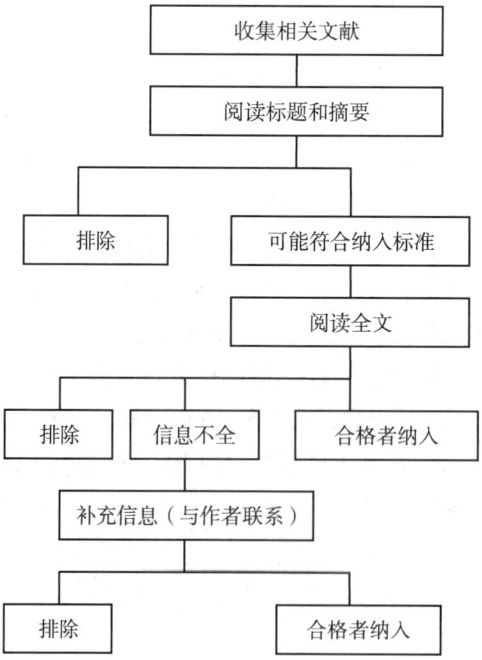

图 9-1　文献检索流程图

三、文献纳入与排除

在正式选择文献前需要制定合格文献的纳入与排除标准，采用的标准需根据研究目的和专业意义来确定。制定纳入和排除标准主要考虑的因素如下：

1．研究设计的类型　如收集 RCT 报告，非 RCT 就要排除。

2．文献发表的年限和使用语言

3．样本量和随访期限　可以对样本量小的研究做出限制，避免其影响综合分析的结果；随访期的长短与结局效应有关，应根据具体情况对其进行限制。

4．结局测量指标　应相同。

5．重复发表　剔除针对同一研究人群发表的多个文献，只选其中质量最好的或样本量最大的。

6．信息的完整性　需要评估信息的完整性，尽量不要漏掉对结果有重要影响的文献。

但是对入选文献限制的越多，文献纳入偏倚可能越大，需要权衡利弊得失。我们总的原则是纳入分析的文献形成的样本对研究群具有代表性，同时又能控制一些偏倚对结果的影响。

四、文献质量评价

用于评价文献质量的方法很多，大多是针对某一特定研究类型而设计。如目前用于临床试验文献质量评价的量表不少于 25 种，其中 Consort 声明、Jadad 标准、Delphi 清单和 Chalmers 量表应用较多。观察性研究的文献质量评估，目前尚没有能被广泛接受的方法。但不少学者提出了特定的量表法，如 Lichtenstein 等对病例对照研究拟定 20 条标准（参考文献 Lichtenstein MJ，Muirow CD，elwood PC. Guidelines for reading case-control studies. J Chron Dis，1987，40：893-903.）。研究者可根据情况选择评价方法，也可以自己创造一个质量评价清单或量表。

五、数据及相关信息提取

在数据及相关信息提取前制定收集信息的信息表，主要内容包括：

1．文献的基本信息　如发表刊物、文献名称、作者名称、发表年代等。

2．研究的类型和方法学特征　如观察性研究还是试验性研究。

3．研究对象特征　如研究人群的性别年龄和种族等基本特征，患者的诊断标准及对照的选择标准等等。

4．干预措施和结局测量指标

5．Meta 分析的效应指标　有的可以直接从文献中获取，有的需要经过对文献中的数据进行计算后获得。

6．样本含量

六、异质性分析

1．异质性产生的原因　总的来说分为方法学上的异质性和生物效应间的异质性。

方法学异质性是指同一主题研究方法不同，选择的对照不同或收集资料的方法不同造成的。（例如有研究在×××基因在×××疾病的种系突变情况的Meta分析中收集的文献中基因突变的检测方法就有3种，直接测序、变性梯度凝胶电泳法（DGGE）聚丙烯酰胺凝胶电泳法。）生物学效应异质性是由于研究人群的特征不同造成的，如年龄、性别和种族等。（例如研究×××基因多态性与×××疾病的关联性Meta分析，一般要按种族分层分析。）

2. 异质性检验　有多种统计学方法可检测研究间的异质性，如Cochrane Q检验，计算I^2值；也可以使用直观的图示方法检测异质性，如L'Abbé Plot。

3. 异质性分析方法　若发现异质性，如当$I^2 \geq 50\%$时不宜行Meta分析，此时最常用的方法为描述性系统评价或使用亚组分析或Meta回归等探讨异质性来源。

（1）亚组分层分析　分层因素可按方法学或生物学特征进行。如按人群的种族分或按指标的测量方法分。但是不宜过多分层。

（2）Meta回归　若影响因素多，不宜用分层方法时，可采用Greenland在1987年根据回归分析的基本思路提出的Meta回归方法。

对于同质性较好的研究宜采用固定效应模型分析；对存在较明显异质性的研究，应使用随机效应模型合并。但是事实上无论存不存在异质性，现在都趋向采用随机效应模型，因为随机效应模型计算所得可信区间较固定效应模型为大，结果更为“保守”。

七、效应量选择

研究中常用的效应量指标包括：

1. 连续型变量资料有WMD（加权均数，weighted mean difference）和SMD（标准化均差，standardized mean difference）。

2. 二分类资料的效应值指标有相对危险度（relative risk，RR）、比值比（odds ratio，OR）、危险度差值（risk difference，RD）。

3. 若为等级资料或多分类资料，由于受方法学限制，数据需要转化成上述两种类型。

4. 生存资料的效应指标是危险比（hazard ratio，HR），有时候也可当作二分类变量处理，采用RR、OR或RD。

八、发表偏倚分析

发表偏倚是Meta分析最常见的系统误差。由于阳性结果比阴性结果更容易发表，形成了为数不少的“抽屉文件”，根据发表文献所做的综合分析有可能歪曲了真实效应。据调查统计，临床试验报告阳性结果的发表率约为77%，而阴性结果发表率仅为42%。因此，在Meta分析必须对发表偏倚进行讨论。

（一）如何发现发表偏倚

1. 漏斗图（funnel plots）　是从直观上识别发表偏倚的方法。漏斗图的横坐标为原研究的效应量，若为连续性变量可直接用原始测量值，若为关联性指标可用自然对数转换后的值。纵坐标为原研究的样本量，或标准误或精确度（标准误的倒数）。样本量越小，分布越分散；样本量大，分布越集中。若没有偏倚，呈对称的漏斗状。相反，图形不对称有偏向，表示存在偏倚。

2. 线性回归法和秩相关法　常用的有 Egger 法和 Begg 法，实质上是用统计学方法对漏斗图的对称性进行检验，有研究认为当纳入研究数较少或发表偏倚较小时，Egger 较 Begg 更敏感。

3. Rosenthal 抽屉文献法（又称失安全系数）　其原理是计算最少需要多少个未发表的阴性研究才能使 Meta 分析的阳性结论逆转。因此，失安全系数越大，说明发表偏倚越小，Meta 分析结果越稳定。

4. 剪补法（Duval and Tweedie trim and fill method）　其基本思想是在漏斗图不对称的基础上，剪去不对称部分，然后沿中心两侧粘补上被剪切部分及相应的遗漏部分，最后基于剪补后的漏斗图进行效应量合并；观察剪补前后效应量的改变，从而估计发表偏倚对 Meta 分析结果的影响。

（二）发表偏倚的控制

由于发表偏倚发生在研究设计和资料收集阶段，因此在设计阶段制定合理的纳入和排除标准；在资料收集阶段尽量全面系统地收集文献，包括发表、未发表和信息不全的，以控制发表偏倚。

第三节　基于效应量的 Meta 分析

一、综合分析的方法

对具有相同研究目的的多个独立研究进行系统综合的 Meta 分析主要有两种方法：

1. 基于检验显著性的 Meta 分析——*P* 值合并法

（1）Fisher 法　如果获得各个研究假设检验的具体 *P* 值，可将各 *P* 值合并为 χ^2 值。$\chi^2 = -2\sum \ln(Pi)$，$i=1, 2, \cdots, g$，$\nu=2g$

（2）Stouffer 法　若没有 *P* 值，但报告了检验统计量，如 *u* 值、χ^2 值、*t* 值、F 值，可用下式合并统计量。

$u_c = \dfrac{\sum u_i}{\sqrt{g}}$，$u_i$ 为单侧检验的 u 统计量，u_c = 对应的单侧概率为 g 个研究的合并 *P* 值。

若是 *t* 值，可先查 *t* 值对应的单侧概率 *P*，再由正态分布表得出与 *P* 值对应的 u 值。χ^2 值和 F 值同理。

2. 基于效应量的 Meta 分析——效应量合并法　效应量是反映各个研究处理效应的量化指标。合并 *P* 值只能说明各研究综合后的假设检验结果是否接受 H_1，但是我们希望得到一个量化的综合结果，这就要借助基于效应量的 Meta 分析。通常我们提到的 Meta 分析指的是基于效应量的 Meta 分析。

二、基于效应量的 Meta 分析

基于效应量的 Meta 分析运用了加权综合的思想，运用各研究的权重计算综合效应。一

般来说，权重与各研究的方差成反比。若原研究报告了标准误（SE），则方差为标准误的平方。若没有标准误，可通过可信区间或样本含量估计方差。

综合计算的步骤是：

1. 异质性检验

2. 根据不同的资料类型，不同的效应量和统计模型选择不同的统计方法（表 9-1）。

表 9-1　常见的合并效应量计算方法

资料类型	合并的效应量	统计模型	计算方法
分类变量	OR	固定	方差倒数权重法；M-H 法*；Peto 法
		随机	D-L 法*
	RR 或 RD	固定	一般方差法；M-H 法
		随机	D-L 法
数值变量	WMD 或 SMD	固定	方差倒数权重法
		随机	D-L 法

* M-H 法：Mantel-Haenszel 法

* D-L 法：DerSimonian-Laird 法随机效应模型。

3. 合并效应量的检验　均采用 Z 检验，即 Z = 合并效应量/SE

（一）分类变量资料的 Meta 分析

1. 两率比较 OR 值的 Meta 分析——效应量是 ln（OR）（表 9-2）

表 9-2　3 项关于钙粘连蛋白-160C/A 基因多态性与前列腺癌关系的研究研究

研究编号	病例组		对照组		OR	加权合并计算			
	a	b	c	d		y	w	wy	wy2
1	86	133	72	147	1.32	0.2778	25.1015	6.9723	1.9367
2	82	154	96	252	1.40	0.3348	30.2356	10.1243	3.3901
3	85	115	40	119	2.20	0.7880	18.5654	14.6288	11.5270
合计							73.9025	31.7255	16.8537

效应量 $y_i = \ln(OR_i)$　　权重系数 $w_i = \left(\frac{1}{a_i} + \frac{1}{b_i} + \frac{1}{c_i} + \frac{1}{d_i}\right)^{-1}$

（1）异质性检验

H_0：各研究结果效应量 y 的总体均数相等

H_1：各研究结果效应量 y 的总体均数不全相等

$\alpha = 0.10$

$$Q = \sum w_i y_i^2 - \frac{(\sum w_i y_i)^2}{\sum w_i} = 16.8537 - 31.7255^2/73.9025 = 3.2343$$

Q 服从 $\nu = g-1$ 的 χ^2 分布，$\chi^2_{0.10,2} = 4.61$，$P > 0.10$，可用固定效应模型进行加权合并。也可以计算 I^2

$$I^2 = \frac{Q-(K-1)}{Q} \times 100\% = (3.2343-2)/3.2343 = 38.16\% < 50\%$$，可以用固定效应模型。

K 为研究个数。

（2）固定效应模型加权合并　有 3 种方法，这里以方差倒数权重法为例。

各研究 y 的加权均数 $\bar{y}$ 和其方差分别为

$$\bar{y} = \frac{\sum w_i y_i}{\sum w_i} = 31.7255/73.9025 = 0.4293,\ s_{\bar{y}} = (\sum w_i)^{-1} = 0.0135$$

合并 OR 值与可信区间：

合并 OR 值 = exp（0.4293）= 1.536

95% CI = exp（$\bar{y} \pm 1.96 s_{\bar{y}}$）= exp（$0.4293 \pm 1.96 \times \sqrt{0.0135}$）=（1.223～1.929）

合并 OR 值的可信区间下限大于 1，可认为钙粘连蛋白 -160C/A 基因多态性与前列腺癌有关。

合并效应量的检验

Z = 合并效应量/SE = $0.4293/\sqrt{0.0135} = 3.69 > 1.96$，$P < 0.05$。结果同上。

（3）随机效应模型加权合并　　D-L 法

若异质性检验 $P < 0.10$，则必须采用随机效应模型

权重系数改为：$w_i^* = (w_i^{-1} + h)^{-1}$，其中 $h = \dfrac{Q-K+1}{\sum W_i - \dfrac{\sum W_i^2}{\sum W_i}}$

其他计算与固定效应模型相同。

2. 两率比较 RD 值的 Meta 分析——效应量是 RD（表 9-3）

表 9-3　3 项关于食管癌手术死亡率的研究

研究编号	术前放疗组		单纯手术组		$RD_i =$	合并率	加权合并计算		
	n_1	死亡率 p_1	n_2	死亡率 p_2	$p_1 - p_2$	p_i	w_i	$w_i d_i$	u_i
1	113	0.1150	161	0.0621	0.0529	0.0839	66.3978	3.5124	1.5548
2	408	0.0343	763	0.0288	0.0055	0.0307	265.8446	1.4621	0.5198
3	289	0.0277	328	0.0274	0.0003	0.0275	153.6337	0.0461	0.0227
合计							485.8761	5.0206	2.0973

效应量 $RD_i = p_1 - p_2$；权重 $w_i = \dfrac{n_1 n_2}{n_1 + n_2}$　$u_i = \dfrac{p_1 - p_2}{\sqrt{p_i(1-p_i)\left(\dfrac{1}{n_1} + \dfrac{1}{n_2}\right)}}$

（1）异质性分析

H_0：各研究结果效应量 $d=p_1-p_2$ 的总体均数相等

H_1：各研究结果效应量 $d=p_1-p_2$ 的总体均数不全相等

$\alpha=0.10$

$$\chi^2=\sum u_i^2-\frac{(\sum u_i)^2}{k}=2.6881-2.0973^2/3=1.22$$

查 $\chi^2_{0.10,2}=4.61$，$P>0.10$，可用固定效应模型进行加权合并。

（2）固定效应模型加权合并

各研究 $RD_i=p_1-p_2$ 的加权均数 $\overline{RDi}$ 和 $\overline{RDi}$ 的方差分别为

$\overline{RDi}=\sum w_i d_i/\sum w_i=5.0206/485.8761=0.0103\approx0.01$

$$s_{\overline{RD}}=\frac{\sum w_i p_i(1-p_i)}{(\sum w_i)^2}=17.1338/485.8761^2=7.25\times10^{-05}$$

$\overline{RDi}$ 的 95% 可信区间：$\overline{RDi}\pm1.96\ s_{\overline{RD}}=0.01\pm1.96\times\sqrt{7.25\times10^{-05}}=(-0.0067\sim0.027)\approx(-0.01\sim0.03)$

$\bar{d}$ 的 95% 可信区间包括 0，还不能认为两组的手术死亡率有不同。

合并效应量的检验

$Z=$ 合并效应量/SE $=0.01/\sqrt{7.25\times10^{-05}}=1.17<1.96$，$P>0.05$。结果同上。

（3）随机效应模型加权合并 D-L 法

若异质性检验 $P<0.10$，则必须采用随机效应模型

权重系数改为：$w^*=\left[\frac{1}{n_1}p_1(1-p_1)+\frac{1}{n_2}p_2(1-p_2)\right]^{-1}$

d 的总体均数 95% CI 改为 $\overline{RD}\pm1.96/\sqrt{\sum w_i^*}$，其他计算与固定效应模型相同。

（二）数值变量资料的 Meta 分析

两均数比较的 Meta 分析———效应量是加权均数差（WMD）或标准化均数差（SMD）见表 9-4。

计算公式列表

	权重 w_i	标准均数差 d_i	综合效应 $\bar{d}$	各效应量 d 的方差 S_d^2
FEM	$\frac{n_1 n_2}{n_1+n_2}$	$\frac{\bar{x}_1-\bar{x}_2}{s_{di}}$	$\frac{\sum w_i d_i}{\sum w_i}$	$\frac{\sum w_i d_i^2-\bar{d}_i^2\sum w_i}{\sum w_i}$
REM	n_1+n_2			

	总内部方差 S_e^2	异质性检验	95% CI
FEM		$\chi^2 = \sum w_i d_i^{\,2} - \dfrac{(\sum w_i d_i)^2}{\sum w_i}$	$\bar{d} \pm 1.96 \quad s_{\bar{d}}$ $s_{\bar{d}} = \left(\sqrt{\sum w_i}\right)^{-1}$
REM	$\dfrac{4k}{\sum w_i} \times \left(1 + \dfrac{\overline{d^2}}{8}\right)$	$\chi^2 = k\ S_d^{\,2}/S_e^{\,2}$	$d \pm 1.96\ s_\delta$ 若 $S_d^{\,2} > S_e^{\,2}$，$s_\delta = \sqrt{s_d^2 - s_e^2}$ 若 $S_d^{\,2} < S_e^{\,2}$，$s_\delta = \sqrt{s_\delta^2/k}$

表 9-4　4 项关于女童Ⅱ掌骨皮质厚度（mm）的研究

研究编号	高氟区			低氟区			S_{di}	d_i	加权合并计算		
	n_1	$\bar{x}_1$	s_1	n_2	$\bar{x}_2$	s_2			w_i	wd_i	$wd_i^{\,2}$
1	26	2.26	0.32	42	2.33	0.33	0.326	−0.215	16.06	−3.45	0.74
2	55	2.39	0.31	40	2.49	0.32	0.314	−0.318	23.16	−7.36	2.34
3	46	2.50	0.30	50	2.67	0.35	0.327	−0.520	23.96	−12.46	6.48
4	45	2.64	0.26	50	2.90	0.45	0.372	−0.699	23.68	−16.56	11.57
合计									86.86	−39.83	21.13

效应量为 di（SMD）$= (\bar{x}_1 - \bar{x}_2)/S_{di}$　权重 $wi = n_1 n_2/(n_1 + n_2)$，S_{di}是研究的合并标准差

（1）计算加权平均效应量和 $S_d^{\,2}$、$S_e^{\,2}$

$$\bar{d} = \frac{\sum w_i d_i}{\sum w_i} = -39.83/86.86 = -0.46$$

$$S_d^{\,2} = \frac{\sum w_i d_i^2 - \overline{d_i^2}\sum w_i}{\sum w_i} = (21.13 - 0.46^2 \times 86.86)/86.86 = 0.032$$

$$S_e^{\,2} = \frac{4k}{\sum w_i} \times \left(1 + \frac{\overline{d^2}}{8}\right) = 16/86.86 \times (1 + 0.46^2/8) = 0.1891$$

（2）异质性检验

H_0：各研究结果效应量 d 的总体均数相等

H_1：各研究结果效应量 d 的总体均数不全相等

$\alpha = 0.10$

$$\chi^2 = \sum w_i d_i^{\,2} - \frac{(\sum w_i d_i)^2}{\sum w_i} = 21.13 - 39.83^2/86.86 = 2.87$$

查 $\chi^2_{0.10,2} = 4.61$，$P > 0.10$，可用固定效应模型。

（3）计算 95% 可信区间

$\bar{d} \pm 1.96 \quad s_{\bar{d}} = -0.46 \pm 1.96\ (\sqrt{86.86})^{-1} = (-0.67 \sim -0.25)$

95% CI 不包括 0，可以认为高氟区和低氟区女童的掌骨皮质厚度有差异。

（三）诊断试验的 Meta 分析

诊断试验资料的形式见表 9-5。

表 9-5 诊断试验资料的四格表

诊断结果	"金标准"		合计
	病例	对照	
阳性	a	b	a + b
阴性	c	d	c + d
合计	a + c	b + d	N（a + b + c + d）

常用的评价指标有：灵敏度 = a/a + c；特异度 = d/b + d；阳性似然比 =（a/a + c）/（b/b + d）；阴性似然比 =（c/a + c）/（d/b + d）；诊断优势比 OR = ad/bc。

下面以 OR 为例介绍诊断实验的 Meta 分析（表 9-6）。

表 9-6 3 个独立的诊断试验结果

研究编号	a_i	b_i	c_i	d_i	n_i	OR_i	w_i
1	8	3	23	84	118	9.739	1.947
2	2	2	3	21	28	7.000	0.724
3	5	9	3	182	199	33.704	1.539

权重 $w_i = \left(\frac{1}{a_i} + \frac{1}{b_i} + \frac{1}{c_i} + \frac{1}{d_i}\right)^{-1}$，若任一格子例数为 0，为避免分母出现 0 的情况，可对该研究每个格子例数增加 0.5。

1. 异质性检验

$Q = \sum wi\ (\text{In}OR_i - \text{In} \sum OR_i)^2 = 0.103 + 0.007 + 3.332 = 3.442$

查 $\chi^2_{0.10,2} = 4.61$，$P > 0.10$，可用固定效应模型。

2. 固定效应模型　一般采用 Mantel-Haenszel 方法，其合并效应量为：

$OR_{MH} = \sum w_{i(MH)} OR_i / \sum w_{i(MH)} \quad \sum w_{i(MH)} = b_i c_i / N_i$

$OR_{MH} = 11.768/0.935 = 12.60$

3. 95% 可信区间

$$\chi^2_{MH} = \sum_{i=1}^{h}\left(\frac{a_i d_i - b_i c_i}{n_i}\right)^2 \Big/ \sum_{i=1}^{h}\left(\frac{(a_i + b_i)(c_i + d_i)(a_i + c_i)(b_i + d_i)}{(n_i - 1)n_i^2}\right)$$

$(OR_{MH}^{1-U_{1-\alpha/2}/\sqrt{\chi^2_{MH}}}, OR_{MH}^{1+U_{1-\alpha/2}/\sqrt{\chi^2_{MH}}})$

$\chi^2_{MH} = 47.456/2.976 = 15.946$

$OR^{1 \pm 1.96/\sqrt{\chi^2 MH}} = 12.60^{1 \pm 1.96/\sqrt{15.946}} = (3.631 \sim 43.695)$

4. 随机效应模型　应用 D-L 法

合并效应量 $InOR_{DL} = \frac{\sum w_{i(DL)} OR_i}{\sum w_{i(DL)}}$

其中 $w_{i(DL)} = \left[(1/a + 1/b + 1/c + 1/d) + \tau^2 \right]$

若 $Q > k - 1$，则 $\tau^2 = \frac{Q - K = 1}{\sum w_i - \frac{\sum w_i^2}{\sum w_i}}$；若 $Q \leqslant k - 1$，则 $\tau^2 = 0$。

这一章节介绍的是一些常见统计量的 Meta 分析方法，其他一些指标如相关系数等可参考相关文献。从列举的例子来看，手工进行 Meta 分析的工作量相当大，因此下一章节介绍进行 Meta 分析的应用软件及其使用方法。

三、RevMan4.2 软件使用简介

RevMan（Review Manager）是 Cochran 协作网提供的一种免费 Meta 分析软件，在 Cochran 网站可以下载。我们以目前常用的 RevMan4.2 为例，介绍软件的使用方法。

1. 分类变量资料的 Meta 分析操作步骤

以上一章节中的表 10-2 为例（3 项关于钙粘连蛋白 - 160C/A 基因多态性与前列腺癌关系的研究）。

（1）创建一个新的系统评价（图 9-2）

在主操作界面，右键单击标题“Reviews”，从菜单中选择“Add”。在对话框中分别输入 Title：钙粘连蛋白 - 160C/A 基因多态性与前列腺癌关系的研究；Review no：001；Date next stage expected：12/01/2009（计划完成该系统评价的时间）。点击“Save”保存。在随后弹出的对话框中选中“Don't ask me again in this RevMan session”，点击“OK”，最后点击“Close”关闭对话框。

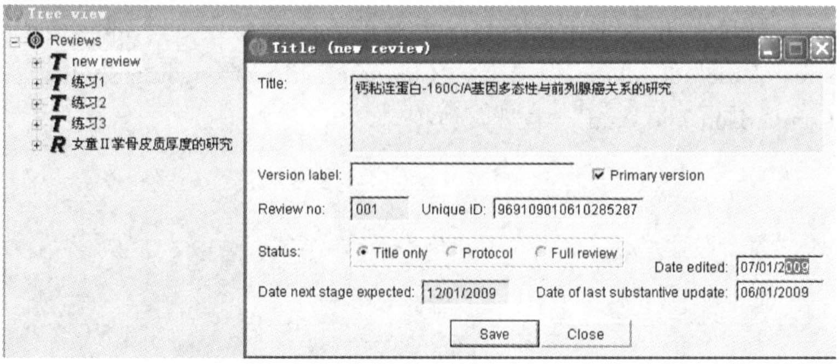

图 9-2　创建新的系统评价

单击 Reviews 下方、题目蓝色大写“T”左侧的“+”变成“-”展开新创建系统评价的各级菜单，可见每一个系统评价由六个部分构成，每一部分下面还有多级副标题和项目。(图 9-3)

1）Cover sheet：主要包括了该系统评价题目和作者以及支助来源的一些基本的情况。相当于该系统评价的封面（cover）。

2）Text of review：在这里可以录入系统评价的草案、摘要以及全文。文章的框架、格式主要参照这一部分。

3）References：该部分提供了被纳入 Meta 分析的研究和其他参考文献相关信息的储存位置。

4）Tables：各入选研究的数据经处理提取后输入这里的表格以待 RevMan 软件计算。“Tables”是 RevMan 的核心部分，“References”和“Figures”中的大部分功能都可以在“Tables”中实现。如果不是要把您的作品以电子刊物的形式发表到 Cochrane 图书馆，只要搞清楚“Tables”这部分就基本上可以写文章了。

5）Figures：显示各文献数据经综合定量合并分析后得出的 Meta 分析森林图和评价文献发表偏倚的倒漏斗图（funnel plot）等。

6）Comments and Criticisms：读者的评论和建设性的评判。

下面我们直接从“Tables”这一核心部分入手。

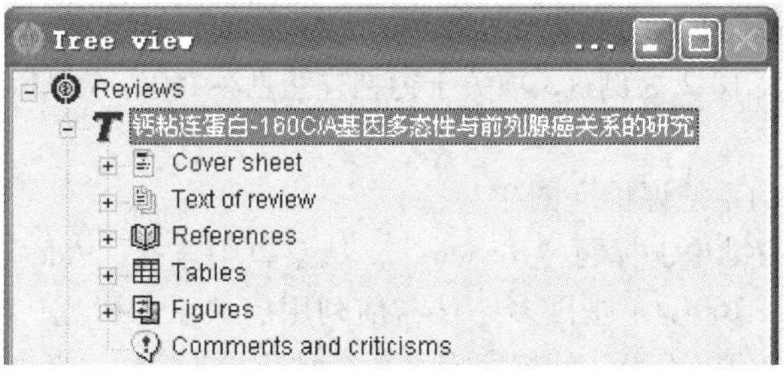

图 9-3　展开菜单

（2）数据的录入

单击 Tables 左侧的“+”展开表格的各级菜单，此部分由 5 个部分构成（图 9-4）。先在“Characteristics of include studies”或者“Characteristics of ongoing studies”加入纳入研究之后才能在“Comparison and data”中录入数据。

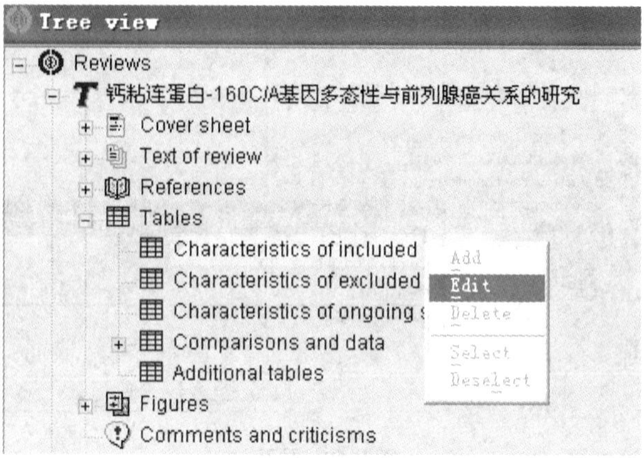

图 9-4 展开菜单

右键单击“Characteristics of included studies”，在菜单中选择“Edit”，在弹出的对话框中单击右下角的“Add study”。Study ID 一般由“第一作者姓名 + 发表年份”构成，最后“Save” and “Close”（图 9-5）。

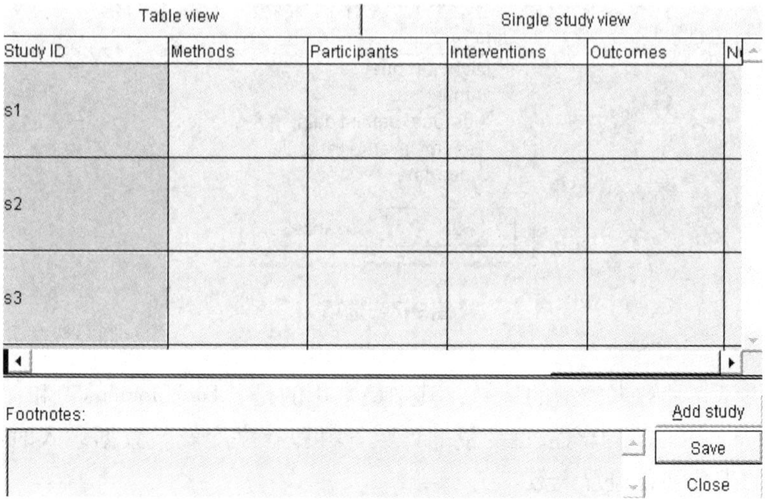

图 9-5 界面

右键单击“Comparisons and data”，在菜单中选择“Add”，在 Description 下方的文本框中输入“病例组 versus 对照组”，点击“OK”保存（图 9-6）。

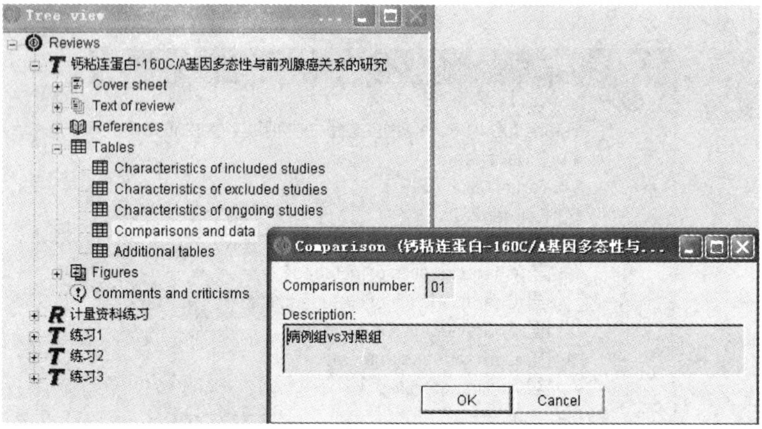

图 9-6 界面

可以看到“Comparisons and data”左边多了一个“-”，下方出现一级菜单“病例组 versus 对照组”，右键单击“病例组 versus 对照组”，在菜单中选择“Add”，随即弹出一个“Add outcome/category”单选框，选中“Dichotomous”（计数资料）（图 9-7）。

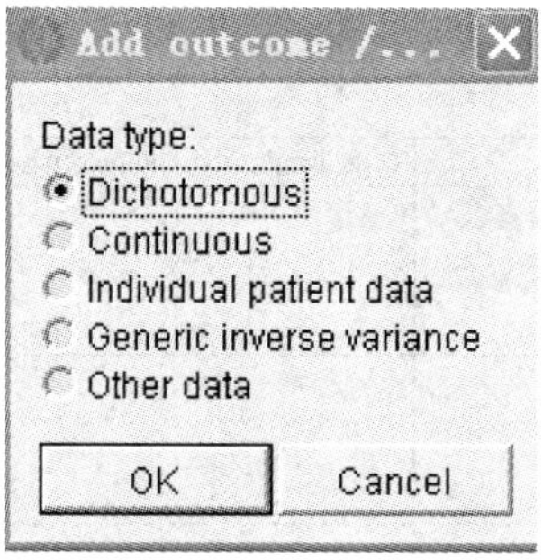

图 9-7 选项

该选框提供了 5 种数据类型的选择，其中最常用的是“Dichotomous”和“Continuous”。

1）Dichotomous：适用于离散型变量的计数资料和有序变量。数据录入时需要各组发生该结局或事件的人数和各组总人数。

2）Continuous：适用于连续型变量的计量资料。数据录入时需要各组的例数、结局指标的均数及标准差。

3）Individual patient data：单个患者数据。数据输入参照“Dichotomous”。

4）Generic inverse variance：未经计算提取的数据（罕见情况下涉及）。

5）Other data：其他数据。数据通过纯文本格式输入。

点击“OK”后，随之弹出“Dichotomous outcome/category”对话框，分为 General、Statistical、Graph 三个分页面（图 9-8）。

1）在 General 中输入 Outcome number：01；Description：钙粘连蛋白 -160C/A 基因多态

性；Group labels：病例组（取代默认的 Treatment），对照组（取代默认的 Control）。

2）在 Statistical 中全部取默认值：Total：Yes；confidence interval：95%；Default Statistical method：Odds ratio，Fixed effect model。

3）在 Graph 中输入 left：病例组（取代默认的 Favours）；right：对照组（取代默认的 Favours）；Default graph scale：0.1-10。

上述的各种选项可以根据不同的情况随时调整。

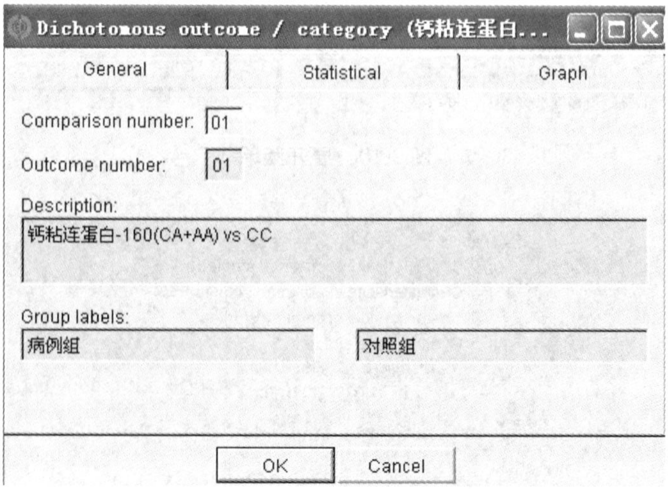

图 9-8 界面

点击“OK”后，在“病例组 versus 对照组”的左边多了一个“-”，下方多了一个表示计数资料的“红心和蓝十字”的图标。点击右键，在菜单中选择“Add”，在相继弹出的选框中选择“Study”，点击“OK”（图 9-9）。选项“Sub-category”适用于亚组分析。

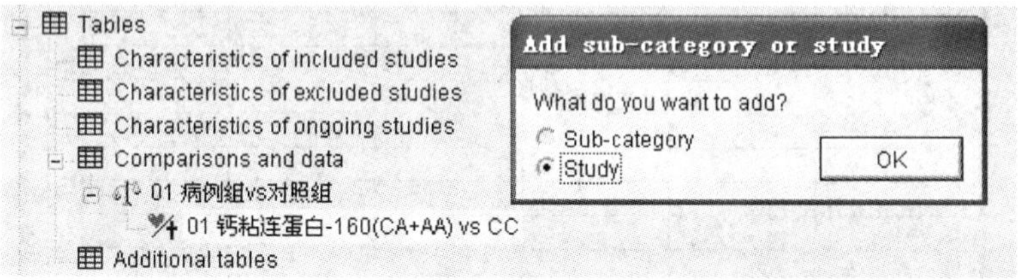

图 9-9 展开菜单

点击“OK”后弹出一个“Add studies to data table”对话框（图 9-10），将 3 个研究逐一选中点击“Add”，最后“Close”。

点击“01 钙粘连蛋白-160C/A 基因多态性”，左侧的“+”变成“-”，下面排列入选的 StudyID。（见图 9-11）。双击左键或单击右键选中下拉菜单中的“edit”进入数据录入界面（图 9-12）

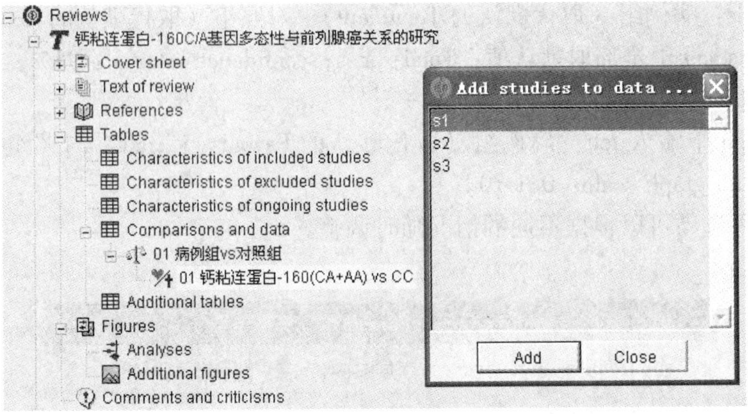

图 9-10 展开菜单

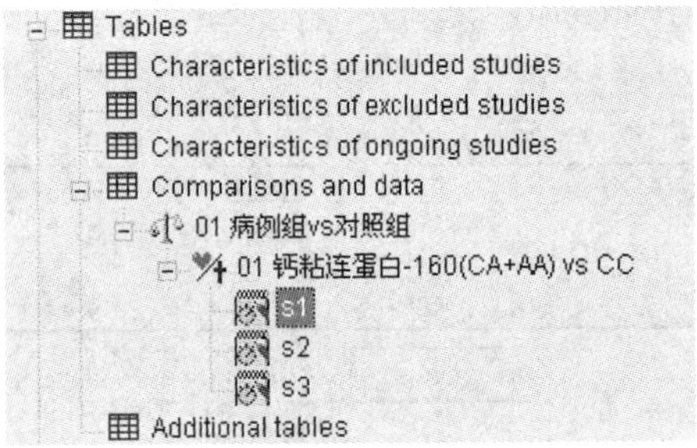

图 9-11 展开菜单

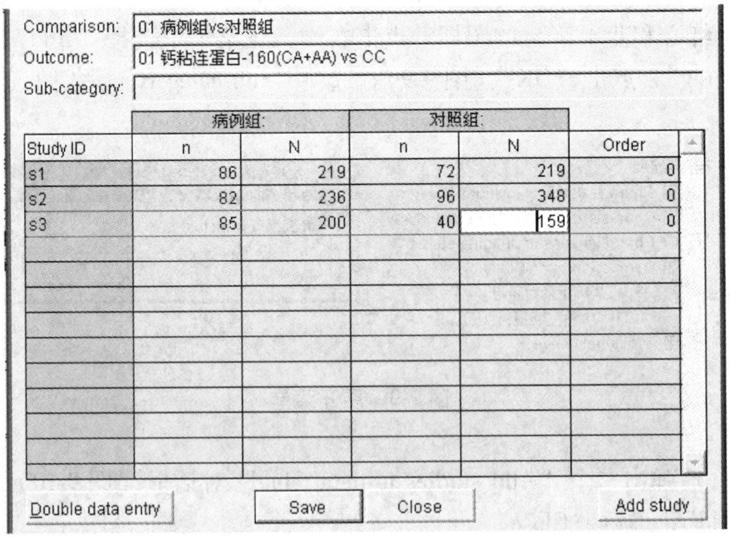
Comparison: 01 病例組vs对照組

Outcome: 01 钙粘连蛋白-160(CA+AA) vs CC

Sub-category:

	病例組:		对照組:		
Study ID	n	N	n	N	Order
s1	86	219	72	219	0
s2	82	236	96	348	0
s3	85	200	40	159	0

Double data entry　Save　Close　Add study

图 9-12 数据录入界面

把数据输入相应的表格中，点击“Save”和“Close”。进入统计分析阶段。

（3）数据的分析

1）Meta 分析森林图

点击主菜单“Figures”，选中“Analyses”（图 9-13）。然后双击“01 钙粘连蛋白-160C/A 基因多态性”或单击其左方的灰色正方形，即刻出现 Meta 分析森林图（图 9-14）。

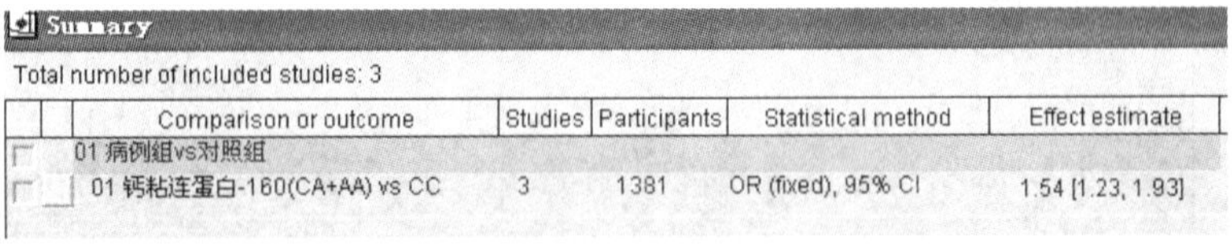

图 9-13　界面

左起第 4 列是“OR（fixed）95% CI”中，每一横线代表一个试验结果的置信区间（confidence interval，CI），横线中央的蓝点是点估计值，横线越长，说明样本量越小，结果欠准确可靠；横线越短，说明样本量越大，准确性越高，结果越可信。最下方黑色菱形代表多个研究的综合结果。垂直线（代表 OR = 1，RR = 1 或 RD = 0）将图分为左右两半，用于判断结果差异有无统计学意义。

左起第 5 列“Weight”表示各个试验的权重。一般来说，对于分类变量资料如本研究使用样本量作为权重的衡量依据，样本量越大，权重越大；数值变量资料则采用标准差作为权重的衡量依据，标准差越小，权重越大。

森林图左下方是异质性检验和对综合 OR 值假设检验的结果。

对结果的解读：本次 Meta 分析共纳入 3 项研究，病例组共有 655 例，对照组共有 726 例。异质性检验 $\chi^2 = 3.23$（$P = 0.20$）$I^2 = 38.2\% < 50\%$，可以采用固定效应模型。菱形在垂直线的右侧，综合 OR = 1.54，95% *CI* 为（1.23 – 1.93）大于 1，Z 值 = 3.73（$P = 0.0002$）。故可以认为钙粘连蛋白-160C/A 基因多态性与前列腺癌有关，CA 和 AA 型可能增加罹患前列腺癌的风险。

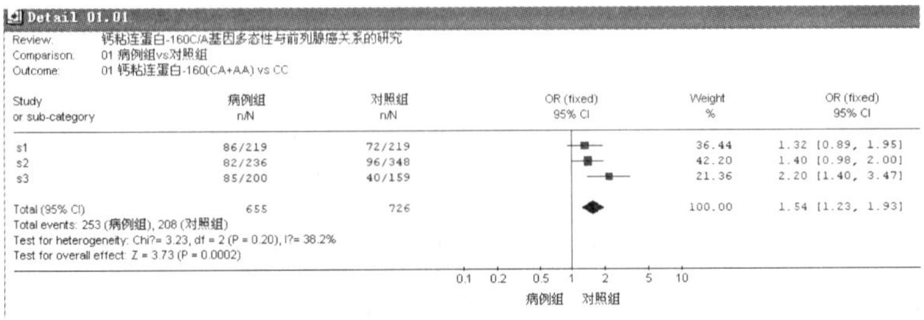

图 9-14　Meta 分析森林图

2）倒漏斗图（Funnel plot）（图9-15）：Funnel 的对称与否只是通过视觉的观察，判断结果在不同的观察者之间往往存在差异。入选研究越少，结论就越难以统一。RevMan4.2 中也没有提供任何检验的方法。

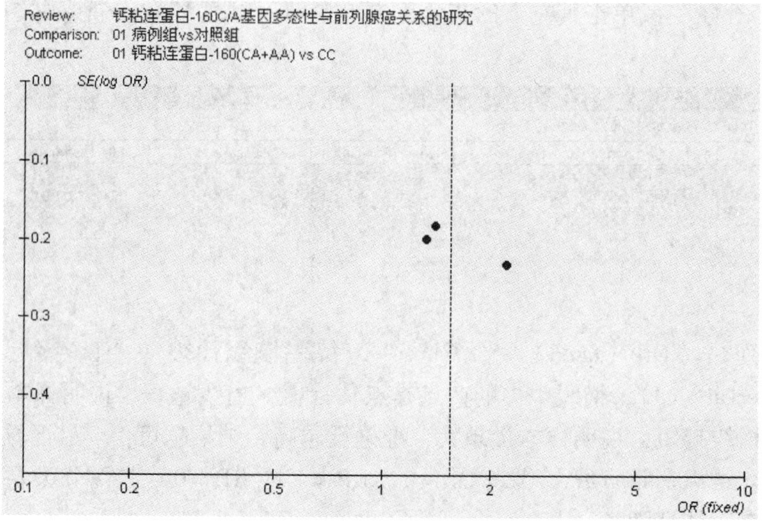

图9-15　倒漏斗图

2. 数值变量资料的 Meta 分析操作步骤　以上一节表9-4为例［4项关于女童Ⅱ掌骨皮质厚度（mm）的研究］。RevMan4.2 自带的一个关于“Fitness programme versus junk food”的系统评价，可以通过 File/Import/Reviews…/Exercise/Remgs 找到。

（1）创建一个新的系统评价

创建的步骤与前面相同，因此省略。数值变量资料与分类变量资料的“红心和蓝十字”图标有所不同，其图标是一个“温度计”。（图9-16）

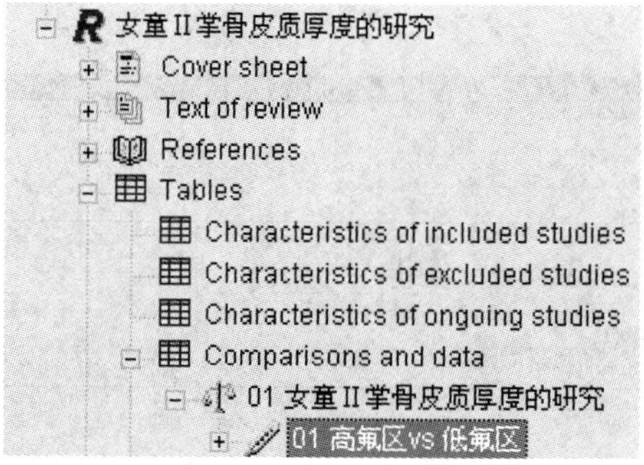

图9-16　展开菜单

（2）数据录入

数值变量资料以加权均数差（WMD）或标准均数差（SMD）作为效应量，数据提取时需要各组的例数、结局指标的均数以及标准差（standard deviation，SD）（图 9-17）。

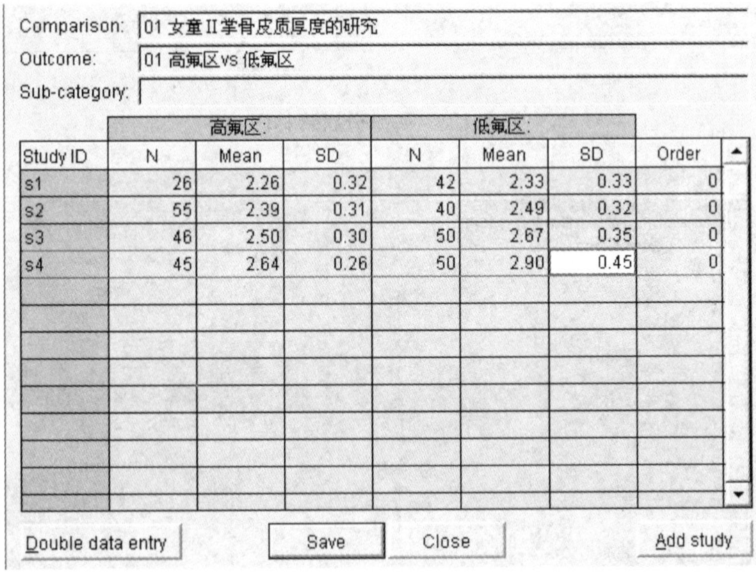

图 9-17 界面

（3）数据的分析

1）Meta 分析森林图

当效应量是 WMD：（图 9-18）

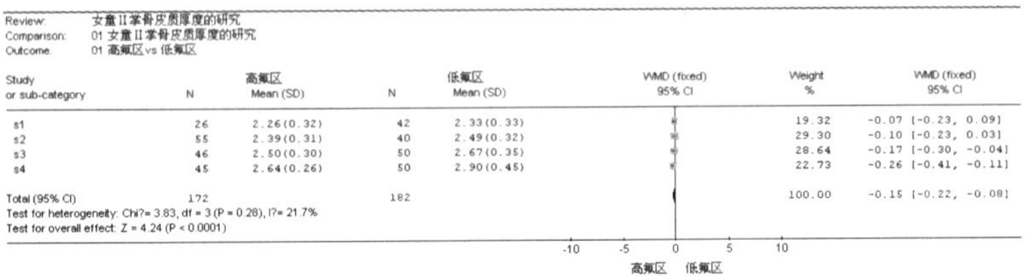

图 9-18 Meta 分析森林图

当效应量为 SMD：（图 9-19）

2）倒漏斗图（Funnel plot）（图 9-20）

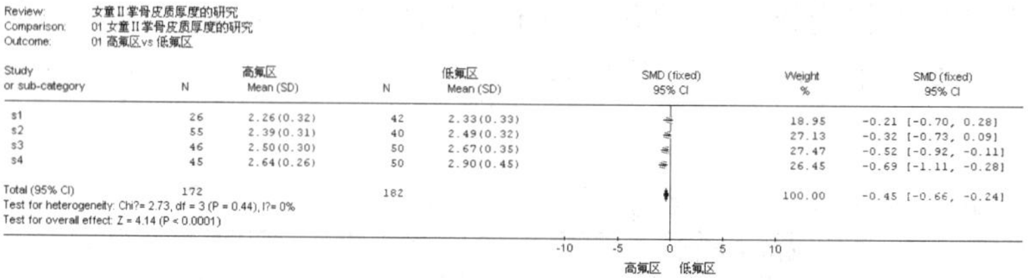

图 9-19 Meta 分析森林图

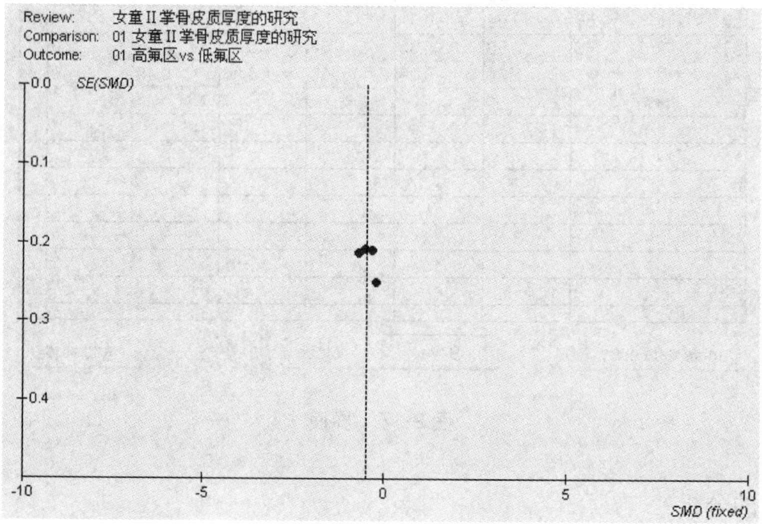

图 9-20 倒漏斗图

注：感谢 DXY 循证医学板块版主 iseeyou 对本章节的大力帮助，本章节部分引用了 iseeyou 大作“Review Manager（RevMan）——临床医生通向 Meta 分析的桥梁”的内容。

第四节 Stata 在 Meta 分析中的应用

一、前言

Stata 软件是美国计算机资源中心研制的统计软件。Stata 分析方法齐全，是国际临床流行病学网络推荐使用的统计分析软件。最新版本 Stata 10.0 包含了现代医学最新的统计方法。Stata 命令简单易学，操作灵活，深受研究人员的青睐。Stata 的 Meta 分析功能比较全面和强大，国外文献中许多 Meta 分析文章都是通过 Stata 来完成的。本文通过两个例子分别介绍 Stata 用于常用的计数资料和计量资料的 Meta 分析的过程。

二、STATA 界面功能简介

单击 Stata 软件图标进入 Stata，图 9-21 为 Stata10.0 启动后的界面。

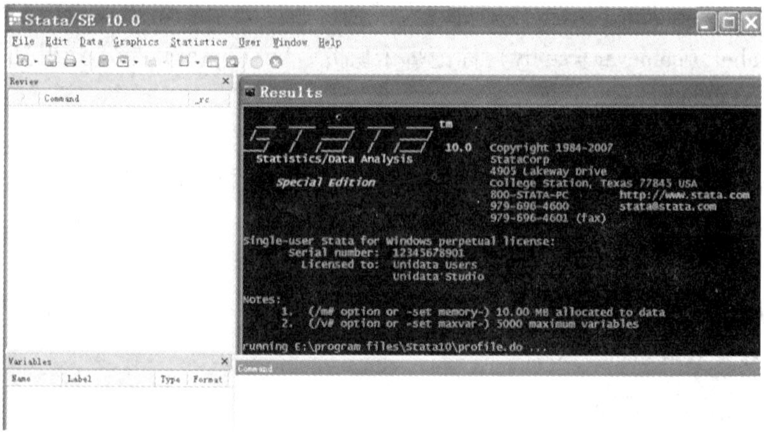

图 9-21 Stata 10.0 启动后的界面

除了 Windows 版本软件通用的菜单栏、工具栏，状态栏等外，Stata 的默认启动界面主要是由四个窗口构成，分述如下：

命令回顾窗口（Review）：位于界面左上部，所有执行过的命令会依次在该窗口中列出，单击后命令即被自动拷贝到命令窗口中；如果需要重复执行，用鼠标在 Review 窗口中双击相应的命令即可。

变量名窗口（Variables）：位于界面左下部，列出当前数据集中的所有变量名称。

结果窗口（Results）：位于界面右上部，软件运行中的所有信息，如所执行的命令、执行结果和出错信息等均在该处体现。窗口中使用不同的颜色区分不同的文本，如默认情况下白色表示命令，红色表示错误信息，绿色和黄色为结果输出和注释。

命令窗口（Command）：位于结果窗口右下部，此处用于键入需要执行的命令，回车后即开始执行，相应的结果则会在结果窗口中显示。

三、Stata 中 Meta 分析的步骤和常用的命令

1. 数据的录入　数据的录入进行分析的第一步，点 Data 菜单中的 Data Editor，直接录入数据，也可以直接复制、粘贴数据。然后双击自动产生的变量 var1，var2 等，进行变量名称的修改。输入完成后点击 Preserve 保存，退出 Data Editor 窗口。

2. 常用 Meta 分析中间命令和函数　generate（gen）产生变量和数据；replace 替代变量和数据，在重复处理相似数据的时候使用；generate b = total1 - a；generate d = total0 - c；generate logOR = log［（a/b）/（c/d）］（logOR 为 OR 值的常用对数，后面括号内为 OR 值的直接结算公式，即暴露组的发病率与对照组发病率的比值比 Odds Ratio）；generate selogOR = sqrt［（1/a）+（1/b）+（1/c）+（1/d）］（selogOR 为组内方差的对数）。

3. 合并 OR 及 95% CI 和产生森林图 Command 框中输入：metan a b c d，or random label（namevar = study）by（byvar）xlab（0.1，1，10）。Metan 命令，可以合并二分类及连续数据，而且对效应量及相应标准误或可信区间进行 Meta 分析，并能得到 I^2 统计量进行异质性检验，同时给出森林图；or 表示合并的是比值比 Odds Ratio，同理，rr 表示合并的是相对风险比 Risk Ratio；random 表示按照随机效应模型合并，如果省略则代表按照默认的固定效应模型合并；label（namevar = study）标记每个研究；by（byvar）指定分组变量进行亚组分析；xlab 表示坐标轴的标记。

4. 检验发表偏倚 Command 框中输入：metabias _ES _LCI _UCI，graph（begg）gweight，同时给出 Begg 和 Egger 两种算法的结果，Begg 图就是漏斗图，和 RevMan 的漏斗图类似，不过方向不同而已，Egger 检验给出 P 值和 95% CI，$P>0.05$ 及 95% CI 包含 1 提示无发表性偏倚。

5. 敏感性分析 Command 框中输入：metainf logor selogor，eform id（study）评价除去单个研究后的合并效应量的变化。

四、实例分析

（一）计数资料的 Meta 分析

1. 收集文献资料提取数据，得到每一个研究的四格表资料如表 9-7。

表 9-7 纳入 Meta 分析的各项研究的主要信息

Study	Ethnicity	a	b	c	d
Liu 2008	European	286	696	193	532
Li 2006	European	135	419	164	408
Lind 2006	European	55	130	44	161
Pine 2006	European	54	150	52	182
Hu 2006	Asian	178	166	271	274
Park 2006	Asian	189	113	161	122
Zhang2006	Asian	296	249	291	418
Pine 2006	African	2	111	5	203

2. 在 Stata 中录入数据 菜单栏中单击 Data Editor，即可进入 Stata 的数据编辑器，按列输入数据（图 9-22）。

3. 合并效应量 Command 框中输入：metan a b c d，label（namevar = study）by（ethnicity）random or，得出如下结果（图 9-23）。

Data Editor

Preserve　Restore　Sort　<<　>>　Hide　Delete...

var11[12] =

	study	ethnicity	a	b	c	d
1	Liu 2008	European	286	696	193	532
2	Li 2006	European	135	419	164	408
3	Lind 2006	European	55	130	44	161
4	Pine 2006	European	54	150	52	182
5	Hu 2006	Asian	178	166	271	274
6	Park 2006	Asian	189	113	161	122
7	Zhang2006	Asian	296	249	291	418
8	Pine 2006	African	2	111	5	203

图 9-22　Stata 中数据录入格式

```
. metan a b c d, label(namevar=study) by(ethnicity) random or

           Study |     OR   [95% Conf. Interval]     % Weight
-----------------+-------------------------------------------
     European
Liu 2008         |      1.133     0.914     1.404      17.08
Li 2006          |      0.802     0.615     1.045      15.47
Lind 2006        |      1.548     0.978     2.449      10.04
Pine 2006        |      1.260     0.813     1.952      10.54
 Sub-total       |
  D+L pooled OR  |      1.106     0.852     1.435      53.13
-----------------+-------------------------------------------
     Asian
Hu 2006          |      1.084     0.828     1.420      15.33
Park 2006        |      1.267     0.910     1.765      13.44
Zhang 2006       |      1.708     1.363     2.139      16.74
  Sub-total      |
  D+L pooled OR  |      1.343     1.005     1.793      45.51
-----------------+-------------------------------------------
     African
Pine 2006        |      0.732     0.140     3.832       1.37
 Sub-total       |
  D+L pooled OR  |      0.732     0.140     3.832       1.37
-----------------+-------------------------------------------
Overall          |
  D+L pooled OR  |      1.203     0.985     1.469     100.00
-----------------+-------------------------------------------

Test(s) of heterogeneity:
                 Heterogeneity degrees of
                   statistic    freedom      P    I-squared**   Tau-squared

European              7.84         3      0.049     61.7%        0.0418
Asian                 6.75         2      0.034     70.4%        0.0458
African               0.00         0        .          .%        0.0458
Overall              20.78         7      0.004     66.3%        0.0490
** I-squared: the variation in OR attributable to heterogeneity)

Note: between group heterogeneity not calculated;
only valid with inverse variance method

Significance test(s) of OR=1

European             z=     0.76      p = 0.450
Asian                z=     1.99      p = 0.046
African              z=     0.37      p = 0.711
Overall              z=     1.81      p = 0.070
```

图 9-23　Stata 结果窗中的显示的合并信息

结果中，Test（s）of heterogeneity 为作用 Q 检验作异质性检验，从图中可知：欧洲、亚洲亚组和总人群中，异质性检验的 P 分别为 0.049、0.034、0.004，若取检验水准 $\alpha=0.1$，存在明显的异质性，故应采用随机效应模型分析结果。当未发现明显异质性时，可采用固定效应模型。Stata 计算得到随机效应模型森林图（图 9-24）。

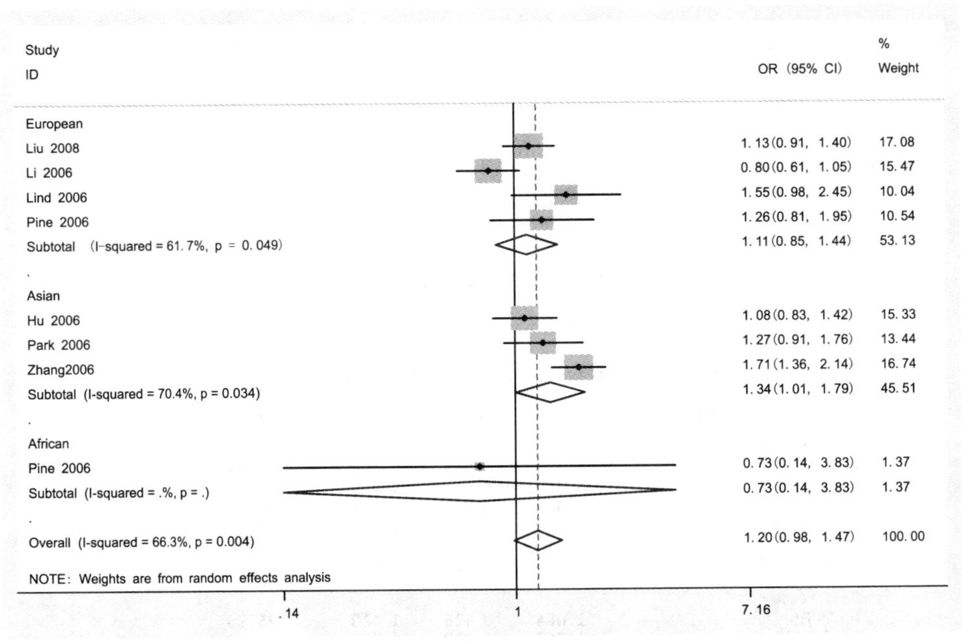

图 9-24 随机效应模型森林图

4. 发表偏倚检验 Command 框中输入：metabias_ ES_ LCI_ UCI，graph（begg）gweight，结果如下（图 9-25）：

```
. metabias _ES _LCI _UCI, graph(begger) gweight

Warning: varlist has 3 variables but option 'ci' not specified; 'ci' assumed.

Tests for Publication Bias

Begg's Test

  adj. Kendall's Score (P-Q) =
          Std. Dev. of Score =
          Number of Studies =
                          z  =
                   Pr > |z|  =
                          z  =
                   Pr > |z|  =

Egger's test
```

Std_Eff	Coef.	Std. Err.	t	P>|t|	[95% Conf. Interval]	
slope	.2262937	.2650801	0.85	0.426	-.4223339	.8749214
bias	-.2820627	1.730412	-0.16	0.876	-4.516228	3.952103

图 9-25 Stata 结果窗中的显示的 Begg 和 Egger 偏倚检验信息

图中可见Begg's Test结果：Pr > | z | =0.711 (continuity corrected)；Egger's test结果：*P* =0.876，两种检验方法*P*均大于0.1，未见明显发表偏倚。

Stata输出的Begg漏斗图如下（图9-26）：

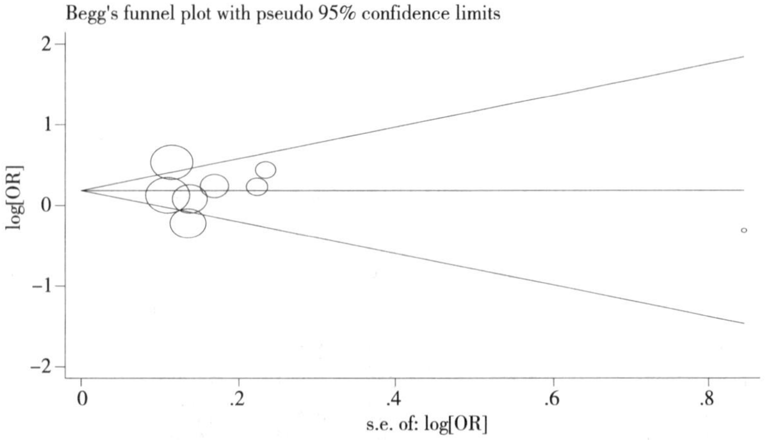

图9-26　Begg漏斗图

（二）计量资料的Meta分析

1. 收集文献资料，提取数据，得到表9-8。

表9-8　纳入Meta分析的各项研究的主要信息

研究者	年份	试验组			对照组		
		样本	均数	标准差	样本	均数	标准差
Cabrera	1996	31	2.9	6.0	32	7.7	9.8
Cello	1997	24	20.8	3.2	25	20.1	4.6
Jalan	1997	31	23.2	15.0	27	31.2	19.0
Rossle	1997	61	27.0	17.0	65	34.0	28.0
Garcia	1999	22	20.9	20.2	24	14.3	18.7
Pomier	2001	41	15.8	1.8	39	13.4	2.4
Sauer	2002	43	34.1	30.2	42	19.8	21.9

2. 在Stata中录入数据　其中变量study表示纳入的研究，year表示年份，n1表示试验组的样本含量，mean1表示试验组的均数，sd1表示试验组的标准差，n2表示对照组的样本含量，mean2表示对照组的均数，sd2表示对照组的标准差（图9-27）。

3. 合并效应量　Command框中输入：metan n1 mean1 sd1 n2 mean2 sd2，label (namevar = study，yearvar = year) random，结果窗中得到如下结果（图9-28）和森林图（图9-29）：

Data Editor

	study	year	n1	mean1	sd1	n2	mean2	sd2
1	Cabrera	1996	31	2.9	6	32	7.7	9.8
2	Cello	1997	24	20.8	3.2	25	20.1	4.6
3	Jalan	1997	31	23.2	15	27	31.2	19
4	Rossle	1997	61	27	17	65	34	28
5	Garcia	1999	22	20.9	20.2	24	14.3	18.7
6	Pomier	2001	41	15.8	1.8	39	13.4	2.4
7	Sauer	2002	43	34.1	30.2	42	19.8	21.9

图 9-27 Stata 10.0 数据编辑窗口的界面

```
. metan n1 mean1 sd1 n2 mean2 sd2, label(namevar=study, yearvar=year) random

          Study     |     SMD      [95% Conf.  Interval]     % Weight
--------------------+---------------------------------------------------
Cabrera (1996)      |   -0.589     -1.093     -0.084        14.17
Cello (1997)        |    0.176     -0.385      0.737        13.63
Jalan (1997)        |   -0.471     -0.995      0.052        14.00
Rossle (1997)       |   -0.300     -0.651      0.051        15.50
Garcia (1999)       |    0.340     -0.243      0.923        13.42
Pomier (2001)       |    1.135      0.662      1.609        14.46
Sauer (2002)        |    0.541      0.108      0.974        14.82
--------------------+---------------------------------------------------
D+L pooled SMD      |    0.118     -0.348      0.584       100.00
--------------------+---------------------------------------------------

 Heterogeneity chi-squared =  39.80 (d.f. = 6) p = 0.000
 I-squared (variation in SMD attributable to heterogeneity) =   84.9%
 Estimate of between-study variance Tau-squared =  0.3323

 Test of SMD=0 : z=   0.50  p = 0.619
```

图 9-28 Stata 结果窗中的显示的合并信息

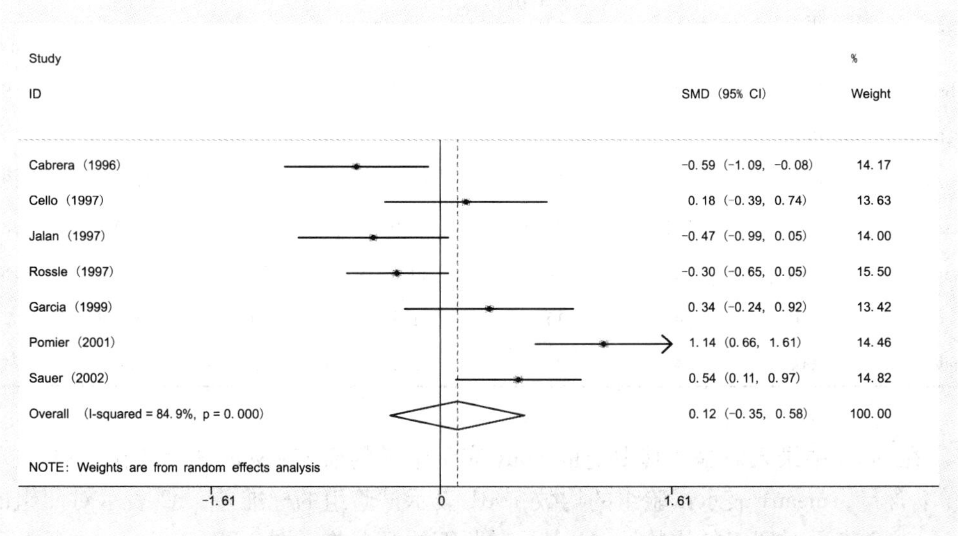

图 9-29 森林图

异质性检验的 $P=0.000$，若取检验水准 $\alpha=0.1$，存在明显的异质性，故应采用随机效应模型分析结果；当未发现明显异质性时，可采用固定效应模型。

4．发表偏倚检验同上。

五、结语

目前可用于 Meta 分析的统计学软件有十几种之多，各个软件都有自己的长处和缺陷。Stata 软件是 Meta 分析备受推崇的功能较强大和完整的软件，国外高质量杂志比较喜欢 Stata 分析得到的图形界面。该软件除了可以完成二分类变量和连续性变量的 Meta 分析，也可以进行 Meta 回归分析、诊断试验的 Meta 分析、累积 Meta 分析等几乎所有 Meta 分析方法；还可以进行敏感性分析和对发表偏倚进行 Begg 检验和 Egger 检验。用 Stata 绘制的统计图形如森林图（Forest plot）、漏斗图（Funnel plot）等相当精美，还可依个人需求和学术期刊要求选择合适类型的图表。

第五节 经验与注意事项

写一篇高质量的 Meta 分析不仅是对个人综合能力的考验，而且需要花大量的时间和精力。为了让读者少走弯路，提高成功的概率，我们整理了 DXY 战友们提供的经验和一些注意事项，这些都是他们的切身体会，希望能对读者有所帮助。

（一）选题难

选什么样的问题是对你平时专业知识的积累和阅读量的全面检验。可以到 Cochrane Library 或其他数据库看看本专业的研究者在做哪些方面的系统评价及做到什么程度，这对确定自己的研究方向会有好处。

（二）收集资料难

有很多 Meta 分析半途而废就是卡在这个环节，这也是最耗时间和精力的环节。有两个难点需要解决：查准和查全，全面考验文献检索功底。

1．查准　正确的检索策略很重要。如果无限制条件进行检索可能查出几千条，得把自己看成熊猫眼，推荐 Mesh 联合 free word 检索。至于检索词的组合方式，多看一些 Meta 文献就能学会，Meta 文献一般都会提供检索策略和检索词的组合方式。

2．查全　查找全文是制约 Meta 分析的瓶颈。下面谈谈查找免费全文的经验：

（1）网上信息的获取：在 PubMed 中看有无免费的全文，有的即使没有显示 free full text，但是点击进去看全文链接也有提供免费全文的。Springer 和 Science Direct 等旗下期刊也提供部分免费全文。有人使用 Google 学术搜索也有意外收获。

（2）免费医学全文杂志网站：如 www.freemedicaljournals.com，提供超过收费期的免费全文。

（3）图书馆馆藏：看看本校或单位购买了哪些数据库。像复旦、北大、清华等医学院的全文数据库都很全，但基本上都有权限限制。单位之间可以通过馆际互借方式获得全文，若没有只能通过有偿服务获得。另外图书馆经常有试用数据库，请在免费期内抓紧利用。

（4）论坛求助：很多医学论坛都有文献检索求助区。比如丁香园检索 SOS 里就有大批的热心站友随着准备着为你服务。向国外的同学或朋友求助也是一条捷径。

（5）与杂志的主编或文献的作者联系求取全文：一封充满关注和感激的 e-mail 是少不了的。

（6）实在不行，只要 Abstract 的方法学和数据都清楚，也可以纳入。不过论文的质量肯定打折扣。

（三）文献管理

大多推荐使用 EndNote、NoteExpress 等文献管理软件进行检索和管理文献。也有人推荐“文献管理王”，看个人习惯。有关 EndNote 的使用可参阅段为钢和郑明华主编、由人民卫生出版社出版的《论文写作助手：EndNote 一点通》。

（四）严把文献质量关

Meta 分析不是单纯为了合并而合并，不要出现将“苹果、橘子、梨”进行合并的现象。

（五）统计方法的正确选择

现在有软件可以省去计算的烦恼，但是如何选择统计方法还是需要根据具体情况仔细斟酌。

（六）对随机效应模型（REM）的误解

有人认为该方法可以替代异质性分析，其实不然。REM 适用于各研究总体效应不一致的综合分析，但该方法没有调整、控制或解释产生异质性的原因。需另行分析。

（七）结果的解释和外推

报告 Meta 分析的结果时应结合研究背景和实际意义进行讨论。由于其结果是现有研究的综合，随着同类研究进一步深入和发展，结果有可能发生改变。因此，要求研究者持续跟踪和及时对结果进行更新。在推广应用时，应结合该 Meta 分析的文献纳入/排除标准，考虑样本的代表性，特别应注意研究对象特征及生物学或文化变异、研究场所、干预措施及研究对象的依从性、有无辅助治疗等方面是否与自己的具体条件一致。

总而言之，Meta 分析的工作量巨大，非全身心投入和严谨态度不能胜任，在从事此类研究前需要有充分的准备和对困难的认识。

第六节　Meta 实例分析

Meta 论文写作的框架结构与一般论著相同，分为前言、方法、结果、讨论和结论五部分。本节共选了 6 篇 Meta 分析文献作为例子。按资料类型包括数值变量资料和分类变量资料；按研究目的包括病因学和危险因素研究、临床疗效分析和预后生存分析、诊断方法的评价；按写作语种包括中文和英文。由于篇幅有限，不可能全文刊登，只能节选其中重要部分，有兴趣的读者可查找全文。所选文献如下：

1．案例 A：徐丽敏，菇雪莹，吴泰相．IFN-γ 与银屑病相关性的 Meta 分析．中国循证医学杂志，2007，7:516-522.

2．案例 B：Li-Xin Qiu，Ru-Tian Li，Jian-Bing Zhang，et al. The E-cadherin（CDH1）-

160 C/A polymorphism and prostate cancer risk：a meta-analysis. European Journal of Human Genetics，2009，17：244-249.

3. 案例 C：王晓珊，吴泰相，侯梅. 拓扑替康治疗小细胞肺癌的系统评价. 中国循证医学杂志，2007，7：189-202.

4. 案例 D：Neill K J Adhikari，Karen E A Burns，Jan O Friedrich，et al. Effect of nitric oxide on oxygenation and mortality in acute lung injury：systematic review and meta-analysis. BMJ，2007，334：779.

5. 案例 E：Asma Sultana，Catrin Tudur Smith，David Cunningham，et al. Meta-Analyses of Chemotherapy for Locally Advanced and Metastatic Pancreatic Cancer. J Clin Oncol，2007；25：2607-2615.

6. 案例 F：刘杰，王前，耿仁文，等. 心肌脂肪酸结合蛋白对急性心肌梗死早期诊断价值的系统评价. 中国循证医学杂志，2007，7：251-259.

一、前言

论著的前言部分一般阐述两个问题：选题进行 Meta 分析的研究意义和研究目的。

（一）撰写探讨病因学研究和危险因素的 Meta 分析论著

首先阐明该危险因素在疾病发生中可能的作用机制，然后表明作 Meta 分析的目的，一般来说危险因素与疾病之间的关系由于研究对象的人口学特征、样本含量及研究方法等不同，研究结果常存在不一致的现象，因此有必要对相关文献作全面系统评价。

案例 A：

银屑病的发病机制一直令人困惑，遗传、病毒、外伤、饮食、代谢障碍、免疫功能异常等均可诱发银屑病。多数研究认为银屑病发病机制的一个重要环节是 Th1、Th2 细胞功能失调以致 Th1 细胞占优势，IFN-γ是 Th1 细胞的特征性细胞因子，在银屑病中的生物活性包括：刺激抗原递呈细胞活化；促使内皮细胞和角质细胞表达 ICAM-1；与 TNF-α 一同诱导角质细胞分泌 IL-8；……

IFN-γ与银屑病相关性的观察性研究很多，但是有些结果互相矛盾，因此有必要对这些研究进行全面系统的评价，探讨 IFN-γ与银屑病发生的关系。

案例 B：

The mechanism of prostatic tumorigenesis is still not fully understood. …In recent years，several common low-penetrant genes have been identified as potential PCA susceptibility genes. An important one is E-cadherin (CDH1)，a gene encoding an adhesion glycoprotein，which mediates cell - cell adhesion and establishes and maintains cell polarity and tissue architecture. Several polymorphisms and somatic mutations have been identified in CDH1. A-160 C/A polymorphism in the promoter region has been reported to have an approximately 68% decreased transcriptional activity for the A allele compared with the C allele. Furthermore，aberrant CDH1 functions have been reported to be associated with malignant transformation of prostatic epithelium as well as metastasis and poor prognosis of PCA.

A number of studies have reported the function of CDH1-160 C/A polymorphism in PCA risk，but the results are inconclusive，partially because of the possible small effect of the polymorphism on PCA risk and the relatively small sample size in each of published studies. Therefore，we performed a meta-analysis of the published studies to derive a more precise estimation of the association.

（二）临床疗效和预后生存分析的 Meta 分析论著

首先阐明某药物或技术手段在疾病治疗中的作用，如简要介绍其作用机制以及有效率、毒副作用、生存率和中位生存期等。然后阐述进行 Meta 分析的目的，一般来说可分为以下两种：对某药物的临床疗效和安全性进行首次系统评价；但是更常见的是在此之前已有人做过系统评价和 Meta 分析，再作该药物或该选题的 Meta 分析就必须指出不足之处和存在的缺陷，强调再次作 Meta 分析的必要性。常见的不足之处有：纳入的文献数量有限、测量指标的可信区间过宽、纳入的文献质量较差、未控制偏倚、或出现了新的测量指标（如早期生存分析用 RR 或 OR，现在推荐使用 HR）等。因此随着新的文献的纳入、新的指标的应用等，有必要对某药物或选题再次进行 Meta 分析，观察结论是否有变化。

案例 C：

小细胞肺癌（SCLC）是一种侵袭性极强的常见恶性肿瘤，具有增长迅速、病情进展快、易早期广泛转移、预后极差的特点，对化疗药敏感，但使用目前最佳化疗方案 5 年生存率却小于 10%。目前广泛用于小细胞肺癌的联合方案是 EP 方案（顺铂 + 足叶乙甙）和 CE 方案（卡铂 + 足叶乙甙），虽然对局限期的首次治疗反应率可以达到 80% ~90%，但蓄积性的毒性却限制了复发时的再次应用，广泛期的治疗则往往被认为是姑息性的。拓扑替康独特的作用机制，包括非蓄积性的血液学毒性、与其他药物的非交叉耐药性、可透过血-脑脊液屏障用于脑转移的治疗等，都提示它将在小细胞肺癌的治疗中占有重要作用。

因此，非常有必要基于现有随机对照试验证据进行系统评价，从而为临床的合理治疗提供循证依据。期望回答下列问题：①拓扑替康在小细胞肺癌治疗中的临床疗效和安全性；②拓扑替康在小细胞肺癌一线及二线治疗中的地位；③拓扑替康在小细胞肺癌治疗中不同给药方式的疗效；④拓扑替康在小细胞肺癌治疗中的毒副作用。

案例 D：

Acute lung injury (ALI) and acute respiratory distress syndrome (ARDS), are characterised by inflammation of the alveolar-capillary membrane triggered by various insults. Because the pathophysiology involves mismatching of ventilation and perfusion and pulmonary hypertension, the possibility of using inhaled nitric oxide (NO) generated considerable interest. Nitric oxide is a selective pulmonary vasodilator and has anti-inflammatory properties. Based on limited data on efficacy, clinicians rapidly adopted this therapy; 63% of European intensive care specialists surveyed in 1997 reported using it, primarily for ALI or ARDS. A more recent survey of specialists in Ontario, Canada, found that a substantial proportion (39%) reported using nitric oxide at least sometimes in selected patients with ARDS.

A systematic review and meta-analysis of nitricoxide published in 2003 that included five randomised controlled trials found no effect on mortality or ventilator-free days. Because confidence intervals were wide, the authors concluded that the effects of nitric oxide on morbidity and mortality were uncertain. We have incorporated data from new randomised controlled trials to evaluate the effects of nitric oxide on pulmonary physiology (oxygenation and pulmonary arterial pressure) and important clinical outcomes (mortality, duration of ventilation, and adverse effects) in patients with established ALI or ARDS.

案例 E：

Single-agent gemcitabine is the standard first-line agent for the treatment of advanced pancreatic cancer, with a marginally superior clinical benefit and survival compared with fluorouracil (FU). Gemcitabine has been widely adopted in clinical practice and is the standard comparator to which new treatments are compared in randomized controlled studies in patients with advanced pancreatic cancer. A number of randomized controlled trials performed over the last decade have aimed to demonstrate superiority of alternative cytotoxic agents, cytotoxic combinations, and, more recently, targeted drugs in combinations or as monotherapy over gemcitabine alone, with mostly disappointing results.

Despite these considerable research efforts, several areas of controversy and uncertainty remain. Among these are the role of palliative chemotherapy, the most effective chemotherapy regimen, and the role of emerging novel molecular targets. The issue of cytotoxic combinations and, in particular, gemcitabine-based doublets has generated significant debate. In advanced pancreatic cancer, two published meta-analyses have evaluated the role of chemotherapy in general, and other analyses published so far in abstract form have focused on gemcitabine-based chemotherapy. However, the methodology used in earlier meta-analyses, used relative risk or odds ratio to summarize survival outcomes. The recommended summary statistics for time-to-event data (such as length of survival) are the hazard ratio (HR).

We have attempted an up-to-date exhaustive analysis of the different chemotherapeutic agents used in the management of advanced pancreatic cancer, including areas not covered by previous

meta-analyses. Furthermore, we have adopted the most appropriate statistical methods for meta-analysis of time-to-event data extracted from published reports.

（三）诊断价值的 Meta 分析论著

首先阐明某检测指标或检测方法在疾病诊断中的应用情况，如与金标准或其他诊断指标相比拥有何种优势。然后阐述进行 Meta 分析的目的。

案例 F：

血清生化标志物检测在急性心肌梗死（AMI）早期诊断中扮演不可缺的角色。目前临床常用的标志物有心肌磷酸肌酸激酶同工酶、肌钙蛋白、肌红蛋白。……由于上述原因，现有生化标志物在早期诊断 AMI 的应用上受到一定限制。心肌脂肪酸结合蛋白（H-FABP）与前述生化标志物相比，在时效性、敏感性、特异性上均具有优势。为考察 H-FABP 对 AMI 早期诊断价值进行系统评价。

二、方法

在方法中重点阐述以下几方面的内容。

（一）文献纳入和排除标准

作者根据实际执行情况和篇幅大小可以简明扼要地介绍，也可以全面周详地描述。

案例 B：

The inclusion criteria were as follows: (a) evaluation of the CDH1-160 C/A polymorphism and PCA risk, (b) case - control studies, and (c) sufficient published data for estimating an odds ratio (OR) with 95% confidence interval (CI).

案例 E：

Aims

The specific aims were to systematically review the published and unpublished literature of randomized controlled trials, comparing the following therapies: chemotherapy versus best supportive care; FU alone versus FU-based combination chemotherapy regimens; single-agent versus another single-agent chemotherapy; FU versus gemcitabine chemotherapy; gemcitabine alone versus gemcitabine-based combination chemotherapy regimens; gemcitabine versus novel agent; gemcitabine alone versus gemcitabine plus a novel agent; and regional versus systemic chemotherapy.

案例 C：

1.1 纳入标准

1.1.1 观察对象 ①所有病例均是经病理/细胞学检查证实的小细胞肺癌患者；②年龄≥18岁，无性别限制；③Karnofsky评分≥60分或ECOG评分为0～2分；④治疗前4周内未接受过其他抗肿瘤治疗；⑤治疗前无化疗禁忌证，肝肾功、血液学、心电图无明显异常者。

1.1.2 研究类型 随机对照试验及半随机对照试验。

1.1.3 干预措施 ①单药拓扑替康vs不含拓扑替康的化疗方案；②拓扑替康+化疗方案Avs化疗方案A；③拓扑替康+化疗方案Avs化疗方案B；④拓扑替康替代化疗方案A中一种或多种药物vs化疗方案A；⑤拓扑替康替代化疗方案A中一种或多种药物vs化疗方案B；⑥拓扑替康不同给药方式比较（治疗组vs对照组）。

1.1.4 结局测量指标 ①生存率；②中位生存期；③中位疾病进展期；④反应率（CR+PR）；⑤毒副反应（按照WHO毒性反应分级标准，分为0～Ⅳ度）；⑥生活质量；⑦治疗相关死亡。

1.2 排除标准

①伴有严重内科疾患及感染者；②同时患第二个恶性肿瘤者；③肺小细胞肺癌为转移病灶者。

（二）检索策略

作者根据实际执行情况和篇幅大小可以简要说明或详细介绍。

案例A：

检索策略

以psoriasis、psoriases、银屑病、IFN-γ、interferon-gamma和IFN-gamma为检索词检索Cochrane图书馆、MEDLINE（1966～2005）和CBMdisc（1978～2005）。

案例B：

Publication search

Two electronic databases (PubMed and Embase) were searched (last search was updated on 10 January 2008, using the search terms: 'E-cadherin,' 'polymorphism,' and 'prostate'). All eligible studies were retrieved, and their bibliographies were checked for other relevant publications. Review articles and bibliographies of other relevant studies identified were hand-searched to find additional eligible studies.

案例E：

Selection Criteria

Two independent reviewers assessed the eligibility of abstracts identified by the search. If the eligibility was unclear from the abstract, the full article was retrieved for clarification. Any disagreements were resolved by discussion. The inclusion criteria were randomized controlled trials including patients with locally advanced/metastatic pancreatic adenocarcinoma treated with best supportive care, chemotherapy, and/or novel agents. The exclusion criteria were trials that were nonrandomized, included surgical resection of tumors, and involved cancers other than exocrine pancreatic cancer wherein data was not available for the pancreatic cancer subset.

（三）质量评价

无论是用质量评价量表还是自行评价，这部分的撰写应简明扼要，不需花太多笔墨。

案例F：

文献质量评价

用诊断性试验准确性质量评价工具QUADAS评价文献质量，每个项目按“是”、“否”、“不清楚”三个判断标准进行评价。由两名评价员独立进行文献评价，分歧通过讨论解决。

（四）资料分析

这部分主要陈述异质性分析方法、合并统计量的计算和统计模型、使用的统计软件及发表偏倚的分析方法。

案例 E：

Statistical Analysis

Individual trial level time-to-event data were summarized by the logHR and its variance.（确定合并的效应量是 logHR）The software we used（Version 3.0；September 28，2004）to estimate the trial level log HR and variance based on summary data extracted from published survival curves was developed by Matthew Sydes and Jayne Tierney of the Medical Research Council Clinical Trials Unit（London，United Kingdom）.（使用的统计软件）Trial level log HRs and their variances were pooled using an inverse variance-weighted average，and results were presented as an HR and 95% CI.（log HR 的计算）For the gemcitabine-based combination chemotherapy regimens，subgroup analysis was performed，dividing the selected studies into four categories（ie，gemcitabine plus platinum agents，FU，irinotecan，or capecitabine）.（亚组分析）

Heterogeneity was assessed by visual inspection of the Forrest plot，the Cochran's χ^2 test（using a 10% significance level），and interpretation of the I^2 statistic.（异质性分析）A fixed effect approach was adopted unless there was evidence of significant unexplained heterogeneity，in which case a random effects approach was used（Meta 分析的统计模型）. Publication bias was assessed by visual inspection of funnel plots.（发表偏倚的观察）

案例 A：

资料分析

采用 RevMan4.2.8 进行 Meta 分析。计量资料采用 SMD 及其 95% CI，计数资料采用 RR 及其 95% CI 为相关性分析的统计量。首先对纳入研究进行临床异质性和方法学异质性分析，按照临床同质性和方法学同质性对各研究进行亚组分析。异质性分析采用χ^2检验，检验水准 $\alpha=0.1$；同时采用 I^2 定量分析异质性大小，其检验水准设定为 50%，即 $I^2>50\%$ 时，认为研究结果间异质性较大。无统计学异质性的研究结果采用固定效应模型进行合并分析；反之，采用随机效应模型。

三、结果

这部分主要包括以下几方面：

（一）文献检索结果

可以用文字简述或流程图表示。用流程图反映文献检索的过程与文字叙述相比，步骤更清晰、直观，建议采用（图 9-30、图 9-31）。

案例 E：

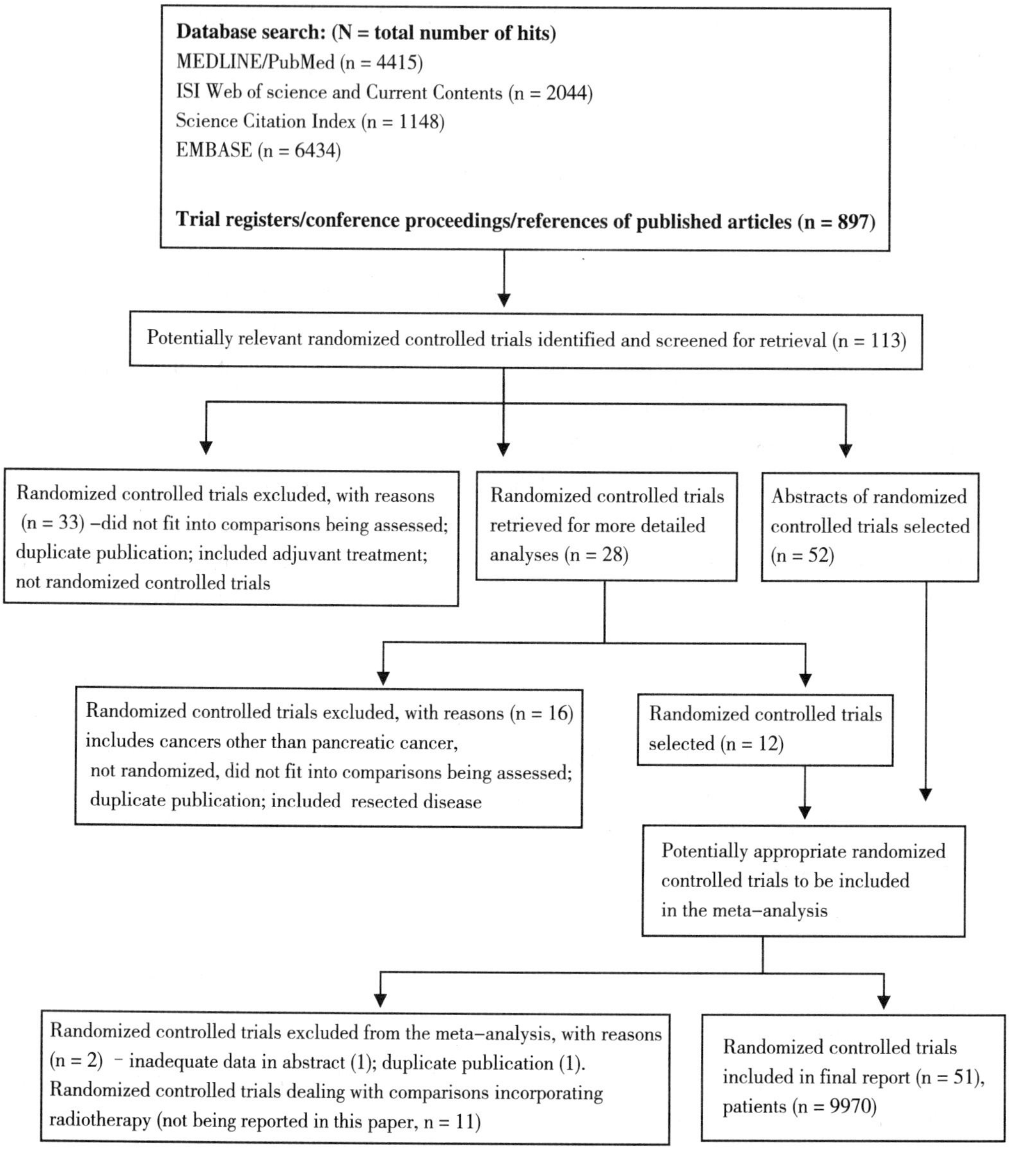

Database search: (N = total number of hits)
MEDLINE/PubMed (n = 4415)
ISI Web of science and Current Contents (n = 2044)
Science Citation Index (n = 1148)
EMBASE (n = 6434)
Trial registers/conference proceedings/references of published articles (n = 897)
Potentially relevant randomized controlled trials identified and screened for retrieval (n = 113)
Randomized controlled trials excluded, with reasons (n = 33) –did not fit into comparisons being assessed; duplicate publication; included adjuvant treatment; not randomized controlled trials
Randomized controlled trials retrieved for more detailed analyses (n = 28)
Abstracts of randomized controlled trials selected (n = 52)
Randomized controlled trials excluded, with reasons (n = 16) includes cancers other than pancreatic cancer, not randomized, did not fit into comparisons being assessed; duplicate publication; included resected disease
Randomized controlled trials selected (n = 12)
Potentially appropriate randomized controlled trials to be included in the meta–analysis
Randomized controlled trials excluded from the meta–analysis, with reasons (n = 2) – inadequate data in abstract (1); duplicate publication (1). Randomized controlled trials dealing with comparisons incorporating radiotherapy (not being reported in this paper, n = 11)
Randomized controlled trials included in final report (n = 51), patients (n = 9970)

图 9-30 流程图示例一

案例 C：

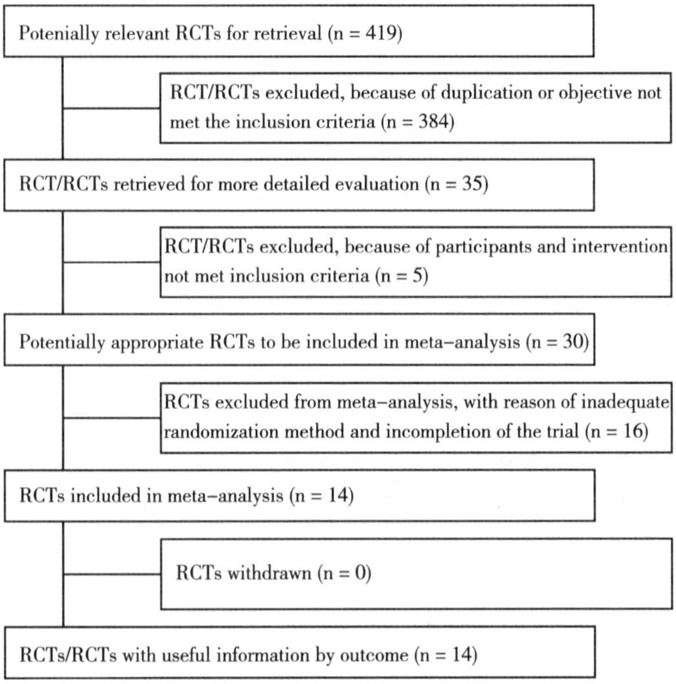

图 9-31　流程图示例二

（二）纳入文献的基本特征及文献质量评价

如果纳入的文献数量多，且需列举的特征项目多或质量评价的指标多，建议以表格的形式表示。如供分析的内容较少，可以用文字叙述。

案例 C：

所有纳入的 14 个 RCT 均报道采用了随机的方法，1 个 RCT 采用的是数字随机，13 个 RCT 采用的是计算机随机，均为充分的随机方法。14 个 RCT 均未详细报道随机方案的隐藏；均未报道是否采用盲法。14 个 RCT 中有 8 个 RCT 报道有失访并采用了 ITT 分析，9 个 RCT 在治疗结束后进行了随访。故按照 Cochrane 系统评价员手册 4. 2. 2 版推荐的质量评价标准评价纳入研究的质量，14 个 RCT 均为具有发生偏倚的高度可能性的 RCT，评为 C 级。

（三）Meta 分析结果

合并统计量的计算结果以森林图形式表示，发表偏倚一般用漏斗图表示。这部分的撰写主要是恰如其分地表述 Meta 分析的结果，在第 3 节“基于效应量的 Meta 分析”和第四节“Stata 在 Meta 分析中的应用”中多有涉及，这里就不赘述了。

四、讨论

Meta 分析论著中的讨论一般分为两部分，一是对 Meta 分析得到的结果进行专业层面上的讨论（这不在我们的讨论之列）；二是对本次 Meta 分析过程中可能存在的影响结果准确性的因素进行分析，或探讨本次 Meta 分析中存在的不足之处。下面就第二部分的撰写为读者们提供一些经验。

1. 若 Meta 分析结果显示存在异质性，需要对异质性的来源进行分析。

2. 若 Meta 分析结果显示存在发表偏倚，需要分析发表偏倚对结果的影响。

3. 若纳入的文献质量较差，需要分析可能存在的偏倚以及偏倚对结果的影响。

4. 其他　如符合检索条件但由于无法查找全文而没有纳入的文献对研究结果的影响；大多数中国研究者作 Meta 分析还面临语种的限制等等。

案例 A：

本系统评价的纳入研究质量较差，均存在选择偏倚、混杂偏倚及测量偏倚的中、高度可能性。本研究只有 1 篇文献提到随机选择研究对象，可能导致选择偏倚。绝大多数纳入研究未提及所用试剂盒的敏感度和特异度，检测过程亦未规范化，可能导致测量偏倚。

另外本系统未纳入中、英文以外语种的 RCT，可能造成语种偏倚。

案例 C：

由于纳入的 14 个 RCT 均未采用合理的分配隐藏和盲法，且 5 个国内研究均未进行长期随访和报道终点指标，存在选择性偏倚和测量偏倚的高度可能性，仅有 8 个研究报道了治疗相关死亡和 3 个研究报道了生存质量，故对于试验的结果评价应持谨慎态度。

案例 B：

Some limitations of this meta-analysis should be acknowledged. First, the associations were investigated in all kinds of cases (hereditary PCA, familial PCA, or sporadic PCA), and there may be PCA-specific genetic effects among these cases but we could not obtain enough information to further estimate these effects. Additionally, controls were not uniformly defined. Although most of the controls were selected mainly from healthy populations, some had benign prostatic hyperplasia. Therefore, nondifferential misclassification bias was possible because these studies may have included the control groups who have different risks of developing PCA. Second, in the subgroup analyses, the number of Africans was relatively small, not having enough statistical power to explore the real association. Third, our results were based on unadjusted estimates, while a more precise analysis should be conducted if individual data were available, which would allow for the adjustment by other covariates including age, ethnicity, family history, environmental factors, and lifestyle.

案例 E：

Despite our exhaustive searches, examination of the funnel plots revealed evidence of bias, possibly publication bias, for all comparisons assessed. However, because of the small number of trials included within most comparisons, interpretation of funnel plots is difficult.

案例 F：

本研究异质性主要来源于 2 个研究。其中 Seino 所采用的胶体金免疫层析法假阳性率偏高。而 Pangni 研究的临界值为 13ng/ml，是其他研究临界值（6.2ng/ml）的两倍，大大降低了检测的敏感性，且病例数多（在所有研究中权重最大），对异质性分析和敏感性分析结果影响大。

五、结论

论著的最后一段是对本次研究作一总结，并对未来的临床诊疗工作和病因学研究提出决策参考及研究建议。

案例 D：

In conclusion, our systematic review and meta-analysis found that inhaled nitric oxide improved oxygenation in patients with ALI and ARDS at 24 hours of therapy, with some evidence for a more prolonged effect.（本次 Meta 分析的结论）Given that the best available evidence suggests no survival advantage and possible increased mortality and renal dysfunction with nitric oxide, we do not recommend its routine use.（今后临床治疗的建议）Despite a lack of evidence for benefit, some clinicians may still consider nitric oxide for life threatening hypoxaemia, in conjunction with other supportive therapies. Given the challenges of enrolling such severely ill patients into large trials, definitive data supporting or refuting a role for nitric oxide in such desperate situations may not be forth-coming, leaving clinicians to rely on their judgment and the current evidence.

案例 B：

Despite these limitations, this meta-analysis suggests that the CDH1-160A allele is a low-penetrant risk factor for developing PCA, especially in Europeans and Asians.（本次 Meta 分析的结论）However, it is necessary to conduct large trials using standardized unbiased methods, homogeneous PCA patients and well-matched controls, with the assessors blinded to the data.（今后研究方向的建议）Moreover, gene-gene and gene-environment interactions should also be considered in the analysis. Such studies taking these factors into account may eventually lead to our better, comprehensive understanding of the association between the CDH1 160 C/A polymorphism and PCA risk.

案例 C：

在当前研究的基础上，拓扑替康被认为是在小细胞肺癌的治疗中有确切的临床疗效的药物，无论是单药还是与其他药物的联合用药均具有与当前一线经典方案相当的疗效。（本次 Meta 分析的结论 1）毒副作用方面，拓扑替康具有相对高的致白细胞和血小板下降的骨髓毒性，但是这种剂量限制性的骨髓毒性可预知并可逆转；含拓扑替康的化疗方案的治疗相关性死亡在化疗药物治疗的允许范围之内，所以我们认为拓扑替康的毒副作用可耐受。（本次 Meta 分析的结论 2）静脉滴注拓扑替康仍是目前最有效的给药方式。口服拓扑替康和拓扑替康 3 天方案显示了用药的优势，与常规用药相比具有相同的有效性且并未增加毒副作用，但是仍然需要更多高质量的 RCT 来提供更多的证据支持。拓扑替康已被认为是治疗化疗敏感的小细胞肺癌患者复发的二线推荐药物，本系统评价纳入的临床研究共有 6 个 RCT 是应用于一线治疗，显示了与传统用药方案和方式相似的疗效，但是作为一线用药仍然需要更多的实践来证实。（本次 Meta 分析的结论 3）

由于纳入的 14 个 RCT 均未采用合理的分配隐藏和盲法，……

因此，我们需要更多的高质量的 RCT 来提供更为优质的临床证据，帮助临床医生做出更为合理的临床决策，从而为肿瘤患者的治疗提供更为切实和有效的选择。（今后研究方向的建议）

通过上述 6 个案例我们介绍了 Meta 分析论著中各个部分惯用的撰写手法。需要提醒读者的是这 6 篇文献只是许许多多 Meta 分析论著中的沧海一粟，不能奢望通读这 6 篇文献就能写出 Meta 分析文章，更不能把这 6 篇文献当作范文，这些文献也或多或少存在问题，在读的时候需要辨证的眼光。总之，多动脑、多看书、多练笔、勤请教是在 Meta 分析之路上前进的法宝，我们期待着分享您成功的喜悦。

第十章 病例报告撰写

第一节 病例报告概述

一、病例报告的定义、价值

病例报告（case report）是医学论文的一种常见体裁，通过对一个或几个生动的病例进行科学的记录和描述，试图在疾病的表现、发病机制以及诊断治疗等方面提供具有临床价值或教育意义的医学报告。

病例报告在医学发展中起到巨大的推动作用。首先，历史上许多疾病最早是以病例报告的形式被人们认识的，例如1981年《美国皮肤病理学杂志》（American Journal of Dermatopathology）曾报告男性同性恋患者中出现的卡波济肉瘤。就是这篇在当时并不起眼的病例报告第一次将现在“大名鼎鼎”的艾滋病（acquired immune deficiency syndrome，AIDS）引入人们的视野。其次，病例报告指出了许多重要的药物或治疗技术的并发症，其中最著名的当属万艾可（“伟哥”）。原本用做降压药的西地那非（sildenafil）因为一则病例报告给全球无数男性带来了福音。再次，病例报告在揭示疾病的机制中发挥了重要作用。例如Parsonnet J等通过对16个病例的观察发现幽门螺旋杆菌（*Helicobacter pylori*）在人类中传播的机制，并通过病例报告的形式在JAMA上发表了自己的结果。另外，病例报告在医学教育中也起到了巨大的作用。以病例为中心的教学法因其生动形象、启发思维的特点仍被许多人推崇。同时，由于病例报告的写作相对简单，很多医学生及住院医师也从病例报告开始，掌握了医学论文写作的本领。而一些以误诊及诊疗中的失误为主题的病例报告则在医学继续教育、提高医疗质量中起到独特的作用。

20世纪八十年代，随着循证医学的兴起，病例报告的价值曾一度受到一些学者的怀疑。然而，更多的学者则用循证的思想捍卫病例报告在医学发展中的地位。Albrecht J等通过回顾《The Lancet》1996年1月1日到1997年6月30日间发表的103篇病例报告后发现，在发表后6年内，这些文章平均被引用次数为17次，被引用超过20次的有25篇（24.3%），最高被引用次数达到336次。更值得一提的是，这些病例报告中有24篇（23.3%）所涉及的内容被后续的临床实验进行研究，这证明了病例报告在推动医学进步中所起的巨大作用。1985年，JAMA再版了其创刊150年来最重要的51篇文章。这些文章被认为给科学及医学实践带来了里程碑式的巨大改变，其中5篇病例报告赫然在列。Milos Jenicek在其著作《循证医学中的临床病例报告》（Clinical Case Reporting in Evidence-Based Medicine）中为循证医学时代的病例报告作了最好的总结：“病例报告是最弱和最低等级的证据，但它往往是第一手的证据。病例报告是一切开始的地方。”

二、病例报告的特点

（一）重要性

病例报告的重要性首先体现在上文所述的其对于医学发展的推动作用。其次，对于一些少见病的诊治具有重要价值。由于这些疾病的发病率低，我们永远不可能做到对其进行大规模的临床试验来获得想要的信息。可以说是一则则小小的病例报告累积起人类对于这部分疾病的了解。

（二）创新性

病例报告报道的往往是未曾在文献中出现的疾病及情况、疾病的新机制、诊断及治疗手段以及疾病及治疗措施的新的并发症。病例报告的内容决定其创新性。

（三）科学性

病例报告的科学性体现在两方面。首先，病例报告的措辞、结构严谨，其所描述的每个现象都是客观公正的，每一个诊断都有令人信服的证据；其次，病例报告的结论虽然是从对少数个体的观察治疗中得出，但大部分都是正确的。

（四）易学性

相比其他类型的医学论文，病例报告无需进行大量的实验或临床观察，对于写作的要求也相对较低，非常适合医学生及住院医师写作。医学生及住院医师工作在临床一线，每天接触大量病人，掌握大量第一手的病例资料。通过写作病例报告可以培养他们敏锐的观察力和严谨的思维，激发医学科研及论文写作的兴趣，同时为其日后写作其他类型的医学论文打下基础。

（五）局限性

病例报告所描述的病例情况是少数个体处在一种未得到控制的环境中，这就使得病例报告结论的正确性低于其他一些类型的临床研究。同时，在病例报告的发表中同样存在发表偏倚。

三、病例报告的发表情况

（一）病例报告发表的形式

目前杂志发表病例报告的形式大致有以下几种：①传统型：这种形式历史悠久，格式严谨，篇幅一般在600～1000字左右。完整的传统型病例报告应包括题目、摘要、引言、病例介绍、讨论、致谢及参考文献等部分，其中最主要的为病例介绍和讨论两部分；②图片型：这种形式篇幅较小，一般100～300字。围绕一副或多幅精美的图片，用精练的语言对病例进行介绍，一般不要求讨论；③病例讨论型：这种形式大体分为两部分。第一部分介绍病例相关的资料，但其中不出现诊断，而将问题留给读者。第二部分给出诊断，并对该病例进行讨论。这两部分可位于同期杂志的两个位置，也可位于不同期杂志；④书信型：即在编读往来（correspondence/letter）部分刊登的病例报告，以给编辑的信的形式介绍病例及作者自己的观点，一般不要求严格的格式。

（二）病例报告的发表量

大部分临床杂志均刊登病例报告，其中不乏高影响力的杂志，如《新英格兰医学杂志》

(New England Journal of Medicine，NEJM)、《The Lancet》、《JAMA》等。Carey 曾对医学遗传学领域的 25 种杂志进行回顾，其中 18 种刊登病例报告。在 PubMed 数据库中，搜索 1991 ~2007 年发表的英文病例报告后发现：1991 年的发表量为 27 435 篇，而 2007 年达到 48 842 篇，接近 1991 年的 2 倍。且十多年间，每年发表病例报告的数量都在稳定增长，特别是 2004 年以来增长更加明显（图 10-1）。值得一提的是，随着医学研究不断的深入，医学论文的数量急剧增加，而杂志由于版面有限，刊登的论文数量有限，所以，越来越多的病例报告为在线发表。

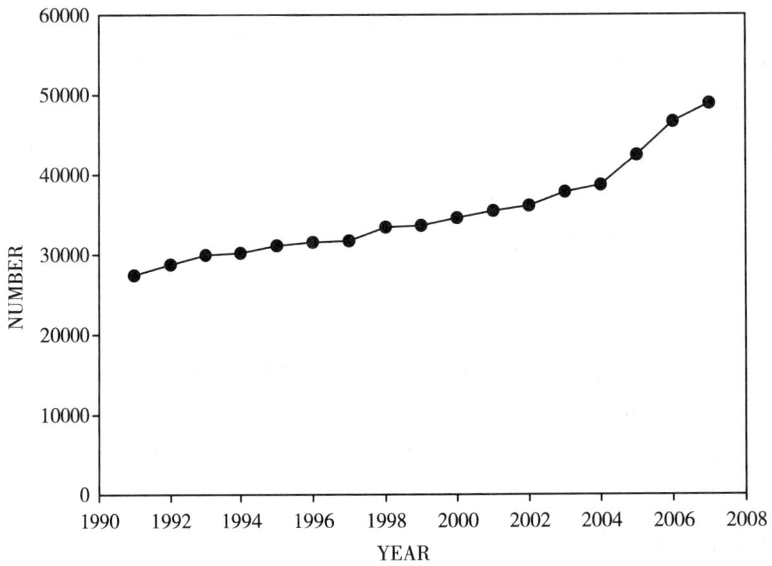

图 10-1　1991 ~2007 年 PubMed 数据库英文病例报告的年发表量

第二节　写作前的准备

一、病例报告的常见内容

过去，病例报告类论文多是报告一些首次发现的新病例，如艾滋病、军团病都是通过病例报告被人发现的。但随着时间的推移，病例报告的内容目前主要集中在已知疾病的特殊临床表现、诊断及治疗手段的进步、疾病的特殊临床转归、临床诊断治疗过程中的特殊的经验和教训等。Drenth JP 等曾对《荷兰医学杂志》（The Netherlands Journal of Medicine，Neth J Med）发表的病例报告进行分析。他们将病例报告的内容分为表 10-1 所示的 11 种类型，并将 2004 和 2005 年发表的 42 篇病例报告进行分类。为进一步了解现在病例报告的内容，我们选择《Lancet》和《中华医学杂志》为英文和中文杂志的代表，参照 Drenth JP 等的方法，对这 2 本杂志 2007 年和 2008 年发表的所有病例报告进行回顾，按所报告的内容对每篇病例报告进行分类（表 10-1）。

表 10-1　三本杂志发表的病例报告内容分类

病例报告的内容	《Neth J Med》	《The Lancet》	《中华医学杂志》
首次报道的疾病或状况	0	2（2%）	2（2%）
少见报道的疾病或状况	6（14.3%）	46（46%）	73（64%）
常见疾病的少见表现	17（40.4%）	16（16%）	9（8%）
几个少见症状或体征的偶然联系	2（4.8%）	3（2%）	10（9%）
一种疾病对另一种疾病的影响	1（2.4%）	3（2%）	8（7%）
某种疾病的新的机制	1（2.4%）	5（5%）	0
观察治疗中未预料到的事件	1（2.4%）	8（8%）	0
诊断或治疗的新方法	3（7.1%）	2（2%）	7（6%）
治疗过程中的失误	0	3（3%）	0
一种疾病的治疗措施对另一种疾病的影响	0	4（4%）	1（1%）
少见的并发症	11（26.2%）	8（8%）	4（3%）
合计	42	100	114

通过比较可以发现，国内杂志发表的病例报告内容大多属于“少见报道的疾病或状况”，明显多于国外杂志，并且国内杂志报道的少见疾病，其实大多已经在国内外文献中出现了上百次，属于相对少见，而《The Lancet》之类的顶级杂志所报道的少见病例一般在世界范围报道次数极少。可以这么总结，你的病例文献报道过的次数越少，能发表的杂志就越好。如果是世界范围内的首例，一般都能发表在较好的杂志，但这需要严谨正确的诊断和全面系统的文献检索。

但是否没有罕见病例就不能发表高质量的病例报告呢？当然不是！从上表我们可以发现，《Neth J Med》有超过40%的病例报告关注的是常见疾病的少见表现，《The Lancet》半数以上的病例报告不是单纯报道一种少见的疾病。所以，SCI病例报告的内容是丰富多彩的，能不能发表关键在于你能否通过你报道的病例带给读者一些新的、对临床实践有意义的东西。这就是一篇SCI病例报告的核心，也是吸引编辑和审稿专家、让他们能够欣然接受你稿件的地方。

二、临床中的实践

对于临床医师，写作病例报告的素材就是来源于每天接触的大量病人。了解病例报告所涉及的常见内容只是一个基础。从在临床中遇到你认为有价值的病例，到将它转化成有发表价值的病例，其实还有很长一段路要走。

（一）大量快速的阅读

临床工作复杂多变，病人、疾病的情况也经常瞬息万变，但是有一些关键点是我们不能错过的。我们能做的惟有利用一切可利用的时间快速阅读大量相关文献。通过大量的阅读可以达到三个目的：首先，可以大致了解你手中的病例文献报道的情况，以此来评价这个病例的价值，同时还可取各家所长，在自己病例中进行一些创新；其次，通过阅读已发表的文献可以了解到哪些数据在这个病例的诊断中是必需的，从而指导下一步的临床工作；最后，英语并非我们的母语，通过阅读大量英美作者的论文，可以积累好的词汇、句型等，为以后的写作积累素材，轻松跨过写作 SCI 文章的语言关。

（二）尽力搜集临床资料

通过大量阅读后，我们知道哪些数据是写作过程中所必需的，下一步就要在临床实践中注意搜集。要重视病理学资料的获得，因为病理学诊断往往是“金标准”。在搜集资料的过程中要尽可能作到高质量，因为许多期刊都对图片等资料有较高的质量要求。同时搜集资料要注意做到多而全，要有“拿来主义”的精神，现在看似没多大意义的数据也许日后就能起到决定性的作用。另外，要注意避免单纯为搜集写作用的数据而对病人进行一些检查，尽量减少病人的经济负担和躯体痛苦。

（三）建立良好的医患关系

良好的医患关系是临床工作的基础，诊疗过程中的很多检查项目都需要病人的同意才能进行。同时，我们面对的往往是一些少见、疑难病例，经常需要做很多甚至是重复做一些检查，治疗效果大多也不佳。良好的医患关系可以加强我们与病人之间的交流沟通，可以增加病人战胜疾病的信心，从而使诊治过程能得以延续，使得我们能获得完整的病例数据。同时，还应尽量争取让患者签署知情同意书，为日后论文发表需要签署的文书做好准备。

（四）多方面获取信息

对于一些少见、疑难的病例，单靠我们自己所掌握的有限的知识是不够的，往往需要多学科的结合。这种情况下，我们要尽早为患者进行其他学科的会诊，从其他科医生处获得有用的信息。在寻求会诊中要注意质量，尽量向有丰富临床经验、知识渊博的学者求助，有必要时也可与其他单位的专家取得联系。同时，对于一些有难度而又特别重要的资料，例如病理学检查的结果，往往需要多个专家的意见。

（五）保存血样

如前所述，临床工作复杂多变，有时在我们未预料的情况下，可能出现患者的死亡、突然出院或失访。所以，应尽可能保留一些患者的数据，保存血样是最简单可行的。这可以为日后可能需要进行的一些检测做准备，特别是当你的论文经过同行评议，编辑提出需要加做某个检测时，这份事先保存的血样就显得特别珍贵。当然这些工作都应该在获得病人允许后方可进行。

（六）加强与杂志编辑的联系

杂志编辑是病例报告的第一个读者。所以，与其在我们的论文全部写完后递交编辑，不如在写作的过程中就与编辑取得联系。仅仅将目光集中在杂志稿约上是不够的，每一个病例都有自己的特点。只有多与编辑进行积极的沟通，参考编辑提出的一些有益的建议，对自己的论文进行精心的修改，方可提高投稿的成功率。

第三节　病例报告的写作

一、概述

病例报告作为医学论文的一种，要符合《生物医学期刊投稿的统一要求》的要求。与其他类型的医学论文一样，一篇完整的病例报告应该包括题目、摘要、正文、致谢、参考文献、图表等部分，其中正文一般包括引言、病例摘要、讨论三部分。不同的杂志所发表的病例报告在格式上不完全相同，有的杂志虽没有明显的小标题将文章分为以上几部分，但在内容上也基本按照以上的顺序，作者在写作前还应认真仔细地阅读所要投稿的杂志提供的稿约（Instructions for Authors），这一点是非常重要的。另外，由于稿约一般不会用大篇幅来介绍病例报告写作的具体要求，建议作者参考此杂志以前发表的相同类型的文章，以此作为自己格式上的模板。对于一些细节，例如不同作者单位的标识是用数字还是字母，病例摘要部分的标题是叫“Case Report”还是“Clinical Summary”等，如能参照所投稿杂志的惯例，必定能给编辑留下良好的第一印象。

英语并非我们的母语，在写作英文病例报告时会遇到语言的问题，这也是中国作者稿件被拒的常见原因之一。但如能在之前的查阅文献中注意留心英美国家作者的一些结构、用法，应当能够轻松跨过写作 SCI 病例报告的语言关。

二、各部分写作的注意事项

（一）标题

对任何一篇医学论文，标题都是非常重要的。一个好的标题会给编辑及读者良好的第一印象，从而吸引他们阅读接下来的部分。标题写作的基本要求有三点：精确（accurate）、简洁（succinct）、描述性（descriptive）。例如，我们来报道西地那非对男性性功能不全可能有治疗作用时，标题“西地那非对男性性功能不全的影响”与标题“西地那非改善男性性功能不全一例”相比，虽然两者字数相同，但显然后者更好。因为后者提供了影响的明确结果-改善，也提供了具体的病例数——1 例，相同的字数传达出更多的信息量，让读者不看全文就对文章的内容有所了解。另外，还有一些病例报告的标题没有反映病例的大致内容，如 Failure to thrive in Chicago、Houdini's last deception（or，Aristotle's bowel）、Not mumps。这部分病例报告的标题或引用典故，或使用疑问、否定句式，或是一句很有哲理的话，都很有吸引力。但是，从检索的角度来看，如果题目不能反映文章的主要内容，检索者往往不会去阅读全文，特别是一部分没有摘要的病例报告，从而使得文章被引用的机会减少。所以，这部分题目特别的病例报告一般只出现在顶级杂志中，杂志的影响力本身就会吸引检索者阅读全文。

所以，对于大部分作者，我们建议还是要以精确、简洁的原则使用能概括文章最主要内容的描述性标题，其中若能加入吸引读者的元素则更好。

（二）摘要

摘要是整篇文章的总结，能提供给读者文章的主要内容。摘要的形式大致分为两种：一种是描述式的（narrative abstracts），用描述的语言讲述文章的大体内容；另一种要求有严格的格式（structured abstracts）。后一种形式因其反映文章内容更全面，形式一目了然，正被越来越多的杂志所采用。摘要的格式各个杂志不同，需根据稿约和例文结合自己的文章来写。因为摘要的内容会被录入到数据库的检索系统，每一个作者都应认真对待，以提高自己的文章被他人引用的概率。

（三）引言

引言是进入正文前的过渡，写作上要求精确而有吸引力。引言较短小，一般在 100 字左右。虽然篇幅较小，但引言包含的内容却很全面。这就要求作者用最精练的语言概括自己的病例及通过此病例所想带给读者的内容，即文章的亮点。同时应该在引言部分对文献进行简要的回顾，使读者通过阅读引言就能了解此病例报告所涉及内容在整个文献中的情况。但是要注意引言部分的文献回顾要简要，一般 1 ~ 2 句即可，详细的文献回顾应该在讨论部分进行。另外，若在引言部分出现一些生僻的专业词汇，则应进行简要的解释，以便于读者理解，方便阅读下文。

（四）病例摘要

有编辑作过统计，90% 的病例报告部分是以“A 55-year-old man presented with……”这样的句型开始的。病例摘要部分是文章的主体，介绍病例相关的情况。内容其实与我们临床病历中的病历摘要类似，包括主诉，现病史，相关的过去史、家族史，诊断、治疗的情况，预后等内容。写作时一般采用过去时态，要求做到客观，不应带着为证明某种因果关系的心态来写这一部分。

由于发表的病例报告最后可能被读者参照来处理自己的病人，也可能有学者根据文章中提供的技术、方法行进一步研究，所以病例摘要部分应列出具体数据，如生命体征、药物用量、实验室检查结果等。但对于入院、出院日期等可能暴露病人隐私的内容则应避免过于具体。几乎所有杂志均有字数的限制，所以大家可以使用简洁明了的表格形式来列出一些实验室检查的结果，特别是有治疗前后对比时，表格更能清晰反映变化。同时对影像学检查、病理学检查、病人的特殊体征还应尽量使用图片，因为图片比文字更直观，而且不占字数。在《The Lancet》（稿约中限定最多可使用 2 幅图片）近 2 年发表的 100 篇病例报告中，有 98 篇文章含有图片，含 1 幅图片的有 45 篇，含有 2 幅图片的有 43 篇，另有 10 篇文章含有≥3 幅图片，这可能需要与编辑交流得到允许后方可实施。同时，若与内容无关，则应尽量隐去图片中涉及病人隐私的内容，且这部分图片往往需要得到病人同意并签署授权材料后才可使用。另外，对于一些特殊内容的病例报告，现在越来越多杂志会在网络上附加一段视频来对文中的内容做进一步的补充说明，大家若能在临床注意收集，相信会在投稿时增加一些砝码。

（五）讨论

讨论是整篇文章最重要的部分。首先，应对文献进行全面而有重点的回顾。有的作者会以表格的形式列出自己的病例以及既往发表病例的情况。对于一些少见病例，文献报道并不很多时，这是一个简单实用的作法。其次，应陈述自己的病例与文献报道的不同之处，选择合适的切入点进行深入的讨论，点出这篇文章带给读者的新内容，即全文的亮点。同时，由于病例报告本身就存在局限性，对于自己病例存在的问题不应回避，应该大胆向读者写出文章的不足。最后，应推而广之，对你的文章可能给读者的知识面以及临床实践带来的改变进行实际、大胆而有依据的预测，这些其实也就是编辑和审稿人决定录用你论文的原因所在。

（六）总结

一部分杂志要求在文章的最后进行总结。内容不应只是简单的总结全文，而应侧重总结读者通过阅读这篇文章能得到哪些新的东西，提出自己对于与文章内容相关的后续研究的看法、建议。

二、实例分析

（一）中文病例报告实例分析

女性尿道狭窄二例

［摘自陈岳兵，许力为，成晟，等. 女性尿道狭窄二例，中华医学杂志，2008，88（40）：2880］

病例1，患者，女性，42岁。因“反复尿频、尿急20余年，无尿3 d”于2005年10月5日入院。20余年来因反复尿频、尿急在当地医院诊断膀胱炎，给予抗生素治疗后好转，近5年出现排尿费力，尿线细情况，曾在当地医院给予尿道扩张3次，近3 d无尿转人本院治疗，查体：贫血貌，全身浮肿，膀胱平脐。查H曲659/L，血BUN 830 mg/L，Cr 92 mg/L，K^+ 6.2 mmol/L，B超提示双肾增大，皮质菲薄，双输尿管全程扩张，膀胱增厚，膀胱内约1000 ml尿。急诊行金属尿道探子及软性丝状尿道探子尿道扩张，仅进入尿道2 cm。改行急诊膀胱切开造瘘术，术中见膀胱壁增厚约2 cm，膀胱内尿液淡脓性约1500 ml，尿液培养提示“大肠杆菌”，全膀胱内小梁、小房形成，尿道内口闭锁，周围组织变硬，用示指扩张后，金属尿道探子自尿道外口扩张至30 Fr，留20 Fr导尿管，膀胱造瘘。术后BUN下降至200 - 300 mg/L，Cr50 ~ 60 rag/L，因血钾无法下降到正常范围，继续血液透析半年。术后2个月拔导尿管无法自行排尿，一直留置膀胱造瘘，术后两年复查Cr 32 mg/L。

病例2，患者，女性，28岁。因“尿频，排尿困难2年”于2007年5月入院，当地医院B超提示膀胱肿物，入院后CT尿路成像提示膀胱肿物，膀胱镜检查见后尿道左侧一约3cm大小之圆形、表面光滑之肿物突向膀胱，越过尿道中线，基底广，膀胱内小梁、小房形成（图1）。术前检查无手术禁忌后行硬膜外麻醉下经尿道尿道肿物切除术，术中见肿物内呈实质性，有包膜样组织，切除肿物至组织形态不同处，留导尿管1周，术后病理提示“平滑肌瘤”。术后3个月复查膀胱镜提示尿道肿块消失，尿流动力学检查最大尿流率18 ml/s。

讨论

有下尿路症状的女性诊断为膀胱出口梗阻概率约为2.7% ~8%[1]，由于女性尿道短而直，周围为软组织结构，可移动性较大，因此尿道狭窄非常少见。大部分女性尿道狭窄位于外口或尿道外1/3，病因多为先天性异常、外伤、尿道周围的泌尿生殖手术尤其是针对压力性尿失禁的各种手术、尿道肿瘤可导致狭窄，女性反复下尿路感染可导致尿道狭窄，在抗生素发明前时代，淋球菌是女性尿道狭窄主要病因，本例提示反复常见细菌下尿路感染亦可导致尿道狭窄。女性下尿路症状常诊断为下尿路感染或尿道综合症，抗生素和尿道扩张是常见的处理方法，大部分情况下能缓解症状，尿道扩张对于下尿路出口梗阻的长期疗效目前较有争论，鉴于本例的严重情况，我们认为，女性下尿路症状应予以严格的病因学检查，及时行膀胱镜和尿流动力学检查，有梗阻及早给予外科处理。对于后期器质性狭窄有报道行口腔黏膜、阴道或大阴唇皮瓣移植扩大尿道取得良好效果。

尿道平滑肌瘤从组织学表现与子宫平滑肌瘤相同，组织学起源可以是尿道或阴道，大小从1 cm～40 cm不等，临床表现取决与位置、大小等，尿道内平滑肌瘤主要表现为下尿路梗阻，感染等；韧迁小的尿道旁平滑肌瘤很少有症状。尿道平滑肌瘤目前文献未见报道发生恶性变，因此完整切除肿瘤可达到治愈，但有报道术后发生尿失禁、尿瘘，因此手术前应对肿瘤及周围组织的情况充分了解，制定详尽的手术方式。

参考文献（略）

简评：这是一篇发表在《中华医学杂志》上的典型的中文病例报告。文题短短8个字，精炼明了，点出文章的主要内容，即二例女性尿道狭窄的病人，按内容分类可归为“少见报道的疾病或状况”一类。病例摘要部分分别介绍两例尿道狭窄患者的相关情况，包括病史、体格检查、辅助检查、诊断、治疗及预后。一些重要的数据如实验室检查的结果，作者列出了具体的数据，增强了文章的科学性和客观性。在讨论部分，则结合文献报道与作者报道的两个病例，针对尿道狭窄的病因与治疗方式等方面的内容进行了详细的讨论。这种结合文献与自身病例，对病例最特殊的内容进行讨论的写法，可以认为是中文病例报告讨论部分的模板。

国外的病例报告大多一篇只报道一例患者，然而国内杂志发表的病例报道有相当一部分一篇不只报道一例患者。在笔者回顾《中华医学杂志》近两年发表的114篇病例报道中，一篇报道两例及以上患者的有16篇。对于报道多例患者的病例报告，病例摘要部分的写法有两种。如果每例患者的情况差别较大，则采用本例的形式对每例病人逐一描述；如果每例患者的情况有很多相似之处，则可以按照病例摘要的项目逐一描述。

（二）英文病例报告实例分析一（传统型）

Severe hypocalcaemia associated with extensive osteoblastic metastases in a patient with prostate cancer

M. I. Fokkema, L. J. M. de Heide, W. D. van Schelven, N. A. T. Hamdy

ABSTRACT

A patient with an untreated carcinoma of the prostate was admitted with dehydration, stupor and a surprisingly deep hypocalcaemia. The severe hypocalcaemia was largely attributed to extensive osteoblastic activity due to widespread skeletal metastases although contributing factors to the severity of the hypocalcaemia were a relative vitamin D deficiency, hypomagnesaemia and renal impairment, preventing the mounting of an adequate homeostatic response. There was significant clinical and biochemical improvement after anti-tumor treatment using androgen deprivation, and supplementation with calcium and vitamin D.

INTRODUCTION

Hypercalcaemia is a relatively common complication of malignancy, particularly in its terminal stages. Clinically significant hypocalcaemia is much less common. Reported causes of malignancy-associated hypocalcaemia are hypoalbuminaemia, vitamin D deficiency, tumor lysis syndrome usually following chemotherapy, and increased calcium utilisation by extensive osteoblastic skeletal metastases. This last cause of hypocalcaemia has mostly been reported in the advanced stages of prostate cancer. However, even in the terminal stages of this malignancy, hypocalcaemia is usually an asymptomatic, incidental finding. In this case report we present a patient with an untreated carcinoma of the prostate who presented with unusually severe, life-threatening hypocalcaemia. A combination of androgen deprivation, high doses of calcium and an active metabolite of vitamin D led to a significant clinical and biochemical improvement.

CASE REPORT

A 67-year-old patient was referred for admission because of progressive lethargy, anorexia and dehydration. An adenocarcinoma of the prostate had been diagnosed by transrectal biopsy three months previously, with Gleason score (4 +4). ^{99m}Tc-hydroxymethylene-diphosphonate bone scintigraphy performed at the time of diagnosis showed evidence of limited metastatic involvement of the skeleton (figure 1). Besides a chest X-ray, no standard X-rays were taken.

The patient was then largely asymptomatic and it was decided not to start hormonal treatment as yet. On admission, the patient was disorientated in time and place and in a semi-stupor state. He was apyrexial and showed signs of dehydration. Chvostek and Trousseau's signs could be clearly elicited. Results of initial laboratory investigations are shown in the table 1 (first column). Renal function was significantly impaired. There was a severe hypocalcaemia associated with mild hyperphosphataemia, but an only moderately (fourfold) increased PTH concentration despite the severe hypocalcaemia, probably because of the prevailing significantly decreased serum magnesium concentration. Serum alkaline phosphatase activity was increased more than 20-fold and serum PSA concentration was markedly elevated suggesting significant tumor load. This was also suggested by bone marrow suppression as evidenced by the low haemoglobin concentration and the low white blood cells and platelets counts. 25-hydroxy vitamin D concentration was low and 1, 25-dihydroxy-vitamin D concentration inappropriately normal for the degree of hypocalcaemia. No abnormalities were detected on plain radiographs of the chest.

After exclusion of a post-renal cause for the renal impairment, the patient was intensively rehydrated together with intravenous supplementation with calcium gluconate and administration of calcitriol. Primary treatment of the prostate cancer by androgen deprivation was concurrently instituted using leuprolin, an LHRH analogue, and bicalutamide, an androgen-receptor blocker. Repeated ^{99m}Tc-HDP bone scintigraphy now showed the pattern of a 'superscan', indicating extensive skeletal metastases. Clear progression could be demonstrated compared with the bone scintigraphy performed at the time of diagnosis (figure 2).

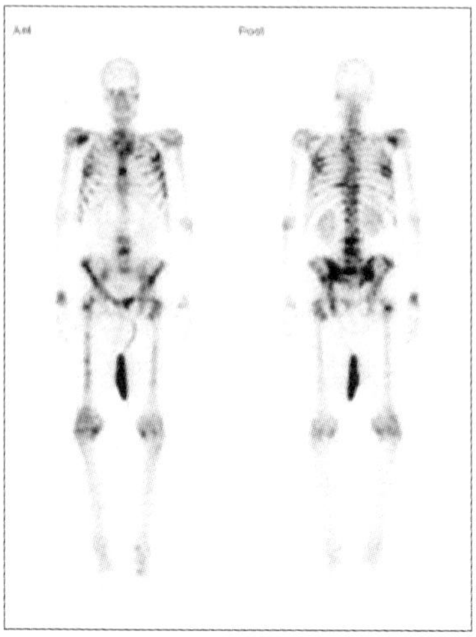

Figuur 1
^{99m}Tc-HDP bone scintigraphy at time of the diagnosis of prostate carcinoma

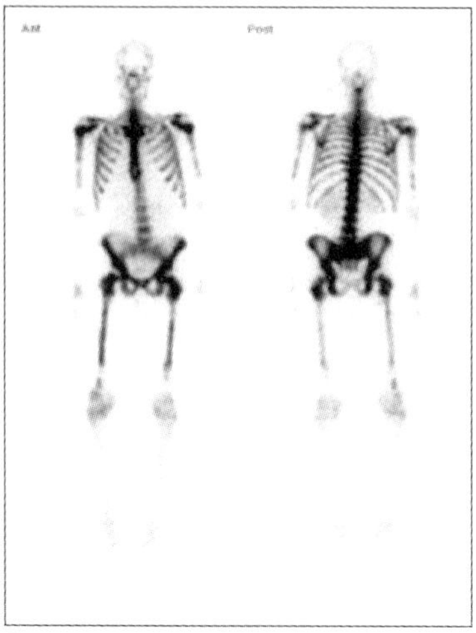

Figure 2
^{99m}Tc-HDP bone scintigraphy at time of the admission with hypocalcaemia

Within a few days of starting treatment, a marked improvement was noted in the patient's general condition including his mental status. This clinical improvement was paralleled by a significant improvement in all biochemical parameters measured including PSA concentrations (table 1). After ten days of intravenous substitution, calcium was given orally at a daily dose of 1000 mg and calcitriol was continued at the same dose of 1 μg a day. The patient could be discharged home in a relatively good condition with significantly improved renal function although still demonstrating mild hypocalcaemia (ionised serum calcium 0.99 mmol/l). Serum magnesium had normalised but secondary hyperparathyroidism persisted probably due to the combination of persistent hypocalcaemia and still impaired renal function. Within the following three months, the patient's clinical condition deteriorated significantly with the development of extensive liver metastases. The patient developed a clear Cushing's syndrome in this phase (24 hour cortisol >5000 nmol/l), suggesting a neuro-endocrine component. A biopsy of one of the liver metastases showed a small cell anaplastic carcinoma. Since there were no signs of tumor on the chest X-ray, the liver metatases had originated in the prostate.

NSE and chromogranin A levels were not determined. Although there was no recurrence of hypocalcaemia, there was a rapidly downhill clinical course and the patient died a few weeks later. An autopsy examination was not undertaken.

Table 1 Biochemical data on admission and 10 and 20 days after institution of therapy in a patient with prostate cancer and widespread skeletal metastases

	ON ADMISSION	10 DAYS LATER	20 DAYS LATER	NORMAL VALUES
Haemoglobin	4.5	6.6	6.3	7.2 ~ 9.8mmol/l
White blood cell count	7.4	9.4	7.6	$4.0 \sim 11.0 \times 10^9/l$
Platelets	75	113	179	$150 \sim 400 \times 10^9/l$
Sodium	141	134	139	136 ~ 146mmol/l
Potassium	5.7	4.7	4.8	3.5 ~ 4.5mmol/l
Creatinine	306	92	105	62 ~ 106μmol/l
$Calcium_{(total)}$	<1.0	1.56	1.95	2.10 ~ 2.60mmol/l
Albumin	30	26	30	36 ~ 47g/l
$Calcium_{(ionised)}$	0.46		0.99	1.10 ~ 1.35mmol/l
Magnesium	0.56	0.80	0.83	0.70 ~ 1.0mmol/l
Phosphate	1.65	1.69		0.70 ~ 1.40mmol/l
Alkaline phosphatase	2430	1880	2090	<90U/l
Lactate dehydrogenase	2110	940	760	<300U/l
Prostatic specific antigen	946	156		<4μg/l
25-hydroxy-vitamin D_3	21			30 ~ 100nmol/l
1,25-dihydroxy-vitamin D_3	62			40 ~ 160pmol/l
Parathyroid hormone	35.9	26.1	27.1	1.5 ~ 9.0pmol/l
Testosterone	13.0		0.3	10 ~ 40nmol/l

DISCUSSION

An unusual feature of the case we report here is the severe symptomatic hypocalcaemia at presentation in a patient with prostate cancer metastatic to the skeleton. In a survey of more than 7000 patients with cancer, hypocalcaemia was indeed found to be present in only 1.6% of cases.[1] In malignant diseases, the most common cause of hypocalcaemia is vitamin D deficiency associated with the malignant state. Rare reported causes of hypocalcaemia in cancer are hypoparathyroidism due to destruction of parathyroid glands by metastases from a breast carcinoma,[2,3] severe hypomagnesaemia due to paraneoplastic renal loss of magnesium described in ovarian carcinoma,[4] renal impairment, or a tumor lysis syndrome following the use of various chemotherapeutic agents.[5] The presence of bone metastases increases the prevalence of true hypocalcaemia to 5 to 13%, depending on the formula used to correct for serum albumin concentrations.[6] Osteoblastic metastases have been reported to be associated with hypocalcaemia in patients with breast carcinoma,[2,7] but the most frequently encountered tumor causing hypocalcaemia is prostate cancer metastatic to the skeleton.[8] In the study by Riancho et al., 75% of cases of hypocalcaemia were due to prostate cancer.[6] In prostate cancer metastatic to the skeleton, hypocalcaemia is more likely because of the predominantly osteoblastic nature of the metastatic process leading to an increased influx of calcium into bone due to increased bone formation. Hypocalcaemia is usually mild and clinical signs are rare. In a study of 112 patients with metastatic prostate cancer only 0.9% of the patients were actually found to have symptomatic hypocalcaemia[8] although cases of severe hypocalcaemia have also occasionally been reported.[9-12] In our patient, the marked tumor load and the subsequent rapid disease progression despite adequate androgen deprivation point to increased utilisation of calcium by avid osteoblastic metastases as playing a central role in the pathophysiology of the hypocalcaemia observed. It is of note, however, that our patient was also vitamin D deficient, with inappropriately normal 1, 25-hydroxyvitamin D concentrations, probably due to impairment of the synthetic capacity of the kidney for 1, 25-hydroxyvitamin D production and to the inappropriate increase in PTH concentrations because of the prevailing hypomagnesaemia. The cause of the significantly decreased magnesium concentration, particularly in the presence of renal impairment, is not clear although probably paraneoplastic as the disturbance spontaneously reverted following institution of hormonal therapy. Reversal of renal impairment by successful rehydration and supplementation with calcium and an active metabolite of vitamin D resulted in a significant and rapid clinical and biochemical improvement with near normalisation of serum calcium concentrations. These, however, remained below the normal laboratory reference range and were associated with persistently elevated serum PTH concentrations suggesting that, in retrospect, higher doses of calcitriol may have achieved a more complete correction of calcium homeostasis than the dose used in our patient. The significant decrease in PSA concentration following androgen deprivation points to a decrease in tumor load with the decreased skeletal utilisation of calcium also contributing to correction of the hypocalcaemia. This case underlines the fact that in malignant diseases, a probably otherwise common vitamin D deficiency may hold significant clinical consequences, particularly when calcium homeostasis is already jeopardised by the presence of skeletal metastases.

In summary, we present a patient with prostate cancer and severe symptomatic hypocalcaemia, predominantly due to extensive osteoblastic metastases, in whom primary treatment of the tumor and supplementation with calcium and vitamin D resulted in a significant clinical and biochemical response.

REFERENCES

1. Blomqvist CP. A hospital survey of hypocalcaemia in patients with malignant disease. Acta Med Scand 1986; 220: 167-73.

2. Hall TC, Griffths CT, Petranek JR. Hypocalcaemia – an unusual metabolic complication of breast cancer. N Engl J Med 1966; 275: 1474-7.

3. Watanabe T, Adachi I, Kimura S, et al. A case of advanced breast carcinoma associated with hypocalcaemia. Jpn J Clin Oncol 1983; 13: 441-8.

4. Leese GP, Jung RT, Browning MC. Hypomagnesaemia and hypocalcaemia in a patient with ovarian carcinoma. Postgrad Med J 1993; 69: 583-5.

5. Kalemkerian GP, Darwish B, Vartesarian ML. Tumor lysis syndrome in small cell carcinoma and other solid tumors. Am

Med J 1997；103：363-7.

6. Riancho JA，Arjona R，Valle R，Sanz J，Gonzalez-Macias J. The clinical spectrum of hypocalcaemia associated with bone metastases. J Intern Med 1989；226：449-52.

7. Wiegand MC，Burshell A，Jaspan J，Odugbesan AO. Case Report：Clinical hypocalcaemia：The endocrine conference of the Alton Ochsner Medical Institutions and Tulane University Medical Center. Am J Med Sci 1994；308：255-8.

8. Berruti A，Dogliotti L，Bitossi R，et al. Incidence of skeletal complications in patients with bone metastatic prostate cancer and hormone refractory disease：predictive role of bone resorption and formation markers evaluated at baseline. J Urology 2000；164：1248-53.

9. Kukreja SC，Shanmugam A，Lad TE. Hypocalcaemia in patients with Prostate Cancer. Calcif Tissue Int 1988；43：340-5.

10. Szentirmai M，Constantinou C，Rainey JM，Loewenstein JE. Hypocalcaemia due to avid calcium uptake by osteoblastic metastases of prostate cancer. West J Med 1995；163：577-8.

11. Lim SC，Tan CE，Aw TC，et al. A man with osteoblastic metastasis and hypocalcaemia. Singapore Med J 2000；41（2）：74-6.

12. Smallridge RC，Wray HL，Schaaf M. Hypocalcaemia with osteoblastic metastases in a patient with prostatic carcinoma，a cause of secondary hyperparathyroidism. Am J Med 1981；71：184-8.

简评：这是一篇结构完整的传统型病例报告，发表在《荷兰医学杂志》（IF：1.548）。2分左右的杂志大部分难度不高，有了好的材料，再用点心，大家都是有机会的。本文主要讲述一例前列腺癌广泛骨转移的患者出现的严重低钙血症，按内容分类可归为“常见疾病的少见表现”一类。文题仅仅13个单词，却包含了本文的3个要素——“前列腺癌”、“广泛骨转移”、“严重低钙血症”，反映出文章的主要内容，使读者看一眼就知道这篇文章是不是自己需要的。摘要部分简明扼要，3句话分别介绍了病人的大致情况，低钙血症的常见病因以及此例患者的治疗结果。引言部分从高钙血症说起，突出低钙血症的少见，然后介绍了恶性肿瘤相关低钙血症的常见病因，突出介绍了骨转移引起低钙血症的特点，最后介绍本例患者的大致情况以及采取综合治疗后的效果。病例摘要部分详细介绍了患者的相关病史、体征、辅助检查结果、治疗情况以及效果。值得一提的是，作者采用了表格的形式来列出详细的实验室检查结果。如前所述，这种形式简洁明了，特别是像本文这样有治疗前后对比的数据时，表格更能清晰反映变化。前列腺癌骨转移并不少见，但是出现严重的低钙血症的患者却很少见。所以，作者在讨论部分就从此入手，先就低钙血症在恶性肿瘤中的发生情况进行了文献回顾与讨论。其次，作者对于出现这种情况的原因，即骨转移为主伴有维生素D缺乏，进行了深入的探讨。讨论部分的最后，作者还利用一段总结了病例的大致内容，即概括了全文，也使得全文结构井然。

（三）英文病例报告实例分析二（图片型）

A novel stent and duodenal obstruction

H Cai，MD，X Jiang，MD，Q Dong，MD，H Li，MD，W Xie，MD，PhD

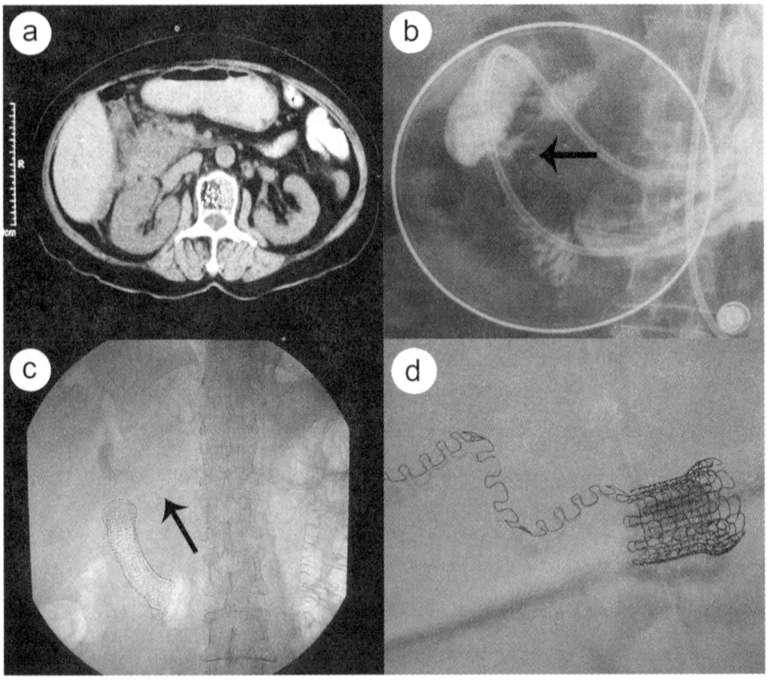

Figure 1 a: Computer tomography revealed an enlarged pancreatic head. b: Lodine swallow revealed an obstruction (arrow) at the distal descending duodenum and the proximal horizontal duodenum. c: The stent placed to the obstructive site (arrow: the retrieval line). d: The stent out of the body.

Post-pancreatitis duodenal obstruction is as rare as 1.2%[1] and is mostly mild to moderate. There is a high mortality rate among severe patients like the one described in this case. Surgery is generally indicated when the obstruction persists for more than 4 weeks. But the patient had already undergone a choledocholithotomy and a cholecystectomy previously. The difficulty and risk of a third surgical procedure was extremely high.

We propose temporary metallic stenting is a feasible method for post-pancreatitis duodenal obstruction. So we designed the drawstring retrievable metallic stent. It is a round tips; machine-weaved; non-coated with a metal line extending out of the body. Because the retrieval line is thin, all procedures were performed under DSA.

After completed preparation, the stent was successfully placed to the obstructive site. The retrieval line on the proximal tip was placed out of the body (Fig 1c). On the same day as the procedure, the patient was able to eat semifluid foods. The stent was removed like unravel a sweater one week later (Fig 1d) by drawing the retrieval line. Two years postoperatively, there was no evidence of recurrence.

We believe this novel stent also provides an effective method for benign stricture in other parts of the gastrointestinal tract.

References

1. Vijungco JD, Prinz RA. Management of biliary and duodenal complications of chronic pancreatitis. World J Surg 2003; 27:1258-70.

简评：这是一篇图片型的病例报告，介绍作者发明的一种新型可抽丝支架，用于治疗胰腺炎后十二指肠梗阻。按内容分类可归为“诊断或治疗的新方法”一类。文题为“A novel stent and duodenal obstruction”，短短6个单词，既反映了文章的大致内容，又很有吸引力。

这种类型的病例报告并不要求严谨的格式，病例介绍与讨论内容并没有严格的界限区分。以本文为例，第1段介绍该病例的情况，第2段回顾文献相关内容，指出常规的处理方法以及本例病人的特殊性，第3段介绍这种新型支架在此例病人的应用以及预后，最后展望这种新型支架的应用前景，使文章的内容得到升华。形式上看，这种类型的文章类似于一篇传统型病例报告的精简版，字数限制一般在300字以内，要求内容上删除冗余，语言上做到精炼。

另外，还有一部分杂志的图片型病例报告不要求进行文献回顾与讨论，只要求围绕图片介绍病例的相关内容，例如《新英格兰医学杂志》的Images in Clinical Medicine栏目。这种类型的文章我们可以看成是“看图说话”，只要围绕图片进行病例的大致介绍即可，字数一般限制在150字以内，有的杂志甚至要求不超过50字。

第四节　经验与注意事项

在核心期刊发表的病例报告若用英文来写，有相当一部分是可以发表在SCI数据库收录的杂志上的。所以，笔者认为在准备发表自己的病例时，要充分评估该疾病文献发表的情况，找出自己病例的独特之处，努力写成英文病例报告，大胆地向国外杂志投稿。国外杂志审稿前会有编辑预审的过程，一般3～5天就会被拒绝或送外审。如能送外审，即使审完后被拒绝，审稿人也会提出许多有价值的意见，而且病例报告的同行评议花费的时间一般较短。所以不要因为担心影响发表时间而找个中文杂志将很有价值的病例匆匆投掉，对于这些有价值的病例，SCI杂志是首选。

如果我们的稿件被编辑拒绝了怎么办呢？笔者认为有以下对策：①增加病例数。虽然国外杂志的病例报告一般一篇只报道一例患者，但是，对于一些少见病，一篇文章报道多例显然价值更大，也更加能够吸引编辑。当然，增加的病例必须是真实而不是杜撰出来的，可行的方法有查阅自己医院以前的病案、与其他医院合作等；②回顾整理文献。阅读文献时我们会发现，有很多病例报告文章会写成“病例报道+文献回顾”的形式。确实，当我们所报道的文章没有太多亮点时，我们不妨做一些“苦力活”，以此感动编辑。当然，首先要求近期没有人做过类似的工作，其次要求回顾文献时做到尽量全面；③改投其他形式。一般作者最初投稿时写作的都是传统型的病例报告。若文章质量不够高，就会被拒绝。如果你的文章包含精美图片，我们不妨改投图片型的病例报告，这种形式相比传统型要求要低一些，相对容易发表。另外，有时编辑会在拒稿信中建议我们将文章改成图片形式再次投稿。这种情况下，若我们接受编辑的建议，成功率会很高。但是，若你觉得自己的文章确实质量很高时，也可以再与编辑交流一次，详细介绍自己的亮点，不成功再改形式也不晚；④委曲求全。在我们做了以上所有能做的之后，若得到的还是拒绝这样的结果，可以尝试改投他刊，或在国内发表。

第十一章　假说类文章的撰写

第一节　概　　述

科学假说是人们将认识从已知推向未知，进而变未知为已知的思维方法，是科学发展的一种重要形式。科学理论发展的历史就是假说的形成、发展和假说之间的竞争、更迭的历史。几乎所有的科研成果与科学理论最初都是以假说的形式提出来的。

第二节　假说的提出

一、概念

科学假说是科学理论发展的重要思维形式，是人们根据既有的科学原理和科学事实，对未知的自然现象及其规律，经过一系列的思维过程，预先作出假定性解释和推测。根据《中国大百科全书》中关于科学假说的定义："根据已有的科学知识和新的科学事实对所研究的问题作出的一种猜测性陈述。它是将认识从已知推向未知，进而变未知为已知的必不可少的思维方法，是科学发展的一种重要形式。"

由此可以看出，科学假说包含了两层意思：一是科学假说具有猜测、假设的性质，尚不属于被实践所验证了的科学事实；二是科学假说又不同于毫无根据的主观随意臆断，而是以已知的既定科学知识和新的科学事实为基础，是在这些基础上提炼出的科学问题，并在多种科学知识基础上运用分析和综合、归纳和演绎、类比和想象等方法，形成解答问题的基本观点。正是由于立足于既有的科学知识和科学事实，这就决定了作为科学假设必须具备一个条件，那就是原则上的可检验性，如果不具备原则上的可检验性，就不能称之为科学假说。

二、如何提出假说

假说的提出是指研究者依据为数不多的事实材料和已有的理论原理，通过一系列的思维过程，对所遇到的现象产生的原因和发展的规律性，作出初步的假定。例如发现幽门螺杆菌（Helicobacter pylori，Hp）导致慢性胃炎和消化性溃疡，是沃伦和马歇尔获得2005年诺贝尔医学奖的原因。他们早在1982年就得出的这一假说，违反了关于这一类慢性病传统的发病机制理念。可能因为这一理念的反传统性，其假说被世界同行基本接受大约经历了20余年的漫长时间。值得强调的是，对Hp的观察、分离、培养、鉴定和人体试验，以及它与疾病相关的诊断、治疗、临床流行病学等研究，应用的都是极为传统的医学技术。这个例子说明，即使到了20世纪80年代，传统研究技术仍能导致诺贝尔奖级科研成果的出现。马歇尔在回首其诺贝尔奖道路时也感慨地说："上世纪七八十年代存在某种固定的认识，人们认为医学领域的所有重要问题都得到了解决。因此，也许我们开始做的这些事情比我们原来想像的更重要，因为幽门螺杆菌打开了人们的思路。"

由此可见创新性思维的提出——科学假说是推动科学发展的真正动力。那么怎样提出初步设想呢？在提出假说的初步设想时，一般不应过于强调思维的逻辑可靠性，而应多发挥思维的创造性。所谓直觉这类非逻辑思维形式，往往被称之为创造性的思维，在科学假说初步设想的提出中起着重要的作用。

直觉思维是指不受某种固定的逻辑规则约束而直接领悟事物本质的一种思维形式。直觉思维有时还伴随着被称为"灵感"的特殊心理体验和心理过程，它是认识主体的创造力突然达到超水平发挥的一种特定心理状态。在直觉和灵感中还都包含着使一下子澄清的顿悟。科学技术史上的许多重大难题，往往就是在这种直觉和灵感的顿悟中，奇迹般地得到解决的。

此外，想象也是一种创造性思维形式，对提出假说起有重要作用。例如，德国化学家凯库勒提出苯环结构的猜想，就是通过想象提出来的。国际著名期刊《医学假说》（Medical Hypotheses）杂志把2006年大卫·罗宾医学理论奖（David Horrobin Prize for medical theory）颁给了《The Nurture Assumption》和《No Two Alike》两本书的作者Judith Rich-Harris。他的一篇题为"父母选择：人类无毛和肤色演化的第三种选择过程"（Parental selection：a third selection process in the evolution of human hairlessness and skin color）的论文中提出"人类之所以毛发稀疏可能是由于石器时代的母亲认为毛发重的婴孩丑陋，因而遗弃了这些孩子。"该奖的评审人——苏格兰爱丁堡大学的Jonathan Rees教授表示，"这篇论文很好地表现了大卫·罗宾生前创办Medical Hypotheses杂志时所提倡的大胆思考和设想的精神。我希望Harris的观点能够引起更多的争论和进一步的研究。"

三、医学假说的提出

医学假说的提出首先要有丰富的相关医学知识（文献）积累，其次要勤于思考，善于总结并利用多种科研思维的方法如联想、推理、逆向思维等使之成为新的成果。广泛而有目的地去阅读大量文献，可以产生很多新的想法，因为在临床实践中，医学真理的"半衰期"通常很短，人们对生命现象的许多问题的认识都很有限，临床实践中存在诸多的困惑与疑问，但同时也为创新思维的产生提供了广阔空间。举一个例子：心血管事件存在着上午发生率增加的现象，即所谓的"晨发现象"。中国医学科学院的李建军教授在阅读大量国内外文献后发现，尽管已经有很多研究表明，心血管事件的"晨发现象"与血液中儿茶酚胺的水平有密切关系。但是否与具有收缩血管作用的因子——内皮素-1有关尚无文献报道。同时，已经证实，内皮素-1具有强烈的收缩血管作用，也有研究表明内皮素-1水平和心血管事件相关，即内皮素-1水平高的患者，心血管事件发生率高。据此，他提出心血管事件"晨发现象"可能与血内皮素-1水平有关的假说。为了验证这个假说，他做了一项简单的试验：选择20例稳定型心绞痛患者进行观察，分别在上、下午进行活动平板试验观察缺血现象的发生，运动前采一次血，检测血中内皮素-1的水平。结果发现，同一患者在相同负荷下，上午容易发生心肌缺血，且早上的内皮素水平比下午高，于是假说被证实。该项研究结果分别发表在《Medical Hypotheses》及美国血管学会杂志《Angiology》上。笔者曾在《Medical Hypotheses》发表了一篇题为“Reactivation of inactive X chromosome：a potential culprit and therapeutic target for Systemic lupus erythematosus”的假说，主要的思路也是来源于文献的积累和总结。该假说的主要内容是：系统性红斑狼疮是一种复杂的自身免疫性疾病，多发于育龄期女性，男女比例约为1∶9。但为何女性多发，目前尚不清楚。在过去的几十年里，很多学者都认为雌激素可能是罪魁祸首。因为SLE主要是出现与青春期后、绝经之前，而且很多SLE女性患者都存在异常的雌激素或催乳素代谢。此外，一些抗激素类药物能在一定程度上缓解症状。但是，这些研究结果多限于个例报道，而且存在较大争议。因此，“雌激素导致女性SLE多发”的理论似乎站不住脚。笔者在阅读相关文献的过程中发现，一些文献报道了男性SLE患者合并克莱恩费尔特综合征（47，XXY）；而另外一些文献报道，女性特纳综合征患者几乎不会发生SLE（45，X0）。此外，近期国内陆前进教授提出，女性的染色体是XX，男性是XY，女性比男性多一条X染色体，DNA低基化重新激活原已失活的X染色体，使其编码的CD40配体过度表达，进而刺激B细胞产生大量自身抗体，导致SLE的发生与发展。根据这些研究结论，我们提出了“SLE多发于女性可能与两条X染色体的基因-剂量效应有关”的假说。此后Scofield等学者发表在风湿病学顶级期刊《Arthritis Rheum》上的一篇论文，题目为“Klinefelter's syndrome（47，XXY）in male systemic lupus erythematosus patients：Support for the notion of a gene-dose effect from the X chromosome”，其结论也支持了我们的假说。

对于临床医生而言，除了大量阅读文献外，医学假说的提出还要结合临床实际。临床上需要解决的问题可以促进临床医生思考，临床医生在思考过程中提出假说。假说被验证成为理论后，反过来为临床服务，解决临床实际问题。临床医生要善于观察、总结和发现问题，发现问题后要勤于思考，努力寻找解决的办法。

第三节　假说类文章的发表

一、假说类专业期刊

发表假说类文章的专业期刊有《Medical Hypotheses》及其姊妹期刊《Bioscience Hypotheses》。这两本杂志都是ELSVIER出版集团旗下的杂志，不需送外审，一般投稿后一周左右出结果。

二、其他期刊

其他一些期刊如《Lancet》、《Cell Biology International》等杂志中有Hypotheses栏目，可以刊登假说类的文章。此外，有些杂志如Nature Clinical Practice系列杂志中有Viewpoint栏目，也可以发表假说类的文章。

第十二章　会议摘要和墙报的撰写

第一节　会议摘要和墙报概述

会议摘要和墙报都是参与国内外学术交流的重要形式，而会议摘要中的部分优秀稿件可能会被遴选作为墙报展示。参加学术交流，投稿会议摘要和墙报展示，已成为目前共享国际科技发展成果、追赶科技前沿的重要途径。

第二节　会议摘要的撰写与投稿

一、概念

会议文摘是论文摘要（abstract）的一种，简称文摘，顾名思义，是论文的概述和提要。其实它也可以被看成是一篇小型文章。一般属于描述性（descriptive）文摘，独立发表在会议文集中，它不附属于任何论文，其实质是一篇独立的迷你型文章。

二、会议摘要的选题与撰写

（一）选题

关于会议摘要的选题比较局限，主要是参考会议要求，根据会议组委会提出的主题进行选题，同时注意一定是未公开发表过的文章，这可以和日常工作密切联系。可以将工作中的一些具体工作进行总结和大会的主题结合起来。如果不是在专门的科研机构，需要有较强的科研意识和长时间的积累。

（二）会议摘要的撰写（包括一般格式和技巧）

写文摘时用词要准确严谨，避免差错，同时一定要按会议主题要求进行撰写。具体的格式和普通论文类似，一般有目的、方法、结果、结论、关键词等部分组成，国外有时还有讨论这个部分。同时，对于格式也有特定的要求，也有少数例外的情况，如可以是一段限定字数的文字等（250 ~400）。

组委会一般会明确要求会议摘要格式：

如：国内会议摘要格式

篇幅：不超过一页 A4 纸。

长度：约 200 ~600 英文字，1000 ~2500 英文字母。

字母大小：标题 14、名称 12、正文 10，分别相当于中文四号、小四号、五号。

标题：限两行，离边缘 3 厘米。

名称：

作者名：用全名，全部用大写。

单位名：两个以上单位应该用 a，b，c 分开，并注释于相关作者姓名右上角。

正文：2 倍行间距。

注意：不允许附插图、照片和参考文献。

国际会议摘要体例要求举例如下：

Oral and Poster Submissions

1. Contributions are invited for oral and poster presentation at the conference

Please submit abstracts for both oral and poster presentations using the online submission form by 30 April 2009.

All abstracts will be referred and a criterion of rejection will be lack of originality. A condition of submission is that, if accepted, the paper will be presented at PBA 2009 USA by one of the authors.

Successfully submitted abstracts will be acknowledged with an electronic receipt including an abstract reference number which should be quoted in all correspondence.

How to use the online abstract submission system

1. Submitting an abstract for oral or poster presentation

A. Important Information

1. An abstract template was attached to your registration email. This is a Microsoft Word file which is designed to ensure that your abstract is prepared in the right way for publication. Please save this template file to your PC's hard drive and use it when you prepare your abstract.

2. If you are submitting more than one abstract you can use the same email address and password for each abstract.

3. Abstracts are required for all papers and posters. Abstracts MUST be submitted using the template form provided.

4. Each abstract must fit within the abstract template and use the Arial font in size 10.

5. The abstract should be written in English and be no longer than 300 words (excluding title, authors & affiliations, keywords and references).

B. Preparation of Your Abstract

1. The title should be as brief as possible but long enough to indicate clearly the nature of the study.

Capitalise the first letter of the first word and any other names in the title. No full stop at the end.

2. Abstracts should state briefly and clearly the purpose, methods, results and conclusions of the work.

Please do not include subheadings in your abstract.

Introduction: Clearly state the purpose of the abstract

Methods: Describe your selection of observations or experimental subjects clearly

Results: Present your results in a logical sequence in text, tables and illustrations

Discussion: Emphasise new and important aspects of the study and conclusions that are drawn from them

3. Open the template file and enter your abstract into it following the instructions above. Save it and make a note of its saved location.

C. The Submission Process

1. Log in to the submission system when your abstract is completed and ready to send. To log in, enter your email address and the password you chose when you registered with the system.

2. When you click the "log in" button you will be taken to a screen from which the submission process starts. Please read the instructions on this screen carefully. If you have not yet submitted an abstract to the system you

should click the link that says "Click here to submit a new abstract".

3. Submitting an abstract is a 5-step process. Each step asks several questions:

• Step 1: you can copy the abstract title from your Word document and paste it into the Title field on the submission form. Please note that because of web browser limitations some scientific symbols may not paste correctly into the form - you may have to correct this by writing the name of the symbol in full, for example "beta" instead of β. Your Word document will not be affected.

• Step 2: click the "Browse" button and locate your abstract file on your PC's hard disk. Fill in answers to any other questions on this screen and then click the "Next" button. Your abstract file will be sent to our system - this can take a few seconds if you have a fast internet connection, but may take longer if your connection is slow or you have included lots of graphics in your abstract. Please be patient!

• All steps: some questions are marked "Required". We cannot accept your abstract until these questions have been answered.

• All steps: if you do not know the answer to a question - for example you may not be sure in which category your abstract should be presented - you can skip the question and return on a later occasion to complete it.

• Final step: once you have completed this step click the "Finish" button. If you have answered all the mandatory questions then your abstract will be assigned a reference number and you will receive email confirmation. If you have not answered all the mandatory questions your abstract will be held in temporary storage until you return later and complete all the questions.

4. Once your abstract has been successfully submitted a new field will open in your browser confirming your abstract reference number. In addition, you will be sent an email confirming the reference number.

2. Amending a submission

You may wish to change your answers to some of the questions on the submission form, or even to change the abstract file itself.

1. Log in to the submission system

2. You will see a list of the abstracts that you have submitted. Click on the abstract that you wish to change.

3. The process of amending an abstract is the same as the original submission process, except that the submission form will be automatically filled in with the answers that you gave previously - you don't have to change an answer if you don't want to.

4. If you want to change your abstract file you can click the "Browse" button to locate the revised file on your PC's hard disk, then click "Next" to send it to the abstract system. If you don't want to change the file, just press "Next" to bypass this step.

5. When you reach the final step and press "Finish" you will be sent an email confirming that your abstract has been amended - provided you have answered all the mandatory questions.

3. Withdrawing an abstract

If you want to withdraw an abstract, please contact the Conference Secretariat.

第三节　学术会议墙报的撰写

墙报（poster），又称壁报、海报，是在学术会议中用于交流研究的大篇幅文档。主题内容包括标题、前言/背景、方法、结果、结论、致谢、参考文献等，再附上适宜的格式和华丽的模板加以修饰，具有美观、醒目、简明扼要和布局合理等特点。一封设计完美的墙报可以达到形象地展示课题组的研究成果、吸引众多读者的眼球、促进与同行专家的交流，同时也为有效开展墙报展示（poster presentation）和交流奠定坚实的基础。

一、墙报制作和设计要点

1. 墙报主题内容

（1）标题（title）：标题一般包含本研究的问题、方法和研究对象，文字宜简洁明了，令读者看后基本把握主题内容。建议文字最多不超过2行。

（2）前言/背景（introduction/background）：主要写出本研究的科学假设或问题，其中背景信息尽可能减少。

（3）方法（methods）：重点列出本研究涉及的少数关键技术，但建议用重要的参考文献来替代繁杂的文字表述。对于这部分内容也可以通过简明的技术路线图来表示。

（4）结果（results）：结果部分是墙报内容中的核心内容，占据很大的篇幅。建议采用大量的彩色图、表并按照既定的逻辑顺序进行排列，便于读者阅读。

（5）结论（conclusion）：结合研究假设和研究结果，用简洁的文字来描述本研究结论并列出清单。

（6）致谢（acknowledgements）：对于本研究的合作者和资助项目致以谢意。

（7）参考文献（references）：仅列出本研究背景和方法中涉及的几个重要参考文献，建议尽可能减少引用文献数。

（8）其他信息（other information）：为加强今后进一步的合作和交流，一般需要列出参与本研究的所有作者、主要作者单位和通信作者的联系方式等信息。

2. 墙报设计（layout）要点　一般分为手工制作和软件制作两种方法，本文主要阐述手工制作方法，而后者主要包括 QuarkXPress、InDesign、LaTeX、Illustrator、CorelDRAW、Freehand 和 Omnigraffle 等软件，可以通过相关网站自行下载学习。

（1）墙报模板（template）：墙报模板包括布局、背景等内容。一般，模板可以自己在幻灯片中手工设计制作，也可在许多相关的专业网站直接下载。初学者可以先在 google 搜索引擎中输入“poster template powerpoint”，即可查到大量的墙报模板。

（2）布局（organizations）：从艺术美学的角度，对墙报内容（标题、前言、方法、结果、结论、致谢、参考文献和其他信息）进行精心合理的布局和设计，达到标题突出、主题内容鲜明。

（3）背景（background）：一般，墙报背景宜选择较浅的彩色背景，以吸引读者的眼球。但注意背景和前景须相互对应；背景图片放大时分辨率降低；避免色彩过花而影响主题内容。

（4）文字（text）：墙报中的文字应该言简意赅，且又醒目，让读者在1～2米处能够清晰地浏览墙报内容。文字大小一般为大标题（title）90～144pts、一级标题（heading）30～90pts、二级及其以下标题（subheading）30～60pts 和正文 16～30pts；英文字体格式一般为 Times New Roman 或 Arial、左对齐。通过加粗（bold）、斜体（italics）或下划线（underline）等方式来强调重要内容，避免出现语言错误和文字拼写错误。此外，建议多用彩色图片和表格等形式替代繁杂的文字，达到图文并茂。

（5）图片（figures）和表格（graphs/tables）：墙报中最常用的图片文件类型是 jpeg、bitmap 或 tiff 等，分辨率一般为 150～300dpi。图片格式最好为浅色背景与深暗照片对应或反之，彩色图片优先推荐选用白色或灰色背景。图注在图片的下方，表注在表格的上方，字体大小要设置最小。墙报中所有表格和图片大小尽可能相近，图片间或表格间空隙大小足以让读者在 1～2 米处能够清晰辨认。建议不同的组别设置不同的颜色，且保持整个墙报同一组别色彩一致。

（6）平衡（balance）：一般，墙报由 20% 文字、40% 图表和 40% 空白组成。色彩是选用对应还是互补？是文字多还是图表多？墙报分成几栏效果最佳？……这些问题均需要根据读者对象、参会者自身的艺术审美观和亲身经历体会等方面来综合决定，最终使制作和设计的墙报达到平衡/协调。

二、手把手教

1. 新建一个 Powerpoint，版式设为“无”（图 12-1）。

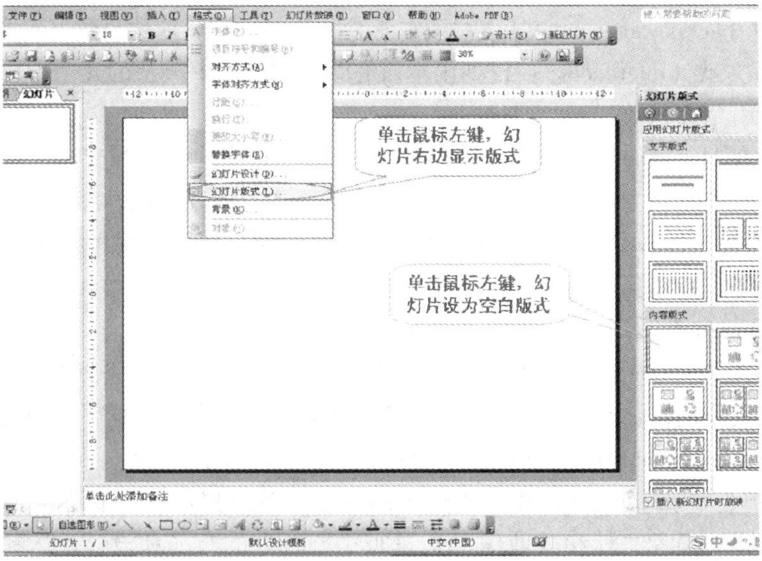

图 12-1　新建 Powerpoint

2. 在“页面设置”中将页面大小设置为会议墙报要求的大小，比如 120cm×90cm（图 12-2）。

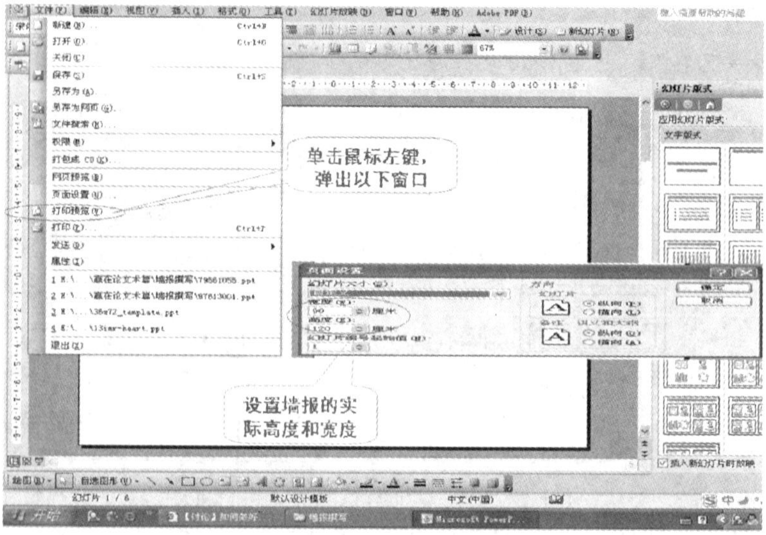

图 12-2　设置大小

3．设置背景颜色和其他版式，也可从网上直接下载墙报模板，见图 12-3。

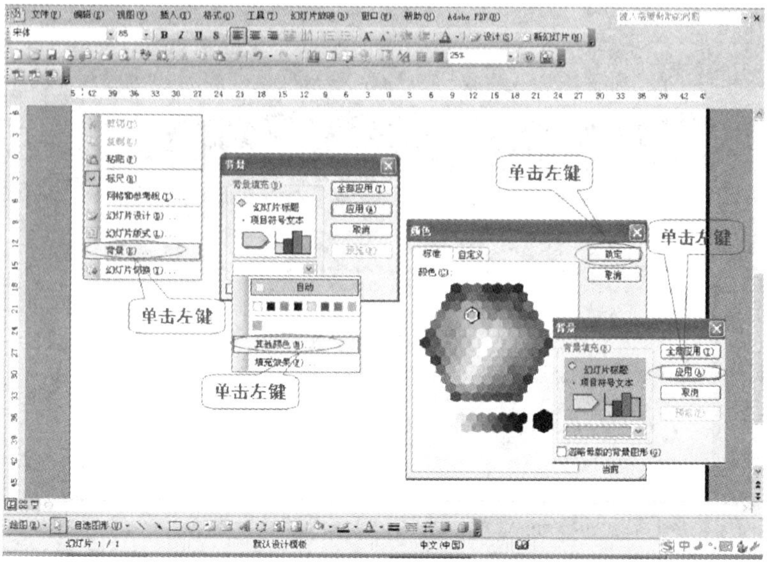

图 12-3　墙报模板

4．编辑正文中文字和图表，注意边界须留空白，但尽量小，因为最后输出时会放大（图 12-4）。

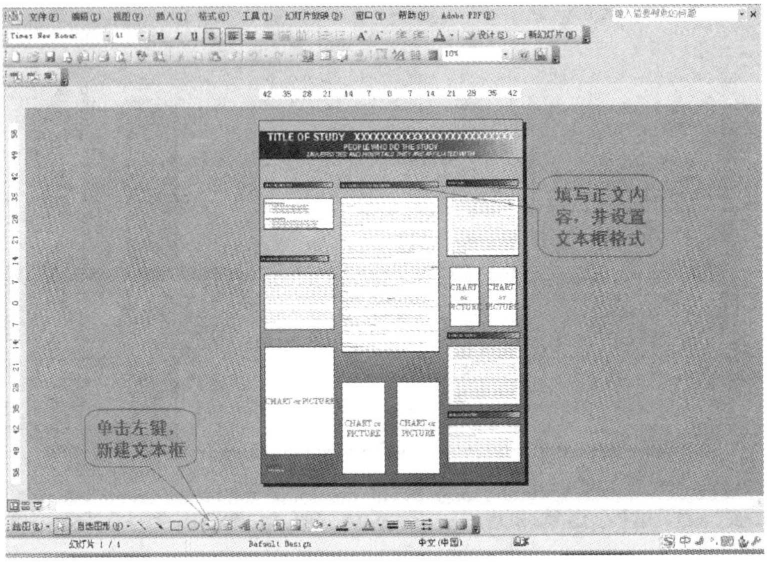

图 12-4　编辑文字和图表

5. 选择 100% 比例观看整体效果，也可返回重新编辑和调整布局，见图 12-5。

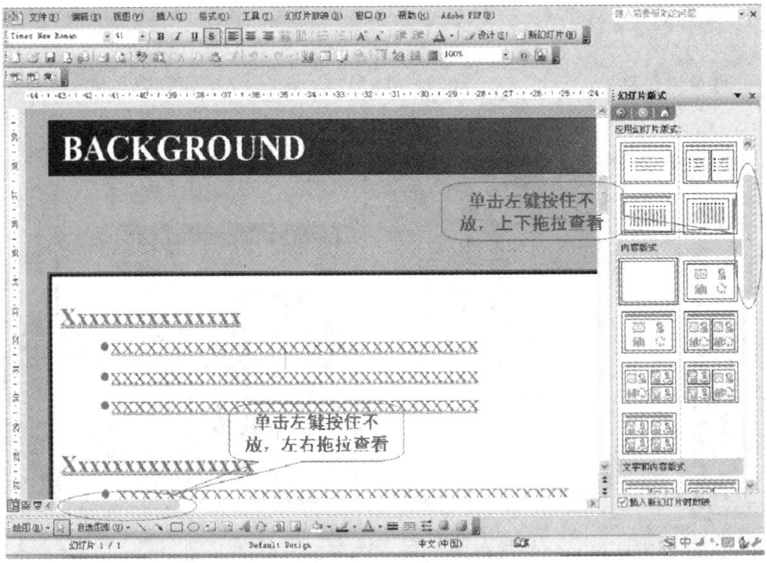

图 12-5　观看整体效果

6. 直接保存制好的 ppt 文档或另存为 jpg 文件，然后拿到美术社行进一步的加工修饰、扫描和覆膜等程序。此外，建议购买专用圆筒携带制好的墙报。

三、案例分析

（一）案例一：文字

图 12-6 墙报评价：该墙报设计的主要问题在于文字过多，使读者在短时间内很难把握本研究的主题内容，也就没有耐心继续看下去，后果是直接影响到后面的墙报展示和交流效果。建议在方法中加入一个技术路线图和在结果中用彩色图、表替代单调的文字，以吸引观众的眼球。

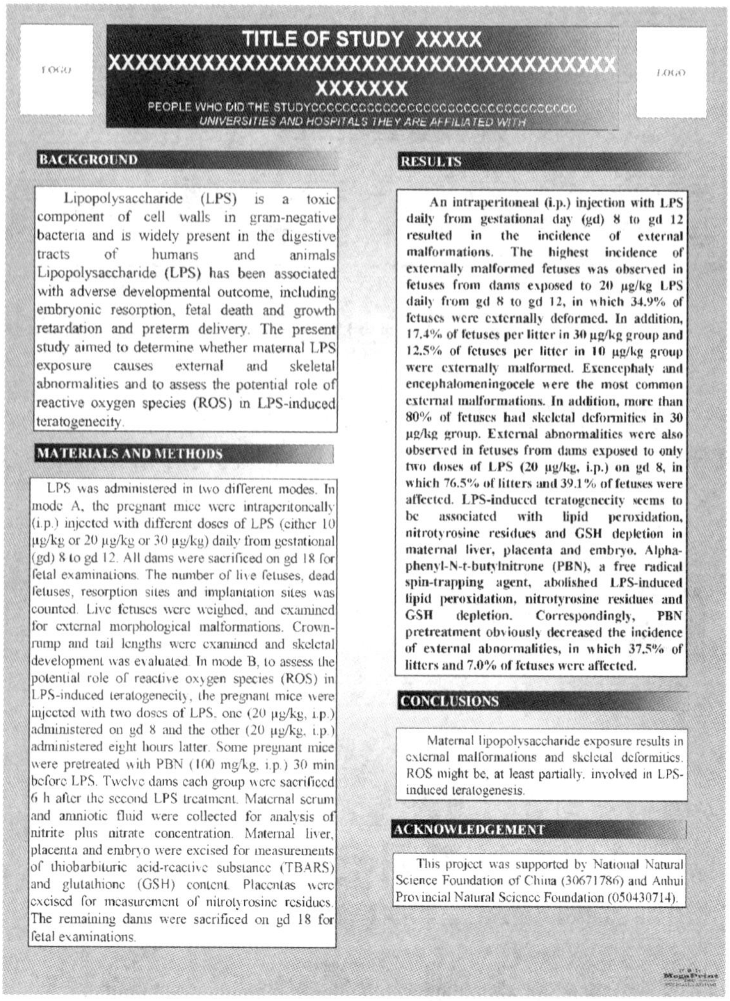

图 12-6　文字过多的墙报

（二）案例二：分栏（columns）

图 12-7 墙报模板评价：墙报规格为宽度 135cm × 高度 95cm，分成 4 栏（columns），布局效果尚可。根据文本框大小、主题内容多少和墙报规格要求等来决定墙报分成几栏。一

般，墙报建议分成 3 ~5 栏效果较好。

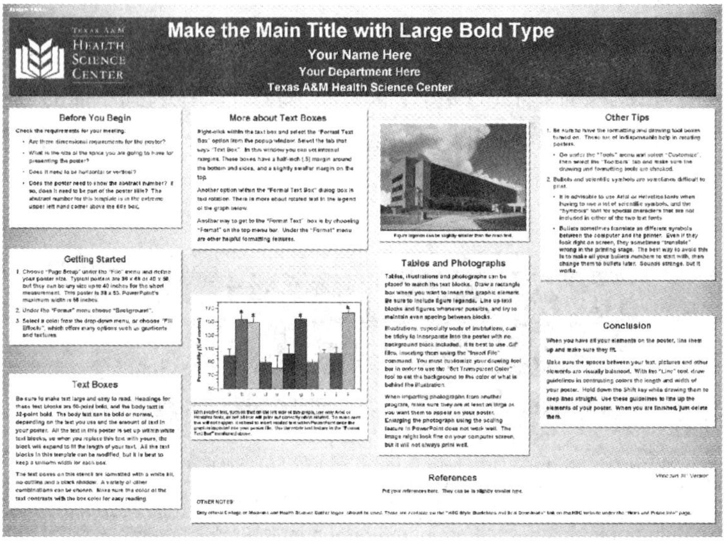

图 12-7 注意墙报的分栏

（三）案例三：色彩的效果——把握适度原则

图 12-8 墙报分析：色彩设置尚可，用白色背景和彩色内容相互衬映，突出了墙报主题内容，值得参考学习。

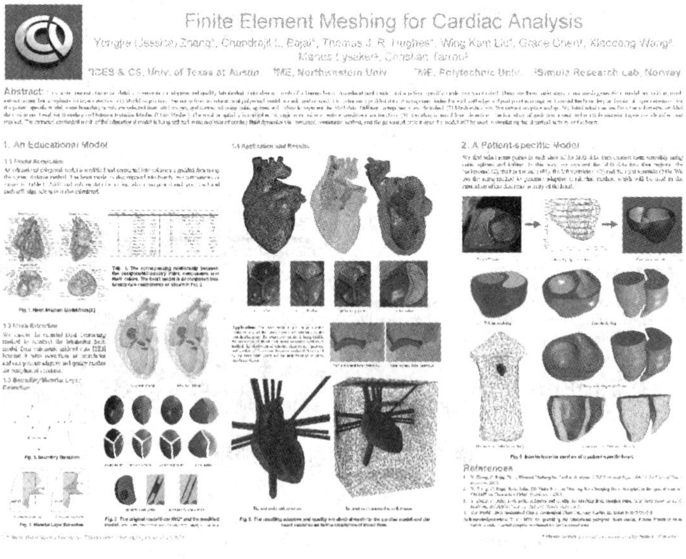

图 12-8 注意墙报的色彩

四、注意事项

1. 避免墙报设计中的常见误区，如文字堆积、字体过小、版面拥挤和色彩单调等。

2. 采用适宜的字体和文字大小，且保持全文字体一致，使读者在1~2米处仍可阅读。

3. 尽可能把墙报内容分割成多个要点展示并避免太长的段落，若有需要建议尝试采用多种彩色图和表来形象直观地阐明问题。

4. 仔细检查墙报内容，以确保无拼写错误或语言错误。

5. 将设计和制作好的墙报ppt另存为jpg、tiff或bmp等格式。为保证扫描效果，最好在photoshop、coreldraw等专业绘图软件中制作。建议到专业的美术社寻求进一步帮助。

6. 墙报展示应注意：①充分准备墙报内容，并分别按照不同深浅程度的相关内容准备以应对不同层次的读者；②随身携带一些发表文章的抽印本或相关资料，以备读者需求；③穿着与墙报色彩相配的服装等；④与观众保持自然的眼光交流，并保持良好的体态和身姿，禁忌两手叉腰或交叉双腿等姿势。

论文发表篇

第十三章　期刊概述

第一节　中文期刊概述

学术界有这样一个约定俗成的学术规范，即学术团体、大学尤其是同行之间进行学术评价时，所依据的材料不仅要求是成文的，而且必须是公开发表了的。因此，每获得任何一项最新的科研成果，科学工作者都会将其以学术论文的形式公开发表在相应的科技期刊上，这是取得社会承认、获得科学优先权、申请学术专利的前提条件和至关重要的第一步。

为了提高投稿的命中率，熟悉和了解生物医学及相关专业学术期刊的状况，在投稿时做到有的放矢，避免盲目性和随意性，也是相当有必要的。以下章节将对我国及国外生物医学期刊的概况向读者作一简介。

一、期刊的概念

期刊又称杂志，一般定义是：根据一定的编辑方针，将众多作者的作品汇集、装订成册，定期或不定期出版的连续出版物。

当前，随着计算机和网络技术的飞速发展，期刊的出版与发行不再局限于印刷形式，越来越多的期刊以光盘、网络等电子载体出版。因此，期刊的定义也随着时代的发展而发展。目前，期刊的一般定义为：有固定的题名，有卷期或年月标识，定期或不定期连续出版，并计划无限地连续出版的印刷或非印刷形式的连续出版物。

《科学技术期刊管理办法》对科技期刊的定义为：具有固定刊名、刊期、年卷或年月顺序编号、印刷成册、以报道科学技术为主要内容的连续出版物。这一定义限定了科技期刊的刊载内容、外观和出版方式。

二、中文期刊分类及简介

科技期刊可按期刊的内容性质、发表文献的级次、出版的频率、出版的主办机构、文种、载体等方面进行划分和归类，生物医学期刊作为科技期刊的一个分支，也可以按以上方面进行分类。根据中国知网统计，目前收录中国知网的中文生物医学类期刊近 1 100 种。以下重点介绍按内容性质分类的情况。

（一）根据内容性质分类

参考《科学技术期刊管理办法》，按生物医学期刊的内容性质可以划分为以下几类。

1. 综合类期刊

（1）概要：综合，一般指的是把各个独立而互相关联的事物或现象进行分析归纳整理，或把不同种类、不同性质的事物组合在一起。对生物医学期刊而言，综合二字所涵盖的专业范围较广，一般能覆盖生物医学领域的若干个学科专业。比如：医学领域的综合性期刊有《中华医学杂志》（中、英文版）、《北京大学学报（医学版）》、《广东医学》等，目前中国知网收录期该类期刊约290种；包括临床医学各学科的有《中国临床医学》、《临床医学》《实用临床医学》等，目前中国知网收录期该类期刊约90种；包括基础医学各学科的有《中华实验和临床病毒学杂志》、《现代生物医学进展》、《解剖学报》、《细胞与分子免疫学杂志》等，目前中国知网收录期该类期刊约50多种。随着现代科学的发展，学科与学科间的交叉和融合日趋明显，于是催生了大量带有综合性特征的跨学科或交叉学科的学术期刊，如《医学与哲学》（人文社会医学版）、《医学信息学杂志》、《医学与社会》、《中华医学教育杂志》等，目前中国知网收录期该类期刊约10多种。

世界上许多国家一般都有自己的综合性医学期刊，它们往往代表着这个国家医学发展的水平，部分期刊甚至已演变成国际性的名牌期刊，在世界医学界被公认为权威并享有盛誉。如美国的《美国医学会杂志》（*JAMA*）、《新英格兰医学杂志》（*N Engl J Med*），英国的《英国医学杂志》（*BMJ*）、《柳叶刀》（*The Lancet*）等。相比之下，我国出版的综合性医学期刊至今仍无一种被国际学术界认定为核心期刊。因此，我们必须努力提高我国生物医学期刊的质量，力争使其在国际学术界占有一席之地。

（2）部分综合类期刊简介

1）《中华医学杂志》：该刊创刊于中华医学会成立的1915年，目前为周刊。该刊一直坚持服务广大会员和医药卫生科技人员、促进国内外医学学术交流和医学科技事业发展为宗旨，全面反映中国医学科学研究的成果，在中国医学界享有很高的声誉。中国国家图书馆、中国科技信息研究所、中国医学科学院科技信息研究所等国家科技信息情报部门均将该刊列为核心期刊。据中国科技论文与引文数据库和中国科学引文数据库提供的资料，该刊被引频次在综合类医学期刊中位居第一名，影响因子在综合类医学期刊中位居第三名。该刊至今已被国内外13个重要数据库和21个重要系统收录。该刊设有述评、专家论坛、专题笔谈、论著、综述、讲座、国内外学术动态等主要栏目。

2）《中华医学杂志英文版》（*Chinese Medical Journal*）：该刊为半月刊，是中国历史最悠久的医学期刊。该刊重点报道我国医学各学科包括中医中药、预防医学、基础医学的最新进展和高水平科研成果，以及临床各科诊疗新经验，充分反映我国医药卫生工作的特点和特色，是我国医学对外交流的重要窗口。主要栏目有述评、论著、综述、简报、论坛等。目前被国内外20余个重要生物医学数据库和文摘期刊收录，包括科学引文索引（SCI）、化学文摘（CA）、生物医学文摘（BM）、荷兰医学文摘（EM）等国际著名检索系统，是我国惟一一本进入美国SCI的综合性医学期刊。作为中华医学会会刊，该刊还与全世界50余个国家和地区建立了交换项目。

2. 专科类期刊

（1）概要：相对于综合类期刊而言，专科性期刊是指覆盖一二级、三级学科，甚至更为专深领域的学术期刊。如《中华内科杂志》、《中华结核和呼吸病杂志》、《中国实用儿科杂志》、《中国实用妇科与产科杂志》等。随着专业分工越来越细，科学亦向着更专业化，更专深化的方向发展，科技期刊也日渐呈现出专深化的趋势，体现在医学领域就表现为以一种疾病命名的期刊，如《中华糖尿病杂志》、《白血病·淋巴瘤》、《中国动脉硬化杂志》等；以一种症状或体征命名的期刊，如《中国疼痛医学杂志》、《中华心律失常学杂志》等；以一种诊疗手段命名的期刊，如《现代消化及介入诊疗》、《中国介入心脏病学杂志》、《腹腔镜外科杂志》等；以一个器官命名的期刊，如《心脏杂志》、《肝脏》等。需要注意的是，所谓综合类与专科类是相对而言的，没有绝对的界限。以《中华糖尿病杂志》为例，相对于以学科、专业命名的期刊，它是专业性非常强的专科性期刊，但它却从另一角度——糖尿病体现出一种综合：有关糖尿病的基础研究、流行病学、预防、诊断、治疗、预后等都包括在其中。

（2）部分专科类期刊简介

1）《中华内科杂志》：创刊于1953年，为月刊。该刊为我国内科领域高级学术期刊，重点报道内科领域领先的科研成果和临床诊疗经验，以及对内科临床有指导作用，且与内科临床密切结合的基础理论研究。以广大内科医师为主要读者对象，报道范围涵盖所有内科医生所关心的各种问题，而不仅仅是纯学术研究的报道。本刊重视学术导向，及时传授内科领域新知识，在推动学科发展方面发挥着重要作用。该刊1957年开始被美国权威检索刊物《*Index Medicus*》收录，为《中国学术期刊综合评价数据库》、《中国科学引文数据库》来源期刊。所刊论文被引用情况位居中国科技期刊前列。辟有专论、内科论坛、论著、短篇论著、病例报告、经验与教训、讲座、综述、会议纪要、继续教育园地、标准与讨论、临床病理（例）讨论等栏目。

2）《中国实用外科杂志》：原刊名《实用外科杂志》。1981年创刊，月刊。该刊的办刊宗旨为：面向临床，突出实用，注重理论联系实际，为提高广大临床外科医生诊治水平服务。该刊从1992年起多次被评为“外科学类核心期刊”，并自1999年起被国家科学技术部列为“中国科技论文统计源期刊”，被国家新闻出版总署评为“中国期刊方阵双效期刊”。该刊于2004年被俄罗斯《文摘杂志》收录，于2006年被波兰《哥白尼索引》收录。该刊内容以普通外科为主，辟有述评、专题笔谈、讲座与综述、论著、术式讨论、技术改进、病例讨论、病案报告、国外学术动态与新进展及教训分析等。

3）《癌症》：该刊1982年创刊，为月刊。该刊遵循基础与临床相结合、普及与提高相结合的办刊原则，把握时代脉搏，致力为肿瘤学者提供最能体现自己真知灼见的学术论坛，为广大读者提供最及时、最有实用价值的最新信息，努力促进国内外学术交流。该刊已成为我国肿瘤学界的重要学术论坛，在国内外享有一定的信誉和影响：1992年首批进入中国科技核心期刊后，相继又被选入“中国生物医学核心期刊”和“中国肿瘤学核心期刊”，2002年被收录入Medline世界权威生物医学检索系统，被“中国科学引文数据库”首批选为收录来源期刊。设有快速报道、基础研究、临床研究、述评、技术与方法、综述、个案报告、简讯等栏目。

3. 检索类期刊

（1）概要：检索类期刊是在一次文献的基础上，经过加工、整理、编辑，以目录、文摘、索引为主要内容，并连续出版的检索工具，属于二次文献。检索类期刊作为文献检索工具的重要组成部分，具有良好的存储、报道及检索科技文献的功能，是科技工作者获取信息、利用成果、再度创新的有效工具。各专业领域已形成了自己的系列检索刊物，并建立了各种专业数据库，在生产、教学、科研中发挥着前所未有的作用。我国编制检索类期刊已有

40余年历史，1987年为鼎盛期，形成了一个较为完善、内容覆盖各科技领域的检索性期刊体系。在生物医学领域，我国的检索类期刊近20种，其中包括《中文科技资料目录（医药卫生）》、《国外科技资料目录（医药卫生）》、《中国医学文摘》、《中国医学文摘·卫生学》、《劳动卫生与职业病文献索引》、《国外医学病毒学文摘》等。随着计算机和网络的广泛应用，检索刊物实现电子化、网络化已成为发展趋势，大量的生物医学期刊数据库应运而生，如中国生物医学期刊引文数据库（CMCI）、中国生物医学文献数据库（CBMdisc）等，这些庞大的数据库以计算机及网络为载体和工具，检索过程比纸质期刊更为简便和快捷。

（2）部分检索类期刊简介

1）《中文科技资料目录（医药卫生）》：《中文科技资料目录》是我国出版的大型题录型科技情报检索系列刊物，《中文科技资料目录（医药卫生）》是其中一个分册，于1963年4月创刊，月刊，由中国医学科学院医学情报研究所编辑出版和发行。该刊是当前查找国内医学文献的主要检索工具，收录范围广，除公开发行和内部出版的医学及与医学有关的期刊论文外，还收录为数众多的供内部交流和医学资料汇编及医学学术会议文献，目前共1000多种，年文献报道量达5万多条。在使用该刊查找文献时，若知道文献的类属关系，则可按分类途径进行查找；若不了解查找文献的类属关系，则可通过主题途径检索。

2）《中国生物医学期刊引文数据库》（Chinese Medical Citation Index，CMCI）：是由解放军医学图书馆数据库研究部研制开发的我国第一个生物医学领域规模最大的专业引文数据库。CMCI收录了1994年以来的中文生物医学期刊1 600余种，累积期刊文献400万篇，期刊引文数据330余万条，并含有参考文献。每月更新，一年出版12期光盘，涵盖该领域的核心期刊和重要期刊，涉及基础医学、临床医学、预防医学、药学、医学生物学、中医学、医院管理及医学情报等多个学科。具有专业性强、信息量大、服务方式多样、数据更新速度快、检索途径多等特点，并具有智能模糊扩展搜索功能。

4．科普性期刊　以刊登医药卫生科普知识为主要内容的期刊，如《家庭医生》、《家庭健康》、《大众医学》、《健康人生》等。

（二）根据期刊等级分类

1．概述　1991年国家科委制定的《科学技术期刊管理办法》中第六条规定："科学技术期刊按其主管部门分为全国性期刊和地方性期刊。全国性期刊是指国务院所属各部门，中国科学院，各民主党派和全国人民团体主管的期刊；地方性期刊是指省、自治区、直辖市各委、厅、局主编的期刊。"正因为期刊的管理部门有别，于是某些部门就认为期刊也有别，在职称晋升工作中，为了使考核指标量化和便于拉开档次，将科技期刊认定为国家级、地方级，学术一级、二级、三级，技术一级、二级、三级，国际级、国家核心级、国家一级、国家二级、省部级等等。事实上，我国有关行政管理部门曾以多种形式声明国家从未对科技期刊划分过等级。

国家对期刊没有划分等级，并不等于期刊的性质和学术水平就没有差异。由于不同期刊的办刊宗旨、读者对象、覆盖范围、稿源、审核制度及编辑水平等条件各不相同，导致期刊质量有好坏，学术水平有高低之分。质量的好坏、学术水平的高低很大程度上是学术界逐步形成的一种共识，而不是行政部门的认定、命名，更不是某期刊（某单位）自封的。一般而言，论文的质量和刊物的质量是一致的，但两者不能完全划等号。

在对科技期刊的水平和质量评价中，引出了一个常见的概念——核心期刊。核心期刊的理论基础，是英国文献学家布拉福德（S. C. Bradford）的文献离散定律（也称布拉福德定律或布氏定律）和美国情报学家加菲尔德（E. Garfield）创立的引证分析方法。核心期刊原本是文献计量学上的一个概念，是指在同类期刊中学术价值较高、文献寿命较长、能代表学科发展水平的那一少部分期刊。最初遴选核心期刊的目的是为图书情报机构馆藏期刊提供参考依据，为读者选择、阅读期刊提供门径。目前，核心期刊的主要效用为行使部分期刊评价和学术评价的功能，核心期刊在期刊界已成为一把评价期刊的标尺，它增加了一种对学术期刊评价的依据，也使学术期刊在提高办刊质量上有了一个比较实际、具体的目标。利用核心期刊作为评价科研论文的工具，能在一定程度上形成严谨求实的科研氛围，同时促进了期刊发展，这是核心期刊具有的积极意义。近年来，国内核心期刊的原始功能逐步淡化，评价功能渐趋突出，使用价值随之泛化、异化。“核心期刊”成了学术水平的代名词，被广泛运用于津贴评定、职称评审、论文评奖、期刊评价等方面，演变成一种学术评价尺度，其地位与作用被过分夸大。在此需要特别说明的是，核心期刊只是一种相对的统计的概念，核心期刊表只能起参考作用，不能起标准作用。如果将核心期刊表作为衡量论文水平的决断标准来用，就可能发生谬误。因为从个体的角度看，核心期刊上的文章未必每篇学术水平都高，而非核心期刊上的文章未必每篇学术水平都低。因此在评价研究成果时，还应该根据本单位或评价项目的具体情况，请学科专家来评审论文本身的学术价值。

目前国内主要有六大核心期刊（或统计源期刊）评价体系，分别为：①北京大学图书馆“中文核心期刊要目总览”；②中国科学技术信息研究所的“中国科技论文与引文数据库”，入选的期刊称为“中国科技论文统计源期刊”（又称“中国科技核心期刊”）；③中国社会科学院文献信息中心“中国人文社会科学核心期刊（CHSSCD）”；④南京大学“中文社会科学引文索引（CSSCI）”；⑤中国科学院文献情报中心“中国科学引文数据库（CSCD）”；⑥中国人文社会科学学报学会“中国人文社科学报核心期刊”。以下就“中文核心期刊要目总览”和“中国科技论文统计源期刊”作一简介。

2.《中文核心期刊要目总览》 从1992年起，北京大学图书馆与北京地区各高校图书馆期刊工作研究会共同主持编写了《中文核心期刊要目总览》，由北京大学出版社出版，每4年更新1次。分别在1992年、1996年、2000年和2004年出版了4版，第5版也已于2008年年末出版。

2004年第4版的《中文核心期刊要目总览》共有111名期刊工作者参与研究工作，1 871位各学科专家参与核心期刊评审，采用被索量、被摘量、被引量、它引量、影响因子、被摘率、获国家奖或被国内外重要检索工具收录等7个评价指标，选作评价指标统计源的数据库多达51种。经过经量和定性相结合的评价后，共评选出1 798种核心期刊，其中包括187种“医药卫生”类核心期刊和24种“综合生物科学”核心期刊。

第4版的《中文核心期刊要目总览》由各学科核心期刊表、核心期刊简介、专业期刊一览表等几部分组成，涵盖75个学科类目，分属7个大编，构成国内中文期刊核心刊表，第五编为“医药、卫生”。每编下按《中国图书馆分类法》学科体系划分学科，如第五篇“医药、卫生”进一步划分为综合性医药卫生（R）、预防医学、卫生学（R1）、中国医学

（R2）、基础医学（R3）、临床医学/特种医学（R4）、内科学（R5）、外科学（R6）、妇产科学含计划生育（R71）、儿科学（R72）、肿瘤学（R73）、神经病学与精神学（R74）、皮肤病学与性病学（R75）、耳鼻咽喉学（R76）、眼科学（R77）、口腔科学（R78）、特种医学（R8）和药学（R9）共17个大类的分述研究结果，包括统计结果（如被索量、被摘量、被引量、它引量）、综合筛选（如各项指标的权重）、核心期刊数量及刊名目录、研究人员及评审专家等，既方便查找，又体现其科学性。

《中文核心期刊要目总览》不仅可以查询各学科的核心期刊，还可以作为检索国内正在出版的学科专业期刊的参考工具。

3. 中国科技论文统计源期刊　中国科技论文统计源期刊简称“统计源期刊”，统计源期刊目录每年都会出现在中国科技信息研究所（Institute of Scientific and Technical Information of China，ISTIC）每年公布一次的《中国科技期刊引证报告》（Chinese S&T Journal Citation Reports，CJCR）中。

ISTIC信息分析研究中心受国家科技部委托，从1987年开始对我国科技人员在国内外表论文数量和被引用情况进行统计分析，并利用统计数据建立了中国科技论文与引文数据库（Chinese Science and Technology Papers and Citations Database，CSTPCD），通过建立中国科技工作者在国内和国际发表的论文数据库，统计我国科技论文发表情况，研究我国学科发展的趋势，为管理部门的决策工作提供了定量与定性相结合的可能性，为建立我国客观的科技计量指标体系提供基础数据。统计源期刊正是CSTPCD的数据来源。

为体现科学性和公正性，ISTIC制定了严格的选刊标准，包括有17项指标：①总被引频次；②影响因子；③即年指标；④自引率；⑤他引率；⑥普赖斯指数；⑦引用半衰期；⑧被引半衰期；⑨老化系数；⑩来源文献量；⑪参考文献量；⑫平均引用率；⑬平均作者数；⑭地区分布数；⑮机构数；⑯国际论文比；⑰基金论文比等，编辑出版了CJCR。2004版的CJCR选取数学、信息、物理学、力学、化学、天文学、地学、生物学、医药卫生、农业、工业技术、电子通信、计算技术、交通运输、航空航天、环境科学等学科的1 608种中国公开出版的中英文科技期刊作为统计源期刊，其中生物医学相关期刊约占25%，截至2006年底公布的统计源期刊约1 652种期刊，其中医学类期刊约519种。

只有达到一定的出版与质量标准的期刊才能入选统计源期刊，而最终选择的来源期刊数量仅占国内现正在出版的科技期刊总数的1/4左右。

（三）其他分类方法

1. 按期刊发表的文献级次划分

（1）一次文献期刊：以发表生物医学原始论文、学术论文、会议报道、研究报道、实验报道、临床报道、病倒报道等为主要内容的期刊，如《中华医学杂志》、《生理学报》等。

（2）二次文献期刊：对原始文献进行加工，并按一定规则著录、排序而成的检索类期刊。前文提到的《中文科技资料目录（医药卫生）》、《中国医学文摘》等就属于此范畴。

（3）三次文献期刊：主要发表对一次文献进行分析、综合的评论、总结和综述等类型的期刊。三次文献一般是由专家写成，水平较高，专业性强，如《医学综述》等。

2. 按期刊的出版频率划分　按出版频率不同，生物医学期刊可分为：周刊（如《中华医学杂志》)、旬刊(如《世界华人消化杂志》)、半月刊(如《实用医学杂志》)、月刊(如《癌症》)、双月刊(如《中华预防医学杂志》)、季刊(如《中华精神科杂志》)、半年刊(如《分子影像医学杂志》)、年刊、不定期刊。

3. 按期刊的编辑出版机构划分

(1)全国性生物医学期刊

1)中科院及一级学(协)会主办的学报:我国生命科学各专业学(协)会所主办的机关刊物,多以“×××学报”命名,如中国解剖学会主办的《解剖学报》、中国生理学会主办的《生理学报》、中国微生物学会主办的《病毒学报》等。

2)中华医学会系列期刊:中华系列医学期刊是由中华医学会及其下属各专业分会主办的刊物,自中华医学会于1915年创办《中华医学杂志》以来,现已发展到80多种。该系列期刊基本按临床医学的分科及专业划分设置,如《中华内科杂志》、《中华外科杂志》、《中华麻醉学杂志》、《中华妇产科杂志》等。

3)“中国”系列期刊:主要分几种情况:一是中华预防医学会及其下属各专业分会主办的学术刊物,如《中国公共卫生学报》等;二是中华医学会主办的学术刊物,如中华医学会主办的作为中华医学会地方病学分会会刊的地方病专业学术性期刊《中国地方病杂志》等;三是中华医学会与大学、研究机构联合主办的学术刊物,如中华医学会、济宁医学院主办的《中国行为医学科学》等;四是一些专业性学(协)会主办的刊物,如中国病理生理学会主办、暨南大学承办的全国性综合性病理生理学高级学术刊物《中国病理生理杂志》等;五是由某一研究机构主办,或是若干机构合办的全国性期刊,如中山大学主办的《中国神经精神疾病杂志》等。

4)“实用”、“中国实用”系列期刊:如《实用医学杂志》、《中国实用儿科杂志》、《中国实用妇科与产科杂志》等。迄今为止,带有“实用”或“中国实用”字样的生物医学期刊已达40余种。

(2)高等医(药)学院校学报:各高校均有展示其学术成果和学术水平的学报,此类期刊均以本高校的名称来命名,如《北京大学学报(医学版)》、《复旦大学学报(医学版)》、《中山大学学报(医学科学版)》等。

(3)地方性医学期刊:我国各省、市医学会均主办有自己的学术刊物,以报道该地区的医学新成果、新经验等。这类期刊的刊名多冠以省市的名称,如《广东医学》、《北京医学》、《福建医药杂志》等。

4. 按期刊的载体划分 按期刊出版的载体不同,可将期刊划分为:印刷版期刊、缩微版期刊、视听版期刊、电子版期刊(光盘、磁盘)、网络版期刊等。

第二节 SCI杂志概述

一、几个重要概念

(一)科学引文索引

SCI（Science Citation Index）全称科学引文索引，是美国科学情报研究所（Institute for Scientific Information，简称 ISI，超链接地址 http://www. isinet. com）开发的最重要的产品之一，是世界知名的高质量的研究数据库。它的成功开发归功于美国人恩济纳·加菲尔德——科学引文索引的奠基人和 Thomson 公司的主席。加菲尔德于 1955 年提出应将引文索引作为评价科研成果及追踪科学研究新指标，该理论形成了 SCI 的雏形。1963 年 SCI 正式出版，目前已发展成为一种具有高度权威性的、多学科的综合性索引，它覆盖物理学、数学、信息与系统科学、化学、生物学、医药卫生、农业科学、工业技术、电子与通信、计算技术、环境科学等领域最具影响力的 6650 余种期刊，所选用的刊物来源于美国、英国、荷兰、德国、俄罗斯、法国、日本、加拿大等 40 多个国家，能充分反映当前自然科学研究的研究热点、最新进展、发展趋势及学术水平，是目前国际上三大检索系统——SCI、EI、ISTP 中最著名的一种。SCI 收录的期刊中以生命科学及医学、化学、物理所占比例最大，收录范围是当年国际上的重要期刊，尤其是它的引文索引表现出独特的科学参考价值，在学术界占有重要地位。许多国家和地区均以被 SCI 收录及引证的论文情况来作为评价学术水平的一个重要指标。南京大学于 20 世纪 80 年代末在我国首先引入 SCI 评价体系。

SCI 具有严格的选刊原则及严格的专家评审制度，这源于布拉弗德与加菲尔德提出的“著名学术信息的 20-80 规律”（又称布拉弗德-加菲尔德法则），即 20% 的期刊汇集了足够的信息以全面反映科技的最新最重要的成果与进展。该规律决定了这进一步提高了 SCI 的客观性，能够较真实地反映论文的水平和质量。根据 SCI 收录及被引证情况，可以从一个侧面反映学术水平的发展情况。特别是每年一次的 SCI 论文排名成了判断一个学校科研水平的十分重要的标准。

SCI 根据其不同出版方式可分为四种类型：分别为印刷版（SCI）双月刊，收录 3700 余种；磁碟版（SCI Search），周更新，6600 种；光盘版（带文摘）（SCI CDE）月更新，3700 余种（同印刷版）；网络版（SCI Expanded），周更新 6600 余种（同联机版）。

（二）SCI-C 与 SCI-E

SCI 从来源期刊（超链接）数量来看可分为 SCI 和 SCI-E。SCI 是指来源期刊为 3700 种左右的 SCI 印刷版和 SCI 光盘版。SCI-E 的全称是 SCI-Expanded，又称 SCI Search，是 SCI 的扩展库，可通过国际联机和国际互联网进行检索，有来源期刊 6650 余种，其中生命科学辑收录 1350 种；工程与计算机技术辑收录 1030 种；临床医学辑收录 990 种；农业、生物环境科学辑收录 950 种；物理、化学和地球科学辑收录 900 种期刊。SCI-E 2007 年收录中国期刊 70 多种；光盘版收录 19 种。

（三）SCI 收录查询

那如何查询某期刊或者某文献是否为 SCI 索引？目前我们广泛使用的是 Web of Science 数据库（Http：//isiknowledge. com/wos）的 Science Citation Index Expanded（SCI 扩展版）。Web of Science 是美国科学情报研究所 1997 开发的网络版的数据库，该数据库一经推出即获得了科研工作者的好评。Web of Science 目前由五个数据库组成，分别为 Science Citation Index Expanded、Social Sciences Citation Index、Arts & Humanities Citation Index、Index Chemicus、Current Chemical Reactions Science。SCI 扩展版收录了 150 多个学科的 6650 种世界一流

学术科技期刊的书目信息、作者摘要和被引参考文献。SCI 扩展版与 SCI 光盘版相比，收录期刊数量更多（比 SCI 光盘版增加 2100 种），内容更加丰富，操作方便，检索效率高，数据更新快速，确保及时反映当前的研究动态。

通过 Web of Science 中 Science Citation Index Expanded 提供的期刊源题目检索，输入期刊全称后可以查询期刊是否为 SCI 收录，也可以使用 ISI 提供的 Journal Citation Reports 确定 SCI 收录期刊列表。但发表在 SCI 收录期刊的文献并非全部被 SCI 索引。例如，World Journal of Gastroenterology 杂志，从 2004 年到 2005 年的部分文章并未被 SCI 索引。为确定所发表文章是否进入 SCI 索引及其被引用情况，可以在选定 Web of Science 的分库 Science Citation Index Expanded 之后进行检索。

1. 检索期刊是否为 SCI 收录的方法一：

（1）进入 ISI Web of Knowledge 网络版，选择“Journal citation Reports”分库（图 13-1）。

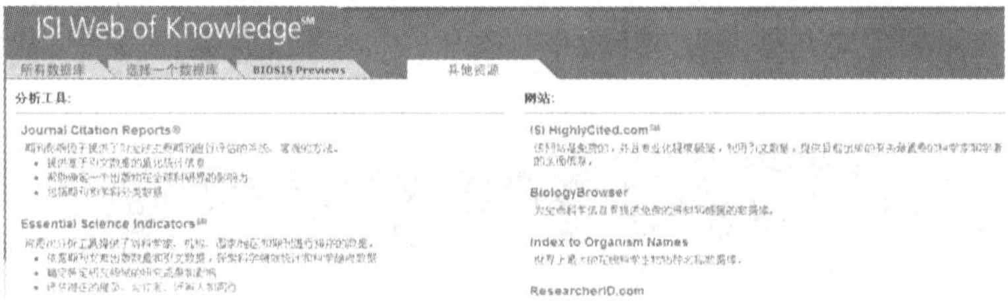

图 13-1 ISI Web of Knowledge 界面

（2）进入 Journal Citation Reports 后，可以查询某期刊在某年是否为 SCI 收录以及该期刊的影响因子、半衰期、H 值等相关信息。可以通过“浏览某一领域内的期刊组”，“搜索某一期刊”及“浏览所有期刊”三种方式检索期刊的收录情况（图 13-2）。

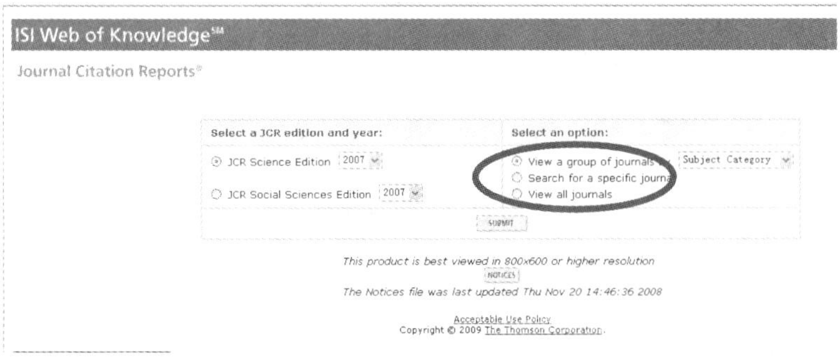

图 13-2 选项界面

3. 选择“搜索某一期刊”模式，可以通过期刊名、期刊名缩写、ISSN 号码等方法查询期刊是否被收录（图 13-3）。

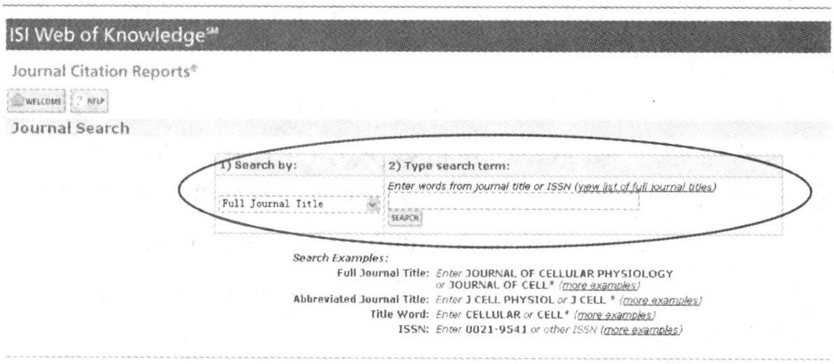

图 13-3 搜索期刊

2. 检索期刊是否为 SCI 收录的方法二

（1）进入 ISI Web of Knowledge 数据库后，选择 Web of Science 分库。在出版物名称中输入期刊名称，也可判定期刊是否为 SCI 收录（图 13-4）。

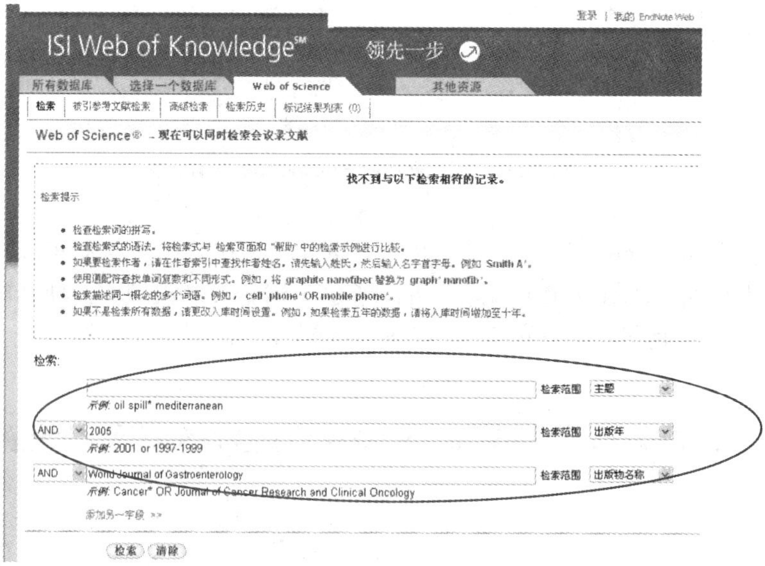

图 13-4 搜索结果

（2）也可通过检索发表文章来判断期刊是否为 SCI 收录。输入文章相关信息后如果检索到某文章被 SCI 收录，则证明为 SCI 索引期刊，并可查询该期刊近几年的影响因子变化情况（图 13-5、13-6）。

图 13-5　搜索结果

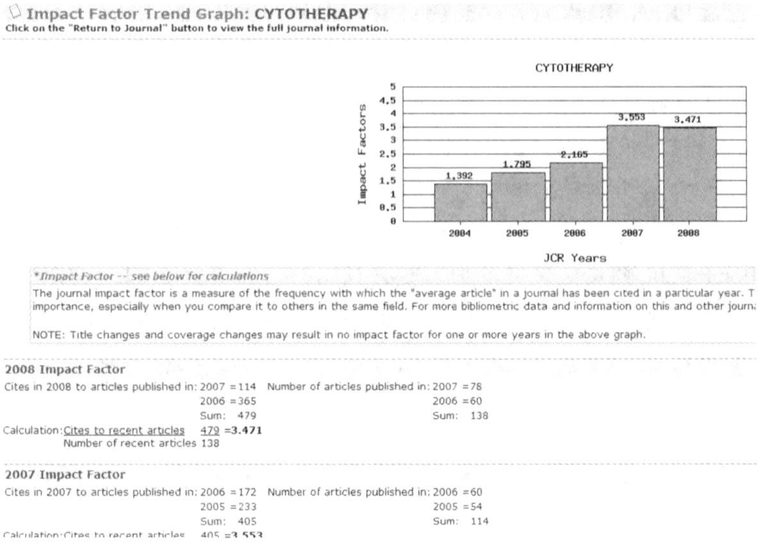

图 13-6　搜索结果

（四）SSCI

Social Sciences Citation Index（SSCI）即社会科学引文索引，为 SCI 的姊妹篇，亦由美国科学信息研究所创建，是目前世界上可以用来对不同国家和地区的社会科学论文的数量进行统计分析的大型检索工具。目前覆盖了人类学、法律、经济、历史、地理、心理学等 50 多个学科 1950 种以上的世界一流社会科学性学术期刊的书目信息、作者摘要和被引参考文献。此外，还包括 3300 余种世界一流科技期刊的经过个别选择的相关项目。收录文献类型包括研究论文、书评、专题讨论、社论、人物自传、书信等。

（五）影响因子

Impact factor（影响因子），简称 IF，是指某一期刊（即包括科学文献索引期刊，也包括社会科学文献索引期刊）前两年发表的论文在统计当年被引用的总次数与该刊前两年发表论文总数的比值。通常，期刊影响因子越高，说明它的学术影响力和作用也越大，是反映自然科学和社会科学期刊被引用情况的重要指标。同时，在一定程度上也可以体现该期刊在本领域的影响力。它是 Thomson 科技公司研制开发产品的一部分，被称为 Journal Citation Reports。除影响因子，还有其他几个评价指标：Immediacy index，当年发表文章被引用的次数与当年文章数的比值；引用半衰期，在 JCR 引用报告中一半全部引用次数所需要的时间；评价影响因子，某领域内所有期刊被应用次数与所有期刊文章数的比值。

影响因子的计算方法：某年某期刊的影响因子以该期刊前两年发表文章被引用次数总和与这两年发表文章数量的比值，即某期刊 n 年的影响因子 = A/B，A 为 n-1 年和 n-2 年该期刊所有文章的被引用次数总和，B 为 n-1 年和 n-2 年该期刊发表文章（包括文章，综述，进展和笔记，不包括编委语和 letters to the Editor）的数量。ISI 在计算影响因子时将 front matter、新闻、通讯和勘误等排除在文章的定义范畴之外。但不同期刊对文章的定义并不是固定的。如果某期刊刚创刊并被 SCI 收录，它的影响因子要在两年之后才会计算得出。

影响因子在衡量期刊影响力方面的确具有一定的积极作用，并且相对客观。目前大部分期刊的影响因子与其质量保持一致，如国际顶级期刊《Nature》、《Cell》、《Science》、《The Lancet》等期刊的影响因子也处于前列。此外，每年更新的影响因子也反映出期刊质量在不断变化的特点。通过比较期刊的影响因子，在一定程度上确实能比较不同期刊的影响力差别，在目前这是评价期刊学术水平相对较客观的指标。影响因子的提出不但为科技工作者投稿提供了一个相对客观的依据，同时也可以激励学术水平低的期刊不断努力提高期刊质量。通过期刊影响因子评价学术文章质量对于促进我国科技发展具有积极的作用。因为 SCI 索引文献皆为英文杂志，这将鼓励科研工作者用英语撰写科研论文，并在国外高影响力的学术期刊上发表。这本身对我国科学的发展就有积极意义，比如扩大我国科学家和科研工作在国际上的影响、扩大国际学术交流，从而进一步促进我国科技的发展等。

但是影响因子在评价期刊影响力方面仍存在不足。首先，期刊影响因子并不能代表学术文章的质量，在同一期刊上发表的文章其文章质量并不完全一致，高质量的文章即可以发表在高影响因子的期刊上，同样也可以发表在影响因子低的期刊上，最典型的例子就是获得诺贝尔奖的文章许多都未发表在顶级期刊上，但这种情况并不多见。此外，不同领域的两种期刊其影响因子并不具有可比性，某个领域的研究者越多该领域的期刊其影响因子相对高些，研究者少则影响因子略低，如生命科学领域的期刊影响因子常比教育类的期刊影响因子高。此外影响因子的高低与该领域期刊的数量、每年发表文章的总数也具有一定的相关性。这些都决定了影响因子本身在反映期刊影响力方面仍具有一定的缺陷。

目前我国在评价科研成果时过分看重影响因子是不正确的。在科研文章投稿过程中往往从高投起，逐渐降低，这导致投稿时往往会忽略文章是否适合于该期刊，既延缓了科研成果的发表，又浪费了大量的人力物力。此外，期刊影响因子不能体现科研成果的科学价值，质量高的学术文章也可以发表在影响因子低的期刊上。此外，目前被 SCI 收录的我国期刊仅有 70 余种，且大部分影响因子较低。我国大量的科研成果都发表在其他国家期刊上，大量科研成果发表后版权被转移。如何建立属于我国的高质量期刊群，是值得我们思考和探索的问题。

（六）F1000 系统

正是因为单独使用期刊影响因子（IF）衡量期刊存在不足，Biomed Central 出版集团开发了另外一个重要的评价体系“Faculty of 1000”（简称 F1000 系统）。F1000 评价体系目前只包括两个分数据库：“Faculty of 1000 Biology”（千名生物学家）和“Faculty of 1000 Medicine”（千名医学家）。“Faculty of 1000 Biology”（简称 F1000B），通过邀请当今世界 1400 多位知名的生物学家，对当今生物学领域重要的科研成果进行专门评论。“Faculty of 1000 Medicine”（F1000M）则邀请约 2500 名当今世界顶级医学专家组成顾问团，每日将最近 1 个月可能改变医学实践的极少数优秀论文，根据专家的推荐情况，采用加权平均的方法全面排序，评出 F1000 因子，并向医学界推荐。F1000 因子对应每篇论文推荐的等级，“推荐”为 3 分，“必须阅读”为 6 分，“杰出”为 9 分。F1000 的突出特点是收录全世界每一篇具有科学价值的文献，而不考虑这些文献在哪里发表；每篇文章都包含著名同行专家所给的评论，并依据 F1000 因子（F1000 Factor）评定文章之价值。

（七）EI

《工程索引》（The Engineering Index，简称“EI”）创办于 1884 年。由美国工程信息公司编辑出版，是世界上著名的一种检索工具，也是我国工程技术人员及其他有关人员经常使用的一种工具。《工程索引》作为工程技术领域的综合性检索工具，报道美国工程学会图书馆所收藏的工程技术文献，属于纯理论方面的基础科学文献一般不予报道。EI 所报道的文献，学科覆盖面很广，包括全部工程学科和工程活动。文献来源于世界 50 余个国家、25 种文字的 5000 多种出版物，主要为科技期刊、会议录和技术报告。收录级别分：“Core” areas（首选收录学科）和 Journals in these areas are covered selectively（选择性收录）。版本分印刷版（EI）月刊近三千种；光盘版（EI Compendex），季度更新近三千种（同印刷版）；网络版（EI Compendex web），周更新，五千多种。印刷版和光盘版中均收录的是“Core journals”，EI Compendex web 2007 年收录中国期刊 200 多种（其中“Core journal”为 150 多种）。

二、部分国际著名的综合类期刊概述

（一）《Science》

《Science》（《科学》）于 1880 年由爱迪生投资 1 万美元创办，于 1894 年成为美国最大的科学团体“美国科学促进会”（American Association for the Advancement of Science，AAAS）的官方刊物。全年共 51 期，为周刊，全球发行量超过 150 万份。

《Science》属于综合性科学杂志。它的科学新闻报道、综述、分析、书评等部分，都是权威的科普资料。该杂志也适合一般读者阅读。“发展科学，服务社会”是 AAAS 也是《Science》的宗旨。2007 年，该刊的 SCI 影响因子为 26.372。

（二）《Nature》

英国著名杂志《Nature》（《自然》）是世界上最早的国际性科技期刊，与美国的 Science 并列为世界最权威最著名的科学杂志。该杂志的出版方——自然出版集团（The Nature Publishing Group）是英国麦克米伦出版公司（MacMillan Ltd）的分支。自 1869 年创刊以来，《Nature》始终如一地报道和评论全球科技领域里最重要的突破。其办刊宗旨是“将科学发现的重要结果介绍给公众，让公众尽早知道全世界自然知识的每一分支中取得的所有进展”。2007 年该杂志的影响因子是 28.751。《Nature》给自己的定位是兼顾学术期刊和科学杂志，即科学论文具较高的新闻性和广泛的读者群。论文不仅要求具有“突出的科学贡献”，还必须“令交叉学科的读者感兴趣”。

自然出版集团（Nature Publishing Group）出版的 Nature 系列刊物有三类：

1. 综述性期刊（Nature Reviews Journals），对重要研究工作进行综述评论；

2. 研究类期刊（Nature Research Journals），以发表原创性研究报告为主；

3. 临床医学类期刊（Nature Clinical Practice Journals），对医学领域重要的研究进展做出权威性解释，并促进最新的研究成果转变为临床实践。

Nature 网站涵盖的内容相当丰富，不仅提供 1997 年 6 月到最新出版的 Nature 杂志的全部内容，还提供其姊妹刊物 Nature 出版集团（The Nature Publishing Group）出版的 8 种研究月刊、6 种评论杂志、2 种工具书。

（三）《Cell》

《Cell》是与《Science》、《Nature》等齐名的世界权威杂志，是生命科学研究领域的顶尖杂志。该杂志创刊于 1976 年，由美国 Cell Press（隶属于 Elsevier 出版集团）出版发行，为双周刊。2007 年的 SCI 影响因子是 29.887。创刊 30 多年间，旗下期刊共发表了 59 篇诺贝尔奖获得者的论文，其中 10 篇论文为作者的获奖论文。据 2003 年 6 月 Thomson ISI 最新统计数据表明，《Cell》是近 10 年来在分子生物学和遗传学研究领域中最热门和最具影响力的期刊。该杂志为双周刊，现在尚无中文版。《Cell》杂志有多种姐妹期刊，既是对《Cell》的补充，又各具特点。

（四）《Nature Medicine》

《Nature Medicine》作为《Nature》杂志的姊妹刊，同属于 NPG 的品牌期刊。该刊创刊于 1995 年，为月刊。该期刊为研究类期刊，以发表原创性研究报告为主。和《Nature》一样，它也是科学研究成果报道的前沿阵地。《Nature Medicine》为生物医学研究最主要的期刊之一，收集发表于国际间受到高度重视的研究论文，如免疫疗法、传染病、疫苗、基因治疗、细胞移植等新领域。该期刊 2007 年的影响因子为 26.382。

（五）《The New England Journal of Medicine》（NEJM）

NEJM 创刊于 1812 年（电子期刊产生于 1993 年），是世界上连续出版时间最久的医学期刊，每年发行 52 期，每周四出版，年页码数为 3400 页。杂志隶属于马萨诸塞州医学会（Massachusetts Medical Society，MMS）。该杂志影响因子为 52.589，在主要医学期刊中名列前茅。杂志主要提供重要的、未被刊登过的研究成果、临床发现以及观点。注重文章的实用性，文章多为指导临床实践。

NEJM 是一份全科医学周刊，出版对生物医学科学与临床实践具有重要意义的一系列主题方面的医学研究新成果、综述文章和社论。素材着重在内科学和过敏/免疫学、心脏病学、内分泌学、肠胃病学、血液学、肾脏疾病、肿瘤学、肺部疾病、风湿病学、HIV 以及传染病等专业领域。

（六）《The Lancet》

《The Lancet》（中文译名《柳叶刀》）杂志是目前世界医学界最权威的学术刊物之一，也是影响因子最高的 SCI 刊物之一，2007 年 SCI 的影响因子为 28. 638，其在医学界的影响甚至超过了《Nature》和《Science》。《The Lancet》是世界最古老的同行审议（peer reviewed）类医学期刊之一。它于 1823 年 10 月 25 日发行创刊号，为周刊。该杂志从创立至今始终保持独立，未曾加入任何一个医学或科学组织。《The Lancet》杂志旗下的三本专题性研究期刊在国际中相关领域里极负盛名。其相关影响因子见下：

1.《The Lancet Neurology》，影响因子 10. 169。

2.《The Lancet Oncology》，影响因子 12. 247。

3.《The Lancet Infectious Diseases》，影响因子 12. 058。

（七）《The Journal of Clinical Investigation》

《The Journal of Clinical Investigation》（JCI）是生物医学研究关键进展领域、权威性评论以及研究性论文背景注释等方面的顶级杂志。JCI 创刊于 1924 年，杂志隶属于美国临床研究学会（ASCI），为半月刊。该刊一贯的核心主题是血液、肾脏生理、心力衰竭与代谢。随着医学科学发展的要求，在癌症、遗传学与免疫学等领域也发表了许多有重大影响的论文。2007 年该杂志的影响因子是 16. 915。根据 1998 年的长期影响因子统计调查，JCI 的长期影响可以和《Nature》及《Science》相比较。JCI 每年大概发表 300 篇研究类论文。

（八）《Proceedings of the National Academy of Sciences of the United States of America》（PNAS）

《Proceedings of the National Academy of Science of the United State of America》（PNAS）是世界著名的多学科科学连续出版物。该刊创办于 1915 年，主要发表研究报告、科学评论与展望、学术报告会论文以及报道重要学术活动等。PNAS 主要涵盖生命科学、物理学和社会科学。每两周出版一期。2007 年该刊的影响因子是 9. 598。

1997 年 PNAS 开始发布网络电子版，包括全文、数字、表格、公式、参考文献所有内容。另外，从 2000 年 1 月开始，PNAS 推出了一个新的颇具特色的电子版，叫做 PNAS Early Edition，文章的发表已由印刷本的两周更新变为周更新，并逐步向日更新发展。

三、各专业重要期刊概述

（一）《Nature Immunology》

《Nature Immunology》作为《Nature》杂志的姊妹刊，同属于 NPG 的品牌期刊，创刊于 2000 年 7 月，为月刊。该期刊为研究类期刊，以发表原创性研究报告为主。和《Nature》一样，它也是科学研究成果报道的前沿阵地。《Nature Immunology》收录了免疫学中每个学科领域最重要的知识。另外其内容包含专家观点、论文评论、分析报告等相关性期刊增补。该期刊 2007 年的影响因子是 26. 218。

（二）《Nature Genetics》

《Nature Genetics》作为《Nature》杂志的姊妹刊，同属于 NPG 的品牌期刊，创刊于 1992 年，为月刊。该期刊为研究类期刊，以发表原创性研究报告为主。《Nature Genetics》主要是遗传学研究的期刊。该期刊 2007 年的影响因子是 25. 556。

（三）《Cancer Cell》

《Cancer Cell》作为《Cell》杂志的姊妹刊，创刊于2002年，由美国Cell Press（隶属于爱思唯尔Elsevier出版集团）出版发行，为月刊。2007年该刊的影响因子为23.858。

（四）《Immunology》

《Immunology》由英国免疫学会（BSI）创刊于1958年，至今已有50余年的历史。《Immunology》是刊登细胞、分子、系统以及技术相关领域研究的一类期刊。《Immunology》是免疫学研究领域的研究人员必不可少的杂志期刊。该期刊是免疫学领域历史最悠久的公认的领先期刊。该杂志涵盖了免疫学领域的所有基本方面，包括免疫细胞免疫学、免疫组织化学、免疫遗传学、过敏、移植免疫学、癌症免疫学和临床免疫学等。2007年该刊的影响因子是3.398。

（五）《Nature Cell Biology》

《Nature Cell Biology》作为《Nature》杂志的姊妹刊，同属于NPG的品牌期刊，创刊于1999年5月，为月刊。该期刊为研究类期刊，以发表原创性研究报告为主。该期刊2007年的影响因子是17.623。

（六）《Journal of Clinical Oncology》

《Journal of Clinical Oncology》创刊于1983年，至今已有25年的历史。JCO主要出版乳腺癌、胃肠道肿瘤、血液肿瘤、分子肿瘤、肺癌、泌尿生殖道癌、头颈部肿瘤、小儿肿瘤、神经肿瘤学、支持疗法、生活质量相关问题、预防、第一阶段以及临床药理学等原创性研究和审查方面的内容。该刊的读者包括世界各地的在职临床肿瘤学家、研究人员、学生、进修医师以及肿瘤科专职医疗人员等。JCO每年共出36卷，该期刊2007年的影响因子是15.484。

（七）《Neuron》

《Neuron》是《Cell》杂志的姊妹刊。该刊创刊于1988年，由美国Cell Press（隶属于爱思唯尔Elsevier出版集团）出版发行，为半月刊。与《Cell》一样，同属于Cell Press的《Neuron》在自己相关领域享有很高的国际学术影响，2007年该刊的影响因子为13.41。

《Circulation》（《循环》）是目前全球最权威的心血管杂志，是由美国心脏学会（American Heart Association）创办发行的官方出版物。该刊创刊于1950年，为周刊，平均每年为7087页。该刊的读者多为心脏病学家、心血管外科学家、电生理学家、内科医生、护士以及其他对心血管医学感兴趣的人们。2007年该刊的影响因子是12.755，在70余种心血管期刊中居于首位。《Circulation》所有期刊12个月以前的全文完全免费，近12个月的数据则需要订购。通过《Circulation》网站用户可以查阅期刊的网络版全文。

（九）《Circulation Research》

《Circulation Research》（《循环研究》）同《Circulation》一样均是由美国心脏学会（American Heart Association）创办发行的官方出版物，是全球心血管杂志中较权威的杂志期刊。该刊创刊于1953年，平均每年发行24期，为半月刊。2007年该刊的影响因子是9.721。

（十）《Blood》

《Blood》（《血液》）创刊于 1946 年，是由美国血液学会（American Society of Hematology）创办发行的。该期刊刊载血液学基础实验和临床研究方面的论文，包括良性与恶性白细胞、红细胞、血小板病症及机制、免疫学和肿瘤学的血液研究等等。该期刊起初为半月刊，自 2009 年起改为周刊，每年除了 52 期期刊外，在每年的 11 月份都会有一期增补的期刊。2007 年该杂志的影响因子是 10.896。

（十一）《American Journal of Human Genetics》

《American Journal of Human Genetics》（《美国人类遗传学杂志》）是美国人类遗传学协会（American Society of Human Genetics）的官方科学出版物，是三种最为广泛阅读的遗传学出版物之一。2007 年该期刊的影响因子为 11.092。该刊 2008 年起开始由美国 Cell Press（隶属于 Elsevier 出版集团）出版发行，为月刊。

（十二）《The American Journal of Psychiatry》

《The American Journal of Psychiatry》（《美国精神病学杂志》）创刊于 1844 年，为月刊，由美国精神病学出版社出版发行。该刊是出版精神疾病诊断和治疗最新进展相关内容的杂志。该杂志里全面地收录了与心理健康诊断和治疗相关的所有问题与研究，发表针对教学、研究、管理的精神病学领域与学术使命有关的临床、组织和经济问题的文章。综述文章展示有关精神病领域重要主题的经验研究和批评性分析。该刊其他栏目还包括新观点、评论和读者来信等。该刊在本领域核心学科刊物内排名第 3 位，其 2007 年的影响因子是 9.127。

（十三）《The Plant Cell》

《The Plant Cell》创刊于 1889 年，为月刊（每年 1 卷），由美国植物学家协会出版发行。《The Plant Cell》出版植物生物学方面，特别是细胞生物学、分子生物学、遗传学、生长发育和进化等方面具有特殊意义的研究论文。《The Plant Cell》在创刊的三年内便成为该领域杂志中影响因子居第一位的杂志期刊，至今它仍继续保持着这种的卓越优势。该刊 2007 年的影响因子是 9.653。

（十四）《Hepatology》

《Hepatology》创刊于 1981 年，为月刊，由美国肝病研究协会出版发行。该刊出版肝脏生物学和疾病在人类和实验模型里的创新性研究。该刊是肝脏病学领域最权威的杂志，其 2007 年的影响因子是 10.734，在该领域杂志中排名第一。

（十五）《Diabetes》

《Diabetes》创刊于 1965 年，为月刊，由美国糖尿病协会出版发行。《Diabetes》出版糖尿病生理和病理生理等方面的创新性研究。该刊发表糖尿病相关领域实验室、动物或人类研究各方面的报告。该刊是糖尿病学领域最权威的杂志，其 2007 年的影响因子是 8.261。

（十六）《Stem Cells》

《Stem Cells》创刊于 1983 年，为月刊。该杂志涵盖了干细胞所有相关领域的内容，如胚胎干细胞、组织特异性干细胞、癌症干细胞、干细胞微环境、干细胞基因组学和蛋白质组学、干细胞转化和临床研究等。该刊 2007 年的影响因子是 7.531。

（十七）《CA—A Cancer Journal for Clinicians》

《CA—A Cancer Journal for Clinicians》创刊于 1950 年，为双月刊。CA 是世界上最权威

的肿瘤学杂志，其2007年的影响因子是69.026，是2007年全球影响因子最高的杂志。CA出版的是多学科的综合性综述论文。CA的读者多为初级保健医生、内外科和放射科肿瘤学家、护士及其他卫生保健和公共卫生方面的专业人员。

（十八）《Nature Biotechnology》

《Nature Biotechnology》作为《Nature》杂志的姊妹刊，同属于NPG的品牌期刊，创刊于1983年，为月刊。该期刊为研究类期刊，以发表原创性研究报告为主。《Nature Biotechnology》出版制药、医学、农业以及环境科学等领域相关的生物研究，另外还收集影响生物科技研究相关的财经与法令等议题。该期刊2007年的影响因子是22.848。

第三节　合理选择杂志

在市场销售中，产品定位、明确消费人群、市场研究这三个环节尤其重要。首先，您需要对您生产的产品质量心中应有数；其次，有了好的产品，您需要决定消费人群在国内还是国外市场；最后，如果是国外市场，不同国家、不同市场的特点可能不一样，您的产品在这些市场上投放的难度、速度可能也不一样。因此，上述三个环节对于销售产品时是必须要考虑的。

同样，在论文发表过程中，同样需要面对这三个环节。

首先是文章定位。针对撰写的文章，在投稿前应形成初步的评估。

第一步，根据文章类型定位。一般来说，医学科技论文主要包括以下几种类型：①论著（originals）；②个案报道（case report）；③综述，含Meta分析（review and Meta analysis）；④通讯（letter或correspondence）；⑤会议摘要（meeting abstract）。不同类型的稿件发表难度可能有较大的差异。例如论著类稿件，由于大多数杂志均刊登此类文章，因此选择目标杂志的余地较大。许多杂志并不接受综述类稿件，或仅接受本领域专家的约稿，因此综述选择目标杂志的余地较小。接受个案报道类稿件的杂志较少，因此一个案报道选择目标杂志的余地亦较小。

第二步，根据文章内容定位。文章的内容特色包括科学性、创新性、方法学、样本（病例）数、语言等多方面综合的考虑。成稿后对于文章内容的自身定位对于选择目标杂志亦非常重要。例如文章如具有原始创新性，别人都没做过，可以考虑将其投至本领域较高档次的杂志上。若这类研究有人做过，但报道较少，研究结果亦可能发表在较高档次的杂志上。若这类研究很多人都做过，但研究结果与他人所做的并不一致，文章亦具有较好的创新性，亦可能发表于高影响因子的杂志。

在对自己的研究文章有了初步的定位评估后，应进一步明确读者人群。

第一步，明确文章拟针对国内读者还是国外读者。对于具有创新性强、方法学先进的文章，应当考虑选择国外SCI（EI）杂志，让更多的国际读者能够检索并看到您的研究成果，让更多的国际同行能够利用您的研究成果。当然，在SCI杂志上发表文章也是近年来国内学术界的发展趋势。

第二步，针对专业读者还是非专业读者。明确了选择国内中文杂志还是国外SCI杂志后，应考虑选择目标杂志是针对专业读者还是非专业读者。综合性杂志如《NEMJ》等具有较高的影响因子，读者群可能较为广泛；而本领域的高层次杂志可能为更多的同行认真阅读。

在明确了读者人群后，下一步即可根据杂志特点找到目标杂志。

第一步，可通过数据库检索列出候选杂志。目前较为常用的中文全文数据库有中国期刊网专题全文数据库（www. cnki. net）以及中文科技期刊数据库（www. cqvip. com）等。通过全文数据库强大的期刊导航功能，可轻松地初筛候选核心杂志或统计源杂志。寻找 SCI 候选杂志则可通过访问 www. isinet. com 进行，在网页上可按学科搜索，再参照影响因子、杂志所处地区等多方面的因素进行综合分析，初筛出候选 SCI 杂志。另外，按类似文献已发表杂志来寻找候选杂志亦是一种好方法。

第二步，根据稿约信息排除不适合的杂志。将候选杂志列出后，可以根据稿约或剔除不适合的杂志。例如，有的杂志在稿约中明确指出不接受短篇及个案报道的文章；有的杂志在稿约中指出综述仅接受约稿；有的杂志则在稿约中指出稿件接受率及稿件平均处理时间。因此，投稿前仔细分析稿约非常重要。

第三步，分析样刊文章，明确目标杂志。最后，可调阅、分析新近样刊上，最终明确目标杂志。通过样刊上的文章分析，通常可得出如下信息：①该杂志每期刊登的文章类型、数量；②文章从投稿到发表的时间；③文章发表格式等。通过分析上述信息，可进一步了解拟投杂志的投稿难度、发表时间等，为目标杂志的选定提供最终决策。

目前，我们在投稿时尤其需要注意鉴别非法杂志。针对国内的杂志，可依据“CN 号”的结构、格式，对“CN 号”的真伪作一些初步判断。CN 号国内统一连续出版物号，由字母“CN”和 6 位数字及分类号组成，CN 为中国的国名代码，前 2 位数字为地区代码，后 4 位数字为地区连续出版物的序号，其中报纸的顺序号从 0001 至 0999；期刊的序号从 1000 至 5999。除依据“CN 号”判断报刊是否为公开发行的正式出版物外，还需注意，一些非法出版者按“CN 号”结构编造假“CN 号”，或是盗用正式报刊的刊号出版非法报刊。期刊变更刊名后，原国内统一连续出版物号即作废停止使用，因此，也有一些非法期刊利用已停止使用的刊号出版。对于这类情况，可查询各地新闻出版局的咨询网页，还可以登录中国扫黄打非网（www. shdf. gov. cn），查询国家新闻出版署列出的非法刊物。另外，亦可以利用中国期刊网专题全文数据库（www. cnki. net）的期刊导航搜索该杂志是否入网，拟投稿地址是否与数据库内地址一致。正规合法杂志多数均已入网，应尽量选择入网杂志。还可利用百度或谷歌等搜索引擎搜索拟投杂志的网上评论。

甄别国外杂志则相对复杂。一般而言，可登陆 Public Medline（www. ncbi. nlm. nih. gov/pubmed/）鉴别杂志的合法性，该检索工具收入了大多数国外合法的生物医学杂志。还可利用谷歌和百度上查询该刊名、该刊 ISSN 号（国际标准连续出版物号）的网上评论。亦可去《乌利希国际期刊指南》（www. ulrichsweb. com）上查证该刊的信息。该指南所属公司 RR Bowker LLC 是负责发行美国 ISSN、ISBN 等号的机构，如果该指南上查不到这个刊物的信息，可初步判断为非法期刊。但这个数据库只有购买之后才有检索权限。

第十四章 论文投稿

一篇优秀的论文在撰写完成后，还要考虑在适当的期刊发表，才能体现它的学术价值。然而，选择拟投稿的期刊后，从论文投出到论文刊出仍然是一个相当漫长的过程。从投稿者的角度来看，这个阶段大致包括论文投稿过程、等待编辑部审稿决定、修改稿件、稿件接受以及接受后的相关事项等一系列过程。有的时候由于种种原因，还有接受稿件一次或多次被拒的命运，又要重新经历新的投稿到接受发表的过程。

本章将以论文投稿、审稿、修改以及发表后的相关事宜为主线，重点围绕论文投稿过程中可能出现的各种问题，尽可能做一较详细的描述。同时，“中文投稿”部分将对中文科技期刊的投稿流程、稿约及发表过程做一阐述，其余部分重点以英文期刊投稿为主。

第一节 中文论文投稿

本节所介绍的投稿流程仅限于中文论文部分。

一、中文论文投稿的基本流程

一篇文章从写作完成到出版发行，还需要经历投稿、修改、校正清样等过程，不同编辑部的处理流程可能稍有不同。一般而言，文章从投稿到发表大致经历下面的几个过程（图14-1）：

（一）按稿约格式修改

稿约就是编辑部向投稿人说明刊物的性质、接受稿件的类型、对稿件的格式要求以及其他投稿相关的注意事项，一般登载在杂志每年的第一期。文章在准备写作前，就要根据自己的研究类型、研究质量等选择可能适合发表的一本或几本杂志，认真研读其稿约，按稿约要求调整自己的文章格式、内容（实验文章尤其要注意图表的要求）。稿约中要求有英文摘要的，应按其要求附有中、英文摘要，具体可以翻看拟投杂志的英文摘要部分，根据其版式翻译（有的杂志除摘要、关键词外，还要翻译标题、作者姓名、单位）。另外，要标注好通讯作者，如果没有标注，一般会默认第一作者为通讯作者，且联系人不等同于通讯作者。要写好作者简介情况，尤其是作者中有博士生导师的；有很多杂志在同样可用可不用的情况下优先考虑录用有博士生导师的论文。

（二）准备相关证明材料（介绍信、基金项目证明）

为保证刊出论文的真实性、科学性，保证科研工作者的著作权、署名权不受侵犯，各个杂志一般都要求投稿时附有单位介绍信。介绍信内容包括一下内容：①要投送的刊物名称；②全部作者署名排序；③资料是否真实；④有无一稿多投；⑤受何种基金资助。

介绍信一般由各机构的主管科研部门（如科研处、或教育处或科教科）开具，有基金

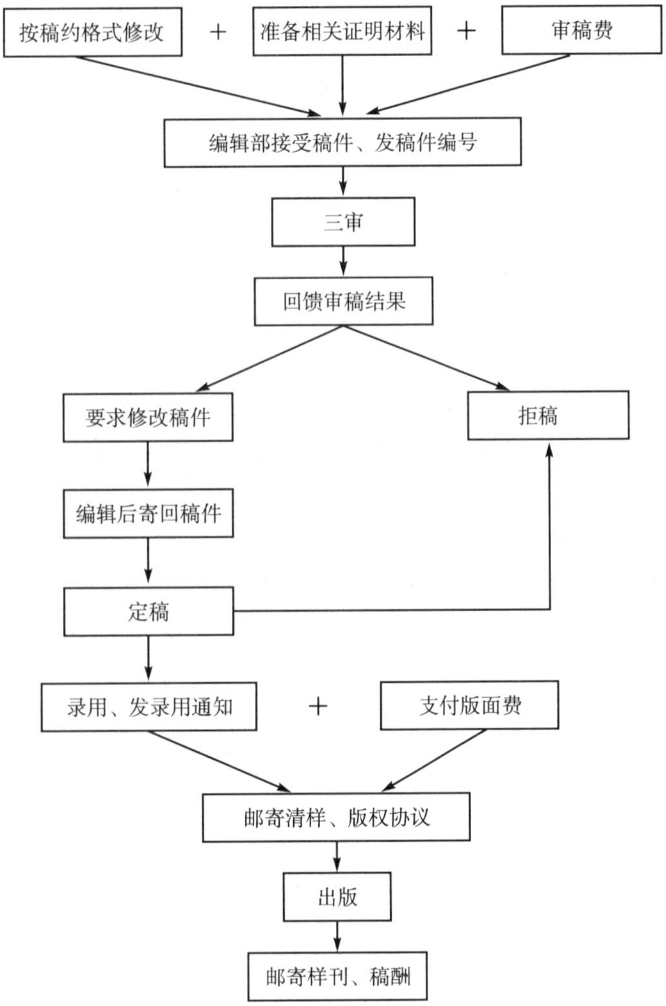

图 14-1　中文论文投稿的基本流程

课题的文章应注明课题编号、项目名称并附加相关证明的复印件。这些都是所著稿件真实可信的证明，如果缺少这些也会在一定程度上影响论文的采用。最后，强调一点，一定要写清楚自己的联系方式，包括电话（最好是手机）、详细的通信地址（不要忘记邮编）、E-mail。

（三）审稿费

审稿费是杂志编辑部为体现对提供审稿的审稿人的尊重，向审稿人提供的一定数额的有偿服务，一般由作者在投稿时支付。国内大部分杂志都收取一定的审稿费，具体数额视杂志情况而有所不同，在稿约中都有详细说明。还有少部分国内的杂志是不收取审稿费的，由编辑部支付这笔费用。

（四）编辑部接收稿件　发稿件编号

编辑部在收到稿件后，会按来稿时间顺序将稿件统一编号，并且会将稿件编号反馈给作者，方便查询。投稿人可在稿件寄出（无论是电子投稿还是信件）后10天左右向杂志社打电话询问稿件是否收到以及审稿周期。各个杂志情况不同，但送给专家审稿的周期一般都要在2周以上，不要在此期间反复打电话询问稿件的录用情况。如果急于知道审稿结果可以在接近周期的时候问一次稿件情况。

（五）编辑部三审

三审是指编辑初审、专家外审、审稿组终审。具体说来就是一篇稿件投过来，先由编辑初审；合格的会由编辑送给各杂志约定的相关专家审稿人，由专家给出各个领域专业上的意见；最后，总编会和编辑（审稿组）一起结合审稿专家的意见确定这篇稿件的最终录用情况。

审稿专家是学术文章科学性的把关者、创新性的鉴定者，是影响稿件取舍的关键，更是刊物质量的支撑者，因此，各个杂志对审稿人的选择是十分谨慎的。他们大都是所在领域的权威性人物，有很强的科研创新能力，所以他们所给出的意见才有说服力。

（六）编辑部回馈审稿结果

编辑部发给作者的审稿意见一般可分为两种情况：一种是要求作者在一定时间内（时间多限定在1~2个月）按照审稿专家的意见做出部分修改或补充。另一种是专家意见为取材不够新颖，实验方法、数据不够科学等等，这样的稿件基本就不会被录用，且修改价值不大，只能是听取专家的建议重新写或改投其他杂志。

作者应该认真按照编辑部及审稿专家的修改意见修改，并在规定时间内将所做修改及补充后的稿件采用信件形式或E-mail邮寄回编辑部，无需做修改标记。邮出后2周左右可以打电话询问刊期。

（七）定稿及发录用通知

编辑部会根据修稿的返回情况最终定稿并发出录用通知，告知具体版面费。

（八）付版面费

需要作者根据编辑部指定的某一种或几种汇款方式汇寄版面费，强调标明稿件编号的要按要求做。付费后10天左右可以查询是否到账，并索取发票。应该主动告知财务人员发票名头的详细内容，各地规定不同，有的单位要以单位名称为名头，有的则要求报销人的个人姓名做名头。对于这种差别，作者应当自己和财务人员沟通。另外，发票丢失比较麻烦，一般杂志社都会以挂号信的形式寄出，所以留下详细的通信地址也是十分必要的。

（九）邮寄清样及签署版权协议

这是最后一次修改稿件的机会，有的期刊会明确标明期、卷、年、页，要仔细看。原则上，清样应该看后在需要修改处修改，并补充好需要补充的内容（视各个期刊流程的细微差别而定），然后尽快及时寄回编辑部。如果因为自己没有仔细核对，关于作者简介、作者顺序，甚至文章中专业名词、数量等出现问题，杂志社是不会负完全责任的。

值得注意的是，有些单位、学校申报材料中，如果论文还没有刊印出来，清样和录用通知是一样好用的，尤其是对于研究生。可以根据自己的情况，询问主管部门，然后向杂志社索取一份新的清样、录用证明、甚至包括封面页的复印件。

同时，签版权转让协议。还有许多杂志社省略了签署协议这一项。这是法律意识淡薄的表现，但是要求签署的，作者也不必有太多疑虑。

（十）出版、邮寄样刊及稿酬

等待文章发表，这段期间基本不要求作者做什么。

文章刊发出来后，会按之前的联系地址邮寄给第一作者（有的会邮寄给通讯作者）1或2本当期杂志。如果到文章刊发时地址已有变动的，要尽可能提前给编辑打电话说明，并留下新的详细联系地址。

二、常见稿约的基本内容及要求

稿约是一本期刊对所发表的稿件的最基本的要求，解读好稿约，按稿约的要求做是十分必要的。下面先列举一篇稿约，之后结合例子具体补充一些注意事项。

稿约具体内容如下：

一、本刊欢迎论著、论著摘要、病例报告、临床经验、综合报道、经验与教训、技术交流、讲座、会议（座谈）纪要、临床病例讨论、国内外学术动态、医学见闻等栏目的稿件。专论及述评的稿件主要为约稿。

二、对来稿的要求

1. 文稿应具科学性、创造性、逻辑性、实用性，并有理论和实践意义。

2. 来稿文字务求书写工整规范、文字精练、通顺、资料可靠、层次清楚、数据准确、重点突出。必要时应做统计学处理。论著等一般不超过5 000字（包括摘要及图、表和参考文献），并附400字左右的中、英文摘要（包括英文文题、工作单位和汉语拼音书写的作者姓名）；论著摘要（简报）等限800～1 500字。讲座、综述、病例报告、临床病理（例）、会议纪要字数可视情况而定。

3. 医学名词以医学名词审定委员会审定并公布的专业医学名词为准，尚未审定公布者以人民卫生出版社的《英汉医学词汇》为准。计量单位按国务院命令统一实行法定计量单位及其导出单位，并以单位符号表示，使用时可参阅中华医学会杂志社编的《法定计量单位在医学上的应用（第3版）》一书。药物名称以最新版本的《中华人民共和国药典》为准。主题词按照中国医学科学院医学情报研究所译最新版本的《医学主题词注释字顺表》书写。简化字按照1986年10月15日人民日报公布的《简化字总表》，通常以《新华字典》为据。

4. 参考文献要求精选，且为作者亲自阅读过的主要原文文献。参考文献的数量可根据需要而定，一般不作限制。文献应在文中引用处按引用顺序的数字加方括号标注于上角，并在文末参考文献项内按顺序书写清楚。内部刊物、未发表资料、个人咨询、通信、文摘等请勿作为文献引用，但可在文中注明。引用文献（包括文字和所表达的原意）务请于原文核对无误。日文汉字请按日文规定书写，勿与我国汉字及简化字混淆。

三、来稿需请作者所在单位主管学术的机构审核，并附单位推荐信。信中注明，无一稿两投、不涉及保密。请自留底稿。除非作者声明，一律不退稿（图片除外）。切勿一稿两投。一旦发现一稿两投，将立即退稿；而一旦发现一稿两用，本刊将刊登该文系重复发表的申明，并在两年内拒绝以该文第一作者为作者的任何来稿。已在非公开发行的刊物上发表，或在学术会议交流过的文稿，或已用其他文种发表过的文稿，不属于一稿两投，但必须注明首次发表的刊物。

四、来稿应一式两份，以便加快审稿速度。根据著作权法并结合本刊具体情况，凡接到本刊回执后3个月内未接到退稿处理通知者，则稿件仍在审阅研究中。作者如欲投他刊，请事先与本刊联系。

五、论文所涉及的课题如取得国家或部、省级以上基金或属攻关项目，应脚注于文题页左下方，基金项目：××××××基金资助项目（基金编号××××），并附基金证书复印件。

六、来稿须付稿件处理费，不足1500字文稿每篇20元，超过1500字文稿每篇40元。版面费和彩图印制工本费可由作者单位从课题基金、科研费或其他费用中支付，确有困难者可申请减免。稿件刊登后，酌致稿酬，论著赠当期杂志1册，抽印本5册。短篇赠当期杂志1册。

七、对重大研究成果，将使用“快速通道”在最快的时间内发表：凡要求以“快速通道”发表的论文，作者应提供单位正式介绍信，查新报告和2位专家推荐信，以说明该项成果的学术价值。论文投寄本刊后经同意后一般在收到稿件后4个月内出版。

本刊录用的所有稿件，均以纸载体和光盘形式同时出版。

八、经审核初步拟定刊用的稿件按退修意见修改整理后，为缩短刊出周期和减少错误，请将修改稿以寄回本刊编辑部，同时注明联系电话、传真号码备用。

九、作者文责自负。本刊可对来稿作文字修改，删节、凡有涉及原意的修改，则征求作者的同意。

结合实际情况，现补充几点，在品读稿约时要特别注意：

（一）对选材与文体篇幅的要求

文稿的内容应该具有一定前瞻性，换言之，如果你的论文内容是一种已经为大家所普遍认知的观点，那么一本好的杂志是不会录用这样的文章的，这在稿约中就已经说得很明白了。既然是论文，就应该论点明确，证据充分可信，结论清晰。论著、综述类一般要求3000～5000字（含图表），技术交流及病例报告类一般不超过1500字。字数太少录用概率低，字数太多不符合杂志要求，而且版面费一定很多。

（二）文题

文题应该简明，一般不能超过20个字。如果你的文题实在压不到20个字以里，那么可以使用二级标题。另外，文题中能包含关键词为好，论文的题目不需要文学修饰，不应使用缩略词。

（三）关于作者及署名顺序

杂志所认定的作者排名顺序一般以投稿时为准，如果文章录用后作者有变更，需要及时与编辑沟通，并出具相关证明。一般认为第一作者有署名权。另外，需要强调的是，如果没有标注通讯作者，一般默认第一作者为通讯作者。为防止引起不必要的争执，投稿时最好标注好通讯作者。作者及单位的标注要参照所投杂志的版式书写，例如中华系列杂志要求：“作者单位名称（写出所在科室）及邮政编码脚注于首页左下方，并注明通讯作者的E-mail地址。在论文首页脚注通讯作者姓名、单位、邮政编码及E-mail地址。”

第一作者一般是贡献最大的研究人员，是文章初稿的撰写人。而通讯作者是指课题的总负责人，承担课题的经费、设计。一般负责在论文投稿、修改直至被接受发表的过程中的一切工作。通讯作者应该是论文对外责任的承担者，最重要的是其对文章可靠性负责。就知识产权而言，论文所示的研究成果归通讯作者所有。通常通讯作者和第一作者是同一个人，这样实际上是省略了通讯作者。

（四）关于摘要与关键词

论著类文章一般需要附有中、英文摘要，需要强调的是摘要应以第三人称撰写，不应有“本文”、“笔者”这样的词语出现。且国内杂志多以研究目的、方法、主要发现（结果）、结论的格式撰写。摘要应简明扼要，不能添加评论和解释（一般要求400字以内）。要注意，英文摘要部分的翻译应根据所投杂志版式而定，有的杂志只翻译摘要、关键词，而大部分都要求翻译包括文题、作者姓名、单位、摘要、关键词在内的所有。关键词在一定程度上影响了一篇论文的被引用的情况，所以在为数有限的 2 ~5 个关键词的选择上，应当慎重且认真。

（五）图表

建议使用三线表（顶线、表头线、底线），表内数据要求同一指标有效位数一致，一般按标准差的 1/3 确定有效位数。试验样本照片有良好的清晰度与对比度才能被采用，注意标注不要直接标注在照片上。病理照片需注明染色方法与放大倍数。人像照片要有本人的书面同意证明或遮盖能被辨认出为何人的部分。电子投稿的图片一般采用 jpg 格式，对分辨率一般没有特殊要求。

（六）对计量单位与数字的说明

需要注意的是单位名称与单位符号不可混用。如果同一计量单位反复出现，可在首次出现时标明法定与旧制单位换算系数，然后只列法定计量单位数值。关于数字需要注意的地方，举几个例子。如：5% ~75% 不能写成 5 ~75%，(45.2 ±0.9)% 不能写成 45.2 ±0.9%。附带尺寸单位的数值相乘，要这样写：7cm ×3cm ×6cm，不能写成 $7\times3\times6cm^3$。这些都是最常见的。

（七）统计学方法

时至今日，对论文统计学方面的要求是越来越严格。而很多作者都有统计学方面知识的不足，这就更要仔细解读稿约中关于统计学的要求。

研究设计应说明名称和主要方法。是属于调查设计（前瞻性、回顾性或横断面调查研究），属于实验设计（应告知设计类型，如自身配对设计、成组设计、交叉设计、析因设计、正交设计等），还是属于临床试验设计（应告知是第几期临床试验，采用了哪种盲法措施等）。实际做起来就是围绕 4 个基本原则（重复、随机、对照、均衡）概要说明，尤其要注意很多作者都没有告知如何控制重要非试验因素的干扰和影响。

国内论文不足之处很大一部分是来源于统计学这部分的问题。缺少统计学思维、论述模糊，不具有可信性。

（八）关于参考文献

应引起注意的是，有的作者在文章修改之后更改了上下文顺序或有所添加，这时如果要标注引文，应注意同时更改参考文献的顺序号。另外，有些作者引用的参考文献在文中没有标注。其余的关于参考文献的具体书写格式应参照科技论文的格式书写，这里不做赘述。

三、投稿阶段的介绍及注意事项

中文投稿具体怎么操作前面已经讲了不少，下面就一些常见的问题做以说明，希望强调的部分能够引起大家的注意，帮助大家提高稿件的录用率。

（一）需出具的相关材料

各个单位一般有写好格式的介绍信，拿来后需自己填写，然后送回相关部门盖章即可。如果有基金项目的，一定要注明编号，有些确实没有明确编号的可以用年代替，总之这个号码是绝对不可以省略的。例如，国家自然科学基金资助课题（＊＊＊）；吉林省科技厅资助课题（2008＊＊＊）。相应地，也需要附有基金项目证明的复印件。

（二）邮寄审稿费及版面费

很多作者在第一次投稿时往往会问有没有审稿费之类的问题，其实稿约中早已经写得一清二楚了。现在很多杂志社都要求作者支付审稿费，金额不等，有审稿费要求的应按照稿约中的要求及地址邮寄给杂志社。不要求审稿费的，稿件投出去后问好审稿需要的时间等待即可。版面费的邮寄日期在很大程度上影响文章刊发的日期，所以收到录用通知后要尽快邮寄版面费，需要注意的是，有些杂志社支持银行卡转账，但有些则不支持，要尽量按照杂志社的要求去做，实在是与单位报销要求发生冲突的，可以电话联系财务说明情况（个别现象）。要求邮局汇款的就邮局汇款，要求备注标明稿件编号的就标记好编号，只有注意到这些小的事情才不会出现纰漏，影响杂志社收到版面费的时间，从而最终影响自己的文章刊发时间。最后要强调的是，不要通过信或快件邮寄现金。

（三）关于寄信的问题

在投稿或看完校对样稿的时候都需要以信件的形式邮寄到杂志社，这时有两点是需要强调的。一是要注意稿件不要邮寄给个人，不按杂志社的正常途径往往会耽误进程；二是尽量在信封皮上标注“投稿”或“校对稿”字样。另外，一般情况下不需要快递邮寄，比较浪费。有些作者来不及信件形式寄回校对样稿，那么无论是电子版或是传真，应用红体或杠线标记出改动部分，加以区分。

（四）关于英文摘要

越来越多的杂志都有了进入国际科技论文检索系统的目标，所以相应的就需要英文摘要。需要强调的是，如果实在没有翻译英文的能力，也请不要用翻译软件应付，因为这样的软件翻译出来的东西，编辑基本一眼就能看出来，那么一定会对你的学术态度、论文水平有一个不好的印象，这很可能会影响初审的结果，而且是没有必要的。如果真的没有翻译的能力，可以如实说明，不排除有的杂志会收取几十元不等的代翻译费用，但无论如何总会有专业的英文编辑负责给翻译好。所以，用翻译软件凑合是很不划算的。第二点需要强调的就是，看好稿约中的要求，有的杂志只翻译摘要和关键词就可以，但是包括中华系列的一些杂志在内的大多数杂志都要求翻译标题、作者、单位、摘要及关键词的全部内容。其实这些没有多少内容上的差别，但是认真按要求做体现的是一种态度，希望大家认真对待。

（五）关于审稿

现在一般杂志都实行三审制（编辑初审、专家外审、审稿组终审）。有些杂志会在承诺时间内通知稿件处理情况，包括没有录用的也会有退稿通知。有些杂志只对录用稿件发出通知，要注意无论是信件还是电子投稿时都需详细注明信件的邮寄地址、联系电话。作者应在投稿时问清审稿结果出来的时间，并问清对不录用稿件的处理情况，届时另行处理，以免耽误时间。需要作者修稿的，应注意看好修稿的规定时限，超过时限的稿件视为自动撤稿，杂志社不会负责。关于一稿多投，现在几乎所有的杂志社都申明拒绝一稿多投，因为各个杂志的刊发周期不同，一稿多投的文章一旦在一个刊期短的杂志上刊发，不但会影响另一个甚至几个杂志的正常刊发情况，并且会引起不必要的争议和版权争执。而且，现在好的杂志对一稿多投都有一定的惩罚措施，比如拒绝再次录用该作者的文章。

编辑初审的这一步，其实是很容易过关的。只要有一个认真的态度，表现在文章上就是与稿约要求一致的格式；有详实可信的参考文献；有缜密的科研思维；有基本的统计学方法、数据。那么，排除选材方面的因素，这一关基本就差不多了。

另外，随着科技论文的网络化、国际化，现在已经有了制止论文抄袭的有力工具，现在比较前沿的是CNKI的《科技期刊学术不端文献检测系统》。下面举个例子给大家介绍一下。

某作者投来一篇关于微创人工关节置换术的论文，论文基本能够符合稿约的要求，编辑根据《科技期刊学术不端文献检测系统》对文章内容的真实可靠性进行对比检查。通过与《中国学术文献网络出版总库》的比对，结果显示，此篇论文有67%与《中华骨科杂志》2008年中的一篇论文有重复，所以，编辑认为此篇论文抄袭嫌疑较大，初审没有通过。

（六）修改文章的注意事项

修改后要尽快寄回编辑部，时间拖得太久，可能会影响刊期。如果有特殊情况，要电话与编辑部沟通，及时说明情况。如果对修改意见有异议的，应告知编辑，说明理由，并最终达成共识，如果对审稿专家的意见有异议，又与编辑沟通未果的，应理性对待，编辑部很难会听从一个可能是不知名的作者的意见而完全忽略审稿专家意见的。需要注意的事项如下：

1. 计量单位　试验前后数据的单位名称要统一，而且要用通用的单位制，但血压通常都用mmHg。

2. 统计学　很多文章修改的意见都有补充统计学方法及数据一项，例如中华系列期刊对统计学的要求在稿约中就很明确，修稿时应根据稿约再添加内容或作以调整。例如中华系列杂志中关于统计学这部分的要求是：

（1）统计学符号：按GB 3358-1982《统计学名词及符号》的有关规定，统计学符号一律采用斜体。

（2）研究设计：应告知研究设计的名称和主要方法。如调查设计（分为前瞻性、回顾性还是横断面调查研究），实验设计（应告知具体的设计类型，如自身配对设计、成组设计、交叉设计、析因设计、正交设计等），临床试验设计（应告知属于第几期临床试验，采用了何种盲法措施等）；主要做法应围绕4个基本原则（重复、随机、对照、均衡）概要说明，尤其要告知如何控制重要非试验因素的干扰和影响。

（3）资料的表达与描述：用$\bar{x} \pm s$表达近似服从正态分布的定量资料，用M（QR）表达呈偏态分布的定量资料；用统计表时，要合理安排纵横标目，并将数据的含义表达清楚；用统计图时，所用统计图的类型应与资料性质相匹配，并使数轴上刻度值的标法符合数学原则；用相对数时，分母不宜小于20，要注意区分百分率与百分比。

（4）统计学分析方法的选择：对于定量资料，应根据所采用的设计类型、资料所具备的条件和分析目的，选用合适的统计学分析方法，不应盲目套用t检验和单因素方差分析；对于定性资料，应根据所采用的设计类型、定性变量的性质和频数所具备的条件及分析目的，选用合适的统计学分析方法，不应盲目套用χ^2检验。对于回归分析，应结合专业知识和散布图，选用合适的回归类型，不应盲目套用简单直线回归分析；对具有重复实验数据检验回归分析资料，不应简单化处理；对于多因素、多指标资料，要在一元分析的基础上，尽可能运用多元统计分析方法，以便对因素之间的交互作用和多指标之间的内在联系做出全面、合理的解释和评价。

（5）统计结果的解释和表达：应写明所用统计学方法的具体名称（如：成组设计资料的 t 检验、两因素析因设计资料的方差分析、多个均数之间两两比较的 q 检验等），统计量的具体值（如：$t=3.45$，$\chi^2=4.68$，$F=6.79$ 等）；在用不等式表示 P 值的情况下，一般情况下选用 $P>0.05$、$P<0.05$ 和 $P<0.01$ 三种表达方式，无须再细分为 $P<0.001$ 或 $P<0.0001$。当涉及总体参数（如总体均数、总体率等）时，在给出显著性检验结果的同时，再给出 95% 可信区间。

3. 其他　有些杂志的修改稿上会有一些印章字样的要求，例如补充作者出生年、籍贯、性别、职称、学历、联系电话，等等。仔细核对，如果自己的文章中不缺少所指的任何一项，核对即可。如果有缺失则需要补充，不需要去电专门咨询所列内容都有还需要不需要补充之类的傻问题，这些印章是针对所有稿件的。有些杂志社可以有偿办理优秀论文证书，如果有需要，可以邮寄相关费用办理。

（七）版权协议

包括中华系列杂志在内的一些杂志现在越来越重视与版权有关的相关法律问题。所以，相应地，都会要求作者签署一份版权协议书。一般直接签署即可。

四、中文杂志网上投稿简介

网络投稿，作者可以随时登陆查看自己稿件的进展情况、审稿结果，不仅减少了学术期刊编辑的工作量，提高了工作效率，而且为广大作者投稿的公平、公开、公正更是提供了介质。随着时间的推移，网上投稿这种方式已经越来越受到广大作者和编辑的欢迎，并且必将会有更为广阔的发展空间。下面以《中华麻醉学杂志》为例，详细介绍一下网上投稿系统的应用。

（一）搜索网址，进入主页（图 14-2）

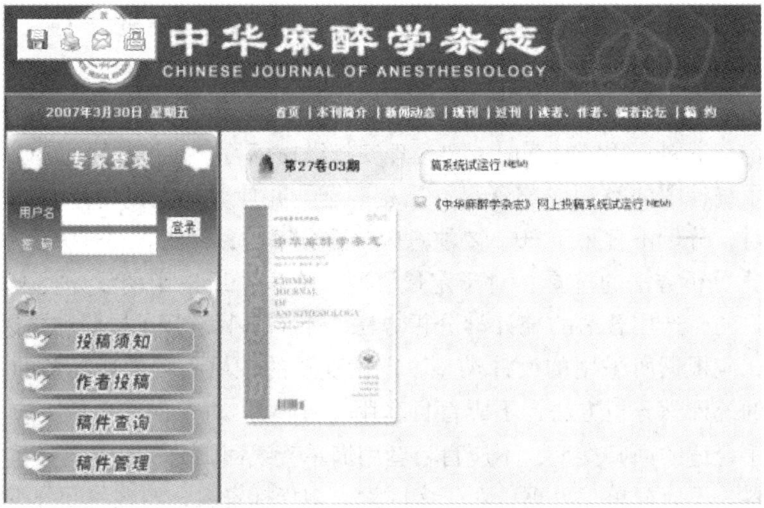

图 14-2　《中华麻醉学杂志》主页

第一次向该刊投稿的作者应当仔细阅读投稿须知，详细了解后再进入投稿的流程。磨刀不误砍柴工，要相信，这是十分必要的。如果在写作前没有仔细研究过拟投杂志的稿约，那么这是仔细查看自己的论文是否能基本符合稿约标准并及时做出修改的最好机会，对于提高命中率也是十分重要的一步。

（二）注册

首先需要注册一个用户名及密码，在以后查询稿件情况的也会用到，所以建议作者将各个网上投稿的用户名和密码设为同一个，方便记忆。在注册的同时，需要填写相关的一些信息，建议大家填写真实信息，虽然信息化的今天信息的泄露和丢失很严重，但是也不必要有那么大的戒心，一般情况下，这些信息都会得到很好的保密（图 14-3）。

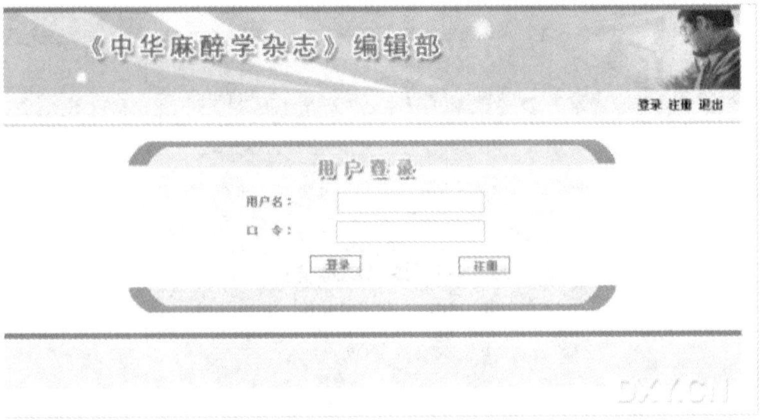

图 14-3　登录界面

（三）填写稿件信息

注册完成后，重新登陆系统，填写稿件相关信息。注意要尽量详细地填写（图 14-4）。

（四）上传稿件

填写信息完成后会有一步提醒你上传稿件，将稿件的电子版放入所用电脑后上传即可，注意稿件文件名用第一作者姓名命名比较好。有图表的也按此方法同时上传（图 14-5）。

（五）上传成功

上传成功后，会有提示。如截图所示“已上传 1 个文档”。不同的系统会有不同的提示语，但总是有提示语，看到上传成功完成后，点击“投稿”或“完成”字样的部分即可。

（六）稿件情况查询

在完成投稿后，点击“稿件查询”进行查询，然后输入先前注册的用户名和密码登陆系统后即可查询。

（七）小结

不同杂志会有不同版本的网上投稿系统，大同小异，总结一下，基本步骤为注册——填写个人信息——填写稿件相关信息——上传稿件——完成退出——再次登陆系统——查询稿件情况。

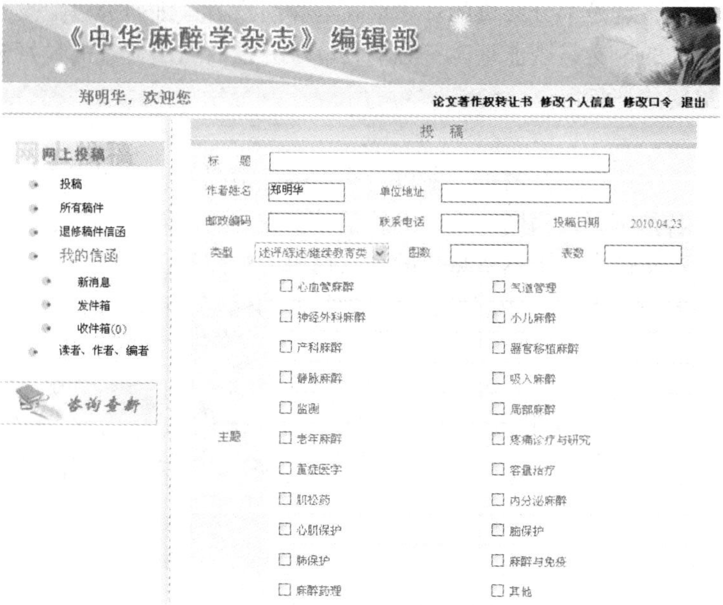

图 14-4 填写稿件信息

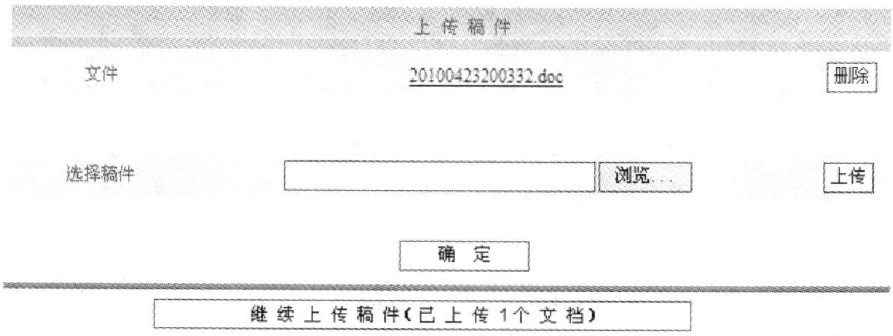

图 14-5 上传稿件

现在，CNKI 网站上也有网上投稿的系统，其优点是其对各个杂志有了比较系统全面的介绍，包括影响因子的具体值，可以更方便作者选择杂志。但是，现在没有被各个杂志普遍采用，还属于试运行阶段。

第二节 英文论文投稿

对于一名科技工作者来说，往往更关注自己的论文能否得到国际同行的认可，而中文期刊在国外发行并不多，且国内稿量充沛，论文发表难度较大。所以，国内学者应该考虑把部分稿件以英文形式向国际期刊分流，在 SCI 或 EI 杂志上发表。这不仅有助于学术的国际交流，还能提升个人在学术界的影响力。此外，国外审稿人的意见对作者提高学术水平和开拓科研思路也是大有裨益的。向国际期刊投稿，学术水平是必要基础，语言格式是内在条件，投稿流程是外部保障。这一节着重讨论英文期刊的投稿和发表的一般流程。

一、英文投稿和发表的基本流程

1. 常见英文期刊投稿和发表的基本流程如下（图 14-6）

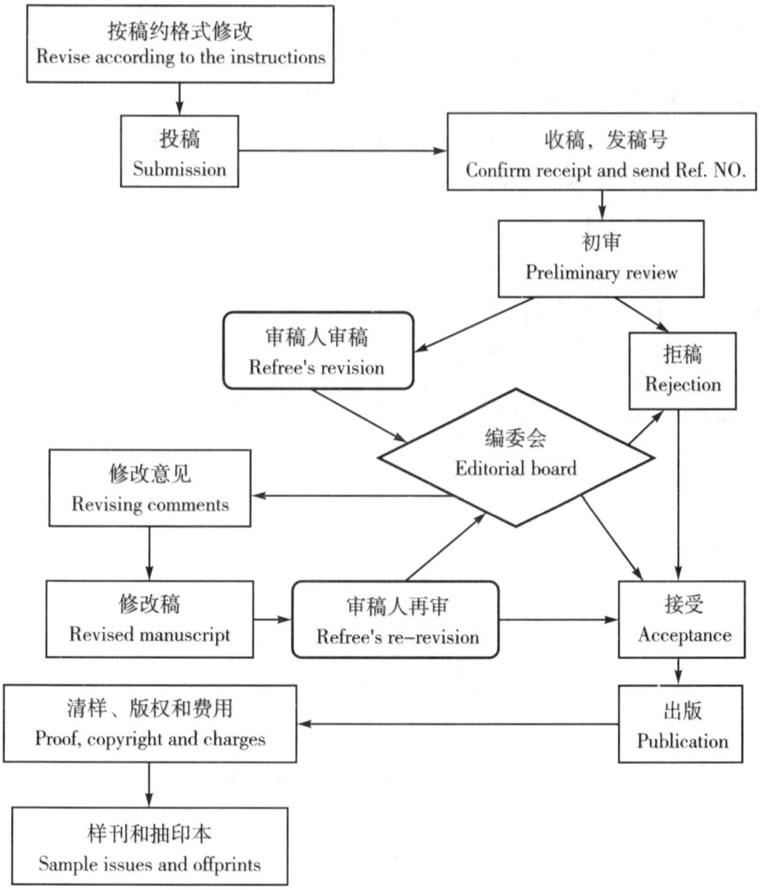

图 14-6 英文期刊投稿和发表流程图

1. 投稿前准备 根据文稿的内容和质量选择适当的拟投期刊。按稿约要求重新编排文稿的格式，包括字体号、大小写、文字量、文稿组成顺序、图表格式、参考文献等，最后还要对文字润色，以迎合本刊的语言风格，比如同类杂志有的侧重于理论研究，也有些倾向于科普报道，故前者撰写应突出专业性，而后者撰写宜浅显易懂，以适合不同人群。

2. 投稿 英文期刊投稿方式常见有三种：邮寄纸质文稿、Email 发送电子文稿及在线投稿系统。它们的投稿流程基本相似。

（1）邮寄纸质文稿：根据稿约提供的地址，将纸质内容寄达编辑部，一般包括：投稿信、文稿（包括复印件）、图表及解说以及其他要求的附件。建议作者不要寄给某个编辑而是寄到编辑部；文稿最好用曲别针固定，避免使用订书钉装订而可能刮破文件；照片可以考虑加用硬纸板保护，并选用大号结实的信封。总之，一切要为稿件的完好性考虑。

（2）Email 发送电子文稿：根据稿约提供的电子信箱将电子版文稿发送到编辑部，通常对文档的格式有要求，如常见的 Word、PDF 格式，需提交的电子内容基本同上。建议作者使用国际上大型网站的邮箱，如 Yahoo、Gmail、Hotmail 等，尽量不用网易、Sina 等邮箱，以避免对方当作垃圾邮件而错失投稿。

（3）在线投稿系统：首先登录拟投杂志网站的主页，点击投稿，按提示注册账号，逐步填写，直至完成文稿的提交。作者要记住所申请的账号与密码，以备日后查询审稿进程或再次投稿时使用。下面以 Mechanisms of Ageing and Development 为例简述在线投稿过程：

第一步，登录杂志主页点击“Submit Article”，进入“Register”系统，填写基本信息，如姓名和邮箱地址，填毕按“Continue”进入下一步。必填信息一般用红色标明，如果没有填写将不能进入下一步（图 14-7）。

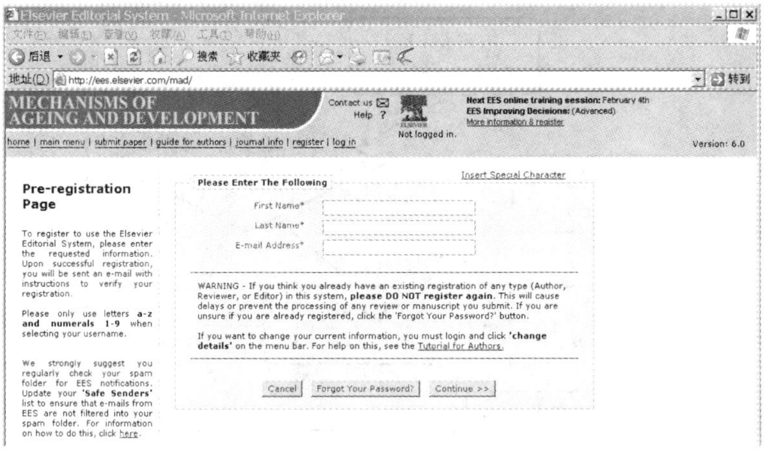

图 14-7　Elsevier 旗下杂志登录界面示例

第二步，逐项填写个人的详细信息（图 14-8）。

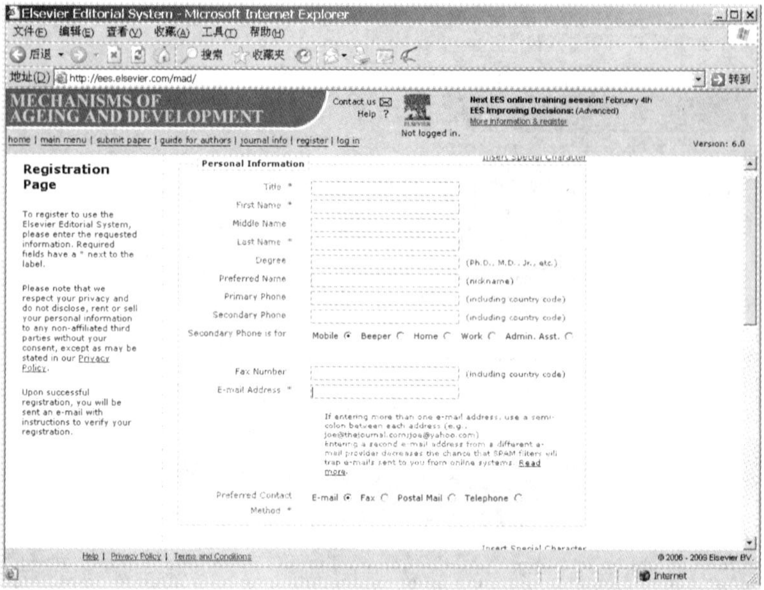

图 14-8　用户注册

第三步，注册完成，系统通过作者提供的邮箱发送注册号（Username）和密码（Password）（图 14-9）。

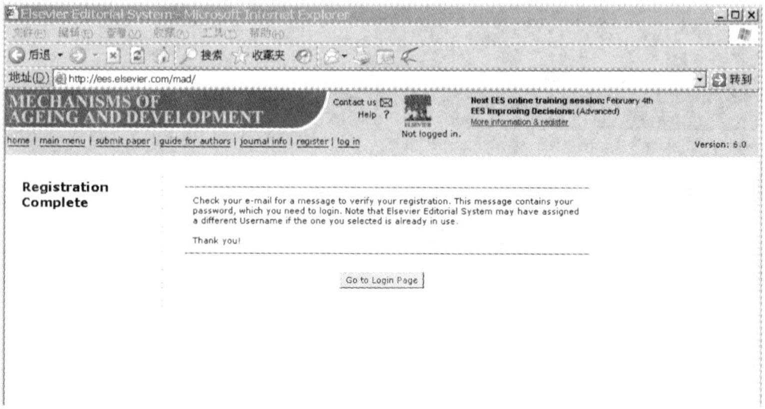

图 14-9　注册完成后的提示

第四步，重新登陆系统，根据注册号和密码进入投稿页面（图 14-10）。

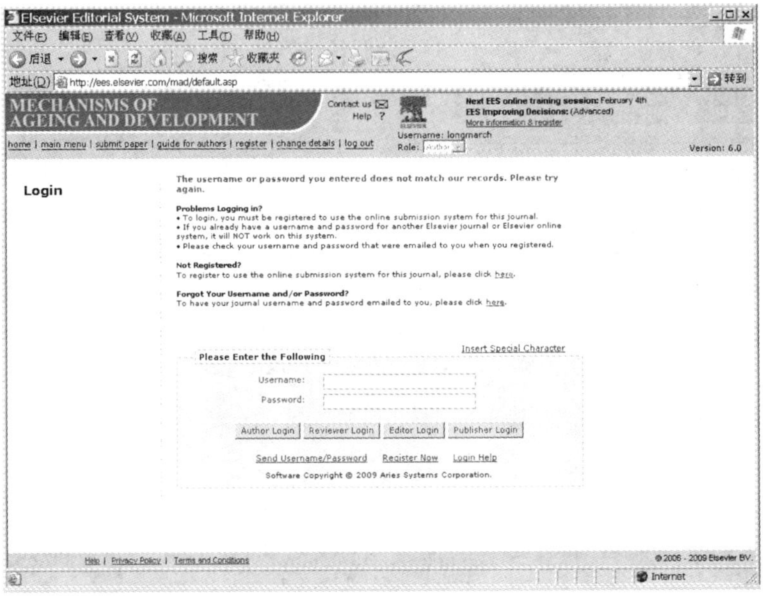

图 14-10 登陆界面

第五步，在作者主菜单页面，选择“Submit New Manuscript”，逐步填写，直至提交“Submit”（图 14-11）。

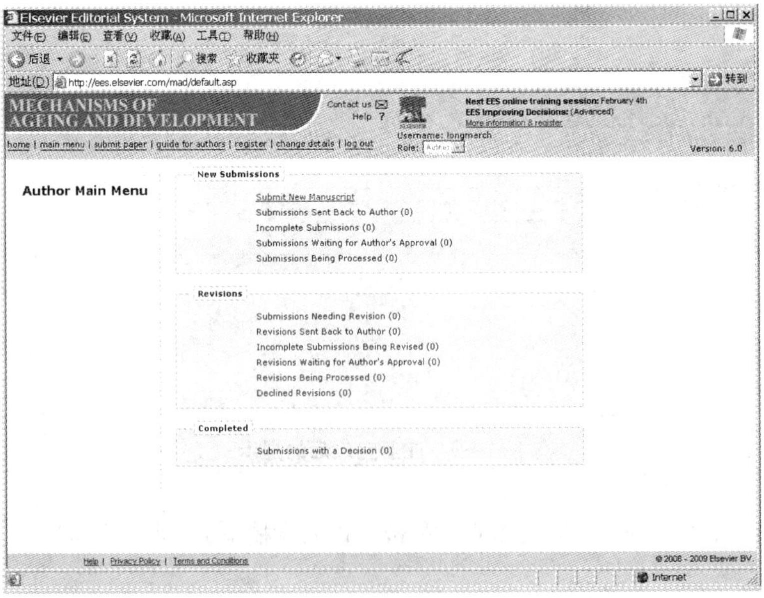

图 14-11 提交稿件

3. 编辑部收稿 编辑部收到稿件后会尽快安排稿件号，通过 Email 或网站自动回复系统发送至作者的电子邮箱，此号码即为该稿件在编辑部内的 ID，作者要牢记，以后与编辑交流时必须注明此稿件号。

4. 初审与送审 收稿后编辑部将文稿转相关编辑初审，确认格式符合该刊要求，初步判断文稿的质量，再决定是否直接拒稿或送审。审稿人可能是作者推荐的专家，也可能是编辑选择的专家，如果编辑本身就是这方面的专家，也可作为审稿人，通常一篇稿件需 2 ~ 3 名审稿人。审稿周期一般为 2 ~ 3 个月，在此期间不需频繁催稿，编辑会在规定的时间内回复作者消息。但如果审稿人意见分歧很大，编辑还会邀请更多审稿人再审，审稿时间会相应延长。

5. 审稿结果 编辑根据审稿人的意见，对稿件给出以下结果：拒稿、修改后再投、大修、小修或录用。对于第一种结果，编辑也会附上审稿人的意见，作者可以对不同意的审稿意见提出反驳，但一般来说都是徒劳的，建议作者修改后投低一级杂志；第五类结果是令作者最高兴的结果，一般较为少见。

6. 修改与再修 对于需要修改的稿件，作者需根据编辑和审稿人的意见逐一应答（response to response）。赞成的意见应该在修改稿中作出修改，并在回信中予以说明；对于不认同的意见，或由于审稿人本身的知识缺陷以及学术观点不同而提出错误的意见，作者需认真对待，反复揣摩审稿人的意思，再作出合理的解释，最好引用可信的文献来增强说服力。千万不要使用攻击性的语言，因为你的修改信息还要返回原审专家，这样只会带来负面影响。对于非母语国籍的学者，有时编辑还会要求作者请一位专业领域的英语专家（native English specialist）对文章作润色（polish）。

7. 录用与清样 稿件接受后，编辑会发出录用函，并且将文稿用 PDF 格式排版，送作者校对。此时，作者应本着对文章和杂志负责的态度，小到标点符号和语言习惯（如英国英语还是美国英语）都要仔细审阅校对稿，有错误之处，按规定格式作出纠正，并在回信中一一陈述。如果需变更作者和单位，须在此之前完成，校稿后不应该再作改动，校正稿通常在 48 小时内寄出，否则会影响文章正常出版。

8. 版权转让 关于版权转让问题，不同杂志有不同的规定，有些杂志规定作者向该刊投稿时就意味着同意转让该文章的版权，并在投稿时提交转让协议，但目前大多数期刊在文章接受后才要求作者填写版权转让协议表（copyright transfer form），由编辑寄给作者，或者作者从期刊主页上自行下载，需要作者签名和单位盖公章，则邮寄或扫描后 Email 发给编辑，也有一些期刊不需要版权转让，如《IEE Electronics Letters》、《Nature》等。

9. 版面费及抽印本 不少外文期刊不需作者交纳版面费，或对外国作者免费出版。也有些杂志征收一定数量的版面费，或者对彩色图片征收印刷费；需要订购抽印本（offprint/reprints）的作者要填申请表，所需费用一并支付，通常选择支付的方式有信用卡（credit card）或支票（check）。

10. 非正式出版与出版 校样后的文章很快在期刊主页上非正式出版（available online），并在一些数据库内以电子版（e-publication）形式检索，待文章由出版社正式印刷后，编辑给作者寄送样刊和抽印本。

11．其他问题 文章发表后，作者应保留原始资料，如英国（《The Lancet》）需要作者保留原始资料至少5年。由文章引发争议的，杂志还要请作者对文责辩护，其他小错误，如印刷、笔误等，也应及时纠正，并在下期杂志上作更正说明。由于严重错误等问题必须撤稿。此时一般由通讯作者向杂志社提出，在杂志上及时刊登撤稿说明，并从数据库中删除该论文。

（二）生物医学常见顶级杂志的发表流程

在国际期刊上发表文章能够促进学术的国际交流。如果能在相关领域的顶级杂志上发表学术论文，是广大学者梦寐以求的业绩，也是作者进入科技前沿的标志，这不仅大大提升个人在国际学术界的威望，甚至还会给国家带来荣誉。我们以《Nature》杂志为例，讲述顶级杂志的投稿与发表的流程。

1．投稿前准备 《Nature》鼓励投稿者先向编辑部提交论文摘要或文章概述等核心信息，确定论文质量达到Nature要求后，编辑再邀请作者递交全文，这种非正式的反馈信息主要在于节省编辑和作者发表论文的时间——如果该论文不适宜在《Nature》上发表可及时改投它刊，不耽误论文的发表，当然，如果作者有足够信心，也可以直接投递全文。

2．投稿 《Nature》要求作者在线投稿，不接受Email投稿，但如果作者不能完成在线投稿，可向编辑部寄送纸质文稿，按稿约要求打印五份，随信附上带有电子文稿的磁盘，寄至The Editor at Nature，Porters South，4 Crinan St，London N1 9XW，UK，国外作者最好在信封上注明“No commercial value”，注意不接受传真投稿。编辑部收稿后转相关编辑初审，合格后再送审。

3．审稿 当编辑决定将论文送审，首先会通知通讯作者。《Nature》审稿人的选择是严格把关的，通常选择2～3名该领域的权威专家，能够对论文作出全面公正评价的能力，评审过相关稿件，且能够在规定时间（3周）内回复审稿意见，编辑也会考虑作者推荐的审稿专家。

4．修改 收到审稿人意见后，编辑作出决定：拒稿、录用或修改。如果被《Nature》拒稿但适合在《Nature》子刊发表的，编辑还可能推荐作者将论文转入子刊审稿流程，当然作者具选择决定权；如果需要修改，编辑会提供特别建议，作者应在修改稿中逐一修改，并对修改意见作出评价。

5．录用和校样 文章接受后，编辑会对论文做文字加工，主要包括篇幅压缩、语言润色、图表编辑及风格优化，以增强可读性，让专业以外的读者易懂。《Nature》对彩色照片征收一定的出版费，但也可以申请免费，若需要抽印本需提前预订。

6．出版 论文经最后加工，以印刷版形式出版，并在期刊网站以PDF和HTML格式全文刊登，如果由于印刷版篇幅限制，而编辑和审稿人认为某些信息对论文非常重要，如方法与材料，数据表等，《Nature》还要求将它们作为补充信息一并在网上刊登，当然也要经过严格的审稿程序。

7．出版后 《Nature》不需要作者转让版权，但须签署独家出版许可协议，这意味着作者可以自由转载该论文，但不可再版。编辑部还通过新闻发布会或其他媒体对某些论文作特别报道，以加强信息传播。原作者或其他作者还可以对已发表的某些数据进行再分析，作为新论文在《Nature》上发表。

（三）特殊类型文体的发表流程

这里指的“特殊”是相对常见的论文发表流程而言，比如综述。

综述是围绕某一研究专题，对大量文献归纳整合，并带有作者评论性见解的论文，反映某一领域最新的研究进展或研究动态，许多外文期刊都开辟“综述专栏”，但每期刊出量很少，通常只有一到两篇。由于综述具有概括性、新颖性和评论性，所以撰写者必须在这一领域有一定的研究基础且有较强的洞察力。也有些杂志专门刊登综述，如《Annual Review Immunology》、《Physiological Review》等，影响因子极高，只有国际权威专家才有机会在此类杂志发表论文。

综述的投稿一种是约稿，一种是非约稿。约稿通常是编辑邀请在某一领域作出突出贡献的专家来撰写，在规定时间内交稿，一般来说如果没有严重问题都会刊登，影响力较大的杂志基本上都是采用约稿的方式征稿。对于非约稿的杂志来说，作者最好事先与编辑部取得联系，询问该杂志是否接受综述类论文，如果愿意接受，可能先要提交一份概述，再撰写并按正常投稿程序投递稿件。有的杂志还刊登 mini-review，一般为非约稿，作者对某一领域的研究进展作一简短综述。

二、常见稿约的基本内容及要求

（一）稿约在投稿中的地位和作用

科技论文撰写都有一定的语言和格式的规范，1979 年国际医学期刊编委会（International Committee of Medical Journal Editors，ICMJE，http://jama. ama-assn. org）在加拿大温哥华市率先制定了《生物医学期刊投稿的统一要求》（Uniform Requirements for Manuscripts Submitted to Biomedical Journals），经历次会议修订，已成为生物医学类杂志发表论文的基本要求。在此统一要求的大前提下，各类杂志也结合自身特色，制定了自己的稿约（Instructions for authors、Guidelines for Authors、Advice to Contributors、Information for Authors），以便该杂志所刊载的论文在报道范围、文体格式和语言风格上保持一致，所以作者在撰文前一定要认真阅读拟投杂志的稿约，并用来指导论文的撰写，以免成文后大幅度的修改而浪费宝贵时间。此外，根据稿约要求撰文也有助于提高论文质量，减少退修次数，加速审稿进程，也降低编辑的工作难度。

（二）稿约的基本内容

稿约是介绍杂志的一般信息和告知作者投稿与发表程序的资料，如主办的单位、涵盖领域、数据库收录情况及影响因子、投稿流程、发表周期、是否收费及收费标准等等。以下就常见稿约所涉及的等各个环节及注意事项作一概述。

1. 杂志的报道范围（report scope） 稿约通常在首段说明哪些领域或内容的文章适合在本刊发表，哪些内容不宜接受。如《Journal of Experimental Medicine》主要刊登生理学、病理学和机体对疾病作用的分子机制等方面的论文，涉及领域包括免疫学与炎症、微生物致病机制、癌症生物学、干细胞生物学、造血与血管生物学，而不刊登纯粹描述和无重要价值的技术报道。作者也可以通过刊名和栏目设置以及近期刊出的稿件对拟投稿是否适宜在该刊发表作出大致判断。

2. 编辑职责（editorial obligation） 稿约中公布编委会组成（editorial board）、编辑（editors）、出版商（publishers）及其联系方式，其中编辑是联系作者与审稿人以及出版商的中间人，他们的职责包括检查稿件及附件材料是否齐全；实验动物和人的处理是否符合道德规范；初步对文稿的数据和内容进行审核；选择审稿人并送审；告知作者审稿、录用与出版的程序等。

3. 投稿方式（submission manners） 稿约给出文稿投递的方式，一般要求通讯作者投稿，编辑部也会留下电话、传真和 Email 的信息，作者可以通过这些方式向编辑部咨询稿件信息。

4. 文稿类型（manuscript types） 稿约中规定可接受的文稿类型，如研究型论文（research paper）、综述论文（review paper）、短篇报道（brief report）、通讯（letters）等，并对各类文稿的字数，格式等作出具体要求。

5. 文稿准备（manuscript preparation）

（1）格式要求（format requirements）：稿约中规定文稿的格式，如 Word，RTF，PDF 等；对排版也会有要求，如常见两倍距，连续页码，三级标题等。

（2）标题页（title page）：对标题的字数、字体、符号及简洁性作出明确规定，对署名与单位地址的排序也作出要求，并要附上通讯作者详细的联系方式，如邮寄地址、Email、电话、传真等，对共同通讯作者还要指出与谁进行联系；对非常规缩写词通常也要在标题页中注明。

（3）论文组成部分（paper compositions）：生物医学论文通常包括：摘要、关键词、前言、材料与方法、结果、讨论、致谢、参考文献、图表及其说明。

稿约对图表的质量、尺寸、像素、格式和图标作出具体要求，一般图和表都要冠以标题，并在注释中对重要结果作出说明，显微照片需附上刻度尺（scale bar）或放大倍率（magnification），有些杂志对黑白图或彩色图作不同要求，需具体对待。数据表通常采用三线格式，即没有竖线条。

6. 审稿、录用和出版（review，acceptance and publication） 稿约中会标明审稿和出版周期，作者也可以从已发表文章的收稿日期、修回日期及接受日期作粗略推算；录用后，编辑部发出清样通知，有时杂志还征询作者是否愿意提供封面照片（cover figure）和解说词，这是杂志对作者工作的极大认同；完成后稿件送出版社印刷。

7. 版面费（page charges） 关于出版费，稿约中会明确说明，有些杂志不需要作者交纳任何费用，有的杂志对彩色照片征收印刷费，有的杂志对文稿按字数或超过的数字征收出版费，有时还会对补充材料收费。对无法承担费用的作者，有些杂志提供减免申请。

8. 其他（others） 有些杂志的稿约还对作者资格（authorship）、脚注（footnote）、利益冲突（conflict of interest）、撤稿（retraction）和保密（confidentiality）等问题作出说明，还可能为作者提供最新的写作模板（template）。

（三）稿约中常见语句及理解

稿约是指导论文写作的纲领，但由于语言文化的限制，国人往往对稿约中某些英文语句不能完全理解或不能完全正确理解，我们总结稿约中常见的语句，并分析语义，以供参考。

1. 关于论文格式的常见语句及理解

（1）All manuscripts should be typewritten, double-spaced, and one-sided. Number manuscript pages consecutively throughout the paper. Authors should also supply a shortened version of the title for a running head, not exceeding 50 character spaces. （摘自《Chemical Engineering Communications》稿约）

内容大意：所有文稿需单面隔行打印，并按页码排列好，作者还需要提供一个不超过50个字符的运行标题，概括论文的标题。

扩充理解：眉题（running head）是对文章题目的高度总结，多用关键词和能突现文章特点的词语，包括缩写词，杂志把它印在该篇论文每页的页首处，也称 running title 或 running head。如：

Title：Dendritic gorwth and spine formation in response to estrogen in the developing Purkinje cell.

Running head：Purkinje cell development induced by estrogen.

（2）Footnotes to the title should be indicated by superscript Arabic numerals and typed double-spaced at the bottom of the title page. Do not use footnotes in the text; incorporate this information in the body of the article. （摘自《Gynecologic Oncology》稿约）

内容大意：标题的脚注用上标的阿拉伯数字注明，在标题页底部隔行打印，文中不要用脚注，应将需要脚注的信息杂合在正文中。

扩充理解：题目脚注可在 Word 文档中依次按“插入-符号-引用-脚注或尾注”添加，一般用§、†或*等符号，主要对基金资助情况、通讯作者、共同作者、同等贡献等进行注解。

（3）Use 21.5 ×28 cm（8 1/2 ×11 in）bond paper, and leave 2.5 cm（1 in）margins on all sides. （摘自《Palynology》稿约）

内容大意：文稿用高级书写纸 21.5 ×28 cm 打印，每个页边留 2.5 cm 空白。

扩充理解：Bond paper 指办公系统中用于打字的无涂层纸，类似于证券纸，21.5 cm（宽）×28 cm（长）；8 1/2 ×11 in，英制尺寸单位，1 inch（英寸）等于 2.54 cm。

2. 关于投稿的常见语句及理解

（1）Your uploaded manuscript submission will not be considered for peer review until the completed covering letter has been received by the publishers（instructions on template）. If the publishers have not safely received your covering letter within 30 days of manuscript successful upload, they will email the corresponding author a reminder. （摘自《European Journal of Anaesthesiology》稿约）

内容大意：在线投递文稿的只有等编辑收到投稿信才进行同行审阅，如果成功投稿 30 天，编辑还没有收到投稿信，编辑将通过 Email 提醒通讯作者。

扩充理解：作者在线投稿完成后，应即时寄送稿信，内容一般包括无一稿多投，无利益冲突等说明，并要求作者签名和单位盖章，可邮寄纸质版或扫描后发送电子版，编辑只有在收到投稿信后才肯送给同行评审。

（2） All papers are assessed initially by members of the Executive Committee. Authors should indicate, in the appropriate section during online submission, two of the journal's Executive Committee whose area of expertise is closest to the topic of the paper. （摘自《European Journal of Immunology》稿约）

内容大意：所有论文都要经编委会成员初步评估，因此，作者在线投稿时在适当位置注明拟选择的两名执行编辑，要求与所投稿件领域相近。

扩充理解：编辑部收到稿件时需要经编委会内部初审，通常杂志主页上会提供每位编委的详细信息，投稿者根据稿件内容选择两名即可。

（3） Any papers by the authors that are under consideration or in press with other journals and not yet available online and are related to the manuscript submitted to the European Journal of Immunology have been submitted as supporting information. （摘自《European Journal of Immunology》稿约）

内容大意：任何与所投稿件相关的论文，无论正接受其他杂志审稿还是待发表，均要在投稿时作为所投稿件的附件，提交给《European Journal of Immunology》编辑部。

扩充理解：一些影响力较大的杂志常常要求确保投本刊的论文"新颖"，对与所投稿件相关的论文要严格审查，所以不难理解《European Journal of Immunology》的要求。《Nature》也有这样要求。

3．关于图表的常见语句及理解

（1） Artwork should be sequentially numbered using Arabic numbers. Schemes and charts may have titles and footnotes; figures should have captions. Structures should be numbered with boldface Arabic numbers. Remove all color from graphics, except those graphics to be considered for publication in color. （摘自《Nano Letters》稿约）

内容大意：插图应用阿拉伯数字该按顺序编号，流程图和图表要有标题和脚注，照片应该配有解说，结构应该用黑体的阿拉伯数字编号，除去图片的彩色，除非这些图片需要考虑以彩色出版。

扩充理解：scheme：流程图，图解；figure 或 graphic：几何图形、图案、照片或 excel 制作的柱状图等；charts：轮廓图，图表（如 excel 做的圆形比例图）；artwork：插图（总称），如线条画、图片。

（2） Ensure that figures will be legible and comprehensible at final size and are of sufficiently high resolution (see guidelines below). Permitted file formats are TIFF (.tif), JPEG (.jpg) and EPS (.eps). （摘自《Neurological Research》稿约）

内容大意：确保最终上传的照片大小符合要求，照片清晰可理解，具足够的分辨率，允许图片的格式为 TIFF（.tif）、JPEG（.jpg）和 EPS（.eps）。

4．关于版权的常见语句及理解

A copyright transfer form signed and dated by all authors must accompany each new manuscript. The title of the manuscript and the names of all authors, in the order in which they appear on the manuscript, must be printed in the designated spaces in the form.（摘自《Asian Journal of Andrology》稿约）

内容大意：每份新投稿都必须附有签上所有作者姓名和日期的版权转让表，文章标题和所有作者按文中出现的顺序在表格指定位置填好。

5. 关于文体类型的常见语句及理解

Letters of general interest, unlinked to earlier items in the journal, are also considered, and can be up to 400 words long.（摘自《The Lancet》稿约）

内容大意：快讯类的文章，只要内容比较吸引人，也可以考虑在本刊发表，但要控制文章长度在400字以内。

扩充理解：文体类型常见有研究性论文、综述性论文、简报、快讯（通讯）等，各种类型均有各自的要求。

6. 关于补充材料的常见语句及理解

Supplementary information such as datasets, animations, models or videos must be submitted offline, but you will need to indicate that an item of this type is being included in the submission.（摘自《Neurological Research》稿约）

内容大意：补充材料如数据表，动画，模型或视频应离线投递，但需要在投稿时注明有无补充材料，属哪一类。

扩充理解：补充材料是论文的一个组成部分，由于印刷限制而只在网上公布，包括重要的数据，动画，模型或视频等，有时不能在线投递，须以邮寄的方式寄达编辑部，这部分材料同样要进入审稿程序才能发表。

7. 关于校稿的常见语句及理解

Proofs must be returned within 48 hours of receipt. We cannot guarantee the inclusion of corrections received after the 48-hour deadline. Please be advised that last-minute rewrites or substantive alterations to Results and Conclusions sections may require re-reviews by the Editor and the Editorial Board, and thereby cause significant delay in the publication of the manuscript.（摘自《Journal of Neurosurgery》稿约）

内容大意：校正稿必须在收到后48小时内返回，这并不能保证修正稿能在48小时期限内收到。需要说明的是如果修改稿对结果和结论部分重写或大修，还需要编辑和编辑部重新审稿，这样会大大延迟论文的出版。

扩充理解：一般稿约都要求在规定时间内返回校正稿，此时不应作大量改动，而主要针对排版，印刷，语法和拼写错误等方面的纠正，大幅度的改动须重审，导致论文延迟出版，甚至弃用，对确实需要大修的，最好与编辑商量，以便作合理安排。

8. 关于参考文献的常见语句及理解

（1）List references in alphabetical order according to the last name of the first author.

参考文献按第一作者的姓氏首字母顺序排列。

（2）If automatic numbering systems are used, the reference numbers must be finalized and the bibliography must be fully formatted before submission.

如果使用自动编号系统，在投稿前必须确定参考文献的格式。通常 Word 文档有自动编号系统。

9. 其他常见语句及理解

(1) Every new paragraph should be clearly indented.

每段都要缩进。

通常新段落的第一个词缩进，称为缩进式或锯齿式，英国常用此格式。

(2) Do not use right-hand justification.

不要用右对齐。

(3) Use two carriage returns to end headings and paragraphs.

标题及段落结束后回车两次。

(4) The lettering on the artwork should have a finished, printed size of 7 pt for normal text and not smaller than 6 pt for subscript and superscript characters.

Lettering：字体，如 Times New Roman；pt：磅，字号；Subscript and superscript：上标和下标，如 X^2/X_2。

第三节　投稿系统和投稿流程

一、常见投稿系统介绍

(一) ScholarOne Manuscript Central™系统

Manuscript Central™是美国弗吉尼亚州 ScholarOne 公司的产品，是世界科技及医学期刊（Science, Technical and Medical, STM）出版业的主流软件。该系统自 1999 年推出以来，已经被全球许多期刊采用。现在每月从 Manuscript Central™提交的有 25 000 件左右的稿件，注册用户超过 100 万。Manuscript Central™可与 ScholarOne 公司系列产品 1stEdit™，Article Registration Center（ARC）™，e-Stacks™，Production Central™，Composition and Editorial Services 等软件实现投稿、审阅、编辑、出版印刷等过程的全程网络化，电子化，实现真正意义上的出版电子化。德国 Springer、美国 Wiley 公司等多数期刊应用此系统。

此系统简介如下：

http://www.scholarone.com/products_ manuscriptcentral.html

Manuscript Central™提供了 6 个可能的用户群，包括作者、主编、编辑、评阅人、管理员和编委会。Manuscript Central™具有以下特点：

(1) 作者可以针对审阅结果进行修改并提交；

(2) 显示全文与图形；

(3) 支持多种文件格式提交；

(4) 全文与图表可以通过网络上传；

(5) 功能强大，安全，且可升级，提交后可以立即审阅；

(6) 作者资料存储，可供检索查询。

（二）Elsevier Editorial System

Elsevier 出版集团创建于 1580 年，是世界上著名学术期刊出版公司，也是全球最大的科学文献出版发行商。它由 Academic Press、Bailliere Tindall、Churchill Livingstone、Editions scientifiques et medicales Elsevier、Elsevier、Elsevier Advanced Technology、Elsevier Current Trends、Excerpta Medica、JAI、Mosby、North-Holland、Pergamon、W. B. Saunders 等出版公司组成，总部位于荷兰。目前出版有 2000 多种学术期刊，主题涵盖了数学、物理、化学与化工、计算机、生物科学、环境科学、材料科学、工程与能源技术、经济、金融、商业管理、社会科学等 28 个领域。

Elsevier 出版的期刊不但数量多，其高品位的学术期刊在世界上也得到公认。据 2005 年统计数据表明，Elsevier 期刊中被 SCI 收录的期刊有 1375 种，被 EI 收录的有 522 种。期刊影响因子最高的达到 22.626。Elsevier 服务系统还实现了与 SCI 和 EI 数据库从二次文献直接到 Elsevier 全文的链接。

Elsevier 的刊物大都有自己的投稿规则，在投稿前，作者应仔细地阅读刊物上的“Guide for Authors”及其他相关信息，以便有针对性地投稿，提高命中率。Elsevier 期刊投稿的有以下几种方式：

1. 可以在 Elsevier 的“Author Gateway”上注册后（http://authors.elsevier.com），点击“submit online to this journal”按钮就可以对所选的期刊直接进行网上投稿；

2. 对于某些不接受作者在 Elsevier“Author gateway”上注册进行网上投稿的刊物，在点击“submit online to this journal”按钮后，显示该刊不接受在“author gateway”注册的用户进行网上投稿的，这时需要重新在该刊主页进行注册后，方可对该刊进行网上投稿；

3. 有些刊物不接受网上投稿，需要邮寄纸本的稿件或传真过去。

（三）Editoral Manager™

详见下面介绍。

二、常见投稿流程

（一）选择杂志后，网上投稿系统主页

选择好投稿杂志后，把杂志名输入到 PubMed 或者 Google 上搜索，可以找到该杂志的投稿方式。大部分杂志均存在网上投稿系统。

（二）投稿系统注册用户名

现以 Editorial Manager™投稿系统为例，详解如下：

首先，输入网址 http://www.editorialmanager.com/，进入 Editorial Manager™投稿系统。在页面上方的主导航菜单上，你将看到一组菜单选项。在选择相应的期刊后可以进入预注册步骤。

1. 预注册

点击“REGISTER”（图 14-12）：

图 14-12 基本界面（以《Clinical Gastroenterology and Hepatology》为例）

点击“REGISTER”后将出现以下页面：

图 14-13 注册界面

完成“预注册必填”信息的填写后点击“Continue >>”，这时将出现“重复注册检查”窗口。

2. 重复注册检查

EM 系统能检查你是否已经注册。只需输入你的“First Name（名）”、“Last Name（姓）”和“E-mail Address（电邮地址）”，点击“Continue >>”按钮，系统就会在数据库中搜索匹配记录。

3. 重复用户检查可能出现的结果

如发现了匹配记录（即存在重复的用户名）——此时你将不能继续注册。你可以选择用系统中已存在的邮箱地址接收一封含有用户名和密码信息的邮件（图 14-14）。

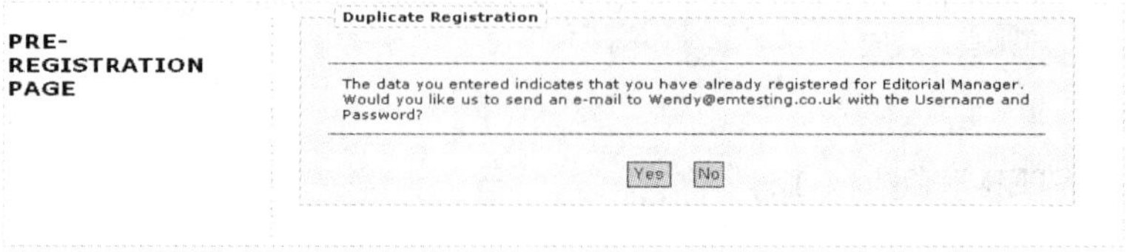

图 14-14 重复用户检查

如果你认为自己可能已注册，请点击“Yes”；如确定自己尚未注册，请点击“No”。系统此时会显示注册页面，你可以选择更改“First Name”、“Last Name”和“E-mail address”，或对以上三项全部更改。

如果没有发现匹配项（即无重复注册）——你将进入第二步，注册。

4. 注册程序

系统将会出现以下页面（图 14-15）：

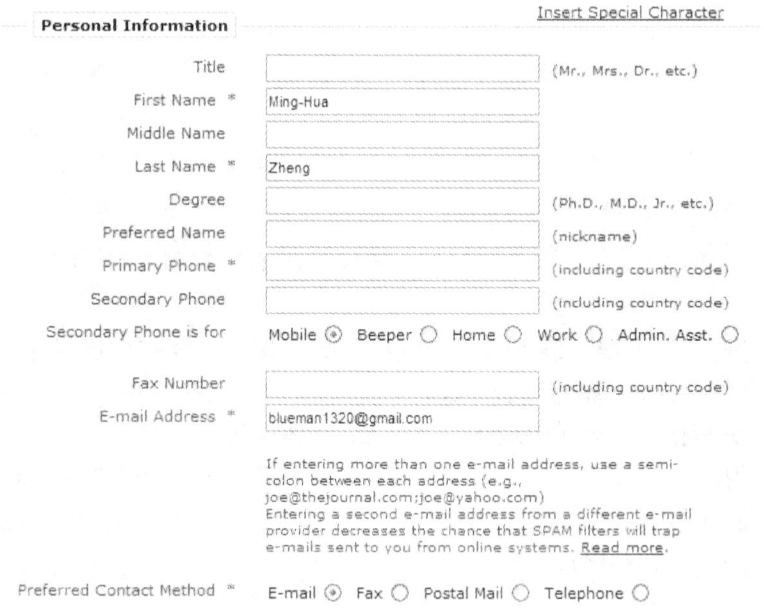

图 14-15 用户注册信息

如果你希望被期刊选为审稿人，你可以将“Are you available as a Reviewer?”选项设为“Yes”。

在表格底部，你必须输入一个首选用户名。输入用户名或其他任何注册必填信息失败时会出现以下提示（图 14-16）：

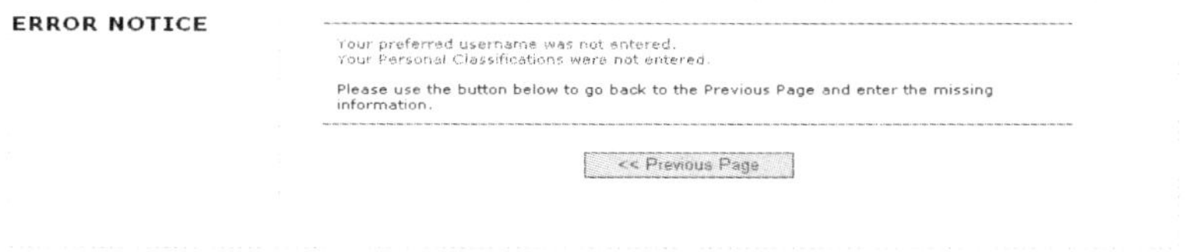

图 14-16 注册出错提示

如该期刊的系统应用了专业分类体系，则用户可以从其预设列表中选择自己所属的专业。

如果已填写的信息无需更改，请点击底部的“Continue >>”按钮继续。

此时会出现一个“注册确认”页面，在该页面你可以再次检查自己输入的信息是否正确。请认真检查，确保所有拼写和电子邮件地址均正确无误（图 14-17）。

图 14-17 注册信息确认

如所有信息均正确无误，请点击“Continue >>”按钮。现在你已经完成了注册程序，可以退出浏览器，检查电子信箱是否已收到系统发出的包含密码的邮件。

（三）实例分析投稿流程（图表结合的方式，具体实例）

1. 登录 用户在收到编辑部发出的包含用户名和密码的通知邮件后，即可开始使用本系统。进入该期刊的 EM 站点。从页面顶端的主导航菜单中，你可以看到一组菜单选项。点击“LOGIN”按钮（图 14-18）：

图 14-18 点击“LOGIN”按钮

这时会出现 EM 登录界面。在正确的位置输入你的用户名和密码。点击标有“Author Login”的条目，系统会显示“Author Main Menu（作者主菜单）”，包含你获得许可的系统功能列表（图 14-19）。

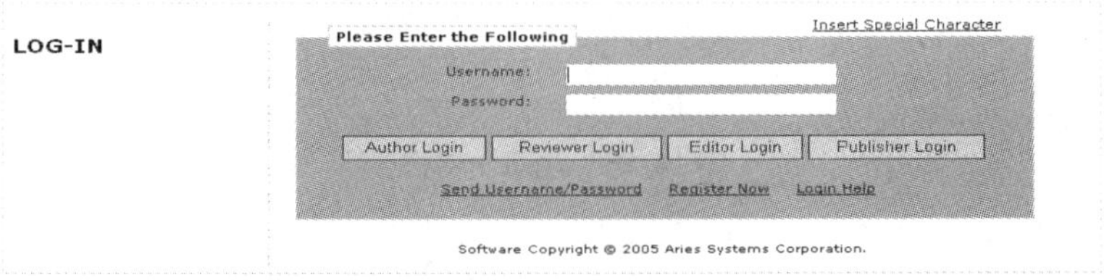

图 14-19 EM 登录界面

成功登录后，“作者主菜单”将显示“Incomplete Submissions（未完成提交的稿件）”、“Submissions Waiting for Author's Approval（等待作者确认的稿件）”或“Submissions Being Processed（处理中的稿件）”等链接。这些链接也可以看作是“文件夹”。你在每个文件夹内的稿件数将显示在项目一侧（图 14-20）。

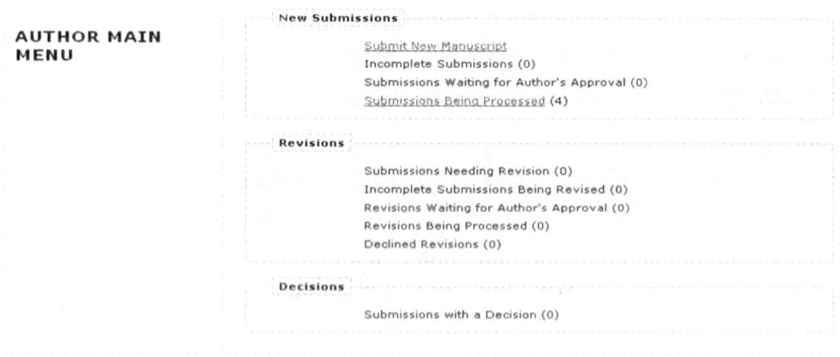

图 14-20 作者主菜单

2. 提交原稿 点击“Submit New Manuscript”链接。这时出现“提交新稿件”菜单。系统将提示你提交与原稿有关的所有资料——可能会包括文本、图片和说明。一些信息是必须提交的，另外一部分可以有选择地提交。下文将对每个投稿步骤进行简要介绍。需要说明的是；期刊的投稿步骤可能会有所不同。

3. 选择文章类型 使用 EM 系统投稿的第一步是选择“文章类型”，这是投稿的必要步骤。使用下拉菜单选择最能描述你稿件的“文章类型”。“文章类型”的设定将决定后续步骤。（例如，“致编辑的信”不需要提交“摘要”；因此，如果你选择这种文章类型就不会出现这一步。）点击“Next”继续或“Previous”进行修改（图 14-21）。

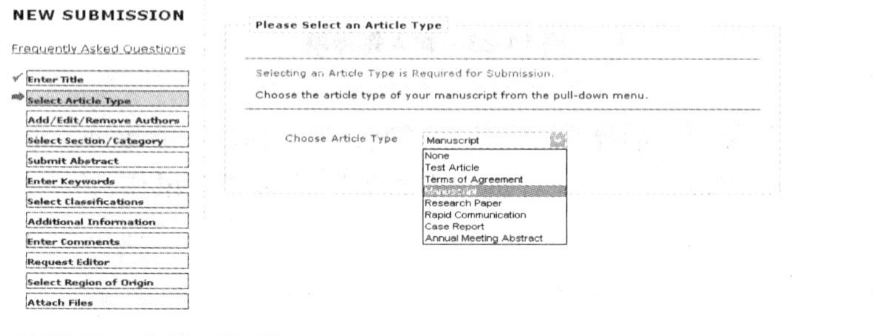

图 14-21 选择文章类型

4. 输入文章标题 输入文章标题是投稿过程第一个必须步骤。在提供的空格内输入你的文章标题。填好后点击“Next”继续下面的步骤（图 14-22）。

图 14-22 输入文章标题

5. 输入短标题 如果编辑部设置了这个步骤，“Enter Article Title Box”的正下方会出现一个文本框要求你输入一个短标题（图 14-23）。

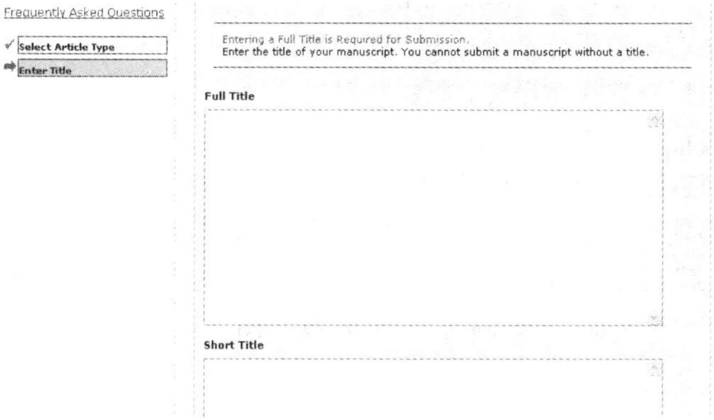

图 14-23 输入短标题

如果编辑部对“短标题”的提交进行字数限制，那么你就不能超过规定字数。

6. 增加/编辑/删除作者 提交稿件的作者将被默认为“通讯作者”。只有作为“通讯作者”，你才能收到系统发送的邮件通知。你可以指定某人作为“通讯作者”，但这个人必须是已注册的 EM 用户，因为整个投稿过程中都需要和他或她联系。其他“作者”不需要注册本系统，但为了出现在所有作者列表中，他们的姓和名是必填项（图 14-24）。

作者可指定包括“通讯作者”在内的其他作者的排列顺序。输入其他作者的信息之后，可以点击紧挨着每个名字的箭头重新排序作者列表。列表首位的作者被默认为第一作者。“通讯作者”不一定要排在首位，可以出现在列表的任何位置（包括排在列表首位作为“第一作者”）。

请注意，你不需再次将自己输入到作者列表中。启动投稿程序的人将被默认为“通讯作者”。

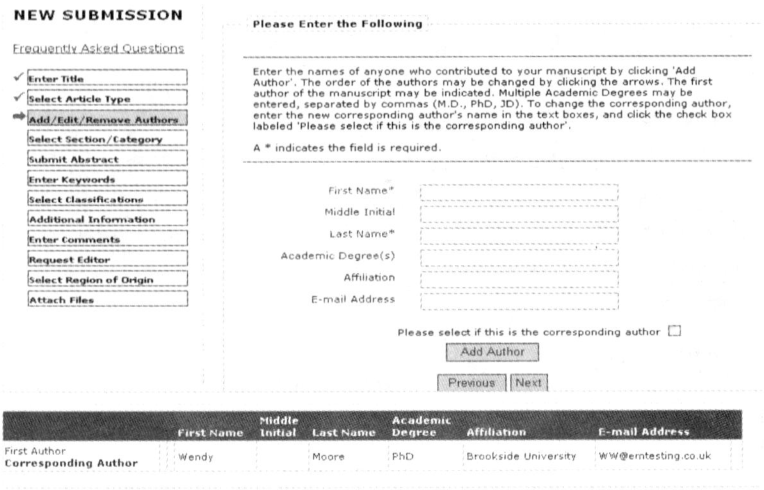

图 14-24　输入作者名

变更“通讯作者”，首先在“First Name”和“Last Name”文本框输入“通讯作者”的姓名，然后点击“Please select if this is the corresponding author”下面的检验栏。如果你输入的人没有注册 EM 系统，你将不能指定他/她作为“通讯作者”。如果此人已注册了 EM，你需要输入他/她的用户名和密码。但请注意，如果你作此变更，一旦你完成投稿，你将不再被认为是“通讯作者”，并且不能访问该稿件。PDF 创建后，新的“通讯作者”将收到一封邮件，要求其在稿件被发送至编辑部之前登录 EM 系统，检查并确认投稿。

点击“Next”继续。

7. 选择版块/分类　作者可使用“Section（版块）/Category（分类）”列表说明他/她的稿件属于期刊的某个“版块”或期刊内容的某个“分类”。这个步骤可能是可选择的、必需的或是被编辑部隐藏的步骤，因此作者可能看不到这一步（图 14-25）。

图 14-25　选择版块/分类

点击“Next”继续。

8. 提交摘要　在“Submit Abstract”这一步，作者可以将“稿件摘要”输入或者复制粘贴到文本框。这也可能是可选择的、必需的或隐藏的步骤（图 14-26）。

图 14-26　提交摘要

点击“Next”继续。

9. 输入关键词　输入稿件的关键词，每个关键词之间用分号隔开（例如：active vitamin D；parathyroid hormone-related peptide；hypercalcemia；bone resorption）。这可能是可选择的、必需的或隐藏的步骤（图 14-27）。

图 14-27　输入关键词

点击“Next”继续。

10. 选择分类（图 14-28）

点击“Select Document Classifications”，打开一个含有该期刊所使用的分类列表的窗口（图 14-29）。分类可看作是与你的稿件有关的关键词或术语预设列表。编辑部可以结合你的“稿件分类”和“审稿人专业分类”，找到合格的审稿人。

点击你要选择的分类下面的确认框。你可以尽可能多地选择适合的分类。完成后点击“Submit”。这可能是可选择的、必需的或被隐藏的步骤，因此你可能看不到这一步。

点击“Next”继续。

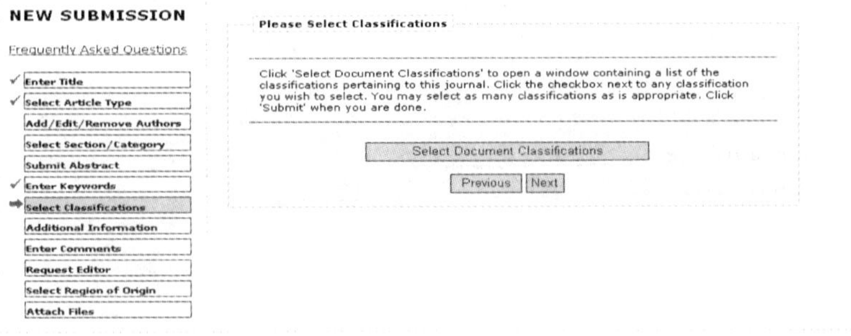

图 14-28　选择文件分类

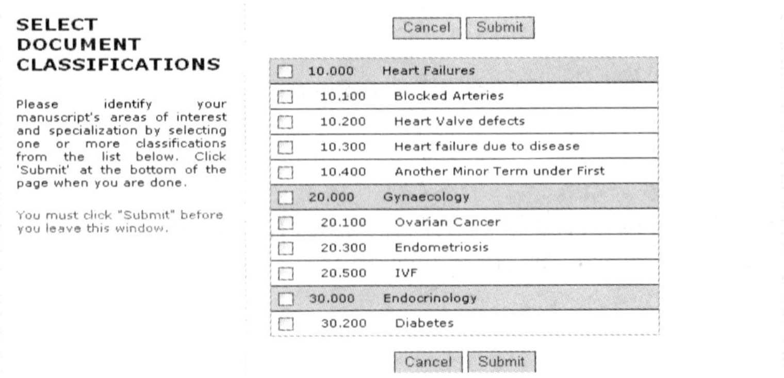

图 14-29　文件分类列表

11. 常规投稿步骤　在称作“附加信息”的这个投稿步骤中，期刊可以设定在“提交原稿”程序中需要回答的常规问题（图 14-30）。这些问题由期刊制定，可以是强制性的。问题范例有：“稿件有多少页?”；“稿件中有彩图吗?”。

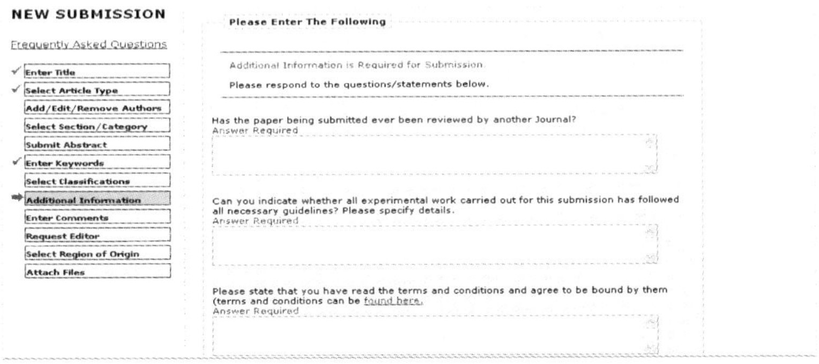

图 14-30　附加信息

12. 输入注释 输入任何你愿意发送给编辑部的注释（图 14-31）。这些注释不会出现在你的稿件中。期刊可以将它设置为可选择的、必需的或隐藏的步骤，因此你可能看不到这一步。

图 14-31 输入注释

点击“Next”继续。

13. 推荐审稿人 若编辑部设置了此项功能，期刊将要求你为自己的稿件提供该期刊所要求的数目的审稿人选的姓名和联系信息（图 14-32）。

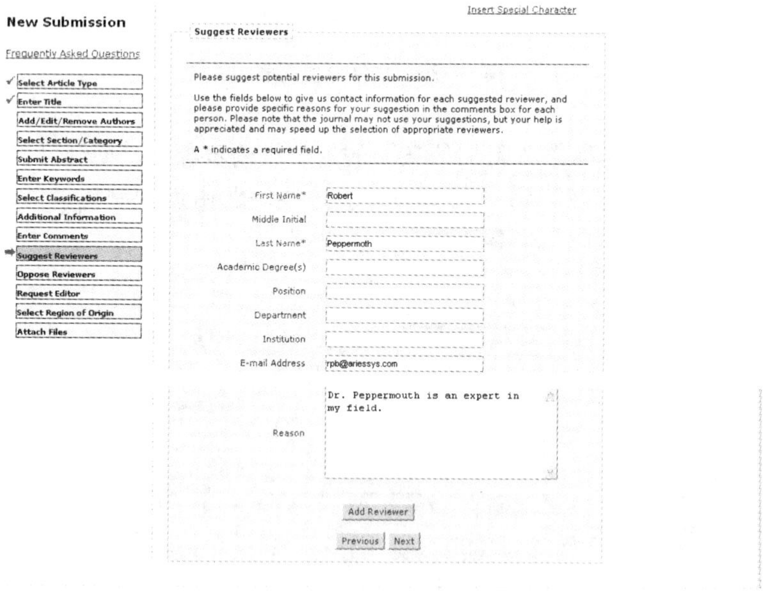

图 14-32 推荐审稿人

完成后，你可以点击“Add Reviewer”按钮，提交其他审稿人的信息。完成审稿人信息提交并准备进入下一步时，点击“Next”按钮。

14. 回避审稿人 若系统设置含有本步骤，你可以告知编辑部你不愿意把稿件送给哪些人审阅（图 14-33）。

图 14-33 回避审稿人

“回避审稿人”与“推荐审稿人”相似，填写完毕后，你可以点击“Add Reviewer”按钮，提交其他“回避审稿人”人选。完成“回避审稿人”信息提交并准备进入下一步时，点击“Next”按钮。

15. 邀请编辑 根据编辑部对其 EM 系统的设置，你可能会要求邀请某位编辑，指派其处理你的稿件（图 14-34）。该邀请将在编辑部的建议下进行。通过使用下拉菜单选择你的编辑，点击“Next”继续。这可能是你投稿的某期刊设置的一个可选择的步骤，因此如果你没有被提示邀请编辑，你的稿件会由编辑部工作人员决定指派给合适的编辑。

图 14-34 邀请编辑

点击“Next”继续。

16. 选择稿件来源地 你可以指定你的稿件来源的地理区域（或国家）（图 14-35）。一个稿件可以指定不同于作者国家的“来源国”，这就是“稿件来源的地理区域”。

使用下拉菜单选择你所选择的国家/地区，点击“Next”继续。这可能只是某种期刊的一个选择性的步骤。

图 14-35　选择稿件来源地

17. 添加附件　接下来，你需要添加所有与你的稿件有关的文件（图 14-36）。

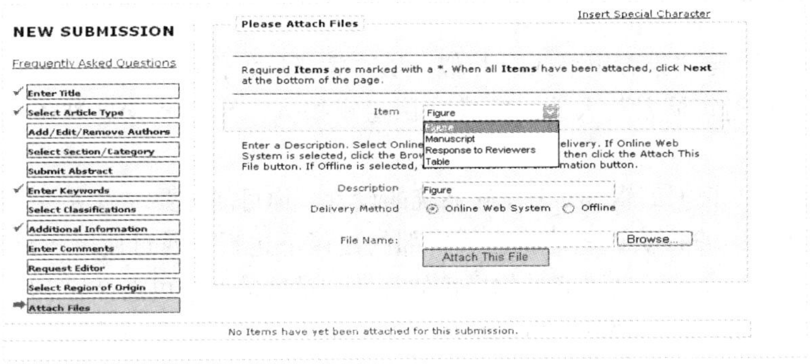

图 14-36　添加附件

对于你要上传到系统的各个项目：

（1）从下拉栏里选择项目。各个编辑部的项目列表可能有所不同，因此在下拉栏里，原稿、图形或表格可能都是单独的项目。确保选择正确的项目。

（2）在文本框内输入说明性文字。

（3）选择项目到达编辑部的“传送方式”（在线或脱机）。由于某些期刊可能只要求通过在线方式提交项目，因此选择在线或者脱机的方式传递有时不可用。

（4）使用“Browse”按钮定位本地硬盘上的文件。

（5）作者可以将文件添加到已“压缩”的稿件上（如 zip 文件）。这样作者可以一次上传多个文件，而不是一次上传一个文件，而且还可以更快地上传较大的单个文件。系统将自动“打开”或“解压缩”文件，因此单个文件（夹）可以黏附于稿件上。本节最后有关于上传压缩文件的详细信息。

（8）点击“Attach This File”上传文件（上传较大的文件可能需要几分钟）。

对通过脱机传送的项目，请首先从下拉菜单中选择该项目，点击“Offline”传送方式，然后点击“Attach This File”。

将所有项目上传完成后，点击页面底端的“Next”。

这时你将看到一个发送给编辑部的文件的总结，并可以确保你要发送的所有文件已在列表中。如果你遗漏了投稿所需的某部分，表格上面的信息将提示你（图 14-37）。

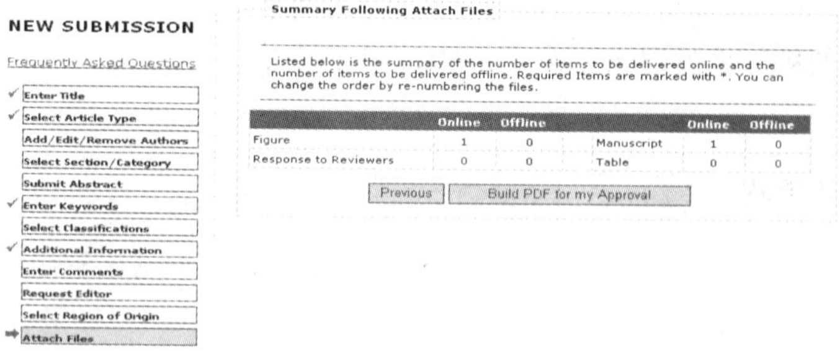

图 14-37　文件总结

点击“Build PDF for my Approval”。页面上将会出现一条感谢你投稿的信息。现在你的稿件可在“Author Main Menu”的“Submissions Waiting for Author's Approval”里找到。在编辑部收到你的投稿之前，你需要进行最后的确认（见下节的“Author PDF Approval”）。

如果你未能完成投稿过程，你的资料也不会丢失。你可以在“Author Main Menu”的“Incomplete Submissions”列表内获得你未完成的稿件。

18. 作者确认 PDF 文件　在稿件发送到编辑部之前，你必须对其进行确认。点击“Submissions Waiting for Author's Approval”，会出现一个含有你全部投稿文件的表格，等待检查和确认（图 14-38）。

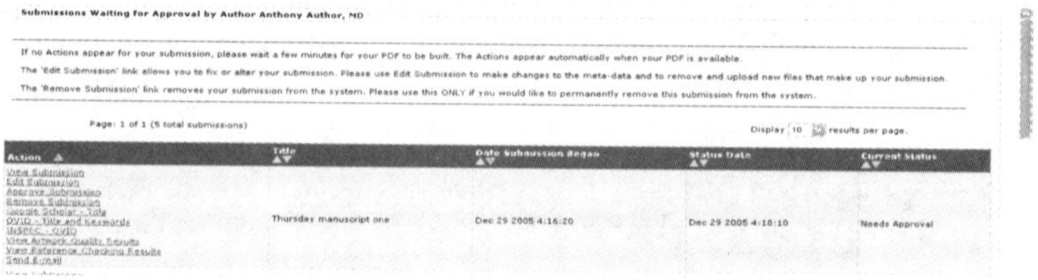

图 14-38　作者确认 PDF 文件

一旦系统将你的稿件创建为 PDF 格式，你将在表格的 Action 栏（最左方）看到一组链接。

（1）点击“View Submission”，你可以检查稿件的 PDF 格式（如果你的系统未安装 Adobe Acrobat，只需点击“Submissions Needing Approval”菜单下方的“Get Acrobat Reader”图标，然后依照 Adobe 网站的指示操作）。你可能会对稿件进行诸如拼写修改、更改说明、添加图形等修改——这时你可以选择“Edit Submission”完成这些。如果你正在检查的 PDF 文件创建有问题，PDF 文件上会附上一条关于问题起因的信息。在确认投稿之前你必须检查 PDF 文件。

（2）点击“Edit Submission”，你将进入最初提交稿件时使用的界面。若有任何修改的需要，你可以在粘贴附件中删除或添加文件。如果你进行了修改，系统将会创建一个新的PDF文件，等待你的检查和确认。若你认为自己的稿件无需进行修改并准备发送至编辑部，点击“Approve Submission”。

（3）点击“Remove Submission”，你可以将稿件从系统中删除（编辑部将不会收到该稿件）。倘若遇到任何问题，你都可以删除稿件，并重新开始投稿。

确认投稿后，你的稿件将被列入“Author Main Menu”的“Submissions Being Processed”清单。

三、会议摘要投稿流程

下图是某国际会议对会议摘要投稿的要求。从图示中可很方便地了解组委会或编辑部对体例格式的要求（图14-39）：

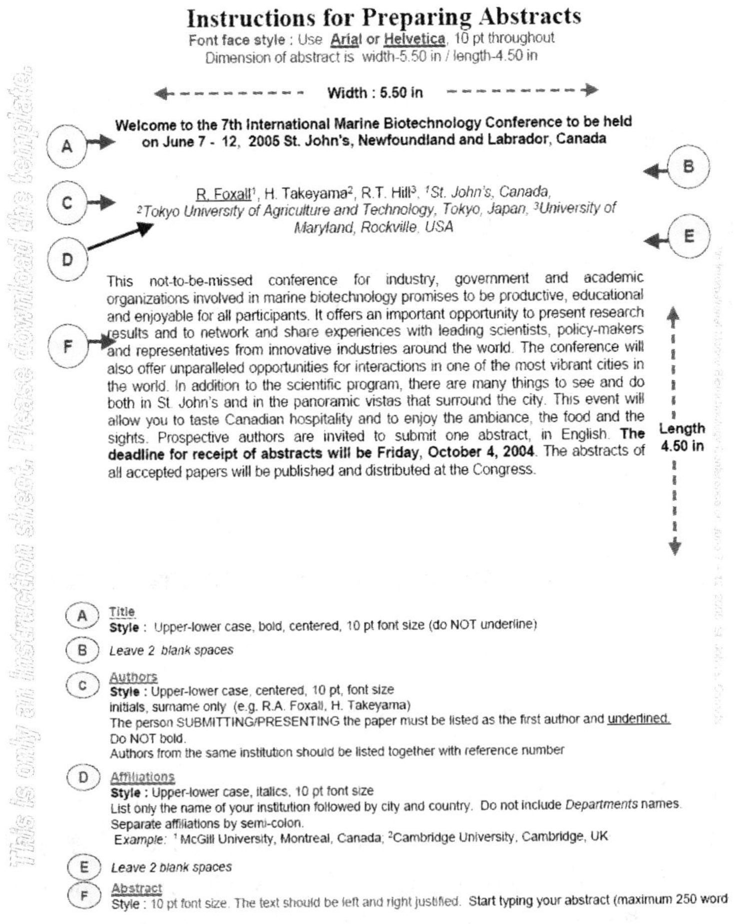

图14-39 会议摘要投稿流程示例

第四节　与编辑部交流

一、交流在投稿中的地位

与编辑交流主要是通信：包括投稿信、询稿信、催稿信、修稿信、撤稿信和申诉信等。与编辑进行良好的交流往往会事半而功倍，比如一封好的投稿信会很快吸引编辑的眼球，反之表述不清的信件会令编辑对文稿质量大打折扣，甚至会直接拒稿。国内学者向外刊投稿时可能会遇到一些交流上的苦恼，不知道如何简洁地让对方明白自己的意思，比方在投稿信中如何表达“无一稿两投”、投稿后如何向编辑询问是否收到稿件及审稿结果、如何申请减免版面费等。本节中，我们根据常见交流信的特点，选择代表性的内容，供初学者参考。

二、常用交流信的写法及举例

（一）投稿信（cover letter）格式要求及举例

Cover letter 在投稿时附在所寄资料的第一页，也是作者与编辑交流的第一步，必须认真撰写。内容包括文章创新点和意义、推荐审稿人和回避审稿人及其理由、无一稿两投和所署作者均知情的说明，通讯作者的联系方式等。一般来说投稿信宜短小精炼，着重突出研究的创新点以求编辑赏识。

1．给编辑的 Email 信

Dear Dr. ***,

Enclosed please find a PDF version of our original research article for possible publication in the journal of ***. We appreciate your favoral consideration of our manuscript, and look forward to your reply as soon as possible.

Sincerely yours,

2．电子版投稿信（阐述稿件的价值和声明无一稿两投）

Dear Editor,

Enclosed is our manuscript entitled "***" by Wang Yongcang, et al. which we wish to be considered for publication in the journal of ***. We choose this journal because ***, and we believe that at least two aspects of this manuscript will make it interesting to the readers of this journal. First, ******; Second, ******.

All the authors have read this article and certified no part of this paper has been published or is under consideration for publication elsewhere. We appreciate your attention to our manuscript, and look forward to receiving your reply soon.

Sincerely yours,

3．纸质版投稿信（推荐和回避审稿人）

Dear Editor of Nature,

I am sending herewith five copies of our manuscript entitled "******" by Wang Yongcang, er al. and one set of the original figures for consideration to be published as an "Article" in your journal. The authors claim that neither the entire paper nor any part of its content has been published or being submitted elsewhere. We believe that this paper might be of particular interest to the journal's readers as the follow reasons:

First, ****; Second, ****; Third, ****.

We would like to suggest Dr. ***, the editor of this journal, Prof. *** in New York Univ. (Research interest: ********; Email: ***@hotmail. com; Address: ***; Tel: ***; Fax: ***), Prof. *** in Yale Univ. (Research interest: ********; Email: ***@hotmail. com; Address: ***; Tel: ***; Fax: ***), or any other experts in the field of *** assigned by the editorial board to review this manuscript. However, on account of the competition and conflict of research interest, we request that Dr. *** (***@yahoo. com) of London Unv. and Prof. *** (***@gmail. com) of Cambridge Univ. not to be considered as the reviewers.

There is no conflict of interest in the submission of this manuscript, which was approved by a signed letter by all the authors.

Correspondence of this article should be directed to Dr. Wang at the address above. You may also contact me by the phone 86-010-***, the fax 86-010-***, or the email ***@pku. edu. cn.

Please acknowledge us the receipt of this manuscript at your earliest convenience, thank you!

Sincerely yours,

4. 关于文稿中部分内容在国际会议上作过交流的说明

Dear Dr Regino Perez-Polo,

Enclosed is a manuscript titled "***" by Wang Yongcang et al, which was submitted to your journal for publication as an "Article". Neither the entire paper nor any part of its content has been published or has been accepted elsewhere. However, we would like to note that some materials in this manuscript were presented at an international meeting of *** in Beijing, on July 23, 2008, whose abstract was also attached concomitantly with this letter.

Thanks very much for your attention to our paper. We are looking forward to your reply as soon as possible, and an SASE is enclosed for your convenience.

Sincerely yours,

（二）询问信内容及举例

文稿投至编辑后即处于"Under review"（稿件审查中），如果内容、格式等均符合杂志要求即转入"With reviewers"（审稿人审稿中）。一般来说投稿后一周可以向编辑询问稿件是否收到，3个月还没收审稿消息可查询稿件状态，4个月还没有审稿消息可以向编辑催稿。与编辑保持这样的联系能有效避免稿件的丢失或由于审稿人的遗忘而耽误文章的发表，同时也免去作者的焦虑心理，以下为常见询问信的模板：

1. 询问稿件是否收到

Dear Editor,

We dispatched our manuscript entitled "***" to your journal by air mail on Jan 2, 2008, but we haven't received a confirming receipt till now. We are wondering whether the manuscript has been reached successfully. If not, we will re-send our manuscript soon. Thank you in advance for the time and effort you will spend on our manuscript.

Sincerely yours,

2. 向编辑询问审稿结果

Dear Editor,

We submitted our manuscript titled "***" (Ref. No. ***) 3 months ago. On behalf of our co-authors, I would like to enquire you about the review result. Thank you for your consideration of our manuscipt.

Best regards,

3. 再次向编辑询问稿件的审稿状态

Dear editor,

I'm not sure whether it is the right time to contact you again to inquire about the status of our manuscript, entitled " *** " (Ref. No. ***), as only 4 weeks before the last enquiry. It would be grateful if you could spend some time to check the status for me.

Sincerely yours,

4. 审稿过程的催稿信

Dear Editor,

We submitted a paper entitled " *** " (Ref. NO. ***) on Feb 28, 2008. Six months has passed, but the manuscript is still under review. I am a little anxious for the current status, and wondering whether you have already reached a decision, if not, we would greatly appreciate if you could remind the referees to speed up the reviewing process.

With regards,

5. 询问综述是否可以投稿

Dear Editor,

I am a Ph. D. candidate in the Department of Life Sciences, University of Science and Technology of China. I have noticed from the "Instructions for the authors" in *** that review article is accepted in your jornal. Since I have been undertaking research on *** for many years, I take a great interest in writing a review article in this field for your journal. I would appreciate it very much if you could kindly give me the detailed information on review submission. Thank you!

Sincerely yours,

（三）撤稿信的格式及举例

文章在审稿过程中或刊出后由于种种原因，可以请求撤稿。撤稿是一件很严肃的事情，正当、合理和有说服力的理由会得到编辑的同意，苍白无力的借口会给编辑留下不好的印象，甚至将作者列入黑名单。

1. 由于文稿内容有误的撤稿信

Dear editor,

I am sorry to tell you that we would like to withdraw our manuscript (Ref. No. ***) which was submitted to you 2 weeks ago, because of a significant mistake existed in the statistics. After we revise the manuscript, we will re-sent it to you as soon as possible. Thank you very much for your consideration.

Sincerely yours,

2. 由于文章剽窃而请求撤稿

Dear Editor-in-chief,

I am the corresponding author of the article " *** ", which was published in your journal pp. 5654 - 5659, 2007. However, I recently found some paragraphs of this article resembled to another article " *** " by *** et al. published in *** pp. 238-245, 2005. The first author of our paper explained that it should not amount to plagiarism because our article cited that paper. However, I think the amount copied in our paper exceeds the usual purpose of citation and amounts to plagiarism. So, this letter is asking for retraction of our paper, and express my deep apology to your journal.

Sincerely yours,

3. 由于要增改内容而中止审稿的撤稿信

Dear editor,

The paper titled *** by Wang Yongcang et al. was submetted to your journal 2 monthes ago. However, we have found that some data need to be re-analysed and we also think it would be better if we added *** in this paper, so I am sorry to tell you that we wish to withdraw this manuscript. I deeply apologize to you and the reviewers for the hard work and precious time spent on this paper.

Thank you very much for your consideration.

Sincerely yours,

（四）申诉信举例

申诉是作者发表论文的维权行为，由于编辑或审稿人知识领域的限制或对文稿内容的理解失误可能作出不公正的决定，作者应对拒稿理由逐一反驳，有力的申诉往往有“起死回生”的功效。

1. 对编辑没有送审直接拒稿的申诉

Dear Editor,

I just received an email from your office rejecting our manuscript, entitled “ *** ” (Ref. NO. ***), without an opportunity of peer review. We strongly feel that our paper deals with an important subject that challenges one of the central dogmas in the field of *** .

We have also noticed the relative reports mentioned in your reply, but we put forward a completely different standpoint in our paper. We found that 1) *** ; 2) *** ; 3) *** . Thus, our paper has achieved a major break-through as it is the first time to testify that *** .

It would be appreciated if you could reconsider to process peer review of our manuscript. I am looking forward to hearing from you.

Sincerely yours,

2. 对误解文章内容的申诉

Dear Dr. *** ,

We received with great surprise your letter a little earlier rejecting our manuscript, entitled “ *** ” (Ref. NO. ***), on the basis of the reviewers' comments. Now that we have read the referees' comments, we want to express our disapproval to the reviewers' comments.

Considering the first reviewer's comments, *** was precisely the result of the second experiment in this manuscript, which indicated that there were no such deficits in our manuscript.

Another reviewer states “ *** ”. This is a mystifying statement as notified in the detailed rebuttals accompanying this letter, which proves his viewpoint wrong.

Finally, the both reviewers suggest to add an experiment on *** , however, we believe that a relative experiment has already conducted by *** , et al. (see Referance 23) in our manuscript. Thus, it is unnecessary to repeat such an experiment in this paper.

We would greatly appreciate it if you would send this manuscript and our rebuttals to an additional unbiased reviewer. Thank you for your kind consideration!

Sincerely yours,

3. 对审稿意见中部分观点的申诉

Dear editor,

Thank you very much for your hard-work in processing our manuscript. We have carefully read the comments from the reviewer. Unfortunately, we notice that the reviewer had misunderstanding in several occasions, which may directly lead to your decision. Here, we would like to show some examples to you:

1. ***; 2. ***; 3. ***

Thus, we would ask the reviewers to re-consider our revised manuscript. Thank you!

Sincerely yours,

（五）其他相关适宜的交流

1. 请求减免版面费

Dear Editors,

Thank you for your email dated Jan 3, 2008, informing me that our manuscript (Ref. No. ***) was accepted for publication in your journal and should defray US 1000 dollars for the page charge. Because of no fundation to support, I cannot afford to pay this charge. However, I noticed that the journal provides finanical assistance for unfunded authors, so I enclosed an application form requesting for the waiver. I am looking forward to your favorable reply.

Sincerely yours,

2. 请求更换作者和增加基金项目

Dear editor,

Thank you very much for informing us that our article "***" (Ref. No. ***) was accepted in your journal, and we have also received the attachment of the proof. Here I attached the checked proof, and put forward 2 requests for your consideration:

First, as *** made great contributions in revising this paper and in previous experiments, I want to put him as the second author, and make *** and *** as the third and the fourth authors, which was approved by all the authors.

Second, I hope I can add the foundation of National Natural Science Foundation of China (NO. ***) in the acknowledges, which was forgotten to write in the original manuscript.

Thank you very much for your consideration.

Sincerely yours,

（注：部分信件改编于互联网，在此对原作者表示感谢！）

第五节　审稿专家审稿原则

一、同行评议在稿件处理中的作用

同行评议（peer review 或 refereeing），是作者的论著、研究成果受到同领域专家的评估过程，是目前在国际科学研究领域被广泛接受的评审办法，是一种比较科学、公正的评审方式。大多数学术期刊一般都采用同行专家审稿机制，以保证出版的学术水平。同时，国际上也将能否实行严格的同行专家评议机制，作为评价一份期刊学术水平的指标之一。然而，同行评审作为一种主观性很强的心理过程，并不一定能够做到完全公正，尤其对于研究领域较广或者交叉学科的研究，并且某些有争议的学术观点也并不可能得到全部评审专家的广泛认可。但是，就目前而言，同行评议制度对于保证学术期刊的质量是必需的。

（一）同行评议的发展历史

据记载同行评议的原型起源于叙利亚。当时有明文规定，医师给病人诊断，每次都要准备一份诊断书的副本。病人治愈或死亡后，诊断书的副本要汇总交给专门的小组审议，医师由此受到肯定或处罚，这就是最早同行评议的雏形。科技期刊的同行评议最早可以追溯到十七世纪中叶英国皇家学会刊物（The Philosophical Transactions of the Royal Society）的创刊，该刊主编开创了由相同研究领域专家审稿后评判论文发表的先河。这种评议机制比当时主编决定发表权的评议方式体现出了更好的科学性和公正性。经过几百年的发展，这种评议的基本思想并没有发生根本的变化。随着期刊的数量和承载的信息量的飞跃式增加，同行评议也逐渐不断完善。第二次世界大战以后，同行评议机制逐渐成为科技期刊出版的基石，同行评议的质量是期刊出版质量的先决条件和重要保障之一。

目前国内讨论较多的内容是狭义的同行评议，即作者投稿以后，由刊物主编或负责编辑邀请具有专业知识或造诣的学者，评议论文的学术和文字质量，提出意见和判定，主编按评议的结果决定是否适合在刊物上发表。一般的科技期刊是请 2 ~ 3 位评审人审稿，也有更多的。这些评议人的评议结果将直接影响到主编对被评议后的文章所做出的最终评定。除此以外，广义的同行评议还包括文章发表以后由专门组成的审议小组（journal clubs）对文章发表后的交流和应用效果进行评议，其中也包括对投稿阶段的评审意见进行探讨，这在医学科学类期刊尤为普遍。近年来新兴的免费期刊（open access journals）开创的公开评议（open review）或有些论文网站（paper database）采纳的自荐评议，也属于广义的同行评议

（二）同行评议的运作方式

目前同行评议通常是通过电子邮件或基于互联网的稿件处理系统来履行，每份稿件通常要送交 2 位或以上的同领域专家参与评议其学术水平及研究质量，并给出评议意见。同行评议的基本形式主要包括以下三种：

1. 单盲评审　单盲评审是作者姓名对审稿人公开，但审稿人姓名不对作者公开的评议方式。在接受网上投稿的期刊中，单盲评议的工作主要集中在主编或负责编辑筛选合适的审稿人上，之后把稿子传出去。只有经手的编辑知道评议人的身份，而评议人的情况是向作者保密的。当评议人的意见返回到编辑部时，评审的具体意见要经过编辑部的详细审查之后才发给作者。审查的目的是保证评议人的身份不被暴露，其中包括消除评议人发出评议意见使用的计算机的 ID 或 IP，以及其他任何可能被追踪的电子信息。目前国际上的科技期刊，单盲评审是目前比较普遍的评议方式。有些学术期刊通过签名形式允许审稿人选择是否匿名，如果审稿人选择签名，就意味着不匿名。某些期刊在卷终的致谢部分公开一并感谢匿名或署名的审稿人。

2. 双盲评审　双盲评审是作者姓名和审稿人姓名互不公开的评议方式。在双盲评审中，作者需要消除一切有可能泄露其身份的证据。这种评审方式在网上投稿的刊物中，编辑部的工作量要大得多。稿件在送审之前就要审查原稿中的作者姓名和地址是否隐藏完全。如果没有，则要替作者删除姓名地址，重新保存文件（隐藏作者的 ID 或 IP），重新命名后再送审，手续比较繁琐。当评议人的意见反馈到编辑部后，编辑或编辑部的工作人员又要从头再来一遍，检查评议人的姓名地址的隐匿情况。与单盲评审相比，双盲评审的最大优点是双方互不知情，评议人只能就事论事，不容易掺杂个人成见。但在实际操作中，因为手续复杂，暴露

马脚的现象在所难免。而且，在较窄的学科和领域内，因为个别作者迥异的写作风格和评议人独特的措辞方式，不经意间自报家门事情的难免发生，也就失去了公正的目的。这些都是目前较少的期刊采用此种评审方式的原因。

3. 公开评审 公开评审是作者姓名和审稿人姓名互相公开的评议方式。由于评议人的抄袭和剽窃在盲审中防不胜防，因此有些期刊采用公开评审形式，并要求作者和评议人向编辑申明利益冲突问题。少数期刊如 Biomedical Centre 出版社的某些期刊，甚至采用更为公开的评审模式，在网络上公开预发表的论文，并保留所有记录（包括审稿意见、读者和作者的评论、作者的原始投稿和修改稿等）。为调查评审的风格、评审时间等，有些期刊（包括《Nature》）进行了混合评议的试验，允许公开评审与传统评审模式并行，但大多数受邀请公开评审的专家都谢绝采用公开评审形式。

为提高效率和降低成本，越来越多的期刊采用多重评审形式：首先是编辑或编委对来稿进行初筛，有些期刊的大多数来稿在此阶段被拒（如《Nature》、《Science》的初筛率高达70%）。通过初筛的稿件再送交同行进行深度评议。

（三）同行评议的缺陷及存在问题

同行评审往往会导致这样的结果：很差的稿子一般都会被排除，中等或平均水平的稿子一般都能通过，而少数极有创新思想的稿子很可能被扼杀。科学研究的生命和价值就在于创新，创新性的东西既然是新生的，就不会是完美的。如果扶持它，它就会成长并开花结果；但如果要扼杀它，总可以找到理由，说它这里不完善、那里有缺陷，然后就能很容易地拒绝。评议人通常趋向于排除异己，同时，精英科学家常常更有可能被一流期刊遴选为评议人，结果是支持精英者的观点比反对者或革命性的观点更有可能得到发表或资助。总体上讲，学术期刊的论文评审可能存在主观性、倾向性及权力滥用等问题。

1. 主观性 任何一份审稿都是审稿人在自己的专业知识基础之上的个人评判，而学术研究本身也具有争议性。即便是同样的问题，不同审稿人的处理意见也是不一样的，有些审稿人相对比较“宽容”，而有些审稿人则比较“苛刻”，这些都是影响审稿人意见的重要因素。因此，任何一份稿件的审稿都不能完全摆脱主观臆断的束缚，不同的审稿人对同一份稿件的评审意见不可能完全相同，甚至有些还可能截然相反。

2. 倾向性 这里所说的倾向性，是指审稿人在审稿过程中由于对作者的国籍、母语、性别、所属机构等方面的喜好或取舍不同，所导致的非学术水平之外的影响因素。例如：某些欧美国家的审稿人明显倾向于优先发表本国的论文；非英语国家的审稿人对本国的作者可能会网开一面；非英语国家的作者、非知名研究机构的作者、女性作者的稿件在评审过程中很可能会受到一定程度的歧视；尤其是当审稿人与作者存在竞争关系时，审稿中的倾向性（歧视）就更为明显。

3. 权力滥用 这里所说的权力滥用，包括审稿人剽窃其所审稿件中的未发表成果、蓄意拖延发表与其本人具潜在竞争关系的稿件，等等。

此外，实例研究还发现，审稿人发现稿件中缺陷的能力还远远不够。很多论文的造假不是审稿人发现的，而是发表后被读者揭露的。例如，Jan Hendrik Schön 造假案例中有 15 篇论文均发表于诸如《Nature》、《Science》的一流期刊，而这些论文均通过了严格的同行评议。

针对同行评议的缺陷及存在的问题，有人建议通过采取公开评议或在互联网上预发表的形式来提高同行评议的质量。

二、编辑选择如何审稿专家

同行专家审稿是国际国内学术期刊的通常做法，也是评价学术期刊学术水平的指标之一。虽然同行专家评审也存在如主观性、倾向性及权力滥用等诸多问题，但就目前来讲，这种审稿机制仍然是效价比最高的评议方式。一篇论文能否发表不仅取决于其学术质量，同时也是作者、编辑和审稿人之间相互作用的结果。作为期刊编辑部的编辑人员，最担心的问题在于如何保证审稿意见的质量。高质量的审稿意见是保证学术期刊学术质量的重要保障。

（一）编辑选择审稿专家的一般原则

作为同行专家评审的组织者，编辑必须对审稿的方式方法、审稿过程及审稿专家的选择具有一定的控制能力。

所谓“同行专家”，顾名思义，这里面包含两方面的因素：首先，审稿人的研究领域必须是“同行”，这是选择审稿人的基础，如果不是同行就不具备审稿的资格。其次，“专家”必须是同领域中做出一定贡献的人。一般而言，编辑对于同行专家的选择往往从以下几个方面考虑：首先，是专家的经历和学历，特别是专家的经历是最重要的。国内的大多数期刊编辑部都要发表格给专家，让专家填写工作经历，即专家系统数据库的刷新，通过“刷新”编辑会得到专家最新的研究动向和科学前沿，在编辑请专家审阅某一篇论文时，编辑就会“心中有数”，从而不会出现选择审稿专家时的“偏差”。其次，是专家对审稿工作的认真负责态度。有些专家喜欢做一些文字工作，而有些专家学者并不善于从事审稿工作。有些专家对待审稿工作兢兢业业，从标题到标点，从字词到结构，从正文到参考文献等通篇都进行了修正，并做出全面而客观的评价意见，最后得出了采用与否的建议，这样的审稿专家从编辑的角度来说，是十分喜欢的。而一些专家的审稿意见则是“不用”或“建议录用”几个字了事，对于不用的稿件，无论是编辑还是审稿专家，都应该明明白白地告诉作者不用的理由，而简单的“不用”是无论如何也不能让作者理解的！如果审稿专家的长期这么简单地处理稿件，必将导致编辑对其的“淡化”。第三，是专家的审稿水平。当然，审稿专家的学历、经历不同，对一篇论文的审查结论也会有所不同。而专家审稿所处的角度不同，对稿件的评价高度也就不尽相同。通常情况下，审稿人之间没有沟通，相互间不知道彼此的身份和评审意见。当不同审稿人的意见不一致时，编辑通常寻求另外的审稿人评议，有时也会邀请作者申辩，甚至请审稿人答复。

在实际操作中，往往还会存在这样一个问题：当一个人没有出名的时候，很少有人认为他是“专家”，而一旦出了名就似乎变成了“方方面面”的专家！在编辑选择审稿人的时候的确存在这种倾向，专家一旦出名，审稿的邀请函随之增多，审稿的领域也大大扩展。有些编辑选择专家的理由之一就是他是这个学科领域的专家，却没有考虑到即便是同一个学科也包含不同的研究方向。所以，专家不一定是知名，而关键的是要专！要能够对具体的研究工作有了解，是同行。

（二）作者如何选择推荐审稿人

通常说来，许多杂志建议作者在投稿的同时提供3～5个左右的审稿人。目前审稿人主要来自三个方面：杂志的编委会成员；世界上的同行、专家学者（编辑部通过关键词检索到近似文章，然后联系文章的通讯作者）；作者提供的审稿人。通常编辑部如果能够找到合适的审稿人，就不会采纳作者提供的审稿人。然而在下列情况下编辑部可能有条件地选择作者提供的审稿人：稿件研究的领域和内容不常见，文献检索未发现相似的文章；编辑部指派的审稿人没有回复或者拒绝编辑部的邀请。全部采纳作者提供的审稿人几乎是不可能的。作者提供审稿人可能增加稿件的接收率。因为一方面提供的审稿人可能对你的工作比较了解，对你的实验室比较熟悉，因此从某种程度上说审稿人可能会给你的稿件一个积极肯定的评价。另一方面提供的审稿人可能具有相同的研究背景，因此这样的审稿人给出的意见可能更中肯、更科学。

一般而言，作者推荐审稿人的时候，一般会推荐对自己有利、最起码没有明显争议的专家作为自己的审稿人，以免受到不公正的待遇：①如果对你的研究领域很熟悉，可以直接选择该领域的最具分量的科学家；②选择相同或类似领域的“朋友”，而不是“敌人”。例如过去国外的合作单位，或者国际会议结交的朋友等；③来自于参考文献，这是一种最简单但不是最好的办法；④尽管编辑部没有对审稿人的职称有具体的要求，大家最好还是选择有副教授及其以上职称的人员。编辑部要求你提供审稿人姓名的同时，要求你提供他们的工作单位、地址、电话、传真以及Email。其中Email要求一定要正确，而且能够联系得上，因为编辑部主要通过Email与你的审稿人联系。确定审稿人的基本信息可以通过查阅最近文献上的记载或者查询审稿人工作单位或者实验室主页来确定。

三、审稿专家的审稿原则

审稿本身的目的是提高杂志质量。所以，审稿人应在论文的各个方面把关，包括课题的创新性、实验设计合理性、方法及结果的可靠性以及对结果解释和讨论的逻辑性。同时，审稿人也能在审稿过程中得到历练和提高，从而有利于自己研究的进步。

（一）审稿专家的责任和权利

1. 审稿专家的责任

（1）对学术群体负责：同行评议人必须同时对学术群体和要求他们帮助的期刊负责。通过在指定的时间范围内严谨地评价一篇稿件，就可以完全做到对学术群体负责。

（2）对作者负责　在同意审查一位同行的稿件并对其准确性、清楚性、重要性以及对科学界的作用做出评论时，审稿人负有沉重的责任。

1）审稿人必须持有尊敬的心态去对待作者和其稿件，不应对研究者和该项研究存有偏见。批评或建议应采取积极的方式，例如：“如果……，这部分会更具有说服力”（This section would be stronger if……．）；“如果增加……．，该研究将会更令人感兴趣”（This work would be of sufficient general interest if it included the following….）；等等。

2）当评议人与该项研究或其承担者有利益冲突时，应通知编辑或自行矫正。当评议人对所审稿件中的研究主题不十分了解时，应谢绝审阅。

3）审稿人对该项研究的价值提出诚恳的评价，包括对研究的突破点和不足的分析，向作者提出一些完善研究方法，以及使他们的研究更易于读者接受的一些具体建议。

4）审稿人必须对所评议的稿件保守机密，不能在会议交流或自己的论文中擅自引用或泄露尚未发表的信息、论点或解释（除非征得原稿件作者的同意，并按有关的文献应用规定加以注释）。

5）审稿人不能利用同行评议过程作为手段去达到自己的研究目的，尤其是不能要求作者回答审稿人所感兴趣但不是本项研究所要回答的问题。

6）审稿人不能利用审稿机会建议作者引用审稿人自己的出版作品。

（3）对期刊负责

1）当审稿人不能在期刊规定的时间完成审稿任务时，应谢绝此次审稿并解释原因。

2）审稿人一旦同意审议稿件，便有义务在规定的时间范围内将审稿意见发送到编辑部；如果不能按时完成审阅，审稿人应告知编辑部，并询问是否要返回没有审阅的稿件或要求增加时间。

3）当审稿人收到与自己的研究工作或观点有明显利益冲突的稿件时，审稿人应拒绝审阅这种稿件或说明具体的利益冲突。最常见的利益冲突是，审稿人与受评研究承担单位或作者存在有可能影响公平评审的私人或专业关系，或者正与该单位竞争该项研究。

4）由于某种原因不能审稿将稿件退还给编辑时，如果能建议1～2位其他熟悉论文选题的审稿人将会有助于编辑正确、快速地处理稿件。

2．审稿专家的权利

（1）审稿人有权知道自己所审稿件的处理结果，无论何时通知，但最终要通知审稿人有关稿件的处理结果。

（2）作为一种教育服务或帮助审稿人进一步做好审稿工作，每个审稿人都有权收到其他审稿人的评论，以便受到启迪。

（3）审稿人理应为他们审稿付出时间而受到感谢。编辑部答谢审稿人形式多种多样，如短期免费增刊，卷终期刊登审稿人名单，为审稿人安排社会或教育活动等等。

（二）审稿专家应该具备的基本素质

1．科研素质和品德　作为一名合格的同行评审人员，审稿人应该具有良好的科研素质与品德，这是审稿人所必须遵循的首要条件。审稿人同样也属于科研人员，也要把自己的研究成果发表出来，不应有剽窃别人成果的行为，一定要遵守科研人员的道德准则。

2．精深而博学的专业知识　专家审稿时，必须对学术论文所反映的内容进行全面而细致地审查，如论点、实验过程、结果与讨论、结论等应进行细致的审查。对不同的学术观点和论点，专家应静下心来，结合自己的专业知识，进行认真地、理性地思考，给论文以正确而恰如其分地评价，切不可“臆测”、“臆想”和“臆断”地评价论文的学术价值。

3．具有良好的文献检索能力　抄袭、翻译、大段的摘抄、或拼凑而成论文，应通过文献检索在审稿时点出来，取舍交给编辑处理。

4．具有很强的文献阅读能力　审一篇稿子，有的时候不亚于写一篇综述。审稿人要把相关领域的研究都做到心中有数，才能给人一个合适的评价。不然，看不出人家论文的重点

和创新来，一味的说好和说坏，最终是会站不住脚的

5. 具有很强的论文写作和语言表达能力　不具备这些能力，则很难准确地组织和表达审稿意见。

（三）审稿专家的伦理学原则

同行评议的期刊依靠专家的专业和客观的评审意见以确保刊出论文的质量。甚至可以说，专家给期刊的评审意见和给作者的建议构成了该学科的标准和规范。此外，不仅他们的意见而且包括他们的语气和措辞都可能会影响到学科的学术氛围、行为方式和伦理道德。因此，不管是在收到稿件时决定是否审稿，还是在审稿中如何对待稿件，以及撰写评审意见，甚至在审稿完成后，审稿的同行专家必须清醒地认识到这点。医学论文评审中涉及多方面的伦理学问题。

1. 是否决定审阅稿件的伦理学原则　审稿人应具有审阅稿件所需的专业背景。如果审阅的稿件与自己正在进行的研究内容有重叠，审稿人应该放弃审稿。因为无论该研究的内容是否值得发表，都会使审稿人的决定产生利益冲突；如果稿件质量值得发表，审稿人自身工作再发表的可能性就变小，如果不值得发表，审稿人的意见也会使编辑无法判断审稿人是否是由于个人的原因而拒稿。所以，最好的办法就是立即和编辑联系，回避审阅该稿。其他有可能的利益冲突时也应声明并选择放弃审阅，如作者是自己的老师、同学、同事、家属，或者与自己有经济利益联系等等。当然，存在利害冲突的情况多见且复杂，最合理的方法是一旦审稿人不能确定是否有这种利害关系，应该立即向编辑声明并进行沟通，这也是对审稿人的利益和声望的保护。医学期刊的审稿人应该了解并熟悉生物医学所涉及的国家相关的政策、法规，同时，对国际上的通行惯例和伦理学原则应有较好地掌握，如《赫尔辛基宣言》、《医学期刊投稿的统一要求》等。

2. 审稿过程中的伦理学原则　所有待审的稿件都属于保密文件。审稿人不得向其他人出示稿件，使得其他人有可能了解到稿件的内容，也不能和其他人提到或讨论待审稿件的内容。审稿人也不能未经期刊编辑部同意即与作者联系。同时，不得剽窃或抄袭审阅稿件的数据或内容，这是对审稿人最低的伦理道德要求。如果审稿人有更合适的人选审阅该稿件，审稿人应征得编辑的同意后再将该稿件提交给其他审稿人进行审阅。事实上，期刊编辑部是欢迎审稿人推荐更合适的审稿人的，这也使得期刊编辑有可能发现更多学有所长的专家。审稿人一旦接受审稿，有及时审阅稿件的义务，审稿人有义务向作者提供改进意见。审稿人应尽量客观、公正；重要的观点，无论是赞成或反对稿件内容，均应提供文献佐证。审稿人还应该认识到自己的意见对于期刊甚至是学科发展的重要性，对于重要的阴性结果的论文也应该积极推荐发表。

3. 评审完成后的伦理学原则　论文评审完成后，纸版稿件应该妥善保管，或寄回编辑部。此时，审稿人仍应对所审稿件的内容和自己的审稿意见保密。即使论文已经出版，审稿人与其他人讨论该文时也只能基于已经发表的论文，而不应谈及论文的初稿内容。总之，医学期刊审稿中应该注意的伦理学原则归纳起来就是：诚信原则、保密原则、客观公正原则。一个合格的甚至说是优秀的论文审稿专家不但是一个或多个方面专业上的专家，同时应该文笔流畅，具有客观和公正的审稿态度和做人原则，这样才能保证审稿的质量。现在国内的医

学期刊普遍缺少对审稿的同行专家进行相关知识的培训，因此，我们必须清醒地认识到审稿过程中可能存在的问题，并从制度和实践中加以完善。医学期刊应重视对审稿人审稿行为中可能涉及的伦理道德问题进行培训，以提高审稿质量，规范审稿行为。

（四）审稿内容

作为某一行业的专家学者，对其所处专业的学术动态和技术水平应有一个全面的了解。专家审稿主要是对论文内容的审查，如论文的观点是否正确，所采用的原理、公式、推导过程以及结论的正确与否，试验数据是否与国外文献上数据有出入，参考文献是否是最新的等等。从某种程度上说，专家审稿是对论文的学术水平、技术水平以及论文的创新性、先进性等进行正确地评价，这些要求也是编辑部对审稿专家的评审要求。比如《Chinese Medical Journal》对审稿专家的要求一般包括如下几个部分：本文的主要科学贡献是什么？有无在我刊发表的价值？本文是否反映我国医学科学技术高水平？内容是否新颖？有何特点？资料是否完整，数据是否正确并符合统计学要求？文中所列图表及其说明等是否清楚，可靠？实验方法如何？研究设计是否合理？读者能否按所述方法重复？讨论是否贴切，并简单明了？结论是否实事求是？所列参考文献是否恰当？是否都与本文密切相关？专业名词是否使用得当？缩写是否标准？英文叙述是否清楚可懂？文章在格式上是否有值得改进或改正之处？

四、审稿经验分享

由于大部分国外期刊都是在世界范围内选择审稿人，所以，如果你在国外杂志有文章发表的话，也很有可能收到国外期刊的审稿要求。在这种情况下，在收到邀请的时候，一定要保持平和的心态，清楚你对文章的内容是否了解，否则不要接受邀请。下面是来自丁香园论坛一些战友的审稿经验，放在这里与大家分享：

（一）经验分享之一（来自 purewaterplus 战友）

这是我战友参与评审的某国外 SCI 杂志的要求，列出来的项目，仅供大家在投稿或写作是参考：

Reviewer Recommendation Term：Major Revision

Overall Reviewer Manuscript Rating：

Comments to Editor：

Recommendations（please check only one choice）

Accept with minor revisions ______ Accept outright ______

Accept with major revisions ______ Reject ______

Date

QUESTIONS：

1. Is the title suitable and adequate?

______yes ______see report

2. Does the summary bring out the main points of the paper?

______yes ______see report

3. Does the scientific content justify the space it will occupy?

______yes ______see report

4. Should any parts be omitted or shortened?

______yes ______see report

5. Are any errors of fact or logic contained?

______yes ______see report

6. Should all the diagrams be reproduced?

______yes ______see report

7. Does the paper contain graphs and tables based on the same data?

______yes ______see report

8. Has this material been published before?

______yes ______see report

EVALUATION:

（二）经验分享之二（来自 hydrogen 战友）

我也谈一下审稿的经验，供大家参考！由于合作导师是十几个国际刊物的审稿人，经常会让我初审一些外文稿件，尽管我算不上什么专家，但本领域的研究现状还是比较清楚的。由于是生物材料的交叉领域，影响因子都不低，如《Advanced Materials》，IF 超过 7，其他的包括《Biomaterials》、《JBMR》、《Nanotechnology》、《Polymer》、《Biomacromolecules》等基本上都在 3 左右。因此，我审稿时从来不敢有半点马虎，每一个 comment 和 suggestion 均言之有据，既珍惜作者的辛苦劳动，又要保证稿件的质量。看到自己审过的文章发表出来，心里不免也有点喜悦，毕竟也有自己的点滴辛劳。

1. 审稿的地区 好像 Wiley、Elsvier、IOP、ACS 等有就近审稿的趋势，我审过的稿件基本都是亚洲的，包括中国大陆、泰国、韩国、以色列、新加坡等，目前只审过一篇美国的，还是华人的稿件。

2. 审稿过程 一般要读 3 ~4 遍，首先看有没有创新，一般投到这些刊物的稿件都有一定的新意。然后开始挑毛病，如前沿部分的文献回顾是否合理，实验过程的描述是否完整，得出的结论是否科学，讨论是否能够自圆其说（至少我能够信服），图表是否能够自成体系，标注是否清晰合理，数据是否让人信服，有无统计结果，参考文献有无遗漏等。有时作者给出的重要参考文献我也会仔细阅读一下，如今天刚审的一篇稿件，泰国人写的，我认为他的结论缺乏科学依据，但他引用了一篇文献说明他的观点，仔细阅读该篇文献，我发现文献的结果并不能支持他的结论。因此我给出的 comment 是（The conclusion that "……" lacked of the scientific evidences. From Ref. [* *], we didn't draw the similar conclusion……needs more discussion.）

3. 审稿常用语

This article demonstrates a novel way to .....; The paper has some very useful information....., the innovation in this study is that .....; However, there are a significant number of grammatical irregularities whichmake reading the manuscrpit difficult,...... need to be corrected.; The weakness of this manuscript is ..... poor quality of scientific presentation; Additional information on ...... is necessary,..... is difficult to understand without more explanation; What was the ......? The ...... should include information comparing current work to referenced work; This manuscript does not meet the high standard of ...... and should be rejected.

4. 建议 投稿人和审稿人天生就是一对冤家，一个希望自己的稿件天衣无缝、无懈可击，一个希望多找漏洞、显示水平。因此，一篇连自己都不满意的稿件千万不要急于投稿。

（三）经验分享之三（来自资深战友 hhxx1021 战友）

禁不住要谈谈我的体会和感想。

1. 和许多审稿者一样，第一次审稿是帮我在国外的博士生导师。当时他给我一篇投给《J Med Microbiol》与我课题相关的文章，要我审。我提出了一些建议给他，但当时并不知道如何写审稿意见。后来，结果如何就不得而知。发了第一篇论文后不久收到《Am J Gastroenterol》的审稿邀请，当时真不敢相信，那时我博士都还没有毕业。后来，发的文章多了，邀请审稿的杂志也不断增加。当时，没有电子网络系统，都靠邮寄。所以，我得以保存许多有杂志审稿邀请信函。目前，我审过稿的杂志包括《Gastroenterology》、《Gut》、《J Infect Microbiol》、《Clin J Microbiol》、《Cancer Research》、《Oncogene》等20多家胃肠、感染性疾病、微生物及肿瘤杂志。

2. 国外杂志选择审稿人，主要看你的专长及学术贡献。世界学术知名人士肯定是他们的首选，但这些“牛”人日理万机，不会轻易给杂志审稿。他们除了临床、科研、学术及教学外，有些本身是某杂志的编辑（主编、副主编、责任编辑等），还有些是一些制药公司的顾问。一般而言，国外专家比较看重“诚信”，如果答应审稿，他们会认真去做并及时完成，否则会推辞审稿邀请。因此，除非是很“牛”的杂志，“牛”人一帮不会给一般杂志审稿。这样便给许多初出茅庐的学者机会。对于国内学者来说，大多数国内“牛”人在国际上默默无闻，而现在许多博士、博士后的学术水平和英文水平并不亚于他们的导师，而且往往以第一作者发文章，所以他们收到的审稿邀请并不一定少于他们的导师。

3. 成为审稿人，在某种程度上是对自己科研和学术水平的认可。有些杂志会在其杂志鸣谢审稿人(每年最后一期)，有些没有任何“表示”。更不用说“审稿费”。就杂志而言，审稿人担任的无非是“裁判”的作用，目的是提高杂志的质量。成为审稿人，可以说是一种荣誉。是否有助于自己今后文章的发表我不得而知，除非你进入编委会。但不是每一位都可以进入杂志编委会的，能成为编辑或副主编、主编的更微乎及微。（本人有幸成为一家杂志的副主编和两家杂志的编委。）我的体会是，成为审稿人，既不可“受宠若惊”，也不要“沾沾自喜”。

4. 审稿本身的目的是提高杂志质量。所以，审稿人应在论文的各个方面把关，包括课题的创新性、实验设计合理性、方法及结果的可靠性以及对结果解释和讨论的逻辑性。英文语言虽不是审稿人关注的首要问题，但许多审稿人会因英文语言（不知所云）不放弃审稿，直接建议作者改进语言后再审。否则，或有许多误会。

5. 如何审稿，见仁见智。世上没有完美的文章。仔细读读，再“牛”的作者，其论文也有不足之处。我曾审过 Helicobacter 主编的文章，同样提出许多建议和意见。所以，只要是你的专业，经过认真阅读，你一定能找到不足或需改进的地方。我迄今给20多家杂志近百篇文章审过稿，都会不同程度地提出意见。我也发了近150篇文章，只有一个审稿人给过我的评语是“近乎完美”：“This paper cannot be improved better as it is almost perfectly writen”。那是篇发在《Am J Gastroenterol》上的论著。其实，我都知道那篇文章还是有欠缺的。否则，《Gasteroenterology》不会拒稿。

谈了许多，希望给刚成为审稿人的战友一些启示，并祝他们事业成功。

第六节 修 稿

一、修稿在文章发表中的地位及意义

首先明确一点，大部分情况下，修稿是文章投稿及发表过程中必会经历的一件事。除非特殊情况，一般来说，文章投出后由1~3名审稿人审阅。从杂志角度来看的话，是要求审稿人必须提出一定的意见与建议的。既然提出了意见，就需要根据审稿人的意见进行修改及说明，这就是修稿。几乎所有的经审查学术水平达到出版要求的自由来稿，在发表前都需要退给作者修改其表述及编辑格式，如压缩文章篇幅、重新设计表格、改善插图质量、限制不规则缩写词使用等。然而退给作者修改的稿件并不代表文章已经被接受，文章最终接受与否取决于作者对文章关键性重要内容和表述方式的修改能否达到审稿专家及编辑的要求。

修稿在整个文章投稿及发表过程中占了非常重要的地位，甚至可以说是决定胜负的关键。许多时候，也许你已达到了发表该杂志的水平，但是没有认真对待修稿而被拒稿；而有时也许你的文章离发表到该杂志还有一定水平，但是由于认真对待审稿人的每个问题，通过几次修改而成功发表。

另外，修稿可以令你更好的理解自己的文章。SCI 杂志的审稿人经常会提出一些非常中肯的意见与问题。从另外的角度去看你的文章，可以挖掘出许多自己在做实验写文章时没有注意的问题，使文章的结构更严谨、更深入，而且为进一步的研究提供了许多很好的方向。

二、常见的修稿类型简介

修稿时有许多不同的类型的，有时是多种类型的混合，针对不同的类型，采取的对策也不尽相同。

接受（accepted）：也就是原则上接受了你的文章在该杂志上发表。但是请注意，接受了并不代表不需要修稿！即使接受了，审稿人或者编辑也会提出一些意见，多为文章格式方面的小问题，例如文章的排列、图表的处理、一些文献或计量单位等等格式问题，一定要继续认真对待，根据要求认真修改格式，否则前功尽弃实在可惜。

小修（minor points）：一般情况下属于一些小的问题，比如一些实验结果解释得不够清楚，一些提法没有文献依据，一些格式不符合要求等等。通常不用补实验，但是需要查阅文献，针对每个问题认真回答。如果同意审稿人的建议，要做出相应修改；如果不同意审稿人的建议或者要回答问题，要有理有据，给出相应的参考文献或者更明确的实验结果支持自己的观点。

大修（major points）：如果审稿人认为文章的主要观点已经或者可以达到在该杂志发表的水平，但是一些观点的实验数据还不够充分，或者有些实验存在一些问题，审稿人会提出一些建议。这时一般来说要补实验了。如果条件允许，一定根据要求补充实验结果，使文章更为完善，这也是一个很好的学习机会；如果该实验很难再补充，例如没有条件或者样品已用完，要耐心解释，首先要肯定该实验可证明该结果，另外要强调根据已有的实验结果和文献的查阅已经可以充分证明自己的观点了，如果以后有条件了，会考虑补充证明。

退稿后重投（re-submission）：有时，编辑觉得你的文章基本达到了该杂志的要求，但是由于审稿人可能意见不一致或者一些语言上的原因退稿，此时编辑会建议你修改后可以重新投稿到该杂志（但是会另外强调重投并不能保证发表，但是可能会优先进入审稿流程的程序）。这有几种可能性，比如由于语言原因根本没有送到审稿人手中，但是编辑有时也是审稿人之一，他认为你的文章的内容应该达到标准了，此时建议一定要找个专业的英语修改机构或专家修改语言，一般他会推荐论文修改的机构，可以直接选择；另外就是可能到了审稿人手中，几个审稿人意见不一致，回到编辑后，编辑认为还是有机会，此时可能就需要根据几位审稿人的建议对文章做大的调整，补充一些更具说服力的实验，在规定的期限内重新投到该杂志去。

拒稿（rejection）：当然，这个是最不愿见到的了，但是还是要注意2点。第一，退稿也要给人家回信，谢谢人家的审稿；第二，有些高影响因子的杂志，即使退稿，审稿人也会给出一些很中肯的建议（如果已经进到审稿一步的话），可以根据这些建议认真修改文章，补充实验数据，再转投到其他更合适的杂志。

三、修稿的原则

（一）认真研读退修函

当作者收到退修稿后，首先应该仔细地阅读退修信和审稿人的意见。退修函是编辑参考审稿人的意见并针对稿件中存在问题，向作者提出的修改意见。如论文在文章立题方面有哪些不合理的地方；实验设计方面存在哪些不足，建议如何修改；文中哪些实验还不够完善，需加以补充；哪些部分需加以删减等等。然后考虑能否或愿意接受审稿专家或编辑的意见，修改稿件。如果退修意见较少，且为非实质性问题，那么应该遵照退修意见认真修改。如果编辑要求作者对文章作重大修改，那么应记住并非所有审稿专家的意见都是正确的、都必须无条件接受的；如果文章本身从立题到实验设计都是合理的，而且实验结果也能很好地证明结论，在此前提下，可与审稿人进行交流，说明该文章的合理性；若审稿人仍坚持对文章作重大修改，作者可考虑换投其他杂志。

（二）修改

可参考以下原则：

1. 所有问题必须逐条认真给予回答；
2. 尽量完善意见中需要补充的实验结果；
3. 满足不了的也不要回避，说明不能做的合理理由，并表示以后有条件的话一定会补充；
4. 对于你不认同的意见，也要委婉有技巧地回答，做到有理有据有节；
5. 审稿人推荐的文献一定要引用，并加以讨论。

作者对编辑人员提出的问题应认真对待，对于其中的正确意见虚心接受，并在文中作相应修改。对于不能接受的意见，应在复信中说明情况与理由。另外，如果修稿函中就是说你文章写得不好，可是又不明确说哪里不好，反倒容易对付，只需回信虚心接受建议，说明会认真修改也就是了。有网友曾说："不怕说你差，就怕具体说你哪里差。"说的就非常有道理，因为具体指出问题所在，一般来说就是在这一点上确实可能存在些问题，要么以前没有注意，要么就是注意了但是各种原因就想含糊过去，因此一定要重新考虑清楚再回复。

还有很重要的一点，就是如果审稿人没有指出的问题，但是自己在实验及修改过程中发现了怎么办？如果是大的原则性问题，比如实验的错误或者逻辑错误，一定要想办法修正，即使补充试验也要解释清楚，不能存侥幸心理。可给编辑部发一封信解释情况，并说明打算如何修改；如果是小的问题，比如文献引用错误或者词汇用法错误等等，可在原处修改并注明；但是如果是认为文章还不够完善，还有些方面没有说清，建议不再在这篇文章中指出，而是待其发表后，以这个为基础继续深入研究，以备下一篇文章，毕竟每篇文章都不可能十全十美的。但是总的原则必须是实事求是，错误的一定要及时改正的。

另外注意，作者一定要在编辑规定的时间内将修改稿返回，否则稿件将从被考虑发表的文章中剔除，按退稿处理。

四、修稿信的格式及举例

例 1

Dear Prof. * * *,

Our manuscript, referenced above, has been revised according to the reviewer's comments. Now we resubmit the revised manuscript, along with a point-by-point response to each critique raised by the reviewer below. If there are further requests, please contact us by e-mail.

Sincerely yours,

例 2

Dear Editor,

We are pleased to answer the questions of the reviewers' and the manuscript (Manuscript number…) has also been extensively revised according to the comments (resubmitted online).

Question#1:

Answer:

Question#2:

Answer:

Best wishes,

Sincerely yours,

例 3

Dear Prof. * * *,

Thank you very much for your letter and the comments from the referees about our paper submitted to * * * (MS Number * * *). We have checked the manuscript and revised it according to the comments. We submit here the revised manuscript as well as a list of changes. If you have any question about this paper, please don't hesitate to let me know.

Sincerely yours,

例 4

Dear editor:

Thanks a lot for having reviewed our manuscript. Now we have revised the manuscript according to the reviewers' comments. Most of the revisions are in the manuscript. Some explanations regarding the revisions of our manuscript are as follows.

Question#1:

Answer:

Question#2:

Answer:

在修回时，最头痛的是如何满足个别审稿的“不可实现”的要求。建议主要引用理论和文献加以解释，作到精练有逻辑有说服力。

（注：部分信件改编于互联网，在此对原作者表示感谢!）

五、修稿中常见的问题及应对

修稿的过程会遇到各种各样的问题，但是小结下来大概有以下几个大的类别：

（一）文中有明显的错误

如果文中有很明显的错误被审稿人指出，一定要认真对待。如果确实自己错了，一定要说明情况并及时改正，并在回复中点对点地指明如何修改的。如果认为自己没有错误，而是审稿人的问题，提出异议还是很有必要的。首先就是搞明白具体的理由。有时可能是自己论文没有组织好，或者在语言层面上有比较大的问题；也有可能由于审稿人和自己的专业领域有差异而存在了误解。写封信去或许会说出其具体的理由，以便做进一步修改。另外审稿人出错的情况时有发生，写封信给编辑说明，编辑会根据错误性质做出相应措施，或许会再给你一次机会。当然，你必须读懂审稿人的意见。还有，必须以理服人，有理有利有节，目的是让编辑给你另一次机会。

（二）补充实验

有时，审稿人会建议补充实验。如果实验条件允许的话，即使以前没有做过该实验，也一定要尽量根据审稿人的建议认真补充实验，这是一个很好的学习与提高的过程。一般要求补充实验的话，修回的要求时间会比较长，足够开展进一步的实验。如果实验条件不允许，无法补充该实验，则尽量向审稿人解释，毕竟最开始投的时候肯定自己认为是个完整的故事了，那就需要向审稿人解释清楚在这个问题上，如果不用补充实验，你是如何证实该结论的、有没有什么文献支持等。

（三）补充讨论

还有就是审稿人认为讨论得还不够充分，需要补充讨论。这其实是很好的一件事情。讨论是一篇文章里的精华所在，是最显水平的地方。而一般情况下，审稿人都是这一领域的专家，而且都会非常认真地评审你的文章，因此提出的意见会对文章的提高有很大好处，一定要认真对待，根据审稿人的提示查阅大量的文献，丰富自己的讨论，使文章再上一个档次。

六、如何正确对待拒稿

（一）心理调整

首先要明确：被拒是正常的，不被拒才不正常；虚心接受批评，有错能改，善莫大焉。凡是认真想做科研的人，都希望自己的文章能发表在影响大的好杂志上，在投稿时大部分会尽量往影响因子高的杂志投，因此在投之前就应该有了被拒稿的准备。

稿件投出之后，3 ~5 天就会知道编辑的意见。如果已经被拒，一般来说编辑会说明原因，如该文章没有达到在该杂志发表的水平或可能存在语言方面的问题。如果是前者，可以考虑换杂志，通常情况下应该是根据影响因子找一个更低一点的杂志再投，不过也不是全如此，更重要的是适合的杂志；如果是后者，则建议找一些专业的修改，比如英语好的老板或者送到公司修改，然后尝试再投这个杂志。如果顺利过了第一关，编辑会将稿件送到审稿人手中，从此时开始大概会有 1 ~2 个月的时间。在这段时间内不是说就只是等待了，应该更积极地应对，尤其是做好被拒稿的准备。

不过在这里一定强调一点，就是科研道德问题。做好被拒稿的准备绝不等于一稿多投！应该更积极地应对，比如挑选更合适的杂志，但是一定要在前面一个完全拒稿的前提下再投下一个杂志，而且强烈建议收到拒稿信也要给人家编辑部回信：一方面是礼貌，感谢人家的审稿；另一方面可以说明一下下一步计划：是准备修改再投到该杂志还是转投其他杂志；甚至可以问一些建议，有些时候可能会得到意想不到的效果。

总的来说，投稿前就做好拒稿的心理准备，心态平和，但是也要注意科研道德，认真对待。

（二）应对流程（图 14-40）

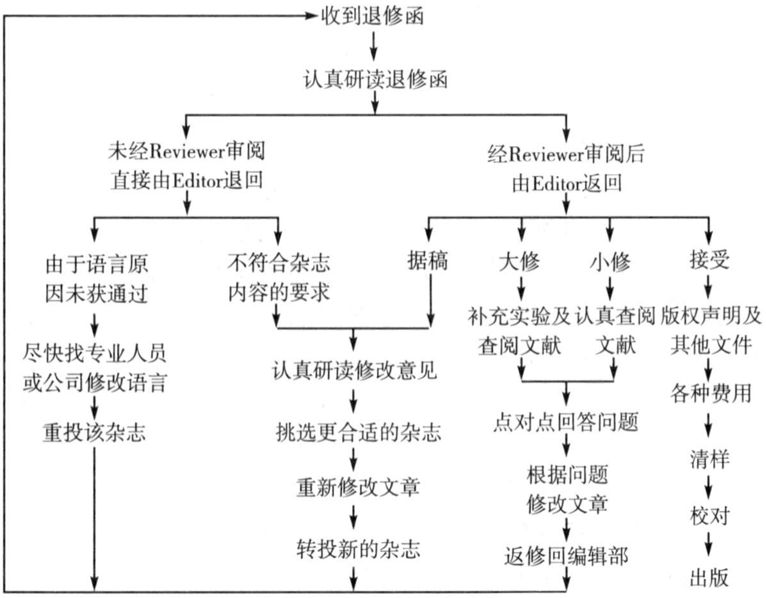

图 14-40 审稿结果应收拒流程

（三）重新选择杂志的原则及技巧

一旦被拒稿首先的原则大多应该选择更低一些、更好发一些的杂志重新投稿。还有就是在换投杂志的时候要重新认真地阅读稿约，修改文章的用法与格式等。一个值得讨论的问题包括：①新的杂志与之前投稿的杂志是属于同一家公司好还是不同的好？一般情况下，如果是语言有问题，可通过该公司推荐的修改机构修改文章，有些在修改的同时可以要求提供投稿建议，并出具修改证明，此时投原公司旗下的杂志可能会比较有利；②编委以及审稿人是有重合的好还是没有重合的好？个人认为，这个要根据具体情况讨论：如果被拒稿的原因不是文章不好，只是投得不是很合适，可以考虑认真对应建议修改文章后，可以投到有重合的审稿人手中，表明自己的态度是认真和严谨的；如果拒稿的原因是审稿人就觉得文章做得有问题甚至有错误，就需要尽量避免再交到这些人手上了（也不一定是真的有错，而是审稿人认为有问题）；③还有就是时间问题。重新投稿尽量应该选择投稿周期更短，发表更为频繁的杂志，因为研究大都具有实效性，如果时间拖得长了，有些东西可能别人就抢先发表了，创新性就没有那么好了。

七、实战举例

1．拒稿后另投杂志而成功发表　有两位作者都是首先选择了一个内容适合但是可能水平偏高的杂志，进行了投稿。其中一个3天拒稿，没有说明特别的原因，大致就是礼貌的拒稿了，但是心态较平稳，经过2个月的认真修改，有转投了一个基本上相当的杂志（略低于前一杂志一点，但是在同一水平上），1个月后收到文章接受的通知。另一篇则是经过了1个半月的漫长等待，收到了拒稿的通知，而且包含完整的reviewer的意见，因此根据reviewer的意见作了认真修改，而且还找了美国的导师帮助修改了内容和语言，然后转投了稍低一些的杂志，1个月之内就收到了接收的通知。总的来说这两个例子都是拒稿后转投其他相对低一些的杂志而成功的例子，这是大部分人尤其是国内作者投稿的畅游的经历。

2．在一个杂志上坚持到底最后成功　作者经过精心选择，挑选了一个影响因子在4～5的杂志进行投稿。经作者个人评估，实验及写作水平可能略低于该杂志水平，但是希望文章的发表能有一个提高（已发表1篇影响因子在2～3左右的文章），而且文章的选题以及创新点是好的，符合该杂志要求的。投稿后3天收到编辑的来信，简要表示了没有拒稿，并交给2位审稿人开始审阅。1个月以后，收到编辑返回的审稿人意见：①文章内容基本符合该杂志内容；②审稿人意见基本良好，但是有3个大修（major points）和若干小修（minor points）意见；③建议在规定时间内完成点对点（point-to-point）的回应、补充与完善，并投回该杂志；④不保证修改后的文章可以发表，还要继续审核。

由于最开始就已经做好了心理准备，因此这个结果感觉还是不错的（毕竟没有直接拒稿），因此经慎重考虑（是否转投其他杂志?），作者最终决定认真修稿后重投。因此给编辑部作了回复，表明感谢并正在认真做出修改。由于有几点大修意见需要补充实验，因此在大量查阅文献以便回答其他问题的同时，开始补充实验。经过了大约4个月时间的努力，终于完成修稿，重投回编辑部。

第二次的时间总体都要短一些，大概2天就收到了编辑的回复已送交审稿人。经过大概2周左右的等待就有了结果：①文章基本接受，还有3点小修意见（其中2点是原来的问题，认为回答的或修改得还不够）；②建议修改后投回，但是还是不保证能够发表。不过这次收到修稿信后信心大增，因此直接决定修稿，认真回答了审稿人的各项意见后，1周左右重投回编辑部。

这次大概等待了2周时间，编辑回信同意录用。接下来就是对一些图表及格式的修改和对样稿的校正等等工作。总共从投稿到接受用了半年多的时间，功夫不负有心人，终于成功发表了。

3．语言问题导致投稿失败　作者首先选择了一个本专业领域最高级别的一个杂志试投，影响因子10以上，结果3天就被退稿，根本没有到审稿人手里，退稿信直接指出，不符合本杂志要求。修改1个月后转投另一不错的杂志，影响因子5～7，经过了1个多月被退稿，审稿人的意见很不好，而且指出文章语言不过关。可惜作者没有认真对待，而是认为还是杂志投得不合适，经过进一步修改，中间还有些事情耽搁了（而且被拒两次了，心理上有些抗拒）。半年后投稿到一个影响因子2～3的杂志，结果还是3天退稿。编辑认为文章基本符合要求，但是语言不过关。这下终于觉醒了，赶紧找了专业的公司对文章的语言进行了修改，再次投稿，也就不到3周就得到了录用的通知。总结本次投稿的经验教训：

（1）一定要重视退修函：尤其是给出了相对明确的意见的，哪怕是拒稿也一定要充分重视，那就是再次投稿转投新杂志的依据。

（2）一定要重视语言：其实第二次投稿就指出了语言问题，如果当时能重视，把语言改好，应该还是有机会可以投一个比较高的杂志的，可惜没有重视语言的修改，最后由于时间原因发表在了不甚理想的杂志上。

（3）调整投稿心态：在第二次拒稿后，一段时间失去信心，没有及时修改再重投，耽误了时机，在最开始投稿时，文章很有创新性，即使10以上的不行，发表在5～10这个水平的杂志还是可以的，但是在这段时间内陆续有类似文章发表，错过了最佳时机，新颖性差多了。

（4）选择合适的杂志：第一次选择的就不好，投高了，如果一上来就选择一个比较合适的杂志，比如5～7这一级别的，可能会是比较好的处理。

4. 反向选择 首先选择了一个个人认为合适的杂志（影响因子5～7水平的杂志）投稿，结果被拒。和导师讨论后，认为自己的文章很有意义，不应该被拒，因此经过认真修改和补充试验，又投了一个在同样水平的其他杂志，仍然被拒。这时候的心理状态很重要了，导师很有信心，认为这个研究很有意义，不能给自己降档次往下投稿，因此又经过了修改，投了一个7～9左右水平的杂志，结果还是被拒。接下来是个痛苦的过程（对自己），但是导师的信心很足，仍然坚持自己的观点，认为被拒可能只是杂志的选择不对，因此又认真进行了修改，而这一次最重要的是认真对杂志的选择进行了重新的考虑，并征求了一些专家的意见，最后投稿到一个10以上的杂志，文章被接受并成功发表了。虽然这种越投越高最后还成功的例子不是很多，但是仍然进一步说明了杂志选择的重要性，另外一个很好的心理因素也在这一过程中起到了重要的作用。

第七节 清样校对、版面费等其后续事宜

一、清样校对

（一）清样在文章发表中的地位

清样是在文章发表前杂志社给作者的校正稿，该项工作称之为校样（proof）。通常包括两个主要内容：①完成编辑部指出的问题，例如补充缩写的全称，补充试剂的产地，修改一些语法错误，同意或确认编辑部的少量修改等；②自己发现的需要更改的地方，例如错别字，标点符号错误等，要求作者列出一个勘误清单，标名位置及更改。校样阶段一般是不允许进行作者调整以及大量的正文内容的改动。通常校样要求作者在两个工作日内完成，否则有可能影响出版。

另一方面，也有学者认为，国外发表文章时，编辑部在接收文章后会把文章移交给授权的出版社，清样由出版社负责编辑排版，然后交给作者校对。而出版社仅负责出版印刷等任

务，并不熟悉专业知识，也没有权限作出进一步的决定。除非作者本人向投稿的杂志编辑部写信要求撤稿，否则肯定要发表的，即便作者未及时校样，在线版上也会出现你的“Uncorrected Proof”。

（二）校对清样的注意事项

校样时，作者需注意以下事项：①查看图表是否清晰、公式和图表的标号顺序对不对，特殊字符是否正确、物理单位是否正确，参考文献也要对照一下；②正文文字的东西一般编辑不会弄错，可快速浏览；③如果此时需要修改（添加）作者、改变作者顺序或修改作者单位，校样时可以提出。当然这个工作也可以在修改稿中进行的，校样是最后修改的机会。修改的方法可以在清样随同的“author query”（“author query”问题也要回答）下面的空白页按顺序写出清样中的错误和修改后的东西，一般是编号、页码、行数、错误地方、改正结果等。当然清样的修改也可以在网上修改，网上修改一般有页号、行号、指出错误、指出修正、备注等几栏。校样完成后一般两周到一月就会在期刊网站进入“available online”状态，或者“in publishing”（待出版）队列里，“available online”的电子版文章（非正式出版）里会提供DOI标记。有的期刊在收到清样后“available online”状态之前会Email给你DOI链接地址。

二、版面费

（一）正确看待版面费

版面费一般指正式学术期刊刊用作者的文章后其期刊编辑部向作者收取的费用。一般而言，适当收取的版面费是合情合理的。但也不排除部分无良刊物漫天要价。

（二）常见版面费的支付方式

国内杂志支付版面费的方式主要为通过邮局按址汇款，少数也有经银行账号转账的。国外支付版面费的方式包括：

1. 支票　按照国外杂志编辑部地址寄出支票即可。

2. 直接银行转账　可以去当地的中国银行办理该业务，此种付款方式对初学者最直接方便。

3. 信用卡　采用该种方式付款，支付的手续费较高。

三、版权转让协议

1. 中、英文版权转让协议简介

杂志社接收文章后在正式出版前，会让作者签署论文著作权转让书或版权转让协议（copyright transfer form）。

- 中文版权转让协议书内容，图解举例如下（以中华系列杂志为例）（图14-41）：

论文著作权转让书

拟投送刊物：　　　　　　　　杂志

论文题目：

主要内容及
特殊要求：

基金项目（请提供审批件复印件）：

科室审查意见（若发现存在下列问题之一，将根据中华医学会杂志社的有关规定处理）：

资料不真实（　　　　　　）　　剽窃他人学术成果（　　　　　　）
一稿多投　（　　　　　　）　　存在与国家有关法律法规相违背的其他问题（　　　　　　）

负责人签名
年　　月　　日

论文著作权转让书

前述论文所有作者自愿将本文著作权及相关财产权转让给中华医学会，即中华医学会对本文的部分或全文具有但不限于以下的使用权：汇编权，发行权，复制权，翻译权，网络出版及信息传播权；许可国内外文献检索系统和网络、数据库系统检索和收录；允许或通过各种介质、媒体以及其他语言文字出版和使用本文的权利；以不违反中华人民共和国现行或以后出台的法律规定的方式使用本文。

未经中华医学会书面许可，本文作者承诺不再以任何方式允许第三方使用本文，并承担相应违约责任。论文作者承诺本文为原创和第一次发表使用，无知识产权纠纷，无一稿多投，不涉及任何形式之保密义务。论文作者承诺承担一切违反义务和侵权责任。

本授权书于《　　　　　　　　　　　　　　》接受本文之日起生效。有效期同该论文著作权的保护期。

作者亲笔签名（请按作者排名顺序填写，姓名后附签名日期）：

1.__________　　2.__________

3.__________　　4.__________

5.__________　　6.__________

7.__________　　8.__________

9.__________　　10.__________

11.__________　　12.__________

单位意见：

盖章
年　月　日

通讯作者
姓名：　　　　　　办公电话：
手机：　　　　　　Email：
地址：　　　　　　　　　　　　邮编：

图 14-41　中华系列杂志“论文著作权转让书”

外文版权转让协议书内容，图解举例如下（以 J Int Med Res 为例）（图 14-42）：

Field House Publishing

PUBLISHING AGREEMENT - *THE JOURNAL OF INTERNATIONAL MEDICAL RESEARCH*

CONTRIBUTION:
("The Contribution")

AUTHOR(S):
To be completed by all authors if owner(s) of copyright in The Contribution

Copyright Assignment
In consideration for publication in *The Journal of International Medical Research* of The Contribution, I(we) hereby assign to Field House Publishing (the "Publisher) copyright, in The Contribution for the full legal term of copyright throughout the world in all formats and through any medium of communication.

Warranty: I(we) represent and warrant that (i) The Contribution is my(our) original work; (ii) The Contribution has not been published before, (iii) that any conflicts of interest have been declared; (iv) that The Contribution contains no illegal statements, does not infringe any rights of others, and does not constitute defamation, invasion of privacy or other tortuous injury to any third party; (v) I(we) will not have entered into or become subject to any agreement, or understanding with respect to The Contribution that subjects me(us) or The Contribution to restrictions that are inconsistent with this Agreement; and (vi) I(we) have obtained all necessary permissions for the reproduction as part of The Contribution of copyright works (including artistic works, e.g. photographs, charts, maps, etc.) not owned by me(us) for publication in all languages and in all formats (print, electronic/digital).

Indemnity: I(we) agree to indemnify the Publisher and its affiliates against any claims and agrees to pay all costs (including reasonable attorneys' fees) arising out of or in connection with a breach of any representation contained herein or the publication of The Contribution in accordance with the terms of this Agreement.

Conflict of Interest and Financial Disclosure
In accordance with recommended publishing practices to ensure balance, independence, objectivity, and scientific rigour in journal articles all authors must declare any potentially conflicting interests, such as significant affiliation or financial involvement with: (1) the manufacturer(s) or their competitor(s) of any commercial product(s) discussed in The Contribution; (2) the provider(s) or their competitors of any commercial services discussed in The Contribution. This information will be held in confidence while the paper is under review and will not influence the decision to publish however a disclosure statement will appear with the article on publication.

(Please tick one box)

☐ All financial and other conflicts of interest are fully declared in a separate section at the end of the manuscript labelled 'Conflicts of Interest'

☐ I/we have no conflicts of interest to declare in relation to this article

Conditions of Publication
If The Contribution has been previously submitted and rejected by another journal, this should be declared and peer review comments should be submitted with the manuscript.

The Publisher's liability for ANY claim arising out of this Agreement shall be limited to proven, direct damages incurred. In no event shall the Publisher be liable for special, indirect, incidental, punitive or consequential damages, including, without limitation, lost profits.

Signature(s) of listed Author(s)

Signature.. Print Name.. Date..

Signature.. Print Name.. Date..

Signature.. Print Name.. Date..

Signature.. Print Name.. Date..

Signature.. Print Name.. Date..

FIELD HOUSE PUBLISHING LLP
6 Sompting Avenue, Worthing, West Sussex, BN14 8HN, United Kingdom
Tel/Fax: +44(0)1903 211000 Fax:+44(0)5601 127700 or +44(0)1903 211000 E-mail: jane@fieldhousepublishing.com
Registered Number: OC328272 VAT Registration Number: 904 0840 54

图 14-42　J Int Med Res 的版权转让协议书

2. 如何签署版权转让协议

有的期刊初次投稿时就要版权转让协议，有的不需要，如《Iee Electronics Letters》就不需要。大多数期刊的版权转让协议在期刊网站可以下载的，也有的期刊是编辑 Email 给你。如果要版权转让协议，大多数是打印后签名传真。如果你要扫描，看期刊容许不容许，或者你发 Email 问编辑行不行。一般期刊会有两个版权转让（copyright）版本，一个是供本国作者填写的，一个是供“国外”作者填写的，在填 copyright 时，要分清你要填写哪个 copyright。如果稿件全部作者中，有期刊所在国的合作作者，在填 copyright 时，合作作者一般还需要填写 copyright 的。另外一栏“授权证明”，这个“授权证明”可以是国家科学技术或学术管辖部门，也可以是其单位领导或授权人士的证明。在填 copyright 时，有时会碰到“Print Name”这一栏，“Print Name”可以有两种方式：一是手写，姓名的字母全部工整大写；另外就是将姓名的字母大写用电脑输入，打印剪裁后粘贴到 copyright 中。自然手写是最方便的了，但手写一定要工整，不能潦草。在填 copyright 时，更多地还会遇到作者签名的问题，一般期刊 copyright 的作者签名会有两种选择：一种是全部作者签名，一种是第一作者签名（第一作者代表全体作者签名）。如果 copyright 只有全部作者签名，最好请其他作者签名，以免搞出版权纠纷或者争议。值得提醒的是，有的期刊在 copyright 中会说明其收费情况。《IEEE Electron Device Letters》就在 copyright 中说明稿件如果出版，每页需要支付 110 美元。

Copyright 除了打印签名，有的期刊是电子版 PDF 签名，现在兴起的还有在线提交 copyright。这个一般是文章录用后，先是一大堆协议，按照步骤点击 next 按钮，在这个过程中会出现选择和购买 offprint（录用文章出版的单行本）类型/费用，选择彩色纸张或黑白纸张出版、选择版面费支付方式等。这些选择一定要看清，免得出错，特别是涉及钱款的东西。

四、彩图或 Online Open Access 的选择

文章经编辑部同意发表后，在在线发表或者出版之前，通常出版商会和作者联系询问是否愿意发表彩图或者提供论文在线开放存取（online open access）。分别介绍之：

1. 彩图费是按彩图数目收取　投外文时，一般每幅图收取 150 ~ 300 美元费用。若作者经费紧张或者不愿意发表彩图，有以下减免办法：①将彩图改发黑白图（大多杂志容许，作者可以主动和编辑部写信沟通）；②将类似多幅彩图合并为一幅（可以用 Figures A，B，C 等表示）；③直接写信申请减免；④另有些杂志会在稿约中指导作者如何减免费用，因为大部分杂志并不是通过发彩图赚钱。

2. 是否选择在线开放存取　该项服务的意思是：作者交了费用以后，发表的文章就可以免费提供给读者。这样做的好处是可以增加你文章被引用的机会，但同时也需要作者出具费用。通常是由作者自愿选择。

五、出版发行周期

论文发表速度的快慢与刊物主编、刊物大小和出版社的经营理念有很大的关系。统而言之，论文发表的快慢取决于论文在编辑部内被审定的速度和论文被接受以后在出版社的发表

速度。一篇论文投到期刊的编辑部后，如果主编能很快地将论文送审，而且审稿人能较快地将意见反馈回主编，那么该论文是被采纳、修改还是拒绝都能较快地有个结果；反之，作者则会在漫长的等待中度过。一本期刊的审稿速度还取决于其他许多因素，如稿源情况、编辑的工作量、来稿质量等等。除非作者亲身经历，很难有所把握和了解。但通过浏览一本期刊在过去一年内发表的文章，作者可以对此有个大致的衡量。在英文科技期刊发表的文章中，大部分文章在首页的作者单位下，注明稿件的投稿日期（received date），修改日期（revised date）和文章最终被接纳的日期（accepted date）。如果一本期刊一年内发表的文章，从投稿到文章被接受都有几个月甚至更长的时间（特刊除外），则暗示着该刊的审稿周期可能较长。如果作者投稿到这样的刊物，需对漫长的等待有所准备。一旦文章被采纳并送交出版社，其发表的速度也有快慢之分。其快慢程度作者通过浏览已经发表的文章也能有所了解。现在大部分的国际英文科技期刊，都有在线发表（publishing on-line）和印刷本发表（publishing in print）的双重出版体系。如果作者的原稿质量过关，回复校样也比较及时，则论文在网上发表的速度都是较快的。一般来说，论文的被接纳日期和论文在网上正式发表的日期应该相距4~8周。当然，不同的出版社的出版效率有所不同，但作者如能对此有所了解，可以避免许多不必要的焦虑和期盼。但在印刷本（issue in print）上发表的快慢就很难预料了。因为决定的因素很多，比如出刊频率——月刊的出版周期肯定要比季刊短；又比如刊物的大小——每期有几百页版面的期刊的出版周期比只有几十页的就要短得多。而这些因素都是作者不能左右的。一旦文章在网上发表后，文章何时能在印刷本上发表就不是作者通过催促出版社能够解决的了。

第八节　文章发表后的点睛之笔——letter to the editor

一、letter 的地位和意义

Letter 分许多种，比如病例报道、针对杂志最近发表的文章的评论（comment），当然还有《Nature》上的 letter，但是那基本上属于正式的 report 了，不算此列。这里只集中讨论 comment 这种特殊的文章形式。这在科研领域是一种很重要的文章形式，对某一个问题进行公开的讨论，各位作者各抒己见，有理有据。虽然 letter 一般不算 SCI 论文，但杂志是通过 letter 这种方式作为读者对杂志发表论文的反馈，对本杂志已经发表的论文提出意见和补充。不管什么形式，关键是报道的内容是否有重大影响，这才是衡量文章价值的主要指标。当年酞咪哌啶酮（“反应停”）的致畸作用也是通过 letter 形式报道的。letter 作为杂志文章的一种形式，可以被检索到。

Letter to the editor 是一种很有意思的交流形式，以前读文章就只针对文献，后来发现看这种对文章的批评、建议更有趣，这种形式在大牌期刊中很常见。某些文章在同期会配发 comments，或者在网络版出现后，会有 letters 进行讨论。在讨论过程中可能会针锋相对，但是却更容易碰撞出火花，因此是一种非常重要的文章形式。

二、如何写 letter

首先，需要认真读懂想要评论的文章。不管是支持还是反对该文章，都可以写 letter。当然支持的要容易一些，只需说明本实验室也做了类似的实验或者通过别的试验得到了类似的结论，给出一些支持的证据及文献再说明一下这个工作的意义基本就可以了。但是要是反对该文章的就要更加慎重，一定要提供更为有力的证据才可以。要通过文献论证并支持自己的实验结果，与该文章得到了不同的结论，而且要就事论事，提供一些可能性为什么会得到不同的结论等等。

就这类文章的题目而言，简单一点可以用，“Comment on ***”来作为文章的题目，复杂一点则可以把别人的题目抄下“abc：自己的观点”，甚至可以考虑用个完全不同的更为醒目的题目。

三、如何回复 letter

那么当你发表一篇文章以后，如果有别人针对你的文章发表了评论，又该如何答复呢？Letter to the editor 的作者一定对你论文中的结果（多数情况）或你采用的方法有疑问，或对你的结果有与你不同的或更新的解释。在正式出版后，letters 是作为一个相对独立的结构发表的，在印刷版会出现页码、卷期、作者署名等。所以肯定需要像投稿一样，正式答复。

无论如何，你都要认真回答。与回答审稿人不同的是，你不用“迁就”他。他是对的，你表示同意；他是错的，你要据理力争，拿出参考文献来。如果你也认为自己错了，非原则上的可以承认，表明今后的研究改进；原则上的要小心，应该与你老板及其他作者讨论，是否真的错了。真的，论文该撤。但通常没有那么严重。许多结果有不同的解释，各方都可以拿出参考文献来。有理有据有节即可。

四、letter 举例

以下为 DXY 战友 baiyu1998 的真实经历：

Letter to the Editor 是一种很有意思的交流形式，以前我就只看文献，后来发现看这种对文章的批评、建议更有趣。有段时间我对写这类的小片段很感兴趣，一共在《Alimentary Pharmacology & Therapeutics》、《American Journal of Gastroenterology》、《Hepatology》上面总共发表了 4 篇 letter to the Editor 或者 correspondence。下面摘重点说一下有趣的经历。

1. Bai Y, Zhaoshen L. Results of meta-analysis should be interpreted with much caution. Am J Gastroenterol. 2007 Aug; 102：1826; author reply 1827-8. PMID: 17686074

2. Bai Y, Duowu Z, Zhaoshen L. Is indomethacin a new hope for post-ERCP pancreatitis? Am J Gastroenterol. 2007 Sep; 102 (9)：2103; author reply 2103-4. PMID: 17727438

3. Bai Y, Gao J, Zou D, Li Z. Is MEDLINE alone enough for a meta-analysis? Aliment Pharmacol Ther. 2007 Jul 1; 26 (1)：125-6; author reply 126. PMID: 17555429

这是我学习循证医学以后不久，在阅读几篇荟萃分析和随机对照研究时觉得文章里面有些地方不太符合我看到的权威概念，于是就提出了一些自己的看法和观点，实际上后来我自己看觉得这是有点吹毛求疵了。不过似乎编辑部的编辑没有这样觉得，在收到我的投稿后基本上都在 3 天内给出答复——直接接受发表。我自己对写这类小豆腐块的看法就是：一定要就事论事，不要进行人身攻击和加入一些主观的东西，而且写的目的是为了进一步改进这类研究的质量，不是为了打击别人从中取乐。

下面主要说这篇发表在《Hepatology》的“correspondence”。

去年8月在Hepatology的电子版（online early）里面看见了由ACG和AASLD两大学会共同颁布的肝硬化出血诊治指南［Garcia-Tsao G，Sanyal AJ，Grace ND，Carey W；Practice Guidelines Committee of the American Association for the Study of Liver Diseases；Practice Parameters Committee of the American College of Gastroenterology. Prevention and management of gastroesophageal varices and variceal hemorrhage in cirrhosis. Hepatology. 2007 Sep；46（3）：922-38. PMID：17879356］。因为我以前对这一块的内容看过一些资料，于是把文章仔细地读了一遍，刚读完就觉得在肝硬化出血的药物治疗里面有点不对劲，不过也当时没有细想，然后我把文章发给我的师兄“一只密西根的海龟”看，他看完就说肝硬化出血的药物治疗肯定有问题。于是我仔仔细细地把这部分重新看了一遍，果然发现一个bug：肝硬化出血的药物治疗有两大类药物：somatostatin及其衍生物，还有terlipressin，前者的研究证据并不支持其常规应用，而后者是惟一可以降低死亡率的药物，因此应该是推荐后者常规用于肝硬化出血，前者不应该有很好的推荐等级。不过，在这项指南里面，居然把两者的推荐等级列为最高的同一级，这是非常不符合循证医学原则的，而这居然是ACG（美国的第二大胃肠病学会）和AASLD（世界最权威的肝病研究学会）联合颁布的？我师兄开玩笑说，写个correspondence吧？我想想说，好，写就写！于是花了1个小时写好，半个小时online submit，第二天《Hepatology》的编辑部就通知我correspondence已经被接受发表。这点得夸一下老美，换成国内的杂志，怎么可能干这种打自己耳光的事情。不过赞美之余还是要鄙视一下ACG和AASLD。2007年8月就被接受发表的correspondence，到了今年4月才在《Hepatology》上正式发表，这超出了一般的correspondence发表所需要的时间。估计《Hepatology》的编辑部与起草这份指南的专家进行过沟通，但起草这份指南的专家拒绝对我们的correspondence进行回复，我觉得原因还是在于这个correspondence指出了指南的一处硬伤，很难用其他的方法进行辩解，于是干脆不理睬。这种情况在平时的correspondence里面不是很常见的。个人小小推测一下：这与利益冲突可能有关（somatostatin及其衍生物的厂家都是一些国外比较大的药厂）。下面是这篇correspondence，有兴趣的战友可以自己去看看［Bai Y，Gao J，Zou DW，Li ZS. Somatostatin or its analogs and terlipressin：Different evidence levels，same recommendations? Hepatology. 2008 Apr；47（4）：1428. PMID：18324692］。

附　　录

附录一 理文编辑一流稿件写作指南

Daniel McGowan, PhD

一、留下良好的第一印象：写好题目的重要性

文章的题目是“钓饵”，应该用来吸引读者——是“推销”你的文章给读者浏览目录或研究结果的机会。题目写得差可能使原本感兴趣的读者忽略了你的工作，也可能引起文不对题的情况。相比之下，好的题目可吸引相关的研究人员，提高文章的引用率，这也是期刊编辑所青睐的，因为引用率直接与期刊影响因子相挂钩。因此，写好正确的题目是很重要的。

好的题目应尽量简短，同时又能传递文章的主要发现。避免叙述过于详实并使用不必要的专业行话和缩略语。题目必须被广大科学界读者读懂，因为他们之中一些人可能不具备你研究的专业领域的详细知识。题目宽泛到什么程度取决于你准备投稿的目标杂志——考虑目标杂志的读者情况，这通常会在期刊的网站上有所介绍；撰写的题目应便于被所有读者看懂，而不仅仅局限于你的研究领域。另外，应该查阅目标杂志的作者须知，确保遵守字数限制的要求以及是否需要提供短题目。

差题目举例：

“*Degeneration of neurons in the CA3 and DG following OA administration*：*involvement of a MAPK-dependent pathway in regional-specific neuronal degeneration*”

这个题目太长，含有非标准的缩略语，内容重复，部分内容太具体。改进后的题目：“Region-specific neuronal degeneration after okadaic acid administration”。另外，“MAP kinase-dependent neuronal degeneration after okadaic acid administration”这个题目也可以接受，但取决于目标杂志的要求，因为缩略语 MAP 使用广泛，读者可懂。

练习：

丁香园网友应邀对以下题目进行修改：

“*Carvedilol produces dose-related improvements in LV function and dose-related reductions in mortality and hospitalization rate in subjects with chronic heart failure from systolic dysfunction*”

以下是网友“Qikaka”的修改建议：

“*Dose-related effect of carvedilol in improvements in left ventricular function and survival in subjects with chronic heart failure*”

改后的题目大大缩短：少了 6 个单词，合计 61 个字符。“survival”一词的使用涵盖了改善效果的两个方面（死亡率和住院率），重复的“dose-related”也被删除了。最后，在新的题目中对缩略语 LV 做了精确的解释。

一些网友也贴出了自己文章的题目和摘要，询问是否合适。其中有不少题目写得十分不错，也有一些与其他相比需要更多修改的。网友“Yelry”的这个题目就很好，清晰地体现

了研究领域："Ascending venography in the diagnosis and management of nonthrombotic iliac vein compression"

尽管表述清楚，但"Yelry"并未传达出重要的一点——文章的主要发现：该方法应该对于诊断十分重要，而且很有可能会区分开两组病例。因为这一重要性并未在题目中体现，作者"Yelry"可能会失去一些感兴趣的读者。虽然题目可以涵盖的信息量取决于字数的限制，然而只需在"ascending venography"后面添加"is valuable"，就可以比原题目传达更多的文章内容。

二、快速预览：文摘与关键词

文章的摘要十分关键，因为很多研究人员只读摘要而不读全文。因此，文摘提供准确而详尽的研究总结十分重要，可以使研究人员了解你所开展的工作，你的研究目的和研究发现，以及你的发现的益处和重要性。摘要必须能够独立成文，具备研究概要的功能，使人不看全文就能读懂。在阅读摘要后对文章细节感兴趣的读者自然会继续阅读全文。因此摘要不必太面面俱到，例如，可不必列举方法细节。

尽管摘要是论文的第一部分，事实上应最后再撰写。在完成其他部分后应尽快写摘要，因为这些内容依然清晰地印在你的脑海中，使你能够对自己的工作进行简明而全面的总结，而不忽略任何重要的内容。对摘要的撰写要求各杂志有所不同，因此应参照目标杂志作者须知了解具体要求。尽管杂志要求不同，依然存在一些普遍应遵守的惯例：

• 应注意对字数的限制。通常来讲摘要的字数限制平均为250个字，但许多杂志要求更短些（如《Nature》和《BBRC》杂志对文摘的篇幅限制为150个字），而许多杂志（如《BioMed》核心期刊）允许摘要篇幅稍长些。这充分说明了为什么应在写文章之前确定目标杂志。

• 应避免使用技术行话，使文摘更易懂，更具可读性，不同目标期刊的"技术行话"取决于杂志的读者情况（可以通过期刊网站查询）。例如："焦虑测试"一词通常比"高架十字迷宫实验"更容易理解，除非该杂志专门针对行为研究人员。通常摘要因受篇幅所限不能对技术术语进行定义和解释。如果术语使用不可避免，应在首次提到时用简单的措辞加以定义。

• 如同技术术语一样，应尽量不使用缩略语，可用性也取决于不同的目标期刊。例如，大多数杂志接受HIV的使用。相比之下，RT-PCR对于分子生物学技术的杂志是可以接受的，但绝大多数杂志要求在首次使用时应给出完整拼写（reverse transcriptase polymerase chain reaction）。许多杂志在网页上列出可使用的缩略语。反复使用三次或以上的必要的缩略语应在首次使用时给出完整拼写。只使用一次或两次的缩略语应使用全称，除非这样做超出了字数要求。文摘中已给出全称的缩略语在正文中首次使用时也应给出全称。

• 尽管一些杂志允许在文摘中引用文献，但绝大多数杂志不允许引用文献。因此，除非你要投稿的杂志允许这样做，否则不应在文摘中引用文献。

以下是BBRC杂志作者须知给出的指导性意见：

• 文摘应放在第2页，即标题页之后

- 文摘应采用一段式，总结文章的主要发现，篇幅不超过150字
- 文摘后应列出10个用于收录和检索的关键词

一些杂志要求采用结构式文摘，分为背景、目的、方法、结果和结论。临床期刊可能要求额外或不同段落，如“patients”。因此，再次强调，在动笔之前应查阅目标杂志的作者须知，确定杂志的具体版式或格式要求。

文摘后经常需要列出由作者选择的关键词。作者须知会指出要求列出多少个关键词，甚至提供可供参考的关键词清单。选择合适的关键词很重要，因为他们可作检索之用。选择合适的关键词可以使你的文章更容易被发现和引用。因此，关键词越贴合你的文章内容越好，应避免选择多数研究所适用的一般性术语。

举例：

为这个题目选择合适的关键词：“Region-specific neuronal degeneration after okadaic acid administration”

好的关键词：okadoic acid、hippocampus、neuronal degeneration、MAP kinase signaling 以及 mouse（或是 rat 或其他实验动物）。

差的关键词：neuron、brain、OA（简写）、regional-specific neuronal degeneration 以及 signaling，这些词过于笼统。

练习：

丁香园网友应邀贴出自己的摘要，Dr. McGowan 对结构和效果给出反馈意见。大家积极跟帖响应，其中不乏一些好的摘要，此处以“Skye2749”贴出的摘要为例：

Abstract

AIM：To study the physiological activities of ＊＊ on gastrointestinal tract.

METHODS：The property of ＊＊ on the smooth muscle contractions of the isolated rabbit jejunum was investigated.

RESULTS：Lower doses of ＊＊（≤400 μg/mL）potentiated the tension of spontaneous muscle contractions. At a concentration of 80 μg/mL，＊＊ increase the contractile tension by 23.10 ± 2.16%（$P<0.01$）relative to baseline values. On the other hand，higher doses（>400 μg/mL）of ＊＊ induced relaxation，which may be due to the attenuated tension and frequency. Furthermore，atropine（10 μM）but not NE（1 μM）partially inhibited ＊＊-induced smooth muscle contractions suggesting that cholinergic nerves were involved. Moreover，the M3 receptor 4-DAMP（10 μM），but not the nicotinic receptor antagonist hexamethonium（10 μM）or M2 receptor antagonist methoctramine（10 μM）reduced the stimulant effect of CO. In addition，pretreatment of the tissues with verapamil（0.1 μM），significantly（$P<0.01$）decreased ＊＊-induced contractility.

CONCLUSION：The findings suggest that M3 muscarinic receptor and Ca2 + influx mediate ＊＊-induced muscle contractions. These provide evidence for the use of ＊＊ in GI disorders.

Key words：＊＊；Intestinal smooth muscle；Rabbit jejunum；Calcium；Muscarinic receptor；M3 receptor

尽管有几处语言问题，这个摘要还是以不足200字的叙述传达出了所有的必要信息。其中十分清晰地表明了该研究的目的、都进行了哪些操作、有何发现以及这些发现的意义。我建议“Skye2749”进行如下修改以改善摘要的清晰性和可读性：

三、附信：推销言辞

出版空间以及编辑关注度竞争异常激烈，将原稿投送给杂志编辑，附上一封信“原稿

Abstract

AIM: To study the physiological activities of ** ~~o~~in the gastrointestinal tract.

METHODS: The property of ** on ~~the~~ smooth muscle contractions in~~of~~ the isolated rabbit jejunum was investigated.

RESULTS: Lower doses of ** (≤400 μg/mL) potentiated ~~the~~muscle tension ~~of~~during spontaneous muscle contractions. At a concentration of 80 μg/mL, ** increased the contractile tension by 23.10 ± 2.16% (P< 0.01) relative to baseline values. On the other hand, higher doses (>400 μg/mL) of ** induced relaxation, ~~which may be~~possibly due to the attenuated tension and frequency. Furthermore, atropine (10 μM) but not NE (1 μM) partially inhibited **–induced smooth muscle contractions suggesting that cholinergic nerves were involved. Moreover, the M3 receptor 4-DAMP (10 μM), but not the nicotinic receptor antagonist hexamethonium (10 μM) or the M2 receptor antagonist methoctramine (10 μM), reduced the stimulant effect of CO. In addition, pretreatment of ~~the~~ tissues with verapamil (0.1 μM), significantly (P< 0.01) decreased **–induced contractility.

CONCLUSION: These findings suggest that the M3 muscarinic receptor and Ca2+ influx mediate **–induced muscle contractions~~. These~~, providinge evidence for the use of ** in GI disorders.

Comment [DM1]: Or "effects of ** on"

Comment [DM2]: Do you mean "effect" here? "Property" is a little bit vague and seems incorrect here

Comment [DM3]: OK? is this what you mean?

请见附件”是远远不够的。附信是你直接与投稿杂志直接交流的机会。除了写明你的研究与众不同外，还应直接向总编辑说明为什么你的发现很重要及其应该在此杂志上发表的理由。

附信应含有几个重要内容。具体内容可参见下方的“Edanz 附信模板”，也可通过 www.liwenbianji.cn/coverletter 链接下载。大家可根据批注中的建议起草你自己的附信，选择提出的句子类型替代括号中的句子。附信的格式几乎适用于所有投稿，尽管一些类别的论文需要加入额外的内容。例如，关于临床试验数据的存储信息通常需要附上一份关于临床试验报告，提供你的序列数据进入公共数据库的信息。

Edanz 附信模板

Dr WJ Lennarz

Editor-in-Chief

Biochemical and Biophysical Research Communications

May 20, 2009

Dear Dr Lennarz,

Please find enclosed our manuscript entitled “Ubiquitination of misfolded proteins targets them for proteasome-mediated degradation”, which we would like to submit for publication as a *Minireview* in *Biochemical and Biophysical Research Communications*.

[为了让读者更好的理解你的研究原理，这里需要用两三句话来概括充分的研究背景，然后再描述基本原理。在开始陈述如何解决问题之前，通常需要先介绍研究领域现存的问题、空白或者是课题研究之间的偏差。此后还需用一两句话描述研究的主要发现。]

[接下来的段落应指出你的研究对于目标杂志读者的重要性。为什么读者会对你的发现感兴趣？为什么你的发现对读者很重要？为什么你选择的目标杂志是最适合发表你的研究发现的刊物？例如：“We believe these findings will be of great interest to biochemists generally, and particularly to researchers working on protein misfolding disorders. As the premier international journal devoted to the rapid dissemination of significant biochemical findings, *Biochemical and Biophysical Research Communications* represents the perfect platform for us to share these results with the international research community.”]

We confirm that this manuscript has not been published elsewhere and is not under consideration by another journal. All authors have approved the manuscript and agree with submission to *Biochemical and Biophysical Research Communications*. The study was supported by a grant from the Wellcome Trust, UK. The authors have no conflicts of interest to declare.

Please address all correspondence to:

[插入通讯作者的姓名和职务、完整的通讯地址、电子邮件地址、电话和传真号码]

We shall look forward to hearing from you at your earliest convenience.

Yours sincerely,

Daniel McGowan, PhD

[如方便则插入职务]

查阅目标杂志的稿约是每篇稿件的既定程序，其中很可能含有附信必须写入的内容。另外一个信息来源是杂志的投稿网页。尽管以下列出的内容以及关于“Edanz 附信模板”中描述的内容不一定完全都是这些目标杂志所要求的，但所有这些都是附信中必不可少的，因为这样做可引起编辑对你的关注。以下方法适用于附信的准备：

- 一些杂志根据其刊出文章领域的不同进行编辑分工，你可以根据不同的领域，有时也可根据编辑的专业背景选择最合适的编辑。直接称呼收信编辑，如：“Dear Dr. Smith”。如果不能找到合适的编辑，可将附信写给总编辑。
- 信的开头应写出文章题目，希望文章在杂志的哪一个栏目或作为哪一个文章类别发表，以及投稿杂志的名称。
- 之后简单叙述研究背景与理论基础，说明研究目的以及开展的工作。然后简单描述研究成果。
- 接下来的段落很重要。你需要向研究界解释你的发现的意义，特别是对杂志读者的意义。如果你不能解释为什么该杂志读者会对你的发现感兴趣，你则需要选择另一家更适合的刊物，因为编辑只将他们认为会引起读者兴趣的文章送同行评议。研究一下你准备投稿杂志的“目标与刊出范围”会对你有帮助。
- 附信的最后一段应包含杂志所要求的声明或说明。这些通常包括关于利益冲突，基金资助与资助来源的声明，以及所有作者已阅读过并同意文章的内容以及同一文章未同时投送其他刊物的声明。每个作者的作者资格确认也是需要的。
- 最后，留下详细的通讯方式以及礼貌的结束语。

练习：

丁香园网友应邀参与了在“Edanz 附信模板”的基础上，根据自己目前的研究项目起草附信的练习。在众多参与者中，我选取了来自网友“镇静剂”的附信范例：

Dr M. A. Giamberardino

European Journal of Pain

May 21, 2009

Dear Dr Giamberardino,

Please find enclosed our manuscript entitled “Propentofylline attenuated spinal glial activation contributes to the amelioration of monoarthritis pain”, which we would like to submit for publication in *European Journal of Pain*.

We believe the paper may be of particular interest to the readers of your journal because the study it reports activation of astrocytes and microglia contributes to inflammatory pain in CFA-induced rats. Intrathecal propentofylline could modulate glial activation and decrease the level of proinflammatory cytokines IL-1β, IL-6, TNF-α, and NGF, and so ameliorate nociception transmission. We will appreciate very much if the present paper can be reviewed critically and any comment, suggestion and advice from the reviewers will be welcome.

This paper is neither the entire paper nor any part of its content has been published or has been accepted elsewhere. It is not being submitted to any other journal. The present work has not been published elsewhere and is not under review with other journals.

Correspondence to: ×××, Department of Anesthesiology, First Affiliated Hospital, ×××

Email: ×××@××××. edu. cn Tel: +86××× Fax: +86 ×××

We shall look forward to hearing from you at your earliest convenience.

Yours sincerely,

Xxx M. D.

这个附信开头很好，但是缺少了一些可以帮助向期刊编辑“推销”出自己文章的要素。某些结果出现在了解释为什么文章能够引起目标杂志读者兴趣的段落中，但实际上它们应该出现在前面叙述原理说明、结果和研究结论的段落中。仅仅通过对结果的描述通常并不能作为说服编辑文章可以引起读者兴趣的充分理由，能够说明结果的特殊吸引力所在及其原因才是关键。期刊的网站经常会提供读者信息。在此例中，目标杂志侧重于临床，因此“镇静剂”应突出其发现对于临床的重要意义，使文章看起来更吸引读者。综上，我对这篇的附信做了如下修改，并请“镇静剂”再次阐述为文章能够吸引期刊读者的原因所在。

四、克服语言障碍：母语非英语作者的英文写作

“杂志编辑手上握有大量质量好的原稿，他们可能根据正规的标准对原稿进行取舍，例如语法或拼写。不要因为可以避免的错误遭遇退稿；应确保你的原稿完美”（引自一家国际大出版社的高级主管）

学术论文写作即使对于许多英语母语作者来说也并非易事；对于英文是非母语的作者，用英文撰写论文是则一项巨大的挑战，这决定着他们的论文能否被发表。由于出版空间压力的加大以及编辑时间的需求增多，很多杂志采用在编辑收到文章之前便对来稿进行语言筛选的做法；一些编辑对于撰写太差的文章不予考虑或不送外审，尽管他们知道这些文章含有有趣和有力的科学内容。因此，英文为非母语的作者丝毫不能放松：在了解了科学写作最常见的语言错误以及如何避免这些错误后，才能提高论文质量，增加文章被接受的机会。

如同规划你的试验研究一样，了解论文写作程序是十分有益的：即，论文的语言应该易懂、准确，避免出现可能的各种误解。在科学实验中我们使用对照组来排除可能的假说。就语言而言，我们必须避免含糊不清和没有必要的文字（例如重复和冗长），使我们的表达内容更清晰。科学写作应该具备三个“C”：清楚（clarity）、简洁（conciseness）、准确（accuracy）。做到这三点关键是尽可能做到简短而明确，同时又不漏掉使读者完全读懂你的意思的必要细节。换言之，去掉不必要的内容，准确表达你要传达的信息。尽管未能达到这一写作标准的文章有时被描述为“草率”或“懒散”的写作，作者经常意识不到他们写的东西含糊不清。因此，注重细节和了解如何避免可能出现的被误解是非常重要的。以下列举的部分错误类型如果在你的文中大量出现，可以导致你的稿子被直接列入退稿行列。

Dr M.A. Giamberardino
European Journal of Pain
May 21, 2009

Dear Dr Giamberardino,

Please find enclosed our manuscript entitled "Propentofylline attenuated spinal glial activation contributes to the amelioration of monoarthritis pain", which we would like to submit for publication in the *European Journal of Pain*.

Our findings reveal that activation of astrocytes and microglia contributes to CFA-induced inflammatory pain in rats. Intrathecal administration of propentofylline modulated glial activation and decreased the levels of the proinflammatory cytokines IL-1β, IL-6, TNF-α, and NGF, thereby ameliorating nociception transmission.

We believe ~~the~~our paper ~~may~~will be of particular interest to the readers of your journal because[...] ~~the study it reports activation of astrocytes and microglia contributes to inflammatory pain in CFA-induced rats. Intrathecal propentofylline could modulate glial activation and decrease the level of proinflammatory cytokines IL-1β, IL-6, TNF-α, and NGF, and so ameliorate nociception transmission.~~ We would~~ill~~ appreciate ~~very much~~it if the present paper could be sent for~~an be~~ review~~ed critically and any comment, suggestion and advice from the reviewers will be welcome~~.

This paper is neither the entire paper nor any part of its content has been published or has been accepted elsewhere. It is not being submitted to any other journal. The present work has not been published elsewhere and is not under review with other journals.

Correspondence to: xxx, Department of Anesthesiology, First Affiliated Hospital, xxx
Email: xxx@xxxx.edu.cn Tel: +86xxx Fax: +86 xxx

We shall look forward to hearing from you at your earliest convenience.

Yours sincerely,

Comment [DM1]: Although not needed where the journal name is listed or on its own (eg. above), the article is needed when used in a sentence. This is not true of all journal names, and it can be difficult for non-native English speakers to know when to use an article and when not to, but as a general rule for journal names, if the word "Journal" appears at the start of the name (eg. first or second word), then an article (the) is generally needed when referring to the journal in a sentence; if the word "Journal" appears at the end (eg. *Biochemical Journal*), then no article is needed.

Comment [DM2]: Prior to this should be a paragraph explaining the rationale for your study, brief results and conclusions, although you may have left that out of this exercise for confidentiality reasons. I have moved some of this paragraph to above, because this description of results should come before you explain why they would be of interest to readers. However, an explanation of the rationale and conclusions is still needed and should be added to the new paragraph above.

Comment [DM3]: To "sell" your paper you need to show that you believe in it; therefore, "will" rather than "may" here

Comment [DM4]: What followed here was a description of results, which I have moved to the previous (new) paragraph. What is needed here is an explanation to the editor of why the readers of their journal would want to read your paper. This requires an appreciation of the journal's aims and scope and their target audience. The European J Pain has a clinical emphasis, so you might be wise to suggest that your study reveals a novel therapeutic approach to treating inflammatory pain, eg in patients with arthritis, but it is difficult for me to suggest what exactly the appeal of your paper is without being familiar with either its conclusions or the field.

Comment [DM5]: This is not necessary and perhaps a bit presumptuous – the editor will decide if they are interested and if they want to send it for review, so this really adds nothing

Comment [DM6]: Good!

1. 冠词/复数与单数　冠词（a/the）属于修饰名词的形容词。如果使用不当，会让读者感到困惑，不知道你是泛指某一事物，还是特指某一件事或某一类别的事。更糟糕的是，这会引起读者对文章的错误理解，从而得出错误的假说。冠词的使用不当也可以引起单数和复数的混淆。冠词“the”应该与特指某一件事或某一组事物的名词连用（可以与复数或单数名词连用）；例如，“the sections were/the section was then stained with H&E”是指之前句子中提到的部分被染色。相比之下，“a”应该与非特指性名词连用，例如“a section was then stained”指单独一段，任何一段被染色。“A”指某一单独的事物或一个类别的事物，不应该与复数名词连用；也就是说“a sections”是错误的。来自亚洲的作者经常在句子之中不使用冠词，这样使得句子看上去很糟也不自然，例如，“adenovirus was injected into the fourth ventricle”，如果省略“the”就会出现这一情况。

- “The antibody was injected into the hippocampus…”（这里需要使用定冠词，特指某一特殊的抗生素，可能此前在文章中已提到过，特指“海马旁回”属于之前已经描述过的一件事物）

- “A new method of extraction was devised…”（这里使用了不定冠词“a”，而不是定冠词“the”，因为此句子只是作为陈述向读者介绍一种方法，而不是指当时的某一特定方法。一旦这一方法已经介绍给了读者就必须使用“the new method of extraction”特指那一方法）

名词的复数形式需要在字尾处加“s”（绝大多数情况下如此）。在没有冠词的情况下，如果名词形式（指复数和单数）使用错误，有时可导致句子意思不清楚。例如，“Acetyl group was added”，读者不清楚作者是指一种 Acetyl group 被加入或者一组 Acetyl 被加入。因此，在指多种事物时应使用复数形式，以避免可能出现的混淆。在描述数字时这一点通常被忽略（图中出现多个箭头时应使用复数“arrowheads”而不使用单数“arrowhead”）；同样，使用柱状图时，如果一个图中出现多个柱桩图时应使用复数“solid bars”而不使用单数“solid bar”。

- “A biopsy was obtained…”（描述一种活体组织）

- “Biopsies were obtained from eight patients…”（如果之前这一活体组织未被介绍给读者可以不使用冠词，相反应使用定冠词“the”，“The biopsies were obtained…”）

2. 逗号、连字符和“which”　如果以上述三种形式使用错误，将导致写作意思表达模糊，进而引起读者的误解。例如，“Because Aβ42 levels were elevated in 75% of AD patients in studies using our method [6, 7], it is critical to obtain fresh samples”，如果把“method”后的逗号移到“patients”后面（或在这里再加入新的逗号）将完全改变句子的意思。同样，在短语“calcium-induced calcium release”中，如果删除了连字符也将完全改变句子的意思。如果使用了连字符，“calcium-induced”是复合性形容词，修饰名词“calcium release”；如果不使用连字符“induced”则是动词，描述“effect of calcium on calcium release”。因此，使用连字符构成的复合性形容词对于避免误解是非常重要的。然而，介词和形容词之间是不需要加连字符的，例如“highly intense staining”和“high-intensity staining”都是正确的，但是“highly-intense staining”的用法是错误的。

- “Glutamate receptors mediated synaptic plasticity…”（此句子告诉作者 Glu 受体参与突

触可塑性生成）

● “Glutamate receptor-mediated synaptic plasticity…”（与 Glu 受体相关的突触可塑性成了句子的主语；注意这里“receptor”由复数形式改为单数形式，但并不是指单一一种受体而是泛指受体）

“which”一字如果使用不当，也可引发诸多混淆。它常与“that”混用。“that”和“which”都引导用于修饰名词的从句，但“that”用于引导限定性从句，而“which”用于引导非限定性从句。例如，“the sections that were positive for GFP were subjected to cell counting procedures”，在这个句子中，“that”引导的是限定性从句明确规定了是哪些切片用于细胞计数。相比之下，“the sections，which were positive for GFP，were subjected to cell counting procedures”，在这个句子中，对用于细胞计数的切片的规定相当宽松，可能指的是前一个句子或相邻句子中提及的切片。提及 GFP 阳性的从句可以向读者提供一些额外的信息，但对于理解该句子的意义来说并非必不可少；也就是说，它是可有可无的。考虑到“which”的这种角色，研究人员在撰写论文时应明确“which”一词确切指代的东西 — 有时指代的是该词所紧跟的事物（这是最常见的），有时指代的则是该句子的主语。例如，“microglia migrated to the site of the lesion，which was associated with increased levels of ED-1”，这个句子就写得含混不清，因为我们很难确定“which”所指的到底是 lesion，还是 migration of microglia。如果读者可能会对此类句子产生疑惑，最好是推翻重写；例如，可以改为“migration of microglia to the site of the lesion was associated with increased levels of ED-1”，也可改为“microglia migrated to the site of the lesion，and immunohistochemical analysis revealed increased levels of ED-1 at this site”。两者均无歧义。

● “Data were normalised to the housekeeping gene actin，which was used as an internal reference…”（在这个句子中，“which”指代的是 actin，因此 actin 也就是该从句的主语）

● “Data were normalised to the internal reference housekeeping gene actin，revealing increases in the levels of…”（如果在后续从句中提及所分析的资料，使用“which”不仅没有必要，反而会引发歧义）

3. 分别（respectively）　很多作者，无论其母语为英语或非英语，都经常会错误地使用“分别（respectively）”一词。跟上述其他要点一样，“分别（respectively）”的不当使用可导致文章出现歧义，读者倍感困惑。其实在行文时不使用这个词倒可能会更清晰一些，不过，如果在列举两条相对应的要点时，使用这个词的确也有助于节约篇幅。我们不妨来看下面这个句子：“The latencies to withdrawal from a painful stimulus in control and transgenic mice were 3 s and 2 s，respectively”。在这里，对照组小鼠的缩足反射潜伏期是 3 秒，而转基因小鼠则是 2 秒。如果我们描述的对象不是“withdrawal from a painful stimulus”，而是较短的词或词组（如，“average weights”），就不必使用“respectively”；“Control mice weighed 20 ± 3 g and transgenic mice weighed 17 ± 2 g”要比“Control mice and transgenic mice weighed 20 ± 3 g and 17 ± 2 g，respectively”好，因为后者多了一个额外的词。请注意，“respectively”一词一次仅能用于提及两个相对应的列举要点，不能用于提及三个或三个以上的要点。因此，下面这个句子是不正确的，也无从理解：“The latencies to withdrawal from 5 g and 10 g painful stim-

uli in control and transgenic mice were 3 s and 2 s, respectively”。

- “The proportions of monocytes positive for CD163, CD7 and CD11a were 45%, 63% and 70%, respectively”(用了“respectively”一词后，读者就能清楚地理解这3个百分比指代的是按相同次序排列的3个标记物)

4. 比较 在一篇论文的“结果”部分常常需要进行“比较”，而“在同类事物中”(like with like)作比较尤为重要。对于母语为非英语的作者来说，最常见的一个错误是忽视了这一简单规则，导致读者往往很难搞清到底是什么跟什么在作比较。在最好的情况下，作者语言生硬，但至少能说明比较对象；而在最差的情况下，作者所阐述的内容根本风马牛不相及。举例来说，“Expression levels of p53 in smokers were compared with non-smokers”是不对的，应改成“Expression levels of p53 in smokers were compared with those in non-smokers”。在进行比较时，另一常见错误是在使用关系词语(如higher、greater、more)时未提及参照对象。如，“transgenic mice showed higher levels of cortisol”，在这个句子中，作者并未说明这些“levels”是高于何物；因此，我们必须加上“than从句”，如“than control mice”。读者有时当然会想当然地假定是与对照组在做比较，但在某些情况下读者有可能得出其他推论，因此，要做到准确地撰写科研论文，一定要消除所有“假定”。由于结果的比较对于结果的解读乃至其意义的判定来说至关重要，作者一定要准确地告知读者确切的比较对象。最后，“between”一词用于两个事物的比较，“among”则用于三个或三个以上事物的比较。

- “The levels of ubiquitinated proteins were higher in patients than in control subjects”(“than从句”提供了“higher”一词的参照组)
- “The levels of ubiquitinated proteins in patients were higher than those in control subjects”(在第一个例子中，患者组和对照组均位于比较词的同侧，即，它们均在“higher”之后被提及；而在这个例子中，患者组和对照组出现在比较词的异侧，因此，需要在对同类事物进行比较时加上“than those”)
- “There was no significant difference in the levels of ubiquitinated proteins between patients and controls”(这是两组之间的比较，故用“between”)
- “There were no significant differences in the levels of ubiquitinated proteins among AD patients, PD patients and controls”(这里比较的对象超过了3组患者，故用“among”；请注意这里“differences”采用了复数形式，因为当3组或3组以上进行比较时，差异的类型可能不只一种)

5. 蛋白质和基因的命名规则 在描述基因、基因mRNAs或由其编码的蛋白质水平的变化时，经常会因错误使用命名规则而引发混淆。如果作者一会儿提及基因表达水平，一会儿转至蛋白质水平，再过一会又回到基因，这只会乱上加乱，尤其是当基因和蛋白质同名时。因此，作者应确切地告知读者你提及的到底是基因还是蛋白质。不同物种有不同的命名规则，但一般来说，基因名称应写成斜体，蛋白质则采用正体。大小写常用于区分不同物种：一般地，对于小鼠、大鼠和鸡，基因名称首字大写，其余小写；对于人、灵长类和某些家禽/家畜，基因名称均使用大写字母。在描述mRNA时一般使用基因名称(如，“levels of p53 mRNA”)，也可用“for”来加以连接(如，“levels of the mRNA for p53”)。“表达”

（expression）一词通常用于描述基因表达，如果用于描述蛋白质和 mRNA 水平，就会引发混乱；因此，在提及蛋白质时，建议不用“表达”一词，而是直接改用“level”（或“levels”）。应高度注意所提及物种的适用命名规则；在文章中只要提及蛋白质、基因或 mRNA 的名称，应确保其是明白无误的。

- “Expression of the Igf1 gene was increased in our transgenic mice”（这里在提及基因时使用了斜体并加上“gene”一词，读者能够一目了然）
- “The levels of IGF1 mRNA were elevated in our patient group”（这是人类基因的正确命名规则）
- “The serum IGF1 levels were elevated in the transgenic mice”（这里很显然提及的是蛋白质，使用大写字母是适宜的，尽管物种是小鼠，因为这是小鼠蛋白质的正确命名规则）

五、小结

本章简要列举了母语为非英语的作者在写作科研论文时常犯的一些错误。当然，还有很多错误限于篇幅无法赘述，但其结果是一样是：缺乏清晰性和/或导致歧义。如果你在写作时能应用 3“C”原则，并时刻警惕可导致歧义或丧失清晰性的一些陷阱，那么，你的论文获得发表的机会就会大大增加。如果你能进一步芟除重复和拖沓之处，重视细节，确保你所要表达的意思能准确地传递给读者，文章的发表机会就更大了。一般而言，切记应尽量采用短小精悍的表达方式，使句子结构力求简单；避免使用冗长、复杂和令人困惑的句子。北京奥运会的口号是“同一个世界，同一个梦想”（“One world，One dream”）；引申于科研写作，不妨改成“同一个句子，同一个思想”（“One sentence，One idea”）。简约为美。

附录二 理文编辑 Dr. McGowan：不仅仅是英文写作，还要引导正确的研究设计

（作者：丁香园通讯员 发表于：2009-02-24 09:48；转载自丁香园）

2009年伊始，丁香园采访了理文编辑（Edanz Group China）学术总监 Dr. Daniel McGowan 以及中国区总监 Benjamin Shaw 先生。在谈论到普遍关心的 SCI 论文写作与投稿等问题时，两位业内资深人士给中国科研人员贡献了一些不错的建议。采访稿整理如下，以飨读者。

Dr. Daniel McGowan 理文编辑学术总监

分子神经科学博士 Dr. Daniel McGowan 曾任 Nature Reviews Neuroscience 副编辑，主要负责约稿、管理和撰写期刊内容，随后于2006年成为 Edanz Group 的全职编辑。在投身于出版行业之前，Dr McGowan 是英国剑桥大学的高级科学家，并任该大学 Babraham Institute（巴布拉汉研究所）的 Marie Curie Research Fellow。他有超过十年的研究生和博士后研究阶段的实验室经验，专门从事神经退化疾病、分子及细胞生物学、蛋白质生物化学、蛋白质组学和基因组学的研究。

Benjamin Shaw 理文编辑中国区总监

Benjamin Shaw（本杰明先生）是 Edanz Group 中国区总监，与理文编辑一同经历了三年的成长历程。除了管理 Edanz Group 在中国的日常运作以外，Benjamin 先生还负责建立与中国主要学术机构和出版商之间的良好关系。目前，他担任中国标准化协会《中国标准化》杂志的顾问委员。凭借独特的管理风格以及流利的汉语交流能力，Benjamin 先生成功地担起了中国客户代言人的角色，能够准确地将中国客户的需求反馈给 Edanz Group，并将企业的目标和服务很好地传达给客户。

一、中国作者向 SCI 杂志投稿概况

丁香园：您认为中国科研人员在SCI 杂志投稿过程中存在哪些普遍问题？对此您有哪些好的建议？

Dr. McGowan：首先，应确保你的文章是否投给了合适的杂志，包括文章的题目、研究的设计和创新性等。例如，一些作者将一篇缺乏功能数据的有关基因学的文章投给了需要提

供基因突变功能数据的刊物。为了了解你的文章是否投给了合适的杂志，建议阅读刊物的稿约，检索杂志已发表文章的数据库了解是否刊出了相同的文章。最好在开始撰写文章之前就确定一些可能投稿的刊物，甚至在开始进行研究之前就这样做。这样在你进行研究和写文章时就能够做到心中有数。

第二点，要做好充分准备，不急于投稿。不要因为投稿后几个月你的文章因原本可以很容易纠正的简单错误而被刊物退稿所浪费时间。这也是为什么要认真检查文章的语言质量，确保文章完全符合刊物稿约提出的格式要求的重要性。

丁香园：中国作者投稿时普遍存在“时间紧、压力大”的情况，在这种情况下如何保持和期刊编辑的良好沟通？

Dr. McGowan：每个人都会面临同样的时间紧，压力大的情况，因此不仅与刊物编辑，尤其要与审稿专家保持良好关系十分重要，因为编辑往往根据审稿人的意见决定取舍。一项国际研究发现，审稿人平均花费 8.5 小时审阅一篇文稿，即便是将要退稿的文章。这说明审稿人为作者提供了免费而十分有价值的服务。因此，对于作者而言，与审稿人和编辑保持良好关系最重要的做法是投一篇符合刊物目标、书写规范并符合刊物要求的稿子。

投送一篇质量差或不符合稿子要求的稿子是不尊重他人的表现。与审稿人保持良好关系的另外一种方式就是要尊重审稿人的意见，即便对某些意见不予赞同，也不能无视这些意见对其避而不谈，应回复所有审稿意见。

二、关于向 SCI 刊物投稿的普遍问题

丁香园：大家都认为附信（cover letter）很重要，但是又很难写好？您怎么认为？

Dr. McGowan：附信（cover letter）为你与刊物编辑直接对话提供了机会。附信应简短，但要说明你的文章对刊物和学科的重要性。如有可能，将信直接写给某一编辑，例如，使用他的名字，而不是统称“尊敬的编辑”。

附信的第一句话应该提供文章题目、作者姓名和刊物名称。简单描述你的研究领域以及以往发表文章情况；主要的研究发现以及研究意义。你应该保证没有将文章同时投给其他刊物，不存在竞争性经济利益。你还可以就审稿人人选提出建议。

丁香园：怎样才能提高文章的被引用率？

Mr. Shaw：我最近与 Taylor & Francis 出版公司作者服务部经理 Jessica Feinstein 就这一问题进行了讨论。她提出如下建议：

- 瞄准发表快速发展研究领域文章的刊物
- 撰写综述。综述比原著更有可能被引用
- 发表前沿性研究或“热点”题目的短文
- 选择有效题目
- 确保摘要涵盖了相关内容
- 认真选择关键词，以保证你的文章被发现
- 在可能的地方，分享你的数据（如：样本属性，临床因素，患者结果，DNA 序列）
- 如有可能，考虑使你的文章开放存取

- 使用互联网的博客和播客鼓励研究人员之间的直接交流
- 在 Citeulike 和 Connotea 进行登记
- 在学术会议上报告
- 在由权威客座编辑主编的特刊上发表文章
- 与其他作者共同发表
- 将你的文章列入机构或主题词数据库
- 宣传自己——在发 Email 的签字处与你最近发表的文章进行链接
- 确定使用非母语文字写作时是否需要帮助

要知道

- 不是所有研究都能得以发表并被以上提到的数据库引用；例如，会议纪要通常不被引用。
- 一些类别的文章，如：社论、给编者的信、新闻、会议摘要以及案例研究，很少被引用。
- 研究被引用的次数不应用来衡量工作的质量；它只能反应其他研究人员对你的工作的兴趣程度。
- 也可能存在引用偏颇，例如：用英文发表的资源更有利。
- 不同研究领域，甚至同一研究领域的文章，被引用的水平会有很大不同。基础研究相比应用科学研究引用率要高。

丁香园：如何选择合适的目标期刊？

Dr. McGowan：在搜索刊物时，需要考虑的主要因素有：刊物的目标与刊出范围、出版频率、影响因子、目标读者、以往文章发表情况以及是否收取出版费。理文编辑可以提供推荐目标期刊的服务，我们根据文章的发表目标，推荐 3～5 个适合的杂志供客户选择。你可以考虑根据以下因素搜索目标刊物（为方便起见，可以访问 Thomson's ISI Web of Knowledge http://www.thomsonscientific.com.cn/wok.htm）：

目标与刊出范围：这一信息可在《作者指南》中得到清楚的陈述。如果你投给了刊出内容不对口的杂志，无论你的文章内容如何有意义，如何新颖，即或文章写的如何好，都会变得毫无意义。

出版频率：指杂志每年出版的刊期次数。出版频率大通常意味着杂志每年刊登的文章较多。一旦文章被接受，这可能影响到预期的出版时间。

出版类型：印刷版（寄送杂志给订阅读者），网络版（只对订阅读者开放或购买某一篇文章的人开放）或两者兼备（指同时采用印刷版和网络版）

开放索取：很多杂志提供开放索取网络版，这意味着任何人都可阅读刊物（或某一文章）而不仅仅是订阅者。然而，刊物可以就开放索取向作者收取一定费用。

影响因子：指《期刊引用报告》中刊物被引用的影响因子。但是，不是所有的刊物会把这一信息刊登在其网页上。

目标读者：指有可能阅读某一刊物的读者群。一些刊物甚至提供有关订阅者数字的信息。

退稿率：一些杂志声明多少来稿被退掉。

发表前时间：越来越多的杂志开始用出版速度作为竞争吸引作者。如有可能，应了解清楚：①审稿需要的时间；②文章接受后多长时间能够出版。较短的发表周期说明：文章审稿和发表的时间（如接受）较快。一些杂志会对未经编辑和终审的但已被接受的稿件做出版前快速处理。

多说一句，《生物化学与生物物理研究通讯》（Biochemical and Biophysical Research Communications，BBRC）由于影响因子较高、审稿和出版时间快，非常受我们客户的欢迎。确实如此，该杂志声明一篇文章从收稿到以网络版出版需要不到5周的时间，这确实非常了不起。然而，作者应该清楚 BBRC 之所以有这样的出版速度是具备对英文差或未达到刊物格式要求的稿子执行严格退稿制度。因此，一定确保在向 BBRC 投稿前稿件的高质量。

以往文章发表情况：你应该检索一下该杂志以往发表的相关研究情况。

出版费：一些杂志以每面或以每篇稿子为标准计算收取出版费。这一费用作为开放索取费或稿件处理费，用以支付出版成本。一些杂志收取快速处理费用于加速稿件从收稿到出版的过程。

丁香园：对论文写作有帮助的在线工具和资源有哪些？

Mr. Shaw：最好的工具之一是 Google Scholar（http://scholar.google.com），可以检索到大部分学术文献数据库。对于撰写文章时确定英文短语是否使用正确尤其有用。如果你对某个英文短语的使用没有把握，可登陆 Google Scholar 查阅，看一下其他研究人员是否曾使用了同样或相似的短语。

理文编辑致力于帮助中国作者提高他们的写作能力。我们的网页提供的“写作助手”的小贴示以及讲座报告（http://www.liwenbianji.cn/zhushou.htm）供大家下载。最近我们与 Elsevier 出版集团合作出台了题为“如何撰写世界一流文章”的培训报告，该报告可以在 http://www.liwenbianji.cn/WorldClassPaper 下载。

说到 Elsevier 它也拥有一个很好的网络资源：PaperPub（http://www.paperpub.com.cn），提供了关于诸如伦理学和剽窃、文献引用、语言编辑基本要求的信息以及由著名专家撰写的博客，如任胜利博士。

我们不要忘了“丁香园”的积极的合作。丁香园的团队精神以及每个人乐于为科研同道提供帮助的精神给我留下深刻印象。总之，类似这样的来自研究人员的反馈和鼓励比“自上而下”地听取杂志和出版商的意见更有价值。

丁香园：您对如何回复审稿人意见有何建议？

Dr. McGowan：专业和礼貌永远重要。应对所有审稿人提出的意见做出回答，尽管你与审稿人意见不统一；你可以科学地进行强有力的反驳，但不能无视他们的意见。在回函中，应具体标明你已做出的修改，说明在哪一页和哪一行做了修改，这可以节省审稿人的时间。应避免重复同样的回答；如果多名审稿人提出了相似的意见，应采取一次性回答和参见之前回答的做法。也可使用不同的字体或颜色清晰地区别你对审稿人意见给予的回答。

三、为什么选择理文编辑？

丁香园：您怎么看理文编辑？它的主要优势是什么？

Mr. Shaw：我们的编辑队伍和工作质量是你选择理文编辑的主要优势。我们的所有编辑均为母语为英文的专家，他们中的大多数人具备博士学位，并发表过自己的文章。我们具备严格的质量控制体系，确保所有文章达到SCI收录期刊可接受的投稿水平。这正是一些出版商，如Elsevier、The American Chemical Society以及Taylor & Francis向作者推荐我们的服务的原因之一。

还值得一提的是，理文编辑可以帮助科研人员和制药企业解决文章的学术问题。我们可以在投稿前提供类似同行评审形式的学术评审服务，帮助排除并解决潜在的学术问题。我们还可以重写被审稿人退回的稿件，甚至是在提纲、数据表和注释的基础上代写稿件。所有这些服务都是为了与作者一起达到出版的目标。

丁香园：理文编辑为何会选择服务于中国作者？

Mr. Shaw：我们的总公司Edanz Editing位于日本，成立于1995年。该公司在日本是提供编辑服务的最好的公司，已为客户编辑2万多篇文章。基于此原因，与我们有过接触的一些出版商建议将我们的服务扩展到中国作者。理文编辑于2006年在中国成立，已帮助1500多名中国作者编辑文稿并向SCI刊物投稿。

丁香园：您对未来十年中国学术出版业的走势有何见解？

Mr. Shaw：能够成为推动中国科学发展的一分子，理文编辑感到十分自豪和欣慰。我们从客户那里得到了很大力量，我们要支持他们的工作。由于有了政府的支持和科研工作者的聪明才智这一基础，中国正在巩固其全球科学领先的地位。然而，相对于科研实力，出版业的发展速度缓慢。尽管取得了很大进步，但改进仍将是个缓慢的过程。一个有希望的现象是中国作者发表的文章数量快速增长。

例如，2007年，中国发表的有关工程学方面的文章高于其他任何国家，甚至高于美国。尽管如此，理文编辑仍需投入更多的支持和培训在作者身上，为发展国内学术出版业尽一份力量。我们要做的不光是向作者传达如何写作英文文章，还要引导他们如何进行正确的研究设计。理文编辑在http://www.liwenbianji.cn/WorldClassPaper提供了培训报告供下载，希望可以有所帮助。

丁香园：你们采取怎么样的措施来预防学术造假？

Mr. Shaw：作为服务方，我们通过设置密码保护我们的所有文件，从而保证客户文章的安全，我们只将文章送给我们认识和信任的编辑。如果您仍不放心，我们可以签署保密协议。至于作者剽窃行为，通常我们是不能控制的，但是当我们注意到他们借用了太多别人的工作时会提出建议。我们对于有剽窃行为的作者可以讲的话是“千万别这样做!”这是违规的行为，它可以导致退稿，甚至让你丢掉工作。

关于“理文编辑”

理文编辑的总公司Edanz Editing由Kerry Greer先生创立于1995年，是一家在日本享有很高声誉的科技英语语言编辑服务公司。2006年，Edanz Editing在中国以外商独资的形式成立了北京精锐理文文化传播有限公司（理文编辑），成为首家进驻中国的英语学术论文语言编辑公司。迄今为止，Edanz Group已经为7 000多位客户编辑了24 000余份稿件，客户覆盖几乎日本所有大学以及众多中国高校和研究机构，所有稿件投向了超过 3 400 份学术期刊。目前，理文编辑的服务已经通过北京办事处扩展到了中国各地。在日本福冈和北京办事处的客户服务人员、六位全职编辑以及分布在全球十几个国家百余位特约编辑的协助下，理文编辑可以确保为所有作者提供专业、迅速、本土化的高端编辑服务。